D0483531

LAROUSSE

MINI DICTIONNAIRE

FRANÇAIS
ANGLAIS
—————
ANGLAIS
FRANÇAIS

Larousse

Rédaction/Editors

PATRICK WHITE   LAURENCE LARROCHE
CÉCILE VANWALLEGHEM   CALLUM BRINES
SARA MONTGOMERY   JANE ROGOYSKA

© Larousse/VUEF, 2002

ISBN 2-03-540093-7

Larousse, Paris

Distributeur exclusif au Québec : Messageries ADP, 1751 Richardson,
Montréal (Québec)

ISBN 2-03-542033-4

Diffusion/Sales : Houghton Mifflin Company, Boston.
Library of Congress CIP Data
has been applied for

LAROUSSE

MINI
DICTIONARY

FRENCH
ENGLISH

ENGLISH
FRENCH

LAROUSSE

NOTES CULTURELLES

baccalauréat	collège	14-Juillet	quartier Latin
Beaubourg	composter	le Louvre	régions
Césars	DOM-TOM	lycée	La Sorbonne
calendrier scolaire	école	métro	tabac
cantine	l'Élysée	Matignon	téléphone
canton	fête de la musique	muguet	Tour Eiffel
carnet	bonne fête	Noël	tour de France
carte bleue	festival d'Avignon	péage	Toussaint
champagne	festival de Cannes	pain	Versailles
classes prépara-	fromage	pardon	vin
toires	galette des rois	PMU	vous
la cohabitation	gendarmerie	pourboire	

CULTURAL NOTES

Bed & Breakfast	Fourth of July	Mount Rushmore	Thanksgiving
Beer	Garage Sale	Native American	Tipping
Best Man	Graduate School	National Park	Tower Bridge/
Boxing Day	Great Britain	Open University	Tower of London
Broadsheet/	Green Card	Pantomime	VAT
Broadside	Greyhound Bus	Pub	Wall Street
Buckingham	Guy Fawkes Night	Saint Patrick's Day	Westminster/
Palace	Halloween	SAT	Westminster Abbey
Cajun	Houses of	Scouts	The White House
Devolution	Parliament	Silicon Valley	World Series
Downing Street	Ivy League	Stars & Stripes	Yankee
Education System	Mall	Statue of Liberty	Yellow Lines
Election	Manhattan	Super Bowl	
Fish & Chips	Medicaid/Medicare	Tabloid	

Ce dictionnaire MINI a été conçue pour répondre aux besoins du voyageur et du débutant.

Avec plus de 30 000 mots et expressions, et plus de 40 000 traductions, ce dictionnaire présente non seulement le vocabulaire général mais aussi les mots de la vie quotidienne.

De nombreux exemples et des indicateurs de sens précis éclairent le vocabulaire essentiel. Les termes dont l'emploi nécessite une plus grande précision sont mis en relief par une présentation étudiée.

Des informations culturelles et des renseignements pratiques ouvrant des aperçus sur un autre pays sont à découvrir au fil du dictionnaire.

Nous espérons que vous apprécierez cet ouvrage et nous vous invitons à nous envoyer vos suggestions.

L'ÉDITEUR

This MINI dictionary was developed to meet the needs of both the traveller and the beginner.

With over 30,000 words and phrases and 40,000 translations, this dictionary provides not only general vocabulary but also the language used in everyday life.

Clear sense markers are provided to guide the reader to the correct translation, while special emphasis has been placed on many basic words, with helpful examples of usage and a particularly user-friendly layout.

Cultural notes and practical information can be found throughout which allow an interesting insight into life in another country.

We hope you enjoy using this dictionary, and don't hesitate to send us your comments.

THE PUBLISHER

ABBREVIATIONS

ABRÉVIATIONS

abbreviation	*abbr/abr*	abréviation
adjective	*adj*	adjectif
adverb	*adv*	adverbe
American English	*Am*	anglais américain
anatomy	*ANAT*	anatomie
article	*art*	article
automobile, cars	*AUT*	automobile
auxiliary	*aux*	auxiliaire
before noun	*avant n*	avant le nom
Belgian French	*Belg*	belgicisme
British English	*Br*	anglais britannique
Canadian French	*Can*	canadianisme
commerce, business	*COMM*	commerce
comparative	*compar*	comparatif
computers	*COMPUT*	informatique
conjunction	*conj*	conjonction
continuous	*cont*	progressif
culinary, cooking	*CULIN*	cuisine, art culinaire
exclamation	*excl*	interjection
feminine	*f*	féminin
informal	*fam*	familier
figurative	*fig*	figuré
finance, financial	*FIN*	finances
formal	*fml*	soutenu
inseparable	*fus*	non séparable
generally	*gen/gén*	généralement
grammar	*GRAM(M)*	grammaire
Swiss French	*Helv*	helvétisme
informal	*inf*	familier
computers	*INFORM*	informatique
interrogative	*interr*	interrogatif
invariable	*inv*	invariable
juridical, legal	*JUR*	juridique
masculine	*m*	masculin

VII

mathematics	*MATH*	mathématiques
medicine	*MED/MÉD*	médecine
military	*MIL*	domaine militaire
music	*MUS*	musique
noun	*n*	nom
nautical, maritime	*NAVIG*	navigation
numeral	*num*	numéral
oneself	*o.s.*	
pejorative	*pej/péj*	péjoratif
plural	*pl*	pluriel
politics	*POL*	politique
past participle	*pp*	participe passé
present participle	*ppr*	participe présent
preposition	*prep/prép*	préposition
pronoun	*pron*	pronom
past tense	*pt*	passé
	qqch	quelque chose
	qqn	quelqu'un
registered trademark	®	nom déposé
religion	*RELIG*	religion
someone, somebody	*sb*	
school	*SCH/SCOL*	scolarité
Scottish English	*Scot*	anglais écossais
separable	*sep*	séparable
singular	*sg*	singulier
formal	*sout*	soutenu
something	*sthg*	
subject	*subj/suj*	sujet
superlative	*superl*	superlatif
technology	*TECH*	domaine technique
transport	*TRANSP*	transport
television	*TV*	télévision
verb	*v, vb*	verbe
intransitive verb	*vi*	verbe intransitif

TRADEMARKS

Words considered to be trademarks have been designated in this dictionary by the symbol ®. However, neither the presence nor the absence of such designation should be regarded as affecting the legal status of any trademark.

ENGLISH COMPOUNDS

A compound is a word or expression which has a single meaning but is made up of more than one word, e.g. **point of view, kiss of life, virtual reality** and **West Indies**. It is a feature of this dictionary that English compounds appear in the A–Z list in strict alphabetical order. The compound **blood test** will therefore come after **bloodshot** which itself follows **blood pressure**.

NOMS DE MARQUE

Les noms de marque sont désignés dans ce dictionnaire par le symbole ®. Néanmoins, ni ce symbole ni son absence éventuelle ne peuvent être considérés comme susceptibles d'avoir une incidence quelconque sur le statut légal d'une marque.

MOTS COMPOSÉS ANGLAIS

On désigne par composés des entités lexicales ayant un sens autonome mais qui sont composées de plus d'un mot, par exemple **point of view, kiss of life, virtual reality** et **West Indies**. Nous avons pris le parti de faire figurer les composés anglais dans l'ordre alphabétique général. Le composé **blood test** est ainsi présenté après **bloodshot** qui suit **blood pressure**.

PHONETIC TRANSCRIPTION
TRANSCRIPTION PHONÉTIQUE

English vowels

[ɪ]	pit, big, rid
[e]	pet, tend
[æ]	pat, bag, mad
[ʌ]	run, cut
[ɒ]	pot, log
[ʊ]	put, full
[ə]	mother, suppose
[iː]	bean, weed
[ɑː]	barn, car, laugh
[ɔː]	born, lawn
[uː]	loop, loose
[ɜː]	burn, learn, bird

English diphthongs

[eɪ]	bay, late, great
[aɪ]	buy, light, aisle
[ɔɪ]	boy, foil
[əʊ]	no, road, blow
[aʊ]	now, shout, town
[ɪə]	peer, fierce, idea
[eə]	pair, bear, share
[ʊə]	poor, sure, tour

Semi-vowels

you, spaniel	[j]
wet, why, twin	[w]
	[ɥ]

Consonants

pop, people	[p]
bottle, bib	[b]
train, tip	[t]
dog, did	[d]
come, kitchen	[k]
gag, great	[g]
chain, wretched	[tʃ]

Voyelles françaises

[i]	fille, île
[e]	pays, année
[ɛ]	bec, aime
[a]	lac, papillon
[ɑ]	tas, âme
[o]	drôle, aube
[ɔ]	botte, automne
[u]	outil, goût
[y]	usage, lune
[ø]	aveu, jeu
[œ]	peuple, bœuf
[ə]	le, je

Nasales françaises

[ɛ̃]	timbre, main
[ɑ̃]	champ, ennui
[ɔ̃]	ongle, mon
[œ̃]	parfum, brun

Semi-voyelles

yeux, lieu	
ouest, oui	
lui, nuit	

Consonnes

prendre, grippe	
bateau, rosbif	
théâtre, temps	
dalle, ronde	
coq, quatre	
garder, épilogue	

jet, fridge	[dʒ]	
fib, physical	[f]	physique, fort
vine, livid	[v]	voir, rive
think, fifth	[θ]	
this, with	[ð]	
seal, peace	[s]	cela, savant
zip, his	[z]	fraise, zéro
sheep, machine	[ʃ]	charrue, schéma
usual, measure	[ʒ]	rouge, jeune
how, perhaps	[h]	
metal, comb	[m]	mât, drame
night, dinner	[n]	nager, trône
sung, parking	[ŋ]	
	[ɲ]	agneau, peigner
little, help	[l]	halle, lit
right, carry	[r]	arracher, sabre

The symbol ['] has been used to represent the French "h aspiré", e.g. **hachis** ['aʃi].	Le symbole ['] représente le «h aspiré» français, par exemple **hachis** ['aʃi].
The symbol ['] indicates that the following syllable carries primary stress and the symbol [ˌ] that the following syllable carries secondary stress.	Les symboles ['] et [ˌ] indiquent respectivement un accent primaire et un accent secondaire sur la syllabe suivante.
The symbol [ʳ] in English phonetics indicates that the final "r" is pronounced only when followed by a word beginning with a vowel. Note that it is nearly always pronounced in American English.	Le symbole [ʳ] indique que le «r» final d'un mot anglais ne se prononce que lorsqu'il forme une liaison avec la voyelle du mot suivant; le «r» final est presque toujours prononcé en anglais américain.

A

A *abr* = autoroute.

a [a] → **avoir**.

à [a] *prép* - **1.** *(introduit un complément d'objet indirect)* to ; **penser à** to think about ; **donner qqch à qqn** to give sb sthg.
- **2.** *(indique le lieu où l'on est)* at ; **à la campagne** in the country ; **rester à la maison** to stay home ; **il y a une piscine à deux kilomètres du village** there is a swimming pool two kilometres from the village.
- **3.** *(indique le lieu où l'on va)* to ; **il est parti à la pêche** he went fishing.
- **4.** *(introduit un complément de temps)* at ; **au mois d'août** in August ; **le musée est à cinq minutes d'ici** the museum is five minutes from here ; **à jeudi!** see you Thursday!
- **5.** *(indique la manière, le moyen)* : **à deux** together ; **à pied** on foot ; **écrire au crayon** to write in pencil ; **à la française** in the French style ; **fait à la main** handmade, made by hand.
- **6.** *(indique l'appartenance)* : **cet argent est à moi/à lui/à Isabelle** this money is mine/his/Isabelle's ; **à qui sont ces lunettes?** whose are these glasses? ; **une amie à moi** a friend of mine.
- **7.** *(indique un prix)* : **une place à 15 euros** a 15-euro seat.
- **8.** *(indique une caractéristique)* with ; **du tissu à rayures** a striped fabric ; **un bateau à vapeur** a steamboat.
- **9.** *(indique un rapport)* by ; **100 km à l'heure** 100 km an hour.
- **10.** *(indique le but)* : **maison à vendre** house for sale ; **le courrier à poster** the letters to be posted.

AB *(abr de assez bien)* fair *(assessment of schoolwork)*.

abaisser [abese] *vt (manette)* to lower.

abandon [abɑ̃dɔ̃] *nm* : **à l'~** neglected ; **laisser qqch à l'~** to neglect sthg.

abandonné, e [abɑ̃dɔne] *adj* abandoned ; *(village)* deserted.

abandonner [abɑ̃dɔne] *vt* to abandon. ◆ *vi* to give up.

abat-jour [abaʒur] *nm inv* lampshade.

abats [aba] *nmpl (de bœuf, de porc)* offal *(sg)* ; *(de volaille)* giblets.

abattoir [abatwar] *nm* abattoir.

abattre [abatr] *vt (arbre)* to chop down ; *(mur)* to knock down ; *(tuer)* to kill.

abattu, e [abaty] *adj (découragé)* dejected.

abbaye [abei] *nf* abbey.

abcès [apsɛ] *nm* abscess.

abeille [abɛj] *nf* bee.

aberrant, e [aberã, ãt] *adj* absurd.

abîmer [abime] *vt* to damage. ❑ **s'abîmer** *vp (fruit)* to spoil ; *(livre)* to get damaged ; **s'~ les yeux** to ruin one's eyesight.

aboiements [abwamã] *nmpl* barking *(sg)*.

abolir [abɔlir] *vt* to abolish.

abominable [abɔminabl] *adj* awful.

abondant, e [abõdã, ãt] *adj* plentiful ; *(pluie)* heavy.

abonné, e [abɔne] *nm, f (à un magazine)* subscriber ; *(au théâtre)* season ticket holder. ◆ *adj* : **être ~ à un journal** to subscribe to a newspaper.

abonnement [abɔnmã] *nm (à un magazine)* subscription ; *(de théâtre, de métro)* season ticket.

abonner [abɔne] : **s'abonner à** *vp + prép (journal)* to subscribe to.

abord [abɔr] : **d'abord** *adv* first.

abordable [abɔrdabl] *adj* affordable.

aborder [abɔrde] *vt (personne)* to approach ; *(sujet)* to touch on. ◆ *vi* NAVIG to reach land.

aboutir [abutir] *vi (réussir)* to be successful ; **~ à (rue)** to lead to ; *(avoir pour résultat)* to result in.

aboyer [abwaje] *vi* to bark.

abrégé [abreʒe] *nm* : **en ~ in** short.

abréger [abreʒe] *vt* to cut short.

abreuvoir [abrœvwar] *nm* trough.

abréviation [abrevjasjõ] *nf* abbreviation.

abri [abri] *nm* shelter ; **être à l'~ (de)** to be sheltered (from).

abricot [abriko] *nm* apricot.

abriter [abrite] : **s'abriter (de)** *(+ prép)* to shelter (from).

abrupt, e [abrypt] *adj (escarpé)* steep.

abruti, e [abryti] *adj fam (bête)* thick ; *(assommé)* dazed. ◆ *nm, f (fam)* idiot.

abrutissant, e [abrytisã, ãt] *adj* mind-numbing.

absence [apsãs] *nf* absence ; *(manque)* lack.

absent, e [apsã, ãt] *adj (personne)* absent. ◆ *nm, f* absentee.

absenter [apsãte] : **s'absenter** *vp* to leave.

absolu, e [apsɔly] *adj* absolute.

absolument [apsɔlymã] *adv* absolutely.

absorbant, e [apsɔrbã, ãt] *adj (papier, tissu)* absorbent.

absorber [apsɔrbe] *vt* to absorb ; *(nourriture)* to take.

abstenir [apstønir] : **s'abstenir (de voter)** to abstain ; **s'~ de faire qqch** to refrain from doing sthg.

abstention [apstãsjõ] *nf* abstention.

abstenu, e [apstøny] *pp →* **abstenir**.

abstrait, e [apstrε, εt] *adj* abstract.

absurde [apsyrd] *adj* absurd.

abus [aby] *nm* : **évitez les ~** don't drink or eat too much.

abuser [abyze] *vi (exagérer)* to go too far ; **~ de (force, autorité)** to abuse.

académie [akademi] *nf (zone administrative)* local education authority ; **l'Académie française** the

French Academy *(learned society of leading men and women of letters)*.

acajou [akaʒu] *nm (bois)* mahogany.

accabler [akable] *vt* : **~ qqn (de)** to overwhelm sb (with).

accéder [aksede] : **accéder à** *v + prép (lieu)* to reach.

accélérateur [akseleratœr] *nm* accelerator.

accélération [akselerasjɔ̃] *nf* acceleration.

accélérer [akselere] *vi* AUT to accelerate ; *(se dépêcher)* to hurry.

accent [aksɑ̃] *nm* accent ; **mettre l'~ sur** to stress ; **~ aigu** acute (accent) ; **~ circonflexe** circumflex (accent) ; **~ grave** grave (accent).

accentuer [aksɑ̃tɥe] *vt (mot)* to stress. ❏ **s'accentuer** *vp (augmenter)* to become more pronounced.

acceptable [akseptabl] *adj* acceptable.

accepter [aksepte] *vt* to accept ; *(supporter)* to put up with ; **~ de faire qqch** to agree to do sthg.

accès [aksɛ] *nm (entrée)* access ; *(crise)* attack ; **'~ interdit** 'no entry' ; **'~ aux trains'** 'to the trains'.

accessible [aksesibl] *adj* accessible.

accessoire [akseswar] *nm* accessory.

accident [aksidɑ̃] *nm* accident ; **~ de la route** road accident ; **~ du travail** industrial accident ; **~ de voiture** car crash.

accidenté, e [aksidɑ̃te] *adj (voiture)* damaged ; *(terrain)* bumpy.

accidentel, elle [aksidɑ̃tɛl] *adj (mort)* accidental ; *(rencontre, découverte)* chance.

accolade [akɔlad] *nf (signe graphique)* curly bracket.

accompagnateur, trice [akɔ̃panatœr, tris] *nm, f (de voyages)* guide ; MUS accompanist.

accompagnement [akɔ̃panmɑ̃] *nm* MUS accompaniment.

accompagner [akɔ̃pane] *vt* to accompany.

accomplir [akɔ̃plir] *vt* to carry out.

accord [akɔr] *nm* agreement ; MUS chord ; **d'~!** OK!, all right! ; **se mettre d'~** to reach an agreement ; **être d'~ pour faire qqch** to agree to doing sthg.

accordéon [akɔrdeɔ̃] *nm* accordion.

accorder [akɔrde] *vt* MUS to tune ; **~ qqch à qqn** to grant sb sthg. ❏ **s'accorder** *vp* to agree ; **s'~ bien** *(couleurs, vêtements)* to go together well.

accoster [akɔste] *vt (personne)* to go up to. ◆ *vi* NAVIG to moor.

accotement [akɔtmɑ̃] *nm* shoulder ; **'~s non stabilisés'** 'soft verges'.

accouchement [akuʃmɑ̃] *nm* childbirth.

accoucher [akuʃe] *vi* : **~ (de)** to give birth (to).

accouder [akude] : **s'accouder** *vp* to lean.

accoudoir [akudwar] *nm* armrest.

accourir [akurir] *vi* to rush.

accouru, e [akury] *pp* → accourir.

accoutumer [akutyme] : **s'accoutumer à** *vp + prép* to get used to.

accroc [akro] *nm* rip, tear.

accrochage [akʀɔʃaʒ] nm *(accident)* collision ; *fam (dispute)* quarrel.

accrocher [akʀɔʃe] vt *(tableau)* to hang (up) ; *(caravane)* to hook up ; *(heurter)* to hit. ❑ **s'accrocher** vp fam *(persévérer)* to stick to it ; **s'~ à** *(se tenir à)* to cling to.

accroupir [akʀupiʀ] : **s'accroupir** vp to squat (down).

accu [aky] nm fam battery.

accueil [akœj] nm *(bienvenue)* welcome ; *(bureau)* reception.

accueillant, e [akœjã, ãt] adj welcoming.

accueillir [akœjiʀ] vt *(personne)* to welcome ; *(nouvelle)* to receive.

accumuler [akymyle] vt to accumulate. ❑ **s'accumuler** vp to build up.

accusation [akyzasjɔ̃] nf *(reproche)* accusation ; JUR charge.

accusé, e [akyze] nm, f accused. ◆ nm : **~ de réception** acknowledgment slip.

accuser [akyze] vt to accuse ; **~ qqn de qqch** to accuse sb of sthg.

acéré, e [aseʀe] adj sharp.

acharnement [aʃaʀnəmã] nm relentlessness.

acharner [aʃaʀne] : **s'acharner** vp : **s'~ à faire qqch** to strive to do sthg ; **s'~ sur qqn** to persecute sb.

achat [aʃa] nm *(acquisition)* buying ; *(objet)* purchase ; **faire des ~s** to go shopping.

acheter [aʃte] vt to buy ; **~ qqch à qqn** *(pour soi)* to buy sthg from sb ; *(en cadeau)* to buy sthg for sb.

acheteur, euse [aʃtœʀ, øz] nm, f buyer.

achever [aʃve] vt *(terminer)* to finish ; *(tuer)* to finish off. ❑ **s'achever** vp to end.

acide [asid] adj *(aigre)* sour ; *(corrosif)* acid. ◆ nm acid.

acidulé [asidyle] adj m → **bonbon**.

acier [asje] nm steel ; **~ inoxydable** stainless steel.

acné [akne] nf acne.

acompte [akɔ̃t] nm deposit.

à-coup, s [aku] nm jerk ; **par ~s** in fits and starts.

acoustique [akustik] nf *(d'une salle)* acoustics *(sg)*.

acquérir [akeʀiʀ] vt *(acheter)* to buy ; *(réputation, expérience)* to acquire.

acquis, e [aki, iz] pp → **acquérir**.

acquisition [akizisjɔ̃] nf *(action)* acquisition ; *(objet)* purchase ; **faire l'~ de** to buy.

acquitter [akite] vt JUR to acquit. ❑ **s'acquitter de** vp + prép *(dette)* to pay off.

âcre [akʀ] adj *(odeur)* acrid.

acrobate [akʀɔbat] nmf acrobat.

acrobatie [akʀɔbasi] nf acrobatics *(sg)*.

acrylique [akʀilik] nm acrylic.

acte [akt] nm *(action)* act, action ; *(document)* certificate ; *(d'une pièce de théâtre)* act.

acteur, trice [aktœʀ, tʀis] nm, f *(comédien)* actor *(f actress)*.

actif, ive [aktif, iv] adj active.

action [aksjɔ̃] nf *(acte)* action ; *(effet)* effect ; FIN share.

actionnaire [aksjɔnɛʀ] nmf shareholder.

actionner [aksjɔne] vt to activate.

active → **actif**.

activer [aktive] vt *(feu)* to stoke.

❏ **s'activer** *vp (se dépêcher)* to get a move on.

activité [aktivite] *nf* activity.

actrice → **acteur.**

actualité [aktyalite] *nf* : **l'** ~ current events ; **d'** ~ topical. ❏ **actualités** *nfpl* news *(sg)*.

actuel, elle [aktɥɛl] *adj* current, present.

actuellement [aktɥɛlmɑ̃] *adv* currently, at present.

acupuncture [akypɔ̃ktyr] *nf* acupuncture.

adaptateur [adaptatœr] *nm (pour prise de courant)* adaptor.

adapter [adapte] *vt (pour le cinéma, la télévision)* to adapt ; ~ **qqch à** *(ajuster)* to fit sthg to. ❏ **s'adapter** *vp* to adapt ; **s'** ~ **à** to adapt to.

additif [aditif] *nm* additive ; **'sans ~'** 'additive-free'.

addition [adisjɔ̃] *nf (calcul)* addition ; *(note)* bill *(Br)*, check *(Am)* ; **faire une** ~ to do a sum ; **l'** ~, **s'il vous plaît!** can I have the bill please!

additionner [adisjɔne] *vt* to add (up). ❏ **s'additionner** *vp (s'accumuler)* to build up.

adepte [adɛpt] *nmf (d'une théorie)* supporter ; *(du ski, du jazz)* fan.

adéquat, e [adekwa, at] *adj* suitable.

adhérent, e [aderɑ̃, ɑ̃t] *nm, f* member.

adhérer [adere] *vi* : ~ **à** *(coller)* to stick to ; *(participer)* to join.

adhésif, ive [adezif, iv] *adj (pansement, ruban)* adhesive.

adieu, x [adjø] *nm* goodbye ; **adieu!** goodbye!

adjectif [adʒɛktif] *nm* adjective.

adjoint, e [adʒwɛ̃, ɛt] *nm, f* assistant.

admettre [admɛtr] *vt (reconnaître)* to admit ; *(tolérer)* to allow ; *(laisser entrer)* to allow in ; **être admis** *(à un examen)* to pass (an exam).

administration [administrasjɔ̃] *nf (gestion)* administration.

admirable [admirabl] *adj* admirable.

admirateur, trice [admiratœr, tris] *nm, f* admirer.

admiration [admirasjɔ̃] *nf* admiration.

admirer [admire] *vt* to admire.

admis, e [admi, iz] *pp* → **admettre.**

admissible [admisibl] *adj* SCOL eligible to take the second part of an exam.

adolescence [adɔlesɑ̃s] *nf* adolescence.

adolescent, e [adɔlesɑ̃, ɑ̃t] *nm, f* teenager.

adopter [adɔpte] *vt* to adopt.

adoptif, ive [adɔptif, iv] *adj (enfant, pays)* adopted ; *(famille)* adoptive.

adoption [adɔpsjɔ̃] *nf (d'un enfant)* adoption.

adorable [adɔrabl] *adj* delightful.

adorer [adɔre] *vt* to adore.

adosser [adɔse] : **s'adosser** *vp* : **s'** ~ **à** OU **contre** to lean against.

adoucir [adusir] *vt* to soften.

adresse [adrɛs] *nf (domicile)* address ; *(habileté)* skill ; ~ **électronique** e-mail address.

adresser [adrese] *vt* to address. ❏ **s'adresser à** *vp* + *prép (parler à)*

adroit, e [adʀwa, at] *adj* skilful.

adulte [adylt] *nmf* adult.

adverbe [adveʀb] *nm* adverb.

adversaire [adveʀseʀ] *nmf* opponent.

adverse [adveʀs] *adj* opposing.

aération [aeʀasjɔ̃] *nf* ventilation.

aérer [aeʀe] *vt* to air.

aérien, enne [aeʀjɛ̃, ɛn] *adj (transport, base)* air.

aérodrome [aeʀɔdʀom] *nm* aerodrome.

aérodynamique [aeʀɔdinamik] *adj* aerodynamic.

aérogare [aeʀɔgaʀ] *nf* (air) terminal.

aéroglisseur [aeʀɔglisœʀ] *nm* hovercraft.

aérophagie [aeʀɔfaʒi] *nf* wind.

aéroport [aeʀɔpɔʀ] *nm* airport.

aérosol [aeʀɔsɔl] *nm* aerosol.

affaiblir [afebliʀ] *vt* to weaken. ❑ **s'affaiblir** *vp (personne)* to weaken ; *(lumière, son)* to fade.

affaire [afɛʀ] *nf (entreprise)* business ; *(question)* matter ; *(marché)* deal ; *(scandale)* affair ; **avoir ~ à qqn** to deal with sb ; **faire l'~** to do (the trick). ❑ **affaires** *nfpl (objets)* belongings ; **les ~s** FIN business *(sg)*.

affaisser [afese] : **s'affaisser** *vp (personne)* to collapse ; *(sol)* to sag.

affamé, e [afame] *adj* starving.

affecter [afekte] *vt (toucher)* to affect ; *(destiner)* to allocate.

affection [afɛksjɔ̃] *nf* affection.

affectueusement [afɛktɥøzmɑ̃] *adv* affectionately ; *(dans une lettre)* best wishes.

affectueux, euse [afɛktɥø, øz] *adj* affectionate.

affichage [afiʃaʒ] *nm* INFORM display ; **'~ interdit'** 'stick no bills'.

affiche [afiʃ] *nf* poster.

afficher [afiʃe] *vt (placarder)* to post.

affilée [afile] : **d'affilée** *adv* : **il a mangé quatre hamburgers d'~** he ate four hamburgers one after the other ; **j'ai travaillé huit heures d'~** I worked eight hours without a break.

affirmation [afiʀmasjɔ̃] *nf* assertion.

affirmer [afiʀme] *vt* to assert. ❑ **s'affirmer** *vp (personnalité)* to express itself.

affligeant, e [afliʒɑ̃, ɑ̃t] *adj* appalling.

affluence [aflyɑ̃s] *nf* crowd.

affluent [aflyɑ̃] *nm* tributary.

affoler [afɔle] *vt* : **~ qqn** to throw sb into a panic. ❑ **s'affoler** *vp* to panic.

affranchir [afʀɑ̃ʃiʀ] *vt (timbrer)* to put a stamp on.

affranchissement [afʀɑ̃ʃismɑ̃] *nm (timbre)* stamp.

affreusement [afʀøzmɑ̃] *adv* awfully.

affreux, euse [afʀø, øz] *adj (laid)* hideous ; *(terrible)* awful.

affronter [afʀɔ̃te] *vt* to confront ; SPORT to meet. ❑ **s'affronter** *vp* to clash ; SPORT to meet.

affût [afy] *nm* : **être à l'~ (de)** to be on the lookout (for).

affûter [afyte] *vt* to sharpen.

afin [afɛ̃] : **afin de** *prép* in order to. ❑ **afin que** *conj* so that.

aider

africain, e [afrikɛ̃, ɛn] *adj* African. ❑ Africain, e *nm, f* African.

Afrique [afrik] *nf* : l'~ Africa ; l'~ du Sud South Africa.

agaçant, e [agasɑ̃, ɑ̃t] *adj* annoying.

agacer [agase] *vt* to annoy.

âge [aʒ] *nm* age ; quel ~ as-tu? how old are you?

âgé, e [aʒe] *adj* old ; il est ~ de 12 ans he's 12 years old.

agence [aʒɑ̃s] *nf (de publicité)* agency ; *(de banque)* branch ; ~ de voyages travel agent's.

agenda [aʒɛ̃da] *nm* diary ; ~ électronique electronic pocket diary.

agenouiller [aʒnuje] : **s'agenouiller** *vp* to kneel (down).

agent [aʒɑ̃] *nm* : ~ (de police) policeman (*f* policewoman) ; ~ de change stockbroker.

agglomération [aglɔmerasjɔ̃] *nf* town ; l'~ parisienne Paris and its suburbs.

aggraver [agrave] *vt* to aggravate. ❑ **s'aggraver** *vp* to get worse.

agile [aʒil] *adj* agile.

agilité [aʒilite] *nf* agility.

agir [aʒir] *vi* to act. ❑ **s'agir** *v impers* : dans ce livre il s'agit de ... this book is about ...

agitation [aʒitasjɔ̃] *nf* restlessness.

agité, e [aʒite] *adj* restless ; *(mer)* rough.

agiter [aʒite] *vt (bouteille)* to shake ; *(main)* to wave. ❑ **s'agiter** *vp* to fidget.

agneau, x [aɲo] *nm* lamb.

agonie [agɔni] *nf* death throes *(pl)*.

agrafe [agraf] *nf (de bureau)* staple ; *(de vêtement)* hook.

agrafer [agrafe] *vt* to staple (together).

agrafeuse [agraføz] *nf* stapler.

agrandir [agrɑ̃dir] *vt (trou, maison)* to enlarge ; *(photo)* to enlarge. ❑ **s'agrandir** *vp* to grow.

agrandissement [agrɑ̃dismɑ̃] *nm (photo)* enlargement.

agréable [agreabl] *adj* pleasant.

agrès [agrɛ] *nmpl* SPORT apparatus *(sg)*.

agresser [agrese] *vt* to attack.

agresseur [agresœr] *nm* attacker.

agressif, ive [agresif, iv] *adj* aggressive.

agression [agresjɔ̃] *nf* attack.

agricole [agrikɔl] *adj* agricultural.

agriculteur, trice [agrikyltœr, tris] *nm, f* farmer.

agriculture [agrikyltyr] *nf* agriculture.

agripper [agripe] *vt* to grab. ❑ **s'agripper à** *vp + prép* to cling to.

agroalimentaire [agroalimɑ̃ter] *adj* : industrie ~ food-processing industry.

agrumes [agrym] *nmpl* citrus fruit *(sg)*.

ahuri, e [ayri] *adj* stunned.

ahurissant, e [ayrisɑ̃, ɑ̃t] *adj* stunning.

ai [ɛ] → avoir.

aide [ɛd] *nf* help ; appeler à l'~ to call for help ; à l'~! help! ; à l'~ de *(avec)* with the aid of.

aider [ede] *vt* to help ; ~ qqn à fai-

aie

re qqch to help sb (to) do sthg. ❏ s'aider de *vp* + *prép* to use.

aie [ɛ] → avoir.

aïe [aj] *excl* ouch!

aigle [ɛgl] *nm* eagle.

aigre [ɛgr] *adj (goût)* sour ; *(ton)* cutting.

aigre-doux, douce [ɛgrədu, dus] *(mpl* aigres-doux, *fpl* aigres-douces) *adj (sauce, porc)* sweet-and-sour.

aigri, e [ɛgri] *adj* bitter.

aigu, uë [ɛgy] *adj (perçant)* high-pitched ; *(pointu)* sharp ; *(douleur, maladie)* acute.

aiguillage [ɛgɥijaʒ] *nm (manœuvre)* switching ; *(appareil)* points *(pl)*.

aiguille [ɛgɥij] *nf (de couture, de seringue)* needle ; *(de montre)* hand.

aiguillette [ɛgɥijɛt] *nf* : ~s de canard strips of duck breast.

aiguiser [egize] *vt* to sharpen.

ail [aj] *nm* garlic.

aile [ɛl] *nf* wing.

ailier [elje] *nm (au foot)* winger ; *(au rugby)* wing.

aille [aj] → aller.

ailleurs [ajœr] *adv* somewhere else ; d'~ *(du reste)* moreover ; *(à propos)* by the way.

aimable [ɛmabl] *adj* kind.

aimant [ɛmɑ̃] *nm* magnet.

aimer [eme] *vt (d'amour)* to love ; *(apprécier)* to like ; ~ faire qqch to like doing sthg ; j'aimerais I would like ; ~ mieux to prefer.

aine [ɛn] *nf* groin.

aîné, e [ene] *adj (frère, sœur)* older, elder ; *(fils, fille)* oldest, eldest. ◆ *nm, f (frère)* older brother ; *(sœur)* older sister ; *(fils, fille)* oldest (child), eldest (child).

ainsi [ɛ̃si] *adv (de cette manière)* in this way ; *(par conséquent)* so ; ~ que and ; et ~ de suite and so on.

aïoli [ajɔli] *nm* garlic mayonnaise.

air [ɛr] *nm*

Airbag® [ɛrbag] *nm* airbag.

aire [ɛr] *nf* area ; ~ de jeu playground ; ~ de repos rest area, layby *(Br)* ; ~ de stationnement parking area.

airelle [ɛrɛl] *nf* cranberry.

aisance [ɛzɑ̃s] *nf (assurance)* ease ; *(richesse)* wealth.

aise [ɛz] *nf* : à l'~ comfortable ; mal à l'~ uncomfortable.

aisé, e [eze] *adj (riche)* well-off.

aisselle [ɛsɛl] *nf* armpit.

ajouter [aʒute] *vt* : ~ qqch (à) to add sthg (to) ; ~ que to add that.

ajuster [aʒyste] *vt* to fit ; *(vêtement)* to alter.

alarmant, e [alarmɑ̃, ɑ̃t] *adj* alarming.

alarme [alarm] *nf* alarm ; donner l'~ to raise the alarm.

album [albɔm] *nm* album ; ~ (de) photos photograph album.

alcool [alkɔl] *nm* alcohol ; sans ~ alcohol-free ; ~ à 90° surgical spirit ; ~ à brûler methylated spirits *(pl)*.

alcoolique [alkɔlik] *nmf* alcoholic.

alcoolisé, e [alkɔlize] *adj* alcoholic ; non ~ nonalcoholic.

Alcootest® [alkotɛst] *nm* ≃ Breathalyser®.

aléatoire [aleatwar] *adj* risky.

alentours [alɑ̃tur] *nmpl* surroundings ; **aux ~** nearby ; **aux ~ de** (environ) around.

alerte [alɛʀt] adj & nf alert ; **donner l' ~** to raise the alarm.

alerter [alɛʀte] vt (d'un danger) to alert ; (informer) to notify.

algèbre [alʒɛbʀ] nf algebra.

Algérie [alʒeʀi] nf : **l' ~** Algeria.

algérien, enne [alʒeʀjɛ̃, ɛn] adj Algerian. ◆ **Algérien, enne** nm, f Algerian.

algues [alg] nfpl seaweed (sg).

alibi [alibi] nm alibi.

alignement [aliɲmɑ̃] nm line.

aligner [aliɲe] vt to line up. ❑ **s'aligner** vp to line up.

aliment [alimɑ̃] nm food.

alimentation [alimɑ̃tasjɔ̃] nf (nourriture) diet ; (épicerie) grocer's.

alimenter [alimɑ̃te] vt to feed ; (approvisionner) to supply.

allaiter [alete] vt to breast-feed.

alléchant, e [aleʃɑ̃, ɑ̃t] adj mouth-watering.

allée [ale] nf path ; **~s et venues** comings and goings.

allégé, e [aleʒe] adj (aliment) low-fat.

Allemagne [alman] nf : **l' ~** Germany.

allemand, e [almɑ̃, ɑ̃d] adj German. ◆ nm (langue) German. ❑ **Allemand, e** nm, f German.

👉
aller [ale] nm - 1. (parcours) outward journey ; **à l' ~** on the way.
- 2. (billet) : **~ (simple)** single (Br), one-way ticket (Am) ; **~ et retour** return (ticket).
◆ vi - 1. (se déplacer) to go ; **~ au Portugal** to go to Portugal ; **~ en vacances** to go on holiday (Br), to go on vacation (Am).

- 2. (suj : route) to go.
- 3. (exprime un état) : **comment allez-vous?** how are you? ; (comment) **ça va?** - **ça va** how are things?
- fine ; **~ bien/mal** (personne) to be well/unwell ; (situation) to go well/badly.
- 4. (convenir) : **ça ne va pas** (outil) it's not any good ; **~ à qqn** (couleur) to suit sb ; (en taille) to fit sb ; **~ avec qqch** to go with sthg.
- 5. (suivi d'un infinitif, exprime le but) : **~ voir** to go and see.
- 6. (suivi d'un infinitif, exprime le futur proche) : **~ faire qqch** to be going to do sthg.
- 7. (dans des expressions) : **allez!** come on! ; **allons!** come on! ; **y ~** (partir) to be off ; **vas-y!** go on! ❑ **s'en aller** vp (partir) to go away ; (suj : tache, couleur) to disappear.

allergie [alɛʀʒi] nf allergy.

allergique [alɛʀʒik] adj : **être ~ à** to be allergic to.

aller-retour [aleʀ(ə)tuʀ] (pl **allers-retours**) nm (billet) return (ticket).

alliage [aljaʒ] nm alloy.

alliance [aljɑ̃s] nf (bague) wedding ring ; (union) alliance.

allié, e [alje] nm, f ally.

allô [alo] excl hello!

allocation [alɔkasjɔ̃] nf allocation ; **~s familiales** family allowance (sg).

allonger [alɔ̃ʒe] vt (vêtement) to lengthen ; (bras, jambe) to stretch out. ❑ **s'allonger** vp (augmenter) to get longer ; (s'étendre) to lie down.

allumage [alymaʒ] nm AUT ignition.

allumer [alyme] vt (feu) to light ;

(lumière, radio) to turn on. ❑ **s'allumer** *vp* (*s'éclairer*) to light up.

allumette [alymɛt] *nf* match.

allure [alyr] *nf* (*apparence*) appearance ; (*vitesse*) speed ; **à toute ~** at full speed.

allusion [alyzjɔ̃] *nf* allusion ; **faire ~ à** to refer OU allude to.

alors [alɔr] *adv* (*par conséquent*) so, then ; **ça ~!** my goodness! ; **et ~?** (*et ensuite*) and then what? ; (*pour défier*) so what? ; **~ que** (*bien que*) even though ; (*tandis que*) whereas, while.

alourdir [alurdir] *vt* to weigh down.

aloyau, x [alwajo] *nm* sirloin.

Alpes [alp] *nfpl* : **les ~** the Alps.

alphabet [alfabɛ] *nm* alphabet.

alphabétique [alfabetik] *adj* alphabetical ; **par ordre ~** in alphabetical order.

alpin [alpɛ̃] *adj* m → **ski**.

alpinisme [alpinism] *nm* mountaineering.

alpiniste [alpinist] *nmf* mountaineer.

Alsace [alzas] *nf* : **l'~** Alsace.

alternatif [alternatif] *adj* m → **courant**.

alternativement [alternativmɑ̃] *adv* alternately.

alterner [alterne] *vi* to alternate.

altitude [altityd] *nf* altitude.

alu [aly] *fam adj* : **papier ~** aluminium *Br* OU aluminum *Am* foil.

aluminium [alyminjɔm] *nm* aluminium.

amabilité [amabilite] *nf* kindness.

amadouer [amadwe] *vt* (*attirer*) to coax ; (*calmer*) to mollify.

amaigrissant, e [amɛgrisɑ̃, ɑ̃t] *adj* slimming (*Br*), reducing (*Am*).

amande [amɑ̃d] *nf* almond.

amant [amɑ̃] *nm* lover.

amarrer [amare] *vt* (*bateau*) to moor.

amas [ama] *nm* pile.

amasser [amase] *vt* to pile up ; (*argent*) to amass.

amateur [amatœr] *adj* & *nm* amateur ; **être ~ de** to be keen on.

ambassade [ɑ̃basad] *nf* embassy.

ambassadeur, drice [ɑ̃basadœr, dris] *nm, f* ambassador.

ambiance [ɑ̃bjɑ̃s] *nf* atmosphere ; **d'~** (*musique, éclairage*) atmospheric.

ambigu, uë [ɑ̃bigy] *adj* (*mot*) ambiguous ; (*personnage*) dubious.

ambitieux, euse [ɑ̃bisjø, øz] *adj* ambitious.

ambition [ɑ̃bisjɔ̃] *nf* ambition.

ambulance [ɑ̃bylɑ̃s] *nf* ambulance.

ambulant [ɑ̃bylɑ̃] *adj* m → **marchand**.

âme [am] *nf* soul.

amélioration [ameljɔrasjɔ̃] *nf* improvement.

améliorer [ameljɔre] *vt* to improve. ❑ **s'améliorer** *vp* to improve.

aménagé, e [amenaʒe] *adj* (*cuisine, camping*) fully-equipped.

aménager [amenaʒe] *vt* (*pièce, appartement*) to fit out.

amende [amɑ̃d] *nf* fine.

amener [amne] *vt* to bring ; (*causer*) to cause.

amer, ère [amɛr] *adj* bitter.

américain, e [amerikɛ̃, ɛn] *adj* American. ❑ **Américain, e** *nm, f* American.

Amérique [amerik] *nf* : l'~ America ; l'~ centrale Central America ; l'~ latine Latin America ; l'~ du Sud South America.

amertume [amɛrtym] *nf* bitterness.

ameublement [amœbləmɑ̃] *nm* furniture.

ami, e [ami] *nm, f* friend ; *(amant)* boyfriend (f girlfriend).

amiable [amjabl] *adj* amicable ; à l'~ out of court.

amiante [amjɑ̃t] *nm* asbestos.

amical, e, aux [amikal, o] *adj* friendly.

amicalement [amikalmɑ̃] *adv* in a friendly way ; *(dans une lettre)* kind regards.

amincir [amɛ̃sir] *vt (suj : régime)* to make thinner ; **cette veste t'amincit** that jacket makes you look slimmer.

amitié [amitje] *nf* friendship ; **~s** *(dans une lettre)* best wishes.

amnésique [amnezik] *adj* amnesic.

amonceler [amɔ̃sle] : **s'amonceler** *vp* to accumulate.

amont [amɔ̃] *nm* : **en ~ (de)** upstream (from).

amorcer [amɔrse] *vt (commencer)* to begin.

amortir [amɔrtir] *vt (choc)* to absorb ; *(son)* to muffle.

amortisseur [amɔrtisœr] *nm* shock absorber.

amour [amur] *nm* love ; **faire l'~** to make love.

amoureux, euse [amurø, øz] *adj* in love. ◆ *nmpl* lovers ; **être ~ de qqn** to be in love with sb.

amour-propre [amurprɔpr] *nm* pride.

amovible [amɔvibl] *adj* removable.

amphithéâtre [ɑ̃fiteatr] *nm* amphitheatre ; *(salle de cours)* lecture hall.

ample [ɑ̃pl] *adj (jupe)* full ; *(geste)* sweeping.

amplement [ɑ̃pləmɑ̃] *adv* fully ; **c'est ~ suffisant** that's ample.

ampli [ɑ̃pli] *nm fam* amp.

amplificateur [ɑ̃plifikatœr] *nm (de chaîne hi-fi)* amplifier.

amplifier [ɑ̃plifje] *vt (son)* to amplify ; *(phénomène)* to increase.

ampoule [ɑ̃pul] *nf (de lampe)* bulb ; *(de médicament)* phial ; *(cloque)* blister.

amputer [ɑ̃pyte] *vt* to amputate ; *(texte)* to cut.

amusant, e [amyzɑ̃, ɑ̃t] *adj (distrayant)* amusing ; *(comique)* funny.

amuse-gueule [amyzgœl] *nm inv* appetizer.

amuser [amyze] *vt (faire rire)* : **~ qqn** to make sb laugh. ❑ **s'amuser** *vp (se distraire)* to enjoy o.s. ; *(jouer)* to play ; **s'~ à faire qqch** to amuse o.s. doing sthg.

amygdales [amidal] *nfpl* tonsils.

an [ɑ̃] *nm* year ; **il a neuf ~s** he's nine (years old) ; **en l'~ 2000** in the year 2000.

anachronique [anakrɔnik] *adj* anachronistic.

analogue [analɔg] *adj* similar.

analphabète [analfabɛt] *adj* illiterate.

analyse [analiz] *nf* analysis ; ~ **de sang** blood test.

analyser [analize] *vt (texte, données)* to analyse.

ananas [anana(s)] *nm* pineapple.

anarchie [anarʃi] *nf* anarchy.

anatomie [anatɔmi] *nf* anatomy.

ancêtre [ɑ̃sɛtr] *nmf* ancestor ; *(version précédente)* forerunner.

anchois [ɑ̃ʃwa] *nm* anchovy.

ancien, enne [ɑ̃sjɛ̃, ɛn] *adj (du passé)* ancient ; *(vieux)* old ; *(ex-)* former.

ancienneté [ɑ̃sjɛnte] *nf (dans une entreprise)* seniority.

ancre [ɑ̃kr] *nf* anchor ; **jeter l'~** to drop anchor ; **lever l'~** to weigh anchor.

Andorre [ɑ̃dɔr] *nf* : **l'~** Andorra.

andouille [ɑ̃duj] *nf* CULIN type of sausage made from pig's intestines, eaten cold ; *fam (imbécile)* twit.

andouillette [ɑ̃dujɛt] *nf* type of sausage made from pig's intestines, eaten grilled.

âne [an] *nm* donkey ; *(imbécile)* fool.

anéantir [aneɑ̃tir] *vt* to crush.

anecdote [anɛkdɔt] *nf* anecdote.

anémie [anemi] *nf* anaemia.

ânerie [anri] *nf (parole)* stupid remark ; **faire des ~s** to do stupid things.

anesthésie [anɛstezi] *nf* anaesthetic ; ~ **générale** general anaesthetic ; ~ **locale** local anaesthetic.

ange [ɑ̃ʒ] *nm* angel.

angine [ɑ̃ʒin] *nf (des amygdales)* tonsillitis ; *(du pharynx)* pharyngitis ; ~ **de poitrine** angina.

anglais, e [ɑ̃glɛ, ɛz] *adj* English. ◆ *nm (langue)* English ; **je ne parle**

pas ~ I don't speak English. ❑ **Anglais, e** *nm, f* Englishman (f Englishwoman).

angle [ɑ̃gl] *nm (coin)* corner ; *(géométrique)* angle ; ~ **droit** right angle.

Angleterre [ɑ̃glətɛr] *nf* : **l'~** England.

Anglo-Normandes *adj fpl* → **île**.

angoisse [ɑ̃gwas] *nf* anguish.

angoissé, e [ɑ̃gwase] *adj* anxious.

angora [ɑ̃gɔra] *nm* angora.

anguille [ɑ̃gij] *nf* eel.

animal, aux [animal, o] *nm* animal.

animateur, trice [animatœr, tris] *nm, f (de club, de groupe)* coordinator ; *(à la radio, la télévision)* presenter.

animation [animasjɔ̃] *nf (vivacité)* liveliness ; *(dans la rue)* activity. ❑ **animations** *nfpl (culturelles)* activities.

animé, e [anime] *adj* lively.

animer [anime] *vt (jeu, émission)* to present. ❑ **s'animer** *vp (visage)* to light up ; *(rue)* to come to life.

anis [ani(s)] *nm* aniseed.

ankyloser [ɑ̃kiloze] : **s'ankyloser** *vp (s'engourdir)* to go numb.

anneau, x [ano] *nm* ring.

année [ane] *nf* year ; ~ **bissextile** leap year ; ~ **scolaire** school year.

annexe [anɛks] *nf (document)* appendix ; *(bâtiment)* annex.

anniversaire [aniversɛr] *nm* birthday ; ~ **de mariage** wedding anniversary.

annonce [anɔ̃s] *nf* announcement ; *(dans un journal)* advertisement ; (petites) ~s classified advertisements.

annoncer [anɔ̃se] *vt* to announce ; (*être signe de*) to be a sign of. ❏ **s'annoncer** *vp* : s'~ bien to look promising.

annuaire [anɥɛr] *nm (recueil)* yearbook ; ~ (téléphonique) telephone directory.

annuel, elle [anɥɛl] *adj* annual.

annulaire [anɥlɛr] *nm* ring finger.

annulation [anylasjɔ̃] *nf* cancellation.

annuler [anyle] *vt* to cancel.

anomalie [anɔmali] *nf* anomaly.

anonyme [anɔnim] *adj* anonymous.

anorak [anɔrak] *nm* anorak.

anormal, e, aux [anɔrmal, o] *adj* abnormal ; *péj (handicapé)* mentally retarded.

ANPE *nf (abr de Agence nationale pour l'emploi)* French national employment agency.

anse [ɑ̃s] *nf (poignée)* handle ; (*crique*) cove.

Antarctique [ɑ̃tarktik] *nm* : l'(océan) ~ the Antarctic (Ocean).

antenne [ɑ̃tɛn] *nf (de radio, de télévision)* aerial ; (*d'animal*) antenna ; ~ parabolique dish aerial.

antérieur, e [ɑ̃terjœr] *adj (précédent)* previous ; (*de devant*) front.

anthrax [ɑ̃traks] *nm fam* MED anthrax.

antibiotique [ɑ̃tibjɔtik] *nm* antibiotic.

antibrouillard [ɑ̃tibrujar] *nm* fog lamp *(Br)*, foglight *(Am)*.

anticiper [ɑ̃tisipe] *vt* to anticipate.

antidopage [ɑ̃tidɔpaʒ], **anti-doping** [ɑ̃tidɔpiŋ] *adj inv* : contrôle ~ drugs test.

antidote [ɑ̃tidɔt] *nm* antidote.

antigel [ɑ̃tiʒɛl] *nm* antifreeze.

antillais, e [ɑ̃tijɛ, ɛz] *adj* West Indian. ❏ **Antillais, e** *nm, f* West Indian.

Antilles [ɑ̃tij] *nfpl* : les ~ the West Indies.

antimite [ɑ̃timit] *nm* mothballs *(pl)*.

antipathique [ɑ̃tipatik] *adj* unpleasant.

antiquaire [ɑ̃tikɛr] *nmf* antiques dealer.

antique [ɑ̃tik] *adj* ancient.

antiquité [ɑ̃tikite] *nf (objet)* antique ; l'Antiquité Antiquity.

antiseptique [ɑ̃tisɛptik] *adj* antiseptic.

antivol [ɑ̃tivɔl] *nm* anti-theft device.

anxiété [ɑ̃ksjete] *nf* anxiety.

anxieux, euse [ɑ̃ksjø, øz] *adj* anxious.

AOC *(abr de appellation d'origine contrôlée)* label guaranteeing the quality of a French wine.

août [u(t)] *nm* August → septembre.

apaiser [apeze] *vt (personne, colère)* to calm ; (*douleur*) to soothe.

apathique [apatik] *adj* apathetic.

apercevoir [apɛrsəvwar] *vt* to see. ❏ **s'apercevoir** *vp* : s'~ que *(remarquer)* to notice that ; (*comprendre*) to realize that.

aperçu, e [apɛrsy] *pp* → apercevoir. ◆ *nm* general idea, overview.

apéritif [aperitif] *nm* aperitif.

aphone [afɔn] *adj* : il était ~ he'd lost his voice.

aphte [aft] *nm* mouth ulcer.

apitoyer [apitwaje] : **s'apitoyer sur** *vp + prép (personne)* to feel sorry for.

ap. J-C *(abr de après Jésus-Christ)* AD.

aplanir [aplanir] *vt* to level (off) ; *(difficultés)* to smooth over.

aplatir [aplatir] *vt* to flatten.

aplomb [aplɔ̃] *nm (culot)* nerve ; **d'~** *(vertical)* straight.

apostrophe [apɔstrɔf] *nf* apostrophe ; **s ~ 's'** apostrophe.

apôtre [apotr] *nm* apostle.

apparaître [aparɛtr] *vi* to appear.

appareil [aparɛj] *nm* device ; *(poste téléphonique)* telephone ; **qui est à l'~?** who's speaking? ; **~ ménager** household appliance ; **~ photo** camera ; **~ photo numérique** digital camera.

apparemment [aparamɑ̃] *adv* apparently.

apparence [aparɑ̃s] *nf* appearance.

apparent, e [aparɑ̃, ɑ̃t] *adj (visible)* visible ; *(superficiel)* apparent.

apparition [aparisjɔ̃] *nf (arrivée)* appearance ; *(fantôme)* apparition.

appartement [apartəmɑ̃] *nm* flat (Br), apartment (Am).

appartenir [apartənir] *vi* : **~ à** to belong to.

appartenu [apartəny] *pp* → **appartenir**.

apparu, e [apary] *pp* → **apparaître**.

appât [apa] *nm* bait.

appel [apel] *nm* call ; **faire l'~** *SCOL*

to call the register (Br), to call (the) roll (Am) ; **faire ~ à** to appeal to ; **faire un ~ de phares** to flash one's headlights.

appeler [aple] *vt* to call ; *(interpeller)* to call out to ; **~ à l'aide** to call for help. ❑ **s'appeler** *vp (se nommer)* to be called ; *(se téléphoner)* to talk on the phone ; **comment t'appelles-tu?** what's your name?

appendicite [apɛ̃disit] *nf* appendicitis.

appesantir [apəzɑ̃tir] : **s'appesantir sur** *vp + prép* to dwell on.

appétissant, e [apetisɑ̃, ɑ̃t] *adj* appetizing.

appétit [apeti] *nm* appetite ; **bon ~!** enjoy your meal!

applaudir [aplodir] *vt & vi* to applaud.

applaudissements [aplodismɑ̃] *nmpl* applause (sg).

application [aplikasjɔ̃] *nf (soin)* application ; *(d'une loi, d'un tarif)* enforcement.

applique [aplik] *nf* wall lamp.

appliqué, e [aplike] *adj (élève)* hardworking ; *(écriture)* careful.

appliquer [aplike] *vt (loi, tarif)* to enforce ; *(peinture)* to apply. ❑ **s'appliquer** *vp (élève)* to apply o.s.

appoint [apwɛ̃] *nm* : **faire l'~** to give the exact money ; **d'~** *(chauffage, lit)* extra.

apporter [apɔrte] *vt* to bring ; *fig (soin)* to exercise.

appréciation [apresjasjɔ̃] *nf (jugement)* judgment ; *(évaluation)* estimate ; *SCOL* assessment.

apprécier [apresje] *vt (aimer)* to

appreciate, to like ; *(évaluer)* to estimate.

appréhension [apreɑ̃sjɔ̃] *nf* apprehension.

apprendre [aprɑ̃dr] *vt (étudier)* to learn ; *(nouvelle)* to learn of ; ~ **qqch à qqn** *(discipline)* to teach sb sthg ; *(nouvelle)* to tell sb sthg.

apprenti, e [aprɑ̃ti] *nm, f* apprentice.

apprentissage [aprɑ̃tisaʒ] *nm (d'un métier manuel)* apprenticeship ; *(d'une langue, d'un art)* learning.

apprêter [aprete] : **s'apprêter** *vp* + *prép* : **s'~ à faire qqch** to be about to do sthg.

appris, e [apri, iz] *pp* → **apprendre**.

apprivoiser [aprivwaze] *vt* to tame.

approcher [aprɔʃe] *vt* to move nearer. ◆ *vi (dans l'espace)* to get nearer ; *(dans le temps)* to approach ; ~ **de** to approach. ❑ **s'approcher** *vp* to approach ; **s'~ de** to approach.

approfondir [aprɔfɔ̃dir] *vt (à l'écrit)* to write in more detail about ; *(à l'oral)* to talk in more detail about.

approprié, e [aprɔprije] *adj* appropriate.

approuver [apruve] *vt* to approve of.

approvisionner [aprɔvizjɔne] : **s'approvisionner** *vp (faire ses courses)* to shop ; **s'~ en** to stock up on.

approximatif, ive [aprɔksimatif, iv] *adj* approximate.

appui-tête [apɥitɛt] *(pl* appuis-tête) *nm* headrest.

appuyer [apɥije] *vt* to lean. ◆ *vi* : ~ **sur** to press. ❑ **s'appuyer** *vp* : **s'~ à** to lean against.

après [apre] *prép* after. ◆ *adv* afterwards ; ~ **tout** after all ; **l'année d'~** the following year ; **d'~ moi** in my opinion.

après-demain [apredəmɛ̃] *adv* the day after tomorrow.

après-midi [apremidi] *nm inv ou nf inv* afternoon ; **l'~** *(tous les jours)* in the afternoon.

après-rasage, s [aprerazaʒ] *nm* aftershave.

après-shampooing [apreʃɑ̃pwɛ̃] *nm inv* conditioner.

a priori [apriɔri] *adv* in principle. ◆ *nm inv* preconception.

apte [apt] *adj* : ~ **à qqch** fit for sthg ; ~ **à faire qqch** fit to do sthg.

aptitudes [aptityd] *nfpl* ability *(sg)*.

aquarelle [akwarɛl] *nf* watercolour.

aquarium [akwarjɔm] *nm* aquarium.

aquatique [akwatik] *adj* aquatic.

aqueduc [akdyk] *nm* aqueduct.

Aquitaine [akitɛn] *nf* : **l'~** Aquitaine *(region in southwest of France)*.

AR *abr* = **accusé de réception, aller-retour**.

arabe [arab] *adj* Arab. ◆ *nm (langue)* Arabic. ❑ **Arabe** *nmf* Arab.

arachide [araʃid] *nf* groundnut.

araignée [arɛɲe] *nf* spider.

arbitraire [arbitrɛr] *adj* arbitrary.

arbitre [arbitr] *nm* referee ; *(au tennis, cricket)* umpire.

arbitrer [arbitre] *vt* to referee ; *(au tennis, cricket)* to umpire.

arbre [arbr] *nm* tree.

arbuste [arbyst] *nm* shrub.

arc [ark] *nm (arme)* bow ; *(géométrique)* arc ; *(voûte)* arch.

arcade [arkad] *nf* arch.

arc-bouter [arkbute] : **s'arc-bouter** *vp* to brace o.s.

arc-en-ciel [arkɑ̃sjɛl] *(pl arcs-en-ciel)* *nm* rainbow.

archaïque [arkaik] *adj* archaic.

arche [arʃ] *nf* arch.

archéologie [arkeɔlɔʒi] *nf* archaeology.

archéologue [arkeɔlɔg] *nmf* archaeologist.

archet [arʃɛ] *nm* bow.

archipel [arʃipɛl] *nm* archipelago.

architecte [arʃitɛkt] *nmf* architect.

architecture [arʃitɛktyr] *nf* architecture.

archives [arʃiv] *nfpl* records.

Arctique [arktik] *nm* : **l'(océan) ~ the** Arctic (Ocean).

ardent, e [ardɑ̃, ɑ̃t] *adj fig (défenseur, désir)* fervent.

ardeur [ardœr] *nf* fervour.

ardoise [ardwaz] *nf* slate.

ardu, e [ardy] *adj* difficult.

arènes [arɛn] *nfpl (romaines)* amphitheatre *(sg)* ; *(pour corridas)* bullring *(sg)*.

arête [arɛt] *nf (de poisson)* bone ; *(angle)* corner.

argent [arʒɑ̃] *nm (métal)* silver ; *(monnaie)* money ; **~ liquide** cash.

argenté, e [arʒɑ̃te] *adj* silver.

argenterie [arʒɑ̃tri] *nf* silverware.

argile [arʒil] *nf* clay.

argot [argo] *nm* slang.

argument [argymɑ̃] *nm* argument.

aride [arid] *adj* arid.

aristocratie [aristɔkrasi] *nf* aristocracy.

arithmétique [aritmetik] *nf* arithmetic.

armature [armatyr] *nf* framework ; *(d'un soutien-gorge)* underwiring.

arme [arm] *nf* weapon ; **~ à feu** firearm.

armé, e [arme, arme] *adj* armed.

armée [arme, arme] *nf* army.

armement [armɔmɑ̃] *nm* arms *(pl)*.

armer [arme] *vt* to arm ; *(appareil photo)* to wind on.

armistice [armistis] *nm* armistice.

armoire [armwar] *nf* cupboard *(Br)*, closet *(Am)* ; **~ à pharmacie** medicine cabinet.

armoiries [armwari] *nfpl* coat of arms *(sg)*.

armure [armyr] *nf* armour.

aromate [arɔmat] *nm (épice)* spice ; *(fine herbe)* herb.

aromatique [arɔmatik] *adj* aromatic.

aromatisé, e [arɔmatize] *adj* flavoured.

arôme [arom] *nm (odeur)* aroma ; *(goût)* flavour.

arqué, e [arke] *adj* arched.

arracher [araʃe] *vt (feuille)* to tear out ; *(mauvaises herbes, dent)* to pull out ; **~ qqch à qqn** to snatch sthg from sb.

arrangement [arɑ̃ʒmɑ̃] *nm* arrangement ; *(accord)* agreement.

arranger [arɑ̃ʒe] *vt (organiser)* to

arrange ; *(résoudre)* to settle ; *(réparer)* to fix ; **cela m'arrange** that suits me. ❑ **s'arranger** *vp (se mettre d'accord)* to come to an agreement ; *(s'améliorer)* to get better ; **s'~ pour faire qqch** to arrange to do sthg.

arrestation [arestasjɔ̃] *nf* arrest.

arrêt [are] *nm (interruption)* interruption ; *(station)* stop ; **'~ interdit'** 'no stopping' ; **~ d'autobus** bus stop ; **~ de travail** stoppage ; **sans ~** *(parler, travailler)* nonstop.

arrêter [arete] *vt* to stop ; *(suspect)* to arrest. ◆ *vi* to stop ; **~ de faire qqch** to stop doing sthg. ❑ **s'arrêter** *vp* to stop ; **s'~ de faire qqch** to stop doing sthg.

arrhes [ar] *nfpl* deposit *(sg)*.

arrière [arjer] *adj inv & nm* back ; **à l'~ de** at the back of ; **en ~** *(rester, regarder)* behind ; *(tomber)* backwards.

arriéré, e [arjere] *adj* backward.

arrière-boutique, s [arjerbutik] *nf* back of the shop.

arrière-grands-parents [arjergrɑ̃parɑ̃] *nmpl* great-grandparents.

arrière-pensée, s [arjerpɑ̃se] *nf* ulterior motive.

arrière-plan, s [arjerplɑ̃] *nm* : **à l'~** in the background.

arrière-saison, s [arjersezɔ̃] *nf* late autumn.

arrivée [arive] *nf* arrival ; *(d'une course)* finish ; **'~ s** 'arrivals'.

arriver [arive] *vi* to arrive ; *(se produire)* to happen. ◆ *v impers* : **il arrive qu'il soit en retard** he is sometimes late ; **que t'est-il arrivé?** what happened to you? ; **~ à qqch** to reach sthg ; **~ à faire qqch** to suc-

ceed in doing sthg, to manage to do sthg.

arriviste [arivist] *nmf* social climber.

arrobas, arobas [arɔbas] *nf (dans une adresse électronique)* at.

arrogant, e [arɔgɑ̃, ɑ̃t] *adj* arrogant.

arrondir [arɔ̃dir] *vt (au chiffre supérieur)* to round up ; *(au chiffre inférieur)* to round down.

arrondissement [arɔ̃dismɑ̃] *nm* district.

arrosage [arozaʒ] *nm* watering.

arroser [aroze] *vt* to water.

arrosoir [arozwar] *nm* watering can.

Arrt *abr* = **arrondissement**.

art [ar] *nm* : **l'~** art ; **~ s plastiques** SCOL art.

artère [arter] *nf* artery.

artichaut [artiʃo] *nm* artichoke.

article [artikl] *nm* article.

articulation [artikylasjɔ̃] *nf* ANAT joint.

articulé, e [artikyle] *adj (pantin)* jointed ; *(lampe)* hinged.

articuler [artikyle] *vt (prononcer)* to articulate. ◆ *vi* to speak clearly.

artifice [artifis] *nm* → **feu**.

artificiel, elle [artifisjel] *adj* artificial.

artisan [artizɑ̃] *nm* craftsman *m*, craftswoman *f*.

artisanal, e, aux [artizanal, o] *adj* traditional.

artiste [artist] *nmf* artist.

artistique [artistik] *adj* artistic.

as¹ [a] → **avoir**.

as² [as] *nm (carte)* ace ; *fam (champion)* ace.

ascendant [asɑ̃dɑ̃] *nm (astrologique)* ascendant.

ascenseur [asɑ̃sœr] *nm* lift (*Br*), elevator (*Am*).

ascension [asɑ̃sjɔ̃] *nf* ascent ; *fig (progression)* progress.

asiatique [azjatik] *adj* Asian. ❑ **Asiatique** *nmf* Asian.

Asie [azi] *nf* : l'~ Asia.

asile [azil] *nm (psychiatrique)* asylum ; *(refuge)* refuge.

aspect [aspɛ] *nm* appearance ; *(point de vue)* aspect.

asperge [aspɛrʒ] *nf* asparagus.

asperger [aspɛrʒe] *vt* to spray.

aspérités [asperite] *nfpl* bumps.

asphyxier [asfiksje] *vt* to suffocate. ❑ **s'asphyxier** *vp* to suffocate.

aspirante, e [aspirɑ̃t] *adj f → hotte*.

aspirateur [aspiratœr] *nm* vacuum cleaner.

aspirer [aspire] *vt (air)* to draw in ; *(poussière)* to suck up.

aspirine [aspirin] *nf* aspirin.

assaillant, e [asajɑ̃, ɑ̃t] *nm, f* attacker.

assaillir [asajir] *vt* to attack ; ~ **qqn de questions** to bombard sb with questions.

assaisonnement [asɛzɔnmɑ̃] *nm (sel et poivre)* seasoning ; *(sauce)* dressing.

assassin [asasɛ̃] *nm* murderer.

assassiner [asasine] *vt* to murder.

assaut [aso] *nm* assault.

assemblage [asɑ̃blaʒ] *nm* assembly.

assemblée [asɑ̃ble] *nf* meeting ; **l'Assemblée (nationale)** the (French) National Assembly.

assembler [asɑ̃ble] *vt* to assemble.

asseoir [aswar] : **s'asseoir** *vp* to sit down.

assez [ase] *adv (suffisamment)* enough ; *(plutôt)* quite ; ~ **de** enough ; **en avoir** ~ **(de)** to be fed up (with).

assidu, e [asidy] *adj* diligent.

assiéger [asjeʒe] *vt* to besiege.

assiette [asjɛt] *nf* plate ; ~ **de crudités** raw vegetables served as a starter ; ~ **creuse** soup dish ; ~ **à dessert** dessert plate ; ~ **plate** dinner plate.

assimiler [asimile] *vt (comprendre)* to assimilate ; *(comparer)* : ~ **qqn/qqch à** to compare sb/sthg with.

assis, e [asi, iz] *pp → asseoir*. ◆ *adj* : **être** ~ to be seated ou sitting.

assises [asiz] *nfpl* : **(cour d')** ~ ≃ crown court (*Br*), circuit court (*Am*).

assistance [asistɑ̃s] *nf (public)* audience ; *(aide)* assistance.

assistant, e [asistɑ̃, ɑ̃t] *nm, f* assistant ; *(en langues étrangères)* (foreign language) assistant ; ~ **e sociale** social worker.

assister [asiste] *vt (aider)* to assist ; ~ **à** *(concert)* to attend ; *(meurtre)* to witness.

association [asɔsjasjɔ̃] *nf* association.

associer [asɔsje] *vt* to associate. ❑ **s'associer** *vp* : **s'~ (à** ou **avec)** to join forces (with).

assombrir [asɔ̃brir] *vt* to darken. ❑ **s'assombrir** *vp* to darken.

assommer [asɔme] *vt* to knock out.

assorti, e [asɔrti] *(en harmonie)* matching ; *(varié)* assorted.

assortiment [asɔrtimɑ̃] *nm* assortment.

assoupir [asupir] : **s'assoupir** *vp* to doze off.

assouplir [asuplir] *vt (muscles)* to loosen up.

assouplissant [asuplisɑ̃] *nm* fabric softener.

assouplissement [asuplismɑ̃] *nm (exercices)* limbering up.

assouplisseur [asuplisœr] = **assouplissant**.

assourdissant, e [asurdisɑ̃, ɑ̃t] *adj* deafening.

assumer [asyme] *vt (conséquences, responsabilité)* to accept ; *(fonction, rôle)* to carry out.

assurance [asyrɑ̃s] *nf (aisance)* self-confidence ; *(contrat)* insurance ; **~ automobile** car insurance ; **~ tous risques** comprehensive insurance.

assuré, e [asyre] *adj (certain)* certain ; *(résolu)* assured.

assurer [asyre] *vt (maison, voiture)* to insure ; *(fonction, tâche)* to carry out ; **je t'assure que** I assure you (that). ◻ **s'assurer** *vp (par un contrat)* to take out insurance ; **s'~ contre le vol** to insure o.s. against theft ; **s'~ de** to make sure of.

astérisque [asterisk] *nm* asterisk.

asthmatique [asmatik] *adj* asthmatic.

asthme [asm] *nm* asthma.

asticot [astiko] *nm* maggot.

astiquer [astike] *vt* to polish.

astre [astr] *nm* star.

astreignant, e [astrɛɲɑ̃, ɑ̃t] *adj* demanding.

astrologie [astrɔlɔʒi] *nf* astrology.

astronaute [astrɔnot] *nm* astronaut.

astronomie [astrɔnɔmi] *nf* astronomy.

astuce [astys] *nf (ingéniosité)* shrewdness ; *(truc)* trick.

astucieux, euse [astysjø, øz] *adj* clever.

atelier [atəlje] *nm* workshop ; *(de peintre)* studio.

athée [ate] *adj* atheist.

athénée [atene] *nm Belg* secondary school *(Br)*, high school *(Am)*.

athlète [atlɛt] *nmf* athlete.

athlétisme [atletism] *nm* athletics *(sg)*.

Atlantique [atlɑ̃tik] *nm* : **l'(océan) ~** the Atlantic (Ocean).

atlas [atlas] *nm* atlas.

atmosphère [atmɔsfer] *nf* atmosphere ; *(air)* air.

atome [atom] *nm* atom.

atomique [atɔmik] *adj* atomic.

atomiseur [atɔmizœr] *nm* spray.

atout [atu] *nm* trump ; *(avantage)* asset.

atroce [atrɔs] *adj* terrible.

atrocité [atrɔsite] *nf* atrocity.

attachant, e [ataʃɑ̃, ɑ̃t] *adj* lovable.

attaché-case [ataʃekez] *(pl* **attachés-cases)** *nm* attaché case.

attachement [ataʃmɑ̃] *nm* attachment.

attacher [ataʃe] *vt* to tie (up). ◆ *vi* to stick ; **attachez vos ceintures** fasten your seat belts. ◻ **s'atta-**

cher vp (se nouer) to fasten ; s'~ à qqn to become attached to sb.

attaquant [atakɑ̃] nm attacker ; SPORT striker.

attaque [atak] nf attack.

attaquer [atake] vt to attack. □ s'attaquer à vp + prép (personne) to attack ; (problème, tâche) to tackle.

attarder [atarde] : s'attarder vp to stay (late).

atteindre [atɛ̃dr] vt to reach ; (émouvoir) to affect ; (suj : balle) to hit ; être atteint de to suffer from.

atteint, e [atɛ̃, ɛ̃t] pp → atteindre.

atteinte [atɛ̃t] nf → hors.

atteler [atle] vt (chevaux) to harness ; (remorque) to hitch (up).

attelle [atɛl] nf splint.

attendre [atɑ̃dr] vt to wait for ; (espérer) to expect. ◆ vi to wait ; ~ un enfant to be expecting a baby. □ s'attendre à vp + prép to expect.

attendrir [atɑ̃drir] vt to move.

attentat [atɑ̃ta] nm attack ; ~ à la bombe bombing.

attente [atɑ̃t] nf wait ; en ~ pending.

attentif, ive [atɑ̃tif, iv] adj attentive.

attention [atɑ̃sjɔ̃] nf attention ; attention! watch out! ; faire ~ (à) (se concentrer) to pay attention (to) ; (être prudent) to be careful (of).

atténuer [atenɥe] vt (son) to cut down ; (douleur) to ease.

atterrir [aterir] vi to land.

atterrissage [aterisaʒ] nm landing ; à l'~ on landing.

attestation [atɛstasjɔ̃] nf certificate.

attirant, e [atirɑ̃, ɑ̃t] adj attractive.

attirer [atire] vt to attract. □ s'attirer vp : s'~ des ennuis to get (o.s.) into trouble.

attiser [atize] vt to poke.

attitude [atityd] nf (comportement) attitude.

attraction [atraksjɔ̃] nf attraction.

attrait [atrɛ] nm (charme) charm.

attraper [atrape] vt to catch ; (gronder) to tell off ; ~ un coup de soleil to get sunburned.

attrayant, e [atrejɑ̃, ɑ̃t] adj attractive.

attribuer [atribɥe] vt : ~ qqch à qqn to award sthg to sb.

attroupement [atrupmɑ̃] nm crowd.

au [o] = à + le, à.

aube [ob] nf dawn ; à l'~ at dawn.

auberge [oberʒ] nf inn ; ~ de jeunesse youth hostel.

aubergine [oberʒin] nf aubergine (Br), eggplant (Am).

aucun, e [okœ̃, yn] adj no. ◆ pron none ; nous n'avons ~ dépliant we haven't any leaflets ; sans ~ doute without doubt ; ~ e idée! I've no idea! ; ~ des deux neither (of them) ; ~ d'entre nous none of us.

audace [odas] nf boldness.

audacieux, euse [odasjø, øz] adj bold.

au-delà [odəla] adv beyond ; ~ de beyond.

au-dessous [odsu] adv below ; (à l'étage inférieur) downstairs ; ~ de below ; (à l'étage inférieur) downstairs from ; **les enfants ~ de 16 ans** children under (the age of) 16.

au-dessus [odəsy] *adv* above ; *- (à l'étage supérieur)* upstairs ; **~ de** over ; *(à l'étage supérieur)* upstairs from ; **~ de 1 000 euros** over 1,000 euros.

audience [odjɑ̃s] *nf* audience.

audiovisuel, elle [odjɔvizɥɛl] *adj* audio-visual.

auditeur, trice [oditœr, tris] *nm, f* listener.

audition [odisjɔ̃] *nf (examen)* audition ; *(sens)* hearing.

auditoire [oditwar] *nm* audience.

auditorium [oditɔrjɔm] *nm* auditorium.

augmentation [ɔgmɑ̃tasjɔ̃] *nf* increase ; **~ (de salaire)** (pay) rise *(Br)*, raise *(Am)*.

augmenter [ɔgmɑ̃te] *vt* to raise, to increase. ◆ *vi* to increase ; *(devenir plus cher)* to go up.

aujourd'hui [oʒurdɥi] *adv* today ; *(à notre époque)* nowadays ; **d'~** *(de notre époque)* of today.

auparavant [oparavɑ̃] *adv (d'abord)* first ; *(avant)* before.

auprès [oprɛ] : **auprès de** *prép* near ; *(déposer une plainte, une demande)* to.

auquel [okɛl] = **à** + **lequel**, **lequel**.

aura, etc → **avoir**.

auréole [oreɔl] *nf (tache)* ring.

aurore [orɔr] *nf* dawn.

ausculter [oskylte] *vt* : **~ qqn** to listen to sb's chest.

☞

aussi [osi] *adv* - **1.** *(également)*

also, too ; **j'ai faim - moi ~!** I'm hungry - so am I!

- **2.** *(introduit une comparaison)* : **~ ... que as** ... as.

- **3.** *(à ce point)* so.

◆ *conj (par conséquent)* so.

◆ *adv* immediately ; **~ que** as soon as.

austère [ostɛr] *adj* austere.

Australie [ostrali] *nf* : **l'~** Australia.

australien, enne [ostraljɛ̃, ɛn] *adj* Australian.

☞

autant [otɑ̃] *adv* - **1.** *(exprime la comparaison)* : **~ que** as much as ; **~ de ... que** *(argent, patience)* as much ... as ; *(amis, valises)* as many ... as.

- **2.** *(exprime l'intensité)* so much ; **~ de** *(argent, patience)* so much ; *(amis, valises)* so many.

- **3.** *(il vaut mieux)* : **~ partir demain** I/we may as well leave tomorrow.

- **4.** *(dans des expressions)* : **j'aime ~ ...** I'd rather ... ; **d'~ que** especially since ; **d'~ plus que** all the more so because ; **pour ~ que je sache** as far as I know.

autel [otɛl] *nm* altar.

auteur [otœr] *nm (d'une chanson)* composer ; *(d'un livre)* author ; *(d'un crime)* person responsible.

authentique [otɑ̃tik] *adj* genuine.

auto [oto] *nf* car ; **~ s tamponneuses** dodgems.

autobiographie [otobjografi] *nf* autobiography.

autobus [otɔbys] *nm* bus ; **~ à impériale** double-decker (bus).

autocar

autocar [otokar] *nm* coach.

autocollant [otokɔlɑ̃] *nm* sticker.

autocouchette(s) [otokuʃet] *adj inv* : train ~ ≃ Motorail® train.

autocuiseur [otokɥizœr] *nm* pressure cooker.

auto-école, s [otoekɔl] *nf* driving school.

autographe [otograf] *nm* autograph.

automate [otomat] *nm* (*jouet*) mechanical toy.

automatique [otomatik] *adj* (*système*) automatic ; (*geste, réaction*) instinctive.

automne [otɔn] *nm* autumn (*Br*), fall (*Am*) ; en ~ in autumn (*Br*), in the fall (*Am*).

automobile [otomobil] *adj* car.

automobiliste [otomobilist] *nmf* motorist.

autonome [otonom] *adj* autonomous.

autonomie [otonomi] *nf* autonomy.

autopsie [otopsi] *nf* postmortem (examination).

autoradio [otoradjo] *nm* car radio.

autorisation [otorizasjɔ̃] *nf* permission ; (*document*) permit.

autoriser [otorize] *vt* to authorize ; ~ qqn à faire qqch to allow sb to do sthg.

autoritaire [otoriter] *adj* authoritarian.

autorité [otorite] *nf* (*fermeté*) authority ; les ~ s the authorities.

autoroute [otorut] *nf* motorway (*Br*), freeway (*Am*) ; ~ à péage toll motorway (*Br*), turnpike (*Am*).

auto-stop [otostɔp] *nm* hitchhiking ; faire de l' ~ to hitch(hike).

autour [otur] *adv* around ; tout ~ all around ; ~ de around.

☞

autre [otr] *adj* - **1.** (*différent*) other ; j'aimerais essayer une ~ couleur I'd like to try a different colour. - **2.** (*supplémentaire*) : une ~ bouteille d'eau minérale, s'il vous plaît another bottle of mineral water, please ; il n'y a rien d' ~ à voir ici there's nothing else to see here. - **3.** (*restant*) other ; tous les ~ s passagers sont maintenant priés d'embarquer could all remaining passengers now come forward for boarding. - **4.** (*dans des expressions*) : ~ part somewhere else ; d' ~ part besides. ◆ *pron* other ; l' ~ the other (one) ; un ~ another ; d'une minute à l' ~ any minute now ; entre ~ s among others.

autrefois [otrəfwa] *adv* formerly.

autrement [otrəmɑ̃] *adv* (*différemment*) differently ; (*sinon*) otherwise ; ~ dit in other words.

Autriche [otriʃ] *nf* : l'Autriche Austria.

autrichien, enne [otriʃjɛ̃, ɛn] *adj* Austrian. ❑ **Autrichien, enne** *nm, f* Austrian.

autruche [otryʃ] *nf* ostrich.

auvent [ovɑ̃] *nm* awning.

Auvergne [ovɛrɲ] *nf* → bleu.

aux [o] = à + les, à.

auxiliaire [oksiljer] *nmf* (*assistant*) assistant. ◆ *nm* GRAMM auxiliary.

auxquelles [okel] = à + lesquelles, lequel.

auxquels [okel] = à + lesquels, lequel.

av. (abr de avenue) Ave.

avachi, e [avaʃi] adj (canapé, chaussures) misshapen ; (personne) lethargic.

aval [aval] nm : aller vers l' ~ to go downstream ; en ~ (de) downstream (from).

avalanche [avalãʃ] nf avalanche.

avaler [avale] vt to swallow.

avance [avãs] nf advance ; à l' ~, d' ~ in advance ; en ~ early.

avancer [avãse] vt to move forward ; (main, assiette) to hold out ; (anticiper) to bring forward ; (prêter) to advance. ◆ vi to move forward ; (progresser) to make progress ; (montre, pendule) to be fast. ❑ **s'avancer** vp to move forward ; (partir devant) to go ahead.

avant [avã] prép before. ◆ adv earlier ; (autrefois) formerly ; (d'abord) first ; (dans un classement) ahead. ◆ nm front ; SPORT forward. ◆ adj inv front ; ~ de faire qqch before doing sthg ; ~ tout (surtout) above all ; (d'abord) first of all ; en ~ (tomber) forward, forwards ; partir en ~ to go on ahead.

avantage [avãtaʒ] nm advantage.

avantager [avãtaʒe] vt to favour.

avantageux, euse [avãtaʒø, øz] adj (prix, offre) good.

avant-bras [avãbra] nm inv forearm.

avant-dernier, ière, s [avãdernje, ɛr] adj penultimate. ◆ nm, f last but one.

avant-hier [avãtjer] adv the day before yesterday.

avant-propos [avãpropo] nm inv foreword.

avare [avar] adj mean. ◆ nmf miser.

avarice [avaris] nf avarice.

avarié, e [avarje] adj bad.

avec [avɛk] prép with ; ~ élégance elegantly ; et ~ ça? anything else?

avenir [avnir] nm future ; à l' ~ in future ; d' ~ (technique) promising ; (métier) with a future.

aventure [avãtyr] nf (événement imprévu) incident ; (entreprise risquée) adventure ; (amoureuse) affair.

aventurier, ière [avãtyrje, ɛr] nm, f adventurer.

avenue [avny] nf avenue.

avérer [avere] : **s'avérer** vp (se révéler) to turn out to be.

averse [avɛrs] nf downpour.

avertir [avertir] vt to inform ; ~ qqn de qqch to warn sb of sthg.

avertissement [avertismã] nm warning.

aveu, x [avø] nm confession.

aveugle [avœgl] adj blind. ◆ nmf blind person.

aveugler [avœgle] vt to blind.

aveuglette [avœglet] : à l'aveuglette adv : avancer à l' ~ to grope one's way.

aviateur [avjatœr] nm pilot.

aviation [avjasjɔ̃] nf MIL airforce.

avide [avid] adj greedy ; ~ de greedy for.

avion [avjɔ̃] nm (aero)plane ; ~ à réaction jet (plane) ; 'par ~' 'airmail'.

aviron [aviʁɔ̃] *nm (rame)* oar ; *(sport)* rowing.

avis [avi] *nm (opinion)* opinion ; *(information)* notice ; **changer d'** ~ to change one's mind ; ~ **de réception** acknowledgment of receipt.

avisé, e [avize] *adj* sensible.

av. J-C *(abr de avant Jésus-Christ)* B.C.

avocat [avɔka] *nm (homme de loi)* lawyer ; *(fruit)* avocado (pear).

avoine [avwan] *nf* oats *(pl)*.

avoir [avwaʁ] *vt* - **1.** *(posséder)* to have (got) ; **j'ai deux frères et une sœur** I've got two brothers and a sister.
- **2.** *(comme caractéristique)* to have ; ~ **de l'ambition** to be ambitious.
- **3.** *(être âgé de)* : **quel âge as-tu?** how old are you? ; **j'ai 13 ans** I'm 13 (years old).
- **4.** *(obtenir)* to get.
- **5.** *(au téléphone)* to get hold of.
- **6.** *(éprouver)* to feel ; ~ **du chagrin** to be sad.
- **7.** *fam (duper)* : **je t'ai bien eu!** I really had you going! ; **se faire** ~ *(se faire escroquer)* to be conned ; *(tomber dans le piège)* to be caught out.
- **8.** *(exprime l'obligation)* : **vous n'avez qu'à remplir ce formulaire** you just need to fill in this form.
- **9.** *(dans des expressions)* : **vous en avez encore pour longtemps?** will it take much longer? ; **nous en avons eu pour 30 euros** it cost us 30 euros.
◆ *v aux* to have ; **j'ai terminé** I have finished.
❑ **il y a** *v impers* - **1.** *(il existe)* there is/are ; **y a-t-il des toilettes dans les**

environs? are there any toilets nearby? ; **qu'est-ce qu'il y a?** what is it? ; **il n'y a qu'à revenir demain** we'll just have to come back tomorrow.
- **2.** *(temporel)* : **il y a trois ans** three years ago.

avortement [avɔʁtəmɑ̃] *nm* abortion.

avorter [avɔʁte] *vi* MÉD to have an abortion ; *fig (projet)* to miscarry.

avouer [avwe] *vt* to admit.

avril [avʁil] *nm* April ; **le premier** ~ **April Fools' Day →** **septembre.**

axe [aks] *nm* axis ; *(routier)* major road ; *(ferroviaire)* main line ; ~ **rouge** *section of Paris road system where parking is prohibited to avoid congestion.*

ayant [ejɑ̃] *ppr* → **avoir.**

ayons [ejɔ̃] → **avoir.**

azote [azɔt] *nm* nitrogen.

Azur [azyʁ] *n* → **côte.**

B

B *(abr de bien)* G.

baba [baba] *nm* : ~ **au rhum** rum baba.

babines [babin] *nfpl* chops.

babiole [babjɔl] *nf* trinket.

bâbord [babɔʁ] *nm* port ; **à** ~ to port.

baby-foot [babifut] *nm inv* table football.

baby-sitter, s [bebisitœʁ] *nmf* baby-sitter.

bac [bak] *nm (récipient)* container ; *(bateau)* ferry ; *fam* = **baccalauréat**.

baccalauréat [bakalɔrea] *nm* ≃ A levels *(Br)* ; ≃ SATs *(Am)*.

ⓘ BACCALAURÉAT

In France the *baccalauréat* is the exam taken by students in their final year at *lycée* who want to go on to further education. It covers a wide range of subjects but students may select one major subject area relevant to their chosen career, eg arts, science, engineering or fine art.

bâche [baʃ] *nf* tarpaulin.

bâcler [bakle] *vt fam* to botch.

bacon [bekɔn] *nm* bacon.

bactérie [bakteri] *nf* bacterium.

badge [badʒ] *nm* badge.

badigeonner [badiʒɔne] *vt (mur)* to whitewash.

badminton [badminton] *nm* badminton.

baffe [baf] *nf fam* clip on the ear.

baffle [bafl] *nm* speaker.

bafouiller [bafuje] *vi* to mumble.

bagage [bagaʒ] *nm* piece of luggage OU baggage ; *fig (connaissances)* knowledge ; **~ s** luggage *(sg)*, baggage *(sg)*.

bagarre [bagar] *nf* fight.

bagarrer [bagare] : **se bagarrer** *vp* to fight.

bagarreur, euse [bagarœr, øz] *adj* violent.

bagnes [baɲ] *nm* hard strong Swiss cheese made from cow's milk.

bagnole [baɲɔl] *nf fam* car.

bague [bag] *nf* ring.

baguette [baget] *nf (tige)* stick ;

(de chef d'orchestre) baton ; *(chinoise)* chopstick ; *(pain)* French stick ; **~ magique** magic wand.

baie [be] *nf (fruit)* berry ; *(golfe)* bay ; *(fenêtre)* bay window ; **~ vitrée** picture window.

baignade [beɲad] *nf* swim ; **'~ interdite'** 'no swimming'.

baigner [beɲe] *vt* to bath ; *(suj : sueur, larmes)* to bathe. ◆ *vi* : **~ dans** to be swimming in. ❑ **se baigner** *vp (dans la mer)* to go for a swim.

baignoire [beɲwar] *nf* bath.

bail [baj] *(pl* baux [bo]*) nm* lease.

bâiller [baje] *vi* to yawn ; *(être ouvert)* to gape.

bâillonner [bajɔne] *vt* to gag.

bain [bɛ̃] *nm* bath ; **prendre un ~** to have a bath ; **prendre un ~ de soleil** to sunbathe ; **grand ~** main pool ; **petit ~** children's pool.

bain-marie [bɛ̃mari] *nm* cooking method in which a pan is placed inside a larger pan containing boiling water.

baïonnette [bajɔnet] *nf (arme)* bayonet ; *(d'ampoule)* bayonet fitting.

baiser [beze] *nm* kiss.

baisse [bes] *nf* drop ; **en ~** falling.

baisser [bese] *vt* to lower ; *(son)* to turn down. ◆ *vi (descendre)* to go down ; *(diminuer)* to drop. ❑ **se baisser** *vp* to bend down.

bal [bal] *nm* ball.

balade [balad] *nf (à pied)* walk ; *(en voiture)* drive ; *(en vélo)* ride.

balader [balade] : **se balader** *vp (à pied)* to go for a walk ; *(en voiture)* to go for a drive ; *(en vélo)* to go for a ride.

baladeur [baladœr] *nm* Walkman®.

balafre [balafr] *nf* gash.

balai [bale] *nm* broom, brush ; *(d'essuie-glace)* blade.

balance [balɑ̃s] *nf* scales *(pl)*. ❑ **Balance** *nm* Libra.

balancer [balɑ̃se] *vt* to swing ; *fam (jeter)* to throw away. ❑ **se balancer** *vp (sur une chaise)* to rock ; *(sur une balançoire)* to swing.

balancier [balɑ̃sje] *nm (de pendule)* pendulum.

balançoire [balɑ̃swar] *nf (bascule)* seesaw ; *(suspendue)* swing.

balayer [baleje] *vt* to sweep.

balayeur [balejœr] *nm* road-sweeper.

balbutier [balbysje] *vi* to stammer.

balcon [balkɔ̃] *nm* balcony ; *(au théâtre)* circle.

baleine [balɛn] *nf (animal)* whale ; *(de parapluie)* rib.

balise [baliz] *nf* NAVIG marker (buoy) ; *(de randonnée)* marker.

balle [bal] *nf* SPORT ball ; *(d'arme à feu)* bullet ; *fam (franc)* franc ; ~ **à blanc** blank.

ballerine [balrin] *nf (chaussure)* ballet shoe ; *(danseuse)* ballerina.

ballet [balɛ] *nm* ballet.

ballon [balɔ̃] *nm* SPORT ball ; *(pour fête, montgolfière)* balloon ; *(verre)* round wineglass.

ballonné, e [balɔne] *adj* swollen.

ballotter [balɔte] *vi* to roll around.

balnéaire [balneɛr] *adj* → station.

balustrade [balystrad] *nf* balustrade.

bambin [bɑ̃bɛ̃] *nm* toddler.

bambou [bɑ̃bu] *nm* bamboo.

banal, e [banal] *adj* banal.

banane [banan] *nf* banana ; *(porte-monnaie)* bumbag *(Br)*, fanny pack *(Am)*.

banc [bɑ̃] *nm* bench ; *(de poissons)* shoal ; ~ **public** park bench ; ~ **de sable** sandbank.

bancaire [bɑ̃kɛr] *adj* bank, banking.

bancal, e [bɑ̃kal] *adj* wobbly.

bandage [bɑ̃daʒ] *nm* bandage.

bande [bɑ̃d] *nf (de tissu, de papier)* strip ; *(groupe)* band ; ~ **d'arrêt d'urgence** hard shoulder ; ~ **blanche** *(sur route)* white line ; ~ **dessinée** comic strip ; ~ **magnétique** tape ; ~ **originale** original soundtrack.

bandeau, x [bɑ̃do] *nm (dans les cheveux)* headband ; *(sur les yeux)* blindfold.

bander [bɑ̃de] *vt (yeux)* to blindfold ; *(blessure)* to bandage.

banderole [bɑ̃drɔl] *nf* streamer.

bandit [bɑ̃di] *nm* bandit.

bandoulière [bɑ̃duljɛr] *nf* shoulder strap ; **en** ~ across the shoulder.

banjo [bɑ̃dʒo] *nm* banjo.

banlieue [bɑ̃ljø] *nf* suburbs *(pl)*.

banlieusard, e [bɑ̃ljøzar, ard] *nm, f* person living in the suburbs.

banque [bɑ̃k] *nf* bank ; **Banque centrale européenne** European Central Bank.

banquet [bɑ̃kɛ] *nm* banquet.

banquette [bɑ̃kɛt] *nf* seat.

banquier [bɑ̃kje] *nm* banker.

banquise [bɑ̃kiz] *nf* ice field.

baptême [batɛm] *nm* baptism ; ~ **de l'air** maiden flight.

bar [bar] *nm* bar ; ~ **à café** *Helv* café.

baraque [barak] *nf* (de jardin) shed ; (de fête foraine) stall ; *fam* (maison) house.

baratin [baratɛ̃] *nm fam* smooth talk.

barbare [barbar] *adj* barbaric.

Barbarie [barbari] *n* → **orgue**.

barbe [barb] *nf* beard ; ~ **à papa** candyfloss (Br), cotton candy (Am).

barbecue [barbəkju] *nm* barbecue.

barbelé [barbəle] *nm* : (fil de fer) ~ barbed wire.

barboter [barbɔte] *vi* to splash about.

barbouillé, e [barbuje] *adj* (malade) : **être** ~ to feel sick.

barbouiller [barbuje] *vt* (écrire, peindre sur) to daub ; (salir) to smear.

barbu [barby] *adj* m bearded.

barème [barɛm] *nm* (de prix) list ; (de notes) scale.

baril [baril] *nm* barrel.

bariolé, e [barjɔle] *adj* multicoloured.

barman [barman] *nm* barman.

baromètre [barɔmɛtr] *nm* barometer.

baron, onne [barɔ̃, ɔn] *nm, f* baron (*f* baroness).

barque [bark] *nf* small boat.

barrage [baraʒ] *nm* (sur une rivière) dam ; ~ **de police** police roadblock.

barre [bar] *nf* (de fer, de chocolat)

bar ; (trait) stroke ; *INFORM* : ~ **d'outils** tool bar ; *NAVIG* tiller.

barreau, x [baro] *nm* bar.

barrer [bare] *vt* (rue, route) to block ; (mot, phrase) to cross out ; *NAVIG* to steer.

barrette [barɛt] *nf* (à cheveux) hair slide.

barricade [barikad] *nf* barricade.

barricader [barikade] *vt* to barricade. ❏ **se barricader** *vp* to barricade o.s.

barrière [barjɛr] *nf* barrier.

bar-tabac [bartaba] (*pl* **bars-tabacs**) *nm* bar also selling cigarettes and tobacco.

bas, basse [ba, bas] *adj* low. ◆ *nm* bottom ; (vêtement) stocking. ◆ *adv* (dans l'espace) low ; (parler) softly ; **en** ~ at the bottom ; (à l'étage inférieur) downstairs.

bas-côté, s [bakote] *nm* (de la route) verge.

bascule [baskyl] *nf* (pour peser) weighing machine ; (jeu) seesaw.

basculer [baskyle] *vt* to tip up. ◆ *vi* to overbalance.

base [baz] *nf* (partie inférieure) base ; (origine, principe) basis ; **de** ~ basic ; ~ **de données** database.

baser [baze] *vt* : ~ **qqch sur** to base sthg on. ❏ **se baser sur** *vp* + *prép* to base one's argument on.

basilic [bazilik] *nm* basil.

basilique [bazilik] *nf* basilica.

basket [basket] *nm ou nf* (chaussure) trainer.

basket(-ball) [basket(bol)] *nm* basketball.

basquaise [baskez] *adj* → **poulet**.

basque [bask] *adj* Basque. ◆ *nm*

(langue) Basque. ❏ **Basque** *nmf* Basque.

basse [ba, bas] → **bas**.

basse-cour [baskur] *(pl* **basses-cours**) *nf* farmyard.

bassin [basɛ̃] *nm (plan d'eau)* pond ; *ANAT* pelvis ; **le Bassin parisien** the Paris Basin ; **grand ~** *(de piscine)* main pool ; **petit ~** *(de piscine)* children's pool.

bassine [basin] *nf* bowl.

Bastille [bastij] *nf* : **l'opéra ~** Paris opera house on the site of the former Bastille prison.

bataille [bataj] *nf* battle.

batailleur, euse [batajœr, øz] *adj* aggressive.

bâtard, e [batar, ard] *nm, f (chien)* mongrel.

bateau, x [bato] *nm* boat ; *(grand)* ship ; *(sur le trottoir)* driveway entrance ; **~ de pêche** fishing boat ; **~ à voiles** sailing boat.

bateau-mouche [batomuʃ] *(pl* **bateaux-mouches**) *nm pleasure boat on the Seine.*

bâtiment [batimɑ̃] *nm* building ; **le ~** *(activité)* the building trade.

bâtir [batir] *vt* to build.

bâton [batɔ̃] *nm* stick ; **~ de rouge à lèvres** lipstick.

bâtonnet [batɔnɛ] *nm* stick.

battant [batɑ̃] *nm (d'une porte)* door *(of double doors).*

battement [batmɑ̃] *nm (coup)* beat, beating ; *(intervalle)* break.

batterie [batri] *nf* *AUT* battery ; *MUS* drums *(pl)* ; **~ de cuisine** kitchen utensils *(pl).*

batteur, euse [batœr, øz] *nm, f* *MUS* drummer. ◆ *nm (mélangeur)* whisk.

battre [batr] *vt* to beat. ◆ *vi*

(cœur) to beat ; *(porte, volet)* to bang ; **~ la mesure** to beat time ; **~ des mains** to clap *(one's hands).* ❏ **se battre** *vi* : **se ~ (avec qqn)** to fight *(with sb).*

baume [bom] *nm* balm.

baux [bo] → **bail.**

bavard, e [bavar, ard] *adj* talkative. ◆ *nm, f* chatterbox.

bavardage [bavardaʒ] *nm* chattering.

bavarder [bavarde] *vi* to chat.

bave [bav] *nf* dribble ; *(d'un animal)* slaver.

baver [bave] *vi* to dribble ; *(animal)* to slaver ; **en ~** *fam* to have a rough time (of it).

bavette [bavɛt] *nf* *CULIN* lower part of sirloin.

baveux, euse [bavø, øz] *adj (omelette)* runny.

bavoir [bavwar] *nm* bib.

bavure [bavyr] *nf (tache)* smudge ; *(erreur)* mistake.

bazar [bazar] *nm (magasin)* general store ; *fam (désordre)* shambles *(sg).*

BCBG *adj (abr de bon chic bon genre)* term used to describe an upper-class lifestyle reflected especially in expensive and conservative clothes.

BCE *(abr de Banque centrale européenne)* *nf* ECB.

Bd *abr* = boulevard.

BD *nf fam* = bande dessinée.

beau, belle [bo, bɛl] *(m* **bel** [bɛl], *mpl* **beaux** [bo]) *adj* beautiful ; *(personne)* good-looking ; *(agréable)* lovely. ◆ *adv* : **il fait ~** the weather is good ; **j'ai ~ essayer ...** try as I may ... ; **~ travail!** *iron* well done! ; **un ~ jour** one fine day.

Beaubourg [bobur] *n* name commonly used to refer to the Pompidou centre.

i **BEAUBOURG**

Parisians use the word *Beaubourg* not only for the *Centre Pompidou* (or *Centre national d'art et de culture*), but also for the neighbourhood of pedestrian streets surrounding it. During its construction in 1977, the Centre's architectural style sparked controversy, but today it is one of the most visited attractions in France. In addition to hosting many exhibitions, the Centre is home to the Museum of Modern Art, the Centre for Industrial Creation, a *cinémathèque* (film library), and a large public library.

beaucoup [boku] *adv* a lot ; ~ de a lot of ; ~ plus cher much more expensive ; il y a ~ plus de choses à voir ici there are many more things to see here.

beau-fils [bofis] (*pl* beaux-fils) *nm* (fils du conjoint) stepson ; (gendre) son-in-law.

beau-frère [bofrɛr] (*pl* beaux-frères) *nm* brother-in-law.

beau-père [boper] (*pl* beaux-pères) *nm* (père du conjoint) father-in-law ; (conjoint de la mère) stepfather.

beauté [bote] *nf* beauty.

beaux-parents [boparɑ̃] *nmpl* in-laws.

bébé [bebe] *nm* baby.

bec [bɛk] *nm* beak ; ~ verseur spout.

béchamel [beʃamɛl] *nf*: (sauce) ~ béchamel sauce.

bêche [bɛʃ] *nf* spade.

bêcher [beʃe] *vt* to dig.

bée [be] *adj f*: bouche ~ open-mouthed.

bégayer [begeje] *vi* to stammer.

bégonia [begɔnja] *nm* begonia.

beige [bɛʒ] *adj & nm* beige.

beigne [bɛɲ] *nf Can* ring doughnut.

beignet [beɲe] *nm* fritter.

bel → **beau.**

bêler [bele] *vi* to bleat.

belge [bɛlʒ] *adj* Belgian. □ **Belge** *nmf* Belgian.

Belgique [bɛlʒik] *nf*: la ~ Belgium.

bélier [belje] *nm* ram. □ **Bélier** *nm* Aries.

belle-fille [bɛlfij] (*pl* belles-filles) *nf* (fille du conjoint) stepdaughter ; (conjointe du fils) daughter-in-law.

belle-mère [bɛlmer] (*pl* belles-mères) *nf* (mère du conjoint) mother-in-law ; (conjointe du père) stepmother.

belle-sœur [bɛlsœr] (*pl* belles-sœurs) *nf* sister-in-law.

belote [bəlɔt] *nf French* card game.

bénéfice [benefis] *nm FIN* profit ; (avantage) benefit.

bénéficier [benefisje] : **bénéficier de** *v* + *prép* to benefit from.

bénéfique [benefik] *adj* beneficial.

bénévole [benevɔl] *adj* voluntary.

bénin, igne [benɛ̃, iɲ] *adj* benign.

bénir

bénir [benir] *vt* to bless.

bénite [benit] *adj* f → eau.

bénitier [benitje] *nm* font.

benne [bɛn] *nf* skip.

BEP *nm* vocational school-leaver's diploma (taken at age 18).

béquille [bekij] *nf* crutch ; (de vélo, de moto) stand.

berceau, x [bɛrso] *nm* cradle.

bercer [bɛrse] *vt* to rock.

berceuse [bɛrsøz] *nf* lullaby.

Bercy [bɛrsi] *n* : (le palais omnisports de Paris-)~ *large sports and concert hall in Paris*.

béret [berɛ] *nm* beret.

berge [bɛrʒ] *nf* (d'un cours d'eau) bank.

berger, ère [bɛrʒe, ɛr] *nm, f* shepherd (*f* shepherdess) ; ~ allemand Alsatian.

bergerie [bɛrʒəri] *nf* sheepfold.

berlingot [bɛrlɛ̃go] *nm* (bonbon) boiled sweet ; (de lait, de Javel).

bermuda [bɛrmyda] *nm* Bermuda shorts (*pl*).

besogne [bəzɔɲ] *nf* job.

besoin [bəzwɛ̃] *nm* need ; avoir ~ de qqch to need sthg ; faire ses ~ s to relieve o.s.

bestiole [bɛstjɔl] *nf* creepy-crawly.

best-seller, s [bɛstselœr] *nm* best-seller.

bétail [betaj] *nm* cattle (*pl*).

bête [bɛt] *adj* stupid. ◆ *nf* animal.

bêtement [bɛtmã] *adv* stupidly.

bêtise [betiz] *nf* (acte, parole) stupid thing ; (stupidité) stupidity.

béton [betɔ̃] *nm* concrete.

bette [bɛt] *nf* (Swiss) chard.

betterave [bɛtrav] *nf* beetroot.

beurre [bœr] *nm* butter.

beurrer [bœre] *vt* to butter.

biais [bjɛ] *nm* (moyen) way ; en ~ (couper) diagonally.

bibelot [biblo] *nm* knick-knack.

biberon [bibrɔ̃] *nm* baby's bottle ; donner le ~ à to bottle-feed.

Bible [bibl] *nf* : la ~ the Bible.

bibliothécaire [biblijɔtekɛr] *nmf* librarian.

bibliothèque [biblijɔtɛk] *nf* library ; (meuble) bookcase.

biceps [bisɛps] *nm* biceps.

biche [biʃ] *nf* doe.

bicyclette [bisiklɛt] *nf* bicycle.

bidet [bidɛ] *nm* bidet.

bidon [bidɔ̃] *nm* can. ◆ *adj inv fam* fake.

bidonville [bidɔ̃vil] *nm* shantytown.

bien [bjɛ̃] (compar & superl **mieux** [mjø]) *adv* - 1. (de façon satisfaisante) well ; tu as ~ fait you did the right thing.
- 2. (très) very ; ~ **mieux** much better ; j'espère ~ que ... I do hope that ...
- 3. (au moins) at least.
- 4. (effectivement) : c'est ~ ce qu'il me semblait that's (exactly) what I thought ; c'est ~ lui it really is him.
- 5. (dans des expressions) : il a ~ de la chance he's really lucky ; c'est ~ fait pour toi! (it) serves you right! ; nous ferions ~ de réserver à l'avance we would be wise to book in advance.
◆ *adj inv* - 1. (de bonne qualité) good.
- 2. (moralement) decent, respectable.

- **3.** *(en bonne santé)* well ; **être/se sentir ~** to be/feel well.
- **4.** *(à l'aise)* comfortable.
- **5.** *(joli)* nice ; *(physiquement)* good-looking.
◆ *excl* right !
◆ *nm* - **1.** *(intérêt)* interest ; **c'est pour ton ~** it's for your own good.
- **2.** *(sens moral)* good.
- **3.** *(dans des expressions) :* **dire du ~ de** to praise ; **faire du ~ à qqn** to do sb good.
❏ **biens** *nmpl (richesse)* property *(sg)*.

bien-être [bjɛ̃nɛtr] *nm* well-being.

bienfaisant, e [bjɛ̃fəzɑ̃, ɑ̃t] *adj* beneficial.

bientôt [bjɛ̃to] *adv* soon ; **à ~ !** see you soon !

bienveillant, e [bjɛ̃vɛjɑ̃, ɑ̃t] *adj* kind.

bienvenu, e [bjɛ̃v(ə)ny] *adj* welcome.

bienvenue [bjɛ̃v(ə)ny] *nf :* **bienvenue !** welcome ! ; **souhaiter la ~ à qqn** to welcome sb.

bière [bjɛr] *nf* beer.

bifteck [biftɛk] *nm* steak.

bifurquer [bifyrke] *vi (route)* to fork ; *(voiture)* to turn off.

bigorneau, x [bigɔrno] *nm* winkle.

bigoudi [bigudi] *nm* roller.

bijou, x [biʒu] *nm* jewel.

bijouterie [biʒutri] *nf* jeweller's (shop).

Bikini® [bikini] *nm* bikini.

bilan [bilɑ̃] *nm (en comptabilité)* balance sheet ; *(résultat)* result ; **faire le ~ (de)** to take stock (of).

bilingue [bilɛ̃g] *adj* bilingual.

billard [bijar] *nm (jeu)* billiards *(sg)* ; *(table)* billiard table ; **~ américain** pool.

bille [bij] *nf* ball ; *(pour jouer)* marble.

billet [bijɛ] *nm (de transport, de spectacle)* ticket ; **~ (de banque)** (bank) note ; **~ aller et retour** return (ticket) ; **~ simple** single (ticket).

billetterie [bijɛtri] *nf* ticket office ; **~ automatique** *(de billets de train)* ticket machine ; *(de banque)* cash dispenser.

bimensuel, elle [bimɑ̃sɥɛl] *adj* fortnightly.

biographie [bjɔgrafi] *nf* biography.

biologie [bjɔlɔʒi] *nf* biology.

biologique [bjɔlɔʒik] *adj* biological ; *(culture, produit)* organic.

bis [bis] *excl* encore ! ◆ *adv :* **6 ~** 6a.

biscornu, e [biskɔrny] *adj (objet)* misshapen ; *(idée)* weird.

biscotte [biskɔt] *nf* toasted bread sold in packets.

biscuit [biskɥi] *nm* biscuit *(Br)*, cookie *(Am)* ; **~ salé** cracker.

bise [biz] *nf (baiser)* kiss ; *(vent)* north wind ; **faire une ~ à qqn** to kiss sb on the cheek ; **grosses ~ s** *(dans une lettre)* lots of love.

bison [bizɔ̃] *nm* bison ; **Bison Futé** *French road traffic information organization.*

bisou [bizu] *nm fam* kiss.

bisque [bisk] *nf* thick soup made with shellfish and cream.

bissextile [bisɛkstil] *adj →* **année.**

bistro(t) [bistro] *nm* bar.

bitume [bitym] *nm* asphalt.

bizarre [bizar] *adj* strange.

blafard, e [blafar, ard] *adj* pale.

blague [blag] *nf* (*histoire drôle*) joke ; (*mensonge*) wind-up ; (*farce*) trick ; **sans ~!** no kidding!

blaguer [blage] *vi* to joke.

blâmer [blɑme] *vt* to blame.

blanc, blanche [blɑ̃, blɑ̃ʃ] *adj* white ; (*vierge*) blank. ◆ *nm* (*couleur*) white ; (*vin*) white wine ; (*espace*) blank ; **~ d'œuf** egg white ; **~ de poulet** chicken breast (*Br*), white meat (*Am*). ❑ **Blanc, Blanche** *nm, f* white (man) (*f* white (woman)).

blancheur [blɑ̃ʃœr] *nf* whiteness.

blanchir [blɑ̃ʃir] *vt* (*à l'eau de Javel*) to bleach ; (*linge*) to launder. ◆ *vi* to go white.

blanchisserie [blɑ̃ʃisri] *nf* laundry.

blanquette [blɑ̃kɛt] *nf* (*plat*) stew made with white wine ; (*vin*) *sparkling white wine from the south of France* ; **~ de veau** veal stew made with white wine.

blasé, e [blaze] *adj* blasé.

blazer [blazer] *nm* blazer.

blé [ble] *nm* wheat ; **~ d'Inde** *Can* corn.

blême [blɛm] *adj* pale.

blessant, e [blɛsɑ̃, ɑ̃t] *adj* hurtful.

blessé [blese] *nm* injured person.

blesser [blese] *vt* to injure ; (*vexer*) to hurt. ❑ **se blesser** *vp* to injure o.s. ; **se ~ à la main** to injure one's hand.

blessure [blesyr] *nf* injury.

blette [blɛt] = **bette**.

bleu, e [blø] *adj* blue ; (*steak*) rare. ◆ *nm* (*couleur*) blue ; (*hématome*) bruise ; **~ (d'Auvergne)** *blue cheese from the Auvergne* ; **~ marine** navy blue ; **~ de travail** overalls (*pl*) (*Br*), overall (*Am*).

bleuet [bløɛ] *nm* (*fleur*) cornflower ; *Can* (*fruit*) blueberry.

blindé, e [blɛ̃de] *adj* (*porte*) reinforced.

blizzard [blizar] *nm* blizzard.

bloc [blɔk] *nm* block ; (*de papier*) pad ; **à ~** (*visser, serrer*) tight ; **en ~** as a whole.

blocage [blɔkaʒ] *nm* (*des prix, des salaires*) freeze ; (*psychologique*) block.

bloc-notes [blɔknɔt] (*pl* **blocs-notes**) *nm* notepad.

blocus [blɔkys] *nm* blockade.

blond, e [blɔ̃, blɔ̃d] *adj* blond.

blonde [blɔ̃d] *nf* (*cigarette*) Virginia cigarette ; (*bière*) ~ lager.

bloquer [blɔke] *vt* (*route, passage*) to block ; (*mécanisme*) to jam ; (*prix, salaires*) to freeze.

blottir [blɔtir] : **se blottir** *vp* to snuggle up.

blouse [bluz] *nf* (*d'élève*) coat worn by schoolchildren ; (*de médecin*) white coat ; (*chemisier*) blouse.

blouson [bluzɔ̃] *nm* bomber jacket.

blues [bluz] *nm* blues.

bob [bɔb] *nm* sun hat.

bobine [bɔbin] *nf* reel.

bobsleigh [bɔbslɛg] *nm* bobsleigh.

bocal, aux [bɔkal, o] *nm* jar ; (*à poissons*) bowl.

body [bɔdi] *nm* body.

body-building [bɔdibildiŋ] *nm* body-building.

bœuf [bœf, *pl* bø] *nm* ox ; CULIN beef ; ~ **bourguignon** *beef cooked in red wine sauce with bacon and onions.*

bof [bɔf] *excl* term expressing lack of interest or enthusiasm.

bohémien, enne [bɔemjɛ̃, ɛn] *nm, f* gipsy.

boire [bwar] *vt* to drink ; *(absorber)* to soak up. ◆ *vi* to drink ; ~ **un coup** to have a drink.

bois [bwa] *nm* wood. ◆ *nmpl (d'un cerf)* antlers.

boisé, e [bwaze] *adj* wooded.

boiseries [bwazri] *nfpl* panelling *(sg)*.

boisson [bwasɔ̃] *nf* drink.

boîte [bwat] *nf* box ; ~ **d'allumettes** box of matches ; ~ **de conserve** tin *(Br)*, can ; ~ **aux lettres** *(pour l'envoi)* postbox *(Br)*, mailbox *(Am)* ; *(pour la réception)* letterbox *(Br)*, mailbox *(Am)* ; INFORM ~ **aux lettres électronique** electronic mailbox ; ~ **(de nuit)** (night)club ; ~ **à outils** toolbox ; ~ **de vitesses** gearbox ; TEL ~ **vocale** voice mail.

boiter [bwate] *vi* to limp.

boiteux, euse [bwatø, øz] *adj* lame.

boîtier [bwatje] *nm (de montre, de cassette)* case ; *(d'appareil photo)* camera body.

bol [bɔl] *nm* bowl.

bolide [bɔlid] *nm* racing car.

bombardement [bɔ̃bardəmɑ̃] *nm* bombing.

bombarder [bɔ̃barde] *vt* to bomb ; ~ **qqn de questions** to bombard sb with questions.

bombe [bɔ̃b] *nf (arme)* bomb ;

(vaporisateur) spraycan ; ~ **atomique** nuclear bomb.

☞ ────────────

bon, bonne [bɔ̃, bɔn] *(compar & superl* meilleur [mɛjœr]*) adj* - **1.** *(gén)* good ; **être ~ en qqch** to be good at sth.
- **2.** *(correct)* right.
- **3.** *(utile)* : **il n'est ~ à rien** he's useless ; **c'est ~ à savoir** that's worth knowing.
- **4.** *(passeport, carte)* valid.
- **5.** *(en intensif)* : **ça fait une bonne heure que j'attends** I've been waiting for a good hour.
- **6.** *(dans l'expression des souhaits)* : **bonne année!** Happy New Year! ; **bonnes vacances!** have a nice holiday!
- **7.** *(dans des expressions)* : **bon!** right! ; **ah ~?** really? ; **pour de ~** for good.
◆ *adv* : **il fait ~** it's lovely ; **sentir ~** to smell nice ; **tenir ~** to hold out.
◆ *nm (formulaire)* form ; *(en cadeau)* voucher.

bonbon [bɔ̃bɔ̃] *nm* sweet *(Br)*, candy *(Am)*.

bond [bɔ̃] *nm* leap.

bondé, e [bɔ̃de] *adj* packed.

bondir [bɔ̃dir] *vi* to leap ; **ça va le faire ~** he'll hit the roof.

bonheur [bɔnœr] *nm* happiness ; *(chance, plaisir)* (good) luck.

bonhomme [bɔnɔm] *(pl* bonshommes [bɔ̃zɔm]*) nm fam (homme)* fellow ; *(silhouette)* man ; ~ **de neige** snowman.

bonjour [bɔ̃ʒur] *excl* hello!

bonne [bɔn] *nf* maid.

bonnet [bɔnɛ] *nm* hat ; ~ **de bain** swimming cap.

bonsoir [bɔ̃swar] *excl (en arrivant)* good evening ! ; *(en partant)* good night !

bonté [bɔ̃te] *nf* kindness.

bord [bɔr] *nm* edge ; **à ~ (de)** on board ; **monter à ~ (de)** to board ; **au ~ de la mer** at the seaside ; **au ~ de la route** at the roadside.

bordelaise [bɔrdəlɛz] *adj* → **trecôte.**

border [bɔrde] *vt (entourer)* to line ; *(enfant)* to tuck in ; **bordé de** lined with.

bordure [bɔrdyr] *nf* edge ; *(liseré)* border ; **en ~ de** on the edge of.

borgne [bɔrɲ] *adj* one-eyed.

borne [bɔrn] *nf (sur la route)* ≃ milestone ; **dépasser les ~ s** *fig* to go too far.

borné, e [bɔrne] *adj* narrow-minded.

bosquet [bɔskɛ] *nm* copse.

bosse [bɔs] *nf* bump.

bossu, e [bɔsy] *adj* hunch-backed.

botanique [bɔtanik] *adj* botanical. ◆ *nf* botany.

botte [bɔt] *nf* boot ; *(de légumes)* bunch ; *(de foin)* bundle.

Bottin® [bɔtɛ̃] *nm* phone book.

bottine [bɔtin] *nf* ankle boot.

bouc [buk] *nm (animal)* (billy) goat ; *(barbe)* goatee (beard).

bouche [buʃ] *nf* mouth ; **~ d'égout** manhole ; **~ de métro** metro entrance.

bouchée [buʃe] *nf* mouthful ; *(au chocolat)* filled chocolate ; **~ à la reine** chicken vol-au-vent.

boucher[1] [buʃe] *vt (remplir)* to fill up ; *(bouteille)* to cork ; *(oreilles, passage)* to block.

boucher[2]**, ère** [buʃe, ɛr] *nm, f* butcher.

boucherie [buʃri] *nf* butcher's (shop).

bouchon [buʃɔ̃] *nm (à vis)* top ; *(en liège)* cork ; *(embouteillage)* traffic jam ; *(de pêche)* float.

boucle [bukl] *nf* loop ; *(de cheveux)* curl ; *(de ceinture)* buckle ; **~ d'oreille** earring.

bouclé, e [bukle] *adj* curly.

boucler [bukle] *vt (valise, ceinture)* to buckle ; *fam (enfermer)* to lock up. ◆ *vi (cheveux)* to curl.

bouclier [buklije] *nm* shield.

bouddhiste [budist] *adj* & *nmf* Buddhist.

bouder [bude] *vi* to sulk.

boudin [budɛ̃] *nm (cylindre)* roll ; **~ blanc** white pudding (Br), white sausage (Am) ; **~ noir** black pudding (Br), blood sausage (Am).

boue [bu] *nf* mud.

bouée [bwe] *nf (pour nager)* rubber ring ; *(balise)* buoy ; **~ de sauvetage** life belt.

boueux, euse [buø, øz] *adj* muddy.

bouffant, e [bufɑ̃, ɑ̃t] *adj (pantalon)* baggy ; **manches ~ es** puff sleeves.

bouffée [bufe] *nf* puff ; *(de colère, d'angoisse)* fit ; **une ~ d'air frais** a breath of fresh air.

bouffi, e [bufi] *adj* puffy.

bouger [buʒe] *vt* to move. ◆ *vi* to move ; *(changer)* to change ; **j'ai une dent qui bouge** I've got a loose tooth.

bougie [buʒi] *nf* candle ; TECH spark plug.

bouillabaisse [bujabɛs] *nf fish soup, a speciality of Provence.*

bouillant, e [bujɑ̃, ɑ̃t] *adj* boiling (hot).

bouillie [buji] *nf puree ; (pour bébé)* baby food.

bouillir [bujir] *vi* to boil.

bouilloire [bujwar] *nf* kettle.

bouillon [bujɔ̃] *nm* stock.

bouillonner [bujɔne] *vi* to bubble.

bouillotte [bujɔt] *nf* hot-water bottle.

boulanger, ère [bulɑ̃ʒe, ɛr] *nm, f* baker.

boulangerie [bulɑ̃ʒri] *nf* baker's (shop), bakery.

boule [bul] *nf* ball ; *(de pétanque)* bowl ; **jouer aux ~ s** to play boules ; **~ de Bâle** *Helv* large sausage served with a vinaigrette.

bouledogue [buldɔg] *nm* bulldog.

boulet [bulɛ] *nm* cannonball.

boulette [bulɛt] *nf* pellet ; **~ de viande** meatball.

boulevard [bulvar] *nm* boulevard ; **les grands ~ s** *(à Paris)* the main boulevards between the Madeleine and République.

bouleversement [bulvɛrsəmɑ̃] *nm* upheaval.

bouleverser [bulvɛrse] *vt (émouvoir)* to move deeply ; *(modifier)* to disrupt.

boulon [bulɔ̃] *nm* bolt.

boulot [bulo] *nm fam (travail, lieu)* work ; *(emploi)* job.

boum [bum] *nf fam* party.

bouquet [bukɛ] *nm* bunch ; *(crevette)* prawn ; *(d'un vin)* bouquet.

bouquin [bukɛ̃] *nm fam* book.

bourdon [burdɔ̃] *nm* bumblebee.

bourdonner [burdɔne] *vi* to buzz.

bourgeois, e [burʒwa, az] *adj (quartier, intérieur)* middle-class ; *péj* bourgeois.

bourgeoisie [burʒwazi] *nf* bourgeoisie.

bourgeon [burʒɔ̃] *nm* bud.

bourgeonner [burʒɔne] *vi* to bud.

Bourgogne [burgɔɲ] *nf :* **la ~** Burgundy.

bourguignon, onne [burgiɲɔ̃, ɔn] *adj →* **bœuf, fondue.**

bourrasque [burask] *nf* gust of wind.

bourratif, ive [buratif, iv] *adj* stodgy.

bourré, e [bure] *adj (plein)* packed ; *vulg (ivre)* pissed (Br), bombed (Am) ; **~ de** packed with.

bourreau, x [buro] *nm* executioner.

bourrelet [burlɛ] *nm (isolant)* draught excluder ; *(de graisse)* roll of fat.

bourru, e [bury] *adj* surly.

bourse [burs] *nf (d'études)* grant ; *(porte-monnaie)* purse ; **la Bourse** the Stock Exchange.

boursier, ière [bursje, ɛr] *adj (étudiant)* on a grant ; *(transaction)* stock-market.

boursouflé, e [bursufle] *adj* swollen.

bousculade [buskylad] *nf* scuffle.

bousculer [buskyle] *vt* to jostle ; *fig (presser)* to rush.

boussole [busɔl] *nf* compass.

bout [bu] *nm (extrémité)* end ;

bouteille [butɛj] *nf* bottle ; ~ de gaz gas cylinder ; ~ d'oxygène oxygen cylinder.

boutique [butik] *nf* shop.

bouton [butɔ̃] *nm (de vêtement)* button ; *(sur la peau)* spot ; *(de réglage)* knob ; *(de fleur)* bud.

bouton-d'or [butɔ̃dɔr] (*pl* **boutons-d'or**) *nm* buttercup.

boutonner [butɔne] *vt* to button (up).

boutonnière [butɔnjɛr] *nf* buttonhole.

bowling [buliŋ] *nm (jeu)* ten-pin bowling ; *(salle)* bowling alley.

box [bɔks] *nm inv (garage)* lock-up garage ; *(d'écurie)* stall.

boxe [bɔks] *nf* boxing.

boxer [bɔksœr] *nm (chien)* boxer.

boxeur [bɔksœr] *nm* boxer.

boyau, x [bwajo] *nm (de roue)* inner tube. ◻ **boyaux** *nmpl* ANAT guts.

boycotter [bɔjkɔte] *vt* to boycott.

BP *(abr de boîte postale)* P.O. Box.

bracelet [braslɛ] *nm* bracelet ; *(de montre)* strap.

bracelet-montre [braslɛmɔ̃tr] (*pl* **bracelets-montres**) *nm* wristwatch.

braconnier [brakɔnje] *nm* poacher.

brader [brade] *vt* to sell off ; '*on brade*' 'clearance sale'.

braderie [bradri] *nf* clearance sale.

braguette [bragɛt] *nf* flies *(pl)*.

braille [braj] *nm* braille.

brailler [braje] *vi fam* to bawl.

braise [brɛz] *nf* embers *(pl)*.

brancard [brɑ̃kar] *nm* stretcher.

branchages [brɑ̃ʃaʒ] *nmpl* branches.

branche [brɑ̃ʃ] *nf* branch ; *(de lunettes)* arm.

branchement [brɑ̃ʃmɑ̃] *nm* connection.

brancher [brɑ̃ʃe] *vt (appareil)* to plug in ; *(prise)* to put in.

brandade [brɑ̃dad] *nf* : ~ (de morue) salt cod puree.

brandir [brɑ̃dir] *vt* to brandish.

branlant, e [brɑ̃lɑ̃, ɑ̃t] *adj* wobbly.

braquer [brake] *vi (automobiliste)* to turn (the wheel). ◆ *vt* : ~ qqch sur to aim sthg at.

bras [bra] *nm* arm.

brassard [brasar] *nm* armband.

brasse [bras] *nf (nage)* breaststroke.

brasser [brase] *vt (remuer)* to stir ; *(bière)* to brew ; *fig (manipuler)* to handle.

brasserie [brasri] *nf (café)* large café serving light meals ; *(usine)* brewery.

brassière [brasjɛr] *nf (pour bébé)* baby's vest *(Br)*, baby's undershirt *(Am)* ; *Can (soutien-gorge)* bra.

brave [brav] *adj (courageux)* brave ; *(gentil)* decent.

bravo [bravo] *excl* bravo!

bravoure [bravur] *nf* bravery.

break [brɛk] *nm (voiture)* estate (car) *(Br)*, station wagon *(Am)*.

brebis [brəbi] *nf* ewe.

brèche [brɛʃ] nf gap.

bref, brève [brɛf, brɛv] adj brief. ◆ adv in short.

Brésil [brezil] nm : le ~ Brazil.

Bretagne [brətaɲ] nf : la ~ Brittany.

bretelle [brətɛl] nf (de vêtement) shoulder strap ; (d'autoroute) slip road (Br), access road. ❑ **bretelles** nfpl braces (Br), suspenders (Am).

breton, onne [brətɔ̃, ɔn] adj Breton. ◆ nm (langue) Breton. ❑ **Breton, onne** nm, f Breton.

brève → bref.

brevet [brəvɛ] nm diploma ; (d'invention) patent ; ~ (des collèges) exam taken at the age of 15.

bribes [brib] nfpl snatches.

bricolage [brikɔlaʒ] nm do-it-yourself, DIY (Br).

bricole [brikɔl] nf trinket.

bricoler [brikɔle] vt to fix up. ◆ vi to do odd jobs.

bricoleur, euse [brikɔlœr, øz] nm, f DIY enthusiast.

bride [brid] nf bridle.

bridé, e [bride] adj : avoir les yeux ~ s to have slanting eyes.

bridge [bridʒ] nm bridge.

brie [bri] nm Brie.

brièvement [brijɛvmɑ̃] adv briefly.

brigade [brigad] nf brigade.

brigand [brigɑ̃] nm bandit.

brillamment [brijamɑ̃] adv brilliantly.

brillant, e [brijɑ̃, ɑ̃t] adj shiny ; (remarquable) brilliant. ◆ nm brilliant.

briller [brije] vi to shine ; faire ~ (meuble) to shine.

brimer [brime] vt to bully.

brin [brɛ̃] nm (de laine) strand ; ~ d'herbe blade of grass.

brindille [brɛ̃dij] nf twig.

brioche [brijɔʃ] nf round, sweet bread roll eaten for breakfast.

brique [brik] nf brick ; (de lait, de jus de fruit) carton.

briquer [brike] vt to scrub.

briquet [brikɛ] nm (cigarette) lighter.

brise [briz] nf breeze.

briser [brize] vt to break.

britannique [britanik] adj British. ❑ **Britannique** nmf British person ; les **Britanniques** the British.

brocante [brɔkɑ̃t] nf (magasin) second-hand shop.

brocanteur, euse [brɔkɑ̃tœr] nm, f dealer in second-hand goods.

broche [brɔʃ] nf (bijou) brooch ; CULIN spit.

brochet [brɔʃɛ] nm pike.

brochette [brɔʃɛt] nf (plat) kebab.

brochure [brɔʃyr] nf brochure.

brocoli [brɔkɔli] nm broccoli.

broder [brɔde] vt to embroider.

broderie [brɔdri] nf embroidery.

bronches [brɔ̃ʃ] nfpl bronchial tubes.

bronchite [brɔ̃ʃit] nf bronchitis.

bronzage [brɔ̃zaʒ] nm suntan.

bronze [brɔ̃z] nm bronze.

bronzer [brɔ̃ze] vi to tan ; se faire ~ to get a tan.

brosse [brɔs] nf brush ; ~ à cheveux hairbrush ; ~ à dents toothbrush.

brosser [brɔse] vt to brush. ❑ se **brosser** vp to brush o.s. (down) ; se ~ les dents to brush one's teeth.

brouette [bʀuɛt] *nf* wheelbarrow.

brouhaha [bʀuaa] *nm* hubbub.

brouillard [bʀujaʀ] *nm* fog.

brouillé [bʀuje] *adj m* → **œuf**.

brouiller [bʀuje] *vt* (*idées*) to muddle (up) ; (*liquide, vue*) to cloud. □ **se brouiller** *vp* (*se fâcher*) to quarrel ; (*vue*) to become blurred.

brouillon [bʀujɔ̃] *nm* (rough) draft.

broussailles [bʀusaj] *nfpl* undergrowth (sg).

brousse [bʀus] *nf* (*zone*) : **la ~** the bush.

brouter [bʀute] *vt* to graze on.

broyer [bʀwaje] *vt* to grind, to crush.

brucelles [bʀysɛl] *nfpl* Helv (pair of) tweezers.

brugnon [bʀyɲɔ̃] *nm* nectarine.

bruine [bʀɥin] *nf* drizzle.

bruit [bʀɥi] *nm* (*son*) noise, sound ; (*vacarme*) noise.

brûlant, e [bʀylɑ̃, ɑ̃t] *adj* boiling (hot).

brûlé [bʀyle] *nm* : **ça sent le ~** there's a smell of burning.

brûler [bʀyle] *vt* to burn. ◆ *vi* (*flamber*) to burn ; (*chauffer*) to be burning (hot) ; **~ un feu rouge** to jump a red light. □ **se brûler** *vp* to burn o.s. ; **se ~ la main** to burn one's hand.

brûlure [bʀylyʀ] *nf* burn ; (*sensation*) burning sensation ; **~ s d'estomac** heartburn.

brume [bʀym] *nf* mist.

brumeux, euse [bʀymø, øz] *adj* misty.

brun, e [bʀœ̃, bʀyn] *adj* dark.

brune [bʀyn] *nf* (*cigarette*) cigarette made with dark tobacco ; (**bière**) **~** brown ale.

Brushing® [bʀœʃiŋ] *nm* blow-dry.

brusque [bʀysk] *adj* (*personne, geste*) brusque ; (*changement, arrêt*) sudden.

brut, e [bʀyt] *adj* (*matière*) raw ; (*pétrole*) crude ; (*poids, salaire*) gross ; (*cidre, champagne*) dry.

brutal, e, aux [bʀytal, o] *adj* (*personne, geste*) violent ; (*changement, arrêt*) sudden.

brutaliser [bʀytalize] *vt* to mistreat.

brute [bʀyt] *nf* bully.

Bruxelles [bʀy(k)sɛl] *n* Brussels.

bruyant, e [bʀɥijɑ̃, ɑ̃t] *adj* noisy.

bruyère [bʀyjɛʀ] *nf* heather.

BTS *nm* (*abr de* brevet de technicien supérieur) advanced vocational training certificate.

bu, e [by] *pp* → **boire**.

buanderie [bɥɑ̃dʀi] *nf* Can (*blanchisserie*) laundry.

bûche [byʃ] *nf* log ; **~ de Noël** Yule log.

bûcheron [byʃʀɔ̃] *nm* lumberjack.

budget [bydʒɛ] *nm* budget.

buée [bɥe] *nf* condensation.

buffet [byfɛ] *nm* (*meuble*) sideboard ; (*repas, restaurant*) buffet ; **~ froid** cold buffet.

building [bildiŋ] *nm* skyscraper.

buisson [bɥisɔ̃] *nm* bush.

buissonnière [bɥisɔnjɛʀ] *adj f* → **école**.

Bulgarie [bylgaʀi] *nf* : **la ~** Bulgaria.

bulldozer [byldozɛʀ] *nm* bulldozer.

bulle [byl] *nf* bubble ; **faire des ~ s** *(avec un chewing-gum)* to blow bubbles ; *(savon)* to lather.

bulletin [byltɛ̃] *nm (papier)* form ; *(d'informations)* news bulletin ; SCOL report ; **~ météorologique** weather forecast ; **~ de salaire** pay slip ; **~ de vote** ballot paper.

bungalow [bɛ̃galo] *nm* chalet.

bureau [byro] *nm* office ; *(meuble)* desk ; **~ de change** bureau de change ; **~ de poste** post office ; **~ de tabac** tobacconist's *(Br)*, tobacco shop *(Am)*.

burlesque [byrlɛsk] *adj* funny.

bus [bys] *nm* bus.

buste [byst] *nm* chest ; *(statue)* bust.

but [byt] *nm (intention)* aim ; *(destination)* destination ; SPORT *(point)* goal ; **les ~ s** SPORT *(zone)* the goal ; **dans le ~ de** with the intention of.

butane [bytan] *nm* Calor® gas.

buté, e [byte] *adj* stubborn.

buter [byte] *vi :* **~ sur** OU **contre** *(objet)* to trip over ; *(difficulté)* to come up against.

butin [bytɛ̃] *nm* booty.

butte [byt] *nf* hillock.

buvard [byvar] *nm* blotting paper.

buvette [byvɛt] *nf* refreshment stall.

C

c' → **ce.**

ça [sa] *pron* that ; **~ n'est pas facile** it's not easy ; **comment ~?** what? ; **c'est ~** *(c'est exact)* that's right.

cabane [kaban] *nf* hut.

cabaret [kabarɛ] *nm* nightclub.

cabillaud [kabijo] *nm* cod.

cabine [kabin] *nf (de bateau)* cabin ; *(de téléphérique)* cable car ; *(sur la plage)* hut ; **~ de douche** shower cubicle ; **~ d'essayage** fitting room ; **~ (de pilotage)** cockpit ; **~ (téléphonique)** phone box.

cabinet [kabinɛ] *nm (de médecin)* surgery *(Br)*, office *(Am)* ; *(d'avocat)* office ; **~ de toilette** bathroom. □ **cabinets** *nmpl* toilet *(sg).*

câble [kabl] *nm* cable ; **(télévision par) ~** cable *(television).*

cabosser [kabose] *vt* to dent.

caca [kaka] *nm :* **faire ~** *fam* to do a poo.

cacah(o)uète [kakawɛt] *nf* peanut.

cacao [kakao] *nm* cocoa.

cache-cache [kaʃkaʃ] *nm inv :* **jouer à ~** to play hide-and-seek.

cachemire [kaʃmir] *nm* cashmere.

cache-nez [kaʃne] *nm inv* scarf.

cacher [kaʃe] *vt* to hide ; *(vue, soleil)* to block.

cachet [kaʃɛ] *nm (comprimé)* tablet ; *(tampon)* stamp ; *(allure)* style.

cachette [kaʃɛt] *nf* hiding place ; **en ~** secretly.

cachot [kaʃo] *nm* dungeon.

cactus [kaktys] *nm* cactus.

cadavre [kadavr] *nm* corpse.

Caddie® [kadi] *nm* (supermarket) trolley *(Br)*, (grocery) cart *(Am).*

cadeau, x [kado] *nm* present ; **faire un ~ à qqn** to give sb a present ;

faire ~ **de** qqch **à** qqn to give sb sthg.

cadenas [kadna] *nm* padlock.

cadence [kadɑ̃s] *nf* rhythm ; **en** ~ in time.

cadet, ette [kade, et] *adj* & *nm, f (de deux)* younger ; *(de plusieurs)* youngest.

cadran [kadʀɑ̃] *nm* dial ; ~ **solaire** sundial.

cadre [kadʀ] *nm* frame ; *(tableau)* painting ; *(décor)* surroundings *(pl)* ; **dans le** ~ **de** as part of. ◆ *nmf (d'une entreprise)* executive.

cafard [kafaʀ] *nm (insecte)* cockroach ; **avoir le** ~ *fam* to feel down.

café [kafe] *nm (établissement)* café ; *(boisson, grains)* coffee ; ~ **crème** OU **au lait** white coffee ; ~ **épicé** *Helv* black coffee flavoured with cinnamon and cloves ; ~ **noir** black coffee.

CAFÉ

French cafés serve a wide range of drinks and sometimes sandwiches or light meals. They often have pavement seating areas or large plate-glass windows looking directly onto the street. Paris cafés have also traditionally played an important role in French political, cultural and literary life.
Coffee served in French cafés comes in various forms such as *café crème* (served with frothy hot milk), *grand crème* (a large *café crème*), *café noisette* (with just a tiny amount of milk) and *express* or *expresso* (strong black coffee served in small cups). The expression *café au lait* is used at home to mean the same as a *grand crème*.

cafétéria [kafeteʀja] *nf* cafeteria.

café-théâtre [kafeteatʀ] *(pl* **cafés-théâtres)** *nm* café where theatre performances take place.

cafetière [kaftjeʀ] *nf (récipient)* coffeepot ; *(électrique)* coffeemaker ; *(à piston)* cafetière.

cage [kaʒ] *nf* cage ; *SPORT* goal ; ~ **d'escalier** stairwell.

cagoule [kagul] *nf* balaclava.

cahier [kaje] *nm* exercise book ; ~ **de brouillon** rough book ; ~ **de textes** homework book.

caille [kaj] *nf* quail.

cailler [kaje] *vi (lait)* to curdle ; *(sang)* to coagulate.

caillot [kajo] *nm* clot.

caillou, x [kaju] *nm* stone.

caisse [kɛs] *nf* box ; *(de magasin, de cinéma)* cash desk ; *(de supermarché)* checkout ; *(de banque)* cashier's desk ; *(enregistreuse)* cash register ; ~ **d'épargne** savings bank.

caissier, ière [kesje, ɛʀ] *nm, f* cashier.

cajou [kaʒu] *nm* → **noix**.

cake [kɛk] *nm* fruit cake.

calamars [kalamaʀ] *nmpl* squid *(sg)*.

calcaire [kalkɛʀ] *nm* limestone. ◆ *adj (eau)* hard ; *(terrain)* chalky.

calciné, e [kalsine] *adj* charred.

calcium [kalsjɔm] *nm* calcium.

calcul [kalkyl] *nm* calculation ; *(arithmétique)* arithmetic ; *MÉD* stone.

calculatrice [kalkylatʀis] *nf* calculator.

calculer [kalkyle] vt to calculate ; (prévoir) to plan.

cale [kal] nf (pour stabiliser) wedge.

calé, e [kale] adj fam (doué) clever.

caleçon [kalsɔ̃] nm (sous-vêtement) boxer shorts (pl) ; (pantalon) leggings (pl).

calembour [kalɑ̃bur] nm pun.

calendrier [kalɑ̃drije] nm calendar.

CALENDRIER SCOLAIRE

The French national academic calendar's influence extends well beyond the school system. During the two months summer holidays, corporate activity and national politics slow down as well. During the school year, children have one week's holiday at All Saints' Day, two weeks at Christmas, two weeks in February or March, and two weeks in April or May. The All Saints' Day and Christmas holidays are the same throughout France, while the dates of the other two-week holidays differ in three geographical zones in an effort to spread holiday road traffic over several weeks.

cale-pied, s [kalpje] nm toe clip.

caler [kale] vt to wedge. ◆ vi (voiture, moteur) to stall ; fam (à table) to be full up.

califourchon [kalifurʃɔ̃] : à califourchon sur prép astride.

câlin [kalɛ̃] nm cuddle.

calmant [kalmɑ̃] nm painkiller.

calmars [kalmar] = calamars.

calme [kalm] adj & nm calm.

calmer [kalme] vt (douleur) to soothe ; (personne) to calm down. ❑ se calmer vp (personne) to calm down ; (tempête, douleur) to die down.

calorie [kalɔri] nf calorie.

calque [kalk] nm : (papier-)~ tracing paper.

calvados [kalvados] nm calvados, apple brandy.

camarade [kamarad] nmf friend ; ~ de classe classmate.

cambouis [kɑ̃bwi] nm dirty grease.

cambré, e [kɑ̃bre] adj (dos) arched ; (personne) with an arched back.

cambriolage [kɑ̃brijɔlaʒ] nm burglary.

cambrioler [kɑ̃brijɔle] vt to burgle (Br), to burglarize (Am).

cambrioleur [kɑ̃brijɔlœr] nm burglar.

camembert [kamɑ̃ber] nm Camembert (cheese).

caméra [kamera] nf camera.

Caméscope® [kameskɔp] nm camcorder.

camion [kamjɔ̃] nm lorry (Br), truck (Am).

camion-citerne [kamjɔ̃sitern] (pl camions-citernes) nm tanker (Br), tank truck (Am).

camionnette [kamjɔnet] nf van.

camionneur [kamjɔnœr] nm (chauffeur) lorry driver (Br), truck driver (Am).

camp [kɑ̃] nm camp ; (de joueurs, de sportifs) side, team ; faire un ~ to go camping.

campagne [kɑ̃paɲ] nf coun-

camper

try(side) ; (électorale, publicitaire) campaign.

camper [kɑ̃pe] vi to camp.

campeur, euse [kɑ̃pœr, øz] nm, f camper.

camping [kɑ̃piŋ] nm (terrain) campsite ; (activité) camping ; faire du ~ to go camping ; ~ sauvage camping not on a campsite.

camping-car, s [kɑ̃piŋkar] nm camper-van (Br), RV (Am).

Camping-Gaz® [kɑ̃piŋgaz] nm inv camping stove.

Canada [kanada] nm : le ~ Canada.

canadien, enne [kanadjɛ̃, ɛn] adj Canadian. ◻ **Canadien, enne** nm, f Canadian.

canadienne [kanadjɛn] nf (veste) fur-lined jacket ; (tente) (ridge) tent.

canal, aux [kanal, o] nm canal ; Canal + French TV pay channel.

canalisation [kanalizasjɔ̃] nf pipe.

canapé [kanape] nm (siège) sofa ; (toast) canapé ; ~ convertible sofa bed.

canapé-lit [kanapeli] (pl canapés-lits) nm sofa bed.

canard [kanar] nm duck ; (sucre) sugar lump (dipped in coffee or spirits) ; ~ laqué Peking duck.

canari [kanari] nm canary.

cancer [kɑ̃sɛr] nm cancer.

Cancer [kɑ̃sɛr] nm Cancer.

cancéreux, euse [kɑ̃serø, øz] adj (tumeur) malignant.

candidat, e [kɑ̃dida, at] nm, n candidate.

candidature [kɑ̃didatyr] nf application.

caneton [kantɔ̃] nm duckling.

canette [kanɛt] nf (bouteille) bottle.

caniche [kaniʃ] nm poodle.

canicule [kanikyl] nf heatwave.

canif [kanif] nm penknife.

canine [kanin] nf canine (tooth).

caniveau [kanivo] nm gutter.

canne [kan] nf walking stick ; ~ à pêche fishing rod.

cannelle [kanɛl] nf cinnamon.

cannelloni(s) [kanelɔni] nmpl cannelloni (sg).

cannette [kanɛt] = **canette**.

canoë [kanɔe] nm canoe ; faire du ~ to go canoeing.

canoë-kayak [kanɔekajak] (pl canoës-kayaks) nm kayak ; faire du ~ to go canoeing.

canon [kanɔ̃] nm (ancien) cannon ; (d'une arme à feu) barrel.

canot [kano] nm dinghy ; ~ pneumatique inflatable dinghy ; ~ de sauvetage lifeboat.

cantal [kɑ̃tal] nm mild cheese from the Auvergne, similar to cheddar.

cantatrice [kɑ̃tatris] nf (opera) singer.

cantine [kɑ̃tin] nf (restaurant) canteen.

cantique [kɑ̃tik] nm hymn.

canton [kɑ̃tɔ̃] nm (en France) division of an 'arrondissement' ; (en Suisse) canton.

ⓘ CANTON

Switzerland is a confederation of 23 districts known as cantons, three of which are themselves divided into demi-cantons. Although they are to a large extent self-governing, the federal government reserves control over certain areas such as foreign policy, the treasury, customs and the postal service.

cantonais [kɑ̃tɔnɛ] *adj* m → **riz**.

caoutchouc [kautʃu] *nm* rubber.

cap [kap] *nm (pointe de terre)* cape ; NAVIG course ; **mettre le ~ sur** to head for.

CAP *nm* vocational school-leaver's diploma *(taken at age 16).*

capable [kapabl] *adj* capable.

capacités [kapasite] *nfpl* ability *(sg).*

cape [kap] *nf* cloak.

capitaine [kapitɛn] *nm* captain.

capital, e, aux [kapital, o] *adj* essential. ◆ *nm* capital.

capitale [kapital] *nf* capital.

capot [kapo] *nm* AUT bonnet *(Br)*, hood *(Am).*

capote [kapɔt] *nf* AUT hood *(Br)*, top *(Am).*

capoter [kapɔte] *vi Can fam (perdre la tête)* to lose one's head.

câpre [kapr] *nf* caper.

caprice [kapris] *nm (colère)* tantrum ; *(envie)* whim ; **faire un ~** to throw a tantrum.

capricieux, euse [kaprisjø, øz] *adj (personne)* temperamental.

Capricorne [kaprikɔrn] *nm* Capricorn.

capsule [kapsyl] *nf (de bouteille)* top, cap ; **~ spatiale** space capsule.

capter [kapte] *vt (station de radio)* to pick up.

captivité [kaptivite] *nf* captivity ; **en ~** *(animal)* in captivity.

capturer [kaptyre] *vt* to catch.

capuche [kapyʃ] *nf* hood.

capuchon [kapyʃɔ̃] *nm (d'une veste)* hood ; *(d'un stylo)* top.

caquelon [kaklɔ̃] *nm Helv* fondue pot.

car¹ [kar] *conj* because.

car² [kar] *nm* coach *(Br)*, bus *(Am).*

carabine [karabin] *nf* rifle.

caractère [karaktɛr] *nm* character ; *(spécificité)* characteristic ; **avoir du ~** *(personne)* to have personality ; *(maison)* to have character ; **avoir bon ~** to be good-natured ; **avoir mauvais ~** to be bad-tempered.

caractéristique [karakteristik] *nf* characteristic. ◆ *adj* : **~ de** characteristic of.

carafe [karaf] *nf* carafe.

Caraïbes [karaib] *nfpl* : **les ~** the Caribbean, the West Indies.

carambolage [karɑ̃bɔlaʒ] *nm fam* pile-up.

caramel [karamɛl] *nm (sucre brûlé)* caramel ; *(bonbon dur)* toffee ; *(bonbon mou)* fudge.

carapace [karapas] *nf* shell.

caravane [karavan] *nf* caravan.

carbone [karbɔn] *nm* carbon ; *(papier)* **~** carbon paper.

carburant [karbyrɑ̃] *nm* fuel.

carburateur [karbyratœr] *nm* carburettor.

carcasse [karkas] *nf (d'animal)* carcass ; *(de voiture)* frame.

cardiaque [kardjak] *adj (maladie)* heart ; **être ~** to have a heart condition.

cardigan [kardigɑ̃] *nm* cardigan.

cardinaux [kardino] *adj mpl* → **point**.

cardiologue [kardjɔlɔg] *nmf* cardiologist.

caresse [kaʀɛs] *nf* caress.

caresser [kaʀese] *vt* to stroke.

cargaison [kaʀgɛzɔ̃] *nf* cargo.

cargo [kaʀgo] *nm* freighter.

caricature [kaʀikatyʀ] *nf* caricature.

carie [kaʀi] *nf* caries.

carillon [kaʀijɔ̃] *nm* chime.

carnage [kaʀnaʒ] *nm* slaughter.

carnaval [kaʀnaval] *nm* carnival.

carnet [kaʀne] *nm* notebook ; *(de tickets, de timbres)* book ; **~ d'adresses** address book ; **~ de chèques** chequebook.

CARNET

In France, it is possible to buy tickets with a discount, if you buy them as a carnet. The amount of the discount depends on the type of tickets purchased. In Paris, it is possible to buy a pack of 10 identical tickets called a *carnet* for the public transport system. These tickets may be used independently. The price of a *carnet* is significantly less than the price of 10 tickets bought individually.

carotte [kaʀɔt] *nf* carrot.

carpe [kaʀp] *nf* carp.

carpette [kaʀpɛt] *nf* rug.

carré, e [kaʀe] *adj* square. ◆ *nm* square ; *(d'agneau)* rack ; **deux mètres ~** two metres squared ; **deux au ~** two squared.

carreau, x [kaʀo] *nm (vitre)* window pane ; *(sur le sol, les murs)* tile ; *(carré)* check ; *(aux cartes)* diamonds *(pl)* ; **à ~ x** checked.

carrefour [kaʀfuʀ] *nm* crossroads *(sg)*.

carrelage [kaʀlaʒ] *nm* tiles *(pl)*.

carrément [kaʀemɑ̃] *adv (franchement)* bluntly ; *(très)* completely.

carrière [kaʀjɛʀ] *nf (de pierre)* quarry ; *(profession)* career.

carrossable [kaʀɔsabl] *adj* suitable for motor vehicles.

carrosse [kaʀɔs] *nm* coach.

carrosserie [kaʀɔsʀi] *nf* body.

carrure [kaʀyʀ] *nf* build.

cartable [kaʀtabl] *nm* schoolbag.

carte [kaʀt] *nf* card ; *(plan, de restaurant)* menu ; **à la ~** à la carte ; **~ bancaire** bank card for withdrawing cash and making purchases ; **Carte Bleue®** ≃ Visa® card ; **~ de crédit** credit card ; **~ d'embarquement** boarding card ; **~ grise** vehicle registration document ; **~ (nationale) d'identité** identity card ; **Carte Orange** season ticket for use on public transport in Paris ; **~ postale** postcard ; **~ son** soundcard ; **~ téléphonique** OU **de téléphone** phonecard ; **~ des vins** wine list.

CARTE (NATIONALE) D'IDENTITÉ

Official documents giving personal details (name, address, age, height etc) and a photograph of the holder, identity cards must be carried by all French citizens and presented to the police on request (at checks in the street or on public transport, for example). They can also be used instead of a passport for travel within the European Union and may be asked for as proof of identity when paying by cheque.

ⓘ CARTE BLEUE

Credit cards are accepted by most businesses in France, though a 15-euro minimum purchase is often required. In most situations, bearers of *cartes bleues* issued by French banks must use their PIN code, while bearers of foreign cards must provide a signature. In some rare cases, such as motorway tolls, neither a code nor a signature is necessary.

---

cartilage [kartilaʒ] *nm* cartilage.

carton [kartɔ̃] *nm* (*matière*) cardboard; (*boîte*) cardboard box; (*feuille*) card.

cartouche [kartuʃ] *nf* cartridge; (*de cigarettes*) carton.

cas [ka] *nm* case; **au ~ où** in case; **dans ce ~** in that case; **en ~ d'accident** in the event of an accident; **en tout ~** in any case.

cascade [kaskad] *nf* (*chute d'eau*) waterfall; (*au cinéma*) stunt.

cascadeur, euse [kaskadœr, øz] *nm, f* stuntman (*f* stuntwoman).

case [kaz] *nf* (*de damier, de mots croisés*) square; (*compartiment*) compartment; (*hutte*) hut.

caserne [kazɛrn] *nf* barracks (*sg ou pl*); **~ des pompiers** fire station.

casier [kazje] *nm* (*compartiment*) pigeonhole; **~ à bouteilles** bottle rack; **~ judiciaire** criminal record.

casino [kazino] *nm* casino.

casque [kask] *nm* helmet; (*d'ouvrier*) hard hat; (*écouteurs*) headphones (*pl*).

casquette [kaskɛt] *nf* cap.

casse-cou [kasku] *nmf inv* daredevil.

casse-croûte [kaskrut] *nm inv* snack.

casse-noix [kasnwa] *nm inv* nutcrackers (*pl*).

casser [kase] *vt* to break. ❑ **se casser** *vp* to break; **se ~ le bras** to break one's arm.

casserole [kasrɔl] *nf* saucepan.

casse-tête [kastɛt] *nm inv* puzzle; *fig* (*problème*) headache.

cassette [kasɛt] *nf* (*de musique*) cassette, tape; **~ vidéo** video cassette.

cassis [kasis] *nm* blackcurrant.

cassoulet [kasulɛ] *nm* haricot bean stew with pork, lamb or duck.

catalogue [katalɔg] *nm* catalogue.

catastrophe [katastrɔf] *nf* disaster.

catastrophique [katastrɔfik] *adj* disastrous.

catch [katʃ] *nm* wrestling.

catéchisme [kateʃism] *nm* ≃ Sunday school.

catégorie [kategɔri] *nf* category.

catégorique [kategɔrik] *adj* categorical.

cathédrale [katedral] *nf* cathedral.

catholique [katɔlik] *adj* & *nmf* Catholic.

cauchemar [koʃmar] *nm* nightmare.

cause [koz] *nf* cause, reason; **à ~ de** because of.

causer [koze] *vt* to cause. ◆ *vi* to chat.

caution [kosjɔ̃] *nf* (*pour une location*) deposit; (*personne*) guarantor.

cavalier, ière [kavalje, ɛr] *nm, f*

cave 46

(à cheval) rider ; (partenaire) partner. ◆ nm (aux échecs) knight.

cave [kav] nf cellar.

caverne [kavɛrn] nf cave.

caviar [kavjar] nm caviar.

CB abr = CarteBleue®.

CD nm (abr de Compact Disc ®) CD.

CDI nm (abr de centre de documentation et d'information) school library.

CD-I nm (abr de Compact Disc ® interactif) CDI.

CD-ROM [sederɔm] nm CD-ROM.

☞

ce, cette [sə, sɛt] (m cet [sɛt], mpl ces [se]) adj - 1. (proche dans l'espace ou dans le temps) this, these (pl) ; cette nuit (passée) last night ; (prochaine) tonight.
- 2. (éloigné dans l'espace ou dans le temps) that, those (pl).
◆ pron - 1. (pour mettre en valeur) : c'est it is, this is ; ~ sont they are, these are ; c'est votre collègue qui m'a renseigné it was your colleague who told me.
- 2. (dans des interrogations) : est-~ bien là? is it the right place? ; qui est-~? who is it?
- 3. (avec un relatif) : ~ que tu voudras whatever you want ; ~ qui nous intéresse, ce sont les musées the museums are what we're interested in.
- 4. (en intensif) : ~ qu'il fait chaud! it's so hot!

CE nm (abr de cours élémentaire) : ~ 1 second year of primary school ; ~ 2 third year of primary school.

ceci [səsi] pron this.

céder [sede] vt (laisser) to give up.
◆ vi (ne pas résister) to give in ; (casser) to give way ; 'cédez le passage' 'give way' (Br), 'yield' (Am) ; ~ à to give in to.

CEDEX [sedɛks] nm code written after large companies' addresses, ensuring rapid delivery.

cédille [sedij] nf cedilla.

CEI nf (abr de Communauté d'États indépendants) CIS.

ceinture [sɛtyr] nf belt ; (d'un vêtement) waist ; ~ de sécurité seat belt.

cela [səla] pron dém that ; ~ ne fait rien it doesn't matter ; comment ~? what? ; c'est ~ (c'est exact) that's right.

célèbre [selɛbr] adj famous.

célébrer [selebre] vt to celebrate.

célébrité [selebrite] nf (gloire) fame ; (star) celebrity.

céleri [sɛlri] nm celery ; ~ rémoulade grated celeriac, mixed with mustard mayonnaise, served cold.

célibataire [selibatɛr] adj single.
◆ nmf single man (f single woman).

celle → celui.

celle-ci → celui-ci.

celle-là → celui-là.

cellule [selyl] nf cell.

cellulite [selylit] nf cellulite.

celui [səlɥi] (f celle [sɛl], mpl ceux [sø]) pron the one ; ~ de devant the one in front ; ~ de Pierre Pierre's (one).

celui-ci [səlɥisi] (f celle-ci [sɛlsi], mpl ceux-ci [søsi]) pron this one ; (dont on vient de parler) the latter.

celui-là [səlɥila] (f celle-là [sɛlla],

mpl **ceux-là** [səla]) *pron* that one ; *(dont on a parlé)* the former.

cendre [sɑ̃dr] *nf* ash.

cendrier [sɑ̃drije] *nm* ashtray.

censurer [sɑ̃syre] *vt* to censor.

cent [sɑ̃] *num* a hundred ; **pour ~ per cent → six.**

centaine [sɑ̃ten] *nf* : **une ~ (de)** about a hundred.

centième [sɑ̃tjem] *num* hundredth **→ sixième.**

centime [sɑ̃tim] *nm* centime.

centimètre [sɑ̃timetr] *nm* centimetre.

central, e, aux [sɑ̃tral, o] *adj* central.

centrale [sɑ̃tral] *nf (électrique)* power station ; **~ nucléaire** nuclear power station.

centre [sɑ̃tr] *nm* centre ; *(point essentiel)* heart ; **~ aéré** holiday activity centre for children ; **~ commercial** shopping centre.

centre-ville [sɑ̃trəvil] *(pl* centres-villes) *nm* town centre.

cèpe [sep] *nm* type of dark mushroom with a rich flavour.

cependant [səpɑ̃dɑ̃] *conj* however.

céramique [seramik] *nf (matière)* ceramic ; *(objet)* piece of pottery.

cercle [serkl] *nm* circle.

cercueil [serkœj] *nm* coffin *(Br)*, casket *(Am)*.

céréale [sereal] *nf* cereal ; **des ~s** *(de petit déjeuner)* (breakfast) cereal.

cérémonie [seremɔni] *nf* ceremony.

cerf [ser] *nm* stag.

cerf-volant [servɔlɑ̃] *(pl* cerfs-volants) *nm* kite.

cerise [səriz] *nf* cherry.

cerisier [sərizje] *nm* cherry tree.

cerner [serne] *vt* to surround ; *fig (problème)* to define.

cernes [sern] *nmpl* shadows.

certain, e [sertɛ̃, ɛn] *adj* certain ; **être ~ de qqch** to be certain of sthg ; **un ~ temps** a while. ❑ **certains, certaines** *adj* some. ◆ *pron* some (people).

certainement [sertenmɑ̃] *adv (probablement)* probably ; *(bien sûr)* certainly.

certes [sert] *adv* of course.

certificat [sertifika] *nm* certificate ; **~ médical** doctor's certificate ; **~ de scolarité** school attendance certificate.

certifier [sertifje] *vt* to certify ; **certifié conforme** certified.

certitude [sertityd] *nf* certainty.

cerveau, x [servo] *nm* brain.

cervelas [servəla] *nm* ≃ saveloy *(sausage).*

cervelle [servel] *nf* brains *(sg).*

ces → ce.

CES *nm (abr de collège d'enseignement secondaire)* secondary school.

césars [cezar] *nmpl* french cinema awards.

ⓘ CÉSARS

The *César* awards are the French version of the Oscars. Since 1976, every March, the professionals of the film industry have honoured the Best French Film, the Best Foreign Film, the Best Director, Actor, Supporting Actor, the Best soundtrack, etc. The name *César* comes from the name of the artist who designed the trophies given to the winners.

cesse [sɛs] : **sans cesse** adv continually.

cesser [sese] vi to stop ; ~ **de faire qqch** to stop doing sthg.

c'est-à-dire [setadir] adv in other words.

cet [sɛt] → **ce.**

cette → **ce.**

ceux → **celui.**

ceux-ci → **celui-ci.**

ceux-là → **celui-là.**

cf. (abr de confer) cf.

chacun, e [ʃakœ̃, yn] pron (chaque personne) each (one) ; (tout le monde) everyone ; ~ **à son tour** each person in turn.

chagrin [ʃagrɛ̃] nm grief ; **avoir du** ~ to be very upset.

chahut [ʃay] nm rumpus ; **faire du** ~ to make a racket.

chahuter [ʃayte] vt to bait.

chaîne [ʃɛn] nf chain ; (suite) series ; (de télévision) channel ; ~ **(hi-fi)** hi-fi (system) ; ~ **laser** CD system ; ~ **de montagnes** mountain range ; ~ **à péage** pay TV channel. ❑ **chaînes** nfpl (de voiture) (snow) chains.

chair [ʃɛr] nf & adj inv flesh ; ~ **à saucisse** sausage meat ; **en** ~ **et en os** in the flesh ; **avoir la** ~ **de poule** to have goose pimples.

chaise [ʃɛz] nf chair ; ~ **longue** deckchair.

châle [ʃal] nm shawl.

chalet [ʃalɛ] nm chalet ; Can (maison de campagne) (holiday) cottage.

chaleur [ʃalœr] nf heat ; fig (enthousiasme) warmth.

chaleureux, euse [ʃalœrø, øz] adj warm.

chaloupe [ʃalup] nf Can (barque) rowing boat (Br), rowboat (Am).

chalumeau, x [ʃalymo] nm blowlamp (Br), blowtorch (Am).

chalutier [ʃalytje] nm trawler.

chamailler [ʃamaje] : **se chamailler** vp to squabble.

chambre [ʃɑ̃br] nf : ~ **(à coucher)** bedroom ; ~ **à air** inner tube ; **Chambre des députés** ≃ House of Commons (Br), House of Representatives (Am) ; ~ **double** double room ; ~ **à une personne** single room.

chameau, x [ʃamo] nm camel.

chamois [ʃamwa] nm → **peau.**

champ [ʃɑ̃] nm field ; ~ **de bataille** battlefield ; ~ **de courses** racecourse.

champagne [ʃɑ̃paɲ] nm champagne.

CHAMPAGNE

The famous sparkling wine can properly speaking only be called champagne if it is made from grapes grown in the Champagne region in northeast France. It can be combined with blackcurrant liqueur to make the cocktail *kir royal.*

champignon [ʃɑ̃piɲɔ̃] nm mushroom ; ~ **à la grecque** mushrooms served cold in a sauce of olive oil, lemon and herbs ; ~ **de Paris** button mushroom.

champion, ionne [ʃɑ̃pjɔ̃, ɔn] nm, f champion.

championnat [ʃɑ̃pjɔna] nm championship.

chance [ʃɑ̃s] nf (sort favorable) luck ; (probabilité) chance ; avoir de la ~ to be lucky ; bonne ~! good luck!

chanceler [ʃɑ̃sle] vi to wobble.

chandail [ʃɑ̃daj] nm sweater.

Chandeleur [ʃɑ̃dlœr] nf : la ~ Candlemas.

chandelier [ʃɑ̃dəlje] nm candlestick ; (à plusieurs branches) candelabra.

chandelle [ʃɑ̃dɛl] nf candle.

change [ʃɑ̃ʒ] nm (taux) exchange rate.

changement [ʃɑ̃ʒmɑ̃] nm change ; ~ de vitesse gear lever (Br), gear shift (Am).

changer [ʃɑ̃ʒe] vt & vi to change ; ~ des euros en dollars to change euros into dollars ; ~ de train/vitesse to change trains/gear. ❑ se changer vp (s'habiller) to get changed.

chanson [ʃɑ̃sɔ̃] nf song.

chant [ʃɑ̃] nm song ; (art) singing.

chantage [ʃɑ̃taʒ] nm blackmail.

chanter [ʃɑ̃te] vt & vi to sing.

chanteur, euse [ʃɑ̃tœr, øz] nm, f singer.

chantier [ʃɑ̃tje] nm (building) site.

chantilly [ʃɑ̃tiji] nf : (crème) ~ whipped cream.

chantonner [ʃɑ̃tɔne] vi to hum.

chapeau, x [ʃapo] nm hat.

chapelet [ʃaplɛ] nm rosary beads ; (succession) string.

chapelle [ʃapɛl] nf chapel.

chapelure [ʃaplyr] nf (dried) breadcrumbs (pl).

chapiteau, x [ʃapito] nm (de cirque) big top.

chapitre [ʃapitr] nm chapter.

chapon [ʃapɔ̃] nm capon.

chaque [ʃak] adj (un) each ; (tout) every.

char [ʃar] nm (de carnaval) float ; Can (voiture) car ; ~ (d'assaut) tank ; ~ à voile sand yacht.

charabia [ʃarabja] nm fam gibberish.

charade [ʃarad] nf charade.

charbon [ʃarbɔ̃] nm coal.

charcuterie [ʃarkytri] nf (aliments) cooked meats (pl) ; (magasin) delicatessen.

chardon [ʃardɔ̃] nm thistle.

charge [ʃarʒ] nf (cargaison) load ; fig (gêne) burden ; (responsabilité) responsibility ; prendre qqch en ~ to take responsibility for sthg. ❑ charges nfpl (d'un appartement) service charge (sg).

chargement [ʃarʒəmɑ̃] nm load.

charger [ʃarʒe] vt to load ; ~ qqn de faire qqch to put sb in charge of doing sthg. ❑ se charger de vp + prép to take care of.

chariot [ʃarjo] nm (charrette) wagon ; (au supermarché) trolley (Br), cart (Am).

charité [ʃarite] nf charity ; demander la ~ to beg.

charlotte [ʃarlɔt] nf (cuite) charlotte ; (froide) cold dessert of chocolate or fruit mousse encased in sponge fingers.

charmant, e [ʃarmɑ̃, ɑ̃t] adj charming.

charme [ʃarm] nm charm.

charmer [ʃarme] vt to charm.

charnière [ʃarnjɛr] nf hinge.

charpente [ʃarpɑ̃t] nf framework.

charpentier [ʃarpɑ̃tje] *nm* carpenter.

charrette [ʃaret] *nf* cart.

charrue [ʃary] *nf* plough.

charter [ʃartɛr] *nm* : (vol) ~ charter flight.

chas [ʃa] *nm* eye (of a needle).

chasse [ʃas] *nf* hunting ; tirer la ~ (d'eau) to flush the toilet.

chasselas [ʃasla] *nm* (vin) variety of Swiss white wine.

chasse-neige [ʃasnɛʒ] *nm inv* snowplough.

chasser [ʃase] *vt* (animal) to hunt ; (personne) to drive away. ◆ *vi* to hunt ; ~ qqn de to throw sb out of.

chasseur [ʃasœr] *nm* hunter.

châssis [ʃasi] *nm* (de voiture) chassis ; (de fenêtre) frame.

chat, chatte [ʃa, ʃat] *nm, f* cat.

châtaigne [ʃatɛɲ] *nf* chestnut.

châtaignier [ʃatɛɲe] *nm* chestnut (tree).

châtain [ʃatɛ̃] *adj* brown ; être ~ to have brown hair.

château, x [ʃato] *nm* castle ; ~ d'eau water tower ; ~ fort (fortified) castle.

chaton [ʃatɔ̃] *nm* (chat) kitten.

chatouiller [ʃatuje] *vt* to tickle.

chatouilleux, euse [ʃatujø, øz] *adj* ticklish.

chatte → **chat**.

chaud, e [ʃo, ʃod] *adj* hot ; (vêtement) warm. ◆ *nm* : rester au ~ to stay in the warm ; il fait ~ it's hot ; avoir ~ to be hot.

chaudière [ʃodjɛr] *nf* boiler.

chaudronnée [ʃodrɔne] *nf* Can various types of seafish cooked with onion in stock.

chauffage [ʃofaʒ] *nm* heating ; ~ central central heating.

chauffante [ʃofɑ̃t] *adj f* → **plaque**.

chauffard [ʃofar] *nm* reckless driver.

chauffe-eau [ʃofo] *nm inv* water heater.

chauffer [ʃofe] *vt* to heat (up). ◆ *vi* (eau, aliment) to heat up ; (radiateur) to give out heat ; (soleil) to be hot ; (surchauffer) to overheat.

chauffeur [ʃofœr] *nm* driver ; ~ de taxi taxi driver.

chaumière [ʃomjɛr] *nf* thatched cottage.

chaussée [ʃose] *nf* road ; '~ déformée' 'uneven road surface'.

chausse-pied, s [ʃospje] *nm* shoehorn.

chausser [ʃose] *vi* : ~ du 38 to take a size 38 (shoe). ❑ **se chausser** *vp* to put one's shoes on.

chaussette [ʃosɛt] *nf* sock.

chausson [ʃosɔ̃] *nm* slipper ; ~ aux pommes apple turnover ; ~ s de danse ballet shoes.

chaussure [ʃosyr] *nf* shoe ; ~ s de marche walking boots.

chauve [ʃov] *adj* bald.

chauve-souris [ʃovsuri] *nf* (pl chauves-souris) *nf* bat.

chauvin, e [ʃovɛ̃, in] *adj* chauvinistic.

chavirer [ʃavire] *vi* to capsize.

chef [ʃɛf] *nm* head ; (cuisinier) chef ; ~ d'entreprise company manager ; ~ d'État head of state ; ~ de gare station master ; ~ d'orchestre conductor.

chef-d'œuvre (pl chefs-d'œuvre) *nm* masterpiece.

chef-lieu [ʃɛfljø] (*pl* chefs-lieux) *nm* administrative centre of a region or district.

chemin [ʃəmɛ̃] *nm* path ; (*parcours*) way ; en ~ on the way.

chemin de fer [ʃəmɛ̃dəfɛr] (*pl* chemins de fer) *nm* railway (Br), railroad (Am).

cheminée [ʃəmine] *nf* chimney ; (*dans un salon*) mantelpiece.

chemise [ʃəmiz] *nf* shirt ; (*en carton*) folder ; ~ de nuit nightdress.

chemisier [ʃəmizje] *nm* blouse.

chêne [ʃɛn] *nm* (*arbre*) oak (tree) ; (*bois*) oak.

chenil [ʃənil] *nm* kennels (*sg*) ; Helv (*objets sans valeur*) junk.

chenille [ʃənij] *nf* caterpillar.

chèque [ʃɛk] *nm* cheque (Br), check (Am) ; ~ barré crossed cheque ; ~ en blanc blank cheque ; ~ de voyage traveller's cheque.

Chèque-Restaurant® [ʃɛkrɛstɔrɑ̃] (*pl* Chèques-Restaurant) *nm* ≃ luncheon voucher.

chéquier [ʃekje] *nm* chequebook (Br), checkbook (Am).

cher, chère [ʃɛr] *adj* expensive. ◆ *adv* : coûter ~ to be expensive ; ~ Monsieur/Laurent Dear Sir/Laurent.

chercher [ʃɛrʃe] *vt* to look for ; aller ~ to fetch ; ~ à faire qqch to try to do sthg.

chercheur, euse [ʃɛrʃœr, øz] *nm, f* researcher.

chéri, e [ʃeri] *adj* darling. ◆ *nm, f* : mon ~ my darling.

cheval, aux [ʃəval, o] *nm* horse ; monter à ~ to ride (a horse) ; faire du ~ to go riding.

chevalier [ʃəvalje] *nm* knight.

chevelure [ʃəvlyr] *nf* hair.

chevet [ʃəvɛ] *nm* → lampe, table.

cheveu, x [ʃəvø] *nm* hair. ❑ cheveux *nmpl* hair (*sg*).

cheville [ʃəvij] *nf* ANAT ankle ; (*en plastique*) Rawlplug®.

chèvre [ʃɛvr] *nf* goat.

chevreuil [ʃəvrœj] *nm* (*animal*) roe deer ; CULIN venison.

chewing-gum, s [ʃwiŋgɔm] *nm* chewing gum.

chez [ʃe] *prép* (*sur une adresse*) c/o ; allons ~ les Marceau let's go to the Marceaus' (place) ; je reste ~ moi I'm staying (at) home ; je rentre ~ moi I'm going home ; ~ le dentiste at/to the dentist's.

chic [ʃik] *adj* smart.

chiche [ʃiʃ] *adj m* → pois.

chicon [ʃikɔ̃] *nm* Belg chicory.

chicorée [ʃikɔre] *nf* chicory.

chien, chienne [ʃjɛ̃, ʃjɛn] *nm, f* dog (*f* bitch).

chiffon [ʃifɔ̃] *nm* cloth ; ~ à poussière) duster.

chiffonner [ʃifɔne] *vt* to crumple.

chiffre [ʃifr] *nm . MATH* figure ; (*montant*) sum.

chignon [ʃiɲɔ̃] *nm* bun (*in hair*).

chimie [ʃimi] *nf* chemistry.

chimique [ʃimik] *adj* chemical.

Chine [ʃin] *nf* : la ~ China.

chinois, e [ʃinwa, az] *adj* Chinese. ◆ *nm* (*langue*) Chinese. ❑ Chinois e *nm, f* Chinese person.

chiot [ʃjo] *nm* puppy.

chipolata [ʃipolata] *nf* chipolata.

chips [ʃips] *nfpl* crisps (Br), chips (Am).

chirurgie [ʃiryrʒi] *nf* surgery ; ~ esthétique cosmetic surgery.

chirurgien, enne [ʃiryrʒjɛ̃, ɛn] *nm, f* surgeon.

chlore [klɔr] *nm* chlorine.

choc [ʃɔk] *nm (physique)* impact ; *(émotion)* shock.

chocolat [ʃɔkɔla] *nm* chocolate ; ~ **blanc** white chocolate ; ~ **au lait** milk chocolate ; ~ **noir** plain chocolate.

chocolatier [ʃɔkɔlatje] *nm* confectioner's *(selling chocolates)*.

choesels [tʃuzɛl] *nmpl* Belg meat, liver and heart stew, cooked with beer.

chœur [kœr] *nm (chorale)* choir ; **en ~** all together.

choisir [ʃwazir] *vt* to choose.

choix [ʃwa] *nm* choice ; **avoir le ~** to be able to choose ; **de premier ~** top-quality ; **articles de second ~** seconds.

cholestérol [kɔlɛsterɔl] *nm* cholesterol.

chômage [ʃomaʒ] *nm* unemployment ; **être au ~** to be unemployed.

chômeur, euse [ʃomœr, øz] *nm, f* unemployed person.

choquant, e [ʃɔkɑ̃, ɑ̃t] *adj* shocking.

choquer [ʃɔke] *vt* to shock.

chorale [kɔral] *nf* choir.

chose [ʃoz] *nf* thing.

chou, x [ʃu] *nm* cabbage ; ~ **de Bruxelles** Brussels sprout ; ~ **à la crème** cream puff ; ~ **rouge** red cabbage.

chouchou, oute [ʃuʃu, ut] *nm, f fam* favourite. ◆ *adj* scrunchy.

choucroute [ʃukrut] *nf* : ~ **(garnie)** sauerkraut *(with pork and sausage)*.

chouette [ʃwɛt] *nf* owl. ◆ *adj fam* great.

chou-fleur [ʃuflœr] *(pl* **choux-fleurs)** *nm* cauliflower.

chrétien, enne [kretjɛ̃, ɛn] *adj & nm, f* Christian.

chromé, e [krome] *adj* chrome-plated.

chromes [krom] *nmpl (d'une voiture)* chrome *(sg)*.

chronique [krɔnik] *adj* chronic. ◆ *nf (de journal)* column.

chronologique [krɔnɔlɔʒik] *adj* chronological.

chronomètre [krɔnɔmɛtr] *nm* stopwatch.

chronométrer [krɔnɔmetre] *vt* to time.

CHU *nm* teaching hospital.

chuchotement [ʃyʃɔtmɑ̃] *nm* whisper.

chuchoter [ʃyʃɔte] *vt & vi* to whisper.

chut [ʃyt] *excl* sh!

chute [ʃyt] *nf (fait de tomber)* fall ; ~ **d'eau** waterfall.

ci [si] *adv* : **ce livre-~** this book ; **ces jours-~** these days.

cible [sibl] *nf* target.

ciboulette [sibulɛt] *nf* chives *pl*.

cicatrice [sikatris] *nf* scar.

cicatriser [sikatrize] *vi* to heal.

cidre [sidr] *nm* cider *(Br)*, hard cider *(Am)*.

Cie *(abr de compagnie)* Co.

ciel [sjɛl] *nm* sky ; *(paradis : pl cieux)* heaven.

cierge [sjɛrʒ] *nm* candle *(in church)*.

cieux [sjø] → **ciel.**

cigale [sigal] *nf* cicada.

cigare [sigar] *nm* cigar.

cigarette [sigaret] *nf* cigarette ; ~ russe *cylindrical wafer*.

cigogne [sigɔɲ] *nf* stork.

ci-joint, e [siʒwɛ̃, ɛ̃t] *adj* & *adv* enclosed.

cil [sil] *nm* eyelash.

cime [sim] *nf* top.

ciment [simɑ̃] *nm* cement.

cimetière [simtjɛr] *nm* cemetery.

cinéaste [sineast] *nmf* filmmaker.

ciné-club, s [sineklœb] *nm* film club.

cinéma [sinema] *nm* cinema.

cinémathèque [sinematɛk] *nf* art cinema *(showing old films)*.

cinéphile [sinefil] *nmf* film lover.

cinq [sɛ̃k] *num* five → **six**.

cinquantaine [sɛ̃kɑ̃tɛn] *nf :* une ~ (de) about fifty ; avoir la ~ to be middle-aged.

cinquante [sɛ̃kɑ̃t] *num* fifty → **six**.

cinquantième [sɛ̃kɑ̃tjɛm] *num* fiftieth → **sixième**.

cinquième [sɛ̃kjɛm] *num* fifth.
◆ *nf* SCOL second year *(Br)*, seventh grade *(Am)* ; *(vitesse)* fifth (gear) → **sixième**.

cintre [sɛ̃tr] *nm* coat hanger.

cintré, e [sɛ̃tre] *adj (vêtement)* waisted.

cipâte [sipat] *nm* Can *savoury tart consisting of many alternating layers of diced potato and meat (usually beef and pork).*

cirage [siraʒ] *nm* shoe polish.

circonflexe [sirkɔ̃flɛks] *adj* → **accent**.

circonstances [sirkɔ̃stɑ̃s] *nfpl* circumstances.

circuit [sirkɥi] *nm* circuit ; *(trajet)* tour ; ~ **touristique** organized tour.

circulaire [sirkylɛr] *adj* & *nf* circular.

circulation [sirkylasjɔ̃] *nf (routière)* traffic ; *(du sang)* circulation.

circuler [sirkyle] *vi (piéton)* to move ; *(voiture)* to drive ; *(sang, électricité)* to circulate.

cire [sir] *nf (pour meubles)* (wax) polish.

ciré [sire] *nm* oilskin.

cirer [sire] *vt* to polish.

cirque [sirk] *nm* circus.

ciseaux [sizo] *nmpl :* (une paire de) ~ (a pair of) scissors.

citadin, e [sitadɛ̃, in] *nm, f* citydweller.

citation [sitasjɔ̃] *nf* quotation.

cité [site] *nf (ville)* city ; *(groupe d'immeubles)* housing estate.

citer [site] *vt (phrase, auteur)* to quote ; *(nommer)* to mention.

citerne [sitɛrn] *nf* tank.

citoyen, enne [sitwajɛ̃, ɛn] *nm, f* citizen.

citron [sitrɔ̃] *nm* lemon ; ~ **vert** lime.

citronnade [sitrɔnad] *nf* lemon squash.

citrouille [sitruj] *nf* pumpkin.

civet [sive] *nm* rabbit or hare stew made with red wine, shallots and onion.

civière [sivjɛr] *nf* stretcher.

civil, e [sivil] *adj (non militaire)* civilian ; *(non religieux)* civil. ◆ *nm (personne)* civilian ; **en ~** in plain clothes.

civilisation [sivilizasjɔ̃] *nf* civilization.

cl *(abr de centilitre)* cl.

clafoutis [klafuti] *nm flan made with cherries or other fruit.*

clair, e [klɛr] *adj (lumineux)* bright ; *(couleur)* light ; *(teint)* fair ; *(pur)* clear ; *(compréhensible)* clear. ◆ *adv* clearly. ◆ *nm :* ~ de lune moonlight.

clairement [klɛrmɑ̃] *adv* clearly.

clairière [klɛrjɛr] *nf* clearing.

clairon [klɛrɔ̃] *nm* bugle.

clairsemé, e [klɛrsəme] *adj* sparse.

clandestin, e [klɑ̃dɛstɛ̃, in] *adj* clandestine.

claque [klak] *nf* slap.

claquement [klakmɑ̃] *nm* banging.

claquer [klake] *vt (porte)* to slam. ◆ *vi (volet, porte)* to bang ; **~ des doigts** to click one's fingers. ❑ **se claquer** *vp :* **se ~ un muscle** to pull a muscle.

claquettes [klakɛt] *nfpl (chaussures)* flip-flops ; *(danse)* tap dancing *(sg).*

clarifier [klarifje] *vt* to clarify.

clarinette [klarinɛt] *nf* clarinet.

clarté [klarte] *nf* light ; *(d'un raisonnement)* clarity.

classe [klas] *nf* class ; *(salle)* classroom ; **aller en ~** to go to school ; **~ affaires** business class ; **~ de neige** skiing trip *(with school)* ; **~ préparatoires** *school preparing students for Grandes Écoles entrance exams* ; **~ touriste** economy class.

CLASSES PRÉPARATOIRES

After the *baccalauréat*, very successful students may choose to attend the classes préparatoires, two-year preparatory schools with strict academic standards and a much heavier workload than in universities. The programmes of study are specialized in different domains. The best known programmes are the scientific curriculum *(maths sup* and *maths spé)* and the literary curriculum *(hypokhâgne* and *khâgne)*. Afterwards, the students take extremely difficult exams in the hope of entering one the prestigious *grandes écoles*, such as the École Normale Supérieure and the École Polytechnique.

---

classement [klasmɑ̃] *nm (rangement)* classification.

classer [klase] *vt (dossiers)* to file ; *(grouper)* to classify. ❑ **se classer** *vp :* **se ~ premier** *(élève, sportif)* to come first.

classeur [klasœr] *nm* folder.

classique [klasik] *adj (traditionnel)* classic ; *(musique, auteur)* classical.

clavicule [klavikyl] *nf* collarbone.

clavier [klavje] *nm* keyboard.

clé [kle] *nf* key ; *(outil)* spanner *(Br)*, wrench *(Am)* ; **fermer qqch à ~** to lock sthg ; **~ à molette** adjustable spanner.

clef [kle] = **clé**.

clémentine [klemɑ̃tin] *nf* clementine.

cliché [kliʃe] *nm (photo)* photo ; *(idée banale)* cliché.

client, e [klijɑ̃, ɑ̃t] *nm, f (d'une boutique)* customer ; *(d'un médecin)* patient.

clientèle [klijɑ̃tɛl] *nf (d'une boutique)* customers *(pl)* ; *(de médecin)* patients *(pl).*

cligner [kliɲe] *vi* : ~ des yeux to blink.

clignotant [kliɲɔtɑ̃] *nm* indicator *(Br)*, turn signal *(Am)*.

clignoter [kliɲɔte] *vi* to blink.

climat [klima] *nm* climate.

climatisation [klimatizasjɔ̃] *nf* air-conditioning.

climatisé, e [klimatize] *adj* air-conditioned.

clin d'œil [klɛ̃dœj] *nm* : faire un ~ à qqn to wink at sb ; en un ~ in a flash.

clinique [klinik] *nf* (private) clinic.

clip [klip] *nm* (boucle d'oreille) clip-on earring ; (film) video.

clochard, e [klɔʃar, ard] *nm, f* tramp *(Br)*, bum *(Am)*.

cloche [klɔʃ] *nf* bell ; ~ à fromage cheese dish (with cover).

cloche-pied [klɔʃpje] : à cloche-pied *adv* : sauter à ~ to hop.

clocher [klɔʃe] *nm* church tower.

clochette [klɔʃɛt] *nf* small bell.

cloison [klwazɔ̃] *nf* wall (inside building).

cloître [klwatr] *nm* cloister.

cloque [klɔk] *nf* blister.

clôture [klotyr] *nf* (barrière) fence.

clôturer [klotyre] *vt* (champ, jardin) to enclose.

clou [klu] *nm* nail ; ~ de girofle clove.

clouer [klue] *vt* to nail.

clouté [klute] *adj* → passage.

clown [klun] *nm* clown.

club [klœb] *nm* club.

cm (abr de centimètre) cm.

CM *nm* (abr de cours moyen) :

~ 1 fourth year of primary school ; ~ 2 fifth year of primary school.

coaguler [kɔagyle] *vi* to clot.

cobaye [kɔbaj] *nm* guinea pig.

Coca(-Cola)® [kɔka(kɔla)] *nm inv* Coke®, Coca-Cola®.

coccinelle [kɔksinɛl] *nf* ladybird *(Br)*, ladybug *(Am)*.

cocher [kɔʃe] *vt* to tick (off) *(Br)*, to check (off) *(Am)*.

cochon, onne [kɔʃɔ̃, ɔn] *nm, f* fam (personne sale) pig. ◆ *nm* pig ; ~ d'Inde guinea pig.

cocktail [kɔktɛl] *nm* (boisson) cocktail ; (réception) cocktail party.

coco [kɔko] *nm* → noix.

cocotier [kɔkɔtje] *nm* coconut tree.

cocotte [kɔkɔt] *nf* (casserole) casserole dish.

Cocotte-Minute® [kɔkɔtminyt] (pl Cocottes-Minute) *nf* pressure cooker.

code [kɔd] *nm* code ; ~ confidentiel PIN number ; ~ postal postcode *(Br)*, zip code *(Am)* ; ~ de la route highway code. ❑ codes *nmpl* AUT dipped headlights.

codé, e [kɔde] *adj* coded.

code-barres [kɔdbar] (pl codes-barres) *nm* bar code.

cœur [kœr] *nm* heart ; avoir bon ~ to be kind-hearted ; de bon ~ willingly ; par ~ by heart ; ~ d'artichaut artichoke heart.

coffre [kɔfr] *nm* (de voiture) boot ; (malle) chest.

coffre-fort [kɔfrəfɔr] (pl coffres-forts) *nm* safe.

coffret [kɔfrɛ] *nm* casket ; COMM (de parfums, de savons) boxed set.

cognac [kɔɲak] *nm* cognac.

cogner [kɔɲe] *vi (frapper)* to hit ; *(faire du bruit)* to bang. ❑ **se cogner** *vp* to knock o.s. ; **se ~ la tête** to bang one's head.

cohabiter [kɔabite] *vi* to live together ; *(idées)* to coexist.

cohabitation [kɔabitasjɔ̃] *nf (vie commune)* cohabitation ; *POL coexistence of an elected head of state and an opposition parliamentary majority.*

ⓘ **LA COHABITATION**

This political term is used to describe periods when the Prime Minister, supported by the majority in the *Assemblée Nationale*, comes from a party at odds with the party of the President. This term was first used from 1986 to 1988 after President François Mitterrand, a Socialist, was forced to accept a right-wing Prime Minister, Jacques Chirac, whose party, the RPR, had won the legislative elections. Another period of *cohabitation* began after the 1997 legislative elections. This time, the right-wing President Jacques Chirac had to share power with a left-wing Prime Minister, Lionel Jospin.

cohérent, e [kɔerɑ̃, ɑ̃t] *adj* coherent.

cohue [kɔy] *nf* crowd.

coiffer [kwafe] *vt* : **~ qqn** to do sb's hair. ❑ **se coiffer** *vp* to do one's hair.

coiffeur, euse [kwafœr, øz] *nm, f* hairdresser.

coiffure [kwafyr] *nf* hairstyle.

coin [kwɛ̃] *nm* corner ; *fig (endroit)* spot ; **dans le ~** *(dans les environs)* in the area.

coincer [kwɛse] *vt (mécanisme, porte)* to jam. ❑ **se coincer** *vp* to jam ; **se ~ le doigt** to catch one's finger.

coïncidence [kɔɛsidɑ̃s] *nf* coincidence.

coïncider [kɔɛside] *vi* to coincide.

col [kɔl] *nm (de vêtement)* collar ; *(en montagne)* pass ; **~ roulé** polo neck ; **~ en pointe** OU **en V** V-neck.

colère [kɔlɛr] *nf* anger ; **être en ~ (contre qqn)** to be angry (with sb) ; **se mettre en ~** to get angry.

colin [kɔlɛ̃] *nm* hake.

colique [kɔlik] *nf* diarrhoea.

colis [kɔli] *nm* : **~ (postal)** parcel.

collaborer [kɔlabɔre] *vi* to collaborate ; **~ à qqch** to take part in sthg.

collant, e [kɔlɑ̃, ɑ̃t] *adj (adhésif)* sticky ; *(étroit)* skin-tight. ◆ *nm* tights *(pl)* (Br), panty hose *(Am)*.

colle [kɔl] *nf* glue ; *(devinette)* tricky question ; *SCOL (retenue)* detention.

collecte [kɔlɛkt] *nf* collection.

collectif, ive [kɔlɛktif, iv] *adj* collective.

collection [kɔlɛksjɔ̃] *nf* collection ; **faire la ~ de** to collect.

collectionner [kɔlɛksjɔne] *vt* to collect.

collège [kɔlɛʒ] *nm* school.

ⓘ
COLLÈGE

From age 11 to 14, French pupils attend *collège*. The school day generally runs from 8 a.m. to 5 p.m. and the teachers are specialized and teach only one subject. There are four grade levels in decreasing number order: children begin in *sixième* and continue on in *cinquième*, *quatrième* and *troisième*. At the end of *troisième* students before going to a *Lycée* take an exam: the *diplôme national du brevet*.

collégien, enne [kɔleʒjɛ̃, ɛn] *nm, f* schoolboy (f schoolgirl).

collègue [kɔleg] *nmf* colleague.

coller [kɔle] *vt* to stick ; *fam (donner)* to give ; SCOL *(punir)* to keep in.

collier [kɔlje] *nm* necklace ; *(de chien)* collar.

colline [kɔlin] *nf* hill.

collision [kɔlizjɔ̃] *nf* crash.

colombe [kɔlɔ̃b] *nf* dove.

colonie [kɔlɔni] *nf (territoire)* colony ; ~ de vacances holiday camp.

colonne [kɔlɔn] *nf* column ; ~ vertébrale spine.

colorant [kɔlɔrɑ̃] *nm (alimentaire)* (food) colouring.

colorier [kɔlɔrje] *vt* to colour in.

coloris [kɔlɔri] *nm* shade.

coma [kɔma] *nm* coma ; être dans le ~ to be in a coma.

combat [kɔ̃ba] *nm* fight.

combattant [kɔ̃batɑ̃] *nm* fighter ; ancien ~ veteran.

combattre [kɔ̃batr] *vt* to fight (against). ◆ *vi* to fight.

combien [kɔ̃bjɛ̃] *adv (quantité)*
how much ; *(nombre)* how many ; ~ d'argent te reste-t-il? how much money have you got left? ; ~ de bagages désirez-vous enregistrer? how many bags would you like to check in? ; ~ de temps? how long? ; ~ ça coûte? how much is it?

combinaison [kɔ̃binɛzɔ̃] *nf (code)* combination ; *(sous-vêtement)* slip ; *(de skieur)* suit ; *(de motard)* leathers *(pl)* ; ~ de plongée wet suit.

combiné [kɔ̃bine] *nm* : ~ (téléphonique) receiver.

combiner [kɔ̃bine] *vt* to combine ; *fam (préparer)* to plan.

comble [kɔ̃bl] *nm* : c'est un ~! that's the limit! ; le ~ de the height of.

combler [kɔ̃ble] *vt (boucher)* to fill in ; *(satisfaire)* to fulfil.

combustible [kɔ̃bystibl] *nm* fuel.

comédie [kɔmedi] *nf* comedy ; *fam (caprice)* act ; jouer la ~ *(faire semblant)* to put on an act ; ~ musicale musical.

comédien, enne [kɔmedjɛ̃, ɛn] *nm, f (acteur)* actor (f actress).

comestible [kɔmestibl] *adj* edible.

comique [kɔmik] *adj (genre, acteur)* comic ; *(drôle)* comical.

comité [kɔmite] *nm* committee ; ~ d'entreprise works council.

commandant [kɔmɑ̃dɑ̃] *nm* MIL *(gradé)* ≃ major ; *(d'un bateau, d'un avion)* captain.

commande [kɔmɑ̃d] *nf* COMM order ; TECH control mechanism ; INFORM command ; les ~ s *(d'un avion)* the controls.

commander [kɔmɑ̃de] *vt (diri-*

comme

ger) to command ; (dans un bar, par correspondance) to order ; TECH to control ; **~ à qqn de faire qqch** to order sb to do sthg.

👉

comme [kɔm] conj - **1.** (introduit une comparaison) like ; **~ si rien ne s'était passé** as if nothing had happened.
- **2.** (de la manière que) as ; **~ vous voudrez** as you like ; **~ il faut** (correctement) properly ; (convenable) respectable.
- **3.** (par exemple) like, such as.
- **4.** (en tant que) as ; **qu'est-ce que vous avez ~ desserts?** what do you have in the way of dessert?
- **5.** (étant donné que) as, since.
- **6.** (dans des expressions) : **ça** (de cette façon) like that ; (par conséquent) that way ; **~ ci ~ ça** fam so so ; **~ tout** fam (très) really.
◆ adv (marque l'intensité) : **~ c'est grand!** it's so big! ; **vous savez ~ il est difficile de se loger ici** you know how hard it is to find accommodation here.

commencement [kɔmɑ̃smɑ̃] nm beginning.

commencer [kɔmɑ̃se] vt to start.
◆ vi to start, to begin ; **~ à faire qqch** to start ou begin to do sthg ; **~ par qqch** to start with sthg ; **~ par faire qqch** to start by doing sthg.

comment [kɔmɑ̃] adv how ; **~ tu t'appelles?** what's your name? ; **~ allez-vous?** how are you? ; **~?** (pour faire répéter) sorry?

commentaire [kɔmɑ̃tɛr] nm (d'un documentaire, d'un match) commentary ; (remarque) comment.

commerçant, e [kɔmɛrsɑ̃, ɑ̃t] adj (quartier, rue) shopping. ◆ nm, f shopkeeper.

commerce [kɔmɛrs] nm (activité) trade ; (boutique) business ; **dans le ~** in the shops.

commercial, e, aux [kɔmɛrsjal, o] adj commercial.

commettre [kɔmɛtr] vt to commit.

commis, e [kɔmi, iz] pp → **commettre**.

commissaire [kɔmisɛr] nmf : **~ (de police)** (police) superintendent (Br), (police) captain (Am).

commissariat [kɔmisarja] nm : **~ (de police)** police station.

commission [kɔmisjɔ̃] nf commission ; (message) message. ❑ **commissions** nfpl (courses) shopping (sg) ; **faire les ~ s** to do the shopping.

commode [kɔmɔd] adj (facile) convenient ; (pratique) handy. ◆ nf chest of drawers.

commun, e [kɔmœ̃, yn] adj common ; (salle de bains, cuisine) shared ; **mettre qqch en ~** to share sthg.

communauté [kɔmynote] nf community.

commune [kɔmyn] nf town.

communication [kɔmynikasjɔ̃] nf (message) message ; (contact) communication ; **~ (téléphonique)** (phone) call.

communion [kɔmynjɔ̃] nf Communion.

communiqué [kɔmynike] nm communiqué.

communiquer [kɔmynike] vt to communicate. ◆ vi (dialoguer) to communicate ; *(pièces)* to interconnect.

communisme [kɔmynism] *nm* communism.

communiste [kɔmynist] *adj* & *nmf* communist.

compact, e [kɔpakt] *adj (dense)* dense ; *(petit)* compact. ◆ *nm* : (disque) ~ compact disc, CD.

Compact Disc®, s [kɔpaktdisk] *nm* compact disc, CD.

compagne [kɔpaɲ] *nf (camarade)* companion ; *(dans un couple)* partner.

compagnie [kɔpaɲi] *nf* company ; ~ aérienne airline.

compagnon [kɔpaɲɔ] *nm (camarade)* companion ; *(dans un couple)* partner.

comparable [kɔparabl] *adj* comparable ; ~ à comparable with.

comparaison [kɔparezɔ] *nf* comparison.

comparer [kɔpare] *vt* to compare ; ~ qqch à OU avec to compare sthg to OU with.

compartiment [kɔpartimɑ] *nm* compartment.

compas [kɔpa] *nm* MATH pair of compasses ; *(boussole)* compass.

compatible [kɔpatibl] *adj* compatible.

compatriote [kɔpatrijɔt] *nmf* compatriot.

compensation [kɔpɑsasjɔ] *nf* compensation.

compenser [kɔpɑse] *vt* to compensate for.

compétence [kɔpetɑs] *nf* skill.

compétent, e [kɔpetɑ, ɑt] *adj* competent.

compétitif, ive [kɔpetitif, iv] *adj* competitive.

compétition [kɔpetisjɔ] *nf* competition.

complément [kɔplemɑ] *nm (supplément)* supplement ; *(différence)* rest ; GRAMM complement ; ~ d'objet object.

complémentaire [kɔplemɑter] *adj (supplémentaire)* additional.

complet, ète [kɔplɛ, ɛt] *adj (entier)* complete ; *(plein)* full ; *(pain, farine)* wholemeal ; riz ~ brown rice ; 'complet' *(hôtel)* 'no vacancies' ; *(parking)* 'full'.

complètement [kɔpletmɑ] *adv* completely.

compléter [kɔplete] *vt* to complete. ❑ **se compléter** *vp* to complement one another.

complexe [kɔpleks] *adj* & *nm* complex.

complice [kɔplis] *adj* knowing. ◆ *nmf* accomplice.

compliment [kɔplimɑ] *nm* compliment ; faire un ~ à qqn to pay sb a compliment.

compliqué, e [kɔplike] *adj* complicated.

compliquer [kɔplike] *vt* to complicate. ❑ **se compliquer** *vp* to get complicated.

complot [kɔplo] *nm* plot.

comportement [kɔpɔrtemɑ] *nm* behaviour.

comporter [kɔpɔrte] *vt* to consist of. ❑ **se comporter** *vp* to behave.

composer [kɔpoze] *vt (faire partie de)* to make up ; *(assembler)* to put together ; MUS to compose ; *(code, numéro)* to dial ; composé de composed of. ❑ **se composer de** *vp* + *prép* to be made up of.

compositeur, trice [kɔ̃pozitœr, tris] *nm, f* composer.

composition [kɔ̃pozisjɔ̃] *nf* composition ; *SCOL* essay.

composter [kɔ̃pɔste] *vt* to datestamp ; '**compostez votre billet**' 'stamp your ticket here'.

ⓘ COMPOSTER

In French transportation networks (trains, trams, buses, etc.), tickets must be inserted into a stamping machine (le *composteur*) in order to be valid. In stations, these machines can be found under the departure information boards as well as on each platform. When using a bus or a tram, the ticket must be validated by a small *composteur* inside the vehicle. Passengers who do not validate their tickets before departure risk paying a fine.

---

compote [kɔ̃pɔt] *nf* compote ; ~ **de pommes** stewed apple.

compréhensible [kɔ̃preɑ̃sibl] *adj* comprehensible.

compréhensif, ive [kɔ̃preɑ̃sif, iv] *adj* understanding.

comprendre [kɔ̃prɑ̃dr] *vt* to understand ; *(comporter)* to consist of. ❑ **se comprendre** *vp* to understand each other.

compresse [kɔ̃pres] *nf* compress.

comprimé [kɔ̃prime] *nm* tablet.

comprimer [kɔ̃prime] *vt* to compress.

compris, e [kɔ̃pri, iz] *pp* → **comprendre**. ❖ *adj (inclus)* included ; **non** ~ not included ; **tout** ~ all inclusive ; **y** ~ including.

compromettre [kɔ̃prɔmetr] *vt* to compromise.

compromis, e [kɔ̃prɔmi, iz] *pp* → **compromettre**. ❖ *nm* compromise.

comptabilité [kɔ̃tabilite] *nf (science)* accountancy ; *(département, calculs)* accounts *(pl)*.

comptable [kɔ̃tabl] *nmf* accountant.

comptant [kɔ̃tɑ̃] *adv* : **payer** ~ to pay cash.

compte [kɔ̃t] *nm (bancaire)* account ; *(calcul)* calculation ; **faire le** ~ **de** to count ; **se rendre** ~ **que** to realize that ; ~ **postal** post office account ; **en fin de** ~, **tout** fait all things considered. ❑ **comptes** *nmpl* accounts.

compte-gouttes [kɔ̃tgut] *nm inv* dropper.

compter [kɔ̃te] *vt & vi* to count ; ~ **faire qqch** *(avoir l'intention de)* to intend to do sthg ; *(s'attendre à)* to expect to do sthg. ❑ **compter sur** + *prép* to count on.

compte-rendu [kɔ̃trɑ̃dy] *(pl* **comptes-rendus)** *nm* report.

compteur [kɔ̃tœr] *nm* meter ; ~ **(kilométrique)** = mileometer ; ~ **(de vitesse)** speedometer.

comptoir [kɔ̃twar] *nm (de bar)* bar ; *(de magasin)* counter.

comte, esse [kɔ̃t, kɔ̃tes] *nm, f* count *(f* countess).

con, conne [kɔ̃, kɔn] *adj vulg* bloody stupid.

concentration [kɔ̃sɑ̃trasjɔ̃] *nf* concentration.

concentré, e [kɔ̃sɑ̃tre] *adj (jus d'orange)* concentrated. ❖ *nm* : ~ **de tomate** tomato puree ; **être** ~ **to** concentrate (hard).

concentrer [kɔ̃sɑ̃tre] vt (efforts, attention) to concentrate.

conception [kɔ̃sɛpsjɔ̃] nf design ; (notion) idea.

concerner [kɔ̃sɛrne] vt to concern.

concert [kɔ̃sɛr] nm concert.

concessionnaire [kɔ̃sesjɔner] nm (automobile) dealer.

concevoir [kɔ̃səvwar] vt (objet) to design ; (projet, idée) to conceive.

concierge [kɔ̃sjɛrʒ] nmf caretaker, janitor (Am).

concis, e [kɔ̃si, iz] adj concise.

conclure [kɔ̃klyr] vt to conclude.

conclusion [kɔ̃klyzjɔ̃] nf conclusion.

concombre [kɔ̃kɔ̃br] nm cucumber.

concorder [kɔ̃kɔrde] vi to agree.

concours [kɔ̃kur] nm (examen) competitive examination ; (jeu) competition.

concret, ète [kɔ̃krɛ, et] adj concrete.

concrétiser [kɔ̃kretize] : **se concrétiser** vp to materialize.

concurrence [kɔ̃kyrɑ̃s] nf competition.

concurrent, e [kɔ̃kyrɑ̃, ɑ̃t] nm, f competitor.

condamnation [kɔ̃danasjɔ̃] nf sentence.

condamner [kɔ̃dane] vt (accusé) to convict ; (porte, fenêtre) to board up ; ~ qqn à to sentence sb to.

condensation [kɔ̃dɑ̃sasjɔ̃] nf condensation.

condensé, e [kɔ̃dɑ̃se] adj (lait) condensed.

condiment [kɔ̃dimɑ̃] nm condiment.

condition [kɔ̃disjɔ̃] nf condition ; à ~ qu'il fasse beau providing (that) it's fine, provided (that) it's fine.

conditionné [kɔ̃disjɔne] adj m → air.

conditionnel [kɔ̃disjɔnel] nm conditional.

condoléances [kɔ̃dɔleɑ̃s] nfpl : présenter ses ~ à qqn to offer one's condolences to sb.

conducteur, trice [kɔ̃dyktœr, tris] nm, f driver.

conduire [kɔ̃dɥir] vt (véhicule) to drive ; (accompagner) to take ; (guider) to lead. ◆ vi to drive ; ~ à (chemin, couloir) to lead to. ❑ **se conduire** vp to behave.

conduit, e [kɔ̃dɥi, it] pp → conduire.

conduite [kɔ̃dɥit] nf (attitude) behaviour ; (tuyau) pipe ; ~ à gauche left-hand drive.

cône [kon] nm cone.

confection [kɔ̃fɛksjɔ̃] nf (couture) clothing industry.

confectionner [kɔ̃fɛksjɔne] vt to make.

conférence [kɔ̃ferɑ̃s] nf (réunion) conference ; (discours) lecture.

confesser [kɔ̃fese] : **se confesser** vp to go to confession.

confession [kɔ̃fesjɔ̃] nf confession.

confettis [kɔ̃feti] nmpl confetti (sg).

confiance [kɔ̃fjɑ̃s] nf confidence ; avoir ~ en to trust ; faire ~ à to trust.

confiant, e [kɔ̃fjɑ̃, ɑ̃t] adj trusting.

confidence [kɔ̃fidɑ̃s] nf confidence ; faire des ~ s à qqn to confide in sb.

confidentiel, elle [kɔ̃fidɑ̃sjɛl] adj confidential.

confier [kɔ̃fje] vt : ~ qqch à qqn to entrust sb with sthg. ❏ **se confier (à)** vp (+ prép) to confide (in).

confirmation [kɔ̃firmasjɔ̃] nf confirmation.

confirmer [kɔ̃firme] vt to confirm. ❏ **se confirmer** vp to be confirmed.

confiserie [kɔ̃fizri] nf (sucreries) sweets pl (Br), candy (Am) ; (magasin) sweetshop (Br), candy store (Am).

confisquer [kɔ̃fiske] vt to confiscate.

confit [kɔ̃fi] adj m → fruit. ◆ nm : ~ de canard/d'oie potted duck or goose.

confiture [kɔ̃fityr] nf jam.

conflit [kɔ̃fli] nm conflict.

confondre [kɔ̃fɔ̃dr] vt (mélanger) to confuse.

conforme [kɔ̃fɔrm] adj : ~ à in accordance with.

conformément [kɔ̃fɔrmemã] : **conformément à** prép in accordance with.

confort [kɔ̃fɔr] nm comfort ; 'tout ~ ' 'all mod cons'.

confortable [kɔ̃fɔrtabl] adj comfortable.

confrère [kɔ̃frɛr] nm colleague.

confronter [kɔ̃frɔ̃te] vt to compare.

confus, e [kɔ̃fy, yz] adj (compliqué) confused ; (embarrassé) embarrassed.

confusion [kɔ̃fyzjɔ̃] nf confusion ; (honte) embarrassment.

congé [kɔ̃ʒe] nm holiday (Br), vacation (Am) ; ~ (de) maladie sick leave.

congélateur [kɔ̃ʒelatœr] nm freezer.

congeler [kɔ̃ʒle] vt to freeze.

congestion [kɔ̃ʒɛstjɔ̃] nf MÉD congestion ; ~ cérébrale stroke.

congolais [kɔ̃gɔlɛ] nm coconut cake.

congrès [kɔ̃grɛ] nm congress.

conjoint [kɔ̃ʒwɛ̃] nm spouse.

conjonction [kɔ̃ʒɔ̃ksjɔ̃] nf conjunction.

conjonctivite [kɔ̃ʒɔ̃ktivit] nf conjunctivitis.

conjoncture [kɔ̃ʒɔ̃ktyr] nf situation.

conjugaison [kɔ̃ʒygezɔ̃] nf conjugation.

conjuguer [kɔ̃ʒyge] vt (verbe) to conjugate.

connaissance [kɔnɛsɑ̃s] nf knowledge ; (relation) acquaintance ; faire la ~ de qqn to meet sb ; perdre ~ to lose consciousness.

connaisseur, euse [kɔnɛsœr, øz] nm, f connoisseur.

connaître [kɔnɛtr] vt to know ; (rencontrer) to meet. ❏ **s'y connaître en** vp + prép to know about.

conne → con.

connecter [kɔnɛkte] vt to connect.

connu, e [kɔny] pp → connaître. ◆ adj well-known.

conquérir [kɔkerir] vt to conquer.

conquête [kɔkɛt] nf conquest.

conquis, e [kɔ̃ki, iz] *pp* → conquérir.

consacrer [kɔ̃sakre] *vt* : ~ qqch à to devote sthg to. ◻ **se consacrer à** *vp + prép* to devote o.s. to.

consciemment [kɔ̃sjamɑ̃] *adv* knowingly.

conscience [kɔ̃sjɑ̃s] *nf (connaissance)* consciousness ; *(moralité)* conscience ; **avoir ~ de qqch** to be aware of sthg ; **prendre ~ de qqch** to become aware of sthg.

consciencieux, euse [kɔ̃sjɑ̃sjø, øz] *adj* conscientious.

conscient, e [kɔ̃sjɑ̃, ɑ̃t] *adj (éveillé)* conscious ; **être ~ de** to be aware of.

consécutif, ive [kɔ̃sekytif, iv] *adj* consecutive ; ~ **à** resulting from.

conseil [kɔ̃sɛj] *nm (avis)* piece of advice ; *(assemblée)* council ; **demander ~ à qqn** to ask sb's advice ; **des ~ s** advice *(sg)*.

conseiller[1] [kɔ̃seje] *vt (personne)* to advise ; ~ **qqch à qqn** to recommend sthg to sb.

conseiller[2], ère [kɔ̃seje, ɛr] *nm, f* adviser ; ~ **d'orientation** careers adviser.

conséquence [kɔ̃sekɑ̃s] *nf* consequence.

conséquent [kɔ̃sekɑ̃] : **par conséquent** *adv* consequently.

conservateur [kɔ̃servatœr] *nm (alimentaire)* preservative.

conservatoire [kɔ̃servatwar] *nm (de musique)* academy.

conserve [kɔ̃sɛrv] *nf (boîte)* tin (of food) ; **des ~ s** tinned food.

conserver [kɔ̃sɛrve] *vt* to keep ; *(aliments)* to preserve.

considérable [kɔ̃siderabl] *adj* considerable.

considération [kɔ̃siderasjɔ̃] *nf* : **prendre qqn/qqch en ~** to take sb/ sthg into consideration.

considérer [kɔ̃sidere] *vt* : ~ **que** to consider that ; ~ **qqn/qqch comme** to look on sb/sthg as.

consigne [kɔ̃siɲ] *nf (de gare)* left-luggage office ; *(instructions)* instructions *(pl)* ; ~ **automatique** left-luggage lockers *(pl)*.

consistance [kɔ̃sistɑ̃s] *nf* consistency.

consistant, e [kɔ̃sistɑ̃, ɑ̃t] *adj (épais)* thick ; *(nourrissant)* substantial.

consister [kɔ̃siste] *vi* : ~ **à faire qqch** to consist in doing sthg.

consœur [kɔ̃sœr] *nf (female)* colleague.

consolation [kɔ̃sɔlasjɔ̃] *nf* consolation.

console [kɔ̃sɔl] *nf* INFORM console ; ~ **de jeux** video game console.

consoler [kɔ̃sɔle] *vt* to comfort.

consommateur, trice [kɔ̃sɔmatœr, tris] *nm, f* consumer ; *(dans un bar)* customer.

consommation [kɔ̃sɔmasjɔ̃] *nf* consumption ; *(boisson)* drink.

consommé [kɔ̃sɔme] *nm* clear soup.

consommer [kɔ̃sɔme] *vt* to consume ; **'à ~ avant le ...'** 'use before ...'.

consonne [kɔ̃sɔn] *nf* consonant.

constamment [kɔ̃stamɑ̃] *adv* constantly.

constant, e [kɔ̃stɑ̃, ɑ̃t] *adj* constant.

constat [kɔ̃sta] *nm (d'accident)* report.

constater [kɔ̃state] *vt* to notice.

consterné, e [kɔ̃sterne] *adj* dismayed.

constipé, e [kɔ̃stipe] *adj* constipated.

constituer [kɔ̃stitɥe] *vt (former)* to make up ; **être constitué de** to consist of.

construction [kɔ̃stryksjɔ̃] *nf* building.

construire [kɔ̃strɥir] *vt* to build.

construit, e [kɔ̃strɥi, it] *pp →* construire.

consulat [kɔ̃syla] *nm* consulate.

consultation [kɔ̃syltasjɔ̃] *nf* consultation.

consulter [kɔ̃sylte] *vt* to consult.

contact [kɔ̃takt] *nm (toucher)* feel ; *(d'un moteur)* ignition ; *(relation)* contact ; **couper le ~** to switch off the ignition ; **mettre le ~** to switch on the ignition.

contacter [kɔ̃takte] *vt* to contact.

contagieux, euse [kɔ̃taʒjø, øz] *adj* infectious.

contaminer [kɔ̃tamine] *vt (rivière, air)* to contaminate ; *(personne)* to infect.

conte [kɔ̃t] *nm* story ; **~ de fées** fairy tale.

contempler [kɔ̃tɑ̃ple] *vt* to contemplate.

contemporain, e [kɔ̃tɑ̃pɔrɛ̃, ɛn] *adj* contemporary.

contenir [kɔ̃tnir] *vt* to contain ; *(un litre, deux cassettes, etc)* to hold.

content, e [kɔ̃tɑ̃, ɑ̃t] *adj* happy.

contenter [kɔ̃tɑ̃te] *vt* to satisfy.

☐ **se contenter de** *vp + prép* to be happy with ; **se ~ de faire qqch** to content o.s. with doing sthg.

contenu, e [kɔ̃tny] *pp →* contenir. ◆ *nm* contents *(pl)*.

contester [kɔ̃teste] *vt* to dispute.

contexte [kɔ̃tɛkst] *nm* context.

continent [kɔ̃tinɑ̃] *nm* continent.

continu, e [kɔ̃tiny] *adj* continuous.

continuel, elle [kɔ̃tinɥɛl] *adj* constant.

continuellement [kɔ̃tinɥɛlmɑ̃] *adv* constantly.

continuer [kɔ̃tinɥe] *vt & vi* to continue ; **~ à** OU **de faire qqch** to continue OU to do sthg.

contour [kɔ̃tur] *nm* outline.

contourner [kɔ̃turne] *vt* to go round ; *(ville, montagne)* to bypass.

contraceptif, ive [kɔ̃trasɛptif, iv] *adj & nm* contraceptive.

contraception [kɔ̃trasɛpsjɔ̃] *nf* contraception.

contracter [kɔ̃trakte] *vt* to contract ; *(assurance)* to take out.

contradictoire [kɔ̃tradiktwar] *adj* contradictory.

contraindre [kɔ̃trɛ̃dr] *vt* to force.

contraire [kɔ̃trɛr] *adj & nm* opposite ; **~ à** contrary to ; **au ~** on the contrary.

contrairement [kɔ̃trɛrmɑ̃] : **contrairement à** *prép* contrary to.

contrarier [kɔ̃trarje] *vt (ennuyer)* to annoy.

contraste [kɔ̃trast] *nm* contrast.

contrat [kɔ̃tra] *nm* contract.

contravention [kɔ̃travɑ̃sjɔ̃] *nf*

fine ; *(pour stationnement interdit)* parking ticket.

contre [kɔ̃tr] *prép* against ; *(en échange de)* (in exchange for) ; **par ~** on the other hand.

contre-attaque, s [kɔ̃tratak] *nf* counterattack.

contrebande [kɔ̃trəbɑ̃d] *nf* smuggling ; **passer qqch en ~** to smuggle sthg.

contrebasse [kɔ̃trəbas] *nf* (double) bass.

contrecœur [kɔ̃trəkœr] : **à contrecœur** *adv* reluctantly.

contrecoup [kɔ̃trəku] *nm* consequence.

contredire [kɔ̃trədir] *vt* to contradict.

contre-indication, s [kɔ̃trɛ̃dikasjɔ̃] *nf* contraindication.

contre-jour [kɔ̃trəʒur] : **à contre-jour** *adv* against the light.

contrepartie [kɔ̃trəparti] *nf* compensation ; **en ~** in return.

contreplaqué [kɔ̃trəplake] *nm* plywood.

contrepoison [kɔ̃trəpwazɔ̃] *nm* antidote.

contresens [kɔ̃trəsɑ̃s] *nm (dans une traduction)* mistranslation ; **à ~** the wrong way.

contretemps [kɔ̃trətɑ̃] *nm* delay.

contribuer [kɔ̃tribɥe] : **contribuer à** *v + prép* to contribute to.

contrôle [kɔ̃trol] *nm (technique)* check ; *(des billets, des papiers)* inspection ; SCOL test ; **~ aérien** air traffic control.

contrôler [kɔ̃trole] *vt (vérifier)* to check ; *(billets, papiers)* to inspect.

contrôleur [kɔ̃trolœr] *nm (dans les trains)* ticket inspector ; *(dans les bus)* conductor *(f* conductress).

contrordre [kɔ̃trɔrdr] *nm* countermand.

convaincre [kɔ̃vɛ̃kr] *vt* to convince ; **~ qqn de faire qqch** to persuade sb to do sthg.

convalescence [kɔ̃valesɑ̃s] *nf* convalescence.

convenable [kɔ̃vnabl] *adj (adapté)* suitable ; *(décent)* proper.

convenir [kɔ̃vnir] : **convenir à** *v + prép (satisfaire)* to suit ; *(être adapté à)* to be suitable for.

convenu, e [kɔ̃vny] *pp →* convenir.

conversation [kɔ̃vɛrsasjɔ̃] *nf* conversation.

convertible [kɔ̃vɛrtibl] *adj →* canapé.

convocation [kɔ̃vɔkasjɔ̃] *nf* notification to attend.

convoi [kɔ̃vwa] *nm* convoy.

convoiter [kɔ̃vwate] *vt* to covet.

convoquer [kɔ̃vɔke] *vt (salarié, suspect)* to summon.

coopération [kɔɔperasjɔ̃] *nf* cooperation.

coopérer [kɔɔpere] *vi* to cooperate.

coordonné, e [kɔɔrdɔne] *adj (assorti)* matching.

coordonnées [kɔɔrdɔne] *nfpl (adresse)* address and telephone number.

coordonner [kɔɔrdɔne] *vt* to coordinate.

copain, copine [kɔpɛ̃, kɔpin] *nm, f nm (ami)* friend ; *(petit ami)* boyfriend *(f* girlfriend).

copie [kɔpi] *nf* copy ; *(devoir)* paper ; *(feuille)* sheet (of paper).

copier [kɔpje] *vt* to copy.

copieux, euse [kɔpjø, øz] *adj* large.

copilote [kɔpilɔt] *nm* copilot.

copine → **copain**.

coq [kɔk] *nm* cock, rooster ; **au vin** chicken cooked with red wine, bacon, mushrooms and shallots.

coque [kɔk] *nf* (de bateau) hull ; (coquillage) shell.

coquelet [kɔkle] *nm* cockerel.

coquelicot [kɔkliko] *nm* poppy.

coqueluche [kɔklyʃ] *nf* MÉD whooping cough.

coquet, ette [kɔke, et] *adj* (qui aime s'habiller) smart.

coquetier [kɔktje] *nm* eggcup.

coquillage [kɔkijaʒ] *nm* (mollusque) shellfish ; (coquille) shell.

coquille [kɔkij] *nf* shell ; ~ **Saint-Jacques** scallop.

coquillettes [kɔkijet] *nfpl* short macaroni.

coquin, e [kɔkɛ̃, in] *adj* (enfant) mischievous.

cor [kɔr] *nm* (instrument) horn ; MÉD corn.

corail, aux [kɔraj, o] *nm* coral ; (train) Corail ≃ express train.

Coran [kɔrɑ̃] *nm* Koran.

corbeau, x [kɔrbo] *nm* crow.

corbeille [kɔrbej] *nf* basket ; ~ **à papiers** wastepaper basket.

corbillard [kɔrbijar] *nm* hearse.

corde [kɔrd] *nf* rope ; (d'instrument de musique) string ; ~ **à linge** clothesline ; ~ **s vocales** vocal cords.

cordon [kɔrdɔ̃] *nm* string ; (électrique) lead.

cordonnerie [kɔrdɔnri] *nf* shoe repair shop.

cordonnier [kɔrdɔnje] *nm* shoe repairer.

coriandre [kɔrjɑ̃dr] *nf* coriander.

corne [kɔrn] *nf* horn.

cornet [kɔrne] *nm* (de glace) cornet ; (de frites) bag.

cornettes [kɔrnet] *nfpl* Helv short macaroni.

cornichon [kɔrniʃɔ̃] *nm* gherkin.

corps [kɔr] *nm* body ; **le ~ enseignant** the teachers ; ~ **gras** fat.

correct, e [kɔrekt] *adj* (juste) correct ; (poli) proper.

correction [kɔreksjɔ̃] *nf* SCOL marking ; (rectification) correction ; (punition) beating.

correspondance [kɔrespɔ̃dɑ̃s] *nf* (courrier) correspondence ; TRANSP connection.

correspondant, e [kɔrespɔ̃dɑ̃, ɑ̃t] *adj* corresponding. ◆ *nm, f* (à qui on écrit) correspondent ; (au téléphone) person making or receiving a call.

correspondre [kɔrespɔ̃dr] *vi* to correspond ; ~ **à** to correspond to.

corrida [kɔrida] *nf* bullfight.

corridor [kɔridɔr] *nm* corridor.

corriger [kɔriʒe] *vt* to correct ; (examen) to mark. ❏ **se corriger** *vp* to improve.

corrosif, ive [kɔrozif, iv] *adj* corrosive.

corsage [kɔrsaʒ] *nm* blouse.

corse [kɔrs] *adj* Corsican. ❏ **Corse** *nmf* Corsican. ◆ *nf* : **la Corse** Corsica.

cortège [kɔrtɛʒ] *nm* procession.

corvée [kɔrve] *nf* chore.

costaud [kɔsto] *adj* fam (musclé) beefy ; (solide) sturdy.

costume [kɔstym] *nm* (d'homme)

suit ; *(de théâtre, de déguisement)* costume.

côte [kot] *nf (pente)* hill, slope ; *(ANAT)* rib ; *(d'agneau, de porc, etc)* chop ; *(bord de mer)* coast ; ~ à ~ side by side ; **la Côte d'Azur** the French Riviera.

côté [kote] *nm* side ; **de quel ~ dois-je aller?** which way should I go? ; **à ~** nearby ; *(dans la maison voisine)* next door ; **à ~ de** next to ; *(comparé à)* compared with ; **de ~** *(de travers)* sideways.

côtelé [kotle] *adj m* → **velours**.

côtelette [kotlɛt] *nf (de veau)* cutlet ; *(d'agneau, de porc)* chop.

cotisation [kɔtizasjɔ̃] *nf (à un club)* subscription ; □ **cotisations** *nfpl (sociales)* contributions.

coton [kɔtɔ̃] *nm* cotton ; ~ *(hydrophile)* cotton wool.

Coton-Tige® [kɔtɔ̃tiʒ] *(pl* **Cotons-Tiges)** *nm* cotton bud.

cou [ku] *nm* neck.

couchage [kuʃaʒ] *nm* → **sac**.

couchant [kuʃɑ̃] *adj m* → **soleil**.

couche [kuʃ] *nf (épaisseur)* layer ; *(de peinture)* coat ; *(de bébé)* nappy *(Br)*, diaper *(Am)*.

couche-culotte [kuʃkylɔt] *(pl* **couches-culottes)** *nf* disposable nappy *(Br)*, disposable diaper *(Am)*.

coucher [kuʃe] *vt (mettre au lit)* to put to bed ; *(étendre)* to lay down. ◆ *vi (dormir)* to sleep ; **être couché** *(être étendu)* to be lying down ; *(être au lit)* to be in bed ; ~ **avec qqn** *fam* to sleep with sb. □ **se coucher** *vp (personne)* to go to bed ; *(soleil)* to set.

couchette [kuʃɛt] *nf (de train)* couchette ; *(de bateau)* berth.

coucou [kuku] *nm (oiseau)* cuckoo ; *(horloge)* cuckoo clock. ◆ *excl* peekaboo!

coude [kud] *nm ANAT* elbow ; *(courbe)* bend.

coudre [kudr] *vt (bouton)* to sew on ; *(réparer)* to sew up. ◆ *vi* to sew.

couette [kwɛt] *nf (édredon)* duvet. □ **couettes** *nfpl* bunches.

cougnou [kuɲu] *nm Belg* large flat brioche' eaten on St Nicholas' Day, 6 December, and shaped like the infant Jesus.

couler [kule] *vi* to flow ; *(bateau)* to sink. ◆ *vt (bateau)* to sink.

couleur [kulœr] *nf* colour ; *(de cartes)* suit ; **de quelle ~ est ...?** what colour is ...?

couleuvre [kulœvr] *nf* grass snake.

coulis [kuli] *nm* liquid puree of fruit, vegetables or shellfish.

coulisser [kulise] *vi* to slide.

coulisses [kulis] *nfpl* wings.

couloir [kulwar] *nm* corridor ; *(de bus)* lane.

☞

coup [ku] *nm* - **1.** *(choc physique)* blow ; **donner un ~ à qqn** to hit sb ; ~ **de feu** *(gun)*shot ; **donner un ~ de pied à qqn/dans qqch** to kick sb/ sthg ; **donner un ~ de poing à qqn** to punch sb.

- **2.** *(avec un instrument)* : **passer un ~ de balai** to give the floor a sweep.

- **3.** *(choc moral)* blow ; **il m'est arrivé un ~ dur** *fam* something bad happened to me.

- **4.** *(bruit)* : ~ **de sifflet** whistle.

- **5.** *(à la porte)* knock.

- **6.** *(aux échecs)* move ; *(au tennis)* stroke ; *(au foot)* kick ; ~ **franc** free kick.
- **7.** *(action malhonnête)* trick ; **faire un ~ à qqn** to play a trick on sb.
- **8.** **fam** *(fois)* time ; **du premier ~** first time ; **d'un (seul) ~** *(en une fois)* in one go ; *(soudainement)* all of a sudden.
- **9.** *(dans des expressions)* : ~ **de chance** stroke of luck ; ~ **de fil** ou **de téléphone** telephone call ; **donner un ~ de main à qqn** to give sb a hand ; **jeter un ~ d'œil (à)** to have a look (at) ; **prendre un ~ de soleil** to get sunburnt ; **tenir le ~** to hold out.

coupable [kupabl] *adj* guilty.
◆ *nmf* culprit ; ~ **de** guilty of.

coupe [kup] *nf (récipient)* bowl ; SPORT cup ; *(de vêtements)* cut ; **à la ~** *(fromage, etc)* cut from a larger piece and sold by weight at a delicatessen counter ; ~ **à champagne** champagne glass ; ~ **(de cheveux)** haircut.

coupe-papier [kuppapje] *nm inv* paper knife.

couper [kupe] *vt* to cut ; *(gâteau, viande)* to cut (up) ; *(gaz, électricité)* to cut off. ◆ *vi (être tranchant)* to cut ; *(prendre un raccourci)* to take a short cut ; ~ **la route à qqn** to cut across in front of sb. ❑ **se couper** *vp* to cut o.s. ; **se ~ le doigt** to cut one's finger.

couper-coller [kupekɔle] *nm inv* INFORM : **faire un ~** to cut and paste.

couple [kupl] *nm* couple ; *(d'animaux)* pair.

couplet [kuple] *nm* verse.

coupure [kupyr] *nf* cut ; *(arrêt* break ; ~ **de courant** power cut ; ~ **de journal** (newspaper) cutting.

couque [kuk] *nf* Belg *(biscuit)* biscuit *(Br)*, cookie *(Am)* ; *(pain d'épices)* gingerbread ; *(brioche)* sweet bread roll.

cour [kur] *nf (d'immeuble)* courtyard ; *(de ferme)* farmyard ; *(tribunal, d'un roi)* court ; ~ **(de récréation)** playground.

courage [kuraʒ] *nm* courage ; **bon ~!** good luck!

courageux, euse [kuraʒø, øz] *adj* brave.

couramment [kuramã] *adv (fréquemment)* commonly ; *(parler)* fluently.

courant, e [kurã, ãt] *adj (fréquent)* common. ◆ *nm* current ; **être au ~ (de)** to know (about) ; **tenir qqn au ~ (de)** to keep sb informed (of) ; ~ **d'air** draught ; ~ **continu**.

courbatures [kurbatyr] *nfpl* aches and pains.

courbe [kurb] *adj* curved. ◆ *nf* curve.

courber [kurbe] *vt* to bend.

coureur, euse [kurœr, øz] *nm, f* : ~ **automobile** racing driver ; ~ **cycliste** racing cyclist ; ~ **à pied** runner.

courgette [kurʒɛt] *nf* courgette *(Br)*, zucchini *(Am)*.

courir [kurir] *vi* to run ; *(cycliste, coureur automobile)* to race. ◆ *vt (épreuve sportive)* to run (in) ; *(risque, danger)* to run.

couronne [kurɔn] *nf* crown ; *(de fleurs)* wreath.

courrier [kurje] *nm* letters *(pl)*, post *(Br)*, mail *(Am)*.

courroie [kurwa] *nf* strap.

cours [kur] *nm* (*leçon*) lesson ; (*d'une marchandise*) price ; (*d'une monnaie*) rate ; **au ~ de** during ; **~ d'eau** waterway.

course [kurs] *nf* (*épreuve sportive*) race ; (*démarche*) errand ; (*en taxi*) journey. ❑ **courses** *nfpl* shopping (*sg*) ; **faire les ~ s** to go shopping.

court, e [kur, kurt] *adj* short. ♦ *nm* (*de tennis*) court. ♦ *adv* short ; **être à ~ de** to be short of.

court-bouillon [kurbujɔ̃] (*pl* **courts-bouillons**) *nm* highly flavoured stock used especially for cooking fish.

court-circuit [kursirkɥi] (*pl* **courts-circuits**) *nm* short circuit.

court-métrage [kurmetraʒ] (*pl* **courts-métrages**) *nm* short (film).

couru, e [kury] *pp* → **courir**.

couscous [kuskus] *nm* couscous, traditional North African dish of semolina served with a spicy stew of meat and vegetables.

cousin, e [kuzɛ̃, in] *nm, f* cousin ; **~ germain** first cousin.

coussin [kusɛ̃] *nm* cushion.

cousu, e [kuzy] *pp* → **coudre**.

coût [ku] *nm* cost.

couteau, x [kuto] *nm* knife.

coûter [kute] *vi & vt* to cost ; **combien ça coûte?** how much is it?

coutume [kutym] *nf* custom.

couture [kutyr] *nf* (*sur un vêtement*) seam ; (*activité*) sewing.

couturier, ière [kutyrje, ɛr] *nm, f* tailor ; **grand ~** fashion designer.

couvent [kuvã] *nm* convent.

couver [kuve] *vt* (*œufs*) to sit on. ♦ *vi* (*poule*) to brood.

couvercle [kuvɛrkl] *nm* (*de casserole, de poubelle*) lid ; (*d'un bocal*) top.

couvert, e [kuvɛr, ɛrt] *pp* → **couvrir**. ♦ *nm* (*couteau, fourchette*) place (setting). ♦ *adj* (*ciel*) overcast ; (*marché, parking*) covered ; (*vêtu*) : **bien ~** well wrapped up ; **~ de** covered in OU with ; **mettre le ~** to set OU lay the table.

couverture [kuvɛrtyr] *nf* blanket ; (*de livre*) cover.

couvrir [kuvrir] *vt* to cover ; **~ qqch de** to cover sthg with. ❑ **se couvrir** *vp* (*ciel*) to cloud over ; (*s'habiller*) to wrap up.

cow-boy, s [kobɔj] *nm* cowboy.

CP *nm* (*abr de cours préparatoire*) first year of primary school.

crabe [krab] *nm* crab.

cracher [kraʃe] *vi* to spit. ♦ *vt* to spit out.

craie [krɛ] *nf* chalk.

craindre [krɛ̃dr] *vt* to fear, to be afraid of ; (*être sensible à*) to be sensitive to.

craint, e [krɛ̃, ɛ̃t] *pp* → **craindre**.

crainte [krɛ̃t] *nf* fear ; **de ~ que** for fear that.

craintif, ive [krɛ̃tif, iv] *adj* timid.

cramique [kramik] *nm* Belg 'brioche' with raisins.

crampe [krãp] *nf* cramp.

cramponner [krãpɔne] : **se cramponner** (à) *vp* (+ *prép*) to hang on (to).

crampons [krãpɔ̃] *nmpl* (*de foot, de rugby*) studs.

cran [krã] *nm* (*de ceinture*) hole ; (*entaille*) notch ; (*courage*) guts (*pl*) ; (*couteau*) **à ~ d'arrêt** flick knife.

crâne [kran] *nm* skull.

crapaud [krapo] *nm* toad.

craquer [krake] vi (faire un bruit) to crack ; (casser) to split ; (nerveusement) to crack up. ◆ vt (allumette) to strike.

crasse [kras] nf filth.

cravate [kravat] nf tie.

crawl [krol] nm crawl.

crayon [krɛjɔ̃] nm pencil ; ~ de couleur crayon.

création [kreasjɔ̃] nf creation.

crèche [krɛʃ] nf (garderie) playgroup ; RELIG crib.

crédit [kredi] nm (argent emprunté) loan ; acheter qqch à ~ to buy sthg on credit.

créditer [kredite] vt (compte) to credit.

créer [kree] vt to create ; (fonder) to found.

crémaillère [kremajɛr] nf : pendre la ~ to have a housewarming party.

crème [krɛm] nf (dessert) cream dessert ; (pour la peau) cream ; ~ anglaise custard ; ~ fraîche fresh cream ; ~ glacée ice cream.

crémerie [kremri] nf dairy.

crémeux, euse [kremø, øz] adj creamy.

créneau, x [kreno] nm : faire un ~ to reverse into a parking space. ❑ créneaux nmpl (de château) battlements.

crêpe [krɛp] nf pancake ; ~ bretonne sweet or savoury pancake, often made with buckwheat, a speciality of Brittany.

crêperie [krɛpri] nf pancake restaurant.

crépi [krepi] nm roughcast.

crépu, e [krepy] adj frizzy.

cresson [krɛsɔ̃] nm watercress.

crête [krɛt] nf (de montagne) ridge ; (de coq) crest.

cretons [krɔtɔ̃] nmpl Can potted pork.

creuser [krøze] vt to dig ; ça creuse! it gives you an appetite! ❑ se creuser vp : se ~ la tête ou la cervelle to rack one's brains.

creux, creuse [krø, krøz] adj hollow. ◆ nm (de la main) hollow ; (sur la route) dip.

crevaison [krəvɛzɔ̃] nf puncture.

crevant, e [krəvɑ̃, ɑ̃t] adj fam (fatigant) knackering.

crevasse [krəvas] nf (en montagne) crevasse.

crevé, e [krəve] adj fam (fatigué) knackered.

crever [krəve] vt (percer) to burst ; fam (fatiguer) to wear out. ◆ vi (exploser) to burst ; (avoir une crevaison) to have a puncture ; fam (mourir) to kick the bucket.

crevette [krəvɛt] nf prawn ; ~ grise shrimp ; ~ rose prawn.

cri [kri] nm shout ; (de joie, de douleur) cry ; (d'animal) call ; pousser un ~ to cry (out).

cric [krik] nm jack.

cricket [krikɛt] nm cricket.

crier [krije] vi to shout ; (de douleur) to cry (out). ◆ vt to shout (out).

crime [krim] nm (meurtre) murder ; (faute grave) crime.

criminel, elle [kriminɛl] nm, f criminal.

crinière [krinjɛr] nf mane.

crise [kriz] nf (économique) crisis ; (de rire, de larmes) fit ; ~ cardiaque heart attack ; ~ de foie bilious attack ; ~ de nerfs attack of nerves.

crispé, e [krispe] *adj (personne, sourire)* tense ; *(poing)* clenched.

cristal, aux [kristal, o] *nm* crystal.

critère [kritɛr] *nm* criterion.

critique [kritik] *adj* critical. ◆ *nmf* critic. ◆ *nf (reproche)* criticism ; *(article de presse)* review.

critiquer [kritike] *vt* to criticize.

croc [kro] *nm (canine)* fang.

croche-pied, s [krɔʃpje] *nm* : faire un ~ à qqn to trip sb (up).

crochet [krɔʃe] *nm* hook ; *(tricot)* crochet ; *fig (détour)* detour.

crocodile [krɔkɔdil] *nm* crocodile.

croire [krwar] *vt* to believe ; *(penser)* to think. ◆ *vi* : ~ à to believe in ; ~ en to believe in. ❏ **se croire** *vp* : il se croit intelligent he thinks he's clever.

croisement [krwazmã] *nm (carrefour)* junction ; *(de races)* cross-breeding.

croiser [krwaze] *vt* to cross ; *(personne)* to pass ; *(regard)* to meet. ❏ **se croiser** *vp (voitures, personnes)* to pass each other ; *(lettres)* to cross (in the post).

croisière [krwazjɛr] *nf* cruise.

croissance [krwasãs] *nf* growth.

croissant [krwasã] *nm (pâtisserie)* croissant ; *(de lune)* crescent.

croix [krwa] *nf* cross ; en ~ in the shape of a cross ; les bras en ~ arms out.

Croix-Rouge [krwaruʒ] *nf* : la ~ the Red Cross.

croque-madame [krɔkmadam] *nm inv* croque-monsieur with a fried egg.

croque-monsieur [krɔkməsjø]

nm inv toasted cheese and ham sandwich.

croquer [krɔke] *vt* to crunch. ◆ *vi* to be crunchy.

croquette [krɔket] *nf* croquette ; ~ s pour chiens dog meal *(sg).*

cross [krɔs] *nm inv (course)* cross-country race ; *(sport)* cross-country racing.

crotte [krɔt] *nf* dropping.

crottin [krɔtɛ̃] *nm* dung ; *(fromage)* small round goat's cheese.

croustillant, e [krustijã, ãt] *adj* crunchy.

croûte [krut] *nf (de pain)* crust ; *(de fromage)* rind ; *MÉD* scab ; ~ au fromage *Helv* melted cheese with wine, served on toast.

croûton [krutɔ̃] *nm (pain frit)* crouton ; *(extrémité du pain)* crust.

croyant, e [krwajã, ãt] *adj* : être ~ to be a believer.

CRS *nmpl* French riot police.

cru, e [kry] *pp* → **croire**. ◆ *adj* raw ; *(choquant)* crude. ◆ *nm (vin)* vintage.

crudités [krydite] *nfpl* raw vegetables.

crue [kry] *nf* flood ; être en ~ to be in spate.

cruel, elle [kryɛl] *adj* cruel.

crustacés [krystase] *nmpl* shellfish.

crypter [kripte] *vt* to encrypt.

cube [kyb] *nm* cube ; mètre ~ cubic metre.

cueillir [kœjir] *vt* to pick.

cuiller [kɥijɛr] = **cuillère**.

cuillère [kɥijɛr] *nf* spoon ; ~ à café, petite ~ teaspoon.

cuillerée [kɥijere] *nf* spoonful.

cuir [kɥir] *nm (matériau)* leather.

cuire [kɥir] vt & vi to cook ; (pain, gâteau) to bake ; faire ~ to cook.

cuisine [kɥizin] nf kitchen ; (art) cooking ; faire la ~ to cook.

cuisiner [kɥizine] vt & vi to cook.

cuisinier, ère [kɥizinje, ɛr] nm, f cook.

cuisinière [kɥizinjɛr] nf (fourneau) cooker → cuisinier.

cuisse [kɥis] nf thigh ; (de volaille) leg ; ~ s de grenouille frog's legs.

cuisson [kɥisɔ̃] nf cooking.

cuit, e [kɥi, kɥit] adj cooked ; bien ~ well-done.

cuivre [kɥivr] nm copper.

cul nm vulg (fesses) arse (Br), ass (Am).

culasse [kylas] nf → joint.

culotte [kylɔt] nf (slip) knickers (pl) ; ~ de cheval (vêtement) jodhpurs (pl).

culte [kylt] nm (adoration) worship ; (religion) religion.

cultivateur, trice [kyltivatœr, tris] nm, f farmer.

cultiver [kyltive] vt (terre, champ) to cultivate ; (blé, maïs, etc) to grow. ❑ se cultiver vp to improve one's mind.

culture [kyltyr] nf (plante) crop ; (connaissances) knowledge ; (civilisation) culture. ❑ cultures nfpl cultivated land.

culturel, elle [kyltyrɛl] adj cultural.

cumin [kymɛ̃] nm cumin.

curé [kyre] nm parish priest.

cure-dents [kyrdɑ̃] nm inv toothpick.

curieux, euse [kyrjø, øz] adj (indiscret) inquisitive ; (étrange) curious. ◆ nmpl onlookers.

curiosité [kyrjozite] nf curiosity. ❑ curiosités nfpl (touristiques) unusual things to see.

curry [kyri] nm (épice) curry powder ; (plat) curry.

cuvette [kyvɛt] nf basin ; (des WC) bowl.

CV nm (abr de curriculum vitae) CV ; AUT (abr de cheval) hp.

cybercafé [siberkafe] nm cybercafé, internet café.

cybercommerce [siberkɔmɛrs] nm e-commerce.

cyclable [siklabl] adj → piste.

cycle [sikl] nm cycle ; (de films) season.

cyclisme [siklism] nm cycling.

cycliste [siklist] nmf cyclist. ◆ nm (short) cycling shorts ((pl)). ◆ adj : course ~ (épreuve) cycle race ; (activité) cycling.

cyclone [siklon] nm cyclone.

cygne [siɲ] nm swan.

cylindre [silɛ̃dr] nm cylinder.

cynique [sinik] adj cynical.

cyprès [sipre] nm cypress.

D

DAB [dab] nm (abr de distributeur automatique de billets) ATM.

dactylo [daktilo] nf (secrétaire) typist.

daim [dɛ̃] nm (animal) (fallow) deer ; (peau) suede.

dalle [dal] nf slab.

dame [dam] nf lady ; (aux cartes) queen. ❑ dames nfpl (jeu) draughts (Br), checkers (Am).

damier [damje] *nm (de dames)* draughtboard *(Br)*, checkerboard *(Am)*.

Danemark [danmark] *nm* : le ~ Denmark.

danger [dãʒe] *nm* danger ; être en ~ to be in danger.

dangereux, euse [dãʒrø, øz] *adj* dangerous.

danois, e [danwa, az] *adj* Danish. ◆ *nm (langue)* Danish. ❑ **Danois, e** *nm, f* Dane.

dans [dã] *prép* - **1.** *(indique la situation)* in.
- **2.** *(indique la direction)* into ; vous allez ~ la mauvaise direction you're going in the wrong direction.
- **3.** *(indique la provenance)* from ; choisissez un dessert ~ le menu choose a dessert from the menu.
- **4.** *(indique le moment)* in ; ~ combien de temps arrivons-nous? how long before we get there?
- **5.** *(indique une approximation)* : ça doit coûter ~ les 200 F that must cost around 200 francs.

danse [dãs] *nf* : la ~ dancing ; une ~ a dance ; ~ classique ballet dancing ; ~ moderne modern dancing.

danser [dãse] *vt & vi* to dance.

danseur, euse [dãsœr, øz] *nm, f (de salon)* dancer ; *(classique)* ballet dancer.

darne [darn] *nf* steak *(of fish)*.

date [dat] *nf* date ; ~ limite deadline ; '~ limite de consommation' 'use-by date' ; ~ de naissance date of birth.

dater [date] *vt* to date. ◆ *vi (être*

vieux) to be dated ; ~ de *(remonter à)* to date from.

datte [dat] *nf* date.

daube [dob] *nf* : (bœuf en) ~ beef stew cooked with wine.

dauphin [dofɛ̃] *nm (animal)* dolphin.

dauphine [dofin] *nf* → pomme.

dauphinois [dofinwa] *adj m* → gratin.

daurade [dɔrad] *nf* sea bream.

davantage [davãtaʒ] *adv* more ; ~ de temps more time.

de [də] *prép* - **1.** *(indique l'appartenance)* of ; la porte du salon the living room door ; le frère ~ Pierre Pierre's brother.
- **2.** *(indique la provenance)* from.
- **3.** *(avec "à")* : ~ Paris à Tokyo from Paris to Tokyo.
- **4.** *(indique une caractéristique)* : une statue ~ pierre a stone statue ; des billets ~ 100 euros 100-euro notes ; l'avion ~ 7 h 20 the seven twenty plane ; un jeune homme ~ 25 ans a young man of 25.
- **5.** *(introduit un complément)* : parler ~ qqch to talk about sthg ; arrêter ~ faire qqch to stop doing sthg.
- **6.** *(désigne le contenu)* of.
- **7.** *(parmi)* : certaines ~ ces plages sont polluées some of these beaches are polluted.
- **8.** *(indique le moyen)* with ; saluer qqn d'un mouvement de tête to greet sb with a nod.
- **9.** *(indique la manière)* : d'un air distrait absent-mindedly.
- **10.** *(indique la cause)* : hurler ~ douleur to scream with pain.

◆ *art* some ; **je voudrais du vin/du lait** I'd like some wine/some milk ; **ils n'ont pas d'enfants** they don't have any children.

dé [de] *nm (à jouer)* dice ; ~ **(à coudre)** thimble.

déballer [debale] *vt (affaires)* to unpack ; *(cadeau)* to unwrap.

débarbouiller [debarbuje] : **se débarbouiller** *vp* to wash one's face.

débardeur [debardœr] *nm (T-shirt)* vest top.

débarquer [debarke] *vt* to unload. ◆ *vi* to disembark.

débarras [debara] *nm* junk room ; **bon ~!** good riddance!

débarrasser [debarase] *vt* to clear up ; *(table)* to clear ; ~ **qqn de** *(vêtement, paquets)* to relieve sb of. ❏ **se débarrasser de** *vp + prép (vêtement)* to take off ; *(paquets)* to put down ; *(personne)* to get rid of.

débat [deba] *nm* debate.

débattre [debatr] *vt* to discuss. ◆ *vi* to debate ; ~ **(de) qqch** to debate sthg. ❏ **se débattre** *vp* to struggle.

débit [debi] *nm (d'eau)* flow ; *(bancaire)* debit.

débiter [debite] *vt (compte)* to debit ; *(couper)* to cut up ; *péj (dire)* to spout.

déblayer [debleje] *vt* to clear.

débloquer [debloke] *vt* to unjam ; *(crédits)* to unfreeze.

déboîter [debwate] *vt (objet)* to dislodge ; *(os)* to dislocate. ◆ *vi (voiture)* to pull out. ❏ **se déboîter** *vp* : **se ~ l'épaule** to dislocate one's shoulder.

débordé, e [deborde] *adj* : **être**

~ **(de travail)** to be snowed under (with work).

déborder [deborde] *vi* to overflow.

débouché [debuʃe] *nm (de vente)* outlet ; *(de travail)* opening.

déboucher [debuʃe] *vt (bouteille)* to open ; *(nez, tuyau)* to unblock. ❏ **déboucher sur** *v + prép* to lead to.

débourser [deburse] *vt* to pay out.

debout [dəbu] *adv (sur ses pieds)* standing (up) ; *(verticalement)* upright ; **être ~** *(réveillé)* to be up ; **se mettre ~** to stand up.

déboutonner [debutɔne] *vt* to unbutton.

débraillé, e [debraje] *adj* dishevelled.

débrancher [debrãʃe] *vt (appareil)* to unplug ; *(prise)* to remove.

débrayer [debreje] *vi* to declutch.

débris [debri] *nmpl* pieces.

débrouiller [debruje] : **se débrouiller** *vp* to get by ; **se ~ pour faire qqch** to manage to do sthg.

début [deby] *nm* start ; **au ~ (de)** at the start (of).

débutant, e [debytã, ãt] *nm, f* beginner.

débuter [debyte] *vi* to start ; *(dans une carrière)* to start out.

décaféiné, e [dekafeine] *adj* decaffeinated.

décalage [dekalaʒ] *nm* gap ; ~ **horaire** time difference.

décalcomanie [dekalkɔmani] *nf* transfer.

décaler [dekale] *vt (déplacer)* to move ; *(avancer dans le temps)* to bring forward ; *(retarder)* to put back.

décalquer [dekalke] *vt* to trace.

décapant [dekapɑ̃] *nm* stripper.

décaper [dekape] *vt* to strip.

décapiter [dekapite] *vt* to be-head.

décapotable [dekapɔtabl] *nf*: (voiture) ~ convertible.

décapsuler [dekapsyle] *vt* to open.

décapsuleur [dekapsylœr] *nm* bottle opener.

décéder [desede] *vi* *sout* to pass away.

décembre [desɑ̃br] *nm* December → **septembre.**

décent, e [desɑ̃, ɑ̃t] *adj* decent.

déception [desɛpsjɔ̃] *nf* disappointment.

décerner [deserne] *vt* (prix) to award.

décès [desɛ] *nm* death.

décevant, e [desvɑ̃, ɑ̃t] *adj* disappointing.

décevoir [desvwar] *vt* to disappoint.

déchaîner [deʃene] *vt* (colère, rires) to spark off. ❏ **se déchaîner** *vp* (personne) to fly into a rage ; (tempête) to break.

décharge [deʃarʒ] *nf* (d'ordures) rubbish dump (Br), garbage dump (Am) ; (électrique) electric shock.

décharger [deʃarʒe] *vt* to unload ; (tirer avec) to fire.

déchausser [deʃose] : **se déchausser** *vp* to take one's shoes off.

déchets [deʃɛ] *nmpl* waste (sg).

déchiffrer [deʃifre] *vt* (lire) to decipher ; (décoder) to decode.

déchiqueter [deʃikte] *vt* to shred.

déchirer [deʃire] *vt* (lettre, page) to tear up ; (vêtement, nappe) to tear. ❏ **se déchirer** *vp* to tear.

déchirure [deʃiryr] *nf* tear ; ~ musculaire torn muscle.

déci [desi] *nm* Helv small glass of wine.

décidé, e [deside] *adj* determined ; c'est ~ it's settled.

décidément [desidemɑ̃] *adv* really.

décider [deside] *vt* to decide ; ~ qqn (à faire qqch) to persuade sb (to do sthg). ❏ **se décider** *vp* : se ~ (à faire qqch) to make up one's mind (to do sthg).

décimal, e, aux [desimal, o] *adj* decimal.

décisif, ive [desizif, iv] *adj* decisive.

décision [desizjɔ̃] *nf* decision ; (fermeté) decisiveness.

déclaration [deklarasjɔ̃] *nf* announcement ; faire une ~ de vol to report a theft.

déclarer [deklare] *vt* to declare ; (vol) to report ; rien à ~ nothing to declare. ❏ **se déclarer** *vp* (épidémie, incendie) to break out.

déclencher [deklɑ̃ʃe] *vt* (mécanisme) to set off ; (guerre) to trigger off.

déclic [deklik] *nm* click.

décoiffer [dekwafe] *vt* : ~ qqn to mess up sb's hair.

décollage [dekɔlaʒ] *nm* take-off.

décoller [dekɔle] *vt* to unstick ; (papier peint) to strip. ◆ *vi* (avion) to take off. ❏ **se décoller** *vp* to come unstuck.

décolleté, e [dekɔlte] *adj* low-cut. ◆ *nm* neckline.

décolorer [dekɔlɔre] *vt* to bleach.

décombres [dekɔ̃br] *nmpl* debris (sg).

décommander [dekɔmɑ̃de] *vt* to cancel. ❑ **se décommander** *vp* to cancel.

décomposer [dekɔ̃poze] *vt* : ~ qqch en to break sthg down into. ❑ **se décomposer** *vp* (*pourrir*) to decompose.

déconcentrer [dekɔ̃sɑ̃tre] : **se déconcentrer** *vp* to lose one's concentration.

déconcerter [dekɔ̃serte] *vt* to disconcert.

déconseiller [dekɔ̃seje] *vt* : ~ qqch à qqn to advise sb against sthg ; ~ à qqn de faire qqch to advise sb against doing sthg.

décontracté, e [dekɔ̃trakte] *adj* relaxed.

décor [dekɔr] *nm* scenery ; (*d'une pièce*) décor.

décorateur, trice [dekɔratœr, tris] *nm, f* (*d'intérieurs*) (interior) decorator ; (*de théâtre*) designer.

décoration [dekɔrasjɔ̃] *nf* decoration.

décorer [dekɔre] *vt* to decorate.

décortiquer [dekɔrtike] *vt* to shell ; *fig* (*texte*) to dissect.

découdre [dekudr] *vt* to unpick. ❑ **se découdre** *vp* to come unstitched.

découler [dekule] : **découler de** *v* + *prép* to follow from.

découper [dekupe] *vt* (*gâteau*) to cut (up) ; (*viande*) to carve ; (*images, photos*) to cut out.

découragé, e [dekuraʒe] *adj* dismayed.

décourager [dekuraʒe] *vt* to dis-

courage. ❑ **se décourager** *vp* to lose heart.

décousu, e [dekuzy] *adj* undone.

découvert, e [dekuver, ert] *pp* → **découvrir**. ◆ *nm* (*bancaire*) overdraft.

découverte [dekuvert] *nf* discovery.

découvrir [dekuvrir] *vt* to discover ; (*ôter ce qui couvre*) to uncover.

décrire [dekrir] *vt* to describe.

décrocher [dekrɔʃe] *vt* (*tableau*) to take down ; ~ (le téléphone) (*pour répondre*) to pick up the phone. ❑ **se décrocher** *vp* to fall down.

déçu, e [desy] *pp* → **décevoir**. ◆ *adj* disappointed.

dédaigner [dedeɲe] *vt* to despise.

dédaigneux, euse [dedeɲø, øz] *adj* disdainful.

dédain [dedɛ̃] *nm* disdain.

dedans [dədɑ̃] *adv & nm* inside ; en ~ inside.

dédicacer [dedikase] *vt* : ~ qqch à qqn to autograph sthg for sb.

dédier [dedje] *vt* : ~ qqch à qqn to dedicate sthg to sb.

dédommager [dedɔmaʒe] *vt* to compensate.

déduction [dedyksjɔ̃] *nf* deduction.

déduire [deduir] *vt* : ~ qqch (de) (*soustraire*) to deduct sthg (from) ; (*conclure*) to deduce sthg (from).

déduit, e [dedɥi, it] *pp* → **déduire**.

déesse [dees] *nf* goddess.

défaillant, e [defajɑ̃, ɑ̃t] *adj* (*vue*) failing.

défaire [defer] *vt* (*nœud*) to undo ; *(valise)* to unpack ; *(lit)* to strip. ❏ **se défaire** *vp (nœud, coiffure)* to come undone.

défait, e [defɛ, ɛt] *pp* → **défaire**.

défaite [defɛt] *nf* defeat.

défaut [defo] *nm (de caractère)* fault ; *(imperfection)* flaw ; **à ~ de** for lack of.

défavorable [defavɔrabl] *adj* unfavourable.

défavoriser [defavɔrize] *vt* to penalize.

défectueux, euse [defɛktɥø, øz] *adj* defective.

défendre [defɑ̃dr] *vt* to defend ; **~ qqch à qqn** to forbid sb sthg ; **~ à qqn de faire qqch** to forbid sb to do sthg. ❏ **se défendre** *vp* to defend o.s.

défense [defɑ̃s] *nf* defence ; *(d'éléphant)* tusk ; **prendre la ~ de qqn** to stand up for sb ; **'~ de déposer des ordures'** 'no dumping' ; **'~ d'entrer'** 'no entry'.

défi [defi] *nm* challenge ; **lancer un ~ à qqn** to challenge sb.

déficit [defisit] *nm* deficit.

déficitaire [defisitɛr] *adj* in deficit.

défier [defje] *vt* to challenge ; **~ qqn de faire qqch** to challenge sb to do sthg.

défigurer [defigyre] *vt* to disfigure.

défilé [defile] *nm (militaire)* parade ; *(gorges)* defile ; **~ de mode** fashion show.

défiler [defile] *vi (manifestants, soldats)* to march past.

définir [definir] *vt* to define.

définitif, ive [definitif, iv] *adj* definitive ; **en définitive** when all is said and done.

définition [definisjɔ̃] *nf* definition.

définitivement [definitivmɑ̃] *adv* permanently.

défoncer [defɔ̃se] *vt (porte, voiture)* to smash in ; *(terrain, route)* to break up.

déformé, e [defɔrme] *adj (vêtement)* shapeless ; *(route)* uneven.

déformer [defɔrme] *vt* to deform ; *fig (réalité)* to distort.

défouler [defule] : **se défouler** *vp* to unwind.

défricher [defriʃe] *vt* to clear.

dégager [degaʒe] *vt (déblayer)* to clear ; *(fumée, odeur)* to give off ; **~ qqn/qqch de** to free sb/sthg from. ❏ **se dégager** *vp* to free o.s. ; *(ciel)* to clear.

dégaîner [degɛne] *vt & vi* to draw.

dégarni, e [degarni] *adj (crâne, personne)* balding.

dégâts [dega] *nmpl* damage ; **faire des ~** to cause damage.

dégel [deʒɛl] *nm* thaw.

dégeler [deʒle] *vt* to de-ice ; *(atmosphère)* to warm up. ◆ *vi* to thaw.

dégénérer [deʒenere] *vi* to degenerate.

dégivrage [deʒivraʒ] *nm* AUT de-icing.

dégivrer [deʒivre] *vt (pare-brise)* to de-ice ; *(réfrigérateur)* to defrost.

dégonfler [degɔ̃fle] *vt* to let down. ❏ **se dégonfler** *vp* to go down ; *fam (renoncer)* to chicken out.

dégouliner [deguline] *vi* to trickle.

dégourdi, e [degurdi] *adj* smart.

dégourdir [degurdir] : **se dégourdir** *vp* : **se ~ les jambes** to stretch one's legs.

dégoût [degu] *nm* disgust.

dégoûtant, e [degutã, ãt] *adj* disgusting.

dégoûter [degute] *vt* to disgust ; **~ qqn de qqch** to put sb off sthg.

dégrafer [degrafe] *vt (papiers)* to unstaple ; *(vêtement)* to undo.

degré [dəgre] *nm* degree ; **du vin à 12 ~ s** 12% proof wine.

dégressif, ive [degresif, iv] *adj* decreasing.

dégringoler [degrɛ̃gɔle] *vi* to tumble.

déguisement [degizmã] *nm (pour bal masqué)* fancy dress.

déguiser [degize] *vt* to disguise. ❑ **se déguiser** *vp* : **se ~ (en)** *(à un bal masqué)* to dress up (as).

dégustation [degystasjõ] *nf* tasting.

déguster [degyste] *vt (goûter)* to taste.

dehors [dəɔr] *adv* & *nm* outside ; **jeter** OU **mettre qqn ~** to throw sb out ; **se pencher en ~** to lean out ; **en ~ de** outside ; *(sauf)* apart from.

déjà [deʒa] *adv* already ; **es-tu ~ allé à Bordeaux?** have you ever been to Bordeaux?

déjeuner [deʒœne] *nm* lunch ; *(petit déjeuner)* breakfast. ◆ *vi* to have lunch ; *(le matin)* to have breakfast.

délabré, e [delabre] *adj* ruined.

délacer [delase] *vt* to undo.

délai [dele] *nm (durée)* deadline ; *(temps supplémentaire)* extension ;

dans un **~ de trois jours** within three days.

délavé, e [delave] *adj* faded.

délayer [deleje] *vt* to mix.

Delco® [dɛlko] *nm* distributor.

délégué, e [delege] *nm, f* delegate.

délibérément [deliberemã] *adv* deliberately.

délicat, e [delika, at] *adj* delicate ; *(plein de tact)* sensitive ; *(exigeant)* fussy.

délicatement [delikatmã] *adv* delicately.

délicieux, euse [delisjø, øz] *adj* delicious.

délimiter [delimite] *vt (terrain)* to demarcate.

délinquant, e [delɛ̃kã, ãt] *nm, f* delinquent.

délirer [delire] *vi* to be delirious.

délit [deli] *nm* offence *(Br)*, misdemeanor *(Am)*.

délivrer [delivre] *vt (prisonnier)* to release ; *(autorisation, reçu)* to issue.

delta [dɛlta] *nm* delta.

deltaplane [dɛltaplan] *nm* hangglider.

déluge [delyʒ] *nm (pluie)* downpour.

demain [dəmɛ̃] *adv* tomorrow ; **à ~!** see you tomorrow!

demande [dəmãd] *nf (réclamation)* application ; *(formulaire)* application form ; **'~ s d'emploi'** 'situations wanted'.

demander [dəmãde] *vt* to ask for ; *(heure)* to ask ; *(nécessiter)* to require ; **~ qqch à qqn** *(interroger)* to ask sb sthg ; *(exiger)* to ask sb for sthg. ❑ **se demander** *vp* to wonder.

demandeur, euse [dəmɑ̃dœr,øz] *nm, f* : ~ d'emploi job-seeker.

démangeaison [demɑ̃ʒɛzɔ̃] *nf* itch ; **avoir des** ~ **s** to itch.

démanger [demɑ̃ʒe] *vt* : **mon bras me démange** my arm is itchy.

démaquillant [demakijɑ̃] *nm* cleanser.

démarche [demarʃ] *nf (allure)* bearing ; *(administrative)* step.

démarrage [demaraʒ] *nm* start.

démarrer [demare] *vi* to start.

démarreur [demarœr] *nm* starter.

démasquer [demaske] *vt (identifier)* to expose.

démêler [demele] *vt* to untangle.

déménagement [demenaʒmɑ̃] *nm* removal.

déménager [demenaʒe] *vi* to move (house). ◆ *vt* to move.

démener [demne] : **se démener** *vp (bouger)* to struggle ; *(faire des efforts)* to exert o.s.

dément, e [demɑ̃, ɑ̃t] *adj* demented ; *fam (incroyable)* crazy.

démentir [demɑ̃tir] *vt* to deny.

démesuré, e [demzyre] *adj* enormous.

démettre [demetr] : **se démettre** *vp* : **se** ~ **l'épaule** to dislocate one's shoulder.

demeure [dəmœr] *nf (manoir)* mansion.

demeurer [dəmœre] *vi (sout) (habiter)* to live ; *(rester)* to remain.

demi, e [dəmi] *adj* half. ◆ *nm (bière)* ≃ half-pint ; **cinq heures et**

sthg ; **un** ~ **-kilo de** half a kilo of.

demi-finale, s [dəmifinal] *nf* semifinal.

demi-frère, s [dəmifrɛr] *nm* half-brother.

demi-heure, s [dəmijœr] *nf* : **une** ~ half an hour ; **toutes les** ~ **s** every half hour.

demi-pension, s [dəmipɑ̃sjɔ̃] *nf (à l'hôtel)* half board ; *(à l'école)* : **être en** ~ to have school dinners.

demi-pensionnaire, s [dəmipɑ̃sjɔner] *nmf* child who has school dinners.

démis, e [demi, iz] *pp* → **démettre**.

demi-saison, s [dəmisɛzɔ̃] *nf* : **de** ~ *(vêtement)* mid-season.

demi-sœur, s [dəmisœr] *nf* half-sister.

démission [demisjɔ̃] *nf* resignation ; **donner sa** ~ to hand in one's notice.

démissionner [demisjɔne] *vi* to resign.

demi-tarif, s [dəmitarif] *nm* half price.

demi-tour, s [dəmitur] *nm (à pied)* about-turn ; *(en voiture)* U-turn ; **faire** ~ to turn back.

démocratie [demɔkrasi] *nf* democracy.

démocratique [demɔkratik] *adj* democratic.

démodé, e [demɔde] *adj* old-fashioned.

demoiselle [dəmwazɛl] *nf* young lady ; ~ **d'honneur** *(à un mariage)* bridesmaid.

démolir [demɔlir] *vt* to demolish.

démon [demɔ̃] *nm* devil.

démonstratif, ive [demõstratif, iv] adj demonstrative.

démonstration [demõstrasjõ] nf demonstration.

démonter [demõte] vt to take apart.

démontrer [demõtre] vt to demonstrate.

démoraliser [demoralize] vt to demoralize.

démouler [demule] vt (gâteau) to turn out of a mould.

démuni, e [demyni] adj (pauvre) destitute.

dénicher [denife] vt (trouver) to unearth.

dénivellation [denivɛlasjõ] nf dip.

dénoncer [denõse] vt to denounce.

dénouement [denumã] nm (d'intrigue) outcome.

dénouer [denwe] vt to untie.

dénoyauter [denwajote] vt (olives) to pit.

denrée [dãre] nf commodity.

dense [dãs] adj dense.

dent [dã] nf tooth ; (d'une fourchette) prong ; ~ **de lait** milk tooth ; ~ **de sagesse** wisdom tooth.

dentelle [dãtɛl] nf lace.

dentier [dãtje] nm dentures (pl).

dentifrice [dãtifris] nm toothpaste.

dentiste [dãtist] nmf dentist.

déodorant [deodorã] nm deodorant.

dépannage [depanaʒ] nm repair ; **service de ~** AUT breakdown service.

dépanner [depane] vt to repair ; fig (aider) to bail out.

dépanneur [depanœr] nm repairman ; Can (épicerie) corner shop (Br), convenience store (Am).

dépanneuse [depanøz] nf (breakdown) recovery vehicle.

dépareillé, e [depareje] adj (service) incomplete ; (gant, chaussette) odd.

départ [depar] nm departure ; (d'une course) start ; **au ~** (au début) at first ; '**~ s**' 'departures'.

départager [departaʒe] vt to decide between.

département [departemã] nm (division administrative) territorial and administrative division of France ; (service) department.

départementale [departemãtal] nf : (route) **~** ≃ B road (Br), secondary road.

dépassement [depasmã] nm (sur la route) overtaking (Br), passing.

dépasser [depase] vt (passer devant) to pass ; (doubler) to overtake (Br), to pass ; (en taille) to be taller than ; (somme, limite) to exceed. ◆ vi (déborder) to stick out.

dépaysement [depeizmã] nm change of scenery.

dépêcher [depefe] : **se dépêcher** vp to hurry (up).

dépendre [depãdr] vi : **~ de** to depend on ; **ça dépend** it depends.

dépens [depã] : **aux dépens de** prép at the expense of.

dépense [depãs] nf expense.

dépenser [depãse] vt to spend. ❑ **se dépenser** vp (physiquement) to exert o.s.

dépensier, ère [depãsje, ɛr] adj extravagant.

dépit [depi] *nm* spite ; **en ~ de** in spite of.

déplacement [deplasmã] *nm* *(voyage)* trip ; **en ~** away on business.

déplacer [deplase] *vt* to move. ❏ **se déplacer** *vp* to move ; *(voyager)* to travel.

déplaire [depler] : **déplaire à** *v + prép* : **ça me déplaît** I don't like it.

déplaisant, e [deplezã, ãt] *adj* unpleasant.

dépliant [deplijã] *nm* leaflet.

déplier [deplije] *vt* to unfold. ❏ **se déplier** *vp* *(chaise)* to unfold ; *(canapé)* to fold down.

déplorable [deplɔrabl] *adj* deplorable.

déployer [deplwaje] *vt* *(ailes)* to spread ; *(carte)* to open out.

déporter [deporte] *vt* *(prisonnier)* to deport ; *(voiture)* to cause to swerve.

déposer [depoze] *vt* *(poser)* to put down ; *(laisser)* to leave ; *(argent)* to deposit ; *(en voiture)* to drop (off). ❏ **se déposer** *vp* to settle.

dépôt [depo] *nm* deposit ; *(de marchandises)* warehouse ; *(de bus)* depot.

dépotoir [depotwar] *nm* rubbish dump *(Br)*, garbage dump *(Am)*.

dépouiller [depuje] *vt* *(voler)* to rob.

dépourvu, e [depurvy] *adj* : **~ de** without ; **prendre qqn au ~** to catch sb unawares.

dépression [depresjõ] *nf* *(atmosphérique)* low ; **~ (nerveuse)** (nervous) breakdown.

déprimer [deprime] *vt* to depress. ◆ *vi* to be depressed.

depuis [dəpɥi] *prép & adv* since ; je travaille ici **~** trois ans I've been working here for three years ; **~** quand est-il marié? how long has he been married?

député [depyte] *nm* Member of Parliament *(Br)*, Representative *(Am)*.

déraciner [derasine] *vt* to uproot.

dérailler [deraje] *vi* *(train)* to be derailed.

dérailleur [derajœr] *nm* derailleur.

dérangement [derãʒmã] *nm* *(gêne)* trouble ; **en ~** out of order.

déranger [derãʒe] *vt* *(gêner)* to bother ; *(objets, affaires)* to disturb ; **ça vous dérange si ...?** do you mind if ...?

dérapage [derapaʒ] *nm* skid.

déraper [derape] *vi* *(voiture, personne)* to skid ; *(lame)* to slip.

dérégler [deregle] *vt* to put out of order. ❏ **se dérégler** *vp* to go wrong.

dérive [deriv] *nf* NAVIG centre-board ; **aller à la ~** to drift.

dériver [derive] *vi* *(bateau)* to drift.

dermatologue [dɛrmatɔlɔg] *nmf* dermatologist.

dernier, ère [dɛrnje, ɛr] *adj* last ; *(récent)* latest. ◆ *nm, f* last ; **le ~ étage** the top floor ; **en ~** *(enfin)* lastly ; *(arriver)* last.

dernièrement [dɛrnjɛrmã] *adv* lately.

dérouler [derule] *vt* *(fil)* to unwind ; *(papier)* to unroll. ❏ **se dérouler** *vp* *(avoir lieu)* to take place.

dérouter [derute] *vt* *(surprendre)* to disconcert ; *(dévier)* to divert.

derrière [dɛrjer] *prép* behind. ◆ *adv* behind ; *(dans une voiture)* in the back. ◆ *nm (partie arrière)* back ; *(fesses)* bottom.

des [de] = de + les, de, un.

dès [dε] *prép :* ~ demain from tomorrow ; ~ notre arrivée as soon as we arrive/arrived ; ~ que as soon as.

désaccord [dezakɔr] *nm* disagreement ; être en ~ avec to disagree with.

désaffecté, e [dezafεkte] *adj* disused.

désagréable [dezagreabl] *adj* unpleasant.

désaltérer [dezaltere] : se désaltérer *vp* to quench one's thirst.

désappointé, e [dezapwɛte] *adj* disappointed.

désapprouver [dezapruve] *vt* to disapprove of.

désarçonner [dezarsɔne] *vt* to throw.

désarmant, e [dezarmɑ̃, ɑ̃t] *adj* disarming.

désarmer [dezarme] *vt* to disarm.

désastre [dezastr] *nm* disaster.

désastreux, euse [dezastrø, øz] *adj* disastrous.

désavantage [dezavɑ̃taʒ] *nm* disadvantage.

désavantager [dezavɑ̃taʒe] *vt* to put at a disadvantage.

descendant, e [desɑ̃dɑ̃, ɑ̃t] *nm, f* descendant.

descendre [desɑ̃dr] *vt (aux avoir) (rue, escalier)* to go/come down ; *(transporter)* to bring/take down. ◆ *vi (aux être)* to go/come down ; *(être en pente)* to slope down ; *(baisser)* to fall ; ~ de *(voiture, train)* to get out of ; *(vélo)* to get off ; *(ancêtres)* to be descended from.

descente [desɑ̃t] *nf (en avion)* descent ; *(pente)* slope ; ~ de lit bedside rug.

description [deskripsjɔ̃] *nf* description.

désemparé, e [dezɑ̃pare] *adj* helpless.

déséquilibre [dezekilibr] *nm (différence)* imbalance ; en ~ *(instable)* unsteady.

déséquilibré, e [dezekilibre] *nm, f* unbalanced person.

déséquilibrer [dezekilibre] *vt* to throw off balance.

désert, e [dezεr, εrt] *adj* deserted. ◆ *nm* desert.

déserter [dezεrte] *vi* to desert.

désespéré, e [dezεspere] *adj* desperate.

désespoir [dezεspwar] *nm* despair.

déshabiller [dezabije] *vt (personne)* to undress. ❏ se déshabiller *vp* to get undressed.

désherbant [dezεrbɑ̃] *nm* weedkiller.

désherber [dezεrbe] *vt* to weed.

déshonorer [dezɔnɔre] *vt* to disgrace.

déshydraté, e [dezidrate] *adj (aliment)* dried ; *fig (assoiffé)* dehydrated.

déshydrater [dezidrate] *vt* to dehydrate. ❏ se déshydrater *vp* to become dehydrated.

désigner [dezine] *vt (montrer)* to point out ; *(choisir)* to appoint.

désillusion [dezilyzjɔ̃] *nf* disillusion.

désinfectant [dezɛ̃fεktɑ̃] *nm* disinfectant.

désinfecter [dezɛ̃fɛkte] *vt* to disinfect.

désintéressé, e [dezɛ̃terese] *adj* disinterested.

désintéresser [dezɛ̃terese] : **se désintéresser de** *vp* + *prép* to lose interest in.

désinvolte [dezɛ̃vɔlt] *adj* carefree.

désir [dezir] *nm* desire.

désirer [dezire] *vt* to want ; **vous désirez?** can I help you?

désobéir [dezɔbeir] *vi* to disobey ; ~ **à** to disobey.

désobéissant, e [dezɔbeisɑ̃, ɑ̃t] *adj* disobedient.

désodorisant [dezɔdɔrizɑ̃] *nm* air freshener.

désolant, e [dezɔlɑ̃, ɑ̃t] *adj* shocking.

désolé, e [dezɔle] *adj (personne)* distressed ; *(paysage)* desolate ; **je suis ~ (de)** I'm sorry (to).

désordonné, e [dezɔrdɔne] *adj* untidy ; *(gestes)* wild.

désordre [dezɔrdr] *nm* mess ; *(agitation)* disorder ; **être en ~** to be untidy.

désorienté, e [dezɔrjɑ̃te] *adj* disorientated.

désormais [dezɔrmɛ] *adv* from now on.

desquelles [dekɛl] = **de** + **lesquelles, lequel.**

desquels [dekɛl] = **de** + **lesquels, lequel.**

dessécher [deseʃe] *vt* to dry out. ❑ **se dessécher** *vp (peau)* to dry out ; *(plante)* to wither.

desserrer [desere] *vt (vis, ceinture)* to loosen ; *(dents, poing)* to unclench ; *(frein)* to release.

dessert [desɛr] *nm* dessert.

desservir [desɛrvir] *vt (ville, gare)* to serve ; *(table)* to clear.

dessin [desɛ̃] *nm* drawing ; ~ **animé** cartoon.

dessinateur, trice [desinatœr, tris] *nm, f (artiste)* sketcher ; *(technicien)* draughtsman (f draughtswoman).

dessiner [desine] *vt (portrait, paysage)* to draw ; *(vêtement, voiture)* to design.

dessous [dəsu] *adv* underneath. ◆ *nm (d'une table)* bottom ; *(d'une carte, d'une feuille)* other side ; **les voisins du ~** the downstairs neighbours ; **en ~ de** *(valeur, prévisions)* below.

dessous-de-plat [dəsudpla] *nm inv* place mat.

dessus [dəsy] *adv* on top. ◆ *nm* top ; **il a écrit ~** he wrote on it ; **les voisins du ~** the upstairs neighbours.

dessus-de-lit [dəsydli] *nm inv* bedspread.

destin [dɛstɛ̃] *nm* destiny ; **le ~** fate.

destinataire [dɛstinatɛr] *nmf* addressee.

destination [dɛstinasjɔ̃] *nf* destination ; **vol 392 à ~ de Londres** flight 392 to London.

destiné, e [dɛstine] *adj* : **être ~ à qqn** (adressé à) to be addressed to sb ; **être ~ à qqn/qqch** (conçu pour) to be meant for sb/sthg.

destruction [dɛstryksjɔ̃] *nf* destruction.

détachant [detaʃɑ̃] *nm* stain remover.

détacher [detaʃe] *vt* to untie ; *(ceinture)* to undo ; *(découper)* to

détail

detach ; *(nettoyer)* to remove stains from. ❏ **se détacher** *vp (se défaire)* to come undone ; *(se séparer)* to come off.

détail [detaj] *nm (d'une histoire, d'un tableau)* detail ; **au ~** retail ; **en ~** in detail.

détaillant [detajɑ̃] *nm* retailer.

détaillé, e [detaje] *adj* detailed ; *(facture)* itemized.

détartrant [detartrɑ̃] *nm* descaler.

détaxé, e [detakse] *adj* duty-free.

détecter [detɛkte] *vt* to detect.

détective [detɛktiv] *nm* detective.

déteindre [detɛ̃dr] *vi* to fade ; **~ sur** *(vêtement)* to discolour.

déteint, e [detɛ̃, ɛ̃t] *pp* → **déteindre**.

détendre [detɑ̃dr] *vt (corde, élastique)* to slacken ; *(personne, atmosphère)* to relax. ❏ **se détendre** *vp (corde, élastique)* to slacken ; *(se décontracter)* to relax.

détendu, e [detɑ̃dy] *adj (décontracté)* relaxed.

détenir [detnir] *vt (fortune, secret)* to have ; *(record)* to hold.

détenu, e [detny] *pp* → **détenir**. ◆ *nm, f* prisoner.

détergent [detɛrʒɑ̃] *nm* detergent.

détériorer [deterjɔre] *vt* to damage. ❏ **se détériorer** *vp* to deteriorate.

déterminé, e [detɛrmine] *adj (précis)* specific ; *(décidé)* determined.

déterminer [detɛrmine] *vt (préciser)* to specify ; **~ qqn à faire qqch** to make sb decide to do sthg.

déterrer [detere] *vt* to dig up.

détester [detɛste] *vt* to detest.

détonation [detɔnasjɔ̃] *nf* detonation.

détour [detur] *nm* : **faire un ~** *(voyageur)* to make a detour.

détourner [deturne] *vt (circulation, attention)* to divert ; *(argent)* to embezzle ; **~ qqn de** to distract sb from. ❏ **se détourner** *vp* to turn away ; **se ~ de** to move away from.

détraqué, e [detrake] *adj* broken ; *fam (fou)* cracked.

détritus [detrity(s)] *nmpl* rubbish *(Br)(sg)*, garbage *(Am)(sg)*.

détroit [detrwa] *nm* strait.

détruire [detrɥir] *vt* to destroy.

détruit, e [detrɥi, it] *pp* → **détruire**.

dette [dɛt] *nf* debt.

DEUG [dœg] *nm* university diploma taken after two years.

deuil [dœj] *nm (décès)* death ; **être en ~** to be in mourning.

deux [dø] *num* two ; **à ~** together.

deuxième [døzjɛm] *num* second → **sixième**.

deux-pièces [døpjɛs] *nm (maillot de bain)* two-piece (costume) ; *(appartement)* two-room flat *(Br)*, two-room apartment *(Am)*.

deux-roues [døru] *nm* two-wheeled vehicle.

dévaliser [devalize] *vt* to rob.

devancer [dəvɑ̃se] *vt (arriver avant)* to arrive before.

devant [dəvɑ̃] *prép* in front of ; *(avant)* before. ◆ *adv* in front ; *(en avant)* ahead. ◆ *nm* front ; **de ~** *(pattes, roues)* front.

devanture [dəvɑ̃tyr] *nf* shop window.

dévaster [devaste] *vt* to devastate.

développement [devlɔpmɑ̃] *nm* development ; *(de photos)* developing.

développer [devlɔpe] *vt* to develop ; **faire ~ des photos** to have some photos developed. ❏ **se développer** *vp* (grandir) to grow.

devenir [dəvnir] *vi* to become.

devenu, e [dəvny] *pp* → **devenir**.

déviation [devjasjɔ̃] *nf* diversion.

dévier [devje] *vt* (trafic) to divert ; (balle) to deflect.

deviner [dəvine] *vt* to guess ; (apercevoir) to make out.

devinette [dəvinet] *nf* riddle.

devis [dəvi] *nm* estimate.

dévisager [devizaʒe] *vt* to stare at.

devise [dəviz] *nf* (slogan) motto ; (argent) currency.

deviser [dəvize] *vt Helv* to estimate.

dévisser [devise] *vt* to unscrew.

dévoiler [devwale] *vt* (secret, intentions) to reveal.

🖙

devoir [dəvwar] *vt* - **1.** (argent, explications) : **~ qqch à qqn** to owe sb sthg.

- **2.** (exprime l'obligation) : **je dois y aller, maintenant** I have to OU must go now.

- **3.** (pour suggérer) : **vous devriez essayer le rafting** you should try whitewater rafting.

- **4.** (exprime le regret) : **j'aurais dû/je n'aurais pas dû l'écouter** I should

have/shouldn't have listened to him.

- **5.** (exprime la probabilité) : **ça doit coûter cher** that must cost a lot.

- **6.** (exprime l'intention) : **nous devions partir hier, mais ... en** we were due to leave yesterday, but ...

◆ *nm* - **1.** (obligation) duty.

- **2.** SCOL : **~** (à la maison) homework exercise ; **~** (sur table) classroom test.

❏ **devoirs** *nmpl* SCOL homework *(sg)*.

dévorer [devɔre] *vt* to devour.

dévoué, e [devwe] *adj* devoted.

dévouer [devwe] : **se dévouer** *vp* to make a sacrifice ; **se ~ pour faire qqch** to sacrifice o.s. to do sthg.

devra *etc* → **devoir**.

diabète [djabɛt] *nm* diabetes.

diabétique [djabetik] *adj* diabetic.

diable [djabl] *nm* devil.

diabolo [djabɔlo] *nm* (boisson) fruit cordial and lemonade ; **~ menthe** (cordial) mint cordial and lemonade.

diagnostic [djagnɔstik] *nm* diagnosis.

diagonale [djagɔnal] *nf* diagonal ; **en ~** (traverser) diagonally.

dialecte [djalɛkt] *nm* dialect.

dialogue [djalɔg] *nm* dialogue.

diamant [djamɑ̃] *nm* diamond ; (d'un électrophone) needle.

diamètre [djamɛtr] *nm* diameter.

diapositive [djapozitiv] *nf* slide.

diarrhée [djare] *nf* diarrhoea.

dictateur [diktatœr] *nm* dictator.

dictature [diktatyr] *nf* dictatorship.

dictée [dikte] *nf* dictation.

dicter

dicter [dikte] vt to dictate.

dictionnaire [diksjɔnɛr] nm dictionary.

dicton [diktɔ̃] nm saying.

diesel [djezɛl] nm (moteur) diesel engine ; (voiture) diesel. ◆ adj diesel.

diététique [djetetik] adj : produits ~ s health foods.

dieu, x [djø] nm god. ❑ **Dieu** nm God ; **mon Dieu!** my God!

différence [diferɑ̃s] nf difference ; MATH result.

différent, e [diferɑ̃, ɑ̃t] adj different ; ~ de different from. ❑ **différents, es** adj (divers) various.

différer [difere] vt to postpone. ◆ vi to differ ; ~ de to differ from.

difficile [difisil] adj difficult ; (exigeant) fussy.

difficulté [difikylte] nf difficulty ; **avoir des ~ s à faire qqch** to have difficulty in doing sthg ; **en ~** in difficulties.

diffuser [difyze] vt RADIO to broadcast ; (chaleur, lumière, parfum) to give off.

digérer [diʒere] vt to digest ; **ne pas ~ qqch** (ne pas supporter) to object to sthg.

digeste [diʒɛst] adj (easily) digestible.

digestif, ive [diʒɛstif, iv] adj digestive. ◆ nm liqueur.

digestion [diʒɛstjɔ̃] nf digestion.

Digicode® [diʒikɔd] nm entry system.

digital, e, aux [diʒital, o] adj digital.

digne [diɲ] adj dignified ; ~ de (qui mérite) worthy of ; (qui correspond à) befitting.

digue [dig] nf dike.

dilater [dilate] vt to expand. ❑ se **dilater** vp to dilate.

diluer [dilɥe] vt to dilute.

dimanche [dimɑ̃ʃ] nm Sunday → samedi.

dimension [dimɑ̃sjɔ̃] nf dimension.

diminuer [diminɥe] vt to reduce ; (physiquement) to weaken. ◆ vi to fall.

diminutif [diminytif] nm diminutive.

dinde [dɛ̃d] nf turkey ; ~ aux marrons roast turkey with chestnuts, traditionally eaten at Christmas.

dîner [dine] nm dinner ; (repas du midi) lunch. ◆ vi to have dinner ; (le midi) to have lunch.

diplomate [diplɔmat] adj diplomatic. ◆ nmf diplomat. ◆ nm CULIN ≃ trifle.

diplomatie [diplɔmasi] nf diplomacy.

diplôme [diplom] nm diploma.

---

dire [dir] vt - 1. (prononcer) to say. - 2. (exprimer) to say ; ~ la vérité to tell the truth ; ~ à qqn que/pourquoi to tell sb that/why. - 3. (prétendre) to say ; **on dit que ...** people say that ... - 4. (ordonner) : ~ à qqn de faire qqch to tell sb to do sthg. - 5. (penser) to think ; **que dirais-tu de ...?** what would you say to ...? ; **on dirait qu'il va pleuvoir** it looks like it's going to rain. - 6. (dans des expressions) : **ça ne me dit rien** it doesn't do much for me ; **disons ...** let's say ... ❑ se **dire** vp (penser) to say to o.s.

direct, e [dirɛkt] *adj* direct.
◆ *nm* : en ~ (de) live (from).

directement [dirɛktəmɑ̃] *adv* directly.

directeur, trice [dirɛktœr, tris] *nm, f* director ; *(d'une école)* headmaster (*f* headmistress).

direction [dirɛksjɔ̃] *nf (gestion, dirigeants)* management ; *(sens)* direction ; *AUT* steering ; 'toutes ~ s' 'all routes'.

dirigeant, e [diriʒɑ̃, ɑ̃t] *nm, f POL* leader ; *(d'une entreprise, d'un club)* manager.

diriger [diriʒe] *vt* to manage ; *(véhicule)* to steer ; *(orchestre)* to conduct. ❑ **se diriger vers** *vp + prép* to go towards.

dis [di] → **dire**.

discipline [disiplin] *nf* discipline.

discipliné, e [disipline] *adj* disciplined.

disc-jockey, s [diskʒɔkɛ] *nm* disc jockey.

discothèque [diskɔtɛk] *nf (boîte de nuit)* discotheque ; *(de prêt)* record library.

discours [diskur] *nm* speech.

discret, ète [diskrɛ, ɛt] *adj* discreet.

discrétion [diskresjɔ̃] *nf* discretion.

discrimination [diskriminasjɔ̃] *nf* discrimination.

discussion [diskysjɔ̃] *nf* discussion.

discuter [diskyte] *vi* to talk ; *(protester)* to argue ; ~ de qqch (avec qqn) to discuss sthg (with sb).

dise *etc* [diz] → **dire**.

disjoncteur [disʒɔ̃ktœr] *nm* circuit breaker.

disons [dizɔ̃] → **dire**.

disparaître [disparɛtr] *vi* to disappear ; *(mourir)* to die.

disparition [disparisjɔ̃] *nf* disappearance.

disparu, e [dispary] *pp* → **disparaître**. ◆ *nm, f* missing person.

dispensaire [dispɑ̃sɛr] *nm* clinic.

dispenser [dispɑ̃se] *vt* : ~ qqn de qqch to excuse sb from sthg.

disperser [dispɛrse] *vt* to scatter.

disponible [disponibl] *adj* available.

disposé, e [dispoze] *adj* : être ~ à faire qqch to be willing to do sthg.

disposer [dispoze] *vt* to arrange. ❑ **disposer de** *v + prép* to have (at one's disposal). ❑ **se disposer à** *vp + prép* to prepare to.

dispositif [dispozitif] *nm* device.

disposition [dispozisjɔ̃] *nf (ordre)* arrangement ; à la ~ de qqn at sb's disposal.

disproportionné, e [dispropɔrsjɔne] *adj (énorme)* unusually large.

dispute [dispyt] *nf* argument.

disputer [dispyte] *vt (match)* to contest ; *(épreuve)* to compete in. ❑ **se disputer** *vp* to fight.

disquaire [diskɛr] *nmf* record dealer.

disqualifier [diskalifje] *vt* to disqualify.

disque [disk] *nm (enregistrement)* record ; *(objet rond)* disc ; *INFORM* disk ; *SPORT* discus ; ~ laser compact disc ; ~ **dur** hard disk.

disquette [diskɛt] *nf* floppy disk.

dissertation [disɛrtasjɔ̃] *nf* essay.

dissimuler [disimyle] *vt* to conceal.

dissipé, e [disipe] *adj* badly behaved.

dissiper [disipe] : **se dissiper** *vp* (*brouillard*) to clear ; (*élève*) to misbehave.

dissolvant [disɔlvɑ̃] *nm* solvent ; (*à ongles*) nail varnish remover.

dissoudre [disudr] *vt* to dissolve.

dissous, oute [disu, ut] *pp* → dissoudre.

dissuader [disɥade] *vt* : ~ qqn de faire qqch to persuade sb not to do sthg.

distance [distɑ̃s] *nf* distance ; à une ~ de 20 km, à 20 km de ~ 20 km away ; à ~ (*commander*) by remote control.

distancer [distɑ̃se] *vt* to outstrip.

distinct, e [distɛ̃, ɛkt] *adj* distinct.

distinction [distɛ̃ksjɔ̃] *nf* : faire une ~ entre to make a distinction between.

distingué, e [distɛ̃ge] *adj* distinguished.

distinguer [distɛ̃ge] *vt* to distinguish ; (*voir*) to make out. ❏ **se distinguer de** *vp* + *prép* to stand out from.

distraction [distraksjɔ̃] *nf* (*étourderie*) absent-mindedness ; (*loisir*) source of entertainment.

distraire [distrɛr] *vt* (*amuser*) to amuse ; (*déconcentrer*) to distract. ❏ **se distraire** *vp* to amuse o.s.

distrait, e [distrɛ, ɛt] *pp* → distraire. ◆ *adj* absent-minded.

distribuer [distribɥe] *vt* to distribute ; (*cartes*) to deal ; (*courrier*) to deliver.

distributeur [distribytœr] *nm* (*de*

billets de train) ticket machine ; (*de boissons*) drinks machine ; ~ (**automatique**) **de billets** FIN cash dispenser.

distribution [distribysjɔ̃] *nf* distribution ; (*du courrier*) delivery ; (*dans un film*) cast.

dit, e [di, dit] *pp* → dire.

dites [dit] → dire.

divan [divɑ̃] *nm* couch.

divers, es [divɛr, ɛrs] *adj* various.

divertir [divɛrtir] *vt* to entertain. ❏ **se divertir** *vp* to entertain o.s.

divertissement [divɛrtismɑ̃] *nm* (*distraction*) pastime.

divin, e [divɛ̃, in] *adj* divine.

diviser [divize] *vt* to divide.

division [divizjɔ̃] *nf* division.

divorce [divɔrs] *nm* divorce.

divorcé, e [divɔrse] *adj* divorced. ◆ *nm, f* divorced person.

divorcer [divɔrse] *vi* to divorce.

dix [dis] *num* ten → six.

dix-huit [dizɥit] *num* eighteen → six.

dix-huitième [dizɥitjɛm] *num* eighteenth → sixième.

dixième [dizjɛm] *num* tenth → sixième.

dix-neuf [diznœf] *num* nineteen → six.

dix-neuvième [diznœvjɛm] *num* nineteenth → sixième.

dix-sept [disɛt] *num* seventeen → six.

dix-septième [disɛtjɛm] *num* seventeenth → sixième.

dizaine [dizɛn] *nf* : une ~ (de) about ten.

docile [dɔsil] *adj* docile.

docks [dɔk] *nmpl* docks.

docteur [dɔktœr] *nm* doctor.

document [dɔkymɑ̃] *nm* document.

documentaire [dɔkymɑ̃tɛr] *nm* documentary.

documentaliste [dɔkymɑ̃talist] *nmf SCOL* librarian.

documentation [dɔkymɑ̃tasjɔ̃] *nf (documents)* literature.

documenter [dɔkymɑ̃te] : **se documenter** *vp* to do some research.

doigt [dwa] *nm* finger ; *(petite quantité)* drop ; **~ de pied** toe.

dois [dwa] → **devoir**.

doive [dwav] → **devoir**.

dollar [dɔlar] *nm* dollar.

domaine [dɔmɛn] *nm (propriété)* estate ; *(secteur)* field.

dôme [dom] *nm* dome.

domestique [dɔmɛstik] *adj (tâche)* domestic. ◆ *nmf* servant.

domicile [dɔmisil] *nm* residence ; **à ~** *ou* **à** from home ; **livrer à ~** to do deliveries.

dominer [dɔmine] *vt (être plus fort que)* to dominate ; *(être plus haut que)* to overlook ; *(colère, émotion)* to control. ◆ *vi (face à un adversaire)* to dominate ; *(être important)* to predominate.

dominos [dɔmino] *nmpl* dominoes.

dommage [dɔmaʒ] *nm* : **(quel) ~ !** what a shame! ; **c'est ~ que ...** it's a shame that ... ❑ **dommages** *nmpl* damage *(sg)*.

dompter [dɔ̃te] *vt* to tame.

dompteur, euse [dɔ̃tœr, øz] *nm, f* tamer.

DOM-TOM [dɔmtɔm] *nmpl* French overseas *départements* and territories.

DOM-TOM

The *DOM* (French overseas *départements* with the same status as the mainland *départements*) include the islands of Martinique, Guadeloupe, and Réunion. The *TOM* (French overseas territories having more independence than the *DOM*) include the islands of New Caledonia, Wallis and Futuna, French Polynesia and Mayotte. Their inhabitants are all French citizens.

---

don [dɔ̃] *nm (aptitude)* gift.

donc [dɔ̃k] *conj* so ; **viens ~ !** come on!

donjon [dɔ̃ʒɔ̃] *nm* keep.

données [dɔne] *nfpl* data.

donner [dɔne] *vt* to give ; **~ qqch à qqn** to give sb sthg ; **~ un coup à qqn** to hit sb ; **~ à manger à qqn** to feed sb ; **ça donne soif** it makes you feel thirsty. ❑ **donner sur** *v + prép (suj : fenêtre)* to look out onto ; *(suj : porte)* to lead to.

---

dont [dɔ̃] *pron relatif* - **1.** *(complément du verbe, de l'adjectif)* : **la façon ~ ça s'est passé** the way (in which) it happened ; **la région ~ je viens** the region I come from ; **c'est le camping ~ on nous a parlé** this is the campsite we were told about.

- **2.** *(complément d'un nom d'objet)* of which ; *(complément d'un nom de personne)* whose : **le parti ~ il est le chef** the party of which he is the leader ; **une région ~ le vin est très réputé** a region famous for its wine.

- **3.** *(parmi lesquels)* : **certaines per-**

sonnes, ~ moi, pensent que ... some people, including me, think that ... ; **deux piscines, ~ l'une couverte** two swimming pools, one of which is indoors.

dopage [dɔpaʒ] *nm* doping.

doré, e [dɔre] *adj (métal, bouton)* gilt ; *(lumière, peau)* golden ; *(aliment)* golden brown. ◆ *nm* walleyed pike.

dorénavant [dɔrenavɑ̃] *adv* from now on.

dorin [dɔrɛ̃] *nm Helv* collective name for white wines from the Vaud region of Switzerland.

dormir [dɔrmir] *vi* to sleep.

dortoir [dɔrtwar] *nm* dormitory.

dos [do] *nm* back ; **au ~ (de)** on the back (of) ; **de ~** from behind ; **de ~ à** with one's back to.

dose [doz] *nf* dose.

dossier [dɔsje] *nm (d'un siège)* back ; *(documents)* file.

douane [dwan] *nf* customs *(pl)*.

douanier [dwanje] *nm* customs officer.

doublage [dublaʒ] *nm (d'un film)* dubbing.

double [dubl] *adj & adv* double. ◆ *nm (copie)* copy ; *(partie de tennis)* doubles *(pl)* ; **le ~ du prix normal** twice the normal price ; **avoir qqch en ~** to have two of sthg.

doubler [duble] *vt* to double ; *(vêtement)* to line ; *AUT* to overtake *(Br)*, to pass ; *(film)* to dub. ◆ *vi* to double ; *AUT* to overtake *(Br)*, to pass.

doublure [dublyr] *nf (d'un vêtement)* lining.

douce → **doux**.

doucement [dusmɑ̃] *adv (bas)* softly ; *(lentement)* slowly.

douceur [dusœr] *nf (gentillesse)* gentleness ; *(au toucher)* softness ; *(du climat)* mildness ; **en ~** smoothly.

douche [duʃ] *nf* shower ; **prendre une ~** to take OU have a shower ; *fig (sous la pluie)* to get soaked.

doucher [duʃe] : **se doucher** *vp* to take OU have a shower.

doué, e [dwe] *adj* gifted ; **être ~ pour** OU **en qqch** to have a gift for sthg.

douillet, ette [duje, ɛt] *adj (délicat)* soft ; *(confortable)* cosy.

douleur [dulœr] *nf (physique)* pain ; *(morale)* sorrow.

douloureux, euse [dulurø, øz] *adj* painful.

doute [dut] *nm* doubt ; **avoir un ~ sur** to have doubts about ; **sans ~** no doubt.

douter [dute] *vt* : **~ que** to doubt that. ❑ **douter de** + *prép* to doubt. ❑ **se douter** *vp* : **se ~ de** to suspect.

Douvres [duvr] *n* Dover.

doux, douce [du, dus] *adj (aliment, temps)* mild ; *(au toucher)* soft ; *(personne)* gentle.

douzaine [duzɛn] *nf* : **une ~ (de)** *(douze)* a dozen ; *(environ douze)* about twelve.

douze [duz] *num* twelve → **six**.

douzième [duzjɛm] *num* twelfth → **sixième**.

dragée [draʒe] *nf* sugared almond.

dragon [dragɔ̃] *nm* dragon.

draguer [drage] *vt fam (personne)* to chat up *(Br)*, to hit on *(Am)*.

dramatique [dramatik] *adj (de*

théâtre) dramatic ; *(grave)* tragic. ◆ *nf* TV drama.

drame [dram] *nm (pièce de théâtre)* drama ; *(catastrophe)* tragedy.

drap [dra] *nm* sheet.

drapeau, x [drapo] *nm* flag.

drap-housse [draus] *(pl* **draps-housses)** *nm* fitted sheet.

dresser [drese] *vt (mettre debout)* to put up ; *(animal)* to train ; *(procès-verbal)* to make out. ❑ **se dresser** *vp (se mettre debout)* to stand up ; *(arbre, obstacle)* to stand.

drogue [drɔg] *nf* : **la ~** drugs *(pl).*

drogué, e [drɔge] *nm, f* drug addict.

droguer [drɔge] : **se droguer** *vp* to take drugs.

droguerie [drɔgri] *nf* hardware shop.

droit, e [drwa, drwat] *adj & adv* straight ; *(côté, main)* right. ◆ *nm (autorisation)* right ; *(taxe)* duty ; **tout ~** straight ahead ; **le ~** JUR law ; **avoir ~ à qqch** to be entitled to sthg ; **~ s d'inscription** registration fee.

droite [drwat] *nf* : **la ~** the right ; POL the right (wing) ; **à ~ (de)** on the right (of) ; **de ~** *(du côté droit)* right-hand.

droitier, ère [drwatje, ɛr] *adj* right-handed.

drôle [drol] *adj* funny.

drôlement [drolmɑ̃] *adv fam (très)* tremendously.

drugstore [drœgstɔr] *nm* drugstore.

du [dy] = **de + le, de.**

dû, due [dy] *pp* → **devoir.**

duc, duchesse [dyk, dyʃes] *nm, f* duke *(f* duchess).

duel [dɥɛl] *nm* duel.

duffle-coat, s [dœfəlkot] *nm* duffel coat.

dune [dyn] *nf* dune.

duo [dɥo] *nm* MUS duet ; *(d'artistes)* duo.

duplex [dypleks] *nm (appartement)* maisonette *(Br),* duplex *(Am).*

duplicata [dyplikata] *nm* duplicate.

duquel [dykɛl] = **de + lequel, lequel.**

dur, e [dyr] *adj & adv* hard ; *(viande)* tough.

durant [dyrɑ̃] *prép* during.

durcir [dyrsir] *vi* to harden. ❑ **se durcir** *vp* to harden.

durée [dyre] *nf (longueur)* length ; *(période)* period.

durer [dyre] *vi* to last.

dureté [dyrte] *nf (résistance)* hardness ; *(manque de pitié)* harshness.

duvet [dyvɛ] *nm (plumes)* down ; *(sac de couchage)* sleeping bag.

dynamique [dinamik] *adj* dynamic.

dynamite [dinamit] *nf* dynamite.

dynamo [dinamo] *nf* dynamo.

dyslexique [disleksik] *adj* dyslexic.

E

E *(abr de* **est)** E.

eau, x [o] *nf* water ; **~ bénite** holy water ; **~ douce** fresh water ; **~ gazeuse** fizzy water ; **~ minérale** mineral water ; **~ oxygénée** hydrogen peroxide ; ~ **potable** drinking water ; ~ **non potable** water not fit for drinking ; ~ **plate** still water ; ~ **du robinet** tap water.

eau-de-vie [odvi] *(pl* **eaux-de-vie)** *nf* brandy.

ébéniste [ebenist] *nm* cabinet-maker.

éblouir [ebluir] *vt* to dazzle.

éblouissant, e [ebluisɑ̃, ɑ̃t] *adj* dazzling.

éboueur [ebwœr] *nm* dustman *(Br)*, garbage collector *(Am).*

ébouillanter [ebujɑ̃te] *vt* to scald.

éboulement [ebulmɑ̃] *nm* rock slide.

ébouriffé, e [eburife] *adj* dishevelled.

ébrécher [ebreʃe] *vt* to chip.

ébrouer [ebrue] : **s'ébrouer** *vp* to shake o.s.

ébruiter [ebrɥite] *vt* to spread.

ébullition [ebylisjɔ̃] *nf* : **porter qqch à ~** to bring sthg to the boil.

écaille [ekaj] *nf (de poisson)* scale ; *(d'huître)* shell ; *(matière)* tortoiseshell.

écailler [ekaje] *vt (poisson)* to scale. ❏ **s'écailler** *vp* to peel off.

écarlate [ekarlat] *adj* scarlet.

écarquiller [ekarkije] *vt* : ~ **les yeux** to stare (wide-eyed).

écart [ekar] *nm (distance)* gap ; *(différence)* difference ; **faire un ~** *(véhicule)* to swerve ; **à l'~ (de)** out of the way (of).

écarter [ekarte] *vt (ouvrir)* to spread ; *(éloigner)* to move away ; *fig (exclure)* to exclude.

échafaudage [eʃafodaʒ] *nm* scaffolding.

échalote [eʃalɔt] *nf* shallot.

échancré, e [eʃɑ̃kre] *adj (robe)* low-necked ; *(maillot de bain)* high-cut.

échange [eʃɑ̃ʒ] *nm* exchange ; *(au tennis)* rally ; **en ~ (de)** in exchange (for).

échanger [eʃɑ̃ʒe] *vt* to exchange ; ~ **qqch contre** to exchange sthg for.

échangeur [eʃɑ̃ʒœr] *nm (d'autoroute)* interchange.

échantillon [eʃɑ̃tijɔ̃] *nm* sample.

échappement [eʃapmɑ̃] *nm* → **pot, tuyau.**

échapper [eʃape] : **échapper à** *v + prép (mort)* to escape ; *(corvée)* to avoid ; *(personne)* to escape from ; **son nom m'échappe** his name escapes me ; **ça m'a échappé** *(paroles)* it just slipped out. ❏ **s'échapper** *vp* to escape.

écharde [eʃard] *nf* splinter.

écharpe [eʃarp] *nf (cache-nez)* scarf ; **en ~** in a sling.

échauffement [eʃofmɑ̃] *nm (sportif)* warm-up.

échauffer [eʃofe] : **s'échauffer** *vp (sportif)* to warm up.

échec [eʃɛk] *nm* failure ; **échec!** check! ; ~ **et mat!** checkmate! ❏ **échecs** *nmpl* chess *(sg)* ; **jouer aux** ~ **s** to play chess.

échelle [eʃɛl] *nf* ladder ; *(sur une carte)* scale ; **faire la courte ~ à qqn** to give sb a leg-up.

échelon [eʃlɔ̃] *nm (d'échelle)* rung ; *(grade)* grade.

échevelé, e [eʃəvle] *adj* dishevelled.

échine [eʃin] *nf* CULIN cut of meat taken from pig's back.

échiquier [eʃikje] *nm* chessboard.

écho [eko] *nm* echo.

échographie [ekɔgrafi] *nf* (ultrasound) scan.

échouer [eʃwe] *vi* (*rater*) to fail. ❑ **s'échouer** *vp* to run aground.

éclabousser [eklabuse] *vt* to splash.

éclair [ekler] *nm* flash of lightning ; (*gâteau*) éclair.

éclairage [eklɛraʒ] *nm* lighting.

éclaircie [eklɛrsi] *nf* sunny spell.

éclaircir [eklɛrsir] *vt* to make lighter. ❑ **s'éclaircir** *vp* (*ciel*) to brighten (up) ; *fig* (*mystère*) to be solved.

éclaircissement [eklɛrsismɑ̃] *nm* (*explication*) explanation.

éclairer [eklɛre] *vt* (*pièce*) to light ; *fig* (*personne*) to enlighten. ❑ **s'éclairer** *vp* (*visage*) to light up ; *fig* (*mystère*) to become clear.

éclaireur, euse [eklɛrœr, øz] *nm, f* (*scout*) scout (*f* Guide) ; **partir en ~** to scout around.

éclat [ekla] *nm* (*de verre*) splinter ; (*d'une lumière*) brightness ; **~ s de rire** bursts of laughter ; **~ s de voix** loud voices.

éclatant, e [eklatɑ̃, ɑ̃t] *adj* brilliant.

éclater [eklate] *vi* (*bombe*) to explode ; (*pneu, ballon*) to burst ; (*guerre, scandale*) to break out ; **~ de rire** to burst out laughing.

éclipse [eklips] *nf* eclipse.

éclosion [eklozjɔ̃] *nf* (*d'œufs*) hatching.

écluse [eklyz] *nf* lock.

écœurant, e [ekœrɑ̃, ɑ̃t] *adj* disgusting.

écœurer [ekœre] *vt* to disgust.

école [ekɔl] *nf* school ; **faire l'~ buissonnière** to play truant (*Br*), to play hooky (*Am*).

ⓘ ÉCOLE

In France, from age 3 to 6, children attend an *école maternelle* where they are introduced to schoolwork through educational games. The first, second and third years are called *petite*, *moyenne* and *grande section*, respectively. School becomes mandatory at age 6 and children enter the *école primaire*, where they spend the next 5 years : *cours préparatoire* (CP), *cours élémentaire 1* (CE1), *cours élémentaire 2* (CE2), *cours moyen 1* (CM1) and *cours moyen 2* (CM2).

écolier, ère [ekɔlje, ɛr] *nm, f* schoolboy (*f* schoolgirl).

écologie [ekɔlɔʒi] *nf* ecology.

écologique [ekɔlɔʒik] *adj* ecological.

écologiste [ekɔlɔʒist] *nmf* : **les ~ s** the Greens.

économie [ekɔnɔmi] *nf* (*d'un pays*) economy ; (*science*) economics (*sg*). ❑ **économies** *nfpl* savings ; **faire des ~ s** to save money.

économique [ekɔnɔmik] *adj* (*peu coûteux*) economical ; (*crise, développement*) economic.

économiser [ekɔnɔmize] *vt* to save.

écorce [ekɔrs] *nf* (*d'arbre*) bark ; (*d'orange*) peel.

écorcher [ekɔrʃe] : **s'écorcher** *vp*

écorchure

to scratch o.s. ; **s'~** le genou to scrape one's knee.

écorchure [ekɔrʃyr] *nf* graze.

écossais, e [ekɔsɛ, ez] *adj* Scottish ; *(tissu)* tartan. ◻ **Écossais, e** *nm, f* Scotsman (f Scotswoman) ; **les Écossais** the Scots.

Écosse [ekɔs] *nf* : **l'~** Scotland.

écouler [ekule] : **s'écouler** *vp* *(temps)* to pass ; *(liquide)* to flow (out).

écouter [ekute] *vt* to listen to.

écouteur [ekutœr] *nm* *(de téléphone)* earpiece ; **~ s** *(casque)* headphones.

écran [ekrɑ̃] *nm* screen ; *(crème)* **~ total** sun block ; **le grand ~** *(le cinéma)* the big screen ; **le petit ~** *(la télévision)* television.

écrasant, e [ekrazɑ̃, ɑ̃t] *adj* overwhelming.

écraser [ekraze] *vt* to crush ; *(cigarette)* to stub out ; *(en voiture)* to run over ; **se faire ~** *(par une voiture)* to get run over. ◻ **s'écraser** *(avion)* to crash.

écrémé, e [ekreme] *adj* skimmed ; **demi-~** semi-skimmed.

écrevisse [ekravis] *nf* crayfish.

écrier [ekrije] : **s'écrier** *vp* to cry out.

écrin [ekrɛ̃] *nm* box.

écrire [ekrir] *vt & vi* to write ; **~ à qqn** to write to sb (Br), to write sb (Am). ◻ **s'écrire** *vp (correspondre)* to write (to each other) ; *(s'épeler)* to be spelled.

écrit, e [ekri, it] *pp* → écrire.
◆ *nm* : **par ~** in writing.

écriteau, x [ekrito] *nm* notice.

écriture [ekrityr] *nf* writing.

écrivain [ekrivɛ̃] *nm* writer.

écrou [ekru] *nm* nut.

écrouler [ekrule] : **s'écrouler** *vp* to collapse.

écru, e [ekry] *adj (couleur)* ecru.

écume [ekym] *nf* foam.

écureuil [ekyrœj] *nm* squirrel.

écurie [ekyri] *nf* stable.

écusson [ekysɔ̃] *nm (sur un vêtement)* badge.

eczéma [egzema] *nm* eczema.

édenté, e [edɑ̃te] *adj* toothless.

édifice [edifis] *nm* building.

Édimbourg [edɛ̃bur] *n* Edinburgh.

éditer [edite] *vt* to publish.

édition [edisjɔ̃] *nf (exemplaires)* edition ; *(industrie)* publishing.

édredon [edrədɔ̃] *nm* eiderdown.

éducatif, ive [edykatif, iv] *adj* educational.

éducation [edykasjɔ̃] *nf* education ; *(politesse)* good manners *(pl)* ; **~ physique** PE.

éduquer [edyke] *vt* to bring up.

effacer [efase] *vt (mot)* to rub out ; *(tableau)* to wipe ; *(bande magnétique, chanson)* to erase ; INFORM to delete. ◻ **s'effacer** *vp (disparaître)* to fade (away).

effaceur [efasœr] *nm* rubber (Br), eraser (Am).

effectif [efektif] *nm (d'une classe)* size ; *(d'une armée)* strength.

effectivement [efɛktivmɑ̃] *adv (réellement)* really ; *(en effet)* indeed.

effectuer [efɛktɥe] *vt (travail)* to carry out ; *(trajet)* to make.

efféminé, e [efemine] *adj* effeminate.

effervescent, e [efɛrvesã, ãt] *adj* effervescent.

effet [efɛ] *nm (résultat)* effect ; *(impression)* impression ; **en ~** indeed.

efficace [efikas] *adj (médicament, mesure)* effective ; *(personne, travail)* efficient.

efficacité [efikasite] *nf* effectiveness.

effilé, e [efile] *adj (frange)* thinned ; *(lame)* sharp.

effilocher [efilɔʃe] : **s'effilocher** *vp* to fray.

effleurer [eflœre] *vt* to brush (against).

effondrer [efɔ̃dre] : **s'effondrer** *vp* to collapse.

efforcer [efɔrse] : **s'efforcer de** *vp + prép* : **s'~ de faire qqch** to try to do sthg.

effort [efɔr] *nm* effort.

effrayant, e [efrɛjã, ãt] *adj* frightening.

effrayer [efreje] *vt* to frighten.

effriter [efrite] : **s'effriter** *vp* to crumble.

effroyable [efrwajabl] *adj* terrible.

égal, e, aux [egal, o] *adj (identique)* equal ; *(régulier)* even ; **ça m'est ~** I don't care ; **~ à** equal to.

également [egalmã] *adv (aussi)* also, as well.

égaliser [egalize] *vt (cheveux)* to trim ; *(sol)* to level (out). ◆ *vi* SPORT to equalize.

égalité [egalite] *nf* equality ; *(au tennis)* deuce ; **être à ~** SPORT to be drawing.

égard [egar] *nm* : **à l'~ de** towards.

égarer [egare] *vt* to lose. ❑ **s'égarer** *vp* to get lost ; *(sortir du sujet)* to stray from the point.

égayer [egeje] *vt* to brighten up.

église [egliz] *nf* church.

égoïste [egɔist] *adj* selfish. ◆ *nmf* selfish person.

égorger [egɔrʒe] *vt* : **~ qqn** to cut sb's throat.

égouts [egu] *nmpl* sewers.

égoutter [egute] *vt* to drain.

égouttoir [egutwar] *nm (à légumes)* colander ; *(pour la vaisselle)* draining board.

égratigner [egratiɲe] *vt* to graze. ❑ **s'égratigner** *vp* : **s'~ le genou** to graze one's knee.

égratignure [egratiɲyr] *nf* graze.

Égypte [eʒipt] *nf* : **l'~** Egypt.

égyptien, enne [eʒipsjɛ̃, ɛn] *adj* Egyptian.

eh [e] *excl* hey! ; **~ bien!** well!

Eiffel [efɛl] *n* → **tour**.

élan [elã] *nm (pour sauter)* run-up ; *(de tendresse)* rush.

élancer [elãse] : **s'élancer** *vp (pour sauter)* to take a run-up.

élargir [elarʒir] *vt (route)* to widen ; *(vêtement)* to let out ; *(débat, connaissances)* to broaden. ❑ **s'élargir** *vp (route)* to widen ; *(vêtement)* to stretch.

élastique [elastik] *adj* elastic. ◆ *nm* rubber band.

électeur, trice [elɛktœr, tris] *nm, f* voter.

élections [elɛksjɔ̃] *nfpl* elections.

électricien [elɛktrisjɛ̃] *nm* electrician.

électricité [elɛktrisite] *nf* electricity.

électrique [elɛktrik] *adj* electric.

électrocuter [elɛktrɔkyte] : **s'électrocuter** *v p* to electrocute o.s.

électroménager [elɛktrɔmenaʒe] *nm* household electrical appliances.

électronique [elɛktrɔnik] *adj* electronic. ◆ *nf* electronics (*sg*).

électrophone [elɛktrɔfɔn] *nm* record player.

électuaire [elɛktɥe] *nm Helv* jam.

élégance [elegɑ̃s] *nf* elegance.

élégant, e [elegɑ̃, ɑ̃t] *adj* smart.

élément [elemɑ̃] *nm* element ; *(de meuble, de cuisine)* unit.

élémentaire [elemɑ̃tɛr] *adj* basic.

éléphant [elefɑ̃] *nm* elephant.

élevage [elvaʒ] *nm* breeding ; *(troupeau de moutons)* flock ; *(troupeau de vaches)* herd.

élève [elɛv] *nmf* pupil.

élevé, e [elve] *adj* high ; **bien ~** well brought-up ; **mal ~** ill-mannered.

élever [elve] *vt (enfant)* to bring up ; *(animaux)* to breed ; *(niveau, voix)* to raise. ❏ **s'élever** *vp* to rise ; **s'~ à** to add up to.

éleveur, euse [elvœr, øz] *nm, f* stock breeder.

éliminatoire [eliminatwar] *adj* qualifying. ◆ *nf* qualifying round.

éliminer [elimine] *vt* to eliminate. ◆ *vi (en transpirant)* to detoxify one's system.

élire [elir] *vt* to elect.

elle [ɛl] *pron (personne, animal)*

she ; *(chose)* it ; *(après prép ou comparaison)* her. ❏ **elles** *pron (sujet)* they ; *(après prép ou comparaison)* them.

éloigné, e [elwaɲe] *adj* distant ; **~ de** far from.

éloigner [elwaɲe] *vt* to move away. ❏ **s'éloigner (de)** *vp (+ prép)* to move away (from).

élongation [elɔ̃gasjɔ̃] *nf* pulled muscle.

élu, e [ely] *pp* → **élire.** ◆ *nm, f* elected representative.

Élysée [elize] *nm* : **(le palais de) l'~** ~ the official residence of the French President.

L'ÉLYSÉE

Built in 1718, this palace is located in Paris near the *Champs-Élysées* and has been the French President's residence since 1873. The word *Élysée* is frequently used to refer to the President and his staff, e.g. *The 'Élysée' responded positively to the delegation's request.*

e-mail [imel] *(pl* e-mails*) nm* e-mail, E-mail.

émail, aux [emaj, o] *nm* enamel. ❏ **émaux** *nmpl (objet)* enamel ornament.

emballage [ɑ̃balaʒ] *nm* packaging.

emballer [ɑ̃bale] *vt* to wrap (up) ; *fam (enthousiasmer)* to thrill.

embarcadère [ɑ̃barkadɛr] *nm* landing stage.

embarcation [ɑ̃barkasjɔ̃] *nf* small boat.

embarquement [ɑ̃barkəmɑ̃] *nm*

boarding ; '~ **immédiat'** 'now boarding'.

embarquer [ɑ̃baʀke] vt (marchandises) to load ; (passagers) to board. ◆ vi to board. □ **s'embarquer** vp to board.

embarras [ɑ̃baʀa] nm embarrassment ; **mettre qqn dans l'~** to put sb in an awkward position.

embarrassant, e [ɑ̃baʀasɑ̃, ɑ̃t] adj embarrassing.

embarrasser [ɑ̃baʀase] vt (gêner) to embarrass ; (encombrer) : **~ qqn** to be in sb's way.

embaucher [ɑ̃boʃe] vt to recruit.

embellir [ɑ̃beliʀ] vt to make prettier ; (histoire, vérité) to embellish. ◆ vi to grow more attractive.

embêtant, e [ɑ̃bɛtɑ̃, ɑ̃t] adj annoying.

embêter [ɑ̃bɛte] vt to annoy. □ **s'embêter** vp (s'ennuyer) to be bored.

emblème [ɑ̃blɛm] nm emblem.

emboîter [ɑ̃bwate] vt to fit together. □ **s'emboîter** vp to fit together.

embouchure [ɑ̃buʃyʀ] nf (d'un fleuve) mouth.

embourber [ɑ̃buʀbe] : **s'embourber** vp to get stuck in the mud.

embout [ɑ̃bu] nm tip.

embouteillage [ɑ̃butejaʒ] nm traffic jam.

embranchement [ɑ̃bʀɑ̃ʃmɑ̃] nm (carrefour) junction.

embrasser [ɑ̃bʀase] vt to kiss. □ **s'embrasser** vp to kiss (each other).

embrayage [ɑ̃bʀejaʒ] nm clutch.

embrayer [ɑ̃bʀeje] vi to engage the clutch.

embrouiller [ɑ̃bʀuje] vt (fil, cheveux) to tangle (up) ; (histoire, personne) to muddle (up). □ **s'embrouiller** vp to get muddled (up).

embruns [ɑ̃bʀœ̃] nmpl (sea) spray (sg).

embuscade [ɑ̃byskad] nf ambush.

éméché, e [emeʃe] adj tipsy.

émeraude [emʀod] nf emerald. ◆ adj inv emerald green.

émerger [emɛʀʒe] vi to emerge.

émerveillé, e [emɛʀveje] adj filled with wonder.

émetteur [emetœʀ] nm transmitter.

émettre [emetʀ] vt (sons, lumière) to emit ; (billets, chèque) to issue. ◆ vi to broadcast.

émeute [emøt] nf riot.

émietter [emjete] vt to crumble.

émigrer [emigʀe] vi to emigrate.

émincé [emɛ̃se] nm thin slices of meat in a sauce.

émis, e [emi, iz] pp → émettre.

émission [emisjɔ̃] nf programme.

emmagasiner [ɑ̃magazine] vt to store up.

emmanchure [ɑ̃mɑ̃ʃyʀ] nf armhole.

emmêler [ɑ̃mele] vt (fil, cheveux) to tangle (up). □ **s'emmêler** vp (fil, cheveux) to get tangled (up) ; (souvenirs, dates) to get mixed up.

emménager [ɑ̃menaʒe] vi to move in.

emmener [ɑ̃mne] vt to take along.

emmental [emɛ̃tal] nm Emmental (cheese).

emmitoufler

emmitoufler [ɑ̃mitufle] : **s'em-mitoufler** *vp* to wrap up (well).

émotif, ive [emɔtif, iv] *adj* emotional.

émotion [emosjɔ̃] *nf* emotion.

émouvant, e [emuvɑ̃, ɑ̃t] *adj* moving.

émouvoir [emuvwar] *vt* to move.

empaillé, e [ɑ̃paje] *adj* stuffed.

empaqueter [ɑ̃pakte] *vt* to package.

emparer [ɑ̃pare] : **s'emparer de** *vp + prép* (prendre vivement) to grab (hold of).

empêchement [ɑ̃pɛʃmɑ̃] *nm* obstacle ; j'ai un ~ something has come up.

empêcher [ɑ̃peʃe] *vt* to prevent ; ~ qqn/qqch de faire qqch to prevent sb/sthg from doing sthg. ◆ **s'em-pêcher de** *vp + prép* : je n'ai pas pu m'~ de rire I couldn't stop myself from laughing.

empereur [ɑ̃prœr] *nm* emperor.

empester [ɑ̃peste] *vt* (sentir) to stink of. ◆ *vi* to stink.

empêtrer [ɑ̃petre] : **s'empêtrer dans** *vp + prép* (fils) to get tangled up in ; (mensonges) to get caught up in.

empiffrer [ɑ̃pifre] : **s'empiffrer (de)** *vp (+ prép) fam* to stuff o.s. (with).

empiler [ɑ̃pile] *vt* to pile up. ❑ **s'empiler** *vp* to pile up.

empire [ɑ̃pir] *nm* empire.

empirer [ɑ̃pire] *vi* to get worse.

emplacement [ɑ̃plasmɑ̃] *nm* site ; (de parking) parking space ; '~ réservé' 'reserved parking space'.

emploi [ɑ̃plwa] *nm* (poste) job ;

(d'un objet, d'un mot) use ; l'~ (en économie) employment ; ~ du temps timetable.

employé, e [ɑ̃plwaje] *nm, f* employee ; ~ de bureau office worker.

employer [ɑ̃plwaje] *vt* (salarié) to employ ; (objet, mot) to use.

employeur, euse [ɑ̃plwa-jœr, øz] *nm, f* employer.

empoigner [ɑ̃pwaɲe] *vt* to grasp.

empoisonnement [ɑ̃pwazɔn-mɑ̃] *nm* poisoning.

empoisonner [ɑ̃pwazɔne] *vt* to poison.

emporter [ɑ̃pɔrte] *vt* to take ; (suj : vent, rivière) to carry away ; à ~ (plats) to take away (Br), to go (Am) ; l'~ sur to get the better of. ❑ **s'emporter** *vp* to lose one's temper.

empreinte [ɑ̃prɛ̃t] *nf* (d'un corps) imprint ; ~s digitales fingerprints ; ~ de pas footprint.

empresser [ɑ̃prese] : **s'empresser** *vp* : **s'~ de faire qqch** to hurry to do sthg.

emprisonner [ɑ̃prizɔne] *vt* to imprison.

emprunt [ɑ̃prœ̃] *nm* loan.

emprunter [ɑ̃prœ̃te] *vt* to borrow ; (itinéraire) to take ; ~ qqch à qqn to borrow sthg from sb.

ému, e [emy] *pp* → **émouvoir**. ◆ *adj* moved.

en [ɑ̃] *prép* - 1. (indique le moment) in ; ~ été/1995 in summer/1995. - 2. (indique le lieu où l'on est) in ; habiter ~ Angleterre to live in England. - 3. (indique le lieu où l'on va) to ;

aller ~ ville/~ Dordogne to go into town/to the Dordogne.
- 4. *(désigne la matière)* made of ; un pull ~ laine a woollen jumper.
- 5. *(indique la durée)* in.
- 6. *(indique l'état)* : être ~ vacances to be on holiday ; s'habiller ~ noir to dress in black.
- 7. *(indique le moyen)* by ; voyager ~ avion/voiture to travel by plane/car.
- 8. *(pour désigner la taille)* in ; auriez-vous celles-ci ~ 38/~ plus petit? do you have these in a 38/a smaller size?.
- 9. *(devant un participe présent)* : ~ arrivant à Paris on arriving in Paris ; ~ faisant un effort by making an effort.
◆ *pron* - 1. *(objet indirect)* : n'~ parlons plus let's not say any more about it.
- 2. *(avec un indéfini)* : ~ reprendrez-vous? will you have some more? ; je n'~ ai plus I haven't got any left.
- 3. *(indique la provenance)* from there ; j'~ viens I've just been there.
- 4. *(complément du nom)* of it, of them *(pl)*.
- 5. *(complément de l'adjectif)* : il ~ est fou he's mad about it.

encadrer [ɑ̃kadre] *vt (tableau)* to frame.

encaisser [ɑ̃kese] *vt (argent)* to cash.

encastré, e [ɑ̃kastre] *adj* built-in.

enceinte [ɑ̃sɛ̃t] *adj f* pregnant.
◆ *nf (haut-parleur)* speaker ; *(d'une ville)* walls *(pl)*.

encens [ɑ̃sɑ̃] *nm* incense.

encercler [ɑ̃serkle] *vt (personne, ville)* to surround ; *(mot)* to circle.

enchaîner [ɑ̃ʃene] *vt (attacher)* to chain together ; *(idées, phrases)* to string together. ◆ **s'enchaîner** *vp (se suivre)* to follow one another.

enchanté, e [ɑ̃ʃɑ̃te] *adj* delighted ; ~ *(de faire votre connaissance)!* pleased to meet you!

enchères [ɑ̃ʃer] *nfpl* auction *(sg)* ; vendre qqch aux ~ to sell sthg at auction.

enclencher [ɑ̃klɑ̃ʃe] *vt (mécanisme)* to engage ; *(guerre, processus)* to begin.

enclos [ɑ̃klo] *nm* enclosure.

encoche [ɑ̃kɔʃ] *nf* notch.

encolure [ɑ̃kɔlyr] *nf (de vêtement)* neck.

encombrant, e [ɑ̃kɔ̃brɑ̃, ɑ̃t] *adj (paquet)* bulky.

encombrements [ɑ̃kɔ̃brəmɑ̃] *nmpl (embouteillage)* hold-up.

encombrer [ɑ̃kɔ̃bre] *vt* : ~ qqn to be in sb's way ; encombré de *(pièce, table)* cluttered with.

☞

encore [ɑ̃kɔr] *adv* - 1. *(toujours)* still ; il reste ~ une centaine de kilomètres there are still about a hundred kilometres to go ; pas ~ not yet.
- 2. *(de nouveau)* again ; ~ une fois once more.
- 3. *(en plus)* : ~ un peu de légumes? a few more vegetables? ; reste ~ un peu stay a bit longer ; ~ un jour another day.
- 4. *(en intensif)* even.

encourager [ɑ̃kuraʒe] *vt* to encourage ; ~ qqn à faire qqch to encourage sb to do sthg.

encrasser [ɑ̃krase] *vt* to clog up.

encre

encre [ɑ̃kr] *nf* ink ; ~ **de Chine** Indian ink.

encyclopédie [ɑ̃siklopedi] *nf* encyclopedia.

endetter [ɑ̃dete] : **s'endetter** *vp* to get into debt.

endive [ɑ̃div] *nf* chicory.

endommager [ɑ̃dɔmaʒe] *vt* to damage.

endormi, e [ɑ̃dɔrmi] *adj* sleeping.

endormir [ɑ̃dɔrmir] *vt* (*enfant*) to send to sleep ; (*anesthésier*) to put to sleep. ❑ **s'endormir** *vp* to fall asleep.

endroit [ɑ̃drwa] *nm* place ; (*côté*) right side ; **à l'~** the right way round.

endurcir [ɑ̃dyrsir] : **s'endurcir** *vp* to become hardened.

énergie [enerʒi] *nf* energy.

énergique [enerʒik] *adj* energetic.

énerver [enerve] *vt* to annoy. ❑ **s'énerver** *vp* to get annoyed.

enfance [ɑ̃fɑ̃s] *nf* childhood.

enfant [ɑ̃fɑ̃] *nmf* child ; ~ **de chœur** altar boy.

enfantin, e [ɑ̃fɑ̃tɛ̃, in] *adj* (*sourire*) childlike ; *péj* (*attitude*) childish.

enfer [ɑ̃fer] *nm* hell.

enfermer [ɑ̃ferme] *vt* to lock away.

enfiler [ɑ̃file] *vt* (*aiguille, perles*) to thread ; (*vêtement*) to slip on.

enfin [ɑ̃fɛ̃] *adv* (*finalement*) finally, at last ; (*en dernier*) finally, lastly.

enflammer [ɑ̃flame] : **s'enflammer** *vp* (*prendre feu*) to catch fire ; *MÉD* to get inflamed.

enfler [ɑ̃fle] *vi* to swell.

enfoncer [ɑ̃fɔ̃se] *vt* (*clou*) to drive in ; (*porte*) to break down ; (*aile de voiture*) to dent. ❑ **s'enfoncer** *vp* (*s'enliser*) to sink (in) ; (*s'effondrer*) to give way.

enfouir [ɑ̃fwir] *vt* to hide.

enfreindre [ɑ̃frɛ̃dr] *vt* to infringe.

enfreint, e [ɑ̃frɛ̃, ɛ̃t] *pp* → enfreindre.

enfuir [ɑ̃fɥir] : **s'enfuir** *vp* to run away.

enfumé, e [ɑ̃fyme] *adj* smoky.

engagement [ɑ̃gaʒmɑ̃] *nm* (*promesse*) commitment ; *SPORT* kick-off.

engager [ɑ̃gaʒe] *vt* (*salarié*) to take on ; (*conversation, négociations*) to start. ❑ **s'engager** *vp* (*dans l'armée*) to enlist ; **s'~ à faire qqch** to undertake to do sthg ; **s'~ dans** (*lieu*) to enter.

engelure [ɑ̃ʒlyr] *nf* chilblain.

engin [ɑ̃ʒɛ̃] *nm* machine.

engloutir [ɑ̃glutir] *vt* (*nourriture*) to gobble up ; (*submerger*) to swallow up.

engouffrer [ɑ̃gufre] : **s'engouffrer dans** *vp* **+** *prép* to rush into.

engourdi, e [ɑ̃gurdi] *adj* numb.

engrais [ɑ̃gre] *nm* fertilizer.

engraisser [ɑ̃grese] *vt* to fatten. **◆** *vi* to put on weight.

engrenage [ɑ̃grənaʒ] *nm* (*mécanique*) gears (*pl*).

énigmatique [enigmatik] *adj* enigmatic.

énigme [enigm] *nf* (*devinette*) riddle ; (*mystère*) enigma.

enjamber [ɑ̃ʒɑ̃be] *vt* (*flaque, fos-*

sé) to step over ; (suj : pont) to cross.

enjoliveur [ɑ̃ʒɔlivœr] nm hubcap.

enlaidir [ɑ̃ledir] vt to make ugly.

enlèvement [ɑ̃lɛvmɑ̃] nm (kidnapping) abduction.

enlever [ɑ̃lve] vt to remove, to take off ; (kidnapper) to abduct. ❑ **s'enlever** vp (tache) to come off.

enliser [ɑ̃lize] : **s'enliser** vp to get stuck.

enneigé, e [ɑ̃neʒe] adj snow-covered.

ennemi, e [ɛnmi] nm, f enemy.

ennui [ɑ̃nɥi] nm (lassitude) boredom ; (problème) problem.

ennuyé, e [ɑ̃nɥije] adj (contrarié) annoyed.

ennuyer [ɑ̃nɥije] vt (lasser) to bore ; (contrarier) to annoy. ❑ **s'ennuyer** vp to be bored.

ennuyeux, euse [ɑ̃nɥijø, øz] adj (lassant) boring ; (contrariant) annoying.

énorme [enɔrm] adj enormous.

énormément [enɔrmemɑ̃] adv enormously ; ~ de an awful lot of.

enquête [ɑ̃kɛt] nf (policière) investigation ; (sondage) survey.

enquêter [ɑ̃kete] vi : ~ (sur) to inquire (into).

enragé, e [ɑ̃raʒe] adj (chien) rabid ; (fanatique) fanatical.

enrayer [ɑ̃reje] vt (maladie, crise) to check.

enregistrement [ɑ̃rəʒistrəmɑ̃] nm (musical) recording ; ~ **des bagages** baggage check-in.

enregistrer [ɑ̃rəʒistre] vt to record ; INFORM to store ; (bagages) to check in.

enregistreuse [ɑ̃rəʒistrøz] adj f → caisse.

enrhumé, e [ɑ̃ryme] adj : être ~ to have a cold.

enrhumer [ɑ̃ryme] : **s'enrhumer** vp to catch a cold.

enrichir [ɑ̃riʃir] vt to make rich ; (collection) to enrich. ❑ **s'enrichir** vp to become rich.

enrobé, e [ɑ̃rɔbe] adj : ~ de coated with.

enroué, e [ɑ̃rwe] adj hoarse.

enrouler [ɑ̃rule] vt to roll up. ❑ **s'enrouler** vp : ~ **autour de qqch** to wind around sthg.

enseignant, e [ɑ̃sɛɲɑ̃, ɑ̃t] nm, f teacher.

enseigne [ɑ̃sɛɲ] nf sign ; ~ **lumineuse** neon sign.

enseignement [ɑ̃sɛɲmɑ̃] nm (éducation) education ; (métier) teaching.

enseigner [ɑ̃seɲe] vt & vi to teach ; ~ **qqch à qqn** to teach sb sthg.

ensemble [ɑ̃sɑ̃bl] adv together. ◆ nm set ; (vêtement) suit ; l'~ **du groupe** the whole group ; l'~ **des touristes** all the tourists ; **dans l'**~ on the whole.

ensevelir [ɑ̃svlir] vt to bury.

ensoleillé, e [ɑ̃sɔleje] adj sunny.

ensuite [ɑ̃sɥit] adv then.

entaille [ɑ̃taj] nf notch ; (blessure) cut.

entamer [ɑ̃tame] vt to start ; (bouteille) to open.

entasser [ɑ̃tase] vt (mettre en tas) to pile up ; (serrer) to squeeze in. ❑ **s'entasser** vp (voyageurs) to pile in.

entendre [ɑ̃tɑ̃dr] vt to hear ;

~ **dire que** to hear that ; ~ **parler de** to hear about. ❑ **s'entendre** *vp* *(sympathiser)* to get on.

entendu, e [ătādy] *adj* *(convenu)* agreed ; *(c'est)* ~! OK then! ; **bien** ~ of course.

enterrement [ătermā] *nm* funeral.

enterrer [ătere] *vt* to bury.

en-tête, s [ătet] *nm* heading.

entêter [ătete] : **s'entêter** *vp* to persist.

enthousiasme [ătuzjasm] *nm* enthusiasm.

enthousiasmer [ătuzjasme] *vt* to fill with enthusiasm. ❑ **s'enthousiasmer pour** *vp + prép* to be enthusiastic about.

enthousiaste [ătuzjast] *adj* enthusiastic.

entier, ère [ătje, er] *adj* *(intact)* whole, entire ; *(total)* complete ; *(lait)* full-fat ; **pendant des journées entières** for days on end ; **en** ~ **in** its entirety.

entièrement [ătjermā] *adv* completely.

entonnoir [ătɔnwar] *nm* funnel.

entorse [ătɔrs] *nf* MÉD sprain ; **se faire une** ~ **à la cheville** to sprain one's ankle.

entortiller [ătɔrtije] *vt* to twist.

entourage [ăturaʒ] *nm* *(famille)* family ; *(amis)* circle of friends.

entourer [ăture] *vt* *(cerner)* to surround ; *(mot, phrase)* to circle ; **entouré de** surrounded by.

entracte [ătrakt] *nm* interval.

entraider [ătrede] : **s'entraider** *vp* to help one another.

entrain [ătrē] *nm* : **avec** ~ with gusto ; **plein d'**~ full of energy.

entraînant, e [ătrenā, āt] *adj* catchy.

entraînement [ătrenmā] *nm* *(sportif)* training ; *(pratique)* practice.

entraîner [ătrene] *vt* *(emporter)* to carry away ; *(emmener)* to drag along ; *(provoquer)* to lead to, to cause ; SPORT to coach. ❑ **s'entraîner** *vp* *(sportif)* to train ; **s'**~ **à faire qqch** to practise doing sthg.

entraîneur, euse [ătrenœr, øz] *nm, f* SPORT coach.

entraver [ătrave] *vt* *(mouvements)* to hinder ; *(circulation)* to hold up.

entre [ătr] *prép* between ; **l'un d'**~ **nous** one of us.

entrebâiller [ătrəbaje] *vt* to open slightly.

entrechoquer [ătrəʃɔke] : **s'entrechoquer** *v p (verres)* to chink.

entrecôte [ătrəkot] *nf* entrecote (steak) ; ~ **à la bordelaise** grilled entrecote steak served with a red wine and shallot sauce.

entrée [ătre] *nf* *(accès)* entry, entrance ; *(pièce)* (entrance) hall ; CULIN starter ; '~ **gratuite**' 'admission free' ; '~ **interdite**' 'no entry' ; '~ **libre**' *(dans un musée)* 'admission free' ; *(dans une boutique)* 'browsers welcome'.

entremets [ătrəme] *nm* dessert.

entreposer [ătrəpoze] *vt* to store.

entrepôt [ătrəpo] *nm* warehouse.

entreprendre [ătrəprādr] *vt* to undertake.

entrepreneur [ătrəprənœr] *nm* *(en bâtiment)* contractor.

entrepris, e [ɑ̃trəpri, iz] *pp* → entreprendre.

entreprise [ɑ̃trəpriz] *nf (société)* company.

entrer [ɑ̃tre] *vi (aux être)* to enter, to go/come in. ◆ *vt (aux avoir & INFORM)* to enter ; entrez! come in!

entre-temps [ɑ̃trətɑ̃] *adv* meanwhile.

entretenir [ɑ̃trətənir] *vt (maison, plante)* to look after. ❑ **s'entretenir** *vp* : **~ (de qqch) avec qqn** to talk (about sthg) with sb.

entretenu, e [ɑ̃trətəny] *pp* → entretenir.

entretien [ɑ̃trətjɛ̃] *nm (d'un jardin, d'une machine)* upkeep ; *(d'un vêtement)* care ; *(conversation)* discussion ; *(interview)* interview.

entrevue [ɑ̃trəvy] *nf* meeting.

entrouvert, e [ɑ̃truver, ert] *adj* half-open.

énumération [enymerasjɔ̃] *nf* list.

énumérer [enymere] *vt* to list.

envahir [ɑ̃vair] *vt* to invade ; *(suj : herbes)* to overrun ; *fig (suj : sentiment)* to seize.

envahissant, e [ɑ̃vaisɑ̃, ɑ̃t] *adj (personne)* intrusive.

enveloppe [ɑ̃vlɔp] *nf* envelope.

envelopper [ɑ̃vlɔpe] *vt* to wrap (up).

envers [ɑ̃ver] *prép* towards. ◆ *nm* : **l'~** the back ; **à l'~** *(devant derrière)* back to front ; *(en sens inverse)* backwards.

envie [ɑ̃vi] *nf (désir)* desire ; *(jalousie)* envy ; **avoir ~ de qqch** to feel like sthg.

envier [ɑ̃vje] *vt* to envy.

environ [ɑ̃virɔ̃] *adv* about.

❑ **environs** *nmpl* surrounding area *(sg)* ; **aux ~ s de** *(heure, nombre)* round about ; *(lieu)* near.

environnant, e [ɑ̃virɔnɑ̃, ɑ̃t] *adj* surrounding.

environnement [ɑ̃virɔnmɑ̃] *nm (milieu)* background ; *(nature)* environment.

envisager [ɑ̃vizaʒe] *vt* to consider ; **~ de faire qqch** to consider doing sthg.

envoi [ɑ̃vwa] *nm (colis)* parcel.

envoler [ɑ̃vɔle] : **s'envoler** *vp (avion)* to take off ; *(oiseau)* to fly away ; *(feuilles)* to blow away.

envoyé, e [ɑ̃vwaje] *nm, f* envoy ; **~ spécial** special correspondent.

envoyer [ɑ̃vwaje] *vt* to send ; *(balle, objet)* to throw ; **~ qqch à qqn** to send sb sthg.

épagneul [epaɲœl] *nm* spaniel.

épais, aisse [epɛ, ɛs] *adj* thick.

épaisseur [epesœr] *nf* thickness.

épaissir [epesir] *vi CULIN* to thicken. ❑ **s'épaissir** *vp* to thicken.

épanouir [epanwir] : **s'épanouir** *vp (fleur)* to bloom ; *(visage)* to light up.

épargner [eparɲe] *vt (argent)* to save ; *(ennemi, amour-propre)* to spare.

éparpiller [eparpije] *vt* to scatter. ❑ **s'éparpiller** *vp* to scatter.

épatant, e [epatɑ̃, ɑ̃t] *adj* splendid.

épater [epate] *vt* to amaze.

épaule [epol] *nf* shoulder ; **~ d'agneau** shoulder of lamb.

épaulette [epolɛt] *nf (décoration)* epaulet ; *(rembourrage)* shoulder pad.

épave [epav] *nf* wreck.

épée [epe] nf sword.

épeler [ɛple] vt to spell.

éperon [eprɔ̃] nm spur.

épi [epi] nm (de blé) ear ; (de maïs) cob ; (de cheveux) tuft.

épice [epis] nf spice.

épicé, e [epise] adj spicy.

épicerie [episri] nf (denrées) groceries (pl) ; (magasin) grocer's (shop) ; ~ fine delicatessen.

épicier, ière [episje, ɛr] nm, f grocer.

épidémie [epidemi] nf epidemic.

épier [epje] vt to spy on.

épilepsie [epilɛpsi] nf epilepsy.

épiler [epile] vt (jambes) to remove unwanted hair from ; (sourcils) to pluck.

épinards [epinar] nmpl spinach (sg).

épine [epin] nf thorn.

épingle [epɛ̃gl] nf pin ; ~ à cheveux hairpin ; ~ de nourrice safety pin.

épinière [epinjɛr] adj f → moelle.

épisode [epizɔd] nm episode.

éplucher [eplyʃe] vt to peel.

épluchures [eplyʃyr] nfpl peelings.

éponge [epɔ̃ʒ] nf sponge ; (tissu) towelling.

éponger [epɔ̃ʒe] vt (liquide) to mop (up) ; (visage) to wipe.

époque [epɔk] nf period.

épouse → **époux**.

épouser [epuze] vt to marry.

épousseter [epuste] vt to dust.

épouvantable [epuvɑ̃tabl] adj awful.

épouvantail [epuvɑ̃taj] nm scarecrow.

épouvante [epuvɑ̃t] nf ~ film.

épouvanter [epuvɑ̃te] vt to terrify.

époux, épouse [epu, epuz] nm, f spouse.

épreuve [eprœv] nf (difficulté, malheur) ordeal ; (sportive) event ; (examen) paper.

éprouvant, e [epruvɑ̃, ɑ̃t] adj trying.

éprouver [epruve] vt (ressentir) to feel ; (faire souffrir) to distress.

éprouvette [epruvɛt] nf test tube.

EPS nf (abr de éducation physique et sportive) PE.

épuisant, e [epɥizɑ̃, ɑ̃t] adj exhausting.

épuisé, e [epɥize] adj exhausted ; (article) sold out ; (livre) out of print.

épuiser [epɥize] vt to exhaust.

épuisette [epɥizɛt] nf landing net.

équateur [ekwatœr] nm equator.

équation [ekwasjɔ̃] nf equation.

équerre [ekɛr] nf set square ; (en T) T-square.

équilibre [ekilibr] nm balance ; en ~ stable.

équilibré, e [ekilibre] adj (mentalement) well-balanced ; (nourriture, repas) balanced.

équilibriste [ekilibrist] nmf tightrope walker.

équipage [ekipaʒ] nm crew.

équipe [ekip] nf team.

équipement [ekipmɑ̃] nm equipment.

équiper [ekipe] vt to equip. ❑ s'équiper (de) vp (+ prép) to equip o.s. (with).

équipier, ère [ekipje, ɛr] nm, f

SPORT team member ; *NAVIG* crew member.

équitable [ekitabl] *adj* fair.

équitation [ekitasjɔ̃] *nf* (horse-)riding ; **faire de l'~** to go (horse-)riding.

équivalent, e [ekivalɑ̃, ɑ̃t] *adj* & *nm* equivalent.

équivaloir [ekivalwar] *vi* : **ça équivaut à (faire)** ... that is equivalent to (doing) ...

équivalu [ekivaly] *pp* → **équivaloir**.

érable [erabl] *nm* maple.

érafler [erafle] *vt* to scratch.

éraflure [eraflyr] *nf* scratch.

érotique [erɔtik] *adj* erotic.

erreur [erœr] *nf* mistake ; **faire une ~** to make a mistake.

éruption [erypsjɔ̃] *nf* (*de volcan*) eruption ; **cutanée rash**.

es [ɛ] → **être**.

escabeau, x [ɛskabo] *nm* step-ladder.

escalade [ɛskalad] *nf* climbing.

escalader [ɛskalade] *vt* to climb.

escale [ɛskal] *nf* stop ; **faire ~ (à)** (*bateau*) to put in (at) ; (*avion*) to make a stopover (at) ; **vol sans ~** direct flight.

escalier [ɛskalje] *nm* (flight of) stairs ; **les ~ s** the stairs ; **~ roulant** escalator.

escalope [ɛskalɔp] *nf* escalope.

escargot [ɛskargo] *nm* snail.

escarpé, e [ɛskarpe] *adj* steep.

escarpin [ɛskarpɛ̃] *nm* court shoe.

escavèches [ɛskavɛʃ] *nfpl* Belg jellied eels, eaten with French fries.

esclaffer [ɛsklafe] : **s'esclaffer** *vp* to burst out laughing.

esclavage [ɛsklavaʒ] *nm* slavery.

esclave [ɛsklav] *nmf* slave.

escorte [ɛskɔrt] *nf* escort.

escrime [ɛskrim] *nf* fencing.

escroc [ɛskro] *nm* swindler.

escroquerie [ɛskrɔkri] *nf* swindle.

espace [ɛspas] *nm* space ; **~ fumeurs** smoking area ; **~ non-fumeurs** non-smoking area ; **~ s verts** open spaces.

espacer [ɛspase] *vt* to space out.

espadrille [ɛspadrij] *nf* espadrille.

Espagne [ɛspaɲ] *nf* : **l'~** Spain.

espagnol, e [ɛspaɲɔl] *adj* Spanish. ◆ *nm* (*langue*) Spanish. ❏ **Espagnol** *nm, f* Spaniard ; **les Espagnols** the Spanish.

espèce [ɛspɛs] *nf* (*race*) species ; **une ~ de** a kind of. ❏ **espèces** *nfpl* cash (*sg*) ; **en ~** in cash.

espérer [ɛspere] *vt* to hope for ; **~ faire qqch** to hope to do sthg ; **~ que** to hope (that).

espion, onne [ɛspjɔ̃, ɔn] *nm, f* spy.

espionnage [ɛspjɔnaʒ] *nm* spying ; **film/roman d'~** spy film/novel.

espionner [ɛspjɔne] *vt* to spy on.

esplanade [ɛsplanad] *nf* esplanade.

espoir [ɛspwar] *nm* hope.

esprit [ɛspri] *nm* (*pensée*) mind ; (*humour*) wit ; (*caractère, fantôme*) spirit.

Esquimau, aude, x [ɛskimo, od] *nm, f* Eskimo ; **Esquimau** ® (*glace*) choc-ice on a stick (*Br*), Eskimo (*Am*).

esquisser [εskise] *vt* (*dessin*) to sketch ; **~ un sourire** to half-smile.

esquiver [εskive] *vt* to dodge. ❏ **s'esquiver** *vp* to slip away.

essai [ese] *nm* (*test*) test ; (*tentative*) attempt ; (*littéraire*) essay ; *SPORT* try.

essaim [esε̃] *nm* swarm.

essayage [esejaʒ] *nm* **~ cabine.**

essayer [eseje] *vt* (*vêtement, chaussures*) to try on ; (*tester*) to try out ; (*tenter*) to try.

essence [esɑ̃s] *nf* petrol (*Br*), gas (*Am*) ; **~ sans plomb** unleaded (petrol).

essentiel, elle [esɑ̃sjεl] *adj* essential. ◆ *nm* : **l'~** (*le plus important*) the main thing ; (*le minimum*) the essentials (*pl*).

essieu, x [esjø] *nm* axle.

essorage [esɔraʒ] *nm* (*sur un lave-linge*) spin cycle.

essorer [esɔre] *vt* to spin-dry.

essoufflé, e [esufle] *adj* out of breath.

essuie-glace, s [esɥiglas] *nm* windscreen wiper (*Br*), windshield wiper (*Am*).

essuie-mains [esɥimε̃] *nm inv* hand towel.

essuyer [esɥije] *vt* (*sécher*) to dry ; (*enlever*) to wipe up. ❏ **s'essuyer** *vp* to dry o.s. ; **s'~ les mains** to dry one's hands.

est¹ [ε] → **être**.

est² [εst] *adj inv* east, eastern. ◆ *nm* east ; **à l'~** in the east ; **à l'~ de** east of ; **l'Est** (*l'est de la France*) the East (of France).

est-ce que [εskə] *adv* : **est-ce qu'il est là? is he there? ; ~ tu as mangé?** have you eaten? ; **comment ~ ça s'est passé?** how did it go?

esthéticienne [εstetisjεn] *nf* beautician.

esthétique [εstetik] *adj* (*beau*) attractive.

estimation [εstimasjɔ̃] *nf* (*de dégâts*) estimate ; (*d'un objet d'art*) valuation.

estimer [εstime] *vt* (*dégâts*) to estimate ; (*objet d'art*) to value ; (*respecter*) to respect ; **~ que** to think that.

estivant, e [εstivɑ̃, ɑ̃t] *nm, f* holidaymaker (*Br*), vacationer (*Am*).

estomac [εstɔma] *nm* stomach.

estrade [εstrad] *nf* platform.

estragon [εstragɔ̃] *nm* tarragon.

estuaire [εstɥεr] *nm* estuary.

et [e] *conj* and ; **~ après?** (*pour défier*) so what? ; **vingt ~ un** twenty-one.

étable [etabl] *nf* cowshed.

établi [etabli] *nm* workbench.

établir [etablir] *vt* (*commerce, entreprise*) to set up ; (*liste, devis*) to draw up ; (*contacts*) to establish. ❏ **s'établir** *vp* (*emménager*) to settle ; (*professionnellement*) to set o.s. up (in business).

établissement [etablismɑ̃] *nm* establishment ; **~ scolaire** school.

étage [etaʒ] *nm* floor ; (*couche*) tier ; **au premier ~** on the first floor (*Br*), on the second floor (*Am*) ; **à l'~** upstairs.

étagère [etaʒεr] *nf* shelf ; (*meuble*) (*set of*) shelves.

étain [etε̃] *nm* tin.

étais [etε] → **être**.

étal [etal] *nm* (*sur les marchés*) stall.

étalage [etalaʒ] *nm* (*vitrine*) display.

étaler [etale] *vt* to spread (out) ; *(beurre, confiture)* to spread ; *(connaissances, richesse)* to show off. ❑ **s'étaler** *vp (se répartir)* to be spread.

étanche [etɑ̃ʃ] *adj (montre)* waterproof ; *(joint)* watertight.

étang [etɑ̃] *nm* pond.

étant [etɑ̃] *pp* → être.

étape [etap] *nf (période)* stage ; *(lieu)* stop ; **faire ~ à** to stop off at.

état [eta] *nm* state, condition ; **en bon ~** in good condition ; **en mauvais ~** in poor condition ; **~ civil** *(d'une personne)* personal details. ❑ **État** *nm* POL state.

États-Unis [etazyni] *nmpl* : **les ~** the United States.

etc *(abr de et cetera)* etc.

et cetera [ɛtsetera] *adv* et cetera.

été¹ [ete] *pp* → être.

été² [ete] *nm* summer ; **en ~** in (the) summer.

éteindre [etɛ̃dr] *vt (lumière, appareil)* to turn off ; *(cigarette, incendie)* to put out. ❑ **s'éteindre** *vp* to go out.

éteint, e [etɛ̃, ɛ̃t] *pp* → éteindre.

étendre [etɑ̃dr] *vt (nappe, carte)* to spread (out) ; *(linge)* to hang out ; *(jambe, personne)* to stretch (out). ❑ **s'étendre** *vp (se coucher)* to lie down ; *(être situé)* to stretch ; *(se propager)* to spread.

étendu, e [etɑ̃dy] *adj (grand)* extensive.

étendue [etɑ̃dy] *nf* area ; fig *(importance)* extent.

éternel, elle [etɛrnɛl] *adj* eternal.

éternité [etɛrnite] *nf* eternity ; **cela fait une ~ que ...** it's been ages since ...

éternuement [etɛrnymɑ̃] *nm* sneeze.

éternuer [etɛrnɥe] *vi* to sneeze.

êtes [ɛt] → être.

étinceler [etɛ̃sle] *vi* to sparkle.

étincelle [etɛ̃sɛl] *nf* spark.

étiquette [etiket] *nf* label.

étirer [etire] *vt* to stretch (out). ❑ **s'étirer** *vp* to stretch.

étoffe [etɔf] *nf* material.

étoile [etwal] *nf* star ; **hôtel deux/trois ~ s** two-/three-star hotel ; **dormir à la belle ~** to sleep out in the open ; **~ de mer** starfish.

étonnant, e [etɔnɑ̃, ɑ̃t] *adj* amazing.

étonné, e [etɔne] *adj* surprised.

étonner [etɔne] *vt* to surprise ; **ça m'étonnerait (que)** I would be surprised (if) ; **tu m'étonnes !** *fam* I'm not surprised ! ❑ **s'étonner** *vp* : **s'~ que** to be surprised that.

étouffant, e [etufɑ̃, ɑ̃t] *adj* stifling.

étouffer [etufe] *vt* to suffocate ; *(bruit)* to muffle. ◆ *vi (manquer d'air)* to choke ; *(avoir chaud)* to suffocate. ❑ **s'étouffer** *vp* to choke ; *(mourir)* to choke to death.

étourderie [eturdri] *nf (caractère)* thoughtlessness ; **faire une ~** to make a careless mistake.

étourdi, e [eturdi] *adj (distrait)* scatterbrained.

étourdir [eturdir] *vt (assommer)* to daze ; *(donner le vertige à)* to make dizzy.

étourdissement [eturdismɑ̃] *nm* dizzy spell.

étrange [etrɑ̃ʒ] *adj* strange.

étranger, ère [etrɑ̃ʒe, ɛr] *adj (ville, coutume)* foreign ; *(inconnu)*

étrangler

unfamiliar. ◆ *nm, f (d'un autre pays)* foreigner ; *(inconnu)* stranger. ◆ *nm* : à l'~ abroad.

étrangler [etrɑ̃gle] *vt* to strangle. ❏ **s'étrangler** *vp* to choke.

être [etr] *vi* - 1. *(pour décrire)* to be ; **je suis architecte** I'm an architect.
- 2. *(pour désigner le lieu, l'origine)* to be ; **d'où êtes-vous?** where are you from?
- 3. *(pour donner une date)* : **quel jour sommes-nous?** what day is it? ; **c'est jeudi** it's Thursday.
- 4. *(aller)* : **j'ai été trois fois en Écosse** I've been to Scotland three times.
- 5. *(pour exprimer l'appartenance)* : ~ **à qqn** to belong to sb ; **c'est à Daniel** it's Daniel's.
◆ *v impers* - 1. *(pour désigner le moment)* : **il est huit heures/tard** it's eight o'clock/late.
- 2. *(avec un adjectif ou un participe passé)* : **il est difficile de savoir si ...** it is difficult to know whether ...
◆ *v aux* - 1. *(pour former le passé composé)* to have/to be ; **nous sommes partis hier** we left yesterday ; **je suis née en 1976** I was born in 1976.
- 2. *(pour former le passif)* to be ; **le train a été retardé** the train was delayed.
◆ *nm (créature)* being ; ~ **humain** human being.

étrenner [etrene] *vt* to use for the first time.

étrennes [etren] *nfpl* ≃ Christmas bonus.

étrier [etrije] *nm* stirrup.

étroit, e [etrwa, at] *adj (rue, siège)* narrow ; *(vêtement)* tight ; ~ **d'esprit** narrow-minded.

étude [etyd] *nf* study ; *(salle d'école)* study room ; *(de notaire)* office. ❏ **études** *nfpl* studies ; **faire des ~ s (de)** to study.

étudiant, e [etydjɑ̃, ɑ̃t] *adj & nm, f* student.

étudier [etydje] *vt & vi* to study.

étui [etɥi] *nm* case.

eu, e [y] *pp* → **avoir**.

euh [ø] *excl* er.

euro [øro] *nm* euro ; **zone** ~ euro zone, euro area.

eurochèque [øroʃɛk] *nm* Eurocheque.

Europe [ørɔp] *nf* : l'~ Europe ; l'~ **de l'Est** Eastern Europe.

européen, enne [øropeɛ̃, ɛn] *adj* European. ❏ **Européen, enne** *nm, f* European.

eux [ø] *pron (après prép ou comparaison)* them ; *(pour insister)* they ; ~ -**mêmes** themselves.

évacuer [evakɥe] *vt* to evacuate ; *(liquide)* to drain.

évader [evade] : **s'évader** *vp* to escape.

évaluer [evalɥe] *vt (dégâts)* to estimate ; *(tableau)* to value.

Évangile [evɑ̃ʒil] *nm (livre)* Gospel.

évanouir [evanwir] : **s'évanouir** *vp* to faint ; *(disparaître)* to vanish.

évaporer [evapore] : **s'évaporer** *vp* to evaporate.

évasé, e [evaze] *adj* flared.

évasion [evazjɔ̃] *nf* escape.

éveillé, e [eveje] *adj (vif)* alert.

éveiller [eveje] *vt (soupçons, attention)* to arouse ; *(intelligence,* *imagination*) to awaken. ❏ **s'éveiller** *vp* (*sensibilité, curiosité*) to be aroused.

événement [evenmã] *nm* event.

éventail [evãtaj] *nm* fan ; (*variété*) range.

éventrer [evãtre] *vt* to disembowel ; (*ouvrir*) to rip open.

éventuel, elle [evãtɥɛl] *adj* possible.

éventuellement [evãtɥɛlmã] *adv* possibly.

évêque [evɛk] *nm* bishop.

évidemment [evidamã] *adv* obviously.

évident, e [evidã, ãt] *adj* obvious.

évier [evje] *nm* sink.

évitement [evitmã] *nm* Belg (*déviation*) diversion.

éviter [evite] *vt* to avoid ; ~ **qqch à qqn** to spare sb sthg.

évolué, e [evɔlɥe] *adj* (*pays*) advanced ; (*personne*) broad-minded.

évoluer [evɔlɥe] *vi* to change ; (*maladie*) to develop.

évolution [evɔlysjɔ̃] *nf* development.

évoquer [evɔke] *vt* (*faire penser à*) to evoke ; (*mentionner*) to mention ; ~ **qqch à qqn** to remind sb of sthg.

ex- [ɛks] *préf* (*ancien*) ex-.

exact, e [ɛgzakt] *adj* (*correct*) correct ; (*précis*) exact ; (*ponctuel*) punctual ; **c'est ~** (*c'est vrai*) that's right.

exactement [ɛgzaktəmã] *adv* exactly.

exactitude [ɛgzaktityd] *nf* accuracy ; (*ponctualité*) punctuality.

ex aequo [ɛgzeko] *adj inv* level.

exagérer [ɛgzaʒere] *vt & vi* to exaggerate.

examen [ɛgzamẽ] *nm* (*médical*) examination ; SCOL exam ; ~ **blanc** mock exam (*Br*), practise test (*Am*).

examinateur, trice [ɛgzaminatœr, tris] *nm, f* examiner.

examiner [ɛgzamine] *vt* to examine.

exaspérer [ɛgzaspere] *vt* to exasperate.

excédent [ɛksedã] *nm* surplus ; ~ **de bagages** excess baggage.

excéder [ɛksede] *vt* (*dépasser*) to exceed ; (*énerver*) to exasperate.

excellent, e [ɛkselã, ãt] *adj* excellent.

excentrique [ɛksãtrik] *adj* (*extravagant*) eccentric.

excepté [ɛksɛpte] *prép* except.

exception [ɛksɛpsjɔ̃] *nf* exception ; **faire une** ~ to make an exception ; **à l'~ de** with the exception of.

exceptionnel, elle [ɛksɛpsjɔnɛl] *adj* exceptional.

excès [ɛksɛ] *nm* excess. ◆ *nmpl* : **faire des** ~ to eat and drink too much ; ~ **de vitesse** speeding (*sg*).

excessif, ive [ɛksesif, iv] *adj* excessive ; (*personne, caractère*) extreme.

excitant, e [ɛksitã, ãt] *adj* exciting. ◆ *nm* stimulant.

excitation [ɛksitasjɔ̃] *nf* excitement.

exciter [ɛksite] *vt* to excite.

exclamation [ɛksklamasjɔ̃] *nf* exclamation.

exclamer

exclamer [ɛksklame] : **s'exclamer** vp to exclaim.

exclure [ɛksklyr] vt (ne pas compter) to exclude ; (renvoyer) to expel.

exclusif, ive [ɛksklyzif, iv] adj (droit, interview) exclusive ; (personne) possessive.

exclusivité [ɛksklyzivite] nf (d'un film, d'une interview) exclusive rights (pl) ; **en ~** (film) on general release.

excursion [ɛkskyrsjɔ̃] nf excursion.

excuse [ɛkskyz] nf excuse. □ **excuses** nfpl : faire des ~ s à qqn to apologize to sb.

excuser [ɛkskyze] vt to excuse ; excusez-moi (pour exprimer ses regrets) I'm sorry ; (pour interrompre) excuse me. □**s'excuser** vp to apologize.

exécuter [ɛgzekyte] vt (travail, ordre) to carry out ; (œuvre musicale) to perform ; (personne) to execute.

exécution [ɛgzekysjɔ̃] nf execution.

exemplaire [ɛgzɑ̃plɛr] nm copy.

exemple [ɛgzɑ̃pl] nm example ; par ~ for example.

exercer [ɛgzɛrse] vt to exercise ; (voix, mémoire) to train ; **~ le métier d'infirmière** to work as a nurse. □ **s'exercer** vp (s'entraîner) to practise.

exercice [ɛgzɛrsis] nm exercise ; faire de l'~ to exercise.

exhiber [ɛgzibe] vt péj to show off. □ **s'exhiber** vp péj to make an exhibition of o.s.

exigeant, e [ɛgziʒɑ̃, ɑ̃t] adj demanding.

110

exigence [ɛgziʒɑ̃s] nf (demande) demand.

exiger [ɛgziʒe] vt to demand ; (avoir besoin de) to require.

exiler [ɛgzile] : **s'exiler** vp to go into exile.

existence [ɛgzistɑ̃s] nf existence.

exister [ɛgziste] vi to exist ; il existe (il y a) there is/are.

exorbitant, e [ɛgzɔrbitɑ̃, ɑ̃t] adj exorbitant.

exotique [ɛgzɔtik] adj exotic.

expatrier [ɛkspatrije] : **s'expatrier** vp to leave one's country.

expédier [ɛkspedje] vt to send ; péj (bâcler) to dash off.

expéditeur, trice [ɛkspeditœr, tris] nm, f sender.

expédition [ɛkspedisjɔ̃] nf (voyage) expedition ; (envoi) dispatch.

expérience [ɛksperjɑ̃s] nf experience ; (scientifique) experiment.

expérimenté, e [ɛksperimɑ̃te] adj experienced.

expert [ɛkspɛr] nm expert ; **~ en vins** wine expert.

expertiser [ɛkspɛrtize] vt to value.

expirer [ɛkspire] vi (souffler) to breathe out ; (finir) to expire.

explication [ɛksplikasjɔ̃] nf explanation ; (discussion) discussion ; **~ de texte** commentary on a text.

expliquer [ɛksplike] vt to explain. □ **s'expliquer** vp to explain o.s. ; (se disputer) to have it out.

exploit [ɛksplwa] nm exploit.

exploitation [ɛksplwatasjɔ̃] nf (d'une terre, d'une mine) working ;

(de personnes) exploitation ;
~ **(agricole)** farm.

exploiter [ɛksplwate] *vt (terre, mine)* to work ; *(personnes, naïveté)* to exploit.

exploration [ɛksplɔrasjɔ̃] *nf* exploration.

explorer [ɛksplɔre] *vt* to explore.

exploser [ɛksploze] *vi* to explode.

explosif, ive [ɛksplozif, iv] *adj* & *nm* explosive.

explosion [ɛksplozjɔ̃] *nf* explosion ; *fig (de colère, de joie)* outburst.

exportation [ɛkspɔrtasjɔ̃] *nf* export.

exporter [ɛkspɔrte] *vt* to export.

exposé, e [ɛkspoze] *adj (en danger)* exposed. ◆ *nm account ; SCOL* presentation ; ~ **au sud** south-facing.

exposer [ɛkspoze] *vt (tableaux)* to exhibit ; *(théorie, motifs)* to explain ; **qqn/qqch à qqch** to expose sb/sthg to sthg. ❏ **s'exposer à** *vp + prép (danger, critiques)* to lay o.s. open to.

exposition [ɛkspozisjɔ̃] *nf* exhibition ; *(d'une maison)* aspect.

exprès¹ [ɛksprɛ] *adj inv (lettre)* special delivery. ◆ *nm* : **par ~** (by) special delivery.

exprès² [ɛksprɛ] *adv (volontairement)* on purpose, deliberately ; *(spécialement)* specially.

express [ɛksprɛs] *nm (café)* = espresso ; *(train)* ~ express (train).

expression [ɛksprɛsjɔ̃] *nf* expression ; ~ **écrite** written language ; ~ **orale** oral language.

expresso [ɛkspreso] *nm* expresso.

exprimer [ɛksprime] *vt (idée, sentiment)* to express. ❏ **s'exprimer** *vp (parler)* to express o.s.

expulser [ɛkspylse] *vt* to expel.

exquis, e [ɛkski, iz] *adj* exquisite.

extensible [ɛkstɑ̃sibl] *adj (vêtement)* stretchy.

exténué, e [ɛkstenye] *adj* exhausted.

extérieur, e [ɛksterjœr] *adj (escalier, poche)* outside ; *(surface)* outer ; *(commerce, politique)* foreign ; *(gentillesse, calme)* outward. ◆ *nm* outside ; *(apparence)* exterior ; **à l'~** outside ; **jouer à l'~** *SPORT* to play away.

exterminer [ɛkstɛrmine] *vt* to exterminate.

externe [ɛkstɛrn] *adj* external. ◆ *nmf (élève)* day pupil.

extincteur [ɛkstɛ̃ktœr] *nm* (fire) extinguisher.

extinction [ɛkstɛ̃ksjɔ̃] *nf* : ~ **de voix** loss of voice.

extra [ɛkstra] *adj inv (qualité)* first-class ; *fam (formidable)* great. ◆ *préf (très)* extra.

extraire [ɛkstrɛr] *vt* to extract.

extrait [ɛkstrɛ] *nm* extract.

extraordinaire [ɛkstraɔrdiner] *adj (incroyable)* incredible ; *(excellent)* wonderful.

extravagant, e [ɛkstravagɑ̃, ɑ̃t] *adj* extravagant.

extrême [ɛkstrɛm] *adj* & *nm* extreme ; **l'Extrême-Orient** the Far East.

extrêmement [ɛkstrɛmmɑ̃] *adv* extremely.

extrémité [ɛkstremite] *nf* end.

F

F (abr de franc, Fahrenheit) F.

fable [fabl] nf fable.

fabricant [fabrikã] nm manufacturer.

fabrication [fabrikasjɔ̃] nf manufacture.

fabriquer [fabrike] vt to make ; (produire) to manufacture ; **mais qu'est-ce que tu fabriques?** fam what are you up to?

fabuleux, euse [fabylø, øz] adj (énorme) enormous ; (excellent) tremendous.

fac [fak] nf fam college.

façade [fasad] nf facade.

face [fas] nf (côté) side ; (d'une pièce) heads (sg) ; (visage) face ; de ~ from the front ; en ~ (de) opposite ; ~ à ~ face to face.

fâché, e [faʃe] adj angry ; (brouillé) on bad terms.

fâcher [faʃe] : **se fâcher** vp to get angry ; (se brouiller) to quarrel.

facile [fasil] adj easy ; (aimable) easygoing.

facilement [fasilmã] adv easily.

facilité [fasilite] nf (aisance) ease.

faciliter [fasilite] vt to make easier.

façon [fasɔ̃] nf way ; de ~ (à ce) que so that ; de toute ~, de toute manière anyway ; non merci, sans ~ no thank you. ❑ **façons** nfpl (comportement) manners.

facteur, trice [faktœr, tris] nm, f postman (f postwoman) (Br), mailman (f mailwoman) (Am). ◆ nm factor.

facture [faktyr] nf bill.

facturer [faktyre] vt to invoice.

facturette [faktyret] nf (credit card sales) receipt.

facultatif, ive [fakyltatif, iv] adj optional.

faculté [fakylte] nf (université) faculty ; (possibilité) right.

fade [fad] adj (aliment) bland ; (couleur) dull.

fagot [fago] nm bundle of sticks.

faible [fɛbl] adj weak ; (son, lumière) faint ; (revenus, teneur) low ; (quantité, volume) small. ◆ nm : avoir un ~ pour qqch to have a weakness for sthg ; avoir un ~ pour qqn to have a soft spot for sb.

faiblement [fɛblǝmã] adv weakly ; (augmenter) slightly.

faiblesse [fɛbles] nf weakness.

faiblir [fɛblir] vi (physiquement) to get weaker ; (son) to get fainter ; (lumière) to fade.

faïence [fajãs] nf earthenware.

faille [faj] nf (du terrain) fault ; (défaut) flaw.

faillir [fajir] vi : **il a failli tomber** he nearly fell over.

faillite [fajit] nf bankruptcy ; **faire** ~ to go bankrupt.

faim [fɛ̃] nf hunger ; **avoir** ~ to be hungry.

fainéant, e [feneã, ãt] adj lazy. ◆ nm, f layabout.

▌────────────

faire [fer] vt - 1. (fabriquer, préparer) to make.

- 2. (effectuer) to do ; **une promenade** to go for a walk.

- 3. (arranger, nettoyer) : ~ **son lit** to make one's bed ; **la vaisselle** to wash up ; ~ **ses valises** to pack (one's bags).

- **4.** *(s'occuper à)* to do ; **que faites-vous comme métier?** what do you do for a living?
- **5.** *(sport, musique, discipline)* to do ; **~ des études** to study ; **~ du piano** to play the piano.
- **6.** *(provoquer)* : **~ du bruit** to make a noise ; **~ mal à qqn** to hurt sb.
- **7.** *(imiter)* : **~ l'imbécile** to act the fool.
- **8.** *(parcourir)* to do ; **~ du 80 (à l'heure)** to do 50 (miles an hour).
- **9.** *(avec un prix)* : **ça fait combien?** how much is it? ; **ça fait 20 euros** that will be 20 euros.
- **10.** *(avec des mesures)* to be ; **je fais 1,68 m** I'm 1.68 m tall ; **je fais du 40** I take a size 40.
- **11.** MATH : **10 et 3 font 13** 10 and 3 are OU make 13.
- **12.** *(dire)* to say.
- **13.** *(dans des expressions)* : **ça ne fait rien** never mind ; **qu'est-ce que ça peut te ~?** what's it to do with you? ; **qu'est-ce que j'ai fait de mes clefs?** what have I done with my keys?

◆ *vi* - **1.** *(agir)* : **vas-y, mais fais vite** go on, but be quick ; **vous feriez mieux de ...** you'd better ... ; **faites comme chez vous** make yourself at home.
- **2.** *(avoir l'air)* : **~ jeune/vieux** to look young/old.

◆ *v impers* - **1.** *(climat, température)* : **il fait chaud/-2°C** it's hot/-2° C.
- **2.** *(exprime la durée)* : **ça fait trois jours que nous avons quitté Rouen** it's three days since we left Rouen ; **ça fait dix ans que j'habite ici** I've lived here for ten years.

◆ *v aux* - **1.** *(indique que l'on provoque une action)* to make ; **~ cuire qqch** to cook sthg.

- **2.** *(indique qu'on commande une action)* : **~ faire qqch (par qqn)** to have OU get sthg done (by sb).

◆ *v substitut* to do ; **on lui a conseillé de réserver mais il ne l'a pas fait** he was advised to book, but he didn't.

❏ **se faire** *vp* - **1.** *(être convenable, à la mode)* : **ça se fait** *(c'est convenable)* it's polite ; *(c'est à la mode)* it's fashionable ; **ça ne se fait pas** *(ce n'est pas convenable)* it's not done ; *(ce n'est pas à la mode)* it's not fashionable.
- **2.** *(avoir, provoquer)* : **se ~ des amis** to make friends ; **se ~ mal** to hurt o.s.
- **3.** *(avec un infinitif)* : **se ~ couper les cheveux** to have one's hair cut ; **se ~ opérer** to have an operation.
- **4.** *(devenir)* : **se ~ vieux** to get old ; **il se fait tard** it's getting late.
- **5.** *(dans des expressions)* : **comment se fait-il que ...?** how come ...? ; **ne t'en fais pas** don't worry.

❏ **se faire à** *vp + prép* *(s'habituer à)* to get used to.

faire-part [fɛʁpaʁ] *nm inv* announcement.

fais [fɛ] → **faire**.

faisable [fəzabl] *adj* feasible.

faisan [fəzɑ̃] *nm* pheasant.

faisant [fəzɑ̃] *ppr* → **faire**.

faisons [fəzɔ̃] → **faire**.

fait, e [fɛ, fɛt] *pp* → **faire**. ◆ *adj* *(tâche)* done ; *(objet, lit)* made ; *(fromage)* ripe. ◆ *nm* fact ; **(c'est) bien ~!** it serves you/him right! ; **~ s divers** minor news stories ; **au ~ (à propos)** by the way ; **du ~ de** because of ; **en ~** in fact ; **prendre qqn sur le ~** to catch sb in the act.

faites [fɛt] → **faire**.

fait-tout [fɛtu] *nm inv* cooking pot.

falaise [falɛz] *nf* cliff.

falloir [falwar] *v impers* : **il faut du courage pour faire ça** you need courage to do that ; **il faut y aller** OU **que nous y allions** we must go ; **il me faut 2 kilos d'oranges** I want 2 kilos of oranges.

fallu [faly] *pp* → falloir.

falsifier [falsifje] *vt* (document, écriture) to forge.

fameux, euse [famø, øz] *adj* (célèbre) famous ; (très bon) great.

familial, e, aux [familjal, o] *adj* (voiture, ennuis) family.

familiarité [familjarite] *nf* familiarity.

familier, ère [familje, ɛr] *adj* familiar ; (langage, mot) colloquial.

famille [famij] *nf* family ; **en ~** with one's family ; **j'ai de la ~ à Paris** I have relatives in Paris.

fan [fan] *nmf fam* fan.

fanatique [fanatik] *adj* fanatical. ◆ *nmf* fanatic.

fané, e [fane] *adj* (fleur) withered ; (couleur, tissu) faded.

faner [fane] : **se faner** *vp* (fleur) to wither.

fanfare [fɑ̃far] *nf* brass band.

fanfaron, onne [fɑ̃farɔ̃, ɔn] *adj* boastful.

fantaisie [fɑ̃tezi] *nf* (imagination) imagination ; (caprice) whim ; **bijoux ~** costume jewellery.

fantastique [fɑ̃tastik] *adj* fantastic ; (littérature, film) fantasy.

fantôme [fɑ̃tom] *nm* ghost.

far [far] *nm* : **~ breton** Breton custard tart with prunes.

farce [fars] *nf* (plaisanterie) practical joke ; CULIN stuffing ; **faire une ~ à qqn** to play a trick on sb.

farceur, euse [farsœr, øz] *nm, f* practical joker.

farci, e [farsi] *adj* stuffed.

fard [far] *nm* : **~ à joues** blusher ; **~ à paupières** eyeshadow.

farfelu, e [farfəly] *adj* weird.

farine [farin] *nf* flour.

farouche [faruʃ] *adj* (animal) wild ; (enfant) shy ; (haine, lutte) fierce.

fascinant, e [fasinɑ̃, ɑ̃t] *adj* fascinating.

fasciner [fasine] *vt* to fascinate.

fasse *etc* → faire.

fatal, e [fatal] *adj* (mortel) fatal ; (inévitable) inevitable.

fatalement [fatalmɑ̃] *adv* inevitably.

fataliste [fatalist] *adj* fatalistic.

fatigant, e [fatigɑ̃, ɑ̃t] *adj* tiring ; (agaçant) tiresome.

fatigue [fatig] *nf* tiredness.

fatigué, e [fatige] *adj* tired.

fatiguer [fatige] *vt* to tire (out) ; (agacer) to annoy. ◻ **se fatiguer** *vp* to get tired ; **se ~ à faire qqch** to wear o.s. out doing sthg.

faubourg [fobur] *nm* suburb.

faucher [foʃe] *vt* (blé) to cut ; (piéton, cycliste) to run down ; *fam* (voler) to pinch.

faudra [fodra] → falloir.

faufiler [fofile] : **se faufiler** *vp* to slip in.

faune [fon] *nf* fauna.

fausse → faux.

fausser [fose] *vt* (résultat) to distort ; (clef) to bend ; (mécanisme) to damage.

faut [fo] → falloir.

faute [fot] nf mistake ; *(responsabilité)* fault.

fauteuil [fotœj] nm armchair ; *(de cinéma, de théâtre)* seat ; ~ à bascule rocking chair ; ~ roulant wheelchair.

fauve [fov] nm big cat.

faux, fausse [fo, fos] adj *(incorrect)* wrong ; *(artificiel)* false ; *(billet)* fake. ◆ adv *(chanter, jouer)* out of tune.

faux-filet, s [fofile] nm sirloin.

faveur [favœr] nf *(service)* favour ; en ~ de in favour of.

favorable [favorabl] adj favourable ; être ~ à to be favourable to.

favori, ite [favori, it] adj favourite.

favoriser [favorize] vt *(personne)* to favour ; *(situation)* to help.

fax [faks] nm fax.

faxer [fakse] vt to fax.

féculent [fekylã] nm starchy food.

fédéral, e, aux [federal, o] adj federal.

fédération [federasjɔ̃] nf federation.

fée [fe] nf fairy.

feignant, e [fɛɲã, ãt] adj fam lazy.

feinte [fɛ̃t] nf *(ruse)* ruse ; SPORT dummy.

fêler [fele] : se fêler vp to crack.

félicitations [felisitasjɔ̃] nfpl congratulations.

féliciter [felisite] vt to congratulate.

félin [felɛ̃] nm cat.

femelle [fəmel] nf female.

féminin, e [feminɛ̃, in] adj feminine ; *(mode, travail)* women's.

femme [fam] nf woman ; *(épouse)* wife ; ~ de chambre chambermaid ; ~ de ménage cleaning woman.

fendant [fũdã] nm white wine from the Valais region of Switzerland.

fendre [fãdr] vt *(vase, plat)* to crack ; *(bois)* to split.

fenêtre [fənɛtr] nf window.

fenouil [fənuj] nm fennel.

fente [fãt] nf *(fissure)* crack ; *(de tirelire, de distributeur)* slot.

fer [fɛr] nm iron ; ~ à cheval horseshoe ; ~ forgé wrought iron ; ~ à repasser iron.

fera etc → **faire**.

féra [fera] nf fish from Lake Geneva.

fer-blanc [fɛrblã] nm tin.

férié [ferje] adj m → **jour**.

ferme [ferm] adj firm. ◆ nf farm.

fermé, e [ferme] adj closed ; *(caractère)* introverted.

fermement [fermǝmã] adv firmly.

fermenter [fermãte] vi to ferment.

fermer [ferme] vt to shut, to close ; *(magasin, société)* to close down ; *(électricité, radio)* to turn off, to switch off. ◆ vi to close, to shut ; ~ qqch à clef to lock sthg. ❏ se fermer vp to shut, to close ; *(vêtement)* to do up.

fermeté [fermǝte] nf firmness.

fermeture [fermǝtyr] nf closing ; *(mécanisme)* fastener ; '~ annuelle' 'annual closing' ; ~ Éclair® zip *(Br)*, zipper *(Am)*.

fermier, ère [fermje, ɛr] nm, f farmer.

fermoir [fɛrmwar] nm clasp.

féroce [feros] adj ferocious.

ferraille [fɛraj] nf scrap iron.

ferrée [fere] adj f → **voie**.

ferroviaire [fɛrɔvjɛr] adj rail.

ferry [feri] (pl **ferries**) nm ferry.

fertile [fɛrtil] adj fertile.

fesse [fɛs] nf buttock. ❑ **fesses** nfpl bottom (sg).

fessée [fese] nf spanking.

festin [fɛstɛ̃] nm feast.

festival [fɛstival] nm festival.

FESTIVAL D'AVIGNON

Founded in 1947 by Jean Vilar, a leading French theatre director, this festival takes place each year in and around the town of Avignon in southeast France. As well as important new plays and dance pieces performed here for the first time before touring France, more informal street performances take place throughout the town.

FESTIVAL DE CANNES

During this international film festival held each year in May in this fashionable seaside resort in the south of France, prizes are awarded for acting, directing etc. The most sought-after prize is the Palme d'Or, given for the best film in the festival.

fête [fɛt] nf (congé) holiday ; (réception) party ; (kermesse) fair ; (jour du saint) saint's day ; **faire la ~** to party ; **~ foraine** funfair ; **~ des Mères** Mother's day ; **~ des Pères** Father's day ; **~ nationale** national

holiday. ❑ **fêtes** nfpl : **les ~ s (de fin d'année)** the Christmas holidays.

BONNE FÊTE!

In France each day is associated with certain saint. It is traditional to wish bonne fête (Happy Saint's Day) to people whose Christian name is the same as the saint for that day.

FÊTE DE LA MUSIQUE

This public event was started at the beginning of the 1980s to promote music in France. It takes place every year on 21 June when both professional and amateur musicians play in the streets. Every kind of music is present, from classical and jazz to rock, techno and rap.

fêter [fete] vt to celebrate.

feu, x [fø] nm fire ; (lumière) light ; **avez-vous du ~?** have you got a light? ; **faire du ~** to make a fire ; **à ~ doux** on a low flame ; **~ d'artifice** firework ; **~ de camp** campfire ; **~ rouge** red light ; **~ x de signalisation** OU **tricolores** traffic lights ; **~ x arrière** rear lights ; **~ x de croisement** dipped headlights ; **au ~!** fire! ; **en ~** (forêt, maison) on fire.

feuillage [fœjaʒ] nm foliage.

feuille [fœj] nf (d'arbre) leaf ; (de papier) sheet ; **~ morte** dead leaf.

feuilleté, e [fœjte] adj → **pâte**. ◆ nm dessert or savoury dish made from puff pastry.

feuilleter [fœjte] vt to flick through.

feuilleton [fœjtɔ̃] nm serial.

feutre [føtr] nm (stylo) felt-tip pen ; (chapeau) felt hat.

fève [fɛv] nf broad bean ; (de galette) charm put in a 'galette des Rois'.

février [fevrije] nm February → septembre.

fiable [fjabl] adj reliable.

fiançailles [fjɑ̃saj] nfpl engagement (sg).

fiancé, e [fjɑ̃se] nm, f fiancé (f fiancée).

fiancer [fjɑ̃se] : se fiancer vp to get engaged.

fibre [fibr] nf fibre.

ficeler [fisle] vt to tie up.

ficelle [fisɛl] nf string ; (pain) thin French stick.

fiche [fiʃ] nf (de carton, de papier) card ; TECH pin ; ~ de paie payslip.

ficher [fiʃe] vt (planter) to drive in ; fam (faire) to do ; fam (mettre) to stick ; fiche-moi la paix! fam leave me alone! ; fiche le camp! fam get lost! ❑ se ficher de vp + prép fam (ridiculiser) to make fun of ; je m'en fiche fam (ça m'est égal) I don't give a damn.

fichier [fiʃje] nm (boîte) card-index box ; INFORM file.

fichu, e [fiʃy] adj fam : c'est ~ (raté) that's blown it ; (cassé, abîmé) it's had it ; être mal ~ (malade) to feel rotten.

fidèle [fidɛl] adj loyal.

fidélité [fidelite] nf loyalty.

fier [fje] vp + prép (personne, instinct) to rely on.

fier, fière [fjɛr] adj proud ; être ~ de to be proud of.

fierté [fjɛrte] nf pride.

fièvre [fjɛvr] nf fever ; avoir de la ~ to have a (high) temperature.

fiévreux, euse [fjevrø, øz] adj feverish.

fig. (abr de figure) fig.

figé, e [fiʒe] adj (sauce) congealed ; (personne) motionless.

figer [fiʒe] : se figer vp (sauce) to congeal.

figue [fig] nf fig.

figure [figyr] nf (visage) face ; (schéma) figure.

figurer [figyre] vi to appear. ❑ se figurer vp : se ~ que to think that.

fil [fil] nm (à coudre) thread ; (du téléphone) wire ; ~ de fer wire.

file [fil] nf line ; (sur la route) lane ; ~ (d'attente) queue (Br), line (Am) ; à la ~ in a row ; en ~ (indienne) in single file.

filer [file] vt (collant) to ladder (Br), to put a run in (Am). ◆ vi (aller vite) to fly ; fam (partir) to dash off ; ~ qqch à qqn fam to slip sb sthg.

filet [filɛ] nm net ; (de poisson, de bœuf) fillet ; (d'eau) trickle ; ~ américain Belg steak tartare ; ~ mignon small good-quality cut of beef.

filiale [filjal] nf subsidiary.

filière [filjɛr] nf SCOL : ~ scientifique science subjects.

fille [fij] nf girl ; (descendante) daughter.

fillette [fijɛt] nf little girl.

filleul, e [fijœl] nm, f godchild.

film [film] nm film ; ~ d'horreur OU d'épouvante horror film ; ~ vidéo video.

filmer [filme] vt to film.

fils [fis] nm son.

filtre [filtr] nm filter.

filtrer [filtre] vt to filter.

fin, e [fɛ̃, fin] adj (couche, tranche) thin ; (sable, cheveux) fine ; (délicat) delicate ; (subtil) shrewd. ◆ nf end ; **~ juillet** at the end of July ; **à la ~ (de)** at the end (of).

final, e, als OU **aux** [final, o] adj final.

finale [final] nf final.

finalement [finalmɑ̃] adv finally.

finaliste [finalist] nmf finalist.

finance [finɑ̃s] nf : **la ~** (profession) finance ; **les ~ s** (publiques) public funds ; fam (d'un particulier) finances.

financement [finɑ̃smɑ̃] nm funding.

financer [finɑ̃se] vt to finance.

financier, ère [finɑ̃sje, ɛr] adj financial. ◆ nm (gâteau) small cake made with almonds and candied fruit.

finesse [fines] nf subtlety.

finir [finir] vt & vi to finish. ◆ vi to end ; **~ bien** to have a happy ending ; **~ par** faire qqch to end up doing sthg.

finlandais, e [fɛ̃lɑ̃dɛ, ez] adj Finnish. ◆ nm = **finnois**. ❏ **Finlandais, e** nm, f Finn.

Finlande [fɛ̃lɑ̃d] nf : **la ~** Finland.

finnois [finwa] nm Finnish.

fioul [fjul] nm fuel.

fisc [fisk] nm ≃ Inland Revenue (Br), ≃ Internal Revenue (Am).

fiscal, e, aux [fiskal, o] adj tax.

fissure [fisyr] nf crack.

fissurer [fisyre] : **se fissurer** vp to crack.

fixation [fiksasjɔ̃] nf (de ski) binding.

fixe [fiks] adj fixed.

fixer [fikse] vt (attacher) to fix ; (regarder) to stare at.

flacon [flakɔ̃] nm small bottle.

flageolet [flaʒɔle] nm flageolet bean.

flagrant, e [flagrɑ̃, ɑ̃t] adj blatant ; **en ~ délit** in the act.

flair [flɛr] nm sense of smell ; **avoir du ~** fig to have flair.

flairer [flɛre] vt to smell ; fig (deviner) to scent.

flamand, e [flamɑ̃, ɑ̃d] adj Flemish. ◆ nm (langue) Flemish.

flambé, e [flɑ̃be] adj served in alcohol which has been set on fire.

flamber [flɑ̃be] vi to burn.

flamiche [flamiʃ] nf savoury tart.

flamme [flam] nf flame ; **en ~ s** in flames.

flan [flɑ̃] nm flan.

flanc [flɑ̃] nm flank.

flâner [flane] vi to stroll.

flanquer [flɑ̃ke] vt (entourer) to flank ; fam (mettre) to stick.

flaque [flak] nf puddle.

flash, s OU **es** [flaʃ] nm (d'appareil photo) flash ; (d'information) newsflash.

flatter [flate] vt to flatter.

fléau, x [fleo] nm (catastrophe) natural disaster.

flèche [flɛʃ] nf arrow.

fléchette [fleʃet] nf dart.

fléchir [fleʃir] vt & vi to bend.

flemme [flɛm] nf fam : **j'ai la ~** (de faire qqch) I can't be bothered (to do sthg).

flétri, e [fletri] adj withered.

fleur [flœr] nf flower ; (d'arbre)

blossom ; **en ~ (s)** *(plante)* in flower ; *(arbre)* in blossom.

fleuri, e [flœri] *adj (tissu, motif)* flowered ; *(jardin)* in flower.

fleurir [flœrir] *vi* to flower.

fleuriste [flœrist] *nmf* florist.

fleuve [flœv] *nm* river.

flexible [flɛksibl] *adj* flexible.

flic [flik] *nm fam* cop.

flipper [flipœr] *nm* pin-ball machine.

flirter [flœrte] *vi* to flirt.

flocon [flɔkɔ̃] *nm* : **~ de neige** snowflake ; **~ s d'avoine** oatmeal.

flore [flɔr] *nf* flora ; *(livre)* guide to flowers.

flot [flo] *nm* stream.

flottante [flɔtɑ̃t] *adj* **f →** **île**.

flotte [flɔt] *nf (de navires)* fleet ; *fam (pluie)* rain ; *fam (eau)* water.

flotter [flɔte] *vi* to float.

flotteur [flɔtœr] *nm* float.

flou, e [flu] *adj (photo)* blurred ; *(idée, souvenir)* vague.

fluide [flɥid] *adj* fluid ; *(circulation)* flowing freely. ◆ *nm* fluid.

fluo [flyo] *adj inv* fluorescent.

fluor [flyɔr] *nm* fluorine.

fluorescent, e [flyɔresɑ̃, ɑ̃t] *adj* fluorescent.

flûte [flyt] *nf (pain)* French stick ; *(verre)* flute ; **~ (à bec)** recorder. ◆ *excl* bother!

FM *nf* FM.

FNAC [fnak] *nf* chain of large stores selling books, records, audio and video equipment.

foi [fwa] *nf* faith ; **être de bonne ~** to be sincere ; **être de mauvaise ~** to be insincere.

foie [fwa] *nm* liver ; **~ gras** foie gras, duck or goose liver.

foin [fwɛ̃] *nm* hay.

foire [fwar] *nf (marché)* fair ; *(exposition)* trade fair.

fois [fwa] *nf* time ; **une ~** once ; **deux ~** twice ; **trois ~** three times ; **à la ~** at the same time ; **des ~** *(parfois)* sometimes ; **une ~ que tu auras mangé** once you have eaten.

folie [fɔli] *nf* madness ; **faire une ~** *(dépenser)* to be extravagant.

folklore [fɔlklɔr] *nm* folklore.

folklorique [fɔlklɔrik] *adj* folk.

folle → **fou.**

foncé, e [fɔ̃se] *adj* dark.

foncer [fɔ̃se] *vi (s'assombrir)* to darken ; *fam (aller vite)* to get a move on ; **~ dans** to crash into ; **~ sur** to rush towards.

fonction [fɔ̃ksjɔ̃] *nf* function ; *(métier)* post ; **en ~ de** according to.

fonctionnaire [fɔ̃ksjɔnɛr] *nmf* civil servant.

fonctionnel, elle [fɔ̃ksjɔnɛl] *adj* functional.

fonctionnement [fɔ̃ksjɔnmɑ̃] *nm* working.

fonctionner [fɔ̃ksjɔne] *vi* to work ; **faire ~ qqch** to make sthg work.

fond [fɔ̃] *nm (d'un puits, d'une boîte)* bottom ; *(d'une salle)* far end ; *(d'une photo, d'un tableau)* background ; **au ~, dans le ~** *(en réalité)* in fact ; **au ~ de** *(salle)* at the back of ; *(valise)* at the bottom of ; **~ d'artichaut** artichoke heart ; **~ de teint** foundation.

fondamental, e, aux [fɔ̃damɑ̃tal, o] *adj* basic.

fondant, e [fɔ̃dɑ̃, ɑ̃t] *adj* which melts in the mouth. ◆ *nm* : **~ au chocolat** chocolate cake that melts in the mouth.

fondation

fondation [fɔ̃dasjɔ̃] nf foundation. ❑ **fondations** nfpl (d'une maison) foundations.

fonder [fɔ̃de] vt (société) to found ; (famille) to start. ❑ **se fonder sur** vp + prép (suj : personne) to base one's opinion on ; (suj : raisonnement) to be based on.

fondre [fɔ̃dr] vi to melt ; ~ **en larmes** to burst into tears.

fonds [fɔ̃] nmpl (argent) funds.

fondue [fɔ̃dy] nf : ~ **bourguignonne** meat fondue ; ~ **savoyarde** cheese fondue.

font [fɔ̃] → **faire**.

fontaine [fɔ̃tɛn] nf fountain.

fonte [fɔ̃t] nf (métal) cast iron ; (des neiges) thaw.

foot(ball) [fut(bol)] nm football.

footballeur [futbolœr] nm footballer.

footing [futiŋ] nm jogging ; **faire un ~** to go jogging.

forain, e [fɔrɛ̃, ɛn] adj → **fête**. ◆ nm fairground worker.

force [fɔrs] nf strength ; (violence) force ; ~ **s** (physiques) strength ; **de ~** by force ; **à ~ de faire qqch** through doing sthg.

forcément [fɔrsemɑ̃] adv inevitably ; **pas ~** not necessarily.

forcer [fɔrse] vt (porte) to force. ◆ vi (faire un effort physique) to strain o.s. ; ~ **qqn à faire qqch** to force sb to do sthg. ❑ **se forcer** vp : **se ~ (à faire qqch)** to force o.s. (to do sthg).

forêt [fɔrɛ] nf forest.

forêt-noire [fɔrɛnwar] (pl **forêts-noires**) nf Black Forest gâteau.

forfait [fɔrfɛ] nm (abonnement) season ticket ; (de ski) ski pass ;

(de location de voiture) basic rate ; **déclarer** ~ to withdraw.

forfaitaire [fɔrfɛter] adj inclusive.

forgé [fɔrʒe] adj m → **fer**.

forger [fɔrʒe] vt (fer) to forge.

formalités [fɔrmalite] nfpl formalities.

format [fɔrma] nm size.

formater [fɔrmate] vt to format.

formation [fɔrmasjɔ̃] nf (apprentissage) training ; (de roches, de mots) formation.

forme [fɔrm] nf shape, form ; **en ~ de T** T-shaped ; **être en (pleine) ~** to be on (top) form.

former [fɔrme] vt (créer) to form ; (éduquer) to train. ❑ **se former** vp (naître) to form ; (s'éduquer) to train o.s.

formidable [fɔrmidabl] adj great.

formulaire [fɔrmyler] nm form.

formule [fɔrmyl] nf formula ; (de restaurant) menu.

fort, e [fɔr, fɔrt] adj strong ; (gros) large ; (doué) bright. ◆ adv (parler) loudly ; (sentir) strongly ; (pousser) hard.

forteresse [fɔrtəres] nf fortress.

fortifications [fɔrtifikasjɔ̃] nfpl fortifications.

fortifier [fɔrtifje] vt to fortify.

fortune [fɔrtyn] nf fortune ; **faire ~** to make one's fortune.

fosse [fos] nf pit.

fossé [fose] nm ditch.

fossette [fosɛt] nf dimple.

fossile [fosil] nm fossil.

fou, folle [fu, fɔl] adj mad ; (extraordinaire) amazing. ◆ nm, f madman (f madwoman). ◆

(aux échecs) bishop ; **(avoir le) ~ rire** (to be in fits of) uncontrollable laughter.

foudre [fudr] *nf* lightning.

foudroyant, e [fudrwajɑ̃, ɑ̃t] *adj (poison, maladie)* lethal.

foudroyer [fudrwaje] *vt* to strike.

fouet [fwɛ] *nm* whip ; CULIN whisk ; **de plein ~** head-on.

fouetter [fwete] *vt* to whip ; CULIN to whisk.

fougère [fuʒɛr] *nf* fern.

fouiller [fuje] *vt* to search.

fouillis [fuji] *nm* muddle.

foulard [fular] *nm* scarf.

foule [ful] *nf* crowd.

fouler [fule] : **se fouler** *vp* : **se ~ la cheville** to sprain one's ankle.

foulure [fulyr] *nf* sprain.

four [fur] *nm (de cuisinière, de boulanger)* oven.

fourche [furʃ] *nf* pitchfork ; *(carrefour)* fork ; **Belg** *(heure libre)* free period.

fourchette [furʃɛt] *nf* fork ; *(de prix)* range.

fourchu, e [furʃy] *adj* : **avoir les cheveux ~ s** to have split ends.

fourgon [furgɔ̃] *nm* van.

fourgonnette [furgɔnɛt] *nf* small van.

fourmi [furmi] *nf* ant.

fourmilière [furmiljɛr] *nf* anthill.

fourneau, x [furno] *nm* stove.

fournir [furnir] *vt (effort)* to make ; **~ qqch à qqn** *(marchandises)* to supply sb with sthg ; *(preuve, argument)* to provide sb with sthg.

fournisseur, euse [furnisœr, øz]

nm, f supplier ; *INFORM* **~ d'accès service provider.**

fournitures [furnityr] *nfpl* supplies.

fourré, e [fure] *adj (vêtement)* lined ; *(crêpe)* filled.

fourrer [fure] *vt (crêpe)* to fill ; *fam (mettre)* to stick. ❏ **se fourrer** *vp fam (se mettre)* to put o.s.

fourre-tout [furtu] *nm inv (sac)* holdall.

fourrière [furjɛr] *nf* pound.

fourrure [furyr] *nf* fur.

foyer [fwaje] *nm (d'une cheminée)* hearth ; *(domicile)* home ; *(pour délinquants)* hostel ; **femme/mère au ~** housewife.

fracasser [frakase] : **se fracasser** *vp* to smash.

fraction [fraksjɔ̃] *nf* fraction.

fracture [fraktyr] *nf* fracture.

fracturer [fraktyre] *vt (porte, coffre)* to break open. ❏ **se fracturer** *vp* : **se ~ le crâne** to fracture one's skull.

fragile [fraʒil] *adj* fragile ; *(santé)* delicate.

fragment [fragmɑ̃] *nm* fragment.

fraîche → frais.

fraîcheur [frɛʃœr] *nf* coolness ; *(d'un aliment)* freshness.

frais, fraîche [frɛ, frɛʃ] *adj (froid)* cool ; *(aliment)* fresh. ◆ *nmpl (dépenses)* expenses, costs. ◆ *nm* : **mettre qqch au ~** to put sthg in a cool place ; **'servir ~'** 'serve chilled'.

fraise [frɛz] *nf* strawberry.

fraisier [frɛzje] *nm* strawberry plant ; *(gâteau)* strawberry sponge.

framboise [frãbwaz] *nf* raspberry.

franc, franche [frã, frãʃ] *adj* frank. ◆ *nm* franc ; ~ **suisse** Swiss franc.

français, e [frãse, ez] *adj* French. ◆ *nm* (*langue*) French. ❏ **Français, e** *nm, f* Frenchman (f Frenchwoman) ; **les Français** the French.

France [frãs] *nf* : **la ~ France** ; ~ **2** state-owned television channel ; ~ **3** state-owned television channel ; ~ **Télécom** French state-owned telecommunications organization.

franche → **franc**.

franchement [frãʃmã] *adv* frankly ; (*très*) completely.

franchir [frãʃir] *vt* (*frontière*) to cross ; (*limite*) to exceed.

franchise [frãʃiz] *nf* frankness ; (*d'assurance*) excess ; (*de location automobile*) collision damage waiver.

francophone [frãkɔfɔn] *adj* French-speaking.

frange [frãʒ] *nf* fringe ; **à ~ s** fringed.

frangipane [frãʒipan] *nf* (*crème*) almond paste.

frappant, e [frapã, ãt] *adj* striking.

frappé, e [frape] *adj* (*frais*) chilled.

frapper [frape] *vt* to hit ; (*impressionner, affecter*) to strike. ◆ *vi* to strike ; ~ **un coup** to knock ; (*à la porte*) to knock (at the door) ; ~ **dans ses mains** to clap one's hands.

fraude [frod] *nf* fraud ; **passer qqch en ~** to smuggle sthg through customs.

frayer [freje] : **se frayer** *vp* : **se ~ un chemin** to force one's way.

frayeur [frejœr] *nf* fright.

fredonner [frədɔne] *vt* to hum.

freezer [frizœr] *nm* freezer compartment.

frein [frɛ̃] *nm* brake ; ~ **à main** handbrake (Br), parking brake (Am).

freiner [frene] *vt* (*élan, personne*) to restrain. ◆ *vi* to brake.

frémir [fremir] *vi* to tremble.

fréquence [frekãs] *nf* frequency.

fréquent, e [frekã, ãt] *adj* frequent.

fréquenter [frekãte] *vt* (*personnes*) to mix with ; (*endroit*) to visit.

frère [frer] *nm* brother.

fresque [fresk] *nf* fresco.

friand [frijã] *nm* savoury tartlet.

friandise [frijãdiz] *nf* delicacy.

fric [frik] *nm fam* cash.

fricassée [frikase] *nf* fricassee.

frictionner [friksjɔne] *vt* to rub.

Frigidaire® [friʒider] *nm* fridge.

frigo [frigo] *nm fam* fridge.

frileux, euse [frilø, øz] *adj* sensitive to the cold.

frimer [frime] *vi fam* to show off.

fripé, e [fripe] *adj* wrinkled.

frire [frir] *vt & vi* to fry.

frisé, e [frize] *adj* (*personne*) curly-haired ; (*cheveux*) curly.

frisée [frize] *nf* curly endive.

friser [frize] *vi* to curl.

frisson [frisɔ̃] *nm* shiver ; **avoir des ~ s** to have the shivers.

frissonner [frisɔne] *vi* to shiver.

frit, e [fri, frit] *pp* → **frire**. ◆ *adj* fried.

frites [frit] *nfpl* : (pommes) ~ chips *(Br)*, French fries *(Am)*.

friteuse [fritøz] *nf* deep fat fryer.

friture [frityr] *nf* oil ; *(poissons)* fried fish ; *(parasites)* interference.

froid, e [frwa, frwad] *adj* & *nm* cold. ◆ *adv* : **avoir** : **avoir** ~ to be cold.

froidement [frwadmɑ̃] *adv* coldly.

froisser [frwase] *vt* to crumple ; *fig (vexer)* to offend. ❑ **se froisser** *vp* to crease ; *fig (se vexer)* to take offence.

frôler [frole] *vt* to brush against.

fromage [frɔmaʒ] *nm* cheese ; ~ **blanc** fromage frais ; ~ **de tête** brawn *(Br)*, headcheese *(Am)*.

FROMAGE

There are about 350 types of French cheese, which can be divided into soft cheeses (such as Camembert, Brie and Pont-l'Évêque), hard cheeses (such as Tomme and Comté) and blue cheeses (such as Bleu d'Auvergne), all made from cow's milk. There are also many cheeses made from goat's milk and sheep's milk. In France cheese is eaten with bread before dessert.

fronce [frɔ̃s] *nf* gather.

froncer [frɔ̃se] *vt (vêtement)* to gather ; ~ **les sourcils** to frown.

fronde [frɔ̃d] *nf* sling.

front [frɔ̃] *nm* forehead ; *(des combats)* front ; **de** ~ *(de face)* head-on ; *(côte à côte)* abreast ; *(en même temps)* at the same time.

frontière [frɔ̃tjer] *nf* border.

frottement [frɔtmɑ̃] *nm* friction.

frotter [frɔte] *vt (tache)* to rub ; *(meuble)* to polish ; *(allumette)* to strike. ◆ *vi* to rub.

fruit [frɥi] *nm* fruit ; ~ **s confits** candied fruit *(sg)* ; ~ **s de mer** seafood *(sg)*.

fruitier [frɥitje] *adj m* → **arbre**.

fugue [fyg] *nf* : **faire une** ~ to run away.

fuir [fɥir] *vi* to flee ; *(robinet, eau)* to leak.

fuite [fɥit] *nf* flight ; *(d'eau, de gaz)* leak ; **être en** ~ to be on the run ; **prendre la** ~ to take flight.

fumé, e [fyme] *adj* smoked.

fumée [fyme] *nf* smoke ; *(vapeur)* steam.

fumer [fyme] *vt* to smoke. ◆ *vi (personne)* to smoke ; *(liquide)* to steam.

fumeur, euse [fymœr, øz] *nm, f* smoker.

fumier [fymje] *nm* manure.

funambule [fynɑ̃byl] *nmf* tightrope walker.

funèbre [fynebr] *adj* → **pompe**.

funérailles [fyneraj] *nfpl* sout funeral *(sg)*.

funiculaire [fynikyler] *nm* funicular railway.

fur [fyr] : **au fur et à mesure** *adv* as I/you etc go along ; **au** ~ **et à mesure que** as.

fureur [fyrœr] *nf* fury.

furieux, euse [fyrjø, øz] *adj* furious.

furoncle [fyrɔ̃kl] *nm* boil.

fuseau, x [fyzo] *nm (pantalon)* ski-pants *(pl)* ; ~ **horaire** time zone.

fusée [fyze] *nf* rocket.

fusible [fyzibl] *nm* fuse.

fusil [fyzi] *nm* gun.

fusillade [fyzijad] *nf* gunfire.

fusiller [fyzije] *vt* to shoot.

futé, e [fyte] *adj* smart.

futile [fytil] *adj* frivolous.

futur, e [fytyr] *adj* future. ◆ *nm* (*avenir*) future ; GRAMM future (tense).

G

gâcher [ɡaʃe] *vt* (*détruire*) to spoil ; (*gaspiller*) to waste.

gâchette [ɡaʃɛt] *nf* trigger.

gâchis [ɡaʃi] *nm* waste.

gadget [ɡadʒɛt] *nm* gadget.

gaffe [ɡaf] *nf* : faire une ~ to put one's foot in it ; faire ~ (à qqch) *fam* to be careful (of sthg).

gag [ɡaɡ] *nm* gag.

gage [ɡaʒ] *nm* (*dans un jeu*) forfeit ; (*assurance, preuve*) proof.

gagnant, e [ɡaɲɑ̃, ɑ̃t] *adj* winning. ◆ *nm, f* winner.

gagner [ɡaɲe] *vt* (*concours, course, prix*) to win ; (*argent*) to earn ; (*temps, place*) to save ; (*atteindre*) to reach. ◆ *vi* to win ; (bien) ~ sa vie to earn a (good) living.

gai, e [ɡe] *adj* cheerful ; (*couleur, pièce*) bright.

gaiement [ɡemɑ̃] *adv* cheerfully.

gaieté [ɡete] *nf* cheerfulness.

gain [ɡɛ̃] *nm* (*de temps, d'espace*) saving. ❑ **gains** *nmpl* (*salaire*) earnings ; (*au jeu*) winnings.

gaine [ɡɛn] *nf* (*étui*) sheath ; (*sous-vêtement*) girdle.

gala [ɡala] *nm* gala.

galant [ɡalɑ̃] *adj m* gallant.

galerie [ɡalʀi] *nf* (*passage couvert*) gallery ; (à bagages) roof rack ; ~ d'art art gallery ; ~ marchande shopping centre (Br), shopping mall (Am).

galet [ɡalɛ] *nm* pebble.

galette [ɡalɛt] *nf* (*gâteau*) flat cake ; (*crêpe*) pancake ; ~ bretonne (*biscuit*) all-butter shortcake biscuit, speciality of Brittany.

GALETTE DES ROIS

This large round pastry, often filled with almond paste, is traditionally eaten on Twelfth Night, 6 January. It contains a small porcelain figurine (the *fève*). The cake is shared out and the person who finds the *fève* becomes the king or queen and is given a cardboard crown to wear.

Galles [ɡal] *n* → **pays**.

gallois, e [ɡalwa, az] *adj* Welsh. ❑ **Gallois, e** *nm, f* Welshman (f Welshwoman) ; **les Gallois** the Welsh.

galon [ɡalɔ̃] *nm* (*ruban*) braid ; MIL stripe.

galop [ɡalo] *nm* : aller/partir au ~ (*cheval*) to gallop along/off.

galoper [ɡalɔpe] *vi* (*cheval*) to gallop ; (*personne*) to run about.

gambader [ɡɑ̃bade] *vi* to leap about.

gambas [ɡɑ̃bas] *nfpl* large prawns.

gamelle [gamɛl] *nf* mess tin *(Br)*, kit *(Am)*.

gamin, e [gamɛ̃, in] *nm, f fam* kid.

gamme [gam] *nf* MUS scale ; *(choix)* range.

ganglion [gɑ̃glijɔ̃] *nm* : **avoir des ~ s** to have swollen glands.

gangster [gɑ̃gstɛr] *nm* gangster.

gant [gɑ̃] *nm (de laine, de boxe, de cuisine)* glove ; **~ de toilette** ≃ flannel *(Br)*, facecloth *(Am)*.

garage [garaʒ] *nm* garage.

garagiste [garaʒist] *nm (propriétaire)* garage owner ; *(mécanicien)* mechanic.

garantie [garɑ̃ti] *nf* guarantee.

garantir [garɑ̃tir] *vt* to guarantee ; **~ qqch à qqn** to guarantee sb sthg ; **~ à qqn que** to guarantee sb that.

garçon [garsɔ̃] *nm* boy ; *(homme)* young man ; **~ (de café)** waiter.

garde¹ [gard] *nm* guard ; **~ du corps** bodyguard.

garde² [gard] *nf (d'un endroit)* guarding ; *(d'enfants)* care ; *(soldats)* guard ; **mettre qqn en ~ (contre)** to put sb on their guard (against) ; **prendre ~ (à qqch)** to be careful (of sthg) ; **de ~ *(médecin)*** on duty ; **pharmacie de ~** duty chemist's.

garde-barrière [gard(ə)barjɛr] *(pl* **gardes-barrière(s)***) nmf* level crossing keeper *(Br)*, grade crossing keeper *(Am)*.

garde-boue [gardəbu] *nm inv* mudguard.

garde-chasse [gardəʃas] *(pl* **gardes-chasse(s)***) nm* gamekeeper.

garde-fou, s [gardəfu] *nm* railing.

garder [garde] *vt* to keep ; *(vête-*

ment) to keep on ; *(enfant, malade)* to look after ; *(lieu, prisonnier)* to guard ; *(souvenir, impression)* to have. ❑ **se garder** *vp (aliment)* to keep.

garderie [gardəri] *nf (day)* nursery *(Br)*, day-care center *(Am)* ; *(d'entreprise)* crèche.

garde-robe, s [gardərɔb] *nf* wardrobe.

gardien, enne [gardjɛ̃, ɛn] *nm, f (de musée)* attendant ; *(de prison)* warder *(Br)*, guard *(Am)* ; *(d'immeuble)* caretaker *(Br)*, janitor *(Am)* ; **~ de but** goalkeeper ; **~ de nuit** nightwatchman.

gare [gar] *nf* station. ◆ *excl* : **~ à toi!** *(menace)* watch it! ; **entrer en ~** to pull into the station ; **~ routière** bus station.

garer [gare] *vt* to park. ❑ **se garer** *vp (dans un parking)* to park.

gargouille [garguj] *nf* gargoyle.

gargouiller [garguje] *vi (tuyau)* to gurgle ; *(estomac)* to rumble.

garnement [garnəmɑ̃] *nm* rascal.

garni, e [garni] *adj (plat)* served with vegetables.

garnir [garnir] *vt* : **~ qqch de qqch** *(décorer)* to decorate sthg with sthg ; *(équiper)* to fit sthg out with sthg.

garniture [garnityr] *nf (légumes)* vegetables *(accompanying main dish)* ; *(décoration)* trimming.

gars [ga] *nm fam* guy.

gas-oil [gazɔjl] *nm* = **gazole**.

gaspillage [gaspijaʒ] *nm* waste.

gaspiller [gaspije] *vt* to waste.

gastronomique [gastrɔnɔmik] *adj (guide)* gastronomic ; *(restaurant)* gourmet.

gâté, e [gate] *adj (fruit, dent)* rotten.

gâteau, x [gato] *nm* cake ; **~ sec** biscuit *(Br)*, cookie *(Am)*.

gâter [gate] *vt (enfant)* to spoil. ❏ **se gâter** *vp (fruit)* to go bad ; *(dent)* to decay ; *(temps, situation)* to get worse.

gâteux, euse [gatø, øz] *adj* senile.

gauche [goʃ] *adj* left ; *(maladroit)* awkward. ◆ *nf* : **la ~** the left ; POL the left *(wing)* ; **à ~ (de)** on the left *(of)* ; **de ~** *(du côté gauche)* lefthand.

gaucher, ère [goʃe, ɛr] *adj* lefthanded.

gaufre [gofr] *nf* waffle.

gaufrette [gofrɛt] *nf* wafer.

gaver [gave] *vt* : **~ qqn de qqch** *(aliments)* to fill sb full of sthg.

gaz [gaz] *nm inv* gas.

gaze [gaz] *nf* gauze.

gazeux, euse [gazø, øz] *adj (boisson, eau)* fizzy.

gazinière [gazinjɛr] *nf* gas stove.

gazole [gazɔl] *nm* diesel (oil).

gazon [gazɔ̃] *nm (herbe)* grass ; *(terrain)* lawn.

GB *(abr de Grande-Bretagne)* GB.

géant, e [ʒeɑ̃, ɑ̃t] *adj (grand)* gigantic ; COMM *(paquet)* giant. ◆ *nm, f* giant.

gel [ʒɛl] *nm (glace)* frost ; *(à cheveux, dentifrice)* gel.

gélatine [ʒelatin] *nf* CULIN gelatine.

gelée [ʒəle] *nf (glace)* frost ; *(de fruits)* jelly *(Br)* ; **en ~** in jelly.

geler [ʒəle] *vt* to freeze. ◆ *vi* to freeze ; *(avoir froid)* to be freezing ; **il gèle** it's freezing.

gélule [ʒelyl] *nf* capsule.

Gémeaux [ʒemo] *nmpl* Gemini *(sg)*.

gémir [ʒemir] *vi* to moan.

gênant, e [ʒenɑ̃, ɑ̃t] *adj (encombrant)* in the way ; *(embarrassant)* embarrassing.

gencive [ʒɑ̃siv] *nf* gum.

gendarme [ʒɑ̃darm] *nm* policeman.

GENDARMERIE

In France, while the police are especially present in larger towns, a military institution called the *gendarmerie* patrols the road network, small towns and the countryside. The *gendarmes* fulfill the same role as police officers, ensuring law and order and recording declarations of theft.

gendarmerie [ʒɑ̃darməri] *nf (gendarmes)* ≃ police force ; *(bureau)* ≃ police station.

gendre [ʒɑ̃dr] *nm* son-in-law.

gêne [ʒɛn] *nf (physique)* discomfort ; *(embarras)* embarrassment.

généalogique [ʒenealɔʒik] *adj* → **arbre**.

gêner [ʒene] *vt (déranger)* to bother ; *(embarrasser)* to embarrass ; *(encombrer)* : **~ qqn** to be in sb's way ; **ça vous gêne si ...?** do you mind if ...? ❏ **se gêner** *vp* : **ne te gêne pas** don't mind me.

général, e, aux [ʒeneral, o] *adj* & *nm* general ; **en ~** *(dans l'ensemble)* in general ; *(d'habitude)* generally.

généralement [ʒeneralmɑ̃] *adv* generally.

généraliste [ʒeneralist] *nm* : (**médecin**) ~ GP.

génération [ʒenerasjɔ̃] *nf* generation.

généreux, euse [ʒenerø, øz] *adj* generous.

générique [ʒenerik] *nm* credits (*pl*) ; *MÉD* generic drug.

générosité [ʒenerozite] *nf* generosity.

genêt [ʒənɛ] *nm* broom (*plant*).

génétique [ʒenetik] *adj* genetic.

Genève [ʒənɛv] *n* Geneva.

génial, e, aux [ʒenjal, o] *adj* brilliant.

génie [ʒeni] *nm* genius.

génoise [ʒenwaz] *nf* sponge.

génome [ʒenom] *nm* genome m.

genou, x [ʒənu] *nm* knee.

genre [ʒɑ̃r] *nm* kind, type ; *GRAMM* gender ; **un ~ de** a kind of.

gens [ʒɑ̃] *nmpl* people.

gentil, ille [ʒɑ̃ti, ij] *adj* nice ; (*serviable*) kind ; (*sage*) good.

gentillesse [ʒɑ̃tijɛs] *nf* kindness.

gentiment [ʒɑ̃timɑ̃] *adv* kindly ; (*sagement*) nicely ; *Helv* (*tranquillement*) quietly.

géographie [ʒeɔgrafi] *nf* geography.

géométrie [ʒeɔmetri] *nf* geometry.

géranium [ʒeranjɔm] *nm* geranium.

gérant, e [ʒerɑ̃, ɑ̃t] *nm, f* manager (*f* manageress).

gerbe [ʒɛrb] *nf* (*de blé*) sheaf ; (*de fleurs*) wreath ; (*d'étincelles*) shower.

gercé, e [ʒɛrse] *adj* chapped.

gérer [ʒere] *vt* to manage.

germain, e [ʒɛrmɛ̃, ɛn] *adj* → cousin.

germe [ʒɛrm] *nm* (*de plante*) sprout ; (*de maladie*) germ.

germer [ʒɛrme] *vi* to sprout.

gésier [ʒezje] *nm* gizzard.

geste [ʒɛst] *nm* movement ; (*acte*) gesture.

gesticuler [ʒɛstikyle] *vi* to gesticulate.

gestion [ʒɛstjɔ̃] *nf* management.

gibier [ʒibje] *nm* game.

giboulée [ʒibule] *nf* sudden shower.

gicler [ʒikle] *vi* to spurt.

gifle [ʒifl] *nf* slap.

gifler [ʒifle] *vt* to slap.

gigantesque [ʒigɑ̃tɛsk] *adj* gigantic ; (*extraordinaire*) enormous.

gigot [ʒigo] *nm* : **~ d'agneau/de mouton** leg of lamb/of mutton.

gigoter [ʒigɔte] *vi* to wriggle about.

gilet [ʒile] *nm* (*pull*) cardigan ; (*sans manches*) waistcoat (*Br*), vest (*Am*) ; **~ de sauvetage** life jacket.

gin [dʒin] *nm* gin.

gingembre [ʒɛ̃ʒɑ̃br] *nm* ginger.

girafe [ʒiraf] *nf* giraffe.

giratoire [ʒiratwar] *adj* → sens.

girofle [ʒirɔfl] *nm* → clou.

girouette [ʒirwet] *nf* weathercock.

gisement [ʒizmɑ̃] *nm* deposit.

gitan, e [ʒitɑ̃, an] *nm, f* gipsy.

gîte [ʒit] *nm* (*de bœuf*) shin (*Br*), shank (*Am*) ; **~ (rural)** gîte (*self-catering accommodation in the country*).

ⓘ

GÎTE RURAL

Often quite large converted farmhouses or outbuildings, *gîtes* can be rented out by holidaymakers as self-catering, furnished accommodations and are usually less expensive than other types of holiday rentals. The term *gîte* is officially recognized and these establishments must meet certain criteria. They are classified according to the level of comfort and amenities provided. Some *gîtes* offer a *table d'hôte* where the guests eat with the family.

givre [ʒivr] nm frost.

givré, e [ʒivre] adj covered with frost.

glace [glas] nf ice ; (crème glacée) ice cream ; (miroir) mirror ; (vitre) pane ; (de voiture) window.

glacé, e [glase] adj (couvert de glace) frozen ; (froid) freezing cold.

glacer [glase] vt to chill.

glacial, e, s OU **aux** [glasjal, o] adj icy.

glacier [glasje] nm (de montagne) glacier ; (marchand) ice-cream seller.

glacière [glasjɛr] nf cool box.

glaçon [glasɔ̃] nm ice cube.

gland [glɑ̃] nm acorn.

glande [glɑ̃d] nf gland.

glissade [glisad] nf slip.

glissant, e [glisɑ̃, ɑ̃t] adj slippery.

glisser [glise] vt to slip. ◆ vi (en patinant) to slide ; (déraper) to slip ; (être glissant) to be slippery.
❑ **se glisser** vp to slip.

global, e, aux [glɔbal, o] adj global.

globalement [glɔbalmɑ̃] adv on the whole.

globe [glɔb] nm globe ; le ~ (terrestre) the Earth.

gloire [glwar] nf fame.

glorieux, euse [glɔrjø, øz] adj glorious.

glossaire [glɔsɛr] nm glossary.

gloussement [glusmɑ̃] nm (de poule) clucking ; (rire) chuckle.

glouton, onne [glutɔ̃, ɔn] adj greedy.

gluant, e [glyɑ̃, ɑ̃t] adj sticky.

GO (abr de grandes ondes) LW.

gobelet [gɔblɛ] nm (à boire) tumbler ; (à dés) shaker.

gober [gɔbe] vt to swallow.

goéland [gɔelɑ̃] nm seagull.

goinfre [gwɛ̃fr] nmf pig.

golf [gɔlf] nm golf ; (terrain) golf course ; ~ miniature crazy golf.

golfe [gɔlf] nm gulf.

gomme [gɔm] nf (à effacer) rubber (Br), eraser (Am).

gommer [gɔme] vt (effacer) to rub out (Br), to erase (Am).

gond [gɔ̃] nm hinge.

gondoler [gɔ̃dɔle] : **se gondoler** vp (bois) to warp ; (papier) to wrinkle.

gonflé, e [gɔ̃fle] adj swollen ; fam (audacieux) cheeky.

gonfler [gɔ̃fle] vt to blow up. ◆ vi (partie du corps) to swell (up) ; (pâte) to rise.

gorge [gɔrʒ] nf throat ; (gouffre) gorge.

gorgée [gɔrʒe] nf mouthful.

gorille [gɔrij] nm gorilla.

gosette [gɔzɛt] *nf* Belg apricot or apple turnover.

gosse [gɔs] *nmf fam* kid.

gothique [gɔtik] *adj* Gothic.

gouache [gwaʃ] *nf* gouache.

goudron [gudrɔ̃] *nm* tar.

goudronner [gudrɔne] *vt* to tar.

gouffre [gufr] *nm* abyss.

goulot [gulo] *nm* neck ; boire au ~ to drink straight from the bottle.

gourde [gurd] *nf* flask.

gourmand, e [gurmɑ̃, ɑ̃d] *adj* greedy.

gourmandise [gurmɑ̃diz] *nf* greed ; des ~ s sweets.

gourmet [gurme] *nm* gourmet.

gourmette [gurmet] *nf* chain bracelet.

gousse [gus] *nf* : ~ d'ail clove of garlic ; ~ de vanille vanilla pod.

goût [gu] *nm* taste ; avoir bon ~ *(aliment)* to taste good ; *(personne)* to have good taste.

goûter [gute] *nm* afternoon snack. ◆ *vt* to taste. ◆ *vi* to have an afternoon snack.

goutte [gut] *nf* drop ; tomber ~ à ~ to drip. ❏ **gouttes** *nfpl (médicament)* drops.

gouttelette [gutlɛt] *nf* droplet.

gouttière [gutjɛr] *nf* gutter.

gouvernail [guvɛrnaj] *nm* rudder.

gouvernement [guvɛrnəmɑ̃] *nm* government.

gouverner [guvɛrne] *vt* to govern.

grâce [gras] *nf* grace. ❏ **grâce à** *prép* thanks to.

gracieux, euse [grasjø, øz] *adj* graceful.

grade [grad] *nm* rank.

gradins [gradɛ̃] *nmpl* terraces.

gradué, e [gradɥe] *adj (règle)* graduated ; Belg *(diplômé)* holding a technical diploma just below university level.

graduel, elle [gradɥɛl] *adj* gradual.

graffiti(s) [grafiti] *nmpl* graffiti *(sg)*.

grain [grɛ̃] *nm* grain ; *(de poussière)* speck ; *(de café)* bean ; ~ de beauté beauty spot.

graine [gren] *nf* seed.

graisse [gres] *nf* fat ; *(lubrifiant)* grease.

graisser [grese] *vt* to grease.

graisseux, euse [gresø, øz] *adj* greasy.

grammaire [gramer] *nf* grammar.

grammatical, e, aux [gramatikal, o] *adj* grammatical.

gramme [gram] *nm* gram.

grand, e [grɑ̃, grɑ̃d] *adj (ville, différence)* big ; *(personne, immeuble)* tall ; *(en durée)* long ; *(important, glorieux)* great. ◆ *adv* : ~ ouvert wide open ; ~ frère older brother ; ~ magasin department store ; ~ surface hypermarket ; les ~ es vacances the summer holidays *(Br)*, the summer vacation *(sg) (Am)*.

grand-chose [grɑ̃ʃoz] *pron* : pas ~ not much.

Grande-Bretagne [grɑ̃dbrətaɲ] *nf* : la ~ Great Britain.

grandeur [grɑ̃dœr] *nf* size ; *(importance)* greatness ; ~ nature lifesize.

grandir [grɑ̃dir] *vi* to grow.

grand-mère [grɑ̃mɛr] (pl grands-mères) nf grandmother.

grand-père [grɑ̃pɛr] (pl grands-pères) nm grandfather.

grand-rue, s [grɑ̃ry] nf high street (Br), main street (Am).

grands-parents [grɑ̃parɑ̃] nmpl grandparents.

grange [grɑ̃ʒ] nf barn.

granit(e) [granit] nm granite.

granulé [granyle] nm (médicament) tablet.

graphique [grafik] nm diagram.

grappe [grap] nf (de raisin) bunch ; (de lilas) flower.

gras, grasse [gra, gras] adj greasy ; (aliment) fatty ; (gros) fat.

gras-double, s [gradubl] nm (ox) tripe.

gratin [gratɛ̃] nm gratin (dish with a topping of toasted breadcrumbs or cheese) ; **• dauphinois** sliced potatoes baked with cream and browned on top.

gratinée [gratine] nf French onion soup.

gratiner [gratine] vi : **faire ~ qqch** to brown sthg.

gratis [gratis] adv free (of charge).

gratitude [gratityd] nf gratitude.

gratte-ciel [gratsjɛl] nm inv skyscraper.

gratter [grate] vt (peau) to scratch ; (peinture, tache) to scrape off. **□ se gratter** vp to scratch o.s.

gratuit, e [gratɥi, it] adj free.

gravats [grava] nmpl rubble (sg).

grave [grav] adj (maladie, accident, visage) serious ; (voix, note) deep.

gravement [gravmɑ̃] adv seriously.

graver [grave] vt to carve.

gravier [gravje] nm gravel.

gravillon [gravijɔ̃] nm fine gravel.

gravir [gravir] vt to climb.

gravité [gravite] nf (attraction terrestre) gravity ; (d'une maladie, d'une remarque) seriousness.

gravure [gravyr] nf engraving.

gré [gre] nm : **de mon plein ~** of my own free will.

grec, grecque [grɛk] adj Greek. **◆ grec** (langue) Greek. **□ Grec, Grecque** nm, f Greek.

Grèce [grɛs] nf : **la ~** Greece.

greffe [grɛf] nf (d'organe) transplant ; (de peau) graft.

greffer [grefe] vt (organe) to transplant ; (peau) to graft.

grêle [grɛl] nf hail.

grêler [grele] v impers : **il grêle** it's hailing.

grêlon [grɛlɔ̃] nm hailstone.

grelot [grəlo] nm bell.

grelotter [grələte] vi to shiver.

grenade [grənad] nf (fruit) pomegranate ; (arme) grenade.

grenadine [grənadin] nf grenadine.

grenat [grəna] adj inv dark red.

grenier [grənje] nm attic.

grenouille [grənuj] nf frog.

grésiller [grezije] vi (huile) to sizzle ; (radio) to crackle.

grève [grɛv] nf (arrêt de travail) strike ; **être/se mettre en ~** to be/to go on strike.

gréviste [grevist] nmf striker.

gribouillage [gribujaʒ] nm doodle.

gribouiller [gribuje] *vt* to scribble.

grièvement [grijɛvmɑ̃] *adv* seriously.

griffe [grif] *nf* claw ; *Belg (éraflure)* scratch.

griffer [grife] *vt* to scratch.

griffonner [grifɔne] *vt* to scribble.

grignoter [grinɔte] *vt* to nibble (at OU on).

gril [gril] *nm* grill.

grillade [grijad] *nf* grilled meat.

grillage [grijaʒ] *nm (clôture)* wire fence.

grille [grij] *nf (de four)* shelf ; *(d'un jardin)* gate ; *(de mots croisés, de loto)* grid ; *(tableau)* table.

grillé, e [grije] *adj (ampoule)* blown.

grille-pain [grijpɛ̃] *nm inv* toaster.

griller [grije] *vt (aliment)* to grill *(Br)*, to broil *(Am)* ; *fam* : **~ un feu rouge** to go through a red light.

grillon [grijɔ̃] *nm* cricket.

grimace [grimas] *nf* grimace ; **faire des ~ s** to pull faces.

grimpant, e [grɛ̃pɑ̃, ɑ̃t] *adj* climbing.

grimper [grɛ̃pe] *vt* to climb. ◆ *vi (chemin, alpiniste)* to climb ; *(prix)* to soar.

grincement [grɛ̃smɑ̃] *nm* creaking.

grincer [grɛ̃se] *vi* to creak.

grincheux, euse [grɛ̃ʃø, øz] *adj* grumpy.

griotte [grijɔt] *nf* morello (cherry).

grippe [grip] *nf* flu ; **avoir la ~ to** have (the) flu.

grippé, e [gripe] *adj (malade)* : **être ~ to** have (the) flu.

gris, e [gri, griz] *adj & nm* grey.

grivois, e [grivwa, az] *adj* saucy.

grognement [grɔɲmɑ̃] *nm* growl.

grogner [grɔɲe] *vi* to growl ; *(protester)* to grumble.

grognon, onne [grɔɲɔ̃, ɔn] *adj* grumpy.

grondement [grɔ̃dmɑ̃] *nm (de tonnerre)* rumble.

gronder [grɔ̃de] *vt* to scold. ◆ *vi (tonnerre)* to rumble ; **se faire ~ to** get a telling-off.

groom [grum] *nm* bellboy.

gros, grosse [gro, gros] *adj* big. ◆ *adv (écrire)* in big letters ; *(gagner)* **a lot.** ◆ *nm* : **en ~** *(environ)* roughly ; COMM wholesale.

groseille [grozɛj] *nf* redcurrant ; **~ à maquereau** gooseberry.

grosse → **gros**.

grossesse [grosɛs] *nf* pregnancy.

grosseur [grosœr] *nf* size ; MÉD lump.

grossier, ère [grosje, ɛr] *adj* rude ; *(approximatif)* rough ; *(erreur)* crass.

grossièreté [grosjerte] *nf* rudeness ; *(parole)* rude remark.

grossir [grosir] *vt (suj : jumelles)* to magnify ; *(exagérer)* to exaggerate. ◆ *vi (prendre du poids)* to put on weight.

grosso modo [grosomodo] *adv* roughly.

grotesque [grɔtɛsk] *adj* ridiculous.

grotte [grɔt] *nf* cave.

grouiller [gruje] : grouiller de *v + prép* to be swarming with.

groupe [grup] *nm* group ; ~ sanguin blood group.

grouper [grupe] *vt* to group together. ❏ se grouper *vp* to gather.

gruau, x [gryo] *nm Can* porridge.

grue [gry] *nf* crane.

grumeau, x [grymo] *nm* lump.

gruyère [gryjɛr] *nm* Gruyère (cheese) *(hard strong cheese made from cow's milk)*.

Guadeloupe [gwadlup] *nf* : la ~ Guadeloupe.

guadeloupéen, enne [gwadlupeɛ̃, ɛn] *adj* of Guadeloupe.

guédille [gedij] *nf Can* bread roll filled with egg or chicken.

guêpe [gɛp] *nf* wasp.

guère [gɛr] *adv* : elle ne mange ~ she hardly eats anything.

guérir [gerir] *vt* to cure. ◆ *vi (personne)* to recover ; *(blessure)* to heal.

guérison [gerizɔ̃] *nf* recovery.

guerre [gɛr] *nf war* ; être en ~ to be at war ; ~ mondiale world war.

guerrier, ère [gɛrje, ɛr] *nmf* warrior.

guet [gɛ] *nm* : faire le ~ to be on the lookout.

guetter [gete] *vt (attendre)* to be on the lookout for ; *(menacer)* to threaten.

gueule [gœl] *nf (d'animal)* mouth ; *vulg (visage)* mug.

gueuler [gœle] *vi fam (crier)* to yell (one's head off).

gueuze [gøz] *nf Belg* strong beer which has been fermented twice.

gui [gi] *nm* mistletoe.

guichet [giʃɛ] *nm (de gare, de poste)* window ; ~ automatique (de banque) cash dispenser.

guichetier, ère [giʃtje, ɛr] *nm, f* counter clerk.

guide [gid] *nmf* guide. ◆ *nm (routier, gastronomique)* guide book ; ~ touristique tourist guide.

guider [gide] *vt* to guide.

guidon [gidɔ̃] *nm* handlebars *(pl)*.

guignol [ginɔl] *nm (spectacle)* ≃ Punch and Judy show.

guillemets [gijmɛ] *nmpl* inverted commas.

guimauve [gimov] *nf* marshmallow.

guirlande [girlɑ̃d] *nf* garland.

guise [giz] *nf* : en ~ de by way of.

guitare [gitar] *nf* guitar ; ~ électrique electric guitar.

guitariste [gitarist] *nmf* guitarist.

Guyane [gɥijan] *nf* : la ~ (française) French Guiana.

gymnase [ʒimnaz] *nm* gymnasium.

gymnastique [ʒimnastik] *nf SPORT* gymnastics *(sg)* ; faire de la ~ to do exercises.

gynécologue [ʒinekɔlɔg] *nmf* gynaecologist.

H

habile [abil] *adj (manuellement)* skilful ; *(intellectuellement)* clever.

habileté [abilte] *nf (manuelle)* skill ; *(intellectuelle)* cleverness.

habillé, e [abije] *adj* dressed ; *(tenue)* smart.

habillement [abijmɑ̃] *nm (couture)* clothing trade *(Br)*, garment industry *(Am)*.

habiller [abije] *vt* to dress ; *(meuble)* to cover. ❑ **s'habiller** *vp* to get dressed ; *(élégamment)* to dress up.

habitant, e [abitɑ̃, ɑ̃t] *nm, f* inhabitant ; *Can (paysan)* farmer ; **loger chez l'~** to stay with a family.

habitation [abitasjɔ̃] *nf* residence.

habiter [abite] *vt* to live in. ◆ *vi* to live.

habits [abi] *nmpl* clothes.

habitude [abityd] *nf* habit ; **d'~** usually ; **comme d'~** as usual.

habituel, elle [abitɥɛl] *adj* usual.

habituellement [abitɥɛlmɑ̃] *adv* usually.

habituer [abitɥe] *vt* : **~ qqn à faire qqch** to get sb used to doing sthg ; **être habitué à faire qqch** to be used to doing sthg. ❑ **s'habituer à** *vp + prép* : **s'~ à faire qqch** to get used to doing sthg.

hache ['aʃ] *nf* axe.

hacher ['aʃe] *vt (viande)* to mince *(Br)*, to grind *(Am)* ; *(oignon)* to chop finely.

hachis ['aʃi] *nm* mince *(Br)*, ground meat *(Am)* ; **~ Parmentier** ≃ shepherd's pie.

hachoir ['aʃwar] *nm (lame)* chopping knife.

hachures ['aʃyr] *nfpl* hatching *(sg)*.

haddock ['adɔk] *nm* smoked haddock.

haie ['ɛ] *nf* hedge ; *SPORT* hurdle.

haine ['ɛn] *nf* hatred.

haïr ['air] *vt* to hate.

Haïti [aiti] *n* Haiti.

hâle ['al] *nm (sun)*tan.

haleine [alɛn] *nf* breath.

haleter ['alte] *vi* to pant.

hall ['ol] *nm (d'un hôtel)* lobby ; *(d'une gare)* concourse.

halle ['al] *nf (covered)* market.

hallucination [alysinasjɔ̃] *nf* hallucination.

halogène [alɔʒɛn] *nm* : *(lampe)* **~** halogen lamp.

halte ['alt] *nf (arrêt)* stop ; *(lieu)* stopping place ; **faire ~** to stop.

haltère [altɛr] *nm* dumbbell.

hamac ['amak] *nm* hammock.

hamburger ['aburgœr] *nm* burger.

hameçon [amsɔ̃] *nm* fish-hook.

hamster ['amster] *nm* hamster.

hanche ['ɑ̃ʃ] *nf* hip.

handball ['ɑ̃dbal] *nm* handball.

handicap ['ɑ̃dikap] *nm* handicap.

handicapé, e ['ɑ̃dikape] *adj* handicapped. ◆ *nm, f* handicapped person.

hangar ['ɑ̃gar] *nm* shed.

hanté, e ['ɑ̃te] *adj* haunted.

happer ['ape] *vt (saisir)* to grab ; *(suj : animal)* to snap up.

harceler ['arsəle] *vt* to pester.

hardi, e ['ardi] *adj* bold.

hareng ['arɑ̃] *nm* herring ; **~ saur** kipper.

hargneux, euse ['arɲø, øz] *adj* aggressive ; *(chien)* vicious.

haricot ['ariko] *nm* bean ; **~ vert** green bean.

harmonica [armɔnika] *nm* harmonica.

harmonie [armɔni] *nf* harmony.

harmonieux, euse [armɔnjø, øz] *adj* harmonious.

harmoniser [armɔnize] *vt* to harmonize.

harnais ['arnɛ] *nm* harness.

harpe ['arp] *nf* harp.

hasard ['azar] *nm* : le ~ chance, fate ; un ~ a coincidence ; au ~ at random ; à tout ~ just in case ; par ~ by chance.

hasarder ['azarde] *vt* to venture. ❏ **se hasarder** *vp* to venture ; se ~ à faire qqch to risk doing sthg.

hasardeux, euse ['azardø, øz] *adj* dangerous.

hâte ['at] *nf* haste ; à la ~, en ~ hurriedly ; sans ~ at a leisurely pace ; avoir ~ de faire qqch to be looking forward to doing sthg.

hâter ['ate] : **se hâter** *vp* to hurry.

hausse ['os] *nf* rise ; être en ~ to be on the increase.

hausser ['ose] *vt* (*prix, ton*) to raise ; ~ les épaules to shrug (one's shoulders).

haut, e ['o, 'ot] *adj & adv* high. ◆ *nm* top ; **tout ~** aloud ; ~ **la main** hands down ; **de ~ en bas** from top to bottom ; **en ~** at the top ; (*à l'étage*) upstairs ; **la pièce fait 3 m de ~** the room is 3 m high.

hautain, e ['otɛ̃, ɛn] *adj* haughty.

haute-fidélité ['otfidelite] *nf* hi-fi.

hauteur ['otœr] *nf* height ; (*colline*) hill ; **être à la ~** to be up to it.

haut-le-cœur ['olkœr] *nm inv* : **avoir un ~** to retch.

haut-parleur, s ['oparlœr] *nm* loudspeaker.

hebdomadaire [ɛbdɔmadɛr] *adj & nm* weekly.

hébergement [eberʒəmɑ̃] *nm* lodging.

héberger [eberʒe] *vt* to put up.

hectare [ɛktar] *nm* hectare.

hein ['ɛ̃] *excl fam* : **tu ne lui diras pas, ~?** you won't tell him/her, will you? ; **hein?** what?

hélas ['elas] *excl* unfortunately.

hélice [elis] *nf* propeller.

hélicoptère [elikɔptɛr] *nm* helicopter.

helvétique [ɛlvetik] *adj* Swiss.

hématome [ematom] *nm* bruise.

hémorragie [emɔraʒi] *nf* hemorrhage.

hennissement ['enismɑ̃] *nm* neigh.

hépatite [epatit] *nf* hepatitis.

herbe [ɛrb] *nf* grass ; **fines ~s** herbs ; **mauvaises ~s** weeds.

héréditaire [erediter] *adj* hereditary.

hérisser ['erise] : **se hérisser** *vp* to stand on end.

hérisson ['erisɔ̃] *nm* hedgehog.

héritage [eritaʒ] *nm* inheritance.

hériter [erite] *vt* to inherit. ❏ **hériter de** *v + prép* to inherit.

héritier, ère [eritje, ɛr] *nm, f* heir (*f* heiress).

hermétique [ermetik] *adj* airtight ; *fig* (*incompréhensible*) abstruse.

hernie ['ɛrni] *nf* hernia.

héroïne [erɔin] *nf* (*drogue*) heroin ; → **héros**.

héroïsme [erɔism] *nm* heroism.

héros, héroïne ['ero, erɔin] *nm, f* hero (*f* heroine).

herve [ɛrv] *nm* soft cheese from the Liège region of Belgium, made from cow's milk.

hésitation [ezitasjɔ̃] *nf* hesitation.

hésiter [ezite] *vi* to hesitate.

hêtre ['ɛtr] *nm* beech.

heure [œr] *nf* hour ; *(moment)* time ; **quelle ~ est-il ?** what time is it? - it's four o'clock ; **à quelle ~ part le train ? - à deux ~** what time does the train leave? - at two o'clock ; **c'est l'~ de ...** it's time to ... ; **à l'~** on time ; **de bonne ~** early ; **~ s d'ouverture** opening hours ; **~ s de pointe** rush hour *(sg)*.

heureusement [œrøzmɑ̃] *adv* luckily, fortunately.

heureux, euse [œrø, øz] *adj* happy ; *(favorable)* fortunate.

heurter ['œrte] *vt* to bump into ; *(en voiture)* to hit ; *(vexer)* to offend. □ **se heurter à** *vp + prép (obstacle, refus)* to come up against.

hexagone [egzagon] *nm* hexagon ; **l'Hexagone** (mainland) France.

hibou, x ['ibu] *nm* owl.

hier [ijɛr] *adv* yesterday ; **~ après-midi** yesterday afternoon.

hiérarchie ['jerarʃi] *nf* hierarchy.

hiéroglyphes ['jerɔglif] *nmpl* hieroglyphics.

hi-fi ['ifi] *nf inv* hi-fi.

hilarant, e [ilarɑ̃, ɑ̃t] *adj* hilarious.

hindou, e [ɛ̃du] *adj & nm, f* Hindu.

hippodrome [ipɔdrom] *nm* racecourse.

hippopotame [ipɔpɔtam] *nm* hippopotamus.

hirondelle [irɔ̃dɛl] *nf* swallow.

hisser ['ise] *vt* to lift ; *(drapeau, voile)* to hoist.

histoire [istwar] *nf* story ; *(passé)*

history ; **faire des ~ s** to make a fuss ; **~ drôle** joke.

historique [istɔrik] *adj* historical ; *(important)* historic.

hit-parade, s ['itparad] *nm* charts *(pl)*.

hiver [ivɛr] *nm* winter ; **en ~** in winter.

HLM *nm inv ou nf inv* ≃ council house/flat (Br), ≃ public housing unit (Am).

hobby ['ɔbi] *(pl* **s** OU **hobbies)** *nm* hobby.

hocher ['ɔʃe] *vt* : **~ la tête** *(pour accepter)* to nod ; *(pour refuser)* to shake one's head.

hochet ['ɔʃɛ] *nm* rattle.

hockey ['ɔke] *nm* hockey ; **~ sur glace** ice hockey.

hold-up ['ɔldœp] *nm inv* hold-up.

hollandais, e ['ɔlɑ̃dɛ, ɛz] *adj* Dutch. ◆ *nm (langue)* Dutch. □ **Hollandais, e** *nm, f* Dutchman (f Dutchwoman).

hollande ['ɔlɑ̃d] *nm (fromage)* Dutch cheese.

Hollande ['ɔlɑ̃d] *nf* : **la ~** Holland.

homard ['ɔmar] *nm* lobster ; **~ à l'américaine** *lobster cooked in a sauce of white wine, brandy, herbs and tomatoes.*

homéopathie [ɔmeɔpati] *nf* homeopathy.

hommage [ɔmaʒ] *nm* : **en ~ à** in tribute to ; **rendre ~ à** to pay tribute to.

homme [ɔm] *nm* man ; *(mâle)* man ; **~ d'affaires** businessman ; **~ politique** politician.

homogène [ɔmɔʒɛn] *adj (classe)* of the same level.

homosexuel, elle [ɔmɔsɛksɥel] *adj & nm, f* homosexual.

Hongrie [ˈɔgri] *nf* : la ~ Hungary.

honnête [ɔnɛt] *adj* honest ; *(sa-laire, résultats)* decent.

honnêteté [ɔnɛtte] *nf* honesty.

honneur [ɔnœr] *nm* honour ; faire ~ à *(famille)* to do credit to ; *(re-pas)* to do justice to.

honorable [ɔnɔrabl] *adj* honour-able ; *(résultat)* respectable.

honoraires [ɔnɔrɛr] *nmpl* fee(s).

honte [ˈɔt] *nf* shame ; avoir ~ (de) to be ashamed (of) ; faire ~ à qqn *(embarrasser)* to put sb to shame ; *(gronder)* to make sb feel ashamed.

honteux, euse [ˈɔtø, øz] *adj* ashamed ; *(scandaleux)* shameful.

hôpital, aux [ɔpital, o] *nm* hos-pital.

hoquet [ˈɔkɛ] *nm* : avoir le ~ to have hiccups.

horaire [ɔrɛr] *nm* timetable ; '~ s d'ouverture' 'opening hours'.

horizon [ɔrizɔ̃] *nm* horizon ; à l'~ on the horizon.

horizontal, e, aux [ɔrizɔ̃tal, o] *adj* horizontal.

horloge [ɔrlɔʒ] *nf* clock ; l'~ par-lante the speaking clock.

horloger, ère [ɔrlɔʒe, ɛr] *nm, f* watchmaker.

horlogerie [ɔrlɔʒri] *nf* watch-maker's (shop).

horoscope [ɔrɔskɔp] *nm* horo-scope.

horreur [ɔrœr] *nf* horror ; quelle ~! how awful! ; avoir ~ de qqch to hate sthg.

horrible [ɔribl] *adj (effrayant)* horrible ; *(laid)* hideous.

horriblement [ɔribləmã] *adv* terribly.

horrifié, e [ɔrifje] *adj* horrified.

hors [ˈɔr] *prép* : ~ de outside, out of ; ~ jeu offside ; ~ saison out of season ; '~ service' 'out of order' ; ~ taxes *(prix)* excluding tax ; *(bou-tique)* duty-free ; ~ d'atteinte, ~ de portée out of reach ; ~ d'haleine out of breath ; ~ de prix ridiculous-ly expensive.

hors-bord [ˈɔrbɔr] *nm inv* speed-boat.

hors-d'œuvre [ɔrdœvr] *nm inv* starter.

hortensia [ɔrtãsja] *nm* hydran-gea.

horticulture [ɔrtikyltyr] *nf* hor-ticulture.

hospice [ɔspis] *nm (de vieillards)* home.

hospitaliser [ɔspitalize] *vt* to hospitalize.

hospitalité [ɔspitalite] *nf* hospi-tality.

hostie [ɔsti] *nf* host.

hostile [ɔstil] *adj* hostile.

hostilité [ɔstilite] *nf* hostility.

hot dog, s [ˈɔtdɔg] *nm* hot dog.

hôte, hôtesse [ot, otɛs] *nm, f (qui reçoit)* host (f hostess). ◆ *nm (invité)* guest.

hôtel [otɛl] *nm* hotel ; *(château)* mansion ; ~ de ville town hall.

hôtellerie [otɛlri] *nf (hôtel)* ho-tel ; *(activité)* hotel trade.

hôtesse [otɛs] *nf (d'accueil)* re-ceptionist ; *(qui reçoit)* hostess ; ~ de l'air air hostess.

hotte [ˈɔt] *nf (panier)* basket ; ~ (aspirante) extractor hood.

houle [ˈul] *nf* swell.

hourra ['ura] *excl* hurrah.

housse ['us] *nf* cover ; **~ de couette** duvet cover.

houx ['u] *nm* holly.

hovercraft [ɔvœrkraft] *nm* hovercraft.

HT *abr* = hors taxes.

hublot ['yblo] *nm* porthole.

huer ['ɥe] *vt* to boo.

huile [ɥil] *nf* oil ; **~ d'olive** olive oil ; **~ solaire** suntan oil.

huiler [ɥile] *vt (mécanisme)* to oil ; *(moule)* to grease.

huileux, euse [ɥilø, øz] *adj* oily.

huissier [ɥisje] *nm* JUR bailiff.

huit ['ɥit] *num* eight → **six**.

huitaine ['ɥiten] *nf* : **une ~ (de jours)** about a week.

huitième ['ɥitjem] *num* eighth → **sixième**.

huître [ɥitr] *nf* oyster.

humain, e [ymɛ̃, ɛn] *adj* human ; *(compréhensif)* humane. ◆ *nm* human (being).

humanitaire [ymaniter] *adj* humanitarian.

humanité [ymanite] *nf* humanity.

humble [œ̃bl] *adj* humble.

humecter [ymekte] *vt* to moisten.

humeur [ymœr] *nf (momentanée)* mood ; *(caractère)* temper.

humide [ymid] *adj* damp ; *(pluvieux)* humid.

humidité [ymidite] *nf (du climat)* humidity ; *(d'une pièce)* dampness.

humiliant, e [ymiljɑ̃, ɑ̃t] *adj* humiliating.

humilier [ymilje] *vt* to humiliate.

humoristique [ymɔristik] *adj* humorous.

humour [ymur] *nm* humour ; **avoir de l' ~** to have a sense of humour.

hurlement ['yrləmɑ̃] *nm* howl.

hurler ['yrle] *vi* to howl.

hutte ['yt] *nf* hut.

hydratant, e [idratɑ̃, ɑ̃t] *adj* moisturizing.

hydrophile [idrɔfil] *adj* → **coton**.

hygiène [iʒjɛn] *nf* hygiene.

hygiénique [iʒjenik] *adj* hygienic.

hymne [imn] *nm (religieux)* hymn ; **~ national** national anthem.

hypermarché [ipermarʃe] *nm* hypermarket.

hypertension [ipertɑ̃sjɔ̃] *nf* high blood pressure.

hypertexte [ipertekst] *adj* : **lien ~** hyperlink.

hypnotiser [ipnɔtize] *vt* to hypnotize ; *(fasciner)* to fascinate.

hypocrisie [ipɔkrizi] *nf* hypocrisy.

hypocrite [ipɔkrit] *adj* hypocritical. ◆ *nmf* hypocrite.

hypothèse [ipɔtez] *nf* hypothesis.

hystérique [isterik] *adj* hysterical.

I

iceberg [ajsberg] *nm* iceberg.

ici [isi] *adv* here ; **d'~ là** by then ; **d'~ peu** before long ; **par ~** *(de ce côté)* this way ; *(dans les environs)* around here.

icône

138

icône [ikon] *nf* icon.

idéal, e, aux [ideal, o] *adj & nm* ideal.

idéaliste [idealist] *adj* idealistic. ◆ *nmf* idealist.

idée [ide] *nf* idea.

identifier [idãtifje] *vt* to identify. ❏ **s'identifier à** *vp + prép* to identify with.

identique [idãtik] *adj* : ~ (à) identical (to).

identité [idãtite] *nf* identity.

idiot, e [idjo, ɔt] *adj* stupid. ◆ *nm, f* idiot.

idiotie [idjɔsi] *nf (acte, parole)* stupid thing.

idole [idɔl] *nf* idol.

igloo [iglu] *nm* igloo.

ignoble [iɲɔbl] *adj (choquant)* disgraceful ; *(laid, mauvais)* vile.

ignorant, e [iɲɔrɑ̃, ɑ̃t] *adj* ignorant. ◆ *nm, f* ignoramus.

ignorer [iɲɔre] *vt (personne, avertissement)* to ignore ; **j'ignore son adresse/où il est** I don't know his address/where he is.

il [il] *pron (personne, animal)* he ; *(chose)* it ; *(sujet de v impers)* it ; ~ **pleut** it's raining. ❏ **ils** *pron* they.

île [il] *nf* island ; ~ **flottante** *cold dessert of beaten egg whites served on custard* ; **les ~ s Anglo-Normandes** the Channel Islands.

Île-de-France [ildəfrɑ̃s] *nf* administrative region centred on Paris.

illégal, e, aux [ilegal, o] *adj* illegal.

illettré, e [iletre] *adj & nm, f* illiterate.

illimité, e [ilimite] *adj* unlimited.

illisible [ilizibl] *adj* illegible.

illuminer [ilymine] *vt* to light up. ❏ **s'illuminer** *vp (monument, ville)* to be lit up ; *(visage)* to light up.

illusion [ilyzjɔ̃] *nf* illusion ; **se faire des ~ s** to delude o.s.

illusionniste [ilyzjɔnist] *nmf* conjurer.

illustration [ilystrasjɔ̃] *nf* illustration.

illustré, e [ilystre] *adj* illustrated. ◆ *nm* illustrated magazine.

illustrer [ilystre] *vt* to illustrate.

îlot [ilo] *nm* small island.

ils → **il**.

image [imaʒ] *nf* picture ; *(comparaison)* image.

imaginaire [imaʒinɛr] *adj* imaginary.

imagination [imaʒinasjɔ̃] *nf* imagination ; **avoir de l'~** to be imaginative.

imaginer [imaʒine] *vt (penser)* to imagine ; *(inventer)* to think up. ❏ **s'imaginer** *vp (soi-même)* to picture o.s. ; *(scène, personne)* to picture.

imbattable [ɛ̃batabl] *adj* unbeatable.

imbécile [ɛ̃besil] *nmf* idiot.

imbiber [ɛ̃bibe] *vt* : ~ **qqch de** to soak sthg in.

imbuvable [ɛ̃byvabl] *adj* undrinkable.

imitateur, trice [imitatœr, tris] *nm, f* impersonator.

imitation [imitasjɔ̃] *nf* imitation ; *(d'une personnalité)* impersonation.

imiter [imite] *vt* to imitate ; *(personnalité)* to impersonate.

immangeable [ɛ̃mɑ̃ʒabl] *adj* inedible.

immatriculation [imatrikylasjɔ̃] *nf (inscription)* registration ; *(numéro)* registration (number).

immédiat, e [imedja, at] *adj* immediate.

immédiatement [imedjatmɑ̃] *adv* immediately.

immense [imɑ̃s] *adj* huge.

immergé, e [imɛrʒe] *adj* submerged.

immeuble [imœbl] *nm* block of flats.

immigration [imigrasjɔ̃] *nf* immigration.

immigré, e [imigre] *adj & nm, f* immigrant.

immobile [imɔbil] *adj* still.

immobilier, ère [imɔbilje, ɛr] *adj* property (Br), real estate (Am). ◆ *nm* : l'~ the property business (Br), the real-estate business (Am).

immobiliser [imɔbilize] *vt* to immobilize.

immonde [imɔ̃d] *adj* vile.

immoral, e, aux [imɔral, o] *adj* immoral.

immortel, elle [imɔrtɛl] *adj* immortal.

immuniser [imynize] *vt* to immunize.

impact [ɛ̃pakt] *nm* impact.

impair, e [ɛ̃pɛr] *adj* uneven.

impardonnable [ɛ̃pardɔnabl] *adj* unforgivable.

imparfait, e [ɛ̃parfɛ, et] *adj* imperfect. ◆ *nm GRAMM* imperfect (tense).

impartial, e, aux [ɛ̃parsjal, o] *adj* impartial.

impasse [ɛ̃pas] *nf* dead end.

impassible [ɛ̃pasibl] *adj* impassive.

impatience [ɛ̃pasjɑ̃s] *nf* impatience.

impatient, e [ɛ̃pasjɑ̃, ɑ̃t] *adj* impatient.

impatienter [ɛ̃pasjɑ̃te] : **s'impatienter** *vp* to get impatient.

impeccable [ɛ̃pekabl] *adj* impeccable.

imper [ɛ̃pɛr] *nm* raincoat.

impératif, ive [ɛ̃peratif, iv] *adj* imperative. ◆ *nm GRAMM* imperative (mood).

impératrice [ɛ̃peratris] *nf* empress.

imperceptible [ɛ̃persɛptibl] *adj* imperceptible.

imperfection [ɛ̃pɛrfɛksjɔ̃] *nf* imperfection.

impérial, e, aux [ɛ̃perjal, o] *adj* imperial.

impériale [ɛ̃perjal] *nf* → **autobus**.

imperméable [ɛ̃pɛrmeabl] *adj* waterproof. ◆ *nm* raincoat.

impersonnel, elle [ɛ̃pɛrsɔnɛl] *adj* impersonal.

impertinent, e [ɛ̃pɛrtinɑ̃, ɑ̃t] *adj* impertinent.

impitoyable [ɛ̃pitwajabl] *adj* pitiless.

implanter [ɛ̃plɑ̃te] *vt (mode)* to introduce ; *(entreprise)* to set up. ❏ **s'implanter** *vp (entreprise)* to be set up ; *(peuple)* to settle.

impliquer [ɛ̃plike] *vt (entraîner)* to imply ; **~ qqn dans** to implicate sb in. ❏ **s'impliquer dans** *vp + prép* to get involved in.

impoli, e [ɛ̃pɔli] *adj* rude.

import [ɛ̃pɔr] *nm Belg (montant)* amount.

importance [ɛ̃pɔrtɑ̃s] *nf* importance ; *(taille)* size.

important, e [ɛ̃pɔrtɑ̃, ɑ̃t] *adj* important ; *(gros)* large.

importation [ɛ̃pɔrtasjɔ̃] *nf* import.

importer [ɛ̃pɔrte] *vt* to import. ◆ *vi (être important)* to matter, to be important ; **n'importe comment** *(mal)* any (old) how ; **n'importe quel** any ; **n'importe qui** anyone.

importuner [ɛ̃pɔrtyne] *vt* to bother.

imposable [ɛ̃pozabl] *adj* taxable.

imposant, e [ɛ̃pozɑ̃, ɑ̃t] *adj* imposing.

imposer [ɛ̃poze] *vt (taxer)* to tax ; ~ **qqch à qqn** to impose sthg on sb. ❑ **s'imposer** *vp (être nécessaire)* to be essential.

impossible [ɛ̃pɔsibl] *adj* impossible.

impôt [ɛ̃po] *nm* tax.

impraticable [ɛ̃pratikabl] *adj (chemin)* impassable.

imprégner [ɛ̃preɲe] *vt* to soak ; ~ **qqch de** to soak sthg in. ❑ **s'imprégner de** *vp* to soak up.

impression [ɛ̃presjɔ̃] *nf (sentiment)* impression ; *(d'un livre)* printing ; **avoir l'~ que** to have the feeling that.

impressionnant, e [ɛ̃presjɔnɑ̃, ɑ̃t] *adj* impressive.

impressionner [ɛ̃presjɔne] *vt* to impress.

imprévisible [ɛ̃previzibl] *adj* unpredictable.

imprévu, e [ɛ̃prevy] *adj* unexpected. ◆ *nm* : **aimer l'~** to like surprises.

imprimante [ɛ̃primɑ̃t] *nf* printer.

imprimé, e [ɛ̃prime] *adj (tissu)* printed. ◆ *nm (publicitaire)* booklet.

imprimer [ɛ̃prime] *vt* to print.

imprimerie [ɛ̃primri] *nf (métier)* printing ; *(lieu)* printing works.

imprononçable [ɛ̃prɔnɔ̃sabl] *adj* unpronounceable.

improviser [ɛ̃prɔvize] *vt & vi* to improvise.

improviste [ɛ̃prɔvist] : **à l'improviste** *adv* unexpectedly.

imprudent, e [ɛ̃prydɑ̃, ɑ̃t] *adj* reckless.

impuissant, e [ɛ̃pɥisɑ̃, ɑ̃t] *adj (sans recours)* powerless.

impulsif, ive [ɛ̃pylsif, iv] *adj* impulsive.

impureté [ɛ̃pyrte] *nf (saleté)* impurity.

inabordable [inabɔrdabl] *adj (prix)* prohibitive.

inacceptable [inakseptabl] *adj* unacceptable.

inaccessible [inaksesibl] *adj* inaccessible.

inachevé, e [inaʃve] *adj* unfinished.

inactif, ive [inaktif, iv] *adj* idle.

inadapté, e [inadapte] *adj* unsuitable.

inadmissible [inadmisibl] *adj* unacceptable.

inanimé, e [inanime] *adj (sans connaissance)* unconscious ; *(mort)* lifeless.

inaperçu, e [inapersy] *adj* : **passer ~** to go unnoticed.

inapte [inapt] *adj* : **être ~ à qqch** to be unfit for sthg.

inattendu, e [inatɑ̃dy] *adj* unexpected.

inattention [inatɑ̃sjɔ̃] *nf* lack of concentration.

inaudible [inodibl] *adj* inaudible.

inauguration [inogyrasjɔ̃] *nf* (*d'un monument*) inauguration ; (*d'une exposition*) opening.

inaugurer [inogyre] *vt* (*monument*) to inaugurate ; (*exposition*) to open.

incalculable [ɛ̃kalkylabl] *adj* incalculable.

incandescent, e [ɛ̃kɑ̃desɑ̃, ɑ̃t] *adj* red-hot.

incapable [ɛ̃kapabl] *nmf* incompetent person. ◆ *adj* : être ~ de faire qqch to be unable to do sthg.

incapacité [ɛ̃kapasite] *nf* inability ; être dans l'~ de faire qqch to be unable to do sthg.

incarner [ɛ̃karne] *vt* (*personnage*) to play.

incassable [ɛ̃kasabl] *adj* unbreakable.

incendie [ɛ̃sɑ̃di] *nm* fire.

incendier [ɛ̃sɑ̃dje] *vt* to set alight.

incertain, e [ɛ̃sɛrtɛ̃, ɛn] *adj* (*couleur, nombre*) indefinite ; (*avenir*) uncertain.

incertitude [ɛ̃sɛrtityd] *nf* uncertainty.

incessamment [ɛ̃sesamɑ̃] *adv* at any moment.

incessant, e [ɛ̃sesɑ̃, ɑ̃t] *adj* constant.

incident [ɛ̃sidɑ̃] *nm* incident.

incisive [ɛ̃siziv] *nf* incisor.

inciter [ɛ̃site] *vt* : ~ qqn à faire qqch to incite sb to do sthg.

incliné, e [ɛ̃kline] *adj* (*siège, surface*) at an angle.

incliner [ɛ̃kline] *vt* to lean. ◻ **s'incliner** *vp* to lean ; *s'~ devant* (*adversaire*) to give in to.

inclure [ɛ̃klyr] *vt* to include.

inclus, e [ɛ̃kly, yz] *pp* → **inclure**. ◆ *adj* included.

incohérent, e [ɛ̃kɔerɑ̃, ɑ̃t] *adj* incoherent.

incollable [ɛ̃kɔlabl] *adj* (*riz*) nonstick ; *fam* (*qui sait tout*) unbeatable.

incolore [ɛ̃kɔlɔr] *adj* colourless.

incomparable [ɛ̃kɔparabl] *adj* incomparable.

incompatible [ɛ̃kɔpatibl] *adj* incompatible.

incompétent, e [ɛ̃kɔpetɑ̃, ɑ̃t] *adj* incompetent.

incomplet, ète [ɛ̃kɔplɛ, ɛt] *adj* incomplete.

incompréhensible [ɛ̃kɔpreɑ̃sibl] *adj* incomprehensible.

inconditionnel, elle [ɛ̃kɔdisjonɛl] *nm, f* : un ~ de a great fan of.

incongru, e [ɛ̃kɔgry] *adj* incongruous.

inconnu, e [ɛ̃kɔny] *adj* unknown. ◆ *nm, f* (*étranger*) stranger ; (*non célèbre*) unknown (person).

inconsciemment [ɛ̃kɔsjamɑ̃] *adv* unconsciously.

inconscient, e [ɛ̃kɔsjɑ̃, ɑ̃t] *adj* (*évanoui*) unconscious ; (*imprudent*) thoughtless. ◆ *nm* : l'~ the unconscious.

inconsolable [ɛ̃kɔsɔlabl] *adj* inconsolable.

incontestable [ɛ̃kɔtestabl] *adj* indisputable.

inconvénient [ɛ̃kɔvenjɑ̃] *nm* disadvantage.

incorporer [ɛ̃kɔrpɔre] *vt (ingrédients)* to mix in.

incorrect, e [ɛ̃kɔrɛkt] *adj* incorrect ; *(impoli)* rude.

incorrigible [ɛ̃kɔriʒibl] *adj* incorrigible.

incrédule [ɛ̃kredyl] *adj* sceptical.

incroyable [ɛ̃krwajabl] *adj* incredible.

incrusté, e [ɛ̃kryste] *adj* : ~ de *(décoré de)* inlaid with.

incruster [ɛ̃kryste] : **s'incruster** *vp (tache, saleté)* to become ground in.

inculpé, e [ɛ̃kylpe] *nm, f* : l'~ the accused.

inculper [ɛ̃kylpe] *vt* to charge.

inculte [ɛ̃kylt] *adj (terre)* uncultivated ; *(personne)* uneducated.

incurable [ɛ̃kyrabl] *adj* incurable.

Inde [ɛ̃d] *nf* : l'~ India.

indécent, e [ɛ̃desɑ̃, ɑ̃t] *adj* indecent.

indécis, e [ɛ̃desi, iz] *adj* undecided ; *(vague)* vague.

indéfini, e [ɛ̃defini] *adj* indeterminate.

indéfiniment [ɛ̃definimɑ̃] *adv* indefinitely.

indélébile [ɛ̃delebil] *adj* indelible.

indemne [ɛ̃dɛmn] *adj* unharmed ; **sortir ~ de** to emerge unscathed from.

indemniser [ɛ̃dɛmnize] *vt* to compensate.

indemnité [ɛ̃dɛmnite] *nf* compensation.

indépendamment [ɛ̃depɑ̃damɑ̃] : **indépendamment de** *prép (à part)* apart from.

indépendance [ɛ̃depɑ̃dɑ̃s] *nf* independence.

indépendant, e [ɛ̃depɑ̃dɑ̃, ɑ̃t] *adj* independent ; *(travailleur)* self-employed ; *(logement)* self-contained ; **être ~ de** *(sans relation avec)* to be independent of.

indescriptible [ɛ̃deskriptibl] *adj* indescribable.

index [ɛ̃dɛks] *nm (doigt)* index finger ; *(d'un livre)* index.

indicateur [ɛ̃dikatœr] *adj m →* poteau.

indicatif, ive [ɛ̃dikatif, iv] *nm (téléphonique)* dialling code (Br), dial code (Am) ; *(d'une émission)* signature tune ; GRAMM indicative. ◆ *adj m* : **à titre ~** for information.

indication [ɛ̃dikasjɔ̃] *nf (renseignement)* (piece of) information.

indice [ɛ̃dis] *nm (signe)* sign ; *(dans une enquête)* clue.

indien, enne [ɛ̃djɛ̃, ɛn] *adj* Indian. ❑ **Indien, enne** *nm, f* Indian.

indifféremment [ɛ̃diferamɑ̃] *adv* indifferently.

indifférence [ɛ̃diferɑ̃s] *nf* indifference.

indifférent, e [ɛ̃diferɑ̃, ɑ̃t] *adj (froid)* indifferent ; **ça m'est ~** it's all the same to me.

indigène [ɛ̃diʒɛn] *nmf* native.

indigeste [ɛ̃diʒɛst] *adj* indigestible.

indigestion [ɛ̃diʒɛstjɔ̃] *nf* stomach upset.

indignation [ɛ̃diɲasjɔ̃] *nf* indignation.

indigner [ɛ̃diɲe] : **s'indigner** *vp* : **s'~ de qqch** to take exception to sthg.

indiquer [ɛ̃dike] *vt (révéler)* to show ; **~ qqn/qqch à qqn** *(montrer)* to point sb/sthg out to sb ; *(médecin, boulangerie)* to recommend sb/sthg to sb.

indirect, e [ɛ̃dirɛkt] *adj* indirect.

indirectement [ɛ̃dirɛktəmɑ̃] *adv* indirectly.

indiscipliné, e [ɛ̃disipline] *adj* undisciplined.

indiscret, ète [ɛ̃diskrɛ, ɛt] *adj (personne)* inquisitive ; *(question)* personal.

indiscrétion [ɛ̃diskresjɔ̃] *nf (caractère)* inquisitiveness ; *(gaffe)* indiscretion.

indispensable [ɛ̃dispɑ̃sabl] *adj* essential.

indistinct, e [ɛ̃distɛ̃(kt), ɛ̃kt] *adj* indistinct.

individu [ɛ̃dividy] *nm* individual.

individualiste [ɛ̃dividɥalist] *adj* individualistic.

individuel, elle [ɛ̃dividɥɛl] *adj* individual ; *(maison)* detached.

indolore [ɛ̃dɔlɔr] *adj* painless.

indulgent, e [ɛ̃dylʒɑ̃, ɑ̃t] *adj* indulgent.

industrialisé, e [ɛ̃dystrijalize] *adj* industrialized.

industrie [ɛ̃dystri] *nf* industry.

industriel, elle [ɛ̃dystrijɛl] *adj* industrial.

inédit, e [inedi, it] *adj (livre)* unpublished ; *(film)* not released.

inefficace [inefikas] *adj* ineffective.

inégal, e, aux [inegal, o] *adj (longueur, chances)* unequal ; *(terrain)* uneven ; *(travail, résultats)* inconsistent.

inégalité [inegalite] *nf (des salaires, sociale)* inequality.

inépuisable [inepɥizabl] *adj* inexhaustible.

inerte [inɛrt] *adj (évanoui)* lifeless.

inestimable [inɛstimabl] *adj (très cher)* priceless ; *fig (précieux)* invaluable.

inévitable [inevitabl] *adj* inevitable.

inexact, e [inegza(kt), akt] *adj* incorrect.

inexcusable [inɛkskyzabl] *adj* unforgivable.

inexistant, e [inɛgzistɑ̃, ɑ̃t] *adj* nonexistent.

inexplicable [inɛksplikabl] *adj* inexplicable.

inexpliqué, e [inɛksplike] *adj* unexplained.

in extremis [inɛkstremis] *adv* at the last minute.

infaillible [ɛ̃fajibl] *adj* infallible.

infarctus [ɛ̃farktys] *nm* coronary (thrombosis).

infatigable [ɛ̃fatigabl] *adj* tireless.

infect, e [ɛ̃fɛkt] *adj* revolting.

infecter [ɛ̃fɛkte] : **s'infecter** *vp* to become infected.

infection [ɛ̃fɛksjɔ̃] *nf* infection ; *(odeur)* stench.

inférieur, e [ɛ̃ferjœr] *adj (du dessous)* lower ; *(qualité)* inferior ; **à l'étage ~** downstairs.

infériorité [ɛ̃ferjɔrite] *nf* inferiority.

infernal, e, aux [ɛ̃fɛrnal, o] *adj (bruit, enfant)* diabolical.

infesté, e [ɛ̃fɛste] *adj* : **~ de** infested with.

infidèle [ɛ̃fidɛl] *adj* unfaithful.

infiltrer [ɛfiltre] : **s'infiltrer** *vp* (*eau, pluie*) to seep in.

infime [ɛfim] *adj* minute.

infini, e [ɛfini] *adj* infinite. ◆ *nm* infinity ; **à l'~** (*se prolonger, discuter*) endlessly.

infiniment [ɛfinimɑ̃] *adv* extremely.

infinitif [ɛfinitif] *nm* infinitive.

infirme [ɛfirm] *adj* disabled. ◆ *nmf* disabled person.

infirmerie [ɛfirməri] *nf* sick bay.

infirmier, ère [ɛfirmje, ɛr] *nm, f* nurse.

inflammable [ɛflamabl] *adj* inflammable.

inflammation [ɛflamasjɔ̃] *nf* inflammation.

inflation [ɛflasjɔ̃] *nf* inflation.

inflexible [ɛfleksibl] *adj* inflexible.

infliger [ɛfliʒe] *vt* : **~** qqch à qqn (*punition*) to inflict sthg on sb ; (*amende*) to impose sthg on sb.

influence [ɛflyɑ̃s] *nf* influence.

influencer [ɛflyɑ̃se] *vt* to influence.

informaticien, enne [ɛfɔrmatisjɛ̃, ɛn] *nm, f* computer scientist.

information [ɛfɔrmasjɔ̃] *nf* : **une ~** (*renseignement*) information ; (*nouvelle*) a piece of news. ❏ **informations** *nfpl* (*à la radio, à la télé*) news (*sg*).

informatique [ɛfɔrmatik] *adj* computer. ◆ *nf* (*matériel*) computers (*pl*) ; (*discipline*) computing.

informatisé, e [ɛfɔrmatize] *adj* computerized.

informe [ɛfɔrm] *adj* shapeless.

informer [ɛfɔrme] *vt* : **~** qqn de/que to inform sb of/that.

❏ **s'informer (de)** *vp* (+ *prép*) to ask (about).

infos [ɛfo] *nfpl fam* (*à la radio, à la télé*) news (*sg*).

infraction [ɛfraksjɔ̃] *nf* offence ; **être en ~** to be in breach of the law.

infranchissable [ɛfrɑ̃ʃisabl] *adj* (*rivière*) uncrossable.

infusion [ɛfyzjɔ̃] *nf* herbal tea.

ingénieur [ɛʒenjœr] *nm* engineer.

ingénieux, euse [ɛʒenjø, øz] *adj* ingenious.

ingrat, e [ɛgra, at] *adj* ungrateful ; (*visage, physique*) unattractive.

ingratitude [ɛgratityd] *nf* ingratitude.

ingrédient [ɛgredjɑ̃] *nm* ingredient.

inhabituel, elle [inabitɥɛl] *adj* unusual.

inhumain, e [inymɛ̃, ɛn] *adj* inhuman.

inimaginable [inimaʒinabl] *adj* incredible.

ininflammable [inɛ̃flamabl] *adj* non-flammable.

ininterrompu, e [inɛ̃terɔ̃py] *adj* unbroken.

initiale [inisjal] *nf* initial.

initiation [inisjasjɔ̃] *nf* SCOL (*apprentissage*) introduction.

initiative [inisjativ] *nf* initiative.

injecter [ɛʒekte] *vt* to inject.

injection [ɛʒeksjɔ̃] *nf* injection.

injure [ɛʒyr] *nf* insult.

injurier [ɛʒyrje] *vt* to insult.

injuste [ɛʒyst] *adj* unfair.

injustice [ɛʒystis] *nf* injustice.

injustifié, e [ɛ̃ʒystifje] adj unjustified.

inné, e [ine] adj innate.

innocence [inɔsɑ̃s] nf innocence.

innocent, e [inɔsɑ̃, ɑ̃t] adj innocent. ◆ nm, f innocent person.

innombrable [inɔ̃brabl] adj countless.

innover [inɔve] vi to innovate.

inoccupé, e [inɔkype] adj empty.

inodore [inɔdɔr] adj odourless.

inoffensif, ive [inɔfɑ̃sif, iv] adj harmless.

inondation [inɔ̃dasjɔ̃] nf flood.

inonder [inɔ̃de] vt to flood.

inoubliable [inublijabl] adj unforgettable.

inox® [inɔks] nm stainless steel.

inoxydable [inɔksidabl] adj → acier.

inquiet, ète [ɛ̃kjɛ, ɛt] adj worried.

inquiétant, e [ɛ̃kjetɑ̃, ɑ̃t] adj worrying.

inquiéter [ɛ̃kjete] vt to worry. ❑ **s'inquiéter** vp to worry.

inquiétude [ɛ̃kjetyd] nf worry.

inscription [ɛ̃skripsjɔ̃] nf (sur une liste, à l'université) registration ; (gravée) inscription.

inscrire [ɛ̃skrir] vt (sur une liste, dans un club) to register ; (écrire) to write. ❑ **s'inscrire** vp (sur une liste) to put one's name down ; **s'~ à** (club) to join.

inscrit, e [ɛ̃skri, it] pp → inscrire.

insecte [ɛ̃sɛkt] nm insect.

insecticide [ɛ̃sɛktisid] nm insecticide.

insensé, e [ɛ̃sɑ̃se] adj (aberrant) insane ; (extraordinaire) extraordinary.

insensible [ɛ̃sɑ̃sibl] adj insensitive.

insensiblement [ɛ̃sɑ̃sibləmɑ̃] adv imperceptibly.

inséparable [ɛ̃separabl] adj inseparable.

insérer [ɛ̃sere] vt to insert.

insigne [ɛ̃sin] nm badge.

insignifiant, e [ɛ̃sinifjɑ̃, ɑ̃t] adj insignificant.

insinuer [ɛ̃sinɥe] vt to insinuate.

insistance [ɛ̃sistɑ̃s] nf insistence ; **avec ~** insistently.

insister [ɛ̃siste] vi to insist ; **~ sur** (détail) to emphasize.

insolation [ɛ̃sɔlasjɔ̃] nf : **attraper une ~** to get sunstroke.

insolence [ɛ̃sɔlɑ̃s] nf insolence.

insolent, e [ɛ̃sɔlɑ̃, ɑ̃t] adj insolent.

insolite [ɛ̃sɔlit] adj unusual.

insoluble [ɛ̃sɔlybl] adj insoluble.

insomnie [ɛ̃sɔmni] nf insomnia ; **avoir des ~** to sleep badly.

insonorisé, e [ɛ̃sɔnɔrize] adj soundproofed.

insouciant, e [ɛ̃susjɑ̃, ɑ̃t] adj carefree.

inspecter [ɛ̃spɛkte] vt to inspect.

inspecteur, trice [ɛ̃spɛktœr, tris] nm, f inspector.

inspiration [ɛ̃spirasjɔ̃] nf inspiration.

inspirer [ɛ̃spire] vt to inspire. ◆ vi (respirer) to breathe in ; **~ qqch à qqn** to inspire sb with sthg. ❑ **s'inspirer de** vp + prép to be inspired by.

instable [ɛ̃stabl] adj unstable.

installation   [ɛ̃stalasjɔ̃] nf

(emménagement) moving in; *(structure)* installation.

installer [ɛ̃stale] vt *(poser)* to put; *(eau, électricité)* to install; *(aménager)* to fit out; *(loger)* to put up. ❑ **s'installer** vp *(dans un appartement)* to settle in; *(dans un fauteuil)* to settle down; *(commerçant, médecin)* to set (o.s.) up.

instant [ɛ̃stɑ̃] nm instant; **pour l'~** for the moment.

instantané, e [ɛ̃stɑ̃tane] adj instantaneous; *(café, potage)* instant.

instinct [ɛ̃stɛ̃] nm instinct.

instinctif, ive [ɛ̃stɛ̃ktif, iv] adj instinctive.

institut [ɛ̃stity] nm institute; **~ de beauté** beauty salon.

instituteur, trice [ɛ̃stitytœr, tris] nm, f primary school teacher *(Br)*, grade school teacher *(Am)*.

institution [ɛ̃stitysjɔ̃] nf institution.

instructif, ive [ɛ̃stryktif, iv] adj informative.

instruction [ɛ̃stryksjɔ̃] nf *(enseignement, culture)* education. ❑ **instructions** nfpl instructions.

instruire [ɛ̃strɥir] : **s'instruire** vp to educate o.s.

instruit, e [ɛ̃strɥi, it] pp → **instruire**. ◆ adj *(cultivé)* educated.

instrument [ɛ̃strymɑ̃] nm instrument.

insuffisant, e [ɛ̃syfizɑ̃, ɑ̃t] adj insufficient; *(travail)* unsatisfactory.

insuline [ɛ̃sylin] nf insulin.

insulte [ɛ̃sylt] nf insult.

insulter [ɛ̃sylte] vt to insult.

insupportable [ɛ̃syportabl] adj unbearable.

insurmontable [ɛ̃syrmɔ̃tabl] adj *(difficulté)* insurmountable.

intact, e [ɛ̃takt] adj intact.

intégral, e, aux [ɛ̃tegral, o] adj complete.

intégrer [ɛ̃tegre] vt to include. ❑ **s'intégrer** vp : **(bien) s'~** *(socialement)* to fit in.

intellectuel, elle [ɛ̃telɛktɥel] adj & nm, f intellectual.

intelligence [ɛ̃teliʒɑ̃s] nf intelligence.

intelligent, e [ɛ̃teliʒɑ̃, ɑ̃t] adj intelligent.

intempéries [ɛ̃tɑ̃peri] nfpl bad weather *(sg)*.

intempestif, ive [ɛ̃tɑ̃pestif, iv] adj untimely.

intense [ɛ̃tɑ̃s] adj intense.

intensif, ive [ɛ̃tɑ̃sif, iv] adj intensive.

intensité [ɛ̃tɑ̃site] nf intensity.

intention [ɛ̃tɑ̃sjɔ̃] nf intention; **avoir l'~ de faire qqch** to intend to do sthg.

intentionné, e [ɛ̃tɑ̃sjɔne] adj : **bien ~** well-meaning; **mal ~** ill-intentioned.

intentionnel, elle [ɛ̃tɑ̃sjɔnel] adj intentional.

intercalaire [ɛ̃terkaler] nm insert.

intercaler [ɛ̃terkale] vt to insert.

intercepter [ɛ̃tersepte] vt to intercept.

interchangeable [ɛ̃terʃɑ̃ʒabl] adj interchangeable.

interclasse [ɛ̃terklas] nm break.

interdiction [ɛ̃terdiksjɔ̃] nf ban;

'~ de fumer' '(strictly) no smoking'.

interdire [ɛterdir] *vt* to forbid.

interdit, e [ɛterdi, it] *pp* → **interdire**. ◆ *adj* forbidden ; il est ~ de ... you are not allowed to ...

intéressant, e [ɛteresɑ̃, ɑ̃t] *adj* interesting.

intéresser [ɛterese] *vt* to interest ; *(concerner)* to concern. ❏ **s'intéresser à** *vp* + *prép* to be interested in.

intérêt [ɛterɛ] *nm* interest ; *(avantage)* point ; avoir ~ à faire qqch to be well-advised to do sthg. ❏ **intérêts** *nmpl* FIN interest *(sg)*.

intérieur, e [ɛterjœr] *adj* inner ; *(national)* domestic. ◆ *nm* inside ; *(maison)* home.

interligne [ɛterliɲ] *nm* (line) spacing.

interlocuteur, trice [ɛterlɔkytœr, tris] *nm, f* : mon ~ the man to whom I was speaking.

intermédiaire [ɛtermedjɛr] *adj* intermediate. ◆ *nmf* intermediary. ◆ *nm* : par l'~ de through.

interminable [ɛterminabl] *adj* never-ending.

internat [ɛterna] *nm* *(école)* boarding school.

international, e, aux [ɛternasjonal, o] *adj* international.

internaute [ɛternot] *nmf* (net) surfer, cybersurfer.

interne [ɛtern] *adj* internal. ◆ *nmf* SCOL boarder.

interner [ɛterne] *vt* *(malade)* to commit.

Internet [ɛternɛt] *nm* internet, Internet.

interpeller [ɛterpəle] *vt* *(appeler)* to call out to.

Interphone® [ɛterfɔn] *nm* *(d'un immeuble)* entry phone ; *(dans un bureau)* intercom.

interposer [ɛterpoze] : **s'interposer** *vp* : s'~ entre to stand between.

interprète [ɛterprɛt] *nmf (traducteur)* interpreter ; *(acteur, musicien)* performer.

interpréter [ɛterprete] *vt (résultat, paroles)* to interpret ; *(personnage, morceau)* to play.

interrogation [ɛterɔgasjɔ̃] *nf (question)* question ; ~ **(écrite)** (written) test.

interrogatoire [ɛterɔgatwar] *nm* interrogation.

interroger [ɛterɔʒe] *vt* to question ; SCOL to test.

interrompre [ɛterɔ̃pr] *vt* to interrupt.

interrupteur [ɛteryptœr] *nm* switch.

interruption [ɛterypsjɔ̃] *nf (coupure, arrêt)* break ; *(dans un discours)* interruption.

intersection [ɛterseksjɔ̃] *nf* intersection.

intervalle [ɛterval] *nm (distance)* space ; *(dans le temps)* interval.

intervenir [ɛtervənir] *vi* to intervene.

intervention [ɛtervɑ̃sjɔ̃] *nf* intervention ; MÉD operation.

intervenu, e [ɛtervəny] *pp* → **intervenir**.

interview [ɛtervju] *nf* interview.

interviewer [ɛtervjuve] *vt* to interview.

intestin [ɛtestɛ̃] *nm* intestine.

intestinal, e, aux [ɛ̃testinal, o] *adj* intestinal.

intime [ɛ̃tim] *adj (personnel)* private ; *(très proche)* intimate.

intimider [ɛ̃timide] *vt* to intimidate.

intimité [ɛ̃timite] *nf* intimacy.

intituler [ɛ̃tityle] : **s'intituler** *vp* to be called.

intolérable [ɛ̃tɔlerabl] *adj (douleur)* unbearable ; *(comportement)* unacceptable.

intoxication [ɛ̃tɔksikasjɔ̃] *nf* : ~ **alimentaire** food poisoning.

intraduisible [ɛ̃tradɥizibl] *adj* untranslatable.

intransigeant, e [ɛ̃trɑ̃ziʒɑ̃, ɑ̃t] *adj* intransigent.

intrépide [ɛ̃trepid] *adj* intrepid.

intrigue [ɛ̃trig] *nf (d'une histoire)* plot.

intriguer [ɛ̃trige] *vt* to intrigue.

introduction [ɛ̃trɔdyksjɔ̃] *nf* introduction.

introduire [ɛ̃trɔdɥir] *vt* to introduce. ❑ **s'introduire dans** *vp* + *prép (pénétrer dans)* to enter.

introduit, e [ɛ̃trɔdɥi, it] *pp* → **introduire**.

introuvable [ɛ̃truvabl] *adj (objet perdu)* nowhere to be found.

intrus, e [ɛ̃try, yz] *nm, f* intruder.

intuition [ɛ̃tɥisjɔ̃] *nf (pressentiment)* feeling.

inusable [inyzabl] *adj* hardwearing.

inutile [inytil] *adj (objet, recherches)* useless ; *(efforts)* pointless.

inutilisable [inytilizabl] *adj* unusable.

invalide [ɛ̃valid] *nmf* disabled person.

invariable [ɛ̃varjabl] *adj* invariable.

invasion [ɛ̃vazjɔ̃] *nf* invasion.

inventaire [ɛ̃vɑ̃ter] *nm* inventory.

inventer [ɛ̃vɑ̃te] *vt* to invent ; *(moyen)* to think up.

inventeur, trice [ɛ̃vɑ̃tœr, tris] *nm, f* inventor.

invention [ɛ̃vɑ̃sjɔ̃] *nf* invention.

inverse [ɛ̃vers] *nm* opposite ; à l'~ conversely.

investir [ɛ̃vestir] *vt (argent)* to invest.

investissement [ɛ̃vestismɑ̃] *nm* investment.

invisible [ɛ̃vizibl] *adj* invisible.

invitation [ɛ̃vitasjɔ̃] *nf* invitation.

invité, e [ɛ̃vite] *nm, f* guest.

inviter [ɛ̃vite] *vt* to invite.

involontaire [ɛ̃vɔlɔ̃ter] *adj* involuntary.

invraisemblable [ɛ̃vresɑ̃blabl] *adj* unlikely.

iode [jɔd] *nm* → **teinture**.

ira *etc* → **aller**.

irlandais, e [irlɑ̃de, ez] *adj* Irish. ❑ **Irlandais, e** *nm, f* Irishman (f Irishwoman) ; **les Irlandais** the Irish.

Irlande [irlɑ̃d] *nf* : l'~ **du Nord** Northern Ireland ; la **République d'~** the Republic of Ireland, Eire.

ironie [irɔni] *nf* irony.

ironique [irɔnik] *adj* ironic.

irrationnel, elle [irasjɔnel] *adj* irrational.

irrécupérable [irekyperabl] *adj (objet, vêtement)* beyond repair.

irréel, elle [ireel] *adj* unreal.

irrégulier, ère [iregylje, er] *adj*

irregular ; *(résultats, terrain)* uneven.

irremplaçable [iRãplasabl] *adj* irreplaceable.

irréparable [iRepaRabl] *adj* beyond repair ; *(erreur)* irreparable.

irrésistible [iRezistibl] *adj* irresistible.

irrespirable [iRespiRabl] *adj* unbreathable.

irrigation [iRigasjɔ̃] *nf* irrigation.

irritable [iRitabl] *adj* irritable.

irritation [iRitasjɔ̃] *nf* irritation.

irriter [iRite] *vt* to irritate.

islam [islam] *nm* : l' ~ Islam.

isolant, e [izɔlɑ̃, ɑ̃t] *adj (acoustique)* soundproofing ; *(thermique)* insulating. ◆ *nm* insulator.

isolation [izɔlasjɔ̃] *nf (acoustique)* soundproofing ; *(thermique)* insulation.

isolé, e [izɔle] *adj (à l'écart)* isolated ; *(contre le bruit)* soundproofed ; *(thermiquement)* insulated.

isoler [izɔle] *vt (séparer)* to isolate ; *(contre le bruit)* to soundproof ; *(thermiquement)* to insulate. ❏ **s'isoler** *vp* to isolate o.s.

Israël [israel] *n* Israel.

issu, e [isy] *adj* : être ~ de *(famille)* to be descended from ; *(processus, théorie)* to stem from.

issue [isy] *nf (sortie)* exit ; 'voie sans ~' 'no through road'.

Italie [itali] *nf* : l' ~ Italy.

italien, enne [italjɛ̃, ɛn] *adj* Italian. ◆ *nm (langue)* Italian. ❏ **Italien, enne** *nm, f* Italian.

italique [italik] *nm* italics *(pl)*.

itinéraire [itineRER] *nm* route ; ~ bis alternative route *(to avoid heavy traffic)*.

ivoire [ivwaR] *nm* ivory.

ivre [ivR] *adj* drunk.

ivrogne [ivRɔɲ] *nmf* drunkard.

J

j' → je.

jacinthe [ʒasɛ̃t] *nf* hyacinth.

jaillir [ʒajiR] *vi (eau)* to gush.

jalousie [ʒaluzi] *nf* jealousy.

jaloux, ouse [ʒalu, uz] *adj* jealous ; être ~ de to be jealous of.

jamais [ʒame] *adv* never ; ne ... ~ never ; c'est le plus long voyage que j'aie ~ fait it's the longest journey I've ever made ; plus que ~ more than ever ; si ~ tu le vois ... if you happen to see him ...

jambe [ʒɑ̃b] *nf* leg.

jambon [ʒɑ̃bɔ̃] *nm* ham.

jambonneau, x [ʒɑ̃bɔno] *nm* knuckle of ham.

jante [ʒɑ̃t] *nf (wheel)* rim.

janvier [ʒɑ̃vje] *nm* January → septembre.

Japon [ʒapɔ̃] *nm* : le ~ Japan.

japonais, e [ʒapɔne, ez] *adj* Japanese. ◆ *nm (langue)* Japanese. ❏ **Japonais, e** *nm, f* Japanese (person).

jardin [ʒaRdɛ̃] *nm* garden ; ~ d'enfants kindergarten, playgroup ; ~ public park.

jardinage [ʒaRdinaʒ] *nm* gardening.

jardinier, ère [ʒaRdinje, eR] *nm, f* gardener.

jardinière [ʒaRdinjeR] *nf (bac)* window box ; ~ de légumes dish of diced mixed vegetables.

jarret [ʒaʀɛ] nm : ~ de veau knuckle of veal.

jauge [ʒoʒ] nf gauge ; ~ d'essence petrol gauge ; ~ d'huile dipstick.

jaune [ʒon] adj & adv yellow ; ~ d'œuf egg yolk.

jaunir [ʒoniʀ] vi to turn yellow.

jaunisse [ʒonis] nf jaundice.

Javel [ʒavɛl] nf : (eau de) ~ bleach.

jazz [dʒaz] nm jazz.

je [ʒə] pron I.

jean [dʒin] nm jeans (pl), pair of jeans.

Jeep [dʒip] nf Jeep®.

jerrican [ʒeʀikan] nm jerry can.

Jésus-Christ [ʒezykʀi] nm Jesus Christ ; après ~ AD / avant ~ BC.

jet¹ [ʒɛ] nm (de liquide) jet ; ~ d'eau fountain.

jet² [dʒɛt] nm (avion) jet (plane).

jetable [ʒətabl] adj disposable.

jetée [ʒəte] nf jetty.

jeter [ʒəte] vt to throw ; (mettre à la poubelle) to throw away. ❑ se jeter vp : se ~ dans (suj : rivière) to flow into ; se ~ sur to pounce on.

jeton [ʒətɔ̃] nm (pour jeu de société) counter ; (au casino) chip ; ~ de téléphone telephone token.

jeu, x [ʒø] nm game ; (d'un mécanisme) play ; (assortiment) set ; le ~ (au casino) gambling ; ~ de cartes (distraction) card game ; (paquet) pack of cards ; ~ d'échecs chess set ; ~ de mots pun ; ~ vidéo video game.

jeudi [ʒødi] nm Thursday → samedi.

jeun [ʒœ̃] : à jeun adv on an empty stomach.

jeune [ʒœn] adj young. ❖ nmf young person ; ~ fille girl ; ~ homme young man.

jeûner [ʒøne] vi to fast.

jeunesse [ʒœnɛs] nf (période) youth ; (jeunes) young people (pl).

job [dʒɔb] nm fam job.

jockey [ʒɔkɛ] nm jockey.

jogging [dʒɔgiŋ] nm (vêtement) tracksuit ; (activité) jogging ; faire du ~ to go jogging.

joie [ʒwa] nf joy.

joindre [ʒwɛ̃dʀ] vt (relier) to join ; (contacter) to contact ; ~ qqch à to attach sthg to ; je joins un chèque à ma lettre I enclose a cheque with my letter. ❑ se joindre à vp + prép to join.

joint, e [ʒwɛ̃, ɛ̃t] pp → joindre. ❖ nm TECH seal ; (de robinet) washer ; fam (drogue) joint ; ~ de culasse cylinder head gasket.

joker [ʒɔkɛʀ] nm joker.

joli, e [ʒɔli] adj (beau) pretty ; iron (désagréable) nice.

jongleur [ʒɔ̃glœʀ] nm juggler.

jonquille [ʒɔ̃kij] nf daffodil.

joual [ʒwal] nm Can French-Canadian dialect.

joue [ʒu] nf cheek.

jouer [ʒwe] vi to play ; (acteur) to act. ❖ vt to play ; (somme) to bet ; (pièce de théâtre) to perform ; ~ à (tennis, foot, cartes) to play ; ~ de (instrument) to play.

jouet [ʒwɛ] nm toy.

joueur, euse [ʒwœʀ, øz] nm, f (au casino) gambler ; SPORT player ; être mauvais ~ to be a bad loser ; ~ de flûte flautist ; ~ de foot footballer.

jour [ʒuʀ] nm day ; (clarté) daylight ; il fait ~ it's light ; ~ de l'an New Year's Day ; ~ férié public holiday ; **huit ~ s** a week ; **quinze ~ s** two weeks, a fortnight (Br) ; **de ~ (voyager)** by day ; **du ~ au lendemain** overnight ; **de nos ~ s** nowadays ; **être à ~** to be up-to-date.

journal, aux [ʒurnal, o] nm newspaper ; **~ (intime)** diary ; **~ télévisé** news (on the television).

journaliste [ʒurnalist] nmf journalist.

journée [ʒurne] nf day ; **dans la ~ (aujourd'hui)** today ; **(le jour)** during the day ; **toute la ~** all day (long).

joyeux, euse [ʒwajø, øz] adj happy ; **~ anniversaire!** Happy Birthday! ; **~ Noël!** Merry Christmas!

judo [ʒydo] nm judo.

juge [ʒyʒ] nm judge.

juger [ʒyʒe] vt to judge ; **(accusé)** to try.

juif, ive [ʒɥif, ʒɥiv] adj Jewish. ❏ **Juif, ive** nm, f Jew.

juillet [ʒɥijɛ] nm July ; **le 14-Juillet** French national holiday → **septembre**.

LE 14-JUILLET

The fourteenth of July is a national holiday in France, in commemoration of the storming of the Bastille on the same day in 1789. Celebrations take place throughout France and often last several days, with outdoor public dances, firework displays etc. A grand military parade is held in Paris on the morning of the fourteenth, in the presence of the President of France.

juin [ʒɥɛ̃] nm June → **septembre**.

juke-box [dʒukbɔks] nm inv jukebox.

jumeau, elle, eaux [ʒymo, ɛl, o] adj **(maisons)** semidetached. ◆ nm, f : **des ~ x** twins ; **frère ~** twin brother.

jumelé, e [ʒymle] adj : **'ville ~ e avec ...'** 'twinned with ...'.

jumelles [ʒymɛl] nfpl binoculars.

jument [ʒymɑ̃] nf mare.

jungle [ʒœ̃gl] nf jungle.

jupe [ʒyp] nf skirt ; **~ droite** straight skirt ; **~ plissée** pleated skirt.

jupon [ʒypɔ̃] nm underskirt, slip.

jurer [ʒyre] vi to swear. ◆ vt : **~ (à qqn) que** to swear (to sb) that.

jury [ʒyri] nm jury.

jus [ʒy] nm juice ; **(de viande)** gravy ; **~ d'orange** orange juice.

jusque [ʒysk(ə)] : **jusqu'à** prép : **allez jusqu'à l'église** go as far as the church ; **jusqu'à midi** until noon ; **jusqu'à présent** up until now, so far. ❏ **jusqu'ici** adv **(dans l'espace)** up to here ; **(dans le temps)** up until now, so far. ❏ **jusque-là** adv **(dans l'espace)** up to there ; **(dans le temps)** up to then, up until then.

justaucorps [ʒystokɔr] nm leotard.

juste [ʒyst] adj **(équitable)** fair ; **(addition, raisonnement)** right, correct ; **(note)** in tune ; **(vêtement)** tight. ◆ adv just ; **(chanter, jouer)** in tune ; **il est huit heures ~** it's exactly eight o'clock ; **au ~** exactly.

justement [ʒystəmɑ̃] adv **(précisément)** just ; **(à plus forte raison)** exactly.

justesse [ʒystɛs] : **de justesse** adv only just.

justice [ʒystis] nf justice.

justifier [ʒystifje] *vt* to justify.
❑ **se justifier** *vp* to justify o.s.
jute [ʒyt] *nm* : (toile de) ~ jute.
juteux, euse [ʒytø, øz] *adj* juicy.

K

K7 [kaset] *nf (abr de cassette)* cassette.
kaki [kaki] *adj inv* khaki.
kangourou [kɑ̃guru] *nm* kangaroo.
karaté [karate] *nm* karate.
kart [kart] *nm* go-kart.
karting [kartiŋ] *nm* go-karting.
kayak [kajak] *nm (bateau)* kayak ; *(sport)* canoeing.
képi [kepi] *nm* kepi.
kermesse [kɛrmɛs] *nf* fête.
kérosène [kerozɛn] *nm* kerosene.
ketchup [kɛtʃœp] *nm* ketchup.
kg *(abr de kilogramme)* kg.
kidnapper [kidnape] *vt* to kidnap.
kilo(gramme) [kilɔ(gram)] *nm* kilo(gram).
kilométrage [kilɔmetraʒ] *nm (distance)* ≃ mileage ; ~ **illimité** ≃ unlimited mileage.
kilomètre [kilɔmetr] *nm* kilometre ; **100 ~ s (à l') heure** 100 kilometres per hour.
kilt [kilt] *nm* kilt.
kinésithérapeute [kineziterapøt] *nmf* physiotherapist.
kiosque [kjɔsk] *nm* pavilion ; **~ à journaux** newspaper kiosk.

kir [kir] *nm* aperitif made with white wine and blackcurrant liqueur.
kirsch [kirʃ] *nm* kirsch.
kit [kit] *nm* kit ; **en ~** in kit form.
kiwi [kiwi] *nm* kiwi *(fruit)*.
Klaxon® [klaksɔn] *nm* horn.
klaxonner [klaksɔne] *vi* to hoot (one's horn).
km *(abr de kilomètre)* km.
km/h *(abr de kilomètre par heure)* kph.
K-O [kao] *adj inv* KO'd ; *fam (épuisé)* dead beat.
kouglof [kuglɔf] *nm* light dome-shaped cake with currants and almonds, a speciality of Alsace.
K-way® [kawe] *nm inv* cagoule.
kyste [kist] *nm* cyst.

L

l *(abr de litre)* l.
l' → **le**.
la [la] → **le**.
là [la] *adv (lieu)* there ; *(temps)* then ; **elle n'est pas ~** she's not in ; **par ~** *(de ce côté)* that way ; *(dans les environs)* over there ; **cette fille- ~** that girl.
là-bas [laba] *adv* there.
laboratoire [labɔratwar] *nm* laboratory.
labourer [labure] *vt* to plough.
labyrinthe [labirɛ̃t] *nm* maze.
lac [lak] *nm* lake.
lacer [lase] *vt* to tie.
lacet [lase] *nm (de chaussures)* lace ; *(virage)* bend.
lâche [laʃ] *adj (peureux)* coward-

ly ; (nœud, corde) loose. ◆ nmf coward.

lâcher [laʃe] vt to let go of ; (desserrer) to loosen ; (parole) to let slip. ◆ vi (corde) to give way ; (freins) to fail.

lâcheté [laʃte] nf cowardice.

là-dedans [laddɑ̃] adv (lieu) in there ; (dans cela) in that.

là-dessous [ladsu] adv (lieu) under there ; (dans cette affaire) behind that.

là-dessus [ladsy] adv (lieu) on there ; (à ce sujet) about that.

là-haut [lao] adv up there.

laid, e [le, lɛd] adj ugly.

laideur [lɛdœr] nf ugliness.

lainage [lɛnaʒ] nm (vêtement) woollen garment.

laine [lɛn] nf wool ; en ~ woollen.

laïque [laik] adj secular.

laisse [lɛs] nf lead ; tenir un chien en ~ to keep a dog on a lead.

laisser [lese] vt to leave. ◆ aux : ~ qqn faire qqch to let sb do sthg ; ~ tomber to drop. ❑ se laisser vp : se ~ aller to relax ; se ~ faire (par lâcheté) to let o.s. be taken advantage of ; (se laisser tenter) to let o.s. be persuaded.

lait [lɛ] nm milk ; ~ démaquillant cleanser ; ~ solaire suntan lotion ; ~ de toilette cleanser.

laitage [lɛtaʒ] nm dairy product.

laitier [lɛtje] adj m → produit.

laiton [lɛtɔ̃] nm brass.

laitue [lɛty] nf lettuce.

lambeau, x [lɑ̃bo] nm strip.

lambic [lɑ̃bik] nm Belg strong malt- and wheat-based beer.

lambris [lɑ̃bri] nm panelling.

lame [lam] nf blade ; (de verre, de métal) strip ; (vague) wave ; ~ de rasoir razor blade.

lamelle [lamɛl] nf thin slice.

lamentable [lamɑ̃tabl] adj (pitoyable) pitiful ; (très mauvais) appalling.

lamenter [lamɑ̃te] : se lamenter vp to moan.

lampadaire [lɑ̃pader] nm (dans un appartement) standard lamp (Br), floor lamp (Am) ; (dans la rue) street lamp.

lampe [lɑ̃p] nf lamp ; ~ de chevet bedside lamp ; ~ de poche torch (Br), flashlight (Am).

lance [lɑ̃s] nf (arme) spear ; ~ d'incendie fire hose.

lancée [lɑ̃se] nf: sur sa/ma ~ (en suivant) while he/I was at it.

lancement [lɑ̃smɑ̃] nm (d'un produit) launch.

lance-pierres [lɑ̃spjer] nm inv catapult.

lancer [lɑ̃se] vt to throw ; (produit, mode) to launch. ❑ se lancer vp (se jeter) to throw o.s. ; (oser) to take the plunge ; se ~ dans qqch to embark on sthg.

landau [lɑ̃do] nm pram.

lande [lɑ̃d] nf moor.

langage [lɑ̃gaʒ] nm language.

langer [lɑ̃ʒe] vt to change.

langouste [lɑ̃gust] nf spiny lobster.

langoustine [lɑ̃gustin] nf langoustine.

langue [lɑ̃g] nf ANAT & CULIN tongue ; (langage) language ; ~ étrangère foreign language ; ~ maternelle mother tongue.

langue-de-chat [lɑ̃gdəʃa] (pl langues-de-chat) nf thin sweet finger-shaped biscuit.

languette [lɑ̃gɛt] nf (de chaussures) tongue ; (d'une canette) ringpull.

lanière [lanjɛr] nf (de cuir) strap.

lanterne [lɑ̃tɛrn] nf lantern ; AUT (feu de position) sidelight (Br), parking light (Am).

lapin [lapɛ̃] nm rabbit.

laque [lak] nf (pour coiffer) hair spray, lacquer ; (peinture) lacquer.

laqué, e [lake] adj m → **canard**.

laquelle → **lequel**.

larcin [larsɛ̃] nm sout theft.

lard [lar] nm bacon.

lardon [lardɔ̃] nm strip or cube of bacon.

large [larʒ] adj (rivière, route) wide ; (vêtement) big ; (généreux) generous ; (tolérant) open. ◆ nm : le ~ the open sea ; 2 mètres de ~ 2 metres wide ; au ~ de off (the coast of).

largement [larʒəmɑ̃] adv (au minimum) easily ; avoir ~ le temps to have ample time ; il y en a ~ assez there's more than enough.

largeur [larʒœr] nf width.

larme [larm] nf tear ; être en ~ s to be in tears.

lasagne(s) [lazaɲ] nfpl lasagne.

laser [lazɛr] nm laser.

lassant, e [lasɑ̃, ɑ̃t] adj tedious.

lasser [lase] vt to bore. ❏ **se lasser de** vp + prép to grow tired of.

latéral, e, aux [lateral, o] adj (porte, rue) side.

latin [latɛ̃] nm Latin.

latitude [latityd] nf latitude.

latte [lat] nf slat.

lauréat, e [lɔrea, at] nm, f prizewinner.

laurier [lɔrje] nm (arbuste) laurel ; feuille de ~ bay leaf.

lavable [lavabl] adj washable.

lavabo [lavabo] nm washbasin. ❏ **lavabos** nmpl (toilettes) toilets.

lavage [lavaʒ] nm washing.

lavande [lavɑ̃d] nf lavender.

lave-linge [lavlɛ̃ʒ] nm inv washing machine.

laver [lave] vt to wash ; (plaie) to bathe ; (tache) to wash out OU off. ❏ **se laver** vp to wash o.s. ; **se ~ les dents** to brush one's teeth.

laverie [lavri] nf : ~ (automatique) launderette.

lavette [lavɛt] nf (tissu) dishcloth.

lave-vaisselle [lavvɛsɛl] nm inv dishwasher.

lavoir [lavwar] nm communal sink for washing clothes.

laxatif [laksatif] nm laxative.

layette [lɛjɛt] nf layette.

🖙 ――――――――――

le [lə] (f **la** [la], pl **les** [le]) article défini - **1.** (gén) the ; ~ **lac** the lake ; **la fenêtre** the window ; **les enfants** the children ; **l'amour** love.
- **2.** (désigne le moment) : **nous sommes** ~ **3 août** it's the 3rd of August ; **Bruxelles,** ~ **9 juillet 1994** Brussels, 9 July 1994 ; ~ **samedi** (habituellement) on Saturdays ; (moment précis) on Saturday.
- **3.** (marque l'appartenance) : **se laver les mains** to wash one's hands.
- **4.** (chaque) : **c'est 40 euros la nuit** it's 40 euros a night.
◆ **pron - 1.** (personne) him (f her), them (pl) ; (chose, animal) it, them

(pl) ; je ~ /la/les connais bien I know him/her/them well.

- 2. *(reprend un mot, une phrase)* : je l'ai entendu dire I've heard about it.

lécher [leʃe] *vt* to lick.

lèche-vitrines [lɛʃvitrin] *nm inv* : faire du ~ to go window-shopping.

leçon [ləsɔ̃] *nf* lesson ; *(devoirs)* homework ; faire la ~ à qqn to lecture sb.

lecteur, trice [lɛktœr, tris] *nm, f* reader. ◆ *nm* INFORM reader ; ~ de cassettes cassette player ; ~ laser OU de CD CD player.

lecture [lɛktyr] *nf* reading.

légal, e, aux [legal, o] *adj* legal.

légende [leʒɑ̃d] *nf* *(conte)* legend ; *(d'une photo)* caption ; *(d'un schéma)* key.

léger, ère [leʒe, ɛr] *adj* light ; *(café)* weak ; *(cigarette)* mild ; *(peu important)* slight ; à la légère lightly.

légèrement [leʒɛrmɑ̃] *adv* *(un peu)* slightly ; s'habiller ~ to wear light clothes.

légèreté [leʒɛrte] *nf* lightness ; *(insouciance)* casualness.

législation [leʒislasjɔ̃] *nf* legislation.

légitime [leʒitim] *adj* legitimate ; ~ défense self-defence.

léguer [lege] *vt* to bequeath ; *fig (tradition, passion)* to pass on.

légume [legym] *nm* vegetable.

lendemain [lɑ̃dmɛ̃] *nm* : le ~ the next day ; le ~ matin the next morning ; le ~ de notre départ the day after we left.

lent, e [lɑ̃, lɑ̃t] *adj* slow.

lentement [lɑ̃tmɑ̃] *adv* slowly.

lenteur [lɑ̃tœr] *nf* slowness.

lentille [lɑ̃tij] *nf* *(légume)* lentil ; *(verre de contact)* contact lens.

léopard [leɔpar] *nm* leopard.

lequel [ləkɛl] *(f laquelle* [lakɛl], *mpl lesquels* [lekɛl], *fpl lesquelles* [lekɛl]) *pron* *(sujet de personne)* who ; *(sujet de chose)* which ; *(complément de personne)* whom ; *(complément de chose)* which ; *(interrogatif)* which (one).

les → le.

léser [leze] *vt* to wrong.

lésion [lezjɔ̃] *nf* injury.

lesquelles → lequel.

lesquels → lequel.

lessive [lesiv] *nf* *(poudre, liquide)* detergent ; *(linge)* washing.

lessiver [lesive] *vt* to wash ; *fam (fatiguer)* to wear out.

leste [lɛst] *adj* *(agile)* nimble.

lettre [lɛtr] *nf* letter ; en toutes ~s in full.

leucémie [løsemi] *nf* leukemia.

leur [lœr] *adj* their. ◆ *pron* (to) them. ◇ **le ~** *(f* la leur, *pl* les leurs) *pron* theirs.

levant [ləvɑ̃] *adj m →* **soleil.**

levé, e [ləve] *adj* *(hors du lit)* up.

levée [ləve] *nf* *(du courrier)* collection.

lever [ləve] *vt* *(bras, yeux, doigt)* to raise ; *(relever)* to lift. ◆ *nm* : au ~ when one gets up ; le ~ du jour dawn ; le ~ du soleil sunrise. ❑ **se lever** *vp* *(personne)* to get up ; *(jour)* to break ; *(soleil)* to rise ; *(temps)* to clear.

levier [ləvje] *nm* lever ; ~ de vitesse gear lever *(Br)*, gear shift *(Am)*.

lèvre [lɛvr] *nf* lip.

levure [ləvyr] *nf* CULIN baking powder.

lexique [lɛksik] *nm* *(dictionnaire)* glossary.

lezard [lezar] *nm* lizard.

lézarder [lezarde] : **se lézarder** *vp* to crack.

liaison [ljɛzɔ̃] *nf (aérienne, routière)* link ; *(amoureuse)* affair ; *(phonétique)* liaison ; **être en ~ avec** to be in contact with.

liane [ljan] *nf* creeper.

liasse [ljas] *nf* wad.

Liban [libɑ̃] *nm* : **le ~** Lebanon.

libéral, e, aux [liberal, o] *adj* liberal.

libération [liberasjɔ̃] *nf (d'une ville)* liberation ; *(d'un prisonnier)* release.

libérer [libere] *vt (prisonnier)* to release. ❏ **se libérer** *vp* to free o.s. ; *(de ses occupations)* to get away.

liberté [liberte] *nf* freedom ; **en ~** *(animaux)* in the wild.

libraire [librer] *nmf* bookseller.

librairie [libreri] *nf* bookshop.

libre [libr] *adj* free ; *(ouvert, dégagé)* clear.

librement [librəmɑ̃] *adv* freely.

libre-service [librəservis] *(pl* **libres-services)** *nm (magasin)* self-service store ; *(restaurant)* self-service restaurant.

licence [lisɑ̃s] *nf* licence ; *(diplôme)* degree ; *(sportive)* membership card.

licenciement [lisɑ̃simɑ̃] *nm (pour faute)* dismissal ; *(économique)* redundancy.

licencier [lisɑ̃sje] *vt (pour faute)* to dismiss ; **être licencié** *(économique)* to be made redundant.

liège [ljɛʒ] *nm* cork.

lien [ljɛ̃] *nm (ruban, sangle)* tie ; *(relation)* link.

lier [lje] *vt (attacher)* to tie up ; *(par contrat)* to bind ; *(phénomènes, idées)* to connect ; **~ conversation avec qqn** to strike up a conversation with sb. ❏ **se lier** *vp* : **se ~ (d'amitié) avec qqn** to make friends with sb.

lierre [ljɛr] *nm* ivy.

lieu, x [ljø] *nm* place ; **avoir ~** to take place ; **au ~ de** instead of.

lièvre [ljɛvr] *nm* hare.

ligne [liɲ] *nf* line ; **avoir la ~** to be slim ; **aller à la ~** to start a new paragraph ; **~ blanche** *(sur la route)* white line ; **'grandes ~s'** sign directing rail passengers to platforms for intercity trains.

ligoter [ligɔte] *vt* to tie up.

lilas [lila] *nm* lilac.

limace [limas] *nf* slug.

limande [limɑ̃d] *nf* dab.

lime [lim] *nf* file ; **~ à ongles** nail file.

limer [lime] *vt* to file.

limitation [limitasjɔ̃] *nf* restriction ; **~ de vitesse** speed limit.

limite [limit] *nf (bord)* edge ; *(frontière)* border ; *(maximum ou minimum)* limit. ◆ *adj (prix, vitesse)* maximum ; **à la ~** if necessary.

limiter [limite] *vt* to limit. ❏ **se limiter à** *vp + prép (se contenter de)* to limit o.s. to ; *(être restreint à)* to be limited to.

limonade [limɔnad] *nf* lemonade.

limpide [lɛ̃pid] *adj (crystal)* clear.

lin [lɛ̃] *nm* linen.

linge [lɛ̃ʒ] *nm (de maison)* linen ; *(lessive)* washing.

lingerie [lɛ̃ʒri] *nf (sous-vêtements)* lingerie ; *(local)* linen room.

lingot [lɛ̃go] *nm* : ~ (d'or) (gold) ingot.

lino(léum) [lino, linoleɔm] *nm* lino(leum).

lion [ljɔ̃] *nm* lion. ❑ **Lion** *nm* Leo.

liqueur [likœr] *nf* liqueur.

liquidation [likidasjɔ̃] *nf* : ~ totale' 'stock clearance'.

liquide [likid] *adj* & *nm* liquid ; (argent) ~ cash ; **payer en (argent)** ~ to pay cash.

liquider [likide] *vt* (vendre) to sell off ; *fam* (terminer) to polish off.

lire [lir] *vt* & *vi* to read.

lisible [lizibl] *adj* legible.

lisière [lizjɛr] *nf* edge.

lisse [lis] *adj* smooth.

liste [list] *nf* list ; ~ **d'attente** waiting list ; **être sur ~ rouge** to be ex-directory (*Br*), to have an unlisted number (*Am*).

lit [li] *nm* bed ; **aller au ~** to go to bed ; ~ **de camp** camp bed ; ~ **double, grand ~** double bed ; ~ **simple, à une place, petit ~** single bed.

litchi [litʃi] *nm* lychee.

literie [litri] *nf* mattress and base.

litière [litjɛr] *nf* litter.

litige [litiʒ] *nm* dispute.

litre [litr] *nm* litre.

littéraire [literɛr] *adj* literary.

littérature [literatyr] *nf* literature.

littoral, aux [litɔral, o] *nm* coast.

livide [livid] *adj* pallid.

living(-room), s [liviŋ(rum)] *nm* living room.

livraison [livrɛzɔ̃] *nf* delivery ; '~ **à domicile** 'we deliver' ; ~ **des bagages** 'baggage reclaim'.

livre¹ [livr] *nm* book.

livre² [livr] *nf* (demi-kilo, monnaie) pound ; ~ **(sterling)** pound (sterling).

livrer [livre] *vt* (marchandise) to deliver ; (trahir) to hand over.

livret [livre] *nm* booklet ; ~ **de famille** family record book ; ~ **scolaire** school report (book).

livreur, euse [livrœr, øz] *nm, f* delivery man (*f* delivery woman).

local, e, aux [lɔkal, o] *adj* local. ◆ *nm* (*d'un club, commercial*) premises ; (*pour fête*) place ; **dans les locaux** on the premises.

locataire [lɔkatɛr] *nmf* tenant.

location [lɔkasjɔ̃] *nf* (*d'une maison*) renting ; (*d'un billet*) booking ; (*logement*) rented accommodation ; '~ **de voitures** 'car hire' (*Br*), 'car rental' (*Am*).

locomotive [lɔkɔmɔtiv] *nf* locomotive.

loge [lɔʒ] *nf* (de concierge) lodge ; (d'acteur) dressing room.

logement [lɔʒmɑ̃] *nm* accommodation ; (appartement) flat (*Br*), apartment (*Am*).

loger [lɔʒe] *vt* (héberger) to put up. ◆ *vi* to live. ❑ **se loger** *vp* (pénétrer) to get stuck.

logiciel [lɔʒisjɛl] *nm* software.

logique [lɔʒik] *adj* logical. ◆ *nf* logic.

logiquement [lɔʒikmɑ̃] *adv* logically.

logo [logo] *nm* logo.

loi [lwa] *nf* law ; **la ~** the law.

loin [lwɛ̃] *adv* far away ; (dans le temps) far off ; **au ~** in the distance ; **de ~** from a distance ; *fig* (nettement) by far ; ~ **de** far (away) from.

lointain, e [lwɛ̃tɛ̃, ɛn] *adj*

distant. ◆ *nm* : **dans le ~** in the distance.

Loire [lwar] *nf* : **la ~** (*fleuve*) the (River) Loire.

loisirs [lwazir] *nmpl* (*temps libre*) leisure *(sg)* ; (*activités*) leisure activities.

Londonien, enne [lɔ̃dɔnjɛ̃, ɛn] *nm, f* Londoner.

Londres [lɔ̃dr] *n* London.

long, longue [lɔ̃, lɔ̃g] *adj* long ; **le ~ de** along ; **de ~ en large** up and down ; **à la longue** in the long run.

longer [lɔ̃ʒe] *vt* to follow.

longitude [lɔ̃ʒityd] *nf* longitude.

longtemps [lɔ̃tɑ̃] *adv* (for) a long time ; **il y a ~** a long time ago.

longue → **long**.

longuement [lɔ̃gmɑ̃] *adv* for a long time.

longueur [lɔ̃gœr] *nf* length ; **à ~ de semaine/d'année** all week/year long ; **~ d'onde** wavelength.

longue-vue [lɔ̃gvy] (*pl* **longues-vues**) *nf* telescope.

loquet [lɔkɛ] *nm* latch.

lorraine [lɔrɛn] *adj f* → **quiche**.

lors [lɔr] : **lors de** *prép* (*pendant*) during.

lorsque [lɔrskə] *conj* when.

losange [lɔzɑ̃ʒ] *nm* lozenge.

lot [lo] *nm* (*de loterie*) prize ; *COMM* (*en offre spéciale*) (special offer) pack.

loterie [lɔtri] *nf* lottery.

lotion [lɔsjɔ̃] *nf* lotion.

lotissement [lɔtismɑ̃] *nm* housing development.

loto [lɔto] *nm* (*national*) the French national lottery ; **le ~ sportif** ≃ the football pools (*Br*), the soccer sweepstakes (*Am*).

LOTO

The French national lottery, *loto*, has been running since 1976 on a similar basis to the lotteries in Britain and the US with a twice-weekly televized prize draw. French people can also bet on the results of football matches in the *loto sportif*.

lotte [lɔt] *nf* monkfish ; **~ à l'américaine** monkfish tails cooked in a sauce of white wine, brandy, herbs and tomatoes.

louche [luʃ] *adj* shady. ◆ *nf* ladle.

loucher [luʃe] *vi* to squint.

louer [lwe] *vt* to rent ; **'à ~'** 'to let'.

loup [lu] *nm* wolf.

loupe [lup] *nf* magnifying glass.

louper [lupe] *vt fam* (*examen*) to flunk ; (*train*) to miss.

lourd, e [lur, lurd] *adj* heavy ; (*sans finesse*) unsubtle ; (*erreur*) serious ; (*orageux*) sultry. ◆ *adv* : **peser ~** to be heavy.

lourdement [lurdəmɑ̃] *adv* heavily ; (*se tromper*) greatly.

lourdeur [lurdœr] *nf* : **avoir des ~s d'estomac** to feel bloated.

Louvre [luvr] *nm* : **le ~** the Louvre.

LE LOUVRE

Originally the residence of the royal family, this palace became a museum in 1793. Now one of the largest in the world, The Louvre contains a huge collection of antiques, sculptures and paintings. Following the addition of rooms which formerly housed the French Treasury department and renovation of the exterior, the museum is now referred to as the *Grand Louvre*. There is a new entrance via a glass pyramid built in the front courtyard, and an underground shopping centre and car park have been built.

loyal, e, aux [lwajal, o] *adj* loyal.

loyauté [lwajote] *nf* loyalty.

loyer [lwaje] *nm (d'un appartement)* rent.

lu, e [ly] *pp* → lire.

lubrifiant [lybrifjɑ̃] *nm* lubricant.

lucarne [lykarn] *nf* skylight.

lucide [lysid] *adj (conscient)* conscious ; *(sur soi-même)* lucid.

lueur [lɥœr] *nf* light ; *(d'intelligence, de joie)* glimmer.

luge [lyʒ] *nf* toboggan.

lugubre [lygybr] *adj (ambiance)* gloomy ; *(bruit)* mournful.

lui [lɥi] *pron* - 1. *(complément d'objet indirect)* (to) him/her/it ; je ~ ai parlé I spoke to him/her ; je ~ ai serré la main I shook his/her hand. - 2. *(après une préposition, un comparatif)* him/it ; j'en ai eu moins que ~ I had less than him. - 3. *(pour renforcer le sujet)* he ; c'est ~ qui nous a renseignés he was the one who informed us. - 4. *(dans des expressions)* : c'est ~-même qui l'a dit he said it himself.

lui [lɥi] *pp* → luire.

luire [lɥir] *vi* to shine.

luisant, e [lɥizɑ̃, ɑ̃t] *adj* shining.

lumière [lymjɛr] *nf* light.

luminaires [lyminɛr] *nmpl* lighting *(sg)*.

lumineux, euse [lyminø, øz] *adj* bright ; *(teint, sourire)* radiant ; *(explication)* crystal clear.

lunch, s OU **es** [lœnʃ] *nm (buffet)* buffet lunch.

lundi [lœdi] *nm* Monday → samedi.

lune [lyn] *nf* moon ; **~ de miel** honeymoon ; **pleine ~** full moon.

lunette [lynɛt] *nf (astronomique)* telescope ; **~ arrière** rear window. ❑ **lunettes** *nfpl* glasses ; **~ s de soleil** sunglasses.

lustre [lystr] *nm* ceiling light.

lutte [lyt] *nf* struggle, fight ; SPORT wrestling.

lutter [lyte] *vi* to fight ; **~ contre** to fight (against).

luxation [lyksasjɔ̃] *nf* dislocation.

luxe [lyks] *nm* luxury ; **de (grand) ~** luxury.

Luxembourg [lyksɑ̃bur] *nm* : **le ~** Luxembourg.

luxembourgeois, e [lyksɑ̃burʒwa, az] *adj* of/relating to Luxembourg.

luxueux, euse [lyksɥø, øz] *adj* luxurious.

lycée [lise] *nm* ≃ secondary school *(Br)*, ≃ high school *(Am)* ; **~ professionnel** ≃ technical college.

ⓘ **LYCÉE**

From age 15 to 18, French children attend *lycée*. After three years of study *(seconde, première* and *terminale)*, they take the *baccalauréat* exam which grants access to university studies. There are also professionally-oriented lycées which prepare students to take a *baccalauréat professionnel* or an exam called the *brevet d'études professionnelles* (BEP).

lycéen, enne [liseɛ̃, ɛn] *nm, f* ≃ secondary school student (*Br*), ≃ high school student (*Am*).

Lycra® [likra] *nm* Lycra®.

Lyon [ljɔ̃] *n* Lyons.

M

m (*abr de* mètre) m.

m' → me.

M. (*abr de* Monsieur) Mr.

ma → mon.

macadam [makadam] *nm* Tarmac®.

macaron [makarɔ̃] *nm* (*gâteau*) macaroon.

macaronis [makarɔni] *nmpl* macaroni (*sg*).

macédoine [masedwan] *nf* : ~ (de légumes) (diced) mixed vegetables (*pl*) ; ~ de fruits fruit salad.

macérer [masere] *vi CULIN* to steep.

mâcher [mɑʃe] *vt* to chew.

machin [maʃɛ̃] *nm fam* thingamajig.

machinal, e, aux [maʃinal, o] *adj* mechanical.

machine [maʃin] *nf* machine ; ~ à coudre sewing machine ; ~ à laver washing machine ; ~ à sous one-armed bandit.

machiniste [maʃinist] *nm (d'au-*

tobus) driver ; **'faire signe au ~'** *sign telling bus passengers to let the driver know when they want to get off.*

mâchoire [mɑʃwar] *nf* jaw.

maçon [masɔ̃] *nm* bricklayer.

madame [madam] (*pl* mesdames [medam]) *nf* : ~ X Mrs X ; bonjour ~ /mesdames! good morning (Madam/ladies)! ; **Madame,** *(dans une lettre)* Dear Madam,.

madeleine [madlɛn] *nf* small sponge cake flavoured with lemon or orange.

mademoiselle [madmwazɛl] (*pl* mesdemoiselles [medmwazɛl]) *nf* : ~ X Miss X ; bonjour ~ /mesdemoiselles! good morning (Miss/ladies)! ; **Mademoiselle,** *(dans une lettre)* Dear Madam,.

madère [madɛr] *nm* → **sauce.**

maf(f)ia [mafja] *nf* mafia ; la Maf(f)ia *(sicilienne)* the Mafia.

magasin [magazɛ̃] *nm* shop (*Br*), store (*Am*) ; en ~ in stock.

magazine [magazin] *nm* magazine.

Maghreb [magrɛb] *nm* : le ~ North Africa, the Maghreb.

Maghrébin, e [magrebɛ̃, in] *nm, f* North African.

magicien, enne [maʒisjɛ̃, ɛn] *nm, f* magician.

magie [maʒi] *nf* magic.

magique [maʒik] *adj* magic.

magistrat [maʒistra] *nm* magistrate.

magnésium [maɲezjɔm] *nm* magnesium.

magnétique [maɲetik] *adj* magnetic.

magnétophone [maɲetɔfɔn] *nm* tape recorder.

magnétoscope [maɲetɔskɔp] *nm* videorecorder.

magnifique [maɲifik] *adj* magnificent.

magret [magrɛ] *nm* : ~ **(de canard)** fillet of duck breast.

mai [mɛ] *nm* May; **le premier** ~ **May Day** → **septembre**.

maigre [mɛgr] *adj* thin; *(viande)* lean; *(yaourt)* low-fat.

maigrir [mɛgrir] *vi* to lose weight.

maille [maj] *nf* (*d'un tricot*) stitch; (*d'un filet*) mesh.

maillon [majɔ̃] *nm* link.

maillot [majo] *nm* (*de foot*) jersey; (*de danse*) leotard; ~ **de bain** bathing costume; ~ **de corps** vest (*Br*), undershirt (*Am*).

main [mɛ̃] *nf* hand; **à** ~ **gauche** on the left-hand side; **se donner le** ~ to hold hands; **fait (à la)** ~ handmade.

main-d'œuvre [mɛ̃dœvr] (*pl* **mains-d'œuvre**) *nf* labour.

maintenant [mɛ̃tnɑ̃] *adv* now; *(de nos jours)* nowadays.

maintenir [mɛ̃tnir] *vt* to maintain; *(soutenir)* to support. □ **se maintenir** *vp* (*temps, tendance*) to remain.

maintenu, e [mɛ̃tny] *pp* → **maintenir**.

maire [mɛr] *nmf* mayor.

mairie [mɛri] *nf* (*bâtiment*) town hall (*Br*), city hall (*Am*).

mais [mɛ] *conj* but; ~ **non!** of course not!

maïs [mais] *nm* maize (*Br*), corn (*Am*).

maison [mɛzɔ̃] *nf* (*domicile*) house, home; (*bâtiment*) house.

◆ *adj inv* homemade; **rentrer à la** ~ to go home; ~ **de campagne** house in the country; ~ **des jeunes et de la culture** ≃ youth and community centre.

maître, esse [mɛtr, mɛtrɛs] *nm, f* (*d'un animal*) master (*f* mistress); ~ **(d'école)** schoolteacher; ~ **d'hôtel** (*au restaurant*) head waiter; ~ **nageur** swimming instructor.

maîtresse [mɛtrɛs] *nf* (*amie*) mistress → **maître**.

maîtrise [mɛtriz] *nf* (*diplôme*) ≃ master's degree.

maîtriser [mɛtrize] *vt* to master; *(personne)* to overpower; *(incendie)* to bring under control.

majestueux, euse [maʒɛstɥø, øz] *adj* majestic.

majeur, e [maʒœr] *adj* (*principal*) major. ◆ *nm* (*doigt*) middle finger; **être** ~ (*adulte*) to be of age; **la** ~ **partie (de)** the majority (of).

majoration [maʒɔrasjɔ̃] *nf* increase.

majorette [maʒɔrɛt] *nf* majorette.

majorité [maʒɔrite] *nf* majority; **en** ~ in the majority; **la** ~ **de** the majority of.

majuscule [maʒyskyl] *nf* capital letter.

mal [mal] (*pl* **maux** [mo]) *nm* (*contraire du bien*) evil. ◆ *adv* badly; **j'ai** ~ it hurts; **avoir** ~ **au cœur** to feel sick; **avoir** ~ **aux dents** to have toothache; **avoir** ~ **au ventre** to have (a) stomachache; **ça fait** ~ it hurts; **faire** ~ **à qqn** to hurt sb; **se faire** ~ to hurt o.s.; **se donner du** ~ **(pour faire qqch)** to make an effort (to do sthg); ~ **de gorge** sore throat; ~ **de mer** seasickness;

malade

162

avoir le ~ du pays to feel homesick ;
maux de tête headaches ; pas ~ fam
(assez bon, assez beau) not bad.

malade [malad] adj ill, sick ; (sur
un bateau, en avion) sick. ✦ nmf
sick person ; ~ **mental** mentally ill
person.

maladie [maladi] nf illness ; ~ **de
la vache folle** mad cow disease.

maladresse [maladrɛs] nf clum-
siness ; (acte) blunder.

maladroit, e [maladrwa, at] adj
clumsy.

malaise [malɛz] nm MÉD faint-
ness ; (angoisse) unease ; **avoir un
~ to faint.**

malaxer [malakse] vt to knead.

malchance [malʃɑ̃s] nf bad luck.

mâle [mal] adj & nm male.

malentendu [malɑ̃tɑ̃dy] nm
misunderstanding.

malfaiteur [malfɛtœr] nm criminal.

malfamé, e [malfame] adj dis-
reputable.

malformation [malfɔrmasjɔ̃] nf
malformation.

malgré [malgre] prép in spite of ;
~ **tout** despite everything.

malheur [malœr] nm misfortune.

malheureusement [malœrøz-
mɑ̃] adv unfortunately.

malheureux, euse [malœrø,
øz] adj unhappy.

malhonnête [malɔnɛt] adj dishonest.

malicieux, euse [malisjø, øz] adj
mischievous.

malin, igne [malɛ̃, iɲ] adj (habile,
intelligent) crafty.

malle [mal] nf trunk.

mallette [malɛt] nf small suitcase.

malmener [malmǝne] vt to man-
handle.

malnutrition [malnytrisjɔ̃] nf
malnutrition.

malpoli, e [malpɔli] adj rude.

malsain, e [malsɛ̃, ɛn] adj unhealthy.

maltraiter [maltrete] vt to mistreat.

malveillant, e [malvɛjɑ̃, ɑ̃t] adj
spiteful.

maman [mamɑ̃] nf mum (Br),
mom (Am).

mamie [mami] nf fam granny.

mammifère [mamifɛr] nm mammal.

manager [manadʒɛr] nm manager.

manche [mɑ̃ʃ] nf (de vêtement)
sleeve ; (de jeu) round ; (au tennis)
set. ✦ nm handle.

Manche [mɑ̃ʃ] nf : **la ~** the (English) Channel.

manchette [mɑ̃ʃɛt] nf (d'une
manche) cuff.

mandarine [mɑ̃darin] nf mandarin.

mandat [mɑ̃da] nm (postal)
money order.

manège [manɛʒ] nm (attraction)
merry-go-round (Br), carousel
(Am) ; (d'équitation) riding school.

manette [manɛt] nf lever ; ~ **de
jeux** joystick.

mangeoire [mɑ̃ʒwar] nf trough.

manger [mɑ̃ʒe] vt & vi to eat ;
donner à ~ à qqn to give sb something to eat ; (bébé) to feed sb.

mangue [mɑ̃g] nf mango.

maniable [manjabl] *adj* easy to use.

maniaque [manjak] *adj* fussy.

manie [mani] *nf* funny habit.

manier [manje] *vt* to handle.

manière [manjɛr] *nf* way ; de ~ à faire qqch in order to do sthg ; de toute ~ at any rate. ❑ **manières** *nfpl (attitude)* manners ; faire des ~ s to be difficult.

maniéré, e [manjere] *adj* affected.

manif [manif] *nf fam* demo.

manifestant, e [manifestɑ̃, ɑ̃t] *nm, f* demonstrator.

manifestation [manifestasjɔ̃] *nf (défilé)* demonstration ; *(culturelle)* event.

manifester [manifeste] *vt (exprimer)* to express. ◆ *vi* to demonstrate. ❑ **se manifester** *vp (apparaître)* to appear.

manigancer [manigɑ̃se] *vt* to dream up.

manipulation [manipylasjɔ̃] *nf* handling ; *(tromperie)* manipulation.

manipuler [manipyle] *vt* to handle ; *fig (personne)* to manipulate.

manivelle [manivɛl] *nf* crank.

mannequin [mankɛ̃] *nm (de défilé)* model ; *(dans une vitrine)* dummy.

manœuvre [manœvr] *nf* manœuvre.

manœuvrer [manœvre] *vt & vi* to manoeuvre.

manoir [manwar] *nm* manor house.

manquant, e [mɑ̃kɑ̃, ɑ̃t] *adj* missing.

manque [mɑ̃k] *nm* : le ~ de the lack of.

manquer [mɑ̃ke] *vt* to miss. ◆ *vi (échouer)* to fail ; *(élève, employé)* to be absent ; elle nous manque we miss her ; il manque deux pages there are two pages missing ; il me manque deux euros I'm two euros short ; ~ de *(argent, temps, café)* to be short of ; *(humour, confiance en soi)* to lack.

mansardé, e [mɑ̃sarde] *adj* in the attic.

manteau, x [mɑ̃to] *nm* coat.

manucure [manykyr] *nmf* manicurist.

manuel, elle [manɥɛl] *adj & nm* manual.

manuscrit [manyskri] *nm* manuscript.

mappemonde [mapmɔ̃d] *nf (carte)* map of the world ; *(globe)* globe.

maquereau, x [makro] *nm* mackerel.

maquette [makɛt] *nf* scale model.

maquillage [makijaʒ] *nm (fard, etc)* make-up.

maquiller [makije] : **se maquiller** *vp* to make o.s. up.

marais [marɛ] *nm* marsh ; le ~ the Marais *(historic Paris neighborhood)*.

marathon [maratɔ̃] *nm* marathon.

marbre [marbr] *nm* marble.

marbré, e [marbre] *adj* marbled.

marchand, e [marʃɑ̃, ɑ̃d] *nm, f* shopkeeper *(Br)*, storekeeper *(Am)* ; ~ de fruits et légumes OU de primeurs greengrocer ; ~ de journaux newsagent.

marchander [maʁʃɑ̃de] *vi* to haggle.

marchandises [maʁʃɑ̃diz] *nfpl* merchandise (sg).

marche [maʁʃ] *nf (à pied)* walk ; *(d'escalier)* step ; *(fonctionnement)* operation ; ~ **arrière** reverse ; **en** ~ *(en fonctionnement)* running ; **mettre qqch en** ~ to start sthg up.

marché [maʁʃe] *nm* market ; *(contrat)* deal ; **faire son** ~ to do one's shopping ; ~ **couvert** covered market ; ~ **aux puces** flea market ; **bon** ~ cheap.

marchepied [maʁʃəpje] *nm* step.

marcher [maʁʃe] *vi* to walk ; *(fonctionner)* to work ; *(bien fonctionner)* to go well ; **faire** ~ **qqch** to operate sthg ; **faire** ~ **qqn** *fam* to pull sb's leg.

mardi [maʁdi] *nm* Tuesday ; ~ **gras** Shrove Tuesday ; *voir aussi* **samedi**.

mare [maʁ] *nf* pool.

marécage [maʁekaʒ] *nm* marsh.

marée [maʁe] *nf* tide ; **(à)** ~ **basse/ haute** (at) low/high tide.

margarine [maʁgaʁin] *nf* margarine.

marge [maʁʒ] *nf* margin.

marginal, e, aux [maʁʒinal, o] *nm, f* dropout.

marguerite [maʁgəʁit] *nf* daisy.

mari [maʁi] *nm* husband.

mariage [maʁjaʒ] *nm (noce)* wedding ; *(institution)* marriage.

marié, e [maʁje] *adj* married. ◆ *nm, f* bridegroom *(f* bride) ; **jeunes** ~ **s** newlyweds.

marier [maʁje] : **se marier** *vp* to get married ; **se** ~ **avec qqn** to marry sb.

marin, e [maʁɛ̃, in] *adj (courant, carte)* sea. ◆ *nm* sailor.

marine [maʁin] *adj inv* & *nm* navy (blue). ◆ *nf* navy.

mariner [maʁine] *vi* to marinate.

marinière [maʁinjɛʁ] *nf* → **moule** [2].

marionnette [maʁjɔnɛt] *nf* puppet.

maritime [maʁitim] *adj (ville)* seaside.

marketing [maʁketiŋ] *nm* marketing.

marmelade [maʁməlad] *nf* stewed fruit.

marmite [maʁmit] *nf (cooking)* pot.

marmonner [maʁmɔne] *vt* to mumble.

Maroc [maʁɔk] *nm* : **le** ~ Morocco.

marocain, e [maʁɔkɛ̃, ɛn] *adj* Moroccan. ❑ **Marocain, e** *nm, f* Moroccan.

maroquinerie [maʁɔkinʁi] *nf (objets)* leather goods *(pl)* ; *(boutique)* leather shop *(Br)*, leather store *(Am)*.

marque [maʁk] *nf (trace)* mark ; *(commerciale)* make ; *(nombre de points)* score.

marqué, e [maʁke] *adj (différence, tendance)* marked.

marquer [maʁke] *vt (écrire)* to note (down) ; *(impressionner)* to mark ; *(point, but)* to score. ◆ *vi (stylo)* to write.

marqueur [maʁkœʁ] *nm* marker (pen).

marquis, e [maʁki, iz] *nm, f* marquis *(f* marchioness).

marraine [maʁɛn] *nf* godmother.

marrant, e [marɑ̃, ɑ̃t] *adj fam* funny.

marre [mar] *adv* : en avoir ~ (de) *fam* to be fed up (with).

marrer [mare] : se marrer *vp fam (rire)* to laugh ou ; *(s'amuser)* to have a (good) laugh.

marron [marɔ̃] *adj inv* brown. ◆ *nm (fruit)* chestnut ; *(couleur)* brown.

marronnier [marɔnje] *nm* chestnut tree.

mars [mars] *nm* March → septembre.

Marseille [marsɛj] *n* Marseilles.

marteau, x [marto] *nm* hammer ; ~ piqueur pneumatic drill.

martiniquais, e [martinike, ɛz] *adj* of Martinique.

Martinique [martinik] *nf* : la ~ Martinique.

martyr, e [martir] *adj (enfant)* battered. ◆ *nm, f* martyr.

martyre [martir] *nm (douleur, peine)* agony.

martyriser [martirize] *vt* to ill-treat.

mascara [maskara] *nm* mascara.

mascotte [maskɔt] *nf* mascot.

masculin, e [maskylɛ̃, in] *adj &* *nm* masculine.

masque [mask] *nm* mask.

masquer [maske] *vt (cacher à la vue)* to conceal.

massacre [masakr] *nm* massacre.

massacrer [masakre] *vt* to massacre.

massage [masaʒ] *nm* massage.

masse [mas] *nf (bloc)* mass ; *(outil)* sledgehammer.

masser [mase] *vt (dos, personne)* to massage ; *(grouper)* to assem-

ble. ❑ **se masser** *vp (se grouper)* to assemble.

masseur, euse [masœr, øz] *nm, f* masseur *(f* masseuse).

massif, ive [masif, iv] *adj (bois, or)* solid ; *(lourd)* massive. ◆ *nm (d'arbustes, de fleurs)* clump ; *(montagneux)* massif ; le Massif central the Massif Central *(upland region in southern central France).*

massivement [masivmɑ̃] *adv* en masse.

massue [masy] *nf* club.

mastic [mastik] *nm* putty.

mastiquer [mastike] *vt (mâcher)* to chew.

mat, e [mat] *adj (métal, photo)* matt ; *(peau)* olive. ◆ *adj inv (aux échecs)* mate.

mât [ma] *nm* mast.

match [matʃ] *(pl* s ou es) *nm* match ; faire ~ nul to draw.

matelas [matla] *nm* mattress ; ~ pneumatique airbed.

matelassé, e [matlase] *adj (vêtement)* lined ; *(tissu)* quilted.

mater [mate] *vt* to put down.

matérialiser [materjalize] : se matérialiser *vp* to materialize.

matériaux [materjo] *nmpl* materials.

matériel, elle [materjel] *adj* material. ◆ *nm* equipment ; INFORM hardware ; ~ de camping camping equipment.

maternel, elle [maternel] *adj* maternal.

maternelle [maternel] *nf* : (école) ~ nursery school.

maternité [maternite] *nf (hôpital)* maternity hospital.

mathématiques [matematik] *nfpl* mathematics.

maths [mat] *nfpl fam* maths *(Br)*, math *(Am)*.

matière [matjɛr] *nf (matériau)* material ; *SCOL* subject ; **~ s grasses** fats.

Matignon [matiɲɔ̃] *n* : (l'hôtel) **~** building in Paris where the offices of the Prime Minister are based.

MATIGNON

Since 1935, The French Prime Minister's residence has been the *Hôtel Matignon*, located on Rue de Varenne in Paris. The word *Matignon* is frequently used to refer to the Prime Minister and his staff, e.g. *'Matignon' received the delegation*.

matin [matɛ̃] *nm* morning ; **le ~** *(tous les jours)* in the morning.

matinal, e, aux [matinal, o] *adj* : **être ~** to be an early riser.

matinée [matine] *nf* morning ; *(spectacle)* matinée.

matraque [matrak] *nf* truncheon *(Br)*, nightstick *(Am)*.

maudire [modir] *vt* to curse.

maudit, e [modi, it] *pp* → **maudire.** ◆ *adj* damned.

maussade [mosad] *adj (humeur)* glum ; *(temps)* dismal.

mauvais, e [movɛ, ɛz] *adj* bad ; *(faux)* wrong ; *(méchant)* nasty.

mauve [mov] *adj* mauve.

maux → **mal.**

max. *(abr de maximum)* max.

maximum [maksimɔm] *nm* maximum ; **au ~** *(à la limite)* at the most.

mayonnaise [majɔnɛz] *nf* mayonnaise.

mazout [mazut] *nm* fuel oil.

me [mə] *pron (objet direct)* me ; *(objet indirect)* to me.

mécanicien, enne [mekanisjɛ̃, ɛn] *nm, f (de garage)* mechanic.

mécanique [mekanik] *adj* mechanical. ◆ *nf (mécanisme)* mechanism ; *(automobile)* car mechanics *(sg)*.

mécanisme [mekanism] *nm* mechanism.

méchamment [meʃamɑ̃] *adv* nastily.

méchanceté [meʃɑ̃ste] *nf* nastiness.

méchant, e [meʃɑ̃, ɑ̃t] *adj* nasty.

mèche [mɛʃ] *nf (de cheveux)* lock ; *(de lampe)* wick ; *(de perceuse)* bit ; *(d'explosif)* fuse.

méchoui [meʃwi] *nm* barbecue of a whole sheep roasted on a spit.

méconnaissable [mekɔnɛsabl] *adj* unrecognizable.

mécontent, e [mekɔ̃tɑ̃, ɑ̃t] *adj* unhappy.

médaille [medaj] *nf (récompense)* medal ; *(bijou)* medallion.

médaillon [medajɔ̃] *nm (bijou)* locket ; *CULIN* medallion.

médecin [medsɛ̃] *nm* doctor ; **mon ~ traitant** my (usual) doctor.

médecine [medsin] *nf* medicine.

médias [medja] *nmpl* (mass) media.

médiatique [medjatik] *adj* : **être ~** to look good on TV.

médical, e, aux [medikal, o] *adj* medical.

médicament [medikamɑ̃] *nm* medicine.

médiéval, e, aux [medjeval, o] *adj* medieval.

médiocre [medjɔkr] *adj* mediocre.

médisant, e [medizɑ̃, ɑ̃t] *adj* spiteful.

méditation [meditasjɔ̃] *nf* meditation.

méditer [medite] *vt* to think about. ◆ *vi* to meditate.

Méditerranée [mediterane] *nf* : la (mer) ~ the Mediterranean (Sea).

méditerranéen, enne [mediteraneɛ̃, ɛn] *adj* Mediterranean.

méduse [medyz] *nf* jellyfish.

meeting [mitiŋ] *nm* POL (public) meeting ; SPORT meeting.

méfiance [mefjɑ̃s] *nf* suspicion.

méfiant, e [mefjɑ̃, ɑ̃t] *adj* mistrustful.

méfier [mefje] : **se méfier** *vp* to be careful ; **se ~ de** to distrust.

mégot [mego] *nm* cigarette butt.

meilleur, e [mejœr] *adj* (*comparatif*) better ; (*superlatif*) best. ◆ *nm, f* best.

mélancolie [melɑ̃kɔli] *nf* melancholy.

mélange [melɑ̃ʒ] *nm* mixture.

mélanger [melɑ̃ʒe] *vt* to mix ; (*salade*) to toss ; (*cartes*) to shuffle ; (*confondre*) to mix up.

Melba [mɛlba] *adj inv* ~ pêche.

mêlée [mele] *nf* (*au rugby*) scrum.

mêler [mele] *vt* (*mélanger*) to mix ; ~ qqn à qqch to involve sb in sthg. ❑ **se mêler** *vp* : **se ~ à** (*foule, manifestation*) to join ; **se ~ de qqch** to interfere in sthg.

mélodie [melɔdi] *nf* melody.

melon [məlɔ̃] *nm* melon.

membre [mɑ̃br] *nm* (*bras, jambe*) limb ; (*d'un club*) member.

même [mɛm] *adj* - **1.** (*identique*) same.
- **2.** (*sert à renforcer*) : ce sont ses paroles ~ s those are his very words.
◆ *pron* : le/la ~ (que) the same one (as).
◆ *adv* - **1.** (*sert à renforcer*) even ; il n'y a ~ pas de cinéma there isn't even a cinema.
- **2.** (*exactement*) : c'est aujourd'hui ~ it's this very day ; ici ~ right here.
- **3.** (*dans des expressions*) : coucher à ~ le sol to sleep on the floor ; faire de ~ to do the same ; de ~ que (*et*).

mémé [meme] *nf fam* granny.

mémoire [memwar] *nf* memory ; de ~ (*réciter, jouer*) from memory ; ~ morte read-only memory ; ~ vive random-access memory.

menace [mənas] *nf* threat.

menacer [mənase] *vt* to threaten. ◆ *vi* : la pluie menace it looks like rain ; ~ de faire qqch to threaten to do sthg.

ménage [menaʒ] *nm* (*rangement*) housework ; (*famille*) couple ; faire le ~ to do the housework.

ménager[1] [menaʒe] *vt* (*forces*) to conserve.

ménager[2]**, ère** [menaʒe, ɛr] *adj* (*produit, équipement*) household.

ménagère [menaʒɛr] *nf* (*couverts*) canteen.

ménagerie [menaʒri] *nf* menagerie.

mendiant, e [mɑ̃djɑ̃, ɑ̃t] *nm, f* beggar. ◆ *nm* (*gâteau*) biscuit containing dried fruit and nuts.

mendier [mɑ̃dje] *vi* to beg.

mener [məne] *vt* to lead ; *(accompagner)* to take. ◆ *vi* SPORT to lead.

menottes [mənɔt] *nfpl* handcuffs.

mensonge [mãsɔ̃ʒ] *nm* lie.

mensualité [mãsɥalite] *nf (versement)* monthly instalment.

mensuel, elle [mãsɥel] *adj & nm* monthly.

mensurations [mãsyrasjɔ̃] *nfpl* measurements.

mental, e, aux [mãtal, o] *adj* mental.

mentalité [mãtalite] *nf* mentality.

menteur, euse [mãtœr, øz] *nm, f* liar.

menthe [mãt] *nf* mint ; ~ à l'eau mint cordial.

mention [mãsjɔ̃] *nf (à un examen)* distinction ; 'rayer les ~ s inutiles' 'delete as appropriate'.

mentionner [mãsjɔne] *vt* to mention.

mentir [mãtir] *vi* to lie.

menton [mãtɔ̃] *nm* chin.

menu, e [məny] *adj (très mince)* slender. ◆ *adv (hacher)* finely. ◆ *nm* menu ; *(à prix fixe)* set menu ; ~ gastronomique gourmet menu ; ~ touristique set menu.

menuisier, ère [mənɥizje, er] *nmf* carpenter.

mépris [mepri] *nm* contempt.

méprisant, e [meprizã, ãt] *adj* contemptuous.

mépriser [meprize] *vt* to despise.

mer [mer] *nf* sea ; en ~ at sea.

mercerie [mersəri] *nf (boutique)* haberdasher's shop *(Br)*, notions store *(Am)*.

merci [mersi] *excl* thank you! ;

~ beaucoup! thank you very much! ; ~ de ... thank you for ...

mercredi [merkrədi] *nm* Wednesday → samedi.

merde [merd] *excl vulg* shit! ◆ *nf vulg* shit.

mère [mer] *nf* mother.

merguez [mergez] *nf* spicy North African sausage.

méridional, e, aux [meridjɔnal, o] *adj (du Midi)* Southern (French).

meringue [mərɛ̃g] *nf* meringue.

mérite [merit] *nm (qualité)* merit ; avoir du ~ to deserve praise.

mériter [merite] *vt* to deserve.

merlan [merlã] *nm* whiting.

merle [merl] *nm* blackbird.

merlu [merly] *nm* hake.

merveille [mervej] *nf* marvel.

merveilleux, euse [mervejø, øz] *adj* marvellous.

mes → mon.

mésaventure [mezavãtyr] *nf* misfortune.

mesdames → madame.

mesdemoiselles → mademoiselle.

mesquin, e [meskɛ̃, in] *adj* mean.

message [mesaʒ] *nm* message.

messager, ère [mesaʒe, er] *nm, f* messenger.

messagerie [mesaʒri] *nf* : ~ électronique electronic mail.

messe [mes] *nf* mass.

messieurs → monsieur.

mesure [məzyr] *nf* measurement ; *(rythme)* time ; *(décision)* measure ; sur ~ *(vêtement)* made-to-measure ; dans la ~ du possible as far as possible.

mesuré, e [məzyre] *adj (modéré)* measured.

mesurer [məzyre] *vt* to measure ; **il mesure 1,80 mètres** he's 6 foot tall.

met *etc* → mettre.

métal, aux [metal, o] *nm* metal.

métallique [metalik] *adj (pièce)* metal ; *(son)* metallic.

météo [meteo] *nf* : *(bulletin)* ~ weather forecast ; ~ **marine** shipping forecast.

météorologique [meteɔrɔlɔʒik] *adj* meteorological.

méthode [metɔd] *nf* method ; *(manuel)* handbook.

méthodique [metɔdik] *adj* methodical.

méticuleux, euse [metikylø, øz] *adj* meticulous.

métier [metje] *nm* occupation, job.

métis, isse [metis] *nm, f* person of mixed race.

mètre [mɛtr] *nm* metre ; *(ruban)* tape measure.

métro [metro] *nm (réseau)* underground (Br), subway (Am) ; *(train)* train ; ~ **aérien** elevated railway.

ⓘ **MÉTRO**

The Paris *métro* was built in 1900 and consists of fifteen lines serving the whole of the city in a tightly-knit network with trains running between 5.30 am and 1.00 am. The entrances to *métro* stations are known as *bouches de métro* and some of the older ones feature ornate art nouveau wrought-iron railings and the sign *Métropolitain*. The *métro* is a non-smoking area.

métropole [metrɔpɔl] *nf (ville)* metropolis ; *(pays)* home country.

metteur [metœr] *nm* : ~ **en scène** director.

☞

mettre [mɛtr] *vt* - **1.** *(placer, poser)* to put.

- **2.** *(vêtement)* to put on ; **je ne mets plus ma robe noire** I don't wear my black dress any more.

- **3.** *(temps)* to take ; **nous avons mis deux heures par l'autoroute** it took us two hours on the motorway.

- **4.** *(argent)* to spend.

- **5.** *(déclencher)* to switch on, to turn on ; ~ **le chauffage** to put the heating on.

- **6.** *(dans un état différent)* : ~ **qqn en colère** to make sb angry ; ~ **qqch en marche** to start sthg (up).

- **7.** *(écrire)* to write.

❏ **se mettre** *vp* - **1.** *(se placer)* : **mets-toi sur cette chaise** sit on this chair ; **se** ~ **debout** to stand up ; **se** ~ **au lit** to get into bed.

- **2.** *(dans un état différent)* : **se** ~ **en colère** to get angry ; **se** ~ **d'accord** to agree.

- **3.** *(vêtement, maquillage)* to put on.

- **4.** *(commencer)* : **se** ~ **à faire qqch** to start doing sthg ; **se** ~ **au travail** to set to work.

meuble [mœbl] *nm* piece of furniture ; ~ **s** furniture *(sg)*.

meublé [mœble] *nm* furnished accommodation.

meubler [mœble] *vt* to furnish.

meugler [møgle] *vi* to moo.

meule [møl] *nf (de foin)* haystack.

meunière [mønjer] *nf* → sole.

meurt [mœr] → mourir.

meurtre [mœrtr] *nm* murder.

meurtrier, ère [mœrtrije, ɛr] *nm, f* murderer.

meurtrière [mœrtrijɛr] *nf (d'un château)* arrow slit → **meurtrier.**

meurtrir [mœrtrir] *vt* to bruise.

meurtrissure [mœrtrisyr] *nf* bruise.

meute [møt] *nf* pack.

Mexique [mɛksik] *nm* : le ~ Mexico.

mezzanine [mɛdzanin] *nf (dans une pièce)* mezzanine.

mi- [mi] *préf* half ; à la ~ mars in mid-March ; à ~ chemin halfway.

miauler [mjole] *vi* to miaow.

miche [miʃ] *nf* round loaf.

micro [mikro] *nm (amplificateur)* mike ; *(micro-ordinateur)* micro.

microbe [mikrɔb] *nm (maladie)* bug.

micro-ondes [mikrɔɔ̃d] *nm inv* : (four à) ~ microwave (oven).

micro-ordinateur, s [mikrɔɔrdinatœr] *nm* microcomputer.

microprocesseur [mikrɔprɔsesœr] *nm* microprocessor.

microscope [mikrɔskɔp] *nm* microscope.

microscopique [mikrɔskɔpik] *adj* microscopic.

midi [midi] *nm* midday, noon ; à ~ at midday, at noon ; *(à l'heure du déjeuner)* at lunchtime ; **le Midi** the South of France.

mie [mi] *nf* soft part (of loaf).

miel [mjɛl] *nm* honey.

mien [mjɛ̃] : **le mien** (*f* la mienne [mjɛn], *mpl* les miens [mjɛ̃], *fpl* les miennes [mjɛn]) *pron* mine.

miette [mjɛt] *nf* crumb ; en ~ s *(en morceaux)* in tiny pieces.

mieux [mjø] *adv* better. ◆ *adj* better ; *(plus joli)* nicer ; *(plus séduisant)* better-looking ; **c'est ce qu'il fait le** ~ it's what he does best ; **aller** ~ to be better ; **ça vaut** ~ it's better ; **de** ~ **en** ~ better and better.

mignon, onne [miɲɔ̃, ɔn] *adj* sweet.

migraine [migrɛn] *nf* migraine.

mijoter [miʒɔte] *vi* to simmer.

milieu, x [miljø] *nm* middle ; *(naturel)* environment ; *(familial, social)* background ; **au** ~ **(de)** in the middle (of).

militaire [militɛr] *adj* military. ◆ *nm* soldier.

militant, e [militɑ̃, ɑ̃t] *nm, f* militant.

milk-shake, s [milkʃɛk] *nm* milk-shake.

mille [mil] *num* a thousand ; **trois** ~ three thousand ; **neuf cent quatre-vingt-seize** nineteen ninety-six → **six.**

mille-feuille, s [milfœj] *nm* millefeuille (Br), napoleon (Am), dessert consisting of layers of thin sheets of puff pastry and confectioner's custard.

mille-pattes [milpat] *nm inv* millipede.

milliard [miljar] *nm* thousand million (Br), billion (Am).

milliardaire [miljardɛr] *nmf* multimillionaire.

millier [milje] *nm* thousand ; **des** ~ **s** thousands of.

millilitre [mililitr] *nm* millilitre.

millimètre [milimɛtr] *nm* millimetre.

million [miljɔ̃] *nm* million.

millionnaire [miljɔnɛr] *nmf* millionaire.

mime [mim] *nm (acteur)* mime artist.

mimer [mime] *vt* to mimic.

mimosa [mimɔza] *nm* mimosa.

min *(abr de* minute*)* min.

min. *(abr de* minimum*)* min.

minable [minabl] *adj fam (logement, bar)* shabby.

mince [mɛ̃s] *adj (personne)* slim ; *(tissu, tranche)* thin. ◆ *excl* sugar! *(Br)*, shoot! *(Am)*.

mine [min] *nf (de charbon)* mine ; *(de crayon)* lead ; *(visage)* look ; **avoir bonne/mauvaise ~** to look well/ill ; **faire ~ de faire qqch** to pretend to do sthg.

miner [mine] *vt (terrain)* to mine ; *fig (moral)* to undermine.

minerai [minrɛ] *nm* ore.

minéral, e, aux [mineral, o] *adj & nm* mineral.

minéralogique [mineralɔʒik] *adj* → **plaque**.

mineur, e [minœr] *adj (enfant)* underage ; *(peu important)* minor. ◆ *nm (ouvrier)* miner. ◆ *nm, f (enfant)* minor.

miniature [minjatyr] *adj & nf* miniature ; **en ~** in miniature.

minibar [minibar] *nm* minibar.

minijupe [miniʒyp] *nf* miniskirt.

minimiser [minimize] *vt* to minimize.

minimum [minimɔm] *adj & nm* minimum ; **au ~** at the least.

ministère [minister] *nm* department.

ministre [ministr] *nmf POL* minister *(Br)*, secretary *(Am)*.

Minitel® [minitɛl] *nm* French teletext network.

minorité [minɔrite] *nf* minority.

minuit [minɥi] *nm* midnight.

minuscule [minyskyl] *adj* tiny.

minute [minyt] *nf* minute.

minuterie [minytri] *nf* time switch.

minutieux, euse [minysjø, øz] *adj* meticulous.

mirabelle [mirabɛl] *nf* mirabelle plum.

miracle [mirakl] *nm* miracle.

mirage [miraʒ] *nm* mirage.

miroir [mirwar] *nm* mirror.

mis, e [mi, miz] *pp* → **mettre**.

mise [miz] *nf (enjeu)* stake ; **~ en scène** production.

miser [mize] : **miser sur** *v + prép (au jeu)* to bet on ; *(compter sur)* to count on.

misérable [mizerabl] *adj (pauvre)* poor ; *(lamentable)* miserable.

misère [mizɛr] *nf (pauvreté)* poverty.

missile [misil] *nm* missile.

mission [misjɔ̃] *nf* mission.

mistral [mistral] *nm* cold wind in southeast of France, blowing towards the Mediteranean.

mitaine [mitɛn] *nf* fingerless glove.

mite [mit] *nf (clothes)* moth.

mi-temps [mitɑ̃] *nf inv (moitié d'un match)* half ; *(pause)* half time ; **travailler à ~** to work part-time.

mitigé, e [mitiʒe] *adj* mixed.

mitoyen, enne [mitwajɛ̃, ɛn] *adj (maisons)* adjoining ; **mur ~** party wall.

mitrailler [mitraje] *vt* to machine-gun ; *fam (photographier)* to snap away at.

mitraillette [mitrajɛt] *nf* sub-machinegun.

mitrailleuse [mitrajøz] *nf* machinegun.

mixer [mikse] *vt* to mix.

mixe(u)r [miksœr] *nm (food)* mixer.

mixte [mikst] *adj* mixed.

ml *(abr de millilitre)* ml.

Mlle *(abr de mademoiselle)* Miss.

mm *(abr de millimètre)* mm.

Mme *(abr de madame)* Mrs.

mobile [mɔbil] *adj (pièce)* moving ; *(cloison)* movable ; *(visage, regard)* animated. ◆ *nm (d'un crime)* motive ; *(objet suspendu)* mobile.

mobilier [mɔbilje] *nm* furniture.

mobiliser [mɔbilize] *vt* to mobilize.

Mobylette® [mɔbilɛt] *nf* moped.

mocassin [mɔkasɛ̃] *nm* moccasin.

moche [mɔʃ] *adj fam (laid)* ugly ; *(méchant)* rotten.

mode [mɔd] *nf* fashion. ◆ *nm (manière)* method ; GRAMM mood ; **à la ~** fashionable ; **~ d'emploi** instructions *(pl)* ; **~ de vie** lifestyle.

modèle [mɔdɛl] *nm* model ; *(de pull, de chaussures)* style ; **~ réduit** scale model.

modeler [mɔdle] *vt* to shape.

modélisme [mɔdelism] *nm* model-making.

modem [mɔdɛm] *nm* modem.

modération [mɔderasjɔ̃] *nf* moderation.

modéré, e [mɔdere] *adj* moderate.

moderne [mɔdɛrn] *adj* modern.

moderniser [mɔdɛrnize] *vt* to modernize.

modeste [mɔdɛst] *adj* modest.

modestie [mɔdɛsti] *nf* modesty.

modification [mɔdifikasjɔ̃] *nf* modification.

modifier [mɔdifje] *vt* to modify.

modulation [mɔdylasjɔ̃] *nf* : **~ de fréquence** frequency modulation.

moduler [mɔdyle] *vt* to adjust.

moelle [mwal] *nf* bone marrow ; **~ épinière** spinal cord.

moelleux, euse [mwalø, øz] *adj* soft ; *(gâteau)* moist.

mœurs [mœr(s)] *nfpl (habitudes)* customs.

mohair [mɔɛr] *nm* mohair.

moi [mwa] *pron (objet direct, après prép ou comparaison)* me ; *(objet indirect)* to) me ; *(pour insister)* : **je crois que ...** I think that ... ; **~-même** myself.

moindre [mwɛ̃dr] *adj* smaller ; **le ~ ...** *(le moins important)* the slightest ... ; *(le moins grand)* the smallest ...

moine [mwan] *nm* monk.

moineau, x [mwano] *nm* sparrow.

☞

moins [mwɛ̃] *adv* - 1. *(pour comparer)* less ; **~ vieux (que)** younger (than) ; **~ vite (que)** not as fast (as). - 2. *(superlatif)* : **c'est la nourriture qui coûte le ~** the food costs the least ; **le ~ possible** as little as possible. - 3. *(en quantité)* less ; **~ de viande** less meat ; **~ de gens** fewer people ; **~ de dix** fewer than ten. - 4. *(dans des expressions)* : **à ~ de, à**

~ que : à ~ d'un imprévu, ... unless anything unforeseen happens ... ; à ~ de rouler ou que nous roulions toute la nuit, ... unless we drive all night ... ; au ~ at least ; de ou en ~ less ; j'ai deux ans de ~ qu'elle I'm two years younger than her ; de ~ en ~ less and less.

◆ *prép* - **1.** *(pour indiquer l'heure)* : trois heures ~ le quart quarter to three (Br), quarter of three (Am). - **2.** *(pour soustraire, indiquer la température)* minus.

mois [mwa] *nm* month ; au ~ de juillet in July.

moisi, e [mwazi] *adj* mouldy. ◆ *nm* mould ; sentir le ~ to smell musty.

moisir [mwazir] *vi* to go mouldy.

moisissure [mwazisyr] *nf (moisi)* mould.

moisson [mwasɔ̃] *nf* harvest.

moissonner [mwasɔne] *vt* to harvest.

moissonneuse [mwasɔnøz] *nf* harvester.

moite [mwat] *adj* clammy.

moitié [mwatje] *nf* half ; la ~ de half (of) ; à ~ plein half-full ; à ~ prix half-price.

moka [mɔka] *nm (gâteau)* coffee cake.

molaire [mɔlɛr] *nf* molar.

molle → **mou**.

mollet [mɔlɛ] *nm* calf.

molletonné, e [mɔltɔne] *adj* lined.

mollusque [mɔlysk] *nm* mollusc.

môme [mom] *nmf fam* kid.

moment [mɔmɑ̃] *nm* moment ; c'est le ~ de ... it's time to ... ; au ~ où just as ; du ~ que since ; par ~s at times ; pour le ~ for the moment.

momentané, e [mɔmɑ̃tane] *adj* temporary.

momie [mɔmi] *nf* mummy.

mon [mɔ̃] *(f* ma [ma], *pl* mes [me]) *adj* my.

Monaco [mɔnako] *n* Monaco.

monarchie [mɔnarʃi] *nf* monarchy.

monastère [mɔnastɛr] *nm* monastery.

monde [mɔ̃d] *nm* world ; il y a du ~ ou beaucoup de ~ there are a lot of people ; tout le ~ everyone, everybody.

mondial, e, aux [mɔ̃djal, o] *adj* world *(avant n)*.

moniteur, trice [mɔnitœr, tris] *nm, f (de colonie)* leader ; *(d'auto-école)* instructor. ◆ *nm (écran)* monitor.

monnaie [mɔnɛ] *nf (argent)* money ; *(devise)* currency ; *(pièces)* change ; faire de la ~ to get some change ; rendre la ~ à qqn to give sb change.

monologue [mɔnɔlɔg] *nm* monologue.

monopoliser [mɔnɔpɔlize] *vt* to monopolize.

monospace [mɔnɔspas] *nm* people carrier, *Am* minivan.

monotone [mɔnɔtɔn] *adj* monotonous.

monotonie [mɔnɔtɔni] *nf* monotony.

monsieur [məsjø] *(pl* messieurs [mesjø]) *nm* gentleman ; ~ X Mr X ; bonjour ~ /messieurs! good morning (sir/gentlemen)! ; Monsieur, *(dans une lettre)* Dear Sir,.

monstre [mɔ̃str] *nm* monster ; *(personne très laide)* hideous person.

monstrueux, euse [mɔ̃stryø, øz] *adj (très laid)* hideous ; *(moralement)* monstrous ; *(très grand, très gros)* huge.

mont [mɔ̃] *nm* mountain ; **le ~ Blanc** Mont Blanc ; **le Mont-Saint-Michel** Mont-Saint-Michel.

montage [mɔ̃taʒ] *nm* assembly.

montagne [mɔ̃taɲ] *nf* mountain ; **à la ~** in the mountains ; **~s russes** roller coaster.

montagneux, euse [mɔ̃taɲø, øz] *adj* mountainous.

montant, e [mɔ̃tɑ̃, ɑ̃t] *adj (marée)* rising ; *(col)* high. ◆ *nm (somme)* total ; *(d'une fenêtre, d'une échelle)* upright.

montée [mɔ̃te] *nf (pente)* slope ; *(ascension)* climb ; *(des prix)* rise.

monter [mɔ̃te] *vi (personne)* to go/come up ; *(route, avion, grimpeur)* to climb ; *(dans un train)* to get on ; *(dans une voiture)* to get in ; *(niveau, prix, température)* to rise. ◆ *vt (escalier, côte)* to climb, to go/come up ; *(porter en haut)* to take/bring up ; *(son, chauffage)* to turn up ; *(meuble)* to assemble ; *(tente)* to put up ; *(société)* to set up ; *(cheval)* to ride ; CULIN to beat ; **~ à bord (d'un avion)** to board (a plane) ; **~ à cheval** to ride (horses).

montre [mɔ̃tr] *nf* watch.

montrer [mɔ̃tre] *vt* to show ; **~ qqch à qqn** to show sb sthg ; **~ qqn/qqch du doigt** to point at sb/sthg. ❑ **se montrer** *vp (apparaître)* to appear ; **se ~ courageux** to be brave.

monture [mɔ̃tyr] *nf (de lunettes)* frame ; *(cheval)* mount.

monument [mɔnymɑ̃] *nm* monument ; **~ aux morts** war memorial.

moquer [mɔke] : **se moquer de** *vp + prép (plaisanter)* to make fun of ; *(ignorer)* not to care about ; **je m'en moque** I don't care.

moques [mɔk] *nfpl* Belg sweet cake spiced with cloves, a speciality of Ghent.

moquette [mɔkɛt] *nf* carpet.

moqueur, euse [mɔkœr, øz] *adj* mocking.

moral, e, aux [mɔral, o] *adj (conduite, principes)* moral ; *(psychologique)* mental. ◆ *nm* morale ; **avoir le ~** to be in good spirits.

morale [mɔral] *nf (valeurs)* morals *(pl)* ; *(d'une histoire)* moral ; **faire la ~ à qqn** to preach at sb.

moralement [mɔralmɑ̃] *adv (psychologiquement)* mentally ; *(du point de vue de la morale)* morally.

morceau, x [mɔrso] *nm* piece ; **~ de sucre** lump of sugar.

mordiller [mɔrdije] *vt* to nibble.

mordre [mɔrdr] *vt* to bite ; **~ (sur)** *(dépasser)* to cross over.

morille [mɔrij] *nf* type of mushroom, considered a delicacy.

mors [mɔr] *nm* bit.

morse [mɔrs] *nm (animal)* walrus ; *(code)* Morse code.

morsure [mɔrsyr] *nf* bite.

mort, e [mɔr, mɔrt] *pp* → **mourir.** ◆ *adj* dead. ◆ *nm, f* dead person. ◆ *nf* death.

mortel, elle [mɔrtɛl] *adj (qui peut mourir)* mortal ; *(qui tue)* fatal.

morue [mɔry] *nf* cod.

mosaïque [mɔzaik] *nf* mosaic.

Moscou [mɔsku] *n* Moscow.

mosquée [mɔske] *nf* mosque.

mot [mo] *nm* word ; *(message)* note ; ~ **de passe** password ; ~ **s croisés** crossword *(sg)*.

motard [mɔtar] *nm* motorcyclist ; *(gendarme, policier)* motorcycle policeman.

motel [mɔtɛl] *nm* motel.

moteur [mɔtœr] *nm* engine, motor ; *INFORM* : ~ **de recherche** search engine.

motif [mɔtif] *nm (dessin)* pattern ; *(raison)* motive.

motivation [mɔtivasjɔ̃] *nf* motivation.

motivé, e [mɔtive] *adj* motivated.

moto [mɔto] *nf* motorbike.

motocross [mɔtokrɔs] *nm* motocross.

motocycliste [mɔtosiklist] *nmf* motorcyclist.

motte [mɔt] *nf (de terre)* clod ; *(de beurre)* pat ; *(de gazon)* sod.

mou, molle [mu, mɔl] *adj* soft ; *(sans énergie)* lethargic.

mouche [muʃ] *nf* fly.

moucher [muʃe] : **se moucher** *vp* to blow one's nose.

moucheron [muʃrɔ̃] *nm* gnat.

mouchoir [muʃwar] *nm* handkerchief ; ~ **en papier** (paper) tissue.

moudre [mudr] *vt* to grind.

moue [mu] *nf* pout ; **faire la** ~ to pout.

mouette [mwɛt] *nf* seagull.

moufle [mufl] *nf* mitten.

mouillé, e [muje] *adj* wet.

mouiller [muje] *vt* to wet. ❑ **se**

mouiller *vp* to get wet ; *fig (s'avancer)* to commit o.s.

mouillette [mujɛt] *nf* strip of bread *(for dunking)*.

moulant, e [mulɑ̃, ɑ̃t] *adj* tight-fitting.

moule¹ [mul] *nm* mould ; ~ **à gâteau** cake tin.

moule² [mul] *nf* mussel ; ~ **s marinière** mussels in white wine.

mouler [mule] *vt (statue)* to cast ; *(suj : vêtement)* to fit tightly.

moulin [mulɛ̃] *nm (à farine)* mill ; ~ **à café** coffee grinder ; ~ **à poivre** pepper mill ; ~ **à vent** windmill.

moulinet [mulinɛ] *nm (de canne à pêche)* reel.

Moulinette® [mulinɛt] *nf* liquidizer.

moulu, e [muly] *adj* ground.

moulure [mulyr] *nf* moulding.

mourant, e [murɑ̃, ɑ̃t] *adj* dying.

mourir [murir] *vi* to die ; *(civilisation)* to die out ; *(son)* to die away ; ~ **de faim** to starve to death ; *fig* to be starving (hungry) ; ~ **d'envie de faire qqch** to be dying to do sthg.

mousse [mus] *nf (bulles)* foam ; *(plante)* moss ; *CULIN* mousse ; ~ **à raser** shaving foam ; ~ **au chocolat** chocolate mousse.

mousseline [muslin] *nf (tissu)* muslin. ◆ *adj inv* : **purée** OU **pommes** ~ pureed potatoes.

mousser [muse] *vi (savon)* to lather ; *(boisson)* to foam.

mousseux, euse [musø, øz] *adj (chocolat)* frothy. ◆ *nm* : **du (vin)** ~ sparkling wine.

moustache [mustaʃ] *nf* moustache ; **des** ~ **s** *(d'animal)* whiskers.

moustachu, e [mustaʃy] *adj* with a moustache.

moustiquaire [mustikɛr] *nf* mosquito net.

moustique [mustik] *nm* mosquito.

moutarde [mutard] *nf* mustard.

mouton [mutɔ̃] *nm* sheep ; *CULIN* mutton.

mouvants [muvɑ̃] *adj mpl* → **sable.**

mouvement [muvmɑ̃] *nm* movement.

mouvementé, e [muvmɑ̃te] *adj* eventful.

moyen, enne [mwajɛ̃, ɛn] *adj* average ; *(intermédiaire)* medium. ◆ *nm* way ; ~ **de transport** means of transport. ❏ **moyens** *nmpl (ressources)* means ; *(capacités)* ability *(sg)* ; **avoir les ~ s de faire qqch** *(financièrement)* to be able to afford to do sthg ; **perdre ses ~ s** to go to pieces.

moyenne [mwajɛn] *nf* average ; *SCOL* pass mark *(Br)*, passing grade *(Am)* ; **en ~** on average.

muer [mɥe] *vi (animal)* to moult ; *(voix)* to break.

muet, muette [mɥe, mɥet] *adj* dumb ; *(cinéma)* silent.

muguet [myge] *nm* lily of the valley.

mule [myl] *nf* mule.

mulet [mylɛ] *nm* mule.

multicolore [myltikɔlɔr] *adj* multicoloured.

multiple [myltipl] *adj & nm* multiple.

multiplication [myltiplikasjɔ̃] *nf* multiplication.

multiplier [myltiplije] *vt* to multiply ; **2 multiplié par 9** 2 multiplied by 9. ❏ **se multiplier** *vp* to multiply.

multipropriété [myltiprɔprijete] *nf* : **appartement en ~** timeshare.

multitude [myltityd] *nf* : **une ~ de** a multitude of.

municipal, e, aux [mynisipal, o] *adj* municipal.

municipalité [mynisipalite] *nf (mairie)* (town) council.

munir [mynir] *vt* : ~ **qqn/qqch de** to equip sb/sthg with. ❏ **se munir de** *vp + prép* to equip o.s. with.

munitions [mynisjɔ̃] *nfpl* ammunition *(sg)*.

mur [myr] *nm* wall ; ~ **du son** sound barrier.

mûr, e [myr] *adj (fruit)* ripe.

muraille [myraj] *nf* wall.

mural, e, aux [myral, o] *adj (carte, peinture)* wall.

mûre [myr] *nf* blackberry.

murer [myre] *vt (fenêtre)* to wall up.

mûrir [myrir] *vi (fruit)* to ripen.

murmure [myrmyr] *nm* murmur.

murmurer [myrmyre] *vi* to murmur.

muscade [myskad] *nf* : **(noix)** ~ nutmeg.

muscat [myska] *nm (raisin)* muscat grape ; *(vin) sweet white liqueur wine.*

muscle [myskl] *nm* muscle.

musclé, e [myskle] *adj* muscular.

musculaire [myskyler] *adj* muscular.

musculation [myskylasjɔ̃] *nf* body-building (exercises).

museau, x [myzo] *nm* muzzle ; CULIN brawn (Br), headcheese (Am).

musée [myze] *nm* museum ; *(d'art)* gallery.

muselière [myzəljɛr] *nf* muzzle.

musical, e, aux [myzikal, o] *adj* musical.

music-hall, s [myzikol] *nm* music hall.

musicien, enne [myzisjɛ̃, ɛn] *nm, f* musician.

musique [myzik] *nf* music.

musulman, e [myzylmɑ̃, an] *adj & nm, f* Muslim.

mutation [mytasjɔ̃] *nf (d'un employé)* transfer.

mutiler [mytile] *vt* to mutilate.

mutuel, elle [mytɥɛl] *adj* mutual.

mutuelle, e [mytɥɛl] *nf* mutual insurance company.

mutuellement [mytɥɛlmɑ̃] *adv* mutually.

myope [mjɔp] *adj* shortsighted.

myosotis [mjozɔtis] *nm* forget-me-not.

myrtille [mirtij] *nf* blueberry.

mystère [mister] *nm* mystery ; Mystère ® *(glace) ice cream filled with meringue and coated with almonds.*

mystérieusement [misterjøzmɑ̃] *adv* mysteriously.

mystérieux, euse [misterjø, øz] *adj* mysterious.

mythe [mit] *nm* myth.

mythologie [mitɔlɔʒi] *nf* mythology.

N

n' → ne.

n° *(abr de numéro)* no.

N *(abr de nord)* N.

nacre [nakr] *nf* mother-of-pearl.

nage [naʒ] *nf (natation)* swimming ; *(façon de nager)* stroke ; en ~ dripping with sweat.

nageoire [naʒwar] *nf* fin.

nager [naʒe] *vt & vi* to swim.

nageur, euse [naʒœr, øz] *nm, f* swimmer.

naïf, naïve [naif, iv] *adj* naive.

nain, e [nɛ̃, nɛn] *adj & nm, f* dwarf.

naissance [nɛsɑ̃s] *nf* birth.

naître [nɛtr] *vi* to be born ; *(sentiment)* to arise.

naïve → naïf.

naïveté [naivte] *nf* naivety.

nappe [nap] *nf (linge)* tablecloth ; *(de pétrole)* layer ; *(de brouillard)* patch.

nappé, e [nape] *adj* : ~ de coated with.

napperon [naprɔ̃] *nm* tablemat.

narguer [narge] *vt* to scoff at.

narine [narin] *nf* nostril.

narrateur, trice [naratœr, tris] *nm, f* narrator.

naseaux [nazo] *nmpl* nostrils.

natal, e [natal] *adj* native.

natalité

natalité [natalite] *nf* birth rate.

natation [natasjɔ̃] *nf* swimming ; **faire de la ~** to swim.

natif, ive [natif, iv] *adj* : **je suis ~ de ...** I was born in ...

nation [nasjɔ̃] *nf* nation.

national, e, aux [nasjɔnal, o] *adj* national.

nationale [nasjɔnal] *nf* : (route) **~** ≃ A road *(Br)*, state highway *(Am)*.

nationaliser [nasjɔnalize] *vt* to nationalize.

nationalité [nasjɔnalite] *nf* nationality.

native → natif.

natte [nat] *nf* (tresse) plait ; *(tapis)* mat.

naturaliser [natyralize] *vt* to naturalize.

nature [natyr] *nf* nature. ◆ *adj inv (yaourt, omelette)* plain ; *(thé)* black ; **~ morte** still life.

naturel, elle [natyrɛl] *adj* natural. ◆ *nm (caractère)* nature ; *(simplicité)* naturalness.

naturellement [natyrɛlmã] *adv* naturally ; *(bien sûr)* of course.

naturiste [natyrist] *nmf* naturist.

naufrage [nofraʒ] *nm* shipwreck.

nausée [noze] *nf* nausea ; **avoir la ~** to feel sick.

nautique [notik] *adj (carte)* nautical ; **sports ~ s** water sports.

naval, e [naval] *adj* naval.

navarin [navarɛ̃] *nm* mutton and vegetable stew.

navet [navɛ] *nm* turnip ; *fam (mauvais film)* turkey.

navette [navɛt] *nf (véhicule)* shuttle.

navigateur, trice [navigatœr, tris] *nm, f* navigator.

navigation [navigasjɔ̃] *nf* navigation ; **de plaisance** yachting.

naviguer [navige] *vi (suj : bateau)* to sail ; *(suj : marin)* to navigate.

navire [navir] *nm* ship.

navré, e [navre] *adj* sorry.

NB *(abr de nota bene)* NB.

ne [nə] *adv* → **jamais, pas, personne, plus, que, rien**.

né, e [ne] *pp* → **naître**.

néanmoins [neãmwɛ̃] *adv* nevertheless.

néant [neã] *nm* : **réduire qqch à ~** to reduce sthg to nothing ; **'néant'** *(sur un formulaire)* 'none'.

nécessaire [neseser] *adj* necessary. ◆ *nm (ce qui est indispensable)* bare necessities *(pl)* ; *(outils)* bag ; **~ de toilette** toilet bag.

nécessité [nesesite] *nf* necessity.

nécessiter [nesesite] *vt* to necessitate.

nécessiteux, euse [nesesitø, øz] *nm, f* needy person.

nectarine [nɛktarin] *nf* nectarine.

néerlandais, e [neerlãde, ez] *adj* Dutch. ◆ *nm (langue)* Dutch. ❑ **Néerlandais, e** *nm, f* Dutchman *(f* Dutchwoman).

nef [nɛf] *nf* nave.

néfaste [nefast] *adj* harmful.

négatif, ive [negatif, iv] *adj & nm* negative.

négation [negasjɔ̃] *nf* GRAMM negative.

négligeable [negliʒabl] *adj (quantité)* negligible ; *(détail)* trivial.

négligent, e [negliʒɑ̃, ɑ̃t] *adj* negligent.

négliger [negliʒe] *vt* to neglect.

négociant [negɔsjɑ̃] *nm* : ~ en vins wine merchant.

négociations [negɔsjasjɔ̃] *nfpl* negotiations.

négocier [negɔsje] *vt & vi* to negotiate.

neige [nɛʒ] *nf* snow.

neiger [neʒe] *v impers* : **il neige** it's snowing.

neigeux, euse [nɛʒø, øz] *adj* snowy.

nénuphar [nenyfar] *nm* water lily.

néon [neɔ̃] *nm (tube)* neon light.

nerf [nɛr] *nm* nerve ; **être à bout de ~ s** to be at the end of one's tether.

nerveusement [nɛrvøzmɑ̃] *adv* nervously.

nerveux, euse [nɛrvø, øz] *adj* nervous.

nervosité [nɛrvozite] *nf* nervousness.

n'est-ce pas [nɛspa] *adv* : **tu viens, ~?** you're coming, aren't you? ; **il aime le foot, ~?** he likes football, doesn't he?

net, nette [nɛt] *adj (précis)* clear ; *(propre)* clean ; *(tendance, différence)* marked ; *(prix, salaire)* net. ◆ *adv* : **s'arrêter ~** to stop dead.

nettement [nɛtmɑ̃] *adv (claire-ment)* clearly ; *(beaucoup, très)* definitely.

netteté [nɛtte] *nf* clearness.

nettoyage [netwajaʒ] *nm* cleaning ; **~ à sec** dry cleaning.

nettoyer [netwaje] *vt* to clean ; *(tache)* to remove ; **faire ~ un vête-** ment *(à la teinturerie)* to have a garment dry-cleaned.

neuf, neuve [nœf, nœv] *adj* new. ◆ *nm* : **remettre qqch à ~** to do sthg up (like new) ; **quoi de ~?** what's new? → **six**.

neutre [nøtr] *adj* neutral ; *GRAMM* neuter.

neuvième [nœvjɛm] *num* ninth → **sixième**.

neveu, x [nəvø] *nm* nephew.

nez [ne] *nm* nose ; **se trouver ~ à ~ avec qqn** to find o.s. face to face with sb.

NF *(abr de norme française)* ≃ BS *(Br)*, ≃ US standard *(Am)*.

ni [ni] *conj* : **je n'aime ~ la guitare ~ le piano** I don't like either the guitar or the piano ; **~ l'un ~ l'autre ne sont français** neither of them is French.

niais, e [njɛ, njɛz] *adj* silly.

niche [niʃ] *nf (à chien)* kennel ; *(dans un mur)* niche.

niçoise [niswaz] *adj f* → **salade**.

nicotine [nikɔtin] *nf* nicotine.

nid [ni] *nm* nest.

nid-de-poule [nidpul] *(pl* **nids-de-poule)** *nm* pothole.

nièce [njɛs] *nf* niece.

nier [nje] *vt* to deny ; **~ avoir fait qqch** to deny having done sthg.

Nil [nil] *nm* : **le ~** the Nile.

n'importe [nɛ̃pɔrt] → **importer**.

niveau, x [nivo] *nm* level ; **au ~** *(de la même qualité que)* at the level of ; **~ d'huile** *AUT* oil level ; **~ de vie** standard of living.

noble [nɔbl] *adj* noble. ◆ *nmf* nobleman *(f* noblewoman).

noblesse [nɔblɛs] *nf (nobles)* nobility.

noce [nɔs] *nf* wedding ; ~ s d'or golden wedding (anniversary).

nocif, ive [nɔsif, iv] *adj* noxious.

nocturne [nɔktyrn] *adj* nocturnal. ◆ *nf (d'un magasin)* late-night opening.

Noël [nɔel] *nm* Christmas. ◆ *nf* : la ~ (jour) Christmas Day ; (période) Christmastime.

NOËL

Christmas in France begins on Christmas Eve with a family supper, traditionally turkey with chestnuts followed by a Yule log. Children used to leave their shoes by the fireplace for Father Christmas to fill with presents but today presents are usually placed around the Christmas tree and given and received on Christmas Eve.

nœud [nø] *nm* knot ; *(ruban)* bow ; ~ papillon bow tie.

noir, e [nwar] *adj* black ; *(sombre)* dark. ◆ *nm (obscurité)* darkness ; il fait ~ it's dark ; dans le ~ in the dark. ❏ **Noir, e** *nm, f* black.

noircir [nwarsir] *vt* to blacken. ◆ *vi* to darken.

noisetier [nwaztje] *nm* hazel.

noisette [nwazet] *nf* hazelnut ; *(morceau)* little bit. ◆ *adj inv (yeux)* hazel.

noix [nwa] *nf* walnut ; *(morceau)* little bit ; ~ de cajou cashew (nut) ; ~ de coco coconut.

nom [nɔ̃] *nm* name ; GRAMM noun ; ~ de famille surname ; ~ de jeune fille maiden name ; ~ propre proper noun.

nomade [nɔmad] *nmf* nomad.

nombre [nɔ̃br] *nm* number ; un grand ~ de a great number of.

nombreux, euse [nɔ̃brø, øz] *adj (famille, groupe)* large ; *(personnes, objets)* many ; peu ~ *(groupe)* small ; *(personnes, objets)* few.

nombril [nɔ̃bril] *nm* navel.

nommer [nɔme] *vt (appeler)* to name ; *(à un poste)* to appoint. ❏ **se nommer** *vp* to be called.

non [nɔ̃] *adv* no ; ~ ? *(exprime la surprise)* no (really)? ; je crois que ~ I don't think so ; je ne suis pas content - moi ~ plus I'm not happy - neither am I ; ~ seulement ..., mais ... not only ..., but ...

nonante [nɔnɑ̃t] *num Belg & Helv* ninety → **six**.

nonchalant, e [nɔ̃ʃalɑ̃, ɑ̃t] *adj* nonchalant.

non-fumeur, euse [nɔ̃fymœr, øz] *nm, f* nonsmoker.

nord [nɔr] *adj inv & nm* north ; au ~ in the north ; au ~ de north of.

nord-est [nɔrɛst] *adj inv & nm* northeast ; au ~ in the northeast ; au ~ de northeast of.

nordique [nɔrdik] *adj* Nordic ; Can *(du nord canadien)* North Canadian.

nord-ouest [nɔrwɛst] *adj inv & nm* northwest ; au ~ in the northwest ; au ~ de northwest of.

normal, e, aux [nɔrmal, o] *adj* normal ; ce n'est pas ~ *(pas juste)* it's not on.

normale [nɔrmal] *nf* : la ~ (la moyenne) the norm.

normalement [nɔrmalmɑ̃] *adv* normally.

normand, e [nɔrmɑ̃, ɑ̃d] *adj* Norman.

Normandie [nɔrmɑ̃di] *nf* : la ~ Normandy.

norme [nɔrm] *nf* standard.

Norvège [nɔrvɛʒ] *nf* : la ~ Norway.

norvégien, enne [nɔrveʒjɛ̃, ɛn] *adj* Norwegian. ◆ *nm (langue)* Norwegian. ❑ **Norvégien, enne** *nm, f* Norwegian.

nos → notre.

nostalgie [nɔstalʒi] *nf* nostalgia ; avoir la ~ de to feel nostalgic about.

notable [nɔtabl] *adj* & *nm* notable.

notaire [nɔtɛr] *nm* lawyer.

notamment [nɔtamɑ̃] *adv* in particular.

note [nɔt] *nf* note ; SCOL mark ; *(facture)* bill *(Br)*, check *(Am)* ; prendre des ~ s to take notes.

noter [nɔte] *vt (écrire)* to note (down) ; *(élève, devoir)* to mark *(Br)*, to grade *(Am)* ; *(remarquer)* to note.

notice [nɔtis] *nf (mode d'emploi)* instructions *(pl)*.

notion [nɔsjɔ̃] *nf* notion ; avoir des ~ s de to have a basic knowledge of.

notoriété [nɔtɔrjete] *nf* fame.

notre [nɔtr] *(pl* nos [no]*) adj* our.

nôtre [notr] : le nôtre *(f* la nôtre, *pl* les nôtres) *pron* ours.

nouer [nwe] *vt (lacet, cravate)* to tie ; *(cheveux)* to tie back.

nougat [nuga] *nm* nougat.

nougatine [nugatin] *nf* hard sweet mixture of caramel and chopped almonds.

nouilles [nuj] *nfpl (type de pâtes)* noodles ; *fam (pâtes)* pasta *(sg)*.

nourrice [nuris] *nf* childminder.

nourrir [nurir] *vt* to feed. ❑ **se nourrir** *vp* to eat ; se ~ de to eat.

nourrissant, e [nurisɑ̃, ɑ̃t] *adj* nutritious.

nourrisson [nurisɔ̃] *nm* baby.

nourriture [nurityr] *nf* food.

nous [nu] *pron (sujet)* we ; *(complément d'objet direct)* us ; *(complément d'objet indirect)* (to) us ; *(réciproque)* each other.

nouveau, nouvelle [nuvo, nuvɛl] *(m* nouvel [nuvɛl]*, mpl* nouveaux [nuvo]*) adj* new. ◆ *nm, f (dans une classe, un club)* new boy *(f* new girl*)* ; rien de ~ nothing new ; à ou de ~ again.

nouveau-né, e, s [nuvone] *nm, f* newborn baby.

nouveauté [nuvote] *nf* COMM new product.

nouvel → nouveau.

nouvelle [nuvɛl] *nf (information)* (piece of) news ; *(roman)* short story ; les ~ s *(à la radio, à la télé)* the news *(sg)* ; avoir des ~ s de qqn to hear from sb → nouveau.

Nouvelle-Calédonie [nuvɛlkaledɔni] *nf* : la ~ New Caledonia.

novembre [nɔvɑ̃br] *nm* November → septembre.

noyade [nwajad] *nf* drowning.

noyau, x [nwajo] *nm* stone ; *(petit groupe)* small group.

noyé, e [nwaje] *nm, f* drowned person.

noyer [nwaje] *nm* walnut tree.

◆ *vt* to drown. ❑ **se noyer** *vp* to drown.

nu, e [ny] *adj (personne)* naked ; *(jambes, pièce, arbre)* bare ; **pieds ~ s** barefoot ; **tout ~** stark naked ; **~ -tête** bare-headed.

nuage [nɥaʒ] *nm* cloud.

nuageux, euse [nɥaʒø, øz] *adj* cloudy.

nuance [nɥɑ̃s] *nf (teinte)* shade ; *(différence)* nuance.

nucléaire [nykleɛr] *adj* nuclear.

nudiste [nydist] *nmf* nudist.

nui [nɥi] *pp* → **nuire**.

nuire [nɥir] : **nuire à** *v + prép* to harm.

nuisible [nɥizibl] *adj* harmful ; **~ à** harmful to.

nuit [nɥi] *nf* night ; **cette ~** *(dernière)* last night ; *(prochaine)* tonight ; **la ~** *(tous les jours)* at night ; **bonne ~!** good night! ; **il fait ~** it's dark ; **une ~ blanche** a sleepless night ; **de ~** *(travail, poste)* night, at night.

nul, nulle [nyl] *adj (mauvais, idiot)* hopeless ; **nulle part** nowhere.

numérique [nymerik] *adj* digital.

numéro [nymero] *nm* number ; *(d'une revue)* issue ; *(spectacle)* act ; **~ de compte** account number ; **~ d'immatriculation** registration number ; **~ de téléphone** telephone number.

numéroter [nymerote] *vt* to number ; **place numérotée** *(au spectacle)* numbered seat.

nu-pieds [nypje] *nm inv* sandal.

nuque [nyk] *nf* nape.

Nylon® [nilɔ̃] *nm* nylon.

O

O *(abr de ouest)* W.

oasis [ɔazis] *nf* oasis.

obéir [ɔbeir] *vi* to obey ; **~ à** to obey.

obéissant, e [ɔbeisɑ̃, ɑ̃t] *adj* obedient.

obèse [ɔbɛz] *adj* obese.

objectif, ive [ɔbʒɛktif, iv] *adj* objective. ◆ *nm (but)* objective ; *(d'appareil photo)* lens.

objection [ɔbʒɛksjɔ̃] *nf* objection.

objet [ɔbʒɛ] *nm* object ; *(sujet)* subject ; **(bureau des) ~ s trouvés** lost property (office) (Br), lost-and-found office (Am) ; **~ s de valeur** valuables.

obligation [ɔbligasjɔ̃] *nf* obligation.

obligatoire [ɔbligatwar] *adj* compulsory.

obligé, e [ɔbliʒe] *adj fam (inévitable)* : **c'est ~** that's for sure ; **être ~ de faire qqch** to be obliged to do sthg.

obliger [ɔbliʒe] *vt* : **~ qqn à faire qqch** to force sb to do sthg.

oblique [ɔblik] *adj* oblique.

oblitérer [ɔblitere] *vt (ticket)* to punch.

obscène [ɔpsen] *adj* obscene.

obscur, e [ɔpskyr] *adj* dark ; *(incompréhensible, peu connu)* obscure.

obscurcir [ɔpskyrsir] : s'obscurcir *vp* to grow dark.

obscurité [ɔpskyrite] *nf* darkness.

obséder [ɔpsede] *vt* to obsess.

obsèques [ɔpsɛk] *nfpl sout* funeral *(sg)*.

observateur, trice [ɔpsɛrvatœr, tris] *adj* observant.

observation [ɔpsɛrvasjɔ̃] *nf* remark ; *(d'un phénomène)* observation.

observatoire [ɔpsɛrvatwar] *nm* observatory.

observer [ɔpsɛrve] *vt* to observe.

obsession [ɔpsesjɔ̃] *nf* obsession.

obstacle [ɔpstakl] *nm* obstacle ; *(en équitation)* fence.

obstiné, e [ɔpstine] *adj* obstinate.

obstiner [ɔpstine] : s'obstiner *vp* to insist ; s'~ à faire qqch to persist (stubbornly) in doing sthg.

obstruer [ɔpstrye] *vt* to block.

obtenir [ɔptənir] *vt (récompense, faveur)* to get, to obtain ; *(résultat)* to reach.

obtenu, e [ɔptəny] *pp* → obtenir.

obturateur [ɔptyratœr] *nm (d'appareil photo)* shutter.

obus [ɔby] *nm* shell.

OC *(abr de* ondes courtes) SW.

occasion [ɔkazjɔ̃] *nf (chance)* chance ; *(bonne affaire)* bargain ; avoir l'~ de faire qqch to have the chance to do sthg ; d'~ secondhand.

occasionnel, elle [ɔkazjɔnɛl] *adj* occasional.

occasionner [ɔkazjɔne] *vt sout* to cause.

Occident [ɔksidɑ̃] *nm* : l'~ POL the West.

occidental, e, aux [ɔksidɑ̃tal, o] *adj (partie, région)* western ; POL Western.

occupation [ɔkypasjɔ̃] *nf* occupation.

occupé, e [ɔkype] *adj* busy ; *(place)* taken ; *(toilettes)* engaged ; *(ligne de téléphone)* engaged *(Br)*, busy *(Am)* ; ça sonne ~ the line's engaged *(Br)*, the line's busy *(Am)*.

occuper [ɔkype] *vt* to occupy ; *(poste, fonctions)* to hold. ◻ s'occuper *vp (se distraire)* to occupy o.s. ; s'~ de to take care of.

occurrence [ɔkyrɑ̃s] : en l'occurrence *adv* in this case.

océan [ɔseɑ̃] *nm* ocean.

ocre [ɔkr] *adj inv* ochre.

octane [ɔktan] *nm* : indice d'~ octane rating.

octante [ɔktɑ̃t] *num Belg & Helv* eighty → six.

octet [ɔktɛ] *nm* byte.

octobre [ɔktɔbr] *nm* October → septembre.

oculiste [ɔkylist] *nmf* ophthalmologist.

odeur [ɔdœr] *nf* smell.

odieux, euse [ɔdjø, øz] *adj* hateful.

odorat [ɔdɔra] *nm* (sense of) smell.

œil [œj] *(pl* yeux [jø]) *nm* eye ; à l'~ *fam* for nothing ; avoir qqn à l'~ *fam* to have one's eye on sb.

œillet [œjɛ] *nm* carnation ; *(de chaussure)* eyelet.

œsophage [ezɔfaʒ] *nm* œsophagus.

œuf [œf, *pl* ø] *nm* egg ; ~ **à la coque** boiled egg ; ~ **dur** hard-boiled egg ; ~ **poché** poached egg ; ~ **sur le plat** fried egg ; ~ **s brouillés** scrambled eggs ; ~ **s à la neige** *cold dessert of beaten egg whites served on custard*.

œuvre [œvr] *nf* work ; **mettre qqch en** ~ to make use of sthg ; ~ **d'art** work of art.

offense [ɔfɑ̃s] *nf* insult.

offenser [ɔfɑ̃se] *vt* to offend.

offert, e [ɔfɛr, ɛrt] *pp* → **offrir**.

office [ɔfis] *nm (organisme)* office ; *(messe)* service ; **faire** ~ **de** to act as ; ~ **de tourisme** tourist office ; **d'** ~ automatically.

officiel, elle [ɔfisjɛl] *adj* official.

officiellement [ɔfisjɛlmɑ̃] *adv* officially.

officier [ɔfisje] *nm* officer.

offre [ɔfr] *nf* offer ; ~ **s d'emploi** situations vacant.

offrir [ɔfrir] *vt* : ~ **qqch à qqn** *(en cadeau)* to give sthg to sb ; *(mettre à sa disposition)* to offer sthg to sb ; ~ **(à qqn) de faire qqch** to offer to do sthg (for sb). ❏ **s'offrir** *vp (cadeau, vacances)* to treat o.s. to s.to.

OGM *(abr de organisme génétiquement modifié) nm* GMO.

oie [wa] *nf* goose.

oignon [ɔɲ ɔ̃] *nm* onion ; *(de fleur)* bulb ; **petits** ~ **s** pickling onions.

oiseau, x [wazo] *nm* bird.

OK [ɔke] *excl* OK!

olive [ɔliv] *nf* olive ; ~ **noire** black olive ; ~ **verte** green olive.

olivier [ɔlivje] *nm* olive tree.

olympique [ɔlɛ̃pik] *adj* Olympic.

omble [ɔ̃bl] *nm* : ~ **chevalier** *fish found especially in Lake Geneva, with a light texture and flavour*.

ombragé, e [ɔ̃braʒe] *adj* shady.

ombre [ɔ̃br] *nf (forme)* shadow ; *(obscurité)* shade ; **à l'** ~ **(de)** in the shade (of) ; ~ **à paupières** eye shadow.

ombrelle [ɔ̃brɛl] *nf* parasol.

OMC *(abr de Organisation mondiale du commerce) nf* WTO.

omelette [ɔmlɛt] *nf* omelette ; ~ **norvégienne** baked Alaska.

omettre [ɔmɛtr] *vt sout* to omit ; ~ **de faire qqch** to omit to do sthg.

omis, e [ɔmi, iz] *pp* → **omettre**.

omission [ɔmisjɔ̃] *nf* omission.

omnibus [ɔmnibys] *nm* : **(train)** ~ slow train *(Br)*, local train *(Am)*.

omoplate [ɔmɔplat] *nf* shoulder blade.

on [ɔ̃] *pron (quelqu'un)* somebody ; *(les gens)* people ; *fam (nous)* we.

oncle [ɔ̃kl] *nm* uncle.

onctueux, euse [ɔ̃ktɥø, øz] *adj* creamy.

onde [ɔ̃d] *nf* TECH wave ; **grandes** ~ **s** long wave *(sg)* ; ~ **s courtes/moyennes** short/medium wave *(sg)*.

ondulé, e [ɔ̃dyle] *adj (cheveux)* wavy.

ongle [ɔ̃gl] *nm* nail.

ont [ɔ̃] → **avoir**.

ONU [ɔny] *nf* (*abr de Organisation des Nations unies*) UN.

onze [ɔ̃z] *num* eleven → **six**.

onzième [ɔ̃zjɛm] *num* eleventh → **sixième**.

opaque [ɔpak] *adj* opaque.

opéra [ɔpera] *nm* opera.

opérateur, trice [ɔperatœr, tris] *nm, f* (*au téléphone*) operator.

opération [ɔperasjɔ̃] *nf* MATH calculation ; (*chirurgicale*) operation ; (*financière, commerciale*) deal.

opérer [ɔpere] vt (*malade*) to operate on. ◆ vi (*médicament*) to take effect ; **se faire ~** to have an operation ; **se faire ~ du cœur** to have heart surgery.

opérette [ɔpere] *nf* operetta.

ophtalmologiste [ɔftalmɔlɔ-ʒist] *nmf* ophthalmologist.

opinion [ɔpinjɔ̃] *nf* opinion ; **l'~** (**publique**) public opinion.

opportun, e [ɔpɔrtœ̃, yn] *adj* opportune.

opportuniste [ɔpɔrtynist] *adj* opportunist.

opposé, e [ɔpoze] *adj & nm* opposite ; **~ à** (*inverse*) opposite ; (*hostile à*) opposed to ; **à l'~ de** (*du côté opposé à*) opposite ; (*contrairement à*) unlike.

opposer [ɔpoze] vt (*argument*) to put forward ; (*résistance*) to put up ; (*personnes, équipes*) to pit against each other. ◆ **s'opposer** *vp* (*s'affronter*) to clash ; **s'~ à** to oppose.

opposition [ɔpozisjɔ̃] *nf* (*différence*) contrast ; (*désapprobation*) POL opposition ; **faire ~ à un chèque**) to stop a cheque.

oppresser [ɔprese] vt to oppress.

oppression [ɔpresjɔ̃] *nf* oppression.

opprimer [ɔprime] vt to oppress.

opticien, enne [ɔptisjɛ̃, ɛn] *nm, f* optician.

optimisme [ɔptimism] *nm* optimism.

optimiste [ɔptimist] *adj* optimistic. ◆ *nmf* optimist.

option [ɔpsjɔ̃] *nf* SCOL option ; (*accessoire*) optional extra.

optionnel, elle [ɔpsjɔnɛl] *adj* optional.

optique [ɔptik] *adj* (*nerf*) optic. ◆ *nf* (*point de vue*) point of view.

or [ɔr] *conj* but, now. ◆ *nm* gold ; **en ~** gold.

orage [ɔraʒ] *nm* storm.

orageux, euse [ɔraʒø, øz] *adj* stormy.

oral, e, aux [ɔral, o] *adj & nm* oral ; **'voie ~ e'** 'to be taken orally'.

orange [ɔrɑ̃ʒ] *adj inv, nm & nf* orange.

orangeade [ɔrɑ̃ʒad] *nf* orange squash.

oranger [ɔrɑ̃ʒe] *nm* → **fleur**.

orbite [ɔrbit] *nf* (*de planète*) orbit ; (*de l'œil*) (eye) socket.

orchestre [ɔrkɛstr] *nm* orchestra ; (*au théâtre*) stalls (*pl*) (*Br*), orchestra (*Am*).

orchidée [ɔrkide] *nf* orchid.

ordinaire [ɔrdinɛr] *adj* (*normal*) normal ; (*banal*) ordinary. ◆ *nm* (*essence*) ≃ two-star petrol (*Br*), ≃ regular (*Am*) ; **d'~** usually.

ordinateur [ɔrdinatœr] *nm* computer.

ordonnance [ɔrdɔnɑ̃s] *nf* (*médicale*) prescription.

ordonné, e [ɔrdɔne] *adj* tidy.

ordonner [ɔrdɔne] vt (commander) to order ; (ranger) to put in order ; ~ à qqn de faire qqch to order sb to do sthg.

ordre [ɔrdr] nm order ; (organisation) tidiness ; donner l'~ de faire qqch to give the order to do sthg ; en ~ in order ; mettre de l'~ dans qqch to tidy up sthg ; à l'~ de (chèque) payable to.

ordures [ɔrdyr] nfpl rubbish (sg) (Br), garbage (sg) (Am).

oreille [ɔrej] nf ear.

oreiller [ɔreje] nm pillow.

oreillons [ɔrejɔ̃] nmpl mumps (sg).

organe [ɔrgan] nm (du corps) organ.

organisateur, trice [ɔrganizatœr, tris] nm, f organizer.

organisation [ɔrganizasjɔ̃] nf organization ; ~ mondiale du commerce World Trade Organization.

organisé, e [ɔrganize] adj organized.

organiser [ɔrganize] vt to organize. ❑ **s'organiser** vp to get (o.s.) organized.

organisme [ɔrganism] nm (corps) organism ; (organisation) body.

orge [ɔrʒ] nf ~ sucre.

orgue [ɔrg] nm organ ; ~ de Barbarie barrel organ.

orgueil [ɔrgœj] nm pride.

orgueilleux, euse [ɔrgœjø, øz] adj proud.

Orient [ɔrjɑ̃] nm : l'~ the Orient.

oriental, e, aux [ɔrjɑ̃tal, o] adj (de l'Orient) oriental ; (partie, région) eastern.

orientation [ɔrjɑ̃tasjɔ̃] nf (direction) direction ; (d'une maison)

aspect ; SCOL (conseil) careers guidance.

orienter [ɔrjɑ̃te] vt to direct ; SCOL to guide. ❑ **s'orienter** vp (se repérer) to get one's bearings ; s'~ vers (se tourner vers) to move towards ; SCOL to take.

orifice [ɔrifis] nm orifice.

originaire [ɔriʒiner] adj : être ~ de to come from.

original, e, aux [ɔriʒinal, o] adj original ; (excentrique) eccentric. ◆ nm, f eccentric. ◆ nm (peinture, écrit) original.

originalité [ɔriʒinalite] nf originality ; (excentricité) eccentricity.

origine [ɔriʒin] nf origin ; être à l'~ de qqch to be behind sthg ; à l'~ originally ; d'~ (ancien) original ; pays d'~ native country.

ORL nmf (abr de oto-rhino-laryngologiste) ENT specialist.

ornement [ɔrnəmɑ̃] nm ornament.

orner [ɔrne] vt to decorate ; ~ qqch de to decorate sthg with.

ornière [ɔrnjer] nf rut.

orphelin, e [ɔrfəlɛ̃, in] nm, f orphan.

orphelinat [ɔrfəlina] nm orphanage.

Orsay [ɔrse] n : le musée d'~ museum in Paris specializing in 19th-century art.

orteil [ɔrtej] nm toe ; gros ~ big toe.

orthographe [ɔrtɔgraf] nf spelling.

orthophoniste [ɔrtɔfɔnist] nmf speech therapist.

ortie [ɔrti] nf nettle.

os [ɔs, pl o] nm bone.

oscillation [ɔsilasjɔ̃] nf oscillation.

osciller [ɔsile] vi (se balancer) to sway ; (varier) to vary.

osé, e [oze] adj daring.

oseille [ozɛj] nf sorrel.

oser [oze] vt : ~ faire qqch to dare (to) do sthg.

osier [ozje] nm wicker.

osselets [ɔslɛ] nmpl (jeu) jacks.

ostensible [ɔstɑ̃sibl] adj conspicuous.

otage [ɔtaʒ] nm hostage.

otarie [ɔtari] nf sea lion.

ôter [ote] vt to take off ; ~ qqch à qqn to take sthg away from sb.

otite [ɔtit] nf ear infection.

oto-rhino-laryngologiste, s [ɔtɔrinolarɛgɔlɔʒist] nmf ear, nose and throat specialist.

ou [u] conj or ; ~ bien or else ; ~ ... ~ either ... or.

☞

où [u] adv - 1. (pour interroger) where ; d'~ êtes-vous? where are you from? ; par ~ faut-il passer? how do you get there?
- 2. (dans une interrogation indirecte) where.
◆ pron - 1. (spatial) where ; le village ~ j'habite the village where I live, the village I live in ; le pays d'~ je viens the country I come from ; la région ~ nous sommes allés the region we went to.
- 2. (temporel) : le jour ~ ... the day (that) ... ; juste au moment ~ ... at the very moment (that) ...

ouate [wat] nf cotton wool.

oubli [ubli] nm oversight.

oublier [ublije] vt to forget ; (laisser quelque part) to leave (behind).

oubliettes [ublijɛt] nfpl dungeon (sg).

ouest [wɛst] adj inv & nm west ; à l'~ in the west ; à l'~ de west of.

ouf [uf] excl phew!

oui [wi] adv yes ; je pense que ~ I think so.

ouïe [wi] nf hearing. ❑ **ouïes** nfpl (de poisson) gills.

ouragan [uragɑ̃] nm hurricane.

ourlet [urlɛ] nm hem.

ours [urs] nm bear ; ~ en peluche teddy bear.

oursin [ursɛ̃] nm sea urchin.

outil [uti] nm tool.

outillage [utijaʒ] nm tools (pl).

outre [utr] prép as well as ; en ~ moreover ; ~ mesure unduly.

outré, e [utre] adj indignant.

outre-mer [utrəmɛr] adv overseas.

ouvert, e [uvɛr, ɛrt] pp → ouvrir.
◆ adj (pas) ; '~ le lundi 'open on Mondays'.

ouvertement [uvɛrtəmɑ̃] adv openly.

ouverture [uvɛrtyr] nf opening ; ~ d'esprit open-mindedness.

ouvrable [uvrabl] adj → jour.

ouvrage [uvraʒ] nm work.

ouvre-boîtes [uvrəbwat] nm inv tin opener.

ouvre-bouteilles [uvrəbutɛj] nm inv bottle opener.

ouvreur, euse [uvrœr, øz] nm, f usher (f usherette).

ouvrier, ère [uvrije, ɛr] adj working-class. ◆ nm, f worker.

ouvrir [uvrir] vt to open ; (robinet)

ovale

188

to turn on. ◆ *vi* to open. ❏ **s'ouvrir**
vp to open.

ovale [ɔval] *adj* oval.

oxyder [ɔkside] : **s'oxyder** *vp* to
rust.

oxygène [ɔksiʒɛn] *nm* oxygen.

oxygénée [ɔksiʒene] *adj f* → **eau**.

ozone [ozɔn] *nm* ozone.

P

pacifique [pasifik] *adj* peaceful ;
l'océan Pacifique, le Pacifique the
Pacific (Ocean).

pack [pak] *nm (de bouteilles)* pack.

PACS [paks] *(abr de Pacte civil
de solidarité) nm* Civil Solidarity
Pact, *civil contract conferring marital
rights on the contrating parties.*

pacte [pakt] *nm* pact.

paella [paela] *nf* paella.

pagayer [pageje] *vi* to paddle.

page [paʒ] *nf* page ; ~ **de garde**
flyleaf.

paie [pɛ] = **paye**.

paiement [pemɑ̃] *nm* payment.

paillasson [pajasɔ̃] *nm* doormat.

paille [paj] *nf* straw.

paillette [pajɛt] *nf* sequin.

pain [pɛ̃] *nm* bread ; **un ~ a** loaf (of
bread) ; ~ **au chocolat** *sweet flaky
pastry with chocolate filling* ; ~ **complet** wholemeal bread *(Br)*, wholewheat bread *(Am)* ; ~ **doré** *Can*
French toast ; ~ **de mie** sandwich bread ;
~ **aux raisins** *sweet pastry containing
raisins, rolled into a spiral shape.*

ⓘ **PAIN**

Bread is an essential element of
every French meal. The basic
French loaf is a long stick known
as a *baguette* but there are also
other types : a *ficelle* (long and
thin), a *bâtard* (short), and a
pain de 400 g (long and fat). This
last variety is often simply referred to as *un pain* when ordering in a *boulangerie*. The traditional
British sliced loaf is rarely found.

pair, e [pɛr] *adj* MATH even.
◆ *nm* : **jeune fille au ~** au pair.

paire [pɛr] *nf* pair.

paisible [pezibl] *adj (endroit)*
peaceful ; *(animal)* tame.

paître [pɛtr] *vi* to graze.

paix [pɛ] *nf* peace ; **avoir la ~** to
have peace and quiet.

Pakistan [pakistɑ̃] *nm* : **le ~** Pakistan.

pakistanais, e [pakistane, ɛz] *adj*
Pakistani.

palace [palas] *nm* luxury hotel.

palais [palɛ] *nm (résidence)* palace ; ANAT palate ; **Palais de justice**
law courts.

pâle [pal] *adj* pale.

palette [palɛt] *nf (de peintre)* palette ; *(viande)* shoulder.

palier [palje] *nm* landing.

pâlir [palir] *vi* to turn pale.

palissade [palisad] *nf* fence.

palmarès [palmarɛs] *nm (de vic-
toires)* record ; *(de chansons)* pop
charts *(pl)*.

palme [palm] *nf (de plongée)* flipper.

palmé, e [palme] *adj (pattes)* web-
bed.

palmier [palmje] *nm (arbre)* palm

tree ; (*gâteau*) large, heart-shaped, hard dry biscuit.

palourde [palurd] *nf* clam.

palper [palpe] *vt* to feel.

palpitant, e [palpitã, ãt] *adj* thrilling.

palpiter [palpite] *vi* to pound.

pamplemousse [pãpləmus] *nm* grapefruit.

pan [pã] *nm* (*de chemise*) shirt tail ; ~ de mur wall.

panaché [panaʃe] *nm* : (demi) ~ shandy.

panaris [panari] *nm* finger infection.

pan-bagnat [pãbaɲa] (*pl* pans-bagnats) *nm* roll filled with lettuce, tomatoes, anchovies and olives.

pancarte [pãkart] *nf* (*de manifestation*) placard ; (*de signalisation*) sign.

pané, e [pane] *adj* in breadcrumbs, breaded.

panier [panje] *nm* basket.

panier-repas [panjerapa] (*pl* paniers-repas) *nm* packed lunch.

panique [panik] *nf* panic.

paniquer [panike] *vt & vi* to panic.

panne [pan] *nf* breakdown ; être en ~ to have broken down ; tomber en ~ to break down ; ~ d'électricité OU de courant power failure ; tomber en ~ d'essence OU sèche to run out of petrol ; 'en ~' 'out of order'.

panneau, x [pano] *nm* (*d'indication*) sign ; (*de bois, de verre*) panel ; ~ d'affichage notice board (*Br*), bulletin board (*Am*) ; ~ de signalisation road sign.

panoplie [panɔpli] *nf* (*déguisement*) outfit.

panorama [panɔrama] *nm* panorama.

pansement [pãsmã] *nm* bandage ; ~ adhésif (sticking) plaster (*Br*), Band-Aid® (*Am*).

pantalon [pãtalɔ̃] *nm* trousers (*pl*) (*Br*), pants (*pl*) (*Am*), pair of trousers (*Br*), pair of pants (*Am*).

panthère [pãter] *nf* panther.

pantin [pãtɛ̃] *nm* puppet.

pantoufle [pãtufl] *nf* slipper.

PAO *nf* DTP.

paon [pã] *nm* peacock.

papa [papa] *nm* dad.

pape [pap] *nm* pope.

papeterie [papetri] *nf* (*magasin*) stationer's ; (*usine*) paper mill.

papi [papi] *nm* fam grandad.

papier [papje] *nm* paper ; (*feuille*) piece of paper ; ~ aluminium aluminium foil ; ~ cadeau gift wrap ; ~ d'emballage wrapping paper ; ~ à en-tête headed paper ; ~ hygiénique OU toilette toilet paper ; ~ à lettres writing paper ; ~ peint wallpaper ; ~ s (d'identité) (identity) papers.

papillon [papijɔ̃] *nm* butterfly ; (brasse) ~ butterfly (stroke).

papillote [papijɔt] *nf* : en ~ CULIN baked in foil or greaseproof paper.

papoter [papɔte] *vi* to chatter.

paquebot [pakbo] *nm* liner.

pâquerette [pakret] *nf* daisy.

Pâques [pak] *nm* Easter.

paquet [pake] *nm* (*colis*) parcel, package ; (*de cigarettes, de chewing-gum*) packet ; (*de cartes*) pack ; je vous fais un ~-cadeau? shall I gift-wrap it for you?

☞

par [par] *prép* - 1. *(à travers)* through ; **regarder ~ la fenêtre** to look out of the window.
- 2. *(indique le moyen)* by ; **voyager ~ (le) train** to travel by train.
- 3. *(introduit l'agent)* by.
- 4. *(indique la cause)* by ; **faire qqch ~ amitié** to do sthg out of friendship.
- 5. *(distributif)* per, a ; **deux comprimés ~ jour** two tablets a day ; **un ~ un** one by one.
- 6. *(dans des expressions)* : **~ endroits** in places ; **~ moments** sometimes ; **~ -ci ~ -là** here and there.

parabolique [parabolik] *adj* → antenne.

parachute [paraʃyt] *nm* parachute.

parade [parad] *nf (défilé)* parade.

paradis [paradi] *nm* paradise.

paradoxal, e, aux [paradoksal, o] *adj* paradoxical.

paradoxe [paradoks] *nm* paradox.

parages [paraʒ] *nmpl* : **dans les ~** in the area.

paragraphe [paragraf] *nm* paragraph.

paraître [paretr] *vi (sembler)* to seem ; *(apparaître)* to appear ; *(livre)* to be published ; **il paraît que** it would appear that.

parallèle [paralel] *adj & nm* parallel ; **~ à** parallel to.

paralyser [paralize] *vt* to paralyse.

paralysie [paralizi] *nf* paralysis.

parapente [parapɑ̃t] *nm* paragliding.

parapet [parape] *nm* parapet.

parapluie [paraplɥi] *nm* umbrella.

parasite [parazit] *nm* parasite. ❑ **parasites** *nmpl (perturbation)* interference *(sg)*.

parasol [parasɔl] *nm* parasol.

paratonnerre [paratɔner] *nm* lightning conductor.

paravent [paravɑ̃] *nm* screen.

parc [park] *nm* park ; *(de bébé)* playpen ; **~ d'attractions** amusement park ; **~ de stationnement** car park *(Br)*, parking lot *(Am)* ; **~ zoologique** zoological gardens *(pl)*.

parce que [parsk(ə)] *conj* because.

parchemin [parʃəmɛ̃] *nm* parchment.

parcmètre [parkmetr] *nm* parking meter.

parcourir [parkurir] *vt (distance)* to cover ; *(lieu)* to go all over ; *(livre, article)* to glance through.

parcours [parkur] *nm (itinéraire)* route ; **~ santé** trail in the countryside where signs encourage people to do exercises for their health.

parcouru, e [parkury] *pp* → parcourir.

par-derrière [parderjer] *adv (passer)* round the back ; *(attaquer)* from behind. ◆ *prép* round the back of.

par-dessous [pardəsu] *adv & prép* underneath.

pardessus [pardəsy] *nm* overcoat.

par-dessus [pardəsy] *adv* over (the top). ◆ *prép* over (the top of).

par-devant [pardəvɑ̃] *adv* round the front. ◆ *prép* round the front of.

pardon [pardɔ̃] *nm* pardon! *(pour s'excuser)* (I'm) sorry! ; *(pour appeler)* excuse me! **demander ~ à qqn** to apologize to sb.

PARDON

In Brittany the word *pardon* ('pilgrimage') has come to mean a celebration held in spring and summer in honour of the patron saint of a village or town. People come from far around, often dressed in traditional costumes, to take part in processions and in the general festivities.

pardonner [pardɔne] *vt* to forgive.

pare-brise [parbriz] *nm inv* windscreen *(Br)*, windshield *(Am)*.

pare-chocs [parʃɔk] *nm inv* bumper.

pareil, eille [parej] *adj* the same. ◆ *adv fam* the same (way) ; **un culot ~** such cheek.

parent, e [parɑ̃, ɑ̃t] *nm, f (de la famille)* relative, relation ; **mes ~ s** *(le père et la mère)* my parents.

parenthèse [parɑ̃tɛz] *nf* bracket et ; *(commentaire)* digression ; **entre ~ s** *(mot)* in brackets ; *(d'ailleurs)* by the way.

parer [pare] *vt (éviter)* to ward off.

paresse [parɛs] *nf* laziness.

paresseux, euse [paresø, øz] *adj* lazy. ◆ *nm, f* lazy person.

parfait, e [parfɛ, ɛt] *adj* perfect. ◆ *nm* CULIN frozen dessert made from cream with fruit.

parfaitement [parfɛtmɑ̃] *adv* perfectly ; *(en réponse)* absolutely.

parfois [parfwa] *adv* sometimes.

parfum [parfœ̃] *nm (odeur)* scent ;

(pour femme) perfume, scent ; *(pour homme)* aftershave ; *(goût)* flavour.

parfumé, e [parfyme] *adj* sweet-smelling ; **être ~** *(personne)* to be wearing perfume.

parfumer [parfyme] *vt* to perfume ; *(aliment)* to flavour. ❑ **se parfumer** *vp* to put perfume on.

parfumerie [parfymri] *nf* perfumery.

pari [pari] *nm* bet ; **faire un ~** to have a bet.

parier [parje] *vt & vi* to bet.

Paris [pari] *n* Paris.

paris-brest [paribrest] *nm inv* choux pastry ring filled with hazel-nut-flavoured cream and sprinkled with almonds.

parisien, enne [parizjɛ̃, ɛn] *adj (vie, société)* Parisian ; *(métro, banlieue, région)* Paris. ❑ **Parisien, enne** *nm, f* Parisian.

parka [parka] *nm ou nf* parka.

parking [parkiŋ] *nm* car park *(Br)*, parking lot *(Am)*.

parlante [parlɑ̃t] *adj f* → **horloge**.

parlement [parlǝmɑ̃] *nm* parliament.

parler [parle] *vi* to talk, to speak. ◆ *vt (langue)* to speak ; **~ à qqn de** to talk OU speak to sb about.

Parmentier [parmɑ̃tje] *n* → **hachis**.

parmesan [parmǝzɑ̃] *nm* Parmesan (cheese).

parmi [parmi] *prép* among.

parodie [parɔdi] *nf* parody.

paroi [parwa] *nf (mur)* wall ; *(montagne)* cliff face ; *(d'un objet)* inside.

paroisse [parwas] *nf* parish.

parole [parɔl] *nf* word ; **adresser la ~ à qqn** to speak to sb ; **couper la**

~ à qqn to interrupt sb ; prendre la ~ to speak ; tenir (sa) ~ to keep one's word. ❑ **paroles** *nfpl (d'une chanson)* lyrics.

parquet [parke] *nm (plancher)* wooden floor.

parrain [parɛ̃] *nm* godfather.

parrainer [parene] *vt* to sponsor.

parsemer [parsəme] *vt* : ~ qqch de qqch to scatter sthg with sthg.

part [par] *nf (de gâteau)* portion ; *(d'un héritage)* share ; **prendre** ~ à to take part in ; **de la** ~ **de** from ; *(remercier)* on behalf of ; **d'une** ~ ..., **d'autre** ~ ..., on the one hand ..., on the other hand ; **autre** ~ somewhere else ; **nulle** ~ nowhere ; **quelque** ~ somewhere.

partage [partaʒ] *nm* sharing (out).

partager [partaʒe] *vt* to divide (up). ❑ **se partager** *vp* : **se** ~ **qqch** to share sthg out.

partenaire [partənɛr] *nmf* partner.

parterre [partɛr] *nm fam (sol)* floor ; *(de fleurs)* (flower)bed ; *(au théâtre)* stalls *(pl) (Br)*, orchestra *(Am)*.

parti [parti] *nm (politique)* party ; **prendre** ~ **pour** to decide in favour of ; **tirer** ~ **de qqch** to make (good) use of sthg ; ~ **pris** bias.

partial, e, aux [parsjal, o] *adj* biased.

participant, e [partisipɑ̃, ɑ̃t] *nm, f (à un jeu, un concours)* competitor.

participation [partisipasjɔ̃] *nf* participation ; *(financière)* contribution.

participer [partisipe] : **participer à** *v + prép* to take part in ; *(payer pour)* to contribute to.

particularité [partikylarite] *nf* distinctive feature.

particulier, ère [partikylje, ɛr] *adj (personnel)* private ; *(spécial)* special, particular ; *(peu ordinaire)* unusual ; **en** ~ *(surtout)* in particular.

particulièrement [partikyljɛrmɑ̃] *adv* particularly.

partie [parti] *nf* part ; *(au jeu, en sport)* game ; **en** ~ partly ; **faire** ~ **de** to be part of.

partiel, elle [parsjɛl] *adj* partial.

partiellement [parsjɛlmɑ̃] *adv* partially.

partir [partir] *vi* to go, to leave ; *(moteur)* to start ; *(coup de feu)* to go off ; *(tache)* to come out ; **bien/mal parti** to get off to a good/bad start ; **à** ~ **de** from.

partisan [partizɑ̃] *nm* supporter. ◆ *adj* : **être** ~ **de qqch** to be in favour of sthg.

partition [partisjɔ̃] *nf MUS* score.

partout [partu] *adv* everywhere.

paru, e [pary] *pp* → **paraître**.

parution [parysjɔ̃] *nf* publication.

parvenir [parvənir] : **parvenir à** *v + prép (but)* to achieve ; *(personne, destination)* to reach ; ~ **à faire qqch** to manage to do sthg.

parvenu, e [parvəny] *pp* → **parvenir**.

parvis [parvi] *nm* square *(in front of a large building)*.

🖙

pas¹ [pa] *adv* - **1.** *(avec "ne")* not ; **je n'aime** ~ **les épinards** I don't like spinach ; **je n'ai** ~ **terminé** I haven't finished ; **il n'y a** ~ **de train pour Ox-**

ford aujourd'hui there are no trains to Oxford today.
- 2. *(sans "ne")* not ; **elle a aimé l'exposition, moi ~ ou ~ moi** she liked the exhibition, but I didn't ; **c'est un endroit ~ très agréable** it's not a very nice place ; **~ du tout** not at all.

pas² [pa] *nm* step ; *(allure)* pace ; **à deux ~ de** very near ; **~ à ~** step by step ; **sur le ~ de la porte** on the doorstep.

Pas-de-Calais [padkalɛ] *nm 'département'* in the north of France, containing the port of Calais.

passable [pasabl] *adj* passable.

passage [pasaʒ] *nm (de livre, de film)* passage ; *(chemin)* way ; **être de ~ to** be passing through ; **~ ou (pour) piétons** pedestrian crossing ; **~ à niveau** level crossing *(Br)*, grade crossing *(Am)* ; **~ souterrain** subway ; **'premier ~'** *(d'un bus)* 'first bus'.

passager, ère [pasaʒe, ɛr] *adj* passing. ◆ *nm, f* passenger ; **~ clandestin** stowaway.

passant, e [pasɑ̃, ɑ̃t] *nm, f* passer-by. ◆ *nm* (belt) loop.

passe [pas] *nf* SPORT pass.

passé, e [pase] *adj (terminé)* past ; *(précédent)* last ; *(décoloré)* faded. ◆ *nm* past.

passe-partout [paspartu] *nm inv* (clé) skeleton key.

passe-passe [paspas] *nm inv* : **tour de ~** conjuring trick.

passeport [paspɔr] *nm* passport.

👉

passer [pase] *vi* - 1. *(aller, défiler)* to go by ou to pass ; **~ par** *(lieu)* to pass through.

- 2. *(faire une visite rapide)* to drop in ; **~ voir qqn** to drop in on sb.
- 3. *(facteur, autobus)* to come.
- 4. *(se frayer un chemin)* to get past ; **laisser ~ qqn** to let sb past.
- 5. *(à la télé, à la radio, au cinéma)* to be on.
- 6. *(s'écouler)* to pass.
- 7. *(douleur)* to go away ; *(couleur)* to fade.
- 8. *(à un niveau différent)* to move up ; **je passe en 3e** SCOL I'm moving up into the fifth year ; **~ en seconde** *(vitesse)* to change into second.
- 9. *(dans des expressions)* : **en passant** in passing.
◆ *vt* - 1. *(temps, vacances)* to spend.
- 2. *(obstacle, frontière)* to cross ; *(douane)* to go through.
- 3. *(examen)* to take ; *(visite médicale, entretien)* to have.
- 4. *(vidéo, disque)* to play ; *(au cinéma, à la télé)* to show.
- 5. *(vitesse)* to change into.
- 6. *(mettre, faire passer)* to put ; **~ le bras par la portière** to put one's arm out of the door ; **~ l'aspirateur** to do the vacuuming.
- 7. *(filtrer)* to strain.
- 8. *(sauter)* : **~ son tour** to pass.
- 9. *(donner, transmettre)* to pass on ; **~ qqch à qqn** *(objet)* to pass sb sthg ; *(maladie)* to give sb sthg ; **je vous le passe** *(au téléphone)* I'll put him on.
❑ **passer pour** *v + prép* to be thought of as ; **se faire ~ pour** to pass o.s. off as.
❑ **se passer** *vp (arriver)* to happen ; **qu'est-ce qui se passe?** what's going on? ; **se ~ bien/mal** to go well/badly.
❑ **se passer de** *vp + prép* to do without.

passerelle

194

passerelle [pasʀɛl] nf (pont) foot-bridge ; (d'embarquement) gang-way ; (sur un bateau) bridge.

passe-temps [pastɑ̃] nm inv pas-time.

passible [pasibl] adj : ~ de liable to.

passif, ive [pasif, iv] adj & nm passive.

passion [pasjɔ̃] nf passion.

passionnant, e [pasjɔnɑ̃, ɑ̃t] adj fascinating.

passionné, e [pasjɔne] adj pas-sionate ; ~ de musique mad on music.

passionner [pasjɔne] vt to grip. ❏ **se passionner pour** vp + prép to have a passion for.

passoire [paswaʀ] nf (à thé) strainer ; (à légumes) colander.

pastel [pastɛl] adj inv pastel.

pastèque [pastɛk] nf water-melon.

pasteurisé, e [pastœʀize] adj pasteurized.

pastille [pastij] nf pastille.

pastis [pastis] nm aniseed-flavoured aperitif.

patate [patat] nf fam (pomme de terre) spud ; ~ **s pilées** Can mashed potato.

patauger [patoʒe] vi to splash about.

pâte [pat] nf (à pain) dough ; (à tarte) pastry ; (à gâteau) mixture ; ~ **d'amandes** almond paste ; ~ **bri-sée** shortcrust pastry ; ~ **feuilletée** puff pastry ; ~ **de fruits** jelly made from fruit paste ; ~ **à modeler** Plas-ticine® ; ~ **sablée** shortcrust pas-try. ❏ **pâtes** nfpl (nouilles) pasta (sg).

pâté [pate] nm (charcuterie) pâté ; (de sable) sandpie ; (tache) blot ; ~ **de maisons** block (of houses) ; ~ **chinois** Can shepherd's pie with a layer of sweetcorn.

pâtée [pate] nf (pour chien) food.

paternel, elle [patɛʀnɛl] adj pa-ternal.

pâteux, euse [patø, øz] adj chewy.

patiemment [pasjamɑ̃] adv pa-tiently.

patience [pasjɑ̃s] nf patience.

patient, e [pasjɑ̃, ɑ̃t] adj & nm, f patient.

patienter [pasjɑ̃te] vi to wait.

patin [patɛ̃] nm : ~ **s à glace** ice skates ; ~ **s à roulettes** roller skates.

patinage [patinaʒ] nm skating ; ~ **artistique** figure skating.

patiner [patine] vi (patineur) to skate ; (voiture) to skid ; (roue) to spin.

patineur, euse [patinœʀ, øz] nm, f skater.

patinoire [patinwaʀ] nf ice rink.

pâtisserie [patisʀi] nf (gâteau) pastry ; (magasin) ≃ cake shop.

pâtissier, ère [patisje, ɛʀ] nm, f pastrycook.

patois [patwa] nm dialect.

patrie [patʀi] nf native country.

patrimoine [patʀimwan] nm (d'une famille) inheritance ; (d'un pays) heritage.

patriote [patʀijɔt] nmf patriot.

patriotique [patʀijɔtik] adj patriotic.

patron, onne [patʀɔ̃, ɔn] nm, f boss. ◆ nm (modèle de vêtement) pattern.

patrouille [patruj] nf patrol.

patrouiller [patruje] vi to patrol.

patte [pat] nf (jambe) leg ; (pied de chien, de chat) paw ; (pied d'oiseau) foot ; (de boutonnage) loop ; (de cheveux) sideburn.

pâturage [patyraʒ] nm pasture land.

paume [pom] nf palm.

paupière [popjɛr] nf eyelid.

paupiette [popjɛt] nf thin slice of meat rolled around a filling.

pause [poz] nf break.

pause-café [pozkafe] (pl pauses-café) nf coffee break.

pauvre [povr] adj poor.

pauvreté [povrəte] nf poverty.

pavé, e [pave] adj cobbled. ◆ nm (pierre) paving stone ; ~ numérique numeric keypad.

pavillon [pavijɔ̃] nm (maison individuelle) detached house.

payant, e [pɛjɑ̃, ɑ̃t] adj (spectacle) with an admission charge ; (hôte) paying.

paye [pɛj] nf pay.

payer [peje] vt to pay ; (achat) to pay for ; **bien/mal payé** well/badly paid ; ~ **qqch à qqn** fam (offrir) to buy sthg for sb, to treat sb to sthg ; **'payez ici'** 'pay here'.

pays [pei] nm country ; **les gens du** ~ (de la région) the local people ; (de ~ (jambon, fromage) local ; **le** ~ **de Galles** Wales.

paysage [peizaʒ] nm landscape.

paysan, anne [peizɑ̃, an] nm, f (small) farmer.

Pays-Bas [peiba] nmpl : **les** ~ the Netherlands.

PC nm (abr de Parti communiste) CP ; (ordinateur) PC.

PCV nm : **appeler en** ~ to make a reverse-charge call (Br), to call collect (Am).

P-DG nm (abr de président-directeur général) ≃ MD (Br), ≃ CEO (Am).

péage [peaʒ] nm (taxe) toll ; (lieu) tollbooth.

ⓘ PÉAGE

In France, the autoroutes form a national network of limited-access divided motorways. Virtually all of them require the payment of a toll. The word péage is used on the road signs when this is the case. The toll is payed either at the exit or at a toll barrier. It is possible to pay in cash, by credit card, or by cheque. Special subscription rates are available to frequent users of autoroutes.

peau, x [po] nf skin ; ~ **de chamois** chamois leather.

pêche [pɛʃ] nf (fruit) peach ; (activité) fishing ; ~ **à la ligne** angling ; ~ **Melba** peach Melba.

péché [peʃe] nm sin.

pêcher [peʃe] vt (poisson) to catch. ◆ vi to go fishing. ◆ nm peach tree.

pêcheur, euse [peʃœr, øz] nm, f fisherman (f fisherwoman).

pédagogie [pedagɔʒi] nf (qualité) teaching ability.

pédale [pedal] nf pedal.

pédaler [pedale] vi to pedal.

pédalier [pedalje] nm pedals and chain wheel assembly.

Pédalo® [pedalo] *nm* pedal boat.

pédant, e [pedɑ̃, ɑ̃t] *adj* pedantic.

pédestre [pedɛstr] *adj* → **randonnée**.

pédiatre [pedjatr] *nmf* pediatrician.

pédicure [pedikyr] *nmf* chiropodist (*Br*), podiatrist (*Am*).

pedigree [pedigre] *nm* pedigree.

peigne [pɛɲ] *nm* comb.

peigner [peɲe] *vt* to comb. ❑ **se peigner** *vp* to comb one's hair.

peignoir [peɲwar] *nm* dressing gown (*Br*), robe (*Am*) ; **~ de bain** bathrobe.

peindre [pɛ̃dr] *vt* to paint ; **~ qqch en blanc** to paint sthg white.

peine [pɛn] *nf* (*tristesse*) sorrow ; (*effort*) difficulty ; (*de prison*) sentence ; **avoir de la ~** to be sad ; **avoir de la ~ à faire qqch** to have difficulty doing sthg ; **faire de la ~ à qqn** to upset sb ; **ce n'est pas la ~** it's not worth it ; **valoir la ~** to be worth it ; **~ de mort** death penalty ; **à ~** hardly.

peiner [pene] *vt* to sadden. ◆ *vi* to struggle.

peint, e [pɛ̃, pɛ̃t] *pp* → **peindre**.

peintre [pɛ̃tr] *nm* painter.

peinture [pɛ̃tyr] *nf* (*matière*) paint ; (*œuvre d'art*) painting ; (*art*) painting.

pelage [pəlaʒ] *nm* coat.

pêle-mêle [pɛlmɛl] *adv* higgledy-piggledy.

peler [pəle] *vt & vi* to peel.

pèlerinage [pɛlrinaʒ] *nm* pilgrimage.

pelle [pɛl] *nf* shovel ; (*jouet d'enfant*) spade.

pellicule [pelikyl] *nf* film. ❑ **pellicules** *nfpl* dandruff (*sg*).

pelote [pəlɔt] *nf* (*de fil, de laine*) ball.

peloton [pəlɔtɔ̃] *nm* (*de cyclistes*) pack.

pelotonner [pəlɔtɔne] : **se pelotonner** *vp* to curl up.

pelouse [pəluz] *nf* lawn ; '**~ interdite**' 'keep off the grass'.

peluche [pəlyʃ] *nf* (*jouet*) soft toy ; **animal en ~** cuddly animal.

pelure [pəlyr] *nf* peel.

pénaliser [penalize] *vt* to penalize.

penalty [penalti] (*pl* s OU ies) *nm* penalty.

penchant [pɑ̃ʃɑ̃] *nm* : **avoir un ~ pour** to have a liking for.

pencher [pɑ̃ʃe] *vt* (*tête*) to bend ; (*objet*) to tilt. ◆ *vi* to lean ; **~ pour** to incline towards. ❑ **se pencher** *vp* (*s'incliner*) to lean over ; (*se baisser*) to bend down.

pendant [pɑ̃dɑ̃] *prép* during ; **~ deux semaines** for two weeks ; **~ que** while.

pendentif [pɑ̃dɑ̃tif] *nm* pendant.

penderie [pɑ̃dri] *nf* wardrobe (*Br*), closet (*Am*).

pendre [pɑ̃dr] *vt & vi* to hang. ❑ **se pendre** *vp* (*se tuer*) to hang o.s.

pendule [pɑ̃dyl] *nf* clock.

pénétrer [penetre] *vi* : **~ dans** (*entrer dans*) to enter ; (*s'incruster dans*) to penetrate.

pénible [penibl] *adj* (*travail*) tough ; (*souvenir, sensation*) painful ; *fam* (*agaçant*) tiresome.

péniche [peniʃ] *nf* barge.

pénicilline [penisilin] nf penicillin.

péninsule [penɛ̃syl] nf peninsula.

pénis [penis] nm penis.

pense-bête, s [pɑ̃sbɛt] nm reminder.

pensée [pɑ̃se] nf thought; (esprit) mind; (fleur) pansy.

penser [pɑ̃se] vt & vi to think; qu'est-ce que tu en penses? what do you think (of it)?; ~ faire qqch to plan to do sthg; ~ à (réfléchir à) to think about; (se souvenir de) to remember.

pensif, ive [pɑ̃sif, iv] adj thoughtful.

pension [pɑ̃sjɔ̃] nf (hôtel) guest house; (allocation) pension; être en ~ (élève) to be at boarding school; ~ complète full board; ~ de famille family-run guest house.

pensionnaire [pɑ̃sjɔner] nmf (élève) boarder; (d'un hôtel) resident.

pensionnat [pɑ̃sjɔna] nm boarding school.

pente [pɑ̃t] nf slope; en ~ sloping.

Pentecôte [pɑ̃tkot] nf Whitsun.

pénurie [penyri] nf shortage.

pépé [pepe] nm fam grandad.

pépin [pepɛ̃] nm pip; fam (ennui) hitch.

perçant, e [persɑ̃, ɑ̃t] adj (cri) piercing; (vue) sharp.

percepteur [perseptœr] nm tax collector.

perceptible [perseptibl] adj perceptible.

percer [perse] vt to pierce; (avec

une perceuse) to drill a hole in; (trou, ouverture) to make. ◆ vi (dent) to come through.

perceuse [persøz] nf drill.

percevoir [persəvwar] vt to perceive; (argent) to receive.

perche [perʃ] nf (tige) pole.

percher [perʃe] : se percher vp to perch.

perchoir [perʃwar] nm perch.

perçu, e [persy] pp → percevoir.

percussions [perkysjɔ̃] nfpl percussion (sg).

percuter [perkyte] vt to crash into.

perdant, e [perdɑ̃, ɑ̃t] nm, f loser.

perdre [perdr] vt to lose; (temps) to waste. ◆ vi to lose. ❑ se perdre vp to get lost.

perdreau, x [perdro] nm young partridge.

perdrix [perdri] nf partridge.

perdu, e [perdy] adj (village, coin) out-of-the-way.

père [per] nm father; le ~ Noël Father Christmas, Santa Claus.

perfection [perfeksjɔ̃] nf perfection.

perfectionné, e [perfeksjɔne] adj sophisticated.

perfectionnement [perfeksjɔnmɑ̃] nm improvement.

perfectionner [perfeksjɔne] vt to improve. ❑ se perfectionner vp to improve.

perforer [perfɔre] vt to perforate.

performance [performɑ̃s] nf performance; ~ s (d'un ordinateur, d'une voiture) performance (sg).

perfusion [perfyzjɔ̃] nf : être sous ~ to be on a drip.

péril [peril] nm peril ; **en ~** in danger.

périlleux, euse [perijø, øz] adj perilous.

périmé, e [perime] adj out-of-date.

périmètre [perimetr] nm perimeter.

période [perjɔd] nf period.

périodique [perjɔdik] adj periodic. ◆ nm periodical.

péripéties [peripesi] nfpl events.

périphérique [periferik] adj (quartier) outlying. ◆ nm INFORM peripheral ; **le (boulevard) ~** the Paris ring road (Br), the Paris beltway (Am).

périr [perir] vi sout to perish.

périssable [perisabl] adj perishable.

perle [perl] nf pearl.

permanence [permanɑ̃s] nf (bureau) office ; SCOL free period ; **de ~** on duty ; **en ~** permanently.

permanent, e [permanɑ̃, ɑ̃t] adj permanent.

permanente [permanɑ̃t] nf perm.

perméable [permeabl] adj permeable.

permettre [permetr] vt to allow ; **~ à qqn de faire qqch** to allow sb to do sthg. ❑ **se permettre** vp : **se ~ de faire qqch** to take the liberty of doing sthg ; **pouvoir se ~ qqch** (financièrement) to be able to afford sthg.

permis, e [permi, iz] pp → **permettre**. ◆ nm licence ; **il n'est pas ~ de fumer** smoking is not permitted ; **~ de conduire** driving licence (Br), driver's license (Am) ; **~ de pêche** fishing permit.

permission [permisjɔ̃] nf permission ; MIL leave.

perpendiculaire [perpɑ̃dikyler] adj perpendicular.

perpétuel, elle [perpetɥel] adj perpetual.

perplexe [perpleks] adj perplexed.

perron [perɔ̃] nm steps (pl) (leading to building).

perroquet [perɔke] nm parrot.

perruche [peryʃ] nf budgerigar.

perruque [peryk] nf wig.

persécuter [persekyte] vt to persecute.

persécution [persekysjɔ̃] nf persecution.

persévérant, e [perseverɑ̃, ɑ̃t] adj persistent.

persévérer [persevere] vi to persevere.

persienne [persjen] nf shutter.

persil [persi] nm parsley.

persillé, e [persije] adj sprinkled with chopped parsley.

persistant, e [persistɑ̃, ɑ̃t] adj persistent.

persister [persiste] vi to persist.

personnage [persɔnaʒ] nm character ; (personnifié) person.

personnaliser [persɔnalize] vt to personalize ; (voiture) to customize.

personnalité [persɔnalite] nf personality.

personne [persɔn] nf person. ◆ pron no one, nobody ; **il n'y a ~ there is no one there** ; **je n'ai vu ~** I didn't see anyone ; **en ~** in person ; **par ~** per head ; **~ âgée** elderly person.

personnel, elle [pɛrsɔnɛl] *adj* personal. ◆ *nm* staff.

personnellement [pɛrsɔnɛlmɑ̃] *adv* personally.

personnifier [pɛrsɔnifje] *vt* to personify.

perspective [pɛrspɛktiv] *nf* perspective ; *(panorama)* view ; *(possibilité)* prospect.

persuader [pɛrsɥade] *vt* to persuade.

persuasif, ive [pɛrsɥazif, iv] *adj* persuasive.

perte [pɛrt] *nf* loss ; *(gaspillage)* waste ; ~ **de temps** waste of time.

pertinent, e [pɛrtinɑ̃, ɑ̃t] *adj* relevant.

perturbation [pɛrtyrbasjɔ̃] *nf* disturbance.

perturber [pɛrtyrbe] *vt (plans, fête)* to disrupt ; *(troubler)* to disturb.

pesant, e [pəsɑ̃, ɑ̃t] *adj (gros)* heavy.

pesanteur [pəzɑ̃tœr] *nf* gravity.

pèse-personne [pɛzpɛrsɔn] *nm inv* scales *(pl)*.

peser [pəze] *vt & vi* to weigh ; ~ **lourd** to be heavy.

pessimisme [pesimism] *nm* pessimism.

pessimiste [pesimist] *adj* pessimistic. ◆ *nmf* pessimist.

peste [pɛst] *nf* plague.

pétale [petal] *nm* petal.

pétanque [petɑ̃k] *nf* ≈ bowls *(sg)*.

pétard [petar] *nm (explosif)* firecracker.

péter [pete] *vi fam (se casser)* to bust ; *(personne)* to fart.

pétillant, e [petijɑ̃, ɑ̃t] *adj* sparkling.

pétiller [petije] *vi (champagne)* to fizz ; *(yeux)* to sparkle.

petit, e [p(ə)ti, it] *adj* small, little ; *(en durée)* short ; *(peu important)* small. ◆ *nm, f (à l'école)* junior ; ~ **ami** boyfriend ; ~ **e amie** girlfriend ; ~ **déjeuner** breakfast ; ~ **pain** (bread) roll ; ~ **pois** (garden) pea ; ~ **pot** jar (of baby food).

petit-beurre [p(ə)tibœr] *(pl* **petits-beurre** *) nm* square dry biscuit made with butter.

petite-fille [p(ə)titfij] *(pl* **petites-filles** *) nf* granddaughter.

petit-fils [p(ə)tifis] *(pl* **petits-fils** *) nm* grandson.

petit-four [p(ə)tifur] *(pl* **petits-fours** *) nm* petit four, small sweet cake or savoury.

pétition [petisjɔ̃] *nf* petition.

petits-enfants [p(ə)tizɑ̃fɑ̃] *nmpl* grandchildren.

petit-suisse [p(ə)tisɥis] *(pl* **petits-suisses** *) nm* thick fromage frais sold in small individual portions and eaten as a dessert.

pétrole [petrol] *nm* oil.

pétrolier [petrolje] *nm* oil tanker.

☞

peu [pø] *adv* - **1.** *(avec un verbe)* not much ; *(avec un adjectif, un adverbe)* not very ; **ils sont** ~ **nombreux** there aren't many of them ; ~ **après** soon afterwards.
- **2.** *(avec un nom)* : ~ **de** *(sel, temps)* not much, a little ; *(gens, vêtements)* not many, few.
- **3.** *(dans le temps)* : **avant** ~ soon ; **il y a** ~ a short time ago.

- 4. *(dans des expressions)* : à ~ près about ; ~ à ~ little by little. ◆ *nm* : un ~ un, a bit, a little ; un petit ~ a little bit ; un ~ de a little.

peuple [pœpl] *nm* people.

peupler [pœple] *vt (pays)* to populate ; *(rivière)* to stock ; *(habiter)* to inhabit.

peuplier [pøplije] *nm* poplar.

peur [pœr] *nf* fear ; avoir ~ to be afraid ; avoir ~ de qqch to be afraid of sthg ; faire ~ à qqn to frighten sb.

peureux, euse [pœrø, øz] *adj* timid.

peut [pø] → **pouvoir.**

peut-être [pøtetr] *adv* perhaps, maybe ; ~ qu'il est parti perhaps he's left.

peux [pø] → **pouvoir.**

phalange [falɑ̃ʒ] *nf* finger bone.

pharaon [faraɔ̃] *nm* pharaoh.

phare [far] *nm (de voiture)* headlight ; *(sur la côte)* lighthouse.

pharmacie [farmasi] *nf (magasin)* chemist's *(Br)*, drugstore *(Am)* ; *(armoire)* medicine cabinet.

pharmacien, enne [farmasjɛ̃, ɛn] *nm, f* chemist *(Br)*, druggist *(Am)*.

phase [faz] *nf* phase.

phénoménal, e, aux [fenomenal, o] *adj* phenomenal.

phénomène [fenomɛn] *nm* phenomenon.

philatélie [filateli] *nf* stamp-collecting.

philosophe [filɔzɔf] *adj* philosophical. ◆ *nmf* philosopher.

philosophie [filɔzɔfi] *nf* philosophy.

phonétique [fɔnetik] *adj* phonetic.

phoque [fɔk] *nm* seal.

photo [foto] *nf* photo ; *(art)* photography ; prendre qqn/qqch en ~ to take a photo of sb/sthg ; prendre une ~ (de) to take a photo (of).

photocopie [fɔtɔkɔpi] *nf* photocopy.

photocopier [fɔtɔkɔpje] *vt* to photocopy.

photocopieuse [fɔtɔkɔpjøz] *nf* photocopier.

photographe [fɔtɔgraf] *nmf (artiste)* photographer ; *(commerçant)* camera dealer and film developer.

photographie [fɔtɔgrafi] *nf (procédé, art)* photography ; *(image)* photograph.

photographier [fɔtɔgrafje] *vt* to photograph.

Photomaton® [fɔtɔmatɔ̃] *nm* photo booth.

phrase [fraz] *nf* sentence.

physionomie [fizjɔnɔmi] *nf (d'un visage)* physiognomy.

physique [fizik] *adj* physical. ◆ *nf* physics *(sg)*. ◆ *nm (apparence)* physique.

pianiste [pjanist] *nmf* pianist.

piano [pjano] *nm* piano.

pic [pik] *nm (montagne)* peak ; à ~ *(descendre)* vertically ; *fig (tomber, arriver)* at just the right moment ; couler à ~ to sink like a stone.

pichet [piʃɛ] *nm* jug.

pickpocket [pikpɔkɛt] *nm* pickpocket.

picorer [pikɔre] *vt* to peck.

picotement [pikɔtmɑ̃] *nm* prickling.

picoter [pikɔte] *vt* to sting.

pie [pi] *nf* magpie.

pièce [pjɛs] *nf (argent)* coin ; *(sal-*

le) room ; *(sur un vêtement)* patch ; *(morceau)* piece ; **20 euros** ~ 20 euros each ; *(maillot de bain)* une ~ one-piece (swimming costume) ; **~ d'identité** identity card ; **~ de monnaie** coin ; **~ de rechange** spare part ; **~ (de théâtre)** play.

pied [pje] *nm* foot ; **à ~** on foot ; **au ~ de** at the foot of ; **avoir ~** to be able to touch the bottom.

piège [pjɛʒ] *nm* trap.

piéger [pjeʒe] *vt* to trap ; *(voiture, valise)* to booby-trap.

pierre [pjɛr] *nf* stone ; **~ précieuse** precious stone.

piétiner [pjetine] *vt* to trample. ◆ *vi (fouler)* to mill around ; *fig (enquête)* to make no headway.

piéton, onne [pjetɔ̃, ɔn] *nm, f* pedestrian. ◆ *adj* = **piétonnier**.

piétonnier, ère [pjetɔnje, ɛr] *adj* pedestrianized.

pieu, x [pjø] *nm* post.

pieuvre [pjœvr] *nf* octopus.

pigeon [piʒɔ̃] *nm* pigeon.

pilaf [pilaf] *nm* → **riz**.

pile [pil] *nf (tas)* pile ; *(électrique)* battery. ◆ *adv (arriver)* at just the right moment ; **jouer qqch à ~ ou face** to toss (up) for sthg ; **~ ou face?** heads or tails? ; **trois heures ~** three o'clock on the dot.

piler [pile] *vt* to crush. ◆ *vi fam (freiner)* to brake hard.

pilier [pilje] *nm* pillar.

piller [pije] *vt* to loot.

pilote [pilɔt] *nmf (d'avion)* pilot ; *(de voiture)* driver.

piloter [pilɔte] *vt (avion)* to fly ; *(voiture)* to drive ; *(diriger)* to show around.

pilotis [pilɔti] *nm* stilts *(pl)*.

pilule [pilyl] *nf* pill ; **prendre la ~** to be on the pill.

piment [pimã] *nm (condiment)* chilli ; **~ doux** sweet pepper ; **~ rouge** chilli (pepper).

pimenté, e [pimãte] *adj* spicy.

pin [pɛ̃] *nm* pine.

pince [pɛ̃s] *nf (outil)* pliers *(pl)* ; *(de crabe)* pincer ; *(de pantalon)* pleat ; **~ à cheveux** hair clip ; **~ à épiler** tweezers *(pl)* ; **~ à linge** clothes peg.

pinceau, x [pɛ̃so] *nm* brush.

pincée [pɛ̃se] *nf* pinch.

pincer [pɛ̃se] *vt (serrer)* to pinch ; *(coincer)* to catch.

pingouin [pɛ̃gwɛ̃] *nm* penguin.

ping-pong [piŋpɔ̃ŋ] *nm* table tennis.

pintade [pɛ̃tad] *nf* guinea fowl.

pinte [pɛ̃t] *nf Helv (café)* café.

pioche [pjɔʃ] *nf* pick.

piocher [pjɔʃe] *vi (aux cartes, aux dominos)* to pick up.

pion [pjɔ̃] *nm (aux échecs)* pawn ; *(aux dames)* piece.

pionnier, ère [pjɔnje, ɛr] *nm, f* pioneer.

pipe [pip] *nf* pipe.

pipi [pipi] *nm fam* : **faire ~** to have a wee.

piquant, e [pikã, ãt] *adj (épicé)* spicy. ◆ *nm (épine)* thorn.

pique [pik] *nf (remarque)* spiteful remark. ◆ *nm (aux cartes)* spades *(pl)*.

pique-nique, s [piknik] *nm* picnic.

pique-niquer [piknike] *vi* to have a picnic.

piquer [pike] *vt (suj : aiguille, pointe)* to prick ; *(suj : guêpe, ortie,*

piquet

fumée) to sting ; (*suj : moustique*) to bite ; (*planter*) to stick. ◆ *vi* (*insecte*) to sting ; (*épice*) to be hot.

piquet [pikε] *nm* stake.

piqueur [pikœr] *adj m* → **marteau.**

piqûre [pikyr] *nf* (*d'insecte*) sting ; (*de moustique*) bite ; MÉD injection.

piratage [pirataʒ] *nm* INFORM hacking ; (*de vidéos, de cassettes*) pirating.

pirate [pirat] *nm* pirate. ◆ *adj* (*radio, cassette*) pirate ; ~ **de l'air** hijacker.

pirater [pirate] *vt* to pirate.

pire [pir] *adj* (*comparatif*) worse ; (*superlatif*) worst. ◆ *nm* : **le** ~ **the** worst.

pirouette [pirwεt] *nf* pirouette.

pis [pi] *nm* (*de vache*) udder.

piscine [pisin] *nf* swimming pool.

pissenlit [pisɑ̃li] *nm* dandelion.

pistache [pistaʃ] *nf* pistachio (nut).

piste [pist] *nf* track, trail ; (*indice*) lead ; (*de cirque*) ring ; (*de ski*) run ; (*d'athlétisme*) track ; ~ (**d'atterrissage**) runway ; ~ **cyclable** cycle track ; (*sur la route*) cycle lane ; ~ **de danse** dance floor.

pistolet [pistɔlε] *nm* gun.

piston [pistɔ̃] *nm* (*de moteur*) piston.

pitié [pitje] *nf* pity ; **avoir** ~ **de qqn** to feel pity for sb ; **elle me fait** ~ I feel sorry for her.

pitoyable [pitwajabl] *adj* pitiful.

pitre [pitr] *nm* clown ; **faire le** ~ to play the fool.

pittoresque [pitɔrεsk] *adj* picturesque.

pivoter [pivɔte] *vi* (*personne*) to turn round ; (*fauteuil*) to swivel.

pizza [pidza] *nf* pizza.

pizzeria [pidzerja] *nf* pizzeria.

placard [plakar] *nm* cupboard.

placarder [plakarde] *vt* (*affiche*) to stick up.

place [plas] *nf* (*endroit, dans un classement*) place ; (*de parking*) space ; (*siège*) seat ; (*d'une ville*) square ; (*espace*) room, space ; (*emploi*) job ; **changer qqch de** ~ to move sthg ; **à la** ~ **de** instead of ; **sur** ~ on the spot ; **assise** seat.

placement [plasmɑ̃] *nm* (*financier*) investment.

placer [plase] *vt* to place ; (*argent*) to invest. ❑ **se placer** *vp* (*se mettre debout*) to stand ; (*s'asseoir*) to sit (down) ; (*se classer*) to come.

plafond [plafɔ̃] *nm* ceiling.

plafonnier [plafɔnje] *nm* ceiling light.

plage [plaʒ] *nf* beach ; (*de disque*) track ; ~ **arrière** back shelf.

plaie [plε] *nf* wound.

plaindre [plɛ̃dr] *vt* to feel sorry for. ❑ **se plaindre** *vp* to complain ; **se** ~ **de** to complain about.

plaine [plεn] *nf* plain.

plaint, e [plɛ̃, plɛ̃t] *pp* → **plaindre.**

plainte [plɛ̃t] *nf* (*gémissement*) moan ; (*en justice*) complaint ; **porter** ~ to lodge a complaint.

plaintif, ive [plɛ̃tif, iv] *adj* plaintive.

plaire [plεr] *vi* : **elle me plaît** I like her ; **le film m'a beaucoup plu** I enjoyed the film a lot ; **s'il vous/te plaît** please. ❑ **se plaire** *vp* : **tu te plais ici?** do you like it here?

plaisance [plεzɑ̃s] *nf* → **navigation, port.**

pleut

plaisanter [plɛzɑ̃te] *vi* to joke.
plaisanterie [plɛzɑ̃tri] *nf* joke.
plaisir [plezir] *nm* pleasure ; votre lettre m'a fait très ~ I was delighted to receive your letter ; avec ~! with pleasure!

plan [plɑ̃] *nm* plan ; (carte) map ; (niveau) level ; au premier/second ~ in the foreground/background ; ~ d'eau lake.

planche [plɑ̃ʃ] *nf* plank ; faire la ~ to float ; ~ à roulettes skateboard ; ~ à voile sailboard ; faire de la ~ à voile to windsurf.

plancher [plɑ̃ʃe] *nm* floor.

planer [plane] *vi* to glide.

planète [planɛt] *nf* planet.

planeur [planœr] *nm* glider.

planifier [planifje] *vt* to plan.

planning [planiŋ] *nm* schedule.

plantation [plɑ̃tasjɔ̃] *nf* (exploitation agricole) plantation ; ~s (plantes) plants.

plante [plɑ̃t] *nf* plant ; ~ du pied sole (of the foot) ; ~ grasse succulent (plant) ; ~ verte houseplant.

planter [plɑ̃te] *vt* (graines) to plant ; (enfoncer) to drive in.

plaque [plak] *nf* sheet ; (de chocolat) bar ; (de beurre) pack ; (sur un mur) plaque ; (tache) patch ; ~ chauffante hotplate ; ~ d'immatriculation ou minéralogique numberplate (Br), license plate (Am).

plaqué, e [plake] *adj* : ~ or/argent gold/silver-plated.

plaquer [plake] *vt* (aplatir) to flatten ; (au rugby) to tackle.

plaquette [plakɛt] *nf* (de beurre) pack ; (de chocolat) bar ; ~ de frein brake pad.

plastifié, e [plastifje] *adj* plastic-coated.

plastique [plastik] *nm* plastic ; sac en ~ plastic bag.

plat, e [pla, plat] *adj* flat ; (eau) still. ◆ *nm* dish ; (de menu) course ; à ~ (pneu, batterie) flat ; *fam* (fatigué) exhausted ; ~ cuisiné ready-cooked dish ; ~ du jour dish of the day ; ~ de résistance main course.

platane [platan] *nm* plane tree.

plateau, x [plato] *nm* (de cuisine) tray ; (plaine) plateau ; (de télévision, de cinéma) set ; ~ à fromages cheese board ; ~ de fromages cheese board.

plate-bande [platbɑ̃d] (*pl* plates-bandes) *nf* flowerbed.

plate-forme [platfɔrm] (*pl* plates-formes) *nf* platform.

platine [platin] *nf* : ~ cassette cassette deck ; ~ laser compact disc player.

plâtre [platr] *nm* plaster ; MÉD plaster cast.

plâtrer [platre] *vt* MÉD to put in plaster.

plausible [plozibl] *adj* plausible.

plébiscite [plebisit] *nm* Helv (référendum) referendum.

plein, e [plɛ̃, plɛn] *adj* full. ◆ *nm* : faire le ~ (d'essence) to fill up ; ~ de full of ; *fam* (beaucoup de) lots of ; en ~ air in the open air ; en ~ e forme in good form ; en ~ e nuit in the middle of the night ; en ~ milieu bang in the middle ; ~ s phares with full beams on (Br), high beams (Am).

pleurer [plœre] *vi* to cry.

pleureur [plœrœr] *adj m* → **saule**.

pleurnicher [plœrniʃe] *vi* to whine.

pleut [plø] → **pleuvoir**.

pleuvoir [pløvwar] *vi* (*insultes, coups, bombes*) to rain down.
◆ *v impers* : **il pleut** it's raining ; **il pleut à verse** it's pouring (down).

pli [pli] *nm* (*d'une carte*) fold ; (*d'une jupe*) fold ; (*d'un pantalon*) crease ; (*aux cartes*) trick ; (*faux*) ~ crease.

pliant, e [plijɑ̃, ɑ̃t] *adj* folding.
◆ *nm* folding chair.

plier [plije] *vt* to fold ; (*lit, tente*) to fold up ; (*courber*) to bend. ◆ *vi* (*se courber*) to bend.

plinthe [plɛ̃t] *nf* (*en bois*) skirting board.

plissé, e [plise] *adj* (*jupe*) pleated.

plisser [plise] *vt* (*papier*) to fold ; (*tissu*) to pleat ; (*yeux*) to screw up.

plomb [plɔ̃] *nm* (*matière*) lead ; (*fusible*) fuse ; (*de pêche*) sinker ; (*de chasse*) shot.

plombage [plɔ̃baʒ] *nm* (*d'une dent*) filling.

plomberie [plɔ̃bri] *nf* plumbing.

plombier [plɔ̃bje] *nm* plumber.

plombières [plɔ̃bjɛr] *nf* tutti-frutti ice cream.

plongeant, e [plɔ̃ʒɑ̃, ɑ̃t] *adj* (*décolleté*) plunging ; (*vue*) from above.

plongée [plɔ̃ʒe] *nf* diving ; ~ **sous-marine** scuba diving.

plongeoir [plɔ̃ʒwar] *nm* diving board.

plongeon [plɔ̃ʒɔ̃] *nm* dive.

plonger [plɔ̃ʒe] *vi* to dive. ◆ *vt* to plunge. □ **se plonger dans** *vp* + *prép* (*activité*) to immerse o.s. in.

plongeur, euse [plɔ̃ʒœr, øz] *nm, f* (*sous-marin*) diver.

plu [ply] *pp* → **plaire, pleuvoir**.

pluie [plɥi] *nf* rain.

plumage [plymaʒ] *nm* plumage.

plume [plym] *nf* feather ; (*pour écrire*) nib.

plupart [plypar] *nf* : **la ~ (de)** most (of) ; **la ~ du temps** most of the time.

pluriel [plyrjɛl] *nm* plural.

☞

plus [ply(s)] *adv* - **1.** (*pour comparer*) more ; ~ **intéressant (que)** more interesting (than) ; ~ **court (que)** shorter (than).
- **2.** (*superlatif*) : **c'est ce qui me plaît le ~ ici** it's what I like best about this place ; **l'hôtel le ~ confortable où nous ayons logé** the most comfortable hotel we've stayed in ; **le ~ souvent** (*d'habitude*) usually.
- **3.** (*davantage*) more ; ~ **de** (*encore de*) more ; (*au-delà de*) more than.
- **4.** (*avec "ne"*) : **il ne vient ~ me voir** he doesn't come to see me any more ; **il ne songe plus à venir** he no longer comes to see me.
- **5.** (*dans des expressions*) : **de ou en ~** (*d'autre part*) what's more ; **trois de ou en ~** three more ; **il a deux ans de ~ que moi** he's two years older than me ; **de ~ en ~ (de)** more and more ; **en ~** in addition to ; ~ **tu y penseras, pire ce sera** the more you think about it, the worse.
◆ *prép* plus.

plusieurs [plyzjœr] *adj & pron* several.

plus-que-parfait [plyskəparfɛ] *nm* pluperfect.

plutôt [plyto] *adv* rather ; **allons ~ à la plage** let's go to the beach instead ; ~ **que (de) faire qqch** rather than do ou doing sthg.

pluvieux, euse [plyvjø, øz] *adj* rainy.

PMU *nm system for betting on horses ;* (*bar*) ≃ betting shop.

ⓘ **PMU**

This abbreviation, which stands for *Pari mutuel urbain*, is displayed outside of *tabacs* where it is possible to place bets on horse races. Some *PMU* establishments are gathering-places for racing enthusiasts.

pneu [pnø] *nm* tyre.

pneumatique [pnømatik] *adj* → canot, matelas.

pneumonie [pnømɔni] *nf* pneumonia.

PO (*abr de petites ondes*) MW.

poche [pɔʃ] *nf* pocket ; de ~ (*livre, lampe*) pocket.

poché, e [pɔʃe] *adj* : avoir un œil ~ to have a black eye.

pocher [pɔʃe] *vt CULIN* to poach.

pochette [pɔʃɛt] *nf* (*de rangement*) wallet ; (*de disque*) sleeve ; (*sac à main*) clutch bag ; (*mouchoir*) (pocket) handkerchief.

podium [pɔdjɔm] *nm* podium.

poêle[1] [pwal] *nm* stove ; ~ à mazout oil-fired stove.

poêle[2] [pwal] *nf* : ~ (à frire) frying pan.

poème [pɔɛm] *nm* poem.

poésie [pɔezi] *nf* (*art*) poetry ; (*poème*) poem.

poète [pɔɛt] *nm* poet.

poétique [pɔetik] *adj* poetic.

poids [pwa] *nm* weight ; lancer le ~ SPORT to put the shot ; perdre/prendre du ~ to lose/put on weight ; ~ lourd (*camion*) heavy goods vehicle.

poignard [pwaɲar] *nm* dagger.

poignarder [pwaɲarde] *vt* to stab.

poignée [pwaɲe] *nf* (*de porte, de valise*) handle ; (*de sable, de bonbons*) handful ; ~ de main handshake.

poignet [pwaɲe] *nm* wrist ; (*de vêtement*) cuff.

poil [pwal] *nm* hair ; (*de pinceau, de brosse à dents*) bristle ; à ~ *fam* stark naked ; au ~ *fam* (*excellent*) great.

poilu, e [pwaly] *adj* hairy.

poinçonner [pwɛ̃sɔne] *vt* (*ticket*) to punch.

poing [pwɛ̃] *nm* fist.

point [pwɛ̃] *nm* (*petite tache*) dot, spot ; (*de ponctuation*) full stop (*Br*), period (*Am*) ; (*problème, dans une note, un score*) point ; (*de couture, de tricot*) stitch ; ~ de côté stitch ; ~ d'exclamation exclamation mark ; ~ final full stop (*Br*), period (*Am*) ; ~ d'interrogation question mark ; (au) ~ mort *AUT* (in) neutral ; ~ de repère (*concret*) landmark ; ~ s cardinaux points of the compass ; ~ s (*de suture*) stitches ; à ~ (*steak*) medium ; au ~ (*méthode*) perfected ; au ~ OÙ à tel ~ que to such an extent that ; être sur le ~ de faire qqch to be on the point of doing sthg.

point de vue [pwɛ̃dvy] (*pl* points de vue) *nm* (*endroit*) viewpoint ; (*opinion*) point of view.

pointe [pwɛ̃t] *nf* (*extrémité*) point, tip ; (*clou*) panel pin ; sur la ~ des pieds on tiptoe ; de ~ (*technique*) state-of-the-art ; en ~ (*tailler*) to a point. ❏ **pointes** *nfpl (chaussons)* points.

pointer [pwɛte] *vt (diriger)* to point. ◆ *vi (à l'entrée)* to clock in ; *(à la sortie)* to clock out.

pointillé [pwɛtije] *nm (ligne)* dotted line ; *(perforations)* perforated line.

pointu, e [pwɛty] *adj* pointed.

pointure [pwɛtyr] *nf (shoe)* size.

point-virgule [pwɛvirgyl] *(pl* points-virgules) *nm* semicolon.

poire [pwar] *nf* pear ; ~ **Belle-Hélène** pear served on vanilla ice cream and covered with chocolate sauce.

poireau, x [pwaro] *nm* leek.

poirier [pwarje] *nm* pear tree.

pois [pwa] *nm (rond)* spot ; à ~ spotted ; ~ **chiche** chickpea.

poison [pwazɔ̃] *nm* poison.

poisseux, euse [pwasø, øz] *adj* sticky.

poisson [pwasɔ̃] *nm* fish ; ~ **d'avril!** April Fool! ; ~ **s du lac** *Helv* fish caught in Lake Geneva ; ~ **rouge** goldfish. ❏ **Poissons** *nmpl* Pisces *(sg)*.

poissonnerie [pwasɔnri] *nf* fishmonger's (shop).

poissonnier, ère [pwasɔnje, ɛr] *nm, f* fishmonger.

poitrine [pwatrin] *nf (buste)* chest ; *(seins)* bust ; *(de porc)* belly.

poivre [pwavr] *nm* pepper.

poivré, e [pwavre] *adj* peppery.

poivrier [pwavrije] *nm (sur la table)* pepper pot.

poivrière [pwavrijer] *nf* = **poivrier.**

poivron [pwavrɔ̃] *nm* pepper.

poker [pɔkɛr] *nm* poker.

polaire [pɔlɛr] *adj* polar.

pôle [pol] *nm (géographique)* pole ; ~ **Nord/Sud** North/South Pole.

poli, e [pɔli] *adj* polite ; *(verre, bois)* polished.

police [pɔlis] *nf* police *(pl)* ; ~ **d'assurance** insurance policy ; ~ **secours** emergency call-out service provided by the police.

policier, ère [pɔlisje, ɛr] *adj (roman, film)* detective ; *(enquête)* police. ◆ *nm* police officer.

poliment [pɔlimɑ̃] *adv* politely.

politesse [pɔlites] *nf* politeness.

politicien, enne [pɔlitisjɛ̃, ɛn] *nm, f* politician.

politique [pɔlitik] *adj* political. ◆ *nf (activité)* politics *(sg)* ; *(extérieure, commerciale, etc)* policy.

pollen [pɔlɛn] *nm* pollen.

pollué, e [pɔlɥe] *adj* polluted.

pollution [pɔlysjɔ̃] *nf* pollution.

polo [pɔlo] *nm (vêtement)* polo shirt.

polochon [pɔlɔʃɔ̃] *nm* bolster.

Pologne [pɔlɔɲ] *nf* : la ~ Poland.

polycopié [pɔlikɔpje] *nm* photocopied notes *(pl)*.

polyester [pɔliɛster] *nm* polyester.

Polynésie [pɔlinezi] *nf* : la ~ française French Polynesia.

polystyrène [pɔlistirɛn] *nm* polystyrene.

polyvalent, e [pɔlivalɑ̃, ɑ̃t] *adj (salle)* multi-purpose ; *(employé)* versatile.

pommade [pɔmad] *nf* ointment.

pomme [pɔm] *nf (fruit)* apple ; *(de douche)* head ; *(d'arrosoir)* rose ; ~ **de pin** pine cone ; ~ **s dauphine** mashed *potato coated in batter and deep-fried* ; ~ **s** *noisettes fried potato balls.*

pomme de terre [pɔmdətɛr] *(pl* **pommes de terre)** *nf potato.*

pommette [pɔmɛt] *nf* cheekbone.

pommier [pɔmje] *nm* apple tree.

pompe [pɔ̃p] *nf* pump ; ~ **à essence** *petrol pump (Br),* gas pump *(Am)* ; ~ **à vélo** bicycle pump ; ~ **s funèbres** *funeral director's (sg) (Br),* mortician's *(sg) (Am).*

pomper [pɔ̃pe] *vt* to pump.

pompier [pɔ̃pje] *nm* fireman *(Br),* firefighter *(Am).*

pompiste [pɔ̃pist] *nmf* forecourt attendant.

pompon [pɔ̃pɔ̃] *nm* pompom.

poncer [pɔ̃se] *vt* to sand down.

ponctuation [pɔ̃ktɥasjɔ̃] *nf* punctuation.

ponctuel, elle [pɔ̃ktɥɛl] *adj (à l'heure)* punctual ; *(limité)* specific.

pondre [pɔ̃dr] *vt* to lay.

poney [pɔnɛ] *nm* pony.

pont [pɔ̃] *nm* bridge ; *(de bateau)* deck ; **faire le** ~ *to have the day off between a national holiday and a weekend.*

pont-levis [pɔ̃ləvi] *(pl* **ponts-levis)** *nm* drawbridge.

ponton [pɔ̃tɔ̃] *nm* pontoon.

pop [pɔp] *adj inv & nf* pop.

pop-corn [pɔpkɔrn] *nm inv* popcorn.

populaire [pɔpylɛr] *adj (quartier, milieu)* working-class ; *(apprécié)* popular.

population [pɔpylasjɔ̃] *nf* population.

porc [pɔr] *nm* pig ; *CULIN* pork.

porcelaine [pɔrsəlɛn] *nf (matériau)* porcelain.

porche [pɔrʃ] *nm* porch.

pore [pɔr] *nm* pore.

poreux, euse [pɔrø, øz] *adj* porous.

pornographique [pɔrnɔgrafik] *adj* pornographic.

port [pɔr] *nm* port ; '~ **payé** 'postage paid' ; **de pêche** fishing port ; ~ **de plaisance** sailing harbour.

portable [pɔrtabl] *adj* portable.

portail [pɔrtaj] *nm* gate.

portant, e [pɔrtɑ̃, ɑ̃t] *adj :* **être bien/mal** ~ to be in good/poor health ; **à bout** ~ point-blank.

portatif, ive [pɔrtatif, iv] *adj* portable.

porte [pɔrt] *nf* door ; *(d'un jardin, d'une ville)* gate ; **mettre qqn à la** ~ to throw sb out ; ~ *(d'embarquement)* gate.

porte-avions [pɔrtavjɔ̃] *nm inv* aircraft carrier.

porte-bagages [pɔrtbagaʒ] *nm inv (de vélo)* bike rack.

porte-bébé, s [pɔrtbebe] *nm (harnais)* baby sling.

porte-bonheur [pɔrtbɔnœr] *nm inv* lucky charm.

porte-clefs [pɔrtəkle] = **porte-clés.**

porte-clés [pɔrtəkle] *nm inv* key ring.

portée [pɔrte] *nf (d'un son, d'une arme)* range ; *(d'une femelle)* litter ; *MUS* stave ; **à ~ de qqn** *(intellectuelle)* within sb's understanding ; **à ~ de (la) main** within reach.

porte-fenêtre [pɔrtfənɛtr] *(pl* **portes-fenêtres)** *nf* French window *(Br),* French door *(Am).*

portefeuille

portefeuille [pɔʀtəfœj] *nm* wallet.

porte-jarretelles [pɔʀtʒaʀtɛl] *nm inv* suspender belt *(Br)*, garter belt *(Am)*.

portemanteau, x [pɔʀtmɑ̃to] *nm (au mur)* coat rack ; *(sur pied)* coat stand.

porte-monnaie [pɔʀtmɔnɛ] *nm inv* purse.

porte-parole [pɔʀtpaʀɔl] *nm inv* spokesman (f spokeswoman).

porter [pɔʀte] *vt (tenir)* to carry ; *(vêtement, lunettes)* to wear ; *(nom, date, responsabilité)* to bear ; *(apporter)* to take. ◆ *vi (son)* to carry ; *(remarque, menace)* to hit home ; ~ **bonheur/malheur à qqn** to bring sb good luck/bad luck. □ **se porter** *vp* : **se ~ bien/mal** to be well/unwell.

porte-savon, s [pɔʀtsavɔ̃] *nm* soap dish.

porte-serviette, s [pɔʀtsɛʀvjɛt] *nm* towel rail.

porteur, euse [pɔʀtœʀ, øz] *nm, f (de bagages)* porter.

portier [pɔʀtje] *nm* doorman.

portière [pɔʀtjɛʀ] *nf* door.

portillon [pɔʀtijɔ̃] *nm* barrier ; ~ **automatique** TRANSP automatic barrier.

portion [pɔʀsjɔ̃] *nf* portion ; *(que l'on se sert soi-même)* helping.

portique [pɔʀtik] *nm (de balançoire)* frame.

porto [pɔʀto] *nm* port.

portrait [pɔʀtʀɛ] *nm* portrait.

portugais, e [pɔʀtygɛ, ɛz] *adj* Portuguese. ◆ *nm (langue)* Portuguese. □ **Portugais, e** *nm, f* Portuguese (person).

Portugal [pɔʀtygal] *nm* : **le ~** Portugal.

pose [poz] *nf (de moquette)* laying ; *(de vitre)* fitting ; *(attitude)* pose ; **prendre la ~** to assume a pose.

posé, e [poze] *adj (calme)* composed.

poser [poze] *vt* to put ; *(rideaux, tapisserie)* to hang ; *(vitre)* to fit ; *(moquette)* to lay ; *(question)* to ask ; *(problème)* to pose. ◆ *vi (pour une photo)* to pose. □ **se poser** *vp (oiseau, avion)* to land.

positif, ive [pozitif, iv] *adj* positive.

position [pozisjɔ̃] *nf* position.

posologie [pozɔlɔʒi] *nf* dosage.

posséder [pɔsede] *vt* to possess ; *(maison, voiture)* to own.

possessif, ive [pɔsesif, iv] *adj* possessive.

possibilité [pɔsibilite] *nf* possibility ; **avoir la ~ de faire qqch** to have the chance to do sthg. □ **possibilités** *nfpl (financières)* means ; *(intellectuelles)* potential *(sg)*.

possible [pɔsibl] *adj* possible. ◆ *nm* : **faire son ~ (pour faire qqch)** to do one's utmost (to do sthg) ; **le plus d'argent ~** as much money as possible ; **dès que ~**, **le plus tôt ~** as soon as possible ; **si ~** if possible.

postal, e, aux [pɔstal, o] *adj (service)* postal *(Br)*, mail *(Am)* ; *(wagon)* mail.

poste¹ [pɔst] *nm (emploi)* post ; *(de ligne téléphonique)* extension ; ~ **(de police)** police station ; ~ **de radio** radio ; ~ **de télévision** television (set).

poste² [pɔst] *nf (administration)*

post (Br), mail (Am) ; (bureau) post office ; ~ **restante** poste restante (Br), general delivery (Am).

poster¹ [pɔste] vt (lettre) to post (Br), to mail (Am).

poster² [pɔster] nm poster.

postérieur, e [pɔsterjœr] adj (dans le temps) later ; (partie, membres) rear. ◆ nm posterior.

postier, ère [pɔstje, ɛr] nm, f post-office worker.

postillonner [pɔstijɔne] vi to splutter.

post-scriptum [pɔstskriptɔm] nm inv postscript.

posture [pɔstyr] nf posture.

pot [po] nm (de yaourt, de peinture) pot ; (de confiture) jar ; ~ **d'échappement** exhaust (pipe) ; ~ **de fleurs** flowerpot ; ~ **à lait** milk jug.

potable [pɔtabl] adj → **eau.**

potage [pɔtaʒ] nm soup.

potager [pɔtaʒe] nm : (jardin) ~ vegetable garden.

pot-au-feu [pɔtofø] nm inv boiled beef and vegetables.

pot-de-vin [pɔdvɛ̃] (pl pots-de-vin) nm bribe.

poteau, x [pɔto] nm post ; ~ **indicateur** signpost.

potée [pɔte] nf stew of meat, usually pork, and vegetables.

potentiel, elle [pɔtɑ̃sjɛl] adj & nm potential.

poterie [pɔtri] nf (art) pottery ; (objet) piece of pottery.

potiron [pɔtirɔ̃] nm pumpkin.

pot-pourri [popuri] (pl pots-pourris) nm potpourri.

pou, x [pu] nm louse.

poubelle [pubɛl] nf dustbin (Br), trashcan (Am) ; **mettre qqch à la** ~ to put sthg in the dustbin (Br), to put sthg in the trash (Am).

pouce [pus] nm thumb.

pouding [pudiŋ] nm sweet cake made from bread and candied fruit ; ~ **de cochon** French-Canadian dish of meatloaf made from chopped pork and pigs' livers.

poudre [pudr] nf powder ; **en** ~ (lait, amandes) powdered ; **chocolat en** ~ chocolate powder.

poudreux, euse [pudrø, øz] adj powdery.

pouf [puf] nm pouffe.

pouffer [pufe] vi : ~ (**de rire**) to titter.

poulailler [pulaje] nm hen-house.

poulain [pulɛ̃] nm foal.

poule [pul] nf hen ; CULIN fowl ; ~ **au pot** chicken and vegetable stew.

poulet [pulɛ] nm chicken ; ~ **basquaise** sauteed chicken in a rich tomato, pepper and garlic sauce.

poulie [puli] nf pulley.

pouls [pu] nm pulse ; **prendre le** ~ **à qqn** to take sb's pulse.

poumon [pumɔ̃] nm lung.

poupée [pupe] nf doll.

☞

pour [pur] prép - 1. (exprime le but, la destination) for ; **c'est** ~ **vous** it's for you ; **faire qqch** ~ **l'argent** to do sthg for money.
- 2. (afin de) : ~ **faire qqch** in order to do sthg ; ~ **que** so that.
- 3. (en raison de) for.
- 4. (exprime la durée) for.
- 5. (somme) : **je voudrais** ~ **cinq euros de bonbons** I'd like five euros' worth of sweets.

- 6. *(pour donner son avis)* : ~ moi as far as I'm concerned.

- 7. *(à la place de)* for ; signe ~ moi sign for me.

- 8. *(en faveur de)* for ; être ~ qqch to be in favour of sthg.

pourboire [purbwar] *nm* tip.

  POURBOIRE

In France, it is not necessary to leave a tip *(pourboire)*. A certain percentage of the bill in a restaurant or café is automatically set aside to pay for table service. If desired, an additional tip may be given. In this case, it is always left in cash regardless of how the meal was paid. Customers who pay in cash often leave part of the change as a pourboire.

pourcentage [pursɑ̃taʒ] *nm* percentage.

pourquoi [purkwa] *adv* why ; c'est ~ ... that's why ... ; ~ pas? why not?

pourra *etc* → pouvoir.

pourrir [purir] *vi* to rot.

pourriture [purityr] *nf (partie moisie)* rotten part.

poursuite [pursɥit] *nf* chase ; se lancer à la ~ de qqn to set off after sb. ❑ **poursuites** *nfpl* JUR proceedings.

poursuivi, e [pursɥivi] *pp* → poursuivre.

poursuivre [pursɥivr] *vt (voleur)* to chase ; *(criminel)* to prosecute ; *(voisin)* to sue ; *(continuer)* to continue. ❑ **se poursuivre** *vp* to continue.

pourtant [purtɑ̃] *adv* yet.

pourvu [purvy] : **pourvu que** *conj*

(condition) provided (that) ; *(souhait)* let's hope (that).

pousse-pousse [puspus] *nm inv* Helv *(poussette)* pushchair.

pousser [puse] *vt* to push ; *(déplacer)* to move ; *(cri)* to give. ◆ *vi* to push ; *(plante)* to grow ; ~ qqn à faire qqch to urge sb to do sthg ; faire ~ *(plante, légumes)* to grow ; 'poussez' 'push'. : **se pousser** *vp* to move up.

poussette [puset] *nf* pushchair.

poussière [pusjer] *nf* dust.

poussiéreux, euse [pusjerø,øz] *adj* dusty.

poussin [pusɛ̃] *nm* chick.

poutine [putin] *nf Can* fried potato topped with grated cheese and brown sauce.

poutre [putr] *nf* beam.

pouvoir [puvwar] *nm (influence)* power ; le ~ *(politique)* power ; les ~ s publics the authorities. ◆ *vt*
- 1. *(être capable de)* can, to be able ; je n'en peux plus *(je suis fatigué)* I'm exhausted ; *(j'ai trop mangé)* I'm full up ; je n'y peux rien there's nothing I can do about it.
- 2. *(être autorisé à)* : vous ne pouvez pas stationner ici you can't park here. **- 3.** *(exprime la possibilité)* : il peut faire très froid ici it can get very cold here. ❑ **se pouvoir** *vp* : il se peut que le vol soit annulé the flight may ou might be cancelled.

prairie [preri] *nf* meadow.

praline [pralin] *nf* praline, sugared almond ; *Belg (chocolat)* chocolate.

praliné, e [praline] *adj* hazelnut- or almond-flavoured.

pratiquant, e [pratikã, ãt] *adj*
RELIG practising.

pratique [pratik] *adj* (*commode*)
handy ; (*concret*) practical.

pratiquement [pratikmã] *adv*
practically.

pratiquer [pratike] *vt* : ~ un sport
to do some sport ; ~ le golf to play
golf.

pré [pre] *nm* meadow.

préau, x [preo] *nm* (*de récréation*)
(covered) play area.

précaire [preker] *adj* precarious.

précaution [prekosjɔ̃] *nf* precaution ; prendre des ~ s to take pre-
cautions ; avec ~ cautiously.

précédent, e [presedã, ãt] *adj*
previous.

précéder [presede] *vt* to precede.

précieux, euse [presjø, øz] *adj*
precious.

précipice [presipis] *nm* precipice.

précipitation [presipitasjɔ̃] *nf*
haste. ❏ **précipitations** *nfpl* (*pluie*)
precipitation (*sg*).

précipiter [presipite] *vt* (*pousser*)
to push ; (*allure*) to quicken ; (*départ*) to bring forward. ❏ **se précipiter** *vp* (*tomber*) to throw o.s. ; (*se
dépêcher*) to rush ; **se ~ sur** qqn to
jump on sb.

précis, e [presi, iz] *adj* (*clair, rigoureux*) precise ; (*exact*) accurate ;
à cinq heures ~ es at five o'clock
sharp.

préciser [presize] *vt* (*déterminer*)
to specify ; (*clarifier*) to clarify.
❏ **se préciser** *vp* to become clear.

précision [presizjɔ̃] *nf* accuracy ;
(*explication*) detail.

précoce [prekɔs] *adj* (*enfant*) pre-
cocious ; (*printemps*) early.

prédécesseur [predesesœr] *nm*
predecessor.

prédiction [prediksjɔ̃] *nf* prediction.

prédire [predir] *vt* to predict.

prédit, e [predi, it] *pp* → **prédire**.

préfabriqué, e [prefabrike] *adj*
prefabricated.

préface [prefas] *nf* preface.

préfecture [prefektyr] *nf* town
where a *préfet*'s office is situated, and
the office itself.

préféré, e [prefere] *adj* & *nm, f*
favourite.

préférence [preferãs] *nf* preference ; de ~ preferably.

préférer [prefere] *vt* to prefer ;
je préférerais qu'elle s'en aille I'd
rather she left.

préfet [prefɛ] *nm* senior local government official.

préhistoire [preistwar] *nf* pre-
history.

préhistorique [preistɔrik] *adj*
prehistoric.

préjugé [preʒyʒe] *nm* prejudice.

prélèvement [prelevmã] *nm*
(*d'argent*) deduction ; (*de sang*)
sample.

prélever [preləve] *vt* (*somme,
part*) to deduct ; (*sang*) to take.

prématuré, e [prematyre] *adj*
premature. ◆ *nm, f* premature
baby.

prémédité, e [premedite] *adj*
premeditated.

premier, ère [prəmje, ɛr] *adj*
& *nm, f* first ; en ~ first ; le ~ de l'an
New Year's Day ; Premier ministre
Prime Minister → **sixième**.

première [prəmjɛr] *nf* SCOL ≃
lower sixth (*Br*), ≃ eleventh

grade (Am) ; (vitesse) first (gear) ; TRANSP first class.

premièrement [prəmjɛrmɑ̃] adv firstly.

prenais etc → prendre.

☞

prendre [prɑ̃dr] vt - 1. (saisir, emporter, enlever) to take ; ~ **qqch à qqn** to take sthg from sb.
- 2. (passager, auto-stoppeur) to pick up ; **passer** ~ **qqn** to pick sb up.
- 3. (repas, boisson) to have ; **qu'est-ce que vous prendrez?** (à boire) what would you like to drink?
- 4. (utiliser) to take ; ~ **l'avion** to fly ; ~ **le train** to take the train.
- 5. (attraper, surprendre) to catch ; **se faire** ~ to be caught.
- 6. (air, ton) to put on.
- 7. (considérer) : ~ **qqn pour** (par erreur) to mistake sb for ; (sciemment) to take sb for.
- 8. (notes, photo, mesures) to take.
- 9. (poids) to put on.
- 10. (dans des expressions) : **qu'est-ce qui te prend?** what's the matter with you?
◆ vi - 1. (sauce, ciment) to set.
- 2. (feu) to catch.
- 3. (se diriger) : **prenez à droite** turn right.
❑ **se prendre** vp : **pour qui tu te prends?** who do you think you are? ; **s'y** ~ **mal** to go about things the wrong way.

prenne etc → prendre.

prénom [prenɔ̃] nm first name.

préoccupé, e [preɔkype] adj preoccupied.

préoccuper [preɔkype] vt to pre-

occupy. ❑ **se préoccuper de** vp + prép to think about.

préparatifs [preparatif] nmpl preparations.

préparation [preparasjɔ̃] nf preparation.

préparer [prepare] vt to prepare ; (affaires) to get ready ; (départ, examen) to prepare for. ❑ **se préparer** vp to get ready ; (s'annoncer) to be imminent ; **se** ~ **à faire qqch** to be about to do sthg.

préposition [prepozisjɔ̃] nf preposition.

près [prɛ] adv : **de** ~ closely ; **tout** ~ very close, very near ; ~ **de** near (to) ; (presque) nearly.

prescrire [preskrir] vt to prescribe.

prescrit, e [preskri, it] pp → prescrire.

présence [prezɑ̃s] nf presence ; **en** ~ **de** in the presence of.

présent, e [prezɑ̃, ɑ̃t] adj & nm present ; **à** ~ (que) now (that).

présentateur, trice [prezɑ̃tatœr, tris] nm, f presenter.

présentation [prezɑ̃tasjɔ̃] nf presentation. ❑ **présentations** nfpl : **faire les** ~ **s** to make the introductions.

présenter [prezɑ̃te] vt to present ; (montrer) to show ; ~ **qqn à qqn** to introduce sb to sb. ❑ **se présenter** vp (occasion, difficulté) to arise ; (à un rendez-vous) to present o.s. ; (dire son nom) to introduce o.s. ; **se** ~ **bien/mal** to look good/bad.

préservatif [prezɛrvatif] nm condom.

préserver [prezɛrve] vt to pro-

prière

tect ; ~ qqn/qqch de to protect sb/
sthg from.

président, e [prezidã, ãt] *nm, f*
(d'une assemblée, d'une société)
chairman *(f chairwoman)* ; **le ~ de
la République** the French President.

présider [prezide] *vt (assemblée)*
to chair.

presque [presk] *adv* almost ;
~ pas de hardly any.

presqu'île [preskil] *nf* peninsula.

pressant, e [presã, ãt] *adj* pressing.

presse [pres] *nf (journaux)* press ;
la ~ à sensation the tabloids *(pl)*.

pressé, e [prese] *adj* in a hurry ;
(urgent) urgent ; *(citron, orange)*
freshly squeezed.

presse-citron [pressitrõ] *nm inv*
lemon squeezer.

pressentiment [presãtimã] *nm*
premonition.

presser [prese] *vt (fruit)* to
squeeze ; *(bouton)* to press ; *(faire
se dépêcher)* to rush. ◆ *vi* : **le temps
presse** there isn't much time ; **rien
ne presse** there's no rush. ❏ **se
presser** *vp* to hurry.

pressing [presin] *nm* dry cleaner's.

pression [presjõ] *nf* pressure ;
(bouton) press stud *(Br)*, snap fastener *(Am)* ; **(bière) ~** draught beer.

prestidigitateur, trice [pres-
tidigitatœr, tris] *nm, f* conjurer.

prestige [prestiʒ] *nm* prestige.

prêt, e [prε, prεt] *adj* ready. ◆ *nm*
FIN loan.

prêt-à-porter [pretaporte] *nm*
ready-to-wear clothing.

prétendre [pretãdr] *vt* : **~ que** to
claim (that).

prétentieux, euse [pretãsjø,
øz] *adj* pretentious.

prétention [pretãsjõ] *nf* preten-
tiousness.

prêter [prete] *vt* to lend ; **~ qqch à
qqn** to lend sb sthg.

prétexte [pretekst] *nm* pretext ;
sous ~ que under the pretext that.

prêtre [pretr] *nm* priest.

preuve [prœv] *nf* proof, evidence ; **faire ~ de** to show.

prévaloir [prevalwar] *vi sout* to
prevail.

prévenir [prevnir] *vt (avertir)* to
warn ; *(empêcher)* to prevent.

préventif, ive [prevãtif, iv] *adj*
preventive.

prévention [prevãsjõ] *nf* prevention ; **~ routière** road safety
body.

prévenu, e [prevny] *pp* → **prévenir.**

prévisible [previzibl] *adj* fore-
seeable.

prévision [previzjõ] *nf* forecast ;
en ~ de in anticipation of ; **~ s mé-
téo(rologiques)** weather forecast
(sg).

prévoir [prevwar] *vt (anticiper)* to
anticipate, to expect ; *(organiser,
envisager)* to plan ; **comme prévu** as
planned.

prévoyant, e [prevwajã, ãt] *adj* :
être ~ to think ahead.

prévu, e [prevy] *pp* → **prévoir.**

prier [prije] *vi* to pray. ◆ *vt* RELIG
to pray to ; **~ qqn de faire qqch** to
ask sb to do sthg ; **je te/vous prie**
please ; **je vous/t'en prie** *(ne vous
gênez/te gêne pas)* please do ; *(de
rien)* don't mention it.

prière [prijer] *nf* RELIG prayer ;

'~ de ne pas fumer' 'you are request-
ed not to smoke'.

primaire [primɛr] adj SCOL primary ; *péj (raisonnement, personne)*
limited.

prime [prim] nf *(d'assurance)* premium ; *(de salaire)* bonus ; en
~ *(avec un achat)* as a free gift.

primeurs [primœr] nfpl early
produce *(sg).*

primevère [primvɛr] nf primrose.

primitif, ive [primitif, iv] adj
primitive.

prince [prɛ̃s] nm prince.

princesse [prɛ̃sɛs] nf princess.

principal, e, aux [prɛ̃sipal, o]
adj main. ◆ nmf *(d'un collège)*
headmaster *(f* headmistress) ; le
~ *(l'essentiel)* the main thing.

principalement [prɛ̃sipalmɑ̃]
adv mainly.

principe [prɛ̃sip] nm principle ;
en ~ in principle.

printemps [prɛ̃tɑ̃] nm spring.

priori → a priori.

prioritaire [prijɔritɛr] adj : être
~ *(urgent)* to be a priority ; *(sur la
route)* to have right of way.

priorité [prijɔrite] nf priority ;
(sur la route) right of way ; ~ à droite right of way to traffic coming
from the right ; laisser la ~ to give
way (Br), to yield (Am) ; 'vous
n'avez pas la ~' 'give way' (Br),
'yield' (Am).

pris, e [pri, iz] pp → prendre.

prise [priz] nf *(à la pêche)* catch ;
(point d'appui) hold ; ~ *(de courant)*
(dans le mur) socket ; *(fiche)* plug ;
~ multiple adapter ; ~ de sang
blood test.

prison [prizɔ̃] nf prison ; en ~ in
prison.

prisonnier, ère [prizɔnje, ɛr]
nm, f prisoner.

privé, e [prive] adj private ; en
~ in private.

priver [prive] vt : ~ qqn de qqch to
deprive sb of sthg. ❑ se priver vp
to deprive o.s. ; se ~ de qqch to go
without sthg.

privilège [privilɛʒ] nm privilege.

privilégié, e [privileʒje] adj priv-
ileged.

prix [pri] nm price ; *(récompense)*
prize ; à tout ~ at all costs.

probable [prɔbabl] adj probable.

probablement [prɔbabləmɑ̃]
adv probably.

problème [prɔblɛm] nm problem.

procédé [prɔsede] nm process.

procès [prɔsɛ] nm trial.

processus [prɔsesys] nm process.

procès-verbal, aux [prɔsɛver-
bal, o] nm *(contravention)* ticket.

prochain, e [prɔʃɛ̃, ɛn] adj next ;
la semaine ~ e next week.

proche [prɔʃ] adj near ; être ~ de
(lieu, but) to be near (to) ; *(personne, ami)* to be close to ; le Proche-
Orient the Near East.

procuration [prɔkyrasjɔ̃] nf
mandate ; voter par ~ to vote by
proxy.

procurer [prɔkyre] : se procurer
vp *(marchandise)* to obtain.

prodigieux, euse [prɔdiʒjø, øz]
adj incredible.

producteur, trice [prɔdyktœr,
tris] nm, f producer.

production [prɔdyksjɔ̃] nf production.

produire [prɔdɥir] vt to produce. ❏ se produire vp (avoir lieu) to happen.

produit, e [prɔdɥi, it] pp → produire. ◆ nm product ; ~ s de beauté beauty products.

prof [prɔf] nmf fam teacher.

professeur [prɔfesœr] nm teacher.

profession [prɔfesjɔ̃] nf occupation.

professionnel, elle [prɔfesjɔnɛl] adj & nm, f professional.

profil [prɔfil] nm profile ; de ~ in profile.

profit [prɔfi] nm (avantage) benefit ; (d'une entreprise) profit ; tirer ~ de qqch to benefit from sthg.

profiter [prɔfite] : profiter de v + prép to take advantage of.

profiterole [prɔfitrɔl] nf profiterole.

profond, e [prɔfɔ̃, ɔ̃d] adj deep.

profondeur [prɔfɔ̃dœr] nf depth ; à 10 mètres de ~ 10 metres deep.

programmateur [prɔgramatœr] nm (d'un lave-linge) programme selector.

programme [prɔgram] nm programme ; SCOL syllabus ; INFORM program.

programmer [prɔgrame] vt (projet, activité) to plan ; (magnétoscope, four) to set ; INFORM to program.

programmeur, euse [prɔgramœr, øz] nm, f computer programmer.

progrès [prɔgrɛ] nm progress ; être en ~ to be making (good) pro-

gress ; faire des ~ to make progress.

progresser [prɔgrese] vi to make progress.

progressif, ive [prɔgresif, iv] adj progressive.

progressivement [prɔgresivmɑ̃] adv progressively.

prohiber [prɔibe] vt sout to prohibit.

proie [prwa] nf prey.

projecteur [prɔʒɛktœr] nm (lumière) floodlight ; (de films, de diapositives) projector.

projection [prɔʒɛksjɔ̃] nf (de films, de diapositives) projection.

projectionniste [prɔʒɛksjɔnist] nmf projectionist.

projet [prɔʒɛ] nm plan.

projeter [prɔʒte] vt (film, diapositives) to project ; (lancer) to throw ; (envisager) to plan.

prolongation [prɔlɔ̃gasjɔ̃] nf extension. ❏ prolongations nfpl SPORT extra time (sg).

prolongement [prɔlɔ̃ʒmɑ̃] nm extension ; être dans le ~ de (dans l'espace) to be a continuation of.

prolonger [prɔlɔ̃ʒe] vt (séjour) to prolong ; (route) to extend. ❏ se prolonger vp to go on.

promenade [prɔmnad] nf (à pied) walk ; (en vélo) ride ; (en voiture) drive ; (lieu) promenade ; faire une ~ (à pied) to go for a walk ; (en vélo) to go for a (bike) ride ; (en voiture) to go for a drive.

promener [prɔmne] vt (à pied) to take out for a walk ; (en voiture) to take out for a drive. ❏ se promener vp (à pied) to go for a walk ; (en vélo) to go for a ride ; (en voiture) to go for a drive.

promesse [prɔmɛs] nf promise.

promettre [prɔmɛtr] vt : ~ qqch à qqn to promise sb sthg ; ~ à qqn de faire qqch to promise sb to do sthg ; c'est promis it's a promise.

promis, e [prɔmi, iz] pp → promettre.

promotion [prɔmɔsjɔ̃] nf promotion ; en ~ (article) on special offer.

pronom [prɔnɔ̃] nm pronoun.

prononcer [prɔnɔ̃se] vt (mot) to pronounce ; (discours) to deliver. ❑ se prononcer vp (mot) to be pronounced.

prononciation [prɔnɔ̃sjasjɔ̃] nf pronunciation.

pronostic [prɔnɔstik] nm forecast.

propagande [prɔpagɑ̃d] nf propaganda.

propager [prɔpaʒe] vt to spread. ❑ se propager vp to spread.

prophétie [prɔfesi] nf prophecy.

propice [prɔpis] adj favourable.

proportion [prɔpɔrsjɔ̃] nf proportion.

proportionnel, elle [prɔpɔrsjɔnɛl] adj : ~ à proportional to.

propos [prɔpo] nmpl words. ◆ nm : à ~, ... by the way, ... ; à ~ de about.

proposer [prɔpoze] vt (offrir) to offer ; (suggérer) to propose ; ~ à qqn de faire qqch to suggest doing sthg to sb.

proposition [prɔpozisjɔ̃] nf proposal.

propre [prɔpr] adj clean ; (sens) proper ; (à soi) own ; avec ma ~ voiture in my own car.

proprement [prɔprəmɑ̃] adv (découper, travailler) neatly.

propreté [prɔprəte] nf cleanness.

propriétaire [prɔprijeter] nmf owner.

propriété [prɔprijete] nf property ; '~ privée' 'private property'.

prose [proz] nf prose.

prospectus [prɔspɛktys] nm (advertising) leaflet.

prospère [prɔsper] adj prosperous.

prostituée [prɔstitɥe] nf prostitute.

protection [prɔtɛksjɔ̃] nf protection.

protège-cahier, s [prɔtɛʒkaje] nm exercise book cover.

protéger [prɔteʒe] vt to protect. ❑ se protéger de vp + prép to protect o.s. from ; (pluie) to shelter from.

protestant, e [prɔtɛstɑ̃, ɑ̃t] adj & nm, f Protestant.

protester [prɔtɛste] vi to protest.

prothèse [prɔtɛz] nf prosthesis.

prototype [prɔtɔtip] nm prototype.

prouesse [prues] nf feat.

prouver [pruve] vt to prove.

provenance [prɔvnɑ̃s] nf origin ; en ~ de (vol, train) from.

provençal, e, aux [prɔvɑ̃sal, o] adj of Provence.

Provence [prɔvɑ̃s] nf : la ~ Provence (region in the southeast of France).

provenir [prɔvnir] : provenir de v + prép to come from.

proverbe [prɔvɛrb] nm proverb.

province [prɔvɛ̃s] nf (région)

province ; la ~ *(hors Paris)* the provinces *(pl)*.

provincial, e, aux [prɔvɛ̃sjal, o] *adj (hors Paris)* provincial. ◆ *nm* : le ~ *Can provincial government.*

proviseur [prɔvizœr] *nm* ≃ head-teacher *(Br)*, ≃ principal *(Am)*.

provisions [prɔvizjɔ̃] *nfpl* provisions.

provisoire [prɔvizwar] *adj* temporary.

provocant, e [prɔvɔkɑ̃, ɑ̃t] *adj* provocative.

provoquer [prɔvɔke] *vt (occasionner)* to cause ; *(défier)* to provoke.

proximité [prɔksimite] *nf* : à ~ *(de)* near.

prudemment [prydamɑ̃] *adv* carefully.

prudence [prydɑ̃s] *nf* care ; avec ~ carefully.

prudent, e [prydɑ̃, ɑ̃t] *adj* careful.

prune [pryn] *nf* plum.

pruneau, x [pryno] *nm* prune.

PS *nm (abr de post-scriptum)* PS ; *(abr de parti socialiste)* French party to the left of the political spectrum.

psychanalyste [psikanalist] *nmf* psychoanalyst.

psychiatre [psikjatr] *nmf* psychiatrist.

psychologie [psikɔlɔʒi] *nf* psychology ; *(tact)* tactfulness.

psychologique [psikɔlɔʒik] *adj* psychological.

psychologue [psikɔlɔg] *nmf* psychologist.

PTT *nfpl* French Post Office.

pu [py] *pp →* pouvoir.

pub[1] [pœb] *nm* pub.

pub[2] [pyb] *nf fam* advert.

public, ique [pyblik] *adj & nm* public ; en ~ in public.

publication [pyblikasjɔ̃] *nf* publication.

publicitaire [pyblisiter] *adj (campagne, affiche)* advertising.

publicité [pyblisite] *nf (activité, technique)* advertising ; *(annonce)* advert.

publier [pyblije] *vt* to publish.

puce [pys] *nf* flea ; *INFORM* (silicon) chip.

pudding [pudiŋ] = pouding.

pudique [pydik] *adj (décent)* modest ; *(discret)* discreet.

puer [pɥe] *vi* to stink. ◆ *vt* to stink of.

puériculteur, trice [pɥerikyltœr, tris] *nm, f* nursery nurse.

puéril, e [pɥeril] *adj* childish.

puis [pɥi] *adv* then.

puisque [pɥiskə] *conj* since.

puissance [pɥisɑ̃s] *nf* power.

puissant, e [pɥisɑ̃, ɑ̃t] *adj* powerful.

puisse *etc →* pouvoir.

puits [pɥi] *nm* well.

pull(-over), s [pyl(ɔver)] *nm* sweater, jumper.

pulpe [pylp] *nf* pulp.

pulsation [pylsasjɔ̃] *nf* beat.

pulvérisateur [pylverizatœr] *nm* spray.

pulvériser [pylverize] *vt (projeter)* to spray ; *(détruire)* to smash.

punaise [pynez] *nf (insecte)* bug ; *(clou)* drawing pin *(Br)*, thumbtack *(Am)*.

punch[1] [pɔ̃ʃ] *nm (boisson)* punch.

punch² [pœnʃ] *nm fam (énergie)* oomph.

punir [pynir] *vt* to punish.

punition [pynisjɔ̃] *nf* punishment.

pupille [pypij] *nf (de l'œil)* pupil.

pupitre [pypitr] *nm (bureau)* desk ; *(à musique)* stand.

pur, e [pyr] *adj* pure ; *(alcool)* neat.

purée [pyre] *nf* puree ; ~ *(de pommes de terre)* mashed potatoes *(pl)*.

pureté [pyrte] *nf* purity.

purger [pyrʒe] *vt MÉD* to purge ; *(radiateur)* to bleed ; *(tuyau)* to drain ; *(peine de prison)* to serve.

purifier [pyrifje] *vt* to purify.

pur-sang [pyrsɑ̃] *nm inv* thoroughbred.

pus [py] *nm* pus.

puzzle [pœzl] *nm* jigsaw (puzzle).

PV *abr* = procès-verbal.

PVC *nm* PVC.

pyjama [piʒama] *nm* pyjamas *(pl)*.

pylône [pilon] *nm* pylon.

pyramide [piramid] *nf* pyramid.

Pyrénées [pirene] *nfpl* : les ~ the Pyrenees.

Q

QI *nm (abr de quotient intellectuel)* IQ.

quadrillé, e [kadrije] *adj (papier)* squared.

quadruple [k(w)adrypl] *nm* : le ~ du prix normal four times the normal price.

quai [kε] *nm (de port)* quay ; *(de gare)* platform.

qualification [kalifikasjɔ̃] *nf* qualification.

qualifié, e [kalifje] *adj (personnel, ouvrier)* skilled.

qualifier [kalifje] *vt* : ~ qqn/qqch de to describe sb/sthg as. ❑ **se qualifier** *vp (équipe, sportif)* to qualify.

qualité [kalite] *nf* quality ; de ~ quality.

quand [kɑ̃] *adv & conj (au moment où)* when ; **jusqu'à ~ restez-vous?** how long are you staying for? ; ~ **même** *(malgré tout)* all the same.

quant [kɑ̃] : **quant à** *prép* as for.

quantité [kɑ̃tite] *nf* quantity ; **une ~ ou des ~ s de** *(beaucoup de)* a lot ou lots of.

quarantaine [karɑ̃ten] *nf (isolement)* quarantine ; **une ~ (de)** about forty ; **avoir la ~ to** be in one's forties.

quarante [karɑ̃t] *num* forty → **six**.

quarantième [karɑ̃tjem] *num* fortieth → **sixième**.

quart [kar] *nm* quarter ; **cinq heures et ~** quarter past five *(Br)*, quarter after five *(Am)* ; **cinq heures moins le ~** quarter to five *(Br)*, quarter of five *(Am)* ; **un ~ d'heure** a quarter of an hour.

quartier [kartje] *nm (de pomme)* piece ; *(d'orange)* segment ; *(d'une ville)* area, district.

 QUARTIER LATIN

This district on the south bank of the Seine in Paris has long been associated with students and artists. It straddles the 5th and 6th *arrondissements*, with the Sorbonne university at its centre. It is also famous for its numerous bookshops, libraries, cafés and cinemas. Howeever, since the 1980s the area's traditional activities have been facing intense competition from fast-food chains and discount clothes shops.

quartz [kwarts] *nm* quartz ; **montre à ~** quartz watch.

quasiment [kazimã] *adv* almost.

quatorze [katɔrz] *num* fourteen → **six**.

quatorzième [katɔrzjem] *num* fourteenth → **sixième**.

quatre [katr] *num* four ; **à ~ pattes** on all fours → **six**.

quatre-quarts [katkar] *nm inv* cake made with equal weights of flour, butter, sugar and eggs.

quatre-quatre [kat(rə)katr] *nm inv* four-wheel drive.

quatre-vingt [katravɛ̃] = **quatre-vingts**.

quatre-vingt-dix [katravɛ̃dis] *num* ninety → **six**.

quatre-vingt-dixième [katravɛ̃dizjem] *num* ninetieth → **sixième**.

quatre-vingtième [katravɛ̃tjem] *num* eightieth → **sixième**.

quatre-vingts [katravɛ̃] *num* eighty → **six**.

quatrième [katrijem] *num* fourth. ◆ *nf* SCOL ≃ third year (Br), ≃ ninth grade (Am) ; (*vitesse*) fourth (gear) → **sixième**.

☞

que [kə] *conj* - 1. (*introduit une subordonnée*) that ; **voulez-vous ~ je ferme la fenêtre?** would you like me to close the window?

- 2. (*dans une comparaison*) = **aussi**, **autant**, **même**, **moins**, **plus**.
- 3. (*exprime l'hypothèse*) : **~ nous partions aujourd'hui ou demain** ... whether we leave today or tomorrow ...
- 4. (*remplace une autre conjonction*) : **comme il pleut et ~ je n'ai pas de parapluie** ... since it's raining and I haven't got an umbrella ...
- 5. (*exprime une restriction*) : **ne** ... **~** only.
◆ *pron relatif* - 1. (*désigne une personne*) that ; **la personne ~ vous voyez là-bas** the person (that) you can see over there.
- 2. (*désigne une chose*) that, which ; **les livres qu'il m'a prêtés** the books (that) he lent me.
◆ *pron interr* what ; **qu'a-t-il dit?, qu'est-ce qu'il a dit?** what did he say? ; **je ne sais plus ~ faire** I don't know what to do any more.
◆ *adv* (*dans une exclamation*) : **~ c'est beau!, qu'est-ce ~ c'est beau!** it's really beautiful!

Québec [kebɛk] *nm* : **le ~** Quebec.

québécois, e [kebekwa, az] *adj* of Quebec. ◻ **Québécois, e** *nm, f* Quebecker.

☞

quel, quelle [kɛl] *adj* - 1. (*interrogatif :personne*) which ; **~ s amis comptez-vous aller voir?** which friends are you planning to go and see?
- 2. (*interrogatif :chose*) which, what ; **quelle heure est-il?** what time is it? ; **~ est ton vin favéré?** what's your favourite wine?

- **3.** (exclamatif) : ~ beau temps! what beautiful weather! ; ~ dommage! what a shame!
- **4.** (avec "que") : ~ que soit le temps whatever the weather.
◆ *pron interr* which ; ~ est le plus intéressant des deux musées? which of the two museums is the most interesting?.

quelconque [kɛlkɔ̃k] *adj (banal)* mediocre ; (n'importe quel) : un chiffre ~ any number.

quelque [kɛlk(ə)] *adj* - **1.** (un peu de) some ; dans ~ temps in a while.
- **2.** (avec "que") whatever ; ~ route que je prenne whatever route I take. ❑ **quelques** *adj* - **1.** (plusieurs) some, a few ; aurais-tu ~ s pièces pour le téléphone? have you got any change for the phone?
- **2.** (dans des expressions) : 50 euros et ~ s just over 50 euros ; il est midi et ~ s it's just gone midday.

quelque chose [kɛlkəʃoz] *pron* something ; (dans les questions, les négations) anything ; il y a ~ de bizarre there's something funny.

quelquefois [kɛlkəfwa] *adv* sometimes.

quelque part [kɛlkəpar] *adv* somewhere ; (dans les questions, les négations) anywhere.

quelques-uns, quelques-unes [kɛlkəzœ̃, kɛlkəzyn] *pron* some.

quelqu'un [kɛlkœ̃] *pron* someone, somebody ; (dans les questions, les négations) anyone, anybody.

qu'en-dira-t-on [kɑ̃diratɔ̃] *nm inv* : le ~ tittle-tattle.

quenelle [kənɛl] *nf* minced fish or chicken mixed with egg and shaped into rolls.

quereller [kərele] : **se quereller** *vp sout* to quarrel.

qu'est-ce que [kɛskə] → **que.**

qu'est-ce qui [kɛski] → **que.**

question [kɛstjɔ̃] *nf* question ; l'affaire en ~ the matter in question ; dans ce chapitre, il est ~ de ... this chapter deals with ; il est ~ de faire qqch there's some talk of doing sthg ; (il n'en est) pas ~! (it's) out of the question! ; remettre qqch en ~ to question sthg.

questionnaire [kɛstjɔnɛr] *nm* questionnaire.

questionner [kɛstjɔne] *vt* to question.

quête [kɛt] *nf* (d'argent) collection ; faire la ~ to collect money.

quêter [kete] *vi* to collect money.

quetsche [kwɛtʃ] *nf* dark red plum.

queue [kø] *nf* tail ; (d'un train, d'un peloton) rear ; (file d'attente) queue (Br), line (Am) ; faire la ~ to queue (Br), to stand in line (Am) ; à la ~ leu leu in single file ; faire une ~ de poisson à qqn to cut sb up.

queue-de-cheval [kødʃəval] (*pl* queues-de-cheval) *nf* ponytail.

qui [ki] *pron relatif* - **1.** (sujet : désigne une personne) who ; les passagers ~ doivent changer d'avion passengers who have to change planes.
- **2.** (sujet : désigne une chose) which, that ; la route ~ mène à Ca-

quotient

lais the road which OU that goes to Calais.
- **3.** *(complément d'objet direct)* who ; **invite - tu veux** invite whoever you like.
- **4.** *(complément d'objet indirect)* who, whom ; **la personne à ~ j'ai parlé** the person to who OU whom I spoke.
- **5.** *(quiconque)* : **~ que ce soit** whoever it may be.
- **6.** *(dans les expressions)* : **~ plus est, ...** what's more, ...
◆ *pron interr* - **1.** *(sujet)* who ; **~ êtes-vous?** who are you?
- **2.** *(complément d'objet direct)* who ; **~ cherchez-vous?, ~ est-ce que vous cherchez?** who are you looking for?
- **3.** *(complément d'objet indirect)* who, whom ; **à ~ dois-je m'adresser?** who should I speak to?

quiche [kiʃ] *nf* : **~ (lorraine)** quiche (lorraine).

quiconque [kikɔ̃k] *pron (dans une phrase négative)* anyone, anybody ; *(celui qui)* anyone who.

quille [kij] *nf (de jeu)* skittle ; *(d'un bateau)* keel.

quincaillerie [kɛ̃kajri] *nf (boutique)* hardware shop.

quinte [kɛ̃t] *nf* : **~ de toux** coughing fit.

quintuple [kɛ̃typl] *nm* : **le ~ du prix normal** five times the normal price.

quinzaine [kɛ̃zɛn] *nf (deux semaines)* fortnight ; **une ~ (de)** *(environ quinze)* about fifteen.

quinze [kɛ̃z] *num* fifteen → **six**.

quinzième [kɛ̃zjɛm] *num* fifteenth → **sixième**.

quiproquo [kiproko] *nm* misunderstanding.

quittance [kitɑ̃s] *nf* receipt.

quitte [kit] *adj* : **être ~ (envers qqn)** to be quits (with sb) ; **restons un peu, ~ à rentrer en taxi** let's stay a bit longer, even if it means getting a taxi home.

quitter [kite] *vt* to leave ; **ne quittez pas** *(au téléphone)* hold the line. ❑ **se quitter** *vp* to part.

☞

quoi [kwa] *pron interr* - **1.** *(employé seul)* : **c'est ~?** fam what is it? ; **de neuf?** what's new? ; **~?** *(pour faire répéter)* what?
- **2.** *(complément d'objet direct)* what ; **je ne sais pas ~ dire** I don't know what to say.
- **3.** *(après une préposition)* what ; **à ~ penses-tu?** what are you thinking about?
- **4.** *(dans les expressions)* : **tu viens ou ~?** fam are you coming or what? ; **~ que** whatever.
◆ *pron relatif (après une préposition)* : **avoir de ~ manger/vivre** to have enough to eat/live on ; **avez-vous de ~ écrire?** have you got something to write with? ; **merci - il n'y a pas de ~** thank you - don't mention it.

quoique [kwakə] *conj* although.

quotidien, enne [kɔtidjɛ̃, ɛn] *adj* & *nm* daily.

quotient [kɔsjɑ̃] *nm* quotient ; **~ intellectuel** intelligence quotient.

R

rabâcher [rabaʃe] vt fam to go over (and over).

rabais [rabɛ] nm discount.

rabaisser [rabese] vt to belittle.

rabat [raba] nm flap.

rabat-joie [rabaʒwa] nm inv killjoy.

rabattre [rabatr] vt (replier) to turn down ; (gibier) to drive. ❏ se rabattre vp (automobiliste) to cut in ; se ~ sur (choisir) to fall back on.

rabbin [rabɛ̃] nm rabbi.

rabot [rabo] nm plane.

raboter [rabote] vt to plane.

rabougri, e [rabugri] adj (personne) shrivelled ; (végétation) stunted.

raccommoder [rakɔmɔde] vt to mend.

raccompagner [rakɔ̃paɲe] vt to take home.

raccord [rakɔr] nm (de tuyau, de papier peint) join.

raccourci [rakursi] nm short cut.

raccourcir [rakursir] vt to shorten. ◆ vi (jours) to grow shorter.

raccrocher [rakrɔʃe] vt (remorque) to hitch up again ; (tableau) to hang back up. ◆ vi (au téléphone) to hang up.

race [ras] nf (humaine) race ; (animale) breed ; de ~ (chien) pedigree ; (cheval) thoroughbred.

racheter [raʃte] vt (acheter plus de) to buy more ; ~ qqch à qqn (d'occasion) to buy sthg from sb.

racial, e, aux [rasjal, o] adj racial.

racine [rasin] nf root ; ~ carrée square root.

racisme [rasism] nm racism.

raciste [rasist] adj racist.

racket [raket] nm racketeering.

racler [rakle] vt to scrape. ❏ se racler vp : se ~ la gorge to clear one's throat.

raclette [raklɛt] nf (plat) melted Swiss cheese served with jacket potatoes.

racontars [rakɔ̃tar] nmpl fam gossip (sg).

raconter [rakɔ̃te] vt to tell ; ~ qqch à qqn to tell sb sthg.

radar [radar] nm radar.

radeau, x [rado] nm raft.

radiateur [radjatœr] nm radiator.

radiations [radjasjɔ̃] nfpl radiation (sg).

radical, e, aux [radikal, o] adj radical. ◆ nm (d'un mot) stem.

radieux, euse [radjø, øz] adj (soleil) bright ; (sourire) radiant.

radin, e [radɛ̃, in] adj fam stingy.

radio [radjo] nf (appareil) radio ; (station) radio station ; MÉD X-ray ; à la ~ on the radio.

radioactif, ive [radjoaktif, iv] adj radioactive.

radiocassette [radjokasɛt] nf radio cassette player.

radiographie [radjografi] nf X-ray.

radiologue [radjɔlɔg] nmf radiologist.

radio-réveil [radjorevɛj] (pl radios-réveils) nm radio alarm.

radis [radi] nm radish.

radoucir [radusir] : se radoucir vp (temps) to get milder.

rafale [rafal] *nf (de vent)* gust.

raffermir [rafermir] *vt (muscle, peau)* to tone.

raffiné, e [rafine] *adj* refined.

raffinement [rafinmɑ̃] *nm* refinement.

raffinerie [rafinri] *nf* refinery.

raffoler [rafɔle] : **raffoler de** *v + prép* to be mad about.

rafler [rafle] *vt fam (emporter)* to swipe.

rafraîchir [rafreʃir] *vt (atmosphère, boisson)* to cool ; *(boisson)* to chill ; *(coiffure)* to trim. □ **se rafraîchir** *vp (boire)* to have a drink ; *(temps)* to get cooler.

rafraîchissant, e [rafreʃisɑ̃, ɑ̃t] *adj* refreshing.

rafraîchissement [rafreʃismɑ̃] *nm (boisson)* cold drink.

rage [raʒ] *nf (maladie)* rabies ; *(colère)* rage ; ~ **de dents** toothache.

ragots [rago] *nmpl fam* gossip *(sg)*.

ragoût [ragu] *nm* stew.

raide [red] *adj (cheveux)* straight ; *(corde)* taut ; *(personne, démarche)* stiff ; *(pente)* steep. ◆ *adv* : **tomber** ~ **mort** to drop dead.

raidir [redir] *vt (muscles)* to tense. □ **se raidir** *vp* to stiffen.

raie [re] *nf (rayure)* stripe ; *(dans les cheveux)* parting *(Br)*, part *(Am)* ; *(poisson)* skate.

rails [raj] *nmpl* tracks.

rainure [renyr] *nf* groove.

raisin [rezɛ̃] *nm* grapes ; ~ **s secs** raisins.

raison [rezɔ̃] *nf* reason ; **avoir** ~ **(de faire qqch)** to be right (to do sthg) ; **en** ~ **de** owing to.

raisonnable [rezɔnabl] *adj* reasonable.

raisonnement [rezɔnmɑ̃] *nm* reasoning.

raisonner [rezɔne] *vi* to think. ◆ *vt (calmer)* to reason with.

rajeunir [raʒœnir] *vi (paraître plus jeune)* to look younger ; *(se sentir plus jeune)* to feel younger. ◆ *vt* : ~ **qqn** *(suj : vêtement)* to make sb look younger ; *(suj : événement)* to make sb feel younger.

rajouter [raʒute] *vt* to add.

ralenti [ralɑ̃ti] *nm (d'un moteur)* idling speed ; *(au cinéma)* slow motion ; **au** ~ *(au cinéma)* in slow motion.

ralentir [ralɑ̃tir] *vt & vi* to slow down.

râler [rale] *vi fam* to moan.

rallonge [ralɔ̃ʒ] *nf (de table)* leaf ; *(électrique)* extension (lead).

rallonger [ralɔ̃ʒe] *vt* to lengthen. ◆ *vi (jours)* to get longer.

rallumer [ralyme] *vt (lampe)* to switch on again ; *(feu, cigarette)* to relight.

rallye [rali] *nm (course automobile)* rally.

RAM [ram] *nf inv* RAM.

ramadan [ramadɑ̃] *nm* Ramadan.

ramassage [ramasaʒ] *nm* : ~ **scolaire** school bus service.

ramasser [ramase] *vt (objet tombé)* to pick up ; *(fleurs, champignons)* to pick.

rambarde [rɑ̃bard] *nf* guardrail.

rame [ram] *nf (aviron)* oar ; *(de métro)* train.

ramener [ramne] *vt (raccompagner)* to take home ; *(amener de nouveau)* to take back.

ramequin [ramkɛ̃] *nm* ramekin (mould).

ramer [rame] *vi* to row.

ramollir [ramɔlir] *vt* to soften. ❏ **se ramollir** *vp* to soften.

ramoner [ramɔne] *vt* to sweep.

rampe [rɑ̃p] *nf* (*d'escalier*) banister ; (*d'accès*) ramp.

ramper [rɑ̃pe] *vi* to crawl.

rampon [rɑ̃pɔ̃] *nm* Helv lamb's lettuce.

rance [rɑ̃s] *adj* rancid.

ranch [rɑ̃tʃ] (*pl* **s** OU **es**) *nm* ranch.

rançon [rɑ̃sɔ̃] *nf* ransom.

rancune [rɑ̃kyn] *nf* spite ; **sans ~!** no hard feelings!

rancunier, ère [rɑ̃kynje, ɛr] *adj* spiteful.

randonnée [rɑ̃dɔne] *nf* (*à pied*) hike ; (*à vélo*) ride.

rang [rɑ̃] *nm* (*rangée*) row ; (*place*) place ; **se mettre en ~ s** to line up.

rangé, e [rɑ̃ʒe] *adj* (*chambre*) tidy.

rangée [rɑ̃ʒe] *nf* row.

rangement [rɑ̃ʒmɑ̃] *nm* (*placard*) storage unit ; **faire du ~** to tidy up.

ranger [rɑ̃ʒe] *vt* (*chambre*) to tidy (up) ; (*objets*) to put away. ❏ **se ranger** *vp* (*en voiture*) to park.

ranimer [ranime] *vt* (*blessé*) to revive ; (*feu*) to rekindle.

rap [rap] *nm* rap.

rapace [rapas] *nm* bird of prey.

rapatrier [rapatrije] *vt* to send home.

râpe [rɑp] *nf* grater ; Helv fam (*avare*) skinflint.

râper [rɑpe] *vt* (*aliment*) to grate.

rapetisser [raptise] *vi* to shrink.

râpeux, euse [rɑpø, øz] *adj* rough.

raphia [rafja] *nm* raffia.

rapide [rapid] *adj* (*cheval, pas, voiture*) fast ; (*décision, guérison*) quick.

rapidement [rapidmɑ̃] *adv* quickly.

rapidité [rapidite] *nf* speed.

rapiécer [rapjese] *vt* to patch up.

rappel [rapel] *nm* (*de paiement*) reminder.

rappeler [raple] *vt* to call back ; **~ qqch à qqn** to remind sb of sthg. ❏ **se rappeler** *vp* to remember.

rapport [rapɔr] *nm* (*compte-rendu*) report ; (*point commun*) connection ; **par ~ à** in comparison to. ❏ **rapports** *nmpl* (*relation*) relationship (*sg*).

rapporter [rapɔrte] *vt* (*rendre*) to take back ; (*ramener*) to bring back ; (*suj : investissement*) to yield. ◆ *vi* (*être avantageux*) to be lucrative. ❏ **se rapporter à** *vp* + *prép* to relate to.

rapporteur, euse [rapɔrtœr, øz] *nm, f* telltale. ◆ *nm* MATH protractor.

rapprocher [raprɔʃe] *vt* to bring closer. ❏ **se rapprocher** *vp* to approach ; **se ~ de** to approach ; (*affectivement*) to get closer to.

raquette [raket] *nf* (*de tennis*) racket ; (*de ping-pong*) bat ; (*pour la neige*) snowshoe.

rare [rar] *adj* rare.

rarement [rarmɑ̃] *adv* rarely.

ras, e [ra, raz] *adj* (*très court*) short ; (*verre, cuillère*) full. ◆ *adv* : **(à) ~** (*couper*) short ; **au ~ de** just above ; **à ~ bord** to the brim.

raser [raze] *vt* (*barbe*) to shave

off ; *(personne)* to shave ; *(frôler)* to hug. ❏ **se raser** *vp* to shave.

rasoir [razwar] *nm* razor ; ~ **électrique** (electric) shaver.

rassasié, e [rasazje] *adj* full (up).

rassembler [rasɑ̃ble] *vt* to gather. ❏ **se rassembler** *vp (manifestants)* to gather ; *(famille)* to get together.

rasseoir [raswar] : **se rasseoir** *vp* to sit down again.

rassis, e [rasi, iz] *pp* → **rasseoir**. ◆ *adj (pain)* stale.

rassurant, e [rasyrɑ̃, ɑ̃t] *adj* reassuring.

rassurer [rasyre] *vt* to reassure.

rat [ra] *nm* rat.

ratatiné, e [ratatine] *adj* shrivelled.

ratatouille [ratatuj] *nf* ratatouille.

râteau, x [rato] *nm* rake.

rater [rate] *vt (cible, train)* to miss ; *(examen)* to fail. ◆ *vi (échouer)* to fail.

ration [rasjɔ̃] *nf* ration.

rationnel, elle [rasjɔnɛl] *adj* rational.

ratisser [ratise] *vt (allée)* to rake.

RATP *nf* Paris public transport authority.

rattacher [ratafe] *vt* : ~ **qqch à** *(relier)* to link sthg to.

rattrapage [ratrapaʒ] *nm* SCOL remedial teaching.

rattraper [ratrape] *vt (évadé)* to recapture ; *(objet)* to catch ; *(retard)* to make up. ❏ **se rattraper** *vp (se retenir)* to catch o.s. ; *(d'une erreur)* to make up for it.

rature [ratyr] *nf* crossing out.

rauque [rok] *adj* hoarse.

ravages [ravaʒ] *nmpl* : **faire des ~** *(dégâts)* to wreak havoc.

ravaler [ravale] *vt (façade)* to restore.

ravi, e [ravi] *adj* delighted.

ravin [ravɛ̃] *nm* ravine.

ravioli(s) [ravjɔli] *nmpl* ravioli *(sg)*.

ravissant, e [ravisɑ̃, ɑ̃t] *adj* gorgeous.

ravisseur, euse [ravisœr, øz] *nm, f* kidnapper.

ravitaillement [ravitajmɑ̃] *nm* supplying ; *(provisions)* food supplies.

ravitailler [ravitaje] *vt* to supply. ❏ **se ravitailler** *vp (avion)* to refuel.

rayé, e [reje] *adj (tissu)* striped ; *(disque, verre)* scratched.

rayer [reje] *vt (abîmer)* to scratch ; *(barrer)* to cross out.

rayon [rɛjɔ̃] *nm (de soleil, de lumière)* ray ; *(de grand magasin)* department ; *(de roue)* spoke ; MATH radius ; ~ **s X X**-rays.

rayonnage [rɛjɔnaʒ] *nm* shelves *(pl)*.

rayonner [rɛjɔne] *vi (visage, personne)* to be radiant ; *(touriste, randonneur)* to tour around.

rayure [rejyr] *nf (sur un tissu)* stripe ; *(sur un disque, sur un verre)* scratch ; **à ~ s** striped.

raz(-)de(-)marée [radmare] *nm inv* tidal wave.

réacteur [reaktœr] *nm (d'avion)* jet engine.

réaction [reaksjɔ̃] *nf* reaction.

réagir [reaʒir] *vi* to react.

réalisateur, trice [realizatœr, tris] *nm, f (de cinéma, de télévision)* director.

réaliser

réaliser [realize] vt (projet, exploit) to carry out ; (rêve) to fulfil ; (film) to direct ; (comprendre) to realize. ❏ **se réaliser** vp (rêve, souhait) to come true.

réaliste [realist] adj realistic.

réalité [realite] nf reality.

réanimation [reanimasjɔ̃] nf (service) intensive care.

rebeller [rabele] : **se rebeller** vp to rebel.

rebondir [rəbɔ̃dir] vi to bounce.

rebondissement [rəbɔ̃dismɑ̃] nm new development.

rebord [rəbɔr] nm (d'une fenêtre) sill.

reboucher [rəbuʃe] vt (bouteille) to recork ; (trou) to fill in.

rebrousse-poil [rəbruspwal] : à rebrousse-poil adv the wrong way.

rebrousser [rəbruse] vt : ~ chemin to retrace one's steps.

rébus [rebys] nm game where pictures represent the syllables of words.

récapituler [rekapityle] vt to summarize.

récemment [resamɑ̃] adv recently.

recensement [rəsɑ̃smɑ̃] nm (de la population) census.

récent, e [resɑ̃, ɑ̃t] adj recent.

récépissé [resepise] nm receipt.

récepteur [reseptœr] nm receiver.

réception [resepsjɔ̃] nf reception.

réceptionniste [resepsjɔnist] nmf receptionist.

recette [rəsɛt] nf (de cuisine) recipe ; (argent gagné) takings (pl).

receveur [rəsəvœr] nm (des postes) postmaster.

recevoir [rəsəvwar] vt (colis, lettre) to receive ; (balle, coup) to get ; (à dîner) to entertain ; (accueillir) to welcome ; être reçu à un examen to pass an exam.

rechange [rəʃɑ̃ʒ] : de rechange adj (vêtement) spare ; (solution) alternative.

recharge [rəʃarʒ] nf refill.

rechargeable [rəʃarʒabl] adj refillable.

recharger [rəʃarʒe] vt (briquet, stylo) to refill ; (arme) to reload.

réchaud [reʃo] nm (portable) stove.

réchauffer [reʃofe] vt to warm up. ❏ **se réchauffer** vp (temps) to get warmer.

recherche [rəʃɛrʃ] nf (scientifique) research ; être à la ~ de to be looking for.

rechercher [rəʃɛrʃe] vt to look for.

rechute [rəʃyt] nf relapse.

rechuter [rəʃyte] vi to relapse.

récif [resif] nm reef.

récipient [resipjɑ̃] nm container.

réciproque [resiprɔk] adj mutual.

récit [resi] nm story.

récital [resital] nm recital.

récitation [resitasjɔ̃] nf SCOL recitation piece.

réciter [resite] vt to recite.

réclamation [reklamasjɔ̃] nf complaint.

réclame [reklam] nf (annonce) advertisement.

recueillir

réclamer [reklame] *vt* to ask for.

recoiffer [rəkwafe] : **se recoiffer** *vp* to do one's hair again.

recoin [rəkwɛ̃] *nm* corner.

récolte [rekɔlt] *nf* harvest.

récolter [rekɔlte] *vt* to harvest.

recommandation [rəkɔmɑ̃dasjɔ̃] *nf* recommendation.

recommandé, e [rəkɔmɑ̃de] *adj* (lettre, paquet) registered. ◆ *nm* : envoyer qqch en ~ to send sthg by registered post (Br), to send sthg by registered mail (Am).

recommander [rəkɔmɑ̃de] *vt* to recommend. ❑ **se recommander** *vp Helv* (insister) to insist.

recommencer [rəkɔmɑ̃se] *vt* & *vi* to start again.

récompense [rekɔ̃pɑ̃s] *nf* reward.

récompenser [rekɔ̃pɑ̃se] *vt* to reward.

réconcilier [rekɔ̃silje] *vt* to reconcile. ❑ **se réconcilier** *vp* to make up.

reconduire [rəkɔ̃dɥir] *vt* (raccompagner) to take back.

reconduit, e [rəkɔ̃dɥi, it] *pp* → reconduire.

réconforter [rekɔ̃fɔrte] *vt* to comfort.

reconnaissance [rəkɔnɛsɑ̃s] *nf* (gratitude) gratitude.

reconnaissant, e [rəkɔnɛsɑ̃, ɑ̃t] *adj* grateful.

reconnaître [rəkɔnɛtr] *vt* (se rappeler) to recognize ; (admettre) to admit.

reconnu, e [rəkɔny] *pp* → reconnaître.

reconstituer [rəkɔ̃stitɥe] *vt* (puzzle, objet cassé) to piece together.

reconstruire [rəkɔ̃strɥir] *vt* to rebuild.

reconstruit, e [rəkɔ̃strɥi, it] *pp* → reconstruire.

reconvertir [rəkɔ̃vertir] : **se reconvertir dans** *vp* + *prép* (profession) to go into.

recopier [rəkɔpje] *vt* to copy out.

record [rəkɔr] *nm* record.

recoucher [rəkuʃe] : **se recoucher** *vp* to go back to bed.

recoudre [rəkudr] *vt* (bouton) to sew back on ; (vêtement) to sew up again.

recourbé, e [rekurbe] *adj* curved.

recours [rəkur] *nm* : **avoir ~ à** to have recourse to.

recouvert, e [rəkuver, ɛrt] *pp* → recouvrir.

recouvrir [rəkuvrir] *vt* to cover ; **~ qqch de** to cover sthg with.

récréation [rekreasjɔ̃] *nf* SCOL break (Br), recess (Am).

recroqueviller [rəkrɔkvije] : **se recroqueviller** *vp* to curl up.

recruter [rəkryte] *vt* to recruit.

rectangle [rɛktɑ̃gl] *nm* rectangle.

rectangulaire [rɛktɑ̃gyler] *adj* rectangular.

rectifier [rɛktifje] *vt* to correct.

rectiligne [rɛktiliɲ] *adj* straight.

recto [rɛkto] *nm* right side ; **~ verso** on both sides.

reçu, e [rəsy] *pp* → recevoir. ◆ *nm* receipt.

recueil [rəkœj] *nm* collection.

recueillir [rəkœjir] *vt* (rassembler)

to collect ; *(accueillir)* to take in.
❑ **se recueillir** *vp* to meditate.

reculer [rəkyle] *vt* to move back ; *(date)* to postpone. ◆ *vi* to move back.

reculons [rəkylɔ̃] : **à reculons** *adv* backwards.

récupérer [rekypere] *vt (reprendre)* to get back ; *(pour réutiliser)* to salvage ; *(heures, journées de travail)* to make up. ◆ *vi* to recover.

récurer [rekyre] *vt* to scour.

recyclage [rəsiklaʒ] *nm (de déchets)* recycling ; *(professionnel)* retraining.

recycler [rəsikle] *vt (déchets)* to recycle.

rédaction [redaksjɔ̃] *nf SCOL* essay.

redescendre [rədesɑ̃dr] *vi* to go/come down again ; *(avion)* to descend.

redevance [rədəvɑ̃s] *nf* fee.

rediffusion [rədifyzjɔ̃] *nf (émission)* repeat.

rédiger [rediʒe] *vt* to write.

redire [rədir] *vt* to repeat.

redonner [rədɔne] *vt* : ~ qqch à qqn *(rendre)* to give sb back sthg ; *(donner plus)* to give sb more sthg.

redoubler [rəduble] *vt SCOL* to repeat. ◆ *vi SCOL* to repeat a year ; *(pluie)* to intensify.

redoutable [rədutabl] *adj* formidable.

redouter [rədute] *vt* to fear.

redresser [rədrese] *vt (tête, buste)* to lift ; *(parasol, étagère, barre)* to straighten. ◆ *vi (conducteur)* to straighten up. ❑ **se redresser** *vp (personne)* to sit/stand up straight.

réduction [redyksjɔ̃] *nf* reduction ; *(copie)* (scale) model.

réduire [redɥir] *vt* to reduce ; ~ qqch en poudre *(écraser)* to grind sthg.

réduit, e [redɥi, it] *pp* → **réduire**. ◆ *adj (chiffre, vitesse)* low.

rééducation [reedykasjɔ̃] *nf MÉD* rehabilitation.

réel, elle [reɛl] *adj* real.

réellement [reɛlmɑ̃] *adv* really.

réexpédier [reɛkspedje] *vt (rendre)* to send back ; *(faire suivre)* to forward.

refaire [rəfɛr] *vt (faire à nouveau)* to do again ; *(remettre en état)* to repair.

refait, e [rəfɛ, ɛt] *pp* → **refaire**.

réfectoire [refɛktwar] *nm* refectory.

référence [referɑ̃s] *nf* reference ; *(numéro)* reference number ; **faire ~ à** to refer to.

référendum [referɛdɔm] *nm* referendum.

refermer [rəfɛrme] *vt* to close. ❑ **se refermer** *vp* to close.

réfléchi, e [refleʃi] *adj GRAMM* reflexive.

réfléchir [refleʃir] *vt (lumière)* to reflect. ◆ *vi* to think. ❑ **se réfléchir** *vp* to be reflected.

reflet [rəflɛ] *nm (dans un miroir)* reflection ; *(de cheveux)* tint.

refléter [rəflete] *vt* to reflect. ❑ **se refléter** *vp* to be reflected.

réflexe [reflɛks] *nm* reflex.

réflexion [reflɛksjɔ̃] *nf (pensée)* thought ; *(remarque, critique)* remark.

réforme [refɔrm] *nf* reform.

réformer [refɔrme] *vt* to reform ; *MIL* to discharge.

refouler [rəfule] *vt (foule)* to

drive back ; *(sentiment, larmes)* to hold back.

refrain [rəfrɛ̃] *nm* chorus.

réfrigérateur [refriʒeratœr] *nm* refrigerator.

refroidir [rəfrwadir] *vt (aliment)* to cool ; *(décourager)* to discourage. ◆ *vi* to cool. ❑ **se refroidir** *vp (temps)* to get colder.

refroidissement [rəfrwadismɑ̃] *nm (de la température)* drop in temperature ; *(rhume)* cold.

refuge [rəfyʒ] *nm (en montagne)* mountain lodge ; *(pour sans-abri)* refuge.

réfugié, e [refyʒje] *nm, f* refugee.

réfugier [refyʒje] : **se réfugier** *vp* to take refuge.

refus [rəfy] *nm* refusal.

refuser [rəfyze] *vt* to refuse ; *(candidat)* to fail.

regagner [rəgaɲe] *vt (reprendre)* to regain ; *(rejoindre)* to return to.

régaler [regale] : **se régaler** *vp (en mangeant)* to have a great meal ; *(s'amuser)* to have a great time.

regard [rəgar] *nm* look.

regarder [rəgarde] *vt* to look at ; *(télévision, spectacle)* to watch ; *(concerner)* to concern.

reggae [rege] *nm* reggae.

régime [reʒim] *nm* diet ; *(d'un moteur)* speed ; *(de bananes)* bunch ; POL regime ; **être/se mettre au ~** to be/go on a diet.

régiment [reʒimɑ̃] *nm* regiment.

région [reʒjɔ̃] *nf* region.

ⓘ **RÉGIONS**

France proper in mainland Europe is divided into 20 regions. These, together with the region of Corsica in the Mediterranean Sea, form the 21 regions of the *Métropole*. In addition, France possesses four overseas regions. Each region is divided into *départements* (as few as one in the overseas regions and up to eight per region in the *Métropole*). The regions have been gaining importance in French politics, gradually replacing the long-standing distinction between Paris and *Province*, the rest of France. Each region elects a regional council with responsibilities in education, culture, land-use and planning. In Belgium, there are three regions which have predominantly economic roles : the capital Brussels and the Flemish and Walloon regions.

régional, e, aux [reʒjɔnal, o] *adj* regional.

registre [rəʒistr] *nm* register.

réglable [reglabl] *adj* adjustable.

réglage [reglaʒ] *nm* adjustment.

règle [rɛgl] *nf (instrument)* ruler ; *(loi)* rule ; **être en ~** *(papiers)* to be in order ; **~ s du jeu** rules of the game. ❑ **règles** *nfpl* period *(sg)*.

règlement [rɛglǝmɑ̃] *nm (lois)* regulations *(pl)* ; *(paiement)* payment.

réglementer [reglǝmɑ̃te] *vt* to regulate.

régler [regle] *vt (appareil, moteur)* to adjust ; *(payer)* to pay ; *(problème)* to sort out.

réglisse [reglis] *nf* liquorice.

règne [rɛɲ] *nm* reign.

régner [reɲe] *vi* to reign.

regret [rəgrɛ] *nm* regret.

regrettable [ʀəgʀetabl] adj regrettable.

regretter [ʀəgʀete] vt (erreur, décision) to regret ; (personne) to miss ; ~ de faire qqch to be sorry to do sthg ; je regrette de lui avoir dit ça I wish I hadn't told him.

regrouper [ʀəgʀupe] vt to regroup. ❑ se regrouper vp to gather.

régulier, ère [ʀegylje, ɛʀ] adj (constant) steady ; (fréquent, habituel) regular ; (légal) legal.

régulièrement [ʀegyljɛʀmã] adv (de façon constante) steadily ; (souvent) regularly.

rein [ʀɛ̃] nm kidney. ❑ reins nmpl (dos) back (sg).

reine [ʀɛn] nf queen.

rejeter [ʀəʒte] vt (renvoyer) to throw back ; (refuser) to reject.

rejoindre [ʀəʒwɛ̃dʀ] vt (personne, route) to join ; (lieu) to return to.

rejoint, e [ʀəʒwɛ̃, ɛ̃t] pp → rejoindre.

réjouir [ʀeʒwiʀ] : se réjouir vp to be delighted.

réjouissant, e [ʀeʒwisã, ãt] adj joyful.

relâcher [ʀəlɑʃe] vt (prisonnier) to release. ❑ se relâcher vp (corde) to go slack ; (discipline) to become lax.

relais [ʀəlɛ] nm (auberge) inn ; SPORT relay ; prendre le ~ (de qqn) to take over (from sb).

relancer [ʀəlɑ̃se] vt (balle) to throw back ; (solliciter) to pester.

relatif, ive [ʀəlatif, iv] adj relative ; ~ à relating to.

relation [ʀəlasjɔ̃] nf relationship ; (personne) acquaintance ;

être/entrer en ~ (s) avec qqn to be in/make contact with sb.

relativement [ʀəlativmã] adv relatively.

relaxation [ʀəlaksasjɔ̃] nf relaxation.

relaxer [ʀəlakse] : se relaxer vp to relax.

relayer [ʀəleje] vt to take over from. ❑ se relayer vp : se ~ (pour faire qqch) to take turns (in doing sthg).

relevé, e [ʀəlve] adj (épicé) spicy.
♦ nm : ~ de compte bank statement.

relever [ʀəlve] vt (tête) to lift ; (col) to turn up ; (remettre debout) to pick up ; (épicer) to season. ❑ se relever vp (du lit) to get up again ; (après une chute) to get up.

relief [ʀəljɛf] nm relief ; en ~ (carte) three-D ; (film) three-D.

relier [ʀəlje] vt to connect.

religieuse [ʀəliʒjøz] nf (gâteau) choux pastry with a chocolate or coffee filling → religieux.

religieux, euse [ʀəliʒjø, øz] adj religious. ♦ nm (moine) monk (f nun).

religion [ʀəliʒjɔ̃] nf religion.

relire [ʀəliʀ] vt (lire à nouveau) to reread ; (pour corriger) to read over.

reliure [ʀəljyʀ] nf binding.

relu, e [ʀəly] pp → relire.

remanier [ʀəmanje] vt (texte) to revise ; (équipe) to reshuffle.

remarquable [ʀəmaʀkabl] adj remarkable.

remarque [ʀəmaʀk] nf remark.

remarquer [ʀəmaʀke] vt (s'apercevoir de) to notice ; faire ~ qqch à qqn to point sthg out to sb ; se faire ~ draw attention to o.s.

rembobiner [rãbɔbine] vt to rewind.

rembourré, e [rãbure] adj (fauteuil, veste) padded.

remboursement [rãbursəmã] nm refund.

rembourser [rãburse] vt to pay back.

remède [rəmɛd] nm cure.

remédier [rəmedje] : remédier à v + prép (problème) to solve ; (situation) to put right.

remerciements [rəmɛrsimã] nmpl thanks.

remercier [rəmɛrsje] vt to thank ; ~ qqn de OU pour qqch to thank sb for sthg.

remettre [rəmɛtr] vt (reposer) to put back ; (vêtement) to put back on ; (retarder) to put off ; ~ qqch à qqn to hand sthg over to sb. ❑ se remettre vp to recover ; se ~ à qqch to take sthg up again ; se ~ de qqch to get over sthg.

remis, e [rəmi, iz] pp → remettre.

remise [rəmiz] nf (abri) shed ; (rabais) discount ; faire une ~ à qqn to give sb a discount.

remontant [rəmõtã] nm tonic.

remontée [rəmõte] nf : ~ s mécaniques ski lifts.

remonte-pente, s [rəmõtpãt] nm ski tow.

remonter [rəmõte] vt (mettre plus haut) to raise ; (aux avoir) (manches, chaussettes) to pull up ; (côte, escalier) to come/go back up ; (moteur, pièces) to put together again ; (montre) to wind up. ❖ vi to come/go back up ; (dans une voiture) to get back in ; (augmenter) to rise ; ~ à (dater de) to go back to.

remords [rəmɔr] nm remorse.

remorque [rəmɔrk] nf trailer.

remorquer [rəmɔrke] vt to tow.

rémoulade [remulad] nf → céleri.

remous [rəmu] nm eddy ; (derrière un bateau) wash.

remparts [rãpar] nmpl ramparts.

remplaçant, e [rãplasã, ãt] nm, f (de sportif) substitute ; (d'enseignant) supply teacher ; (de médecin) locum.

remplacer [rãplase] vt (changer) to replace ; (prendre la place de) to take over from.

remplir [rãplir] vt to fill ; (questionnaire) to fill in ; ~ qqch de to fill sthg with. ❑ se remplir (de) (+ prép) to fill (with).

remporter [rãpɔrte] vt (reprendre) to take back ; (gagner) to win.

remuant, e [rəmɥã, ãt] adj restless.

remue-ménage [rəmymenaʒ] nm inv confusion.

remuer [rəmɥe] vt to move ; (mélanger) to stir ; (salade) to toss.

rémunération [remynerasjõ] nf remuneration.

rémunérer [remynere] vt to pay.

renard [rənar] nm fox.

rencontre [rãkõtr] nf meeting ; (sportive) match ; aller à la ~ de qqn to go to meet sb.

rencontrer [rãkõtre] vt to meet. ❑ se rencontrer vp to meet.

rendez-vous [rãdevu] nm (d'affaires) appointment ; (amoureux) date ; (lieu) meeting place ; ~ avec qqn to have a meeting with sb ; donner ~ à qqn to arra... meet sb.

rendormir [rɑ̃dɔrmir] : **se rendormir** *vp* to go back to sleep.

rendre [rɑ̃dr] *vt* to give back ; *(sourire, coup)* to return ; *(faire devenir)* to make. ◆ *vi (vomir)* to be sick ; ~ **visite à** to visit sb. □ **se rendre** *vp (armée, soldat)* to surrender ; **se ~ à** to go to.

rênes [rɛn] *nfpl* reins.

renfermé, e [rɑ̃fɛrme] *adj* withdrawn. ◆ *nm* : **sentir le ~** to smell musty.

renfermer [rɑ̃fɛrme] *vt* to contain.

renfoncement [rɑ̃fɔ̃smɑ̃] *nm* recess.

renforcer [rɑ̃fɔrse] *vt* to reinforce.

renforts [rɑ̃fɔr] *nmpl* reinforcements.

renfrogné, e [rɑ̃frɔɲe] *adj* sullen.

renier [rənje] *vt (idées)* to repudiate.

renifler [rənifle] *vi* to sniff.

renommé, e [rənɔme] *adj* famous.

renommée [rənɔme] *nf* fame.

renoncer [rənɔ̃se] : **renoncer à** *v + prép* to give up ; **~ à faire qqch** to give up doing sthg.

renouer [rənwe] *vt (relation, conversation)* to resume. ◆ *vi* : **~ avec qqn** to get back together with sb.

renouvelable [rənuvlabl] *adj* renewable.

renouveler [rənuvle] *vt (changer)* change ; *(recommencer, prolonger)* to renew. □ **se renouveler** *vp (produire)* to recur.

...vation [rənɔvasjɔ̃] *nf* reno-

---

rénover [renɔve] *vt* to renovate.

renseignement [rɑ̃sɛɲmɑ̃] *nm* : **un ~** information ; **des ~ s** information *(sg)* ; **les ~ s** *(bureau)* enquiries ; *(téléphoniques)* directory enquiries *(Br)*, information *(Am)*.

renseigner [rɑ̃sɛɲe] *vt* : **~ qqn (sur)** to give sb information (about). □ **se renseigner (sur)** *vp (+ prép)* to find out (about).

rentable [rɑ̃tabl] *adj* profitable.

rente [rɑ̃t] *nf (revenu)* income.

rentrée [rɑ̃tre] *nf* : **~ (d'argent)** income ; **~ (des classes)** start of the school year.

RENTRÉE

The term *rentrée* refers to the return to school after the summer holidays. It takes place on the same day in early September for all French school children. The term also refers to the resumption of Parliamentary and cultural activity during the same period.

---

rentrer [rɑ̃tre] *vi (aux être) (entrer)* to go/come in ; *(chez soi)* to go/come home ; *(être contenu)* to fit. ◆ *vt (aux avoir) (faire pénétrer)* to fit ; *(dans la maison)* to bring/take in ; *(chemise)* to tuck in ; **~ dans** *(entrer dans)* to go/come into ; *(heurter)* to crash into. □ **se rentrer** *vp* : **se ~ dedans** *fam (voitures)* to smash into one another.

renverse [rɑ̃vɛrs] : **à la renverse** *adv* backwards.

renverser [rɑ̃vɛrse] *vt (liquide)* to spill ; *(piéton)* to knock over ; *(gouvernement)* to overthrow. □ **se ren-**

verser *vp (bouteille)* to fall over ; *(liquide)* to spill.

renvoi [rɑ̃vwa] *nm (d'un salarié)* dismissal ; *(d'un élève)* expulsion ; *(rot)* belch.

renvoyer [rɑ̃vwaje] *vt (balle, lettre)* to return ; *(image, rayon)* to reflect ; *(salarié)* to dismiss ; *(élève)* to expel.

réorganiser [reɔrganize] *vt* to reorganize.

répandre [repɑ̃dr] *vt (renverser)* to spill ; *(nouvelle)* to spread. ❏ **se répandre** *vp (liquide)* to spill ; *(nouvelle, maladie)* to spread.

répandu, e [repɑ̃dy] *adj (fréquent)* widespread.

réparateur, trice [reparatœr, tris] *nm, f* repairer.

réparation [reparasjɔ̃] *nf* repair ; **en ~** under repair.

réparer [repare] *vt* to repair ; **faire ~ qqch** to get sthg repaired.

repartir [rəpartir] *vi (partir)* to set off again ; *(rentrer)* to return.

répartir [repartir] *vt* to share out.

répartition [repartisjɔ̃] *nf* distribution.

repas [rəpa] *nm* meal.

repassage [rəpasaʒ] *nm (de linge)* ironing.

repasser [rəpase] *vt (linge)* to iron. ◆ *vi (rendre visite)* to drop by again later.

repêcher [rəpeʃe] *vt (retirer de l'eau)* to fish out ; *(à un examen)* : **être repêché** to pass a resit.

repeindre [rəpɛ̃dr] *vt* to repaint.

repeint, e [rəpɛ̃, ɛ̃t] *pp* → **repeindre.**

répercussions [reperkysjɔ̃] *nfpl (conséquences)* repercussions.

repère [rəper] *nm (marque)* mark.

repérer [rəpere] *vt (remarquer)* to spot. ❏ **se repérer** *vp* to get one's bearings.

répertoire [repertwar] *nm (carnet)* notebook ; *(d'un acteur, d'un musicien)* repertoire ; INFORM directory.

répéter [repete] *vt* to repeat ; *(rôle, œuvre)* to rehearse. ❏ **se répéter** *vp (se reproduire)* to be repeated.

répétition [repetisjɔ̃] *nf (dans un texte)* repetition ; *(au théâtre)* rehearsal.

replacer [rəplase] *vt* to replace.

replier [rəplije] *vt* to fold up.

réplique [replik] *nf (réponse)* reply ; *(copie)* replica.

répliquer [replike] *vt* to reply. ◆ *vi (avec insolence)* to answer back.

répondeur [repɔ̃dœr] *nm* : ~ *(téléphonique* OU *automatique)* answering machine.

répondre [repɔ̃dr] *vi* to answer ; *(freins)* to respond. ◆ *vt* to answer ; **~ à qqn** to answer sb ; *(avec insolence)* to answer sb back.

réponse [repɔ̃s] *nf* answer.

reportage [rəpɔrtaʒ] *nm* report.

reporter¹ [rəpɔrter] *nm* reporter.

reporter² [rəpɔrte] *vt (rapporter)* to take back ; *(date, réunion)* to postpone.

repos [rəpo] *nm (détente)* rest ; **jour de ~** day off.

reposant, e [rəpozɑ̃, ɑ̃t] *adj* relaxing.

reposer [rəpoze] *vt (remettre)* to put back. ❏ **se reposer** *vp* to rest.

repousser [rəpuse] *vt (faire reculer)* to push back ; *(retarder)* to put back. ◆ *vi* to grow back.

reprendre [rəprɑ̃dr] vt (objet) to take back ; (lecture, conversation) to continue ; (études, sport) to take up again ; (corriger) to correct ; ~ son souffle to get one's breath back. ❑ se reprendre vp (se ressaisir) to pull o.s. together.

représailles [rəprezaj] nfpl reprisals.

représentant, e [rəprezɑ̃tɑ̃, ɑ̃t] nm, f (porte-parole) representative ; ~ (de commerce) sales rep.

représentatif, ive [rəprezɑ̃tatif, iv] adj representative.

représentation [rəprezɑ̃tasjɔ̃] nf (spectacle) performance ; (image) representation.

représenter [rəprezɑ̃te] vt to represent.

répression [represjɔ̃] nf repression.

réprimer [reprime] vt (révolte) to put down.

repris, e [rəpri, iz] pp → reprendre.

reprise [rəpriz] nf (couture) mending ; (économique) recovery ; (d'un appareil, d'une voiture) part exchange ; à plusieurs ~s several times.

repriser [rəprize] vt to mend.

reproche [rəprɔʃ] nm reproach.

reprocher [rəprɔʃe] vt : ~ qqch à qqn to reproach sb for sthg.

reproduction [rəprɔdyksjɔ̃] nf reproduction.

reproduire [rəprɔdɥir] vt to reproduce. ❑ se reproduire vp (avoir de nouveau lieu) to recur ; (animaux) to reproduce.

reproduit, e [rəprɔdɥi, it] pp → reproduire.

reptile [reptil] nm reptile.

repu, e [rəpy] adj full (up).

république [repyblik] nf republic.

répugnant, e [repyɲɑ̃, ɑ̃t] adj repulsive.

réputation [repytasjɔ̃] nf reputation.

réputé, e [repyte] adj well-known.

requin [rəkɛ̃] nm shark.

RER nm Paris rail network.

RER

The RER is a rail network extending throughout the Paris region linking the centre with the suburbs and Orly and Charles de Gaulle airports between 5 am till 1 am. There are five main lines (A, B, C, D and E) which connect with Paris metro stations as well as train stations. Within the city of Paris, it is possible to use the same tickets for both the RER and the métro, which are the same price in this zone. The RER is a non-smoking area.

rescapé, e [reskape] nm, f survivor.

rescousse [reskus] nf : appeler qqn à la ~ to call on sb for help.

réseau, x [rezo] nm network.

réservation [rezervasjɔ̃] nf reservation, booking ; TRANSP (ticket) reservation.

réserve [rezerv] nf reserve.

réservé, e [rezerve] adj reserved.

réserver [rezerve] vt (billet, chambre) to reserve, to book. ❑ se réserver vp (pour un repas, le dessert) to save o.s.

restaurer

réservoir [rezervwar] *nm (à essence)* tank.

résidence [rezidɑ̃s] *nf sout (domicile)* residence ; *(immeuble)* apartment building ; **~ secondaire** second home.

résider [rezide] *vi sout (habiter)* to reside.

résigner [reziɲe] **: se résigner à** *vp + prép* to resign o.s. to.

résilier [rezilje] *vt* to cancel.

résine [rezin] *nf* resin.

résistance [rezistɑ̃s] *nf* resistance ; *(électrique)* element.

résistant, e [rezistɑ̃, ɑ̃t] *adj* tough. ◆ *nm, f* resistance fighter.

résister [reziste] **: résister à** *v + prép (lutter contre)* to resist ; *(supporter)* to withstand.

résolu, e [rezɔly] *pp* → **résoudre**. ◆ *adj (décidé)* resolute.

résolution [rezɔlysjɔ̃] *nf (décision)* resolution.

résonner [rezɔne] *vi (faire du bruit)* to echo.

résoudre [rezudr] *vt* to solve.

respect [respɛ] *nm* respect.

respecter [respɛkte] *vt* to respect.

respectif, ive [respɛktif, iv] *adj* respective.

respiration [respirasjɔ̃] *nf* breathing.

respirer [respire] *vi & vt* to breathe.

responsabilité [respɔ̃sabilite] *nf* responsibility.

responsable [respɔ̃sabl] *adj* responsible. ◆ *nmf (coupable)* person responsible ; *(d'une administration, d'un magasin)* person in charge.

resquiller [rɛskije] *vi fam (dans le bus)* to dodge the fare ; *(au spectacle)* to sneak in without paying.

ressaisir [rəsezir] **: se ressaisir** *vp* to pull o.s. together.

ressemblant, e [rəsɑ̃blɑ̃, ɑ̃t] *adj* lifelike.

ressembler [rəsɑ̃ble] **: ressembler à** *v + prép (en apparence)* to look like ; *(par le caractère)* to be like. ❑ **se ressembler** *vp (en apparence)* to look alike ; *(par le caractère)* to be alike.

ressemeler [rəsɔmle] *vt* to resole.

ressentir [rəsɑ̃tir] *vt* to feel.

resserrer [rəsere] *vt (ceinture, nœud)* to tighten. ❑ **se resserrer** *vp (route)* to narrow.

resservir [rəservir] *vt* to give another helping to. ◆ *vi* to be used again. ❑ **se resservir** *vp* **: se ~ (de)** *(plat)* to take another helping (of).

ressort [rəsɔr] *nm* spring.

ressortir [rəsɔrtir] *vi (sortir à nouveau)* to go out again ; *(se détacher)* to stand out.

ressortissant, e [rəsɔrtisɑ̃, ɑ̃t] *nm, f* national.

ressources [rəsurs] *nfpl* resources.

ressusciter [resysite] *vi* to come back to life.

restant, e [rɛstɑ̃, ɑ̃t] *adj* → **poste**. ◆ *nm* rest.

restaurant [rɛstɔrɑ̃] *nm* restaurant.

restauration [rɛstɔrasjɔ̃] *nf (rénovation)* restoration ; *(gastronomie)* restaurant trade.

restaurer [rɛstɔre] *vt (monument)* to restore.

reste [rɛst] nm rest ; les ~ s (d'un repas) the leftovers.

rester [rɛste] vi (dans un lieu) to stay ; (subsister) to be left ; (continuer à être) to keep, to remain.

restituer [rɛstitɥe] vt (rendre) to return.

resto [rɛsto] nm fam restaurant ; les ~ s du cœur charity food distribution centres.

restreindre [rɛstrɛ̃dr] vt to restrict.

restreint, e [rɛstrɛ̃, ɛ̃t] pp → restreindre. ◆ adj limited.

résultat [rezylta] nm result ; ~ s (scolaires, d'une élection) results.

résumé [rezyme] nm summary ; en ~ in short.

résumer [rezyme] vt to summarize.

rétablir [retablir] vt (l'ordre, l'électricité) to restore. ❑ se rétablir vp (guérir) to recover.

retard [rɔtar] nm delay ; (d'un élève, d'un pays) backwardness ; avoir du ~, être en ~ to be late ; être en ~ sur qqch to be behind sthg.

retarder [rɔtarde] vi : ma montre retarde (de cinq minutes) my watch is (five minutes) slow.

retenir [rɔtnir] vt (empêcher de partir, de tomber) to hold back ; (empêcher d'agir) to stop ; (réserver) to reserve, to book ; (se souvenir de) to remember ; ~ son souffle to hold one's breath. ❑ se retenir vp : se ~ (à qqch) to hold on (to sthg) ; se ~ (de faire qqch) to stop o.s. (from doing sthg).

retenu, e [rɔtny] pp → retenir.

retenue [rɔtny] nf SCOL detention ; (dans une opération) amount carried.

réticent, e [retisɑ̃, ɑ̃t] adj reluctant.

retirer [rɔtire] vt (extraire) to remove ; (vêtement) to take off ; (argent) to withdraw ; (billet, colis, bagages) to collect ; ~ qqch à qqn to take sthg away from sb.

retomber [rɔtɔ̃be] vi (tomber à nouveau) to fall over again ; (après un saut) to land ; (pendre) to hang down ; ~ malade to fall ill again.

retour [rɔtur] nm return ; TRANSP return journey ; être de ~ to be back ; au ~ (sur le chemin) on the way back.

retourner [rɔturne] vt (mettre à l'envers) to turn over ; (vêtement, sac) to turn inside out ; (renvoyer) to send back. ◆ vi to go back, to return. ❑ se retourner vp (voiture, bateau) to turn over ; (tourner la tête) to turn round.

retrait [rɔtrɛ] nm (d'argent) withdrawal.

retraite [rɔtrɛt] nf retirement ; être à la ~ to be retired ; prendre sa ~ to retire.

retraité, e [rɔtrete] nm, f pensioner.

retransmission [rɔtrɑ̃smisjɔ̃] nf (à la radio) broadcast.

rétrécir [retresir] vi (vêtement) to shrink. ❑ se rétrécir vp (route) to narrow.

rétro [retro] adj inv old-fashioned. ◆ nm fam (rétroviseur) (rearview) mirror.

rétrograder [retrograde] vi (automobiliste) to change down.

rétrospective [retrɔspɛktiv] nf retrospective.

retrousser [rɔtruse] vt (manches) to roll up.

retrouvailles [rətruvaj] *nfpl* re-union *(sg)*.

retrouver [rətruve] *vt (objet perdu)* to find ; *(personne perdue de vue)* to see again ; *(rejoindre)* to meet. □ **se retrouver** *vp (se réunir)* to meet ; *(après une séparation)* to meet up again ; *(dans une situation, un lieu)* to find o.s.

rétroviseur [retrɔvizœr] *nm* rear-view mirror.

réunion [reynjɔ̃] *nf* meeting ; **la Réunion** Réunion.

réunionnais, e [reynjɔne, ez] *adj* from Réunion.

réunir [reynir] *vt (personnes)* to gather together ; *(informations, fonds)* to collect. □ **se réunir** *vp* to meet.

réussi, e [reysi] *adj (photo)* good ; *(soirée)* successful.

réussir [reysir] *vt (plat, carrière)* to make a success of. ◆ *vi* to succeed ; ~ **(à) un examen** to pass an exam ; ~ **à faire qqch** to succeed in doing sthg ; ~ **à qqn** *(aliment, climat)* to agree with sb.

réussite [reysit] *nf* success ; *(jeu)* patience *(Br)*, solitaire *(Am)*.

revanche [rəvɑ̃ʃ] *nf* revenge ; *(au jeu)* return game ; **en** ~ on the other hand.

rêve [rɛv] *nm* dream ; **faire un** ~ to have a dream.

réveil [revɛj] *nm (pendule)* alarm clock ; **à mon** ~ when I woke up.

réveiller [reveje] *vt* to wake up. □ **se réveiller** *vp* to wake up ; *(douleur, souvenir)* to come back.

réveillon [revejɔ̃] *nm (du 24 décembre)* Christmas Eve supper and party ; *(du 31 décembre)* New Year's Eve supper and party.

révélation [revelasjɔ̃] *nf* revelation.

révéler [revele] *vt* to reveal. □ **se révéler** *(s'avérer)* to prove to be.

revenant [rəvnɑ̃] *nm* ghost.

revendication [rəvɑ̃dikasjɔ̃] *nf* claim.

revendre [rəvɑ̃dr] *vt* to resell.

revenir [rəvnir] *vi* to come back ; **faire** ~ **qqch** CULIN to brown sthg ; ~ **cher** to be expensive ; **ça revient au même** it comes to the same thing ; ~ **sur sa décision** to go back on one's decision ; ~ **sur ses pas** to retrace one's steps.

revenu, e [rəvny] *pp* → **revenir**. ◆ *nm* income.

rêver [reve] *vi* to dream ; *(être distrait)* to daydream. ◆ *vt* : ~ **que** to dream (that) ; ~ **de** to dream about ; *(souhaiter)* to long for.

réverbère [reverber] *nm* street light.

revers [rəver] *nm (d'une pièce)* reverse side ; *(de la main, d'un billet)* back ; *(d'une veste)* lapel ; *(d'un pantalon)* turn-up *(Br)*, cuff *(Am)* ; SPORT backhand.

réversible [reversibl] *adj* reversible.

revêtement [rəvetmɑ̃] *nm (d'un mur, d'un sol)* covering ; *(d'une route)* surface.

rêveur, euse [revœr, øz] *adj* dreamy.

réviser [revize] *vt (leçons)* to revise ; **faire** ~ **sa voiture** to have one's car serviced.

révision [revizjɔ̃] *nf (d'une voiture)* service. □ **révisions** *nfpl* SCOL revision *(sg)*.

revoir [rəvwar] *vt (retrouver)* to see again ; *(leçons)* to revise *(Br)*, to review (Am). ❏ **au revoir** excl goodbye!

révoltant, e [revɔltɑ̃, ɑ̃t] adj revolting.

révolte [revɔlt] nf revolt.

révolter [revɔlte] vt (suj : spectacle, attitude) to disgust. ❏ **se révolter** vp to rebel.

révolution [revɔlysjɔ̃] nf revolution ; **la Révolution (française)** the French Revolution.

révolutionnaire [revɔlysjɔnɛr] adj & nmf revolutionary.

revolver [revɔlvɛr] nm revolver.

revue [rəvy] nf (magazine) magazine ; (spectacle) revue ; **passer qqch en ~** to review sthg.

rez-de-chaussée [redʃose] nm inv ground floor (Br), first floor (Am).

Rhin [rɛ̃] nm : **le ~** the Rhine.

rhinocéros [rinɔserɔs] nm rhinoceros.

Rhône [ron] nm : **le ~** (fleuve) the (River) Rhone.

rhubarbe [rybarb] nf rhubarb.

rhum [rɔm] nm rum.

rhumatismes [rymatism] nmpl rheumatism (sg) ; **avoir des ~** to have rheumatism.

rhume [rym] nm cold ; **avoir un ~** to have a cold ; **~ des foins** hay fever.

ri [ri] pp → **rire**.

ricaner [rikane] vi to snigger.

riche [riʃ] adj rich. ◆ nmf : **les ~ s** the rich ; **~ en** rich in.

richesse [riʃɛs] nf wealth. ❏ **richesses** nfpl (minières) resources ; (archéologiques) treasures.

ricocher [rikɔʃe] vi to ricochet.

ricochet [rikɔʃɛ] nm : **faire des ~ s** to skim pebbles.

ride [rid] nf wrinkle.

ridé, e [ride] adj wrinkled.

rideau, x [rido] nm curtain.

ridicule [ridikyl] adj ridiculous.

rien [rjɛ̃] pron nothing ; **ne ... ~** nothing ; **ça ne fait ~** it doesn't matter ; **de ~** don't mention it ; **pour ~** for nothing ; **~ d'intéressant** nothing interesting.

rigide [riʒid] adj stiff.

rigole [rigɔl] nf (caniveau) channel ; (eau) rivulet.

rigoler [rigɔle] vi fam (rire) to laugh ; (s'amuser) to have a laugh ; (plaisanter) to joke.

rigolo, ote [rigɔlo, ɔt] adj fam funny.

rigoureux, euse [rigurø, øz] adj (hiver) harsh ; (analyse, esprit) rigorous.

rigueur [rigœr] nf : **à la rigueur** adv (si nécessaire) if necessary ; (si on veut) at a push.

rillettes [rijɛt] nfpl potted pork, duck or goose.

rime [rim] nf rhyme.

rinçage [rɛ̃saʒ] nm rinse.

rincer [rɛ̃se] vt to rinse.

ring [riŋ] nm (de boxe) ring ; Belg (route) ring road.

riposter [ripɔste] vi (en paroles) to answer back ; (militairement) to retaliate.

rire [rir] nm laugh. ◆ vi to laugh ; (s'amuser) to have fun ; **aux éclats** to howl with laughter ; **tu veux ~!** you're joking! ; **pour ~** (en plaisantant) as a joke.

ris [ri] nmpl : **~ de veau** calves' sweetbreads.

risotto [rizɔto] nm risotto.

risque [risk] nm risk.

risqué, e [riske] adj risky.

risquer [riske] vt to risk ; (proposition, question) to venture. ◆ vi : ~ de faire qqch (être en danger de) to be in danger of doing sthg ; (exprime la probabilité) to be likely to do sthg.

rissolé, e [risɔle] adj browned.

rivage [rivaʒ] nm shore.

rival, e, aux [rival, o] adj & nm, f rival.

rivalité [rivalite] nf rivalry.

rive [riv] nf bank ; la ~ gauche (à Paris) the south bank of the Seine (traditionally associated with students and artists) ; la ~ droite (à Paris) the north bank of the Seine (generally considered more affluent).

riverain, e [rivrɛ̃, ɛn] nm, f (d'une rue) resident.

rivière [rivjɛr] nf river.

riz [ri] nm rice ; ~ cantonais fried rice ; ~ au lait rice pudding.

RMI (abr de revenu minimum d'insertion) minimum guaranteed benefit.

RN abr = route nationale.

robe [rɔb] nf dress ; (d'un cheval) coat ; ~ de chambre dressing gown ; ~ du soir evening dress.

robinet [rɔbinɛ] nm tap (Br), faucet (Am).

robot [rɔbo] nm (industriel) robot ; (ménager) food processor.

robuste [rɔbyst] adj sturdy.

roc [rɔk] nm rock.

rocade [rɔkad] nf ring road (Br), beltway (Am).

roche [rɔʃ] nf rock.

rocher [rɔʃe] nm rock ; (au chocolat) chocolate covered with chopped hazelnuts.

rock [rɔk] nm rock.

rodage [rɔdaʒ] nm running in.

rôder [rode] vi (par ennui) to hang about ; (pour attaquer) to loiter.

rœsti [reʃti] nmpl Helv grated potato fried to form a sort of cake.

rognons [rɔɲɔ̃] nmpl kidneys.

roi [rwa] nm king ; les Rois, la fête des Rois Twelfth Night.

Roland-Garros [rɔlɑ̃garos] n : (le tournoi de) ~ the French Open.

rôle [rol] nm role.

roller [rɔlœr] nm (sport) rollerblading ; les ~s (patins) Rollerblades.

ROM [rɔm] nf (abr de read only memory) ROM.

romain, e [rɔmɛ̃, ɛn] adj Roman.

roman, e [rɔmɑ̃, an] adj (architecture, église) Romanesque. ◆ nm novel.

romancier, ère [rɔmɑ̃sje, ɛr] nm, f novelist.

romantique [rɔmɑ̃tik] adj romantic.

romarin [rɔmarɛ̃] nm rosemary.

rompre [rɔ̃pr] vi (se séparer) to break up.

romsteck [rɔmstɛk] nm rump steak.

ronces [rɔ̃s] nfpl brambles.

rond, e [rɔ̃, rɔ̃d] adj round ; (gros) chubby. ◆ nm circle.

ronde [rɔ̃d] nf (de policiers) patrol.

rondelle [rɔ̃dɛl] nf (tranche) slice ; TECH washer.

rond-point [rɔ̃pwɛ̃] (pl ronds-points) nm roundabout (Br), traffic circle (Am).

ronfler [rɔ̃fle] vi to snore.

ronger [rɔ̃ʒe] vt (os) to gnaw at ; (suj : rouille) to eat away at. ❑ se ronger vp : se ~ les ongles to bite one's nails.

ronronner [rɔ̃rɔne] vi to purr.

roquefort [rɔkfɔr] nm Roquefort (strong blue cheese).

rosace [rozas] nf (vitrail) rose window.

rosbif [rɔsbif] nm roast beef.

rose [roz] adj & nm pink. ◆ nf rose.

rosé, e [roze] adj (teinte) rosy ; (vin) rosé. ◆ nm (vin) rosé.

roseau, x [rozo] nm reed.

rosée [roze] nf dew.

rosier [rozje] nm rose bush.

rossignol [rɔsiɲɔl] nm nightingale.

rot [ro] nm burp.

roter [rɔte] vi to burp.

rôti [roti] nm joint.

rôtie [roti] nf Can piece of toast.

rotin [rɔtɛ̃] nm rattan.

rôtir [rotir] vt & vi to roast.

rôtissoire [rotiswar] nf (électrique) rotisserie.

rotule [rɔtyl] nf kneecap.

roucouler [rukule] vi to coo.

roue [ru] nf wheel ; ~ de secours spare wheel ; grande ~ ferris wheel.

rouge [ruʒ] adj red ; (fer) red-hot. ◆ nm red ; (vin) red (wine) ; ~ à lèvres lipstick.

rouge-gorge [ruʒgɔrʒ] (pl rouges-gorges) nm robin.

rougeole [ruʒɔl] nf measles (sg).

rougeurs [ruʒœr] nfpl red blotches.

rougir [ruʒir] vi (de honte, d'émo-

tion) to blush ; (de colère) to turn red.

rouille [ruj] nf rust ; (sauce) garlic and red pepper sauce for fish or soup.

rouillé, e [ruje] adj rusty.

rouiller [ruje] vi to rust.

roulant, e [rylã] adj m ~ fauteuil, tapis.

rouleau, x [rulo] nm (de papier, de tissu) roll ; (pinceau, vague) roller ; ~ à pâtisserie rolling pin ; ~ de printemps spring roll.

roulement [rulmã] nm (tour de rôle) rota ; à billes ball bearings (pl) ; ~ de tambour drum roll.

rouler [rule] vt (nappe, tapis) to roll up ; (voler) to swindle. ◆ vi (balle, caillou) to roll ; (véhicule) to go ; (automobiliste, cycliste) to drive ; 'roulez au pas' 'dead slow'. : se rouler vp (par terre, dans l'herbe) to roll about.

roulette [rulɛt] nf (roue) wheel ; la ~ (jeu) roulette.

roulotte [rulɔt] nf caravan.

roumain, e [rumɛ̃, ɛn] adj Romanian.

Roumanie [rumani] nf : la ~ Romania.

rousse → roux.

rousseur [rusœr] nf→ tache.

route [rut] nf road ; (itinéraire) route ; mettre qqch en ~ (machine) to start sthg up ; (processus) to get sthg under way ; se mettre en ~ (voyageur) to set off ; '~ barrée' 'road closed'.

routier, ère [rutje, ɛr] adj (carte, transports) road. ◆ nm (camionneur) lorry driver (Br), truck driver (Am) ; (restaurant) transport café (Br), truck stop (Am).

routine [rutin] nf routine.

roux, rousse [ru, rus] *adj (cheveux)* red ; *(personne)* red-haired ; *(chat)* ginger. ◆ *nm,f* redhead.

royal, e, aux [rwajal, o] *adj* royal ; *(cadeau, pourboire)* generous.

royaume [rwajom] *nm* kingdom.

Royaume-Uni [rwajomyni] *nm* : le ~ the United Kingdom.

RPR *nm* French party to the right of the political spectrum.

RTT *(abr de réduction du temps de travail) nf* French 35 hour per week employement scheme. ◆ *adj* : jours ~ paid holidays *Br*, paid vacation *Am*.

ruban [rybã] *nm* ribbon ; ~ adhésif adhesive tape.

rubéole [rybeɔl] *nf* German measles *(sg)*.

rubis [rybi] *nm* ruby.

rubrique [rybrik] *nf (catégorie)* heading ; *(de journal)* column.

ruche [ryʃ] *nf* beehive.

rude [ryd] *adj (climat, voix)* harsh ; *(travail)* tough.

rudimentaire [rydimãter] *adj* rudimentary.

rue [ry] *nf* street.

ruelle [rɥɛl] *nf* alley.

ruer [rɥe] *vi* to kick. ❏ **se ruer** *vp* : se ~ dans/sur to rush into/at.

rugby [rygbi] *nm* rugby.

rugir [ryʒir] *vi* to roar.

rugueux, euse [rygø, øz] *adj* rough.

ruine [rɥin] *nf (financière)* ruin ; en ~ *(château)* ruined ; tomber en ~ to crumble. ❏ **ruines** *nfpl* ruins.

ruiné, e [rɥine] *adj* ruined.

ruisseau, x [rɥiso] *nm* stream.

ruisseler [rɥisle] *vi* to stream.

rumeur [rymœr] *nf (nouvelle)* rumour ; *(bruit)* rumble.

ruminer [rymine] *vi (vache)* to chew the cud.

rupture [ryptyr] *nf (de relations diplomatiques)* breaking off ; *(d'une relation amoureuse)* break-up.

rural, e, aux [ryral, o] *adj* rural.

ruse [ryz] *nf (habileté)* cunning ; *(procédé)* trick.

rusé, e [ryze] *adj* cunning.

russe [rys] *adj* Russian. ◆ *nm (langue)* Russian. ◆ **Russe** *nmf* Russian.

Russie [rysi] *nf* : la ~ Russia.

Rustine® [rystin] *nf* rubber repair patch for bicycle tyres.

rustique [rystik] *adj* rustic.

rythme [ritm] *nm* rhythm ; *(cardiaque)* rate ; *(de la marche)* pace.

S

s' → se.

S *(abr de sud)* S.

sa → son.

SA *(abr de société anonyme)* ≃ plc *(Br)*, ≃ Inc. *(Am)*.

sable [sabl] *nm* sand ; ~ s mouvants quicksand *(sg)*.

sablé, e [sable] *adj (biscuit)* shortbread. ◆ *nm* shortbread biscuit *(Br)*, shortbread cookie *(Am)*.

sablier [sablije] *nm* hourglass.

sablonneux, euse [sablɔnø, øz] *adj* sandy.

sabot [sabo] *nm (de cheval, de vache)* hoof ; *(chaussure)* clog ; ~ de Denver wheel clamp *(Br)*, Denver boot *(Am)*.

sabre

sabre [sabr] *nm* sabre.

sac [sak] *nm* bag ; *(de pommes de terre)* sack ; ~ **de couchage** sleeping bag ; ~ **à dos** rucksack ; ~ **à main** handbag (Br), purse (Am).

saccadé, e [sakade] *adj (gestes)* jerky ; *(respiration)* uneven.

saccager [sakaʒe] *vt (ville, cultures)* to destroy ; *(appartement)* to wreck.

sachant [saʃɑ̃] *ppr* → **savoir**.

sache *etc* → **savoir**.

sachet [saʃe] *nm* sachet ; ~ **de thé** teabag.

sacoche [sakɔʃ] *nf (sac)* bag ; *(de vélo)* pannier.

sac-poubelle [sakpubɛl] *(pl* **sacs-poubelle)** *nm* dustbin bag (Br), garbage bag (Am).

sacré, e [sakre] *adj* sacred ; *fam (maudit)* damn.

sacrifice [sakrifis] *nm* sacrifice.

sacrifier [sakrifje] *vt* to sacrifice. □ **se sacrifier** *vp* to sacrifice o.s.

sadique [sadik] *adj* sadistic.

safari [safari] *nm* safari.

safran [safrɑ̃] *nm* saffron.

sage [saʒ] *adj (avisé)* wise ; *(obéissant)* good, well-behaved.

sage-femme [saʒfam] *(pl* **sages-femmes)** *nf* midwife.

sagesse [saʒɛs] *nf (prudence, raison)* wisdom.

Sagittaire [saʒiter] *nm* Sagittarius.

saignant, e [sɛɲɑ̃, ɑ̃t] *adj (viande)* rare.

saigner [seɲe] *vi* to bleed ; ~ **du nez** to have a nosebleed.

saillant, e [sajɑ̃, ɑ̃t] *adj (par rapport à un mur)* projecting ; *(pommettes, veines)* prominent.

sain, e [sɛ̃, sɛn] *adj* healthy ; *(mentalement)* sane ; ~ **et sauf** safe and sound.

saint, e [sɛ̃, sɛ̃t] *adj* holy. ◆ *nm, f* saint ; **la Saint-François** Saint Francis' day.

Saint-Jacques [sɛ̃ʒak] *n* → **coquille**.

Saint-Michel [sɛ̃miʃɛl] *n* → **mont**.

Saint-Sylvestre [sɛ̃silvɛstr] *nf* : **la** ~ New Year's Eve.

sais *etc* → **savoir**.

saisir [sezir] *vt (objet, occasion)* to grab ; *(comprendre)* to understand ; *JUR (biens)* to seize ; *INFORM* to capture.

saison [sezɔ̃] *nf* season ; **basse** ~ low season ; **haute** ~ high season.

salade [salad] *nf (verte)* lettuce ; *(plat en vinaigrette)* salad ; ~ **de fruits** fruit salad ; ~ **mêlée** *Helv* mixed salad ; ~ **mixte** mixed salad ; ~ **niçoise** niçoise salad.

saladier [saladje] *nm* salad bowl.

salaire [saler] *nm* salary, wage.

salami [salami] *nm* salami.

salarié, e [salarje] *nm, f* (salaried) employee.

sale [sal] *adj* dirty ; *fam (temps)* filthy ; *fam (journée, mentalité)* nasty.

salé, e [sale] *adj (plat)* salted ; *(eau)* salty. ◆ *nm* : **petit** ~ **aux lentilles** salt pork served with lentils.

saler [sale] *vt* to salt.

saleté [salte] *nf (état)* dirtiness ; *(crasse)* dirt ; *(chose sale)* disgusting thing.

salière [saljer] *nf* saltcellar.

salir [salir] *vt* to (make) dirty. □ **salir** *vp* to get dirty.

salissant, e [salisɑ̃, ɑ̃t] *adj* that shows the dirt.

salive [saliv] *nf* saliva.

salle [sal] *nf* room ; *(d'hôpital)* ward ; *(de cinéma)* screen ; *(des fêtes, municipale)* hall ; **~ de bains** bathroom ; **~ de classe** classroom ; **~ d'embarquement** departure lounge ; **~ à manger** dining room ; **~ d'opération** operating theatre.

salon [salɔ̃] *nm (séjour)* living room ; *(exposition)* show ; **~ de coiffure** hairdressing salon ; **~ de thé** tearoom.

salopette [salɔpɛt] *nf (d'ouvrier)* overalls *(pl)* ; *(en jean, etc)* dungarees *(pl)*.

salsifis [salsifi] *nmpl* salsify *(root vegetable)*.

saluer [salɥe] *vt (dire bonjour à)* to greet ; *(de la tête)* to nod to ; *(dire au revoir à)* to say goodbye to ; MIL to salute.

salut [saly] *nm (pour dire bonjour)* greeting ; *(de la tête)* nod ; *(pour dire au revoir)* farewell ; MIL salute. ◆ *excl fam (bonjour)* hi! ; *(au revoir)* bye!

salutations [salytasjɔ̃] *nfpl* greetings.

samaritain [samaritɛ̃] *nm* Helv *person qualified to give first aid.*

samedi [samdi] *nm* Saturday ; **nous sommes** OU **c'est ~** it's Saturday today ; **~ dernier** last Saturday ; **~ prochain** next Saturday ; **~ matin** on Saturday morning ; **le ~** on Saturdays ; **à ~ !** see you Saturday!

SAMU [samy] *nm* French ambulance and emergency service.

sanction [sɑ̃ksjɔ̃] *nf* sanction.

sanctionner [sɑ̃ksjɔne] *vt* to punish.

sandale [sɑ̃dal] *nf* sandal.

sandwich [sɑ̃dwitʃ] *nm* sandwich.

sang [sɑ̃] *nm* blood ; **en ~** bloody ; **se faire du mauvais ~** to be worried.

sang-froid [sɑ̃frwa] *nm inv* calm.

sanglant, e [sɑ̃glɑ̃, ɑ̃t] *adj* bloody.

sangle [sɑ̃gl] *nf* strap.

sanglier [sɑ̃glije] *nm* boar.

sanglot [sɑ̃glo] *nm* sob.

sangloter [sɑ̃glɔte] *vi* to sob.

sangria [sɑ̃grija] *nf* sangria.

sanguin [sɑ̃gɛ̃] *adj m* **→ groupe**.

sanguine [sɑ̃gin] *nf (orange)* blood orange.

Sanisette® [sanizɛt] *nf* superloo.

sanitaire [saniter] *adj (d'hygiène)* sanitary. ❑ **sanitaires** *nmpl (d'un camping)* toilets and showers.

sans [sɑ̃] *prép* without ; **~ faire qqch** without doing sthg.

sans-abri [sɑ̃zabri] *nmf inv* homeless person.

sans-gêne [sɑ̃ʒɛn] *adj inv* rude. ◆ *nm inv* rudeness.

santé [sɑ̃te] *nf* health ; **en bonne/ mauvaise ~** in good/poor health ; **(à ta) ~!** cheers!

saoul, e [su, sul] = **soûl**.

saouler [sule] = **soûler**.

saphir [safir] *nm* sapphire ; *(d'un électrophone)* needle.

sapin [sapɛ̃] *nm* fir ; **~ de Noël** Christmas tree.

sardine [sardin] *nf* sardine.

SARL *nf (abr de société à responsabilité limitée)* ≃ Ltd (Br), ≃ Inc. (Am).

244

sarrasin [saʀazɛ̃] *nm (graine)* buckwheat.

satellite [satelit] *nm* satellite.

satin [satɛ̃] *nm* satin.

satiné, e [satine] *adj (tissu, peinture)* satin.

satirique [satiʀik] *adj* satirical.

satisfaction [satisfaksjɔ̃] *nf* satisfaction.

satisfaire [satisfɛʀ] *vt* to satisfy. ❑ **se satisfaire de** *vp + prép* to be satisfied with.

satisfaisant, e [satisfəzɑ̃, ɑ̃t] *adj* satisfactory.

satisfait, e [satisfɛ, ɛt] *pp* → **satisfaire.** ◆ *adj* satisfied.

saturé, e [satyre] *adj* saturated.

sauce [sos] *nf* sauce ; **en ~** in a sauce ; **~ blanche** white sauce made with chicken stock ; **~ madère** vegetable, mushroom and Madeira sauce ; **~ tartare** tartar sauce ; **~ tomate** tomato sauce.

saucer [sose] *vt (assiette)* to wipe clean.

saucisse [sosis] *nf* sausage ; **~ sèche** thin dry sausage.

saucisson [sosisɔ̃] *nm* dry sausage.

sauf, sauve [sof, sov] *adj* → **sain.** ◆ *prép (excepté)* except ; **~ erreur** unless there is some mistake.

sauge [soʒ] *nf* sage.

saule [sol] *nm* willow ; **~ pleureur** weeping willow.

saumon [somɔ̃] *nm* salmon. ◆ *adj inv* (rose) salmon(-pink) ; **~ fumé** smoked salmon.

sauna [sona] *nm* sauna.

saupoudrer [sopudʀe] *vt* : **~ qqch de** to sprinkle sthg with.

saur [sɔʀ] *adj m* → **hareng.**

saura *etc* → **savoir.**

saut [so] *nm* jump ; **~ en hauteur** high jump ; **~ en longueur** long jump ; **~ périlleux** somersault.

saute [sot] *nf* : **~ d'humeur** mood change.

sauté, e [sote] *adj* CULIN sautéed. ◆ *nm* : **~ de veau** sautéed veal.

saute-mouton [sotmutɔ̃] *nm inv* : **jouer à ~** to play leapfrog.

sauter [sote] *vi* to jump ; *(exploser)* to blow up ; *(se défaire)* to come off ; *(plombs)* to blow. ◆ *vt (obstacle)* to jump over ; *(passage, classe)* to skip ; **faire ~ qqch** *(faire exploser)* to blow sthg up ; CULIN to sauté sthg.

sauterelle [sotʀɛl] *nf* grasshopper.

sautiller [sotije] *vi* to hop.

sauvage [sovaʒ] *adj (animal, plante)* wild ; *(tribu)* primitive ; *(enfant, caractère)* shy ; *(cri, haine)* savage. ◆ *nmf (barbare)* brute ; *(personne farouche)* recluse.

sauvegarde [sovgaʀd] *nf* INFORM saving ; **~ automatique** automatic backup.

sauvegarder [sovgaʀde] *vt (protéger)* to safeguard ; INFORM to save.

sauver [sove] *vt* to save ; **~ qqn/ qqch de qqch** to save sb/sthg from sthg. ❑ **se sauver** *vp (s'échapper)* to run away.

sauvetage [sovtaʒ] *nm* rescue.

sauveteur [sovtœʀ] *nm* rescuer.

SAV *abr* = **service après-vente.**

savant, e [savɑ̃, ɑ̃t] *adj (cultivé)* scholarly. ◆ *nm* scientist.

savarin [savaʀɛ̃] *nm* ≃ rum baba.

saveur [savœʀ] *nf* flavour.

savoir [savwar] *vt* to know ; savez-vous parler français? can you speak French? ; je n'en sais rien I have no idea.

savoir-faire [savwarfɛr] *nm inv* know-how.

savoir-vivre [savwarvivr] *nm inv* good manners (*pl*).

savon [savɔ̃] *nm* soap ; (*bloc*) bar of soap.

savonnette [savɔnɛt] *nf* bar of soap.

savourer [savure] *vt* to savour.

savoureux, euse [savurø, øz] *adj* (*aliment*) tasty.

savoyarde [savwajard] *adj f* → fondue.

saxophone [saksɔfɔn] *nm* saxophone.

sbrinz [ʃbrints] *nm* hard crumbly *Swiss cheese made from cow's milk.*

scandale [skɑ̃dal] *nm* (*affaire*) scandal ; (*fait choquant*) outrage ; faire du OU un ~ to make a fuss ; faire ~ to cause a stir.

scandaleux, euse [skɑ̃dalø, øz] *adj* outrageous.

scandinave [skɑ̃dinav] *adj* Scandinavian.

Scandinavie [skɑ̃dinavi] *nf* : la ~ Scandinavia.

scanner [skaner] *nm* (*appareil*) scanner ; (*test*) scan.

scaphandre [skafɑ̃dr] *nm* diving suit.

scarole [skarɔl] *nf* endive.

sceller [sele] *vt* (*cimenter*) to cement.

scénario [senarjo] *nm* (*de film*) screenplay.

scène [sɛn] *nf* (*estrade*) stage ; (*événement, partie d'une pièce*)

scene ; mettre qqch en ~ *(film, pièce de théâtre)* to direct sthg.

sceptique [sɛptik] *adj* sceptical.

schéma [ʃema] *nm* diagram ; (*résumé*) outline.

schématique [ʃematik] *adj* (*sous forme de schéma*) diagrammatical ; (*trop simple*) simplistic.

schublig [ʃublig] *nm Helv type of sausage.*

sciatique [sjatik] *nf* sciatica.

scie [si] *nf* saw.

science [sjɑ̃s] *nf* science.

science-fiction [sjɑ̃sfiksjɔ̃] *nf* science fiction.

scientifique [sjɑ̃tifik] *adj* scientific. ◆ *nmf* scientist.

scier [sje] *vt* to saw.

scintiller [sɛ̃tije] *vi* to sparkle.

sciure [sjyr] *nf* sawdust.

scolaire [skɔlɛr] *adj* (*vacances, manuel*) school.

scoop [skup] *nm* scoop.

scooter [skutœr] *nm* scooter ; ~ des mers jet ski.

score [skɔr] *nm* score.

Scorpion [skɔrpjɔ̃] *nm* Scorpio.

scotch [skɔtʃ] *nm* (*whisky*) Scotch.

Scotch® [skɔtʃ] *nm* (*adhésif*) ≃ Sellotape® *(Br)* Scotch® tape *(Am)*.

scout, e [skut] *nm, f* scout.

scrupule [skrypyl] *nm* scruple.

scrutin [skrytɛ̃] *nm* ballot.

sculpter [skylte] *vt* to sculpt ; (*bois*) to carve.

sculpteur [skyltœr] *nm* sculptor.

sculpture [skyltyr] *nf* sculpture.

SDF *nmf* (*abr de sans domicile fixe*) homeless person.

☞

se [sə] *pron pers* - 1. *(réfléchi : personne indéfinie)* oneself ; *(: personne)* himself (*f* herself), *(: pl) (chose, animal)* itself, themselves *(pl)* ; ~ **faire mal** to hurt oneself.

- 2. *(réciproque)* each other, one another ; ~ **battre** to fight.

- 3. *(avec certains verbes, vide de sens)* : ~ **décider** to decide ; ~ **mettre à faire qqch** to start doing sthg.

- 4. *(passif)* : **ce produit** ~ **vend bien/partout** this product is selling well/is sold everywhere.

- 5. *(à valeur de possessif)* : ~ **couper le doigt** to cut one's finger.

séance [seɑ̃s] *nf (de rééducation, de gymnastique)* session ; *(de cinéma)* performance ; ~ **tenante** right away.

seau, x [so] *nm* bucket ; ~ **à champagne** champagne bucket.

sec, sèche [sɛk, sɛʃ] *adj* dry ; *(fruit, légume)* dried ; **à** ~ *(cours d'eau)* dried-up ; **au** ~ *(à l'abri de la pluie)* out of the rain.

sécateur [sekatœr] *nm* secateurs *(pl)*.

séchage [seʃaʒ] *nm* drying.

sèche → **sec.**

sèche-cheveux [sɛʃʃəvø] *nm inv* hairdryer.

sèche-linge [sɛʃlɛ̃ʒ] *nm inv* tumbledryer.

sèchement [sɛʃmɑ̃] *adv* drily.

sécher [seʃe] *vt* to dry. ◆ *vi* to dry ; *fam (à un examen)* to have a mental block ; ~ **les cours** *fam* to play truant *(Br)*, to play hooky *(Am)*.

sécheresse [seʃrɛs] *nf (manque de pluie)* drought.

séchoir [seʃwar] *nm* : ~ **(à cheveux)** hairdryer ; ~ **(à linge)** *(sur pied)* clothes dryer ; *(électrique)* tumbledryer.

second, e [səgɔ̃, ɔ̃d] *adj* second → **sixième.**

secondaire [səgɔ̃dɛr] *adj* secondary.

seconde [səgɔ̃d] *nf (unité de temps)* second ; SCOL ≃ fifth form *(Br)*, ≃ tenth grade *(Am)* ; *(vitesse)* second (gear) ; **voyager en** ~ **(classe)** to travel second class.

secouer [səkwe] *vt* to shake ; *(bouleverser, inciter à agir)* to shake up.

secourir [səkurir] *vt (d'un danger)* to rescue ; *(moralement)* to help.

secouriste [səkurist] *nmf* first-aid worker.

secours [səkur] *nm* help ; **au** ~! help! ; ~ **d'urgence** emergency aid ; **premiers** ~ first aid.

secouru, e [səkury] *pp* → **secourir.**

secousse [səkus] *nf* jolt.

secret, ète [səkrɛ, ɛt] *adj & nm* secret ; **en** ~ in secret.

secrétaire [səkretɛr] *nmf* secretary. ◆ *nm (meuble)* secretaire.

secrétariat [səkretarja] *nm (bureau)* secretary's office ; *(métier)* secretarial work.

secte [sɛkt] *nf* sect.

secteur [sɛktœr] *nm (zone)* area ; *(électrique)* mains ; *(économique, industriel)* sector ; **fonctionner sur** ~ to run off the mains.

section [sɛksjɔ̃] *nf* section ; *(de ligne d'autobus)* fare stage.

sectionner [sɛksjɔne] *vt* to cut.

Sécu [seky] *nf fam* : **la** ~ French social security system.

sécurité [sekyrite] *nf (tranquillité)* safety ; *(ordre)* security ; **en ~** safe ; **mettre qqch en ~** to put sthg in a safe place ; **la Sécurité sociale** French social security system.

séduire [sedɥir] *vt* to attract.

séduisant, e [sedɥizɑ̃, ɑ̃t] *adj* attractive.

séduit, e [sedɥi, it] *pp* → **séduire**.

segment [sɛgmɑ̃] *nm* segment.

ségrégation [segregasjɔ̃] *nf* segregation.

seigle [sɛgl] *nm* rye.

seigneur [sɛɲœr] *nm (d'un château)* lord ; **le Seigneur** the Lord.

sein [sɛ̃] *nm* breast ; **au ~ de** within.

Seine [sɛn] *nf* : **la ~** *(fleuve)* the Seine.

séisme [seism] *nm* earthquake.

seize [sɛz] *num* sixteen → **six.**

seizième [sɛzjɛm] *num* sixteenth → **sixième.**

séjour [seʒur] *nm* stay ; **(salle de) ~** living room.

séjourner [seʒurne] *vi* to stay.

sel [sɛl] *nm* salt ; **~ s de bain** bath salts.

sélection [seleksjɔ̃] *nf* selection.

sélectionner [seleksjɔne] *vt* to select.

self-service, s [sɛlfsɛrvis] *nm (restaurant)* self-service restaurant ; *(station-service)* self-service petrol station *(Br)*, self-service gas station *(Am)*.

selle [sɛl] *nf* saddle.

seller [sele] *vt* to saddle.

selon [səlɔ̃] *prép (de l'avis de, en accord avec)* according to ; *(en fonction de)* depending on.

semaine [səmɛn] *nf* week ; **en ~** during the week.

semblable [sɑ̃blabl] *adj* similar ; **~ à** similar to.

semblant [sɑ̃blɑ̃] *nm* : **faire ~ (de faire qqch)** to pretend (to do sthg).

sembler [sɑ̃ble] *vi* to seem ; **il semble que ...** it seems that ... ; **il me semble que ...** I think that ...

semelle [səmɛl] *nf* sole.

semer [səme] *vt* to sow ; *(se débarrasser de)* to shake off.

semestre [səmɛstr] *nm* half-year ; *SCOL* semester.

semi-remorque, s [səmirəmɔrk] *nm* articulated lorry *(Br)*, semitrailer *(Am)*.

semoule [səmul] *nf* semolina.

sénat [sena] *nm* senate.

Sénégal [senegal] *nm* : **le ~** Senegal.

sens [sɑ̃s] *nm (direction)* direction ; *(signification)* meaning ; **en ~ inverse** in the opposite direction ; **avoir du bon ~** to have common sense ; **~ giratoire** roundabout *(Br)*, traffic circle *(Am)* ; **~ interdit** *(panneau)* no-entry sign ; *(rue)* one-way street ; **~ unique** one-way street.

sensation [sɑ̃sasjɔ̃] *nf* feeling, sensation ; **faire ~** to cause a stir.

sensationnel, elle [sɑ̃sasjɔnɛl] *adj (formidable)* fantastic.

sensible [sɑ̃sibl] *adj* sensitive ; *(perceptible)* noticeable ; **~ à** sensitive to.

sensiblement [sɑ̃sibləmɑ̃] *adv (à peu près)* more or less ; *(de façon perceptible)* noticeably.

sensuel, elle [sɑ̃sɥɛl] *adj* sensual.

sentence [sɑ̃tɑ̃s] *nf* JUR sentence.

sentier [sɑ̃tje] *nm* path.

sentiment [sɑ̃timɑ̃] *nm* feeling ;
~ s dévoués *(dans une lettre)* yours
sincerely.

sentimental, e, aux [sɑ̃timɑ̃-
tal, o] *adj* sentimental.

sentir [sɑ̃tir] *vt (odeur)* to smell ;
(goût) to taste ; *(au toucher)* to feel ;
(avoir une odeur de) to smell of ;
~ **bon** to smell good ; ~ **mauvais** to
smell bad. ❑ **se sentir** *vp* : se ~ **mal**
to feel ill ; se ~ **bizarre** to feel
strange.

séparation [separasjɔ̃] *nf* separation.

séparément [separemɑ̃] *adv*
separately.

séparer [separe] *vt* to separate ;
(diviser) to divide ; ~ **qqn/qqch de** to
separate sb/sthg from. ❑ **se séparer** *vp (couple)* to split up ; *(se diviser)* to divide ; se ~ **de qqn** *(conjoint)*
to separate from sb ; *(employé)* to
let sb go.

sept [sɛt] *num* seven → **six**.

septante [sɛptɑ̃t] *num* Belg & Helv
seventy → **six**.

septembre [sɛptɑ̃br] *nm* September ; **en** ~, **au mois de** ~ in September ; **début** ~ at the beginning
of September ; **fin** ~ at the end of
September ; **le deux** ~ the second of
September.

septième [sɛtjɛm] *num* seventh
→ **sixième**.

séquelles [sekɛl] *nfpl* MÉD
aftereffects.

séquence [sekɑ̃s] *nf* sequence.

sera *etc* → **être**.

séré [sere] *nm* Helv fromage frais.

serein, e [sərɛ̃, ɛn] *adj* serene.

sérénité [serenite] *nf* serenity.

sergent [sɛrʒɑ̃] *nm* sergeant.

série [seri] *nf (succession)* series ;
(ensemble) set ; ~ **(télévisée)** (television) series.

sérieusement [serjøzmɑ̃] *adv*
seriously.

sérieux, euse [serjø, øz] *adj* serious. ◆ *nm* : **travailler avec** ~ to
take one's work seriously ; **garder
son** ~ to keep a straight face.

seringue [sərɛ̃g] *nf* syringe.

sermon [sɛrmɔ̃] *nm* RELIG sermon ; *péj (leçon)* lecture.

séropositif, ive [seropozitif, iv]
adj HIV-positive.

serpent [sɛrpɑ̃] *nm* snake.

serpenter [sɛrpɑ̃te] *vi* to wind.

serpentin [sɛrpɑ̃tɛ̃] *nm (de fête)*
streamer.

serpillière [sɛrpijɛr] *nf* floor
cloth.

serre [sɛr] *nf (à plantes)* greenhouse.

serré, e [sere] *adj (vêtement)*
tight ; *(spectateurs, passagers)* : **on
est** ~ **ici** it's packed in here.

serrer [sere] *vt (comprimer)* to
squeeze ; *(dans ses bras)* to hug ;
(dans une boîte, une valise) to pack
tightly ; *(poings, dents)* to clench ;
(nœud, vis) to tighten ; **la main à
qqn** to shake sb's hand ; '**serrez à
droite**' 'keep right'. ❑ **se serrer** *vp*
to squeeze up ; **se** ~ **contre qqn** to
snuggle up against sb.

serre-tête [sɛrtɛt] *nm inv* Alice
band.

serrure [sɛryr] *nf* lock.

serrurier [sɛryrje] *nm* locksmith.

sers *etc* → **servir**.

serveur, euse [sɛrvœr, øz] *nm, f
(de café, de restaurant)* waiter (waitress).

serviable [sɛʀvjabl] *adj* helpful.

service [sɛʀvis] *nm (manière de servir)* service ; *(faveur)* favour ; *(de vaisselle)* set ; *(département)* department ; SPORT service ; **faire le ~** to serve the food out ; **rendre ~ à qqn** to be helpful to sb ; **être de ~** to be on duty ; '~ **compris/non compris**' 'service included/not included' ; ~ **après-vente** after-sales service department ; ~ **militaire** military service.

serviette [sɛʀvjɛt] *nf (cartable)* briefcase ; ~ **hygiénique** sanitary towel *(Br)*, sanitary napkin *(Am)* ; ~ **(de table)** table napkin ; ~ **(de toilette)** towel.

🖙

servir [sɛʀviʀ] *vt* - **1.** *(invité, client)* to serve.

- **2.** *(plat, boisson)* ~ **qqch à qqn** to serve sb sthg ; **qu'est-ce que je vous sers?** what would you like (to drink)?

◆ *vi* - **1.** *(être utile)* to be of use ; ~ **à qqch** to be used for sthg ; **ça ne sert à rien d'insister** there's no point in insisting.

- **2.** *(avec "de")* : ~ **de qqch** *(objet)* to serve as sthg.

- **3.** *(au tennis)* to serve.

- **4.** *(aux cartes)* to deal.

❏ **se servir** *vp (de la nourriture, de la boisson)* to help o.s.

❏ **se servir de** *vp + prép (objet)* to use.

ses → **son**.

sésame [sezam] *nm (graines)* sesame seeds *(pl)*.

set [sɛt] *nm* SPORT set ; ~ **(de table)** table mat.

seuil [sœj] *nm* threshold.

seul, e [sœl] *adj (sans personne)* alone ; *(solitaire)* lonely ; *(unique)* only. ◆ *nm, f* : **le** ~ the only one ; **un** ~ only one ; **pas un** ~ not a single one ; **(tout)** ~ *(sans aide)* by oneself ; *(parler)* to oneself.

seulement [sœlmɑ̃] *adv* only ; **non** ~ ... **mais encore** OU **en plus** not only ... but also ; **si** ~ ... if only ...

sève [sɛv] *nf* sap.

sévère [seveʀ] *adj (professeur, parent)* strict ; *(regard, aspect, échec)* severe ; *(punition)* harsh.

sévérité [seveʀite] *nf* severity.

sévir [seviʀ] *vi (punir)* to punish ; *(épidémie, crise)* to rage.

sexe [sɛks] *nm (mâle, femelle)* sex ; ANAT genitals.

sexiste [sɛksist] *adj* sexist.

sexuel, elle [sɛksɥɛl] *adj* sexual.

seyant, e [sɛjɑ̃, ɑ̃t] *adj* becoming.

Seychelles [seʃɛl] *nfpl* : **les** ~ **the** Seychelles.

shampo(o)ing [ʃɑ̃pwɛ̃] *nm* shampoo.

short [ʃɔʀt] *nm (pair of)* shorts.

show [ʃo] *nm (de variétés)* show.

🖙

si [si] *conj* - **1.** *(exprime l'hypothèse)* if ; ~ **tu veux, on y va** we'll go if you want ; ~ **c'est toi qui le dis, c'est que c'est vrai** since you told me, it must be true.

- **2.** *(dans une question)* **(et)** ~ **on allait à la piscine?** how about going to the swimming pool?

- **3.** *(exprime un souhait)* if.

- **4.** *(dans une question indirecte)* if, whether ; **dites-moi** ~ **vous venez** tell me if you are coming.

◆ *adv* - **1.** *(tellement)* so ; **une** ~ **jolie**

SICAV

ville such a pretty town ; ~ ... que so ... that ; ~ bien que with the result that.
- **2.** *(oui)* yes ; tu n'aimes pas le café ? - ~ don't you like coffee ? - yes, I do.

SICAV [sikav] *nf inv (titre)* share in a unit trust.

SIDA [sida] *nm* AIDS.

siècle [sjɛkl] *nm* century ; au vingtième ~ in the twentieth century.

siège [sjɛʒ] *nm* seat ; *(d'une banque, d'une association)* head office.

sien [sjɛ̃] : le sien *(f* la sienne [la-sjɛn], *mpl* les siens [lesjɛ̃], *fpl* les siennes [lesjɛn]) *pron (d'homme)* his ; *(de femme)* hers ; *(de chose, d'animal)* its.

sieste [sjɛst] *nf* nap ; faire la ~ to have a nap.

sifflement [sifləmɑ̃] *nm* whistling.

siffler [sifle] *vi* to whistle. ◆ *vt (air)* to whistle ; *(acteur)* to boo ; *(chien)* to whistle for ; *(femme)* to whistle at.

sifflet [sifle] *nm (instrument)* whistle ; *(au spectacle)* boo.

sigle [sigl] *nm* acronym.

signal, aux [sinal, o] *nm (geste, son)* signal ; *(feu, pancarte)* sign ; ~ d'alarme alarm signal.

signalement [sinalmɑ̃] *nm* description.

signaler [sinale] *vt (par un geste)* to signal ; *(par une pancarte)* to signpost ; *(faire remarquer)* to point out.

signalisation [sinalizasjɔ̃] *nf (feux, panneaux)* signs *(pl)* ; *(au sol)* road markings *(pl)*.

signature [sinatyr] *nf* signature.

signe [sin] *nm* sign ; *(dessin)* symbol ; faire ~ à qqn *(de faire qqch)* to signal to sb *(to do sthg)* ; faire le ~ de croix to cross o.s. ; ~ du zodiaque sign of the zodiac.

signer [sine] *vt & vi* to sign. ❑ **se signer** *vp* to cross o.s.

significatif, ive [sinifikatif, iv] *adj* significant.

signification [sinifikasjɔ̃] *nf* meaning.

signifier [sinifje] *vt* to mean.

silence [silɑ̃s] *nm* silence.

silencieux, euse [silɑ̃sjø, øz] *adj* quiet.

silhouette [silwɛt] *nf (forme)* silhouette ; *(corps)* figure.

sillonner [sijɔne] *vt (parcourir)* : ~ une région to travel all round a region.

similaire [similɛr] *adj* similar.

simple [sɛ̃pl] *adj* simple ; *(feuille, chambre)* single.

simplement [sɛ̃pləmɑ̃] *adv* simply.

simplicité [sɛ̃plisite] *nf* simplicity.

simplifier [sɛ̃plifje] *vt* to simplify.

simuler [simyle] *vt* to feign.

simultané, e [simyltane] *adj* simultaneous.

simultanément [simyltanemɑ̃] *adv* simultaneously.

sincère [sɛ̃sɛr] *adj* sincere.

sincérité [sɛ̃serite] *nf* sincerity.

singe [sɛ̃ʒ] *nm* monkey.

singulier [sɛ̃gylje] *nm* singular.

sinistre [sinistr] *adj* sinister. ◆ *nm (incendie)* fire ; *(inondation)* flood.

sinistré, e [sinistre] adj disaster-stricken. ◆ nm, f disaster victim.

sinon [sinɔ̃] conj (autrement) otherwise ; (peut-être même) if not.

sinueux, euse [sinɥø, øz] adj winding.

sinusite [sinyzit] nf sinusitis.

sirène [siren] nf (d'alarme, de police) siren.

sirop [siro] nm CULIN syrup ; ~ d'érable maple syrup ; ~ de fruits fruit cordial ; ~ (pour la toux) cough mixture.

siroter [sirɔte] vt to sip.

site [sit] nm (paysage) beauty spot ; (emplacement) site ; ~ touristique tourist site.

situation [sitɥasjɔ̃] nf (circonstances) situation ; (emplacement) location ; (emploi) job.

situé, e [sitɥe] adj situated.

situer [sitɥe] : se situer vp to be situated.

six [sis] adj num, pron num & nm six ; il a ~ ans he's six (years old) ; le ~ janvier the sixth of January ; ils étaient ~ there were six of them ; (au) ~ rue Lepic at/to six, rue Lepic.

sixième [sizjɛm] adj num & pron num sixth. ◆ nf SCOL ≃ first form (Br), ≃ seventh grade (Am). ◆ nm (fraction) sixth ; (étage) sixth floor (Br), seventh floor (Am) ; (arrondissement) sixth arrondissement.

Skaï® [skaj] nm Leatherette®.

skateboard [sketbɔrd] nm (planche) skateboard ; (sport) skateboarding.

sketch [skɛtʃ] nm sketch.

ski [ski] nm (planche) ski ; (sport) skiing ; faire du ~ to go skiing ; ~ alpin Alpine skiing ; ~ de fond cross-country skiing ; ~ nautique water skiing.

skier [skje] vi to ski.

skieur, euse [skjœr, øz] nm, f skier.

slalom [slalɔm] nm slalom.

slip [slip] nm (sous-vêtement masculin) pants (Br)(pl), shorts (Am)(pl) ; (sous-vêtement féminin) knickers (pl) ; ~ de bain (d'homme) swimming trunks (pl).

slogan [slɔgã] nm slogan.

SMIC [smik] nm guaranteed minimum wage.

smoking [smɔkiŋ] nm (costume) dinner suit.

snack(-bar), s [snak(bar)] nm snack bar.

SNCF nf French national railway company, ≃ BR (Br), ≃ Amtrak (Am).

snob [snɔb] adj snobbish. ◆ nmf snob.

sobre [sɔbr] adj sober.

sociable [sɔsjabl] adj sociable.

social, e, aux [sɔsjal, o] adj social.

socialisme [sɔsjalism] nm socialism.

socialiste [sɔsjalist] adj & nmf socialist.

société [sɔsjete] nf society ; (entreprise) company.

socle [sɔkl] nm (d'une statue) pedestal.

socquette [sɔkɛt] nf ankle sock.

soda [sɔda] nm fizzy drink, soda (Am).

sœur [sœr] nf sister.

sofa [sɔfa] nm sofa.

soi [swa] pron oneself ; en ~ (par lui-même) in itself.

soi-disant [swadizɑ̃] *adj inv*
so-called. ◆ *adv* supposedly.

soie [swa] *nf* silk.

soif [swaf] *nf* thirst ; **avoir ~** to be
thirsty ; **ça donne ~** it makes you
thirsty.

soigner [swaɲe] *vt (malade, maladie)* to treat ; *(travail, présentation)*
to take care over ; *(s'occuper de)* to
look after, to take care of.

soigneusement [swaɲøzmɑ̃]
adv carefully.

soigneux, euse [swaɲø, øz] *adj*
careful.

soin [swɛ̃] *nm* care ; **prendre ~ de
faire qqch** to take care to do sthg.
◻ **soins** *nmpl (médicaux, de beauté)*
care *(sg)* ; **premiers ~ s** first aid *(sg)*.

soir [swar] *nm* evening ; **ce ~** tonight ; **le ~** *(tous les jours)* in the
evening.

soirée [sware] *nf* evening ; *(réception)* party.

sois, soit [swa] ◆ être.

soit [swa(t)] *conj* : **~ ... ~** either ...
or.

soixante [swasɑ̃t] *num* sixty
→ **six**.

soixante-dix [swasɑ̃tdis] *num*
seventy → **six**.

soixante-dixième [swasɑ̃tdi-
zjɛm] *num* seventieth → **sixième**.

soixantième [swasɑ̃tjɛm] *num*
sixtieth → **sixième**.

soja [sɔʒa] *nm* soya.

sol [sɔl] *nm (d'une maison)* floor ;
(dehors) ground ; *(terrain)* soil.

solaire [sɔlɛr] *adj* solar.

soldat [sɔlda] *nm* soldier.

solde [sɔld] *nm (d'un compte bancaire)* balance ; **en ~** in a sale.

◻ **soldes** *nmpl (vente)* sales ; *(articles)* sale goods.

soldé, e [sɔlde] *adj (article)* reduced.

sole [sɔl] *nf* sole ; **~ meunière** *sole
fried in butter and served with lemon
juice and parsley.*

soleil [sɔlɛj] *nm* sun ; **au ~** in the
sun ; **~ couchant** sunset ; **~ levant**
sunrise.

solennel, elle [sɔlanɛl] *adj (officiel)* solemn ; *péj (ton, air)* pompous.

solfège [sɔlfɛʒ] *nm* : **faire du ~** to
learn how to read music.

solidaire [sɔlidɛr] *adj* : **être ~ de
qqn** to stand by sb.

solidarité [sɔlidarite] *nf* solidarity.

solide [sɔlid] *adj (matériau, construction)* solid ; *(personne)* sturdy.

solidité [sɔlidite] *nf* solidity.

soliste [sɔlist] *nmf* soloist.

solitaire [sɔlitɛr] *adj* lonely.
◆ *nmf* loner.

solitude [sɔlityd] *nf (calme)* solitude ; *(abandon)* loneliness.

solliciter [sɔlisite] *vt (suj : mendiant)* to beg ; *(entrevue, faveur)* to
request.

soluble [sɔlybl] *adj (café)* instant ; *(médicament)* soluble.

solution [sɔlysjɔ̃] *nf* solution.

sombre [sɔ̃br] *adj* dark ; *(visage,
humeur, avenir)* gloomy.

sommaire [sɔmɛr] *adj (explication, résumé)* brief ; *(repas, logement)* basic. ◆ *nm* summary.

somme [sɔm] *nf* sum. ◆ *nm* : **faire
un ~** to have a nap ; **faire la ~ de** to
add up ; **en ~** in short.

sommeil [sɔmɛj] *nm* sleep ; **avoir
~** to be sleepy.

sommelier, ère [sɔməlje, ɛr] *nm, f* wine waiter (*f* wine waitress).

sommes [sɔm] → **être**.

sommet [sɔme] *nm* top ; (*montagne*) peak.

sommier [sɔmje] *nm* base.

somnambule [sɔmnɑ̃byl] *nmf* sleepwalker.

somnifère [sɔmnifɛr] *nm* sleeping pill.

somnoler [sɔmnɔle] *vi* to doze.

somptueux, euse [sɔ̃ptɥø, øz] *adj* sumptuous.

son[1] [sɔ̃] (*f* **sa** [sa], *pl* **ses** [se]) *adj* (*d'homme*) his ; (*de femme*) her ; (*de chose, d'animal*) its.

son[2] [sɔ̃] *nm* (*bruit*) sound ; (*de blé*) bran ; **~ et lumière** *historical play performed at night.*

sondage [sɔ̃daʒ] *nm* survey.

sonde [sɔ̃d] *nf* MED probe.

songer [sɔ̃ʒe] *vi* : **~ à faire qqch** (*envisager de*) to think of doing sthg.

songeur, euse [sɔ̃ʒœr, øz] *adj* thoughtful.

sonner [sɔne] *vi* to ring. ◆ *vt* (*cloche*) to ring ; (*suj : horloge*) to strike.

sonnerie [sɔnri] *nf* (*son*) ringing ; (*mécanisme de réveil*) alarm ; (*de porte*) bell.

sonnette [sɔnet] *nf* (*de porte*) bell ; **~ d'alarme** (*dans un train*) communication cord.

sono [sɔno] *nf fam* sound system.

sonore [sɔnɔr] *adj* (*voix, rire*) loud.

sonorité [sɔnɔrite] *nf* tone.

sont [sɔ̃] → **être**.

sophistiqué, e [sɔfistike] *adj* sophisticated.

sorbet [sɔrbɛ] *nm* sorbet.

Sorbonne [sɔrbɔn] *nf* : **la ~** the Sorbonne *(highly respected Paris university).*

ⓘ   **LA SORBONNE**

The oldest university in Paris was founded by Robert de Sorbon in 1257 as a Theology school for poor students. Today it consists of a Law school (Panthéon-Sorbonne or Paris I) and a school for the Humanities (la Sorbonne or Paris IV). The names Sorbonne nouvelle and Paris III refer to another Humanities school located on Rue Censier.

sorcier, ère [sɔrsje, ɛr] *nm, f* wizard (*f* witch).

sordide [sɔrdid] *adj* sordid.

sort [sɔr] *nm* fate ; **tirer au ~** to draw lots.

sorte [sɔrt] *nf* sort, kind ; **une ~ de** a sort of, a kind of ; **en quelque ~** as it were.

sortie [sɔrti] *nf* (*porte*) exit, way out ; (*excursion*) outing ; (*au cinéma, au restaurant*) evening out ; (*d'un livre*) publication ; (*d'un film*) release ; **~ de secours** emergency exit ; **'~ de véhicules'** 'garage entrance'.

sortir [sɔrtir] *vi* (aux être) (*aller dehors, au cinéma, au restaurant*) to go out ; (*venir dehors*) to come out ; (*livre, film*) to come out. ◆ *vt* (aux avoir) (*chien*) to take out ; (*livre, film*) to bring out ; **~ de** (*aller*) to leave ; (*venir*) to come out of ;

(école, université) to have studied at. □ **s'en sortir** *vp* to pull through.
SOS *nm* SOS ; **~ Médecins** emergency medical service.
sosie [sɔzi] *nm* double.
sou [su] *nm* : **ne plus avoir un ~ to** be broke. □ **sous** *nmpl fam (argent)* money *(sg)*.
souche [suʃ] *nf (d'arbre)* stump ; *(de carnet)* stub.
souci [susi] *nm* worry ; **se faire du ~ (pour)** to worry (about).
soucier [susje] : **se soucier de** *vp + prép* to care about.
soucieux, euse [susjø, øz] *adj* concerned.
soucoupe [sukup] *nf* saucer ; **~ volante** flying saucer.
soudain, e [sudɛ̃, ɛn] *adj* sudden. ◆ *adv* suddenly.
souder [sude] *vt* TECH to weld.
soudure [sudyr] *nf (opération)* welding ; *(partie soudée)* weld.
souffert [sufɛr] *pp* → **souffrir**.
souffle [sufl] *nm (respiration)* breathing ; *(d'une explosion)* blast ; **un ~ d'air** OU **de vent** a gust of wind ; **être à bout de ~** to be out of breath.
soufflé [sufle] *nm* soufflé.
souffler [sufle] *vt (fumée)* to blow ; *(bougie)* to blow out. ◆ *vi (expirer)* to breathe out ; *(haleter)* to puff ; *(vent)* to blow.
soufflet [sufle] *nm (pour le feu)* bellows *(pl)* ; *(de train)* concertina vestibule.
souffrance [sufrɑ̃s] *nf* suffering.
souffrant, e [sufrɑ̃, ɑ̃t] *adj sout* unwell.
souffrir [sufrir] *vi* to suffer ; **~ de** to suffer from.

soufre [sufr] *nm* sulphur.
souhait [swɛ] *nm* wish ; **à tes ~ s!** bless you!
souhaitable [swɛtabl] *adj* desirable.
souhaiter [swete] *vt* : **~ que** to hope that ; **~ bonne chance/bon anniversaire à qqn** to wish sb good luck/happy birthday.
soûl, e [su, sul] *adj* drunk.
soulagement [sulaʒmɑ̃] *nm* relief.
soulager [sulaʒe] *vt* to relieve.
soûler [sule] : **se soûler** *vp* to get drunk.
soulever [sulve] *vt (couvercle, jupe)* to lift ; *(enthousiasme, protestations)* to arouse ; *(problème)* to bring up. □ **se soulever** *vp (se redresser)* to raise o.s. up ; *(se rebeller)* to rise up.
soulier [sulje] *nm* shoe.
souligner [suliɲe] *vt* to underline ; *(insister sur)* to emphasize.
soumettre [sumɛtr] *vt* : **~ qqn/ qqch à** to subject sb/sthg to ; **~ qqch à qqn** *(idée, projet)* to submit sthg to sb. □ **se soumettre à** *vp + prép (loi, obligation)* to abide by.
soumis, e [sumi, iz] *pp* → **soumettre**. ◆ *adj* submissive.
soupape [supap] *nf* valve.
soupçon [supsɔ̃] *nm* suspicion.
soupçonner [supsɔne] *vt* to suspect.
soupçonneux, euse [supsɔnø, øz] *adj* suspicious.
soupe [sup] *nf* soup.
souper [supe] *nm (dernier repas)* late supper ; *(dîner)* dinner. ◆ *vi (très tard)* to have a late supper ; *(dîner)* to have dinner.

soupeser [supəze] *vt* to feel the weight of.

soupière [supjɛr] *nf* tureen.

soupir [supir] *nm* sigh ; **pousser un ~** to give a sigh.

soupirer [supire] *vi* to sigh.

souple [supl] *adj (matière)* flexible ; *(sportif)* supple.

souplesse [suples] *nf (d'un sportif)* suppleness.

source [surs] *nf (d'eau)* spring ; *(de chaleur, de lumière)* source.

sourcil [sursi] *nm* eyebrow.

sourd, e [sur, surd] *adj* deaf.

sourd-muet, sourde-muette [surmɥɛ, surdmɥɛt] *adj (mpl* **sourds-muets,** *fpl* **sourdes-muettes)** *nm, f* deaf and dumb person.

souriant, e [surjɑ̃, ɑ̃t] *adj* smiling.

sourire [surir] *nm* smile. ◆ *vi* to smile.

souris [suri] *nf* mouse.

sournois, e [surnwa, az] *adj* sly.

sous [su] *prép* under, underneath ; **~ enveloppe** in an envelope ; **~ la pluie** in the rain.

sous-bois [subwa] *nm* undergrowth.

sous-développé, e, s [sudevlɔpe] *adj* underdeveloped.

sous-entendre [suzɑ̃tɑ̃dr] *vt* to imply.

sous-entendu, s [suzɑ̃tɑ̃dy] *nm* innuendo.

sous-estimer [suzɛstime] *vt* to underestimate.

sous-louer [sulwe] *vt* to sublet.

sous-marin, e, s [sumarɛ̃] *adj (flore)* underwater. ◆ *nm* submarine ; *Can (sandwich)* long filled roll, sub *(Am)*.

sous-préfecture, s [suprefɛktyr] *nf administrative area smaller than a 'préfecture'.*

sous-pull, s [supyl] *nm* lightweight polo-neck sweater.

sous-sol, s [susɔl] *nm (d'une maison)* basement.

sous-titre, s [sutitr] *nm* subtitle.

sous-titré, e, s [sutitre] *adj* subtitled.

soustraction [sustraksjɔ̃] *nf* subtraction.

sous-verre [suver] *nm inv* picture in a clip-frame.

sous-vêtements [suvɛtmɑ̃] *nmpl* underwear *(sg)*.

soute [sut] *nf (d'un bateau)* hold ; **~ à bagages** *(d'un car)* luggage compartment ; *(d'un avion)* luggage hold.

soutenir [sutnir] *vt (porter, défendre)* to support.

souterrain, e [sutɛrɛ̃, ɛn] *adj* underground. ◆ *nm* underground passage ; *(sous une rue)* subway *(Br)*, underpass *(Am)*.

soutien [sutjɛ̃] *nm* support ; *SCOL* extra classes *(pl)*.

soutien-gorge [sutjɛ̃gɔrʒ] *(pl* **soutiens-gorge)** *nm* bra.

souvenir [suvnir] *nm* memory ; *(objet touristique)* souvenir. ❑ **se souvenir de** *vp + prép* to remember.

souvent [suvɑ̃] *adv* often.

souvenu, e [suvny] *pp* → **souvenir.**

souverain, e [suvrɛ̃, ɛn] *nm, f* monarch.

soviétique [sɔvjetik] *adj* Soviet.

soyeux, euse [swajø, øz] *adj* silky.

soyons [swajɔ̃] → être.

SPA nf ≃ RSPCA (Br), ≃ SPCA (Am).

spacieux, euse [spasjø, øz] adj spacious.

spaghetti(s) [spageti] nmpl spaghetti (sg).

sparadrap [sparadra] nm (sticking) plaster (Br), Band-Aid® (Am).

spatial, e, aux [spasjal, o] adj (recherche, vaisseau) space.

spatule [spatyl] nf (de cuisine) spatula.

spätzli [ʃpetsli] nmpl Helv small dumplings.

spécial, e, aux [spesjal, o] adj special ; (bizarre) odd.

spécialisé, e [spesjalize] adj specialized.

spécialiste [spesjalist] nmf specialist.

spécialité [spesjalite] nf speciality.

spécifique [spesifik] adj specific.

spécimen [spesimen] nm specimen.

spectacle [spektakl] nm (au théâtre, au cinéma) show ; (vue) sight.

spectaculaire [spektakyler] adj spectacular.

spectateur, trice [spektatœr, tris] nm, f spectator.

speculo(o)s [spekylos] nm Belg crunchy sweet biscuit flavoured with cinnamon.

speed [spid] adj : il est très ~ he's really hyper.

spéléologie [speleɔlɔʒi] nf potholing.

sphère [sfer] nf sphere.

spirale [spiral] nf spiral ; en ~ spiral.

spirituel, elle [spirityel] adj spiritual ; (personne, remarque) witty.

spiritueux [spirityø] nm spirit.

splendide [splɑ̃did] adj magnificent.

sponsor [spɔ̃sɔr] nm sponsor.

sponsoriser [spɔ̃sɔrize] vt to sponsor.

spontané, e [spɔ̃tane] adj spontaneous.

sport [spɔr] nm sport ; ~ s d'hiver winter sports.

sportif, ive [spɔrtif, iv] adj (athlétique) sporty ; (épreuve, journal) sports. ◆ nm, f sportsman (f sportswoman).

spot [spɔt] nm (projecteur, lampe) spotlight ; ~ publicitaire commercial.

sprint [sprint] nm sprint.

square [skwar] nm small public garden.

squelette [skəlɛt] nm skeleton.

St (abr de saint) St.

stable [stabl] adj stable.

stade [stad] nm (de sport) stadium ; (période) stage.

stage [staʒ] nm (en entreprise) work placement ; (d'informatique, de yoga) intensive course.

stagiaire [staʒjer] nmf trainee.

stagner [stagne] vi to stagnate.

stalactite [stalaktit] nf stalactite.

stalagmite [stalagmit] nf stalagmite.

stand [stɑ̃d] nm stand.

standard [stɑ̃dar] adj inv standard. ◆ nm (téléphonique) switchboard.

standardiste [stɑ̃dardist] nmf switchboard operator.

star [star] nf star.

starter [starter] nm (d'une voiture) choke.

station [stasjɔ̃] nf (de métro, de radio) station ; ~ **de sports d'hiver** OU **de ski** ski resort ; ~ **balnéaire** seaside resort ; ~ **de taxis** taxi rank ; ~ **thermale** spa.

stationnement [stasjɔnmɑ̃] nm parking ; '~ **payant**' sign indicating that drivers must pay to park in designated area.

stationner [stasjɔne] vi to park.

station-service [stasjɔ̃sɛrvis] (pl **stations-service**) nf petrol station (Br), gas station (Am).

statique [statik] adj → **électricité**.

statistiques [statistik] nfpl statistics.

statue [staty] nf statue.

statuette [statyɛt] nf statuette.

statut [staty] nm (situation) status.

Ste (abr de **sainte**) St.

Sté (abr de **société**) Co.

steak [stɛk] nm steak ; ~ **frites** steak and chips ; ~ **haché** beefburger ; ~ **tartare** steak tartare.

sténodactylo [stenɔdaktilo] nf shorthand typist.

stéréo [stereo] adj inv & nf stereo.

stérile [steril] adj sterile.

stériliser [sterilize] vt to sterilize.

sterling [stɛrliŋ] adj → **livre** [2].

steward [stiwart] nm (sur un avion) (air) steward.

stimuler [stimyle] vt (encourager) to encourage.

stock [stɔk] nm stock.

stocker [stɔke] vt to stock.

stop [stɔp] nm (panneau) stop

sign ; (phare) brake light. ◆ excl stop! ; **faire du** ~ to hitchhike.

stopper [stɔpe] vt & vi to stop.

store [stɔr] nm blind ; (de magasin) awning.

strapontin [strapɔ̃tɛ̃] nm folding seat.

stratégie [strateʒi] nf strategy.

stress [strɛs] nm stress.

stressé, e [strɛse] adj stressed.

strict, e [strikt] adj strict.

strictement [striktəmɑ̃] adv strictly.

strident, e [stridɑ̃, ɑ̃t] adj shrill.

strié, e [strije] adj with ridges.

strophe [strɔf] nf verse.

structure [stryktyr] nf structure.

studieux, euse [stydjø, øz] adj studious.

studio [stydjo] nm (logement) studio flat (Br), studio apartment (Am) ; (de cinéma, de photo) studio.

stupéfait, e [stypefɛ, ɛt] adj astounded.

stupéfiant, e [stypefjɑ̃, ɑ̃t] adj astounding. ◆ nm drug.

stupide [stypid] adj stupid.

stupidité [stypidite] nf stupidity ; (parole) stupid remark.

style [stil] nm style.

stylo [stilo] nm pen ; ~ (**à**) **bille** ballpoint pen ; ~ (**à**) **plume** fountain pen.

stylo-feutre [stiloføtr] (pl **stylos-feutres**) nm felt-tip (pen).

su, e [sy] pp → **savoir**.

subir [sybir] vt (attaque, opération, changement) to undergo.

subit, e [sybi, it] adj sudden.

subjectif, ive [sybʒektif, iv] adj subjective.

subjonctif [sybʒɔ̃ktif] *nm* subjunctive.

sublime [syblim] *adj* sublime.

submerger [sybmɛrʒe] *vt (suj: eau)* to flood ; *(suj: travail, responsabilités)* to overwhelm.

subsister [sybziste] *vi (rester)* to remain.

substance [sypstɑ̃s] *nf* substance.

substantiel, elle [sypstɑ̃sjɛl] *adj* substantial.

substituer [sypstitɥe] *vt* : ~ qqch à qqch to substitute sthg for sthg.

subtil, e [syptil] *adj* subtle.

subtilité [syptilite] *nf* subtlety.

subvention [sybvɑ̃sjɔ̃] *nf* subsidy.

succéder [syksede] : **succéder à** *v + prép (suivre)* to follow ; *(dans un emploi)* to succeed. ❑ **se succéder** *vp (événements, jours)* to follow one another.

succès [syksɛ] *nm* success ; **avoir du ~** to be successful.

successeur [syksesœr] *nm* successor.

successif, ive [syksesif, iv] *adj* successive.

succession [syksesjɔ̃] *nf* succession.

succulent, e [sykylɑ̃, ɑ̃t] *adj* delicious.

succursale [sykyrsal] *nf* branch.

sucer [syse] *vt* to suck.

sucette [sysɛt] *nf (bonbon)* lollipop ; *(de bébé)* dummy *(Br)*, pacifier *(Am)*.

sucre [sykr] *nm* sugar ; ~ **en morceaux** sugar lumps *(pl)* ; ~ **en poudre** caster sugar.

sucré, e [sykre] *adj (yaourt, lait concentré)* sweetened ; *(fruit, café)* sweet.

sucrer [sykre] *vt* to sweeten.

sucreries [sykrəri] *nfpl* sweets *(Br)*, candies *(Am)*.

sucrier [sykrije] *nm* sugar bowl.

sud [syd] *adj inv* & *nm* south ; **au ~ in** the south ; **au ~ de** south of.

sud-africain, e, s [sydafrikɛ̃, ɛn] *adj* South African.

sud-est [sydɛst] *adj inv* & *nm* southeast ; **au ~ in** the southeast ; **au ~ de** southeast of.

sud-ouest [sydwɛst] *adj inv* & *nm* southwest ; **au ~ in** the southwest.

Suède [sɥɛd] *nf* : **la ~** Sweden.

suédois, e [sɥedwa, az] *adj* Swedish. ◆ *nm (langue)* Swedish. ❑ **Suédois, e** *nm, f* Swede.

suer [sɥe] *vi* to sweat.

sueur [sɥœr] *nf* sweat ; **être en ~** to be sweating.

suffire [syfir] *vi* to be enough ; **ça suffit! that's enough! ; il (te) suffit** de faire all you have to do is do.

suffisamment [syfizamɑ̃] *adv* enough ; ~ **de** enough.

suffisant, e [syfizɑ̃, ɑ̃t] *adj* sufficient.

suffocant, e [syfɔkɑ̃, ɑ̃t] *adj* oppressive.

suffoquer [syfɔke] *vi* to suffocate.

suggérer [sygʒere] *vt* to suggest.

suggestion [sygʒɛstjɔ̃] *nf* suggestion.

suicide [sɥisid] *nm* suicide.

suicider [sɥiside] : **se suicider** *vp* to commit suicide.

suie [sɥi] *nf* soot.

suinter [sɥɛ̃te] vi (murs) to sweat ; (liquide) to ooze.

suis [sɥi] → être, suivre.

suisse [sɥis] adj Swiss. ❑ **Suisse** nmf Swiss (person). ◆ nf : **la Suisse** Switzerland ; **les Suisses** the Swiss.

suite [sɥit] nf (série, succession) series ; (d'une histoire) rest ; (deuxième film) sequel ; **à la ~** (en suivant) one after the other ; **à la ~ de** (à cause de) following ; **de ~** (d'affilée) in a row. ❑ **suites** nfpl (conséquences) consequences ; (d'une maladie) aftereffects.

suivant, e [sɥivɑ̃, ɑ̃t] adj next. ◆ nm, f next (one). ◆ prép (selon) according to ; **au ~!** next!

suivi, e [sɥivi] pp → suivre.

suivre [sɥivʀ] vt to follow ; **suivi de** followed by ; **faire ~** (courrier) to forward.

sujet [syʒɛ] nm subject ; **au ~ de** about.

super [sypɛʀ] adj inv fam (formidable) great. ◆ nm (carburant) four-star (petrol).

super- [sypɛʀ] préf fam (très) really.

superbe [sypɛʀb] adj superb.

supérette [sypeʀɛt] nf mini-market.

superficie [sypɛʀfisi] nf area.

superficiel, elle [sypɛʀfisjɛl] adj superficial.

superflu, e [sypɛʀfly] adj superfluous.

supérieur, e [sypeʀjœʀ] adj (du dessus) upper ; (qualité) superior. ◆ nm, f (hiérarchique) superior ; **~ à** (plus élevé que) higher than ; (meilleur que) better than.

supériorité [sypeʀjɔʀite] nf superiority.

supermarché [sypɛʀmaʀʃe] nm supermarket.

superposer [sypɛʀpoze] vt (objets) to put on top of each other ; (images) to superimpose.

superstitieux, euse [sypɛʀstisjø, øz] adj superstitious.

superviser [sypɛʀvize] vt to supervise.

supplément [syplemɑ̃] nm (argent) supplement, extra charge ; **en ~** extra.

supplémentaire [syplemɑ̃tɛʀ] adj additional.

supplice [syplis] nm torture.

supplier [syplije] vt : **~ qqn de faire qqch** to beg sb to do sthg.

support [sypɔʀ] nm support.

supportable [sypɔʀtabl] adj (douleur) bearable ; (situation) tolerable.

supporter[1] [sypɔʀte] vt (endurer) to bear, to stand ; (tolérer) to bear (soutenir) to support.

supporter[2] [sypɔʀtɛʀ] nm (d'une équipe) supporter.

supposer [sypoze] vt to suppose ; (exiger) to require ; **à ~ que ... supposing (that) ...**

supposition [sypozisjɔ̃] nf supposition.

suppositoire [sypozitwaʀ] nm suppository.

suppression [sypʀesjɔ̃] nf removal ; (d'un mot) deletion.

supprimer [sypʀime] vt to remove ; (train) to cancel ; (mot) to delete ; (tuer) to do away with.

suprême [sypʀɛm] nm : **~ de volaille** chicken supreme.

☞

sur [syr] *prép* - 1. *(dessus)* on.
- 2. *(au-dessus de)* above, over.
- 3. *(indique la direction)* towards ;
tournez ~ la droite turn (to the)
right.
- 4. *(indique la distance)* for ; 'travaux ~ 10 kilomètres' 'roadworks
for 10 kilometres'.
- 5. *(au sujet de)* on, about.
- 6. *(dans une mesure)* by ; un mètre
~ deux one metre by two.
- 7. *(dans une proportion)* out of ; un
jour ~ deux every other day.

sûr, e [syr] *adj (certain)* certain,
sure ; *(sans danger)* safe ; *(digne de
confiance)* reliable ; être ~ de soi to
be self-confident.

surbooking [syrbukiŋ] *nm* over-
booking.

surcharger [syrʃarʒe] *vt* to overload.

surchauffé, e [syrʃofe] *adj* over-
heated.

surélever [syrelve] *vt* to raise.

sûrement [syrmã] *adv (probablement)* probably ; ~ pas! certainly
not!

surestimer [syrɛstime] *vt* to over-
estimate.

sûreté [syrte] *nf* : mettre qqch en
~ to put sthg in a safe place.

surexcité, e [syrɛksite] *adj* over-
excited.

surf [sœrf] *nm* surfing.

surface [syrfas] *nf (étendue)* surface area ; *MATH* surface.

surfer *vi INFORM* to surf.

surgelé, e [syrʒəle] *adj* frozen.
♦ *nm* frozen meal ; des ~ s frozen
food *(sg)*.

surgir [syrʒir] *vi* to appear suddenly ; *(difficultés)* to arise.

sur-le-champ [syrləʃã] *adv* immediately.

surlendemain [syrlãdmɛ̃] *nm* :
le ~ two days later ; le ~ de son départ two days after he left.

surligneur [syrliɲœr] *nm* high-
lighter (pen).

surmené, e [syrməne] *adj* over-
worked.

surmonter [syrmɔ̃te] *vt (difficulté, obstacle)* to overcome.

surnaturel, elle [syrnatyrɛl] *adj*
supernatural.

surnom [syrnɔ̃] *nm* nickname.

surnommer [syrnɔme] *vt* to
nickname.

surpasser [syrpase] *vt* to sur-
pass. ❑ **se surpasser** *vp* to excel
o.s.

surplace [syrplas] *nm* : faire du
~ *fig* to mark time.

surplomber [syrplɔ̃be] *vt* to
overhang.

surplus [syrply] *nm* surplus.

surprenant, e [syrprənã, ãt] *adj*
surprising.

surprendre [syrprãdr] *vt* to surprise.

surpris, e [syrpri, iz] *pp* → surprendre. ♦ *adj* surprised.

surprise [syrpriz] *nf* surprise ; faire une ~ à qqn to give sb a surprise ;
par ~ by surprise.

surréservation [syrrezervasjɔ̃] *nf*
= surbooking.

sursaut [syrso] *nm* : se réveiller en
~ to wake with a start.

sursauter [syrsote] *vi* to start.

surtaxe [syrtaks] *nf* surcharge.

surtout [syrtu] *adv (avant tout)*

above all ; *(plus particulièrement)* especially ; **~**, fais bien attention! whatever you do, be careful!

survécu [syʀveky] *pp* → survivre.

surveillance [syʀvɛjɑ̃s] *nf* supervision ; **être sous ~** to be under surveillance.

surveillant, e [syʀvɛjɑ̃, ɑ̃t] *nm, f* SCOL supervisor.

surveiller [syʀvɛje] *vt* to watch. □ **se surveiller** *vp (faire du régime)* to watch one's weight.

survêtement [syʀvɛtmɑ̃] *nm* tracksuit.

survivant, e [syʀvivɑ̃, ɑ̃t] *nm, f* survivor.

survivre [syʀvivʀ] *vi* to survive ; **~ à** to survive.

survoler [syʀvɔle] *vt (lieu)* to fly over.

sus [sy(s)] : **en sus** *adv* on top.

susceptible [syseptibl] *adj (sensible)* touchy.

susciter [sysite] *vt (intérêt, colère)* to arouse ; *(difficulté, débat)* to create.

suspect, e [syspɛ, ɛkt] *adj (comportement, individu)* suspicious ; *(aliment)* suspect. ◆ *nm, f* suspect.

suspecter [syspɛkte] *vt* to suspect.

suspendre [syspɑ̃dʀ] *vt (accrocher)* to hang ; *(arrêter)* to suspend.

suspense [syspɛns] *nm* suspense.

suspension [syspɑ̃sjɔ̃] *nf (d'une voiture)* suspension ; *(lampe)* (ceiling) light *(hanging type)*.

suture [sytyʀ] *nf* → point.

SVP *(abr de s'il vous plaît)* pls.

sweat-shirt, s [switʃœʀt] *nm* sweatshirt.

syllabe [silab] *nf* syllable.

symbole [sɛ̃bɔl] *nm* symbol.

symbolique [sɛ̃bɔlik] *adj* symbolic.

symétrie [simetʀi] *nf* symmetry.

symétrique [simetʀik] *adj* symmetrical.

sympa [sɛ̃pa] *adj fam* nice.

sympathie [sɛ̃pati] *nf* : **éprouver** OU **avoir de la ~ pour qqn** to have a liking for sb.

sympathique [sɛ̃patik] *adj* nice.

sympathiser [sɛ̃patize] *vi* to get on well.

symphonie [sɛ̃fɔni] *nf* symphony.

symptôme [sɛ̃ptom] *nm* symptom.

synagogue [sinagɔg] *nf* synagogue.

synchronisé, e [sɛ̃kʀɔnize] *adj* synchronized.

syncope [sɛ̃kɔp] *nf* MÉD blackout.

syndical, e, aux [sɛ̃dikal, o] *adj (mouvement, revendications)* (trade) union.

syndicaliste [sɛ̃dikalist] *nmf* (trade) unionist.

syndicat [sɛ̃dika] *nm* (trade) union ; **~ d'initiative** tourist office.

syndiqué, e [sɛ̃dike] *adj* : **être ~** to belong to a (trade) union.

synonyme [sinɔnim] *nm* synonym.

synthèse [sɛ̃tez] *nf (d'un texte)* summary.

synthétique [sɛ̃tetik] *adj (produit, fibre)* synthetic, man-made. ◆ *nm (tissu)* synthetic OU man-made fabric.

synthétiseur [sɛ̃tetizœr] *nm* synthesizer.

systématique [sistematik] *adj* systematic.

système [sistɛm] *nm* system.

T

t' → te.

ta → ton¹.

tabac [taba] *nm* tobacco ; *(magasin)* tobacconist's.

ⓘ TABAC

As well as selling cigarettes, cigars and tobacco, *tabacs* in France also sell stamps and lottery tickets. In Paris they sell métro tickets and carte orange monthly public transport passes. In the countryside they may also stock newspapers.

tabagie [tabaʒi] *nf Can (bureau de tabac)* tobacconist's.

table [tabl] *nf* table ; **mettre la** ~ **to** set ou lay the table ; **se mettre à** ~ to sit down to eat ; ~ **de chevet** ou **de nuit** bedside table ; ~ **à langer** baby changing table ; ~ **d'opération** operating table ; ~ **d'orientation** viewpoint indicator ; ~ **à repasser** ironing board.

tableau, x [tablo] *nm (peinture)* painting ; *(panneau)* board ; *(grille)* table ; ~ **de bord** *(d'une voiture)* dashboard ; *(d'un avion)* instrument panel ; ~ **(noir)** blackboard.

tablette [tablɛt] *nf (étagère)* shelf ; ~ **de chocolat** bar of chocolate.

tablier [tablije] *nm* apron.

taboulé [tabule] *nm* tabbouleh, *Lebanese dish of couscous, tomatoes, onion, mint and lemon.*

tabouret [taburɛ] *nm* stool.

tache [taʃ] *nf (de couleur)* patch ; *(de graisse)* stain ; ~ **s de rousseur** freckles.

tâche [taʃ] *nf* task.

tacher [taʃe] *vt* to stain.

tâcher [taʃe] : **tâcher de** *v* + *prép* to try to.

tacheté, e [taʃte] *adj* spotted.

tact [takt] *nm* tact.

tactique [taktik] *nf* tactics *(pl)*.

tag [tag] *nm* name written with a spray can on walls, trains etc.

tagine [taʒin] *nm* North African stew, cooked in a special earthenware vessel.

taie [tɛ] *nf* : ~ **d'oreiller** pillowcase.

taille [taj] *nf* size ; *(hauteur)* height ; *(partie du corps)* waist.

taille-crayon, s [tajkrɛjɔ̃] *nm* pencil sharpener.

tailler [taje] *vt (arbre)* to prune ; *(tissu)* to cut out ; *(crayon)* to sharpen.

tailleur [tajœr] *nm (couturier)* tailor ; *(vêtement)* (woman's) suit ; **s'asseoir en** ~ to sit cross-legged.

taire [tɛr] : **se taire** *vp (arrêter de parler)* to stop speaking ; *(rester silencieux)* to be silent.

talc [talk] *nm* talc.

talent [talɑ̃] *nm* talent.

talkie-walkie [tɔkiwɔki] *(pl* talkies-walkies) *nm* walkie-talkie.

talon [talɔ̃] *nm* heel ; *(d'un chèque)* stub ; **chaussures à** ~ **s hauts/ plats** high-heeled/flat shoes.

talus [taly] *nm* embankment.

tambour [tãbur] *nm* drum.

tambourin [tãburɛ̃] *nm* tambourine.

tamis [tami] *nm* sieve.

Tamise [tamiz] *nf* : la ~ the Thames.

tamisé, e [tamize] *adj (lumière)* soft.

tamiser [tamize] *vt (farine, sable)* to sieve.

tampon [tãpɔ̃] *nm (cachet)* stamp ; *(de tissu, de coton)* wad ; ~ (hygiénique) tampon.

tamponneuse [tãpɔnøz] *adj f* → auto.

tandem [tãdɛm] *nm* tandem.

tandis [tãdi] : **tandis que** *conj (pendant que)* while ; *(alors que)* whereas.

tango [tãgo] *nm* tango.

tanguer [tãge] *vi* to pitch.

tank [tãk] *nm* tank.

☞

tant [tã] *adv* - 1. *(tellement)* so much ; ~ de ... (que) *(travail, patience)* so much ... (that) ; *(livres, gens)* so many ... (that).
- 2. *(autant)* : ~ que as much as.
- 3. *(temporel)* : ~ que nous resterons ici for as long as we're staying here.
- 4. *(dans des expressions)* : en ~ que as ; ~ mieux so much the better ; ~ pis too bad.

tante [tãt] *nf* aunt.

tantôt [tãto] *adv* : ~ ..., ~ ... sometimes ..., sometimes.

taon [tã] *nm* horsefly.

tapage [tapaʒ] *nm* din.

tape [tap] *nf* tap.

tapenade [tapɛnad] *nf* spread made from black olives, capers and crushed anchovies, moistened with olive oil.

taper [tape] *vt* to hit ; *(code)* to dial ; *(qqch)* à la machine to type (sthg) ; ~ des pieds to stamp one's feet ; ~ sur *(porte)* to hammer at ; *(dos)* to slap ; *(personne)* to hit.

tapioca [tapjɔka] *nm* tapioca.

tapis [tapi] *nm* carpet ; ~ roulant moving pavement *(Br)*, moving sidewalk *(Am)* ; ~ de sol groundsheet.

tapisser [tapise] *vt (mur, pièce)* to paper ; *(recouvrir)* to cover.

tapisserie [tapisri] *nf (de laine)* tapestry ; *(papier peint)* wallpaper.

tapoter [tapɔte] *vt* to tap.

taquiner [takine] *vt* to tease.

tarama [tarama] *nm* taramasalata.

tard [tar] *adv* late ; plus ~ later ; à plus ~ I see you later ! ; au plus ~ at the latest.

tarder [tarde] *vi* : elle ne va pas ~ (à arriver) she won't be long ; ~ à faire qqch *(personne)* to take a long time doing sthg.

tarif [tarif] *nm (liste des prix)* price ; ~ plein full price ; ~ réduit concession.

tarir [tarir] *vi* to dry up.

tarot [taro] *nm (jeu)* tarot.

tartare [tartar] *adj* → sauce, steak.

tarte [tart] *nf* tart ; ~ aux fraises strawberry tart ; ~ aux matons *Belg* tart made with curdled milk and almonds ; ~ Tatin apple tart cooked upside down with the pastry on top, then turned over before serving.

tartelette [tartəlɛt] *nf* tartlet.

tartine [tartin] *nf* slice of bread ; ~ de beurre slice of bread and butter.

tartiner [tartine] *vt* to spread ; fromage à ~ cheese spread ; pâte à ~ spread.

tartre [tartr] *nm (sur les dents)* tartar ; *(calcaire)* scale.

tas [ta] *nm* heap, pile ; mettre qqch en ~ to pile sthg up ; un OU des ~ de *fam (beaucoup de)* loads of.

tasse [tas] *nf* cup ; boire la ~ to swallow a mouthful ; ~ à café coffee cup ; ~ à thé teacup.

tasser [tase] *vt (serrer)* to cram. ❏ **se tasser** *vp (s'affaisser)* to subside ; *(dans une voiture)* to cram.

tâter [tate] *vt* to feel. ❏ **se tâter** *vp (hésiter)* to be in two minds.

tâtonner [tatone] *vi* to grope around.

tatouage [tatwaʒ] *nm (dessin)* tattoo.

taupe [top] *nf* mole.

taureau, x [tɔro] *nm* bull. ❏ **Taureau** *nm* Taurus.

taux [to] *nm* rate ; ~ de change exchange rate.

taverne [tavɛrn] *nf Can (café)* tavern.

taxe [taks] *nf* tax ; toutes ~ s comprises inclusive of tax.

taxer [takse] *vt (produit)* to tax.

taxi [taksi] *nm* taxi.

Tchécoslovaquie [tʃekɔslɔvaki] *nf* : la ~ Czechoslovakia.

te [ta] *pron (objet direct)* you ; *(objet indirect)* (to) you ; *(réfléchi)* : tu t'es bien amusé? did you have a good time?

technicien, enne [tɛknisjɛ̃, ɛn] *nm, f* technician.

technique [tɛknik] *adj* technical. ◆ *nf* technique.

technologie [tɛknɔlɔʒi] *nf* technology.

tee-shirt, s [tiʃœrt] *nm* tee shirt.

teindre [tɛ̃dr] *vt* to dye ; **se teindre** ~ (les cheveux) to have one's hair dyed.

teint, e [tɛ̃, tɛ̃t] *pp* → teindre. ◆ *nm* complexion.

teinte [tɛ̃t] *nf* colour.

teinter [tɛ̃te] *vt (bois, verre)* to stain.

teinture [tɛ̃tyr] *nf (produit)* dye ; ~ d'iode tincture of iodine.

teinturerie [tɛ̃tyrri] *nf* dry cleaner's.

teinturier, ère [tɛ̃tyrje, ɛr] *nm, f* dry cleaner.

tel, telle [tɛl] *adj* such ; ~ que *(comparable à)* like ; *(pour donner un exemple)* such as ; ~ ou ~ any particular.

tél. *(abr de téléphone)* tel.

télé [tele] *nf fam* telly ; à la ~ on the telly.

télécabine [telekabin] *nf* cable car.

Télécarte® [telekart] *nf* phonecard.

télécommande [telekɔmɑ̃d] *nf* remote control.

télécommunications [telekɔmynikasjɔ̃] *nfpl* telecommunications.

télécopie [telekɔpi] *nf* fax.

télécopieur [telekɔpjœr] *nm* fax (machine).

téléfilm [telefilm] *nm* TV film.

télégramme [telegram] *nm* telegram.

téléguidé, e [telegide] *adj (missi-*

le) guided ; *(jouet)* radio-controlled.

téléobjectif [teleɔbʒektif] *nm* telephoto lens.

téléphérique [teleferik] *nm* cable car.

téléphone [telefɔn] *nm* (tele)phone ; **au** ~ on the (tele)phone ; ~ **mobile** mobile phone ; ~ **sans fil** cordless phone ; ~ **de voiture** car phone.

 TÉLÉPHONE

When making a phone call within France, the same number is used regardless of whether the call is between two different towns or within a single locality. All telephone numbers begin with a '0' and the second digit identifies the part of the country or the type of telephone line:
01 for Ile de France
(the Paris region)
02 for the Northwest of France
03 for the Northeast of France
04 for the Southeast of France
05 for the Southwest of France
06 for mobile telephones

téléphoner [telefɔne] *vi* to (tele)phone ; ~ **à qqn** to (tele)phone sb.

téléphonique [telefɔnik] *adj* → **cabine, carte**.

télescope [teleskɔp] *nm* telescope.

télescoper [teleskɔpe] : **se télescoper** *vp* to crash into one another.

télescopique [teleskɔpik] *adj* telescopic.

télésiège [telesjɛʒ] *nm* chair lift.

téléski [teleski] *nm* ski tow.

téléspectateur, trice [telespektatœr, tris] *nm, f* (television) viewer.

télétravail, aux [teletravaj, o] *nm* teleworking.

télévisé, e [televize] *adj* televised.

téléviseur [televizœr] *nm* television (set).

télévision [televizjɔ̃] *nf* television ; **à la** ~ on television.

télex [teleks] *nm inv* telex.

telle → **tel**.

tellement [telmɑ̃] *adv (tant)* so much ; *(si)* so ; ~ **de** *(nourriture, patience)* so much ; *(objets, personnes)* so many ; **pas** ~ not particularly.

témoignage [temwaɲaʒ] *nm* testimony.

témoigner [temwaɲe] *vi (en justice)* to testify.

témoin [temwɛ̃] *nm* witness ; *SPORT* baton.

tempe [tɑ̃p] *nf* temple.

tempérament [tɑ̃peramɑ̃] *nm* temperament.

température [tɑ̃peratyr] *nf* temperature.

tempête [tɑ̃pɛt] *nf (vent)* gale ; *(avec orage)* storm.

temple [tɑ̃pl] *nm (grec, égyptien, etc)* temple ; *(protestant)* church.

temporaire [tɑ̃pɔrɛr] *adj* temporary.

temporairement [tɑ̃pɔrɛrmɑ̃] *adv* temporarily.

temps [tɑ̃] *nm (durée, en musique)* time ; *(météo)* weather ; *GRAMM*

tenailles

tense ; avoir le ~ de faire qqch to have time to do sthg ; à ~ on time ; **en ~** from time to time ; **en même ~** at the same time ; à ~ **complet/partiel** full-/part-time.

tenailles [tənaj] *nfpl* pincers.

tendance [tɑ̃dɑ̃s] *nf* trend ; **avoir ~ à faire qqch** to have a tendency to do sthg, to tend to do sthg.

tendeur [tɑ̃dœr] *nm* (*courroie*) luggage strap.

tendinite [tɑ̃dinit] *nf* tendinitis.

tendon [tɑ̃dɔ̃] *nm* tendon.

tendre [tɑ̃dr] *adj* tender. ◆ *vt* (*corde*) to pull taut ; (*bras*) to stretch out ; ~ **qqch à qqn** to hold sthg out to sb ; ~ **un piège à qqn** to set a trap for sb. ❏ **se tendre** *vp* to tighten.

tendresse [tɑ̃drɛs] *nf* tenderness.

tendu, e [tɑ̃dy] *adj* (*personne*) tense ; (*rapports*) strained.

☞

tenir [tənir] *vt* - 1. (*à la main, dans ses bras*) to hold.
- 2. (*garder*) to keep ; ~ **un plat au chaud** to keep a dish warm.
- 3. (*promesse, engagement*) to keep.
- 4. (*magasin, bar*) to run.
- 5. (*dans des expressions*) : **tiens!/tenez!** (*en donnant*) here! ; **tiens!** (*exprime la surprise*) hey!
◆ *vi* - 1. (*construction*) to stay up ; (*beau temps, relation*) to last.
- 2. (*rester*) : ~ **debout** to stand (up).
- 3. (*être contenu*) to fit.
❏ **tenir à** + *prép* (*être attaché à*) to care about ; **à faire qqch** to insist on doing sthg.
❏ **tenir de** *v* + *prép* (*ressembler à*) to take after.

se tenir *vp* - 1. (*avoir lieu*) to be held.
- 2. (*s'accrocher*) to hold on ; **se ~ à** to hold on to.
- 3. (*debout*) to stand ; (*assis*) to sit ; **se ~ tranquille** to keep still.
- 4. (*se comporter*) : **bien/mal se ~** to behave well/badly.

tennis [tenis] *nm* tennis. ◆ *nmpl* (*chaussures*) trainers ; ~ **de table** table tennis.

tension [tɑ̃sjɔ̃] *nf* (*dans une relation*) tension ; MÉD blood pressure ; (*électrique*) voltage ; **avoir de la ~** to have high blood pressure.

tentacule [tɑ̃takyl] *nm* tentacle.

tentation [tɑ̃tasjɔ̃] *nf* temptation.

tentative [tɑ̃tativ] *nf* attempt.

tente [tɑ̃t] *nf* tent.

tenter [tɑ̃te] *vt* (*essayer*) to attempt, to try ; (*attirer*) to tempt ; ~ **de faire qqch** to attempt to do sthg.

tenu, e [təny] *pp* → tenir.

tenue [təny] *nf* (*vêtements*) clothes (*pl*) ; ~ **de soirée** evening dress.

ter [ter] *adv* (*dans une adresse*) b ; 11 ~ 11b.

Tergal® [tergal] *nm* ≃ Terylene®.

terme [term] *nm* (*mot*) term ; (*fin*) end ; **à court ~**, ... in the short term, ... ; **à long ~**, ... in the long term, ...

terminaison [terminɛzɔ̃] *nf* GRAMM ending.

terminal, aux [terminal, o] *nm* terminal.

terminale [terminal] *nf* SCOL ≃ upper sixth (*Br*).

terminer [termine] *vt* to finish, to

end ; *(repas, travail)* to finish. ❑ se
terminer *vp* to end.

terminus [tɛʀminys] *nm* terminus.

terne [tɛʀn] *adj* dull.

terrain [teʀɛ̃] *nm (emplacement)*
piece of land ; *(sol)* ground ; ~ de
camping campsite ; ~ de foot football pitch ; ~ de jeux playground.

terrasse [teʀas] *nf* terrace ; *(de
café)* tables outside a café.

terre [tɛʀ] *nf (sol)* ground ; *(matière)* soil ; *(argile)* clay ; *(propriété)*
piece of land ; **la Terre** (the) Earth ;
par ~ on the ground.

terre-plein, s [tɛʀplɛ̃] *nm* raised
area ; ~ **central** central reservation.

terrestre [teʀɛstʀ] *adj (flore, animal)* land.

terreur [teʀœʀ] *nf* terror.

terrible [teʀibl] *adj* terrible ; *fam
(excellent)* brilliant ; **pas ~** *fam* not
brilliant.

terrier [teʀje] *nm (de lapin)* burrow ; *(de renard)* earth.

terrifier [teʀifje] *vt* to terrify.

terrine [teʀin] *nf* terrine.

territoire [teʀitwaʀ] *nm* territory.

terroriser [teʀɔʀize] *vt* to terrorize.

terroriste [teʀɔʀist] *nmf* terrorist.

tes → **ton** ¹.

test [tɛst] *nm* test.

testament [tɛstamɑ̃] *nm* will.

tester [tɛste] *vt* to test.

tétanos [tetanos] *nm* tetanus.

tête [tɛt] *nf* head ; *(visage)* face ;
(partie avant) front ; **faire la ~** to
sulk ; **en ~ à ~** *(parler)* in private ;
(dîner) alone together ; ~ de veau

(plat) dish made from the soft part of
a calf's head.

tête-à-queue [tɛtakø] *nm inv*
spin.

téter [tete] *vi* to suckle.

tétine [tetin] *nf (de biberon)* teat ;
(sucette) dummy *(Br)*, pacifier
(Am).

têtu, e [tety] *adj* stubborn.

texte [tɛkst] *nm* text.

textile [tɛkstil] *nm (tissu)* textile.

texto® [tɛksto] *nm fam* TEL SMS
message.

TF1 *n* French independent television
company.

TGV *nm* French high-speed train.

Thaïlande [tajlɑ̃d] *nf* : **la ~** Thai-
land.

thé [te] *nm* tea ; ~ **au citron** lemon
tea ; ~ **au lait** tea with milk ; ~ **nature** tea without milk.

théâtral, e, aux [teatʀal, o] *adj*
theatrical.

théâtre [teatʀ] *nm* theatre.

théière [tejɛʀ] *nf* teapot.

thème [tɛm] *nm* theme ; *(traduction)* prose.

théorie [teɔʀi] *nf* theory.

théoriquement [teɔʀikmɑ̃] *adv*
theoretically.

thermal, e, aux [tɛʀmal, o] *adj*
(source) thermal.

thermomètre [tɛʀmɔmɛtʀ] *nm*
thermometer.

Thermos® [tɛʀmos] *nf* : **(bouteille)**
~ **Thermos®** flask.

thermostat [tɛʀmɔsta] *nm*
thermostat.

thèse [tɛz] *nf (universitaire)*
thesis ; *(idée)* theory.

thon [tɔ̃] *nm* tuna.

thym [tɛ̃] *nm* thyme.

tibia

tibia [tibja] *nm* tibia.

tic [tik] *nm* (*mouvement*) tic ; (*habitude*) mannerism.

ticket [tikɛ] *nm* ticket ; ~ **de caisse** (till) receipt ; ~ **de métro** underground ticket.

tiède [tjɛd] *adj* lukewarm.

tien [tjɛ̃] : **le tien** (*f* **la tienne** [latjɛn], *mpl* **les tiens** [letjɛ̃], *fpl* **les tiennes** [letjɛn]) *pron* yours ; **à la tienne!** cheers!

tiendra *etc* → **tenir**.

tienne *etc* → **tenir, tien**.

tiens *etc* → **tenir**.

tiercé [tjɛrse] *nm* system of betting involving the first three horses in a race.

tiers [tjɛr] *nm* third.

tige [tiʒ] *nf* (*de plante*) stem ; (*de métal*) rod ; (*de bois*) shaft.

tigre [tigr] *nm* tiger.

tilleul [tijœl] *nm* (*arbre*) lime (tree) ; (*tisane*) lime tea.

tilsit [tilsit] *nm* strong firm Swiss cheese with holes in it.

timbale [tɛ̃bal] *nf* (*gobelet*) (metal) cup ; CULIN meat, fish etc in a sauce, cooked in a mould lined with pastry.

timbre(-poste) [tɛ̃br(apɔst)] (*pl* **timbres(-poste)**) *nm* (postage) stamp.

timbrer [tɛ̃bre] *vt* to put a stamp on.

timide [timid] *adj* shy.

timidité [timidite] *nf* shyness.

tir [tir] *nm* (*sport*) shooting ; ~ **à l'arc** archery.

tirage [tiraʒ] *nm* (*d'une loterie*) draw ; ~ **au sort** drawing lots.

tire-bouchon, s [tirbuʃɔ̃] *nm* corkscrew.

tirelire [tirlir] *nf* moneybox.

tirer [tire] *vt* - 1. (*gén*) to pull ; (*tiroir*) to pull open ; (*rideau*) to draw ; (*caravane*) to tow. - 2. (*trait*) to draw. - 3. (*avec une arme*) to fire. - 4. (*sortir*) : ~ **qqch de** to take sthg out of ; ~ **qqn de** (*situation*) to get sb out of. - 5. (*numéro, carte*) to draw. ♦ *vi* - 1. (*avec une arme*) to shoot ; ~ **sur** to shoot at. - 2. (*vers soi, vers le bas, etc*) : ~ **sur qqch** to pull on sthg. - 3. SPORT to shoot. ❑ **se tirer** *vp fam* (*s'en aller*) to push off. ❑ **s'en tirer** *vp* (*se débrouiller*) to get by ; (*survivre*) to pull through.

tiret [tirɛ] *nm* dash.

tirette [tirɛt] *nf* Belg (*fermeture*) zip (Br), zipper (Am).

tiroir [tirwar] *nm* drawer.

tisane [tizan] *nf* herb tea.

tisonnier [tizɔnje] *nm* poker.

tisser [tise] *vt* to weave.

tissu [tisy] *nm* (*toile*) cloth.

titre [titr] *nm* title ; (*de journal*) headline ; ~ **de transport** ticket.

toast [tost] *nm* (*pain*) piece of toast ; **porter un** ~ **à qqn** to drink (a toast) to sb.

toboggan [tɔbɔɡɑ̃] *nm* slide.

toc [tɔk] *nm* (*imitation*) fake. ♦ *excl* : ~ ~! knock knock! ; **en** ~ fake.

toi [twa] *pron* you ; **lève-**~ get up ; ~-**même** yourself.

toile [twal] *nf* (*tissu*) cloth ; (*tableau*) canvas ; ~ **d'araignée** spider's web ; **en** ~ (*vêtement*) linen.

toilette [twalɛt] *nf* (*vêtements*)

clothes (pl) ; **faire sa ~ to** (to have a) wash. ❏ **toilettes** nfpl toilets.

toit [twa] nm roof.

tôle [tol] nf sheet metal ; **~ ondulée** corrugated iron.

tolérant, e [tɔlerɑ̃, ɑ̃t] adj tolerant.

tolérer [tɔlere] vt to tolerate.

tomate [tɔmat] nf tomato ; **~ s farcies** stuffed tomatoes.

tombe [tɔ̃b] nf grave.

tombée [tɔ̃be] nf : **à la ~ de la nuit** at nightfall.

tomber [tɔ̃be] vi to fall ; (date, fête) to fall on ; **laisser ~** to drop ; **~ amoureux** to fall in love ; **~ malade** to fall ill ; **~ en panne** to break down.

tombola [tɔ̃bɔla] nf raffle.

tome [tɔm] nm volume.

tomme [tɔm] nf : **~ vaudoise** soft white cheese made from cow's milk.

ton[1] [tɔ̃] (f **ta** [ta], pl **tes** [te]) adj your.

ton[2] [tɔ̃] nm tone.

tonalité [tɔnalite] nf (au téléphone) dialling tone.

tondeuse [tɔ̃døz] nf : **~ (à gazon)** lawnmower.

tondre [tɔ̃dr] vt (cheveux) to clip ; (gazon) to mow.

tongs [tɔ̃g] nfpl flip-flops (Br), thongs (Am).

tonne [tɔn] nf tonne.

tonneau, x [tɔno] nm (de vin) cask ; **faire des ~ x** (voiture) to roll over.

tonnerre [tɔnɛr] nm thunder ; **coup de ~** thunderclap.

tonus [tɔnys] nm energy.

torche [tɔrʃ] nf (flamme) torch ; **~ électrique** (electric) torch.

torchon [tɔrʃɔ̃] nm tea towel.

tordre [tɔrdr] vt (linge, cou) to wring ; (bras) to twist ; (plier) to bend. ❏ **se tordre** vp : **se ~ la cheville** to twist one's ankle ; **se ~ de douleur** to be racked with pain ; **se ~ de rire** to be doubled up with laughter.

tornade [tɔrnad] nf tornado.

torrent [tɔrɑ̃] nm torrent ; **il pleut à ~ s** it's pouring (down).

torsade [tɔrsad] nf : **pull à ~ s** cable sweater.

torse [tɔrs] nm trunk ; **~ nu** barechested.

tort [tɔr] nm : **avoir ~** (de faire qqch) to be wrong (to do sthg) ; **causer du ~ à qqn** to wrong sb ; **être dans son ~, être en ~** (automobiliste) to be in the wrong ; **à ~** (accuser) wrongly.

torticolis [tɔrtikɔli] nm stiff neck.

tortiller [tɔrtije] vt to twist. ❏ **se tortiller** vp to squirm.

tortue [tɔrty] nf tortoise.

torture [tɔrtyr] nf torture.

torturer [tɔrtyre] vt to torture.

tôt [to] adv early ; **~ ou tard** sooner or later ; **au plus ~** at the earliest.

total, e, aux [tɔtal, o] adj & nm total.

totalement [tɔtalmɑ̃] adv totally.

totalité [tɔtalite] nf : **la ~ de** all (of) ; **en ~** (rembourser) in full.

touchant, e [tuʃɑ̃, ɑ̃t] adj touching.

touche [tuʃ] nf (de piano, d'ordinateur) key ; (de téléphone) button ; SPORT (ligne) touchline.

toucher [tuʃe] vt to touch ; (ar-

gent) to get ; *(cheque)* to cash ; *(cible)* to hit ; ~ **à** to touch. ❏ **se toucher** *vp (être en contact)* to be touching.

touffe [tuf] *nf* tuft.

toujours [tuʒur] *adv* always ; *(dans l'avenir)* forever ; *(encore)* still ; **pour** ~ for good.

toupie [tupi] *nf (spinning)* top.

tour¹ [tur] *nm (mouvement sur soi-même)* turn ; **faire un** ~ *(à pied)* to go for a walk ; *(en voiture)* to go for a drive ; **faire le** ~ **de qqch** to go round sthg ; **jouer un** ~ **à qqn** to play a trick on sb ; **le Tour de France** the Tour de France ; ~ **de magie** *(magic)* trick.

TOUR DE FRANCE

This world famous cycle race was created in 1903. It is divided into several legs of varying length and takes place every year during the first three weeks of July. The races always finishes on the Champs Élysées in Paris. The contestants enter the race as part of a team. During the *Tour*, the highest-placed cyclist wears the yellow jersey which is then awarded to the winner at the end of the race. Other jerseys are worn by the best climber, the best sprinter, etc. Large crowds gather to cheer on the contestants along each leg of the course. A women's version of the *Tour de France* was initiated in 1984.

tour² [tur] *nf (d'un château)* tower ; *(immeuble)* tower block *(Br)*, high rise *(Am)* ; ~ **de contrôle** control tower ; **la** ~ **Eiffel** the Eiffel Tower.

TOUR EIFFEL

Built by Gustave Eiffel for the World Fair in 1889 as a temporary construction, the 320-metre Eiffel Tower came to symbolize Paris and is one of the most popular tourist attractions in the world. From the top, which can be reached by lift, there is a panoramic view over the whole city and beyond.

tourbillon [turbijɔ̃] *nm (de vent)* whirlwind ; *(de sable)* swirl.

tourisme [turism] *nm* tourism ; **faire du** ~ to go sightseeing.

touriste [turist] *nmf* tourist.

touristique [turistik] *adj (dépliant, ville)* tourist.

tourmenter [turmɑ̃te] *vt* to torment. ❏ **se tourmenter** *vp* to worry o.s.

tournage [turnaʒ] *nm (d'un film)* shooting.

tournant [turnɑ̃] *nm* bend.

tourne-disque, s [turnədisk] *nm* record player.

tournedos [turnədo] *nm* tender fillet steak.

tournée [turne] *nf (d'un chanteur)* tour ; *(du facteur, au bar)* round.

tourner [turne] *vt (clé, page, tête)* to turn ; *(sauce, soupe)* to stir ; *(salade)* to toss ; *(regard)* to direct ; *(film)* to shoot. ◆ *vi (roue, route)* to turn ; *(moteur, machine)* to run ; *(lait)* to go off ; *(acteur)* to act ; **tournez à gauche/droite** turn left/right ; ~ **autour de qqch** to go around sthg ; **avoir la tête qui tourne** to feel dizzy. ❏ **se tourner** *vp* to turn round ; **se** ~ **vers** to turn to.

tournesol [turnəsɔl] *nm* sunflower.

tournevis [turnəvis] *nm* screwdriver.

tourniquet [turnikɛ] *nm (du métro)* turnstile.

tournoi [turnwa] *nm* tournament.

tournure [turnyr] *nf (expression)* turn of phrase.

tourte [turt] *nf* pie.

tourtière [turtjɛr] *nf* Can pie made from minced beef and onions.

tous → **tout**.

Toussaint [tusɛ̃] *nf* : la ~ All Saints' Day.

TOUSSAINT

In France on 1 November people celebrate All Saints' Day by laying flowers (typically chrysanthemums) on family-members' graves. People often drive long distances to reunite with their families around the tombs of their relatives.

tousser [tuse] *vi* to cough.

☞

tout, e [tu, tut] *(mpl* tous [tus], *fpl* toutes [tut]) *adj* - **1.** *(avec un substantif singulier)* all ; ~ un gâteau a whole cake ; ~ e la journée the whole day, all day ; ~ le monde everyone, everybody.
- **2.** *(avec un pronom démonstratif)* all ; ~ ça ou cela all that.
- **3.** *(avec un substantif pluriel)* all ; tous les jours every day ; ~ es les deux both ; ~ es les trois all three of us/them ; tous les deux ans every two years.

- **4.** *(n'importe quel)* any ; à ~ e heure at any time.
◆ *pron* - **1.** *(la totalité)* everything ; je t'ai ~ dit I've told you everything ; c'est ~ that's all ; ce sera ~ ? *(dans un magasin)* is that everything? ; en ~ in all.
- **2.** *(au pluriel : tout le monde)* : ils voulaient tous la voir they all wanted to see her.
◆ *adv* - **1.** *(très, complètement)* very ; ils étaient ~ seuls they were all alone ; ~ en haut right at the top.
- **2.** *(avec un gérondif)* : ~ en marchant while walking.
- **3.** *(dans des expressions)* : ~ à coup suddenly ; ~ à fait absolutely ; à l'heure *(avant)* a little while ago ; *(après)* in a minute ; à ~ à l'heure! see you soon! ; ~ de suite immediately, at once.
◆ *nm* : le ~ *(la totalité)* the lot ; le ~ est de ... the main thing is to ... ; pas du ~ not at all.

toutefois [tutfwa] *adv* however.

tout(-)terrain, s [tuterɛ̃] *adj* off-road.

toux [tu] *nf* cough.

toxique [tɔksik] *adj* toxic.

TP *nmpl* = travaux pratiques.

trac [trak] *nm* : avoir le ~ *(acteur)* to get stage fright ; *(candidat)* to be nervous.

tracasser [trakase] *vt* to worry.
☐ se **tracasser** *vp* to worry.

trace [tras] *nf* trace ; ~ de pas footprint.

tracer [trase] *vt (dessiner)* to draw.

tract [trakt] *nm* leaflet.

tracteur [traktœr] *nm* tractor.

tradition [tradisjɔ̃] *nf* tradition.

traditionnel, elle [tradisjɔnɛl]
adj traditional.

traducteur, trice [tradyktœr,
tris] *nm, f* translator.

traduction [tradyksjɔ̃] *nf* translation.

traduire [traduir] *vt* to translate.

trafic [trafik] *nm* traffic.

tragédie [traʒedi] *nf* tragedy.

tragique [traʒik] *adj* tragic.

trahir [trair] *vt* to betray ; *(secret)*
to give away. ❏ **se trahir** *vp* to give
o.s. away.

train [trɛ̃] *nm* train ; **être en ~ de**
faire qqch to be doing sthg ; **~ d'at-**
terrissage landing gear ; **~ de ban-**
lieue commuter train ; **~ -couchet-**
tes sleeper.

traîne [trɛn] *nf (d'une robe)* train ;
être à la ~ *(en retard)* to lag behind.

traîneau, x [trɛno] *nm* sledge.

traînée [trɛne] *nf (trace)* trail.

traîner [trɛne] *vt* to drag. ◆ *vi*
(par terre) to trail ; *(prendre du*
temps) to drag on ; *(s'attarder)* to
dawdle ; *(être en désordre)* to lie
around ; *péj (dans la rue, dans les*
bars) to hang around. ❏ **se traîner**
vp (par terre) to crawl ; *(avancer*
lentement) to be slow.

train-train [trɛ̃trɛ̃] *nm inv* routine.

traire [trɛr] *vt* to milk.

trait [trɛ] *nm* line ; *(caractéristi-*
que) trait ; **d'un ~** *(boire)* in one go ;
~ d'union hyphen. ❏ **traits** *nmpl (du*
visage) features.

traite [trɛt] *nf* : **d'une (seule) ~** in
one go.

traitement [trɛtmã] *nm MÉD*
treatment ; **~ de texte** *(programme)*
word-processing package.

traiter [trɛte] *vt* to treat ; *(affaire,*
sujet) to deal with ; **~ qqn d'imbéci-**
le to call sb an idiot. ❏ **traiter de**
v + prép (suj : livre, exposé) to deal
with.

traiteur [trɛtœr] *nm* caterer.

traître [trɛtr] *nm* traitor.

trajectoire [traʒɛktwar] *nf (d'une*
balle) trajectory.

trajet [traʒɛ] *nm (voyage)* journey.

trampoline [trãpolin] *nm* trampoline.

tramway [tramwɛ] *nm* tram *(Br)*,
streetcar *(Am)*.

tranchant, e [trãʃã, ãt] *adj (cou-*
teau) sharp ; *(ton)* curt. ◆ *nm* cutting edge.

tranche [trãʃ] *nf (morceau)* slice ;
(d'un livre) edge.

tranchée [trãʃe] *nf* trench.

trancher [trãʃe] *vt* to cut. ◆ *vi*
(décider) to decide ; *(ressortir)* to
stand out.

tranquille [trãkil] *adj* quiet ; **lais-**
ser qqn/qqch ~ to leave sb/sthg
alone ; **restez ~ s!** don't fidget! ;
soyez ~ *(ne vous inquiétez pas)* don't
worry.

tranquillisant [trãkilizã] *nm*
tranquillizer.

tranquillité [trãkilite] *nf* peace.

transaction [trãzaksjɔ̃] *nf* transaction.

transférer [trãsfere] *vt* to transfer.

transformateur [trãsfɔrmatœr]
nm transformer.

transformation [trãsfɔrmasjɔ̃]
nf transformation ; *(aménagement)*
alteration.

transformer [trãsfɔrme] *vt* to

transform ; *(vêtement)* to alter ; ~ qqch en qqch to turn sthg into sthg ; *(bâtiment)* to convert sthg into sthg. ◻ se transformer *vp* to change completely ; se ~ en qqch to turn into sthg.

transfusion [trɑ̃sfyzjɔ̃] *nf* : ~ (sanguine) (blood) transfusion.

transgénique [trɑ̃sʒenik] *adj* transgenic.

transistor [trɑ̃zistɔr] *nm* transistor.

transit [trɑ̃zit] *nm* : passagers en ~ transit passengers.

transmettre [trɑ̃smɛtr] *vt* : ~ qqch à qqn to pass sthg on to sb. ◻ se transmettre *vp (maladie)* to be transmitted.

transmis, e [trɑ̃smi, iz] *pp* → transmettre.

transmission [trɑ̃smisjɔ̃] *nf* transmission.

transparent, e [trɑ̃sparɑ̃, ɑ̃t] *adj (eau)* transparent ; *(blouse)* see-through.

transpercer [trɑ̃spɛrse] *vt* to pierce.

transpiration [trɑ̃spirasjɔ̃] *nf* perspiration.

transpirer [trɑ̃spire] *vi* to perspire.

transplanter [trɑ̃splɑ̃te] *vt* to transplant.

transport [trɑ̃spɔr] *nm* transport ; les ~ s (en commun) public transport *(sg)*.

transporter [trɑ̃spɔrte] *vt (à la main)* to carry ; *(en véhicule)* to transport.

transversal, e, aux [trɑ̃sversal, o] *adj (poutre)* cross ; *(ligne)* diagonal.

trapèze [trapez] *nm (de cirque)* trapeze.

trapéziste [trapezist] *nmf* trapeze artist.

trappe [trap] *nf* trap door.

travail, aux [travaj, o] *nm (activité, lieu)* work ; *(tâche, emploi)* job ; être sans ~ *(au chômage)* to be out of work. ◻ travaux *nmpl (ménagers, agricoles)* work *(sg)* ; *(de construction)* building (work) *(sg)* ; 'travaux' *(sur la route)* 'roadworks'.

travailler [travaje] *vi* to work. ◆ *vt (matière scolaire, passage musical)* to work on ; *(bois, pierre)* to work.

traveller's check, s [travlœrʃek] *nm* traveller's cheque.

traveller's cheque, s [travlœrʃek] = **traveller's check**.

travers [traver] *nm* : à ~ through ; de ~ crooked ; *(marcher)* sideways ; *fig (mal)* wrong ; regarder qqn de ~ to give sb a funny look ; en ~ (de) across ; ~ de porc sparerib of pork.

traversée [traverse] *nf* crossing.

traverser [traverse] *vt (rue, rivière)* to cross ; *(transpercer)* to go through. ◆ *vi (piéton)* to cross.

traversin [traversɛ̃] *nm* bolster.

trébucher [trebyʃe] *vi* to stumble.

trèfle [trefl] *nm (plante)* clover ; *(aux cartes)* clubs *(pl)*.

treize [trez] *num* thirteen → **six**.

treizième [trezjɛm] *num* thirteenth → **sixième**.

tremblement [trɑ̃bləmɑ̃] *nm* : ~ de terre earthquake ; avoir des ~ s to shiver.

trembler [trɑ̃ble] *vi* to tremble ;

~ de peur/froid to shiver with fear/ cold.

trémousser [tremuse] : **se trémousser** *vp* to jig up and down.

trempé, e [tʀɑ̃pe] *adj (mouillé)* soaked.

tremper [tʀɑ̃pe] *vt (plonger)* to dip. ◆ *vi* to soak ; **faire ~ qqch** to soak sthg.

tremplin [tʀɑ̃plɛ̃] *nm (de gymnastique)* springboard ; *(de piscine)* divingboard.

trente [tʀɑ̃t] *num* thirty → **six.**

trentième [tʀɑ̃tjɛm] *num* thirtieth → **sixième.**

très [tʀe] *adv* very.

trésor [tʀezɔʀ] *nm* treasure.

tresse [tʀes] *nf* plait *(Br)*, braid *(Am)* ; *Helv (pain)* plait-shaped loaf.

tresser [tʀese] *vt* to plait *(Br)*, to braid *(Am)*.

tréteau, x [tʀeto] *nm* trestle.

treuil [tʀœj] *nm* winch.

tri [tʀi] *nm* : **faire un ~ parmi** to choose from.

triangle [tʀijɑ̃gl] *nm* triangle.

triangulaire [tʀijɑ̃gylɛʀ] *adj* triangular.

tribord [tʀibɔʀ] *nm* starboard ; **à ~** to starboard.

tribu [tʀiby] *nf* tribe.

tribunal, aux [tʀibynal, o] *nm* court.

tricher [tʀiʃe] *vi* to cheat.

tricheur, euse [tʀiʃœʀ, øz] *nm, f* cheat.

tricot [tʀiko] *nm (ouvrage)* knitting ; *(pull)* jumper ; **~ de corps** vest *(Br)*, undershirt *(Am)*.

tricoter [tʀikɔte] *vt & vi* to knit.

tricycle [tʀisikl] *nm* tricycle.

trier [tʀije] *vt (sélectionner)* to select ; *(classer)* to sort out.

trimestre [tʀimɛstʀ] *nm (trois mois)* quarter ; *SCOL* term.

trimestriel, elle [tʀimɛstʀijɛl] *adj* quarterly.

trinquer [tʀɛ̃ke] *vi (boire)* to clink glasses.

triomphe [tʀijɔ̃f] *nm* triumph.

triompher [tʀijɔ̃fe] *vi* to triumph ; **~ de** to overcome.

tripes [tʀip] *nfpl* CULIN tripe *(sg)*.

triple [tʀipl] *adj* ≃ triple. ◆ *nm* : **le ~ du prix normal** three times the normal price.

tripler [tʀiple] *vt & vi* to triple.

tripoter [tʀipɔte] *vt (objet)* to fiddle with.

triste [tʀist] *adj* sad ; *(couleur)* dull ; *(endroit)* gloomy.

tristesse [tʀistes] *nf* sadness.

troc [tʀɔk] *nm (échange)* swap.

trognon [tʀɔɲɔ̃] *nm (de pomme, de poire)* core.

trois [tʀwa] *num* three → **six.**

troisième [tʀwazjɛm] *num* third. ◆ *nf SCOL* ≃ fourth year ; *(vitesse)* third *(gear)* → **sixième.**

trois-quarts [tʀwakaʀ] *nm (manteau)* three-quarter length coat.

trombe [tʀɔ̃b] *nf* : **des ~ s d'eau** a downpour ; **partir en ~** to shoot off.

trombone [tʀɔ̃bɔn] *nm (agrafe)* paper clip ; *MUS* trombone.

trompe [tʀɔ̃p] *nf (d'éléphant)* trunk.

tromper [tʀɔ̃pe] *vt (conjoint)* to be unfaithful to ; *(client)* to cheat. ❏ **se tromper** *vp* to make a mistake ; se ~ de jour to get the wrong day.

trompette [trɔ̃pɛt] *nf* trumpet.

trompeur, euse [trɔ̃pœr, øz] *adj* deceptive.

tronc [trɔ̃] *nm* : ~ d'arbre (tree) trunk.

tronçonneuse [trɔ̃sɔnøz] *nf* chain saw.

trône [tron] *nm* throne.

trop [tro] *adv* too ; ~ manger to eat too much ; ~ de (*nourriture*) too much ; (*gens*) too many ; 20 euros de OU en ~ 20 euros too much ; deux personnes de OU en ~ two people too many.

tropical, e, aux [trɔpikal, o] *adj* tropical.

trot [tro] *nm* trot ; au ~ at a trot.

trotter [trɔte] *vi* to trot.

trotteuse [trɔtøz] *nf* second hand.

trottinette [trɔtinɛt] *nf* child's scooter.

trottoir [trɔtwar] *nm* pavement (*Br*), sidewalk (*Am*).

trou [tru] *nm* hole ; j'ai un ~ de mémoire my mind has gone blank.

trouble [trubl] *adj* (*eau*) cloudy ; (*image*) blurred.

trouer [true] *vt* to make a hole in.

trouille [truj] *nf fam* : avoir la ~ to be scared stiff.

troupe [trup] *nf* (*de théâtre*) company.

troupeau, x [trupo] *nm* (*de vaches*) herd ; (*de moutons*) flock.

trousse [trus] *nf* (*d'écolier*) pencil case ; ~ de secours first-aid kit ; ~ de toilette sponge bag.

trousseau, x [truso] *nm* (*de clefs*) bunch.

trouver [truve] *vt* to find ; je trouve que I think (that). ❏ se trouver *vp* (*se situer*) to be.

truc [tryk] *nm fam* (*objet*) thing ; (*astuce*) trick.

trucage [trykaʒ] *nm* (*au cinéma*) special effect.

truffe [tryf] *nf* (*d'un animal*) muzzle ; (*champignon*) truffle ; ~ (en chocolat) (chocolate) truffle.

truite [tryit] *nf* trout ; ~ aux amandes trout with almonds.

truquage [trykaʒ] = trucage.

T-shirt [tiʃœrt] = tee-shirt.

TSVP (*abr de tournez s'il vous plaît*) PTO.

TTC *adj* (*abr de toutes taxes comprises*) inclusive of tax.

tu¹ [ty] *pron* you.

tu², e [ty] *pp* → taire.

tuba [tyba] *nm* (*de plongeur*) snorkel.

tube [tyb] *nm* tube ; *fam* (*musique*) hit.

tuberculose [tuberkyloz] *nf* tuberculosis.

tuer [tɥe] *vt* to kill. ❏ se tuer *vp* (*se suicider*) to kill o.s. ; (*accidentellement*) to die.

tue-tête [tytɛt] : à tue-tête *adv* at the top of one's voice.

tuile [tɥil] *nf* tile ; ~ aux amandes thin curved almond biscuit.

tulipe [tylip] *nf* tulip.

tumeur [tymœr] *nf* tumour.

tuner [tyner] *nm* tuner.

tunique [tynik] *nf* tunic.

Tunisie [tynizi] *nf* : la ~ Tunisia.

tunisien, enne [tynizjɛ̃, ɛn] *adj* Tunisian. ❏ Tunisien, enne *nm, f* Tunisian.

tunnel [tynɛl] *nm* tunnel ; le ~ sous la Manche the Channel Tunnel.

turbo [tyrbo] *adj inv* & *nf* turbo.

turbot [tyrbo] *nm* turbot.

turbulences [tyrbylɑ̃s] *nfpl* (*dans un avion*) turbulence (*sg*).

turbulent, e [tyrbylɑ̃, ɑ̃t] *adj* boisterous.

turc, turque [tyrk] *adj* Turkish.

Turquie [tyrki] *nf* : la ~ Turkey.

turquoise [tyrkwaz] *adj inv* & *nf* turquoise.

tutoyer [tytwaje] *vt* : ~ qqn to use the 'tu' form to sb.

tutu [tyty] *nm* tutu.

tuyau, x [tɥijo] *nm* pipe ; ~ d'échappement exhaust (pipe).

TV (*abr de* télévision) TV.

TVA *nf* (*abr de taxe sur la valeur ajoutée*) VAT.

tweed [twid] *nm* tweed.

tympan [tɛ̃pɑ̃] *nm* ANAT eardrum.

type [tip] *nm* (*sorte*) type ; *fam* (*individu*) bloke.

typique [tipik] *adj* typical.

U

UE (*abr de* Union européenne) *nf* EU.

ulcère [ylsɛr] *nm* ulcer.

ULM *nm* microlight.

ultérieur, e [ylterjœr] *adj* later.

ultra- [yltra] *préf* ultra-.

un, une [œ̃, yn] (*pl* des [de]) *article indéfini* a, an ; (*devant voyelle*) ~ homme a man ; **une femme** a woman ; **une pomme** an apple ; **des valises** suitcases.

◆ *pron* one ; (l') ~ de mes amis/des plus intéressants one of my friends/the most interesting ; l'~ l'autre each other, one another ; l'~ et l'autre both (of them/us) ; l'~ ou l'autre either (of them/us) ; ni l'~ ni l'autre neither (of them/us).

◆ *num one* → **six**.

unanime [ynanim] *adj* unanimous.

unanimité [ynanimite] *nf* unanimity ; à l'~ unanimously.

uni, e [yni] *adj* (*tissu, couleur*) plain ; (*famille, couple*) close.

uniforme [yniform] *adj* uniform ; (*surface*) even. ◆ *nm* uniform.

union [ynjɔ̃] *nf* (*d'États*) union ; (*de syndicats*) confederation ; **l'Union européenne** the European Union.

unique [ynik] *adj* (*seul*) only ; (*exceptionnel*) unique.

uniquement [ynikmɑ̃] *adv* only.

unir [ynir] *vt* (*mots, idées*) to combine. ❑ **s'unir** *vp* (*s'associer*) to join together ; (*pays*) to unite.

unisson [ynisɔ̃] *nm* : à l'~ in unison.

unitaire [yniter] *adj* (*prix, poids*) unit.

unité [ynite] *nf* unit ; (*harmonie, ensemble*) unity ; **vendu à l'~** sold individually ; ~ **centrale** central processing unit.

univers [yniver] *nm* universe.

universel, elle [yniversel] *adj* universal.

universitaire [yniversiter] *adj* (*diplôme, bibliothèque*) university.

université [yniversite] *nf* university.

urbain, e [yrbɛ̃, ɛn] adj urban.

urbanisme [yrbanism] nm town planning.

urgence [yrʒɑ̃s] nf urgency ; MÉD emergency ; d'~ (vite) immediately ; (service des) ~ s casualty (department).

urgent, e [yrʒɑ̃, ɑ̃t] adj urgent.

urine [yrin] nf urine.

uriner [yrine] vi to urinate.

urinoir [yrinwar] nm urinal.

URSS nf : l'~ the USSR.

urticaire [yrtiker] nf nettle rash.

USA nmpl : les ~ the USA.

usage [yzaʒ] nm (utilisation) use ; '~ externe' 'for external use only' ; '~ interne' 'for internal use only'.

usagé, e [yzaʒe] adj (ticket) used.

usager [yzaʒe] nm user.

usé, e [yze] adj worn.

user [yze] vt (abîmer) to wear out ; (consommer) to use. ❏ s'user vp to wear out.

usine [yzin] nf factory.

ustensile [ystɑ̃sil] nm tool.

utile [ytil] adj useful.

utilisateur, trice [ytilizatœr, tris] nm, f user.

utilisation [ytilizasjɔ̃] nf use.

utiliser [ytilize] vt to use.

utilité [ytilite] nf : être d'une grande ~ to be of great use.

UV nmpl (abr de ultraviolets) UV rays.

va [va] → aller.

vacances [vakɑ̃s] nfpl holiday (sg) (Br), vacation (sg) (Am) ; être/partir en ~ to be/go on holiday

(Br), to be/go on vacation (Am) ; ~ scolaires school holidays (Br), school break (Am).

vacancier, ère [vakɑ̃sje, er] nm, f holidaymaker (Br), vacationer (Am).

vacarme [vakarm] nm racket.

vaccin [vaksɛ̃] nm vaccine.

vacciner [vaksine] vt : ~ qqn contre qqch to vaccinate sb against sthg.

vache [vaʃ] nf cow. ◆ adj fam (méchant) mean.

vachement [vaʃmɑ̃] adv fam dead (Br), real (Am).

vacherin [vaʃrɛ̃] nm (gâteau) meringue filled with ice cream and whipped cream ; (fromage) soft cheese made from cow's milk.

va-et-vient [vaevjɛ̃] nm inv : faire le ~ entre to go back and forth between.

vague [vag] adj (peu précis) vague. ◆ nf wave ; ~ de chaleur heat wave.

vaguement [vagmɑ̃] adv vaguely.

vaille etc → valoir.

vain [vɛ̃] : en vain adv in vain.

vaincre [vɛ̃kr] vt (ennemi) to defeat ; (peur, obstacle) to overcome.

vaincu, e [vɛ̃ky] nm, f (équipe) losing team ; (sportif) loser.

vainqueur [vɛ̃kœr] nm (d'un match) winner ; (d'une bataille) victor.

vais [ve] → aller.

vaisseau, x [veso] nm (veine) vessel ; ~ spatial spaceship.

vaisselle [vesel] nf (assiettes) crockery ; faire la ~ to wash up.

valable [valabl] adj valid.

valait → valoir.

valent [val] → valoir.

valet [valɛ] nm (aux cartes) jack.

valeur [valœr] nf value ; sans
~ worthless.

valider [valide] vt (ticket) to validate.

validité [validite] nf : date limite
de ~ expiry date.

valise [valiz] nf case, suitcase ;
faire ses ~ s to pack.

vallée [vale] nf valley.

vallonné, e [valɔne] adj undulat-
ing.

valoir [valwar] vi (coûter, avoir
comme qualité) to be worth ; (dans
un magasin) to cost. ◆ v impers : il
vaut mieux faire qqch it's best to do
sthg ; il vaut mieux que tu restes you
had better stay ; ça vaut combien?
how much is it? ; ça vaut la peine
OU le coup d'y aller it's worth
going.

valse [vals] nf waltz.

valu [valy] pp → valoir.

vandale [vɑ̃dal] nmf vandal.

vandalisme [vɑ̃dalism] nm van-
dalism.

vanille [vanij] nf vanilla.

vaniteux, euse [vanitø, øz] adj
vain.

vanter [vɑ̃te] : se vanter vp to
boast.

vapeur [vapœr] nf steam ; fer à
~ steam iron ; (à la) ~ CULIN
steamed.

vaporisateur [vaporizatœr] nm
atomizer.

varappe [varap] nf rock climbing.

variable [varjabl] adj (chiffre)
varying ; (temps) changeable.

varicelle [varisɛl] nf chickenpox.

varices [varis] nfpl varicose
veins.

varié, e [varje] adj (travail) varied ; (paysage) diverse.

variété [varjete] nf variety. ❏ variétés nfpl (musique) easy listening
(sg).

variole [varjɔl] nf smallpox.

vas [va] → aller.

vase [vaz] nf mud. ◆ nm vase.

vaste [vast] adj vast.

vaudra etc → valoir.

vaut [vo] → valoir.

vautour [votur] nm vulture.

veau, x [vo] nm calf ; CULIN veal.

vécu, e [veky] pp → vivre. ◆ adj
(histoire) true.

vedette [vədɛt] nf (acteur, sportif)
star ; (bateau) launch.

végétal, e, aux [veʒetal, o] adj
(huile, teinture) vegetable. ◆ nm
plant.

végétarien, enne [veʒetarjɛ̃,
ɛn] adj & nm, f vegetarian.

végétation [veʒetasjɔ̃] nf vegetation. ❏ végétations nfpl MÉD ad-
enoids.

véhicule [veikyl] nm vehicle.

veille [vɛj] nf (jour précédent) day
before, eve ; la ~ au soir the evening before.

veillée [veje] nf (en colonie de vacances) evening entertainment where
children stay up late.

veiller [veje] vi (rester éveillé) to
stay up ; veillez à ne rien oublier
make sure you don't forget anything ; ~ sur qqn to look after sb.

veilleur [vejœr] nm : ~ de nuit
night watchman.

veilleuse [vejøz] nf (lampe) night

light ; *AUT* sidelight ; *(flamme)* pilot light.

veine [ven] *nf ANAT* vein ; **avoir de la ~** *fam* to be lucky.

Velcro® [velkro] *nm* Velcro®.

vélo [velo] *nm* bicycle, bike ; **faire du ~** to cycle ; **~ de course** racing bike ; **~ tout terrain** mountain bike.

vélomoteur [velomotœr] *nm* moped.

velours [vəlur] *nm* velvet ; **~ côtelé** corduroy.

velouté [vəlute] *nm* : **~ d'asperge** cream of asparagus soup.

vendanges [vãdãʒ] *nfpl* harvest (*sg*).

vendeur, euse [vãdœr, øz] *nm, f (de grand magasin)* sales assistant (Br), sales clerk (Am) ; *(sur un marché, ambulant)* salesman (f saleswoman).

vendre [vãdr] *vt* to sell ; **~ qqch à qqn** to sell sb sthg ; **'à ~'** 'for sale'.

vendredi [vãdrədi] *nm* Friday ; **~ saint** Good Friday → **samedi**.

vénéneux, euse [venenø, øz] *adj* poisonous.

vengeance [vãʒãs] *nf* revenge.

venger [vãʒe] : **se venger** *vp* to get one's revenge.

venimeux, euse [vənimø, øz] *adj* poisonous.

venin [vənɛ̃] *nm* venom.

venir [vənir] *vi* to come ; **~ de** to come from ; **nous venons d'arriver** we've just arrived ; **faire ~ qqn** *(docteur, réparateur)* to send for sb.

vent [vã] *nm* wind ; **il y a** OU **il fait du ~** it's windy.

vente [vãt] *nf* sale ; **~ par correspondance** mail order ; **~ aux enchères** auction.

ventilateur [vãtilatœr] *nm* fan.

ventouse [vãtuz] *nf (en caoutchouc)* suction pad.

ventre [vãtr] *nm* stomach ; **avoir du ~** to have a bit of a paunch.

venu, e [vəny] *pp* → **venir**.

ver [ver] *nm (de fruit)* maggot ; **~ luisant** glow worm ; **~ (de terre)** (earth)worm.

véranda [verãda] *nf (vitrée)* conservatory.

verbe [verb] *nm* verb.

verdict [verdikt] *nm* verdict.

verdure [verdyr] *nf* greenery.

véreux, euse [verø, øz] *adj (fruit)* worm-eaten.

verger [verʒe] *nm* orchard.

verglacé, e [verglase] *adj* icy.

verglas [vergla] *nm* (black) ice.

vérification [verifikasjɔ̃] *nf* checking.

vérifier [verifje] *vt* to check.

véritable [veritabl] *adj* real.

vérité [verite] *nf* truth.

vermicelle [vermisel] *nm* vermicelli.

verni, e [verni] *adj (chaussure)* patent-leather ; *(meuble)* varnished.

vernis [verni] *nm* varnish ; **~ à ongles** nail varnish.

verra *etc* → **voir**.

verre [ver] *nm* glass ; **boire** OU **prendre un ~** to have a drink ; **~s de contact** contact lenses.

verrière [verjer] *nf (toit)* glass roof.

verrou [veru] *nm* bolt.

verrouiller [veruje] *vt (porte)* to bolt.

verrue [very] *nf* wart.

vers [vɛr] *nm* line. ◆ *prép (direction)* towards ; *(époque)* around.

Versailles [vɛrsaj] *n* Versailles.

 VERSAILLES

Originally a hunting lodge used by Louis XIII, Versailles was transformed in the middle of the 17th century by Louis XIV into an imposing royal palace with architecture along classical lines. Besides its elaborate gardens with ornamental fountains and pools, it is famous for the *galerie des Glaces*, a 75-metre long room with mirrors on the walls where the treaty of Versailles was signed in 1919 by France, the United States, Great Britain, Italy and Germany, ending the First World War. The palace is located 14 kilometres outside Paris.

versant [vɛrsɑ̃] *nm* side.

verse [vɛrs] : **à verse** *adv* : **il pleut à ~** it's pouring down.

Verseau [vɛrso] *nm* Aquarius.

versement [vɛrsəmɑ̃] *nm* payment.

verser [vɛrse] *vt (liquide)* to pour ; *(argent)* to pay.

verseur [vɛrsœr] *adj m* → **bec**.

version [vɛrsjɔ̃] *nf* version ; *(traduction)* translation ; **~ française** version dubbed into French ; **~ originale** version in original language.

verso [vɛrso] *nm* back.

vert, e [vɛr, vɛrt] *adj* green ; *(fruit)* unripe ; *(vin)* young. ◆ *nm* green.

vertébrale [vɛrtebral] *adj f* → **colonne**.

vertèbre [vɛrtebr] *nf* vertebra.

vertical, e, aux [vɛrtikal, o] *adj* vertical.

vertige [vɛrtiʒ] *nm* : **avoir le ~** to be dizzy.

vessie [vesi] *nf* bladder.

veste [vɛst] *nf* jacket.

vestiaire [vɛstjɛr] *nm (d'un musée, d'un théâtre)* cloakroom.

vestibule [vɛstibyl] *nm* hall.

vestiges [vɛstiʒ] *nmpl* remains.

veston [vɛstɔ̃] *nm* jacket.

vêtements [vɛtmɑ̃] *nmpl* clothes.

vétérinaire [veteriner] *nmf* vet.

veuf, veuve [vœf, vœv] *adj* widowed. ◆ *nm, f* widower (f widow).

veuille *etc* → **vouloir**.

veuve → **veuf**.

veux [vø] → **vouloir**.

vexant, e [vɛksɑ̃, ɑ̃t] *adj* hurtful.

vexer [vɛkse] *vt* to offend. ❑ **se vexer** *vp* to take offence.

VF *abr* = **version française**.

viaduc [vjadyk] *nm* viaduct.

viande [vjɑ̃d] *nf* meat ; **~ séchée des Grisons** dried salt beef.

vibration [vibrasjɔ̃] *nf* vibration.

vibrer [vibre] *vi* to vibrate.

vice [vis] *nm* vice.

vice versa [vis(e)vɛrsa] *adv* vice versa.

vicieux, euse [visjø, øz] *adj (pervers)* perverted.

victime [viktim] *nf* victim ; *(d'un accident)* casualty.

victoire [viktwar] *nf* victory.

vidange [vidɑ̃ʒ] *nf (d'une auto)* oil change.

vide [vid] *adj* empty. ◆ *nm (espace)* gap ; *(absence d'air)* vacuum ; **sous ~** *(aliment)* vacuum-packed.

vidéo [video] *adj inv* & *nf* video.

vidéoconférence [videokɔ̃ferɑ̃s] = **visioconférence**.

vide-ordures [vidɔrdyr] *nm inv* rubbish chute *(Br)*, garbage chute *(Am)*.

vide-poches [vidpɔʃ] *nm inv (dans une voiture)* pocket.

vider [vide] *vt* to empty ; *(poulet, poisson)* to gut.

videur [vidœr] *nm (de boîte de nuit)* bouncer.

vie [vi] *nf* life ; **en ~** alive.

vieil → vieux.

vieillard [vjejar] *nm* old man.

vieille → vieux.

vieillesse [vjejɛs] *nf* old age.

vieillir [vjejir] *vi* to get old ; *(vin)* to age.

viendra *etc* → **venir.**

viens *etc* → **venir.**

vierge [vjɛrʒ] *adj (cassette)* blank. ❑ **Vierge** *nf (signe du zodiaque)* Virgo.

Vietnam [vjetnam] *nm* : **le ~** Vietnam.

vieux, vieille [vjø, vjɛj] *(m* vieil [vjɛj], *mpl* vieux [vjø]) *adj* old ; **~ jeu** old-fashioned.

vif, vive [vif, viv] *adj (geste)* sharp ; *(pas)* brisk ; *(regard, couleur)* bright ; *(esprit)* lively.

vigile [viʒil] *nm* watchman.

vigne [viɲ] *nf (plante)* vine ; *(terrain)* vineyard.

vignette [viɲɛt] *nf (automobile)* tax disc ; *(de médicament)* price sticker *(for reimbursement of cost of medicine by the social security services).*

vignoble [viɲɔbl] *nm* vineyard.

vigoureux, euse [viguɾø, øz] *adj* sturdy.

vigueur [vigœr] *nf* : **les prix en ~** current prices.

vilain, e [vilɛ̃, ɛn] *adj (méchant)* naughty ; *(laid)* ugly.

villa [vila] *nf* villa.

village [vilaʒ] *nm* village.

ville [vil] *nf (petite, moyenne)* town ; *(importante)* city ; **aller en ~** to go into town.

Villette [vilɛt] *nf* : **(le parc de) la ~** *cultural centre in the north of Paris, including a science museum.*

vin [vɛ̃] *nm* wine ; **~ blanc** white wine ; **~ doux** sweet wine ; **~ rosé** rosé wine ; **~ rouge** red wine ; **~ sec** dry wine ; **~ de table** table wine.

ⓘ **VIN**

France is one of the biggest producers of wine in the world. In the main wine-growing areas of Burgundy, Bordeaux, the Loire and Beaujolais, both red and white wines are produced. In Alsace white wine is more common and Provence is known for its rosé wines. French wine is classified according to four categories, the names of which appear on the label : *AOC* (the highest-quality wines with the vineyard of origin identified), *VDQS* (good-quality wine from a certain area), *vins de pays* (table wines with the region of origin identified), and *vins de table* (basic table wines which may be blended and have no mention of where they are produced).

vinaigre [vinɛgr] *nm* vinegar.

vinaigrette [vinɛgrɛt] *nf* French dressing (Br), vinaigrette.

vingt [vɛ̃] *num* twenty → **six**.

vingtaine [vɛ̃tɛn] *nf* : **une ~ (de)** about twenty.

vingtième [vɛ̃tjɛm] *num* twentieth → **sixième**.

viol [vjɔl] *nm* rape.

violemment [vjɔlamɑ̃] *adv* violently.

violence [vjɔlɑ̃s] *nf* violence.

violent, e [vjɔlɑ̃, ɑ̃t] *adj* violent.

violer [vjɔle] *vt* (*personne*) to rape.

violet, ette [vjɔlɛ, ɛt] *adj & nm* purple.

violette [vjɔlɛt] *nf* violet.

violon [vjɔlɔ̃] *nm* violin.

violoncelle [vjɔlɔ̃sɛl] *nm* cello.

violoniste [vjɔlɔnist] *nmf* violinist.

vipère [vipɛr] *nf* viper.

virage [viraʒ] *nm* (*sur la route*) bend ; (*en voiture, à ski*) turn.

virement [virmɑ̃] *nm* (*sur un compte*) transfer.

virer [vire] *vt* (*argent*) to transfer.

virgule [virgyl] *nf* (*entre mots*) comma ; (*entre chiffres*) (decimal) point.

viril, e [viril] *adj* virile.

virtuelle [virtɥɛl] *adj f* → **réalité**.

virtuose [virtɥoz] *nmf* virtuoso.

virus [virys] *nm* virus.

vis [vis] *nf* screw.

visa [viza] *nm* (*de séjour*) visa.

visage [vizaʒ] *nm* face.

vis-à-vis [vizavi] : **vis-à-vis de** *prép* (*envers*) towards.

viser [vize] *vt* (*cible*) to aim at ; (*suj : loi*) to apply to ; (*suj : remarque*) to be aimed at.

viseur [vizœr] *nm* (*de carabine*) sights (*pl*) ; (*d'appareil photo*) viewfinder.

visibilité [vizibilite] *nf* visibility.

visible [vizibl] *adj* visible.

visière [vizjɛr] *nf* (*de casquette*) peak.

visioconférence [vizjokɔ̃ferɑ̃s], **vidéoconférence** [videokɔ̃ferɑ̃s] *nf* videoconference.

vision [vizjɔ̃] *nf* (*vue*) vision.

visionneuse [vizjonøz] *nf* projector.

visite [vizit] *nf* visit ; **~ guidée** guided tour ; **~ médicale** medical.

visiter [vizite] *vt* to visit.

visiteur, euse [vizitœr, øz] *nm, f* visitor.

visqueux, euse [viskø, øz] *adj* sticky.

visser [vise] *vt* (*vis*) to screw in ; (*couvercle*) to screw on.

visuel, elle [vizɥɛl] *adj* visual.

vital, e, aux [vital, o] *adj* vital.

vitalité [vitalite] *nf* vitality.

vitamine [vitamin] *nf* vitamin.

vite [vit] *adv* fast, quickly.

vitesse [vitɛs] *nf* speed ; TECH (*d'une voiture, d'un vélo*) gear ; **à toute ~** at top speed.

vitrail, aux [vitraj, o] *nm* stained-glass window.

vitre [vitr] *nf* (*de fenêtre*) window pane ; (*de voiture*) window.

vitré, e [vitre] *adj* (*porte*) glass.

vitrine [vitrin] *nf* (*de magasin*) (shop) window ; (*meuble*) display cabinet.

vivacité [vivasite] *nf* vivacity.

vivant, e [vivɑ̃, ɑ̃t] *adj* (*en vie*) alive ; (*animé*) lively.

vive [viv] → **vif. ◆ excl : ~ les vacances!** hurray for the holidays!

vivement [vivmã] adv quickly. **◆ excl : ~ demain!** roll on tomorrow!

vivre [vivr] vi to live. ◆ vt (passer) to experience.

VO abr = **version originale**.

vocabulaire [vɔkabylɛr] nm vocabulary.

vocales [vɔkal] adj fpl → **corde**.

vodka [vɔdka] nf vodka.

vœu, x [vø] nm (souhait) wish ; **meilleurs ~ x** best wishes.

voici [vwasi] prép here is/are.

voie [vwa] nf (chemin) road ; (sur une route) lane ; (de gare) platform ; **'par ~ orale'** 'to be taken orally' ; **~ ferrée** railway track (Br), railroad track (Am) ; **~ sans issue** dead end.

voilà [vwala] prép there is/are.

voile [vwal] nm veil. ◆ nf (de bateau) sail ; **faire de la ~** to go sailing.

voilé, e [vwale] adj (roue) buckled.

voilier [vwalje] nm sailing boat (Br), sailboat (Am).

voir [vwar] vt to see ; **ça n'a rien à ~** that's got nothing to do with it ; **faire ~ qqch à qqn** to show sb sthg. ❑ **se voir** vp (être visible) to show ; (se rencontrer) to see one another.

voisin, e [vwazɛ̃, in] adj (ville) neighbouring ; (maison) next-door. **◆ nm, f** neighbour.

voiture [vwatyr] nf car ; (wagon) carriage ; **~ de sport** sports car.

voix [vwa] nf voice ; (vote) vote ; **à ~ basse** in a low voice ; **à ~ haute** in a loud voice.

vol [vɔl] nm (groupe d'oiseaux) flock ; (trajet en avion) flight ; (délit) theft ; **à ~ d'oiseau** as the crow flies ; **au ~!** stop thief! ; **en ~** (dans un avion) during the flight.

volaille [vɔlaj] nf (oiseau) fowl ; **de la ~** poultry.

volant [vɔlã] nm (de voiture) steering wheel ; (de nappe, de jupe) flounce ; (de badminton) shuttlecock.

volante [vɔlãt] adj f → **soucoupe**.

vol-au-vent [vɔlovã] nm inv vol-au-vent.

volcan [vɔlkã] nm volcano.

voler [vɔle] vt (argent, objet) to steal ; (personne) to rob. ◆ vi (oiseau, avion) to fly.

volet [vɔlɛ] nm (de fenêtre) shutter ; (d'imprimé) tear-off section.

voleur, euse [vɔlœr, øz] nm, f thief.

volière [vɔljɛr] nf aviary.

volley(-ball) [vɔle(bol)] nm volleyball.

volontaire [vɔlɔ̃tɛr] adj (geste, engagement) deliberate. ◆ nmf volunteer.

volontairement [vɔlɔ̃tɛrmã] adv (exprès) deliberately.

volonté [vɔlɔ̃te] nf (énergie) will ; (désir) wish ; **bonne ~** goodwill ; **mauvaise ~** unwillingness.

volontiers [vɔlɔ̃tje] adv willingly ; **~!** (à table) yes, please!

volt [vɔlt] nm volt.

volume [vɔlym] nm volume.

volumineux, euse [vɔlyminø, øz] adj bulky.

vomir

vomir [vɔmiʁ] *vi* to be sick. ◆ *vt* to bring up.

vont [vɔ̃] → aller.

vos → votre.

vote [vɔt] *nm* vote.

voter [vɔte] *vi* to vote.

votre [vɔtʁ] (*pl* **vos** [vo]) *adj* your.

vôtre [vɔtʁ] : **le vôtre** (*f* **la vôtre**, *pl* **les vôtres**) *pron* yours ; **à la ~!** your good health!

voudra *etc* → vouloir.

☞

vouloir [vulwaʁ] *vt* - **1.** (*désirer*) to want ; **voulez-vous boire quelque chose?** would you like something to drink? ; **si tu veux** if you like ; **sans le ~** unintentionally ; **je voudrais ...** I would like ...
- **2.** (*accepter*) : **tu prends un verre?** - **oui, je veux bien** would you like a drink? - yes, I'd love one ; **veuillez vous asseoir** please sit down.
- **3.** (*dans des expressions*) : **en ~ à qqn** to have a grudge against sb ; **~ dire** to mean.
❏ **s'en vouloir** *vp* : **s'en ~ de (faire qqch)** to be cross with o.s. (for doing sthg).

voulu, e [vuly] *pp* → vouloir.

vous [vu] *pron* you ; (*objet indirect*) (to) you ; (*réciproque*) each other ; (*réfléchi*) : **vous ~ êtes lavés?** have you washed? ; **~ -même** yourself.

ⓘ **VOUS**

In France, the *vous* form of the pronoun 'you' is always used between people who meet for the first time or who hardly know each other. It is also used between colleagues from different levels in a hierarchy. In professional contexts, it is common to continue to use *'vous'* even when people are on first-name terms, and in universities it is the usual form for conversations between professors and students. The *'vous'* form is also frequently used between parents-in-law and their sons or daughters-in-law, even after they have known each other for many years.

voûte [vut] *nf* vault.

voûté, e [vute] *adj* (*personne, dos*) hunched.

vouvoyer [vuvwaje] *vt* : **~ qqn** to address sb as 'vous'.

voyage [vwajaʒ] *nm* (*déplacement*) journey ; (*trajet*) trip ; **bon ~!** have a good trip! ; **partir en ~** to go away ; **~ de noces** honeymoon ; **~ organisé** package tour.

voyageur, euse [vwajaʒœʁ, øz] *nm, f* traveller.

voyant, e [vwajɑ̃, ɑ̃t] *adj* (*couleur, vêtement*) gaudy. ◆ *nm* : **~ lumineux** light.

voyelle [vwajɛl] *nf* vowel.

voyons [vwajɔ̃] → voir.

voyou [vwaju] *nm* yob.

vrac [vʁak] **en ~** : **en ~** (*en désordre*) higgledy-piggledy ; (*thé*) loose.

vrai, e [vʁɛ] *adj* (*exact*) true ; (*véritable*) real.

vraiment [vʁemɑ̃] *adv* really.

vraisemblable [vʁɛsɑ̃blabl] *adj* likely.

VTT *abr* = vélo tout terrain.

vu, e [vy] *pp* → voir. ◆ *prép* in view of. ◆ *adj* : **être bien/mal ~** (de

qqn *(personne)* to be popular/unpopular (with sb) ; *(attitude)* to be acceptable/unacceptable (to sb) ; ~ que seeing as.

vue [vy] *nf (sens)* eyesight ; *(panorama)* view ; *(vision, spectacle)* sight ; **avec ~ sur** ... overlooking ... ; **connaître qqn de ~ to** know sb by sight ; **en ~ de faire qqch** with a view to doing sthg ; **à ~ d'œil** visibly.

vulgaire [vylgɛr] *adj (grossier)* vulgar ; *(quelconque)* plain.

wagon [vagɔ̃] *nm (de passagers)* carriage *(Br)*, car *(Am)* ; *(de marchandises)* wagon.

wagon-lit [vagɔ̃li] *(pl* **wagonslits)** *nm* sleeping car.

wagon-restaurant [vagɔ̃rɛstɔrɑ̃] *(pl* **wagons-restaurants)** *nm* restaurant car.

Walkman® [wɔkman] *nm* personal stereo, Walkman®.

wallon, onne [walɔ̃, ɔn] *adj* Walloon. ❑ **Wallon, onne** *nm, f* Walloon.

Washington [waʃiŋtɔn] *n* Washington D.C.

waters [water] *nmpl* toilet *(sg)*.

waterz(o)oi [waterzɔj] *nm (Belg)* chicken or fish with vegetables, cooked in a cream sauce, a Flemish speciality.

watt [wat] *nm* watt.

W-C [vese] *nmpl* toilets.

Web [wɛb] *nm* : **le ~ the Web,** the web.

webmestre [wɛbmɛstr], **webmaster** [wɛbmastœr] *nm* webmaster.

week-end, s [wikend] *nm* weekend ; **bon ~!** I have a nice weekend!

western [wɛstɛrn] *nm* western.

whisky [wiski] *nm* whisky.

xérès [gzeres] *nm* sherry.

xylophone [ksilɔfɔn] *nm* xylophone.

y [i] *adv* - **1.** *(indique le lieu)* there ; **maintenant que j'y suis** now (that) I'm here.
- **2.** *(dedans)* in (it/them) ; **mets-y du sel** put some salt in it.
- **3.** *(dessus)* on it/them ; **va voir sur la table si les clefs y sont** go and see if the keys are on the table.
◆ *pron* : **pensez-y** think about it.

yacht [jɔt] *nm* yacht.

yaourt [jaurt] *nm* yoghurt.

yeux → œil.

yoga [jɔga] *nm* yoga.

yoghourt [jɔgurt] = **yaourt.**

Yougoslavie [jugɔslavi] *nf* : **la ~ Yugoslavia.**

Yo-Yo® [jojo] *nm inv* yo-yo.

Z

zapper [zape] *vi* to channel-hop.

zèbre [zɛbr] *nm* zebra.

zéro [zero] *nm* zero ; *SPORT* nil ; *SCOL* nought.

zeste [zɛst] *nm* peel.

zigzag [zigzag] *nm* zigzag ; en ~ *(route)* winding.

zigzaguer [zigzage] *vi (route, voiture)* to zigzag.

zodiaque [zɔdjak] *nm* → signe.

zone [zon] *nf* area ; ~ bleue restricted parking zone ; ~ euro euro zone ; ~ piétonne ou piétonnière pedestrian precinct *(Br)*, pedestrian zone *(Am)*.

zoo [zo(o)] *nm* zoo.

zoologique [zɔɔlɔʒik] *adj* → parc.

zut [zyt] *excl* damn!

CONJUGAISONS FRANÇAISES

Légende: *ppr* = participe présent, *pp* = participe passé,
pr ind = présent de l'indicatif, *imp* = imparfait, *fut* = futur,
cond = conditionnel, *pr subj* = présent du subjonctif

acquérir: *pp* acquis,
pr ind acquiers, acquérons,
acquièrent, *imp* acquérais,
fut acquerrai, *pr subj* acquière

aller: *pp* allé, *pr ind* vais, vas,
va, allons, allez, vont,
imp allais, *fut* irai, *cond* irais,
pr subj aille

asseoir: *ppr* asseyant,
pp assis, *pr ind* assieds,
asseyons, *imp* asseyais,
fut assiérai, *pr subj* asseye

atteindre: *ppr* atteignant,
pp atteint, *pr ind* atteins,
atteignons, *imp* atteignais,
pr subj atteigne

avoir: *ppr* ayant, *pp* eu,
pr ind ai, as, a, avons, avez,
ont, *imp* avais, *fut* aurai,
cond aurais, *pr subj* aie, aies,
ait, ayons, ayez, aient

boire: *ppr* buvant, *pp* bu,
pr ind bois, buvons, boivent,
imp buvais, *pr subj* boive

conduire: *ppr* conduisant,
pp conduit, *pr ind* conduis,
conduisons, *imp* conduisais,
pr subj conduise

connaître: *ppr* connaissant,
pp connu, *pr ind* connais,
connaît, connaissons, *imp*
connaissais, *pr subj* connaisse

coudre: *ppr* cousant, *pp*
cousu, *pr ind* couds, cousons,
imp cousais, *pr subj* couse

courir: *pp* couru, *pr ind*
cours, courons, *imp* courais,
fut courrai, *pr subj* coure

couvrir: *pp* couvert,
pr ind couvre, couvrons,
imp couvrais, *pr subj* couvre

craindre: *ppr* craignant,
pp craint, *pr ind* crains,
craignons, *imp* craignais,
pr subj craigne

croire: *ppr* croyant, *pp* cru,
pr ind crois, croyons, croient,
imp croyais, *pr subj* croie

cueillir: *pp* cueilli,
pr ind cueille, cueillons,
imp cueillais, *fut* cueillerai,
pr subj cueille

devoir: *pp* dû, due, *pr ind* dois,
devons, doivent, *imp* devais,
fut devrai, *pr subj* doive

dire: *ppr* disant, *pp* dit,
pr ind dis, disons, dites,
disent, *imp* disais, *pr subj* dise

dormir: *pp* dormi,
pr ind dors, dormons,
imp dormais, *pr subj* dorme

écrire: *ppr* écrivant, *pp* écrit,
pr ind écris, écrivons,
imp écrivais, *pr subj* écrive

essuyer : *pp* essuyé,
pr ind essuie, essuyons,
essuient, *imp* essuyais,
fut essuierai, *pr subj* essuie

être : *ppr* étant, *pp* été,
pr ind suis, es, est, sommes,
êtes, sont, *imp* étais, *fut* serai,
cond serais, *pr subj* sois, sois,
soit, soyons, soyez, soient

faire : *ppr* faisant, *pp* fait,
pr ind fais, fais, fait, faisons,
faites, font, *imp* faisais, *fut*
ferai, *cond* ferais, *pr subj* fasse

falloir : *pp* fallu, *pr ind* faut,
imp fallait, *fut* faudra,
pr subj faille

FINIR : *ppr* finissant, *pp* fini,
pr ind finis, finis, finit,
finissons, finissez, finissent,
imp finissais, finissais,
finissait, finissions, finissiez,
finissaient, *fut* finirai, finiras,
finira, finirons, finirez,
finiront, *cond* finirais, finirais,
finirait, finirions, finiriez,
finiraient, *pr subj* finisse,
finisses, finisse, finissions,
finissiez, finissent

fuir : *ppr* fuyant, *pp* fui,
pr ind fuis, fuyons, fuient,
imp fuyais, *pr subj* fuie

haïr : *ppr* haïssant, *pp* haï,
pr ind hais, haïssons,
imp haïssais, *pr subj* haïsse

joindre : *comme* atteindre

lire : *ppr* lisant, *pp* lu,
pr ind lis, lisons, *imp* lisais,
pr subj lise

mentir : *pp* menti,
pr ind mens, mentons,
imp mentais, *pr subj* mente

mettre : *ppr* mettant, *pp* mis,
pr ind mets, mettons,
imp mettais, *pr subj* mette

mourir : *pp* mort, *pr ind*
meurs, mourons, meurent,
imp mourais, *fut* mourrai,
pr subj meure

naître : *ppr* naissant, *pp* né,
pr ind nais, naît, naissons,
imp naissais, *pr subj* naisse

offrir : *pp* offert, *pr ind* offre,
offrons, *imp* offrais,
pr subj offre

paraître : *comme* connaître

PARLER : *ppr* parlant, *pp* parlé,
pr ind parle, parles, parle,
parlons, parlez, parlent,
imp parlais, parlais, parlait,
parlions, parliez, parlaient,
fut parlerai, parleras, parlera,
parlerons, parlerez, parleront,
cond parlerais, parlerais,
parlerait, parlerions,
parleriez, parleraient,
pr subj parle, parles, parle,
parlions, parliez, parlent

partir : *pp* parti, *pr ind* pars,
partons, *imp* partais,
pr subj parte

plaire : *ppr* plaisant, *pp* plu,
pr ind plais, plaît, plaisons,
imp plaisais, *pr subj* plaise

pleuvoir : *pp* plu, *pr ind* pleut,
imp pleuvait, *fut* pleuvra,
pr subj pleuve

III

pouvoir: *pp* pu, *pr ind* peux, peux, peut, pouvons, pouvez, peuvent, *imp* pouvais, *fut* pourrai, *pr subj* puisse

prendre: *ppr* prenant, *pp* pris, *pr ind* prends, prenons, prennent, *imp* prenais, *pr subj* prenne

prévoir: *ppr* prévoyant, *pp* prévu, *pr ind* prévois, prévoyons, prévoient, *imp* prévoyais, *fut* prévoirai, *pr subj* prévoie

recevoir: *pp* reçu, *pr ind* reçois, recevons, reçoivent, *imp* recevais, *fut* recevrai, *pr subj* reçoive

RENDRE: *ppr* rendant, *pp* rendu, *pr ind* rends, rends, rend, rendons, rendez, rendent, *imp* rendais, rendais, rendait, rendions, rendiez, rendaient, *fut* rendrai, rendras, rendra, rendrons, rendrez, rendront, *cond* rendrais, rendrais, rendrait, rendrions, rendriez, rendraient, *pr subj* rende, rendes, rende, rendions, rendiez, rendent

résoudre: *ppr* résolvant, *pp* résolu, *pr ind* résous, résolvons, *imp* résolvais, *pr subj* résolve

rire: *ppr* riant, *pp* ri, *pr ind* ris, rions, *imp* riais, *pr subj* rie

savoir: *ppr* sachant, *pp* su, *pr ind* sais, savons, *imp* savais, *fut* saurai, *pr subj* sache

servir: *pp* servi, *pr ind* sers, servons, *imp* servais, *pr subj* serve

sortir: *comme* **partir**

suffire: *ppr* suffisant, *pp* suffi, *pr ind* suffis, suffisons, *imp* suffisais, *pr subj* suffise

suivre: *ppr* suivant, *pp* suivi, *pr ind* suis, suivons, *imp* suivais, *pr subj* suive

taire: *ppr* taisant, *pp* tu, *pr ind* tais, taisons, *imp* taisais, *pr subj* taise

tenir: *pp* tenu, *pr ind* tiens, tenons, tiennent, *imp* tenais, *fut* tiendrai, *pr subj* tienne

vaincre: *ppr* vainquant, *pp* vaincu, *pr ind* vaincs, vainc, vainquons, *imp* vainquais, *pr subj* vainque

valoir: *pp* valu, *pr ind* vaux, valons, *imp* valais, *fut* vaudrai, *pr subj* vaille

venir: *comme* **tenir**

vivre: *ppr* vivant, *pp* vécu, *pr ind* vis, vivons, *imp* vivais, *pr subj* vive

voir: *ppr* voyant, *pp* vu, *pr ind* vois, voyons, voient, *imp* voyais, *fut* verrai, *pr subj* voie

vouloir: *pp* voulu, *pr ind* veux, veux, veut, voulons, voulez, veulent, *imp* voulais, *fut* voudrai, *pr subj* veuille

IRREGULAR ENGLISH VERBS

INFINITIVE	PAST TENSE	PAST PARTICIPLE	INFINITIVE	PAST TENSE	PAST PARTICIPLE
arise	arose	arisen	come	came	come
awake	awoke	awoken	cost	cost	cost
be	was /were	been	creep	crept	crept
			cut	cut	cut
bear	bore	born(e)	deal	dealt	dealt
beat	beat	beaten	dig	dug	dug
begin	began	begun	do	did	done
bend	bent	bent	draw	drew	drawn
bet	bet /betted	bet /betted	dream	dreamed /dreamt	dreamed /dreamt
bid	bid	bid	drink	drank	drunk
bind	bound	bound	drive	drove	driven
bite	bit	bitten	eat	ate	eaten
bleed	bled	bled	fall	fell	fallen
blow	blew	blown	feed	fed	fed
break	broke	broken	feel	felt	felt
breed	bred	bred	fight	fought	fought
bring	brought	brought	find	found	found
build	built	built	fling	flung	flung
burn	burnt /burned	burnt /burned	fly	flew	flown
			forget	forgot	forgotten
burst	burst	burst	freeze	froze	frozen
buy	bought	bought	get	got	got (*Am* gotten)
can	could	–			
cast	cast	cast	give	gave	given
catch	caught	caught	go	went	gone
choose	chose	chosen	grind	ground	ground

INFINITIVE	PAST TENSE	PAST PARTICIPLE
grow	grew	grown
hang	hung /hanged	hung /hanged
have	had	had
hear	heard	heard
hide	hid	hidden
hit	hit	hit
hold	held	held
hurt	hurt	hurt
keep	kept	kept
kneel	knelt /kneeled	knelt /kneeled
know	knew	known
lay	laid	laid
lead	led	led
lean	leant /leaned	leant /leaned
leap	leapt /leaped	leapt /leaped
learn	learnt /learned	learnt /learned
leave	left	left
lend	lent	lent
let	let	let
lie	lay	lain
light	lit /lighted	lit /lighted
lose	lost	lost

INFINITIVE	PAST TENSE	PAST PARTICIPLE
make	made	made
may	might	–
mean	meant	meant
meet	met	met
mow	mowed	mown /mowed
pay	paid	paid
put	put	put
quit	quit /quitted	quit /quitted
read	read	read
rid	rid	rid
ride	rode	ridden
ring	rang	rung
rise	rose	risen
run	ran	run
saw	sawed	sawn
say	said	said
see	saw	seen
seek	sought	sought
sell	sold	sold
send	sent	sent
set	set	set
shake	shook	shaken
shall	should	–
shed	shed	shed
shine	shone	shone

INFINITIVE	PAST TENSE	PAST PARTICIPLE
shoot	shot	shot
show	showed	shown
shrink	shrank	shrunk
shut	shut	shut
sing	sang	sung
sink	sank	sunk
sit	sat	sat
sleep	slept	slept
slide	slid	slid
sling	slung	slung
smell	smelt /smelled	smelt /smelled
sow	sowed	sown /sowed
speak	spoke	spoken
speed	sped /speeded	sped /speeded
spell	spelt /spelled	spelt /spelled
spend	spent	spent
spill	spilt /spilled	spilt /spilled
spin	spun	spun
spit	spat	spat
split	split	split
spoil	spoiled /spoilt	spoiled /spoilt
spread	spread	spread
spring	sprang	sprung
stand	stood	stood

INFINITIVE	PAST TENSE	PAST PARTICIPLE
steal	stole	stolen
stick	stuck	stuck
sting	stung	stung
stink	stank	stunk
strike	struck	struck /stricken
swear	swore	sworn
sweep	swept	swept
swell	swelled	swollen /swelled
swim	swam	swum
swing	swung	swung
take	took	taken
teach	taught	taught
tear	tore	torn
tell	told	told
think	thought	thought
throw	threw	thrown
tread	trod	trodden
wake	woke /waked	woken /waked
wear	wore	worn
weave	wove /weaved	woven /weaved
weep	wept	wept
win	won	won
wind	wound	wound
wring	wrung	wrung
write	wrote	written

ENGLISH-FRENCH
ANGLAIS-FRANÇAIS

A

a [stressed eɪ, unstressed ə] *indefinite article* - **1.** *(gen)* un (une) ; a restaurant un restaurant ; a chair une chaise ; a friend un ami ; an apple une pomme.
- **2.** *(instead of the number one)* : a month again il y a un mois ; a thousand mille ; four and a half quatre et demi.
- **3.** *(in prices, ratios)* : three times a year trois fois par an ; £2 a kilo 2 livres le kilo.

AA *n Br (abbr of Automobile Association)* ≃ ACF *m*.

aback [əˈbæk] *adj* : to be taken ~ être décontenancé(e).

abandon [əˈbændən] *vt* abandonner.

abattoir [ˈæbətwɑːʳ] *n* abattoir *m*.

abbey [ˈæbɪ] *n* abbaye *f*.

abbreviation [ə,briːvɪˈeɪʃn] *n* abréviation *f*.

abdomen [ˈæbdəmən] *n* abdomen *m*.

abide [əˈbaɪd] *vt* : I can't ~ him je ne peux pas le supporter. ▢ **abide by** *vt fus* respecter.

ability [əˈbɪlətɪ] *n* capacité *f*.

able [ˈeɪbl] *adj* compétent(e) ; to be ~ to do sthg pouvoir faire qqch.

abnormal [æbˈnɔːml] *adj* anormal(e).

aboard [əˈbɔːd] *adv* à bord.
♦ *prep (ship, plane)* à bord de ; *(train, bus)* dans.

abode [əˈbəʊd] *n fml* demeure *f*.

abolish [əˈbɒlɪʃ] *vt* abolir.

abort [əˈbɔːt] *vt (call off)* abandonner.

abortion [əˈbɔːʃn] *n* avortement *m* ; to have an ~ se faire avorter.

about [əˈbaʊt] *adv* - **1.** *(approximately)* environ ; ~ 50 environ 50 ; at ~ six o'clock vers 6 h.
- **2.** *(referring to place)* çà et là ; to walk ~ se promener.
- **3.** *(on the point of)* : to be ~ to do sthg être sur le point de faire qqch ; it's ~ to rain il va pleuvoir.
♦ *prep* - **1.** *(concerning)* au sujet de ; a book ~ Scotland un livre sur l'Écosse ; what's it ~? de quoi s'agit-il? ; what ~ a drink? et si on prenait un verre?
- **2.** *(referring to place)* : ~ the town dans la ville.

above [əˈbʌv] *prep* au-dessus de.
♦ *adv (higher)* au-dessus ; *(more)* plus ; ~ all avant tout.

abroad [əˈbrɔːd] *adv* à l'étranger.

abrupt [əˈbrʌpt] *adj (sudden)* brusque.

abscess

abscess ['æbses] n abcès m.

absence ['æbsəns] n absence f.

absent ['æbsənt] adj absent(e).

absent-minded [-'maɪndɪd] adj distrait(e).

absolute ['æbsəluːt] adj absolu(e).

absolutely [adv 'æbsəluːtlɪ, excl ˌæbsə'luːtlɪ] adv vraiment. ◆ excl absolument!

absorb [əb'sɔːb] vt absorber.

absorbed [əb'sɔːbd] adj : to be ~ in sthg être absorbé par qqch.

absorbent [əb'sɔːbənt] adj absorbant(e).

abstain [əb'steɪn] vi s'abstenir ; to ~ from doing sthg s'abstenir de faire qqch.

absurd [əb'sɜːd] adj absurde.

abuse [n ə'bjuːs, vb ə'bjuːz] n (insults) injures fpl, insultes fpl ; (wrong use) abus m ; (maltreatment) mauvais traitements mpl. ◆ vt (insult) injurier, insulter ; (use wrongly) abuser de ; (maltreat) maltraiter.

abusive [ə'bjuːsɪv] adj injurieux(euse).

academic [ˌækə'demɪk] adj (of school) scolaire ; (of college, university) universitaire. ◆ n universitaire mf.

academy [ə'kædəmɪ] n école f ; (of music) conservatoire m ; (military) académie f.

accelerate [ək'seləreɪt] vi accélérer.

accelerator [ək'seləreɪtər] n accélérateur m.

accent ['æksent] n accent m.

accept [ək'sept] vt accepter.

acceptable [ək'septəbl] adj acceptable.

access ['ækses] n accès m.

accessible [ək'sesəbl] adj accessible.

accessories [ək'sesərɪz] npl accessoires mpl.

accident ['æksɪdənt] n accident m ; by ~ par accident.

accidental [ˌæksɪ'dentl] adj accidentel(elle).

accident insurance n assurance f accidents.

accident-prone adj prédisposé aux accidents.

acclimatize [ə'klaɪmətaɪz] vi s'acclimater.

accommodate [ə'kɒmədeɪt] vt loger.

accommodation [əˌkɒmə'deɪʃn] n logement m.

accommodations [əˌkɒmə'deɪʃnz] npl Am = accommodation.

accompany [ə'kʌmpənɪ] vt accompagner.

accomplish [ə'kʌmplɪʃ] vt accomplir.

accord [ə'kɔːd] n : of one's own ~ de soi-même.

accordance [ə'kɔːdəns] n : in ~ with conformément à.

according to prep selon.

account [ə'kaʊnt] n (at bank, shop) compte m ; (report) compte-rendu m ; to take sthg into ~ prendre qqch en compte ; on no ~ en aucun cas ; on ~ of à cause de. ❑ **account for** vt fus (explain) expliquer ; (constitute) représenter.

accountant [ə'kaʊntənt] n comptable mf.

account number n numéro m de compte.

accumulate [ə'kjuːmjʊleɪt] vt accumuler.

accurate ['ækjʊrət] adj exact(e).

accuse [ə'kjuːz] vt : to ~ sb of sthg accuser qqn de qqch.

accused [ə'kjuːzd] n : the ~ l'accusé m, -e f.

ace [eɪs] n as m.

ache [eɪk] vi (person) avoir mal. ◆ n douleur f ; my head ~s j'ai mal à la tête.

achieve [ə'tʃiːv] vt (victory, success) remporter ; (aim) atteindre ; (result) obtenir.

acid ['æsɪd] adj acide. ◆ n acide m.

acid house n MUS house f (music).

acid rain n pluies fpl acides.

acknowledge [ək'nɒlɪdʒ] vt (accept) reconnaître ; (letter) accuser réception de.

acne ['ækni] n acné f.

acorn ['eɪkɔːn] n gland m.

acoustic [ə'kuːstɪk] adj acoustique.

acquaintance [ə'kweɪntəns] n (person) connaissance f.

acquire [ə'kwaɪə'] vt acquérir.

acre ['eɪkə'] n = 4 046,9 m ^{2}, ≃ demi-hectare m.

acrobat ['ækrəbæt] n acrobate mf.

across [ə'krɒs] prep (from one side to the other of) en travers de ; (on other side of) de l'autre côté de. ◆ adv : to walk/drive ~ sthg traverser qqch ; 10 miles ~ 16 km de large ; ~ from en face de.

acrylic [ə'krɪlɪk] n acrylique m.

act [ækt] vi agir ; (in play, film) jouer. ◆ n (action, of play) acte m ; POL loi f ; (performance) numéro m ; to ~ as (serve as) servir de.

action ['ækʃn] n action f ; MIL combat m ; to take ~ agir ; to put sthg into ~ mettre qqch à exécution ; out of ~ (machine, person) hors service.

action movie n film m d'action.

active ['æktɪv] adj actif(ive).

activity [æk'tɪvətɪ] n activité f.

activity holiday n vacances organisées pour enfants, avec activités sportives.

actor ['æktə'] n acteur m.

actress ['æktrɪs] n actrice f.

actual ['æktʃʊəl] adj (real) réel(elle) ; (for emphasis) même.

actually ['æktʃʊəlɪ] adv (really) vraiment ; (in fact) en fait.

acupuncture ['ækjʊpʌŋktʃə'] n acupuncture f.

AD (abbr of Anno Domini) ap. J.-C.

ad [æd] n inf (on TV) pub f ; (in newspaper) petite annonce f.

adapt [ə'dæpt] vt adapter. ◆ vi s'adapter.

adapter [ə'dæptə'] n (for foreign plug) adaptateur m ; (for several plugs) prise f multiple.

add [æd] vt ajouter ; (numbers, prices) additionner. ❑ **add up** vt sep additionner. ❑ **add up to** vt fus (total) se monter à.

adder ['ædə'] n vipère f.

addict ['ædɪkt] n drogué m, -e f.

◆ *adj* : to be ~ed to sthg être drogué à qqch.

addiction [ə'dɪkʃn] *n* dépendance *f*.

addition [ə'dɪʃn] *n* (added thing) ajout *m* ; (in maths) addition *f* ; in ~ (to) en plus (de).

additional [ə'dɪʃənl] *adj* supplémentaire.

additive ['ædɪtɪv] *n* additif *m*.

address [ə'dres] *n* (on letter) adresse *f*. ◆ *vt* (speak to) s'adresser à ; (letter) adresser.

address book *n* carnet *m* d'adresses.

addressee [ædre'siː] *n* destinataire *mf*.

adequate ['ædɪkwət] *adj* (sufficient) suffisant(e) ; (satisfactory) adéquat(e).

adhere [əd'hɪə'] *vi* : to ~ to (stick to) adhérer à ; (obey) respecter.

adhesive [əd'hiːsɪv] *adj* adhésif(ive). ◆ *n* adhésif *m*.

adjacent [ə'dʒeɪsənt] *adj* (room) contigu(ë) ; (street) adjacent(e).

adjective [ə'dʒɪktɪv] *n* adjectif *m*.

adjoining [ə'dʒɔɪnɪŋ] *adj* (rooms) contigu(ë).

adjust [ə'dʒʌst] *vt* régler ; (price) ajuster. ◆ *vi* : to ~ to s'adapter à.

adjustable [ə'dʒʌstəbl] *adj* réglable.

adjustment [ə'dʒʌstmənt] *n* réglage ; (to price) ajustement *m*.

administration [əd,mɪnɪ'streɪʃn] *n* administration *f* ; Am (government) gouvernement *m*.

administrator [əd'mɪnɪstreɪtə'] *n* administrateur *m*, -trice *f*.

admire [əd'maɪə'] *vt* admirer.

admission [əd'mɪʃn] *n* (permission to enter) admission *f* ; (entrance cost) entrée *f*.

admission charge *n* entrée *f*.

admit [əd'mɪt] *vt* admettre ; to ~ to sthg admettre OR reconnaître qqch ; '~ s'one' (on ticket) 'valable pour une personne'.

adolescent [ædə'lesnt] *n* adolescent *m*, -e *f*.

adopt [ə'dɒpt] *vt* adopter.

adopted [ə'dɒptɪd] *adj* adopté(e).

adorable [ə'dɔːrəbl] *adj* adorable.

adore [ə'dɔː'] *vt* adorer.

adult ['ædʌlt] *n* adulte *mf*. ◆ *adj* (entertainment, films) pour adultes ; (animal) adulte.

adult education *n* enseignement *m* pour adultes.

adultery [ə'dʌltərɪ] *n* adultère *m*.

advance [əd'vɑːns] *n* avance *f*. ◆ *adj* (payment) anticipé(e). ◆ *vt* & *vi* avancer ; to give sb ~ warning prévenir qqn.

advance booking *n* réservation à l'avance *f*.

advanced [əd'vɑːnst] *adj* (student) avancé(e) ; (level) supérieur(e).

advantage [əd'vɑːntɪdʒ] *n* avantage *m* ; to take ~ of profiter de.

adventure [əd'ventʃə'] *n* aventure *f*.

adventurous [əd'ventʃərəs] *adj* aventureux(euse).

adverb ['ædvɜːb] *n* adverbe *m*.

adverse ['ædvɜːs] *adj* défavorable.

advert ['ædvɜːt] = advertisement.

advertise ['ædvətaɪz] *vt (product, event)* faire de la publicité de.

advertisement [əd'vɜːtɪsmənt] *n (on TV, radio)* publicité *f* ; *(in newspaper)* annonce *f*.

advice [əd'vaɪs] *n* conseils *mpl* ; **a piece of ~** un conseil.

advisable [əd'vaɪzəbl] *adj* conseillé(e).

advise [əd'vaɪz] *vt* conseiller ; **to ~ sb to do sthg** conseiller à qqn de faire qqch ; **to ~ sb against doing sthg** déconseiller à qqn de faire qqch.

advocate [*n* 'ædvəkət, *vb* 'ædvəkeɪt] *n JUR* avocat *m*, -e *f*. ◆ *vt* préconiser.

aerial ['eərɪəl] *n* antenne *f*.

aerobics [eə'rəʊbɪks] *n* aérobic *m*.

aeroplane ['eərəpleɪn] *n* avion *m*.

aerosol ['eərəsɒl] *n* aérosol *m*.

affair [ə'feə] *n* affaire *f* ; *(love affair)* liaison *f*.

affect [ə'fekt] *vt (influence)* affecter.

affection [ə'fekʃn] *n* affection *f*.

affectionate [ə'fekʃnət] *adj* affectueux(euse).

affluent ['æfluənt] *adj* riche.

afford [ə'fɔːd] *vt* : **can you ~ to go on holiday?** peux-tu te permettre de partir en vacances ? ; **I can't ~ it** je n'en ai pas les moyens ; **I can't ~ the time** je n'ai pas le temps.

affordable [ə'fɔːdəbl] *adj* abordable.

afloat [ə'fləʊt] *adj* à flot.

afraid [ə'freɪd] *adj* : **to be ~ of** avoir peur de ; **I'm so ~** j'en ai bien peur ; **I'm ~ not** j'ai bien peur que non.

after ['ɑːftə] *prep* & *adv* après. ◆ *conj* après que ; **a quarter ~ ten** *Am* dix heures et quart ; **to be ~** *(in search of)* chercher ; **~ all** après tout. ❑ **afters** *npl* dessert *m*.

aftercare ['ɑːftəkeə] *n* postcure *f*.

aftereffects ['ɑːftərɪˌfekts] *npl* suites *fpl*.

afternoon [ˌɑːftə'nuːn] *n* après-midi *m inv* or *f inv* ; **good ~!** bonjour!

afternoon tea *n* le thé de cinq heures.

aftershave ['ɑːftəʃeɪv] *n* après-rasage *m*.

aftersun ['ɑːftəsʌn] *n* après-soleil *m*.

afterwards ['ɑːftəwədz] *adv* après.

again [ə'gen] *adv* encore, à nouveau ; **~ and ~** à plusieurs reprises ; **never ... ~** ne ... plus jamais.

against [ə'genst] *prep* contre ; **~ the law** contraire à la loi.

age [eɪdʒ] *n* âge *m* ; **under ~** mineur *m*, -e *f* ; **I haven't seen him for ~s** *(inf)* ça fait une éternité que je ne l'ai pas vu.

aged [eɪdʒd] *adj* : **~ eight** âgé de huit ans.

age group *n* tranche *f* d'âge.

age limit *n* limite *f* d'âge.

agency ['eɪdʒənsɪ] *n* agence *f*.

agenda [ə'dʒendə] *n* ordre *m* du jour.

agent ['eɪdʒənt] *n* agent *m*.

aggression [ə'greʃn] *n* violence *f*.

aggressive [ə'gresɪv] *adj* agressif(ive).

agile [*Br* 'ædʒaɪl, *Am* 'ædʒəl] *adj* agile.

agitated ['ædʒɪteɪtɪd] *adj* agité(e).

ago [ə'gəʊ] *adv* : a month ~ il y a un mois ; how long ~? il y a combien de temps?

agonizing ['ægənaɪzɪŋ] *adj* déchirant(e).

agony ['ægənɪ] *n (physical)* douleur *f* atroce ; *(mental)* angoisse *f*.

agree [ə'griː] *vi* être d'accord ; *(correspond)* concorder ; it doesn't ~ with me *(food)* ça ne me réussit pas ; to ~ to sthg accepter qqch ; to ~ to do sthg accepter de faire qqch ; we ~d to meet at six o'clock nous avons décidé de nous retrouver à 6 h. □ **agree on** *vt fus (time, price)* se mettre d'accord sur.

agreed [ə'griːd] *adj (price)* convenu(e) ; to be ~ *(person)* être d'accord.

agreement [ə'griːmənt] *n* accord *m*.

agriculture ['ægrɪkʌltʃə'] *n* agriculture *f*.

ahead [ə'hed] *adv (in front)* devant ; go straight ~ allez tout droit ; the months ~ les mois à venir ; to be ~ *(winning)* être en tête ; ~ of *(in front of)* devant ; *(in time)* avant ; ~ of schedule en avance.

aid [eɪd] *n* aide *f*. ◆ *vt* aider ; in ~ of au profit de ; with the ~ of à l'aide de.

AIDS [eɪdz] *n* SIDA *m*.

ailment ['eɪlmənt] *n fml* mal *m*.

aim [eɪm] *n (purpose)* but *m*. ◆ *vt (gun, camera, hose)* braquer. ◆ *vi* :

to ~ (at) viser ; to ~ to do sthg avoir pour but de faire qqch.

air [eə'] *n* air *m*. ◆ *vt (room)* aérer. ◆ *adj (terminal, travel)* aérien(enne) ; by ~ par avion.

airbed ['eəbed] *n* matelas *m* pneumatique.

airborne ['eəbɔːn] *adj (plane)* en vol.

air-conditioned [-kən'dɪʃnd] *adj* climatisé(e).

air-conditioning [-kən'dɪʃnɪŋ] *n* climatisation *f*.

aircraft ['eəkrɑːft] *(pl inv)* *n* avion *m*.

airforce ['eəfɔːs] *n* armée *f* de l'air.

air freshener [-ˌfreʃnə'] *n* désodorisant *m*.

airhostess ['eəˌhəʊstɪs] *n* hôtesse *f* de l'air.

airletter ['eəˌletə'] *n* aérogramme *m*.

airline ['eəlaɪn] *n* compagnie *f* aérienne.

airliner ['eəˌlaɪnə'] *n* avion *m* de ligne.

airmail ['eəmeɪl] *n* poste *f* aérienne ; by ~ par avion.

airplane ['eəpleɪn] *n Am* avion *m*.

airport ['eəpɔːt] *n* aéroport *m*.

airsick ['eəsɪk] *adj* : to be ~ avoir le mal de l'air.

air steward *n* steward *m*.

air stewardess *n* hôtesse *f* de l'air.

air traffic control *n* contrôle *m* aérien.

aisle [aɪl] *n (in plane)* couloir *m* ; *(in cinema, supermarket)* allée *f* ; *(in church)* bas-côté *m*.

aisle seat n fauteuil m côté couloir.

ajar [ə'dʒɑːʳ] adj entrebâillé(e).

alarm [ə'lɑːm] n alarme f. ◆ vt alarmer.

alarm clock n réveil m.

alarmed [ə'lɑːmd] adj (door, car) protégé par une alarme.

alarming [ə'lɑːmɪŋ] adj alarmant(e).

album ['ælbəm] n album m.

alcohol ['ælkəhɒl] n alcool m.

alcohol-free adj sans alcool.

alcoholic [ˌælkə'hɒlɪk] adj (drink) alcoolisé(e). ◆ n alcoolique mf.

alcoholism ['ælkəhɒlɪzm] n alcoolisme m.

alcove ['ælkəʊv] n renfoncement m.

ale [eɪl] n bière f.

alert [ə'lɜːt] adj vigilant(e). ◆ vt alerter.

A-level n Br ≃ baccalauréat m.

algebra ['ældʒɪbrə] n algèbre f.

alias ['eɪlɪəs] adv alias.

alibi ['ælɪbaɪ] n alibi m.

alien ['eɪlɪən] n (foreigner) étranger m, -ère f ; (from outer space) extraterrestre mf.

alight [ə'laɪt] adj (on fire) en feu. ◆ vi fml (from train, bus) : to ~ (from) descendre (de).

align [ə'laɪn] vt aligner.

alike [ə'laɪk] adj semblable. ◆ adv de la même façon ; to look ~ se ressembler.

alive [ə'laɪv] adj (living) vivant(e).

☞

all [ɔːl] adj - 1. (with singular noun) tout (toute) : ~ the money tout l'argent ; ~ the time tout le temps ; ~ day toute la journée.

- 2. (with plural noun) tous (toutes) ; ~ the houses toutes les maisons.

◆ adv - 1. (completely) complètement ; ~ alone tout seul (toute seule).

- 2. (in scores) : it's two ~ ça fait deux partout.

- 3. (in phrases) : but empty presque vide ; ~ over (finished) terminé(e).

◆ pron - 1. (everything) tout ; is that ~? (in shop) ce sera tout ? ; ~ of the work tout le travail ; the best of ~ le meilleur de tous.

- 2. (everybody) : ~ of the guests tous les invités ; ~ of us went nous y sommes tous allés.

- 3. (in phrases) : can I help you at ~? puis-je vous aider en quoi que ce soit ? ; in ~ en tout.

Allah ['ælə] n Allah m.

allege [ə'ledʒ] vt prétendre.

allergic [ə'lɜːdʒɪk] adj : to be ~ to être allergique à.

allergy ['ælədʒɪ] n allergie f.

alleviate [ə'liːvɪeɪt] vt (pain) alléger.

alley ['ælɪ] n (narrow street) ruelle f.

alligator ['ælɪɡeɪtəʳ] n alligator m.

all-in adj Br (inclusive) tout compris.

all-night adj (bar, petrol station) ouvert la nuit.

allocate ['æləkeɪt] vt attribuer.

allow [ə'laʊ] vt (permit) autoriser ; (time, money) prévoir ; to ~ sb to do sthg autoriser qqn à faire qqch ; to be ~ed to do sthg avoir le droit de faire qqch. ❏ **allow for** vt fus tenir compte de.

allowance [ə'lauəns] n (state benefit) allocation f ; (for expenses) indemnité f ; (pocket money) argent m de poche.

all right adj pas mal (inv). ◆ adv (satisfactorily) bien ; (yes, okay) d'accord ; **is everything ~?** est-ce que tout va bien? ; **is it ~ if I smoke?** cela ne vous dérange pas si je fume? ; **are you ~?** ça va? ; **how are you? - I'm ~** comment vas-tu? - bien.

ally ['ælaɪ] n allié m, -e f.

almond ['ɑːmənd] n (nut) amande f.

almost ['ɔːlməʊst] adv presque ; **we ~ missed the train** nous avons failli rater le train.

alone [ə'ləʊn] adj & adv seul(e) ; **to leave sb ~** (in peace) laisser qqn tranquille ; **to leave sthg ~** laisser qqch tranquille.

along [ə'lɒŋ] prep le long de. ◆ adv : **to walk ~** se promener ; **to bring sthg ~** apporter qqch ; **all ~** (knew, thought) depuis le début ; **~ with** avec.

alongside [ə,lɒŋ'saɪd] prep à côté de.

aloud [ə'laʊd] adv à haute voix, à voix haute.

alphabet ['ælfəbet] n alphabet m.

Alps [ælps] npl : **the ~** les Alpes fpl.

already [ɔːl'redɪ] adv déjà.

also ['ɔːlsəʊ] adv aussi.

altar ['ɔːltə'] n autel m.

alter ['ɔːltə'] vt modifier.

alteration [,ɔːltə'reɪʃn] n (to plan,

timetable) modification f ; (to house) aménagement m.

alternate [Br ɔːl'tɜːnət, Am 'ɔːltərnət] adj : **on ~ days** tous les deux jours, un jour sur deux.

alternative [ɔːl'tɜːnətɪv] adj (accommodation, route) autre ; (medicine, music, comedy) alternatif(ive). ◆ n choix m.

alternatively [ɔːl'tɜːnətɪvlɪ] adv ou bien.

although [ɔːl'ðəʊ] conj bien que (+ subjunctive).

altitude ['æltɪtjuːd] n altitude f.

altogether [,ɔːltə'geðə'] adv (completely) tout à fait ; (in total) en tout.

aluminium [,æljʊ'mɪnɪəm] n Br aluminium m.

aluminum [ə'luːmɪnəm] Am = aluminium.

always ['ɔːlweɪz] adv toujours.

Alzheimer's disease ['ælts,haɪməz -] n maladie f d'Alzheimer.

am [æm] ➤ **be**.

a.m. (abbr of ante meridiem) : **at 2 ~** à 2 h du matin.

amateur ['æmətə'] n amateur m.

amazed [ə'meɪzd] adj stupéfait(e).

amazing [ə'meɪzɪŋ] adj extraordinaire.

ambassador [æm'bæsədə'] n ambassadeur m, -drice f.

amber ['æmbə'] adj (traffic lights) orange (inv) ; (jewellery) d'ambre.

ambiguous [æm'bɪgjʊəs] adj ambigu(ë).

ambition [æm'bɪʃn] n ambition f.

ambitious [æm'bɪʃəs] *adj (person)* ambitieux(euse).

ambulance [ˈæmbjʊləns] *n* ambulance *f.*

ambush [ˈæmbʊʃ] *n* embuscade *f.*

amenities [əˈmiːnətɪz] *npl* équipements *mpl.*

America [əˈmerɪkə] *n* l'Amérique *f.*

American [əˈmerɪkən] *adj* américain(e). ◆ *n (person)* Américain(e).

amiable [ˈeɪmɪəbl] *adj* aimable.

ammunition [ˌæmjʊˈnɪʃn] *n* munitions *fpl.*

amnesia [æmˈniːzɪə] *n* amnésie *f.*

among(st) [əˈmʌŋ(st)] *prep* parmi ; *(when sharing)* entre.

amount [əˈmaʊnt] *n (quantity)* quantité *f* ; *(sum)* montant *m.* ❑ **amount to** *vt fus (total)* se monter à.

amp [æmp] *n* ampère *m* ; **a 13-~ plug** une prise 13 ampères.

ample [ˈæmpl] *adj (time)* largement assez de.

amplifier [ˈæmplɪfaɪəʳ] *n* amplificateur *m.*

amputate [ˈæmpjʊteɪt] *vt* amputer.

amuse [əˈmjuːz] *vt (make laugh)* amuser ; *(entertain)* occuper.

amusement arcade [əˈmjuːzmənt-] *n* galerie *f* de jeux.

amusement park [əˈmjuːzmənt-] *n* parc *m* d'attractions.

amusements [əˈmjuːzmənts] *npl* distractions *fpl.*

amusing [əˈmjuːzɪŋ] *adj* amusant(e).

an [stressed æn, unstressed ən] → **a.**

anaemic [əˈniːmɪk] *adj Br (person)* anémique.

anaesthetic [ˌænɪsˈθetɪk] *n Br* anesthésie *f.*

analgesic [ˌænælˈdʒiːsɪk] *n* analgésique *m.*

analyse *Br,* **-yze** *Am* [ˈænəlaɪz] *vt* analyser.

analyst [ˈænəlɪst] *n (psychoanalyst)* psychanalyste *mf.*

analyze [ˈænəlaɪz] *Am* = **analyse.**

anarchy [ˈænəkɪ] *n* anarchie *f.*

anatomy [əˈnætəmɪ] *n* anatomie *f.*

ancestor [ˈænsestəʳ] *n* ancêtre *mf.*

anchor [ˈæŋkəʳ] *n* ancre *f.*

anchovy [ˈæntʃəvɪ] *n* anchois *m.*

ancient [ˈeɪnʃənt] *adj* ancien(enne).

and [strong form ænd, weak form ənd, ən] *conj* et ; **more ~ more** de plus en plus ; **~ you?** et toi? ; **a hundred ~ one** cent un ; **to try ~ do sthg** essayer de faire qqch ; **to go ~ see** aller voir.

anecdote [ˈænɪkdəʊt] *n* anecdote *f.*

anemic [əˈniːmɪk] *Am* = **anaemic.**

anesthetic [ˌænɪsˈθetɪk] *Am* = **anaesthetic.**

angel [ˈeɪndʒl] *n* ange *m.*

anger [ˈæŋgəʳ] *n* colère *f.*

angina [ænˈdʒaɪnə] *n* angine *f* de poitrine.

angle [ˈæŋgl] *n* angle *m* ; **at an ~** en biais.

angler [ˈæŋgləʳ] *n* pêcheur *m* (à la ligne).

angling [ˈæŋglɪŋ] n pêche f (à la ligne).

angry [ˈæŋgrɪ] adj en colère ; (words) violent(e) ; **to get ~ (with sb)** se mettre en colère (contre qqn).

animal [ˈænɪml] n animal m.

aniseed [ˈænɪsiːd] n anis m.

ankle [ˈæŋkl] n cheville f.

annex [ˈæneks] n (building) annexe f.

anniversary [ˌænɪˈvɜːsərɪ] n anniversaire m (d'un événement).

announce [əˈnaʊns] vt annoncer.

announcement [əˈnaʊnsmənt] n annonce f.

announcer [əˈnaʊnsə] n (on TV, radio) présentateur m, -trice f.

annoy [əˈnɔɪ] vt agacer.

annoyed [əˈnɔɪd] adj agacé(e) ; **to get ~ (with)** s'énerver (contre).

annoying [əˈnɔɪɪŋ] adj agaçant(e).

annual [ˈænjʊəl] adj annuel(elle).

anonymous [əˈnɒnɪməs] adj anonyme.

anorak [ˈænəræk] n anorak m.

another [əˈnʌðə] adj & pron un autre (une autre) ; **can I have ~ (one)?** puis-je en avoir un autre? ; **to help one ~** s'entraider ; **to talk to one ~** se parler ; **one after ~** l'un après l'autre (l'une après l'autre).

answer [ˈɑːnsə] n réponse f ; (solution) solution f. ◆ vt répondre à. ◆ vi répondre ; **to ~ the door** aller ouvrir la porte. ❑ **answer back** vi répondre.

answering machine [ˈɑːnsər-ɪŋ-] = answerphone.

answerphone [ˈɑːnsəfəʊn] n répondeur m.

ant [ænt] n fourmi f.

Antarctic [ænˈtɑːktɪk] n : **the ~** l'Antarctique m.

antenna [ænˈtenə] n Am (aerial) antenne f.

anthem [ˈænθəm] n hymne m.

antibiotics [ˌæntɪbaɪˈɒtɪks] npl antibiotiques mpl.

anticipate [ænˈtɪsɪpeɪt] vt (expect) s'attendre à ; (guess correctly) anticiper.

anticlimax [ˌæntɪˈklaɪmæks] n déception f.

anticlockwise [ˌæntɪˈklɒkwaɪz] adv Br dans le sens inverse des aiguilles d'une montre.

antidote [ˈæntɪdəʊt] n antidote m.

antifreeze [ˈæntɪfriːz] n antigel m.

antihistamine [ˌæntɪˈhɪstəmɪn] n antihistaminique m.

antiperspirant [ˌæntɪˈpɜːspɪrənt] n déodorant m.

antique [ænˈtiːk] n antiquité f.

antique shop n magasin m d'antiquités.

antiseptic [ˌæntɪˈseptɪk] n antiseptique m.

antisocial [ˌæntɪˈsəʊʃl] adj (person) sauvage ; (behaviour) antisocial(e).

antlers [ˈæntləz] npl bois mpl.

anxiety [æŋˈzaɪətɪ] n (worry) anxiété f.

anxious [ˈæŋkʃəs] adj (worried) anxieux(euse) ; (eager) impatient(e).

☞

any ['enɪ] adj - 1. (in questions) du, de l' (de la), des (pl) ; is there ~ milk left? est-ce qu'il reste du lait? ; have you got ~ money? as-tu de l'argent?

- 2. (in negatives) de, d' ; I haven't got ~ money je n'ai pas d'argent ; we don't have ~ rooms nous n'avons plus de chambres libres.

- 3. (no matter which) n'importe quel (n'importe quelle) ; take ~ one you like prends celui qui te plaît.

◆ pron - 1. (in questions) en ; I'm looking for a hotel - are there ~nearby? je cherche un hôtel - est-ce qu'il y en a par ici?

- 2. (in negatives) en ; I don't want ~ (of them) je n'en veux aucun ; I don't want ~ (of it) je n'en veux pas.

- 3. (no matter which one) n'importe lequel (n'importe laquelle) ; you can sit at ~ of the tables vous pouvez vous asseoir à n'importe quelle table.

◆ adv - 1. (in questions) : is that ~ better? est-ce que c'est mieux comme ça? ; ~ other questions? d'autres questions?

- 2. (in negatives) : he's not ~ better il ne va pas mieux ; we can't wait ~ longer nous ne pouvons plus attendre.

anybody ['enɪˌbɒdɪ] = anyone.

anyhow ['enɪhaʊ] adv (carelessly) n'importe comment ; (in any case) de toute façon ; (in spite of that) quand même.

anyone ['enɪwʌn] pron (any person) n'importe qui ; (in questions) quelqu'un ; (in negatives) : there wasn't ~ in il n'y avait personne.

anything ['enɪθɪŋ] pron (no matter what) n'importe quoi ; (in questions) quelque chose ; (in negatives) : I don't want ~ to eat je ne veux rien manger ; have you ~ bigger? vous n'avez rien de plus grand?

anyway ['enɪweɪ] adv de toute façon ; (in spite of that) quand même.

anywhere ['enɪweə'] adv (no matter where) n'importe où ; (in questions) quelque part ; (in negatives) : I can't find it ~ je ne le trouve nulle part ; ~ else ailleurs.

apart [ə'pɑːt] adv (separated) : the towns are 5 miles ~ les deux villes sont à 8 km l'une de l'autre ; to come ~ (break) se casser ; ~ from à part.

apartheid [ə'pɑːtheɪt] n apartheid m.

apartment [ə'pɑːtmənt] n Am appartement m.

apathetic [ˌæpə'θetɪk] adj apathique.

ape [eɪp] n singe m.

aperitif [əˌperə'tiːf] n apéritif m.

aperture ['æpətʃə'] n (of camera) ouverture f.

APEX ['eɪpeks] n (plane ticket) billet m APEX ; Br (train ticket) billet à tarif réduit sur longues distances et sur certains trains seulement, la réservation devant « être effectuée à l'avance.

apiece [ə'piːs] adv chacun(e).

apologetic [əˌpɒlə'dʒetɪk] adj : to be ~ s'excuser.

apologize [ə'pɒlədʒaɪz] vi : to ~ (to sb for sthg) s'excuser (auprès de qqn de qqch).

apology [ə'pɒlədʒɪ] n excuses fpl.

apostrophe [ə'pɒstrəfɪ] *n* apostrophe *f*.

appal [ə'pɔːl] *vt* [*Br*] horrifier.

appall [ə'pɔːl] [*Am*] = appal.

appalling [ə'pɔːlɪŋ] *adj* épouvantable.

apparatus [ˌæpə'reɪtəs] *n* appareil *m*.

apparently [ə'pærəntlɪ] *adv* apparemment.

appeal [ə'piːl] *n* JUR appel *m* ; *(fundraising campaign)* collecte *f*. ◆ *vi* faire appel ; to ~ to sb for help demander de l'aide à qqn ; it doesn't ~ to me ça ne me tente pas.

appear [ə'pɪə] *vi* (*come into view*) apparaître ; (*seem*) sembler ; (*in play*) jouer ; (*before court*) comparaître ; to ~ on TV passer à la télé ; it ~s that il semble que.

appearance [ə'pɪərəns] *n* (*arrival*) apparition *f* ; (*look*) apparence *f*.

appendices [ə'pendɪsiːz] *pl* → appendix.

appendicitis [əˌpendɪ'saɪtɪs] *n* appendicite *f*.

appendix [ə'pendɪks] (*pl* -dices) *n* appendice *m*.

appetite ['æpɪtaɪt] *n* appétit *m*.

appetizer ['æpɪtaɪzə] *n* amuse-gueule *m inv*.

appetizing ['æpɪtaɪzɪŋ] *adj* appétissant(e).

applaud [ə'plɔːd] *vt & vi* applaudir.

applause [ə'plɔːz] *n* applaudissements *mpl*.

apple ['æpl] *n* pomme *f*.

apple crumble *n* dessert consistant en une compote de pommes recouverte de pâte sablée.

apple juice *n* jus *m* de pomme.

apple pie *n* tarte aux pommes recouverte d'une couche de pâte.

apple sauce *n* compote de pommes, accompagnement traditionnel du rôti de porc.

apple tart *n* tarte *f* aux pommes.

appliance [ə'plaɪəns] *n* appareil *m* ; electrical/domestic ~ appareil électrique/ménager.

applicable [ə'plɪkəbl] *adj* : to be ~ (to) s'appliquer (à) ; if ~ s'il y a lieu.

applicant ['æplɪkənt] *n* candidat *m*, -e *f*.

application [ˌæplɪ'keɪʃn] *n* (*for job, membership*) demande *f*.

application form *n* formulaire *m*.

applications program [ˌæplɪ-'keɪʃnz-] *n* COMPUT programme *m* d'application.

apply [ə'plaɪ] *vt* appliquer. ◆ *vi* : to ~ to sb (for sthg) (*make request*) s'adresser à qqn (pour obtenir qqch) ; to ~ (to sb) (*be applicable*) s'appliquer (à qqn) ; to ~ the brakes freiner.

appointment [ə'pɔɪntmənt] *n* rendez-vous *m* ; to have/make an ~ (with) avoir/prendre rendez-vous (avec) ; by ~ sur rendez-vous.

appreciable [ə'priːʃəbl] *adj* appréciable.

appreciate [ə'priːʃɪeɪt] *vt* (*be grateful for*) être reconnaissant de ; (*understand*) comprendre ; (*like, admire*) apprécier.

apprehensive [ˌæprɪ'hensɪv] *adj* inquiet(iète).

apprentice [ə'prentɪs] *n* appren-ti *m*, -e *f*.

apprenticeship [ə'prentɪʃɪp] *n* apprentissage *m*.

approach [ə'prəʊtʃ] *n* (road) voie *f* d'accès ; (of plane) descente *f* ; (to problem, situation) approche *f*. ◆ *vt* s'approcher de ; (problem, situation) aborder. ◆ *vi* (person, vehicle) s'approcher ; (event) approcher.

appropriate [ə'prəʊprɪət] *adj* approprié(e).

approval [ə'pru:vl] *n* approbation *f*.

approve [ə'pru:v] *vi* : to ~ (of sb/sthg) approuver (qqn/qqch).

approximate [ə'prɒksɪmət] *adj* approximatif(ive).

approximately [ə'prɒksɪmətlɪ] *adv* environ, à peu près.

apricot ['eɪprɪkɒt] *n* abricot *m*.

April ['eɪprəl] *n* avril *m* → September.

April Fools' Day *n* le premier avril.

apron ['eɪprən] *n* (for cooking) tablier *m*.

apt [æpt] *adj* (appropriate) approprié(e) ; to be ~ to do sthg avoir tendance à faire qqch.

aquarium [ə'kweərɪəm] *(pl* -ria [-rɪə]) *n* aquarium *m*.

aquarobics [ˌækwə'rəʊbɪks] *n* aquagym *f*.

aqueduct ['ækwɪdʌkt] *n* aqueduc *m*.

arbitrary ['ɑ:bɪtrərɪ] *adj* arbitraire.

arc [ɑ:k] *n* arc *m*.

arcade [ɑ:'keɪd] *n* (for shopping) galerie *f* marchande ; (of video games) galerie *f* de jeux.

arch [ɑ:tʃ] *n* arc *m*.

archaeology [ˌɑ:kɪ'ɒlədʒɪ] *n* archéologie *f*.

archbishop [ˌɑ:tʃ'bɪʃəp] *n* archevêque *m*.

archery ['ɑ:tʃərɪ] *n* tir *m* à l'arc.

archipelago [ˌɑ:kɪ'peləgəʊ] *n* archipel *m*.

architect ['ɑ:kɪtekt] *n* architecte *mf*.

architecture ['ɑ:kɪtektʃə'] *n* architecture *f*.

archive *n* archives *fpl*.

Arctic ['ɑ:ktɪk] *n* : the ~ l'Arctique *m*.

are [weak form ə', strong form ɑ:'] → be.

area ['eərɪə] *n* (region) région *f* ; (space, zone) aire *f* ; (surface size) superficie *f* ; dining ~ coin *m* de repas.

area code *n* Am indicatif *m* de zone.

arena [ə'ri:nə] *n* (at circus) chapiteau *m* ; (sportsground) stade *m*.

aren't [ɑ:nt] = are not.

Argentina [ˌɑ:dʒən'ti:nə] *n* l'Argentine *f*.

argue ['ɑ:gju:] *vi* (quarrel) : to ~ (with sb about sthg) se disputer (avec qqn à propos de qqch) ; to ~ (that) ... soutenir que ...

argument ['ɑ:gjʊmənt] *n* (quarrel) dispute *f* ; (reason) argument *m*.

arid ['ærɪd] *adj* aride.

arise [ə'raɪz] *(pt* arose, *pp* arisen [ə'rɪzn]) *vi* surgir ; to ~ from résulter de.

aristocracy [ˌærɪ'stɒkrəsɪ] *n* aristocratie *f*.

arithmetic [əˈrɪθmətɪk] n arithmétique f.

arm [aːm] n bras m ; (of garment) manche f.

arm bands npl (for swimming) bouées fpl (autour des bras).

armchair [ˈaːmtʃeəʳ] n fauteuil m.

armed [aːmd] adj (person) armé(e).

armed forces npl : the ~ les forces fpl armées.

armor [ˈaːməʳ] Am = armour.

armour [ˈaːməʳ] n Br armure f.

armpit [ˈaːmpɪt] n aisselle f.

arms [aːmz] npl (weapons) armes fpl.

army [ˈaːmɪ] n armée f.

A-road n Br ≃ (route) nationale f.

aroma [əˈrəʊmə] n arôme m.

aromatic [ˌærəˈmætɪk] adj aromatique.

arose [əˈrəʊz] pt → arise.

around [əˈraʊnd] adv (present) dans le coin. ◆ prep autour de ; (approximately) environ ; to get ~ sthg (obstacle) contourner qqch ; at ~ two o'clock vers 2 h du matin ; ~ here (in the area) par ici ; to look ~ (turn head) regarder autour de soi ; (in shop) jeter un coup d'œil ; (in city) faire un tour ; to turn ~ se retourner ; to walk ~ se promener.

arouse [əˈraʊz] vt provoquer.

arrange [əˈreɪndʒ] vt arranger ; (meeting, event) organiser ; to ~ to do sthg (with sb) convenir (avec qqn) de faire qqch.

arrangement [əˈreɪndʒmənt] n (agreement) arrangement m ; (layout) disposition f ; by ~ (tour, serv-ice) sur réservation ; to make ~s (to do sthg) faire le nécessaire (pour faire qqch).

arrest [əˈrest] n arrestation f. ◆ vt arrêter ; under ~ en état d'arrestation.

arrival [əˈraɪvl] n arrivée f ; on ~ à l'arrivée ; new ~ (person) nouveau venu m, nouvelle venue f.

arrive [əˈraɪv] vi arriver.

arrogant [ˈærəgənt] adj arrogant(e).

arrow [ˈærəʊ] n flèche f.

arson [ˈaːsn] n incendie m criminel.

art [aːt] n art m. ❑ **arts** npl (humanities) ≃ lettres fpl ; the ~s (fine arts) l'art m.

artefact [ˈaːtɪfækt] n objet m.

artery [ˈaːtərɪ] n artère f.

art gallery n (shop) galerie f d'art ; (museum) musée m d'art.

arthritis [aːˈθraɪtɪs] n arthrite f.

artichoke [ˈaːtɪtʃəʊk] n artichaut m.

article [ˈaːtɪkl] n article m.

articulate [aːˈtɪkjʊlət] adj (person) qui s'exprime bien ; (speech) clair(e).

artificial [ˌaːtɪˈfɪʃl] adj artificiel(elle).

artist [ˈaːtɪst] n artiste mf.

artistic [aːˈtɪstɪk] adj (design) artistique ; (person) artiste.

arts centre n centre m culturel.

arty [ˈaːtɪ] adj pej qui se veut artiste.

☞

as [unstressed əz, stressed æz] adv (in comparisons) : ~ ... ~ aussi ... que ; he's ~ tall ~ I am il est aussi grand que moi ; ~ many ~ autant

que ; ~ **much** — autant que. ◆ *conj*
- **1.** *(referring to time)* comme ; ~ **the
plane was coming in to land** comme
l'avion s'apprêtait à atterrir. -
2. *(referring to manner)* comme ;
do ~ **you like** faites comme tu
veux ; ~ **expected,** ... comme prévu. - **3.** *(introducing a statement)*
comme ; ~ **you know** ... comme tu
sais ... - **4.** *(because)* comme. - **5.** *(in
phrases)* : ~ **for** quant à ; ~ **from** à
partir de ; ~ **if** comme si. ◆ *prep
(referring to function, job)* comme ; **I
work** ~ **a teacher** je suis professeur.

asap *(abbr of as soon as possible)* dès que possible.

ascent [ə'sent] *n (climb)* ascension *f*.

ascribe [ə'skraɪb] *vt* : **to** ~ **sthg to
sthg** *(situation, success)* imputer
qqch à qqn ; **to** ~ **sthg to sb** *(quality)*
attribuer qqch à qqn.

ash [æʃ] *n (from cigarette, fire)* cendre *f* ; *(tree)* frêne *m*.

ashore [ə'ʃɔː] *adv* à terre.

ashtray ['æʃtreɪ] *n* cendrier *m*.

aside [ə'saɪd] *adv* de côté ; **to
move** ~ s'écarter.

ask [ɑːsk] *vt (person)* demander à ;
(question) poser ; *(request)* demander ; *(invite)* inviter. ◆ *vi* : **to**
~ **about sthg** *(enquire)* se renseigner
sur qqch ; **to** ~ **sb sthg** demander
qqch à qqn ; **to** ~ **sb about sthg** poser des questions à qqn à propos
de qqch ; **to** ~ **sb to do sthg** demander à qqn de faire qqch ; **to** ~ **sb for
sthg** demander qqch à qqn. ❑ **ask
for** *vt fus* demander.

asleep [ə'sliːp] *adj* endormi(e) ;
to fall ~ s'endormir.

asparagus [ə'spærəgəs] *n* asperge *f*.

aspect ['æspekt] *n* aspect *m*.

aspirin ['æsprɪn] *n* aspirine *f*.

ass [æs] *n (animal)* âne *m*.

assassinate [ə'sæsɪneɪt] *vt* assassiner.

assault [ə'sɔːlt] *n (on person)*
agression *f*. ◆ *vt* agresser.

assemble [ə'sembl] *vt (bookcase,
model)* monter. ◆ *vi* se rassembler.

assembly [ə'semblɪ] *n (at school)*
réunion quotidienne, avant le début
des cours, des élèves d'un établissement.

assembly hall *n* salle de réunion
des élèves dans une école.

assembly point *n (at airport, in
shopping centre)* point *m* de rassemblement.

assert [ə'sɜːt] *vt* affirmer ; **to**
~ **o.s.** s'imposer.

assess [ə'ses] *vt* évaluer.

assessment [ə'sesmənt] *n* évaluation *f*.

asset ['æset] *n (valuable person,
thing)* atout *m*.

assign [ə'saɪn] *vt* : **to** ~ **sthg to sb**
(give) assigner qqch à qqn ; **to** ~ **sb
to do sthg** *(designate)* désigner qqn
pour faire qqch.

assignment [ə'saɪnmənt] *n (task)*
mission *f* ; SCH devoir *m*.

assist [ə'sɪst] *vt* assister, aider.

assistance [ə'sɪstəns] *n* aide *f* ; **to
be of** ~ **(to sb)** être utile (à qqn).

assistant [ə'sɪstənt] *n* assistant
m, -e *f*.

associate [*n* ə'səʊʃɪət, *vb* ə'səʊ-
ʃɪeɪt] *n* associé *m*, -e *f*. ◆ *vt* : **to**
~ **sb/sthg with** associer qqn/qqch
à ; **to be** ~**d with** *(attitude, person)*
être associé à.

association [əˌsəʊsɪˈeɪʃn] n association f.

assorted [əˈsɔːtɪd] adj (sweets, chocolates) assortis(ties).

assortment [əˈsɔːtmənt] n assortiment m.

assume [əˈsjuːm] vt (suppose) supposer ; (control, responsibility) assumer.

assurance [əˈʃʊərəns] n assurance f.

assure [əˈʃʊə] vt assurer ; to ~ sb (that) ... assurer qqn que ...

asterisk [ˈæstərɪsk] n astérisque m.

asthma [ˈæsmə] n asthme m.

asthmatic [æsˈmætɪk] adj asthmatique.

astonished [əˈstɒnɪʃt] adj stupéfait(e).

astonishing [əˈstɒnɪʃɪŋ] adj stupéfiant(e).

astound [əˈstaʊnd] vt stupéfier.

astray [əˈstreɪ] adv : to go ~ s'égarer.

astrology [əˈstrɒlədʒɪ] n astrologie f.

astronomy [əˈstrɒnəmɪ] n astronomie f.

☞

at [unstressed ət, stressed æt] prep - 1. (indicating place, position) à ; ~ the supermarket au supermarché ; ~ school à l'école ; ~ the hotel à l'hôtel ; ~ home à la maison, chez moi/toi etc ; ~ my mother's chez ma mère.
- 2. (indicating direction) : to throw sthg ~ jeter qqch sur ; to look ~ sb/sthg regarder qqn/qqch ; to smile ~ sb sourire à qqn.

- 3. (indicating time) à ; ~ nine o'clock à 9 h ; ~ night la nuit.
- 4. (indicating rate, level, speed) à ; it works out ~ £5 each ça revient à 5 livres chacun ; ~ 60 km/h à 60 km/h.
- 5. (indicating activity) : to be ~ lunch être en train de déjeuner ; to be good/bad ~ sthg être bon/mauvais en qqch.
- 6. (indicating cause) de ; shocked ~ sthg choqué par qqch ; angry ~ sb fâché contre qqn ; delighted ~ sthg ravi de qqch.

ate [Br et, Am eɪt] pt → eat.

atheist [ˈeɪθɪɪst] n athée mf.

athlete [ˈæθliːt] n athlète mf.

athletics [æθˈletɪks] n athlétisme m.

Atlantic [ətˈlæntɪk] n : the ~ (Ocean) l'Atlantique m, l'océan Atlantique m.

atlas [ˈætləs] n atlas m.

atmosphere [ˈætməsfɪə] n atmosphère f.

atrocious [əˈtrəʊʃəs] adj (very bad) atroce.

attach [əˈtætʃ] vt attacher ; to ~ sthg to sthg attacher qqch à qqch.

attachment [əˈtætʃmənt] n (device) accessoire m.

attack [əˈtæk] n attaque f ; (fit, bout) crise f. ◆ vt attaquer.

attacker [əˈtækə] n agresseur m.

attain [əˈteɪn] vt fml atteindre.

attempt [əˈtempt] n tentative f. ◆ vt tenter ; to ~ to do sthg tenter de faire qqch.

attend [əˈtend] vt (meeting, mass) assister à ; (school) aller à. ❑ at-

tend to vt fus (deal with) s'occuper de.

attendance [ə'tendəns] n (people at concert, match) spectateurs mpl ; (at school) présence f.

attendant [ə'tendənt] n (at museum) gardien m, -enne f ; (at petrol station) pompiste mf ; (at public toilets, cloakroom) préposé m, -e f.

attention [ə'tenʃn] n attention f ; **to pay ~ (to)** prêter attention (à).

attic ['ætɪk] n grenier m.

attitude ['ætɪtjuːd] n attitude f.

attorney [ə'tɜːnɪ] n Am avocat m, -e f.

attract [ə'trækt] vt attirer.

attraction [ə'trækʃn] n (liking) attirance f ; (attractive feature) attrait m ; (of town, resort) attraction f.

attractive [ə'træktɪv] adj séduisant(e).

attribute [ə'trɪbjuːt] vt : **to ~ sthg to** attribuer qqch à.

aubergine ['əʊbəʒiːn] n Br aubergine f.

auburn ['ɔːbən] adj auburn (inv).

auction ['ɔːkʃn] n vente f aux enchères.

audience ['ɔːdɪəns] n (of play, concert, film) public m ; (of TV) téléspectateurs mpl ; (of radio) auditeurs mpl.

audio ['ɔːdɪəʊ] adj audio (inv).

audio-visual [-'vɪʒʊəl] adj audiovisuel(elle).

August ['ɔːgəst] n août m → September.

aunt [ɑːnt] n tante f.

au pair [ˌəʊ'peə] n jeune fille f au pair.

aural ['ɔːrəl] adj auditif(ive).

Australia [ɒ'streɪlɪə] n l'Australie f.

Australian [ɒ'streɪlɪən] adj australien(enne). ◆ n Australien(enne).

authentic [ɔː'θentɪk] adj authentique.

author ['ɔːθə'] n auteur m.

authority [ɔː'θɒrɪtɪ] n autorité f ; **the authorities** les autorités fpl.

authorization [ˌɔːθəraɪ'zeɪʃn] n autorisation f.

authorize ['ɔːθəraɪz] vt autoriser ; **to ~ sb to do sthg** autoriser qqn à faire qqch.

autobiography [ˌɔːtəbaɪ'ɒgrəfɪ] n autobiographie f.

autograph ['ɔːtəgrɑːf] n autographe m.

automatic [ˌɔːtə'mætɪk] adj (machine) automatique ; (fine) systématique. ◆ n (car) voiture f à boîte automatique.

automatically [ˌɔːtə'mætɪklɪ] adv automatiquement.

automobile ['ɔːtəməbiːl] n Am voiture f.

autumn ['ɔːtəm] n automne m ; **in (the) ~** en automne.

auxiliary (verb) [ɔːg'zɪljərɪ-] n auxiliaire m.

available [ə'veɪləbl] adj disponible.

avalanche ['ævəlɑːnʃ] n avalanche f.

Ave. (abbr of avenue) av.

avenue ['ævənjuː] n avenue f.

average ['ævərɪdʒ] adj moyen(enne). ◆ n moyenne f ; **on ~** en moyenne.

aversion [ə'vɜːʃn] n aversion f.

aviation [ˌeɪvɪ'eɪʃn] n aviation f.

avid [ˈævɪd] *adj* avide.

avocado (pear) [ˌævəˈkɑːdəʊ-] *n* avocat *m*.

avoid [əˈvɔɪd] *vt* éviter ; **to ~ doing sthg** éviter de faire qqch.

await [əˈweɪt] *vt* attendre.

awake [əˈweɪk] *adj* réveillé(e).
◆ *vi* se réveiller.

award [əˈwɔːd] *n* (prize) prix *m*.
◆ *vt* : **to ~ sb sthg** (prize) décerner qqch à qqn ; (damages, compensation) accorder qqch à qqn.

aware [əˈweə] *adj* conscient(e) ; **to be ~ of** être conscient de.

away [əˈweɪ] *adv* (not at home, in office) absent(e) ; **to put sthg ~** ranger qqch ; **to look ~** détourner les yeux ; **to turn ~** se détourner ; **to walk/drive ~** s'éloigner ; **to take sthg ~ (from sb)** enlever qqch (à qqn) ; **far ~** loin ; **it's 10 miles ~ (from here)** c'est à une quinzaine de kilomètres (d'ici) ; **it's two weeks ~** c'est dans deux semaines.

awesome [ˈɔːsəm] *adj* (impressive) impressionnant(e) ; *inf* (excellent) génial(e).

awful [ˈɔːfʊl] *adj* affreux(euse) ; **I feel ~** je ne me sens vraiment pas bien ; **an ~ lot of** énormément de.

awfully [ˈɔːflɪ] *adv* (very) terriblement.

awkward [ˈɔːkwəd] *adj* (uncomfortable) inconfortable ; (movement) maladroit(e) ; (shape, size) peu pratique ; (embarrassing) embarrassant(e) ; (question, task) difficile.

awning [ˈɔːnɪŋ] *n* auvent *m*.

awoke [əˈwəʊk] *pt* → **awake**.

awoken [əˈwəʊkən] *pp* → **awake**.

axe [æks] *n* hache *f*.

axle [ˈæksl] *n* essieu *m*.

B

BA (abbr of Bachelor of Arts) (titulaire d'une) licence de lettres.

babble [ˈbæbl] *vi* marmonner.

baby [ˈbeɪbɪ] *n* bébé *m* ; **to have a ~** avoir un enfant.

baby carriage *n Am* landau *m*.

baby food *n* aliments *mpl* pour bébé.

baby-sit *vi* faire du baby-sitting.

baby wipe *n* lingette *f*.

back [bæk] *adv* en arrière. ◆ *n* dos *m* ; (of chair) dossier *m* ; (of room) fond *m* ; (of car) arrière (inv). ◆ *adj* (seat, wheels) arrière (inv). ◆ *vi* (car, driver) faire marche arrière. ◆ *vt* (support) soutenir ; **to arrive ~** rentrer ; **to give sthg ~** rendre qqch ; **to put sthg ~** remettre qqch ; **to stand ~** reculer ; **at the ~ of** derrière ; **in ~ of** *Am* derrière ; **~ to front** devant derrière. ❑ **back up** ◆ *vt sep* (support) appuyer. ◆ *vi* (car, driver) faire marche arrière.

backache [ˈbækeɪk] *n* mal *m* au dos.

backbone [ˈbækbəʊn] *n* colonne *f* vertébrale.

back door *n* porte *f* de derrière.

backfire [ˌbækˈfaɪə] *vi* (car) pétarader.

background [ˈbækɡraʊnd] *n* (in picture, on stage) arrière-plan *m* ; (to situation) contexte *m* ; (of person) milieu *m*.

backlog [ˈbæklɒɡ] *n* accumulation *f*.

backpack [ˈbækpæk] *n* sac *m* à dos.

backpacker ['bækpækə'] n routard m, -e f.

back seat n siège m arrière.

backside [ˌbæk'saɪd] n inf fesses fpl.

back street n ruelle f.

backstroke ['bækstrəʊk] n dos m crawlé.

backwards ['bækwədz] adv (move, look) en arrière ; (the wrong way round) à l'envers.

bacon ['beɪkən] n bacon m ; ~ and eggs œufs mpl frits au bacon.

bacteria [bæk'tɪərɪə] npl bactéries fpl.

bad [bæd] (compar worse, superl worst) adj mauvais(e) ; (serious) grave ; (naughty) méchant(e) ; (rotten, off) pourri(e) ; to have a ~ back avoir mal au dos ; to have a ~ cold avoir un gros rhume ; to go ~ (milk, yoghurt) tourner ; not ~ pas mauvais, pas mal.

badge [bædʒ] n badge m.

badger ['bædʒə'] n blaireau m.

badly ['bædlɪ] (compar worse, superl worst) adv mal ; (seriously) gravement ; to ~ need sthg avoir sérieusement besoin de qqch.

badly paid [-peɪd] adj mal payé(e).

badminton ['bædmɪntən] n badminton m.

bad-tempered [-'tempəd] adj (by nature) qui a mauvais caractère ; (in a bad mood) de mauvaise humeur.

bag [bæg] n sac m ; (piece of luggage) bagage m ; a ~ of crisps un paquet de chips.

bagel ['beɪgəl] n petit pain en couronne.

baggage ['bægɪdʒ] n bagages mpl.

baggage allowance n franchise f de bagages.

baggage reclaim n livraison f des bagages.

baggy ['bægɪ] adj ample.

bagpipes ['bægpaɪps] npl cornemuse f.

bail [beɪl] n caution f.

bait [beɪt] n appât m.

bake [beɪk] vt faire cuire (au four). ◆ n CULIN gratin m.

baked [beɪkt] adj cuit au four.

baked beans npl haricots mpl blancs à la tomate.

baked potato n pomme de terre f en robe de chambre.

baker ['beɪkə'] n boulanger(ère) ; ~'s (shop) boulangerie f.

balance ['bæləns] n (of person) équilibre m ; (of bank account) solde m ; (remainder) reste m. ◆ vt (object) maintenir en équilibre.

balcony ['bælkənɪ] n balcon m.

bald [bɔːld] adj chauve.

bale [beɪl] n balle f.

ball [bɔːl] n SPORT balle f ; (in football, rugby) ballon m ; (in snooker, pool) boule f ; (of wool, string) pelote f ; (of paper) boule f ; (dance) bal m ; on the ~ fig vif (vive).

ballerina [ˌbælə'riːnə] n ballerine f.

ballet ['bæleɪ] n (dancing) danse f (classique) ; (work) ballet m.

ballet dancer n danseur classique.

balloon [bə'luːn] n ballon m.

ballot ['bælət] n scrutin m.

ballpoint pen ['bɔːlpɔɪnt-] n stylo m (à) bille.

ballroom ['bɔːlrʊm] n salle f de bal.

ballroom dancing n danse f de salon.

bamboo [bæm'buː] n bambou m.

ban [bæn] n interdiction f. ◆ vt interdire ; **to ~ sb from doing sthg** interdire à qqn de faire qqch.

banana [bə'nɑːnə] n banane f.

band [bænd] n (musical group) groupe m ; (strip of paper, rubber) bande f.

bandage ['bændɪdʒ] n bandage m, bande f. ◆ vt mettre un bandage sur.

B and B abbr = bed and breakfast.

bandstand ['bændstænd] n kiosque m à musique.

bang [bæŋ] n (of gun) détonation f ; (of door) claquement m. ◆ vt cogner ; (door) claquer ; **to ~ one's head** se cogner la tête.

banger ['bæŋə'] n Br inf (sausage) saucisse f ; **~s and mash** saucisses-purée.

bangle ['bæŋgl] n bracelet m.

bangs [bæŋz] npl Am frange f.

banister ['bænɪstə'] n rampe f.

banjo ['bændʒəʊ] n banjo m.

bank [bæŋk] n (for money) banque f ; (of river, lake) berge f ; (slope) talus m.

bank account n compte m bancaire.

bank book n livret m d'épargne.

bank charges npl frais mpl bancaires.

bank clerk n employé m de banque.

bank draft n traite f bancaire.

banker ['bæŋkə'] n banquier m.

banker's card n carte à présenter, en guise de garantie, par le titulaire d'un compte lorsqu'il paye par chèque.

bank holiday n Br jour m férié.

bank manager n directeur m d'agence bancaire.

bank note n billet m de banque.

bankrupt ['bæŋkrʌpt] adj en faillite.

bank statement n relevé m de compte.

banner ['bænə'] n banderole f.

bannister ['bænɪstə'] = banister.

banquet ['bæŋkwɪt] n (at Indian restaurant etc) menu pour plusieurs personnes.

bap [bæp] n Br petit pain m.

baptize [Br bæp'taɪz, Am 'bæptaɪz] vt baptiser.

bar [bɑː'] n (pub, in hotel) bar m ; (counter in pub) comptoir m ; (of metal, wood) barre f ; (of chocolate) tablette f. ◆ vt (obstruct) barrer ; **a ~ of soap** une savonnette.

barbecue ['bɑːbɪkjuː] n barbecue m. ◆ vt faire griller au barbecue.

barbecue sauce n sauce épicée servant à relever viandes et poissons.

barbed wire [bɑːbd-] n fil m de fer barbelé.

barber ['bɑːbə'] n coiffeur m (pour hommes) ; **~'s** (shop) salon m de coiffure (pour hommes).

bar code n code-barres m.

bare [beə'] adj (feet, head, arms) nu(e) ; (room, cupboard) vide ; **the ~ minimum** le strict minimum.

barefoot [beə'fʊt] adv pieds nus.

barely ['beəlɪ] adv à peine.

bargain ['bɑːgɪn] n affaire f. ◆ vi

(haggle) marchander. ❑ **bargain for** *vt fus* s'attendre à.

bargain basement *n* sous-sol d'un magasin où sont regroupés les soldes.

barge [bɑːdʒ] *n* péniche *f*. ❑ **barge in** *vi* faire irruption ; **to ~ in on** sb interrompre qqn.

bark [bɑːk] *n (of tree)* écorce *f*. ◆ *vi* aboyer.

barley ['bɑːlɪ] *n* orge *f*.

barmaid ['bɑːmeɪd] *n* serveuse *f*.

barman ['bɑːmən] *(pl* -men [-mən]) *n* barman *m*, serveur *m*.

bar meal *n* repas léger servi dans un bar ou un pub.

barn [bɑːn] *n* grange *f*.

barometer [bəˈrɒmɪtə²] *n* baromètre *m*.

baron ['bærən] *n* baron *m*.

baroque [bəˈrɒk] *adj* baroque.

barracks ['bærəks] *npl* caserne *f*.

barrage ['bærɑːʒ] *n (of questions, criticism)* avalanche *f*.

barrel ['bærəl] *n (of beer, wine)* tonneau *m* ; *(of oil)* baril *m* ; *(of gun)* canon *m*.

barren ['bærən] *adj (land, soil)* stérile.

barricade [ˌbærɪˈkeɪd] *n* barricade *f*.

barrier ['bærɪə²] *n* barrière *f*.

barrister ['bærɪstə²] *n* Br avocat(e).

bartender ['bɑːtendə²] *n* Am barman *m*, serveur *m*.

barter ['bɑːtə²] *vi* faire du troc.

base [beɪs] *n (of lamp, pillar, mountain)* pied *m* ; MIL base *f*. ◆ *vt* : **to ~ sthg on** fonder qqch sur ; **to be ~d** *(located)* être installé(e).

baseball ['beɪsbɔːl] *n* base-ball *m*.

baseball cap *n* casquette *f*.

basement ['beɪsmənt] *n* sous-sol *m*.

bases ['beɪsiːz] *pl* → **basis**.

bash [bæʃ] *vt inf* : **to ~ one's head** se cogner la tête.

basic ['beɪsɪk] *adj (fundamental)* de base ; *(accommodation, meal)* rudimentaire. ❑ **basics** *npl* : **the ~s** les bases.

basically ['beɪsɪklɪ] *adv* en fait ; *(fundamentally)* au fond.

basil ['bæzl] *n* basilic *m*.

basin ['beɪsn] *n (washbasin)* lavabo *m* ; *(bowl)* cuvette *f*.

basis ['beɪsɪs] *(pl* -ses) *n* base *f* ; **on a weekly ~** une fois par semaine ; **on the ~ of** *(according to)* d'après.

basket ['bɑːskɪt] *n* corbeille *f* ; *(with handle)* panier *m*.

basketball ['bɑːskɪtbɔːl] *n (game)* basket(-ball) *m*.

basmati rice [bəzˈmætɪ-] *n* riz *m* basmati.

bass¹ [beɪs] *n (singer)* basse *f*. ◆ *adj* : **a ~ guitar** une basse.

bass² [bæs] *n (freshwater fish)* perche *f* ; *(sea fish)* bar *m*.

bassoon [bəˈsuːn] *n* basson *m*.

bastard ['bɑːstəd] *n vulg* salaud *m*.

bat [bæt] *n (in cricket, baseball)* batte *f* ; *(in table tennis)* raquette *f* ; *(animal)* chauve-souris *f*.

batch [bætʃ] *n (of papers, letters)* liasse *f* ; *(of people)* groupe *m*.

bath [bɑːθ] *n* bain *m* ; *(tub)* baignoire *f*. ◆ *vt* donner un bain à ; **to have a ~** prendre un bain. ❑ **baths**

npl Br (public swimming pool) piscine f.

bathe [beɪð] vi Br (swim) se baigner ; Am (have bath) prendre un bain.

bathrobe [ˈbɑːθrəʊb] n peignoir m.

bathroom [ˈbɑːθrʊm] n salle f de bains ; Am (toilet) toilettes fpl.

bathroom cabinet n armoire f à pharmacie.

bathtub [ˈbɑːθtʌb] n baignoire f.

baton [ˈbætən] n (of conductor) baguette f ; (truncheon) matraque f.

batter [ˈbætəʳ] n pâte f. ◆ vt (wife, child) battre.

battered [ˈbætəd] adj CULIN cuit dans un enrobage de pâte à frire.

battery [ˈbætərɪ] n (for radio, torch etc) pile f ; (for car) batterie f.

battery charger [-.tʃɑːdʒəʳ] n chargeur m.

battle [ˈbætl] n bataille f ; (struggle) lutte f.

bay [beɪ] n (on coast) baie f ; (for parking) place f (de stationnement).

bay leaf n feuille f de laurier.

bay window n fenêtre f en saillie.

B & B abbr = bed and breakfast.

BC (abbr of before Christ) av. J.-C.

☞

be [biː] (pt was, were, pp been [biːn]) vi - 1. (exist) être ; there is/are il y a ; are there any shops near here? y a-t-il des magasins près d'ici? - 2. (referring to location) être ; the hotel is near the airport l'hôtel est OR se trouve près de l'aéroport. - 3. (referring to movement) aller ;

has the postman been? est-ce que le facteur est passé? ; have you ever been to Ireland? êtes-vous déjà allé en Irlande? ; I'll ~ there in ten minutes j'y serai dans dix minutes. - 4. (occur) être ; my birthday is in November mon anniversaire est en novembre. - 5. (identifying, describing) être ; he's a doctor il est médecin ; I'm British je suis britannique ; I'm hot/cold j'ai chaud/froid. - 6. (referring to health) aller ; how are you? comment allez-vous? ; I'm fine je vais bien, ça va ; she's ill elle est malade. - 7. (referring to age) : how old are you? quel âge as-tu? ; I'm 14 (years old) j'ai 14 ans. - 8. (referring to cost) coûter, faire ; how much is it? (item) combien ça coûte? ; (meal, shopping) ça fait combien? ; it's £10 (item) ça coûte 10 livres ; (meal, shopping) ça fait 10 livres. - 9. (referring to time, dates) être ; what time is it? quelle heure est-il? ; it's ten o'clock il est dix heures. - 10. (referring to measurement) faire ; it's 2 m wide ça fait 2 m de large ; I'm 6 feet tall je mesure 1 mètre 80. - 11. (referring to weather) faire ; it's hot/cold il fait chaud/froid ; it's going to be nice today il va faire beau aujourd'hui ; it's sunny/windy il y a du soleil/du vent.

◆ aux vb - 1. (forming continuous tense) : I'm learning French j'apprends le français ; we've been visiting the museum nous avons visité le musée ; I was eating when ... j'étais en train de manger quand ....

- **2.** *(forming passive)* être ; **the flight was delayed** le vol a été retardé.
- **3.** *(with infinitive to express order)* : **all rooms are to ~ vacated by 10 a.m.** toutes les chambres doivent être libérées avant 10 h.
- **4.** *(with infinitive to express future tense)* : **the race is to start at noon** le départ de la course est prévu pour midi.
- **5.** *(in tag questions)* : **it's Monday today isn't it?** c'est lundi aujourd'hui, n'est-ce pas ?

beach [biːtʃ] *n* plage *f*.

bead [biːd] *n (of glass, wood etc)* perle *f*.

beak [biːk] *n* bec *m*.

beaker ['biːkə'] *n* gobelet *m*.

beam [biːm] *n (of light)* rayon *m* ; *(of wood, concrete)* poutre *f*. ◆ *vi (smile)* faire un sourire radieux.

bean [biːn] *n* haricot *m* ; *(of coffee)* grain *m*.

beanbag *n (chair)*.

beansprouts ['biːnsprauts] *npl* germes *mpl* de soja.

bear [beə'] *n (pt bore, pp borne) n (animal)* ours *m*. ◆ *vt* supporter ; **to ~ left/right** se diriger vers la gauche/la droite.

bearable ['beərəbl] *adj* supportable.

beard [biəd] *n* barbe *f*.

bearer ['beərə'] *n (of cheque)* porteur *m* ; *(of passport)* titulaire *m*.

bearing ['beərɪŋ] *n (relevance)* rapport *m* ; **to get one's ~s** se repérer.

beast [biːst] *n* bête *f*.

beat [biːt] *(pt* **beat**, *pp* **beaten** ['biːtn]) *n (of heart, pulse)* battement *m* ; *MUS* rythme *m*. ◆ *vt* bat-

tre. ❏ **beat down** ◆ *vi (sun)* taper ; *(rain)* tomber à verse. ◆ *vt sep* : **I ~ him down to £20** je lui ai fait baisser son prix à 20 livres. ❏ **beat up** *vt sep* tabasser.

beautiful ['bjuːtɪful] *adj* beau (belle).

beauty ['bjuːtɪ] *n* beauté *f*.

beauty parlour *n* salon *m* de beauté.

beauty spot *n (place)* site *m* touristique.

beaver ['biːvə'] *n* castor *m*.

became [bɪ'keɪm] *pt* → **become**.

because [bɪ'kɒz] *conj* parce que ; **~ of** à cause de.

beckon ['bekən] *vi* : **to ~ (to)** faire signe (à).

become [bɪ'kʌm] *(pt* **became**, *pp* **become**) *vi* devenir ; **what became of him?** qu'est-il devenu ?

bed [bed] *n* lit *m* ; *(of sea)* fond *m* ; **in ~** au lit ; **to get out of ~** se lever ; **to go to ~** aller au lit, se coucher ; **to go to ~ with sb** coucher avec qqn ; **to make the ~** faire le lit.

bed and breakfast *n Br* ≃ chambre *f* d'hôte *(avec petit déjeuner)*.

BED & BREAKFAST

Dans les zones touristiques des pays anglo-saxons, des particuliers proposent des *B & B* ou s'annoncent *Guest House*. Ils offrent des chambres d'hôte ainsi qu'un petit déjeuner anglais traditionnel (saucisses, œufs, bacon, toast, thé ou café) dont le prix est inclus dans celui de la chambre.

bedclothes ['bedkləʊðz] *npl* draps *mpl* et couvertures.

bedding ['bedɪŋ] *n* draps *mpl* et couvertures.

bed linen *n* draps *mpl* (et taies d'oreiller).

bedroom ['bedrʊm] *n* chambre *f*.

bedside table ['bedsaɪd-] *n* table *f* de nuit OR de chevet.

bedsit ['bed,sɪt] *n Br* chambre *f* meublée.

bedspread ['bedspred] *n* dessus-de-lit *m inv*, couvre-lit *m*.

bedtime ['bedtaɪm] *n* heure *f* du coucher.

bee [biː] *n* abeille *f*.

beech [biːtʃ] *n* hêtre *m*.

beef [biːf] *n* bœuf *m* ; ~ **Wellington** morceau de bœuf enveloppé de pâte feuilletée et servi en tranches.

beefburger ['biːf,bɜːgə[r]] *n* hamburger *m*.

beehive ['biːhaɪv] *n* ruche *f*.

been [biːn] *pp* → **be**.

beer [bɪə[r]] *n* bière *f*.

BEER

On peut classer les bières britanniques en deux grandes catégories : les *bitter* et les *lager*. Les *bitter*, ou encore les *heavy* en Écosse, sont de couleur sombre et de goût légèrement amer. Les *lager* sont des bières blondes. Les *real ale* sont des *bitter* stockées dans des barils et fabriquées selon des méthodes et des recettes traditionnelles.

beer garden *n* jardin d'un pub, où l'on peut prendre des consommations.

beer mat *n* dessous-de-verre *m*.

beetle ['biːtl] *n* scarabée *m*.

beetroot ['biːtruːt] *n* betterave *f*.

before [bɪ'fɔː[r]] *prep* avant ; *fml (in front of)* devant. ◆ *conj* : **it gets too late** avant qu'il ne soit trop tard ; ~ **doing sthg** avant de faire qqch ; **the day ~** la veille ; **the week ~ last** il y a deux semaines.

beforehand [bɪ'fɔːhænd] *adv* à l'avance.

befriend [bɪ'frend] *vt* prendre en amitié.

beg [beg] *vi* mendier. ◆ *vt* : **to ~ sb to do sthg** supplier qqn de faire qqch ; **to ~ sthg** *(for money, food)* mendier qqch.

began [bɪ'gæn] *pt* → **begin**.

beggar ['begə[r]] *n* mendiant *m*, -e *f*.

begin [bɪ'gɪn] *(pt* began, *pp* begun) *vt* & *vi* commencer ; **to ~ doing** OR **to do sthg** commencer à faire OR qqch ; **to ~ by doing sthg** commencer par faire qqch ; **to ~ with** pour commencer.

beginner [bɪ'gɪnə[r]] *n* débutant *m*, -e *f*.

beginning [bɪ'gɪnɪŋ] *n* début *m*.

begun [bɪ'gʌn] *pp* → **begin**.

behalf [bɪ'hɑːf] *n* : **on ~ of** au nom de.

behave [bɪ'heɪv] *vi* se comporter, se conduire ; **to ~ (o.s.)** *(be good)* se tenir bien.

behavior [bɪ'heɪvjə[r]] *Am* = **behaviour**.

behaviour [bɪ'heɪvjə[r]] *n* comportement *m*.

behind [bɪ'haɪnd] *adv* derrière ; *(late)* en retard. ◆ *prep* derrière. ◆ *n inf* derrière *m* ; **to leave sthg ~** oublier qqch ; **to stay ~** rester.

beige [beɪʒ] *adj* beige.

being ['biːɪŋ] *n* être *m*.

belated [bɪ'leɪtɪd] *adj* tardif(ive).

belch [beltʃ] *vi* roter.

Belgian ['beldʒən] *adj* belge. ◆ *n* Belge *mf*.

Belgium ['beldʒəm] *n* la Belgique.

belief [bɪ'liːf] *n (faith)* croyance *f ; (opinion)* opinion *f*.

believe [bɪ'liːv] *vt* croire. ◆ *vi* : to ~ in *(God)* croire en ; to ~ in doing sthg être convaincu qu'il faut faire qqch.

believer [bɪ'liːvə'] *n* croyant *m*, -e *f*.

bell [bel] *n (of church)* cloche *f ; (of phone)* sonnerie *f ; (of door)* sonnette *f*.

bellboy ['belbɔɪ] *n* chasseur *m*.

bellow ['beləʊ] *vi* meugler.

belly ['belɪ] *n inf* ventre *m*.

belly button *n inf* nombril *m*.

belong [bɪ'lɒŋ] *vi (be in right place)* être à sa place ; to ~ to *(property)* appartenir à ; *(to club, party)* faire partie de.

belongings [bɪ'lɒŋɪŋz] *npl* affaires *fpl*.

below [bɪ'ləʊ] *adv* en bas, en dessous ; *(downstairs)* au-dessous ; *(in text)* ci-dessous. ◆ *prep* au-dessous de.

belt [belt] *n (for clothes)* ceinture *f ; TECH* courroie *f*.

bench [bentʃ] *n* banc *m*.

bend [bend] *(pt & pp* bent) *n (in road)* tournant *m ; (in river, pipe)* coude *m*. ◆ *vt* plier. ◆ *vi (road, river, pipe)* faire un coude. ❏ **bend down** *vi* s'incliner. ❏ **bend over** *vi* se pencher.

beneath [bɪ'niːθ] *adv* en dessous, en bas. ◆ *prep* sous.

beneficial [ˌbenɪ'fɪʃl] *adj* bénéfique.

benefit ['benɪfɪt] *n (advantage)* avantage *m ; (money)* allocation *f*. ◆ *vi* : to ~ from profiter de ; for the ~ of dans l'intérêt de.

benign [bɪ'naɪn] *adj MED* bénin(igne).

bent [bent] *pt & pp →* bend.

bereaved [bɪ'riːvd] *adj* en deuil.

beret ['bereɪ] *n* béret *m*.

Bermuda shorts [bə'mjuːdə-] *npl* bermuda *m*.

berry ['berɪ] *n* baie *f*.

berserk [bə'zɜːk] *adj* : to go ~ devenir fou (folle).

berth [bɜːθ] *n (for ship)* mouillage *m ; (in ship, train)* couchette *f*.

beside [bɪ'saɪd] *prep (next to)* à côté de ; that's ~ the point ça n'a rien à voir.

besides [bɪ'saɪdz] *adv* en plus. ◆ *prep* en plus de.

best [best] *adj* meilleur(e). ◆ *adv* le mieux. ◆ *n* : the ~ le meilleur (la meilleure) ; a pint of ~ *(beer)* ≃ un demi-litre de bière brune ; the ~ thing to do is ... la meilleure chose à faire est ... ; to make the ~ of sthg s'accommoder de qqch ; to do one's ~ faire de son mieux ; '~ before ...' 'à consommer avant ...' ; at ~ au mieux ; all the ~! *(at end of letter)* amicalement ; *(spoken)* bonne continuation!

best man *n* garçon *m* d'honneur.

ⓘ **BEST MAN**

Dans les pays anglo-saxons, le témoin du marié remet l'anneau de mariage à ce dernier. Pendant le repas de noces la tradition veut aussi qu'il prononce un discours agrémenté de commentaires et de vieilles histoires drôles sur le marié.

best-seller [-'selə'] n (book) best-seller m.

bet [bet] (pt & pp **bet**) n pari m. ◆ vt parier. ◆ vi : **to ~ (on)** parier (sur), miser (sur) ; **I ~ (that) you can't do it** je parie que tu ne peux pas le faire.

betray [bɪ'treɪ] vt trahir.

better ['betə'] adj meilleur(e). ◆ adv mieux ; **you had ~ ...** tu ferais mieux de ... ; **to get ~** (in health) aller mieux ; (improve) s'améliorer.

betting ['betɪŋ] n paris mpl.

betting shop n Br ≃ PMU m.

between [bɪ'twiːn] prep entre. ◆ adv (in time) entre-temps ; **in ~** (in space) entre ; (in time) entre-temps.

beverage ['bevərɪdʒ] n fml boisson f.

beware [bɪ'weə'] vi : **to ~ of** se méfier de ; **'~ of the dog'** 'attention, chien méchant'.

bewildered [bɪ'wɪldəd] adj perplexe.

beyond [bɪ'jɒnd] adv au-delà. ◆ prep au-delà de ; **~ reach** hors de portée.

biased ['baɪəst] adj partial(e).

bib [bɪb] n (for baby) bavoir m.

bible ['baɪbl] n bible f.

biceps ['baɪseps] n biceps m.

bicycle ['baɪsɪkl] n vélo m.

bicycle path n piste f cyclable.

bicycle pump n pompe f à vélo.

bid [bɪd] (pt & pp **bid**) n (at auction) enchère f ; (attempt) tentative f. ◆ vt (money) faire une offre de. ◆ vi : **to ~ (for)** faire une offre (pour).

bidet ['biːdeɪ] n bidet m.

big [bɪg] adj grand(e) ; (problem, book) gros (grosse) ; **my ~ brother** mon grand frère ; **how ~ is it?** quelle taille cela fait-il?

bike [baɪk] n inf (bicycle) vélo m ; (motorcycle) moto f ; (moped) Mobylette® f.

biking ['baɪkɪŋ] n : **to go ~** faire du vélo.

bikini [bɪ'kiːnɪ] n bikini m.

bikini bottom n bas m de maillot de bain.

bikini top n haut m de maillot de bain.

bilingual [baɪ'lɪŋgwəl] adj bilingue.

bill [bɪl] n (for meal, hotel room) note f ; (for electricity etc) facture f ; Am (bank note) billet m (de banque) ; (at cinema, theatre) programme m ; POL projet de loi m ; **can I have the ~ please?** l'addition, s'il vous plaît!

billboard ['bɪlbɔːd] n panneau m d'affichage.

billfold ['bɪlfəʊld] n Am portefeuille m.

billiards ['bɪljədz] n billard m.

billion ['bɪljən] n (thousand million) milliard m ; Br (million million) billion m.

bin [bɪn] n (rubbish bin) poubelle f ; (wastepaper bin) corbeille f à papier ; (for bread) huche f ; (on *plane)* compartiment *m* à bagages.

bind [baɪnd] *(pt & pp* **bound)** *vt (tie up)* attacher.

binding ['baɪndɪŋ] *n (for book)* reliure *f ; (for ski)* fixation *f*.

bingo ['bɪŋɡəʊ] *n* ≃ loto *m*.

binoculars [bɪ'nɒkjʊləz] *npl* jumelles *fpl*.

biodegradable [ˌbaɪəʊdɪ'greɪdəbl] *adj* biodégradable.

biography [baɪ'ɒɡrəfɪ] *n* biographie *f*.

biological [ˌbaɪə'lɒdʒɪkl] *adj* biologique.

biology [baɪ'ɒlədʒɪ] *n* biologie *f*.

biotechnology [ˌbaɪəʊtek'nɒlədʒɪ] *n* biotechnologie *f*.

birch [bɜːtʃ] *n* bouleau *m*.

bird [bɜːd] *n* oiseau *m ; Br inf (woman)* nana *f*.

bird-watching [-ˌwɒtʃɪŋ] *n* ornithologie *f*.

Biro® ['baɪərəʊ] *n* stylo *m* (à) bille.

birth [bɜːθ] *n* naissance *f ; to give ~ to* donner naissance à.

birth certificate *n* extrait *m* de naissance.

birth control *n* contraception *f*.

birthday ['bɜːθdeɪ] *n* anniversaire *m ;* **Happy ~!** joyeux anniversaire!

birthday card *n* carte *f* d'anniversaire.

birthday party *n* fête *f* d'anniversaire.

birthplace ['bɜːθpleɪs] *n* lieu *m* de naissance.

biscuit ['bɪskɪt] *n Br* biscuit *m ; Am (scone)* petit gâteau de pâte non

levée que l'on mange avec de la confiture ou un plat salé.

bishop ['bɪʃəp] *n RELIG* évêque *m ; (in chess)* fou *m*.

bistro ['biːstrəʊ] *n* bistrot *m*.

bit [bɪt] *pt* → **bite**. ◆ *n (piece)* morceau *m*, bout *m ; (of drill)* mèche *f ; (of bridle)* mors *m ;* a ~ of money un peu d'argent ; to do a ~ of walking marcher un peu ; a ~ un peu ; not a ~ pas du tout ; ~ by ~ petit à petit.

bitch [bɪtʃ] *n vulg (woman)* salope *f ; (dog)* chienne *f*.

bite [baɪt] *(pt* bit, *pp* bitten ['bɪtn]) *n (when eating)* bouchée *f ; (from insect)* piqûre *f ; (from snake)* morsure *f*. ◆ *vt* mordre ; *(subj : insect)* piquer ; to have a ~ to eat manger un morceau.

bitter ['bɪtə] *adj* amer(ère) ; *(weather, wind)* glacial(e) ; *(argument, conflict)* violent(e). ◆ *n Br (beer)* ≃ bière *f* brune.

bitter lemon *n* Schweppes® *m* au citron.

bizarre [bɪ'zɑː] *adj* bizarre.

black [blæk] *adj* noir(e) ; *(tea)* nature *(inv)*. ◆ *n* noir *m ; (person)* Noir *m*, -e *f*. ❏ **black out** *vi* perdre connaissance.

black and white *adj* noir et blanc *(inv)*.

blackberry ['blækbrɪ] *n* mûre *f*.

blackbird ['blækbɜːd] *n* merle *m*.

blackboard ['blækbɔːd] *n* tableau *m* (noir).

blackcurrant [ˌblæk'kʌrənt] *n* cassis *m*.

black eye *n* œil *m* au beurre noir.

Black Forest gâteau n forêt-noire f.

black ice n verglas m.

blackmail ['blækmeɪl] n chantage m. ◆ vt faire chanter.

blackout ['blækaʊt] n (power cut) coupure f de courant.

black pepper n poivre m noir.

black pudding n Br boudin m noir.

blacksmith ['blæksmɪθ] n (for horses) maréchal-ferrant m ; (for tools) forgeron m.

bladder ['blædə] n vessie f.

blade [bleɪd] n (of knife, saw) lame f ; (of propeller, oar) pale f ; (of grass) brin m.

blame [bleɪm] n responsabilité f, faute f. ◆ vt rejeter la responsabilité sur ; **to ~ sb for sthg** reprocher qqch à qqn ; **to ~ sthg on sb** rejeter la responsabilité de qqch sur qqn.

bland [blænd] adj (food) fade.

blank [blæŋk] adj (space, page) blanc (blanche) ; (cassette) vierge ; (expression) vide. ◆ n (empty space) blanc m.

blank cheque n chèque m en blanc.

blanket ['blæŋkɪt] n couverture f.

blast [blɑːst] n (explosion) explosion f ; (of air, wind) souffle m. ◆ excl inf zut! ; **at full ~** à fond.

blaze [bleɪz] n (fire) incendie m. ◆ vi (fire) flamber ; (sun, light) resplendir.

blazer ['bleɪzə] n blazer m.

bleach [bliːtʃ] n eau m de Javel. ◆ vt (hair) décolorer ; (clothes) blanchir à l'eau de Javel.

bleak [bliːk] adj triste.

bleed [bliːd] (pt & pp bled [bled]) vi saigner.

blend [blend] n (of coffee, whisky) mélange m. ◆ vt mélanger.

blender ['blendə] n mixer m.

bless [bles] vt bénir ; **you!** (said after sneeze) à tes/vos souhaits!

blessing ['blesɪŋ] n bénédiction f.

blew [bluː] pt → blow.

blind [blaɪnd] adj aveugle. ◆ n (for window) store m. ◆ npl : **the ~ les** aveugles mpl.

blind corner n virage m sans visibilité.

blindfold ['blaɪndfəʊld] n bandeau m. ◆ vt bander les yeux à.

blind spot n AUT angle m mort.

blink [blɪŋk] vi cligner des yeux.

blinkers ['blɪŋkəz] npl Br œillères fpl.

bliss [blɪs] n bonheur m absolu.

blister ['blɪstə] n ampoule f.

blizzard ['blɪzəd] n tempête f de neige.

bloated ['bləʊtɪd] adj ballonné(e).

blob [blɒb] n (of cream, paint) goutte f.

block [blɒk] n (of stone, wood, ice) bloc m ; (building) immeuble m ; (in town, city) pâté m de maison. ◆ vt bloquer ; **to have a ~ed(-up) nose** avoir le nez bouché. ❑ **block up** vt sep boucher.

blockage ['blɒkɪdʒ] n obstruction f.

block capitals npl capitales fpl.

block of flats n immeuble m.

bloke [bləʊk] n Br inf type m.

blond [blɒnd] adj blond(e). ◆ n blond m.

blonde [blɒnd] adj blond(e). ◆ n blonde f.

blood [blʌd] n sang m.

blood donor n donneur m de sang, donneuse de sang f.

blood group n groupe m sanguin.

blood poisoning n septicémie f.

blood pressure n tension f (artérielle) ; **to have high** ~ avoir de la tension ; **to have low** ~ faire de l'hypotension.

bloodshot ['blʌdʃɒt] adj injecté de sang.

blood test n analyse f de sang.

blood transfusion n transfusion f (sanguine).

bloody ['blʌdɪ] adj ensanglanté(e) ; Br vulg (damn) foutu(e). ◆ adv Br vulg vachement.

Bloody Mary [-'meərɪ] n bloody mary m inv.

bloom [bluːm] n fleur f. ◆ vi fleurir ; **in** ~ en fleur.

blossom ['blɒsəm] n fleurs fpl.

blot [blɒt] n tache f.

blotch [blɒtʃ] n tache f.

blotting paper ['blɒtɪŋ-] n papier m buvard.

blouse [blauz] n chemisier m.

blow [bləu] (pt blew, pp blown) vt (subj : wind) faire s'envoler ; (whistle, trumpet) souffler dans ; (bubbles) faire. ◆ vi souffler ; (fuse) sauter. ◆ n (hit) coup m ; **to** ~ **one's nose** se moucher. ❏ **blow up** ◆ vt sep (cause to explode) faire exploser ; (inflate) gonfler. ◆ vi (explode) exploser.

blow-dry n brushing m. ◆ vt faire un brushing à.

blown [bləun] pp → blow.

BLT n sandwich au bacon, à la laitue et à la tomate.

blue [bluː] adj bleu(e) ; (film) porno (inv). ◆ n bleu m. ❏ **blues** n MUS blues m.

bluebell ['bluːbel] n jacinthe f des bois.

blueberry ['bluːbərɪ] n myrtille f.

bluebottle ['bluːbɒtl] n mouche f bleue.

blue cheese n bleu m.

bluff [blʌf] n (cliff) falaise f. ◆ vi bluffer.

blunder ['blʌndə] n gaffe f.

blunt [blʌnt] adj (knife) émoussé(e) ; (pencil) mal taillé(e) ; fig (person) brusque.

blurred [blɜːd] adj (vision) trouble ; (photo) flou(e).

blush [blʌʃ] vi rougir.

blusher ['blʌʃə] n blush m.

blustery ['blʌstərɪ] adj venteux (euse).

board [bɔːd] n (plank) planche f ; (notice board) panneau m ; (for games) plateau m ; (blackboard) tableau m ; (of company) conseil m ; (hardboard) contreplaqué m. ◆ vt (plane, ship, bus) monter dans ; ~ **and lodging** pension f ; **full** ~ pension complète ; **half** ~ demi-pension ; **on** ~ (plane, ship) à bord de ; à bord ; (bus) dans.

board game n jeu m de société.

boarding ['bɔːdɪŋ] n embarquement m.

boarding card n carte f d'embarquement.

boardinghouse ['bɔːdɪŋhaus, pl -hauzɪz] n pension f d'embarquement.

boarding school n pensionnat m, internat m.

board of directors n conseil m d'administration.

boast [bəʊst] vi : to ~ (about sthg) se vanter (de qqch).

boat [bəʊt] n (small) canot m ; (large) bateau m ; **by** ~ en bateau.

bob [bɒb] n (hairstyle) coupe f au carré.

bobby pin ['bɒbɪ-] n Am épingle f à cheveux.

bodice ['bɒdɪs] n corsage m.

body ['bɒdɪ] n corps m ; (of car) carrosserie f ; (organization) organisme m.

bodyguard ['bɒdɪgɑːd] n garde m du corps.

body piercing n piercing m.

bodywork ['bɒdɪwɜːk] n carrosserie f.

bog [bɒg] n marécage m.

bogus ['bəʊgəs] adj faux (fausse).

boil [bɔɪl] vt (water) faire bouillir ; (kettle) mettre à chauffer ; (food) faire cuire à l'eau. ◆ vi bouillir. ◆ n (on skin) furoncle m.

boiled egg [bɔɪld-] n œuf m à la coque.

boiled potatoes [bɔɪld-] npl pommes de terre fpl à l'eau.

boiler ['bɔɪlə'] n chaudière f.

boiling (hot) ['bɔɪlɪŋ-] adj inf (water) bouillant(e) ; (weather) très chaud(e) ; **I'm** ~ je crève de chaud.

bold [bəʊld] adj (brave) audacieux(euse).

bollard ['bɒlɑːd] n Br (on road) borne f.

bolt [bəʊlt] n (on door, window)

verrou m ; (screw) boulon m. ◆ vt (door, window) fermer au verrou.

bomb [bɒm] n bombe f. ◆ vt bombarder.

bombard [bɒm'bɑːd] vt bombarder.

bomb scare n alerte f à la bombe.

bond [bɒnd] n (tie, connection) lien m.

bone [bəʊn] n (of person, animal) os m ; (of fish) arête f.

boned [bəʊnd] adj (chicken) désossé(e) ; (fish) sans arêtes.

boneless ['bəʊnlɪs] adj (chicken, pork) désossé(e).

bonfire ['bɒnˌfaɪə'] n feu m.

bonnet ['bɒnɪt] n Br (of car) capot m.

bonus ['bəʊnəs] (pl -es) n (extra money) prime f ; (additional advantage) plus m.

bony ['bəʊnɪ] adj (fish) plein d'arêtes ; (chicken) plein(e).

boo [buː] vi siffler.

book [bʊk] n livre m ; (of stamps, tickets) carnet m ; (of matches) pochette f. ◆ vt (reserve) réserver. ❏ **book in** vi (at hotel) se faire enregistrer.

bookable ['bʊkəbl] adj (seats, flight) qu'on peut réserver.

bookcase ['bʊkkeɪs] n bibliothèque f.

booking ['bʊkɪŋ] n (reservation) réservation f.

booking office n bureau m de location.

bookkeeping ['bʊkˌkiːpɪŋ] n comptabilité f.

booklet ['bʊklɪt] n brochure f.

bookmaker's ['buk,meɪkəz] *n (shop)* ≃ PMU *m*.

bookmark ['bukmɑːk] *n* marque-page *m*.

bookshelf [buk'ʃelf] (*pl* -**shelves** [-ʃelvz]) *n (shelf)* étagère *f*, rayon *m* ; *(bookcase)* bibliothèque *f*.

bookshop ['bukʃɒp] *n* librairie *f*.

bookstall ['bukstɔːl] *n* kiosque *m* à journaux.

bookstore ['bukstɔːr] = **bookshop**.

book token *n* bon *m* d'achat de livres.

boom [buːm] *n (sudden growth)* boom *m*. ◆ *vi (voice, guns)* tonner.

boost [buːst] *vt (profits, production)* augmenter ; *(confidence)* renforcer ; **to ~ sb's spirits** remonter le moral à qqn.

booster ['buːstər] *n (injection)* rappel *m*.

boot [buːt] *n (shoe)* botte *f* ; *(for walking, sport)* chaussure *f* ; *Br (of car)* coffre *m*.

booth [buːð] *n (for telephone)* cabine *f* ; *(at fairground)* stand *m*.

booze [buːz] *n inf* alcool *m*. ◆ *vi inf* picoler.

bop [bɒp] *n inf (dance)* : **to have a ~** guincher.

border ['bɔːdər] *n (of country)* frontière *f* ; *(edge)* bord *m*.

bore [bɔːr] *pt* → **bear**. ◆ *n inf (boring person)* raseur *m*, -euse *f* ; *(boring thing)* corvée *f*. ◆ *vt (person)* ennuyer.

bored [bɔːd] *adj* : **to be ~** s'ennuyer.

boredom ['bɔːdəm] *n* ennui *m*.

boring ['bɔːrɪŋ] *adj* ennuyeux (euse).

born [bɔːn] *adj* : **to be ~** naître.

borne [bɔːn] *pp* → **bear**.

borough ['bʌrə] *n* municipalité *f*.

borrow ['bɒrəʊ] *vt* : **to ~ sthg (from sb)** emprunter qqch (à qqn).

bosom ['buzəm] *n* poitrine *f*.

boss [bɒs] *n* chef *mf*.

bossy ['bɒsɪ] *adj* autoritaire.

botanical garden [bə'tænɪkl-] *n* jardin *m* botanique.

both [bəʊθ] *adj & pron* les deux. ◆ *adv* : **~ ... and ...** à la fois ... et ... ; **~ of them** tous les deux.

bother ['bɒðər] *vt (worry)* inquiéter ; *(annoy)* déranger ; *(pester)* embêter. ◆ *n (trouble)* ennui *m*. ◆ *vi* : **don't ~!** ne te dérange pas! ; **I can't be ~ed** je n'ai pas envie.

bottle ['bɒtl] *n* bouteille *f* ; *(for baby)* biberon *m*.

bottle bank *n* conteneur pour le verre usagé.

bottled ['bɒtld] *adj* en bouteille ; **~ beer** bière en bouteille ; **~ water** eau en bouteille.

bottle opener [-ˌəʊpnər] *n* ouvre-bouteilles *m inv*, décapsuleur *m*.

bottom ['bɒtəm] *adj (lowest)* du bas ; *(last)* dernier(ière) ; *(worst)* plus mauvais(e). ◆ *n (of sea, bag, glass)* fond *m* ; *(of page, hill, stairs)* bas *m* ; *(of street, garden)* bout *m* ; *(buttocks)* derrière *m* ; **~ floor** rez-de-chaussée *m inv* ; **~ gear** première *f*.

bought [bɔːt] *pt & pp* → **buy**.

boulder ['bəʊldər] *n* rocher *m*.

bounce [baʊns] *vi (rebound)* rebondir ; *(jump)* bondir ; **his cheque ~d** il a fait un chèque sans provision.

bouncer ['baʊnsə] n inf videur m.

bouncy ['baʊnsɪ] adj (person) dynamique ; (ball) qui rebondit.

bound [baʊnd] pt & pp → **bind**. ◆ vi bondir. ◆ adj : **we're** ~ **to be late** nous allons être en retard, c'est sûr ; **it's** ~ **to rain** il va certainement pleuvoir ; **to be** ~ **for** être en route pour ; (plane) être à destination de ; **out of** ~**s** interdit(e).

boundary ['baʊndrɪ] n frontière f.

bouquet [bʊ'keɪ] n bouquet m.

bout [baʊt] n (of illness) accès m ; (of activity) période f.

boutique [buː'tiːk] n boutique f.

bow[1] [baʊ] n (of head) salut m ; (of ship) proue f. ◆ vi incliner la tête.

bow[2] [bəʊ] n (knot) nœud m ; (weapon) arc m ; MUS archet m.

bowels ['baʊəlz] npl ANAT intestins mpl.

bowl [bəʊl] n (container) bol m ; (for fruit, salad) saladier m ; (for washing up, of toilet) cuvette f. ❑ **bowls** npl boules fpl (sur gazon).

bowling alley n ['bəʊlɪŋ-] n bowling m.

bow tie [ˌbəʊ-] n nœud m papillon.

box [bɒks] n boîte f ; (on form) case f ; (in theatre) loge f. ◆ vi boxer ; **a** ~ **of chocolates** une boîte de chocolats.

boxer ['bɒksə] n boxeur m.

boxer shorts npl caleçon m.

boxing ['bɒksɪŋ] n boxe f.

Boxing Day n le 26 décembre.

BOXING DAY

Le 26 décembre, le *Boxing Day*, est un jour férié en Grande-Bretagne. Autrefois, les commerçants et les domestiques recevaient ce jour-là une somme d'argent supplémentaire qu'on appelait le *Christmas Box*. Aujourd'hui encore, les laitiers, les éboueurs ou les enfants qui distribuent le journal le matin reçoivent souvent des étrennes à cette occasion.

---

boxing gloves npl gants mpl de boxe.

boxing ring n ring m.

box office n bureau m de location.

boy [bɔɪ] n garçon m. ◆ excl inf : **(oh)** ~**!** la vache!

boycott ['bɔɪkɒt] vt boycotter.

boyfriend ['bɔɪfrend] n copain m.

boy scout n scout m.

bra [brɑː] n soutien-gorge m.

brace [breɪs] n (for teeth) appareil m (dentaire). ❑ **braces** npl Br bretelles fpl.

bracelet ['breɪslɪt] n bracelet m.

bracken ['brækn] n fougère f.

bracket ['brækɪt] n (written symbol) parenthèse f ; (support) équerre f.

brag [bræg] vi se vanter.

brain [breɪn] n cerveau m.

brainy ['breɪnɪ] adj inf futé(e).

braised [breɪzd] adj braisé(e).

brake [breɪk] n frein m. ◆ vi freiner.

brake light n stop m.

brake pad n plaquette f de frein.

brake pedal n pédale f de frein.

bran [bræn] n son m.

branch [brɑːntʃ] n branche f ; (of company) filiale f ; (of bank) agence f. ❏ **branch off** vi bifurquer.

branch line n ligne f secondaire.

brand [brænd] n marque f. ◆ vt : **to ~ sb (as)** étiqueter qqn (comme).

brand-new adj tout neuf (toute neuve).

brandy ['brændɪ] n cognac m.

brash [bræʃ] adj pej effronté(e).

brass [brɑːs] n laiton m.

brass band n fanfare f.

brasserie ['bræsərɪ] n brasserie f.

brassiere [Br 'bræsɪə, Am brə'zɪr] n soutien-gorge m.

brat [bræt] n inf sale gosse mf.

brave [breɪv] adj courageux(euse).

bravery ['breɪvərɪ] n courage m.

bravo [ˌbrɑː'vəʊ] excl bravo!

brawl [brɔːl] n bagarre f.

Brazil nut n noix f du Brésil.

breach [briːtʃ] vt (contract) rompre.

bread [bred] n pain m ; **~ and butter** pain m beurré.

bread bin n Br huche f à pain.

breadboard ['bredbɔːd] n planche f à pain.

bread box Am = bread bin.

breadcrumbs ['bredkrʌmz] npl chapelure f.

breaded ['bredɪd] adj pané(e).

bread knife n couteau m à pain.

bread roll n petit pain m.

breadth [bretθ] n largeur f.

break [breɪk] (pt broke, pp broken) n (interruption) interruption f ;

(rest, pause) pause f ; SCH récréation f. ◆ vt casser ; (rule, law) ne pas respecter ; (promise) manquer à ; (a record) battre ; (news) annoncer. ◆ vi se casser ; (voice) se briser ; **without a ~** sans interruption ; **a lucky ~** un coup de bol ; **to ~ one's journey** faire étape ; **to ~ one's leg** se casser une jambe. ❏ **break down** vi (car, machine) tomber en panne. ◆ vt sep (door, barrier) enfoncer. ❏ **break in** vi entrer par effraction. ❏ **break off** vt (detach) détacher ; (holiday) interrompre. ◆ vi (stop suddenly) s'interrompre. ❏ **break out** vi (fire, war, panic) éclater ; **to ~ out in a rash** se couvrir de boutons. ❏ **break up** vi (with spouse, partner) rompre ; (meeting, marriage) prendre fin ; (school) finir.

breakage ['breɪkɪdʒ] n casse f.

breakdown ['breɪkdaʊn] n (of car) panne f ; (in communications, negotiations) rupture f ; (mental) dépression f.

breakdown truck n dépanneuse f.

breakfast ['brekfəst] n petit déjeuner m ; **to have ~** prendre le petit déjeuner ; **to have sthg for ~** prendre qqch au petit déjeuner.

breakfast cereal n céréales fpl.

break-in n cambriolage m.

breakwater ['breɪkˌwɔːtə[r]] n digue f.

breast [brest] n sein m ; (of chicken, duck) blanc m.

breastbone ['brestbəʊn] n sternum m.

breast-feed vt allaiter.

breaststroke 34

breaststroke ['breststrəuk] n brasse f.

breath [breθ] n haleine f ; (air inhaled) inspiration f ; out of ~ hors d'haleine ; to go for a ~ of fresh air aller prendre l'air.

Breathalyser ® ['breθəlaɪzə'] n Br ≃ Alcootest® m.

Breathalyzer ® ['breθəlaɪzər] Am = Breathalyser®.

breathe [briːð] vi respirer. ❑ **breathe in** vi inspirer. ❑ **breathe out** vi expirer.

breathtaking ['breθ,teɪkɪŋ] adj à couper le souffle.

breed [briːd] (pt & pp **bred** [bred]) n espèce f. ◆ vt (animals) élever. ◆ vi se reproduire.

breeze [briːz] n brise f.

breezy ['briːzɪ] adj (weather, day) venteux(euse).

brew [bruː] vt (beer) brasser ; (tea, coffee) faire. ◆ vi (tea) infuser ; (coffee) se faire.

brewery ['bruərɪ] n brasserie f (usine).

bribe [braɪb] n pot-de-vin m. ◆ vt acheter.

bric-a-brac ['brɪkəbræk] n bric-à-brac m inv.

brick [brɪk] n brique f.

bricklayer ['brɪk,leɪə] n maçon m.

brickwork ['brɪkwɜːk] n maçonnerie f (en briques).

bride [braɪd] n mariée f.

bridegroom ['braɪdgrum] n marié m.

bridesmaid ['braɪdzmeɪd] n demoiselle f d'honneur.

bridge [brɪdʒ] n pont m ; (of ship)

passerelle f ; (card game) bridge m.

brief [briːf] adj bref(ève). ◆ vt mettre au courant ; in ~ en bref. ❑ **briefs** npl (for men) slip m ; (for women) culotte f.

briefcase ['briːfkeɪs] n serviette f.

briefly ['briːflɪ] adv brièvement.

brigade [brɪ'geɪd] n brigade f.

bright [braɪt] adj (light, sun, colour) vif (vive) ; (weather, room) clair(e) ; (clever) intelligent(e) ; (lively, cheerful) gai(e).

brilliant ['brɪljənt] adj (colour, light, sunshine) éclatant(e) ; (idea, person) brillant(e) ; inf (wonderful) génial(e).

brim [brɪm] n bord m ; it's full to the ~ c'est plein à ras bord.

brine [braɪn] n saumure f.

bring [brɪŋ] (pt & pp **brought** [brɔːt]) vt apporter ; (person) amener. ❑ **bring along** vt sep (object) apporter ; (person) amener. ❑ **bring back** vt sep rapporter. ❑ **bring in** vt sep (introduce) introduire ; (earn) rapporter. ❑ **bring out** vt sep (new product) sortir. ❑ **bring up** vt sep (child) élever ; (subject) mentionner ; (food) rendre, vomir.

brink [brɪŋk] n : on the ~ of au bord de.

brisk [brɪsk] adj (quick) vif (vive) ; (person) énergique ; (wind) frais (fraîche).

bristle ['brɪsl] n poil m.

Britain ['brɪtn] n la Grande-Bretagne.

British ['brɪtɪʃ] adj britannique. ◆ npl : the ~ les Britanniques mpl.

British Rail n ≃ la SNCF.

British Telecom [-'telıkɒm] *n* ≃ France Télécom.

Briton ['brɪtn] *n* Britannique *mf*.

Brittany *n* la Bretagne.

brittle ['brɪtl] *adj* cassant(e).

broad [brɔːd] *adj* large ; *(description, outline)* général(e) ; *(accent)* fort(e).

B road *n* Br ≃ route *f* départementale.

broad bean *n* fève *f*.

broadcast ['brɔːdkɑːst] (*pt & pp* broadcast) *n* émission *f*. ◆ *vt* diffuser.

broadly ['brɔːdlɪ] *adv (in general)* en gros ; ~ speaking en gros.

broadsheet ['brɔːdʃiːt] *n* journal *m* de qualité.

BROADSHEET/BROADSIDE

Le terme *Broadsheet* (Grande-Bretagne) ou *Broadside* (États-Unis) désigne les journaux de qualité, imprimés sur des feuilles grand format, qui contiennent des informations sérieuses et des rubriques culturelles, sportives et financières de bon niveau. Leurs lecteurs appartiennent aux classes cultivées de la société, contrairement au lectorat des journaux populaires, les tabloïds, de format plus petit, qui constituent la presse à sensation.

broccoli ['brɒkəlɪ] *n* brocoli *m*.

brochure ['brəʊʃə'] *n* brochure *f*.

broiled [brɔɪld] *adj Am* grillé(e).

broke [brəʊk] *pt* → break. ◆ *adj inf* fauché(e).

broken ['brəʊkn] *pp* → break.

◆ *adj* cassé(e) ; (English, French) hésitant(e).

bronchitis [brɒŋ'kaɪtɪs] *n* bronchite *f*.

bronze [brɒnz] *n* bronze *m*.

brooch [brəʊtʃ] *n* broche *f*.

brook [brʊk] *n* ruisseau *m*.

broom [bruːm] *n* balai *m*.

broomstick ['bruːmstɪk] *n* manche *m* à balai.

broth [brɒθ] *n* bouillon *m* épais.

brother ['brʌðə'] *n* frère *m*.

brother-in-law *n* beau-frère *m*.

brought [brɔːt] *pt & pp* → bring.

brow [braʊ] *n (forehead)* front *m* ; *(eyebrow)* sourcil *m*.

brown [braʊn] *adj* brun(e) ; *(paint, eyes)* marron *(inv)* ; *(tanned)* bronzé(e). ◆ *n* brun *m* ; *(paint, eyes)* marron *m*.

brown bread *n* pain *m* complet.

brownie ['braʊnɪ] *n* CULIN petit gâteau au chocolat et aux noix.

Brownie ['braʊnɪ] *n* ≃ jeannette *f*.

brown rice *n* riz *m* complet.

brown sauce *n* [Br] sauce épicée servant de condiment.

brown sugar *n* sucre *m* roux.

browse [braʊz] *vi (in shop)* regarder ; to ~ through *(book, paper)* feuilleter. ◆ *vi* COMPUT naviguer. ◆ *vt (file, document)* parcourir ; to ~ a site naviguer sur un site.

browser ['braʊzə'] *n* COMPUT navigateur *m*, browser *m*. ; '~s welcome' 'entrée libre'.

bruise [bruːz] *n* bleu *m*.

brunch [brʌntʃ] n brunch m.

brunette [bru:'net] n brune f.

brush [brʌʃ] n brosse f ; (for painting) pinceau m. ◆ vt (clothes) brosser ; (floor) balayer ; to ~ one's hair se brosser les cheveux ; to ~ one's teeth se brosser les dents.

Brussels ['brʌslz] n Bruxelles.

Brussels sprouts npl choux mpl de Bruxelles.

brutal ['bru:tl] adj brutal(e).

BSc n (abbr of Bachelor of Science) (titulaire d'une) licence de sciences.

BT abbr = British Telecom.

bubble ['bʌbl] n bulle f.

bubble bath n bain m moussant.

bubble gum n chewing-gum avec lequel on peut faire des bulles.

bubbly ['bʌblɪ] n inf champ m.

buck [bʌk] n Am inf (dollar) dollar m ; (male animal) mâle m.

bucket ['bʌkɪt] n seau m.

Buckingham Palace ['bʌkɪŋ-əm-] n le palais de Buckingham.

BUCKINGHAM PALACE

Le palais de Buckingham, construit en 1703 par le duc de Buckingham, est la résidence officielle de la famille royale à Londres, et donc du chef de l'État. La relève de la garde a lieu tous les jours devant les portes du palais.

buckle ['bʌkl] n boucle f. ◆ vt (fasten) boucler. ◆ vi (metal) plier ; (wheel) se voiler.

bud [bʌd] n bourgeon m. ◆ vi bourgeonner.

Buddhist ['bʊdɪst] n bouddhiste mf.

buddy ['bʌdɪ] n inf pote m.

budge [bʌdʒ] vi bouger.

budgerigar ['bʌdʒərɪgɑ:'] n perruche f.

budget ['bʌdʒɪt] adj (holiday, travel) économique. ◆ n budget m. ❑ budget for vt fus : to ~ for doing sthg prévoir de faire qqch.

budgie ['bʌdʒɪ] n inf perruche f.

buff [bʌf] n inf fana m.

buffalo ['bʌfələʊ] n buffle m.

buffer ['bʌfə'] n (on train) tampon m.

buffet [Br 'bʊfeɪ, Am bə'feɪ] n buffet m.

buffet car ['bʊfeɪ-] n wagon-restaurant m.

bug [bʌg] n (insect) insecte m ; inf (mild illness) microbe m. ◆ vt inf (annoy) embêter.

buggy ['bʌgɪ] n (pushchair) poussette f ; Am (pram) landau m.

build [bɪld] n (pushchair) carrure f. ◆ vt construire. ❑ build up ◆ vi augmenter. ◆ vt sep : to ~ up speed accélérer.

builder ['bɪldə'] n entrepreneur m (en bâtiment).

building ['bɪldɪŋ] n bâtiment m.

building site n chantier m.

building society n Br société d'investissements et de prêts immobiliers.

built [bɪlt] pt & pp → build.

built-in adj encastré(e).

built-up area n agglomération f.

bulb [bʌlb] n (for lamp) ampoule f ; (of plant) bulbe m.

bulge [bʌldʒ] vi être gonflé.

bulk [bʌlk] *n* : the ~ of la majeure partie de ; in ~ en gros.

bulky ['bʌlkɪ] *adj* volumineux (euse).

bull [bʊl] *n* taureau *m*.

bulldog ['bʊldɒg] *n* bouledogue *m*.

bulldozer ['bʊldəʊzə'] *n* bulldozer *m*.

bullet ['bʊlɪt] *n* balle *f*.

bulletin ['bʊlətɪn] *n* bulletin *m*.

bullfight ['bʊlfaɪt] *n* corrida *f*.

bull's-eye *n* centre *m* (de la cible).

bully ['bʊlɪ] *n* enfant qui maltraite ses camarades. ◆ *vt* tyranniser.

bum [bʌm] *n inf (bottom)* derrière *m* ; *Am inf (tramp)* clodo *m*.

bum bag *n Br* banane *f (sac)*.

bumblebee ['bʌmblbiː] *n* bourdon *m*.

bump [bʌmp] *n (lump)* bosse *f* ; *(sound)* bruit *m* sourd ; *(minor accident)* choc *m*. ◆ *vt (head, leg)* cogner. ❑ **bump into** *vt fus (hit)* rentrer dans ; *(meet)* tomber sur.

bumper ['bʌmpə'] *n (on car)* pare-chocs *m inv* ; *Am (on train)* tampon *m*.

bumpy ['bʌmpɪ] *adj (road)* cahoteux(euse) ; **the flight was ~** il y a eu des turbulences pendant le vol.

bun [bʌn] *n (cake)* petit gâteau *m* ; *(bread roll)* petit pain *m* rond ; *(hairstyle)* chignon *m*.

bunch [bʌntʃ] *n (of people)* bande *f* ; *(of flowers)* bouquet *m* ; *(of grapes)* grappe *f* ; *(of bananas)* régime *m* ; *(of keys)* trousseau *m*.

bundle ['bʌndl] *n* paquet *m*.

bung [bʌŋ] *n* bonde *f*.

bungalow ['bʌŋgələʊ] *n* bungalow *m*.

bunion ['bʌnjən] *n* oignon *m (au pied)*.

bunk [bʌŋk] *n (berth)* couchette *f*.

bunk beds *npl* lits *mpl* superposés.

bunker ['bʌŋkə'] *n* bunker *m* ; *(for coal)* coffre *m*.

bunny ['bʌnɪ] *n* lapin *m*.

buoy [*Br* bɔɪ, *Am* 'buːɪ] *n* bouée *f*.

buoyant ['bɔɪənt] *adj* qui flotte bien.

burden ['bɜːdn] *n* charge *f*.

bureaucracy [bjʊəˈrɒkrəsɪ] *n* bureaucratie *f*.

bureau de change [ˌbjʊərəʊdə'ʃɒndʒ] *n* bureau *m* de change.

burger ['bɜːgə'] *n* steak *m* haché.

burglar ['bɜːglə'] *n* cambrioleur *m*, -euse *f*.

burglar alarm *n* système *m* d'alarme.

burglarize ['bɜːgləraɪz] *Am* = **burgle**.

burglary ['bɜːglərɪ] *n* cambriolage *m*.

burgle ['bɜːgl] *vt* cambrioler.

Burgundy *n* la Bourgogne.

burial ['berɪəl] *n* enterrement *m*.

burn [bɜːn] *(pt & pp* **burnt** OR **burned)** *n* brûlure *f*. ◆ *vt & vi* brûler. ❑ **burn out** *vt sep* incendier. ◆ *vi* brûler complètement.

burning (hot) ['bɜːnɪŋ-] *adj* brûlant(e).

Burns' Night [bɜːnz-] *n* le 25 janvier.

burnt [bɜːnt] *pt & pp* → **burn**.

burp [bɜːp] *vi* roter.

burrow ['bʌrəʊ] *n* terrier *m*.

burst [bɜːst] (*pt* & *pp* burst) *n* salve *f*. ◆ *vt* faire éclater. ◆ *vi* éclater ; he ~ into the room il a fait irruption dans la pièce ; to ~ into tears éclater en sanglots ; to ~ open s'ouvrir brusquement.

bury ['berɪ] *vt* enterrer.

bus [bʌs] *n* bus *m*, autobus *m* ; by ~ en bus.

bus conductor [-, kən'dʌktər] *n* receveur *m*.

bus driver *n* conducteur *m*, -trice *f* d'autobus.

bush [bʊʃ] *n* buisson *m*.

business ['bɪznɪs] *n* affaires *fpl* ; (shop, firm, affair) affaire *f* ; mind your own ~! occupe-toi de tes affaires! ; '~ as usual' 'le magasin reste ouvert'.

business card *n* carte *f* de visite.

business class *n* classe *f* affaires.

business hours *npl* (of office) heures *fpl* de bureau ; (of shop) heures *fpl* d'ouverture.

businessman ['bɪznɪsmæn] (*pl* -men [-men]) *n* homme *m* d'affaires.

business studies *npl* études *fpl* de commerce.

businesswoman ['bɪznɪs, wʊmən] (*pl* -women [-, wɪmɪn]) *n* femme *f* d'affaires.

busker ['bʌskər] *n* *Br* musicien *m*, -ienne *f* qui fait la manche.

bus lane *n* couloir *m* de bus.

bus pass *n* carte *f* d'abonnement (de bus).

bus shelter *n* Abribus® *m*.

bus station *n* gare *f* routière.

bus stop *n* arrêt *m* de bus.

bust [bʌst] *n* (of woman) poitrine *f*. ◆ *adj* : to go ~ *inf* faire faillite.

bustle ['bʌsl] *n* (activity) agitation *f*.

bus tour *n* voyage *m* en autocar.

busy ['bɪzɪ] *adj* occupé(e) ; (day, schedule) chargé(e) ; (street, office) animé(e) ; to be ~ doing sthg être occupé à faire qqch.

busy signal *n* *Am* tonalité *f* occupé.

but [bʌt] *conj* mais. ◆ *prep* sauf ; the last ~ one l'avant-dernier *m*, -ière *f* ; ~ for sans.

butcher ['bʊtʃər] *n* boucher *m*, -ère *f* ; ~'s (shop) boucherie *f*.

butt [bʌt] *n* (of rifle) crosse *f* ; (of cigarette, cigar) mégot *m*.

butter ['bʌtər] *n* beurre *m*. ◆ *vt* beurrer.

butter bean *n* haricot *m* beurre.

buttercup ['bʌtəkʌp] *n* bouton-d'or *m*.

butterfly ['bʌtəflaɪ] *n* papillon *m*.

butterscotch ['bʌtəskɒtʃ] *n* caramel dur au beurre.

buttocks ['bʌtəks] *npl* fesses *fpl*.

button ['bʌtn] *n* bouton *m* ; *Am* (badge) badge *m*.

buttonhole ['bʌtnhəʊl] *n* (hole) boutonnière *f*.

button mushroom *n* champignon *m* de Paris.

buy [baɪ] (*pt* & *pp* bought) *vt* acheter. ◆ *n* : a good ~ une bonne affaire ; to ~ sthg for sb, to ~ sb sthg acheter qqch à qqn.

buzz [bʌz] *vi* bourdonner.

buzzer ['bʌzər] *n* sonnerie *f*.

by [baɪ] *prep* - 1. *(expressing cause, agent)* par ; he was hit ~ a car il s'est fait renverser par une voiture ; a book ~ A.R. Scott un livre de A.R. Scott.

- 2. *(expressing method, means)* par ; ~ car/bus en voiture/bus ; to pay ~ credit card payer par carte de crédit ; to win ~ cheating gagner en trichant.

- 3. *(near to, beside)* près de ; ~ the sea au bord de la mer.

- 4. *(past)* : a car went ~ the house une voiture est passée devant la maison.

- 5. *(via)* par ; exit ~ the door on the left sortez par la porte de gauche.

- 6. *(with time)* : be there ~ nine soyez-y pour neuf heures ; ~ day le jour ; ~ now déjà.

- 7. *(expressing quantity)* : sold ~ the dozen vendus à la douzaine ; prices fell ~ 20% les prix ont baissé de 20% ; paid ~ the hour payé à l'heure.

- 8. *(expressing meaning)* : what do you mean ~ that? qu'entendez-vous par là?

- 9. *(in sums, measurements)* par ; two metres ~ five deux mètres sur cinq.

- 10. *(according to)* selon ; ~ law selon la loi ; it's fine ~ me ça me va.

- 11. *(expressing gradual process)* : one ~ one un par un ; day ~ day de jour en jour.

- 12. *(in phrases)* : ~ mistake par erreur ; ~ oneself *(alone)* seul ; *(unaided)* tout seul ; ~ profession de métier.

◆ *adv (past)* : to go ~ passer.

---

bye(-bye) [baɪ(baɪ)] *excl inf* salut!

bypass [ˈbaɪpɑːs] *n* rocade f.

C

C *(abbr of Celsius, centigrade)* C. ; *(abbr of cold)* F.

cab [kæb] *n (taxi)* taxi m ; *(of lorry)* cabine f.

cabaret [ˈkæbəreɪ] *n* spectacle m de cabaret.

cabbage [ˈkæbɪdʒ] *n* chou m.

cabin [ˈkæbɪn] *n* cabine f ; *(wooden house)* cabane f.

cabin crew *n* équipage m.

cabinet [ˈkæbɪnɪt] *n (cupboard)* meuble m (de rangement) ; POL cabinet m.

cable [ˈkeɪbl] *n* câble m.

cable car *n* téléphérique m.

cable television *n* télévision f par câble.

cactus [ˈkæktəs] *(pl* -tuses OR -ti [-taɪ]) *n* cactus m.

Caesar salad [ˈsiːzə-] *n* salade de laitue, anchois, olives, croûtons et parmesan.

cafe [ˈkæfeɪ] *n* café m.

cafeteria [ˌkæfɪˈtɪərɪə] *n* cafétéria f.

caffeine [ˈkæfiːn] *n* caféine f.

cage [keɪdʒ] *n* cage f.

cagoule [kəˈguːl] *n Br* K-way® m *inv*.

Cajun [ˈkeɪdʒən] *adj* cajun.

CAJUN

Colonie française originellement installée en Nouvelle Ecosse, la communauté cajun a subi un second exil au XVIIIᵉ siècle vers la Louisiane où elle a développé sa propre langue et sa propre culture. La cuisine cajun, en général très relevée, ainsi que la musique populaire cajun, qui utilise essentiellement le violon et l'accordéon, sont très célèbres.

cake [keɪk] *n* gâteau *m*.

calculate ['kælkjʊleɪt] *vt* calculer ; (*risks, effect*) évaluer.

calculator ['kælkjʊleɪtəʳ] *n* calculatrice *f*.

calendar ['kælɪndəʳ] *n* calendrier *m*.

calf [kɑːf] (*pl* **calves**) *n* (*of cow*) veau *m* ; (*part of leg*) mollet *m*.

call [kɔːl] *n* (*visit*) visite *f* ; (*phone call*) coup *m* de fil ; (*of bird*) cri *m* ; (*at airport*) appel *m*. ◆ *vt* appeler ; (*summon*) convoquer ; (*meeting*) convoquer. ◆ *vi* (*visit*) passer ; (*phone*) appeler ; **to ~ sb sthg** traiter qqn de qqch ; **to be ~ed** s'appeler ; **what is he ~ed?** comment s'appelle-t-il? ; **on ~** (*nurse, doctor*) de garde ; **to pay sb a ~** rendre visite à qqn ; **this train ~s at ...** ce train dessert les gares de ... ; **who's ~ing?** qui est à l'appareil? ◆ **call back** ◆ *vt sep* rappeler. ◆ *vi* (*phone again*) rappeler ; (*visit again*) repasser. ◆ **call for** *vt fus* (*come to fetch*) passer prendre ; (*demand*) demander ; (*require*) exiger. ◆ **call on** *vt fus* (*visit*) passer voir ; **to ~ on sb to do sthg** demander à qqn de faire qqch. ◆ **call out** ◆ *vt sep* (*name, winner*) annoncer ; (*doctor, fire brigade*) appeler. ◆ *vi* crier.

call box *n* cabine *f* téléphonique.

caller ['kɔːləʳ] *n* (*visitor*) visiteur

m, -euse *f* ; (*on phone*) personne qui passe un appel téléphonique.

calm [kɑːm] *adj* calme. ◆ *vt* calmer. ◆ **calm down** ◆ *vt sep* calmer. ◆ *vi* se calmer.

calorie ['kælərɪ] *n* calorie *f*.

calves [kɑːvz] *pl* → **calf**.

camcorder ['kæmˌkɔːdəʳ] *n* Caméscope® *m*.

came [keɪm] *pt* → **come**.

camel ['kæml] *n* chameau *m*.

camera ['kæmərə] *n* appareil *m* photo ; (*for filming*) caméra *f*.

cameraman ['kæmərəmæn] (*pl* -men [-men]) *n* cameraman *m*.

camera shop *n* photographe *m*.

camisole ['kæmɪsəʊl] *n* caraco *m*.

camp [kæmp] *n* camp *m*. ◆ *vi* camper.

campaign [kæm'peɪn] *n* campagne *f*. ◆ *vi* : **to ~ (for/against)** faire campagne (pour/contre).

camp bed *n* lit *m* de camp.

camper ['kæmpəʳ] *n* (*person*) campeur *m*, -euse *f* ; (*van*) camping-car *m*.

camping ['kæmpɪŋ] *n* : **to go ~** faire du camping.

camping stove *n* Camping-Gaz® *m inv*.

campsite ['kæmpsaɪt] *n* camping *m*.

can¹ [kæn] *n* (*of food*) boîte *f* ; (*of drink*) can(n)ette *f* ; (*of oil, paint*) bidon *m*.

👉

can² [*weak form* kən, *strong form* kæn] (*pt & conditional* **could**) *aux vb* - 1. (*be able to*) pouvoir ;

~ you help me? tu peux m'aider ? ; ~ see you je te vois. - **2.** *(know how to)* savoir ; ~ you drive? tu sais conduire? ; ~ speak French je parle (le) français. - **3.** *(be allowed to)* pouvoir ; you can't smoke here il est interdit de fumer ici. - **4.** *(in polite requests)* pouvoir ; ~ you tell me the time? pourriez-vous me donner l'heure? ; ~ I speak to the manager? puis-je parler au directeur? - **5.** *(expressing occasional occurrence)* pouvoir ; it ~ get cold at night il arrive qu'il fasse froid la nuit. - **6.** *(expressing possibility)* pouvoir ; they could be lost il se peut qu'ils se soient perdus.

Canada ['kænədə] *n* le Canada.

Canadian [kə'neɪdɪən] *adj* canadien(ienne). ◆ *n* Canadien *m*, -ienne *f*.

canal [kə'næl] *n* canal *m*.

canapé ['kænəpeɪ] *n* canapé *m* *(pour l'apéritif)*.

cancel ['kænsl] *vt* annuler ; *(cheque)* faire opposition à.

cancellation [ˌkænsə'leɪʃn] *n* annulation *f*.

cancer ['kænsə'] *n* cancer *m*.

candidate ['kændɪdət] *n* candidat *m*, -e *f*.

candle ['kændl] *n* bougie *f*.

candlelit dinner ['kændlɪt-] *n* dîner *m* aux chandelles.

candy ['kændɪ] *n Am (confectionery)* confiserie *f* ; *(sweet)* bonbon *m*.

canister ['kænɪstə'] *n (for tea)* boîte *f* ; *(for gas)* bombe *f*.

canned [kænd] *adj (food)* en boîte ; *(drink)* en can(n)ette.

cannot ['kænɒt] = **can not**.

canoe [kə'nu:] *n* canoë *m*.

canoeing [kə'nu:ɪŋ] *n* : **to go ~** faire du canoë.

canopy ['kænəpɪ] *n (over bed etc)* baldaquin *m*.

can't [ka:nt] = **cannot**.

canteen [kæn'ti:n] *n* cantine *f*.

canvas ['kænvəs] *n (for tent, bag)* toile *f*.

cap [kæp] *n (hat)* casquette *f* ; *(of pen)* capuchon *m* ; *(of bottle)* capsule *f* ; *(for camera)* cache *m* ; *(contraceptive)* diaphragme *m*.

capable ['keɪpəbl] *adj (competent)* capable ; **to be ~ of doing sthg** être capable de faire qqch.

capacity [kə'pæsɪtɪ] *n* capacité *f*.

cape [keɪp] *n (of land)* cap *m* ; *(cloak)* cape *f*.

capers ['keɪpəz] *npl* câpres *fpl*.

capital ['kæpɪtl] *n (of country)* capitale *f* ; *(money)* capital *m* ; *(letter)* majuscule *f*.

capital punishment *n* peine *f* capitale.

cappuccino [ˌkæpʊ'tʃi:nəʊ] *n* cappuccino *m*.

capsicum ['kæpsɪkəm] *n (sweet)* poivron *m* ; *(hot)* piment *m*.

capsize [kæp'saɪz] *vi* chavirer.

capsule ['kæpsju:l] *n (for medicine)* gélule *f*.

captain ['kæptɪn] *n* capitaine *m* ; *(of plane)* commandant *m*.

caption ['kæpʃn] *n* légende *f*.

capture ['kæptʃə'] *vt* capturer ; *(town, castle)* s'emparer de.

car [ka:'] *n* voiture *f*.

carafe [kə'ræf] *n* carafe *f*.

caramel ['kærəməl] n caramel m.

carat ['kærət] n carat m ; **24-~** gold de l'or 24 carats.

caravan ['kærəvæn] n Br caravane f.

caravanning ['kærəvænɪŋ] n Br : to go ~ faire du caravaning.

caravan site n Br camping m pour caravanes.

carbon dioxide [-daɪ'ɒksaɪd] n gaz m carbonique.

car boot sale n [Br] brocante en plein air où les coffres des voitures servent d'étal.

carburetor [ˌkɑːbə'retə'] Am = carburettor.

carburettor [ˌkɑːbə'retə'] n Br carburateur m.

car crash n accident m de voiture or de la route.

card [kɑːd] n carte f ; (for filing, notes) fiche f ; (cardboard) carton m.

cardboard ['kɑːdbɔːd] n carton m.

cardiac arrest [ˌkɑːdɪæk-] n arrêt m cardiaque.

cardigan ['kɑːdɪgən] n cardigan m.

cardphone ['kɑːdfəʊn] n Br téléphone m à carte.

care [keə'] n (attention) soin m ; (treatment) soins mpl. ◆ vi : I don't ~ ça m'est égal ; to take ~ of s'occuper de ; would you ~ to ...? fml voudriez-vous ...? ; take ~! expression affectueuse que l'on utilise lorsqu'on quitte quelqu'un ; with ~ avec soin ; to ~ about (think important) se soucier de ; (person) aimer.

career [kə'rɪə'] n carrière f.

carefree ['keəfriː] adj insouciant(e).

careful ['keəfʊl] adj (cautious) prudent(e) ; (thorough) soigneux (euse) ; be ~! (fais) attention!

carefully ['keəflɪ] adv (cautiously) prudemment ; (thoroughly) soigneusement.

careless ['keələs] adj (inattentive) négligent(e) ; (unconcerned) insouciant(e).

caretaker ['keəˌteɪkə'] n Br gardien m, -ienne f.

car ferry n ferry m.

cargo ['kɑːgəʊ] (pl -es OR -s) n cargaison f.

car hire n Br location f de voitures.

caring ['keərɪŋ] adj attentionné(e).

carnation [kɑː'neɪʃn] n œillet m.

carnival ['kɑːnɪvl] n carnaval m.

carousel [ˌkærə'sel] n (for luggage) tapis m roulant ; Am (merrygo-round) manège m.

car park n Br parking m.

carpenter ['kɑːpəntə'] n (on building site) charpentier m ; (for furniture) menuisier m.

carpentry ['kɑːpəntrɪ] n (on building site) charpenterie f ; (furniture) menuiserie f.

carpet ['kɑːpɪt] n (fitted) moquette f ; (rug) tapis m.

car rental n Am location f de voitures.

carriage ['kærɪdʒ] n Br (of train) wagon m ; (horse-drawn) calèche f.

carriageway ['kærɪdʒweɪ] n Br chaussée f.

carrier (bag) ['kærɪə'-] n sac m (en plastique).

carrot ['kærət] n carotte f.

carrot cake n gâteau à la carotte.

carry ['kærɪ] vt porter ; (transport) transporter ; (disease) être porteur de ; (cash, passport, map) avoir sur soi. ◆ vi porter. □ **carry on** ◆ vi continuer. ◆ vt fus (continue) continuer ; (conduct) réaliser ; to ~ on doing sthg continuer à faire qqch. □ **carry out** vt sep (work, repairs) effectuer ; (plan) réaliser ; (promise) tenir ; (order) exécuter.

carrycot ['kærɪkɒt] n Br couffin m.

carryout ['kærɪaʊt] n Am & Scot repas m à emporter.

carsick ['kɑːˌsɪk] adj malade (en voiture).

cart [kɑːt] n (for transport) charrette f ; Am (in supermarket) caddie m ; inf (video game cartridge) cartouche f.

carton ['kɑːtn] n (of milk, juice) carton m ; (of yoghurt) pot m.

cartoon [kɑːˈtuːn] n (drawing) dessin m humoristique ; (film) dessin m animé.

cartridge ['kɑːtrɪdʒ] n cartouche f.

carve [kɑːv] vt (wood, stone) sculpter ; (meat) découper.

carvery ['kɑːvərɪ] n restaurant où l'on mange, en aussi grande quantité que l'on veut, de la viande découpée à table.

car wash n station f de lavage de voitures.

case [keɪs] n Br (suitcase) valise f ; (for glasses, camera) étui m ; (for jewellery) écrin m ; (instance, patient) cas m ; JUR (trial) affaire f ; in any ~ de toute façon ; in ~ au cas

où ; in ~ of en cas de ; (just) in ~ au cas où ; in that ~ dans ce cas.

cash [kæʃ] n (coins, notes) argent m liquide ; (money in general) argent m. ◆ vt : to ~ a cheque encaisser un chèque ; to pay ~ payer comptant OR en espèces.

cash desk n caisse f.

cash dispenser [-dɪˈspensə'] n distributeur m (automatique) de billets.

cashew (nut) ['kæʃuː-] n noix f de cajou.

cashier [kæˈʃɪə'] n caissier m, -ière f.

cashmere [kæʃˈmɪə'] n cachemire m.

cashpoint ['kæʃpɔɪnt] n Br distributeur m (automatique) de billets.

cash register n caisse f enregistreuse.

casino [kəˈsiːnəʊ] (pl -s) n casino m.

casserole ['kæsərəʊl] n (stew) ragoût m ; (dish) cocotte f.

cassette [kæˈset] n cassette f.

cassette recorder n magnétophone m.

cast [kɑːst] (pt & pp cast) n (actors) distribution f ; (for broken bone) plâtre m. ◆ vt (shadow, light, look) jeter ; to ~ one's vote voter ; to ~ doubt on jeter le doute sur.

caster sugar n Br sucre m en poudre.

castle ['kɑːsl] n château m ; (in chess) tour f.

casual ['kæʒʊəl] adj (relaxed) désinvolte ; (offhand) sans-gêne (inv) ; (clothes) décontracté(e) ; ~ work travail temporaire.

casualty ['kæʒjʊəltɪ] n (injured)

blessé m, -e f ; (dead) mort m, -e f ; ~ (ward) urgences fpl.

cat [kæt] n chat m.

catalog ['kætəlɒg] Am = catalogue.

catalogue ['kætəlɒg] n catalogue m.

catapult ['kætəpʌlt] n lance-pierres m inv.

cataract ['kætərækt] n (in eye) cataracte f.

catarrh [kə'tɑː] n catarrhe m.

catastrophe [kə'tæstrəfɪ] n catastrophe f.

catch [kætʃ] (pt & pp caught) vt attraper ; (falling object) rattraper ; (surprise) surprendre ; (hear) saisir ; (attention) attirer. ◆ vi (become hooked) s'accrocher. ◆ n (of window, door) loquet m ; (snag) hic m. ❑ catch up ◆ vt sep rattraper. ◆ vi rattraper son retard ; to ~ up with sb rattraper qqn.

catching ['kætʃɪŋ] adj inf contagieux(ieuse).

category ['kætəgərɪ] n catégorie f.

cater ['keɪtə] : cater for vt fus [Br] (needs, tastes) satisfaire ; (anticipate) prévoir.

caterpillar ['kætəpɪlə] n chenille f.

cathedral [kə'θiːdrəl] n cathédrale f.

Catholic ['kæθlɪk] adj catholique. ◆ n catholique mf.

Catseyes® ['kætsaɪz] npl Br catadioptres mpl.

cattle ['kætl] npl bétail m.

caught [kɔːt] pt & pp → catch.

cauliflower ['kɒlɪflaʊə] n chou-fleur m.

cauliflower cheese n chou-fleur m au gratin.

cause [kɔːz] n cause f ; (justification) motif m. ◆ vt causer ; to ~ sb to make a mistake faire faire une erreur à qqn.

causeway ['kɔːzweɪ] n chaussée f (aménagée sur l'eau).

caution ['kɔːʃn] n (care) précaution f ; (warning) avertissement m.

cautious ['kɔːʃəs] adj prudent(e).

cave [keɪv] n caverne f. ❑ cave in vi s'effondrer.

caviar(e) ['kævɪɑː] n caviar m.

cavity ['kævətɪ] n (in tooth) cavité f.

CD n (abbr of compact disc) CD m.

CDI n (abbr of compact disc interactive) CD-I m inv.

CD player n lecteur m laser OR de CD.

cease [siːs] vt & vi fml cesser.

ceasefire ['siːsfaɪə] n cessez-le-feu m inv.

ceilidh ['keɪlɪ] n bal folklorique écossais ou irlandais.

ceiling ['siːlɪŋ] n plafond m.

celebrate ['selɪbreɪt] vt fêter ; (Mass) célébrer. ◆ vi faire la fête.

celebration [ˌselɪ'breɪʃn] n (event) fête f. ❑ celebrations npl (festivities) cérémonies fpl.

celebrity [sɪ'lebrətɪ] n (person) célébrité f.

celeriac [sɪ'lerɪæk] n céleri-rave m.

celery ['selərɪ] n céleri m.

cell [sel] n cellule f.

cellar ['selə] n cave f.

cello ['tʃeləʊ] n violoncelle m.

Cellophane® ['seləfeɪn] n Cellophane® f.

cell phone n téléphone m cellulaire.

Celsius ['selsɪəs] adj Celsius.

cement [sɪ'ment] n ciment m.

cemetery ['semɪtrɪ] n cimetière m.

cent [sent] n Am cent m.

center ['sentə'] Am = centre.

centigrade ['sentɪɡreɪd] adj centigrade.

centimetre ['sentɪˌmiːtə'] n centimètre m.

centipede ['sentɪpiːd] n millepattes m inv.

central ['sentrəl] adj central(e).

central heating n chauffage m central.

central locking [-'lɒkɪŋ] n verrouillage m centralisé.

central reservation n Br terreplein m central.

centre ['sentə'] n Br centre m. ◆ adj Br central(e) ; the ~ of attention le centre d'attention.

century ['sentʃʊrɪ] n siècle m.

ceramic [sɪ'ræmɪk] adj en céramique. ❑ **ceramics** npl (objects) céramiques fpl.

cereal ['sɪərɪəl] n céréales fpl.

ceremony ['serɪmənɪ] n cérémonie f.

certain ['sɜːtn] adj certain(e) ; we're ~ to be late nous allons être en retard, c'est sûr ; to be ~ of sthg être certain de qqch ; to make ~ (that) s'assurer que.

certainly ['sɜːtnlɪ] adv (without doubt) vraiment ; (of course) bien sûr, certainement.

certificate [sə'tɪfɪkət] n certificat m.

certify ['sɜːtɪfaɪ] vt (declare true) certifier.

chain [tʃeɪn] n chaîne f ; (of islands) chapelet m. ◆ vt : to ~ sthg to sthg attacher qqch à qqch (avec une chaîne).

chain store n grand magasin m (à succursales multiples).

chair [tʃeə'] n chaise f ; (armchair) fauteuil m.

chair lift n télésiège m.

chairman ['tʃeəmən] (pl -men [-mən]) n président m.

chairperson ['tʃeəˌpɜːsn] n président m, -e f.

chairwoman ['tʃeəˌwʊmən] (pl -women [-ˌwɪmɪn]) n présidente f.

chalet ['ʃæleɪ] n chalet m ; (at holiday camp) bungalow m.

chalk [tʃɔːk] n craie f ; a piece of ~ une craie.

chalkboard ['tʃɔːkbɔːd] n Am tableau m (noir).

challenge ['tʃælɪndʒ] n défi m. ◆ vt (question) remettre en question ; to ~ sb (to sthg) (to fight, competition) défier qqn (à qqch).

chamber ['tʃeɪmbə'] n chambre f.

chambermaid ['tʃeɪmbəmeɪd] n femme f de chambre.

champagne [ˌʃæm'peɪn] n champagne m.

champion ['tʃæmpjən] n champion m, -ionne f.

championship ['tʃæmpjənʃɪp] n championnat m.

chance [tʃɑːns] n (luck) hasard m ; (possibility) chance f ; (opportunity) occasion f. ◆ vt : to ~ it inf tenter le coup ; to take a ~ prendre un risque ; by ~ par hasard ; on the off ~ à tout hasard.

Chancellor of the Exchequer [ˌtʃɑːnsələrəvðəɪksˈtʃekə²] n Br ≃ ministre m des Finances.

chandelier [ˌʃændəˈlɪə²] n lustre m.

change [tʃeɪndʒ] n changement m ; (money) monnaie f. ◆ vt changer ; (switch) changer de ; (exchange) échanger. ◆ vi changer ; (change clothes) se changer ; a ~ of clothes des vêtements de rechange ; do you have ~ for a pound? avez-vous la monnaie d'une livre? ; for a ~ pour changer ; to get ~d se changer ; to ~ money changer de l'argent ; to ~ a nappy changer une couche ; to ~ trains/planes changer de train/d'avion ; to ~ a wheel changer une roue ; all ~! (on train) tout le monde descend!

changeable [ˈtʃeɪndʒəbl] adj (weather) variable.

change machine n monnayeur m.

changing room [ˈtʃeɪndʒɪŋ-] n (for sport) vestiaire m ; (in shop) cabine f d'essayage.

channel [ˈtʃænl] n (on TV) chaîne f ; (on radio) station f ; (in sea) chenal m ; (for irrigation) canal m ; the (English) Channel la Manche.

Channel Islands npl : the ~ les îles fpl Anglo-Normandes.

Channel Tunnel n : the ~ le tunnel sous la Manche.

chant [tʃɑːnt] vt RELIG chanter ; (words, slogan) scander.

chaos [ˈkeɪɒs] n chaos m.

chaotic [keɪˈɒtɪk] adj chaotique.

chap [tʃæp] n Br inf type m.

chapel [ˈtʃæpl] n chapelle f.

chapped [tʃæpt] adj gercé(e).

chapter [ˈtʃæptə²] n chapitre m.

character [ˈkærəktə²] n caractère m ; (in film, book, play) personnage m ; inf (person, individual) individu m.

characteristic [ˌkærəktəˈrɪstɪk] adj caractéristique. ◆ n caractéristique f.

charcoal [ˈtʃɑːkəʊl] n (for barbecue) charbon m de bois.

charge [tʃɑːdʒ] n (cost) frais mpl ; JUR chef m d'accusation. ◆ vt (money, customer) faire payer ; (battery) recharger. ◆ vi (ask money) faire payer ; (rush) se précipiter ; to be in ~ (of) être responsable (de) ; to take ~ prendre les choses en main ; to take ~ of prendre en charge ; free of ~ gratuitement ; extra ~ supplément m ; there is no ~ for service le service est gratuit.

char-grilled [ˈtʃɑːgrɪld] adj grillé(e).

charity [ˈtʃærətɪ] n association f caritative ; to give to ~ donner aux œuvres.

charity shop n magasin aux employés bénévoles, dont les bénéfices sont versés à une œuvre.

charm [tʃɑːm] n (attractiveness) charme m. ◆ vt charmer.

charming [ˈtʃɑːmɪŋ] adj charmant(e).

chart [tʃɑːt] n (diagram) graphique m ; (map) carte f ; the ~s le hit-parade.

chartered accountant [ˈtʃɑː-təd-] n expert-comptable m.

charter flight [ˈtʃɑːtə-] n vol m charter.

chase [tʃeɪs] n poursuite f. ◆ vt poursuivre.

chat [tʃæt] n conversation f. ◆ vi

causer, bavarder ; **to have a ~ (with)** bavarder (avec). ❏ **chat up** vt sep Br inf baratiner.

château ['ʃætəʊ] n château m.

chatline ['tʃætlaɪn] n (gen) réseau m téléphonique (payant) ; (for sexual encounters) téléphone m rose.

chat room n COMPUT forum m de discussion.

chat show n Br talk-show m.

chatty ['tʃætɪ] adj bavard(e).

chauffeur ['ʃəʊfə] n chauffeur m.

cheap [tʃiːp] adj bon marché (inv).

cheap day return n Br billet aller-retour dans la journée, sur certains trains seulement.

cheaply ['tʃiːplɪ] adv à bon marché.

cheat [tʃiːt] n tricheur m, -euse f. ◆ vi tricher. ◆ vt : **to ~ sb (out of sthg)** escroquer (qqch à) qqn.

Chechnya ['tʃetʃnjɑ] n Tchétchénie f.

check [tʃek] n (inspection) contrôle m ; Am (bill) addition f ; Am (tick) ≃ croix f ; Am = **cheque**. ◆ vt (inspect) contrôler ; (verify) vérifier. ◆ vi vérifier. ❏ **check in** ◆ vt sep (luggage) enregistrer. ◆ vi (at hotel) se présenter à la réception ; (at airport) se présenter à l'enregistrement. ❏ **check off** vt sep cocher. ❏ **check out** vi (pay hotel bill) régler sa note ; (leave hotel) quitter l'hôtel. ❏ **check up** vi : **to ~ up (on sthg)** vérifier (qqch) ; **to ~ up on sb** se renseigner sur qqn.

checked [tʃekt] adj à carreaux.

checkers ['tʃekəz] n Am jeu m de dames.

check-in desk n comptoir m d'enregistrement.

checkout ['tʃekaʊt] n caisse f.

checkpoint ['tʃekpɔɪnt] n poste m de contrôle.

checkroom ['tʃekrʊm] n Am consigne f.

checkup ['tʃekʌp] n bilan m de santé.

cheddar (cheese) ['tʃedə'-] n variété très commune de fromage de vache.

cheek [tʃiːk] n joue f ; **what a ~!** quel culot !

cheeky ['tʃiːkɪ] adj culotté(e).

cheer [tʃɪə] n acclamation f. ◆ vi applaudir et crier.

cheerful ['tʃɪəfʊl] adj gai(e).

cheerio [,tʃɪərɪ'əʊ] excl Br inf salut !

cheers [tʃɪəz] excl (when drinking) à la tienne/vôtre ! ; Br inf (thank you) merci !

cheese [tʃiːz] n fromage m.

cheeseboard ['tʃiːzbɔːd] n plateau m de fromages.

cheeseburger ['tʃiːz,bɜːgə'] n cheeseburger m.

cheesecake ['tʃiːzkeɪk] n gâteau au fromage blanc.

chef [ʃef] n chef m (cuisinier).

chef's special n spécialité f du chef.

chemical ['kemɪkl] adj chimique. ◆ n produit m chimique.

chemist ['kemɪst] n Br (pharmacist) pharmacien m, -ienne f ; (scientist) chimiste mf ; **~'s** Br (shop) pharmacie f.

chemistry ['kemɪstrɪ] n chimie f.

cheque [tʃek] n Br chèque m ; **to pay by ~** payer par chèque.

chequebook ['tʃekbʊk] n chéquier m, carnet m de chèques.

cheque card n carte à présenter, en guise de garantie, par le titulaire d'un compte lorsqu'il paye par chèque.

cherry ['tʃeri] n cerise f.

chess [tʃes] n échecs mpl.

chest [tʃest] n poitrine f ; (box) coffre m.

chestnut ['tʃesnʌt] n châtaigne f. ◆ adj (colour) châtain (inv).

chest of drawers n commode f.

chew [tʃuː] vt mâcher. ◆ n (sweet) bonbon m mou.

chewing gum ['tʃuːɪŋ-] n chewing-gum m.

chic [ʃiːk] adj chic.

chicken ['tʃɪkɪn] n poulet m.

chickenpox ['tʃɪkɪnpɒks] n varicelle f.

chickpea ['tʃɪkpiː] n pois m chiche.

chicory ['tʃɪkərɪ] n endive f.

chief [tʃiːf] adj (highest-ranking) en chef ; (main) principal(e). ◆ n chef m.

chiefly ['tʃiːflɪ] adv (mainly) principalement ; (especially) surtout.

child [tʃaɪld] (pl children) n enfant mf.

child abuse n mauvais traitements mpl à enfant.

child benefit n Br allocations fpl familiales.

childhood ['tʃaɪldhʊd] n enfance f.

childish ['tʃaɪldɪʃ] adj pej puéril(e).

childminder ['tʃaɪld,maɪndə^r] n Br nourrice f.

children ['tʃɪldrən] pl → child.

child seat n (in car) siège m auto.

Chile ['tʃɪlɪ] n le Chili.

chill [tʃɪl] n (illness) coup m de froid. ◆ vt mettre au frais ; **there's a ~ in the air** il fait un peu frais.

chilled [tʃɪld] adj frais (fraîche) ; **'serve ~'** 'servir frais'.

chilli ['tʃɪlɪ] (pl -ies) n (vegetable) piment m ; (dish) chili m con carne.

chilli con carne ['tʃɪlɪkɒn'kaːnɪ] n chili m con carne.

chilly ['tʃɪlɪ] adj froid(e).

chimney ['tʃɪmnɪ] n cheminée f.

chimneypot ['tʃɪmnɪpɒt] n tuyau m de cheminée.

chimpanzee [,tʃɪmpən'ziː] n chimpanzé m.

chin [tʃɪn] n menton m.

China ['tʃaɪnə] n la Chine.

Chinese [tʃaɪ'niːz] adj chinois(e). ◆ n (language) chinois m. ◆ npl : **the ~** les Chinois mpl ; **a ~ restaurant** un restaurant chinois.

chip [tʃɪp] n (small piece) éclat m ; (mark) ébréchure f ; (counter) jeton m ; COMPUT puce f. ◆ vt ébrécher. ❑ **chips** npl Br (French fries) frites fpl ; Am (crisps) chips fpl.

chiropodist [kɪ'rɒpədɪst] n pédicure mf.

chives [tʃaɪvz] npl ciboulette f.

chlorine ['klɔːriːn] n chlore m.

choc-ice ['tʃɒkaɪs] n Br Esquimau® m.

chocolate ['tʃɒkələt] n chocolat m. ◆ adj au chocolat.

chocolate biscuit n biscuit m au chocolat.

choice [tʃɔɪs] n choix m. ◆ adj

(meat, ingredients) de choix ; the topping of your ~ la garniture de votre choix.

choir ['kwaɪə] n chœur m.

choke [tʃəʊk] n AUT starter m. ◆ vt *(strangle)* étrangler ; *(block)* boucher. ◆ vi s'étrangler.

cholera ['kɒlərə] n choléra m.

choose [tʃuːz] *(pt* chose, *pp* chosen) vt & vi choisir ; to ~ to do sthg choisir de faire qqch.

chop [tʃɒp] n *(of meat)* côtelette f. ◆ vt couper. ❑ **chop down** vt sep abattre. ❑ **chop up** vt sep couper en morceaux.

chopper ['tʃɒpə] n inf *(helicopter)* hélico m.

chopping board ['tʃɒpɪŋ-] n planche f à découper.

choppy ['tʃɒpɪ] adj agité(e).

chopsticks ['tʃɒpstɪks] npl baguettes fpl.

chop suey [ˌtʃɒp'suːɪ] n chop suey m *(émincé de porc ou de poulet avec riz, légumes et germes de soja).*

chord [kɔːd] n accord m.

chore [tʃɔː] n corvée f.

chorus ['kɔːrəs] n *(part of song)* refrain m ; *(singers)* troupe f.

chose [tʃəʊz] pt → **choose**.

chosen ['tʃəʊzn] pp → **choose**.

Christ [kraɪst] n le Christ.

christen ['krɪsn] vt *(baby)* baptiser.

Christian ['krɪstʃən] adj chrétien(ienne). ◆ n chrétien m, -ienne f.

Christian name n prénom m.

Christmas ['krɪsməs] n Noël m ; Happy ~! joyeux Noël!

Christmas card n carte f de vœux.

Christmas carol [-'kærəl] n chant m de Noël.

Christmas Day n le jour de Noël.

Christmas Eve n la veille de Noël.

Christmas pudding n *pudding traditionnel de Noël.*

Christmas tree n sapin m de Noël.

chrome [krəʊm] n chrome m.

chuck [tʃʌk] vt inf *(throw)* balancer ; *(boyfriend, girlfriend)* plaquer. ❑ **chuck away** vt sep inf balancer.

chunk [tʃʌŋk] n gros morceau m.

church [tʃɜːtʃ] n église f ; to go to ~ aller à l'église.

churchyard ['tʃɜːtʃjɑːd] n cimetière m.

chute [ʃuːt] n toboggan m.

cider ['saɪdə] n cidre m.

cigar [sɪ'gɑː] n cigare m.

cigarette [ˌsɪgə'ret] n cigarette f.

cigarette lighter n briquet m.

cinema ['sɪnəmə] n cinéma m.

cinnamon ['sɪnəmən] n cannelle f.

circle ['sɜːkl] n cercle m ; *(in theatre)* balcon m. ◆ vt *(draw circle around)* encercler ; *(move round)* tourner autour de. ◆ vi *(plane)* tourner en rond.

circuit ['sɜːkɪt] n *(track)* circuit m ; *(lap)* tour m.

circular ['sɜːkjʊlə] adj circulaire. ◆ n circulaire f.

circulation [ˌsɜːkjʊ'leɪʃn] n *(of blood)* circulation f ; *(of newspaper, magazine)* tirage m.

circumstances ['sɜːkəmstənsɪz] npl circonstances fpl ; in OR under the ~ étant donné les circonstances.

circus ['sɜːkəs] *n* cirque *m*.

cistern ['sɪstən] *n* (*of toilet*) réservoir *m*.

citizen ['sɪtɪzn] *n* (*of country*) citoyen *m*, -enne *f* ; (*of town*) habitant *m*, -e *f*.

city ['sɪtɪ] *n* ville *f* ; **the City** la City.

city centre *n* centre-ville *m*.

city hall *nm Am* mairie *f*.

civilian [sɪ'vɪljən] *n* civil *m*.

civilized ['sɪvɪlaɪzd] *adj* civilisé(e).

civil rights [ˌsɪvl-] *npl* droits *mpl* civiques.

civil servant [ˌsɪvl-] *n* fonctionnaire *mf*.

civil service [ˌsɪvl-] *n* fonction *f* publique.

civil war [ˌsɪvl-] *n* guerre *f* civile.

cl (*abbr of centilitre*) cl.

claim [kleɪm] *n* (*assertion*) affirmation *f* ; (*demand*) revendication *f* ; (*for insurance*) demande *f* d'indemnité. ◆ *vt* (*allege*) prétendre ; (*benefit, responsibility*) revendiquer. ◆ *vi* (*on insurance*) faire une demande d'indemnité.

claimant ['kleɪmənt] *n* (*of benefit*) demandeur *m*, -euse *f*.

claim form *n* formulaire *m* de déclaration de sinistre.

clam [klæm] *n* palourde *f*.

clamp [klæmp] *n* (*for car*) sabot *m* de Denver. ◆ *vt* (*car*) poser un sabot (de Denver) à.

clap [klæp] *vi* applaudir.

claret ['klærət] *n* bordeaux *m* rouge.

clarinet [ˌklærə'net] *n* clarinette *f*.

clash [klæʃ] *n* (*noise*) fracas *m* ; (*confrontation*) affrontement *m*. ◆ *vi* (*colours*) jurer ; (*events, dates*) tomber en même temps.

clasp [klɑːsp] *n* (*fastener*) fermoir *m*. ◆ *vt* serrer.

class [klɑːs] *n* classe *f* ; (*teaching period*) cours *m*. ◆ *vt* : **to ~ sb/sthg (as)** classer qqn/qqch (comme).

classic ['klæsɪk] *adj* classique. ◆ *n* classique *m*.

classical ['klæsɪkl] *adj* classique.

classical music *n* musique *f* classique.

classification [ˌklæsɪfɪ'keɪʃn] *n* classification *f* ; (*category*) catégorie *f*.

classified ads [ˌklæsɪfaɪd-] *npl* petites annonces *fpl*.

classroom ['klɑːsrʊm] *n* salle *f* de classe.

claustrophobic [ˌklɔːstrə'fəʊbɪk] *adj* (*person*) claustrophobe ; (*place*) étouffant(e).

claw [klɔː] *n* (*of bird, cat, dog*) griffe *f* ; (*of crab, lobster*) pince *f*.

clay [kleɪ] *n* argile *f*.

clean [kliːn] *vt* nettoyer. ◆ *adj* propre ; (*unused*) vierge ; **I have a ~ driving licence** je n'ai jamais eu de contraventions graves ; **to ~ one's teeth** se laver les dents.

cleaner ['kliːnə'] *n* (*woman*) femme *f* de ménage ; (*man*) agent *m* d'entretien ; (*substance*) produit *m* d'entretien.

cleanse [klenz] *vt* nettoyer.

cleanser ['klenzə'] *n* (*for skin*) démaquillant *m* ; (*detergent*) détergent *m*.

clear [klɪə'] *adj* clair(e) ; (*glass*) transparent(e) ; (*easy to see*) net (nette) ; (*easy to hear*) distinct(e) ;

(road, path) dégagé(e). ◆ vt *(road, path)* dégager; *(jump over)* franchir; *(declare not guilty)* innocenter; *(authorize)* autoriser; *(cheque)* compenser. ◆ vi *(weather, fog)* se lever; **to be ~** *(about sthg)* être sûr *(de qqch)*; **to ~ one's throat** s'éclaircir la voix; **to ~ the table** débarrasser la table; **~ soup** bouillon m. ❑ **clear up** ◆ vt sep *(room, toys)* ranger; *(problem, confusion)* éclaircir. ◆ vi *(weather)* s'éclaircir; *(tidy up)* ranger.

clearance ['klɪərəns] n *(authorization)* autorisation f; *(free distance)* espace m; *(for takeoff)* autorisation de décollage.

clearing ['klɪərɪŋ] n clairière f.

clearly ['klɪəlɪ] adv clairement; *(obviously)* manifestement.

clementine ['kleməntaɪn] n clémentine f.

clerk [Br klɑːk, Am klɜːrk] n *(in office)* employé m, -e f *(de bureau)*; Am *(in shop)* vendeur m, -euse f.

clever ['klevə] adj *(intelligent)* intelligent(e); *(skilful)* adroit(e); *(idea, device)* ingénieux(ieuse).

click [klɪk] n déclic m. ◆ vi faire un déclic.

client ['klaɪənt] n client m, -e f.

cliff [klɪf] n falaise f.

climate ['klaɪmɪt] n climat m.

climax ['klaɪmæks] n apogée m.

climb [klaɪm] vt *(steps)* monter; *(hill)* grimper; *(tree, ladder)* grimper à. ◆ vi grimper; *(plane)* prendre de l'altitude. ❑ **climb down** ◆ vi descendre. ❑ **climb up** vt fus *(steps)* monter; *(hill)* grimper; *(tree, ladder)* grimper à.

climber ['klaɪmə] n *(mountaineer)*

alpiniste mf; *(rock climber)* varappeur m, -euse f.

climbing ['klaɪmɪŋ] n *(mountaineering)* alpinisme m; *(rock climbing)* varappe f; **to go ~** *(mountaineering)* faire de l'alpinisme; *(rock climbing)* faire de la varappe.

climbing frame n Br cage f à poules.

clingfilm ['klɪŋfɪlm] n Br film m alimentaire.

clinic ['klɪnɪk] n clinique f.

clip [klɪp] n *(fastener)* pince f; *(for paper)* trombone m; *(of film, programme)* extrait m. ◆ vt *(fasten)* attacher; *(cut)* couper.

cloak [kləʊk] n cape f.

cloakroom ['kləʊkrum] n *(for coats)* vestiaire m; Br *(toilet)* toilettes fpl.

clock [klɒk] n *(small)* pendule f; *(large)* horloge f; *(mileometer)* compteur m; **round the ~** 24 heures sur 24.

clockwise ['klɒkwaɪz] adv dans le sens des aiguilles d'une montre.

clog [klɒg] n sabot m. ◆ vt boucher.

close¹ [kləʊs] adj proche; *(contact, link)* étroit(e); *(examination)* approfondi(e); *(race, contest)* serré(e). ◆ adv près; **~ by** tout près; **~ to** *(near)* près de; *(on the verge of)* au bord de.

close² [kləʊz] vt fermer. ◆ vi *(door, eyes)* se fermer; *(shop, office)* fermer; *(deadline, offer, meeting)* prendre fin. ❑ **close down** vt sep & vi fermer.

closed [kləʊzd] adj fermé(e).

closely ['kləʊslɪ] adv *(related)*

étroitement ; *(follow, examine)* de près.

closet ['klɒzɪt] *n Am* placard *m*.

close-up ['kləʊs-] *n* gros plan *m*.

closing time ['kləʊzɪŋ-] *n* heure *f* de fermeture.

clot [klɒt] *n (of blood)* caillot *m*.

cloth [klɒθ] *n (fabric)* tissu *m* ; *(piece of cloth)* chiffon *m*.

clothes [kləʊðz] *npl* vêtements *mpl*.

clothesline ['kləʊðzlaɪn] *n* corde *f* à linge.

clothes peg *n Br* pince *f* à linge.

clothespin ['kləʊðzpɪn] *Am* = **clothes peg**.

clothes shop *n* magasin *m* de vêtements.

clothing ['kləʊðɪŋ] *n* vêtements *mpl*.

clotted cream [klɒtɪd-] *n* crème fraîche très épaisse, typique du sud-ouest de l'Angleterre.

cloud [klaʊd] *n* nuage *m*.

cloudy ['klaʊdɪ] *adj* nuageux(euse) ; *(liquid)* trouble.

clove [kləʊv] *n (of garlic)* gousse *f*. ❏ **cloves** *npl (spice)* clous *mpl* de girofle.

clown [klaʊn] *n* clown *m*.

club [klʌb] *n (organization)* club *m* ; *(nightclub)* boîte *f* (de nuit) ; *(stick)* massue *f*. ❏ **clubs** *npl (in cards)* trèfle *m*.

clubbing ['klʌbɪŋ] *n* : **to go ~** *inf* aller en boîte.

club class *n* classe *f* club.

club sandwich *n Am* sandwich à deux ou plusieurs étages.

club soda *n Am* eau *f* de Seltz.

clue [kluː] *n (information)* indice

m ; *(in crossword)* définition *f* ; **I haven't got a ~!** aucune idée !

clumsy ['klʌmzɪ] *adj (person)* maladroit(e).

clutch [klʌtʃ] *n* embrayage *m*. ◆ *vt* agripper.

cm *(abbr of centimetre)* cm.

c/o *(abbr of care of)* a/s.

Co. *(abbr of company)* Cie.

coach [kəʊtʃ] *n (bus)* car *m*, autocar *m* ; *(of train)* voiture *f* ; SPORT entraîneur *m*, -euse *f*.

coach station *n* gare *f* routière.

coach trip *n Br* excursion *f* en car.

coal [kəʊl] *n* charbon *m*.

coal mine *n* mine *f* de charbon.

coarse [kɔːs] *adj* grossier(ière).

coast [kəʊst] *n* côte *f*.

coaster ['kəʊstə] *n (for glass)* dessous *m* de verre.

coastguard ['kəʊstgɑːd] *n (person)* garde-côte *m* ; *(organization)* gendarmerie *f* maritime.

coastline ['kəʊstlaɪn] *n* littoral *m*.

coat [kəʊt] *n* manteau *m* ; *(of animal)* pelage *m*. ◆ *vt* : **to ~ sthg (with)** recouvrir qqch (de).

coating ['kəʊtɪŋ] *n (on surface)* couche *f* ; *(on food)* enrobage *m*.

cobbles ['kɒblz] *npl* pavés *mpl*.

cobweb ['kɒbweb] *n* toile *f* d'araignée.

Coca-Cola® ['kəʊkə'kəʊlə] *n* Coca-Cola® *m inv*.

cocaine [kəʊ'keɪn] *n* cocaïne *f*.

cock [kɒk] *n (male chicken)* coq *m*.

cockles ['kɒklz] *npl* coques *fpl*.

cockpit ['kɒkpɪt] *n* cockpit *m*.

cockroach ['kɒkrəʊtʃ] *n* cafard *m*.

cocktail ['kɒkteɪl] n cocktail m.

cocktail party n cocktail m.

cock-up n Br (vulg) : to make a ~ of sthg faire foirer qqch.

cocoa ['kəʊkəʊ] n (drink) cacao m.

coconut ['kəʊkənʌt] n noix f de coco.

cod [kɒd] (pl inv inv) n morue f.

code [kəʊd] n code m ; (dialling code) indicatif m.

coeducational [ˌkəʊedjuːˈkeɪʃənl] adj mixte.

coffee ['kɒfɪ] n café m ; black/white ~ café noir/au lait ; ground/instant ~ café moulu/soluble.

coffee bar n Br cafétéria f.

coffee break n pause-café f.

coffeepot ['kɒfɪpɒt] n cafetière f.

coffee shop n (cafe) café m ; (in store etc) cafétéria f.

coffee table n table f basse.

coffin ['kɒfɪn] n cercueil m.

cog(wheel) ['kɒg(wiːl)] n roue f dentée.

coil [kɔɪl] n (of rope) rouleau m ; Br (contraceptive) stérilet m. ◆ vt enrouler.

coin [kɔɪn] n pièce f (de monnaie).

coinbox ['kɔɪnbɒks] n Br cabine f (téléphonique) à pièces.

coincide [ˌkəʊɪnˈsaɪd] vi : to ~ (with) coïncider (avec).

coincidence [kəʊˈɪnsɪdəns] n coïncidence f.

Coke® [kəʊk] n Coca® m inv.

colander ['kʌləndə] n passoire f.

cold [kəʊld] adj froid. ◆ n (illness) rhume m ; (low temperature) froid m ; to get ~ (food, water, weather) se refroidir ; (person)

avoir froid ; to catch (a) ~ attraper un rhume.

cold cuts Am = cold meats.

cold meats npl viandes fpl froides.

coleslaw ['kəʊlslɔː] n salade de chou et de carottes râpés à la mayonnaise.

colic ['kɒlɪk] n colique f.

collaborate [kəˈlæbəreɪt] vi collaborer.

collapse [kəˈlæps] vi s'effondrer.

collar ['kɒlə] n (of shirt, coat) col m ; (of dog, cat) collier m.

collarbone ['kɒləbəʊn] n clavicule f.

colleague ['kɒliːg] n collègue mf.

collect [kəˈlekt] vt (gather) ramasser ; (information) recueillir ; (as a hobby) collectionner ; (go and get) aller chercher ; (money) collecter. ◆ vi (dust, leaves, crowd) s'amasser. ◆ adv Am : to call (sb) ~ appeler (qqn) en PCV.

collection [kəˈlekʃn] n (of stamps, coins etc) collection f ; (of stories, poems) recueil m ; (of money) collecte f ; (of mail) levée f.

collector [kəˈlektə] n (as a hobby) collectionneur m, -euse f.

college ['kɒlɪdʒ] n (school) école f d'enseignement supérieur ; Br (of university) organisation indépendante d'étudiants et de professeurs au sein d'une université ; Am (university) université f.

collide [kəˈlaɪd] vi : to ~ (with) entrer en collision (avec).

collision [kəˈlɪʒn] n collision f.

cologne [kəˈləʊn] n eau f de Cologne.

colon ['kəʊlən] *n GRAMM* deux-points *m*.

colony ['kɒlənɪ] *n* colonie *f*.

color ['kʌlər] *Am* = colour.

colour ['kʌlər] *n* couleur *f*. ◆ *adj (photograph, film)* en couleur. ◆ *vt (hair, food)* colorer. ❑ **colour** *in vt sep* colorier.

colour-blind *adj* daltonien(ienne).

colourful ['kʌləfʊl] *adj* coloré(e).

colouring ['kʌlərɪŋ] *n* (of food) colorant *m* ; (complexion) teint *m*.

colouring book *n* album *m* de coloriages.

colour supplement *n* supplément *m* en couleur.

colour television *n* télévision *f* couleur.

column ['kɒləm] *n* colonne *f* ; (newspaper article) rubrique *f*.

coma ['kəʊmə] *n* coma *m*.

comb [kəʊm] *n* peigne *m*. ◆ *vt* : to ~ one's hair se peigner.

combination [,kɒmbɪ'neɪʃn] *n* combinaison *f*.

combine [kəm'baɪn] *vt* : to ~ sthg (with) combiner qqch (avec).

☞

come [kʌm] *(pt came, pp come) vi*
- **1.** *(move)* venir ; **we came by taxi** nous sommes venus en taxi ; **~ and see!** venez voir! ; **~ here!** viens ici!
- **2.** *(arrive)* arriver ; **they still haven't ~** ils ne sont toujours pas arrivés ; **to ~ home** rentrer chez soi ; **'coming soon'** 'prochainement'.
- **3.** *(in order)* : **to ~ first** *(in sequence)* venir en premier ; *(in competition)* se classer premier ; **to ~ last** *(in se-*

quence) venir en dernier ; *(in competition)* se classer dernier.
- **4.** *(reach)* : **to ~ down to** arriver à ; **to ~ up to** arriver à.
- **5.** *(become)* : **to ~ undone** se défaire ; **to ~ true** se réaliser.
- **6.** *(be sold)* être vendu ; **they ~ in packs of six** ils sont vendus par paquets de six.

❑ **come across** *vt fus* tomber sur.

❑ **come along** *vi (progress)* avancer ; *(arrive)* arriver ; **~ along!** allez!

❑ **come apart** *vi* tomber en morceaux.

❑ **come back** *vi* revenir.

❑ **come down** *vi (price)* baisser.

❑ **come down with** *vt fus (illness)* attraper.

❑ **come from** *vt fus* venir de.

❑ **come in** *vi (enter)* entrer ; *(arrive)* arriver ; *(tide)* monter ; **~ in!** entrez!

❑ **come off** *vi (button, top)* tomber ; *(succeed)* réussir.

❑ **come on** *vi (progress)* progresser ; **~ on!** allez!

❑ **come out** *vi* sortir ; *(stain)* partir ; *(sun, moon)* paraître.

❑ **come over** *vi (visit)* venir en visite).

❑ **come round** *vi (visit)* passer ; *(regain consciousness)* reprendre connaissance.

❑ **come to** *vt fus (subj : bill)* s'élever à.

❑ **come up** *vi (go upstairs)* monter ; *(be mentioned)* être soulevé ; *(happen, arise)* se présenter ; *(sun, moon)* se lever.

❑ **come up with** *vt fus (idea)* avoir.

comedian [kə'miːdjən] *n* comique *mf*.

comedy ['kɒmədɪ] *n (TV pro-*

gramme, film, play) comédie f ; (humour) humour m.

comfort ['kʌmfət] n confort m ; (consolation) réconfort m. ◆ vt réconforter.

comfortable ['kʌmftəbl] adj (chair, shoes, hotel) confortable ; (person) à l'aise ; **to be ~** (after operation, illness) aller bien.

comic ['kɒmɪk] adj comique. ◆ n (person) comique mf ; (magazine) bande f dessinée.

comical ['kɒmɪkl] adj comique.

comic strip n bande f dessinée.

comma ['kɒmə] n virgule f.

command [kə'mɑːnd] n (order) ordre m ; (mastery) maîtrise f. ◆ vt (order) commander à ; (be in charge of) commander.

commander [kə'mɑːndə'] n (army officer) commandant m ; Br (in navy) capitaine m de frégate.

commemorate [kə'meməreɪt] vt commémorer.

commence [kə'mens] vi fml débuter.

comment ['kɒment] n commentaire m. ◆ vi faire des commentaires.

commentary ['kɒməntrɪ] n (on TV, radio) commentaire m.

commentator ['kɒmənteɪtə'] n (on TV, radio) commentateur m, -trice f.

commerce ['kɒmɜːs] n commerce m.

commercial [kə'mɜːʃl] adj commercial(e). ◆ n publicité f.

commercial break n page f de publicité.

commission [kə'mɪʃn] n commission f.

commit [kə'mɪt] vt (crime, sin)

commettre ; **to ~ o.s. (to doing sthg)** s'engager (à faire qqch) ; **to ~ suicide** se suicider.

committee [kə'mɪtɪ] n comité m.

commodity [kə'mɒdətɪ] n marchandise f.

common ['kɒmən] adj commun(e). ◆ n Br (land) terrain m communal ; **in ~** (shared) en commun.

commonly ['kɒmənlɪ] adv (generally) communément.

Common Market n Marché m commun.

common sense n bon sens m.

Commonwealth ['kɒmənwelθ] n : **the ~** le Commonwealth.

communal ['kɒmjunl] adj (bathroom, kitchen) commun(e).

communicate [kə'mjuːnɪkeɪt] vi : **to ~ (with)** communiquer (avec).

communication [kə,mjuːnɪ'keɪʃn] n communication f.

communication cord n Br sonnette f d'alarme.

communist ['kɒmjunɪst] n communiste mf.

community [kə'mjuːnətɪ] n communauté f.

community centre n ≃ foyer m municipal.

commute [kə'mjuːt] vi faire chaque jour la navette entre son domicile et son travail.

compact [adj kəm'pækt, n 'kɒmpækt] adj compact(e). ◆ n (for make-up) poudrier m ; Am (car) petite voiture f.

compact disc player n lecteur m CD.

company ['kʌmpənɪ] n (business) société f ; (companionship) compagnie f ; (guests) visite f ; to keep sb ~ tenir compagnie à qqn.

company car n voiture f de fonction.

comparatively [kəm'pærətɪvlɪ] adv (relatively) relativement.

compare [kəm'peə'] vt : to ~ sthg (with) comparer qqch (à OR avec) ; ~d with par rapport à.

comparison [kəm'pærɪsn] n comparaison f ; in ~ with par rapport à.

compartment [kəm'pɑ:tmənt] n compartiment m.

compass ['kʌmpəs] n (magnetic) boussole f ; (a pair of) ~es un compas.

compatible [kəm'pætəbl] adj compatible.

compensate ['kɒmpenseɪt] vt compenser. ◆ vi : to ~ for sthg compenser (qqch) ; to ~ sb for sthg dédommager qqn de qqch.

compensation [ˌkɒmpen'seɪʃn] n (money) dédommagement m.

compete [kəm'pi:t] vi : to ~ in participer à ; to ~ with sb for sthg rivaliser avec qqn pour obtenir qqch.

competent ['kɒmpɪtənt] adj compétent(e).

competition [ˌkɒmpɪ'tɪʃn] n compétition f ; (contest) concours m ; (between firms) concurrence f ; the ~ (rivals) la concurrence.

competitive [kəm'petətɪv] adj (price) compétitif(ive) ; (person) qui a l'esprit de compétition.

competitor [kəm'petɪtə'] n concurrent m, -e f.

complain [kəm'pleɪn] vi : to ~ (about) se plaindre (de).

complaint [kəm'pleɪnt] n (statement) plainte f ; (in shop) réclamation f ; (illness) maladie f.

complement ['kɒmplɪˌment] vt compléter.

complete [kəm'pli:t] adj complet(ète) ; (finished) achevé(e). ◆ vt (finish) achever ; (a form) remplir ; (make whole) compléter ; ~ with équipé(e) de.

completely [kəm'pli:tlɪ] adv complètement.

complex ['kɒmpleks] adj complexe. ◆ n (buildings, mental) complexe m.

complexion [kəm'plekʃn] n (of skin) teint m.

complicated ['kɒmplɪkeɪtɪd] adj compliqué(e).

compliment [n 'kɒmplɪmənt, vb 'kɒmplɪment] n compliment m. ◆ vt (on dress) faire des compliments à ; (on attitude) féliciter.

complimentary [ˌkɒmplɪ'mentərɪ] adj (seat, ticket) gratuit(e) ; (words, person) élogieux(ieuse).

compose [kəm'pəʊz] vt composer ; (letter) écrire ; to be ~d of se composer de.

composed [kəm'pəʊzd] adj calme.

composer [kəm'pəʊzə'] n compositeur m, -trice f.

composition [ˌkɒmpə'zɪʃn] n (essay) composition f.

compound ['kɒmpaʊnd] n composé m.

comprehensive [ˌkɒmprɪ'hensɪv] adj complet(ète) ; (insurance) tous risques.

comprehensive (school) *n* Br ≃ CES *m*.

comprise [kəmˈpraɪz] *vt* comprendre.

compromise [ˈkɒmprəmaɪz] *n* compromis *m*.

compulsory [kəmˈpʌlsərɪ] *adj* obligatoire.

computer [kəmˈpjuːtər] *n* ordinateur *m*.

computer game *n* jeu *m* électronique.

computerized [kəmˈpjuːtəraɪzd] *adj* informatisé(e).

computer operator *n* opérateur *m*, -trice *f* de saisie.

computer programmer [-ˈprəʊgræmər] *n* programmeur *m*, -euse *f*.

computing [kəmˈpjuːtɪŋ] *n* informatique *f*.

con [kɒn] *n inf (trick)* arnaque *f* ; **all mod ~s** tout confort.

conceal [kənˈsiːl] *vt* dissimuler.

conceited [kənˈsiːtɪd] *adj pej* suffisant(e).

concentrate [ˈkɒnsəntreɪt] *vi* se concentrer. ◆ *vt* : **to be ~d** *(in one place)* être concentré ; **to ~ on sthg** se concentrer sur qqch.

concentrated [ˈkɒnsəntreɪtɪd] *adj (juice, soup, baby food)* concentré(e).

concentration [ˌkɒnsənˈtreɪʃn] *n* concentration *f*.

concern [kənˈsɜːn] *vt (be about)* traiter de ; *(worry)* inquiéter ; *(involve)* concerner. ◆ *n (worry)* inquiétude *f* ; *(interest)* intérêt *m* ; COMM affaire *f* ; **it's no ~ of yours** ça ne te regarde pas ; **to be ~ed about** s'inquiéter pour ; **to be ~ed with** *(be about)* traiter de ; **to ~ o.s. with**

sthg se préoccuper de qqch ; **as far as I'm ~ed** en ce qui me concerne.

concerned [kənˈsɜːnd] *adj (worried)* inquiet(iète).

concerning [kənˈsɜːnɪŋ] *prep* concernant.

concert [ˈkɒnsət] *n* concert *m*.

concession [kənˈseʃn] *n (reduced price)* tarif *m* réduit.

concise [kənˈsaɪs] *adj* concis(e).

conclude [kənˈkluːd] *vt* conclure. ◆ *vi fml (end)* se conclure.

conclusion [kənˈkluːʒn] *n* conclusion *f*.

concrete [ˈkɒŋkriːt] *adj (building)* en béton ; *(path)* cimenté(e) ; *(idea, plan)* concret(ète). ◆ *n* béton *m*.

concussion [kənˈkʌʃn] *n* commotion *f* cérébrale.

condensation [ˌkɒndenˈseɪʃn] *n* condensation *f*.

condition [kənˈdɪʃn] *n (state)* état *m* ; *(proviso)* condition *f* ; *(illness)* maladie *f* ; **on ~ that** à condition que *(+ subjunctive)*. ❏ **conditions** *npl (circumstances)* conditions *fpl* ; **driving ~s** conditions atmosphériques.

conditioner [kənˈdɪʃnər] *n (for hair)* après-shampo(o)ing *m inv* ; *(for clothes)* assouplissant *m*.

condo [ˈkɒndəʊ] *Am inf* = **condominium**.

condom [ˈkɒndəm] *n* préservatif *m*.

condominium [ˌkɒndəˈmɪnɪəm] *n [Am] (flat)* appartement *m* dans un immeuble en copropriété ; *(block of flats)* immeuble *m* en copropriété.

conduct [*vb* kənˈdʌkt, *n* ˈkɒndʌkt] *vt (investigation, business)* mener ;

MUS diriger. ◆ n fml (behaviour) conduite f ; **to ~ o.s.** fml se conduire.

conductor [kən'dʌktə'] n MUS chef m d'orchestre ; (on bus) receveur m ; Am (on train) chef m de train.

cone [kəʊn] n (shape) cône m ; (for ice cream) cornet m (biscuit) ; (on roads) cône de signalisation.

confectionery [kən'fekʃnəri] n confiserie f.

conference ['kɒnfərəns] n conférence f.

confess [kən'fes] vi : **to ~** avouer.

confession [kən'feʃn] n (admission) aveu m ; RELIG confession f.

confidence ['kɒnfidəns] n (self-assurance) confiance f en soi, assurance f ; (trust) confiance ; **to have ~ in** avoir confiance en.

confident ['kɒnfidənt] adj (self-assured) sûr(e) de soi ; (certain) certain(e).

confined [kən'faind] adj (space) réduit(e).

confirm [kən'fɜːm] vt confirmer.

confirmation [ˌkɒnfə'meɪʃn] n confirmation f.

conflict [n 'kɒnflikt, vb kən'flikt] n conflit m. ◆ vi : **to ~ (with)** être en contradiction (avec).

conform [kən'fɔːm] vi se plier à la règle ; **to ~ to** se conformer à.

confuse [kən'fjuːz] vt (person) dérouter ; **to ~ sthg with sthg** confondre qqch avec qqch.

confused [kən'fjuːzd] adj (person) dérouté(e) ; (situation) confus(e).

confusing [kən'fjuːzɪŋ] adj déroutant(e).

confusion [kən'fjuːʒn] n confusion f.

congested [kən'dʒestɪd] adj (street) encombré(e).

congestion [kən'dʒestʃn] n (traffic) encombrements mpl.

congratulate [kən'grætʃuleɪt] vt : **to ~ sb (on sthg)** féliciter qqn (de qqch).

congratulations [kənˌgrætʃu'leɪʃənz] excl félicitations !

congregate ['kɒŋgrɪgeɪt] vi se rassembler.

Congress ['kɒŋgres] n Am le Congrès.

conifer ['kɒnɪfə'] n conifère m.

conjunction [kən'dʒʌŋkʃn] n GRAMM conjonction f.

conjurer ['kʌndʒərə'] n prestidigitateur m, -trice f.

connect [kə'nekt] vt relier ; (telephone, machine) brancher ; (caller on phone) mettre en communication. ◆ vi : **to ~ with** (train, plane) assurer la correspondance avec ; **to ~ sthg with sthg** (associate) associer qqch à qqch.

connecting flight [kə'nektɪŋ-] n correspondance f.

connection [kə'nekʃn] n (link) rapport m ; (train, plane) correspondance f ; **it's a bad ~** (on phone) la communication est mauvaise ; **a loose ~** (in machine) un faux contact ; **in ~ with** au sujet de.

conquer ['kɒŋkə'] vt (country) conquérir.

conscience ['kɒnʃəns] n conscience f.

conscientious [ˌkɒnʃɪ'enʃəs] adj consciencieux(ieuse).

conscious ['kɒnʃəs] adj (awake)

conscient(e) ; *(deliberate)* délibéré(e) ; **to be ~ of** *(aware)* être conscient de.

consent [kən'sent] *n* accord *m*.

consequence ['kɒnsɪkwəns] *n (result)* conséquence *f*.

consequently ['kɒnsɪkwəntlɪ] *adv* par conséquent.

conservation [ˌkɒnsə'veɪʃn] *n* protection *f* de l'environnement.

conservative [kən'sɜːvətɪv] *adj* conservateur(trice). ❑ **Conservative** *adj* conservateur(trice). ◆ *n* conservateur *m*, -trice *f*.

conservatory [kən'sɜːvətrɪ] *n* véranda *f*.

consider [kən'sɪdə] *vt (think about)* étudier ; *(take into account)* tenir compte de ; *(judge)* considérer ; **to ~ doing sthg** envisager de faire qqch.

considerable [kən'sɪdrəbl] *adj* considérable.

consideration [kənˌsɪdə'reɪʃn] *n (careful thought)* attention *f* ; *(factor)* considération *f* ; **to take sthg into ~** tenir compte de qqch.

considering [kən'sɪdərɪŋ] *prep* étant donné.

consist [kən'sɪst] : **consist in** *vt fus* consister en ; **to ~ in doing sthg** consister à faire qqch. ❑ **consist of** *vt fus* se composer de.

consistent [kən'sɪstənt] *adj (coherent)* cohérent(e) ; *(worker, performance)* régulier(ière).

consolation [ˌkɒnsə'leɪʃn] *n* consolation *f*.

console ['kɒnsəʊl] *n* console *f*.

consonant ['kɒnsənənt] *n* consonne *f*.

conspicuous [kən'spɪkjʊəs] *adj* qui attire l'attention.

constable ['kʌnstəbl] *n* Br agent *m* de police.

constant ['kɒnstənt] *adj* constant(e).

constantly ['kɒnstəntlɪ] *adv* constamment.

constipated ['kɒnstɪpeɪtɪd] *adj* constipé(e).

constitution [ˌkɒnstɪ'tjuːʃn] *n* constitution *f*.

construct [kən'strʌkt] *vt* construire.

construction [kən'strʌkʃn] *n* construction *f* ; **under ~** en construction.

consul ['kɒnsəl] *n* consul *m*.

consulate ['kɒnsjʊlət] *n* consulat *m*.

consult [kən'sʌlt] *vt* consulter.

consultant [kən'sʌltənt] *n* Br *(doctor)* spécialiste *mf*.

consume [kən'sjuːm] *vt* consommer.

consumer [kən'sjuːmə] *n* consommateur *m*, -trice *f*.

contact ['kɒntækt] *n* contact *m*. ◆ *vt* contacter ; **in ~ with** en contact avec.

contact lens *n* verre *m* de contact, lentille *f*.

contagious [kən'teɪdʒəs] *adj* contagieux(ieuse).

contain [kən'teɪn] *vt* contenir.

container [kən'teɪnə] *n (box etc)* récipient *m*.

contaminate [kən'tæmɪneɪt] *vt* contaminer.

contemporary [kən'tempərərɪ] *adj* contemporain(e). ◆ *n* contemporain *m*, -e *f*.

contend [kən'tend] : **contend with** *vt fus* faire face à.

content

content [adj kən'tent, n 'kɒntent] adj satisfait(e). ◆ n (of vitamins, fibre etc) teneur f. ❑ **contents** npl (things inside) contenu m ; (at beginning of book) table f des matières.

contest [n 'kɒntest, vb kən'test] n (competition) concours m ; (struggle) lutte f. ◆ vt (election, match) disputer ; (decision, will) contester.

context ['kɒntekst] n contexte m.

continent ['kɒntɪnənt] n continent m ; **the Continent** Br l'Europe f continentale.

continental [ˌkɒntɪ'nentl] adj Br (European) d'Europe continentale.

continental breakfast n petit déjeuner m à la française.

continental quilt n Br couette f.

continual [kən'tɪnjʊəl] adj continuel(elle).

continually [kən'tɪnjʊəlɪ] adv continuellement.

continue [kən'tɪnjuː] vt continuer ; (start again) poursuivre, reprendre. ◆ vi continuer ; (start again) poursuivre, reprendre ; **to ~ doing sthg** continuer à faire qqch ; **to ~ with sthg** poursuivre qqch.

continuous [kən'tɪnjʊəs] adj (uninterrupted) continuel(elle) ; (unbroken) continu(e).

continuously [kən'tɪnjʊəslɪ] adv continuellement.

contraception [ˌkɒntrə'sepʃn] n contraception f.

contraceptive [ˌkɒntrə'septɪv] n contraceptif m.

contract [n 'kɒntrækt, vb kən-'trækt] n contrat m. ◆ vt fml (illness) contracter.

contradict [ˌkɒntrə'dɪkt] vt contredire.

contrary ['kɒntrərɪ] n : **on the ~** au contraire.

contrast [n 'kɒntraːst, vb kən-'traːst] n contraste m. ◆ vt mettre en contraste ; **in ~ to** par contraste avec.

contribute [kən'trɪbjuːt] vt (help, money) apporter. ◆ vi : **to ~** contribuer à.

contribution [ˌkɒntrɪ'bjuːʃn] n contribution f.

control [kən'trəʊl] n (power) contrôle m ; (over emotions) maîtrise f de soi ; (operating device) bouton m de réglage. ◆ vt contrôler ; **to be in ~** contrôler la situation ; **out of ~** impossible à maîtriser ; **everything's under ~** tout va bien ; **to keep under ~** (dog, child) tenir. ❑ **controls** npl (of TV, video) télécommande f ; (of plane) commandes fpl.

control tower n tour f de contrôle.

controversial [ˌkɒntrə'vɜːʃl] adj controversé(e).

convenience [kən'viːnjəns] n commodité f ; **at your ~** quand cela vous conviendra.

convenient [kən'viːnjənt] adj (suitable) commode ; (well-situated) bien situé(e) ; **would two thirty be ~?** est-ce que 14 h 30 vous conviendrait?

convent ['kɒnvənt] n couvent m.

conventional [kən'venʃənl] adj conventionnel(elle).

conversation [ˌkɒnvə'seɪʃn] n conversation f.

conversion [kənˈvɜːʃn] n (change) transformation f ; (of currency) conversion f ; (to building) aménagement m.

convert [kənˈvɜːt] vt (change) transformer ; (currency, person) convertir ; to ~ sthg into transformer qqch en.

converted [kənˈvɜːtɪd] adj (barn, loft) aménagé(e).

convertible [kənˈvɜːtəbl] n (voiture) décapotable f.

convey [kənˈveɪ] vt fml (transport) transporter ; (idea, impression) transmettre.

convict [n ˈkɒnvɪkt, vb kənˈvɪkt] n détenu m, -e f. ◆ vt : to ~ sb (of sthg) déclarer qqn coupable (de).

convince [kənˈvɪns] vt : to ~ sb (of sthg) convaincre OR persuader qqn (de qqch) ; to ~ sb to do sthg convaincre OR persuader qqn de faire qqch.

convoy [ˈkɒnvɔɪ] n convoi m.

cook [kʊk] n cuisinier m, -ière f. ◆ vt (meal) préparer ; (food) cuire. ◆ vi (person) faire la cuisine, cuisiner ; (food) cuire.

cookbook [ˈkʊkˌbʊk] = cookery book.

cooker [ˈkʊkə] n cuisinière f.

cookery [ˈkʊkərɪ] n cuisine f.

cookery book n livre m de cuisine.

cookie [ˈkʊkɪ] n Am biscuit m.

cooking [ˈkʊkɪŋ] n cuisine f.

cooking apple n pomme f à cuire.

cooking oil n huile f (alimentaire).

cool [kuːl] adj (temperature) frais (fraîche) ; (calm) calme ; (unfriendly) froid(e) ; inf (great) génial(e). ◆ vt refroidir. ❑ **cool down** vi (food, liquid) refroidir ; (after exercise) se rafraîchir ; (become calmer) se calmer.

cooperate [kəʊˈɒpəreɪt] vi coopérer.

cooperation [kəʊˌɒpəˈreɪʃn] n coopération f.

cooperative [kəʊˈɒpərətɪv] adj coopératif(ive).

coordinates [kəʊˈɔːdɪnəts] npl (clothes) coordonnés mpl.

cope [kəʊp] vi se débrouiller ; to ~ with (problem) faire face à ; (situation) se sortir de.

copilot [ˈkəʊˌpaɪlət] n copilote m.

copper [ˈkɒpə] n (metal) cuivre m ; Br inf (coins) petite monnaie f.

copy [ˈkɒpɪ] n copie f ; (of newspaper, book) exemplaire m. ◆ vt copier ; (photocopy) photocopier.

cord(uroy) [ˈkɔːd(ərɔɪ)] n velours m côtelé.

core [kɔː] n (of fruit) trognon m.

coriander [ˌkɒrɪˈændə] n coriandre f.

cork [kɔːk] n (in bottle) bouchon m.

corkscrew [ˈkɔːkskruː] n tire-bouchon m.

corn [kɔːn] n Br (crop) céréales fpl ; Am (maize) maïs m ; (on foot) cor m.

corned beef [ˌkɔːnd-] n corned-beef m inv.

corner [ˈkɔːnə] n coin m ; (bend in road) virage m ; (in football) corner m ; it's just around the ~ c'est tout près.

corner shop n Br magasin m de quartier.

cornflakes [ˈkɔːnfleɪks] npl corn flakes mpl.

corn-on-the-cob *n* épi *m* de maïs.

Cornwall ['kɔːnwɔːl] *n* Cornouailles *f*.

corporal ['kɔːpərəl] *n* caporal *m*.

corpse [kɔːps] *n* cadavre *m*, corps *m*.

correct [kə'rekt] *adj* (accurate) correct(e), exact(e) ; (most suitable) bon (bonne). ◆ *vt* corriger.

correction [kə'rekʃn] *n* correction *f*.

correspond [,kɒrɪ'spɒnd] *vi* : to ~ (to) (match) correspondre (à) ; to ~ (with) (exchange letters) correspondre (avec).

corresponding [,kɒrɪ'spɒndɪŋ] *adj* correspondant(e).

corridor ['kɒrɪdɔː] *n* couloir *m*.

corrugated iron ['kɒrəgeɪtɪd-] *n* tôle *f* ondulée.

corrupt [kə'rʌpt] *adj* (dishonest) corrompu(e) ; (morally wicked) dépravé(e).

cosmetics [kɒz'metɪks] *npl* produits *mpl* de beauté.

cost [kɒst] (*pt* & *pp* cost) *n* coût *m*. ◆ *vt* coûter ; how much does it ~? combien est-ce que ça coûte?.

costly ['kɒstlɪ] *adj* (expensive) coûteux(euse).

costume ['kɒstjuːm] *n* costume *m*.

cosy ['kəʊzɪ] *adj* Br (room, house) douillet(ette).

cot [kɒt] *n* Br (for baby) lit *m* d'enfant ; Am (c bed) lit *m* de camp.

cottage ['kɒtɪdʒ] *n* petite maison *f* (à la campagne).

cottage cheese *n* fromage frais granuleux.

cottage pie *n* Br hachis *m* Parmentier.

cotton ['kɒtn] *adj* en coton. ◆ *n* (cloth) coton *m* ; (thread) fil *m* de coton.

cotton wool *n* coton *m* (hydrophile).

couch [kautʃ] *n* canapé *m* ; (at doctor's) lit *m*.

couchette [kuː'ʃet] *n* couchette *f*.

cough [kɒf] *n* toux *f*. ◆ *vi* tousser ; to have a ~ tousser.

cough mixture *n* sirop *m* pour la toux.

could [kʊd] *pt* → **can**.

couldn't ['kʊdnt] = could not.

could've ['kʊdəv] = could have.

council ['kaʊnsl] *n* conseil *m* ; Br (of town) ≃ conseil municipal ; Br (of county) ≃ conseil régional.

council house *n* Br ≃ HLM *m* inv or *f* inv.

councillor ['kaʊnsələ] *n* Br (of town) ≃ conseiller *m* municipal, conseillère municipale *f* ; Br (of county) ≃ conseiller *m* régional, conseillère régionale *f*.

council tax *n* Br ≃ impôts *mpl* locaux.

count [kaʊnt] *vt* & *vi* compter. ◆ *n* (nobleman) comte *m*. ❑ **count on** *vt fus* (rely on) compter sur ; (expect) s'attendre à.

counter ['kaʊntə] *n* (in shop) comptoir *m* ; (in bank) guichet *m* ; (in board game) pion *m*.

counterclockwise [,kaʊntə'klɒkwaɪz] *adv* Am dans le sens inverse des aiguilles d'une montre.

counterfoil ['kaʊntəfɔɪl] *n* talon *m*.

countess ['kauntɪs] *n* comtesse f.

country ['kʌntrɪ] *n* pays *m* ; *(countryside)* campagne f. ◆ *adj (pub)* de campagne ; *(people)* de la campagne.

country and western *n* musique f country.

country house *n* manoir *m*.

country road *n* route f de campagne.

countryside ['kʌntrɪsaɪd] *n* campagne f.

county ['kauntɪ] *n* comté *m*.

couple ['kʌpl] *n* couple *m* ; a ~ (of) *(two)* deux ; *(a few)* deux ou trois.

coupon ['ku:pɒn] *n* coupon *m*.

courage ['kʌrɪdʒ] *n* courage *m*.

courgette [kɔ:'ʒet] *n Br* courgette f.

courier ['kurɪə] *n (for holidaymakers)* accompagnateur *m*, -trice f ; *(for delivering letters)* coursier *m*, -ière f.

course [kɔ:s] *n (of meal)* plat *m* ; *(at college, of classes)* cours *mpl* ; *(of injections)* série f ; *(of river)* cours *m* ; *(of ship, plane)* route f ; *(for golf)* terrain *m* ; a ~ of treatment un traitement ; of ~ bien sûr ; of ~ not bien sûr que non ; in the ~ of au cours de.

court [kɔ:t] *n JUR (building, room)* tribunal *m* ; *(for tennis)* court *m* ; *(for basketball, badminton)* terrain *m* ; *(for squash)* salle f.

court shoes *npl* escarpins *mpl*.

courtyard ['kɔ:tjɑ:d] *n* cour f.

cousin ['kʌzn] *n* cousin *m*, -e f.

cover ['kʌvə] *n (for furniture, car)* housse f ; *(lid)* couvercle *m* ; *(of magazine, blanket, insurance)* couverture f. ◆ *vt* couvrir ; to be ~ed in

être couvert de ; to ~ sthg with sthg recouvrir qqch de qqch ; to take ~ s'abriter. ❑ **cover up** *vt sep (put cover on)* couvrir ; *(facts, truth)* cacher.

cover charge *n* couvert *m*.

cover note *n Br* attestation f provisoire d'assurance.

cow [kau] *n (animal)* vache f.

coward ['kauəd] *n* lâche *mf*.

cowboy ['kaubɔɪ] *n* cow-boy *m*.

crab [kræb] *n* crabe *m*.

crack [kræk] *n (in cup, glass)* fêlure f ; *(in wood, wall)* fissure f ; *(gap)* fente f. ◆ *vt (cup, glass)* fêler ; *(wood, wall)* fissurer ; *(nut, egg)* casser ; *(inf)(joke)* faire ; *(whip)* faire claquer. ◆ *vi (cup, glass)* se fêler ; *(wood, wall)* se fissurer.

cracker ['krækə] *n (biscuit)* biscuit *m* salé ; *(for Christmas)* papillote contenant un pétard et une surprise, traditionnelle au moment des fêtes.

cradle ['kreɪdl] *n* berceau *m*.

craft [krɑ:ft] *n (skill)* art *m* ; *(trade)* artisanat *m* ; *(boat : pl inv)* embarcation f.

craftsman ['krɑ:ftsmən] *(pl* -men [-mən]*) n* artisan *m*.

cram [kræm] *vt* : to ~ sthg into entasser qqch dans ; to be crammed with être bourré de.

cramp [kræmp] *n* crampe f ; stomach ~s crampes d'estomac.

cranberry ['krænbərɪ] *n* airelle f.

cranberry sauce *n* sauce f aux airelles.

crane [kreɪn] *n (machine)* grue f.

crap [kræp] *adj vulg* de merde, merdique. ◆ *n vulg* merde f ; to have a ~ chier.

crash [kræʃ] *n (accident)* accident

m ; *(noise)* fracas *m*. ◆ *vi (plane)* s'écraser ; *(car)* avoir un accident. ◆ *vt* : to ~ one's car avoir un accident de voiture. ❑ **crash into** *vt* fus rentrer dans.

crash helmet *n* casque *m*.

crash landing *n* atterrissage *m* forcé.

crate [kreɪt] *n* cageot *m*.

crawl [krɔːl] *vi (baby, person)* marcher à quatre pattes ; *(insect)* ramper ; *(traffic)* avancer au pas. ◆ *n (swimming stroke)* crawl *m*.

crawler lane ['krɔːlə-] *n* Br file *f* pour véhicules lents.

crayfish ['kreɪfɪʃ] *(pl inv)* *n* écrevisse *f*.

crayon ['kreɪɒn] *n* crayon *m* de couleur.

craze [kreɪz] *n* mode *f*.

crazy ['kreɪzɪ] *adj* fou (folle) ; to be ~ about être fou de.

crazy golf *n* golf *m* miniature.

cream [kriːm] *n* crème *f*. ◆ *adj (in colour)* blanc cassé (inv).

cream cheese *n* fromage *m* frais.

cream tea *n* Br goûter se composant de thé et de scones servis avec de la crème et de la confiture.

creamy ['kriːmɪ] *adj (food)* à la crème ; *(texture)* crémeux(euse).

crease [kriːs] *n* pli *m*.

creased [kriːst] *adj* froissé(e).

create [kriːˈeɪt] *vt* créer ; *(interest)* susciter.

creative [kriːˈeɪtɪv] *adj* créatif(ive).

creature ['kriːtʃə'] *n* être *m*.

crèche [kreʃ] *n* Br crèche *f*, garderie *f*.

credit ['kredɪt] *n (praise)* mérite

m ; *(money)* crédit *m* ; *(at school, university)* unité *f* de valeur ; to be in ~ *(account)* être approvisionné. ❑ **credits** *npl (of film)* générique *m*.

credit card *n* carte *f* de crédit ; to pay by ~ payer par carte de crédit ; 'all major ~s accepted' 'on accepte les cartes de crédit'.

creek [kriːk] *n (inlet)* crique *f* ; Am *(river)* ruisseau *m*.

creep [kriːp] *(pt & pp* **crept***) vi (person)* se glisser. ◆ *n inf (groveller)* lèche-bottes *mf inv*.

cremate [krɪˈmeɪt] *vt* incinérer.

crematorium [kremə'tɔːrɪəm] *n* crématorium *m*.

crept [krept] *pt & pp →* **creep**.

cress [kres] *n* cresson *m*.

crest [krest] *n (of hill, wave)* crête *f* ; *(emblem)* blason *m*.

crew [kruː] *n* équipage *m*.

crew neck *n* encolure *f* ras du cou.

crib [krɪb] *n* Am lit *m* d'enfant.

cricket ['krɪkɪt] *n (game)* cricket *m* ; *(insect)* grillon *m*.

crime [kraɪm] *n (offence)* délit *m* ; *(illegal activity)* criminalité *f*.

criminal ['krɪmɪnl] *adj* criminel(elle). ◆ *n* criminel *m*, -elle *f*.

cripple ['krɪpl] *n* infirme *mf*. ◆ *vt (subj : disease, accident)* estropier.

crisis ['kraɪsɪs] *(pl* crises ['kraɪsiːz]*) n* crise *f*.

crisp [krɪsp] *adj (bacon, pastry)* croustillant(e) ; *(fruit, vegetable)* croquant(e). ❑ **crisps** *npl* Br chips *fpl*.

crispy ['krɪspɪ] *adj (bacon, pastry)* croustillant(e) ; *(fruit, vegetable)* croquant(e).

critic ['krɪtɪk] *n* critique *mf*.

critical ['krɪtɪkl] *adj* critique.

criticize ['krɪtɪsaɪz] *vt* critiquer.

crockery ['krɒkərɪ] *n* vaisselle *f*.

crocodile ['krɒkədaɪl] *n* crocodile *m*.

crocus ['krəʊkəs] (*pl* **-es**) *n* crocus *m*.

crooked ['krʊkɪd] *adj* (*bent, twisted*) tordu(e).

crop [krɒp] *n* (*kind of plant*) culture *f*; (*harvest*) récolte *f*. ❑ **crop up** *vi* se présenter.

cross [krɒs] *adj* fâché(e). ◆ *vt* (*road, river, ocean*) traverser; (*arms, legs*) croiser; Br (*cheque*) barrer. ◆ *vi* (*intersect*) se croiser. ◆ *n* croix *f*; a ~ **between** (*animals*) un croisement entre; (*things*) un mélange de. ❑ **cross out** *vt sep* barrer. ❑ **cross over** *vt fus* (*road*) traverser.

crossbar ['krɒsbɑ:'] *n* (*of bicycle*) barre *f*; (*of goal*) barre transversale.

cross-Channel ferry *n* ferry *m* transmanche.

cross-country (running) *n* cross *m*.

crossing ['krɒsɪŋ] *n* (*on road*) passage *m* clouté; (*sea journey*) traversée *f*.

crossroads ['krɒsrəʊdz] (*pl inv*) *n* croisement *m*, carrefour *m*.

crosswalk ['krɒswɔ:k] *n* Am passage *m* clouté.

crossword (puzzle) ['krɒswɜ:d-] *n* mots croisés *mpl*.

crotch [krɒtʃ] *n* entrejambe *m*.

crouton ['kru:tɒn] *n* croûton *m*.

crow [krəʊ] *n* corbeau *m*.

crowbar ['krəʊbɑ:'] *n* pied-de-biche *m*.

crowd [kraʊd] *n* foule *f*; (*at match*) public *m*.

crowded ['kraʊdɪd] *adj* (*bus*) bondé(e); (*street*) plein(e) de monde.

crown [kraʊn] *n* couronne *f*; (*of head*) sommet *m*.

Crown Jewels *npl* joyaux *mpl* de la couronne.

crucial ['kru:ʃl] *adj* crucial(e).

crude [kru:d] *adj* grossier(ière).

cruel [krʊəl] *adj* cruel(elle).

cruelty ['krʊəltɪ] *n* cruauté *f*.

cruet (set) ['kru:ɪt-] *n* service *m* à condiments.

cruise [kru:z] *n* croisière *f*. ◆ *vi* (*car*) rouler; (*plane*) voler; (*ship*) croiser.

cruiser ['kru:zə'] *n* bateau *m* de croisière.

crumb [krʌm] *n* miette *f*.

crumble ['krʌmbl] *n* dessert composé d'une couche de fruits cuits recouverts de pâte sablée. ◆ *vi* (*building*) s'écrouler; (*cliff*) s'effriter.

crumpet ['krʌmpɪt] *n* petite crêpe épaisse qui se mange généralement chaude et beurrée.

crunchy ['krʌntʃɪ] *adj* croquant(e).

crush [krʌʃ] *n* (*drink*) jus *m* de fruit. ◆ *vt* écraser; (*ice*) piler.

crust [krʌst] *n* croûte *f*.

crusty ['krʌstɪ] *adj* croustillant(e).

crutch [krʌtʃ] *n* (*stick*) béquille *f*; (*between legs*) = crotch.

cry [kraɪ] *n* cri *m*. ◆ *vi* pleurer; (*shout*) crier. ❑ **cry out** *vi* (*in pain, horror*) pousser un cri.

crystal ['krɪstl] *n* cristal *m*.

cub [kʌb] *n* (*animal*) petit *m*.

Cub [kʌb] n ≃ louveteau m.

cube [kjuːb] n (shape) cube m ; (of sugar) morceau m.

cubicle ['kjuːbɪkl] n cabine f.

Cub Scout = Cub.

cuckoo ['kʊkuː] n coucou m.

cucumber ['kjuːkʌmbəʳ] n concombre m.

cuddle ['kʌdl] n câlin m.

cuddly toy ['kʌdlɪ-] n jouet m en peluche.

cue [kjuː] n (in snooker, pool) queue f (de billard).

cuff [kʌf] n (of sleeve) poignet m ; Am (of trousers) revers m.

cuff links npl boutons mpl de manchette.

cuisine [kwɪˈziːn] n cuisine f.

cul-de-sac ['kʌldəsæk] n impasse f.

cult [kʌlt] n RELIG culte m. ◆ adj culte.

cultivate ['kʌltɪveɪt] vt cultiver.

cultivated ['kʌltɪveɪtɪd] adj cultivé(e).

cultural ['kʌltʃərəl] adj culturel(elle).

culture ['kʌltʃəʳ] n culture f.

cumbersome ['kʌmbəsəm] adj encombrant(e).

cumin ['kjuːmɪn] n cumin m.

cunning ['kʌnɪŋ] adj malin(igne).

cup [kʌp] n tasse f (trophy, competition) coupe f ; (of bra) bonnet m.

cupboard ['kʌbəd] n placard m.

curator [ˌkjʊəˈreɪtəʳ] n conservateur m, -trice f.

curb [kɜːb] Am = kerb.

curd cheese [ˌkɜːd-] n fromage m blanc battu.

cure [kjʊəʳ] n remède m. ◆ vt (ill-

ness, person) guérir ; (with salt) saler ; (with smoke) fumer ; (by drying) sécher.

curious ['kjʊərɪəs] adj curieux (ieuse).

curl [kɜːl] n (of hair) boucle f. ◆ vt (hair) friser.

curler ['kɜːləʳ] n bigoudi m.

curly ['kɜːlɪ] adj frisé(e).

currant ['kʌrənt] n raisin m sec.

currency ['kʌrənsɪ] n (cash) monnaie f ; (foreign) devise f.

current ['kʌrənt] adj actuel(elle). ◆ n courant m.

current account n Br compte m courant.

current affairs npl l'actualité f.

currently ['kʌrəntlɪ] adv actuellement.

curriculum [kəˈrɪkjələm] n programme m (d'enseignement).

curriculum vitae [-ˈviːtaɪ] n Br curriculum vitae m inv.

curried ['kʌrɪd] adj au curry.

curry ['kʌrɪ] n curry m.

curse [kɜːs] vi jurer.

cursor ['kɜːsəʳ] n curseur m.

curtain ['kɜːtn] n rideau m.

curve [kɜːv] n courbe f. ◆ vi faire une courbe.

curved [kɜːvd] adj courbe.

cushion ['kʊʃn] n coussin m.

custard ['kʌstəd] n crème f anglaise (épaisse).

custom ['kʌstəm] n (tradition) coutume f ; 'thank you for your ~' 'merci de votre visite'.

customary ['kʌstəmrɪ] adj habituel(elle).

customer ['kʌstəməʳ] n (of shop) client m, -e f.

customer services n (department) service m clients.

customs ['kʌstəmz] n douane f ; **to go through** = passer à la douane.

customs duty n droit m de douane.

customs officer n douanier m, -ière f.

cut [kʌt] (pt & pp cut) n (in skin) coupure f ; (in cloth) accroc m ; (reduction) réduction f ; (piece of meat) morceau m ; (hairstyle, of clothes) coupe f. ◆ vi couper. ◆ vt couper ; (reduce) réduire ; **to ~ one's hand** se couper à la main ; **~ and blow-dry** coupe-brushing f ; **to ~ o.s.** se couper ; **to have one's hair ~** se faire couper les cheveux ; **to ~ the grass** tondre la pelouse ; **to ~ sthg open** ouvrir qqch. ❏ **cut back** vi : **to ~ back (on)** faire des économies (sur). ❏ **cut down on** vt sep (tree) abattre. ❏ **cut down on** vt fus réduire. ❏ **cut off** vt sep couper ; **I've been ~ off** (on phone) j'ai été coupé ; **to be ~ off** (isolated) être isolé. ❏ **cut out** vt sep (newspaper article, photo) découper. ◆ vi (engine) caler ; **to ~ out smoking** arrêter de fumer ; **~ it out!** inf ça suffit! ❏ **cut up** vt sep couper.

cute [kjuːt] adj mignon(onne).

cut-glass n en cristal taillé.

cutlery ['kʌtləri] n couverts mpl.

cutlet ['kʌtlɪt] n (of meat) côtelette f.

cut-price adj à prix réduit.

cutting ['kʌtɪŋ] n (from newspaper) coupure f de presse.

CV n Br (abbr of curriculum vitae) CV m.

cwt abbr = hundredweight.

cybernaut ['saɪbə‚nɔːt] n cybernaute mf.

cyberpet ['saɪbə‚pet] n animal m virtuel.

cybersurfer ['saɪbə‚sɜːfə'] n cybernaute mf.

cycle ['saɪkl] n (bicycle) vélo m ; (series) cycle m. ◆ vi aller en vélo.

cycle hire n location f de vélos.

cycle lane n piste f cyclable (sur la route).

cycle path n piste f cyclable.

cycling ['saɪklɪŋ] n cyclisme m ; **to go ~** faire du vélo.

cycling shorts npl cycliste m.

cyclist ['saɪklɪst] n cycliste mf.

cylinder ['sɪlɪndə'] n (container) bouteille f ; (in engine) cylindre m.

cynical ['sɪnɪkl] adj cynique.

D

dab [dæb] vt (wound) tamponner.

dad [dæd] n inf papa m.

daddy ['dædɪ] n inf papa m.

daddy longlegs [-'lɒŋlegz] (pl inv) n faucheux m.

daffodil ['dæfədɪl] n jonquille f.

daft [dɑːft] adj Br inf idiot(e).

daily ['deɪlɪ] adj quotidien(ienne). ◆ adv quotidiennement. ◆ n : **a ~** (newspaper) un quotidien.

dairy ['deərɪ] n (on farm) laiterie f ; (shop) crémerie f.

dairy product n produit m laitier.

daisy ['deɪzɪ] n pâquerette f.

dam [dæm] n barrage m.

damage ['dæmɪdʒ] n dégâts mpl.

fig (to reputation) tort *m.* ◆ *vt* abîmer ; *fig (reputation)* nuire à ; *fig (chances)* compromettre.

damn [dæm] *excl inf* zut ! ◆ *adj inf* sacré(e) ; **I don't give a ~** je m'en fiche pas mal.

damp [dæmp] *adj* humide. ◆ *n* humidité *f.*

damson ['dæmzn] *n petite prune acide.*

dance [dɑːns] *n* danse *f* ; *(social event)* bal *m.* ◆ *vi* danser ; **to have a ~** danser.

dance floor *n (in club)* piste *f* de danse.

dancer ['dɑːnsə'] *n* danseur *m,* -euse *f.*

dancing ['dɑːnsɪŋ] *n* danse *f* ; **to go ~** aller danser.

dandelion ['dændɪlaɪən] *n* pissenlit *m.*

dandruff ['dændrʌf] *n* pellicules *fpl.*

danger ['deɪndʒə'] *n* danger *m* ; **in ~** en danger.

dangerous ['deɪndʒərəs] *adj* dangereux(euse).

Danish ['deɪnɪʃ] *adj* danois(e). ◆ *n (language)* danois *m.*

dare [deə'] *vt* : **to ~ to do sthg** oser faire qqch ; **to ~ sb to do sthg** défier qqn de faire qqch ; **how ~ you!** comment oses-tu !

daring ['deərɪŋ] *adj* audacieux(ieuse).

dark [dɑːk] *adj (room, night)* sombre ; *(colour)* foncé(e) ; *(person)* brun(e) ◆ *(skin)* foncé(e). ◆ *n* : **after ~** après la tombée de la nuit ; **the ~** le noir.

dark chocolate *n* chocolat *m* noir.

darkness ['dɑːknɪs] *n* obscurité *f.*

darling ['dɑːlɪŋ] *n* chéri *m,* -e *f.*

dart [dɑːt] *n* fléchette *f.* ❑ **darts** *n (game)* fléchettes *fpl.*

dartboard ['dɑːtbɔːd] *n* cible *f* (de jeu de fléchettes).

dash [dæʃ] *n (of liquid)* goutte *f* ; *(in writing)* tiret *m.* ◆ *vi* se précipiter.

dashboard ['dæʃbɔːd] *n* tableau *m* de bord.

data ['deɪtə] *n* données *fpl.*

database ['deɪtəbeɪs] *n* base *f* de données.

date [deɪt] *n (day)* date *f* ; *(meeting)* rendez-vous *m* ; *Am (person)* petit ami *m,* petite amie *f* ; *(fruit)* datte *f.* ◆ *vt (cheque, letter)* dater ; *(person)* sortir avec. ◆ *vi (become unfashionable)* dater ; **what's the ~?** quel jour sommes-nous ? ; **to have a ~ with sb** avoir rendez-vous avec qqn.

date of birth *n* date *f* de naissance.

daughter ['dɔːtə'] *n* fille *f.*

daughter-in-law *n* belle-fille *f.*

dawn [dɔːn] *n* aube *f.*

day [deɪ] *n (of week)* jour *m* ; *(period, working day)* journée *f* ; **what ~ is it today?** quel jour sommes-nous ? ; **what a lovely ~!** quelle belle journée ! ; **to have a ~ off** avoir un jour de congé ; **to have a ~ out** aller passer une journée quelque part ; **by ~ (travel)** de jour ; **the ~ after tomorrow** après-demain ; **the ~ before** la veille ; **the ~ before yesterday** avant-hier ; **the following ~** le jour suivant ; **have a nice ~!** bonne journée !

daylight ['deɪlaɪt] *n* jour *m.*

day return *n Br (railway ticket)*

aller-retour valable pour une journée.

dayshift ['deɪʃɪft] *n* : **to be on ~** travailler de jour.

daytime ['deɪtaɪm] *n* journée *f*.

day-to-day *adj* (*everyday*) quotidien(ienne).

day trip *n* excursion *f* (*d'une journée*).

dazzle ['dæzl] *vt* éblouir.

dead [ded] *adj* mort(e) ; (*telephone line*) coupé(e). ◆ *adv inf* (*very*) super ; **~ in the middle** en plein milieu ; **~ on time** pile à l'heure ; **it's ~ ahead** c'est droit devant ; **'~ slow'** 'roulez au pas'.

dead end *n* (*street*) impasse *f*, cul-de-sac *m*.

deadline ['dedlaɪn] *n* date *f* limite.

deaf [def] *adj* sourd(e). ◆ *npl* : **the ~** les sourds *mpl*.

deal [diːl] (*pt & pp* dealt) *n* (*agreement*) marché *m*, affaire *f*. ◆ *vt* (*cards*) donner ; **a good/bad ~** une bonne/mauvaise affaire ; **a great ~ of** beaucoup de ; **it's a ~!** marché conclu ! ❑ **deal in** *vt fus* faire le commerce de. ❑ **deal with** *vt fus* (*handle*) s'occuper de ; (*be about*) traiter de.

dealer ['diːlər] *n* COMM marchand *m*, -e *f* ; (*in drugs*) dealer *m*.

dealt [delt] *pt & pp* → **deal**.

dear [dɪər] *adj* cher (chère). ◆ *n* : **my ~** (*to friend*) mon cher ; (*to lover*) mon chéri ; **Dear Sir** cher Monsieur ; **Dear Madam** chère Madame ; **Dear John** cher John ; **oh ~!** mon Dieu !

death [deθ] *n* mort *f*.

debate [dɪ'beɪt] *n* débat *m*. ◆ *vt* (*wonder*) se demander.

debit ['debɪt] *n* débit *m*. ◆ *vt* (*account*) débiter.

debit card *n* carte *f* de paiement à débit immédiat.

debt [det] *n* dette *f* ; **to be in ~** être endetté.

decaff ['diːkæf] *n inf* déca *m*.

decaffeinated [dɪ'kæfɪneɪtɪd] *adj* décaféiné(e).

decanter [dɪ'kæntər] *n* carafe *f*.

decay [dɪ'keɪ] *n* (*of building*) délabrement *m* ; (*of wood*) pourrissement *m* ; (*of tooth*) carie *f*. ◆ *vi* (*rot*) pourrir.

deceive [dɪ'siːv] *vt* tromper.

decelerate [ˌdiː'seləreɪt] *vi* ralentir.

December [dɪ'sembər] *n* décembre *m* → **September**.

decent ['diːsnt] *adj* (*meal, holiday*) vrai(e) ; (*price, salary*) correct(e) ; (*respectable*) décent(e) ; (*kind*) gentil(ille).

decide [dɪ'saɪd] *vt* décider. ◆ *vi* (se) décider ; **to ~ to do sthg** décider de faire qqch. ❑ **decide on** *vt fus* se décider pour.

decimal ['desɪml] *adj* décimal(e).

decimal point *n* virgule *f*.

decision [dɪ'sɪʒn] *n* décision *f* ; **to make a ~** prendre une décision.

decisive [dɪ'saɪsɪv] *adj* (*person*) décidé(e) ; (*event, factor*) décisif(ive).

deck [dek] *n* (*of ship*) pont *m* ; (*of bus*) étage *m* ; (*of cards*) jeu *m* (*de cartes*).

deckchair ['dektʃeər] *n* chaise *f* longue.

declare [dɪ'kleər] *vt* déclarer ; **to ~ that** déclarer que ; **'nothing to ~'** 'rien à déclarer'.

decline [dɪ'klaɪn] n déclin m. ◆ vi (get worse) décliner ; (refuse) refuser.

decorate ['dekəreɪt] vt décorer.

decoration [,dekə'reɪʃn] n décoration f.

decorator ['dekəreɪtə] n décorateur m, -trice f.

decrease [n 'di:kri:s, vb dɪ'kri:s] n diminution f. ◆ vi diminuer.

dedicated ['dedɪkeɪtɪd] adj (committed) dévoué(e).

deduce [dɪ'dju:s] vt déduire, conclure.

deduct [dɪ'dʌkt] vt déduire.

deduction [dɪ'dʌkʃn] n déduction f.

deep [di:p] adj profond(e). ◆ adv profond ; the swimming pool is 2 m ~ la piscine fait 2 m de profondeur.

deep end n (of swimming pool) côté le plus profond.

deep freeze n congélateur m.

deep-fried [-'fraɪd] adj frit(e).

deep-pan adj (pizza) à pâte épaisse.

deer [dɪə] (pl inv) n cerf m.

defeat [dɪ'fi:t] n défaite f. ◆ vt battre.

defect ['di:fekt] n défaut m.

defective [dɪ'fektɪv] adj défectueux(euse).

defence [dɪ'fens] n Br défense f.

defend [dɪ'fend] vt défendre.

defense [dɪ'fens] Am = defence.

deficiency [dɪ'fɪʃnsɪ] n (lack) manque m.

deficit ['defɪsɪt] n déficit m.

define [dɪ'faɪn] vt définir.

definite ['defɪnɪt] adj (clear) net (nette) ; (certain) certain(e).

definite article n article m défini.

definitely ['defɪnɪtlɪ] adv (certainly) sans aucun doute ; I'll ~ come je viens, c'est sûr.

definition [,defɪ'nɪʃn] n définition f.

deflate [dɪ'fleɪt] vt (tyre) dégonfler.

deflect [dɪ'flekt] vt (ball) dévier.

defogger [dɪ'fogər] n Am dispositif m antibuée.

deformed [dɪ'fɔ:md] adj difforme.

defrost [,di:'frost] vt (food) décongeler ; (fridge) dégivrer ; Am (demist) désembuer.

degree [dɪ'gri:] n (unit of measurement) degré m ; (qualification) ≃ licence f ; (amount) : a ~ of difficulty une certaine difficulté ; to have a ~ in sthg ≃ avoir une licence de qqch.

dehydrated [,di:haɪ'dreɪtɪd] adj déshydraté(e).

de-ice [,di:'aɪs] vt dégivrer.

de-icer [,di:'aɪsər] n dégivreur m.

dejected [dɪ'dʒektɪd] adj découragé(e).

delay [dɪ'leɪ] n retard m. ◆ vt retarder. ◆ vi tarder ; without ~ sans délai.

delayed [dɪ'leɪd] adj retardé(e).

delegate [n 'delɪgət, vb 'delɪgeɪt] n délégué m, -e f. ◆ vt (person) déléguer.

delete [dɪ'li:t] vt effacer.

deli [dɪ'li:] n inf = delicatessen.

deliberate [dɪ'lɪbərət] adj (intentional) délibéré(e).

deliberately [dɪ'lɪbərətlɪ] adv (intentionally) délibérément.

delicacy ['delɪkəsɪ] n (food) mets m fin.

delicate ['delɪkət] adj délicat(e).

delicatessen [ˌdelɪkə'tesn] n épicerie f fine.

delicious [dɪ'lɪʃəs] adj délicieux(ieuse).

delight [dɪ'laɪt] n (feeling) plaisir m. ◆ vt enchanter ; **to take (a) ~ in doing sthg** prendre plaisir à faire qqch.

delighted [dɪ'laɪtɪd] adj ravi(e).

delightful [dɪ'laɪtfʊl] adj charmant(e).

deliver [dɪ'lɪvə'] vt (goods) livrer ; (letters, newspaper) distribuer ; (speech, lecture) faire ; (baby) mettre au monde.

delivery [dɪ'lɪvərɪ] n (of goods) livraison f ; (of letters) distribution f ; (birth) accouchement m.

delude [dɪ'luːd] vt tromper.

de luxe [də'lʌks] adj de luxe.

demand [dɪ'mɑːnd] n (request) revendication f ; COMM demande f ; (requirement) exigence f. ◆ vt exiger ; **to ~ to do sthg** exiger de faire qqch ; **in ~** demandé(e).

demanding [dɪ'mɑːndɪŋ] adj astreignant(e).

demerara sugar [deməˈreərə-] n cassonade f.

demist [ˌdiː'mɪst] vt Br désembuer.

demister [ˌdiː'mɪstə'] n Br dispositif m antibuée.

democracy [dɪ'mɒkrəsɪ] n démocratie f.

Democrat ['deməkræt] n Am démocrate mf.

democratic [deməˈkrætɪk] adj démocratique.

demolish [dɪ'mɒlɪʃ] vt démolir.

demonstrate ['demənstreɪt] vt (prove) démontrer ; (machine, appliance) faire une démonstration de. ◆ vi manifester.

demonstration [demən'streɪʃn] n (protest) manifestation f ; (proof, of machine) démonstration f.

denial [dɪ'naɪəl] n démenti m.

denim ['denɪm] n denim m. ❑ **denims** npl jean m.

denim jacket n veste f en jean.

dense [dens] adj dense.

dent [dent] n bosse f.

dental ['dentl] adj dentaire.

dental floss [-flɒs] n fil m dentaire.

dental surgeon n chirurgien-dentiste m.

dental surgery n (place) cabinet m dentaire.

dentist ['dentɪst] n dentiste m ; **to go to the ~'s** aller chez le dentiste.

dentures ['dentʃəz] npl dentier m.

deny [dɪ'naɪ] vt nier ; (refuse) refuser.

deodorant [diː'əʊdərənt] n déodorant m.

depart [dɪ'pɑːt] vi partir.

department [dɪ'pɑːtmənt] n (of business) service m ; (of government) ministère m ; (of shop) rayon m ; (of school, university) département m.

department store n grand magasin m.

departure [dɪ'pɑːtʃə'] n départ m ; '~s' (at airport) 'départs'.

departure lounge n salle f d'embarquement.

depend [dɪ'pend] *vi* : it ~s ça dépend. ◻ **depend on** *vt fus* dépendre de ; ~ing on selon.

dependable [dɪ'pendəbl] *adj* fiable.

deplorable [dɪ'plɔːrəbl] *adj* déplorable.

deport [dɪ'pɔːt] *vt* expulser.

deposit [dɪ'pɒzɪt] *n* (*in bank, substance*) dépôt *m* ; (*part-payment*) acompte *m* ; (*against damage*) caution *f* ; (*on bottle*) consigne *f*. ◆ *vt* déposer.

deposit account *n Br* compte *m* sur livret.

depot ['diːpəʊ] *n Am* (*for buses, trains*) gare *f*.

depressed [dɪ'prest] *adj* déprimé(e).

depressing [dɪ'presɪŋ] *adj* déprimant(e).

depression [dɪ'preʃn] *n* dépression *f*.

deprive [dɪ'praɪv] *vt* : to ~ sb of sthg priver qqn de qqch.

depth [depθ] *n* profondeur *f* ; to be out of one's ~ (*when swimming*) ne pas avoir pied ; *fig* perdre pied ; ~ of field (*in photography*) profondeur de champ.

deputy ['depjʊtɪ] *adj* adjoint(e).

derailment [dɪ'reɪlmənt] *n* déraillement *m*.

derelict ['derəlɪkt] *adj* abandonné(e).

descend [dɪ'send] *vt* & *vi* descendre.

descendant [dɪ'sendənt] *n* descendant *m*, -e *f*.

descent [dɪ'sent] *n* descente *f*.

describe [dɪ'skraɪb] *vt* décrire.

description [dɪ'skrɪpʃn] *n* description *f*.

desert [*n* 'dezət, *vb* dɪ'zɜːt] *n* désert *m*. ◆ *vt* abandonner.

deserted [dɪ'zɜːtɪd] *adj* désert(e).

deserve [dɪ'zɜːv] *vt* mériter.

design [dɪ'zaɪn] *n* (*pattern, art*) dessin *m* ; (*of machine, building*) conception *f*. ◆ *vt* (*building, dress*) dessiner ; (*machine*) concevoir ; to be ~ed for être conçu pour.

designer [dɪ'zaɪnə'] *n* (*of clothes*) couturier *m*, -ière *f* ; (*of building*) architecte *mf* ; (*of product*) designer *m*. ◆ *adj* (*clothes, sunglasses*) de marque.

desirable [dɪ'zaɪərəbl] *adj* souhaitable.

desire [dɪ'zaɪə'] *n* désir *m*. ◆ *vt* désirer ; it leaves a lot to be ~d ça laisse à désirer.

desk [desk] *n* (*in home, office*) bureau *m* ; (*in school*) table *f* ; (*at airport*) comptoir *m* ; (*at hotel*) réception *f*.

desktop publishing ['desk,tɒp-] *n* publication *f* assistée par ordinateur.

despair [dɪ'speə'] *n* désespoir *m*.

despatch [dɪ'spætʃ] = dispatch.

desperate ['desprət] *adj* désespéré(e) ; to be ~ for sthg avoir absolument besoin de qqch.

despicable [dɪ'spɪkəbl] *adj* méprisable.

despise [dɪ'spaɪz] *vt* mépriser.

despite [dɪ'spaɪt] *prep* malgré.

dessert [dɪ'zɜːt] *n* dessert *m*.

dessertspoon [dɪ'zɜːtspuːn] *n* cuillère *f* à dessert ; (*spoonful*) cuillerée *f* à dessert.

destination [ˌdestɪ'neɪʃn] *n* destination *f*.

destroy [dɪ'strɔɪ] *vt* détruire.

destruction [dɪ'strʌkʃn] *n* destruction *f*.

detach [dɪ'tætʃ] *vt* détacher.

detached house [dɪ'tætʃt-] *n* maison *f* individuelle.

detail ['diːteɪl] *n* détail *m* ; in ~ en détail. ❏ **details** *npl* (*facts*) renseignements *mpl*.

detailed [ˈdiːteɪld] *adj* détaillé(e).

detect [dɪ'tekt] *vt* détecter.

detective [dɪ'tektɪv] *n* détective *m* ; a ~ story une histoire policière.

detention [dɪ'tenʃn] *n* SCH retenue *f*.

detergent [dɪ'tɜːdʒənt] *n* détergent *m*.

deteriorate [dɪ'tɪərɪəreɪt] *vi* se détériorer.

determination [dɪˌtɜːmɪ'neɪʃn] *n* détermination *f*.

determine [dɪ'tɜːmɪn] *vt* déterminer.

determined [dɪ'tɜːmɪnd] *adj* déterminé(e) ; to be ~ to do sthg être déterminé à faire qqch.

deterrent [dɪ'terənt] *n* moyen *m* de dissuasion.

detest [dɪ'test] *vt* détester.

detour ['diːˌtʊər] *n* détour *m*.

deuce [djuːs] *n* (*in tennis*) égalité *f*.

devastate ['devəsteɪt] *vt* dévaster.

develop [dɪ'veləp] *vt* développer ; (*land*) exploiter ; (*machine, method*) mettre au point ; (*illness, habit*) contracter. ◆ *vi* se développer.

developing country [dɪ'velə-

piŋ-] *n* pays *m* en voie de développement.

development [dɪ'veləpmənt] *n* développement *m* ; a housing ~ une cité.

device [dɪ'vaɪs] *n* appareil *m*.

devil ['devl] *n* diable *m* ; what the ~ ...? *inf* que diable ...?

devise [dɪ'vaɪz] *vt* concevoir.

devolution [ˌdiːvə'luːʃn] *n* POL décentralisation *f*.

ⓘ **DEVOLUTION**

En 1999, dans le cadre de la décentralisation du pouvoir politique, le gouvernement travailliste a octroyé davantage d'autonomie à l'Écosse, au pays de Galles et à l'Irlande du Nord. Le Parlement écossais, l'Assemblée galloise et l'Assemblée d'Irlande du Nord sont chargés de voter la plupart des lois en matière de politique intérieure. Le Parlement écossais, le plus important de ces trois corps, légifère notamment dans les domaines de la santé, de l'éducation, de la justice, des transports et des affaires rurales. C'est lui qui décide également des augmentations d'impôts.

devoted [dɪ'vəʊtɪd] *adj* dévoué(e).

dew [djuː] *n* rosée *f*.

diabetes [ˌdaɪə'biːtiːz] *n* diabète *m*.

diabetic [ˌdaɪə'betɪk] *adj* (*person*) diabétique ; (*chocolate*) pour diabétiques. ◆ *n* diabétique *mf*.

diagnosis [ˌdaɪəg'nəʊsɪs] (*pl* -oses [-əʊsiːz]) *n* diagnostic *m*.

diagonal [daɪ'ægənl] adj diagonal(e).

diagram ['daɪəgræm] n diagramme m.

dial ['daɪəl] n cadran m. ◆ vt composer.

dialling code ['daɪəlɪŋ-] n Br indicatif m.

dialling tone ['daɪəlɪŋ-] n Br tonalité f.

dial tone Am = dialling tone.

diameter [daɪ'æmɪtər] n diamètre m.

diamond ['daɪəmənd] n (gem) diamant m. ❑ **diamonds** npl (in cards) carreau m.

diaper ['daɪəpər] n Am couche f.

diarrhoea [ˌdaɪə'rɪə] n diarrhée f.

diary ['daɪərɪ] n (for appointments) agenda m ; (journal) journal m.

dice [daɪs] (pl inv) n dé m.

diced [daɪst] adj (food) coupé(e) en dés.

dictate [dɪk'teɪt] vt dicter.

dictation [dɪk'teɪʃn] n dictée f.

dictator [dɪk'teɪtər] n dictateur m.

dictionary ['dɪkʃənrɪ] n dictionnaire m.

did [dɪd] pt → **do**.

die [daɪ] (pt & pp died, cont dying ['daɪɪŋ]) vi mourir ; **to be dying for** sthg inf avoir une envie folle de qqch ; **to be dying to do** sthg inf mourir d'envie de faire qqch. ❑ **die away** vi (sound) s'éteindre ; (wind) tomber. ❑ **die out** vi disparaître.

diesel ['diːzl] n diesel m.

diet ['daɪət] n (for slimming, health) régime m ; (food eaten) alimenta-

tion f. ◆ vi faire (un) régime. ◆ adj de régime.

diet Coke® n Coca® m inv light.

differ ['dɪfər] vi (disagree) être en désaccord ; **to ~ (from)** (be dissimilar) différer (de).

difference ['dɪfrəns] n différence f ; **it makes no ~** ça ne change rien ; **a ~ of opinion** une divergence d'opinion.

different ['dɪfrənt] adj différent(e) ; **to be ~ (from)** être différent (de) ; **a ~ route** un autre itinéraire.

differently ['dɪfrəntlɪ] adv différemment.

difficult ['dɪfɪkəlt] adj difficile.

difficulty ['dɪfɪkəltɪ] n difficulté f.

dig [dɪg] (pt & pp dug) vt (hole, tunnel) creuser ; (garden, land) retourner. ◆ vi creuser. ❑ **dig out** vt sep (rescue) dégager ; (find) dénicher. ❑ **dig up** vt sep (from ground) déterrer.

digest [dɪ'dʒest] vt digérer.

digestion [dɪ'dʒestʃn] n digestion f.

digestive (biscuit) [dɪ'dʒestɪv-] n Br biscuit à la farine complète.

digit ['dɪdʒɪt] n (figure) chiffre m ; (finger, toe) doigt m.

digital ['dɪdʒɪtl] adj numérique.

dill [dɪl] n aneth m.

dilute [daɪ'luːt] vt diluer.

dim [dɪm] adj (light) faible ; (room) sombre ; inf (stupid) borné(e). ◆ vt (light) baisser.

dime [daɪm] n Am pièce f de dix cents.

dimensions [dɪ'menʃnz] npl dimensions fpl.

din [dɪn] n vacarme m.

dine [daɪn] *vi* dîner. ❑ **dine out** *vi* dîner dehors.

diner ['daɪnə'] *n Am* (*restaurant*) ≃ relais *m* routier ; (*person*) dîneur *m*, -euse *f*.

dinghy ['dɪŋgɪ] *n* (*with sail*) dériveur *m* ; (*with oars*) canot *m*.

dingy ['dɪndʒɪ] *adj* miteux(euse).

dining car ['daɪnɪŋ-] *n* wagon-restaurant *m*.

dining hall ['daɪnɪŋ-] *n* réfectoire *m*.

dining room ['daɪnɪŋ-] *n* salle *f* à manger.

dinner ['dɪnə'] *n* (*at lunchtime*) déjeuner *m* ; (*in evening*) dîner *m* ; **to have ~** (*at lunchtime*) déjeuner ; (*in evening*) dîner.

dinner jacket *n* veste *f* de smoking.

dinner party *n* dîner *m*.

dinner set *n* service *m* de table.

dinner suit *n* smoking *m*.

dinnertime ['dɪnətaɪm] *n* (*at lunchtime*) heure *f* du déjeuner ; (*in evening*) heure *f* du dîner.

dinosaur ['daɪnəsɔːʳ] *n* dinosaure *m*.

dip [dɪp] *n* (*in road, land*) déclivité *f* ; (*food*) mélange crémeux, souvent à base de mayonnaise, dans lequel on trempe des chips ou des légumes crus. ◆ *vt* (*into liquid*) tremper. ◆ *vi* (*road, land*) descendre ; **to have a ~** (*swim*) se baigner ; **to ~ one's headlights** *Br* se mettre en codes.

diploma [dɪ'pləʊmə] *n* diplôme *m*.

dipstick ['dɪpstɪk] *n* jauge *f* (de niveau d'huile).

direct [dɪ'rekt] *adj* direct(e). ◆ *adv* directement. ◆ *vt* (*aim, con-*

trol) diriger ; (*a question*) adresser ; (*film, play, TV programme*) mettre en scène ; **can you ~ me to the railway station?** pourriez-vous m'indiquer le chemin de la gare?

direction [dɪ'rekʃn] *n* (*of movement*) direction *f* ; **to ask for ~s** demander son chemin. ❑ **directions** *npl* (*instructions*) instructions *fpl*.

directly [dɪ'rektlɪ] *adv* (*exactly*) exactement ; (*soon*) immédiatement.

director [dɪ'rektə'] *n* (*of company*) directeur *m*, -trice *f* ; (*of film, play, TV programme*) metteur *m* en scène ; (*organizer*) organisateur *m*, -trice *f*.

directory [dɪ'rektərɪ] *n* (*of telephone numbers*) annuaire *m* ; COM-PUT répertoire *m*.

directory enquiries *n Br* renseignements *mpl* (téléphoniques).

dirt [dɜːt] *n* crasse *f* ; (*earth*) terre *f*.

dirty ['dɜːtɪ] *adj* sale ; (*joke*) cochon(onne).

disability [,dɪsə'bɪlətɪ] *n* handicap *m*.

disabled [dɪs'eɪbld] *adj* handicapé(e). ◆ *npl*: **the ~** les handicapés *mpl* ; **'~ toilet'** 'toilettes handicapés'.

disadvantage [,dɪsəd'vɑːntɪdʒ] *n* inconvénient *m*.

disagree [,dɪsə'griː] *vi* ne pas être d'accord ; **to ~ with sb (about)** ne pas être d'accord avec qqn (sur) ; **those mussels ~d with me** ces moules ne m'ont pas réussi.

disagreement [,dɪsə'griːmənt] *n* (*argument*) désaccord *m* ; (*dissimilarity*) différence *f*.

disappear [ˌdɪsə'pɪəʳ] vi disparaître.

disappearance [ˌdɪsə'pɪərəns] n
disparition f.

disappoint [ˌdɪsə'pɔɪnt] vt décevoir.

disappointed [ˌdɪsə'pɔɪntɪd] adj
déçu(e).

disappointing [ˌdɪsə'pɔɪntɪŋ] adj
décevant(e).

disappointment
[ˌdɪsə'pɔɪntmənt] n déception f.

disapprove [ˌdɪsə'pruːv] vi : to
~ of désapprouver.

disarmament [dɪs'aːməmənt] n
désarmement m.

disaster [dɪ'zɑːstəʳ] n désastre m.

disastrous [dɪ'zɑːstrəs] adj dé-
sastreux(euse).

disc [dɪsk] n Br disque m ; Br (CD)
CD m ; to slip a ~ se déplacer une
vertèbre.

discard [dɪ'skɑːd] vt jeter.

discharge [dɪs'tʃɑːdʒ] vt (prisoner) libérer ; (patient) laisser sortir ;
(smoke, gas) émettre ; (liquid) laisser s'écouler.

discipline [ˈdɪsɪplɪn] n discipline
f.

disc jockey n disc-jockey m.

disco [ˈdɪskəʊ] n (place) boîte f (de
nuit) ; (event) soirée f dansante (où
l'on passe des disques).

discoloured [dɪs'kʌləd] adj dé-
coloré(e).

discomfort [dɪs'kʌmfət] n gêne
f.

disconnect [ˌdɪskə'nekt] vt (device, pipe) débrancher ; (telephone,
gas supply) couper.

discontinued [ˌdɪskən'tɪnjuːd]
adj (product) qui ne se fait plus.

discount [ˈdɪskaʊnt] n remise f.
◆ vt (product) faire une remise sur.

discover [dɪ'skʌvəʳ] vt découvrir.

discovery [dɪ'skʌvərɪ] n découverte f.

discreet [dɪ'skriːt] adj dis-
cret(ète).

discrepancy [dɪ'skrepənsɪ] n divergence f.

discriminate [dɪ'skrɪmɪneɪt] vi :
to ~ against sb faire de la discrimination envers qqn.

discrimination [dɪˌskrɪmɪ'neɪʃn]
n discrimination f.

discuss [dɪ'skʌs] vt discuter de.

discussion [dɪ'skʌʃn] n discussion f.

disease [dɪ'ziːz] n maladie f.

disembark [ˌdɪsɪm'bɑːk] vi débarquer.

disgrace [dɪs'greɪs] n (shame)
honte f ; it's a ~ ! c'est une honte!

disgraceful [dɪs'greɪsful] adj
honteux(euse).

disguise [dɪs'gaɪz] n déguisement m. ◆ vt déguiser ; in ~ dégui-
sé.

disgust [dɪs'gʌst] n dégoût m.
◆ vt dégoûter.

disgusting [dɪs'gʌstɪŋ] adj dé-
goûtant(e).

dish [dɪʃ] n plat m ; Am (plate) assiette f ; to do the ~es faire la vaisselle ; '~ of the day' 'plat du jour'.
❑ dish up vt sep servir.

dishcloth [ˈdɪʃklɒθ] n lavette f.

disheveled [dɪ'ʃevəld] Am
= dishevelled.

dishevelled [dɪ'ʃevəld] adj [Br]
(hair) ébouriffé(e) ; (person) dé-
braillé(e).

dishonest [dɪs'ɒnɪst] *adj* malhonnête.

dish towel *n Am* torchon *m*.

dishwasher ['dɪʃ,wɒʃə'] *n (machine)* lave-vaisselle *m inv*.

disinfectant [,dɪsɪn'fektənt] *n* désinfectant *m*.

disintegrate [dɪs'ɪntɪɡreɪt] *vi* se désintégrer.

disk [dɪsk] *n Am* = **disc** ; COMPUT disque *m* ; *(floppy)* disquette *f*.

disk drive *n* lecteur *m* (de disquettes).

dislike [dɪs'laɪk] *n* aversion *f*. ◆ *vt* ne pas aimer ; **to take a ~ to sb/sthg** prendre qqn/qqch en grippe.

dislocate ['dɪsləkeɪt] *vt* : **to ~ one's shoulder** se déboîter l'épaule.

dismal ['dɪzml] *adj (weather, place)* lugubre ; *(terrible)* très mauvais(e).

dismantle [dɪs'mæntl] *vt* démonter.

dismay [dɪs'meɪ] *n* consternation *f*.

dismiss [dɪs'mɪs] *vt (not consider)* écarter ; *(from job)* congédier ; *(from classroom)* laisser sortir.

disobedient [,dɪsə'biːdjənt] *adj* désobéissant(e).

disobey [,dɪsə'beɪ] *vt* désobéir à.

disorder [dɪs'ɔːdə'] *n (confusion)* désordre *m* ; *(violence)* troubles *mpl* ; *(illness)* trouble *m*.

disorganized [dɪs'ɔːɡənaɪzd] *adj* désorganisé(e).

dispatch [dɪ'spætʃ] *vt* envoyer.

dispense [dɪ'spens] : **dispense with** *vt fus* se passer de.

dispenser [dɪ'spensə'] *n* distributeur *m*.

dispensing chemist [dɪ'spensɪŋ-] *n Br* pharmacie *f*.

disperse [dɪ'spɜːs] *vt* disperser. ◆ *vi* se disperser.

display [dɪ'spleɪ] *n (of goods)* étalage *m* ; *(public event)* spectacle *m* ; *(readout)* affichage *m*. ◆ *vt (goods)* exposer ; *(feeling, quality)* faire preuve de ; *(information)* afficher ; **on ~** exposé.

displeased [dɪs'pliːzd] *adj* mécontent(e).

disposable [dɪ'spəuzəbl] *adj* jetable.

dispute [dɪ'spjuːt] *n (argument)* dispute *f* ; *(industrial)* conflit *m*. ◆ *vt (debate)* débattre (de) ; *(question)* contester.

disqualify [,dɪs'kwɒlɪfaɪ] *vt* disqualifier ; **he is disqualified from driving** *Br* on lui a retiré son permis de conduire.

disregard [,dɪsrɪ'ɡaːd] *vt* ne pas tenir compte de, ignorer.

disrupt [dɪs'rʌpt] *vt* perturber.

disruption [dɪs'rʌpʃn] *n* perturbation *f*.

dissatisfied [,dɪs'sætɪsfaɪd] *adj* mécontent(e).

dissolve [dɪ'zɒlv] *vt* dissoudre. ◆ *vi* se dissoudre.

dissuade [dɪ'sweɪd] *vt* : **to ~ sb from doing sthg** dissuader qqn de faire qqch.

distance ['dɪstəns] *n* distance *f* ; **from a ~** de loin ; **in the ~** au loin.

distant ['dɪstənt] *adj* lointain(e) ; *(reserved)* distant(e).

distilled water [dɪ'stɪld-] *n* eau *f* distillée.

distillery [dɪ'stɪlərɪ] *n* distillerie *f*.

distinct [dɪ'stɪŋkt] *adj (separate)*

distinction

distinct(e) ; *(noticeable)* net (net-te).

distinction [dɪ'stɪŋkʃn] *n (difference)* distinction *f* ; *(mark for work)* mention *f* très bien.

distinctive [dɪ'stɪŋktɪv] *adj* distinctif(ive).

distinguish [dɪ'stɪŋgwɪʃ] *vt* distinguer ; **to ~ sthg from sthg** distinguer qqch de qqch.

distorted [dɪ'stɔːtɪd] *adj* déformé(e).

distract [dɪ'strækt] *vt* distraire.

distraction [dɪ'strækʃn] *n* distraction *f*.

distress [dɪ'stres] *n (pain)* souffrance *f* ; *(anxiety)* angoisse *f*.

distressing [dɪ'stresɪŋ] *adj* pénible.

distribute [dɪ'strɪbjuːt] *vt (hand out)* distribuer ; *(spread evenly)* répartir.

distributor [dɪ'strɪbjʊtə[r]] *n* distributeur *m*.

district [dɪ'strɪkt] *n* région *f* ; *(of town)* quartier *m*.

district attorney *n Am* ≃ procureur *m* de la République.

disturb [dɪ'stɜːb] *vt (interrupt, move)* déranger ; *(worry)* inquiéter ; **'do not ~'** 'ne pas déranger'.

disturbance [dɪ'stɜːbəns] *n (violence)* troubles *mpl*.

ditch [dɪtʃ] *n* fossé *m*.

ditto ['dɪtəʊ] *adv* idem.

divan [dɪ'væn] *n* divan *m*.

dive [daɪv] *(Am pt* -d, *pp* -d) *n* plongeon *m*. ◆ *vi* plonger.

diver ['daɪvə[r]] *n* plongeur *m*, -euse *f*.

diversion [daɪ'vɜːʃn] *n (of traffic)*

déviation *f* ; *(amusement)* distraction *f*.

divert [daɪ'vɜːt] *vt* détourner.

divide [dɪ'vaɪd] *vt* diviser ; *(share out)* partager. ❑ **divide up** *vt sep* diviser ; *(share out)* partager.

diving ['daɪvɪŋ] *n (from diving-board, rock)* plongeon *m* ; *(under sea)* plongée *f* (sous-marine) ; **to go ~** faire de la plongée.

divingboard ['daɪvɪŋbɔːd] *n* plongeoir *m*.

division [dɪ'vɪʒn] *n* division *f* ; *COMM* service *m*.

divorce [dɪ'vɔːs] *n* divorce *m*. ◆ *vt* divorcer de OR d'avec.

divorced [dɪ'vɔːst] *adj* divorcé(e).

DIY *abbr* = **do-it-yourself**.

dizzy ['dɪzɪ] *adj* : **to feel ~** avoir la tête qui tourne.

DJ *n (abbr of disc jockey)* DJ *m*.

🖙

do [duː] *(pt* did, *pp* done) *aux vb* **- 1.** *(in negatives)* : **don't that!** ne fais pas ça! ; **she didn't listen** elle n'a pas écouté.
- 2. *(in questions)* : **did he like it?** est-ce qu'il a aimé? ; **how ~ you do it?** comment fais-tu ça?
- 3. *(referring to previous verb)* : **I eat more than you ~** je mange plus que toi ; **you made a mistake - no I didn't!** tu t'es trompé - non, ce n'est pas vrai! ; **so ~ I** moi aussi.
- 4. *(in question tags)* : **so, you like Scotland, ~ you?** alors, tu aimes bien l'Écosse? ; **the train leaves at five o'clock, doesn't it?** le train part à cinq heures, n'est-ce pas?
- 5. *(for emphasis)* : **I ~ like this bed-**

room j'aime vraiment cette chambre ; ~ **come in!** entrez donc!

◆ *vt* - **1.** *(perform)* faire ; **to ~ one's homework** faire ses devoirs ; **what is she doing?** qu'est-ce qu'elle fait? ; **what can I ~ for you?** je peux vous aider?

- **2.** *(clean, brush etc)* : **to ~ one's hair** se coiffer ; **to ~ one's make-up** se maquiller ; **to ~ one's teeth** se laver les dents.

- **3.** *(cause)* faire ; **to ~ damage** faire des dégâts ; **to ~ sb good** faire du bien à qqn.

- **4.** *(have as job)* : **what do you ~?** qu'est-ce que vous faites dans la vie?

- **5.** *(provide, offer)* faire ; **we ~ pizzas for under £4** nos pizzas sont à moins de 4 livres.

- **6.** *(study)* faire.

- **7.** *(subj: vehicle)* : **the car was doing 50 mph** la voiture faisait du 80 à l'heure.

- **8.** *inf (visit)* faire ; **we're doing Scotland next week** on fait l'Écosse la semaine prochaine.

◆ *vi* - **1.** *(behave, act)* faire ; **~ as I say** fais ce que je te dis.

- **2.** *(progress, get on)* : **to ~ well** *(business)* marcher bien ; **I'm not doing very well** ça ne marche pas très bien.

- **3.** *(be sufficient)* aller, être suffisant ; **will £5 ~?** 5 livres, ça ira?

- **4.** *(in phrases)* : **how do you ~?** *(greeting)* enchanté! ; *(answer)* de même! ; **how are you doing?** comment ça va? ; **what has that got to ~ with it?** qu'est-ce que ça a à voir là-dedans?

◆ *n (party)* fête *f*, soirée *f* ; **the ~s and don'ts** les choses à faire et à ne pas faire.

❑ **do out of** *vt sep inf* : **to ~ sb out of £10** entuber qqn de 10 livres.

❑ **do up** *vt sep (coat, shirt)* boutonner ; *(shoes, laces)* attacher ; *(zip)* remonter ; *(decorate)* refaire.

❑ **do with** *vt fus (need)* : **I could ~ with a drink** un verre ne serait pas de refus.

❑ **do without** *vt fus* se passer de.

dock [dɒk] *n (for ships)* dock *m* ; JUR banc *m* des accusés. ◆ *vi* arriver à quai.

doctor ['dɒktər] *n (of medicine)* docteur *m*, médecin *m* ; *(academic)* docteur *m* ; **to go to the ~'s** aller chez le docteur OR le médecin.

document ['dɒkjʊmənt] *n* document *m*.

documentary [ˌdɒkjʊ'mentərɪ] *n* documentaire *m*.

Dodgems® ['dɒdʒəmz] *npl Br* autos *fpl* tamponneuses.

dodgy ['dɒdʒɪ] *adj Br inf (plan)* douteux(euse) ; *(machine)* pas très fiable.

does [weak form dəz, strong form dʌz] → **do**.

doesn't ['dʌznt] = **does not**.

dog [dɒg] *n* chien *m*.

dog food *n* nourriture *f* pour chien.

doggy bag ['dɒgɪ-] *n* sachet servant aux clients d'un restaurant à emporter les restes de leur repas.

do-it-yourself *n* bricolage *m*.

dole [dəʊl] *n* : **to be on the ~** *Br* être au chômage.

doll [dɒl] *n* poupée *f*.

dollar ['dɒlər] *n* dollar *m*.

dolphin ['dɒlfɪn] *n* dauphin *m*.

dome [dəʊm] *n* dôme *m*.

domestic [də'mestɪk] *adj (of*

house) ménager(ère) ; *(of family)* familial(e) ; *(of country)* intérieur(e).

domestic appliance *n* appareil *m* ménager.

domestic flight *n* vol *m* intérieur.

domestic science *n* enseignement *m* ménager.

dominate ['dɒmɪneɪt] *vt* dominer.

dominoes ['dɒmɪnəʊz] *n* dominos *mpl*.

donate [də'neɪt] *vt* donner.

donation [də'neɪʃn] *n* don *m*.

done [dʌn] *pp* → do. ◆ *adj (finished)* fini(e) ; *(cooked)* cuit(e).

donkey ['dɒŋkɪ] *n* âne *m*.

don't [dəʊnt] = do not.

door [dɔːʳ] *n* porte *f* ; *(of vehicle)* portière *f*.

doorbell ['dɔːbel] *n* sonnette *f*.

doorknob ['dɔːnɒb] *n* bouton *m* de porte.

doorman ['dɔːmən] *(pl* -men) *n* portier *m*.

doormat ['dɔːmæt] *n* paillasson *m*.

doormen ['dɔːmən] *pl* → doorman.

doorstep ['dɔːstep] *n* pas *m* de la porte ; *Br (piece of bread)* tranche *f* de pain épaisse.

doorway ['dɔːweɪ] *n* embrasure *f* de la porte.

dope [dəʊp] *n inf (any drug)* dope *f* ; *(marijuana)* herbe *f*.

dormitory ['dɔːmɪtrɪ] *n* dortoir *m*.

Dormobile® ['dɔːmə.biːl] *n* camping-car *m*.

dosage ['dəʊsɪdʒ] *n* dosage *m*.

dose [dəʊs] *n* dose *f*.

dot [dɒt] *n* point *m* ; **on the ~** *fig* (à l'heure) pile.

dotted line ['dɒtɪd-] *n* ligne *f* pointillée.

double ['dʌbl] *adv* deux fois. ◆ *n* double *m* ; *(alcohol)* double dose *f*. ◆ *vt & vi* doubler. ◆ *adj* double ; **~ three, two, eight** trente-trois, vingt-huit ; **~ 'l'** deux « l » ; **to bend sthg ~** plier qqch en deux ; **a ~ whisky** un double whisky. ❏ **doubles** *n* double *m*.

double bed *n* grand lit *m*.

double-breasted [-'brestɪd] *adj* croisé(e).

double cream *n Br* crème *f* fraîche épaisse.

double-decker (bus) [-'dekəʳ-] *n* autobus *m* à impériale.

double doors *npl* porte *f* à deux battants.

double-glazing [-'gleɪzɪŋ] *n* double vitrage *m*.

double room *n* chambre *f* double.

doubt [daʊt] *n* doute *m*. ◆ *vt* douter de ; **I ~ it** j'en doute ; **I ~ she'll be there** je doute qu'elle soit là ; **in ~** incertain ; **no ~** sans aucun doute.

doubtful ['daʊtfʊl] *adj (uncertain)* incertain(e) ; **it's ~ that...** il est peu probable que ... (+ *subjunctive*).

dough [dəʊ] *n* pâte *f*.

doughnut ['dəʊnʌt] *n* beignet *m*.

dove¹ [dʌv] *n (bird)* colombe *f*.

dove² [dəʊv] *pt Am* → dive.

Dover ['dəʊvəʳ] *n* Douvres *f*.

down [daʊn] adv - 1. (towards the bottom) vers le bas ; ~ here ici en bas ; ~ there là en bas ; to fall ~ tomber ; to go ~ descendre.
- 2. (along) : I'm going ~ to the shops je vais jusqu'aux magasins.
- 3. (downstairs) : I'll come ~ later je descendrai plus tard.
- 4. (southwards) : we're going ~ to London nous descendons à Londres.
- 5. (in writing) : to write sthg ~ écrire OR noter qqch.
◆ prep - 1. (towards the bottom of) : they ran ~ the hill ils ont descendu la colline en courant.
- 2. (along) le long de ; I was walking ~ the street je descendais la rue.
◆ adj inf (depressed) cafardeux(euse).
◆ n (feathers) duvet m.

downhill [,daʊn'hɪl] adv : to go ~ descendre.

Downing Street ['daʊnɪŋ-] n Downing Street.

ⓘ **DOWNING STREET**

Cette rue de Londres est très célèbre car c'est là que résident le Premier ministre britannique (au numéro 10) et le Ministre de l'Économie et des Finances (au numéro 11). On utilise également le nom de Downing Street pour désigner le Premier ministre et son gouvernement.

downpour ['daʊnpɔːr] n grosse averse f.

downstairs [,daʊn'steəz] adj (room) du bas. ◆ adv en bas ; to go ~ descendre.

downtown [,daʊn'taʊn] adj (hotel) du centre-ville ; (train) en direction du centre-ville. ◆ adv en ville ; ~ New York le centre de New York.

down under adv Br inf (in Australia) en Australie.

downwards ['daʊnwədz] adv vers le bas.

doz. abbr = dozen.

doze [dəʊz] vi sommeiller.

dozen ['dʌzn] n douzaine f ; a ~ eggs une douzaine d'œufs.

Dr (abbr of Doctor) Dr.

drab [dræb] adj terne.

draft [drɑːft] n (early version) brouillon m ; (money order) traite f ; Am = draught.

drag [dræg] vt (pull along) tirer. ◆ vi (along ground) traîner (par terre) ; what a ~! inf quelle barbe! ☐ drag on vi s'éterniser.

dragonfly ['drægnflaɪ] n libellule f.

drain [dreɪn] n (sewer) égout m ; (in street) bouche f d'égout. ◆ vt (field) drainer ; (tank) vidanger.
◆ vi (vegetables, washing-up) s'égoutter.

draining board ['dreɪnɪŋ-] n égouttoir m.

drainpipe ['dreɪnpaɪp] n tuyau m d'écoulement.

drama ['drɑːmə] n (play) pièce f de théâtre ; (art) théâtre m ; (excitement) drame m.

dramatic [drə'mætɪk] adj (impressive) spectaculaire.

drank [dræŋk] pt → drink.

drapes [dreɪps] npl Am rideaux mpl.

drastic ['dræstɪk] adj radical(e) ; (improvement) spectaculaire.

drastically ['dræstɪklɪ] adv radicalement.

draught [drɑːft] n Br (of air) courant m d'air.

draught beer n bière f (à la) pression.

draughts [drɑːfts] n Br dames fpl.

draughty ['drɑːftɪ] adj plein(e) de courants d'air.

draw [drɔː] (pt drew, pp drawn) vt (with pen, pencil) dessiner; (line) tracer; (pull) tirer; (attract) attirer; (conclusion) tirer; (comparison) établir. ◆ vi dessiner; SPORT faire match nul. ◆ n SPORT (result) match m nul; (lottery) tirage m; to ~ the curtains (open) ouvrir les rideaux; (close) tirer les rideaux. ❑ draw out vt sep (money) retirer. ❑ draw up ◆ vt sep (list, plan) établir. ◆ vi (car, bus) s'arrêter.

drawback ['drɔːbæk] n inconvénient m.

drawer [drɔːʳ] n tiroir m.

drawing ['drɔːɪŋ] n dessin m.

drawing pin n Br punaise f.

drawing room n salon m.

drawn [drɔːn] pp → draw.

dreadful ['dredful] adj épouvantable.

dream [driːm] n rêve m. ◆ vt (when asleep) rêver; (imagine) imaginer. ◆ vi : to ~ (of) rêver (de); a ~ house une maison de rêve.

dress [dres] n robe f; (clothes) tenue f. ◆ vt habiller; (wound) panser; (salad) assaisonner. ◆ vi s'habiller; to be ~ed in être vêtu de; to get ~ed s'habiller. ❑ dress up vi s'habiller (élégamment).

dress circle n premier balcon m.

dresser ['dresəʳ] n Br (for crockery) buffet m; Am (chest of drawers) commode f.

dressing ['dresɪŋ] n (for salad) assaisonnement m; (for wound) pansement m.

dressing gown n robe f de chambre.

dressing room n SPORT vestiaire m; (in theatre) loge f.

dressing table n coiffeuse f.

dressmaker ['dres,meɪkəʳ] n couturier m, -ière f.

dress rehearsal n répétition f générale.

drew [druː] pt → draw.

dribble ['drɪbl] vi (liquid) tomber goutte à goutte; (baby) baver.

drier ['draɪəʳ] = dryer.

drift [drɪft] n (of snow) congère f. ◆ vi (in wind) s'amonceler; (in water) dériver.

drill [drɪl] n (electric tool) perceuse f; (manual tool) chignole f; (of dentist) roulette f; (of hole) percer. ◆ vt & vi percer.

drink [drɪŋk] (pt drank, pp drunk) n boisson f; (alcoholic) verre m. ◆ vt & vi boire; would you like a ~? voulez-vous quelque chose à boire? to have a ~ (alcoholic) prendre un verre.

drinkable ['drɪŋkəbl] adj (safe to drink) potable; (wine) buvable.

drinking water ['drɪŋkɪŋ-] n eau f potable.

drip [drɪp] n (drop) goutte f; MED goutte-à-goutte m inv. ◆ vi goutter; (tap) fuir.

drip-dry adj qui ne se repasse pas.

dripping (wet) ['drɪpɪŋ-] adj trempé(e).

drive [draɪv] (*vt* drove, *pp* driven ['drɪvn]) *n* (*journey*) trajet *m* (en voiture) ; (*in front of house*) allée *f*. ◆ *vt* (*car, bus, train, passenger*) conduire ; (*operate, power*) faire marcher. ◆ *vi* (*drive car*) conduire ; (*travel in car*) aller en voiture ; to go for a ~ faire un tour en voiture ; to ~ sb to do sthg pousser qqn à faire qqch ; to ~ sb mad rendre qqn fou.

drivel ['drɪvl] *n* bêtises *fpl*.

driver ['draɪvə⁽ʳ⁾] *n* conducteur *m*, -trice *f*.

driver's license *Am* = driving licence.

driveway ['draɪvweɪ] *n* allée *f*.

driving lesson ['draɪvɪŋ-] *n* leçon *f* de conduite.

driving licence ['draɪvɪŋ-] *n Br* permis *m* de conduire.

driving test ['draɪvɪŋ-] *n* examen *m* du permis de conduire.

drizzle ['drɪzl] *n* bruine *f*.

drop [drɒp] *n* (*of liquid*) goutte *f* ; (*distance down*) dénivellation *f* ; (*decrease*) chute *f*. ◆ *vt* laisser tomber ; (*reduce*) baisser ; (*from vehicle*) déposer. ◆ *vi* (*fall*) tomber ; (*decrease*) chuter ; to ~ a hint that laisser entendre que ; to ~ sb a line écrire un mot à qqn. ❏ **drop in** *vi inf* passer. ❏ **drop off** ◆ *vt sep* (*from vehicle*) déposer. ◆ *vi* (*fall asleep*) s'endormir ; (*fall off*) tomber. ❏ **drop out** *vi* (*of college, race*) abandonner.

drought [draʊt] *n* sécheresse *f*.

drove [drəʊv] *pt* → drive.

drown [draʊn] *vi* se noyer.

drug [drʌɡ] *n MED* médicament *m* ; (*stimulant*) drogue *f*. ◆ *vt* droguer.

drug addict *n* drogué *m*, -e *f*.

druggist ['drʌɡɪst] *n Am* pharmacien *m*, -ienne *f*.

drum [drʌm] *n MUS* tambour *m* ; (*container*) bidon *m*.

drummer ['drʌmə⁽ʳ⁾] *n* joueur *m*, -euse *f* de tambour ; (*in band*) batteur *m*, -euse *f*.

drumstick ['drʌmstɪk] *n* (*of chicken*) pilon *m*.

drunk [drʌŋk] *pp* → drink. ◆ *adj* saoul(e), soûl(e). ◆ *n* ivrogne *mf* ; to get ~ se saouler, se soûler.

dry [draɪ] *adj* sec (sèche) ; (*day*) sans pluie. ◆ *vt* (*hands, clothes*) sécher ; (*washing-up*) essuyer. ◆ *vi* sécher ; to ~ o.s. se sécher ; to ~ one's hair se sécher les cheveux. ❏ **dry up** *vi* (*become dry*) s'assécher ; (*dry the dishes*) essuyer la vaisselle.

dry-clean *vt* nettoyer à sec.

dry cleaner's *n* pressing *m*.

dryer ['draɪə⁽ʳ⁾] *n* (*for clothes*) séchoir *m* ; (*for hair*) séchoir *m* à cheveux, sèche-cheveux *m inv*.

dry-roasted peanuts ['rəʊstɪd-] *npl* cacahuètes *fpl* grillées à sec.

DSS *n* ministère britannique de la Sécurité sociale.

DTP *n* (*abbr of desktop publishing*) PAO *f*.

dual carriageway ['djuːəl-] *n Br* route *f* à quatre voies.

dubbed [dʌbd] *adj* (*film*) doublé(e).

dubious ['djuːbjəs] *adj* (*suspect*) douteux(euse).

duchess ['dʌtʃɪs] *n* duchesse *f*.

duck [dʌk] *n* canard *m*. ◆ *vi* se baisser.

due [djuː] *adj* (*expected*) attendu(e) ; (*money, bill*) dû (due) ; the train is ~ to leave at eight o'clock le départ du train est prévu pour huit heures ; in ~ **course** en temps voulu ; ~ **to** en raison de.

duet [dju:'et] *n* duo *m*.

duffel bag ['dʌfl-] *n* sac *m* marin.

duffel coat ['dʌfl-] *n* duffel-coat *m*.

dug [dʌg] *pt & pp* → dig.

duke [dju:k] *n* duc *m*.

dull [dʌl] *adj* (*not bright*) terne ; (*boring*) ennuyeux(euse) ; (*weather*) maussade ; (*pain*) sourd(e).

dumb [dʌm] *adj inf* (*stupid*) idiot(e) ; (*unable to speak*) muet (ette).

dummy ['dʌmɪ] *n Br* (*of baby*) tétine *f* ; (*for clothes*) mannequin *m*.

dump [dʌmp] *n* (*for rubbish*) dépotoir *m* ; *inf* (*town*) trou *m* ; *inf* (*room, flat*) taudis *m*. ◆ *vt* (*drop carelessly*) laisser tomber ; (*get rid of*) se débarrasser de.

dumpling ['dʌmplɪŋ] *n* boulette de pâte cuite à la vapeur et servie avec les ragoûts.

dune [dju:n] *n* dune *f*.

dungarees [ˌdʌŋgə'ri:z] *npl Br* (*for work*) bleu *m* (de travail) ; (*fashion item*) salopette *f* ; *Am* (*jeans*) jean *m*.

dungeon ['dʌndʒən] *n* cachot *m*.

duplicate ['dju:plɪkət] *n* double *m*.

during ['djʊərɪŋ] *prep* pendant, durant.

dusk [dʌsk] *n* crépuscule *m*.

dust [dʌst] *n* poussière *f*. ◆ *vt* épousseter.

dustbin ['dʌstbɪn] *n Br* poubelle *f*.

dustcart ['dʌstkɑːt] *n Br* camion *m* des éboueurs.

duster ['dʌstə'] *n* chiffon *m* (à poussière).

dustman ['dʌstmən] (*pl* -men [-mən]) *n Br* éboueur *m*.

dustpan ['dʌstpæn] *n* pelle *f*.

dusty ['dʌstɪ] *adj* poussiéreux(euse).

duty ['dju:tɪ] *n* (*moral obligation*) devoir *m* ; (*tax*) droit *m* ; **to be on ~** être de service ; **to be off ~** ne pas être de service. ❑ **duties** *npl* (*job*) fonctions *fpl*.

duty chemist's *n* pharmacie *f* de garde.

duty-free *adj* détaxé(e). ◆ *n* articles *mpl* détaxés.

duvet ['du:veɪ] *n* couette *f*.

DVD (*abbr of Digital Video or Versatile Disc*) *n* DVD *m*.

DVD-ROM (*abbr of Digital Video or Versatile Disc read only memory*) *n* DVD-ROM *m*.

dwarf [dwɔːf] (*pl* **dwarves** [dwɔːvz]) *n* nain *m*, naine *f*.

dwelling ['dwelɪŋ] *n fml* logement *m*.

dye [daɪ] *n* teinture *f*. ◆ *vt* teindre.

dying ['daɪɪŋ] *cont* → die.

dynamite ['daɪnəmaɪt] *n* dynamite *f*.

dynamo ['daɪnəməʊ] (*pl* -s) *n* (*on bike*) dynamo *f*.

dyslexic [dɪs'leksɪk] *adj* dyslexique.

E

E (abbr of east) E.

E111 n formulaire m E111.

each [iːtʃ] adj chaque. ◆ pron chacun m, -e f ; ~ one chacun ; to know ~ other se connaître ; one ~ un chacun ; one of ~ un de chaque.

eager ['iːgə'] adj enthousiaste ; to be ~ to do sthg vouloir à tout prix faire qqch.

eagle ['iːgl] n aigle m.

ear [ɪə'] n oreille f ; (of corn) épi m.

earache ['ɪəreɪk] n : to have ~ avoir mal aux oreilles.

earl [ɜːl] n comte m.

early ['ɜːlɪ] adv de bonne heure, tôt ; (before usual or arranged time) tôt. ◆ adj en avance ; in ~ June au début du mois de juin ; at the earliest au plus tôt ; ~ on tôt ; to have an ~ night se coucher tôt.

earn [ɜːn] vt (money) gagner ; (praise) s'attirer ; (success) remporter ; to ~ a living gagner sa vie.

earnings ['ɜːnɪŋz] npl revenus mpl.

earphones ['ɪəfəʊnz] npl écouteurs mpl.

earplugs ['ɪəplʌgz] npl (wax) boules fpl Quiès®.

earrings ['ɪərɪŋz] npl boucles fpl d'oreille.

earth [ɜːθ] n terre f ; how on ~ ...? comment diable ...?

earthenware ['ɜːθnweə'] adj en terre cuite.

earthquake ['ɜːθkweɪk] n tremblement m de terre.

ease [iːz] n facilité f. ◆ vt (pain)

soulager ; (problem) arranger ; at ~ à l'aise ; with ~ facilement. ❑ **ease off** vi (pain, rain) diminuer.

easily ['iːzɪlɪ] adv facilement ; (by far) de loin.

east [iːst] n est m. ◆ adv (fly, walk) vers l'est ; (be situated) à l'est ; in the ~ of England à OR dans l'est de l'Angleterre ; **the East** (Asia) l'Orient m.

eastbound ['iːstbaʊnd] adj en direction de l'est.

Easter ['iːstə'] n Pâques m.

eastern ['iːstən] adj oriental(e), est (inv). ❑ **Eastern** adj (Asian) oriental(e).

Eastern Europe n l'Europe f de l'Est.

eastwards ['iːstwədz] adv vers l'est.

easy ['iːzɪ] adj facile ; to take it ~ ne pas s'en faire.

easygoing [iːzɪ'gəʊɪŋ] adj facile à vivre.

eat [iːt] (pt ate [Br et, Am eɪt], pp eaten ['iːtn]) vt & vi manger. ❑ **eat out** vi manger dehors.

ebony ['ebənɪ] n ébène f.

e-business n (company) cyberentreprise f. ; (trade) cybercommerce m, commerce m électronique.

EC n (abbr of European Community) CE f.

e-cash n argent m virtuel OR électronique.

ECB (abbr of European Central bank) n BCE f.

eccentric [ɪk'sentrɪk] adj excentrique.

echo ['ekəʊ] (pl -es) n écho m. ◆ vi résonner.

eco-friendly adj qui respecte l'environnement.

ecology [ɪˈkɒlədʒɪ] n écologie f.

ecological adj écologique.

e-commerce n commerce m électronique, cybercommerce m.

economic [ˌiːkəˈnɒmɪk] adj économique. ❑ **economics** n économie f.

economical [ˌiːkəˈnɒmɪkl] adj (car, system) économique ; (person) économe.

economize [ɪˈkɒnəmaɪz] vi faire des économies.

economy [ɪˈkɒnəmɪ] n économie f.

economy class n classe f touriste.

economy size adj taille économique (inv).

ecstasy [ˈekstəsɪ] n (great joy) extase f ; (drug) ecstasy f.

eczema [ˈeksɪmə] n eczéma m.

edge [edʒ] n bord m ; (of knife) tranchant m.

edible [ˈedɪbl] adj comestible.

Edinburgh [ˈedɪnbrə] n Édimbourg.

Edinburgh Festival n : the ~ le festival d'Édimbourg.

edition [ɪˈdɪʃn] n (of book, newspaper) édition f ; (of TV programme) diffusion f.

editor [ˈedɪtəʳ] n (of newspaper, magazine) rédacteur m, -trice f en chef ; (of film) monteur m, -euse f.

editorial [ˌedɪˈtɔːrɪəl] n éditorial m.

educate [ˈedʒukeɪt] vt instruire.

education [ˌedʒuˈkeɪʃn] n éducation f.

ⓘ **EDUCATION SYSTEM**

Le système éducatif, en Grande-Bretagne comme aux États-Unis comprend principalement deux niveaux : primaire et secondaire. L'école primaire (primary school en Grande-Bretagne, grade school aux États-Unis) accueille les enfants de la 1ʳᵉ à la 6ᵉ, avec pour la Grande-Bretagne, une année de préparation en Reception avant l'entrée en 1ᵉ. En Grande Bretagne, on va à l'école secondaire (secondary school) entre 11 et 16 ans et on en sort généralement après avoir passé le GCSE (General Certificate of Secondary Education). Les élèves qui veulent continuer doivent avoir réussi 5 matières pour pouvoir se présenter (vers 18 ans) aux A-levels qui leur permettent d'entrer à l'université. Aux États-Unis, il existe une étape intermédiaire de deux à trois ans entre le primaire et le secondaire, appelée middle school ou junior high school. Les élèves entrent à la high school, l'étape secondaire, à l'âge de 14 ans environ. Ils y restent quatre ans (de la 9ᵉ à la 12ᵉ) et sortent diplômés de l'école secondaire à 18 ans.

---

eel [iːl] n anguille f.

effect [ɪˈfekt] n effet m ; **to put sth into ~** mettre qqch en application ; **to take ~** prendre effet.

effective [ɪˈfektɪv] adj efficace ; (law, system) en vigueur.

effectively [ɪˈfektɪvlɪ] adv (successfully) efficacement ; (in fact) effectivement.

efficient [ɪˈfɪʃənt] adj efficace.

effort ['efət] n effort m ; to make an ~ to do sthg faire un effort pour faire qqch ; it's not worth the ~ ça ne vaut pas la peine.

EFTPOS ['eftpɒs] (abbr of electronic funds transfer at point of sale) n transfert électronique de fonds au point de vente.

e.g. adv p. ex.

egg [eg] n œuf m.

egg cup n coquetier m.

egg mayonnaise n œuf m mayonnaise.

eggplant ['egplɑːnt] n Am aubergine f.

egg white n blanc m d'œuf.

egg yolk n jaune m d'œuf.

eiderdown ['aɪdədaʊn] n édredon m.

eight [eɪt] num huit → six.

eighteen [,eɪ'tiːn] num dix-huit → six.

eighteenth [,eɪ'tiːnθ] num dix-huitième → sixth.

eighth [eɪtθ] num huitième → sixth.

eightieth ['eɪtɪəθ] num quatre-vingtième → sixth.

eighty ['eɪtɪ] num quatre-vingt(s) → six.

Eire ['eərə] n l'Eire f, l'Irlande f.

Eisteddfod [aɪ'stedfəd] n festival culturel gallois.

either[1] ['aɪðə', 'iːðə'] adj : ~ book will do n'importe lequel des deux livres fera l'affaire.

either[2] pron : I'll take ~ (of them) je prendrai n'importe lequel ; I don't like ~ (of them) je n'aime ni l'un ni l'autre.

either[3] adv : I can't ~ je ne peux pas non plus ; ~ ... or soit ... soit, ou ... ou ; on ~ side des deux côtés.

eject [ɪ'dʒekt] vt (cassette) éjecter.

elaborate [ɪ'læbrət] adj compliqué(e).

elastic [ɪ'læstɪk] n élastique m.

elastic band n Br élastique m.

elbow ['elbəʊ] n (of person) coude m.

elder ['eldə'] adj aîné(e).

elderly ['eldəlɪ] adj âgé(e). ◆ npl : the ~ les personnes fpl âgées.

eldest ['eldɪst] adj aîné(e).

elect [ɪ'lekt] vt élire ; to ~ to do sthg fml (choose) choisir de faire qqch.

election [ɪ'lekʃn] n élection f.

ELECTION

Les élections présidentielles américaines, dont les dates sont fixées par la Constitution, ont lieu tous les quatre ans. Le Président est élu par de grands électeurs, eux-mêmes élus au suffrage universel. Il n'a pas le droit de renouveler plus d'une fois son mandat. Les élections générales britanniques sont organisées tous les cinq ans mais le Premier ministre peut les provoquer à tout moment de la législature. L'abstention est autorisée en Grande-Bretagne comme aux États-Unis.

electric [ɪ'lektrɪk] adj électrique.

electrical goods [ɪ'lektrɪk-] npl appareils mpl électriques.

electric blanket n couverture f chauffante.

electric drill n perceuse f électrique.

electric fence n clôture f électrifiée.

electrician [ˌɪlek'trɪʃn] n électricien m, -ienne f.

electricity [ˌɪlek'trɪsətɪ] n électricité f.

electric shock n décharge f électrique.

electrocute [ɪ'lektrəkju:t] vt électrocuter.

electronic [ˌɪlek'trɒnɪk] adj électronique.

elegant ['elɪgənt] adj élégant(e).

element ['elɪmənt] n élément m ; (amount) part f ; (of fire, kettle) résistance f ; the ~s (weather) les éléments.

elementary [ˌelɪ'mentərɪ] adj élémentaire.

elephant ['elɪfənt] n éléphant m.

elevator ['elɪveɪtə'] n Am ascenseur m.

eleven [ɪ'levn] num onze → six.

eleventh [ɪ'levnθ] num onzième → sixth.

eligible ['elɪdʒəbl] adj admissible.

eliminate [ɪ'lɪmɪneɪt] vt éliminer.

Elizabethan [ɪˌlɪzə'bi:θn] adj élisabéthain(e) (deuxième moitié du XVIe siècle).

elm [elm] n orme m.

else [els] adv : I don't want anything ~ je ne veux rien d'autre ; anybody ~? désirez-vous autre chose? ; everyone ~ tous les autres ; nobody ~ personne d'autre ; nothing ~ rien d'autre ; somebody ~ quelqu'un d'autre ; something ~ autre chose ; somewhere ~ ailleurs ; what ~? quoi d'autre? ; what ~ is there to do? qu'est-ce qu'il y a d'autre à faire? ; who ~? qui d'autre? ; or ~ sinon.

elsewhere [els'weə'] adv ailleurs.

e-mail n mail m, courrier m électronique. ◆ vt : to ~ sb envoyer un e-mail à qqn.

e-mail address n adresse f électronique/e-mail.

embankment [ɪm'bæŋkmənt] n (next to river) berge f ; (next to road, railway) talus m.

embark [ɪm'bɑ:k] vi (board ship) embarquer.

embarrass [ɪm'bærəs] vt embarrasser.

embarrassed [ɪm'bærəst] adj embarrassé(e).

embarrassing [ɪm'bærəsɪŋ] adj embarrassant(e).

embarrassment [ɪm'bærəsmənt] n embarras m.

embassy ['embəsɪ] n ambassade f.

emblem ['embləm] n emblème m.

embrace [ɪm'breɪs] vt serrer dans ses bras.

embroidered [ɪm'brɔɪdəd] adj brodé(e).

embroidery [ɪm'brɔɪdərɪ] n broderie f.

emerald ['emərəld] n émeraude f.

emerge [ɪ'mɜːdʒ] vi émerger.

emergency [ɪ'mɜːdʒənsɪ] n urgence f. ◆ adj d'urgence ; in an ~ en cas d'urgence.

emergency exit n sortie f de secours.

emergency landing n atterrissage m forcé.

emergency services npl services mpl d'urgence.

emigrate ['emɪgreɪt] vi émigrer.

emit [ɪ'mɪt] vt émettre.

emotion [ɪ'məʊʃn] n émotion f.

emotional [ɪ'məʊʃənl] adj (situation) émouvant(e) ; (person) émotif(ive).

emphasis ['emfəsɪs] (pl -ases [-əsiːz]) n accent m.

emphasize ['emfəsaɪz] vt souligner.

empire ['empaɪə'] n empire m.

employ [ɪm'plɔɪ] vt employer.

employed [ɪm'plɔɪd] adj employé(e).

employee [ɪm'plɔiː] n employé m, -e f.

employer [ɪm'plɔɪə'] n employeur m, -euse f.

employment [ɪm'plɔɪmənt] n emploi m.

employment agency n agence f de placement.

empty ['emptɪ] adj vide ; (threat, promise) vain(e). ◆ vt vider.

EMU (abbr of Economic and Monetary Union) n UEM f.

emulsion (paint) [ɪ'mʌlʃn-] n émulsion f.

enable [ɪ'neɪbl] vt : to ~ sb to do sthg permettre à qqn de faire qqch.

enamel [ɪ'næml] n émail m.

enclose [ɪn'kləʊz] vt (surround) entourer ; (with letter) joindre.

enclosed [ɪn'kləʊzd] adj (space) clos(e).

encounter [ɪn'kaʊntə'] vt rencontrer.

encourage [ɪn'kʌrɪdʒ] vt encou-

rager ; to ~ sb to do sthg encourager qqn à faire qqch.

encouragement [ɪn'kʌrɪdʒmənt] n encouragement m.

encryption [en'krɪpʃn] n COMPUT cryptage m. ; TV codage m, encodage m.

encyclopedia [ɪn saɪklə'piːdjə] n encyclopédie f.

end [end] n (furthest point) bout m ; (of book, list, year, holiday) fin f ; (purpose) but m. ◆ vt (story, evening, holiday) finir, terminer ; (war, practice) mettre fin à. ◆ vi finir, se terminer ; at the ~ of April (à la) fin avril ; to come to an ~ se terminer ; to put an ~ to sthg mettre fin à qqch ; for days on ~ (pendant) des journées entières ; in the ~ finalement ; to make ~s meet arriver à joindre les deux bouts. ❏ end up vi finir.

endangered species [ɪn-'deɪndʒəd-] n espèce f en voie de disparition.

ending ['endɪŋ] n (of story, film, book) fin f ; GRAMM terminaison f.

endive ['endaɪv] n (curly) frisée f ; (chicory) endive f.

endless ['endlɪs] adj sans fin.

endorsement [ɪn'dɔːsmənt] n (of driving licence) contravention indiquée sur le permis de conduire.

endurance [ɪn'djʊərəns] n endurance f.

endure [ɪn'djʊə'] vt endurer.

enemy ['enɪmɪ] n ennemi m, -e f.

energy ['enədʒɪ] n énergie f.

enforce [ɪn'fɔːs] vt (law) appliquer.

engaged [ɪn'geɪdʒd] adj (to be married) fiancé(e) ; Br (phone) occupé(e) ; (toilet) occupé(e) ; **to get ~** se fiancer.

engaged tone n Br tonalité f 'occupé'.

engagement [ɪn'geɪdʒmənt] n (to marry) fiançailles fpl ; (appointment) rendez-vous m.

engagement ring n bague f de fiançailles.

engine ['endʒɪn] n (of vehicle) moteur m ; (of train) locomotive f.

engineer [,endʒɪ'nɪə(r)] n ingénieur m.

engineering [,endʒɪ'nɪərɪŋ] n ingénierie f.

engineering works npl (on railway line) travaux mpl.

England ['ɪŋɡlənd] n l'Angleterre f.

English ['ɪŋɡlɪʃ] adj anglais(e). ◆ n (language) anglais m. ◆ npl : **the ~** les Anglais mpl.

English breakfast n petit déjeuner anglais traditionnel composé de bacon, d'œufs, de saucisses et de toasts, accompagnés de thé ou de café.

English Channel n : **the ~** la Manche.

Englishman ['ɪŋɡlɪʃmən] (pl -men [-mən]) n Anglais m.

Englishwoman ['ɪŋɡlɪʃ,wʊmən] (pl -women [-,wɪmɪn]) n Anglaise f.

engrave [ɪn'greɪv] vt graver.

engraving [ɪn'greɪvɪŋ] n gravure f.

enjoy [ɪn'dʒɔɪ] vt aimer ; **to ~ doing sthg** aimer faire qqch ; **to ~ o.s.** s'amuser ; **~ your meal!** bon appétit!

enjoyable [ɪn'dʒɔɪəbl] adj agréable.

enjoyment [ɪn'dʒɔɪmənt] n plaisir m.

enlargement [ɪn'lɑːdʒmənt] n (of photo) agrandissement m.

enormous [ɪ'nɔːməs] adj énorme.

enough [ɪ'nʌf] adj assez de. ◆ pron & adv assez ; **~ time** assez de temps ; **is that ~?** ça suffit? ; **it's not big ~** ça n'est pas assez gros ; **to have had ~ (of)** en avoir assez (de).

enquire [ɪn'kwaɪə(r)] vi se renseigner.

enquiry [ɪn'kwaɪərɪ] n (investigation) enquête f ; **to make an ~** demander un renseignement ; 'Enquiries' 'Renseignements'.

enquiry desk n accueil m.

enrol [ɪn'rəʊl] vi Br s'inscrire.

enroll [ɪn'rəʊl] Am = **enrol.**

en suite bathroom [ɒn'swiːt-] n salle f de bains particulière.

ensure [ɪn'ʃʊə(r)] vt assurer.

entail [ɪn'teɪl] vt entraîner.

enter ['entə(r)] vt entrer dans ; (college) entrer à ; (competition) s'inscrire à ; (on form) inscrire. ◆ vi entrer ; (in competition) s'inscrire.

enterprise ['entəpraɪz] n entreprise f.

entertain [,entə'teɪn] vt (amuse) divertir.

entertainer [,entə'teɪnə(r)] n fantaisiste mf.

entertaining [,entə'teɪnɪŋ] adj amusant(e).

entertainment [,entə'teɪnmənt] n divertissement m.

enthusiasm [ɪn'θjuːzɪæzm] n enthousiasme m.

enthusiast [ɪn'θjuːzɪæst] n passionné m, -e f.

enthusiastic [ɪn,θjuːzɪ'æstɪk] adj enthousiaste.

entire [ɪn'taɪə'] adj entier(ière).

entirely [ɪn'taɪəlɪ] adv entièrement.

entitle [ɪn'taɪtl] vt : to ~ sb to do sthg autoriser qqn à faire qqch ; this ticket ~s you to a free drink ce ticket vous donne droit à une consommation gratuite.

entrance ['entrəns] n entrée f.

entrance fee n entrée f.

entry ['entrɪ] n entrée f ; (in competition) objet m soumis ; 'no ~' (sign on door) 'entrée interdite' ; (road sign) 'sens interdit'.

envelope ['envələʊp] n enveloppe f.

envious ['envɪəs] adj envieux(ieuse).

environment [ɪn'vaɪərənmənt] n milieu m, cadre m ; the ~ l'environnement m.

environmental [ɪn,vaɪərən'mentl] adj de l'environnement.

environmentally friendly [ɪn,vaɪərən'mentəlɪ-] adj qui préserve l'environnement.

envy ['envɪ] vt envier.

epic ['epɪk] n épopée f.

epidemic [,epɪ'demɪk] n épidémie f.

epileptic [,epɪ'leptɪk] adj épileptique ; ~ fit crise f d'épilepsie.

episode ['epɪsəʊd] n épisode m.

equal ['iːkwəl] adj égal(e). ◆ vt égaler ; to be ~ to être égal à.

equality [ɪ'kwɒlətɪ] n égalité f.

equalize ['iːkwəlaɪz] vi égaliser.

equally ['iːkwəlɪ] adv (pay, treat) pareil ; (share) en parts égales ; (at the same time) en même temps ; they're ~ good ils sont aussi bons l'un que l'autre.

equation [ɪ'kweɪʒn] n équation f.

equator [ɪ'kweɪtə'] n : the ~ l'équateur m.

equip [ɪ'kwɪp] vt : to ~ sb/sthg with équiper qqn/qqch de.

equipment [ɪ'kwɪpmənt] n équipement m.

equipped [ɪ'kwɪpt] adj : to be ~ with être équipé(e) de.

equivalent [ɪ'kwɪvələnt] adj équivalent(e). ◆ n équivalent m.

erase [ɪ'reɪz] vt (letter, word) effacer, gommer.

eraser [ɪ'reɪzə'] n gomme f.

erect [ɪ'rekt] adj (person, posture) droit(e). ◆ vt (tent) monter ; (monument) élever.

erotic [ɪ'rɒtɪk] adj érotique.

errand ['erənd] n course f.

erratic [ɪ'rætɪk] adj irrégulier(ière).

error ['erə'] n erreur f.

escalator ['eskəleɪtə'] n Escalator® m.

escalope ['eskəlɒp] n escalope f panée.

escape [ɪ'skeɪp] n fuite f. ◆ vi s'échapper ; to ~ from (from prison) s'échapper de ; (from danger) échapper à.

escort [n 'eskɔːt, vb ɪ'skɔːt] n (guard) escorte f. ◆ vt escorter.

especially [ɪ'speʃəlɪ] adv (in particular) surtout ; (on purpose) exprès ; (very) particulièrement.

esplanade [ˌespləˈneɪd] n esplanade f.

essay [ˈeseɪ] n (at school, university) dissertation f.

essential [ɪˈsenʃl] adj (indispensable) essentiel(ielle). ❑ **essentials** npl : the ~s l'essentiel ; **the bare ~s** le strict minimum.

essentially [ɪˈsenʃəlɪ] adv essentiellement.

establish [ɪˈstæblɪʃ] vt établir.

establishment [ɪˈstæblɪʃmənt] n établissement m.

estate [ɪˈsteɪt] n (land in country) propriété f ; (for housing) lotissement m ; Br (car) = **estate car**.

estate agent n Br agent m immobilier.

estate car n Br break m.

estimate [n ˈestɪmət, vb ˈestɪmeɪt] n (guess) estimation f ; (from builder, plumber) devis m. ◆ vt estimer.

estuary [ˈestjʊərɪ] n estuaire m.

ethnic minority [ˈeθnɪk-] n minorité f ethnique.

e-trade n cybercommerce m, commerce m électronique.

EU (abbr of European Union) n UE f ; ~ **policy** la politique de l'Union Européenne, la politique communautaire.

euro n euro m.

euro area n zone f euro.

euro cent n centime m (d'euro).

Eurocheque [ˈjʊərəʊˌtʃek] n eurochèque m.

Europe [ˈjʊərəp] n l'Europe f.

European [ˌjʊərəˈpɪən] adj européen(enne). ◆ n Européen m, -enne f.

European Central Bank n Banque f centrale européenne.

European Commission n Commission f des communautés européennes.

European Community n Communauté f européenne.

European Union n Union f européenne.

Eurostar® [ˈjʊərəʊstɑː] n Eurostar® m.

euro zone n zone f euro.

evacuate [ɪˈvækjʊeɪt] vt évacuer.

evade [ɪˈveɪd] vt (person) échapper à ; (issue, responsibility) éviter.

eve [iːv] n : **on the ~ of** à la veille de.

even [ˈiːvn] adj (uniform, flat) régulier(ière) ; (equal) égal(e) ; (number) pair(e). ◆ adv même ; (in comparisons) encore ; ~ **bigger** encore plus grand ; **to break ~** rentrer dans ses frais ; ~ **so** quand même ; ~ **though** même si.

evening [ˈiːvnɪŋ] n soir m ; (event, period) soirée f ; **good ~!** bonsoir! ; **in the ~** le soir.

evening classes npl cours mpl du soir.

evening dress n (formal clothes) tenue f de soirée ; (of woman) robe f du soir.

evening meal n repas m du soir.

event [ɪˈvent] n événement m ; SPORT épreuve f ; **in the ~ of** fml dans l'éventualité de.

eventual [ɪˈventʃʊəl] adj final(e).

eventually [ɪˈventʃʊəlɪ] adv finalement.

ever [ˈevə] adv jamais ; **have you ~ been to Wales?** êtes-vous déjà allé au pays de Galles? ; **so angry** il était vraiment en colère ; **for ~** (eternally) pour toujours ; (for a long time) un temps fou ; **hardly ~**

pratiquement jamais ; ~ since depuis, depuis, depuis que.

every ['evri] *adj* chaque ; ~ day tous les jours, chaque jour ; ~ other day un jour sur deux ; one in ~ ten un sur dix ; we make ~ effort ... nous faisons tout notre possible ... ; ~ so often de temps en temps.

everybody ['evri,bɒdi] = everyone.

everyday ['evridei] *adj* quotidien(ienne).

everyone ['evriwʌn] *pron* tout le monde.

everyplace ['evri,pleis] *Am* = everywhere.

everything ['evriθiŋ] *pron* tout.

everywhere ['evriweə] *adv* partout.

evidence ['evidəns] *n* preuve *f*.

evident ['evidənt] *adj* évident(e).

evidently ['evidəntli] *adv* manifestement.

evil ['iːvl] *adj* mauvais(e). ◆ *n* mal *m*.

ex [eks] *n inf (wife, husband, partner)* ex *mf*.

exact [ig'zækt] *adj* exact(e) ; '~ fare ready please' 'faites l'appoint'.

exactly [ig'zæktli] *adv* & *excl* exactement.

exaggerate [ig'zædʒəreit] *vt* & *vi* exagérer.

exaggeration [ig,zædʒə'reiʃn] *n* exagération *f*.

exam [ig'zæm] *n* examen *m* ; to take an ~ passer un examen.

examination [ig,zæmi'neiʃn] *n* examen *m*.

examine [ig'zæmin] *vt* examiner.

example [ig'zaːmpl] *n* exemple *m*.

exceed [ik'siːd] *vt* dépasser.

excellent ['eksələnt] *adj* excellent(e).

except [ik'sept] *prep* & *conj* sauf, à part ; ~ for sauf, à part ; '~ for access' 'sauf riverains' ; '~ for loading' 'sauf livraisons'.

exception [ik'sepʃn] *n* exception *f*.

exceptional [ik'sepʃnəl] *adj* exceptionnel(elle).

excerpt ['eksɜːpt] *n* extrait *m*.

excess [ik'ses, *before noun* 'ekses] *adj* excédentaire. ◆ *n* excès *m*.

excess baggage *n* excédent *m* de bagages.

excess fare *n Br* supplément *m*.

excessive [ik'sesiv] *adj* excessif(ive).

exchange [iks'tʃeindʒ] *n (of telephones)* central *m* téléphonique ; *(of students)* échange *m* scolaire. ◆ *vt* échanger ; to ~ sthg for sthg échanger qqch contre qqch ; to be on an ~ prendre part à un échange scolaire.

exchange rate *n* taux *m* de change.

excited [ik'saitid] *adj* excité(e).

excitement [ik'saitmənt] *n* excitation *f* ; *(exciting thing)* animation *f*.

exciting [ik'saitiŋ] *adj* passionnant(e).

exclamation mark [,eksklə'meiʃn-] *n Br* point *m* d'exclamation.

exclamation point [,eksklə'meiʃn-] *Am* = exclamation mark.

exclude

exclude [ık'skluːd] *vt* exclure.

excluding [ık'skluːdıŋ] *prep* sauf, à l'exception de.

exclusive [ık'skluːsıv] *adj (high-class)* chic ; *(sole)* exclusif(ive). ◆ *n* exclusivité *f* ; ~ of VAT TVA non comprise.

excursion [ık'skəːʃn] *n* excursion *f*.

excuse [*n* ık'skjuːs, *vb* ık'skjuːz] *n* excuse *f*. ◆ *vt (forgive)* excuser ; *(let off)* dispenser ; ~ me! excusez-moi!

ex-directory *adj Br* sur la liste rouge.

execute ['eksıkjuːt] *vt (kill)* exécuter.

executive [ıg'zekjutıv] *adj (room)* pour cadres. ◆ *n (person)* cadre *m*.

exempt [ıg'zempt] *adj* : ~ from exempt(e) de.

exemption [ıg'zempʃn] *n* exemption *f*.

exercise ['eksəsaız] *n* exercice *m*. ◆ *vi* faire de l'exercice ; to do ~s faire des exercices.

exercise book *n* cahier *m*.

exert [ıg'zəːt] *vt* exercer.

exhaust [ıg'zɔːst] *vt* épuiser. ◆ *n* : ~ (pipe) pot *m* d'échappement.

exhausted [ıg'zɔːstıd] *adj* épuisé(e).

exhibit [ıg'zıbıt] *n (in museum, gallery)* objet *m* exposé. ◆ *vt* exposer.

exhibition [ˌeksı'bıʃn] *n (of art)* exposition *f*.

exist [ıg'zıst] *vi* exister.

existence [ıg'zıstəns] *n* existence *f* ; to be in ~ exister.

existing [ıg'zıstıŋ] *adj* existant(e).

exit ['eksıt] *n* sortie *f*. ◆ *vi* sortir.

exotic [ıg'zɒtık] *adj* exotique.

expand [ık'spænd] *vi* se développer.

expect [ık'spekt] *vt* s'attendre à ; *(await)* attendre ; to ~ to do sthg compter faire qqch ; to ~ sb to do sthg *(require)* attendre de qqn qu'il fasse qqch ; to be ~ing *(be pregnant)* être enceinte.

expedition [ˌekspı'dıʃn] *n* expédition *f*.

expel [ık'spel] *vt (from school)* renvoyer.

expense [ık'spens] *n* dépense *f* ; at the ~ of *fig* aux dépens de. ◻ **expenses** *npl (of business trip)* frais *mpl*.

expensive [ık'spensıv] *adj* cher (chère).

experience [ık'spıərıəns] *n* expérience *f*. ◆ *vt* connaître.

experienced [ık'spıərıənst] *adj* expérimenté(e).

experiment [ık'sperımənt] *n* expérience *f*. ◆ *vi* expérimenter.

expert ['ekspəːt] *adj (advice)* d'expert. ◆ *n* expert *m*.

expire [ık'spaıər] *vi* expirer.

expiry date [ık'spaıərı-] *n* date *f* d'expiration.

explain [ık'spleın] *vt* expliquer.

explanation [ˌeksplə'neıʃn] *n* explication *f*.

explode [ık'spləud] *vi* exploser.

exploit [ık'splɔıt] *vt* exploiter.

explore [ık'splɔːr] *vt (place)* explorer.

explosion [ık'spləuʒn] *n* explosion *f*.

explosive [ɪk'spləʊsɪv] n explosif m.

export [n 'ekspɔːt, vb ɪk'spɔːt] n exportation f. ◆ vt exporter.

exposed [ɪk'spəʊzd] adj (place) exposé(e).

exposure [ɪk'spəʊʒə'] n (photograph) pose f ; MED exposition f au froid ; (to heat, radiation) exposition f.

express [ɪk'spres] adj (letter, delivery) exprès ; (train) express. ◆ n (train) express m. ◆ vt exprimer. ◆ adv en exprès.

expression [ɪk'spreʃn] n expression f.

expresso [ɪk'spresəʊ] n expresso m.

expressway [ɪk'spresweɪ] n Am autoroute f.

extend [ɪk'stend] vt prolonger ; (hand) tendre. ◆ vi s'étendre.

extension [ɪk'stenʃn] n (of building) annexe f ; (for phone) poste m ; (for permit, essay) prolongation f.

extension lead n rallonge f.

extensive [ɪk'stensɪv] adj (damage) important(e) ; (area) vaste ; (selection) large.

extent [ɪk'stent] n (of damage, knowledge) étendue f ; to a certain ~ jusqu'à un certain point ; to what ~ ...? dans quelle mesure ...?

exterior [ɪk'stɪərɪə'] adj extérieur(e). ◆ n extérieur m.

external [ɪk'stɜːnl] adj externe.

extinct [ɪk'stɪŋkt] adj (species) disparu(e) ; (volcano) éteint(e).

extinction [ɪk'stɪŋkʃn] n extinction f.

extinguish [ɪk'stɪŋgwɪʃ] vt éteindre.

extinguisher [ɪk'stɪŋgwɪʃə'] n extincteur m.

extortionate [ɪk'stɔːʃnət] adj exorbitant(e).

extra ['ekstrə] adj supplémentaire. ◆ n (bonus) plus m ; (optional thing) option f. ◆ adv (especially) encore plus ; to pay ~ payer un supplément ; ~ charge supplément m ; ~ large XL. ❑ **extras** npl (in price) suppléments mpl.

extract [n 'ekstrækt, vb ɪk'strækt] n extrait m. ◆ vt extraire.

extraordinary [ɪk'strɔːdnrɪ] adj extraordinaire.

extravagant [ɪk'strævəgənt] adj (wasteful) dépensier(ère) ; (expensive) coûteux(euse).

extreme [ɪk'striːm] adj extrême. ◆ n extrême m.

extremely [ɪk'striːmlɪ] adv extrêmement.

extrovert ['ekstrəvɜːt] n extraverti m, -e f.

eye [aɪ] n œil m ; (of needle) chas m. ◆ vt lorgner ; to keep an ~ on surveiller.

eyebrow ['aɪbraʊ] n sourcil m.

eyeglasses ['aɪglɑːsɪz] npl lunettes fpl.

eyelash ['aɪlæʃ] n cil m.

eyelid ['aɪlɪd] n paupière f.

eyeliner ['aɪ,laɪnə'] n eye-liner m.

eye shadow n ombre f à paupières.

eyesight ['aɪsaɪt] n vue f.

eye test n examen m des yeux.

eyewitness [,aɪ'wɪtnɪs] n témoin m oculaire.

F

F (abbr of Fahrenheit) F.

fabric ['fæbrık] n tissu m.

fabulous ['fæbjʊləs] adj fabuleux(euse).

facade [fə'sɑːd] n façade f.

face [feɪs] n visage m ; (expression) mine f ; (of clock, mountain) face f ; (of clock, watch) cadran m. ◆ vt faire face à ; (facts) regarder en face ; to be ~d with être confronté à. ❑ **face up to** vt fus faire face à.

facecloth ['feɪsklɒθ] n Br ≃ gant m de toilette.

facial ['feɪʃl] n soins mpl du visage.

facilitate [fə'sɪlɪteɪt] vt fml faciliter.

facilities [fə'sɪlɪtɪz] npl équipements mpl.

facsimile [fæk'sɪmɪlɪ] n (fax) fax m.

fact [fækt] n fait m ; **in ~** en fait.

factor ['fæktə'] n facteur m ; (of suntan lotion) indice m (de protection).

factory ['fæktərɪ] n usine f.

faculty ['fækltɪ] n (at university) faculté f.

fade [feɪd] vi (light, sound) baisser ; (flower) faner ; (jeans, wallpaper) se décolorer.

faded ['feɪdɪd] adj (jeans) délavé(e).

fag [fæg] n Br inf (cigarette) clope f.

fail [feɪl] vt (exam) rater, échouer à. ◆ vi échouer ; (engine) tomber

en panne ; **to ~ to do sthg** (not do) ne pas faire qqch.

failing ['feɪlɪŋ] n défaut m. ◆ prep : ~ **that** à défaut.

failure ['feɪljə'] n échec m ; (person) raté m, -e f ; (act of neglecting) manquement m.

faint [feɪnt] vi s'évanouir. ◆ adj (sound) faible ; (colour) pâle ; (outline) vague ; **to feel ~** se sentir mal ; **I haven't the ~est idea** je n'en ai pas la moindre idée.

fair [feə'] n (funfair) fête f foraine ; (trade fair) foire f. ◆ adj (just) juste ; (quite good) assez bon (bonne) ; (skin) clair(e) ; (person, hair) blond(e) ; (weather) beau (belle) ; **a ~ number of** un nombre assez important de ; **~ enough!** d'accord !

fairground ['feəgraʊnd] n champ m de foire.

fair-haired [-'heəd] adj blond(e).

fairly ['feəlɪ] adv (quite) assez.

fairy ['feərɪ] n fée f.

fairy tale n conte m de fées.

faith [feɪθ] n (confidence) confiance f ; (religious) foi f.

faithfully ['feɪθfʊlɪ] adv : **Yours ~** ≃ veuillez agréer mes salutations distinguées.

fake [feɪk] n (painting etc) faux m. ◆ vt imiter.

fall [fɔːl] (pt fell, pp fallen ['fɔːln]) vi tomber ; (decrease) chuter. ◆ n chute f ; Am (autumn) automne m ; **to ~ asleep** s'endormir ; **to ~ ill** tomber malade ; **to ~ in love** tomber amoureux. ❑ **falls** npl (waterfall) chutes fpl. ❑ **fall behind** vi (with work, rent) être en retard. ❑ **fall down** vi tomber. ❑ **fall off** vi tomber. ❑ **fall out** vi (hair, teeth) tomber ; (argue) se brouiller. ❑

over vi tomber. ❑ **fall through** vi échouer.

false [fɔːls] adj faux (fausse).

false alarm n fausse alerte f.

false teeth npl dentier m.

fame [feɪm] n renommée f.

familiar [fəˈmɪljə] adj familier(ière) ; **to be ~ with** (know) connaître.

family [ˈfæmlɪ] n famille f. ◆ adj (size) familial(e) ; (film) tous publics ; (holiday) en famille.

family planning clinic [-ˈplænɪŋ-] n centre m de planning familial.

family room n (at hotel) chambre f familiale ; (at pub, airport) salle réservée aux familles avec de jeunes enfants.

famine [ˈfæmɪn] n famine f.

famished [ˈfæmɪʃt] adj inf affamé(e).

famous [ˈfeɪməs] adj réputé(e).

fan [fæn] n (held in hand) éventail m ; (electric) ventilateur m ; (enthusiast) fana mf ; (supporter) fan mf.

fan belt n courroie f de ventilateur.

fancy [ˈfænsɪ] adj (elaborate) recherché(e). ◆ vt inf (feel like) avoir envie de ; **I ~ him** il me plaît ; **~ (that)!** ça alors !

fancy dress n déguisement m.

fantastic [fænˈtæstɪk] adj fantastique.

fantasy [ˈfæntəsɪ] n (dream) fantasme m.

FAQ [fak, ˌefeɪˈkjuː] (abbr of frequently asked questions) n COMPUT foire f aux questions, FAQ f.

far [fɑː] (compar **further**, superl **furthest**) adv loin ; (in degree) bien, beaucoup. ◆ adj (end, side) autre ;

how **~** is it to Paris? à combien sommes-nous de Paris? ; **as ~ as** (place) jusqu'à ; **as ~ as I'm concerned** en ce qui me concerne ; **as ~ as I know** pour autant que je sache ; **~ better** beaucoup mieux ; **by ~ de** loin ; **so ~** (until now) jusqu'ici ; **to go too ~** (behave unacceptably) aller trop loin.

farce [fɑːs] n (ridiculous situation) farce f.

fare [feə] n (on bus, train etc) tarif m ; fml (food) nourriture f. ◆ vi se débrouiller.

Far East n : **the ~** l'Extrême-Orient m.

farm [fɑːm] n ferme f.

farmer [ˈfɑːmə] n fermier m, -ière f.

farmhouse [ˈfɑːmhaʊs, pl -haʊzɪz] n ferme f.

farming [ˈfɑːmɪŋ] n agriculture f.

farmland [ˈfɑːmlænd] n terres fpl cultivées.

farmyard [ˈfɑːmjɑːd] n cour f de ferme.

farther [ˈfɑːðə] compar → far.

farthest [ˈfɑːðəst] superl → far.

fascinating [ˈfæsɪneɪtɪŋ] adj fascinant(e).

fascination [ˌfæsɪˈneɪʃn] n fascination f.

fashion [ˈfæʃn] n (trend, style) mode f ; (manner) manière f ; **to be in ~** être à la mode.

fashionable [ˈfæʃnəbl] adj à la mode.

fashion show n défilé m de mode.

fast [fɑːst] adv (quickly) vite ; (securely) solidement. ◆ adj rapide ; **to be ~** (clock) avancer ; **~ asleep**

profondément endormi ; a ~ train un (train) rapide.

fasten ['fɑːsn] vt attacher ; (coat, door) fermer.

fastener ['fɑːsnə] n (on jewellery) fermoir m ; (zip) fermeture à Éclair® ; (press stud) bouton-pression m.

fast food n fast-food m.

fat [fæt] adj (person) gros (grosse) ; (meat) gras (grasse). ◆ n (on body) graisse f ; (on meat) gras m ; (for cooking) matière f grasse ; (chemical substance) lipides mpl.

fatal ['feɪtl] adj (accident, disease) mortel(elle).

fat-free adj sans matières grasses.

father ['fɑːðə] n père m.

Father Christmas n Br le père Noël.

father-in-law n beau-père m.

fattening ['fætnɪŋ] adj qui fait grossir.

fatty ['fætɪ] adj gras (grasse).

faucet ['fɔːsɪt] n Am robinet m.

fault ['fɔːlt] n (responsibility) faute f ; (defect) défaut m ; it's your ~ c'est de ta faute.

faulty ['fɔːltɪ] adj défectueux(euse).

favor ['feɪvər] Am = favour.

favour ['feɪvə] n Br (kind act) faveur f. ◆ vt (prefer) préférer ; to be in ~ of être en faveur de ; to do sb a ~ rendre un service à qqn.

favourable ['feɪvrəbl] adj favorable.

favourite ['feɪvrɪt] adj préféré(e). ◆ n préféré m, -e f.

fawn [fɔːn] adj fauve.

fax [fæks] n fax m. ◆ vt (document) faxer ; (person) envoyer un fax à.

fear [fɪə] n peur f. ◆ vt (be afraid of) avoir peur de ; for ~ of de peur de.

feast [fiːst] n (meal) festin m.

feather ['feðə] n plume f.

feature ['fiːtʃə] n (characteristic) caractéristique f ; (of face) trait m ; (in newspaper) article m de fond ; (on radio, TV) reportage m. ◆ vt (subj : film) : 'featuring ...' 'avec ...'.

feature film n long métrage m.

Feb (abbr of February) fév.

February ['februərɪ] n février m → September.

fed [fed] pt & pp → feed.

fed up adj : to be ~ avoir le cafard ; to be ~ with en avoir assez de.

fee [fiː] n (to doctor) honoraires mpl ; (for membership) cotisation f.

feeble ['fiːbl] adj faible.

feed [fiːd] (pt & pp fed) vt nourrir ; (insert) insérer.

feel [fiːl] (pt & pp felt) vt (touch) toucher ; (experience) sentir ; (think) penser. ◆ vt (touch) toucher m. ◆ vi : it's cold il fait froid ; it ~s strange ça fait drôle ; to ~ hot/cold avoir chaud/froid ; to ~ like (fancy) avoir envie de qqch ; to ~ up to doing sthg se sentir le courage de faire qqch.

feeling ['fiːlɪŋ] n (emotion) sentiment m ; (sensation) sensation f ; (belief) opinion f ; to hurt sb's ~s blesser qqn.

feet [fiːt] pl → foot.

fell [fel] pt → fall. ◆ vt (tree) abattre.

fellow ['feləʊ] n (man) homme m. ◆ adj : ~ students camarades mpl de classe.

felt [felt] *pt* & *pp* → **feel.** ◆ *n* feutre *m*.

felt-tip pen *n* (stylo-)feutre *m*.

female ['fiːmeɪl] *adj* féminin(e) ; *(animal)* femelle. ◆ *n* (*animal*) femelle *f*.

feminine ['femɪnɪn] *adj* féminin(e).

feminist ['femɪnɪst] *n* féministe *mf*.

fence [fens] *n* barrière *f*.

fencing ['fensɪŋ] *n* SPORT escrime *f*.

fend [fend] *vi* : to ~ for o.s. se débrouiller tout seul.

fender ['fendə'] *n* (for fireplace) pare-feu *m inv* ; *Am* (on car) aile *f*.

fennel ['fenl] *n* fenouil *m*.

fern [fɜːn] *n* fougère *f*.

ferocious [fə'rəʊʃəs] *adj* féroce.

ferry ['ferɪ] *n* ferry *m*.

fertile ['fɜːtaɪl] *adj* (land) fertile.

fertilizer ['fɜːtɪlaɪzə'] *n* engrais *m*.

festival ['festəvl] *n* (of music, arts etc) festival *m* ; *(holiday)* fête *f*.

feta cheese ['fetə-] *n* feta *f*.

fetch [fetʃ] *vt* (object) apporter ; *(go and get)* aller chercher ; *(be sold for)* rapporter.

fete [feɪt] *n* fête *f*.

fever ['fiːvə'] *n* fièvre *f* ; to have a ~ avoir de la fièvre.

feverish ['fiːvərɪʃ] *adj* fiévreux (euse).

few [fjuː] *adj* peu de. ◆ *pron* peu ; the first ~ times les premières fois ; a ~ quelques, quelques-uns ; quite a ~ of them pas mal d'entre eux.

fewer ['fjuːə'] *adj* moins de. ◆ *pron* : ~ than ten items moins de dix articles.

fiancé [fɪ'ɒnseɪ] *n* fiancé *m*.

fiancée [fɪ'ɒnseɪ] *n* fiancée *f*.

fib [fɪb] *n* *inf* bobard *m*.

fibre ['faɪbə'] *n* [Br] fibre *f* ; *(in food)* fibres *fpl*.

fiberglass *Am* = fibre.

fibreglass ['faɪbəglɑːs] *n* fibre *f* de verre.

fickle ['fɪkl] *adj* capricieux(ieuse).

fiction ['fɪkʃn] *n* fiction *f*.

fiddle ['fɪdl] *n* (violin) violon *m*. ◆ *vi* : to ~ with sthg tripoter qqch.

fidget ['fɪdʒɪt] *vi* remuer.

field [fiːld] *n* champ *m* ; (for sport) terrain *m* ; *(subject)* domaine *m*.

field glasses *npl* jumelles *fpl*.

fierce [fɪəs] *adj* féroce ; (storm) violent(e) ; *(heat)* torride.

fifteen [fɪf'tiːn] *num* quinze → **six.**

fifteenth [fɪf'tiːnθ] *num* quinzième → **sixth.**

fifth [fɪfθ] *num* cinquième → **sixth.**

fiftieth ['fɪftɪɪθ] *num* cinquantième → **sixth.**

fifty ['fɪftɪ] *num* cinquante → **six.**

fig [fɪg] *n* figue *f*.

fight [faɪt] (*pt* & *pp* **fought**) *n* bagarre *f* ; *(argument)* dispute *f* ; *(struggle)* lutte *f*. ◆ *vt* se battre avec OR contre ; *(combat)* combattre. ◆ *vi* se battre ; *(quarrel)* se disputer ; *(struggle)* lutter ; to have a ~ with sb se battre avec qqn. ❑ **fight back** *vi* riposter. ❑ **fight off** *vt sep* (attacker) repousser ; *(illness)* lutter contre.

fighting ['faɪtɪŋ] *n* bagarre *f* ; *(military)* combats *mpl*.

figure [*Br* 'fɪgə', *Am* 'fɪgjər] *n* (digit, statistic) chiffre *m* ; (number) nombre m ; (of person) silhouette f ; (diagram) figure f. ❑ **figure out** vt sep comprendre.

file [faɪl] n dossier m ; COMPUT fichier m ; (tool) lime f. ◆ vt (complaint, petition) déposer ; (nails) limer ; **in single ~** en file indienne.

filing cabinet ['faɪlɪŋ-] n classeur m (meuble).

fill [fɪl] vt remplir ; (tooth) plomber ; **to ~ sthg with** remplir qqch de. ❑ **fill in** vt sep (form) remplir. ❑ **fill out** vt sep = **fill in**. ❑ **fill up** vt sep remplir.

filled roll ['fɪld-] n petit pain m garni.

fillet ['fɪlɪt] n filet m.

fillet steak n filet m de bœuf.

filling ['fɪlɪŋ] n (of cake, sandwich) garniture f ; (in tooth) plombage m. ◆ adj nourrissant(e).

filling station n station-service f.

film [fɪlm] n (at cinema) film m ; (for camera) pellicule f. ◆ vt filmer.

film star n vedette f de cinéma.

filter ['fɪltə'] n filtre m.

filthy ['fɪlθɪ] adj dégoûtant(e).

fin [fɪn] n (of fish) nageoire f ; Am (of swimmer) palme f.

final ['faɪnl] adj (last) dernier (ière) ; (decision, offer) final(e). ◆ n finale f.

finalist ['faɪnəlɪst] n finaliste mf.

finally ['faɪnəlɪ] adv enfin.

finance [n 'faɪnæns, vb faɪ'næns] n (money) financement m ; (profession) finance f. ◆ vt financer. ❑ **finances** npl finances fpl.

financial [fɪ'nænʃl] adj financier(ière).

find [faɪnd] (pt & pp **found**) vt

trouver ; (find out) découvrir. ◆ n trouvaille f ; **to ~ the time to do sthg** trouver le temps de faire qqch. ❑ **find out** vt sep (fact, truth) découvrir. ◆ vi : **to ~ out about sthg** (learn) apprendre qqch ; (get information) se renseigner sur qqch.

fine [faɪn] adv (thinly) fin ; (well) très bien. ◆ n amende f. ◆ vt donner une amende à. ◆ adj (good) excellent(e) ; (weather, day) beau (belle) ; (satisfactory) bien ; (thin) fin(e) ; **to be ~** (in health) aller bien.

fine art n beaux-arts mpl.

finger ['fɪŋgə'] n doigt m.

fingernail ['fɪŋgəneɪl] n ongle m (de la main).

fingertip ['fɪŋgətɪp] n bout m du doigt.

finish ['fɪnɪʃ] n fin f ; (of race) arrivée f ; (on furniture) fini m. ◆ vt finir, terminer. ◆ vi finir, se terminer ; (in race) finir ; **to ~ doing sthg** finir de faire qqch. ❑ **finish off** vt sep finir, terminer. ❑ **finish up** vi finir, terminer.

fir [fɜː'] n sapin m.

fire ['faɪə'] n feu m ; (out of control) incendie m ; (device) appareil m de chauffage. ◆ vt (gun) décharger ; (bullet) tirer ; (from job) renvoyer ; **on ~** en feu ; **to catch ~** prendre feu ; **to make a ~** faire du feu.

fire alarm n alarme f d'incendie.

fire brigade n Br pompiers mpl.

fire department Am = **fire brigade**.

fire engine n voiture f de pompiers.

fire escape n escalier m de secours.

fire exit n issue f de secours.

fire extinguisher n extincteur m.

fire hazard n : to be a ~ présenter un risque d'incendie.

fireman ['faɪəmən] (pl -men [-mən]) n pompier m.

fireplace ['faɪəpleɪs] n cheminée f.

fire regulations npl consignes fpl d'incendie.

fire station n caserne f de pompiers.

firewood ['faɪəwud] n bois m de chauffage.

firework display ['faɪəwɜːk-] n feu m d'artifice.

fireworks ['faɪəwɜːks] npl (rockets) feux mpl d'artifice.

firm [fɜːm] adj ferme ; (structure) solide. ◆ n société f.

first [fɜːst] adj premier(ière). ◆ adv (in order) en premier ; (at the start) premièrement, d'abord ; (for the first time) pour la première fois. ◆ pron premier m, -ière f. ◆ n (event) première f ; ~ (gear) première f ; ~ thing (in the morning) à la première heure ; for the ~ time pour la première fois ; the ~ of January le premier janvier ; at ~ au début ; ~ of all premièrement, tout d'abord.

first aid n premiers secours mpl.

first-aid kit n trousse f de premiers secours.

first class n (mail) tarif m normal ; (on train, plane, ship) première classe f.

first-class adj (stamp) au tarif normal ; (ticket) de première classe ; (very good) excellent(e).

first floor n Br premier étage m ; Am rez-de-chaussée m inv.

firstly ['fɜːstlɪ] adv premièrement.

First Minister n (in Scottish Parliament) président m du Parlement écossais.

First Secretary n (in Welsh Assembly) président m de l'Assemblée galloise.

First World War n : the ~ la Première Guerre mondiale.

fish [fɪʃ] (pl inv) n poisson m. ◆ vi pêcher.

fish and chips n poisson m frit et frites.

ⓘ **FISH & CHIPS**

Le Fish & Chips est un plat à emporter traditionnel dans les îles Britanniques. Il s'agit de poisson pané frit accompagné de frites, le tout enveloppé dans du papier journal. Dans les magasins Fish & Chips, on peut également trouver d'autres sortes de fritures, comme des saucisses, du poulet, du boudin noir, des tourtes à la viande. Les Fish & Chips se mangent en général dans la rue, directement dans l'emballage.

---

fishcake ['fɪʃkeɪk] n croquette f de poisson.

fisherman ['fɪʃəmən] (pl -men [-mən]) n pêcheur m.

fish farm n établissement m piscicole.

fish fingers npl Br bâtonnets mpl de poisson pané.

fishing ['fɪʃɪŋ] n pêche f ; to go ~ aller à la pêche.

fishing boat n bateau m de pêche.

fishing rod n canne f à pêche.

fishmonger's ['fɪʃˌmʌŋgəz] n (shop) poissonnerie f.

fish sticks Am = fish fingers.

fist [fɪst] n poing m.

fit [fɪt] adj (healthy) en forme. ◆ vt (subj : clothes, shoes) aller à ; (a lock, kitchen, bath) installer ; (insert) insérer. ◆ vi aller. ◆ n (of coughing, anger) crise f ; (epileptic) crise f d'épilepsie ; it's a good ~ (clothes) c'est la bonne taille ; to be ~ for sthg (suitable) être bon pour qqch ; ~ to eat comestible ; it doesn't ~ (jacket, shirt) ça ne va pas ; (object) ça ne rentre pas ; to get ~ se remettre en forme ; to keep ~ garder la forme. ❏ fit in ◆ vt sep (find time to do) caser. ◆ vi (belong) s'intégrer.

fitness ['fɪtnɪs] n (health) forme f.

fitted carpet [ˌfɪtəd-] n moquette f.

fitted sheet [ˌfɪtəd-] n drap-housse m.

fitting room ['fɪtɪŋ-] n cabine f d'essayage.

five [faɪv] num cinq → six.

fiver ['faɪvə'] n Br inf cinq livres fpl ; (note) billet m de cinq livres.

fix [fɪks] vt (attach, decide on) fixer ; (mend) réparer ; (drink, food) préparer ; (arrange) arranger. ❏ fix up vt sep : to ~ sb up with sthg obtenir qqch pour qqn.

fixture ['fɪkstʃə'] n SPORT rencontre f ; ~s and fittings équipements mpl.

fizzy ['fɪzɪ] adj pétillant(e).

flag [flæg] n drapeau m.

flake [fleɪk] n (of snow) flocon m. ◆ vi s'écailler.

flame [fleɪm] n flamme f.

flammable ['flæməbl] adj inflammable.

flan [flæn] n tarte f.

flannel ['flænl] n (material) flanelle f ; Br (for face) ≃ gant m de toilette. ❏ flannels npl pantalon m de flanelle.

flap [flæp] n rabat m. ◆ vt (wings) battre de.

flapjack ['flæpdʒæk] n Br pavé à l'avoine.

flare [fleə'] n (signal) signal m lumineux.

flared [fleəd] adj (trousers) à pattes d'éléphant ; (skirt) évasé(e).

flash [flæʃ] n (of light) éclair m ; (for camera) flash m. ◆ vi (lamp) clignoter ; a ~ of lightning un éclair ; to ~ one's headlights faire un appel de phares.

flashlight ['flæʃlaɪt] n lampe f électrique, torche f.

flask [flɑːsk] n (Thermos) Thermos® f ; (hip flask) flasque f.

flat [flæt] adj plat(e) ; (surface) plan(e) ; (battery) à plat ; (drink) éventé(e) ; (rate, fee) fixe. ◆ adv à plat. ◆ n Br (apartment) appartement m ; a ~ (tyre) un pneu à plat ; ~ out (run) à fond ; (work) d'arrache-pied.

flatter ['flætə'] vt flatter.

flavor ['fleɪvə'] Am = flavour.

flavour ['fleɪvə'] n [Br] goût m ; (of ice cream) parfum m.

flavoured ['fleɪvəd] adj aromatisé(e).

flavouring ['fleɪvərɪŋ] n arôme m.

flaw [flɔː] n défaut m.

flea [fliː] n puce f.

flea market n marché m aux puces.

fleece [fliːs] n (material) fourrure f polaire.

fleet [fliːt] n flotte f.

flesh [fleʃ] n chair f.

flew [fluː] pt → fly.

flex [fleks] n cordon m électrique.

flexible ['fleksəbl] adj flexible.

flick [flɪk] vt (a switch) appuyer sur ; (with finger) donner une chiquenaude à. ◻ **flick through** vt fus feuilleter.

flies [flaɪz] npl (of trousers) braguette f.

flight [flaɪt] n vol m ; a ~ (of stairs) une volée de marches.

flight attendant n (female) hôtesse f de l'air ; (male) steward m.

flimsy ['flɪmzɪ] adj (object) fragile ; (clothes) léger(ère).

fling [flɪŋ] (pt & pp flung) vt jeter.

flint [flɪnt] n (of lighter) pierre f.

flip-flop [flɪp-] n Br (shoe) tong f.

flirt [flɜːt] vi : to ~ (with sb) flirter (avec qqn).

float [fləut] n (for swimming) planche f ; (for fishing) bouchon m ; (in procession) char m. ◆ vi flotter.

flock [flɒk] n (of sheep) troupeau m ; (of birds) vol m. ◆ vi (people) affluer.

flood [flʌd] n inondation f. ◆ vt inonder. ◆ vi déborder.

floodlight ['flʌdlaɪt] n projecteur m.

floor [flɔːʳ] n (of room) plancher m, sol m ; (storey) étage m ; (of nightclub) piste f.

floorboard ['flɔːbɔːd] n latte f (de plancher).

flop [flɒp] n inf (failure) fiasco m.

floppy disk ['flɒpɪ-] n disquette f.

floral ['flɔːrəl] adj (pattern) à fleurs.

Florida Keys ['flɒrɪdə-] npl îles au large de la Floride.

florist's ['flɒrɪsts] n (shop) fleuriste m.

flour ['flauəʳ] n farine f.

flow [fləu] n courant m. ◆ vi couler.

flower ['flauəʳ] n fleur f.

flowerbed ['flauəbed] n parterre m de fleurs.

flowerpot ['flauəpɒt] n pot m de fleurs.

flown [fləun] pp → fly.

flu [fluː] n grippe f.

fluent ['fluːənt] adj : to be ~ in French, to speak ~ French parler couramment français.

fluff [flʌf] n (on clothes) peluches fpl.

flume [fluːm] n toboggan m.

flung [flʌŋ] pt & pp → fling.

flunk [flʌŋk] vt Am inf (exam) rater.

fluorescent [fluə'resnt] adj fluorescent(e).

flush [flʌʃ] vt : to ~ the toilet tirer la chasse d'eau.

flute [fluːt] n flûte f.

fly [flaɪ] (pt flew, pp flown) n (insect) mouche f ; (of trousers) braguette f. ◆ vt (plane, helicopter) piloter ; (airline) voyager avec ; (transport) transporter (par avion). ◆ vi voler ; (passenger) voyager en avion ; *(pilot a plane)* piloter ; *(flag)* flotter.

fly-drive n formule f avion plus voiture.

flying ['flaɪɪŋ] n voyages mpl en avion.

flyover ['flaɪ,əʊvə'] n Br saut-de-mouton m.

flysheet ['flaɪʃiːt] n auvent m.

foal [fəʊl] n poulain m.

foam [fəʊm] n mousse f.

focus ['fəʊkəs] n *(of camera)* mise f au point. ◆ vi *(with camera, binoculars)* faire la mise au point ; **in** ~ net ; **out of** ~ flou.

fog [fɒg] n brouillard m.

fogbound ['fɒgbaʊnd] adj bloqué(e) par le brouillard.

foggy ['fɒgɪ] adj brumeux(euse).

fog lamp n feu m de brouillard.

foil [fɔɪl] n *(thin metal)* papier m aluminium.

fold [fəʊld] n pli m. ◆ vt plier ; *(wrap)* envelopper ; **to** ~ **one's arms** (se) croiser les bras. ❏ **fold up** vi *(chair, bed, bicycle)* se plier.

folder ['fəʊldə'] n chemise f (cartonnée).

foliage ['fəʊlɪɪdʒ] n feuillage m.

folk [fəʊk] npl *(people)* gens mpl. ◆ n : ~ *(music)* folk m. ❏ **folks** npl inf *(relatives)* famille f.

follow ['fɒləʊ] vt & vi suivre ; ~ed by *(in time)* suivi par OR de ; **as** ~**s** comme suit. ❏ **follow on** vi *(come later)* suivre.

following ['fɒləʊɪŋ] adj suivant(e). ◆ prep après.

fond [fɒnd] adj : **to be** ~ **of** aimer beaucoup.

fondue ['fɒndjuː] n *(with cheese)*

fondue f *(savoyarde)* ; *(with meat)* fondue bourguignonne.

food [fuːd] n nourriture f ; *(type of food)* aliment m.

food poisoning [-,pɔɪznɪŋ] n intoxication f alimentaire.

food processor [-,prəʊsesə'] n robot m ménager.

foodstuffs ['fuːdstʌfs] npl denrées fpl alimentaires.

fool [fuːl] n *(idiot)* idiot m, -e f ; *(pudding)* mousse f. ◆ vt tromper.

foolish ['fuːlɪʃ] adj idiot(e), bête.

foot [fʊt] *(pl feet)* n pied m ; *(of animal)* patte f ; *(measurement)* = 30,48 cm, pied m ; **by** ~ à pied ; **on** ~ à pied.

football ['fʊtbɔːl] n Br *(soccer)* football m ; Am *(American football)* football m américain ; *(ball)* ballon m de football.

footballer ['fʊtbɔːlə'] n Br footballeur m, -euse f.

football pitch n Br terrain m de football.

footbridge ['fʊtbrɪdʒ] n passerelle f.

footpath ['fʊtpaːθ, pl -paːðz] n sentier m.

footprint ['fʊtprɪnt] n empreinte f de pas.

footstep ['fʊtstep] n pas m.

footwear ['fʊtweə'] n chaussures fpl.

☞

for [fɔː'] prep - 1. *(expressing purpose, reason, destination)* pour ; **this book is** ~ **you** ce livre est pour toi ; **a ticket** ~ **Manchester** un billet pour Manchester ; **a town famous** ~ **its wine** une ville réputée pour son vin ; **what did you do that** ~ ? pour-

quoi as-tu fait ça? ; what's it ~? ça sert à quoi? ; to go ~ a walk aller se promener ; '~ sale' 'à vendre'.
- **2.** (during) pendant ; I've lived here ~ ten years j'habite ici depuis dix ans, ça fait dix ans que j'habite ici ; we talked ~ hours on a parlé pendant des heures.
- **3.** (by, before) pour ; I'll do it ~ tomorrow je le ferai pour demain.
- **4.** (on the occasion of) pour ; I got socks ~ Christmas on m'a offert des chaussettes pour Noël ; what's ~ dinner? qu'est-ce qu'il y a pour OR à dîner?
- **5.** (on behalf of) pour ; to do sthg ~ sb faire qqch pour qqn.
- **6.** (with time and space) pour ; there's no room ~ your suitcase il n'y a pas de place pour ta valise ; it's time ~ dinner c'est l'heure du dîner ; have you got time ~ a drink? tu as le temps de prendre un verre?
- **7.** (expressing distance) pendant, sur ; road works ~ 20 miles travaux sur 32 kilomètres.
- **8.** (expressing price) : I bought it ~ five pounds je l'ai payé cinq livres.
- **9.** (expressing meaning) : what's the French ~ 'boy'? comment dit-on « boy » en français?
- **10.** (with regard to) pour ; it's warm ~ November il fait chaud pour novembre ; it's easy ~ you c'est facile pour toi ; it's too far ~ us to walk c'est trop loin pour y aller à pied.

forbid [fə'bɪd] (pt **-bade** [-'beɪd], pp **-bidden**) vt interdire, défendre ; to ~ sb to do sthg interdire OR défendre à qqn de faire qqch.

forbidden [fə'bɪdn] adj interdit(e), défendu(e).

force [fɔːs] n force f. ◆ vt (push) mettre de force ; (lock, door) forcer ; to ~ sb to do sthg forcer qqn à faire qqch ; to ~ one's way through se frayer un chemin ; the ~s les forces armées.

ford [fɔːd] n gué m.

forecast ['fɔːkɑːst] n prévision f.

forecourt ['fɔːkɔːt] n devant m.

forefinger ['fɔːˌfɪŋgə'] n index m.

foreground ['fɔːgraʊnd] n premier plan m.

forehead ['fɔːhed] n front m.

foreign ['fɒrən] adj étranger (ère) ; (travel, visit) à l'étranger.

foreign currency n devises fpl (étrangères).

foreigner ['fɒrənə'] n étranger m, -ère f.

foreign exchange n change m.

Foreign Secretary n Br ministre m des Affaires étrangères.

foreman ['fɔːmən] (pl **-men** [-mən]) n (of workers) contremaître m.

forename ['fɔːneɪm] n fml prénom m.

foresee [fɔː'siː] (pt **-saw** [-'sɔː], pp **-seen** [-'siːn]) vt prévoir.

forest ['fɒrɪst] n forêt f.

forever [fə'revə'] adv (eternally) (pour) toujours ; (continually) continuellement.

forgave [fə'geɪv] pt → forgive.

forge [fɔːdʒ] vt (copy) contrefaire.

forgery ['fɔːdʒərɪ] n contrefaçon f.

forget [fə'get] (pt **-got**, pp **-gotten**) vt & vi oublier ; to ~ about sthg

oublier qqch ; **to ~ how to do sthg**
oublier comment faire qqch ; **to
~ to do sthg** oublier de faire qqch ;
~ it! laisse tomber!

forgetful [fə'getful] *adj* dis-
trait(e).

forgive [fə'gɪv] (*pt* -gave, *pp* -giv-
en [-'gɪvn]) *vt* pardonner.

forgot [fə'gɒt] *pt* → forget.

forgotten [fə'gɒtn] *pp* → forget.

fork [fɔːk] *n* (*for eating with*) fourchette *f* ; (*for gardening*) fourche *f* ;
(*of road, path*) embranchement *m*.

form [fɔːm] *n* (*type, shape*) forme
f ; (*piece of paper*) formulaire *m* ;
SCH classe *f*. ◆ *vt* former. ◆ *vi* se
former ; **off ~ pas** en forme ; **on ~**
en forme ; **to ~ part of** faire partie
de.

formal ['fɔːml] *adj* (*occasion*) offi-
ciel(ielle) ; (*language, word*) soute-
nu(e) ; (*person*) solennel(elle) ; **~
dress** tenue *f* de soirée.

formality [fɔː'mælətɪ] *n* formalité *f* ; **it's just a ~** ça n'est qu'une
formalité.

format ['fɔːmæt] *n* format *m*.

former ['fɔːmə'] *adj* (*previous*)
précédent(e) ; (*first*) premier(ière). ◆ *pron* : **the ~** celui-là (celle-
là), le premier (la première).

formerly ['fɔːməlɪ] *adv* autrefois.

formula ['fɔːmjʊlə] (*pl* -as OR -ae
[-iː]) *n* formule *f*.

fort [fɔːt] *n* fort *m*.

forthcoming [fɔːθ'kʌmɪŋ] *adj*
(*future*) à venir.

fortieth ['fɔːtɪɪθ] *num* quarantième → sixth.

fortnight ['fɔːtnaɪt] *n* Br quinzaine *f*, quinze jours *mpl*.

fortunate ['fɔːtʃnət] *adj* chan-
ceux(euse).

fortunately ['fɔːtʃnətlɪ] *adv*
heureusement.

fortune ['fɔːtʃuːn] *n* (*money*) fortune *f* ; (*luck*) chance *f* ; **it costs a
~ inf** ça coûte une fortune.

forty ['fɔːtɪ] *num* quarante → six.

forward ['fɔːwəd] *adv* en avant.
◆ *n* SPORT avant *m*. ◆ *vt* (*letter*) faire suivre ; (*goods*) expédier ; **to
look ~ to sthg** attendre qqch avec
impatience ; **I'm looking ~ to seeing
you** il me tarde de vous voir.

forwarding address ['fɔːwə-
dɪŋ-] *n* adresse *f* de réexpédition.

fought [fɔːt] *pt & pp* → fight.

foul [faul] *adj* (*unpleasant*) in-
fect(e). ◆ *n* faute *f*.

found [faund] *pt & pp* → find. ◆ *vt*
fonder.

foundation (cream) [faun'de-
ɪʃn-] *n* fond de teint *m*.

foundations [faun'deɪʃnz] *npl*
fondations *fpl*.

fountain ['fauntɪn] *n* fontaine *f*.

fountain pen *n* stylo *m* (à) plume.

four [fɔː'] *num* quatre → six.

fourteen [,fɔː'tiːn] *num* quatorze
→ six.

fourteenth [,fɔː'tiːnθ] *num* quatorzième → sixth.

fourth [fɔːθ] *num* quatrième →
sixth.

four-wheel drive *n* quatre-
quatre *m inv*.

fowl [faul] (*pl inv*) *n* volaille *f*.

fox [fɒks] *n* renard *m*.

foyer ['fɔɪeɪ] *n* hall *m*.

fraction ['frækʃn] *n* fraction *f*.

fracture ['fræktʃə'] n fracture f.
◆ vt fracturer.

fragile ['frædʒaɪl] adj fragile.

fragment ['frægmənt] n fragment m.

fragrance ['freɪgrəns] n parfum m.

frail [freɪl] adj fragile.

frame [freɪm] n (of window, door) encadrement m ; (of bicycle, bed, for photo) cadre m ; (of glasses) monture f ; (of tent) armature f. ◆ vt (photo, picture) encadrer.

France [frɑːns] n la France.

frank [fræŋk] adj franc (franche).

frankfurter ['fræŋkfɜːtə'] n saucisse f de Francfort.

frankly ['fræŋklɪ] adv franchement.

frantic ['fræntɪk] adj (person) fou (folle) ; (activity, pace) frénétique.

fraud [frɔːd] n (crime) fraude f.

freak [friːk] adj insolite. ◆ n inf (fanatic) fana mf.

freckles ['freklz] npl taches fpl de rousseur.

free [friː] adj libre ; (costing nothing) gratuit(e). ◆ vt (prisoner) libérer. ◆ adv (without paying) gratuitement ; ~ of charge gratuitement ; to be ~ to do sthg être libre de faire qqch.

freedom ['friːdəm] n liberté f.

freefone ['friːfəʊn] n Br ≃ numéro m vert.

free gift n cadeau m.

free house n Br pub non lié à une brasserie particulière.

free kick n coup franc m.

freelance ['friːlɑːns] adj indépendant(e), free-lance (inv).

freely ['friːlɪ] adv librement ; ~ available facile à se procurer.

free period n SCH heure f libre.

freepost ['friːpəʊst] n port m payé.

free-range adj (chicken) fermier(ière) ; (eggs) de ferme.

free time n temps m libre.

freeway ['friːweɪ] n Am autoroute f.

freeze [friːz] (pt froze, pp frozen) vt (food) congeler ; (prices) geler. ◆ vi geler. ◆ v impers : it's freezing il gèle.

freezer ['friːzə'] n (deep freeze) congélateur m ; (part of fridge) freezer m.

freezing ['friːzɪŋ] adj (temperature, water) glacial(e) ; (person, hands) gelé(e).

freezing point n : below ~ audessous de zéro.

freight [freɪt] n fret m.

French [frentʃ] adj français(e). ◆ n (language) français m. ◆ npl : the ~ les Français mpl.

French bean n haricot m vert.

French bread n baguette f.

French dressing n (in UK) vinaigrette f ; (in US) assaisonnement pour salade à base de mayonnaise et de ketchup.

French fries npl frites fpl.

Frenchman ['frentʃmən] (pl -men [-mən]) n Français m.

French windows npl portefenêtre f.

Frenchwoman ['frentʃ.wʊmən] (pl -women [-.wɪmɪn]) n Française f.

frequency ['friːkwənsɪ] n fréquence f.

frequent ['fri:kwənt] *adj* fréquent(e).

frequently ['fri:kwəntlı] *adv* fréquemment.

fresh [freʃ] *adj (food, flowers, weather)* frais (fraîche) ; *(refreshing)* rafraîchissant(e) ; *(water)* doux (douce) ; *(recent)* récent(e) ; *(new)* nouveau(elle) ; **to get some ~ air** prendre l'air.

fresh cream *n* crème f fraîche.

freshen ['freʃn] : **freshen up** *vi* se rafraîchir.

freshly ['freʃlı] *adv* fraîchement.

Fri *(abbr of Friday)* ven.

Friday ['fraɪdı] *n* vendredi → **Saturday.**

fridge [frɪdʒ] *n* réfrigérateur m.

fried egg [fraɪd-] *n* œuf m sur le plat.

fried rice [fraɪd-] *n* riz m cantonais.

friend [frend] *n* ami m, -e f ; **to be ~s with sb** être ami avec qqn ; **to make ~s with sb** se lier d'amitié avec qqn.

friendly ['frendlı] *adj* aimable ; **to be ~ with sb** être ami avec qqn.

friendship ['frendʃıp] *n* amitié f.

fries [fraɪz] = **French fries.**

fright [fraɪt] *n* peur f ; **to give sb a ~** faire peur à qqn.

frighten ['fraɪtn] *vt* faire peur à.

frightened ['fraɪtnd] *adj (scared)* effrayé(e) ; **to be ~ (that)** ... *(worried)* avoir peur que ... (+ subjunctive) ; **to be ~ of** avoir peur de.

frightening ['fraɪtnıŋ] *adj* effrayant(e).

frightful ['fraɪtfʊl] *adj (very bad)* horrible.

frilly ['frɪlı] *adj* à volants.

fringe [frɪndʒ] *n* frange f.

frisk [frɪsk] *vt* fouiller.

fritter ['frɪtə'] *n* beignet m.

fro [frəʊ] *adv* → **to.**

frog [frɒg] *n* grenouille f.

☞

from [frɒm] *prep* - 1. *(expressing origin, source)* de ; **I'm ~ England** je suis anglais ; **I bought it ~ a supermarket** je l'ai acheté dans un supermarché ; **the train ~ Manchester** le train en provenance de Manchester.

- 2. *(expressing removal, deduction)* de ; **away ~ home** loin de chez soi ; **to take sthg (away) ~ sb** prendre qqch à qqn ; **10 % will be deducted ~ the total** 10 % seront retranchés du total.

- 3. *(expressing distance)* de ; **five miles ~ London** à huit kilomètres de Londres ; **it's not far ~ here** ce n'est pas loin (d'ici).

- 4. *(expressing position)* de ; **~ here you can see the valley** d'ici on voit la vallée.

- 5. *(expressing starting time)* à partir de ; **open ~ nine to five** ouvert de neuf heures à dix-sept heures ; **~ next year** à partir de l'année prochaine.

- 6. *(expressing change)* de ; **the price has gone up ~ £1 to £2** le prix est passé d'une livre à deux livres.

- 7. *(expressing range)* de ; **tickets are ~ £10** les billets les moins chers commencent à 10 livres ; **it could take ~ two to six months** ça peut prendre de deux à six mois.

- 8. *(as a result of)* de ; **I'm tired ~ walking** je suis fatigué d'avoir marché.

- **9.** *(expressing protection)* de ; **sheltered ~ the wind** à l'abri du vent.

- **10.** *(in comparisons)* : **different ~** différent de.

fromage frais [ˌfrɒmaːʒˈfreɪ] *n* fromage *m* blanc.

front [frʌnt] *adj* (row, part) de devant ; (seat, wheel) avant (inv). ◆ *n* (of dress, queue) devant *m* ; (of car, train, plane) avant *m* ; (of building) façade *f* ; (of weather) front *m* ; (by the sea) front *m* de mer ; **in ~** (further forward) devant ; (in vehicle) à l'avant ; **in ~ of** devant.

front door *n* porte *f* d'entrée.

frontier [frʌnˈtɪə] *n* frontière *f*.

front page *n* une *f*.

front seat *n* siège *m* avant.

frost [frɒst] *n* (on ground) givre *m* ; (cold weather) gelée *f*.

frosty [ˈfrɒstɪ] *adj* (morning, weather) glacial(e).

froth [frɒθ] *n* (on beer) mousse *f* ; (on sea) écume *f*.

frown [fraʊn] *n* froncement *m* de sourcils. ◆ *vi* froncer les sourcils.

froze [frəʊz] *pt* → **freeze**.

frozen [ˈfrəʊzn] *pp* → **freeze**. ◆ *adj* gelé(e) ; (food) surgelé(e).

fruit [fruːt] *n* (food) fruits *mpl* ; (variety, single fruit) fruit *m* ; **a piece of ~** un fruit ; **~s of the forest** fruits des bois.

fruit cake *n* cake *m*.

fruit juice *n* jus *m* de fruit.

fruit machine *n* Br machine *f* à sous.

fruit salad *n* salade *f* de fruits.

frustrating [frʌˈstreɪtɪŋ] *adj* frustrant(e).

frustration [frʌˈstreɪʃn] *n* frustration *f*.

fry [fraɪ] *vt* (faire) frire.

frying pan [ˈfraɪŋ-] *n* poêle *f* (à frire).

ft *abbr* = **foot, feet**.

fudge [fʌdʒ] *n* caramel *m*.

fuel [fjʊəl] *n* (petrol) carburant *m* ; (coal, gas) combustible *m*.

fuel pump *n* pompe *f* d'alimentation.

fulfil [fʊlˈfɪl] *vt* [Br] remplir ; (promise) tenir ; (instructions) obéir à.

fulfill [fʊlˈfɪl] *Am* = **fulfil**.

full [fʊl] *adj* plein(e) ; (hotel, train, name) complet(ète) ; (maximum) maximum ; (week) chargé(e) ; (flavour) riche. ◆ *adv* (directly) en plein ; **I'm ~ (up)** je n'en peux plus ; **at ~ speed** à toute vitesse ; **in ~** (pay) intégralement ; (write) en toutes lettres.

full board *n* pension *f* complète.

full-cream milk *n* lait *m* entier.

full-length *adj* (skirt, dress) long (longue).

full moon *n* pleine lune *f*.

full stop *n* point *m*.

full-time *adj* & *adv* à temps plein.

fully [ˈfʊlɪ] *adv* entièrement ; (understand) tout à fait ; **~ booked** complet.

fully-licensed *adj* habilité à vendre tous types d'alcools.

fumble [ˈfʌmbl] *vi* (search clumsily) farfouiller ; (in the dark) tâtonner.

fun [fʌn] *n* : **it's good ~** c'est très amusant ; **to have ~** s'amuser ; **to make ~ of** se moquer de.

function [ˈfʌŋkʃn] n *(role)* fonction f ; *(formal event)* réception f.
◆ vi fonctionner.

fund [fʌnd] n *(of money)* fonds m.
◆ vt financer. ❑ **funds** npl fonds mpl.

fundamental [ˌfʌndəˈmentl] adj fondamental(e).

funeral [ˈfjuːnərəl] n enterrement m.

funfair [ˈfʌnfeə*] n fête f foraine.

funky [ˈfʌŋkɪ] adj inf funky (inv).

funnel [ˈfʌnl] n *(for pouring)* entonnoir m ; *(on ship)* cheminée f.

funny [ˈfʌnɪ] adj *(amusing)* drôle ; *(strange)* bizarre ; to feel ~ *(ill)* ne pas être dans son assiette.

fur [fɜː*] n fourrure f.

furious [ˈfjʊərɪəs] adj furieux (ieuse).

furnished [ˈfɜːnɪʃt] adj meublé(e).

furnishings [ˈfɜːnɪʃɪŋz] npl mobilier m.

furniture [ˈfɜːnɪtʃə*] n meubles mpl ; a piece of ~ un meuble.

furry [ˈfɜːrɪ] adj *(animal)* à fourrure ; *(toy)* en peluche ; *(material)* pelucheux(euse).

further [ˈfɜːðə*] compar → far.
◆ adv plus loin ; *(more)* plus. ◆ adj *(additional)* autre ; until ~ notice jusqu'à nouvel ordre.

furthermore [ˌfɜːðəˈmɔː*] adv de plus.

furthest [ˈfɜːðɪst] superl → far.
◆ adj le plus éloigné (la plus éloignée). ◆ adv le plus loin.

fuse [fjuːz] n *(of plug)* fusible m ; *(on bomb)* détonateur m. ◆ vi : the plug has ~d les plombs ont sauté.

fuse box n boîte f à fusibles.

fuss [fʌs] n histoires fpl.

fussy [ˈfʌsɪ] adj *(person)* difficile.

future [ˈfjuːtʃə*] n avenir m ; GRAMM futur m. ◆ adj futur(e) ; in ~ à l'avenir.

G

g *(abbr of gram)* g.

gable [ˈɡeɪbl] n pignon m.

gadget [ˈɡædʒɪt] n gadget m.

Gaelic [ˈɡeɪlɪk] n gaélique m.

gag [ɡæɡ] n inf *(joke)* histoire f drôle.

gain [ɡeɪn] vt gagner ; *(weight, speed, confidence)* prendre ; *(subj : clock, watch)* avancer de. ◆ vi *(benefit)* y gagner. ◆ n gain m.

gale [ɡeɪl] n grand vent m.

gallery [ˈɡælərɪ] n *(public)* musée m ; *(private, at theatre)* galerie f.

gallon [ˈɡælən] n *Br* = 4,546 l, gallon ; *Am* = 3,79 l, gallon.

gallop [ˈɡæləp] vi galoper.

gamble [ˈɡæmbl] n coup m de poker. ◆ vi *(bet money)* jouer.

gambling [ˈɡæmblɪŋ] n jeu m.

game [ɡeɪm] n jeu m ; *(of football, tennis, cricket)* match m ; *(of chess, cards, snooker)* partie f ; *(wild animals, meat)* gibier m. ❑ **games** SCH sport m. ◆ npl *(sporting event)* jeux mpl.

gammon [ˈɡæmən] n jambon cuit, salé ou fumé.

gang [ɡæŋ] n *(of criminals)* gang m ; *(of friends)* bande f.

gangster [ˈɡæŋstə*] n gangster m.

gaol [dʒeɪl] *Br* = **jail**.

gap [ɡæp] n *(space)* espace m ;

(crack) interstice *m* ; *(of time)* inter-valle *m* ; *(difference)* fossé *m*.

garage ['gærɑːʒ, 'gærɪdʒ] *n* garage *m* ; *Br (for petrol)* station-service *f*.

GARAGE SALE

Les *garage sales* sont très popu-laires aux États-Unis. Quand les gens veulent se débarrasser de certains objets personnels tels des livres, des vêtements, des meubles, ou des outils. Ils orga-nisent une vente dans leur gara-ge, leur maison, leur jardin ou encore dans la rue devant chez eux. Ces ventes sont annoncées dans la presse locale ou par peti-tes affiches collées dans les points stratégiques du quartier.

garbage ['gɑːbɪdʒ] *n Am (refuse)* ordures *fpl*.

garbage can *n Am* poubelle *f*.

garbage truck *n Am* camion-poubelle *m*.

garden ['gɑːdn] *n* jardin *m*. ◆ *vi* faire du jardinage. ❏ **gardens** *npl (public park)* jardin *m* public.

garden centre *n* jardinerie *f*.

gardener ['gɑːdnə] *n* jardinier *m*, -ière *f*.

gardening ['gɑːdnɪŋ] *n* jardinage *m*.

garden peas *npl* petits pois *mpl*.

garlic ['gɑːlɪk] *n* ail *m*.

garlic bread *n* pain aillé et beurré servi chaud.

garlic butter *n* beurre *m* d'ail.

garment ['gɑːmənt] *n* vêtement *m*.

garnish ['gɑːnɪʃ] *n (for decoration)*

garniture *f* ; *(sauce)* sauce servant à relever un plat. ◆ *vt* garnir.

gas [gæs] *n* gaz *m inv* ; *Am (petrol)* essence *f*.

gas cooker *n Br* cuisinière *f* à gaz.

gas cylinder *n* bouteille *f* de gaz.

gas fire *n Br* radiateur *m* à gaz.

gasket ['gæskɪt] *n* joint *m* (d'étan-chéité).

gas mask *n* masque *m* à gaz.

gasoline ['gæsəliːn] *n Am* essen-ce *f*.

gasp [gɑːsp] *vi (in shock)* avoir le souffle coupé.

gas pedal *n Am* accélérateur *m*.

gas station *n Am* station-service *f*.

gas stove *Br* = gas cooker.

gas tank *n Am* réservoir *m* (à es-sence).

gasworks ['gæswɜːks] *n (pl inv)* usine *f* à gaz.

gate [geɪt] *n (to garden, at airport)* porte *f* ; *(to building)* portail *m* ; *(to field)* barrière *f*.

gâteau ['gætəʊ] *n (pl -x [-z])* *n Br* gros gâteau à la crème.

gateway ['geɪtweɪ] *n (entrance)* portail *m*.

gather ['gæðə] *vt (belongings)* ra-masser ; *(information)* recueillir ; *(speed)* prendre ; *(understand)* dé-duire. ◆ *vi* se rassembler.

gaudy ['gɔːdɪ] *adj* voyant(e).

gauge [geɪdʒ] *n* jauge *f* ; *(of rail-way track)* écartement *m*. ◆ *vt (cal-culate)* évaluer.

gauze [gɔːz] *n* gaze *f*.

gave [geɪv] *pt* → give.

gay [geɪ] *adj (homosexual)* homosexuel(elle).

gaze [geɪz] *vi* : **to ~ at** regarder fixement.

GB *(abbr of Great Britain)* G.-B.

GCSE *n* examen de fin de premier cycle.

gear [gɪə'] *n (wheel)* roue *f* dentée ; *(speed)* vitesse *f* ; *(belongings)* affaires *fpl* ; *(equipment)* équipement *m* ; *(clothes)* tenue *f* ; **in ~** en prise.

gearbox ['gɪəbɒks] *n* boîte *f* de vitesses.

gear lever *n* levier *m* de vitesse.

gear shift *Am* = **gear lever.**

gear stick *Br* = **gear lever.**

geek [giːk] *n inf* débile *mf* ; **a movie/computer ~** un dingue de cinéma/d'informatique →

geese [giːs] *pl* → **goose.**

gel [dʒel] *n* gel *m.*

gelatine [ˌdʒeləˈtiːn] *n* gélatine *f.*

gem [dʒem] *n* pierre *f* précieuse.

gender ['dʒendə'] *n* genre *m.*

general ['dʒenərəl] *adj* général(e). ◆ *n* général *m* ; **in ~** en général.

general anaesthetic *n* anesthésie *f* générale.

general election *n* élections *fpl* législatives.

generally ['dʒenərəlɪ] *adv* généralement.

general practitioner [-præk'tɪʃənə'] *n* (médecin) généraliste *m.*

general store *n* bazar *m.*

generate ['dʒenəreɪt] *vt (cause)* susciter ; *(electricity)* produire.

generation [ˌdʒenə'reɪʃn] *n* génération *f.*

generator ['dʒenəreɪtə'] *n* générateur *m.*

generosity [ˌdʒenə'rɒsətɪ] *n* générosité *f.*

generous ['dʒenərəs] *adj* généreux(euse).

genetically [dʒɪ'netɪklɪ] *adv* génétiquement ; **~ modified** génétiquement modifié(e) ; **~ modified organism** organisme *m* génétiquement modifié.

genetic code *n* code *m* génétique.

genitals ['dʒenɪtlz] *npl* parties *fpl* génitales.

genius ['dʒiːnjəs] *n* génie *m.*

gentle ['dʒentl] *adj (person)* doux (douce) ; *(movement, breeze)* léger(ère).

gentleman ['dʒentlmən] *(pl* -**men** [-mən]) *n* monsieur *m* ; *(with good manners)* gentleman *m* ; **'gentlemen'** *(men's toilets)* 'messieurs'.

gently ['dʒentlɪ] *adv (carefully)* doucement.

gents [dʒents] *n Br* toilettes *fpl* pour hommes.

genuine ['dʒenjuɪn] *adj (authentic)* authentique ; *(sincere)* sincère.

geographical [dʒɪə'græfɪkl] *adj* géographique.

geography [dʒɪ'ɒgrəfɪ] *n* géographie *f.*

geology [dʒɪ'ɒlədʒɪ] *n* géologie *f.*

geometry [dʒɪ'ɒmətrɪ] *n* géométrie *f.*

Georgian ['dʒɔːdʒən] *adj (architecture etc)* georgien(ienne) *(du règne des rois George I-IV, 1714-1830).*

geranium [dʒɪ'reɪnjəm] *n* géranium *m.*

German ['dʒɜːmən] *adj* allemand(e). ◆ n (person) Allemand m, -e f ; (language) allemand m.

German measles n rubéole f.

Germany ['dʒɜːmənɪ] n l'Allemagne f.

germs [dʒɜːmz] npl germes mpl.

gesture ['dʒestʃə'] n (movement) geste m.

🖙

get [get] (pt & pp got, Am pp gotten) vt - 1. (obtain) obtenir ; (buy) acheter ; **she got a job** elle a trouvé un travail.
- 2. (receive) recevoir ; **I got a book for Christmas** on m'a offert OR j'ai eu un livre pour Noël.
- 3. (train, plane, bus etc) prendre.
- 4. (fetch) aller chercher ; **could you ~ me the manager?** (in shop) pourriez-vous m'appeler le directeur? ; (on phone) pourriez-vous me passer le directeur?
- 5. (illness) attraper ; **I've got a cold** j'ai un rhume.
- 6. (cause to become) : **to ~ sthg done** faire faire qqch ; **can I ~ my car repaired here?** est-ce que je peux faire réparer ma voiture ici?
- 7. (ask, tell) : **to ~ sb to do sthg** faire faire qqch à qqn.
- 8. (move) : **I can't ~ it through the door** je n'arrive pas à le faire passer par la porte.
- 9. (understand) comprendre, saisir.
- 10. (time, chance) avoir ; **we didn't ~ the chance to see everything** nous n'avons pas pu tout voir.
- 11. (idea, feeling) avoir.
- 12. (phone) répondre à.
- 13. (in phrases) : **you ~ a lot of rain here in winter** il pleut beaucoup ici en hiver, have.

◆ vi - 1. (become) : **to ~ lost** se perdre ; **to ~ ready** se préparer ; **it's getting late** il se fait tard ; **~ lost!** inf fiche le camp!
- 2. (into particular state, position) : **to ~ into trouble** s'attirer des ennuis ; **how do you ~ to Luton from here?** comment va-t-on à Luton? ; **to ~ into the car** monter dans la voiture.
- 3. (arrive) arriver ; **when does the train ~ here?** à quelle heure arrive le train?
- 4. (in phrases) : **to ~ to do sthg** avoir l'occasion de faire qqch.

◆ aux vb : **to ~ delayed** être retardé ; **to ~ killed** se faire tuer.

❑ **get back** vi (return) rentrer.

❑ **get in** vi (arrive) arriver ; (enter) entrer.

❑ **get off** vi (leave train, bus) descendre ; (depart) partir.

❑ **get on** vi (enter train, bus) monter ; (in relationship) s'entendre ; (progress) : **how are you getting on?** comment tu t'en sors?

❑ **get out** vi (of car, bus, train) descendre.

❑ **get through** vi (on phone) obtenir la communication.

❑ **get up** vi se lever.

get-together n inf réunion f.

ghastly ['gɑːstlɪ] adj inf affreux(euse).

gherkin ['gɜːkɪn] n cornichon m.

ghetto blaster ['getəʊˌblɑːstə'] n inf grand radiocassette portatif.

ghost [gəʊst] n fantôme m.

giant ['dʒaɪənt] adj géant(e). ◆ n (in stories) géant m, -e f.

giblets ['dʒɪblɪts] npl abats mpl de volaille.

giddy ['gɪdɪ] *adj* : to feel ~ avoir la tête qui tourne.

gift [gɪft] *n* cadeau *m*; *(talent)* don *m*.

gifted ['gɪftɪd] *adj* doué(e).

gift shop *n* boutique *f* de cadeaux.

gift voucher *n Br* chèque-cadeau *m*.

gig [gɪg] *n inf (concert)* concert *m*.

gigantic [dʒaɪ'gæntɪk] *adj* gigantesque.

giggle ['gɪgl] *vi* glousser.

gimmick ['gɪmɪk] *n* astuce *f*.

gin [dʒɪn] *n* gin *m*; ~ and tonic gin tonic.

ginger ['dʒɪndʒə'] *n* gingembre *m*. ◆ *adj (colour)* roux (rousse).

ginger ale *n* boisson gazeuse non alcoolisée au gingembre, souvent utilisée en cocktail.

ginger beer *n* boisson gazeuse non alcoolisée au gingembre.

gingerbread ['dʒɪndʒəbred] *n* pain *m* d'épice.

gipsy ['dʒɪpsɪ] *n* gitan *m*, -e *f*.

giraffe [dʒɪ'rɑːf] *n* girafe *f*.

girl [gɜːl] *n* fille *f*.

girlfriend ['gɜːlfrend] *n* copine *f*, amie *f*.

girl guide *n Br* éclaireuse *f*.

girl scout *Am* = girl guide.

giro ['dʒaɪrəʊ] *n (system)* virement *m* bancaire.

give [gɪv] *(pt* gave, *pp* given ['gɪvn]) *vt* donner ; *(a smile)* faire ; *(a look)* jeter ; *(speech)* faire ; *(attention, time)* consacrer ; to ~ sb sthg donner qqch à qqn ; *(as present)* offrir qqch à qqn ; *(news, message)* transmettre qqch à qqn ; to ~ sthg a push pousser qqch ; to ~ sb a kiss embrasser qqn ; ~ or take a few days à quelques jours près. ❑ **give away** *vt sep (get rid of)* donner ; *(reveal)* révéler. ❑ **give back** *vt sep* rendre. ❑ **give in** *vi* céder. ❑ **give off** *vt fus (smell)* exhaler ; *(gas)* émettre. ❑ **give out** *vt sep (distribute)* distribuer. ❑ **give up** *vt sep (cigarettes, chocolate)* renoncer à ; *(seat)* laisser. ◆ *vi (admit defeat)* abandonner ; to ~ up *(smoking)* arrêter de fumer.

glacier ['glæsjə'] *n* glacier *m*.

glad [glæd] *adj* content(e) ; to be ~ to do sthg faire qqch volontiers OR avec plaisir.

gladly ['glædlɪ] *adv (willingly)* volontiers, avec plaisir.

glamorous ['glæmərəs] *adj (woman)* séduisant(e) ; *(job, place)* prestigieux(ieuse).

glance [glɑːns] *n* coup *m* d'œil. ◆ *vi* : to ~ at jeter un coup d'œil à.

gland [glænd] *n* glande *f*.

glandular fever ['glændjulə-] *n* mononucléose *f* (infectieuse).

glare [gleə'] *vi (person)* jeter des regards mauvais ; *(sun, light)* être éblouissant(e).

glass [glɑːs] *n* verre *m*. ◆ *adj* en verre ; *(door)* vitré(e). ❑ **glasses** *npl* lunettes *fpl*.

glassware ['glɑːsweə'] *n* verrerie *f*.

glen [glen] *n Scot* vallée *f*.

glider ['glaɪdə'] *n* planeur *m*.

glimpse [glɪmps] *vt* apercevoir.

glitter ['glɪtə'] *vi* scintiller.

globalization [ˌgləʊbəlaɪ'zeɪʃn] *n* mondialisation *f*.

global warming [ˌgləʊbl'wɔː-mɪŋ] *n* réchauffement *m* de la planète.

globe [gləʊb] n (with map) globe m (terrestre) ; the ~ (Earth) le globe.

gloomy ['gluːmɪ] adj (room, day) lugubre ; (person) triste.

glorious ['glɔːrɪəs] adj (weather, sight) splendide ; (victory, history) glorieux(ieuse).

glory ['glɔːrɪ] n gloire f.

gloss [glɒs] n (shine) brillant m, lustre m ; ~ (paint) peinture f brillante.

glossary ['glɒsərɪ] n glossaire m.

glossy ['glɒsɪ] adj sur papier glacé.

glove [glʌv] n gant m.

glove compartment n boîte f à gants.

glow [gləʊ] n lueur f. ◆ vi briller.

glucose ['gluːkəʊs] n glucose m.

glue [gluː] n colle f. ◆ vt coller.

GM (abbr of genetically modified) adj génétiquement modifié(e).

gnat [næt] n moustique m.

gnaw [nɔː] vt ronger.

GNVQ (abbr of general national vocational qualification) n diplôme sanctionnant deux années d'études professionnelles à la fin du secondaire, ≃ baccalauréat m professionnel.

👉

go [gəʊ] (vt went, pp gone, pl goes) vi - 1. (move, travel) aller ; to ~ for a walk aller se promener ; to ~ and do sthg aller faire qqch ; to ~ home rentrer chez soi ; to ~ to Spain aller en Espagne ; to ~ by bus prendre le bus ; to ~ swimming aller nager.

- 2. (leave) partir, s'en aller ; when does the bus ~? quand part le bus? ; ~ away! allez vous-en!

- 3. (become) devenir ; she went pale elle a pâli ; the milk has gone sour le lait a tourné.

- 4. (expressing future tense) : to be going to do sthg aller faire qqch.

- 5. (function) marcher ; the car won't ~ la voiture ne veut pas démarrer.

- 6. (stop working) tomber en panne ; (break) se casser ; the fuse has gone les plombs ont sauté.

- 7. (time) passer.

- 8. (progress) aller, se passer ; to ~ well aller bien, bien se passer.

- 9. (bell, alarm) se déclencher.

- 10. (match) aller bien ensemble ; to ~ with aller (bien) avec ; red wine doesn't ~ with fish le vin rouge ne va pas bien avec le poisson.

- 11. (be sold) se vendre ; 'everything must ~' 'tout doit partir'.

- 12. (fit) rentrer.

- 13. (lead) aller ; where does this path ~? où va ce chemin?

- 14. (belong) aller.

- 15. (in phrases) : to let ~ of sthg (drop) lâcher qqch ; to ~ Am (to take away) à emporter ; there are two weeks to ~ il reste deux semaines.

◆ n - 1. (turn) tour m ; it's your ~ c'est ton tour, c'est à toi.

- 2. (attempt) coup m ; to have a ~ at sthg essayer qqch ; '50p a ~' (for game) '50p la partie'.

❑ **go ahead** vi (begin) y aller ; (take place) avoir lieu.

❑ **go back** vi (return) retourner.

❑ **go down** vi (decrease) baisser ; (sun) se coucher ; (tyre) se dégonfler.

❏ **go down with** vt fus inf (illness) attraper.

❏ **go in** vi entrer.

❏ **go off** vi (alarm, bell) se déclencher ; (food) se gâter ; (milk) tourner ; (light, heating) s'éteindre.

❏ **go on** vi (happen) se passer ; (light, heating) s'allumer ; (continue) : **to ~ on doing sthg** continuer à faire qqch ; **go on!** allez!

❏ **go out** vi (leave house) sortir ; (light, fire, cigarette) s'éteindre ; (have relationship) : **to ~ out with sb** sortir avec qqn ; **to ~ out for a meal** dîner dehors.

❏ **go over** vt fus (check) vérifier.

❏ **go round** vi (revolve) tourner.

❏ **go through** vt fus (experience) vivre ; (spend) dépenser ; (search) fouiller.

❏ **go up** vi (increase) augmenter.

❏ **go without** vt fus se passer de.

goal [gəul] n but m ; (posts) buts mpl.

goalkeeper ['gəul,ki:pə'] n gardien m (de but).

goalpost ['gəulpəust] n poteau m (de but).

goat [gəut] n chèvre f.

gob [gɒb] n Br inf (mouth) gueule f.

god [gɒd] n dieu m. ❏ **God** n Dieu m.

goddaughter ['gɒd,dɔ:tə'] n filleule f.

godfather ['gɒd,fa:ðə'] n parrain m.

godmother ['gɒd,mʌðə'] n marraine f.

gods [gɒdz] npl : **the ~** (in theatre) Br infle poulailler.

godson ['gɒdsʌn] n filleul m.

goes [gəuz] → **go**.

goggles ['gɒglz] npl (for swimming) lunettes fpl de natation ; (for skiing) lunettes fpl de ski.

going ['gəuɪŋ] adj (available) disponible ; **the ~ rate** le tarif en vigueur.

go-kart [-ka:t] n kart m.

gold [gəuld] n or m. ◆ adj en or.

goldfish ['gəuldfɪʃ] (pl inv) n poisson m rouge.

gold-plated [-'pleɪtɪd] adj plaqué(e) or.

golf [gɒlf] n golf m.

golf ball n balle f de golf.

golf club n club m de golf.

golf course n terrain m de golf.

golfer ['gɒlfə'] n joueur m, -euse f de golf.

gone [gɒn] pp → **go**. ◆ prep Br (past) : **it's ~ ten** il est dix heures passées.

good [gud] (compar **better**, superl **best**) adj bon (bonne) ; (kind) gentil(ille) ; (well-behaved) sage. ◆ n bien m ; **the weather is ~** il fait beau ; **to have a ~ time** s'amuser ; **to be ~ at sthg** être bon en qqch ; **a ~ ten minutes** dix bonnes minutes ; **in ~ time** à temps ; **to make ~ sthg** (damage) payer qqch ; (loss) compenser qqch ; **for ~** pour de bon ; **for the ~ of** pour le bien de ; **to do sb ~** faire du bien à qqn ; **it's no ~** (there's no point) ça ne sert à rien ; **~ afternoon!** bonjour! ; **~ evening!** bonsoir! ; **~ morning!** bonjour! ; **~ night!** bonne nuit! ❏ **goods** npl marchandises fpl.

goodbye [,gud'baɪ] excl au revoir!

Good Friday n le Vendredi saint.

good-looking [-'lʊkɪŋ] *adj* beau (belle).

goose [guːs] (*pl* geese) *n* oie *f*.

gooseberry ['gʊzbərɪ] *n* groseille *f* à maquereau.

gorge [gɔːdʒ] *n* gorge *f*.

gorgeous ['gɔːdʒəs] *adj* (day, countryside) splendide ; (meal) délicieux(ieuse) ; *inf* (good-looking) canon *inf*.

gorilla [gə'rɪlə] *n* gorille *m*.

gossip ['gɒsɪp] *vi* (about someone) cancaner ; (chat) bavarder. ◆ *n* (about someone) commérages *mpl* ; **to have a ~** (chat) bavarder.

gossip column *n* échos *mpl*.

got [gɒt] *pt* & *pp* → get.

gotten ['gɒtn] *pp* Am → get.

goujons ['guːdʒɒnz] *npl* fines lamelles de poisson enrobées de pâte à crêpe et frites.

goulash ['guːlæʃ] *n* goulasch *m*.

gourmet ['gʊəmeɪ] *n* gourmet *m*. ◆ *adj* (food, restaurant) gastronomique.

govern ['gʌvən] *vt* (country) gouverner ; (city) administrer.

government ['gʌvnmənt] *n* gouvernement *m*.

gown [gaʊn] *n* (dress) robe *f*.

GP *abbr* = general practitioner.

grab [græb] *vt* saisir ; (person) attraper.

graceful ['greɪsfʊl] *adj* gracieux(ieuse).

grade [greɪd] *n* (quality) qualité *f* ; (in exam) note *f* ; Am (year at school) année *f*.

gradient ['greɪdjənt] *n* pente *f*.

gradual ['grædjʊəl] *adj* graduel(elle), progressif(ive).

gradually ['grædjʊəlɪ] *adv* graduellement, progressivement.

graduate [*n* 'grædʒuət, *vb* 'grædʒueɪt] *n* (from university) ≃ licencié *m*, -e *f* ; Am (from high school) ≃ bachelier *m*, -ière *f*. ◆ *vi* (from university) ≃ obtenir sa licence ; Am (from high school) ≃ obtenir son baccalauréat.

graduate school *n* Am troisième *m* cycle d'université.

GRADUATE SCHOOL

Aux États-Unis, de nombreux étudiants, après avoir obtenu leur licence (bachelor's degree), poursuivent leurs études dans un établissement appelé *graduate school*. Ils peuvent y préparer une maîtrise (master's degree), qu'on obtient généralement au bout d'un an. Ensuite, l'étudiant peut opter pour une thèse de troisième cycle : les études de doctorat (Ph.D.) durent deux ou trois ans. Pour être admis dans une *graduate school*, il faut passer un examen national, le GRE. Bien que la poursuite des études après la licence coûte cher, il faut avoir un diplôme de second ou même de troisième cycle si l'on veut un emploi dans de nombreux secteurs d'activité.

graduation [grædʒu'eɪʃn] *n* remise *f* des diplômes.

graffiti [grə'fiːtɪ] *n* graffiti *mpl*.

grain [greɪn] *n* grain *m* ; (crop) céréales *fpl*.

gram [græm] *n* gramme *m*.

grammar ['græmə] *n* grammaire f.

grammar school *n* (*in UK*) école secondaire publique, plus sélective et plus traditionnelle que les autres.

gramme [græm] = gram.

gramophone ['græməfəʊn] *n* gramophone *m*.

gran [græn] *n* Br inf mamie f.

grand [grænd] *adj* (*impressive*) grandiose. ◆ *n* inf (£1,000) mille livres fpl ; ($1,000) mille dollars mpl.

grandchild ['græntʃaɪld] (*pl* -children [-,tʃɪldrən]) *n* (*boy*) petit-fils *m* ; (*girl*) petite-fille f ; **grandchildren** petits-enfants mpl.

granddad ['grændæd] *n* inf papi *m*.

granddaughter ['græn,dɔːtə] *n* petite-fille f.

grandfather ['grænd,fɑːðə] *n* grand-père *m*.

grandma ['grænmɑː] *n* inf mamie f.

grandmother ['græn,mʌðə] *n* grand-mère f.

grandpa ['grænpɑː] *n* inf papi *m*.

grandparents ['græn,peərənts] *npl* grands-parents mpl.

grandson ['grænsʌn] *n* petit-fils *m*.

granite ['grænɪt] *n* granit *m*.

granny ['grænɪ] *n* inf mamie f.

grant [grɑːnt] *n* POL subvention f ; (*for university*) bourse f. ◆ *vt* fml (*give*) accorder ; **to take sthg for granted** considérer qqch comme un fait acquis ; **he takes her for -ed** il ne se rend pas compte de tout ce qu'elle fait pour lui.

grape [greɪp] *n* raisin *m*.

grapefruit ['greɪpfruːt] *n* pamplemousse *m*.

grapefruit juice *n* jus *m* de pamplemousse.

graph [grɑːf] *n* graphique *m*.

graph paper *n* papier *m* millimétré.

grasp [grɑːsp] *vt* saisir.

grass [grɑːs] *n* herbe f ; **'keep off the ~'** 'pelouse interdite'.

grasshopper ['grɑːs,hɒpə] *n* sauterelle f.

grate [greɪt] *n* grille f de foyer.

grated ['greɪtɪd] *adj* râpé(e).

grateful ['greɪtfʊl] *adj* reconnaissant(e).

grater ['greɪtə] *n* râpe f.

gratitude ['grætɪtjuːd] *n* gratitude f.

gratuity [grə'tjuːɪtɪ] *n* fml pourboire *m*.

grave¹ [greɪv] *adj* (*mistake, news*) grave ; (*concern*) sérieux(ieuse). ◆ *n* tombe f.

grave² [grɑːv] *adj* (*accent*) grave.

gravel ['grævl] *n* gravier *m* ; (*smaller*) gravillon *m*.

graveyard ['greɪvjɑːd] *n* cimetière *m*.

gravity ['grævətɪ] *n* gravité f.

gravy ['greɪvɪ] *n* jus *m* de viande.

gray [greɪ] *Am* = **grey**.

graze [greɪz] *vt* (*injure*) égratigner.

grease [griːs] *n* graisse f.

greaseproof paper ['griːspruːf-] *n* Br papier *m* sulfurisé.

greasy ['griːsɪ] *adj* (*tools, clothes*) graisseux(euse) ; (*food, skin, hair*) gras (grasse).

great [greɪt] *adj* grand(e) ; (*very*

good) super (*inv*), génial(e) ; (*that's*) ~! (*c'est*) super OR génial!.

Great Britain *n* la Grande-Bretagne.

GREAT BRITAIN

La Grande-Bretagne est formée de l'Angleterre, de l'Écosse et du pays de Galles. A ne pas confondre avec le Royaume-Uni qui inclut en plus l'Irlande du Nord, ni avec les îles Britanniques, qui englobent également la république d'Irlande, les Orcades, l'Île de Man, les Shetlands et les îles Anglo-Normandes.

great-grandfather *n* arrière-grand-père *m*.

great-grandmother *n* arrière-grand-mère *f*.

greatly ['greɪtlɪ] *adv* (*a lot*) beaucoup ; (*very*) très.

greed [gri:d] *n* (*for food*) gloutonnerie *f* ; (*for money*) avidité *f*.

greedy ['gri:dɪ] *adj* (*for food*) glouton(onne) ; (*for money*) avide.

green [gri:n] *adj* vert(e) ; (*person, product*) écolo ; *inf* (*inexperienced*) jeune. ◆ *n* (*colour*) vert *m* ; (*in village*) terrain *m* communal ; (*on golf course*) green *m*. ❑ **greens** *npl* (*vegetables*) légumes *mpl* verts.

green beans *npl* haricots *mpl* verts.

green card *n* Br (*for car*) carte *f* verte ; Am (*work permit*) carte *f* de séjour.

GREEN CARD

La « carte verte » (bien qu'elle ait maintenant changé de couleur) désigne le document administratif qui permet à une personne étrangère de séjourner et de travailler aux États-Unis. De nombreuses démarches administratives sont nécessaires à son obtention. Les candidats à ce permis de séjour doivent être apparentés à un citoyen américain, ou bien employés par une entreprise américaine, ou encore être susceptibles d'investir une importante somme d'argent aux États-Unis.

green channel *n* dans un port ou un aéroport, sortie réservée aux voyageurs n'ayant rien à déclarer.

greengage ['gri:ngeɪdʒ] *n* reine-claude *f*.

greengrocer's ['gri:n,grəusəz] *n* (*shop*) magasin *m* de fruits et de légumes.

greenhouse ['gri:nhaus, *pl* -hauziz] *n* serre *f*.

greenhouse effect *n* effet *m* de serre.

green light *n* feu *m* vert.

green pepper *n* poivron *m* vert.

green salad *n* salade *f* verte.

greet [gri:t] *vt* saluer.

greeting ['gri:tɪŋ] *n* salut *m*.

grenade [grə'neɪd] *n* grenade *f*.

grew [gru:] *pt* → grow.

grey [greɪ] *adj* gris(e). ◆ *n* gris *m* ; to go ~ grisonner.

greyhound ['greɪhaund] *n* lévrier *m*.

GREYHOUND BUS

Voyager en autocar est le moyen de transport le moins cher pour parcourir les États-Unis. Les cars de la compagnie

Greyhound sont les seuls à couvrir tout le pays. On en trouve également dans plusieurs villes du Canada et du Mexique. Ce réseau est d'autant plus important qu'il dessert certaines régions qui ne sont pas accessibles par avion.

grid [grɪd] n (grating) grille f ; (on map etc) quadrillage m.

grief [griːf] n chagrin m ; **to come to ~** (person) échouer.

grieve [griːv] vi être en deuil.

grill [grɪl] n (on cooker, over fire) gril m ; (part of restaurant) grill m. ◆ vt (faire) griller.

grille [grɪl] n AUT calandre f.

grilled [grɪld] adj grillé(e).

grim [grɪm] adj (expression) sévère ; (place, news) sinistre.

grimace [grɪməs] n grimace f.

grimy ['graɪmɪ] adj crasseux(euse).

grin [grɪn] n grand sourire m. ◆ vi faire un grand sourire.

grind [graɪnd] (pt & pp ground) vt (pepper, coffee) moudre.

grip [grɪp] n (hold) prise f ; (of tyres) adhérence f ; (handle) poignée f ; (bag) sac m de voyage. ◆ vt (hold) saisir.

gristle ['grɪsl] n nerfs mpl.

groan [grəʊn] n (of pain) gémissement m. ◆ vi (in pain) gémir ; (complain) ronchonner.

groceries ['grəʊsərɪz] npl épicerie f.

grocer's ['grəʊsəz] n (shop) épicerie f.

grocery ['grəʊsərɪ] n (shop) épicerie f.

groin [grɔɪn] n aine f.

groove [gruːv] n rainure f.

groovy ['gruːvɪ] adj inf (excellent) super, génial(e). ; (fashionable) branché(e).

grope [grəʊp] vi tâtonner.

gross [grəʊs] adj (weight, income) brut(e).

grossly ['grəʊslɪ] adv (extremely) extrêmement.

grotty ['grɒtɪ] adj Br inf minable.

ground [graʊnd] n ◆ n (surface of earth) sol m ; (soil) terre f ; SPORT terrain m. ◆ adj (coffee) moulu(e). ◆ vt : **to be ~ed** (plane) être interdit de vol ; **on the ~** par terre. ❏ **grounds** npl (of building) terrain m ; (of coffee) marc m ; (reason) motif m.

ground floor n rez-de-chaussée m.

groundsheet ['graʊndʃiːt] n tapis m de sol.

group [gruːp] n groupe m.

grouse [graʊs] (pl inv) n (bird) grouse f.

grovel ['grɒvl] vi ramper.

grow [grəʊ] (pt grew, pp grown) vi (person, animal) grandir ; (plant) pousser ; (increase) augmenter ; (become) devenir. ◆ vt (plant, crop) cultiver ; (beard) laisser pousser ; **to ~ old** vieillir. ❏ **grow up** vi grandir.

growl [graʊl] vi (dog) grogner.

grown [grəʊn] pp → grow.

grown-up adj adulte. ◆ n adulte mf, grande personne f.

growth [grəʊθ] n (increase) augmentation f ; MED grosseur f.

grub [grʌb] n inf (food) bouffe f.

grubby ['grʌbɪ] adj inf pas net (nette).

grudge [grʌdʒ] n : **to bear sb a ~**

en vouloir à qqn. ◆ *vt* : to ~sb sthg envier qqch à qqn.

grueling ['gruəlɪŋ] *Am* = gruelling.

gruelling ['gruəlɪŋ] *adj Br* exténuant(e).

gruesome ['gru:səm] *adj* macabre.

grumble ['grʌmbl] *vi (complain)* grommeler.

grumpy ['grʌmpɪ] *adj inf* grognon(onne).

grunge [grʌndʒ] *n inf (dirt)* crasse *f.* ; *(music, fashion)* grunge *m.*

grunt [grʌnt] *vi (pig)* grogner ; *(person)* pousser un grognement.

guarantee [,gærən'ti:] *n* garantie *f.* ◆ *vt* garantir.

guard [gɑ:d] *n (of prisoner)* gardien *m,* -ienne *f* ; *(of politician, palace)* garde *m* ; *Br (on train)* chef *m* de train ; *(protective cover)* protection *f.* ◆ *vt (watch over)* garder ; to be on one's ~ être sur ses gardes.

guess [ges] *vt & vi* (essayer de) deviner. ◆ *n* : to have a ~ (at sthg) (essayer de) deviner (qqch) ; I ~ (so) je suppose (que oui).

guest [gest] *n* invité *m,* -e *f* ; *(in hotel)* client *m,* -e *f.*

guesthouse ['gesthaus, *pl* -hauziz] *n* pension *f* de famille.

guestroom ['gestrum] *n* chambre *f* d'amis.

guidance ['gaɪdəns] *n* conseils *mpl.*

guide [gaɪd] *n (for tourists)* guide *mf* ; *(guidebook)* guide *m* (touristique). ◆ *vt* conduire. ❏ **Guide** *n Br* ≃ éclaireuse *f.*

guidebook ['gaɪdbuk] *n* guide *m* (touristique).

guide dog *n* chien *m* d'aveugle.

guided tour ['gaɪdɪd-] *n* visite *f* guidée.

guidelines ['gaɪdlaɪnz] *npl* lignes *fpl* directrices.

guilt [gɪlt] *n* culpabilité *f.*

guilty ['gɪltɪ] *adj* coupable.

guinea pig ['gɪnɪ-] *n* cochon *m* d'Inde.

guitar [gɪ'tɑ:] *n* guitare *f.*

guitarist [gɪ'tɑ:rɪst] *n* guitariste *mf.*

gulf [gʌlf] *n (of sea)* golfe *m.*

Gulf War *n* : the ~ la guerre du Golfe.

gull [gʌl] *n* mouette *f.*

gullible ['gʌləbl] *adj* crédule.

gulp [gʌlp] *n* goulée *f.*

gum [gʌm] *n (chewing gum)* chewing-gum *m* ; *(bubble gum)* chewing-gum avec lequel on peut faire des bulles ; *(adhesive)* gomme *f.* ❏ **gums** *npl (in mouth)* gencives *fpl.*

gun [gʌn] *n (pistol)* revolver *m* ; *(rifle)* fusil *m* ; *(cannon)* canon *m.*

gunfire ['gʌnfaɪə] *n* coups *mpl* de feu.

gunshot ['gʌnʃɒt] *n* coup *m* de feu.

gust [gʌst] *n* rafale *f.*

gut [gʌt] *n inf (stomach)* estomac *m.* ❏ **guts** *npl inf (intestines)* boyaux *mpl* ; *(courage)* cran *m.*

gutter ['gʌtə] *n (beside road)* rigole *f* ; *(of house)* gouttière *f.*

guy [gaɪ] *n inf (man)* type *m.* ❏ **guys** *npl Am inf (people)* : you ~s vous.

Guy Fawkes Night [-'fɔ:ks-] *n* le 5 novembre.

GUY FAWKES NIGHT

Le 5 novembre, des feux de joie et des feux d'artifice sont organisés pour la *Guy Fawkes Night*, appelée aussi *Bonfire Night*. C'est à cette date que fut déjoué en 1605 le *Gunpowder Plot*, la conspiration des poudres, complot catholique dont le but était de faire sauter le Parlement et d'assassiner le roi Jacques Ier. La tradition veut que des enfants fassent un dessin de *Guy Fawkes*, l'un des conspirateurs, et l'emportent avec eux dans la rue pour demander de l'argent. Ces dessins sont ensuite jetés dans les feux du 5 novembre.

guy rope n corde f de tente.

gym [dʒɪm] n gymnase m ; (school lesson) gymnastique f.

gymnast ['dʒɪmnæst] n gymnaste mf.

gymnastics [dʒɪm'næstɪks] n gymnastique f.

gym shoes npl tennis mpl en toile.

gynaecologist [ˌgaɪnə'kɒlədʒɪst] n gynécologue mf.

gypsy ['dʒɪpsɪ] = gipsy.

H

H (abbr of hot) C ; (abbr of hospital) H.

habit ['hæbɪt] n habitude f.

hacksaw ['hæksɔː] n scie f à métaux.

had [hæd] pt & pp → have.

haddock ['hædək] (pl inv) n églefin m.

hadn't ['hædnt] = had not.

haggis ['hægɪs] n plat typique écossais constitué d'une panse de brebis farcie, le plus souvent accompagné de pommes de terre et de navets en purée.

haggle ['hægl] vi marchander.

hail [heɪl] n grêle f. ◆ v impers grêler.

hailstone ['heɪlstəʊn] n grêlon m.

hair [heəʳ] n (on head) cheveux mpl ; (on skin) poils mpl ; (individual hair on head) cheveu m ; (individual hair on skin, of animal) poil m ; to have one's ~ cut se faire couper les cheveux.

hairband ['heəbænd] n bandeau m.

hairbrush ['heəbrʌʃ] n brosse f à cheveux.

hairclip ['heəklɪp] n barrette f.

haircut ['heəkʌt] n (style) coupe f (de cheveux) ; to have a ~ se faire couper les cheveux.

hairdo ['heəduː] (pl -s) n coiffure f.

hairdresser ['heəˌdresəʳ] n coiffeur m, -euse f ; (salon) salon m de coiffure ; to go to the ~'s aller chez le coiffeur.

hairdryer ['heəˌdraɪəʳ] n sèche-cheveux m inv.

hair gel n gel m coiffant.

hairgrip ['heəgrɪp] n Br épingle f à cheveux.

hairpin bend ['heəpɪn-] n virage m en épingle à cheveux.

hair remover [-rɪˌmuːvəʳ] n crème f dépilatoire.

hair slide n barrette f.

hairspray ['heəspreɪ] n laque f.

hairstyle ['heəstaɪl] n coiffure f.

hairy ['heərɪ] adj poilu(e).

half [Br hɑːf, Am hæf] (pl halves) n moitié f ; (of match) mi-temps f inv ; (half pint) ≃ demi m ; (child's ticket) demi-tarif m. ◆ adv à moitié. ◆ adj : ~ a day une demi-journée ; four and a ~ quatre et demi ; ~ past seven sept heures et demie ; ~ as big as moitié moins grand que ; an hour and a ~ une heure et demie ; an hour ~ an hour une demi-heure ; ~ a dozen une demi-douzaine.

half board n demi-pension f.

half-day n demi-journée f.

half fare n demi-tarif m.

half portion n demi-portion f.

half-price adj à moitié prix.

half term n Br vacances fpl de mi-trimestre.

half time n mi-temps f inv.

halfway [hɑːf'weɪ] adv (in space) à mi-chemin ; (in time) à la moitié.

halibut ['hælɪbət] (pl inv) n flétan m.

hall [hɔːl] n (of house) entrée f ; (building, large room) salle f ; (country house) manoir m.

hallmark ['hɔːlmɑːk] n (on silver, gold) poinçon m.

hallo [hə'ləʊ] = hello.

hall of residence n résidence f universitaire.

Halloween [ˌhæləʊ'iːn] n Halloween f.

halt [hɔːlt] vi s'arrêter. ◆ n : to come to a ~ s'arrêter.

halve [Br hɑːv, Am hæv] vt (reduce) réduire de moitié ; (cut) couper en deux.

halves [Br hɑːvz, Am hævz] pl → **half**.

ham [hæm] n (meat) jambon m.

hamburger ['hæmbɜːgə] n steak m haché ; Am (mince) viande f hachée.

hamlet ['hæmlɪt] n hameau m.

hammer ['hæmə] n marteau m. ◆ vt (nail) enfoncer à coups de marteau.

hammock ['hæmək] n hamac m.

hamper ['hæmpə] n panier m.

hamster ['hæmstə] n hamster m.

hamstring ['hæmstrɪŋ] n tendon m du jarret.

hand [hænd] n main f ; (of clock, watch, dial) aiguille f ; to give sb a ~ donner un coup de main à qqn ; to get out of ~ échapper à tout contrôle ; by ~ à la main ; in ~ (time) devant soi ; **on the one ~** d'un côté ; **on the other ~** d'un autre côté. ❏ **hand in** *vt sep* remettre. ❏ **hand out** *vt sep* distribuer. ❏ **hand over** *vt sep (give)* remettre.

handbag ['hændbæg] *n* sac *m* à main.

handbasin ['hændbeɪsn] *n* lavabo *m*.

handbook ['hændbʊk] *n* guide *m*.

handbrake ['hændbreɪk] *n* frein *m* à main.

hand cream *n* crème *f* pour les mains.

handcuffs ['hændkʌfs] *npl* menottes *fpl*.

handful ['hændfʊl] *n* poignée *f*.

handicap ['hændɪkæp] *n* handicap *m*.

handicapped ['hændɪkæpt] *adj* handicapé(e). ◆ *npl* : **the ~** les handicapés *mpl*.

handkerchief ['hæŋkətʃɪf] (*pl* -**chiefs** OR -**chieves**) *n* mouchoir *m*.

handle ['hændl] *n (of door, window, suitcase)* poignée *f* ; *(of knife, pan)* manche *m* ; *(of cup)* anse *f*. ◆ *vt (touch)* manipuler ; *(deal with)* s'occuper de ; *(crisis)* faire face à ; '**~ with care**' 'fragile'.

handlebars ['hændlbɑːz] *npl* guidon *m*.

hand luggage *n* bagages *mpl* à main.

handmade [ˌhænd'meɪd] *adj* fait à la main.

handout ['hændaʊt] *n (leaflet)* prospectus *m*.

handrail ['hændreɪl] *n* rampe *f*.

handset ['hændset] *n* combiné *m* ; '**please replace the ~**' 'raccrochez'.

handshake ['hændʃeɪk] *n* poignée *f* de main.

handsome ['hænsəm] *adj* beau (belle).

handstand ['hændstænd] *n* équilibre *m* sur les mains.

handwriting ['hændˌraɪtɪŋ] *n* écriture *f*.

handy ['hændɪ] *adj (useful)* pratique ; *(person)* adroit(e) ; *(near)* tout près ; **to come in ~** *inf* être utile.

hang [hæŋ] (*pt & pp* **hung**, *pt & pp sense 2* **hanged**) *vt* suspendre, accrocher ; *(execute)* pendre. ◆ *vi* pendre. ◆ *n* : **to get the ~ of sthg** attraper le coup pour faire qqch. ❏ **hang about** *vi Br inf* traîner. ❏ **hang around** *inf* = **hang about**. ❏ **hang down** *vi* pendre. ❏ **hang on** *vi inf (wait)* attendre. ❏ **hang out** ◆ *vt sep (washing)* étendre. ◆ *vi inf* traîner. ❏ **hang up** *vi (on phone)* raccrocher.

hanger ['hæŋə'] *n* cintre *m*.

hang gliding *n* deltaplane *m*.

hangover ['hæŋˌəʊvə'] *n* gueule *f* de bois.

hankie ['hæŋkɪ] *n inf* mouchoir *m*.

happen ['hæpən] *vi* arriver ; **I happened to be there** je me trouvais là par hasard.

happily ['hæpɪlɪ] *adv (luckily)* heureusement.

happiness ['hæpɪnɪs] *n* bonheur *m*.

happy ['hæpɪ] *adj* heureux(euse) ; **to be ~ about sthg** être content de qqch ; **to be ~ to do sthg** *(willing)* être heureux de faire qqch ; **to be ~ with** sthg être content de qqch.

happy hour n inf période, généralement en début de soirée, où les boissons sont moins chères.

harassment ['hærəsmənt] n harcèlement m.

harbor ['haːbər] Am = harbour.

harbour ['haːbə] n Br port m.

hard [haːd] adj dur(e) ; (winter) rude ; (water) calcaire. ◆ adv (listen) avec attention ; (work) dur ; (hit, rain) fort ; **to try ~** faire de son mieux.

hardback ['haːdbæk] n livre m relié.

hardboard ['haːdbɔːd] n panneau m de fibres.

hard-boiled egg [-bɔɪld-] n œuf m dur.

hard disk n disque m dur.

hardly ['haːdlɪ] adv à peine ; **~ ever** presque jamais.

hardship ['haːdʃɪp] n (conditions) épreuves fpl ; (difficult circumstance) épreuve f.

hard shoulder n Br bande f d'arrêt d'urgence.

hard up adj inf fauché(e).

hardware ['haːdweə] n (tools, equipment) quincaillerie f ; COMPUT hardware m.

hardwearing [ˌhaːd'weərɪŋ] adj Br résistant(e).

hardworking [ˌhaːd'wɜːkɪŋ] adj travailleur(euse).

hare [heə] n lièvre m.

harm [haːm] n mal m. ◆ vt (person) faire du mal à ; (chances, reputation) nuire à ; (fabric) endommager.

harmful ['haːmfʊl] adj nuisible.

harmless ['haːmlɪs] adj inoffensif(ive).

harmonica [haː'mɒnɪkə] n harmonica m.

harmony ['haːmənɪ] n harmonie f.

harness ['haːnɪs] n harnais m.

harp [haːp] n harpe f.

harsh [haːʃ] adj (severe) rude ; (cruel) dur(e) ; (sound, voice) discordant(e).

harvest ['haːvɪst] n (time of year, crops) récolte f ; (of wheat) moisson f ; (of grapes) vendanges fpl.

has [weak form həz, strong form hæz] → have.

hash browns [hæʃ-] npl Am croquettes fpl de pommes de terre aux oignons.

hasn't ['hæznt] = has not.

hassle ['hæsl] n inf embêtement m.

hastily ['heɪstɪlɪ] adv sans réfléchir.

hasty ['heɪstɪ] adj hâtif(ive).

hat [hæt] n chapeau m.

hatch [hætʃ] n (for food) passeplat m inv. ◆ vi (egg) éclore.

hatchback ['hætʃˌbæk] n (car) cinq portes f.

hatchet ['hætʃɪt] n hachette f.

hate [heɪt] n haine f. ◆ vt détester ; **to ~ doing** sthg détester faire qqch.

hatred ['heɪtrɪd] n haine f.

haul [hɔːl] vt traîner. ◆ n : **a long ~** un long trajet.

haunted ['hɔːntɪd] adj hanté(e).

have [hæv] (*pt & pp* had) *aux vb* - **1.** *(to form perfect tenses)* avoir/être ; I ~ finished j'ai terminé ; ~ you been there? - No, I haven't tu y es allé? - Non ; we had already left nous étions déjà partis. - **2.** *(must)* : to ~ (got) to do sthg devoir faire qqch ; I ~ to go je dois y aller, il faut que j'y aille ; do you ~ to pay? est-ce que c'est payant? ◆ *vt* - **1.** *(possess)* : to ~ (got) avoir ; do you ~ OR ~ you got a double room? avez-vous une chambre double? ; she has (got) brown hair elle a les cheveux bruns, elle est brune. - **2.** *(experience)* avoir ; to ~ a cold avoir un rhume, être enrhumé ; we had a great time on s'est beaucoup amusés. - **3.** *(replacing other verbs)* : to ~ breakfast prendre le petit déjeuner ; to ~ lunch déjeuner ; to ~ a drink boire OR prendre un verre ; to ~ a shower prendre une douche ; to ~ a swim nager ; to ~ a walk faire une promenade. - **4.** *(feel)* avoir ; I ~ no doubt about it je n'ai aucun doute là-dessus. - **5.** *(cause to be)* : to ~ sthg done faire faire qqch ; to ~ one's hair cut se faire couper les cheveux. - **6.** *(be treated in a certain way)* : I've had my wallet stolen on m'a volé mon portefeuille.

haversack ['hævəsæk] *n* sac *m* à dos.

havoc ['hævək] *n* chaos *m*.

hawk [hɔːk] *n* faucon *m*.

hawker ['hɔːkə'] *n* démarcheur *m*, -euse *f*.

hay [heɪ] *n* foin *m*.

hay fever *n* rhume *m* des foins.

haystack ['heɪˌstæk] *n* meule *f* de foin.

hazard ['hæzəd] *n* risque *m*.

hazardous ['hæzədəs] *adj* dangereux(euse).

hazard warning lights *npl Br* feux *mpl* de détresse.

haze [heɪz] *n* brume *f*.

hazel ['heɪzl] *adj* noisette (inv).

hazelnut ['heɪzlˌnʌt] *n* noisette *f*.

hazy ['heɪzɪ] *adj* (misty) brumeux(euse).

he [hiː] *pron* il ; ~'s tall il est grand.

head [hed] *n* (of body) tête *f* ; (of page) haut *m* ; (of table) bout *m* ; (of company, department) chef *m* ; (head teacher) directeur *m* (d'école) ; (of beer) mousse *f*. ◆ *vt* (list) être en tête de ; (organization) être à la tête de. ◆ *vi* se diriger ; £10 a ~ 10 livres par personne ; ~s or tails? pile ou face? ❑ **head for** *vt fus* se diriger vers.

headache ['hedeɪk] *n* (pain) mal *m* de tête ; to have a ~ avoir mal à la tête.

heading ['hedɪŋ] *n* titre *m*.

headlamp ['hedlæmp] *Br* = **headlight**.

headlight ['hedlaɪt] *n* phare *m*.

headline ['hedlaɪn] *n* (in newspaper) gros titre *m* ; (on TV, radio) titre *m*.

headmaster [ˌhedˈmɑːstə'] *n* directeur *m* (d'école).

headmistress [ˌhedˈmɪstrɪs] *n* directrice *f* (d'école).

head of state *n* chef *m* d'État.

headphones ['hedfəʊnz] *npl* casque *m* (à écouteurs).

headquarters [ˌhedˈkwɔːtəz] *npl* siège *m*.

headrest ['hedrest] *n* appui-tête *m*.

headroom ['hedrum] *n* hauteur *f*.

headscarf ['hedska:f] (*pl* -**scarves** [-ska:vz]) *n* foulard *m*.

head start *n* longueur *f* d'avance.

head teacher *n* directeur *m* (d'école).

head waiter *n* maître *m* d'hôtel.

heal [hi:l] *vt* (*person*) guérir ; (*wound*) cicatriser. ◆ *vi* cicatriser.

health [helθ] *n* santé *f* ; **to be in good** ~ être en bonne santé ; **to be in poor** ~ être en mauvaise santé ; **your (very) good** ~! à la vôtre!

health centre *n* centre *m* médico-social.

health food *n* produits *mpl* diététiques.

health food shop *n* magasin *m* de produits diététiques.

health insurance *n* assurance *f* maladie.

healthy ['helθɪ] *adj* (*person*) en bonne santé ; (*skin, food*) sain(e).

heap [hi:p] *n* tas *m* ; ~**s of** *inf* (*people, objects*) des tas de ; (*time, money*) plein de.

hear [hɪə*] (*pt* & *pp* **heard** [hɜ:d]) *vt* entendre ; (*news*) apprendre. ◆ *vi* entendre ; **to** ~ **about sthg** entendre parler de qqch ; **to** ~ **from sb** avoir des nouvelles de qqn ; **to have heard of** avoir entendu parler de.

hearing ['hɪərɪŋ] *n* (*sense*) ouïe *f* ; (*at court*) audience *f* ; **to be hard of** ~ être dur d'oreille.

hearing aid *n* audiophone *m*.

heart [ha:t] *n* cœur *m* ; **to know**

sthg (off) by ~ savoir OR connaître qqch par cœur ; **to lose** ~ perdre courage. ❑ **hearts** *npl* (*in cards*) cœur *m*.

heart attack *n* crise *f* cardiaque.

heartbeat ['ha:tbi:t] *n* battements *mpl* de cœur.

heartburn ['ha:tbɜ:n] *n* brûlures *fpl* d'estomac.

heart condition *n* : **to have a** ~ être cardiaque.

hearth [ha:θ] *n* foyer *m*.

hearty ['ha:tɪ] *adj* (*meal*) copieux(ieuse).

heat [hi:t] *n* chaleur *f* ; (*of oven*) température *f*. ❑ **heat up** *vt sep* réchauffer.

heater ['hi:tə*] *n* (*for room*) appareil *m* de chauffage ; (*for water*) chauffe-eau *m inv*.

heath [hi:θ] *n* lande *f*.

heather ['heðə*] *n* bruyère *f*.

heating ['hi:tɪŋ] *n* chauffage *m*.

heat wave *n* canicule *f*.

heave [hi:v] *vt* (*push*) pousser avec effort ; (*pull*) tirer avec effort.

Heaven ['hevn] *n* le paradis.

heavily ['hevɪlɪ] *adv* (*smoke, drink*) beaucoup ; (*rain*) à verse.

heavy ['hevɪ] *adj* lourd(e) ; (*rain*) battant(e) ; **how** ~ **is it?** ça pèse combien? ; **to be a** ~ **smoker** être un grand fumeur.

heavy cream *n Am* crème *f* fraîche épaisse.

heavy goods vehicle *n Br* poids lourd *m*.

heavy industry *n* industrie *f* lourde.

heavy metal *n* heavy metal *m*.

heckle ['hekl] *vt* interrompre bruyamment.

hectic ['hektɪk] *adj* mouvementé(e).

hedge [hedʒ] *n* haie *f*.

hedgehog ['hedʒhɒg] *n* hérisson *m*.

heel [hiːl] *n* talon *m*.

hefty ['heftɪ] *adj (person)* costaud ; *(fine)* gros (grosse).

height [haɪt] *n* hauteur *f* ; *(of person)* taille *f* ; **at the ~ of the season** en pleine saison ; **what ~ is it?** ça fait quelle hauteur?

heir [eəʳ] *n* héritier *m*.

heiress ['eərɪs] *n* héritière *f*.

held [held] *pt* & *pp* → **hold**.

helicopter ['helɪkɒptəʳ] *n* hélicoptère *m*.

he'll [hiːl] = **he will**.

hell [hel] *n* enfer *m*.

hello [hə'ləʊ] *excl (as greeting)* bonjour! ; *(on phone)* allô! ; *(to attract attention)* ohé!

helmet ['helmɪt] *n* casque *m*.

help [help] *n* aide *f*. ◆ *vt* aider. ◆ *vi* être utile. ◆ *excl* à l'aide!, au secours! ; **I can't ~ it** je ne peux pas m'en empêcher ; **to ~ sb (to) do sthg** aider qqn à faire qqch ; **to ~ o.s. (to sthg)** se servir (de qqch) ; **can I ~ you?** *(in shop)* je peux vous aider? ❑ **help out** *vi* aider.

help desk *n* service *m* d'assistance technique, help-desk *m*.

helper ['helpəʳ] *n (assistant)* aide *mf* ; *Am (cleaning woman)* femme *f* de ménage ; *Am (cleaning man)* agent *m* d'entretien.

helpful ['helpfʊl] *adj (person)* serviable ; *(useful)* utile.

helping ['helpɪŋ] *n* portion *f*.

helpless ['helplɪs] *adj* impuissant(e).

hem [hem] *n* ourlet *m*.

hemophiliac [ˌhiːmə'fɪlɪæk] *n* hémophile *m*.

hemorrhage ['hemərɪdʒ] *n* hémorragie *f*.

hen [hen] *n* poule *f*.

hepatitis [ˌhepə'taɪtɪs] *n* hépatite *f*.

her [hɜːʳ] *adj* son (sa), ses *(pl)*. ◆ *pron* la ; *(after prep)* elle ; **I know ~** je la connais ; **it's ~** c'est elle ; **send it to ~** envoie-le lui ; **tell ~** dis(le) lui ; **he's worse than ~** il est pire qu'elle.

herb [hɜːb] *n* herbe *f* ; **~s** fines herbes *fpl*.

herbal tea ['hɜːbl-] *n* tisane *f*.

herd [hɜːd] *n* troupeau *m*.

here [hɪəʳ] *adv* ici ; **~'s your book** voici ton livre ; **~ you are** voilà.

heritage ['herɪtɪdʒ] *n* patrimoine *m*.

hernia ['hɜːnjə] *n* hernie *f*.

hero ['hɪərəʊ] *(pl* **-es)** *n* héros *m*.

heroin ['herəʊɪn] *n* héroïne *f*.

heroine ['herəʊɪn] *n* héroïne *f*.

heron ['herən] *n* héron *m*.

herring ['herɪŋ] *n* hareng *m*.

hers [hɜːz] *pron* le sien (la sienne) ; **these shoes are ~** ces chaussures sont à elle ; **a friend of ~** un ami à elle.

herself [hɜː'self] *pron (reflexive)* se ; *(after prep)* elle ; **she did it ~** elle l'a fait elle-même.

hesitant ['hezɪtənt] *adj* hésitant(e).

hesitate ['hezɪteɪt] *vi* hésiter.

hesitation [ˌhezɪ'teɪʃn] *n* hésitation *f*.

heterosexual [ˌhetərəʊ'sekʃʊəl]

adj hétérosexuel(elle). ◆ *n* hétérosexuel *m*, -elle *f*.

hey [heɪ] *excl inf* hé !

HGV *abbr* = heavy goods vehicle.

hi [haɪ] *excl inf* salut !

hiccup ['hɪkʌp] *n* : to have (the) ~s avoir le hoquet.

hide [haɪd] (*pt* hid [hɪd], *pp* hidden [hɪdn]) *vt* cacher. ◆ *vi* se cacher. ◆ *n* (*of animal*) peau *f*.

hideous ['hɪdɪəs] *adj* (*ugly*) hideux(euse) ; (*unpleasant*) atroce.

hi-fi ['haɪfaɪ] *n* chaîne *f* (hi-fi).

high [haɪ] *adj* haut(e) ; (*number, temperature, standard*) élevé(e) ; (*speed*) grand(e) ; (*risk*) important(e) ; (*winds*) fort(e) ; (*good*) (bonne) ; (*sound, voice*) aigu(ë) ; *inf* (*from drugs*) défoncé(e). ◆ *n* (*weather front*) anticyclone *m*. ◆ *adv* haut ; **how** ~ **is it?** ça fait combien de haut? ; **it's 10 metres** ~ ça fait 10 mètres de haut OR de hauteur.

high chair *n* chaise *f* haute.

high-class *adj* de luxe.

Higher ['haɪər] *n* examen de fin d'études secondaires en Écosse.

higher education *n* enseignement *m* supérieur.

high heels *npl* talons *mpl* hauts.

high jump *n* saut *m* en hauteur.

Highland Games ['haɪlənd-] *npl* jeux *mpl* écossais.

Highlands ['haɪləndz] *npl* : **the** ~ les Highlands *fpl* (*région montagneuse du nord de l'Écosse*).

highlight ['haɪlaɪt] *n* (*best part*) temps *m* fort. ◆ *vt* (*emphasize*) mettre en relief. ❑ **highlights** *npl* (*of football match etc*) temps *mpl* forts ; (*in hair*) mèches *fpl*.

highly ['haɪlɪ] *adv* (*extremely*) extrêmement ; (*very well*) très bien ; **to think** ~ **of sb** penser du bien de qqn.

high-pitched [-'pɪtʃt] *adj* aigu(ë).

high-rise *adj* : ~ **block of flats** tour *f*.

high school *n* établissement d'enseignement secondaire.

high season *n* haute saison *f*.

high-speed train *n* (train) rapide *m*.

high street *n* Br rue *f* principale.

high tide *n* marée *f* haute.

highway ['haɪweɪ] *n* Am (*between towns*) autoroute *f* ; Br (*any main road*) route *f*.

Highway Code *n* Br code *m* de la route.

hijack ['haɪdʒæk] *vt* détourner.

hijacker ['haɪdʒækər] *n* (*of plane*) pirate *m* de l'air.

hike [haɪk] *n* randonnée *f*. ◆ *vi* faire une randonnée.

hiking ['haɪkɪŋ] *n* : to go ~ faire de la randonnée.

hilarious [hɪ'leərɪəs] *adj* hilarant(e).

hill [hɪl] *n* colline *f*.

hillwalking ['hɪlwɔːkɪŋ] *n* randonnée *f*.

hilly ['hɪlɪ] *adj* vallonné(e).

him [hɪm] *pron* le ; (*after prep*) lui ; **I know** ~ je le connais ; **it's** ~ c'est lui ; **send it to** ~ envoie-le lui ; **tell** ~ dis-(le) lui ; **she's worse than** ~ elle est pire que lui.

himself [hɪm'self] *pron* (*reflexive*) se ; (*after prep*) lui ; **he did it** ~ il l'a fait lui-même.

hinder ['hɪndə'] *vt* gêner.

Hindu ['hɪnduː] (*pl* -s) *adj* hindou(e). ◆ *n* (*person*) hindou *m*, -e *f*.

hinge [hɪndʒ] *n* charnière *f* ; (*of door*) gond *m*.

hint [hɪnt] *n* (*indirect suggestion*) allusion *f* ; (*piece of advice*) conseil *m* ; (*slight amount*) soupçon *m*. ◆ *vi* : **to ~ at sthg** faire allusion à qqch.

hip [hɪp] *n* hanche *f*.

hippopotamus [͵hɪpə'pɒtəməs] *n* hippopotame *m*.

hippy ['hɪpɪ] *n* hippie *mf*.

hire ['haɪə'] *vt* louer ; **for ~** (*boats*) à louer ; (*taxi*) libre. ❑ **hire out** *vt sep* louer.

hire car *n Br* voiture *f* de location.

hire purchase *n Br* achat *m* à crédit.

his [hɪz] *adj* son (sa), ses (*pl*). ◆ *pron* le sien (la sienne) ; **these shoes are ~** ces chaussures sont à lui ; **a friend of ~** un ami à lui.

historical [hɪ'stɒrɪkəl] *adj* historique.

history ['hɪstərɪ] *n* histoire *f* ; (*record*) antécédents *mpl*.

hit [hɪt] (*pt & pp* **hit**) *vt* frapper ; (*collide with*) heurter ; (*bang*) cogner ; (*a target*) atteindre. ◆ *n* (*record, play, film*) succès *m* ; COMPUT visite *f* (d'un site Internet).

hit-and-run *adj* (*accident*) avec délit de fuite.

hitch [hɪtʃ] *n* (*problem*) problème *m*. ◆ *vi* faire du stop. ◆ *vt* : **to ~ a lift** se faire prendre en stop.

hitchhike ['hɪtʃhaɪk] *vi* faire du stop.

hitchhiker ['hɪtʃhaɪkə'] *n* autostoppeur *m*, -euse *f*.

hive [haɪv] *n* (*of bees*) ruche *f*.

HIV-positive *adj* séropositif(ive).

hoarding ['hɔːdɪŋ] *n Br* (*for adverts*) panneau *m* publicitaire.

hoarse [hɔːs] *adj* enroué(e).

hoax [həʊks] *n* canular *m*.

hob [hɒb] *n* plaque *f* (chauffante).

hobby ['hɒbɪ] *n* passe-temps *m inv*.

hockey ['hɒkɪ] *n* (*on grass*) hockey *m* sur gazon ; *Am* (*ice hockey*) hockey *m* (sur glace).

hoe [həʊ] *n* binette *f*.

hold [həʊld] (*pt & pp* **held**) *vt* tenir ; (*organize*) organiser ; (*contain*) contenir ; (*possess*) avoir. ◆ *vi* (*weather, offer*) se maintenir ; (*on telephone*) patienter. ◆ *n* (*grip*) prise *f* ; (*of ship, aircraft*) cale *f* ; **to ~ sb prisoner** retenir qqn prisonnier ; **~ the line, please** ne quittez pas, je vous prie. ❑ **hold back** *vt sep* (*restrain*) retenir ; (*keep secret*) cacher. ❑ **hold on** *vi* (*wait*) patienter ; **to ~ on to sthg** (*grip*) s'accrocher à qqch. ❑ **hold out** *vt sep* (*hand*) tendre. ❑ **hold up** *vt sep* (*delay*) retarder.

holdall ['həʊldɔːl] *n Br* fourretout *m inv*.

holder ['həʊldə'] *n* (*of passport, licence*) titulaire *mf*.

holdup ['həʊldʌp] *n* (*delay*) retard *m*.

hole [həʊl] *n* trou *m*.

holiday ['hɒlɪdeɪ] *n Br* (*period of time*) vacances *fpl* ; (*day*) jour *m* férié. ◆ *vi Br* passer les vacances ;

to be on ~ être en vacances ; to go on ~ partir en vacances.

holidaymaker ['hɒlɪdɪˌmeɪkə'] n Br vacancier m, -ière f.

holiday pay n Br congés mpl payés.

hollow ['hɒləʊ] adj creux (creuse).

holly ['hɒlɪ] n houx m.

Hollywood ['hɒlɪwʊd] n Hollywood m.

holy ['həʊlɪ] adj saint(e).

home [həʊm] n maison f ; (own country) pays m natal ; (own town) ville f natale ; (for old people) maison f de retraite. ◆ adv à la maison, chez soi. ◆ adj (not foreign) national(e) ; (cooking, life) familial(e) ; at ~ (in one's house) à la maison, chez soi ; to make o.s. at ~ faire comme chez soi ; to go ~ rentrer chez soi ; ~ address adresse f personnelle ; ~ number numéro m personnel.

home help n Br aide f ménagère.

homeless ['həʊmlɪs] npl : the ~ les sans-abri mpl.

homemade [ˌhəʊm'meɪd] adj (food) fait à la maison.

homeopathic [ˌhəʊmɪəʊ'pæθɪk] adj homéopathique.

Home Secretary n ministre de l'Intérieur britannique.

homesick ['həʊmsɪk] adj qui a le mal du pays.

homework ['həʊmwɜːk] n devoirs mpl.

homosexual [ˌhɒmə'sekʃʊəl] adj homosexuel(elle). ◆ n homosexuel m, -elle f.

honest ['ɒnɪst] adj honnête.

honestly ['ɒnɪstlɪ] adv honnêtement.

honey ['hʌnɪ] n miel m.

honeymoon ['hʌnɪmuːn] n lune f de miel.

honor ['ɒnər] Am = honour.

honour ['ɒnə'] n Br honneur m.

honourable ['ɒnrəbl] adj honorable.

hood [hʊd] n (of jacket, coat) capuche f ; (on convertible car) capote f ; Am (car bonnet) capot m.

hoof [huːf] n sabot m.

hook [hʊk] n crochet m ; (for fishing) hameçon m ; off the ~ (telephone) décroché.

hooligan ['huːlɪgən] n vandale m.

hoop [huːp] n cerceau m.

hoot [huːt] vi (driver) klaxonner.

Hoover® ['huːvə'] n Br aspirateur m.

hop [hɒp] vi sauter.

hope [həʊp] n espoir m. ◆ vt espérer ; to ~ to do sthg espérer faire qqch ; I ~ so je l'espère.

hopeful ['həʊpfʊl] adj (optimistic) plein d'espoir.

hopefully ['həʊpfəlɪ] adv (with luck) avec un peu de chance.

hopeless ['həʊplɪs] adj inf (useless) nul (nulle) ; (without any hope) désespéré(e).

horizon [hə'raɪzn] n horizon m.

horizontal [ˌhɒrɪ'zɒntl] adj horizontal(e).

horn [hɔːn] n (of car) Klaxon® m ; (on animal) corne f.

horoscope ['hɒrəskəʊp] n horoscope m.

horrible ['hɒrəbl] adj horrible.

horrid ['hɒrɪd] adj affreux (euse).

horrific [hɒˈrɪfɪk] adj horrible.

hors d'œuvre n hors-d'œuvre m inv.

horse [hɔːs] n cheval m.

horseback [ˈhɔːsbæk] n : **on ~** à cheval.

horse chestnut n marron m d'Inde.

horsepower [ˈhɔːsˌpaʊə] n cheval-vapeur m.

horse racing n courses fpl (de chevaux).

horseradish (sauce) [ˈhɔːsˌrædɪʃ-] n sauce piquante au raifort accompagnant traditionnellement le rosbif.

horse riding n équitation f.

horseshoe [ˈhɔːsʃuː] n fer m à cheval.

hosepipe [ˈhəʊzpaɪp] n tuyau m.

hosiery [ˈhəʊzɪərɪ] n bonneterie f.

hospitable [hɒˈspɪtəbl] adj accueillant(e).

hospital [ˈhɒspɪtl] n hôpital m ; **in ~** à l'hôpital.

hospitality [ˌhɒspɪˈtælətɪ] n hospitalité f.

host [həʊst] n (of party, event) hôte m (qui reçoit) ; (of show, TV programme) animateur m, -trice f.

hostage [ˈhɒstɪdʒ] n otage m.

hostel [ˈhɒstl] n (youth hostel) auberge f de jeunesse.

hostess [ˈhəʊstes] n hôtesse f.

host family n famille f d'accueil.

hostile [Br ˈhɒstaɪl, Am ˈhɒstl] adj hostile.

hostility [hɒˈstɪlətɪ] n hostilité f.

hot [hɒt] adj chaud(e) ; (spicy) épicé(e) ; **to be ~** (person) avoir

chaud ; **it's ~** (weather) il fait chaud.

hot chocolate n chocolat m chaud.

hot-cross bun n petite brioche aux raisins et aux épices que l'on mange à Pâques.

hot dog n hot dog m.

hotel [həʊˈtel] n hôtel m.

hot line n ligne directe ouverte vingt-quatre heures sur vingt-quatre.

hotplate [ˈhɒtpleɪt] n plaque f chauffante.

hotpot [ˈhɒtpɒt] n ragoût de viande garni de pommes de terre en lamelles.

hot-water bottle n bouillotte f.

hour [aʊə] n heure f ; **I've been waiting for ~s** ça fait des heures que j'attends.

hourly [ˈaʊəlɪ] adv toutes les heures. ◆ adj : **~ flights** un vol toutes les heures.

house [n haʊs, pl ˈhaʊzɪz, vb haʊz] n maison f ; SCH au sein d'un lycée, groupe d'élèves affrontant d'autres « houses », notamment dans des compétitions sportives ; MUS = **house music**. ◆ vt (person) loger.

household [ˈhaʊshəʊld] n ménage m.

housekeeping [ˈhaʊsˌkiːpɪŋ] n ménage m.

House of Commons n Br Chambre f des communes.

House of Lords n Br Chambre f des lords.

Houses of Parliament npl Parlement m britannique.

ⓘ
HOUSES OF PARLIAMENT

Le Parlement britannique, connu également comme étant le palais de Westminster, est constitué de deux chambres : celle des Communes et celle des Lords. Les édifices dans lesquels elles se trouvent actuellement ont été construits au milieu du XIXᵉ siècle pour remplacer l'ancien palais détruit par un incendie en 1834. La Chambre des lords avait déjà vu son pouvoir diminuer en 1911, et la situation s'accentue depuis quelques années.

housewife ['hauswaıf] (*pl* **-wives** [-waıvz]) *n* femme *f* au foyer.

house wine *n* ≃ vin *m* en pichet.

housework ['hauswз:k] *n* ménage *m*.

housing ['hauzıŋ] *n* logement *m*.

housing estate *n Br* cité *f*.

housing project *Am* = **housing estate**.

hovercraft ['hɒvəkra:ft] *n* hovercraft *m*.

hoverport ['hɒvəpɔ:t] *n* hoverport *m*.

☞
how [hau] *adv* - **1.** *(asking about way or manner)* comment ; ~ do you get there? comment y va-t-on? ; tell me ~ to do it dis-moi comment faire.
- **2.** *(asking about health, quality)* comment ; ~ are you? comment allez-vous? ; ~ are you doing? comment ça va? ; ~ are things? comment ça va? ; ~ do you do? enchanté (de faire votre connaissance).

- **3.** *(asking about degree, amount)* : ~ far is it? c'est loin? ; ~ long have you been waiting? ça fait combien de temps que vous attendez? ; ~ many ...? combien de ...? ; ~ much is it? combien est-ce que ça coûte? ; ~ old are you? quel âge as-tu?
- **4.** *(in phrases)* : ~ about a drink? si on prenait un verre? ; ~ lovely! que c'est joli!

however [hau'evə] *adv* cependant ; ~ hard I try malgré tous mes efforts.

howl [haul] *vi* hurler.

HP *abbr* = **hire purchase**.

HQ *n (abbr of* **headquarters**) QG *m*.

hubcap ['hʌbkæp] *n* enjoliveur *m*.

hug [hʌg] *vt* serrer dans ses bras.
◆ *n* : to give sb a ~ serrer qqn dans ses bras.

huge [hju:dʒ] *adj* énorme.

hum [hʌm] *vi (machine)* vrombir ; *(bee)* bourdonner ; *(person)* chantonner.

human ['hju:mən] *adj* humain(e).
◆ *n* : **~ (being)** (être) humain *m*.

humanities [hju:'mænətız] *npl* lettres *fpl* et sciences humaines.

human rights *npl* droits *mpl* de l'homme.

humble ['hʌmbl] *adj* humble.

humid ['hju:mıd] *adj* humide.

humidity [hju:'mıdətı] *n* humidité *f*.

humiliating [hju:'mılıeıtıŋ] *adj* humiliant(e).

humiliation [hju:ˌmılı'eıʃn] *n* humiliation *f*.

hummus ['hʊməs] *n* houmous *m*.

humor

humor ['hju:mər] *Am* = humour.

humorous ['hju:mərəs] *adj* humoristique.

humour ['hju:mə] *n* humour *m*; a sense of ~ le sens de l'humour.

hump [hʌmp] *n* bosse *f*.

hunch [hʌntʃ] *n* intuition *f*.

hundred ['hʌndrəd] *num* cent; a ~ cent.

hundredth ['hʌndrətθ] *num* centième ; sixth.

hung [hʌŋ] *pt & pp* → hang.

hunger ['hʌŋgə] *n* faim *f*.

hungry ['hʌŋgrɪ] *adj* : to be ~ avoir faim.

hunt [hʌnt] *n Br* (for foxes) chasse *f* au renard. ◆ *vt & vi* chasser ; to ~ (for sthg) (search) chercher partout (qqch).

hunting ['hʌntɪŋ] *n* (for wild animals) chasse *f* ; *Br* (for foxes) chasse *f* au renard.

hurl [hɜ:l] *vt* lancer violemment.

hurricane ['hʌrɪkən] *n* ouragan *m*.

hurry ['hʌrɪ] *vt* (person) presser. ◆ *vi* se dépêcher. ◆ *n* : to be in a ~ être pressé ; to do sthg in a ~ faire qqch à la hâte. ❑ **hurry up** *vi* se dépêcher.

hurt [hɜ:t] (*pt & pp* hurt) *vt* faire mal à ; (emotionally) blesser. ◆ *vi* faire mal ; to ~ o.s. se faire mal ; my head ~s j'ai mal à la tête ; to ~ one's leg se blesser à la jambe.

husband ['hʌzbənd] *n* mari *m*.

hustle ['hʌsl] *n* : ~ and bustle agitation *f*.

hut [hʌt] *n* hutte *f*.

hyacinth ['haɪəsɪnθ] *n* jacinthe *f*.

hydrofoil ['haɪdrəfɔɪl] *n* hydrofoil *m*.

hygiene ['haɪdʒi:n] *n* hygiène *f*.

hygienic [haɪ'dʒi:nɪk] *adj* hygiénique.

hymn [hɪm] *n* hymne *m*.

hypermarket ['haɪpə,mɑ:kɪt] *n* hypermarché *m*.

hyphen ['haɪfn] *n* trait *m* d'union.

hypocrite ['hɪpəkrɪt] *n* hypocrite *mf*.

hypodermic needle [,haɪpə-'dɜ:mɪk-] *n* aiguille *f* hypodermique.

hysterical [hɪs'terɪkl] *adj* (person) hystérique ; *inf* (very funny) tordant(e).

I [aɪ] *pron* je, j' ; (stressed) moi ; my friend and I mon ami et moi.

ice [aɪs] *n* glace *f* ; (on road) verglas *m*.

iceberg ['aɪsbɜ:g] *n* iceberg *m*.

iceberg lettuce *n* laitue *f* iceberg.

icebox ['aɪsbɒks] *n Am* (fridge) réfrigérateur *m*.

ice-cold *adj* glacé(e).

ice cream *n* crème *f* glacée, glace *f*.

ice cube *n* glaçon *m*.

ice hockey *n* hockey *m* sur glace.

ice lolly *n Br* sucette *f* glacée.

ice rink *n* patinoire *f*.

ice skates *npl* patins *m* à glace.

ice-skating *n* patinage *m* (sur glace) ; to go ~ faire du patinage.

icicle ['aɪsɪkl] n glaçon m.

icing ['aɪsɪŋ] n glaçage m.

icing sugar n sucre m glace.

icy ['aɪsɪ] adj (covered with ice) recouvert(e) de glace ; (road) verglacé(e) ; (very cold) glacé(e).

I'd [aɪd] = I would, I had.

ID abbr = identification.

ID card n carte f d'identité.

idea [aɪ'dɪə] n idée f ; I've no ~ je n'en ai aucune idée.

ideal [aɪ'dɪəl] adj idéal(e). ◆ n idéal m.

ideally [aɪ'dɪəlɪ] adv idéalement ; (in an ideal situation) dans l'idéal.

identical [aɪ'dentɪkl] adj identique.

identification [aɪˌdentɪfɪ'keɪʃn] n (document) pièce f d'identité.

identify [aɪ'dentɪfaɪ] vt identifier.

identity [aɪ'dentətɪ] n identité f.

idiom ['ɪdɪəm] n expression f idiomatique.

idiot ['ɪdɪət] n idiot m, -e f.

idle ['aɪdl] adj (lazy) paresseux (euse) ; (not working) désœuvré(e). ◆ vi (engine) tourner au ralenti.

idol ['aɪdl] n (person) idole f.

idyllic [ɪ'dɪlɪk] adj idyllique.

i.e. (abbr of id est) c.-à-d.

if [ɪf] conj si ; ~ I were you si j'étais toi ; ~ not (otherwise) sinon.

ignition [ɪg'nɪʃn] n AUT allumage m.

ignorant ['ɪgnərənt] adj ignorant(e) ; pej (stupid) idiot(e).

ignore [ɪg'nɔːʳ] vt ignorer.

ill [ɪl] adj malade ; (bad) mauvais(e) ; ~ luck malchance f.

I'll [aɪl] = I will, I shall.

illegal [ɪ'liːgl] adj illégal(e).

illegible [ɪ'ledʒəbl] adj illisible.

illegitimate [ˌɪlɪ'dʒɪtɪmət] adj illégitime.

illiterate [ɪ'lɪtərət] adj illettré(e).

illness ['ɪlnɪs] n maladie f.

illuminate [ɪ'luːmɪneɪt] vt illuminer.

illusion [ɪ'luːʒn] n illusion f.

illustration [ˌɪlə'streɪʃn] n illustration f.

I'm [aɪm] = I am.

image ['ɪmɪdʒ] n image f.

imaginary [ɪ'mædʒɪnrɪ] adj imaginaire.

imagination [ɪˌmædʒɪ'neɪʃn] n imagination f.

imagine [ɪ'mædʒɪn] vt imaginer.

imitate ['ɪmɪteɪt] vt imiter.

imitation [ˌɪmɪ'teɪʃn] n imitation f. ◆ adj : ~ leather Skaï® m.

immaculate [ɪ'mækjulət] adj impeccable.

immature [ˌɪmə'tjuəʳ] adj immature.

immediate [ɪ'miːdjət] adj immédiat(e).

immediately [ɪ'miːdjətlɪ] adv (at once) immédiatement. ◆ conj Br dès que.

immense [ɪ'mens] adj immense.

immersion heater [ɪ'mɜːʃn-] n chauffe-eau m inv électrique.

immigrant ['ɪmɪgrənt] n immigré m, -e f.

immigration [ˌɪmɪ'greɪʃn] n immigration f.

imminent ['ɪmɪnənt] adj imminent(e).

immune [ɪ'mjuːn] adj : to be ~ to MED être immunisé(e) contre.

immunity [ɪ'mjuːnɪtɪ] n MED immunité f.

immunize ['ɪmjuːnaɪz] *vt* immuniser.

impact ['ɪmpækt] *n* impact *m*.

impair [ɪm'peə'] *vt* affaiblir.

impatient [ɪm'peɪʃnt] *adj* impatient(e) ; **to be ~ to do sthg** être impatient de faire qqch.

imperative [ɪm'perətɪv] *n* GRAMM impératif *m*.

imperfect [ɪm'pɜːfɪkt] *n* GRAMM imparfait *m*.

impersonate [ɪm'pɜːsəneɪt] *vt* (*for amusement*) imiter.

impertinent [ɪm'pɜːtɪnənt] *adj* impertinent(e).

implement [*n* 'ɪmplɪmənt, *vb* 'ɪmplɪment] *n* outil *m*. ◆ *vt* mettre en œuvre.

implication [ˌɪmplɪ'keɪʃn] *n* implication *f*.

imply [ɪm'plaɪ] *vt* sous-entendre.

impolite [ˌɪmpə'laɪt] *adj* impoli(e).

import [*n* 'ɪmpɔːt, *vb* ɪm'pɔːt] *n* importation *f*. ◆ *vt* importer.

importance [ɪm'pɔːtns] *n* importance *f*.

important [ɪm'pɔːtnt] *adj* important(e).

impose [ɪm'pəʊz] *vt* imposer ; **to ~ sthg on** imposer qqch à, abuser.

impossible [ɪm'pɒsəbl] *adj* impossible.

impractical [ɪm'præktɪkl] *adj* irréaliste.

impress [ɪm'pres] *vt* impressionner.

impression [ɪm'preʃn] *n* impression *f*.

impressive [ɪm'presɪv] *adj* impressionnant(e).

improbable [ɪm'prɒbəbl] *adj* improbable.

improper [ɪm'prɒpə'] *adj* (*incorrect*) mauvais(e) ; (*illegal*) abusif(ive) ; (*rude*) déplacé(e).

improve [ɪm'pruːv] *vt* améliorer. ◆ *vi* s'améliorer. ❑ **improve on** *vt fus* améliorer.

improvement [ɪm'pruːvmənt] *n* amélioration *f*.

improvise ['ɪmprəvaɪz] *vi* improviser.

impulse ['ɪmpʌls] *n* impulsion *f* ; **on** ~ sur un coup de tête.

impulsive [ɪm'pʌlsɪv] *adj* impulsif(ive).

in [ɪn] *prep* - **1.** (*expressing place, position*) dans ; **it comes ~ a box** c'est présenté dans une boîte ; ~ **the street** dans la rue ; ~ **hospital** à l'hôpital ; ~ **Scotland** en Écosse ; ~ **Sheffield** à Sheffield ; ~ **the rain** sous la pluie ; ~ **the middle** au milieu.
- **2.** (*participating in*) dans ; **who's ~ the play?** qui joue dans la pièce ?
- **3.** (*expressing arrangement*) : ~ **a row/circle** en rang/cercle ; **they come ~ packs of three** ils sont vendus par paquets de trois.
- **4.** (*during*) : ~ **April** en avril ; ~ **summer** en été ; ~ **the morning** le matin ; **ten o'clock** ~ **the morning** dix heures (du matin) ; ~ **1994** en 1994.
- **5.** (*within*) en ; (*after*) dans ; **she did it** ~ **ten minutes** elle l'a fait en dix minutes ; **it'll be ready** ~ **an hour** ce sera prêt dans une heure.
- **6.** (*expressing means*) : **to write** ~ **ink** écrire à l'encre ; ~ **writing** par

écrit ; they were talking ~ English ils parlaient (en) anglais. - **7.** *(wearing)* en ; ~ a hurry pressé ; to be ~ pain souffrir ; ~ ruins en ruine. - **9.** *(with regard to)* de ; a rise ~ prices une hausse des prix ; to be 50 metres ~ length faire 50 mètres de long. - **10.** *(with numbers)* : one ~ ten un sur dix. - **11.** *(expressing age)* : she's ~ her twenties elle a une vingtaine d'années. - **12.** *(with colours)* : it comes ~ green or blue nous l'avons en vert ou en bleu. - **13.** *(with superlatives)* de ; the best ~ the world le meilleur du monde.

◆ *adv* - **1.** *(inside)* dedans ; you can go ~ now vous pouvez entrer maintenant. - **2.** *(at home, work)* là ; she's not ~ elle n'est pas là. - **3.** *(train, bus, plane)* : the train's not ~ yet le train n'est pas encore arrivé. - **4.** *(tide)* : the tide is ~ la marée est haute.

◆ *adj inf (fashionable)* à la mode.

inability [ˌɪnəˈbɪlətɪ] *n* : ~ (to do sthg) incapacité *f* (à faire qqch).

inaccessible [ˌɪnəkˈsesəbl] *adj* inaccessible.

inaccurate [ɪnˈækjʊrət] *adj* inexact(e).

inadequate [ɪnˈædɪkwət] *adj (insufficient)* insuffisant(e).

inappropriate [ˌɪnəˈprəʊprɪət] *adj* inapproprié(e).

inauguration [ɪˌnɔːgjʊˈreɪʃn] *n* inauguration *f*.

incapable [ɪnˈkeɪpəbl] *adj* : to be ~ of doing sthg être incapable de faire qqch.

incense [ˈɪnsens] *n* encens *m*.

incentive [ɪnˈsentɪv] *n* motivation *f*.

inch [ɪntʃ] *n* = 2,5 cm, pouce *m*.

incident [ˈɪnsɪdənt] *n* incident *m*.

incidentally [ˌɪnsɪˈdentəlɪ] *adv* à propos.

incline [ˈɪnklaɪn] *n* pente *f*.

inclined [ɪnˈklaɪnd] *adj* incliné(e) ; to be ~ to do sthg avoir tendance à faire qqch.

include [ɪnˈkluːd] *vt* inclure.

included [ɪnˈkluːdɪd] *adj (in price)* compris(e) ; to be ~ in sthg être compris dans qqch.

including [ɪnˈkluːdɪŋ] *prep* y compris.

inclusive [ɪnˈkluːsɪv] *adj* : from the 8th to the 16th ~ du 8 au 16 inclus ; ~ of VAT TVA comprise.

income [ˈɪnkʌm] *n* revenu *m*.

income support *n Br* allocation supplémentaire pour les faibles revenus.

income tax *n* impôt *m* sur le revenu.

incoming [ˈɪnˌkʌmɪŋ] *adj (train, plane)* à l'arrivée ; *(phone call)* de l'extérieur.

incompetent [ɪnˈkɒmpɪtənt] *adj* incompétent(e).

incomplete [ˌɪnkəmˈpliːt] *adj* incomplet(ète).

inconsiderate [ˌɪnkənˈsɪdərət] *adj* qui manque de tact.

inconsistent [ˌɪnkənˈsɪstənt] *adj* incohérent(e).

incontinent [ɪnˈkɒntɪnənt] *adj* incontinent(e).

inconvenient [ˌɪnkən'viːnjənt] adj (place) mal situé(e) ; (time) : it's ~ ça tombe mal.

incorporate [ɪn'kɔːpəreɪt] vt incorporer.

incorrect [ˌɪnkə'rekt] adj incorrect(e).

increase [n 'ɪnkriːs, vb ɪn'kriːs] n augmentation f. ◆ vt & vi augmenter ; an ~ in sthg une augmentation de qqch.

increasingly [ɪn'kriːsɪŋlɪ] adv de plus en plus.

incredible [ɪn'kredəbl] adj incroyable.

incredibly [ɪn'kredəblɪ] adv (very) incroyablement.

incur [ɪn'kɜː] vt (expenses) engager ; (fine) recevoir.

indecisive [ˌɪndɪ'saɪsɪv] adj indécis(e).

indeed [ɪn'diːd] adv (for emphasis) en effet ; (certainly) certainement ; very big ~ vraiment très grand.

indefinite [ɪn'defɪnɪt] adj (time, number) indéterminé(e) ; (answer, opinion) vague.

indefinitely [ɪn'defɪnɪtlɪ] adv (closed, delayed) indéfiniment.

independence [ˌɪndɪ'pendəns] n indépendance f.

independent [ˌɪndɪ'pendənt] adj indépendant(e).

independently [ˌɪndɪ'pendəntlɪ] adv indépendamment.

independent school n Br école f privée.

index ['ɪndeks] n (of book) index m ; (in library) fichier m.

index finger n index m.

Indian ['ɪndjən] adj indien(ienne). ◆ n Indien m, -ienne f ; an ~ restaurant un restaurant indien.

indicate ['ɪndɪkeɪt] vi AUT mettre son clignotant. ◆ vt indiquer.

indicator ['ɪndɪkeɪtər] n AUT clignotant m.

indifferent [ɪn'dɪfrənt] adj indifférent(e).

indigestion [ˌɪndɪ'dʒestʃn] n indigestion f.

indigo ['ɪndɪgəʊ] adj indigo (inv).

indirect [ˌɪndɪ'rekt] adj indirect(e).

individual [ˌɪndɪ'vɪdʒʊəl] adj individuel(elle). ◆ n individu m.

individually [ˌɪndɪ'vɪdʒʊəlɪ] adv individuellement.

indoor ['ɪndɔːr] adj (swimming pool) couvert(e) ; (sports) en salle.

indoors [ɪn'dɔːz] adv à l'intérieur.

industrial [ɪn'dʌstrɪəl] adj industriel(ielle).

industrial estate n Br zone f industrielle.

industry ['ɪndəstrɪ] n industrie f.

inedible [ɪn'edɪbl] adj (unpleasant) immangeable ; (unsafe) non comestible.

inefficient [ˌɪnɪ'fɪʃnt] adj inefficace.

inequality [ˌɪnɪ'kwɒlətɪ] n inégalité f.

inevitable [ɪn'evɪtəbl] adj inévitable.

inevitably [ɪn'evɪtəblɪ] adv inévitablement.

inexpensive [ˌɪnɪk'spensɪv] adj bon marché (inv).

infamous ['ɪnfəməs] adj notoire.

infant ['ɪnfənt] *n (baby)* nourrisson *m* ; *(young child)* jeune enfant *m*.

infant school *n Br* maternelle *f (de 5 à 7 ans)*.

infatuated [ɪn'fætjueɪtɪd] *adj* : to be ~ with être entiché(e) de.

infected [ɪn'fektɪd] *adj* infecté(e).

infectious [ɪn'fekʃəs] *adj* infectieux(ieuse).

inferior [ɪn'fɪərɪəʳ] *adj* inférieur(e).

infinite ['ɪnfɪnət] *adj* infini(e).

infinitely ['ɪnfɪnətlɪ] *adv* infiniment.

infinitive [ɪn'fɪnɪtɪv] *n* infinitif *m*.

infinity [ɪn'fɪnətɪ] *n* infini *m*.

infirmary [ɪn'fɜːmərɪ] *n (hospital)* hôpital *m*.

inflamed [ɪn'fleɪmd] *adj MED* enflammé(e).

inflammation [ˌɪnflə'meɪʃn] *n MED* inflammation *f*.

inflatable [ɪn'fleɪtəbl] *adj* gonflable.

inflate [ɪn'fleɪt] *vt* gonfler.

inflation [ɪn'fleɪʃn] *n (of prices)* inflation *f*.

inflict [ɪn'flɪkt] *vt* infliger.

in-flight *adj* en vol.

influence ['ɪnfluəns] *vt* influencer. ◆ *n* : ~ (on) influence *f* (sur).

inform [ɪn'fɔːm] *vt* informer.

informal [ɪn'fɔːml] *adj (occasion, dress)* simple.

information [ˌɪnfə'meɪʃn] *n* informations *fpl*, renseignements *mpl* ; a piece of ~ une information.

information desk *n* bureau *m* des renseignements.

information office *n* bureau *m* des renseignements.

informative [ɪn'fɔːmətɪv] *adj* instructif(ive).

infuriating [ɪn'fjuərɪeɪtɪŋ] *adj* exaspérant(e).

ingenious [ɪn'dʒiːnjəs] *adj* ingénieux(ieuse).

ingredient [ɪn'griːdjənt] *n* ingrédient *m*.

inhabit [ɪn'hæbɪt] *vt* habiter.

inhabitant [ɪn'hæbɪtənt] *n* habitant *m*, -e *f*.

inhale [ɪn'heɪl] *vi* inspirer.

inhaler [ɪn'heɪləʳ] *n* inhalateur *m*.

inherit [ɪn'herɪt] *vt* hériter (de).

inhibition [ˌɪnhɪ'bɪʃn] *n* inhibition *f*.

initial [ɪ'nɪʃl] *adj* initial(e). ◆ *vt* parapher. ❏ **initials** *npl* initiales *fpl*.

initially [ɪ'nɪʃəlɪ] *adv* initialement.

initiative [ɪ'nɪʃətɪv] *n* initiative *f*.

injection [ɪn'dʒekʃn] *n* injection *f*.

injure ['ɪndʒəʳ] *vt* blesser ; to ~ one's arm se blesser au bras ; to ~ o.s. se blesser.

injured ['ɪndʒəd] *adj* blessé(e).

injury ['ɪndʒərɪ] *n* blessure *f*.

ink [ɪŋk] *n* encre *f*.

inland [*adj* 'ɪnlənd, *adv* ɪn'lænd] *adj* intérieur(e). ◆ *adv* vers l'intérieur des terres.

Inland Revenue *n Br* = fisc *m*.

inner ['ɪnəʳ] *adj* intérieur(e).

inner city *n* quartiers *proches du centre, généralement synonymes de problèmes sociaux.*

inner tube *n* chambre *f* à air.

innocence

innocence ['ɪnəsəns] n innocence f.

innocent ['ɪnəsənt] adj innocent(e).

inoculate [ɪ'nɒkjuleɪt] vt : to ~ sb (against sthg) vacciner qqn (contre qqch).

inoculation [ɪ,nɒkju'leɪʃn] n vaccination f.

input ['ɪnput] vt COMPUT entrer.

inquire [ɪn'kwaɪər] = enquire.

inquiry [ɪn'kwaɪərɪ] = enquiry.

insane [ɪn'seɪn] adj fou (folle).

insect ['ɪnsekt] n insecte m.

insect repellent [-rə'pelənt] n produit m anti-insectes.

insensitive [ɪn'sensətɪv] adj insensible.

insert [ɪn'sɜːt] vt introduire.

inside [ɪn'saɪd] prep à l'intérieur de, dans. ◆ adv à l'intérieur. ◆ adj (internal) intérieur(e). ◆ n : the ~ (interior) l'intérieur m ; to go ~ entrer ; ~ out (clothes) à l'envers.

inside lane n [AUT] (in UK) voie f de gauche ; (in Europe, US) voie f de droite.

inside leg n hauteur f à l'entre-jambe.

insight ['ɪnsaɪt] n (glimpse) aperçu m.

insignificant [,ɪnsɪg'nɪfɪkənt] adj insignifiant(e).

insinuate [ɪn'sɪnjueɪt] vt insinuer.

insist [ɪn'sɪst] vi insister ; to ~ on doing sthg insister pour faire qqch.

insole ['ɪnsəʊl] n semelle f intérieure.

insolent ['ɪnsələnt] adj insolent(e).

insomnia [ɪn'sɒmnɪə] n insomnie f.

inspect [ɪn'spekt] vt (object) inspecter ; (ticket, passport) contrôler.

inspection [ɪn'spekʃn] n (of object) inspection f ; (of ticket, passport) contrôle m.

inspector [ɪn'spektər] n (on bus, train) contrôleur m, -euse f ; (in police force) inspecteur m, -trice f.

inspiration [,ɪnspə'reɪʃn] n inspiration f.

instal [ɪn'stɔːl] Am = install.

install [ɪn'stɔːl] vt Br installer.

installment [ɪn'stɔːlmənt] Am = instalment.

instalment [ɪn'stɔːlmənt] n (payment) acompte m ; (episode) épisode m.

instance ['ɪnstəns] n exemple m.

instant ['ɪnstənt] adj (results, success) immédiat(e) ; (food) instantané(e). ◆ n (moment) instant m.

instant coffee n café m instantané OR soluble.

instead [ɪn'sted] adv plutôt ; ~ of au lieu de ; ~ of sb à la place de qqn.

instep ['ɪnstep] n cou-de-pied m.

instinct ['ɪnstɪŋkt] n instinct m.

institute ['ɪnstɪtjuːt] n institut m.

institution [,ɪnstɪ'tjuːʃn] n institution f.

instructions [ɪn'strʌkʃnz] npl (for use) mode m d'emploi.

instructor [ɪn'strʌktər] n moniteur m, -trice f.

instrument ['ɪnstrumənt] n instrument m.

insufficient [,ɪnsə'fɪʃnt] adj insuffisant(e).

insulating tape ['ɪnsjʊleɪtɪŋ-] n chatterton m.

insulation [ˌɪnsjʊ'leɪʃn] n (material) isolant m.

insulin ['ɪnsjʊlɪn] n insuline f.

insult [n 'ɪnsʌlt, vb ɪn'sʌlt] n insulte f. ◆ vt insulter.

insurance [ɪn'ʃʊərəns] n assurance f.

insurance certificate n attestation f d'assurance.

insurance company n compagnie f d'assurance.

insurance policy n police f d'assurance.

insure [ɪn'ʃʊə] vt assurer.

insured [ɪn'ʃʊəd] adj : to be ~ être assuré(e).

intact [ɪn'tækt] adj intact(e).

intellectual [ˌɪntə'lektjʊəl] adj intellectuel(elle). ◆ n intellectuel m, -elle f.

intelligence [ɪn'telɪdʒəns] n intelligence f.

intelligent [ɪn'telɪdʒənt] adj intelligent(e).

intend [ɪn'tend] vt : to ~ to do sthg avoir l'intention de faire qqch ; to be ~ed to do sthg être destiné à faire qqch.

intense [ɪn'tens] adj intense.

intensity [ɪn'tensətɪ] n intensité f.

intensive [ɪn'tensɪv] adj intensif(ive).

intensive care n réanimation f.

intent [ɪn'tent] adj : to be ~ on doing sthg être déterminé(e) à faire qqch.

intention [ɪn'tenʃn] n intention f.

intentional [ɪn'tenʃənl] adj intentionnel(elle).

intentionally [ɪn'tenʃənəlɪ] adv intentionnellement.

interchange ['ɪntətʃeɪndʒ] n (on motorway) échangeur m.

Intercity® [ˌɪntə'sɪtɪ] n Br système de trains rapides reliant les grandes villes en Grande-Bretagne.

intercom ['ɪntəkɒm] n Interphone® m.

interest ['ɪntrəst] n intérêt m ; (pastime) centre m d'intérêt. ◆ vt intéresser ; to take an ~ in sthg s'intéresser à qqch.

interested ['ɪntrəstɪd] adj intéressé(e) ; to be ~ in sthg être intéressé par qqch.

interesting ['ɪntrəstɪŋ] adj intéressant(e).

interest rate n taux m d'intérêt.

interfere [ˌɪntə'fɪə] vi (meddle) se mêler des affaires d'autrui ; to ~ with sthg (damage) toucher à qqch.

interference [ˌɪntə'fɪərəns] n (on TV, radio) parasites mpl.

interior [ɪn'tɪərɪə] adj intérieur(e). ◆ n intérieur m.

intermediate [ˌɪntə'miːdjət] adj intermédiaire.

intermission [ˌɪntə'mɪʃn] n (at cinema, theatre) entracte m.

internal [ɪn'tɜːnl] adj (not foreign) intérieur(e) ; (on the inside) interne.

internal flight n vol m intérieur.

international [ˌɪntə'næʃənl] adj international(e).

international flight *n* vol *m* international.

internet, Internet ['ɪntənet] *n* internet *m*.

internet café, Internet café *n* cybercafé *m*.

Internet Service Provider *n* fournisseur *m* d'accès.

interpret [ɪn'tɜːprɪt] *vi* servir d'interprète.

interpreter [ɪn'tɜːprɪtə'] *n* interprète *mf*.

interrogate [ɪn'terəgeɪt] *vt* interroger.

interrupt [ˌɪntə'rʌpt] *vt* interrompre.

intersection [ˌɪntə'sekʃn] *n* (*of roads*) carrefour *m*, intersection *f*.

interval ['ɪntəvl] *n* intervalle *m* ; *Br* (*at cinema, theatre*) entracte *m*.

intervene [ˌɪntə'viːn] *vi* (*person*) intervenir ; (*event*) avoir lieu.

interview ['ɪntəvjuː] *n* (*on TV, in magazine*) interview *f* ; (*for job*) entretien *m*. ◆ *vt* (*on TV, in magazine*) interviewer ; (*for job*) faire passer un entretien à.

interviewer ['ɪntəvjuːə'] *n* (*on TV, in magazine*) intervieweur *m*, -euse *f*.

intestine [ɪn'testɪn] *n* intestin *m*.

intimate ['ɪntɪmət] *adj* intime.

intimidate [ɪn'tɪmɪdeɪt] *vt* intimider.

into ['ɪntʊ] *prep* (*inside*) dans ; (*against*) dans, contre ; (*concerning*) sur ; 4 ~ 20 goes 5 (*times*) 20 divisé par 4 égale 5 ; to translate ~ French traduire en français ; to change ~ sthg se transformer en qqch ; to be ~ sthg *inf* (*like*) être un fan de qqch.

intolerable [ɪn'tɒlrəbl] *adj* intolérable.

intranet, Intranet ['ɪntrənet] *n* intranet *m*.

intransitive [ɪn'trænzətɪv] *adj* intransitif(ive).

intricate ['ɪntrɪkət] *adj* compliqué(e).

intriguing [ɪn'triːgɪŋ] *adj* fascinant(e).

introduce [ˌɪntrə'djuːs] *vt* présenter ; I'd like to ~ you to Fred j'aimerais vous présenter Fred.

introduction [ˌɪntrə'dʌkʃn] *n* (*to book, programme*) introduction *f* ; (*to person*) présentation *f*.

introverted ['ɪntrə,vɜːtɪd] *adj* introverti(e).

intruder [ɪn'truːdə'] *n* intrus *m*, -e *f*.

intuition [ˌɪntjuː'ɪʃn] *n* intuition *f*.

invade [ɪn'veɪd] *vt* envahir.

invalid [*adj* ɪn'vælɪd, *n* 'ɪnvəlɪd] *adj* (*ticket, cheque*) non valable. ◆ *n* invalide *mf*.

invaluable [ɪn'væljʊəbl] *adj* inestimable.

invariably [ɪn'veərɪəblɪ] *adv* invariablement.

invasion [ɪn'veɪʒn] *n* invasion *f*.

invent [ɪn'vent] *vt* inventer.

invention [ɪn'venʃn] *n* invention *f*.

inventory ['ɪnvəntrɪ] *n* (*list*) inventaire *m* ; *Am* (*stock*) stock *m*.

inverted commas [ɪn'vɜːtɪd-] *npl* guillemets *mpl*.

invest [ɪn'vest] *vt* investir. ◆ *vi* : to ~ in sthg investir dans qqch.

investigate [ɪn'vestɪgeɪt] *vt* enquêter sur.

investigation [ɪnˌvestɪˈgeɪʃn] n enquête f.

investment [ɪnˈvestmənt] n (of money) investissement m.

invisible [ɪnˈvɪzɪbl] adj invisible.

invitation [ˌɪnvɪˈteɪʃn] n invitation f.

invite [ɪnˈvaɪt] vt inviter ; to ~ sb to do sthg (ask) inviter qqn à faire qqch ; to ~ sb round inviter qqn chez soi.

invoice [ˈɪnvɔɪs] n facture f.

involve [ɪnˈvɒlv] vt (entail) impliquer ; what does it ~? en quoi est-ce que cela consiste ? ; to be ~d in sthg (scheme, activity) prendre part à qqch ; (accident) être impliqué dans qqch.

involved [ɪnˈvɒlvd] ad j : what's ~? qu'est-ce que cela implique ?

inwards [ˈɪnwədz] adv vers l'intérieur.

IOU n reconnaissance f de dette.

IQ n QI m.

Ireland [ˈaɪələnd] n l'Irlande f.

iris [ˈaɪərɪs] (pl -es) n (flower) iris m.

Irish [ˈaɪrɪʃ] adj irlandais(e). ◆ n (language) irlandais m. ◆ npl : the ~ les Irlandais mpl.

Irish coffee n irish-coffee m.

Irishman [ˈaɪrɪʃmən] (pl -men [-mən]) n Irlandais m.

Irishwoman [ˈaɪrɪʃˌwʊmən] (pl -women [-ˌwɪmɪn]) n Irlandaise f.

iron [ˈaɪən] n fer m ; (for clothes) fer m à repasser. ◆ vt repasser.

ironic [aɪˈrɒnɪk] adj ironique.

ironing board [ˈaɪənɪŋ-] n planche f à repasser.

ironmonger's [ˈaɪənˌmʌŋgəz] n Br quincaillier m.

irrelevant [ɪˈreləvənt] adj hors de propos.

irresistible [ˌɪrɪˈzɪstəbl] adj irré-sistible.

irrespective [ˌɪrɪˈspektɪv] : ~ of prep indépendamment de.

irresponsible [ˌɪrɪˈspɒnsəbl] adj irresponsable.

irrigation [ˌɪrɪˈgeɪʃn] n irrigation f.

irritable [ˈɪrɪtəbl] adj irritable.

irritate [ˈɪrɪteɪt] vt irriter.

irritating [ˈɪrɪteɪtɪŋ] adj irri-tant(e).

IRS n Am ≃ fisc m.

is [ɪz] → be.

island [ˈaɪlənd] n île f ; (in road) refuge m.

isle [aɪl] n île f.

isolated [ˈaɪsəleɪtɪd] adj isolé(e).

ISP n abbr of Internet Service Pro-vider.

issue [ˈɪʃuː] n (problem, subject) problème m ; (of newspaper, mag-azine) numéro m. ◆ vt (statement) faire ; (passport, document) déli-vrer ; (stamps, bank notes) émettre.

☞

it [ɪt] pron - 1. (referring to specific thing : subject) il (elle) ; (direct ob-ject) le (la), l' ; (indirect object) lui ; ~'s big il est grand ; she missed ~ el-le l'a manqué ; give ~ to me donne-le moi ; tell me about ~ parlez-m'en ; we went to ~ nous y sommes allés.
- 2. (nonspecific) ce, c' ; ~'s nice here c'est joli ici ; ~'s me c'est moi ; who is ~? qui est-ce ?
- 3. (used impersonally) : ~'s hot il

fait chaud ; **~'s six o'clock** il est six heures ; **~'s Sunday** nous sommes dimanche.

Italian [ɪˈtæljən] *adj* italien(ienne). ◆ *n (person)* Italien *m*, -ienne *f* ; *(language)* italien *m*.

Italy [ˈɪtəlɪ] *n* l'Italie *f*.

itch [ɪtʃ] *vi* : **my arm ~es** mon bras me démange.

item [ˈaɪtəm] *n (object)* article *m*, objet *m* ; *(of news, on agenda)* question *f*, point *m*.

itemized bill [ˈaɪtəmaɪzd-] *n* facture *f* détaillée.

its [ɪts] *adj* son (sa), ses *(pl)*.

it's [ɪts] = **it is**, **it has**.

itself [ɪtˈself] *pron (reflexive)* se ; *(after prep)* lui (elle) ; **the house ~ is fine** la maison elle-même n'a rien.

I've [aɪv] = **I have**.

ivory [ˈaɪvərɪ] *n* ivoire *m*.

ivy [ˈaɪvɪ] *n* lierre *m*.

(i) IVY LEAGUE

Ce terme d'*Ivy League* est utilisé aux États-Unis en référence au collège universitaire de Dartmouth et aux universités de Brown, Columbia, Cornell, Harvard, Pensilvania, Princeton et Yale, qui comptent parmi les plus anciennes du pays. Le nom de la ligue fait allusion au lierre (*ivy*), qui grimpe abondamment sur les murs de ces vieux établissements. Sortir diplômé de la *Ivy League* est un atout non négligeable pour débuter une carrière professionnelle.

J

jab [dʒæb] *n Br inf (injection)* piqûre *f*.

jack [dʒæk] *n (for car)* cric *m* ; *(playing card)* valet *m*.

jacket [ˈdʒækɪt] *n (garment)* veste *f* ; *(of book)* jaquette *f* ; *(of potato)* peau *f*.

jacket potato *n* pomme de terre *f* en robe des champs.

jack-knife *vi* se mettre en travers de la route.

Jacuzzi® [dʒəˈkuːzɪ] *n* Jacuzzi® *m*.

jade [dʒeɪd] *n* jade *m*.

jail [dʒeɪl] *n* prison *f*.

jam [dʒæm] *n (food)* confiture *f* ; *(of traffic)* embouteillage *m*. ◆ *vt (pack tightly)* entasser. ◆ *vi (get stuck)* se coincer ; **the roads are jammed** les routes sont bouchées.

jam-packed [-ˈpækt] *adj inf* bourré(e) à craquer.

Jan. [dʒæn] *(abbr of January)* janv.

January [ˈdʒænjʊərɪ] *n* janvier *m* → **September**.

jar [dʒɑːʳ] *n* pot *m*.

javelin [ˈdʒævlɪn] *n* javelot *m*.

jaw [dʒɔː] *n* mâchoire *f*.

jazz [dʒæz] *n* jazz *m*.

jealous [ˈdʒeləs] *adj* jaloux(ouse).

jeans [dʒiːnz] *npl* jean *m*.

Jeep® [dʒiːp] *n* Jeep® *f*.

Jello® [ˈdʒeləʊ] *n Am* gelée *f*.

jelly [ˈdʒelɪ] *n* gelée *f*.

jellyfish [ˈdʒelɪfɪʃ] *n (pl inv)* méduse *f*.

jeopardize [ˈdʒepədaɪz] *vt* mettre en danger.

jerk [dʒɜːk] n (movement) secousse f ; inf (idiot) abruti m, -e f.

jersey ['dʒɜːzɪ] (pl -s) n (garment) pull m.

jet [dʒet] n jet m ; (for gas) brûleur m.

jet lag n décalage m horaire.

jet-ski n scooter m des mers.

jetty ['dʒetɪ] n jetée f.

Jew [dʒuː] n Juif m, -ive f.

jewel ['dʒuːəl] n joyau m, pierre f précieuse. ❑ **jewels** npl (jewellery) bijoux mpl.

jeweler's ['dʒuːələz] Am = jeweller's.

jeweller's ['dʒuːələz] n Br bijouterie f.

jewellery ['dʒuːəlrɪ] n Br bijoux mpl.

jewelry ['dʒuːəlrɪ] Am = jewellery.

Jewish ['dʒuːɪʃ] adj juif(ive).

jigsaw (puzzle) ['dʒɪgsɔː-] n puzzle m.

jingle ['dʒɪŋgl] n (of advert) jingle m.

job [dʒɒb] n (regular work) emploi m ; (task, function) travail m ; to lose one's ~ perdre son travail.

job centre n Br agence f pour l'emploi.

jockey ['dʒɒkɪ] (pl -s) n jockey m.

jog [dʒɒg] vt pousser. ◆ vi courir, faire du jogging. ◆ n : to go for a ~ faire du jogging.

jogging ['dʒɒgɪŋ] n jogging m ; to go ~ faire du jogging.

join [dʒɔɪn] vt (club, organization) adhérer à ; (fasten together) joindre ; (other people) rejoindre ; (connect) relier ; (participate in) participer à ; to ~ a queue faire la queue.

❑ **join in** vt fus participer à. ◆ vi participer.

joint [dʒɔɪnt] adj commun(e). ◆ n (of body) articulation f ; Br (of meat) rôti m ; (in structure) joint m.

joke [dʒəʊk] n plaisanterie f. ◆ vi plaisanter.

joker ['dʒəʊkə'] n (playing card) joker m.

jolly ['dʒɒlɪ] adj (cheerful) gai(e). ◆ adv Br inf (very) drôlement.

jolt [dʒəʊlt] n secousse f.

jot [dʒɒt] : **jot down** vt sep noter.

journal ['dʒɜːnl] n (professional magazine) revue f ; (diary) journal m (intime).

journalist ['dʒɜːnəlɪst] n journaliste mf.

journey ['dʒɜːnɪ] (pl -s) n voyage m.

joy [dʒɔɪ] n joie f.

joypad ['dʒɔɪpæd] n (of video game) boîtier de commandes de jeu vidéo.

joyrider ['dʒɔɪraɪdə'] n personne qui vole une voiture pour aller faire un tour.

joystick ['dʒɔɪstɪk] n (of video game) manette f (de jeux).

judge [dʒʌdʒ] n juge m. ◆ vt (competition) arbitrer ; (evaluate) juger.

judg(e)ment ['dʒʌdʒmənt] n jugement m.

judo ['dʒuːdəʊ] n judo m.

jug [dʒʌg] n (for water) carafe f ; (for milk) pot m.

juggernaut ['dʒʌgənɔːt] n Br poids m lourd.

juggle ['dʒʌgl] vi jongler.

juice [dʒuːs] n jus m ; (fruit) ~ jus m de fruit.

juicy ['dʒuːsɪ] adj (food) juteux(euse).

jukebox ['dʒu:kbɒks] n juke-box m inv.

Jul. (abbr of July) juill.

July [dʒu:'laɪ] n juillet m → September.

jumble sale ['dʒʌmbl-] n Br vente f de charité.

jumbo ['dʒʌmbəʊ] adj inf (big) énorme.

jumbo jet n jumbo-jet m.

jump [dʒʌmp] n bond m. ◆ vi sauter ; (with fright) sursauter ; (increase) faire un bond. ◆ vt Am (train, bus) prendre sans payer ; to ~ the queue Br ne pas attendre son tour.

jumper ['dʒʌmpə'] n Br (pullover) pull-over m ; Am (dress) robe f chasuble.

jump leads npl câbles mpl de démarrage.

junction ['dʒʌŋkʃn] n embranchement m.

June [dʒu:n] n juin m → September.

jungle ['dʒʌŋgl] n jungle f.

junior ['dʒu:nɪə'] adj (of lower rank) subalterne ; Am (after name) junior. ◆ n (younger person) cadet m, -ette f.

junior school n Br école f primaire.

junk [dʒʌŋk] n inf (unwanted things) bric-à-brac m inv.

junk food n inf cochonneries fpl.

junkie ['dʒʌŋkɪ] n inf drogué m, -e f.

junk shop n magasin m de brocante.

jury ['dʒʊərɪ] n jury m.

just [dʒʌst] adj & adv juste ; I'm ~ coming j'arrive tout de suite ; we were ~ leaving nous étions sur le point de partir ; to be ~ about to do sthg être sur le point de faire qqch ; to have ~ done sthg venir de faire qqch ; as good (as) tout aussi bien (que) ; ~ about (almost) pratiquement, presque ; only ~ tout juste ; a ~ minute! une minute!

justice ['dʒʌstɪs] n justice f.

justify ['dʒʌstɪfaɪ] vt justifier.

jut [dʒʌt] : jut out vi faire saillie.

juvenile ['dʒu:vənaɪl] adj (young) juvénile ; (childish) enfantin(e).

K

kangaroo [ˌkæŋgə'ru:] n kangourou m.

karaoke n karaoké m.

karate [kə'rɑ:tɪ] n karaté m.

kebab [kɪ'bæb] n : (shish) ~ brochette f de viande ; (doner) ~ ≃

king

sandwich *m* grec *(viande de mouton servie en tranches fines dans du pita, avec salade et sauce)*.

keel [kiːl] *n* quille *f*.

keen [kiːn] *adj (enthusiastic)* passionné(e) ; *(hearing)* fin(e) ; *(eyesight)* perçant(e) ; **to be ~ on** aimer beaucoup ; **to ~ to do sthg** tenir à faire qqch.

keep [kiːp] *(pt & pp* kept*) vt* garder ; *(promise, record, diary)* tenir ; *(delay)* retarder. ◆ *vi (food)* se conserver ; *(remain)* rester ; **to ~ (on) doing sthg** *(continuously)* continuer à faire qqch ; *(repeatedly)* ne pas arrêter de faire qqch ; **to ~ sb from doing sthg** empêcher qqn de faire qqch ; **~ back!** n'approchez pas! ; '**~ in lane!**' 'conservez votre file' ; '**~ left**' 'serrez à gauche' ; '**~ off the grass!**' 'pelouse interdite' ; '**~ out!**' 'entrée interdite' ; '**~ your distance!**' 'gardez vos distances' ; **to ~ clear (of)** ne pas s'approcher (de). ❏ **keep up** ◆ *vt sep (maintain)* maintenir ; *(continue)* continuer. ◆ *vi :* **to ~ up (with)** suivre.

keep-fit *n Br* gymnastique *f*.

kennel [ˈkenl] *n* niche *f*.

kept [kept] *pt & pp* → **keep**.

kerb [kɜːb] *n Br* bordure *f* du trottoir.

kerosene [ˈkerəsiːn] *n Am* kérosène *m*.

ketchup [ˈketʃəp] *n* ketchup *m*.

kettle [ˈketl] *n* bouilloire *f* ; **to put the ~ on** mettre la bouilloire à chauffer.

key [kiː] *n* clé *f*, clef *f* ; *(of piano, typewriter)* touche *f* ; *(of map)* légende *f*. ◆ *adj* clé, clef.

keyboard [ˈkiːbɔːd] *n* clavier *m*.

keyhole [ˈkiːhəʊl] *n* serrure *f*.

keypad [ˈkiːpæd] *n* pavé *m* numérique.

key ring *n* porte-clefs *m inv*, porte-clés *m inv*.

kg *(abbr of* kilogram*)* kg.

kick [kɪk] *n (of foot)* coup *m* de pied. ◆ *vt (ball)* donner un coup de pied dans ; *(person)* donner un coup de pied à.

kickoff [ˈkɪkɒf] *n* coup *m* d'envoi.

kid [kɪd] *n inf* gamin *m*, -e *f*. ◆ *vi (joke)* blaguer.

kidnap [ˈkɪdnæp] *vt* kidnapper.

kidnaper [ˈkɪdnæpə^r] *Am* = kidnapper.

kidnapper [ˈkɪdnæpə^r] *n Br* kidnappeur *m*, ravisseur *m*.

kidney [ˈkɪdnɪ] *(pl* -s*) n (organ)* rein *m* ; *(food)* rognon *m*.

kidney bean *n* haricot *m* rouge.

kill [kɪl] *vt* tuer ; **my feet are ~ing me!** mes pieds me font souffrir le martyre!

killer [ˈkɪlə^r] *n* tueur *m*, -euse *f*.

kilo [ˈkiːləʊ] *(pl* -s*) n* kilo *m*.

kilogram [ˈkɪlə,græm] *n* kilogramme *m*.

kilometre [ˈkɪlə,miːtə^r] *n* kilomètre *m*.

kilt [kɪlt] *n* kilt *m*.

kind [kaɪnd] *adj* gentil(ille). ◆ *n* genre *m* ; **~ of** *Am inf* plutôt.

kindergarten [ˈkɪndə,gaːtn] *n* jardin *m* d'enfants.

kindly [ˈkaɪndlɪ] *adv :* **would you ~ ...?** auriez-vous l'amabilité de ...?

kindness [ˈkaɪndnɪs] *n* gentillesse *f*.

king [kɪŋ] *n* roi *m*.

kingfisher ['kɪŋ.fɪʃə] n martin-pêcheur m.

king prawn n gamba f.

king-size bed n ≃ lit m en 160 cm.

kiosk ['kiːɒsk] n (for newspapers etc) kiosque m ; Br (phone box) cabine f (téléphonique).

kipper ['kɪpə] n hareng m saur.

kiss [kɪs] n baiser m. ◆ vt embrasser.

kiss of life n bouche-à-bouche m inv.

kit [kɪt] n (set) trousse f ; (clothes) tenue f ; (for assembly) kit m.

kitchen ['kɪtʃɪn] n cuisine f.

kitchen unit n élément m (de cuisine).

kite [kaɪt] n (toy) cerf-volant m.

kitten ['kɪtn] n chaton m.

kitty ['kɪtɪ] n (of money) cagnotte f.

kiwi fruit ['kiːwiː-] n kiwi m.

Kleenex® ['kliːneks] n Kleenex® m.

km (abbr of kilometre) km.

km/h (abbr of kilometres per hour) km/h.

knack [næk] n : to have the ~ of doing sthg avoir le chic pour faire qqch.

knackered ['nækəd] adj Br inf crevé(e).

knapsack ['næpsæk] n sac m à dos.

knee [niː] n genou m.

kneecap ['niːkæp] n rotule f.

kneel [niːl] (pt & pp knelt [nelt]) vi (be on one's knees) être à genoux ; (go down on one's knees) s'agenouiller.

knew [njuː] pt → know.

knickers ['nɪkəz] npl Br (underwear) culotte f.

knife [naɪf] (pl knives) n couteau m.

knight [naɪt] n (in history) chevalier m ; (in chess) cavalier m.

knit [nɪt] vt tricoter.

knitted ['nɪtɪd] adj tricoté(e).

knitting ['nɪtɪŋ] n tricot m.

knitting needle n aiguille f à tricoter.

knitwear ['nɪtweə] n lainages mpl.

knives [naɪvz] pl → knife.

knob [nɒb] n bouton m.

knock [nɒk] n (at door) coup m. ◆ vt (hit) cogner. ◆ vi (at door etc) frapper. ❏ **knock down** vt sep (pedestrian) renverser ; (building) démolir ; (price) baisser. ❏ **knock out** vt sep (make unconscious) assommer ; (of competition) éliminer. ❏ **knock over** vt sep renverser.

knocker ['nɒkə] n (on door) heurtoir m.

knot [nɒt] n nœud m.

know [nəʊ] (pt knew, pp known) vt savoir ; (person, place) connaître ; to get to ~ sb faire connaissance avec qqn ; to ~ about sthg (understand) s'y connaître en qqch ; (have heard) être au courant de qqch ; to ~ how to do sthg savoir (comment) faire qqch ; to ~ of connaître ; to be ~ as être appelé ; to let sb ~ sthg informer qqn de qqch ; you ~ (for emphasis) tu sais.

knowledge ['nɒlɪdʒ] n connaissance f ; to my ~ pour autant que je sache.

known [nəʊn] pp → know.

knuckle ['nʌkl] n (of hand) articulation f du doigt ; (of pork) jarret m.

Kosovar [kɔsɔvaˈ] n kosovar mf.

Kosovo [kɔsɔvɔ] n Kosovo m.

L

l (abbr of litre) l.

L (abbr of learner) en Grande-Bretagne, lettre apposée à l'arrière d'une voiture et signalant que le conducteur est en conduite accompagnée.

lab [læb] n inf labo m.

label ['leɪbl] n étiquette f.

labor ['leɪbər] Am = labour.

laboratory [Br laˈbɒrətrɪ, Am 'læbrəˌtɔːrɪ] n laboratoire m.

labour ['leɪbər] n Br travail m ; in ~ MED en travail.

labourer ['leɪbərər] n ouvrier m, -ière f.

Labour Party n Br parti m travailliste.

labour-saving adj qui fait gagner du temps.

lace [leɪs] n (material) dentelle f ; (for shoe) lacet m.

lace-ups npl chaussures fpl à lacets.

lack [læk] n manque m. ◆ vt manquer de. ◆ vi : to be ~ing faire défaut.

lacquer ['lækər] n laque f.

lad [læd] n inf (boy) gars m.

ladder ['lædər] n échelle f ; Br (in tights) maille f filée.

ladies ['leɪdɪz] n Br (toilet) toilettes fpl pour dames.

ladies room Am = ladies.

ladieswear ['leɪdɪzˌweər] n vêtements mpl pour femme.

ladle ['leɪdl] n louche f.

lady ['leɪdɪ] n dame f.

ladybird ['leɪdɪbɜːd] n coccinelle f.

lag [læg] vi traîner ; to ~ behind traîner.

lager ['lɑːgər] n bière f blonde.

lagoon [ləˈguːn] n lagune f.

laid [leɪd] pt & pp → lay.

lain [leɪn] pp → lie.

lake [leɪk] n lac m.

lamb [læm] n agneau m.

lamb chop n côtelette f d'agneau.

lame [leɪm] adj boiteux(euse).

lamp [læmp] n lampe f ; (in street) réverbère m.

lamppost ['læmppəʊst] n réverbère m.

lampshade ['læmpʃeɪd] n abat-jour m inv.

land [lænd] n terre f ; (nation) pays m. ◆ vi atterrir ; (passengers) débarquer.

landing ['lændɪŋ] n (of plane) atterrissage m ; (on stairs) palier m.

landlady ['lændˌleɪdɪ] n (of house) propriétaire f ; (of pub) patronne f.

landlord ['lændlɔːd] n (of house) propriétaire m ; (of pub) patron m.

landmark ['lændmɑːk] n point m de repère.

landscape ['lændskeɪp] n paysage m.

landslide ['lændslaɪd] n glissement m de terrain.

lane [leɪn] n (in town) ruelle f ; (in country) chemin m ; (on road, motorway) file f, voie f ; 'get in ~'

panneau indiquant aux automobilistes de se placer dans la file appropriée.

language ['læŋgwɪdʒ] *n* (*of a people, country*) langue *f* ; (*system, words*) langage *m*.

lap [læp] *n* (*of person*) genoux *mpl* ; (*of race*) tour *m* (de piste).

lapel [lə'pel] *n* revers *m*.

lapse [læps] *vi* (*permit*) être périmé(e) ; (*membership*) prendre fin.

lard [lɑːd] *n* saindoux *m*.

larder ['lɑːdə] *n* garde-manger *m inv*.

large [lɑːdʒ] *adj* grand(e) ; (*person, problem, sum*) gros (grosse).

largely ['lɑːdʒlɪ] *adv* en grande partie.

large-scale *adj* à grande échelle.

lark [lɑːk] *n* alouette *f*.

laryngitis [ˌlærɪn'dʒaɪtɪs] *n* laryngite *f*.

lasagne [lə'zænjə] *n* lasagne(s) *fpl*.

laser ['leɪzə] *n* laser *m*.

lass [læs] *n inf* (*girl*) nana *f*. ◆ *adv* (*most recently*) pour la dernière fois ; (*at the end*) en dernier. ◆ *pron* : the ~ to come le dernier arrivé ; the ~ but one l'avant-dernier ; the day before ~ avant-hier ; ~ year l'année dernière ; at ~ enfin.

last [lɑːst] *adj* dernier(ière). ◆ *adv* (*most recently*) pour la dernière fois ; (*at the end*) en dernier. ◆ *pron* : the ~ to come le dernier arrivé ; the ~ but one l'avant-dernier ; the day before ~ avant-hier ; ~ year l'année dernière ; at ~ enfin.

lastly ['lɑːstlɪ] *adv* enfin.

last-minute *adj* de dernière minute.

latch [lætʃ] *n* loquet *m* ; the door is on the ~ la porte n'est pas fermée à clef.

late [leɪt] *adj* (*not on time*) en retard ; (*after usual time*) tardif(ive). ◆ *adv* (*not on time*) en retard ; (*after*

usual time) tard ; in the ~ afternoon en fin d'après-midi ; in ~ June fin juin ; my ~ wife feue ma femme.

lately ['leɪtlɪ] *adv* dernièrement.

late-night *adj* (*chemist, supermarket*) ouvert(e) la nuit.

later ['leɪtə] *adj* (*train*) qui part plus tard. ◆ *adv* : ~ (on) plus tard, ensuite ; at a ~ date plus tard.

latest ['leɪtɪst] *adj* : the ~ (*in series*) le plus récent (la plus récente) ; the ~ fashion la dernière mode ; at the ~ au plus tard.

lather ['lɑːðə] *n* mousse *f*.

Latin ['lætɪn] *n* (*language*) latin *m*.

Latin America *n* l'Amérique *f* latine.

Latin American *adj* latino-américain(e). ◆ *n* Latino-Américain *m*, -e *f*.

latitude ['lætɪtjuːd] *n* latitude *f*.

latter ['lætə] *n* : the ~ ce dernier (cette dernière), celui-ci (celle-ci).

laugh [lɑːf] *n* rire *m*. ◆ *vi* rire ; to have a ~ *Br inf* (*have fun*) s'éclater, rigoler. ❑ **laugh at** *vt fus* se moquer de.

laughter ['lɑːftə] *n* rires *mpl*.

launch [lɔːntʃ] *vt* (*boat*) mettre à la mer ; (*new product*) lancer.

laund(e)rette [lɔːn'dret] *n* laverie *f* automatique.

laundry ['lɔːndrɪ] *n* (*washing*) lessive *f* ; (*shop*) blanchisserie *f*.

lavatory ['lævətrɪ] *n* toilettes *fpl*.

lavender ['lævəndə] *n* lavande *f*.

lavish ['lævɪʃ] *adj* (*meal*) abondant(e) ; (*decoration*) somptueux(euse).

law [lɔː] *n* loi *f* ; (*study*) droit *m* ; to be against the ~ être illégal.

lawn [lɔːn] *n* pelouse *f*, gazon *m*.

lawnmower ['lɔːn‚məʊə'] n tondeuse f (à gazon).

lawyer ['lɔːjə'] n (in court) avocat m, -e f ; (solicitor) notaire m.

laxative ['læksətɪv] n laxatif m.

lay [leɪ] (pt & pp laid) pt → **lie**. ◆ vt (place) mettre, poser ; (egg) pondre ; **to ~ the table** mettre la table. ❑ **lay off** vt sep (worker) licencier. ❑ **lay on** vt sep (transport, entertainment) organiser ; (food) fournir. ❑ **lay out** vt sep (display) disposer.

lay-by (pl **lay-bys**) n aire f de stationnement.

layer ['leɪə'] n couche f.

layman ['leɪmən] (pl **-men** [-mən]) n profane m.

layout ['leɪaʊt] n (of building, streets) disposition f.

lazy ['leɪzɪ] adj paresseux(euse).

lb abbr = **pound**.

lead¹ [liːd] (pt & pp led) vt (take) conduire ; (team, company) diriger ; (race, demonstration) être en tête de. ◆ vi (be winning) mener. ◆ n (for dog) laisse f ; (cable) cordon m ; **to ~ sb to do sthg** amener qqn à faire qqch ; **to ~ to** mener à ; **to ~ the way** montrer le chemin ; **to be in the ~** (in race, match) être en tête.

lead² [led] n (metal) plomb m ; (for pencil) mine f. ◆ adj en plomb.

leaded petrol ['ledɪd-] n essence f au plomb.

leader ['liːdə'] n (person in charge) chef m ; (in race) premier m, -ière f.

leadership ['liːdəʃɪp] n (position) direction f.

lead-free [led-] adj sans plomb.

leading ['liːdɪŋ] adj (most important) principal(e).

lead singer [liːd-] n chanteur m, -euse f.

leaf [liːf] (pl **leaves**) n feuille f.

leaflet ['liːflɪt] n dépliant m.

league [liːg] n ligue f.

leak [liːk] n fuite f. ◆ vi fuir.

lean [liːn] (pt & pp **leant** [lent], **-ed**) adj (meat) maigre ; (person, animal) mince. ◆ vi (person) se pencher ; (object) être penché. ◆ vt : **to ~ sthg against sthg** appuyer qqch contre qqch ; **to ~ on** s'appuyer sur ; **to ~ forward** se pencher en avant ; **to ~ over** se pencher.

leap [liːp] (pt & pp **leapt** [lept], **-ed**) vi (person) sauter, bondir.

leap year n année f bissextile.

learn [lɜːn] (pt & pp **learnt** OR **-ed**) vt apprendre ; **to ~ (how) to do sthg** apprendre à faire qqch ; **to ~ about sthg** apprendre qqch.

learner (driver) ['lɜːnə'-] n conducteur m débutant, conductrice débutante f (qui n'a pas encore son permis).

learnt [lɜːnt] pt & pp → **learn**.

lease [liːs] n bail m. ◆ vt louer ; **to ~ sthg from sb** louer qqch à qqn (à un propriétaire) ; **to ~ sthg to sb** louer qqch à qqn (à un locataire).

leash [liːʃ] n laisse f.

least [liːst] adv (with verb) le moins. ◆ adj le moins de. ◆ pron : **(the) ~** le moins ; **at ~** au moins ; **the ~ expensive** le moins cher (la moins chère).

leather ['leðə'] n cuir m. ❑ **leathers** npl (of motorcyclist) tenue f de motard.

leave [liːv] (pt & pp **left**) vt laisser ; (place, person, job) quitter. ◆ vi partir. ◆ n (time off work) congé m ; **to ~ a message** laisser un

leaves

message. ❑ **leave behind** vt sep laisser. ❑ **leave out** vt sep omettre.

leaves [li:vz] pl → **leaf**.

lecture ['lektʃə'] n (at conference) exposé m ; (at university) cours m (magistral).

lecturer ['lektʃərə'] n conférencier m, -ière f.

lecture theatre n amphithéâtre m.

led [led] pt & pp → **lead** ¹.

ledge [ledʒ] n rebord m.

leek [li:k] n poireau m.

left [left] pt & pp → **leave**. ◆ adj (not right) gauche. ◆ adv à gauche. ◆ n gauche f ; **on the ~** (direction) à gauche ; **there are none ~** il n'en reste plus.

left-hand adj (lane) de gauche ; (side) gauche.

left-hand drive n conduite f à gauche.

left-handed [-'hændɪd] adj (person) gaucher(ère).

left-luggage locker n Br consigne f automatique.

left-luggage office n Br consigne f.

left-wing adj de gauche.

leg [leg] n (of person, trousers) jambe f ; (of animal) patte f ; (of table, chair) pied m ; **~ of lamb** gigot m d'agneau.

legal ['li:gl] adj (procedure, language) juridique ; (lawful) légal(e).

legal aid n assistance f judiciaire.

legalize ['li:gəlaɪz] vt légaliser.

legal system n système m judiciaire.

legend ['ledʒənd] n légende f.

leggings ['legɪŋz] npl caleçon m.

legible ['ledʒɪbl] adj lisible.

legislation [ledʒɪs'leɪʃn] n législation f.

legitimate [lɪ'dʒɪtɪmət] adj légitime.

leisure [Br 'leʒə', Am 'li:ʒər] n loisir m.

leisure centre n centre m de loisirs.

leisure pool n piscine avec toboggans, vagues, etc.

lemon ['lemən] n citron m.

lemonade [,lemə'neɪd] n limonade f.

lemon curd [-kɜ:d] n Br crème f au citron.

lemon juice n jus m de citron.

lemon sole n limande-sole f.

lemon tea n thé m au citron.

lend [lend] (pt & pp lent) vt prêter ; **to ~ sb sthg** prêter qqch à qqn.

length [leŋθ] n longueur f ; (in time) durée f.

lengthen ['leŋθən] vt allonger.

lens [lenz] n (of camera) objectif m ; (of glasses) verre m ; (contact lens) lentille f.

lent [lent] pt & pp → **lend**.

Lent [lent] n le carême.

lentils ['lentlz] npl lentilles fpl.

leopard ['lepəd] n léopard m.

leopard-skin adj léopard (inv).

leotard ['li:əta:d] n justaucorps m.

leper ['lepə'] n lépreux m, -euse f.

lesbian ['lezbɪən] adj lesbien(ienne). ◆ n lesbienne f.

less [les] adj moins de. ◆ adv & prep moins ; **~ than 20** moins de 20.

lesson ['lesn] n (class) leçon f.

let [let] (pt & pp let) vt (allow) laisser ; *(rent out)* louer ; to ~ sb do sthg laisser qqn faire qqch ; to ~ go of sthg lâcher qqch ; to ~ sb have sthg donner qqch à qqn ; to ~ sb know sthg apprendre qqch à qqn ; ~'s go! allons-y! ; 'to ~' *(for rent)* 'à louer'. ❏ let in *vt sep (allow to enter)* faire entrer. ❏ let off *vt sep (excuse)* : to ~ sb off sthg dispenser qqn de qqch ; can you ~ me off at the station? pouvez-vous me déposer à la gare? : let out *vt sep (allow to go out)* laisser sortir.

letdown ['letdaʊn] *n inf* déception *f*.

lethargic [lə'θɑːdʒɪk] *adj* léthargique.

letter ['letə] *n* lettre *f*.

letterbox ['letəbɒks] *n [Br]* boîte *f* à OR aux lettres.

lettuce ['letɪs] *n* laitue *f*.

leuk(a)emia [luː'kiːmɪə] *n* leucémie *f*.

level ['levl] *adj (horizontal)* horizontal(e) ; *(flat)* plat(e). ◆ *n* niveau *m* ; to be ~ with être au même niveau que.

level crossing *n Br* passage *m* à niveau.

lever [*Br* 'liːvə', *Am* 'levər] *n* levier *m*.

liability [ˌlaɪə'bɪlətɪ] *n* responsabilité *f*.

liable ['laɪəbl] *adj* : to be ~ to do sthg *(likely)* risquer de faire qqch ; to be ~ for sthg *(responsible)* être responsable de qqch.

liaise [lɪ'eɪz] *vi* : to ~ with assurer la liaison avec.

liar ['laɪə] *n* menteur *m*, -euse *f*.

liberal ['lɪbərəl] *adj* libéral(e).

liberate ['lɪbəreɪt] *vt* libérer.

liberty ['lɪbətɪ] *n* liberté *f*.

librarian [laɪ'breərɪən] *n* bibliothécaire *mf*.

library ['laɪbrərɪ] *n* bibliothèque *f*.

lice [laɪs] *npl* poux *mpl*.

licence ['laɪsəns] *n Br (official document)* permis *m*, autorisation *f* ; *(for television)* redevance *f*. ◆ *vt Am* = license.

license ['laɪsəns] *vt Br* autoriser. ◆ *n Am* = licence.

licensed ['laɪsənst] *adj (restaurant, bar)* autorisé(e) à vendre des boissons alcoolisées.

licensing hours ['laɪsənsɪŋ-] *npl Br* heures *d'ouverture* des pubs.

lick [lɪk] *vt* lécher.

lid [lɪd] *n* couvercle *m*.

lie [laɪ] *(pt* lay, *pp* lain, *cont* lying) *n* mensonge *m*. ◆ *vi (tell lie : pt & pp* lied) mentir ; *(be horizontal)* être allongé ; *(lie down)* s'allonger ; *(be situated)* se trouver ; to tell ~s mentir, dire des mensonges ; to ~ about sthg mentir sur qqch. ❏ lie down *vi (on bed, floor)* s'allonger.

lieutenant [*Br* lef'tenənt, *Am* luː'tenənt] *n* lieutenant *m*.

life [laɪf] *(pl* lives) *n* vie *f*.

life assurance *n* assurance-vie *f*.

life belt *n* bouée *f* de sauvetage.

lifeboat ['laɪfbəʊt] *n* canot *m* de sauvetage.

lifeguard ['laɪfgɑːd] *n* maître *m* nageur.

life jacket *n* gilet *m* de sauvetage.

lifelike ['laɪflaɪk] *adj* ressemblant(e).

life preserver [-prɪ'zɜːvər] *n [Am] (life belt)* bouée *f* de sauvetage ; *(life jacket)* gilet *m* de sauvetage.

life-size *adj* grandeur nature (*inv*).

lifespan *n* espérance *f* de vie.

lifestyle ['laɪfstaɪl] *n* mode *m* de vie.

lift [lɪft] *n Br* (*elevator*) ascenseur *m*. ◆ *vt* (*raise*) soulever. ◆ *vi* se lever ; to give sb a ~ emmener qqn (en voiture) ; to ~ one's head lever la tête. ❑ **lift up** *vt sep* soulever.

light [laɪt] (*pt* & *pp* **lit** OR **-ed**) *adj* léger(ère) ; (*not dark*) clair(e) ; (*traffic*) fluide. ◆ *n* lumière *f* ; (*of car, bike*) feu *m* ; (*headlight*) phare *m* ; (*cigarette*) (cigarette) légère *f*. ◆ *vt* (*fire, cigarette*) allumer ; (*room, stage*) éclairer ; have you got a ~? (*for cigarette*) avez-vous du feu? ; to set ~ to sthg mettre le feu à qqch. ❑ **lights** (*traffic lights*) feu *m* rouge. ❑ **light up** ◆ *vt sep* (*house, road*) éclairer. ◆ *vi inf* (*light a cigarette*) allumer une cigarette.

light bulb *n* ampoule *f*.

lighter ['laɪtə'] *n* (*for cigarettes*) briquet *m*.

light-hearted [-'hɑ:tɪd] *adj* gai(e).

lighthouse ['laɪthaus, *pl* -hauzɪz] *n* phare *m*.

lighting ['laɪtɪŋ] *n* éclairage *m*.

light meter *n* posemètre *m*.

lightning ['laɪtnɪŋ] *n* foudre *f* ; flash of ~ éclair *m*.

lightweight ['laɪtweɪt] *adj* (*clothes, object*) léger(ère).

like [laɪk] *vt* aimer. ◆ *prep* comme ; it's not ~ him ça ne lui ressemble pas ; to ~ doing sthg aimer faire qqch ; what's it ~? c'est com-

ment? ; to look ~ sb/sthg ressembler à qqn/qqch ; I'd ~ to sit down j'aimerais m'asseoir ; I'd ~ a double room je voudrais une chambre double.

likelihood ['laɪklɪhud] *n* probabilité *f*.

likely ['laɪklɪ] *adj* probable.

likeness ['laɪknɪs] *n* ressemblance *f*.

likewise ['laɪkwaɪz] *adv* de même.

lilac ['laɪlək] *adj* lilas.

Lilo® ['laɪləu] (*pl* -s) *n Br* matelas *m* pneumatique.

lily ['lɪlɪ] *n* lis *m*.

lily of the valley *n* muguet *m*.

limb [lɪm] *n* membre *m*.

lime [laɪm] *n* (*fruit*) citron *m* vert ; ~ (juice) jus *m* de citron vert.

limestone ['laɪmstəun] *n* calcaire *m*.

limit ['lɪmɪt] *n* limite *f*. ◆ *vt* limiter.

limited ['lɪmɪtɪd] *adj* (*restricted*) limité(e) ; (*in company name*) ≃ SARL.

limp [lɪmp] *adj* mou (molle). ◆ *vi* boiter.

line [laɪn] *n* ligne *f* ; (*row*) rangée *f* ; (*of vehicles, people*) file *f* ; *Am* (*queue*) queue *f* ; (*of poem, song*) vers *m* ; (*rope, string*) corde *f* ; (*railway track*) voie *f* ; (*of business, work*) domaine *m* ; (*type of product*) gamme *f*. ◆ *vt* (*coat, drawers*) doubler ; in ~ (*aligned*) aligné ; it's a bad ~ (*on phone*) la communication est mauvaise ; the ~ is engaged la ligne est occupée ; to drop sb a ~ *inf* écrire un mot à qqn ; to stand in ~ *Am* faire la queue. ❑ **line**

up ◆ vt sep (arrange) aligner. ◆ vi s'aligner.

lined [laɪnd] adj (paper) réglé(e).

linen ['lɪnɪn] n (cloth) lin m ; (tablecloths, sheets) linge m (de maison).

liner ['laɪnə'] n (ship) paquebot m.

linesman ['laɪnzmən] (pl -men [-mən]) n juge m de touche.

linger ['lɪŋgə'] vi s'attarder.

lingerie ['lænʒərɪ] n lingerie f.

lining ['laɪnɪŋ] n (of coat, jacket) doublure f ; (of brake) garniture f.

link [lɪŋk] n (connection) lien m. ◆ vt relier ; rail ~ liaison f ferroviaire ; road ~ liaison routière.

lino ['laɪnəʊ] n Br lino m.

lion ['laɪən] n lion m.

lioness ['laɪənes] n lionne f.

lip [lɪp] n lèvre f.

lip salve [-sælv] n pommade f pour les lèvres.

lipstick ['lɪpstɪk] n rouge m à lèvres.

liqueur [lɪ'kjʊə'] n liqueur f.

liquid ['lɪkwɪd] n liquide m.

liquor ['lɪkər] n Am alcool m.

liquorice ['lɪkərɪs] n réglisse f.

lisp [lɪsp] n : to have a ~ zézayer.

list [lɪst] n liste f. ◆ vt faire la liste de.

listen ['lɪsn] vi : to ~ (to) écouter.

listener ['lɪsnə'] n (to radio) auditeur m, -trice f.

lit [lɪt] pt & pp → light.

liter ['liːtər] Am = litre.

literally ['lɪtərəlɪ] adv littéralement.

literary ['lɪtərərɪ] adj littéraire.

literature ['lɪtrətʃə'] n littérature f ; (printed information) documentation f.

litre ['liːtə'] n Br litre m.

litter ['lɪtə'] n (rubbish) détritus mpl.

litterbin ['lɪtəbɪn] n Br poubelle f.

little ['lɪtl] adj petit(e) ; (not much) peu de. ◆ pron & adv peu ; as ~ as possible aussi peu que possible ; ~ by ~ petit à petit, peu à peu ; a ~ un peu.

little finger n petit doigt m.

live[1] [lɪv] vi (have home) habiter ; (be alive, survive) vivre ; I ~ in Luton j'habite (à) Luton ; to ~ with sb vivre avec qqn. ❏ **live together** vi vivre ensemble.

live[2] [laɪv] adj (alive) vivant(e) ; (performance) live (inv) ; (programme) en direct ; (wire) sous tension. ◆ adv en direct.

lively ['laɪvlɪ] adj (person) vif (vive) ; (place, atmosphere) animé(e).

liver ['lɪvə'] n foie m.

lives [laɪvz] pl → life.

living ['lɪvɪŋ] adj vivant(e). ◆ n : to earn a ~ gagner sa vie ; what do you do for a ~? que faites-vous dans la vie?

living room n salle f de séjour.

lizard ['lɪzəd] n lézard m.

load [ləʊd] n chargement m. ◆ vt charger ; ~s of inf des tonnes de.

loaf [ləʊf] (pl loaves) n : a ~ (of bread) un pain.

loan [ləʊn] n (money given) prêt m ; (money borrowed) emprunt m. ◆ vt prêter.

loathe [ləʊð] vt détester.

loaves [ləʊvz] pl → loaf.

lobby ['lɒbɪ] n (hall) hall m.

lobster ['lɒbstə'] n homard m.

local ['ləʊkl] adj local(e). ◆ n Br

local anaesthetic

inf (pub) bistrot *m* du coin ; *Am inf (train)* omnibus *m* ; *Am inf (bus)* bus *m* local ; **the ~s** les gens *mpl* du coin.

local anaesthetic *n* anesthésie *f* locale.

local call *n* communication *f* locale.

local government *n* l'administration *f* locale.

locate [Br ləʊ'keɪt, Am 'ləʊkeɪt] *vt (find)* localiser ; **to be ~d** se situer.

location [ləʊ'keɪʃn] *n* emplacement *m*.

loch [lɒk] *n Scot* lac *m*.

lock [lɒk] *n (on door, drawer)* serrure *f* ; *(for bike)* antivol *m* ; *(on canal)* écluse *f*. ◆ *vt (door, window, car)* verrouiller, fermer à clef ; *(keep safely)* enfermer. ◆ *vi (become stuck)* se bloquer. ❑ **lock in** *vt sep* enfermer. ❑ **lock out** *vt sep* fermer dehors. ❑ **lock up** ◆ *vt sep (imprison)* enfermer. ◆ *vi* fermer à clef.

locker [lɒkə'] *n* casier *m*.

locker room *n Am* vestiaire *m*.

locket [lɒkɪt] *n* médaillon *m*.

locum [ləʊkəm] *n (doctor)* remplaçant *m*, -e *f*.

lodge [lɒdʒ] *n (in mountains)* chalet *m*. ◆ *vi (stay)* loger ; *(get stuck)* se loger.

lodger [lɒdʒə'] *n* locataire *mf*.

lodgings [lɒdʒɪŋz] *npl* chambre *f* meublée.

log [lɒg] *n (piece of wood)* bûche *f*. ❑ **log on** *vi* COMPUT ouvrir une session. ❑ **log off** *vi* COMPUT fermer une session.

logic [lɒdʒɪk] *n* logique *f*.

logical [lɒdʒɪkl] *adj* logique.

logo [ləʊgəʊ] *(pl -s) n* logo *m*.

loin [lɔɪn] *n* filet *m*.

loiter [lɔɪtə'] *vi* traîner.

lollipop [lɒlɪpɒp] *n* sucette *f*.

lolly [lɒlɪ] *n inf (lollipop)* sucette *f* ; *Br (ice lolly)* Esquimau® *m*.

London [lʌndən] *n* Londres.

Londoner [lʌndənə'] *n* Londonien *m*, -ienne *f*.

lonely [ləʊnlɪ] *adj (person)* solitaire ; *(place)* isolé(e).

long [lɒŋ] *adj* long (longue). ◆ *adv* longtemps ; **will you be ~?** en as-tu pour longtemps ? ; **it's 2 metres ~** cela fait 2 mètres de long ; **it's two hours ~** ça dure deux heures ; **how ~ is it?** *(in length)* ça fait combien de long? ; *(journey, film)* ça dure combien? ; **a ~ time** longtemps ; **all day ~** toute la journée ; **as ~ as** du moment que, tant que ; **no ~er** ne ... plus ; **I can't wait any ~er** je ne peux plus attendre ; **so ~!** *inf* salut! ❑ **long for** *vt fus* attendre avec impatience.

long-distance *adj (phone call)* interurbain(e).

long drink *n* long drink *m*.

long-haul *adj* long-courrier.

longitude [lɒndʒɪtjuːd] *n* longitude *f*.

long jump *n* saut *m* en longueur.

long-life *adj (milk, fruit juice)* longue conservation *(inv)* ; *(battery)* longue durée *(inv)*.

longsighted [lɒŋ'saɪtɪd] *adj* hypermétrope.

long-term *adj* à long terme.

longwearing [lɒŋ'weərɪŋ] *adj Am* résistant(e).

loo [luː] *(pl -s) n Br inf* cabinets *mpl*.

look [lʊk] *n (glance)* regard *m* ; *(appearance)* apparence *f*, air *m*. ◆ *vi* regarder ; *(seem)* avoir l'air ; **to ~ onto** *(building, room)* donner sur ; **to have a ~** regarder ; *(good)* **~s** beauté *f* ; **I'm just ~ing** *(in shop)* je regarde ; **~ out!** attention ! ❏ **look after** *vt fus* s'occuper de. ❏ **look at** *vt fus* regarder. ❏ **look for** *vt fus* chercher. ❏ **look forward to** *vt fus* attendre avec impatience. ❏ **look out for** *vt fus* essayer de repérer. ❏ **look round** ◆ *vt fus* faire le tour de. ◆ *vi* regarder. ❏ **look up** *vt sep (in dictionary, phone book)* chercher.

loony ['luːnɪ] *n inf* cinglé *m*, -e *f*.

loop [luːp] *n* boucle *f*.

loose [luːs] *adj (joint, screw)* lâche ; *(tooth)* qui bouge ; *(sheets of paper)* volant(e) ; *(sweets)* en vrac ; *(clothes)* ample ; **to let sb/sthg ~** lâcher qqn/qqch.

loosen ['luːsn] *vt* desserrer.

lop-sided [-'saɪdɪd] *adj* de travers.

lord [lɔːd] *n* lord *m*.

lorry ['lɒrɪ] *n Br* camion *m*.

lorry driver *n Br* camionneur *m*.

lose [luːz] *(pt & pp* lost*)* *vt* perdre ; *(subj: watch, clock)* retarder de. ◆ *vi* perdre ; **to ~ weight** perdre du poids.

loser ['luːzə] *n (in contest)* perdant *m*, -e *f*.

loss [lɒs] *n* perte *f*.

lost [lɒst] *pt & pp* → **lose**. ◆ *adj* perdu(e) ; **to get ~** *(lose way)* se perdre.

lost-and-found office *Am* = lost property office.

lost property office *n Br* bureau *m* des objets trouvés.

lot [lɒt] *n (group)* paquet *m* ; *(at auction)* lot *m* ; *Am (car park)* parking *m* ; **the ~** *(everything)* tout ; **a ~ (of)** beaucoup (de) ; **~s (of)** beaucoup (de).

lotion ['ləʊʃn] *n* lotion *f*.

lottery ['lɒtərɪ] *n* loterie *f*.

loud [laʊd] *adj (voice, music, noise)* fort(e) ; *(colour, clothes)* voyant(e).

loudspeaker [ˌlaʊd'spiːkər] *n* haut-parleur *m*.

lounge [laʊndʒ] *n (in house)* salon *m* ; *(at airport)* salle *f* d'attente.

lounge bar *n Br* salon dans un pub, plus confortable et plus cher que le « *public bar* ».

lousy ['laʊzɪ] *adj inf (poor-quality)* minable.

lout [laʊt] *n* brute *f*.

love [lʌv] *n* amour *m* ; *(in tennis)* zéro *m*. ◆ *vt* aimer ; *(sport, food, film etc)* aimer beaucoup ; **to ~ doing sthg** adorer faire qqch ; **to be in ~ (with)** être amoureux (de) ; **(with) ~ from** *(in letter)* affectueusement.

love affair *n* liaison *f*.

lovely ['lʌvlɪ] *adj (very beautiful)* adorable ; *(very nice)* très agréable.

lover ['lʌvər] *n (sexual partner)* amant *m*, maîtresse *f* ; *(enthusiast)* amoureux *m*, -euse *f*.

loving ['lʌvɪŋ] *adj* aimant(e).

low [ləʊ] *adj* bas (basse) ; *(level, speed, income)* faible ; *(standard, quality, opinion)* mauvais(e) ; *(depressed)* déprimé(e). ◆ *n (area of low pressure)* dépression *f* ; **we're ~ on petrol** nous sommes à court d'essence.

low-alcohol *adj* à faible teneur en alcool.

low-calorie adj basses calories.

low-cut adj décolleté(e).

lower ['ləʊə'] adj inférieur(e).
◆ vt abaisser, baisser.

lower sixth n Br ≃ première f.

low-fat adj (crisps, yoghurt) allé-gé(e).

low tide n marée f basse.

loyal ['lɔɪəl] adj loyal(e).

loyalty ['lɔɪəltɪ] n loyauté f.

lozenge ['lɒzɪndʒ] n (sweet) pas-tille f.

L-plate n Br plaque signalant que
le conducteur du véhicule est en conduite accompagnée.

Ltd (abbr of limited) ≃ SARL.

lubricate ['luːbrɪkeɪt] vt lubrifier.

luck [lʌk] n chance f ; **bad ~** mal-chance f ; **good ~!** bonne chance! ;
with ~ avec un peu de chance.

luckily ['lʌkɪlɪ] adv heureuse-ment.

lucky ['lʌkɪ] adj (person) chan-ceux(euse) ; (event, situation, es-cape) heureux(euse) ; (number,
colour) porte-bonheur (inv) ; **to be
~** avoir de la chance.

ludicrous ['luːdɪkrəs] adj ridi-cule.

lug [lʌg] vt inf traîner.

luggage ['lʌgɪdʒ] n bagages mpl.

luggage compartment n com-partiment m à bagages.

luggage locker n casier m de
consigne automatique.

luggage rack n (on train) filet m
à bagages.

lukewarm ['luːkwɔːm] adj tiède.

lull [lʌl] n (in storm) accalmie f ; (in
conversation) pause f.

lullaby ['lʌləbaɪ] n berceuse f.

luminous ['luːmɪnəs] adj lumi-neux(euse).

lump [lʌmp] n (of mud, butter)
motte f ; (of sugar, coal) morceau
m ; (on body) bosse f ; MED gros-seur f.

lump sum n somme f globale.

lumpy ['lʌmpɪ] adj (sauce) grumele-ux(euse) ; (mattress) défoncé(e).

lunatic ['luːnətɪk] n fou m, folle f.

lunch [lʌntʃ] n déjeuner m ; **to
have ~** déjeuner.

lunch hour n heure f du déjeu-ner.

lunchtime ['lʌntʃtaɪm] n heure f
du déjeuner.

lung [lʌŋ] n poumon m.

lunge [lʌndʒ] vi : **to ~ at** se préci-piter sur.

lure [ljʊə'] vt attirer.

lurk [lɜːk] vi (person) se cacher.

lush [lʌʃ] adj luxuriant(e).

lust [lʌst] n désir m.

luxurious [lʌg'zʊərɪəs] adj
luxueux(euse).

luxury ['lʌkʃərɪ] adj de luxe. ◆ n
luxe m.

lying ['laɪɪŋ] cont → lie.

lyrics ['lɪrɪks] npl paroles fpl.

M

m (abbr of metre) m. ◆ abbr
= mile.

M Br (abbr of motorway) ≃ A ;
(abbr of medium) M.

MA n (abbr of Master of Arts)
(titulaire d'une) maîtrise de lettres.

mac [mæk] n Br inf (coat) imper m.

macaroni [ˌmækəˈrəʊnɪ] *n* macaronis *mpl.*

macaroni cheese *n* macaronis *mpl* au gratin.

machine [məˈʃiːn] *n* machine *f.*

machinegun [məˈʃiːngʌn] *n* mitrailleuse *f.*

machinery [məˈʃiːnərɪ] *n* machinerie *f.*

machine-washable *adj* lavable en machine.

mackerel [ˈmækrəl] (*pl inv*) *n* maquereau *m.*

mackintosh [ˈmækɪntɒʃ] *n Br* imperméable *m.*

mad [mæd] *adj* fou (folle) ; (*angry*) furieux(ieuse) ; **to be ~ about** *inf* être fou de ; **like ~** comme un fou.

Madam [ˈmædəm] *n (form of address)* Madame.

mad cow disease *n inf* maladie *f* de la vache folle.

made [meɪd] *pt & pp* → **make**.

made-to-measure *adj* sur mesure *(inv).*

madness [ˈmædnɪs] *n* folie *f.*

magazine [ˌmægəˈziːn] *n* magazine *m*, revue *f.*

maggot [ˈmægət] *n* asticot *m.*

magic [ˈmædʒɪk] *n* magie *f.*

magician [məˈdʒɪʃn] *n (conjurer)* magicien *m*, -ienne *f.*

magistrate [ˈmædʒɪstreɪt] *n* magistrat *m.*

magnet [ˈmægnɪt] *n* aimant *m.*

magnetic [mægˈnetɪk] *adj* magnétique.

magnificent [mægˈnɪfɪsənt] *adj (very good)* excellent(e) ; *(very beautiful)* magnifique.

magnifying glass [ˈmægnɪfaɪɪŋ-] *n* loupe *f.*

mahogany [məˈhɒgənɪ] *n* acajou *m.*

maid [meɪd] *n* domestique *f.*

maiden name [ˈmeɪdn-] *n* nom *m* de jeune fille.

mail [meɪl] *n (letters)* courrier *m* ; *(system)* poste *f.* ◆ *vt Am (parcel, goods)* envoyer par la poste ; *(letter)* poster.

mailbox [ˈmeɪlbɒks] *n [Am]* boîte *f* aux OR à lettres.

mailman [ˈmeɪlmən] (*pl* -men [-mən]) *n Am* facteur *m.*

mail order *n* vente *f* par correspondance.

main [meɪn] *adj* principal(e).

main course *n* plat *m* principal.

mainland [ˈmeɪnlənd] *n* : **the ~** le continent.

main line *n (of railway)* grande ligne *f.*

mainly [ˈmeɪnlɪ] *adv* principalement.

main road *n* grande route *f.*

mains [meɪnz] *npl* : **the ~** le secteur.

main street *n Am* rue *f* principale.

maintain [meɪnˈteɪn] *vt (keep)* maintenir ; *(car, house)* entretenir.

maintenance [ˈmeɪntənəns] *n (of car, machine)* entretien *m* ; *(money)* pension *f* alimentaire.

maisonette [ˌmeɪzəˈnet] *n Br* duplex *m.*

maize [meɪz] *n* maïs *m.*

major [ˈmeɪdʒə'] *adj (important)* majeur(e) ; *(most important)* principal(e). ◆ *n* MIL commandant *m.*
◆ *vi Am* : **to ~ in** se spécialiser en.

majority [məˈdʒɒrətɪ] n majorité f.

major road n route f principale.

☞

make [meɪk] (pt & pp made) vt
- 1. (produce) faire ; (manufacture) fabriquer ; **to be made of** être en ; **to ~ lunch/supper** préparer le déjeuner/le dîner ; **made in Japan** fabriqué en Japon.
- 2. (perform, do) faire ; (decision) prendre ; **to ~ a mistake** faire une erreur, se tromper ; **to ~ a phone call** passer un coup de fil.
- 3. (cause to be) rendre ; **to ~ sthg better** améliorer qqch ; **to ~ sb happy** rendre qqn heureux.
- 4. (cause to do, force) faire ; **to ~ sb do sthg** faire faire qqch à qqn ; **it made her laugh** ça l'a fait rire.
- 5. (amount to, total) faire ; **that ~s £5** ça fait 5 livres.
- 6. (calculate) : **I ~ it £4** d'après mes calculs, ça fait 4 livres ; **I ~ it seven o'clock** il est sept heures (à ma montre).
- 7. (money) gagner ; (profit) faire.
- 8. inf (arrive in time for) : **we didn't ~ the 10 o'clock train** nous n'avons pas réussi à avoir le train de 10 heures.
- 9. (friend, enemy) se faire.
- 10. (have qualities for) faire ; **this would ~ a lovely bedroom** ça ferait une très jolie chambre.
- 11. (bed) faire.
- 12. (in phrases) : **to ~ do** se débrouiller ; **to ~ good** (damage) compenser ; **to ~ it** (arrive in time) arriver à temps ; (be able to go) se libérer.
◆ n (of product) marque f.
❑ **make out** vt sep (cheque, receipt) établir ; (see, hear) distinguer.

❑ **make up** vt sep (invent) inventer ; (comprise) composer, constituer ; (difference) apporter.
❑ **make up for** vt fus compenser.

makeshift [ˈmeɪkʃɪft] adj de fortune.

make-up n (cosmetics) maquillage m.

malaria [məˈleərɪə] n malaria f.

male [meɪl] adj mâle. ◆ n mâle m.

malfunction [mælˈfʌŋkʃn] vi fml mal fonctionner.

malignant [məˈlɪgnənt] adj (disease, tumour) malin(igne).

mall [mɔːl] n (shopping centre) centre m commercial.

ℹ️ MALL

Le Mall est un immense espace aménagé, situé au centre de Washington, qui s'étend du Capitole au mémorial de Lincoln. On y trouve les différents musées du Smithsonian Institute, plusieurs musées d'art, la Maison-Blanche, le monument à Washington et le mémorial de Jefferson. On peut également voir the Wall à l'extrémité ouest, où sont inscrits les noms des soldats morts pendant la guerre du Viêt Nam.

mallet [ˈmælɪt] n maillet m.

maltreat [ˌmælˈtriːt] vt maltraiter.

malt whisky n whisky m au malt.

mammal [ˈmæml] n mammifère m.

man [mæn] (pl men) n homme m.
◆ vt (phones, office) assurer la permanence de.

manage ['mænɪdʒ] vt (company, business) diriger ; (task) arriver à faire. ◆ vi (cope) y arriver, se débrouiller ; **can you ~ Friday?** est-ce que vendredi vous irait? ; **to ~ to do sthg** réussir à faire qqch.

management ['mænɪdʒmənt] n direction f.

manager ['mænɪdʒə'] n (of business, bank, shop) directeur m, -trice f ; (of sports team) manager m.

manageress [,mænɪdʒə'res] n (of business, bank, shop) directrice f.

managing director ['mænɪdʒɪŋ-] n directeur m général, directrice générale f.

mandarin ['mændərɪn] n mandarine f.

mane [meɪn] n crinière f.

maneuver [mə'nu:vər] Am = **manœuvre**.

mangetout [,mɒnʒ'tu:] n mange-tout m inv.

mangle ['mæŋgl] vt déchiqueter.

mango ['mæŋgəʊ] (pl -es OR -s) n mangue f.

Manhattan [mæn'hætən] n Manhattan m.

ℹ️ MANHATTAN

Manhattan est le district situé au cœur de la ville de New York. Il se divise en trois quartiers appelés Downtown, Midtown et Uptown. On y trouve des lieux très connus tels que Central Park, la 5ᵉ Avenue, Broadway, la statue de la Liberté, Greenwich Village ainsi que des gratte-ciels aussi célèbres que l'Empire State Building ou le Chrysler Building. La Manhattan

Skyline est la fameuse vue des gratte-ciel de New York dont faisaient partie les tours jumelles du World Trade Center avant qu'elles ne soient détruites par l'attentat terroriste du 11 septembre 2001.

manhole ['mænhəʊl] n regard m.

maniac ['meɪnɪæk] n inf fou m, folle f.

manicure ['mænɪkjʊə'] n soins mpl des mains.

manifold ['mænɪfəʊld] n AUT tubulure f.

manipulate [mə'nɪpjʊleɪt] vt manipuler.

mankind [,mæn'kaɪnd] n hommes mpl, humanité f.

manly ['mænlɪ] adj viril(e).

man-made adj (synthetic) synthétique.

manner ['mænə'] n (way) manière f. □ **manners** npl manières fpl.

manoeuvre [mə'nu:və'] n Br manœuvre f. ◆ vt Br manœuvrer.

manor ['mænə'] n manoir m.

mansion ['mænʃn] n manoir m.

manslaughter ['mæn,slɔ:tə'] n homicide m involontaire.

mantelpiece ['mæntlpi:s] n cheminée f.

manual ['mænjʊəl] adj manuel(elle). ◆ n (book) manuel m.

manufacture [,mænjʊ'fæktʃə'] n fabrication f. ◆ vt fabriquer.

manufacturer [,mænjʊ'fæktʃərə'] n fabricant m, -e f.

manure [mə'njʊə'] n fumier m.

many ['menɪ] (compar **more**, superl **most**) adj beaucoup de. ◆ pron

map 162

beaucoup ; there aren't as ~ people this year il n'y a pas autant de gens cette année ; I don't have ~ je n'en ai pas beaucoup ; how ~? combien? ; how ~ beds are there? combien y a-t-il de lits? ; so ~ tant de ; too ~ trop ; there are too ~ people il y a trop de monde.

map [mæp] n carte f.

maple syrup n sirop m d'érable.

Mar. abbr = March.

marathon ['mærəθn] n marathon m.

marble ['mɑːbl] n (stone) marbre m ; (glass ball) bille f.

march [mɑːtʃ] n (demonstration) marche f. ◆ vi (walk quickly) marcher d'un pas vif.

March [mɑːtʃ] n mars m → September.

mare [meəʳ] n jument f.

margarine [ˌmɑːdʒəˈriːn] n margarine f.

margin ['mɑːdʒɪn] n marge f.

marina [məˈriːnə] n marina f.

marinated ['mærɪneɪtɪd] adj mariné(e).

marital status ['mærɪtl-] n situation f de famille.

mark [mɑːk] n marque f ; SCH note f. ◆ vt marquer ; (correct) noter ; (gas) ~ five thermostat cinq.

marker pen ['mɑːkə-] n marqueur m.

market ['mɑːkɪt] n marché m.

marketing ['mɑːkɪtɪŋ] n marketing m.

marketplace ['mɑːkɪtpleɪs] n (place) place f du marché.

markings ['mɑːkɪŋz] npl (on road) signalisation f horizontale.

marmalade ['mɑːməleɪd] n confiture f d'oranges.

marquee [mɑːˈkiː] n grande tente f.

marriage ['mærɪdʒ] n mariage m.

married ['mærɪd] adj marié(e) ; to get ~ se marier.

marrow ['mærəʊ] n (vegetable) courge f.

marry ['mærɪ] vt épouser. ◆ vi se marier.

marsh [mɑːʃ] n marais m.

martial arts [ˌmɑːʃl-] npl arts mpl martiaux.

marvellous ['mɑːvələs] adj Br merveilleux(euse).

marvelous ['mɑːvələs] Am = marvellous.

marzipan ['mɑːzɪpæn] n pâte f d'amandes.

mascara [mæsˈkɑːrə] n mascara m.

masculine ['mæskjʊlɪn] adj masculin(e).

mashed potatoes [mæʃt-] npl purée f (de pommes de terre).

mask [mɑːsk] n masque m.

masonry ['meɪsnrɪ] n maçonnerie f.

mass [mæs] n (large amount) masse f ; RELIG messe f ; ~es (of) inf (lots) des tonnes (de).

massacre ['mæsəkə'] n massacre m.

massage [Br 'mæsɑːʒ, Am məˈsɑːʒ] n massage m. ◆ vt masser.

masseur [mæˈsɜːʳ] n masseur m.

masseuse [mæˈsɜːz] n masseuse f.

massive ['mæsɪv] adj massif(ive).

mast [mɑːst] n mât m.

master ['mɑːstəʳ] n maître m.
◆ vt (skill, language) maîtriser.

masterpiece ['mɑːstəpiːs] n chef-d'œuvre m.

mat [mæt] n (small rug) carpette f ; (on table) set m de table.

match [mætʃ] n (for lighting) allumette f ; (game) match m. ◆ vt (in colour, design) aller avec ; (be the same as) correspondre à ; (be as good as) égaler. ◆ vi (in colour, design) aller ensemble.

matchbox ['mætʃbɒks] n boîte f d'allumettes.

matching ['mætʃɪŋ] adj assorti(e).

mate [meɪt] n inf (friend) pote m ; Br (form of address) mon vieux. ◆ vi s'accoupler.

material [mə'tɪərɪəl] n matériau m ; (cloth) tissu m. ❑ **materials** npl (equipment) matériel m.

maternity leave [mə'tɜːnɪtɪ-] n congé m de maternité.

maternity ward [mə'tɜːnɪtɪ-] n maternité f.

math [mæθ] Am = maths.

mathematics [ˌmæθəˈmætɪks] n mathématiques fpl.

maths [mæθs] n Br maths fpl.

matinée ['mætɪneɪ] n matinée f.

matt [mæt] adj mat(e).

matter ['mætəʳ] n (issue, situation) affaire f ; (physical material) matière f. ◆ vi importer ; it doesn't ~ ça ne fait rien ; no ~ what happens quoi qu'il arrive ; there's something the ~ with my car ma voiture a quelque chose qui cloche ; what's the ~? qu'est-ce qui se passe? ; as a ~ of course naturellement ; as a ~ of fact en fait.

mattress ['mætrɪs] n matelas m.

mature [mə'tjʊəʳ] adj (person, behaviour) mûr(e) ; (cheese) fait(e) ; (wine) arrivé(e) à maturité.

mauve [məʊv] adj mauve.

max. [mæks] (abbr of maximum) max.

maximum ['mæksɪməm] adj maximum. ◆ n maximum m.

☞

may [meɪ] aux vb - 1. (expressing possibility) : it ~ be done as follows on peut procéder comme suit ; it ~ rain il se peut qu'il pleuve ; they ~ have got lost ils se sont peut-être perdus.
- 2. (expressing permission) pouvoir ; ~ I smoke? est-ce que je peux fumer? ; you ~ sit, if you wish vous pouvez vous asseoir, si vous voulez.
- 3. (when conceding a point) : it ~ be a long walk, but it's worth it ça fait peut-être loin à pied, mais ça vaut le coup.

May [meɪ] n mai m → September.

maybe ['meɪbiː] adv peut-être.

mayonnaise [ˌmeɪəˈneɪz] n mayonnaise f.

mayor [meəʳ] n maire m.

mayoress ['meərɪs] n maire m.

maze [meɪz] n labyrinthe m.

me [miː] pron me ; (after prep) moi ; she knows ~ elle me connaît ; it's ~ c'est moi ; send it to ~ envoie-le-moi ; tell ~ dis-moi ; he's worse than ~ il est pire que moi.

meadow ['medəʊ] n pré m.

meal [miːl] n repas m.

mealtime ['miːltaɪm] n heure f du repas.

mean [miːn] (pt & pp meant) adj (miserly, unkind) mesquin(e). ◆ vt (signify, matter) signifier ; (intend, subj : word) vouloir dire ; **I don't ~ it** je ne le pense pas vraiment ; **to ~ to do sthg** avoir l'intention de faire qqch ; **to be meant to do sthg** être censé faire qqch ; **it's meant to be good** il paraît que c'est bon.

meaning ['miːnɪŋ] n (of word, phrase) sens m.

meaningless ['miːnɪŋlɪs] adj qui n'a aucun sens.

means [miːnz] (pl inv) n moyen m. ◆ npl (money) moyens mpl ; **by all ~!** bien sûr! ; **by ~ of** au moyen de.

meant [ment] pt & pp → mean.

meantime ['miːntaɪm] : **in the meantime** adv pendant ce temps, entre-temps.

meanwhile ['miːnwaɪl] adv (at the same time) pendant ce temps ; (in the time between) en attendant.

measles ['miːzlz] n rougeole f.

measure ['meʒə'] vt mesurer. ◆ n mesure f ; (of alcohol) dose f ; **the room ~s 10 m²** la pièce fait 10 m².

measurement ['meʒəmənt] n mesure f.

meat [miːt] n viande f ; **red ~** viande rouge ; **white ~** viande blanche.

meatball ['miːtbɔːl] n boulette f de viande.

mechanic [mɪ'kænɪk] n mécanicien m, -ienne f.

mechanical [mɪ'kænɪkl] adj (device) mécanique.

mechanism ['mekənɪzm] n mécanisme m.

medal ['medl] n médaille f.

media ['miːdjə] n or npl : **the ~** les médias mpl.

Medicaid ['medɪkeɪd] n Am assistance médicale aux personnes sans ressources.

ⓘ MEDICAID/MEDICARE

Comme les États-Unis ne disposent pas d'un programme fédéral de santé publique, on a créé en 1965, les programmes d'assistance médicale Medicaid et Medicare afin de procurer une assurance maladie aux personnes pauvres, âgées ou handicapées. Medicaid concerne les personnes démunies âgées de moins de 65 ans, tandis que Medicare s'applique aux personnes âgées de plus de 65 ans. Ces programmes sont financés à la fois par le gouvernement fédéral et par les États. Ils suscitent des controverses politiques et sociales en raison de l'augmentation continue du nombre de bénéficiaires et du coût croissant qu'ils représentent pour les budgets fédéraux et régionaux.

medical ['medɪkl] adj médical(e). ◆ n visite f médicale.

Medicare ['medɪkeə'] n Am programme fédéral d'assistance médicale pour personnes âgées.

medication [ˌmedɪ'keɪʃn] n médicaments mpl.

medicine ['medsɪn] n (substance) médicament m ; (science) médecine f.

medicine cabinet n armoire f à pharmacie.

medieval [ˌmedɪ'iːvl] adj médiéval(e).

mediocre [ˌmiːdɪ'əʊkə'] adj médiocre.

Mediterranean [meditə'reɪnjən] *n* : the ~ *(region)* les pays *mpl* méditerranéens.

medium ['miːdjəm] *adj* moyen (enne) ; *(wine)* demi-sec.

medium-dry *adj* demi-sec.

medium-sized [-saɪzd] *adj* de taille moyenne.

medley ['medlɪ] *n* : ~ of seafood plateau *m* de fruits de mer.

meet [miːt] *(pt & pp* met) *vt* rencontrer ; *(by arrangement)* retrouver ; *(go to collect)* aller chercher ; *(need, requirement)* répondre à ; *(cost, expenses)* prendre en charge. ◆ *vi* se rencontrer ; *(by arrangement)* se retrouver ; *(intersect)* se croiser. ❑ **meet up** *vi* se retrouver. ❑ **meet with** *vt fus (problems, resistance)* rencontrer ; *Am (by arrangement)* retrouver.

meeting ['miːtɪŋ] *n (for business)* réunion *f.*

meeting point *n (at airport, station)* point *m* rencontre.

melody ['melədɪ] *n* mélodie *f.*

melon ['melən] *n* melon *m.*

melt [melt] *vi* fondre.

member ['membə'] *n* membre *m.*

Member of Congress [-'kɒŋgres] *n* membre *m* du Congrès.

Member of Parliament *n* ≃ député *m.*

Member of the Scottish Parliament *n* membre *m* du Parlement écossais.

membership ['membəʃɪp] *n* adhésion *f* ; *(members)* membres *mpl.*

memorial [mɪ'mɔːrɪəl] *n* mémorial *m.*

memorize ['meməraɪz] *vt* mémoriser.

memory ['memərɪ] *n* mémoire *f* ; *(thing remembered)* souvenir *m.*

men [men] *pl* → **man.**

menacing ['menəsɪŋ] *adj* menaçant(e).

mend [mend] *vt* réparer.

menopause ['menəpɔːz] *n* ménopause *f.*

men's room *n Am* toilettes *fpl* (pour hommes).

menstruate ['menstrueɪt] *vi* avoir ses règles.

menswear ['menzweə'] *n* vêtements *mpl* pour hommes.

mental ['mentl] *adj* mental(e).

mentally handicapped ['mentəlɪ-] *adj* handicapé(e) mental(e). ◆ *npl* : the ~ les handicapés *mpl* mentaux.

mentally ill ['mentəlɪ-] *adj* malade *(mentalement).*

mention ['menʃn] *vt* mentionner ; **don't ~ it!** de rien !

menu ['menjuː] *n* menu *m* ; **children's ~** menu enfant.

merchandise ['mɜːtʃəndaɪz] *n* marchandises *fpl.*

merchant marine [ˌmɜːtʃənt-mə'riːn] *Am* = **merchant navy.**

merchant navy [ˌmɜːtʃənt-] *n Br* marine *f* marchande.

mercy ['mɜːsɪ] *n* pitié *f.*

mere [mɪə'] *adj* simple ; **it costs a ~ £5** ça ne coûte que 5 livres.

merely ['mɪəlɪ] *adv* seulement.

merge [mɜːdʒ] *vi (rivers, roads)* se rejoindre.

merger ['mɜːdʒə'] *n* fusion *f.*

meringue [mə'ræŋ] *n (egg white)*

meringue f ; (cake) petit gâteau meringué.

merit ['merit] n mérite m ; (in exam) ≃ mention f bien.

merry ['meri] adj gai(e) ; Merry Christmas! joyeux Noël!

merry-go-round n manège m.

mess [mes] n (untidiness) désordre m ; (difficult situation) pétrin m ; in a ~ (untidy) en désordre. ❏ **mess about** vi inf (have fun) s'amuser ; (pass time) faire l'imbécile ; to ~ about with sthg (interfere) tripoter qqch. ❏ **mess up** vt sep inf (ruin, spoil) ficher en l'air.

message ['mesidʒ] n message m.

messenger ['mesindʒə'] n messager m, -ère f.

messy ['mesi] adj en désordre.

met [met] pt & pp → meet.

metal ['metl] adj en métal. ◆ n métal m.

metalwork ['metəlwɜːk] n (craft) ferronnerie f.

meter ['miːtə'] n (device) compteur m ; Am = metre.

method ['meθəd] n méthode f.

methodical [mɪ'θɒdɪkl] adj méthodique.

meticulous [mɪ'tɪkjʊləs] adj méticuleux(euse).

metre ['miːtə'] n Br mètre m.

metric ['metrik] adj métrique.

Mexican ['meksɪkən] adj mexicain(e). ◆ n Mexicain m, -e f.

Mexico ['meksɪkəʊ] n le Mexique m.

mg (abbr of milligram) mg.

miaow [miː'aʊ] vi Br miauler.

mice [maɪs] pl → mouse.

microchip ['maɪkrəʊtʃɪp] n puce f.

microphone ['maɪkrəfəʊn] n microphone m, micro m.

microscope ['maɪkrəskəʊp] n microscope m.

microwave (oven) ['maɪkrəweɪv-] n four m à micro-ondes, micro-ondes m inv.

midday [ˌmɪd'deɪ] n midi m.

middle ['mɪdl] n milieu m. ◆ adj (central) du milieu ; in the ~ of the road au milieu de la route ; in the ~ of April à la mi-avril ; to be in the ~ of doing sthg être en train de faire qqch.

middle-aged adj d'âge moyen.

middle-class adj bourgeois(e).

Middle East n : the ~ le Moyen-Orient.

middle name n deuxième prénom m.

midge [mɪdʒ] n moucheron m.

midget ['mɪdʒɪt] n nain m, naine f.

midnight ['mɪdnaɪt] n (twelve o'clock) minuit m ; (middle of the night) milieu m de la nuit.

midsummer ['mɪd'sʌmə'] n : in ~ en plein été.

midway [ˌmɪd'weɪ] adv (in space) à mi-chemin ; (in time) au milieu.

midweek [adj 'mɪdwiːk, adv mɪd'wiːk] adj de milieu de semaine. ◆ adv en milieu de semaine.

midwife ['mɪdwaɪf] (pl -wives [-waɪvz]) n sage-femme f.

midwinter ['mɪd'wɪntə'] n : in ~ en plein hiver.

---

might [maɪt] aux vb - 1. (expressing possibility) : they ~ still come il se peut encore qu'ils viennent ; they

~ **have been killed** ils seraient peut-être morts. **- 2.** *fml* (*expressing permission*) pouvoir ; ~ **I have a few words?** puis-je vous parler un instant? **- 3.** (*when conceding a point*) : **it ~ be expensive, but it's good quality** c'est peut-être cher, mais c'est de la bonne qualité. **- 4.** (*would*) : **I hoped you ~ come too** j'espérais que vous viendriez aussi.

migraine ['miːgreɪn, 'maɪgreɪn] *n* migraine *f*.

mild [maɪld] *adj* doux (douce) ; (*pain, illness*) léger(ère). ◆ *n Br* (*beer*) bière moins riche en houblon et plus foncée que la « *bitter* ».

mile [maɪl] *n* = 1,609 km, mile *m* ; **it's ~s away** c'est à des kilomètres.

mileage ['maɪlɪdʒ] *n* ≃ kilométrage *m*.

mileometer [maɪ'lɒmɪtə'] *n* ≃ compteur *m* (kilométrique).

military ['mɪlɪtrɪ] *adj* militaire.

milk [mɪlk] *n* lait *m*. ◆ *vt* (*cow*) traire.

milk chocolate *n* chocolat *m* au lait.

milkman ['mɪlkmən] (*pl* -men [-mən]) *n* laitier *m*.

milk shake *n* milk-shake *m*.

milky ['mɪlkɪ] *adj* (*tea, coffee*) avec beaucoup de lait.

mill [mɪl] *n* moulin *m* ; (*factory*) usine *f*.

milligram ['mɪlɪgræm] *n* milligramme *m*.

millilitre ['mɪlɪˌliːtə'] *n* millilitre *m*.

millimetre ['mɪlɪˌmiːtə'] *n* millimètre *m*.

million ['mɪljən] *n* million *m* ; ~**s of** *fig* des millions de.

millionaire [ˌmɪljə'neə'] *n* millionnaire *mf*.

mime [maɪm] *vi* faire du mime.

min. [mɪn] (*abbr of minute*) min., mn ; (*abbr of minimum*)

mince [mɪns] *n Br* viande *f* hachée.

mincemeat ['mɪnsmiːt] *n* (*sweet filling*) mélange de fruits secs et d'épices utilisé en pâtisserie ; *Am* (*mince*) viande *f* hachée.

mince pie *n* tartelette de Noël, fourrée avec un mélange de fruits secs et d'épices.

mind [maɪnd] *n* esprit *m* ; (*memory*) mémoire *f*. ◆ *vt* (*be careful of*) faire attention à ; (*look after*) garder. ◆ *vi* : **I don't ~** ça m'est égal ; **it slipped my ~** ça m'est sorti de l'esprit ; **to my ~** à mon avis ; **to bear sthg in ~** garder qqch en tête ; **to change one's ~** changer d'avis ; **to have sthg in ~** avoir qqch en tête ; **to have sthg on one's ~** être préoccupé par qqch ; **to make one's ~ up** se décider ; **do you ~ waiting?** est-ce que ça vous gêne d'attendre? ; **do you ~ if ...?** est-ce que ça vous dérange si ...? ; **I wouldn't ~ a drink** je boirais bien quelque chose ; '~ **the gap!**' (*on underground*) annonce indiquant aux usagers du métro de faire attention à l'espace entre le quai et la rame ; **never ~!** (*don't worry*) ça ne fait rien!

mine¹ [maɪn] *pron* le mien (la mienne) ; **these shoes are ~** ces chaussures sont à moi ; **a friend of ~** un ami à moi.

mine

mine² [maɪn] *n (bomb, for coal etc)* mine *f*.

miner ['maɪnə] *n* mineur *m*.

mineral ['mɪnərəl] *n* minéral *m*.

mineral water *n* eau *f* minérale.

minestrone [ˌmɪnɪ'strəʊnɪ] *n* minestrone *m*.

miniature ['mɪnətʃə] *adj* miniature. ◆ *n (bottle)* bouteille *f* miniature.

minibar ['mɪnɪbɑ:'] *n* minibar *m*.

minibus ['mɪnɪbʌs] *(pl* **-es)** *n* minibus *m*.

minicab ['mɪnɪkæb] *n Br* radiotaxi *m*.

minimal ['mɪnɪml] *adj* minimal(e).

minimum ['mɪnɪməm] *adj* minimum. ◆ *n* minimum *m*.

miniskirt ['mɪnɪskɜ:t] *n* minijupe *f*.

minister ['mɪnɪstə'] *n (in government)* ministre *m* ; *(in church)* pasteur *m*.

ministry ['mɪnɪstrɪ] *n (of government)* ministère *m*.

minor ['maɪnə] *adj* mineur(e). ◆ *n fml* mineur *m*, -e *f*.

minority [maɪ'nɒrətɪ] *n* minorité *f*.

minor road *n* route *f* secondaire.

mint [mɪnt] *n (sweet)* bonbon *m* à la menthe ; *(plant)* menthe *f*.

minus ['maɪnəs] *prep* moins ; **it's ~ 10 (degrees C)** il fait moins 10 (degrés Celsius).

minuscule ['mɪnəskju:l] *adj* minuscule.

minute¹ ['mɪnɪt] *n* minute *f* ; **any**

~ d'une minute à l'autre ; just a ~! (une) minute!

minute² [maɪ'nju:t] *adj* minuscule.

minute steak [ˌmɪnɪt-] *n* entrecôte *f* minute.

miracle ['mɪrəkl] *n* miracle *m*.

miraculous [mɪ'rækjʊləs] *adj* miraculeux(euse).

mirror ['mɪrə'] *n* miroir *m*, glace *f* ; *(on car)* rétroviseur *m*.

misbehave [ˌmɪsbɪ'heɪv] *vi (person)* se conduire mal.

miscarriage [ˌmɪs'kærɪdʒ] *n* fausse couche *f*.

miscellaneous [ˌmɪsə'leɪnjəs] *adj* divers(es).

mischievous ['mɪstʃɪvəs] *adj* espiègle.

misconduct [ˌmɪs'kɒndʌkt] *n* mauvaise conduite *f*.

miser ['maɪzə'] *n* avare *mf*.

miserable ['mɪzrəbl] *adj (unhappy)* malheureux(euse) ; *(place, news)* sinistre ; *(weather)* épouvantable ; *(amount)* misérable.

misery ['mɪzərɪ] *n (unhappiness)* malheur *m* ; *(poor conditions)* misère *f*.

misfire [ˌmɪs'faɪə'] *vi (car)* avoir des ratés.

misfortune [mɪs'fɔ:tʃu:n] *n (bad luck)* malchance *f*.

mishap ['mɪshæp] *n* mésaventure *f*.

misjudge [ˌmɪs'dʒʌdʒ] *vt* mal juger.

mislay [ˌmɪs'leɪ] *(pt & pp* **-laid)** *vt* égarer.

mislead [ˌmɪs'li:d] *(pt & pp* **-led)** *vt* tromper.

miss [mɪs] *vt* rater ; *(regret absence*

of) regretter. ◆ *vi* manquer son but ; **I ~ him** il me manque. ❏ **miss out** ◆ *vt sep (by accident)* oublier ; *(deliberately)* omettre. ◆ *vi* rater quelque chose.

Miss [mɪs] *n* Mademoiselle.

missile [Br 'mɪsaɪl, Am 'mɪsl] *n (weapon)* missile *m* ; *(thing thrown)* projectile *m*.

missing ['mɪsɪŋ] *adj (lost)* manquant(e) ; **there are two ~** il en manque deux.

missing person *n* personne *f* disparue.

mission ['mɪʃn] *n* mission *f*.

missionary ['mɪʃənrɪ] *n* missionnaire *mf*.

mist [mɪst] *n* brume *f*.

mistake [mɪ'steɪk] *n* erreur *f*. ◆ *vt (misunderstand)* mal comprendre ; **by ~** par erreur ; **to make a ~** faire une erreur ; **to ~ sb/sthg for** prendre qqn/qqch pour.

Mister ['mɪstə^r] *n* Monsieur.

mistook [mɪ'stʊk] *pt* → **mistake**.

mistress ['mɪstrɪs] *n* maîtresse *f*.

mistrust [ˌmɪs'trʌst] *vt* se méfier de.

misty ['mɪstɪ] *adj* brumeux(euse).

misunderstanding [ˌmɪsʌndə-'stændɪŋ] *n (misinterpretation)* malentendu *m* ; *(quarrel)* discussion *f*.

misuse [ˌmɪs'juːs] *n* usage *m* abusif.

mitten ['mɪtn] *n* moufle *f* ; *(without fingers)* mitaine *f*.

mix [mɪks] *vt* mélanger ; *(drink)* préparer. ◆ *n (for cake, sauce)* préparation *f* ; **to ~ sthg with sthg** mélanger qqch avec OR et qqch. ❏ **mix up** *vt sep (confuse)* confondre ; *(put into disorder)* mélanger.

mixed [mɪkst] *adj (school)* mixte.

mixed grill *n* mixed grill *m*.

mixed salad *n* salade *f* mixte.

mixed vegetables *npl* légumes *mpl* variés.

mixer ['mɪksə^r] *n (for food)* mixe(u)r *m* ; *(drink)* boisson accompagnant les alcools dans la préparation des cocktails.

mixture [mɪkstʃə^r] *n* mélange *m*.

mix-up *n inf* confusion *f*.

ml *(abbr of millilitre)* ml.

mm *(abbr of millimetre)* mm.

moan [məʊn] *vi (in pain, grief)* gémir ; *(complain)* rouspéter.

mobile ['məʊbaɪl] *adj* mobile.

mobile phone *n* téléphone *m* mobile.

mock [mɒk] *adj* faux (fausse). ◆ *vt* se moquer de. ◆ *n Br (exam)* examen *m* blanc.

mode [məʊd] *n* mode *m*.

model ['mɒdl] *n* modèle *m* ; *(small copy)* modèle *m* réduit ; *(fashion model)* mannequin *m*.

moderate ['mɒdərət] *adj* modéré(e).

modern ['mɒdən] *adj* moderne.

modernized ['mɒdənaɪzd] *adj* modernisé(e).

modern languages *npl* langues *fpl* vivantes.

modest ['mɒdɪst] *adj* modeste.

modify ['mɒdɪfaɪ] *vt* modifier.

mohair ['məʊheə^r] *n* mohair *m*.

moist [mɔɪst] *adj* moite ; *(cake)* moelleux(euse).

moisture ['mɔɪstʃə^r] *n* humidité *f*.

moisturizer ['mɔɪstʃəraɪzə^r] *n* crème *f* hydratante.

molar ['məʊlə^r] *n* molaire *f*.

mold

mold [məʊld] *Am* = mould.

mole [məʊl] *n (animal)* taupe *f* ; *(spot)* grain *m* de beauté.

molest [mə'lest] *vt (child)* abuser de ; *(woman)* agresser.

mom [mɒm] *n Am inf* maman *f*.

moment ['məʊmənt] *n* moment *m* ; **at the ~** en ce moment ; **for the ~** pour le moment.

Mon. *abbr* = Monday.

monarchy ['mɒnəkɪ] *n* : **the ~** *(royal family)* la famille royale.

monastery ['mɒnəstrɪ] *n* monastère *m*.

Monday ['mʌndɪ] *n* lundi *m* → **Saturday**.

money ['mʌnɪ] *n* argent *m*.

money belt *n* ceinture *f* porte-feuille.

money order *n* mandat *m*.

mongrel ['mʌŋgrəl] *n* bâtard *m*.

monitor ['mɒnɪtə'] *n (computer screen)* moniteur *m*. ◆ *vt (check, observe)* contrôler.

monk [mʌŋk] *n* moine *m*.

monkey ['mʌŋkɪ] *(pl* **monkeys)** *n* singe *m*.

monkfish ['mʌŋkfɪʃ] *n* lotte *f*.

monopoly [mə'nɒpəlɪ] *n* monopole *m*.

monorail ['mɒnəʊreɪl] *n* monorail *m*.

monotonous [mə'nɒtənəs] *adj* monotone.

monsoon [mɒn'suːn] *n* mousson *f*.

monster ['mɒnstə'] *n* monstre *m*.

month [mʌnθ] *n* mois *m* ; **every ~** tous les mois ; **in a ~'s time** dans un mois.

monthly ['mʌnθlɪ] *adj* mensuel(elle). ◆ *adv* tous les mois.

monument ['mɒnjʊmənt] *n* monument *m*.

mood [muːd] *n* humeur *f* ; **to be in a (bad) ~** être de mauvaise humeur ; **to be in a good ~** être de bonne humeur.

moody ['muːdɪ] *adj (bad-tempered)* de mauvaise humeur ; *(changeable)* lunatique.

moon [muːn] *n* lune *f*.

moonlight ['muːnlaɪt] *n* clair *m* de lune.

moor [mɔː'] *n* lande *f*. ◆ *vt* amarrer.

mop [mɒp] *n (for floor)* balai *m* à franges. ◆ *vt (floor)* laver. ❏ **mop up** *vt sep (clean up)* éponger.

moped ['məʊped] *n* Mobylette® *f*.

moral ['mɒrəl] *adj* moral(e). ◆ *n (lesson)* morale *f*.

morality [mə'rælɪtɪ] *n* moralité *f*.

☞

more [mɔː'] *adj* - **1.** *(a larger amount of)* plus de, davantage de ; **there are ~ tourists than usual** il y a plus de touristes que d'habitude. - **2.** *(additional)* encore de ; **are there any ~ cakes?** est-ce qu'il y a encore des gâteaux ? ; **I'd like two ~ bottles** je voudrais deux autres bouteilles ; **there's no ~ wine** il n'y a plus de vin. - **3.** *(in phrases)* : **~ and more** de plus en plus de.

◆ *adv* - **1.** *(in comparatives)* plus ; **it's ~ difficult than before** c'est plus difficile qu'avant ; **speak ~ clearly** parlez plus clairement.

- 2. *(to a greater degree)* plus ; **we ought to go to the cinema ~** nous devrions aller plus souvent au cinéma.
- 3. *(in phrases)* : **not ... any ~** ne ... plus ; **I don't go there any ~** je n'y vais plus ; **once ~** encore une fois, une fois de plus ; **~ or less** plus ou moins ; **we'd be ~ than happy to help** nous serions enchantés de vous aider.

◆ *pron -* 1. *(a larger amount)* plus, davantage ; **I've got ~ than you** j'en ai plus que toi ; **~ than 20 types of pizza** plus de 20 sortes de pizza.
- 2. *(an additional amount)* **is there any ~?** est-ce qu'il y en a encore? ; **there's no ~** il n'y en a plus.

moreover [mɔːˈrəʊvə] *adv fml* de plus.

morning [ˈmɔːnɪŋ] *n* matin *m* ; *(period)* matinée *f* ; **two o'clock in the ~** deux heures du matin ; **good ~!** bonjour! ; **in the ~** *(early in the day)* le matin ; *(tomorrow morning)* demain matin.

morning-after pill *n* pilule *f* du lendemain.

morning sickness *n* nausées *fpl* matinales.

moron [ˈmɔːrɒn] *n inf (idiot)* abruti *m*, -e *f*.

mortgage [ˈmɔːgɪdʒ] *n* prêt *m* immobilier.

mosaic [məˈzeɪɪk] *n* mosaïque *f*.

Moslem [ˈmɒzləm] = **Muslim**.

mosque [mɒsk] *n* mosquée *f*.

mosquito [məˈskiːtəʊ] (*pl* -es) *n* moustique *m*.

mosquito net *n* moustiquaire *f*.

moss [mɒs] *n* mousse *f*.

☞

most [məʊst] *adj -* 1. *(the majority of)* la plupart de ; **~ people agree** la plupart des gens sont d'accord.
- 2. *(the largest amount of)* le plus de ; **I drank (the) ~ beer** c'est moi qui ai bu le plus de bière.

◆ *adv -* 1. *(in superlatives)* le plus (la plus) ; **the ~ expensive hotel in town** l'hôtel le plus cher de la ville.
- 2. *(to the greatest degree)* le plus ; **I like this one ~** c'est celui-ci que j'aime le plus.
- 3. *fml (very)* très ; **they were ~ welcoming** ils étaient très accueillants.

◆ *pron -* 1. *(the majority)* la plupart ; **~ of the villages** la plupart des villages ; **~ of the journey** la plus grande partie du voyage.
- 2. *(the largest amount)* le plus ; **she earns (the) ~** c'est elle qui gagne le plus.
- 3. *(in phrases)* : **at ~** au plus, au maximum ; **to make the ~ of sthg** profiter de qqch au maximum.

mostly [ˈməʊstlɪ] *adv* principalement.

MOT *n Br (test)* ≃ contrôle *m* technique *(annuel)*.

moth [mɒθ] *n* papillon *m* de nuit ; *(in clothes)* mite *f*.

mother [ˈmʌðə] *n* mère *f*.

mother-in-law *n* belle-mère *f*.

mother-of-pearl *n* nacre *f*.

motif [məʊˈtiːf] *n* motif *m*.

motion [ˈməʊʃn] *n* mouvement *m*. ◆ *vi* : **to ~ to sb** faire signe à qqn.

motionless [ˈməʊʃənlɪs] *adj* immobile.

motivate [ˈməʊtɪveɪt] *vt* motiver.

motive [ˈməʊtɪv] *n* motif *m*.

motor ['məʊtə] n moteur m.

motorbike ['məʊtəbaɪk] n moto f.

motorboat ['məʊtəbəʊt] n canot m à moteur.

motorcar ['məʊtəkɑː'] n automobile f.

motorcycle ['məʊtəˌsaɪkl] n motocyclette f.

motorcyclist ['məʊtəˌsaɪklɪst] n motocycliste mf.

motorist ['məʊtərɪst] n automobiliste mf.

motor racing n course f automobile.

motorway ['məʊtəweɪ] n Br autoroute f.

motto ['mɒtəʊ] (pl -s) n devise f.

mould [məʊld] n [Br] (shape) moule m ; (substance) moisissure f. ◆ vt Br mouler.

mouldy ['məʊldɪ] adj (Br) moisi(e).

mound [maʊnd] n (hill) butte f ; (pile) tas m.

mount [maʊnt] n (for photo) support m ; (mountain) mont m. ◆ vt monter. ◆ vi (increase) augmenter.

mountain ['maʊntɪn] n montagne f.

mountain bike n VTT m.

mountaineer [ˌmaʊntɪ'nɪə'] n alpiniste mf.

mountaineering [ˌmaʊntɪ'nɪərɪŋ] n : to go ~ faire de l'alpinisme.

mountainous ['maʊntɪnəs] adj montagneux(euse).

Mount Rushmore [-'rʌʃmɔː'] n le mont Rushmore.

ⓘ MOUNT RUSHMORE

Ce gigantesque bas-relief représente les portraits, sur une hauteur de 28 m, des présidents Washington, Jefferson, Lincoln et Theodore Roosevelt. Il a été sculpté au marteau piqueur sur un versant du mont Rushmore (Dakota du Sud). C'est un monument national qui attire de nombreux touristes.

---

mourning ['mɔːnɪŋ] n : to be in ~ être en deuil.

mouse [maʊs] (pl mice) n souris f.

moussaka [muː'sɑːkə] n moussaka f.

mousse [muːs] n mousse f.

moustache [mə'stɑːʃ] n Br moustache f.

mouth [maʊθ] n bouche f ; (of animal) gueule f ; (of cave, tunnel) entrée f ; (of river) embouchure f.

mouthful ['maʊθfʊl] n (of food) bouchée f ; (of drink) gorgée f.

mouthpiece ['maʊθpiːs] n (of telephone) microphone m ; (of musical instrument) embouchure f.

mouthwash ['maʊθwɒʃ] n bain m de bouche.

move [muːv] n (change of house) déménagement m ; (movement) mouvement m ; (in games) coup m ; (turn to play) tour m ; (course of action) démarche f. ◆ vt (shift) déplacer ; (arm, head) bouger ; (emotionally) émouvoir. ◆ vi (shift) bouger ; (person) se déplacer ; to ~ (house) déménager ; to make a ~ (leave) partir, y aller. □ move along vi se déplacer. □ move in vi (to house) emménager. □ move off vi (train, car) partir. □ move on vi *(after stopping)* repartir. ❏ **move out** vi *(from house)* déménager. ❏ **move over** vi se pousser. ❏ **move up** vi se pousser.

movement ['muːvmənt] n mouvement m.

movie ['muːvɪ] n film m.

movie theater n Am cinéma m.

moving ['muːvɪŋ] adj *(emotionally)* émouvant(e).

mow [məʊ] vt : **to ~ the lawn** tondre la pelouse.

mozzarella [ˌmɒtsə'relə] n mozzarelle f.

MP n *(abbr of Member of Parliament)* ≃ député m.

mph *(abbr of miles per hour)* miles à l'heure.

Mr ['mɪstəʳ] abbr M.

Mrs ['mɪsɪz] abbr Mme.

Ms [mɪz] abbr titre que les femmes peuvent utiliser au lieu de madame ou mademoiselle pour éviter la distinction entre femmes mariées et célibataires.

MSc n *(abbr of Master of Science)* *(titulaire d'une)* maîtrise de sciences.

MSP n abbr of Member of the Scottish Parliament.

☞

much [mʌtʃ] *(compar* **more**, *superl* **most**) adj beaucoup de ; **I haven't got ~ money** je n'ai pas beaucoup d'argent ; **as ~ food as you can eat** autant de nourriture que tu peux en avaler ; **how ~ time is left?** combien de temps reste-t-il? ; **they have so ~ money** ils ont tant d'argent ; **we have too ~ work** nous avons trop de travail.

◆ adv - 1. *(to a great extent)* beaucoup, bien ; **it's ~ better** c'est bien OR beaucoup mieux ; **I like it very ~** j'aime beaucoup ça ; **it's not ~ good** inf ce n'est pas terrible ; **thank you very ~** merci beaucoup.

- 2. *(often)* beaucoup, souvent ; **we don't go there ~** nous n'y allons pas souvent.

◆ pron beaucoup ; **I haven't got ~** je n'en ai pas beaucoup ; **as ~ as you like** autant que tu voudras ; **how ~ is it?** c'est combien?

muck [mʌk] n *(dirt)* boue f. ❏ **muck about** vi Br inf *(have fun)* s'amuser ; *(behave foolishly)* faire l'imbécile. ❏ **muck up** vt sep Br inf saloper.

mud [mʌd] n boue f.

muddle ['mʌdl] n : **to be in a ~** *(confused)* ne plus s'y retrouver ; *(in a mess)* être en désordre.

muddy ['mʌdɪ] adj boueux(euse).

mudguard ['mʌdɡɑːd] n garde-boue m inv.

muesli ['mjuːzlɪ] n muesli m.

muffin ['mʌfɪn] n *(roll)* petit pain rond ; *(cake)* sorte de grosse madeleine ronde.

muffler ['mʌfləʳ] n Am *(silencer)* silencieux m.

mug [mʌɡ] n *(cup)* grande tasse f. ◆ vt *(attack)* agresser.

mugging ['mʌɡɪŋ] n agression f.

muggy ['mʌɡɪ] adj lourd(e).

mule [mjuːl] n mule f.

multicoloured ['mʌltɪˌkʌləd] adj multicolore.

multiple ['mʌltɪpl] adj multiple.

multiplex cinema ['mʌltɪpleks-] n cinéma m multisalles.

multiplication [ˌmʌltɪplɪˈkeɪʃn] n multiplication f.

multiply [ˈmʌltɪplaɪ] vt multiplier. ◆ vi se multiplier.

multistorey (car park) [ˌmʌltɪˈstɔːrɪ-] n parking m à plusieurs niveaux.

multivitamin [Br ˈmʌltɪvɪtəmɪn, Am ˈmʌltɪvaɪtəmɪn] n multivitamine f.

mum [mʌm] n Br inf maman f.

mummy [ˈmʌmɪ] n Br inf (mother) maman f.

mumps [mʌmps] n oreillons mpl.

munch [mʌntʃ] vt mâcher.

municipal [mjuːˈnɪsɪpl] adj municipal(e).

mural [ˈmjʊərəl] n peinture f murale.

murder [ˈmɜːdəʳ] n meurtre m. ◆ vt assassiner.

murderer [ˈmɜːdərəʳ] n meurtrier m, -ière f.

muscle [ˈmʌsl] n muscle m.

museum [mjuːˈziːəm] n musée m.

mushroom [ˈmʌʃrʊm] n champignon m.

music [ˈmjuːzɪk] n musique f.

musical [ˈmjuːzɪkl] adj musical(e) ; (person) musicien(ienne). ◆ n comédie f musicale.

musical instrument n instrument m de musique.

musician [mjuːˈzɪʃn] n musicien m, -ienne f.

Muslim [ˈmʊzlɪm] adj musulman(e). ◆ n musulman m, -e f.

mussels [ˈmʌslz] npl moules fpl.

must [mʌst] aux vb devoir. ◆ n inf : it's a ~ c'est un must ; I ~ go je dois y aller, il faut que j'y aille ;

you ~ have seen it tu l'as sûrement vu ; you ~ see that film il faut que tu voies ce film ; you ~ be joking! tu plaisantes!

mustache [ˈmʌstæʃ] Am = moustache.

mustard [ˈmʌstəd] n moutarde f.

mustn't [ˈmʌsənt] = must not.

mutter [ˈmʌtəʳ] vt marmonner.

mutual [ˈmjuːtʃʊəl] adj (feeling) mutuel(elle) ; (friend, interest) commun(e).

muzzle [ˈmʌzl] n (for dog) muselière f.

my [maɪ] adj mon (ma), mes (pl).

myself [maɪˈself] pron (reflexive) me ; (after prep) moi ; I washed ~ je me suis lavé ; I did it ~ je l'ai fait moi-même.

mysterious [mɪˈstɪərɪəs] adj mystérieux(ieuse).

mystery [ˈmɪstərɪ] n mystère m.

myth [mɪθ] n mythe m.

N

N (abbr of North) N.

nag [næg] vt harceler.

nail [neɪl] n (of finger, toe) ongle m ; (metal) clou m. ◆ vt (fasten) clouer.

nailbrush [ˈneɪlbrʌʃ] n brosse f à ongles.

nail file n lime f à ongles.

nail scissors npl ciseaux mpl à ongles.

nail varnish n vernis m à ongles.

nail varnish remover [-rəˈmuːvəʳ] n dissolvant m.

naive [nar'i:v] *adj* naïf(ïve).

naked ['neɪkɪd] *adj* (person) nu(e).

name [neɪm] *n* nom *m*. ◆ *vt* nommer ; (date, price) fixer ; **first ~** prénom *m* ; **last ~** nom de famille ; **what's your ~?** comment vous appelez-vous ? ; **my ~ is ...** je m'appelle ...

namely ['neɪmlɪ] *adv* c'est-à-dire.

nanny ['nænɪ] *n* (childminder) nurse *f* ; *inf* (grandmother) mamie *f*.

nap [næp] *n* : **to have a ~** faire un petit somme.

napkin ['næpkɪn] *n* serviette *f* (de table).

nappy ['næpɪ] *n* couche *f*.

narcotic [nɑː'kɒtɪk] *n* stupéfiant *m*.

narrow ['nærəʊ] *adj* étroit(e). ◆ *vi* se rétrécir.

narrow-minded [-'maɪndɪd] *adj* borné(e).

nasty ['nɑːstɪ] *adj* méchant(e), mauvais(e).

nation ['neɪʃn] *n* nation *f*.

national ['næʃənl] *adj* national(e). ◆ *n* (person) ressortissant *m*, -e *f*.

national anthem *n* hymne *m* national.

National Health Service *n* ≃ Sécurité *f* sociale.

National Insurance *n* Br cotisations *fpl* sociales.

nationality [ˌnæʃə'nælətɪ] *n* nationalité *f*.

national park *n* parc *m* national.

Les parcs nationaux aux États-Unis sont de grands espaces naturels ouverts au public et protégés pour conserver l'intégrité du paysage, les plus connus étant Yellowstone et Yosemite. On peut y faire du camping.

nationwide ['neɪʃənwaɪd] *adj* national(e).

native ['neɪtɪv] *adj* local(e). ◆ *n* natif *m*, -ive *f* ; **to be a ~ speaker of English** être anglophone ; **my ~ country** mon pays natal.

NATIVE AMERICAN

Les tribus d'aborigènes qui peuplaient les États-Unis avant l'arrivée des Européens possédaient chacune leur propre langue et leur propre mode de vie. Entre le XVIIᵉ et le XIXᵉ siècle, elles durent défendre leurs terres contre les colons européens, le plus souvent par la force. De nombreux Amérindiens trouvèrent la mort au combat ou après avoir contracté des maladies importées d'Europe. On força également un grand nombre d'entre eux à vivre dans des réserves, territoires qui leur étaient spécialement assignés. Tout au long du XXᵉ siècle, le gouvernement des États-Unis tenta de donner plus de droits aux minorités natives américaines. Cette période a vu se développer un intérêt croissant pour leur histoire et leur culture traditionnelle.

NATO ['neɪtəʊ] *n* OTAN *f*.

natural ['nætʃrəl] adj naturel(el-le).

natural gas n gaz m naturel.

naturally ['nætʃrəli] adv (of course) naturellement.

natural yoghurt n yaourt m nature.

nature ['neɪtʃə'] n nature f.

nature reserve n réserve f naturelle.

naughty ['nɔːti] adj (child) vilain(e).

nausea ['nɔːzɪə] n nausée f.

navigate ['nævɪgeɪt] vi naviguer ; (in car) lire la carte.

navy ['neɪvɪ] n marine f. ◆ adj : ~ (blue) (bleu) marine (inv).

NB (abbr of nota bene) NB.

near [nɪə'] adv près. ◆ adj proche. ◆ prep : ~ (to) près de ; in the ~ future dans un proche avenir.

nearby [nɪə'baɪ] adv tout près, à proximité. ◆ adj proche.

nearly ['nɪəlɪ] adv presque ; I fell over j'ai failli tomber.

neat [niːt] adj (room) rangé(e) ; (writing, work) soigné(e) ; (whisky etc) pur(e).

neatly ['niːtlɪ] adv soigneusement.

necessarily [ˌnesə'serɪlɪ, Br'nesəsrəlɪ] adv : not~ pas forcément.

necessary ['nesəsrɪ] adj nécessaire ; it is ~ to do sthg il faut faire qqch.

necessity [nɪ'sesətɪ] n nécessité f. ❑ **necessities** npl strict minimum m.

neck [nek] n cou m ; (of garment) encolure f.

necklace ['neklɪs] n collier m.

nectarine ['nektərɪn] n nectarine f.

need [niːd] n besoin m. ◆ vt avoir besoin de ; to ~ to do sthg avoir besoin de faire qqch ; we ~ to be back by ten il faut que nous soyons rentrés pour dix heures.

needle ['niːdl] n aiguille f ; (for record player) pointe f.

needlework ['niːdlwɜːk] n couture f.

needn't ['niːdənt] = need not.

needy ['niːdɪ] adj dans le besoin.

negative ['negətɪv] adj négatif(ive). ◆ n (in photography) négatif m ; GRAMM négation f.

neglect [nɪ'glekt] vt négliger.

negligence ['neglɪdʒəns] n négligence f.

negotiations [nɪˌgəʊʃɪ'eɪʃnz] npl négociations fpl.

negro ['niːgrəʊ] (pl -es) n nègre m, négresse f.

neighbor Am = neighbour.

neighbour ['neɪbə'] n voisin m, -e f.

neighbourhood ['neɪbəhʊd] n Br voisinage m.

neighbouring ['neɪbərɪŋ] adj voisin(e).

neither ['naɪðə'] adj : ~ bag is big enough aucun des deux sacs n'est assez grand. ◆ pron. ◆ conj : ~ do I moi non plus ; ~ ... nor ... ni ... ni ...

neon light ['niːɒn-] n néon m.

nephew ['nefjuː] n neveu m.

nerve [nɜːv] n nerf m ; (courage) cran m ; what a ~! quel culot!

nervous ['nɜːvəs] adj nerveux (euse).

nervous breakdown n dépression f nerveuse.

nest [nest] n nid m.

net [net] n filet m. ◆ adj net (nette).

netball ['netbɔːl] n sport féminin proche du basket-ball.

netiquette ['netiket] n nétiquette f.

net surfer n internaute mf.

nettle ['netl] n ortie f.

network ['netwɜːk] n réseau m.

neurotic [njʊə'rɒtik] adj névrosé(e).

neutral ['njuːtrəl] adj neutre. ◆ n AUT : **in** ~ au point mort.

never ['nevə'] adv (ne ...) jamais ; **she's** ~ **late** elle n'est jamais en retard ; ~ **mind!** ça ne fait rien!

nevertheless [nevəðə'les] adv cependant, pourtant.

new [njuː] adj nouveau(elle) ; (brand new) neuf (neuve).

New Age traveller n voyageur m New Age.

newly ['njuːlɪ] adv récemment.

new potatoes npl pommes de terre fpl nouvelles.

news [njuːz] n (information) nouvelle f, nouvelles fpl ; (on TV, radio) informations fpl ; **a piece of** ~ une nouvelle.

newsagent ['njuːzeɪdʒənt] n marchand m de journaux.

newspaper ['njuːzˌpeɪpə'] n journal m.

New Year n le nouvel an ; **Happy ~!** bonne année!

New Year's Day n le jour de l'an.

New Year's Eve n la Saint-Sylvestre.

New Zealand [-'ziːlənd] n la Nouvelle-Zélande.

next [nekst] adj prochain(e) ; (room, house) d'à côté. ◆ adv ensuite, après ; (on next occasion) la prochaine fois ; **when does the ~ bus leave?** quand part le prochain bus? ; **the week after** ~ dans deux semaines ; **the** ~ **week** la semaine suivante ; ~ **to** (by the side of) à côté de.

next door adv à côté.

next of kin [-kin] n plus proche parent m.

NHS abbr = National Health Service.

nib [nib] n plume f.

nibble ['nibl] vt grignoter.

nice [nais] adj (pleasant) bon (bonne) ; (pretty) joli(e) ; (kind) gentil(ille) ; **to have a ~ time** se plaire ; ~ **to see you!** (je suis) content de te voir!

nickel ['nikl] n (metal) nickel m ; Am (coin) pièce f de cinq cents.

nickname ['nikneim] n surnom m.

niece [niːs] n nièce f.

night [nait] n nuit f ; (evening) soir m ; **at** ~ la nuit ; (in evening) le soir.

nightclub ['naitklʌb] n boîte f (de nuit).

nightdress ['naitdres] n chemise f de nuit.

nightie ['naiti] n inf chemise f de nuit.

nightlife ['naitlaif] n vie f nocturne.

nightly ['naitli] adv toutes les nuits ; (every evening) tous les soirs.

nightmare ['naitmeə'] n cauchemar m.

night safe n coffre m de nuit.

night school n cours mpl du soir.

nightshift ['naɪtʃɪft] n : to be on ~ travailler de nuit.

nil [nɪl] n zéro m.

Nile [naɪl] n : the ~ le Nil.

nine [naɪn] num neuf → **six**.

nineteen ['naɪn'tiːn] num dix-neuf ; ~ **ninety-five** dix-neuf cent quatre-vingt-quinze → **six**.

nineteenth ['naɪn'tiːnθ] num dix-neuvième → **sixth**.

ninetieth ['naɪntɪəθ] num quatre-vingt-dixième → **sixth**.

ninety ['naɪntɪ] num quatre-vingt-dix → **six**.

ninth [naɪnθ] num neuvième → **sixth**.

nip [nɪp] vt (pinch) pincer.

nipple ['nɪpl] n mamelon m.

no [nəʊ] adv non. ◆ adj pas de, aucun(e) ; **I've got ~ money left** je n'ai plus d'argent.

noble ['nəʊbl] adj noble.

nobody ['nəʊbədɪ] pron personne ; **there's ~** il n'y a personne.

nod [nɒd] vi (in agreement) faire signe que oui.

noise [nɔɪz] n bruit m.

noisy ['nɔɪzɪ] adj bruyant(e).

nominate ['nɒmɪneɪt] vt nommer.

nonalcoholic [ˌnɒnælkə'hɒlɪk] adj non alcoolisé(e).

none [nʌn] pron aucun m, -e f ; ~ **of us** aucun d'entre nous.

nonetheless [ˌnʌnðə'les] adv néanmoins.

nonfiction [ˌnɒn'fɪkʃn] n ouvrages mpl non romanesques.

non-iron adj : '**non-iron**' 'repassage interdit'.

nonsense ['nɒnsəns] n bêtises fpl.

nonsmoker n non-fumeur m, -euse f.

nonstick [ˌnɒn'stɪk] adj (saucepan) antiadhésif(ive).

nonstop [ˌnɒn'stɒp] adj (flight) direct ; (talking, arguing) continuel(elle). ◆ adv (fly, travel) sans escale ; (rain) sans arrêt.

noodles ['nuːdlz] npl nouilles fpl.

noon [nuːn] n midi m.

no one = **nobody**.

nor [nɔː'] conj ni ; ~ **do I** moi non plus, neither.

normal ['nɔːml] adj normal(e).

normally ['nɔːməlɪ] adv normalement.

north [nɔːθ] n nord m. ◆ adv (fly, walk) vers le nord ; (be situated) au nord ; **in the ~ of England** au OR dans le nord de l'Angleterre.

North America n l'Amérique f du Nord.

northbound ['nɔːθbaʊnd] adj en direction du nord.

northeast [ˌnɔːθ'iːst] n nord-est m.

northern ['nɔːðən] adj du nord.

Northern Ireland n l'Irlande f du Nord.

North Pole n pôle m Nord.

North Sea n mer f du Nord.

northwards ['nɔːθwədz] adv vers le nord.

northwest [ˌnɔːθ'west] n nord-ouest m.

nose [nəʊz] n nez m.

nosebleed ['nəʊzbliːd] n : to have a ~ saigner du nez.

nostril ['nɒstrəl] n narine f.

nosy ['nəʊzɪ] *adj* (trop) curieux(ieuse).

not [nɒt] *adv* ne ... pas ; she's ~ there elle n'est pas là ; ~ yet pas encore ; ~ at all *(pleased, interested)* pas du tout ; *(in reply to thanks)* je vous en prie.

notably ['nəʊtəblɪ] *adv (in particular)* notamment.

note [nəʊt] *n (message)* mot m ; *(in music, comment)* note f ; *(bank note)* billet m. ◆ *vt (notice)* remarquer ; *(write down)* noter ; to take ~s prendre des notes.

notebook ['nəʊtbʊk] *n* calepin m, carnet m.

noted ['nəʊtɪd] *adj* célèbre, réputé(e).

notepaper ['nəʊtpeɪpə'] *n* papier m à lettres.

nothing ['nʌθɪŋ] *pron* rien ; he did ~ il n'a rien fait ; ~ new/interesting rien de nouveau/d'intéressant.

notice ['nəʊtɪs] *vt* remarquer. ◆ *n* avis m ; to take ~ of faire OR prêter attention à ; to hand in one's ~ donner sa démission.

noticeable ['nəʊtɪsəbl] *adj* perceptible.

notice board *n* panneau m d'affichage.

notion ['nəʊʃn] *n* notion f.

notorious [nəʊ'tɔːrɪəs] *adj* notoire.

nougat ['nuːgaː] *n* nougat m.

nought [nɔːt] *n* zéro m.

noun [naʊn] *n* nom m.

nourishment ['nʌrɪʃmənt] *n* nourriture f.

novel ['nɒvl] *n* roman m. ◆ *adj* original(e).

novelist ['nɒvəlɪst] *n* romancier m, -ière f.

November [nə'vembə'] *n* novembre m ► September.

now [naʊ] *adv (at this time)* maintenant. ◆ *conj* : ~ **(that)** maintenant que ; **just** ~ en ce moment ; **right** ~ *(at the moment)* en ce moment ; *(immediately)* tout de suite ; **by** ~ déjà, maintenant ; **from** ~ **on** dorénavant, à partir de maintenant.

nowadays ['naʊədeɪz] *adv* de nos jours.

nowhere ['nəʊweə'] *adv* nulle part.

nozzle ['nɒzl] *n* embout m.

nuclear ['njuːklɪə'] *adj* nucléaire ; *(bomb)* atomique.

nude [njuːd] *adj* nu(e).

nudge [nʌdʒ] *vt* pousser du coude.

nuisance ['njuːsns] *n* : it's a real ~! c'est vraiment embêtant! ; he's such a ~! il est vraiment casse-pieds!

numb [nʌm] *adj* engourdi(e).

number ['nʌmbə'] *n (numeral)* chiffre m ; *(of telephone, house)* numéro m ; *(quantity)* nombre m. ◆ *vt* numéroter.

numberplate ['nʌmbəpleɪt] *n* plaque f d'immatriculation.

numeral ['njuːmərəl] *n* chiffre m.

numerous ['njuːmərəs] *adj* nombreux(euses).

nun [nʌn] *n* religieuse f.

nurse [nɜːs] *n* infirmière f. ◆ *vt (look after)* soigner ; **male** ~ infirmier m.

nursery ['nɜːsərɪ] *n (in house)* nursery f ; *(for plants)* pépinière f.

nursery (school) n école f maternelle.

nursery slope n piste f pour débutants, ≃ piste verte.

nursing ['nɜːsɪŋ] n métier m d'infirmière.

nut [nʌt] n (to eat) fruit m sec (noix, noisette etc) ; (of metal) écrou m.

nutcrackers ['nʌt,krækəz] npl casse-noix m inv.

nutmeg ['nʌtmeg] n noix f de muscade.

NVQ (abbr of National Vocational Qualification) n examen sanctionnant une formation professionnelle.

nylon ['naɪlɒn] n Nylon® m. ◆ adj en Nylon®.

O

oak [əʊk] n chêne m. ◆ adj en chêne.

OAP abbr = old age pensioner.

oar [ɔː'] n rame f.

oatcake ['əʊtkeɪk] n galette f d'avoine.

oath [əʊθ] n (promise) serment m.

oatmeal ['əʊtmiːl] n flocons mpl d'avoine.

oats [əʊts] npl avoine f.

obedient [ə'biːdjənt] adj obéissant(e).

obey [ə'beɪ] vt obéir à.

object [n 'ɒbdʒɪkt, vb əb'dʒekt] n (thing) objet m ; (purpose) but m ; GRAMM complément m d'objet. ◆ vi : to ~ (to) protester (contre).

objection [əb'dʒekʃn] n objection f.

objective [əb'dʒektɪv] n objectif m.

obligation [,ɒblɪ'geɪʃn] n obligation f.

obligatory [ə'blɪgətrɪ] adj obligatoire.

oblige [ə'blaɪdʒ] vt : to ~ sb to do sthg obliger qqn à faire qqch.

oblique [ə'bliːk] adj oblique.

oblong ['ɒblɒŋ] adj rectangulaire. ◆ n rectangle m.

obnoxious [əb'nɒkʃəs] adj (person) odieux(ieuse) ; (smell) infect(e).

obscene [əb'siːn] adj obscène.

obscure [əb'skjʊə'] adj obscur(e).

observant [əb'zɜːvnt] adj observateur(trice).

observation [,ɒbzə'veɪʃn] n observation f.

observe [əb'zɜːv] vt (watch, see) observer.

obsessed [əb'sest] adj obsédé(e).

obsession [əb'seʃn] n obsession f.

obsolete ['ɒbsəliːt] adj obsolète.

obstacle ['ɒbstəkl] n obstacle m.

obstinate ['ɒbstənət] adj obstiné(e).

obstruct [əb'strʌkt] vt obstruer.

obstruction [əb'strʌkʃn] n obstacle m.

obtain [əb'teɪn] vt obtenir.

obtainable [əb'teɪnəbl] adj que l'on peut obtenir.

obvious ['ɒbvɪəs] adj évident(e).

obviously ['ɒbvɪəslɪ] adv (of course) évidemment ; (clearly) manifestement.

occasion [əˈkeɪʒn] n (instance, opportunity) occasion f ; (important event) événement m.

occasional [əˈkeɪʒənl] adj occasionnel(elle).

occasionally [əˈkeɪʒnəlɪ] adv occasionnellement.

occupant [ˈɒkjupənt] n occupant m, -e f.

occupation [ˌɒkjuˈpeɪʃn] n (job) profession f ; (pastime) occupation f.

occupied [ˈɒkjupaɪd] adj (toilet) occupé(e).

occupy [ˈɒkjupaɪ] vt occuper.

occur [əˈkɜː] vi (happen) arriver, avoir lieu ; (exist) exister.

occurrence [əˈkʌrəns] n événement m.

ocean [ˈəuʃn] n océan m ; the ~ Am (sea) la mer.

o'clock [əˈklɒk] adv : three ~ trois heures.

Oct. (abbr of October) oct.

October [ɒkˈtəubəʳ] n octobre m → September.

octopus [ˈɒktəpəs] n pieuvre f.

odd [ɒd] adj (strange) étrange, bizarre ; (number) impair(e) ; (not matching) dépareillé(e) ; I have the ~ cigarette je fume de temps en temps ; 60 ~ miles environ 60 milles ; some ~ bits of paper quelques bouts de papier ; ~ jobs petits boulots mpl.

odds [ɒdz] npl (in betting) cote f ; (chances) chances fpl ; ~ and ends objets mpl divers.

odor [ˈəudər] Am = odour.

odour [ˈəudəʳ] n Br odeur f.

🖝

off [ɒv] prep - 1. (gen) de ; a group ~ schoolchildren un groupe d'écoliers ; a love ~ art la passion de l'art.

- 2. (expressing amount) de ; a piece ~ cake un morceau de gâteau ; a fall ~ 20% une baisse de 20% ; a town ~ 50,000 people une ville de 50 000 habitants.

- 3. (made from) en ; a house ~ stone une maison en pierre ; it's made ~ wood c'est en bois.

- 4. (referring to time) : the summer ~ 1969 l'été 1969 ; the 26th ~ August le 26 août.

- 5. (indicating cause) de ; he died ~ cancer il est mort d'un cancer.

- 6. (on the part of) : that's very kind ~ you c'est très aimable à vous OR de votre part.

- 7. Am (in telling the time) : it's ten ~ four il est quatre heures moins dix.

🖝

off [ɒf] adv - 1. (away) : to drive ~ démarrer ; to get ~ (from bus, train, plane) descendre ; we're ~ to Austria next week nous partons pour l'Autriche la semaine prochaine.

- 2. (expressing removal) : to cut sthg ~ couper qqch ; to take sthg ~ enlever OR ôter qqch.

- 3. (so as to stop working) : to turn sthg ~ (TV, radio) éteindre qqch ; (tap) fermer ; (engine) couper.

- 4. (expressing distance or time away) : it's 10 miles ~ c'est à 16 kilomètres ; it's two months ~ c'est dans deux mois ; it's a long way ~ c'est loin.

- 5. (not at work) en congé ; I'm taking a week ~ je prends une semaine de congé.

◆ *prep* - **1.** *(away from)* de ; **to get ~ sthg** descendre de qqch ; **the coast** au large de la côte ; **just ~ the main road** tout près de la grand-route.

- **2.** *(indicating removal)* de ; **take the lid ~ the jar** enlève le couvercle du pot ; **they've taken £20 ~ the price** ils ont retranché 20 livres du prix normal.

- **3.** *(absent from)* : **to be ~ work** ne pas travailler.

- **4.** *inf (from)* à ; **I bought it ~ her** je le lui ai acheté.

- **5.** *inf (no longer liking)* : **I'm ~ my food** je n'ai pas d'appétit.

◆ *adj* - **1.** *(meat, cheese)* avarié(e) ; *(milk)* tourné(e) ; *(beer)* éventé(e).

- **2.** *(not working)* éteint(e) ; *(engine)* coupé(e).

- **3.** *(cancelled)* annulé(e).

- **4.** *(not available)* pas disponible ; **the soup's ~** il n'y a plus de soupe.

offence [ə'fens] *n* *[Br]* *(crime)* délit *m* ; **to cause sb ~** *(upset)* offenser qqn.

offend [ə'fend] *vt* *(upset)* offenser.

offender [ə'fendə'] *n* *(criminal)* délinquant *m*, -e *f*.

offense [ə'fens] *Am* = **offence.**

offensive [ə'fensıv] *adj* *(language, behaviour)* choquant(e) ; *(person)* très déplaisant(e).

offer ['ɒfə'] *n* offre *f*. ◆ *vt* offrir ; **on ~** *(at reduced price)* en promotion ; **to ~ to do sthg** offrir de faire qqch ; **to ~ sb sthg** proposer qqch à qqn.

office ['ɒfıs] *n* *(room)* bureau *m.*

office block *n* immeuble *m* de bureaux.

officer ['ɒfısə'] *n* *(MIL)* officier *m* ; *(policeman)* agent *m.*

official [ə'fıʃl] *adj* officiel(ielle).

◆ *n* fonctionnaire *mf.*

officially [ə'fıʃəlı] *adv* officiellement.

off-licence *n* *Br* magasin autorisé à vendre des boissons alcoolisées à emporter.

off-peak *adj* *(train, ticket)* ≃ de période bleue.

off-season *n* basse saison *f.*

offshore ['ɒfʃɔː'] *adj* *(breeze)* de terre.

off side *n* *(for right-hand drive)* côté *m* droit ; *(for left-hand drive)* côté gauche.

off-the-peg *adj* de prêt-à-porter.

often ['ɒfn, 'ɒftn] *adv* souvent ; **how ~ do you go to the cinema?** tu vas souvent au cinéma ? ; **how ~ do the buses run?** quelle est la fréquence des bus ? ; **every so ~** de temps en temps.

oh [əʊ] *excl* oh !

oil [ɔıl] *n* huile *f* ; *(fuel)* pétrole *m* ; *(for heating)* mazout *m.*

oil rig *n* plate-forme *f* pétrolière.

oily ['ɔılı] *adj* *(cloth, hands)* graisseux(euse) ; *(food)* gras (grasse).

ointment ['ɔıntmənt] *n* pommade *f.*

OK [,əʊ'keı] *adj* *inf* *(of average quality)* pas mal (inv). ◆ *adv* *inf* *(expressing agreement)* d'accord ; *(satisfactorily, well)* bien ; **is everything ~?** est-ce que tout va bien ? ; **are you ~?** ça va ?

okay [,əʊ'keı] = **OK.**

old [əʊld] *adj* vieux (vieille) ; *(for-*

mer) ancien(ienne) ; how ~ are you? quel âge as-tu? ; I'm 36 years ~ j'ai 36 ans ; to get ~ vieillir.

old age *n* vieillesse *f.*

old age pensioner *n* retraité *m*, -e *f.*

olive ['ɒlɪv] *n* olive *f.*

olive oil *n* huile *f* d'olive.

omelette ['ɒmlɪt] *n* omelette *f* ; mushroom ~ omelette aux champignons.

ominous ['ɒmɪnəs] *adj* inquiétant(e).

omit [ə'mɪt] *vt* omettre.

on [ɒn] *prep* - 1. *(expressing position, location)* sur ; it's ~ the table il est sur la table ; ~ my right à OR sur ma droite ; ~ the right à droite ; we stayed ~ a farm nous avons séjourné dans une ferme ; a hotel ~ the boulevard Saint-Michel un hôtel (sur le) boulevard Saint-Michel ; the exhaust ~ the car l'échappement de la voiture. - 2. *(with forms of transport)* : ~ the train/plane dans le train/l'avion ; to get ~ a bus monter dans un bus. - 3. *(expressing means, method)* : ~ foot à pied ; ~ TV/the radio à la télé/la radio ; ~ the piano au piano. - 4. *(using)* : it runs ~ unleaded petrol elle marche à l'essence sans plomb ; to be ~ medication être sous traitement. - 5. *(about)* sur ; a book ~ Germany un livre sur l'Allemagne. - 6. *(expressing time)* : ~ arrival à mon/leur arrivée ; ~ Tuesday mardi ; ~ 25th August le 25 août. - 7. *(with regard to)* : to spend time ~ sthg consacrer du temps à qqch ;

the effect ~ Britain l'effet sur la Grande-Bretagne. - 8. *(describing activity, state)* en ; ~ holiday en vacances ; ~ offer en réclame ; ~ sale en vente. - 9. *(in phrases)* : do you have any money ~ you? *inf* tu as de l'argent sur toi? ; the drinks are ~ me c'est ma tournée. ◆ *adv* - 1. *(in place, covering)* : to have sthg ~ *(clothes, hat)* porter qqch ; put the lid ~ mets le couvercle ; to put one's clothes ~ s'habiller, mettre ses vêtements. - 2. *(film, play, programme)* : the news is ~ il y a les informations à la télé ; what's ~ at the cinema? qu'est-ce qui passe au cinéma? - 3. *(with transport)* : to get ~ monter. - 4. *(functioning)* : to turn sthg ~ *(TV, radio)* allumer ; *(tap)* ouvrir ; *(engine)* mettre en marche. - 5. *(taking place)* : how long is the festival ~? combien de temps dure le festival? - 6. *(further forward)* : to drive ~ continuer à rouler. - 7. *(in phrases)* : to have sthg ~ avoir qqch de prévu. ◆ *adj (TV, radio, light)* allumé(e) ; *(tap)* ouvert(e) ; *(engine)* en marche.

once [wʌns] *adv (one time)* une fois ; *(in the past)* jadis. ◆ *conj* une fois que, dès que ; at ~ *(immediately)* immédiatement ; *(at the same time)* en même temps ; for ~ pour une fois ; ~ more une fois de plus.

oncoming ['ɒn,kʌmɪŋ] *adj (traffic)* venant en sens inverse.

one [wʌn] *num (the number 1)* un. ◆ *adj (only)* seul(e). ◆ *pron (object,*

person) un (une) ; *fml (you)* on ;
thirty-~ trente et un ; ~ fifth un cinquième ; **I like that ~** j'aime bien
celui-là ; **I'll take this ~** je prends
celui-ci ; **which ~?** lequel ? ; **the ~ I
told you about** celui dont je t'ai parlé ; **~ of my friends** un de mes amis ;
~ day *(in past, future)* un jour.

oneself [wʌn'self] *pron (reflexive)*
se ; *(after prep)* soi.

one-way *adj (street)* à sens unique ; *(ticket)* aller *(inv)*.

onion ['ʌnjən] *n* oignon *m*.

only ['əʊnlɪ] *adj* seul(e). ◆ *adv*
seulement, ne ... que ; **an ~ child**
un enfant unique ; **the ~ one** le
seul (la seule) ; **I ~ want one** je n'en
veux qu'un ; **we've ~ just arrived**
nous venons juste d'arriver ;
there's ~ just enough il y en a tout
juste assez ; **not ~** non seulement.

onto ['ɒntu:] *prep (with verbs of
movement)* sur.

onward ['ɒnwəd] *adv* = onwards.
◆ *adj* : **the ~ journey** la fin du parcours.

onwards ['ɒnwədz] *adv (forwards)* en avant ; **from now ~** à partir de maintenant, dorénavant ;
from October ~ à partir d'octobre.

opaque [əʊ'peɪk] *adj* opaque.

open ['əʊpn] *adj* ouvert(e) ;
(space) dégagé(e) ; *(honest)* franc
(franche). ◆ *vt* ouvrir. ◆ *vi (door,
window, lock)* s'ouvrir ; *(shop, office, bank)* ouvrir ; *(start)* commencer ; **are you ~ at the weekend?**
(shop) êtes-vous ouverts le weekend ? ; **wide ~** grand ouvert ; **in the
~ (air)** en plein air. ❏ **open onto** *vt
fus* donner sur. ❏ **open up** *vi* ouvrir.

open-air *adj* en plein air.

opening ['əʊpnɪŋ] *n (gap)* ouverture *f* ; *(beginning)* début *m* ; *(opportunity)* occasion *f*.

opening hours *npl* heures *fpl*
d'ouverture.

open-minded [-'maɪndɪd] *adj*
tolérant(e).

open-plan *adj* paysagé(e).

Open University *n Br* : **the ~**
centre *m* national d'enseignement à distance.

ⓘ **OPEN UNIVERSITY**

L'Open University, ou OU, université britannique ouverte à
tous, permet à des personnes
déjà dans la vie active de suivre
des cours par correspondance,
généralement à temps partiel.
Aux cours diffusés par la radio et
la télévision s'ajoutent des séan-
ces d'enseignement organisées
localement.

opera ['ɒprə] *n* opéra *m*.

opera house *n* opéra *m*.

operate ['ɒpəreɪt] *vt (machine)*
faire fonctionner. ◆ *vi (work)*
fonctionner ; **to ~ on sb** opérer
qqn.

operating room ['ɒpəreɪtɪŋ-]
Am = operating theatre.

operating theatre ['ɒpəreɪtɪŋ-]
n Br salle *f* d'opération.

operation [ɒpə'reɪʃn] *n* opération *f* ; **to be in ~** *(law, system)* être
appliqué ; **to have an ~** se faire
opérer.

operator ['ɒpəreɪtə] *n (on phone)*
opérateur *m*, -trice *f*.

opinion [ə'pɪnjən] *n* opinion *f* ; **in
my ~** à mon avis.

opponent [ə'pəʊnənt] *n* adversaire *mf*.

opportunity [ˌɒpə'tjuːnətɪ] *n* occasion *f*.

oppose [ə'pəʊz] *vt* s'opposer à.

opposed [ə'pəʊzd] *adj* : to be ~ to sthg être opposé(e) à qqch.

opposite ['ɒpəzɪt] *adj* opposé(e) ; (*building*) d'en face. ◆ *prep* en face de. ◆ *n* : the ~ (of) le contraire (de).

opposition [ˌɒpə'zɪʃn] *n* (*objections*) opposition *f* ; SPORT adversaire *mf*.

opt [ɒpt] *vt* : to ~ to do sthg choisir de faire qqch.

optician's [ɒp'tɪʃnz] *n* (*shop*) opticien *m*.

optimist ['ɒptɪmɪst] *n* optimiste *mf*.

optimistic [ˌɒptɪ'mɪstɪk] *adj* optimiste.

option ['ɒpʃn] *n* (*alternative*) choix *m* ; (*optional extra*) option *f*.

optional ['ɒpʃənl] *adj* optionnel(elle).

or [ɔː] *conj* ou ; (*after negative*) ni.

oral ['ɔːrəl] *adj* oral(e). ◆ *n* (*exam*) oral *m*.

orange ['ɒrɪndʒ] *adj* orange (*inv*). ◆ *n* (*fruit*) orange *f* ; (*colour*) orange *m*.

orange juice *n* jus *m* d'orange.

orange squash *n* Br orangeade *f*.

orbit ['ɔːbɪt] *n* orbite *f*.

orchard ['ɔːtʃəd] *n* verger *m*.

orchestra ['ɔːkɪstrə] *n* orchestre *m*.

ordeal [ɔː'diːl] *n* épreuve *f*.

order ['ɔːdə] *n* ordre *m* ; (*in restaurant, for goods*) commande *f*. ◆ *vt* (*command*) ordonner ; (*food, taxi, goods*) commander. ◆ *vi* (*in restaurant*) commander ; in ~ to do

sthg de façon à OR afin de faire qqch ; out of ~ (*not working*) en panne ; in working ~ en état de marche ; to ~ sb to do sthg ordonner à qqn de faire qqch.

order form *n* bon *m* de commande.

ordinary ['ɔːdɪnrɪ] *adj* ordinaire.

oregano [ˌɒrɪ'gɑːnəʊ] *n* origan *m*.

organ ['ɔːgən] *n* MUS orgue *m* ; (*in body*) organe *m*.

organic [ɔː'gænɪk] *adj* (*food*) biologique.

organization [ˌɔːgənaɪ'zeɪʃn] *n* organisation *f*.

organize ['ɔːgənaɪz] *vt* organiser.

organizer ['ɔːgənaɪzə] *n* (*person*) organisateur *m*, -trice *f* ; (*diary*) organiseur *m*.

oriental [ˌɔːrɪ'entl] *adj* oriental(e).

orientate ['ɔːrɪenteɪt] *vt* : to ~ o.s. s'orienter.

origin ['ɒrɪdʒɪn] *n* origine *f*.

original [ə'rɪdʒənl] *adj* (*first*) d'origine ; (*novel*) original(e).

originally [ə'rɪdʒənəlɪ] *adv* (*formerly*) à l'origine.

originate [ə'rɪdʒəneɪt] *vi* : to ~ from venir de de.

ornament ['ɔːnəmənt] *n* (*object*) bibelot *m*.

ornamental [ˌɔːnə'mentl] *adj* décoratif(ive).

orphan ['ɔːfn] *n* orphelin *m*, -e *f*.

orthodox ['ɔːθədɒks] *adj* orthodoxe.

ostentatious [ˌɒstən'teɪʃəs] *adj* ostentatoire.

ostrich ['ɒstrɪtʃ] *n* autruche *f*.

other ['ʌðə] *adj* autre. ◆ *pron* autre *mf*. ◆ *adv* : ~ than à part ; the ~ (one) l'autre ; the ~ day l'autre jour ; one after the ~ l'un après l'autre.

otherwise [ˈʌðəwaɪz] *adv* (*or else*) autrement, sinon ; (*apart from that*) à part ça ; (*differently*) autrement.

otter [ˈɒtə] *n* loutre f.

ought [ɔːt] *aux vb* devoir ; you ~ to have gone tu aurais dû y aller ; you ~ to see a doctor tu devrais voir un médecin ; the car ~ to be ready by Friday la voiture devrait être prête vendredi.

ounce [aʊns] *n* (*unit of measurement*) = 28,35 g, once f.

our [ˈaʊə] *adj* notre, nos (*pl*).

ours [ˈaʊəz] *pron* le nôtre (la nôtre) ; this is ~ c'est à nous ; a friend of ~ un ami à nous.

ourselves [aʊəˈselvz] *pron* (*reflexive, after prep*) nous ; we did it ~ nous l'avons fait nous-mêmes.

☞

out [aʊt] *adj* (*light, cigarette*) éteint(e).

◆ *adv* - 1. (*outside*) dehors ; to get ~ (of) sortir (de) ; to go ~ (of) sortir (de) ; it's cold ~ il fait froid dehors. - 2. (*not at home, work*) dehors ; to be ~ être sorti ; to go ~ sortir. - 3. (*so as to be extinguished*) : to turn sthg ~ éteindre qqch ; put your cigarette ~ éteignez votre cigarette. - 4. (*expressing removal*) : to fall ~ tomber ; to take sthg ~ (of) sortir qqch (de) ; (*money*) retirer qqch (de). - 5. (*outwards*) : to stick ~ dépasser. - 6. (*expressing distribution*) : to hand sthg ~ distribuer qqch. - 7. (*wrong*) faux (fausse) ; the bill's £10 ~ il y a une erreur de 10 livres dans l'addition.

- 8. (*in phrases*) : stay ~ of the sun évitez le soleil ; made ~ of wood en bois ; five ~ of ten women sur dix ; I'm ~ of cigarettes je n'ai plus de cigarettes.

---

outbreak [ˈaʊtbreɪk] *n* (*of disease*) épidémie f.

outburst [ˈaʊtbɜːst] *n* explosion f.

outcome [ˈaʊtkʌm] *n* résultat m.

outdated [ˌaʊtˈdeɪtɪd] *adj* démodé(e).

outdo [ˌaʊtˈduː] *vt* surpasser.

outdoor [ˈaʊtdɔː] *adj* (*swimming pool*) en plein air ; (*activities*) de plein air.

outdoors [aʊtˈdɔːz] *adv* en plein air, dehors ; to go ~ sortir.

outer [ˈaʊtə] *adj* extérieur(e).

outer space *n* l'espace *m*.

outfit [ˈaʊtfɪt] *n* (*clothes*) tenue f.

outing [ˈaʊtɪŋ] *n* sortie f.

outlet [ˈaʊtlet] *n* (*pipe*) sortie f.

outline [ˈaʊtlaɪn] *n* (*shape*) contour *m* ; (*description*) grandes lignes *fpl*.

outlook [ˈaʊtlʊk] *n* (*for future*) perspective f ; (*of weather*) prévision f ; (*attitude*) conception f.

out-of-date *adj* (*old-fashioned*) démodé(e) ; (*passport, licence*) périmé(e).

outpatients' (department) [ˈaʊtˌpeɪʃnts-] *n* service *m* des consultations externes.

output [ˈaʊtpʊt] *n* (*of factory*) production f ; COMPUT (*printout*) sortie f papier.

outrage [ˈaʊtreɪdʒ] *n* atrocité f.

outrageous [aʊtˈreɪdʒəs] *adj* scandaleux(euse).

outright [aʊtˈraɪt] *adv* (*tell, deny*)

franchement ; *(own)* complètement.

outside [adj ,autˈsaid, adj, prep & n ˈautsaid] adj dehors. ◆ *prep* en dehors de ; *(door)* de l'autre côté de ; *(in front of)* devant. ◆ *adj* extérieur(e). ◆ *n* : the ~ *(of building, car, container)* l'extérieur *m* ; an ~ line une ligne extérieure ; ~ of *[Am]* en dehors de.

outside lane *n* AUT *(in UK)* voie *f* de droite ; *(in Europe, US)* voie *f* de gauche.

outsize [ˈautsaiz] *adj (clothes)* grande taille *(inv)*.

outskirts [ˈautskɜːts] *npl (of town)* périphérie *f*, banlieue *f*.

outstanding [,autˈstændiŋ] *adj (remarkable)* remarquable ; *(problem)* à régler ; *(debt)* impayé(e).

outward [ˈautwəd] *adj (journey)* aller *(inv)* ; *(external)* extérieur(e).

outwards [ˈautwədz] *adv* vers l'extérieur.

oval [ˈəuvl] *adj* ovale.

ovation [əuˈveiʃn] *n* ovation *f*.

oven [ˈʌvn] *n* four *m*.

oven glove *n* gant *m* de cuisine.

ovenproof [ˈʌvnpruːf] *adj* qui va au four.

oven-ready *adj* prêt(e) à mettre au four.

👉

over [ˈəuvə] *prep* - 1. *(above)* au-dessus de ; a bridge ~ the river un pont sur la rivière.

- 2. *(across)* par-dessus ; to walk ~ sthg traverser qqch (à pied) ; it's just ~ the road c'est juste de l'autre côté de la route ; a view ~ the square une vue sur la place.

- 3. *(covering)* sur ; put a plaster

~ the wound mettez un pansement sur la plaie.

- 4. *(more than)* plus de ; it cost ~ £1,000 ça a coûté plus de 1 000 livres.

- 5. *(during)* pendant ; ~ the past two years ces deux dernières années.

- 6. *(with regard to)* sur ; an argument ~ the price une dispute au sujet du prix.

◆ *adv* - 1. *(downwards)* : to fall ~ tomber ; to lean ~ se pencher.

- 2. *(referring to position, movement)* : to fly ~ to Canada aller au Canada en avion ; ~ here ici ; ~ there là-bas.

- 3. *(round to other side)* : to turn sthg ~ retourner qqch.

- 4. *(more)* : children aged 12 and ~ les enfants de 12 ans et plus OR au-dessus.

- 5. *(remaining)* : how many are there (left) ~? combien en reste-t-il ?

- 6. *(to one's house)* chez soi ; to come ~ venir à la maison ; to invite sb ~ for dinner inviter qqn à dîner (chez soi).

- 7. *(in phrases)* : all ~ *(finished)* fini(e), terminé(e) ; all ~ the world/ country dans le monde/pays entier.

◆ *adj (finished)* : to be ~ être fini(e), être terminé(e).

overall [adv ,əuvərˈɔːl, n ˈəuvərɔːl] *adv (in general)* en général. ◆ *n* Br *(coat)* blouse *f* ; Am *(boiler suit)* bleu *m* de travail ; how much does it cost ~? combien est-ce que ça coûte en tout?. : **overalls** *npl* Br *(boiler suit)* bleu *m* de travail ; Am *(dungarees)* salopette *f*.

overboard [ˈəuvəbɔːd] *adv* par-dessus bord.

overbooked [ˌəʊvəˈbʊkt] *adj* surréservé(e).

overcame [ˌəʊvəˈkeɪm] *pt* → **overcome**.

overcast [ˌəʊvəˈkɑːst] *adj* couvert(e).

overcharge [ˌəʊvəˈtʃɑːdʒ] *vt (customer)* faire payer trop cher à.

overcoat [ˈəʊvəkəʊt] *n* pardessus *m*.

overcome [ˌəʊvəˈkʌm] (*pt* -came, *pp* -come) *vt* vaincre.

overcooked [ˌəʊvəˈkʊkt] *adj* trop cuit(e).

overcrowded [ˌəʊvəˈkraʊdɪd] *adj* bondé(e).

overdo [ˌəʊvəˈduː] (*pt* -did, *pp* -done) *vt (exaggerate)* exagérer ; **to ~ it** se surmener.

overdone [ˌəʊvəˈdʌn] *pp* → **overdo**. ◆ *adj (food)* trop cuit(e).

overdose [ˈəʊvədəʊs] *n* overdose *f*.

overdraft [ˈəʊvədrɑːft] *n* découvert *m*.

overdue [ˌəʊvəˈdjuː] *adj* en retard.

over easy *adj Am (egg)* cuit(e) des deux côtés.

overexposed [ˌəʊvərɪkˈspəʊzd] *adj (photograph)* surexposé(e).

overflow [*vb* ˌəʊvəˈfləʊ, *n* ˈəʊvəfləʊ] *vi* déborder. ◆ *n (pipe)* trop-plein *m*.

overgrown [ˌəʊvəˈɡrəʊn] *adj (garden, path)* envahi(e) par les mauvaises herbes.

overhaul [ˈəʊvəhɔːl] *n* révision *f*.

overhead [*adj* ˈəʊvəhed, *adv* ˌəʊvəˈhed] *adj* aérien(ienne). ◆ *adv* au-dessus.

overhear [ˌəʊvəˈhɪə] (*pt & pp* -heard) *vt* entendre par hasard.

overheat [ˌəʊvəˈhiːt] *vi* surchauffer.

overland [ˈəʊvəlænd] *adv* par voie de terre.

overlap [ˌəʊvəˈlæp] *vi* se chevaucher.

overleaf [ˌəʊvəˈliːf] *adv* au verso, au dos.

overload [ˌəʊvəˈləʊd] *vt* surcharger.

overlook [*vb* ˌəʊvəˈlʊk, *n* ˈəʊvəlʊk] *vt (subj : building, room)* donner sur ; *(miss)* oublier. ◆ *n* : *(scenic)* ~ *Am* point *m* de vue.

overnight [*adv* ˌəʊvəˈnaɪt *adj* ˈəʊvənaɪt] *adv (during the night)* pendant la nuit ; *(until next day)* pour la nuit. ◆ *adj (train, journey)* de nuit.

overnight bag *n* sac *m* de voyage.

overpass [ˈəʊvəpɑːs] *n* saut-de-mouton *m*.

overpowering [ˌəʊvəˈpaʊərɪŋ] *adj (heat)* accablant(e) ; *(smell)* suffocant(e).

oversaw [ˌəʊvəˈsɔː] *pt* → **oversee**.

overseas [*adv* ˌəʊvəˈsiːz, *adj* ˈəʊvəsiːz] *adv* à l'étranger. ◆ *adj* étranger(ère) ; *(holiday)* à l'étranger.

oversee [ˌəʊvəˈsiː] (*pt* -saw, *pp* -seen) *vt (supervise)* superviser.

overshoot [ˌəʊvəˈʃuːt] (*pt & pp* -shot) *vt (turning, motorway exit)* manquer.

oversight [ˈəʊvəsaɪt] *n* oubli *m*.

oversleep [ˌəʊvəˈsliːp] (*pt &*

-slept) *vi* ne pas se réveiller à temps.

overtake [ˌəʊvə'teɪk] (*pt* **-took**, *pp* **-taken**) *vt & vi* doubler ; 'no overtaking' 'dépassement interdit'.

overtime ['əʊvətaɪm] *n* heures *fpl* supplémentaires.

overtook [ˌəʊvə'tʊk] *pt* → **overtake**.

overture ['əʊvəˌtjʊə'] *n* ouverture *f*.

overturn [ˌəʊvə'tɜːn] *vi* se retourner.

overweight [ˌəʊvə'weɪt] *adj* trop gros (grosse).

overwhelm [ˌəʊvə'welm] *vt* (*with joy*) combler ; (*with sadness*) accabler.

owe [əʊ] *vt* devoir ; **to ~ sb sthg** devoir qqch à qqn ; **owing to** en raison de.

owl [aʊl] *n* chouette *f*.

own [əʊn] *adj* propre. ◆ *vt* avoir, posséder. ◆ *pron* : **a room of my ~** une chambre pour moi tout seul ; **on my ~** (tout) seul ; **to get one's ~ back** prendre sa revanche. ❑ **own up** *vi* : **to ~ up (to sthg)** avouer (qqch).

owner ['əʊnə'] *n* propriétaire *mf*.

ownership ['əʊnəʃɪp] *n* propriété *f*.

ox [ɒks] (*pl* **oxen** ['ɒksən]) *n* bœuf *m*.

oxtail soup ['ɒksteɪl-] *n* soupe *f* à la queue de bœuf.

oxygen ['ɒksɪdʒən] *n* oxygène *m*.

oyster ['ɔɪstə'] *n* huître *f*.

oz *abbr* = **ounce**.

ozone-friendly ['əʊzəʊn-] *adj* qui préserve la couche d'ozone.

P

p (*abbr of page*) p. ◆ *abbr* = penny, pence.

pace [peɪs] *n* (*speed*) vitesse *f*, allure *f* ; (*step*) pas *m*.

pacemaker ['peɪsˌmeɪkə'] *n* (*for heart*) pacemaker *m*.

Pacific [pə'sɪfɪk] *n* : **the ~ (Ocean)** le Pacifique, l'océan *m* Pacifique.

pacifier ['pæsɪfaɪə'] *n Am* (*for baby*) tétine *f*.

pacifist ['pæsɪfɪst] *n* pacifiste *mf*.

pack [pæk] *n* (*packet*) paquet *m* ; *Br* (*of cards*) paquet, jeu *m* ; (*rucksack*) sac *m* à dos. ◆ *vt* emballer ; (*suitcase, bag*) faire. ◆ *vi* (*for journey*) faire ses valises ; **a ~ of lies** un tissu de mensonges ; **to ~ sthg into sthg** entasser qqch dans qqch ; **to ~ one's bags** faire ses valises. ❑ **pack up** *vi* (*pack suitcase*) faire sa valise ; (*tidy up*) ranger ; *Br inf* (*machine, car*) tomber en rade.

package ['pækɪdʒ] *n* (*parcel*) paquet *m* ; *COMPUT* progiciel *m*. ◆ *vt* emballer.

package holiday *n* voyage à prix forfaitaire incluant transport et hébergement.

packaging ['pækɪdʒɪŋ] *n* (*material*) emballage *m*.

packed [pækt] *adj* (*crowded*) bondé(e).

packed lunch *n* panier-repas *m*.

packet ['pækɪt] *n* paquet *m* ; **it cost a ~** *Br inf* ça a coûté un paquet.

packing ['pækɪŋ] *n* (*material*) emballage *m* ; **to do one's ~** (*for journey*) faire ses valises.

pad [pæd] n (of paper) bloc m ; (of cloth, cotton wool) tampon m ; knee ~ genouillère f.

padded ['pædɪd] adj (jacket, seat) rembourré(e).

padded envelope n enveloppe f matelassée.

paddle ['pædl] n (pole) pagaie f. ◆ vi (wade) barboter ; (in canoe) pagayer.

paddling pool ['pædlɪŋ-] n pataugeoire f.

padlock ['pædlɒk] n cadenas m.

page [peɪdʒ] n page f. ◆ vt (call) appeler (par haut-parleur) ; 'paging Mr Hill' 'on demande M. Hill'.

paid [peɪd] pt & pp → **pay**. ◆ adj (holiday, work) payé(e).

pain [peɪn] n douleur f ; to be in ~ (physical) souffrir ; he's such a ~! inf il est vraiment pénible! ❏ **pains** npl (trouble) peine f.

painful ['peɪnful] adj douloureux(euse).

painkiller ['peɪn,kɪlə] n analgésique m.

paint [peɪnt] n peinture f. ◆ vt & vi peindre ; to ~ one's nails se mettre du vernis à ongles.

paintbrush ['peɪntbrʌʃ] n pinceau m.

painter ['peɪntə] n peintre m.

painting ['peɪntɪŋ] n peinture f.

pair [peə'] n (of two things) paire f ; in ~s par deux ; a ~ of pliers une pince ; a ~ of scissors une paire de ciseaux ; a ~ of shorts un short ; a ~ of tights un collant ; a ~ of trousers un pantalon.

pajamas [pə'dʒɑːməz] Am = pyjamas.

Pakistan [Br ,pɑːkɪ'stɑːn, Am ,pækɪ'stæn] n le Pakistan.

Pakistani [Br ,pɑːkɪ'stɑːnɪ, Am ,pækɪ'stænɪ] adj pakistanais(e). ◆ n (person) Pakistanais m, -e f.

pakora [pə'kɔːrə] npl petits beignets de légumes épicés (spécialité indienne généralement servie en hors-d'œuvre avec une sauce elle-même épicée).

pal [pæl] n inf pote m.

palace ['pælɪs] n palais m.

palatable ['pælətəbl] adj (food, drink) bon (bonne).

palate ['pælət] n palais m.

pale [peɪl] adj pâle.

pale ale n bière f blonde légère.

palm [pɑːm] n (of hand) paume f ; ~ (tree) palmier m.

palpitations [,pælpɪ'teɪʃnz] npl palpitations fpl.

pamphlet ['pæmflɪt] n brochure f.

pan [pæn] n (saucepan) casserole f ; (frying pan) poêle f.

pancake ['pænkeɪk] n crêpe f.

pancake roll n rouleau m de printemps.

panda ['pændə] n panda m.

panda car n Br voiture f de patrouille.

pane [peɪn] n (large) vitre f ; (small) carreau m.

panel ['pænl] n (of wood) panneau m ; (group of experts) comité m ; (on TV, radio) invités mpl.

paneling ['pænəlɪŋ] Am = **panelling**.

panelling ['pænəlɪŋ] n Br lambris m.

panic ['pænɪk] (pt & pp -ked, cont -king) n panique f. ◆ vi paniquer.

panniers ['pænɪəz] *npl (for bicycle)* sacoches *fpl*.

panoramic [ˌpænə'ræmɪk] *adj* panoramique.

pant [pænt] *vi* haleter.

panties ['pæntɪz] *npl inf* culotte *f*.

pantomime ['pæntəmaɪm] *n Br* spectacle de Noël.

PANTOMIME

Ces spectacles de Noël, s'inspirant généralement de contes traditionnels, sont des sortes de comédies musicales comiques destinées aux enfants. Le héros doit, selon la tradition, être joué par une jeune actrice, alors que le rôle comique, celui de la vieille dame, est tenu par un acteur.

pantry ['pæntrɪ] *n* garde-manger *m inv*.

pants [pænts] *npl Br (underwear)* slip *m* ; *Am (trousers)* pantalon *m*.

panty hose ['pæntɪ-] *npl Am* collant *m*.

papadum ['pæpədəm] *n* galette indienne très fine et croustillante.

paper ['peɪpə] *n (material)* papier *m* ; *(newspaper)* journal *m* ; *(exam)* épreuve *f*. ◆ *adj* en papier ; *(cup, plate)* en carton. ◆ *vt* tapisser ; **a piece of ~** *(sheet)* une feuille de papier ; *(scrap)* un bout de papier. ❏ **papers** *npl (documents)* papiers *mpl*.

paperback ['peɪpəbæk] *n* livre *m* de poche.

paper bag *n* sac *m* en papier.

paperboy ['peɪpəbɔɪ] *n* livreur *m* de journaux.

paper clip *n* trombone *m*.

papergirl ['peɪpəgɜːl] *n* livreuse *f* de journaux.

paper shop *n* marchand *m* de journaux.

paperweight ['peɪpəweɪt] *n* presse-papiers *m inv*.

paprika ['pæprɪkə] *n* paprika *m*.

paracetamol [ˌpærə'siːtəmɒl] *n* paracétamol *m*.

parachute ['pærəʃuːt] *n* parachute *m*.

parade [pə'reɪd] *n (procession)* parade *f* ; *(of shops)* rangée *f* de magasins.

paradise ['pærədaɪs] *n* paradis *m*.

paraffin ['pærəfɪn] *n* paraffine *f*.

paragraph ['pærəgrɑːf] *n* paragraphe *m*.

parallel ['pærəlel] *adj* : **~ (to)** parallèle (à).

paralysed ['pærəlaɪzd] *adj Br* paralysé(e).

paralyzed ['pærəlaɪzd] *Am* = **paralysed**.

paramedic [ˌpærə'medɪk] *n* aide-soignant *m*, -e *f*.

paranoid ['pærənɔɪd] *adj* paranoïaque.

parasite ['pærəsaɪt] *n* parasite *m*.

parasol ['pærəsɒl] *n (above table, on beach)* parasol *m* ; *(hand-held)* ombrelle *f*.

parcel ['pɑːsl] *n* paquet *m*.

parcel post *n* : **to send sthg by ~** envoyer qqch par colis postal.

pardon ['pɑːdn] *excl* : **pardon?** pardon? ; **~ (me)!** pardon!, excusez-moi! ; **I beg your ~!** *(apologizing)* je vous demande pardon! ; **I beg your ~?** *(asking for repetition)* je vous demande pardon?

parent ['peərənt] *n (father)* père

m ; *(mother)* mère f ; **~s parents**
mpl.

parish ['pærɪʃ] n *(of church)* paroisse f ; *(village area)* commune f.

park [paːk] n parc m. ♦ vt *(vehicle)*
garer. ♦ vi se garer.

park and ride n *système de contrôle de la circulation qui consiste à se
garer à l'extérieur des grandes villes,
puis à utiliser des navettes pour aller
au centre.*

parking ['paːkɪŋ] n stationnement m ; '**no ~**' 'stationnement
interdit' , défense de stationner'.

parking brake n Am frein m à
main.

parking lot n Am parking m.

parking meter n parcmètre m.

parking space n place f de parking.

parking ticket n contravention f *(pour stationnement interdit).*

parkway ['paːkweɪ] n Am *voie
principale dont le terre-plein central
est planté d'arbres, de fleurs, etc.*

parliament ['paːləmənt] n parlement m.

Parmesan (cheese) [paːmɪ-
'zæn-] n parmesan m.

parrot ['pærət] n perroquet m.

parsley ['paːslɪ] n persil m.

parsnip ['paːsnɪp] n panais m.

parson ['paːsn] n pasteur m.

part [paːt] n partie f ; *(of machine,
car)* pièce f ; *(in play, film)* rôle m ;
Am *(in hair)* raie f. ♦ adv *(partly)* en
partie. ♦ vi *(couple)* se séparer ; **in
this ~ of France** dans cette partie de
la France ; **to form ~ of sthg** faire
partie de qqch ; **to play a ~ in sthg**
jouer un rôle dans qqch ; **to take
~ in sthg** prendre part à qqch ; **for
my ~** pour ma part ; **for the most ~**

dans l'ensemble ; **in these ~s** dans
cette région.

partial ['paːʃl] adj partiel(ielle) ;
to be ~ to sthg avoir un faible pour
qqch.

participant [paː'tɪsɪpənt] n participant m, -e f.

participate [paː'tɪsɪpeɪt] vi : **to
~ (in)** participer (à).

particular [pə'tɪkjʊlə'] adj parti-
culier(ière) ; *(fussy)* difficile ; **in ~**
en particulier ; **nothing in ~** rien de
particulier. ❑ **particulars** npl *(details)* coordonnées fpl.

particularly [pə'tɪkjʊlalɪ] adv
particulièrement.

parting ['paːtɪŋ] n Br *(in hair)* raie
f.

partition [paː'tɪʃn] n *(wall)* cloison f.

partly ['paːtlɪ] adv en partie.

partner ['paːtnə'] n *(husband,
wife)* conjoint m, -e f ; *(lover)* compagnon m, compagne f ; *(in game,
dance)* partenaire mf ; COMM associé m, -e f.

partnership ['paːtnəʃɪp] n association f.

partridge ['paːtrɪdʒ] n perdrix f.

part-time adj & adv à temps
partiel.

party ['paːtɪ] n *(for fun)* fête f ; POL
parti m ; *(group of people)* groupe
m ; **to have a ~** organiser une fête.

pass [paːs] vt v passer ; *(move past)*
passer devant ; *(person in street)*
croiser ; *(test, exam)* réussir ; *(overtake)* dépasser, doubler ; *(law)* voter. ♦ vi passer ; *(overtake)* dépasser, doubler ; *(in test, exam)*
réussir. ♦ n *(document)* laissez-
passer m inv ; *(in mountain)* col m ;
(in exam) mention f passable

SPORT passe f ; to ~ sb sthg passer qqch à qqn. ❏ **pass by** ◆ vt fus (building, window etc) passer devant. ◆ vi passer. ❏ **pass on** vt sep (message) faire passer. ❏ **pass out** vi (faint) s'évanouir. ❏ **pass up** vt sep (opportunity) laisser passer.

passable ['pɑːsəbl] adj (road) praticable ; (satisfactory) passable.

passage ['pæsɪdʒ] n passage m ; (sea journey) traversée f.

passageway ['pæsɪdʒweɪ] n passage m.

passenger ['pæsɪndʒə'] n passager m, -ère f.

passerby [ˌpɑːsə'baɪ] n passant m, -e f.

passion ['pæʃn] n passion f.

passionate ['pæʃənət] adj passionné(e).

passive ['pæsɪv] n GRAMM passif m.

passport ['pɑːspɔːt] n passeport m.

passport control n contrôle m des passeports.

passport photo n photo f d'identité.

password ['pɑːswɜːd] n mot m de passe.

past [pɑːst] adj (earlier, finished) passé(e) ; (last) dernier(ière) ; (former) ancien(ienne). ◆ prep (further than) après ; (in front of) devant. ◆ n (former time) passé m. ◆ adv : to go ~ passer devant ; ~ (tense) GRAMM passé m ; the ~ month le mois dernier ; the ~ few days ces derniers jours ; twenty ~ four quatre heures vingt ; she walked ~ the window elle est passée devant la fenêtre ; in the ~ autrefois.

pasta ['pæstə] n pâtes fpl.

paste [peɪst] n (spread) pâte f ; (glue) colle f.

pastel ['pæstl] n pastel m.

pasteurized ['pɑːstʃəraɪzd] adj pasteurisé(e).

pastille ['pæstɪl] n pastille f.

pastime ['pɑːstaɪm] n passe-temps m inv.

pastry ['peɪstrɪ] n (for pie) pâte f ; (cake) pâtisserie f.

pasture ['pɑːstʃə'] n pâturage m.

pat [pæt] vt tapoter.

patch [pætʃ] n (for clothes) pièce f ; (of colour, nature) tache f ; MED patch m ; (for skin) pansement m ; (for eye) bandeau m ; a bad ~ fig une mauvaise passe.

pâté ['pæteɪ] n pâté m.

patent [Br 'peɪtənt, Am 'pætənt] n brevet m.

path [pɑːθ] n (in country) sentier m ; (in garden, park) allée f.

pathetic [pə'θetɪk] adj pej (useless) minable.

patience ['peɪʃns] n (quality) patience f ; Br (card game) patience f, réussite f.

patient ['peɪʃnt] adj patient(e). ◆ n patient m, -e f.

patio ['pætɪəʊ] n patio m.

patriotic [Br ˌpætrɪ'ɒtɪk, Am ˌpeɪtrɪ'ɒtɪk] adj (person) patriote ; (song) patriotique.

patrol [pə'trəʊl] vt patrouiller dans. ◆ n (group) patrouille f.

patrol car n voiture f de patrouille.

patron ['peɪtrən] n fml (customer) client m, -e f ; '~s only' 'réservé aux clients'.

patronizing ['pætrənaɪzɪŋ] *adj* condescendant(e).

pattern ['pætn] *n* dessin *m* ; *(for sewing)* patron *m*.

patterned ['pætənd] *adj* à motifs.

pause [pɔːz] *n* pause *f*. ◆ *vi* faire une pause.

pavement ['peɪvmənt] *n* Br *(beside road)* trottoir *m* ; Am *(roadway)* chaussée *f*.

pavilion [pə'vɪljən] *n* pavillon *m*.

paving stone ['peɪvɪŋ-] *n* pavé *m*.

paw [pɔː] *n* patte *f*.

pawn [pɔːn] *vt* mettre en gage. ◆ *n* *(in chess)* pion *m*.

pay [peɪ] *(pt & pp paid)* *vt & vi* payer. ◆ *n* *(salary)* paie *f* ; I paid £30 for these shoes j'ai payé ces chaussures 30 livres ; to ~ sb for sthg payer qqn pour qqch ; to ~ money into an account verser de l'argent sur un compte ; to ~ attention (to) faire attention (à) ; to ~ sb a visit rendre visite à qqn ; to ~ by credit card payer OR régler par carte de crédit. ❑ **pay back** *vt sep* rembourser. ❑ **pay for** *vt fus (purchase)* payer. ❑ **pay in** *vt sep (cheque, money)* déposer sur un compte. ❑ **pay out** *vt sep (money)* verser. ❑ **pay up** *vi* payer.

payable ['peɪəbl] *adj* payable ; ~ to *(cheque)* à l'ordre de.

payment ['peɪmənt] *n* paiement *m*.

payphone ['peɪfəʊn] *n* téléphone *m* public.

PC *n (abbr of personal computer)* PC *m*. ◆ *abbr Br* = police constable.

PE *n (abbr of physical education)* EPS *f*.

pea [piː] *n* petit pois *m*.

peace [piːs] *n (no anxiety)* tranquillité *f* ; *(no war)* paix *f* ; to leave sb in ~ laisser qqn tranquille ; ~ and quiet tranquillité.

peaceful ['piːsfʊl] *adj (place, day)* tranquille ; *(demonstration)* pacifique.

peach [piːtʃ] *n* pêche *f*.

peacock ['piːkɒk] *n* paon *m*.

peak [piːk] *n (of mountain)* sommet *m* ; *(of hat)* visière *f* ; *fig (highest point)* point *m* culminant.

peak hours *npl (of traffic)* heures *fpl* de pointe ; *(for telephone, electricity)* période *f* de pointe.

peak rate *n* tarif *m* normal.

peanut ['piːnʌt] *n* cacah(o)uète *f*.

peanut butter *n* beurre *m* de cacah(o)uète.

pear [peə²] *n* poire *f*.

pearl [pɜːl] *n* perle *f*.

peasant ['peznt] *n* paysan *m*, -anne *f*.

pebble ['pebl] *n* galet *m*.

pecan pie ['piːkæn-] *n* tarte *f* aux noix de pécan.

peck [pek] *vi* picorer.

peculiar [pɪ'kjuːljə²] *adj (strange)* bizarre ; to be ~ to *(exclusive)* être propre à.

peculiarity [pɪˌkjuːlɪ'ærətɪ] *n (special feature)* particularité *f*.

pedal ['pedl] *n* pédale *f*. ◆ *vi* pédaler.

pedalo ['pedələʊ] *n* pédalo *m*.

pedestrian [pɪ'destrɪən] *n* piéton *m*.

pedestrian crossing *n* passa-

195

per

penetrate ['penɪtreɪt] vt pénétrer dans.

penfriend ['penfrend] n correspondant m, -e f.

penguin ['peŋgwɪn] n pingouin m.

penicillin [ˌpenɪ'sɪlɪn] n pénicilline f.

peninsula [pə'nɪnsjʊlə] n péninsule f.

penis ['piːnɪs] n pénis m.

penknife ['pennaɪf] (pl -knives) n canif m.

penny ['penɪ] (pl pennies) n (in UK) penny m ; (in US) cent m.

pension ['penʃn] n (for retired people) retraite f ; (for disabled people) pension f.

pensioner ['penʃənə'] n retraité m, -e f.

penthouse ['penthaʊs, pl -haʊzɪz] n appartement de luxe au dernier étage d'un immeuble.

penultimate [pe'nʌltɪmət] adj avant-dernier(ière).

people ['piːpl] npl personnes fpl ; (in general) gens mpl. ◆ n (nation) peuple m ; the ~ (citizens) la population ; **French** ~ les Français mpl.

people carrier n monospace m.

pepper ['pepə'] n (spice) poivre m ; (sweet vegetable) poivron m ; (hot vegetable) piment m.

peppermint ['pepəmɪnt] adj à la menthe. ◆ n (sweet) bonbon m à la menthe.

pepper pot n poivrière f.

per [pɜː'] prep par ; 80p = kilo 80 pence le kilo ; ~ **person** par personne ; **three times** ~ **week** trois

---

ge m clouté, passage m (pour) piétons.

pedestrianized [pɪ'destrɪənaɪzd] adj piétonnier(ière).

pedestrian precinct n Br zone f piétonnière.

pedestrian zone Am = pedestrian precinct.

pee [piː] vi inf faire pipi. ◆ n : to have a ~ inf faire pipi.

peel [piːl] n (of banana) peau f ; (of apple, onion) pelure f ; (of orange, lemon) écorce f. ◆ vt (fruit, vegetables) éplucher, peler. ◆ vi (paint) s'écailler ; (skin) peler.

peep [piːp] n : to have a ~ jeter un coup d'œil.

peer [pɪə'] vi regarder attentivement.

peg [peg] n (for tent) piquet m ; (hook) patère f ; (for washing) pince f à linge.

pelican crossing ['pelɪkən-] n Br passage clouté où l'arrêt des véhicules peut être commandé par les piétons en appuyant sur un bouton.

pelvis ['pelvɪs] n bassin m.

pen [pen] n (ballpoint pen) stylo m (à) bille ; (fountain pen) stylo m (à) plume ; (for animals) enclos m.

penalty ['penltɪ] n (fine) amende f ; (in football) penalty m.

pence [pens] npl pence mpl ; it costs 20 ~ ça coûte 20 pence.

pencil ['pensl] n crayon m.

pencil case n trousse f.

pencil sharpener n taille-crayon m.

pendant ['pendənt] n (on necklace) pendentif m.

pending ['pendɪŋ] prep fml en attendant.

fois par semaine ; £20 ~ **night** 20 livres la nuit.

perceive [pə'siːv] vt percevoir.

per cent adv pour cent.

percentage [pə'sentɪdʒ] n pourcentage m.

perch [pɜːtʃ] n perchoir m.

percolator ['pɜːkəleɪtə'] n cafetière f à pression.

perfect [adj & n 'pɜːfɪkt, vb pə'fekt] adj parfait(e). ◆ vt perfectionner. ◆ n : **the ~ (tense)** le parfait.

perfection [pə'fekʃn] n : **to do sthg to ~** faire qqch à la perfection.

perfectly ['pɜːfɪktlɪ] adv parfaitement.

perform [pə'fɔːm] vt (task, operation) exécuter ; (play) jouer ; (concert) donner. ◆ vi (actor, band) jouer ; (singer) chanter.

performance [pə'fɔːmans] n (of play) représentation f ; (of film) séance f ; (by actor, musician) interprétation f ; (of car) performances fpl.

performer [pə'fɔːmə'] n artiste mf.

perfume ['pɜːfjuːm] n parfum m.

perhaps [pə'hæps] adv peut-être.

perimeter [pə'rɪmɪtə'] n périmètre m.

period ['pɪərɪəd] n (of time) période f ; SCH heure f ; (menstruation) règles fpl ; (of history) époque f ; Am (full stop) point m. ◆ adj (costume, furniture) d'époque ; **sunny ~s** éclaircies fpl.

periodic [ˌpɪərɪ'ɒdɪk] adj périodique.

period pains npl règles fpl douloureuses.

periphery [pə'rɪfərɪ] n périphérie f.

perishable ['perɪʃəbl] adj périssable.

perk [pɜːk] n avantage m en nature.

perm [pɜːm] n permanente f. ◆ vt : **to have one's hair ~ed** se faire faire une permanente.

permanent ['pɜːmənənt] adj permanent(e).

permanent address n adresse f permanente.

permanently ['pɜːmənəntlɪ] adv en permanence.

permissible [pə'mɪsəbl] adj fml autorisé(e).

permission [pə'mɪʃn] n permission f, autorisation f.

permit [pə'mɪt, n 'pɜːmɪt] vt (allow) permettre, autoriser. ◆ n permis m ; **to ~ sb to do sthg** permettre à qqn de faire qqch, autoriser qqn à faire qqch.

perpendicular [ˌpɜːpən'dɪkjulə'] adj perpendiculaire.

persevere [ˌpɜːsɪ'vɪə'] vi persévérer.

persist [pə'sɪst] vi persister ; **to ~ in doing sthg** persister à faire qqch.

persistent [pə'sɪstənt] adj persistant(e) ; (person) obstiné(e).

person ['pɜːsn] n (pl **people**) personne f ; **she's an interesting ~** c'est quelqu'un d'intéressant ; **in ~** en personne.

personal ['pɜːsənl] adj personnel(elle) ; (life) privé(e) ; (rude) désobligeant(e) ; (question) indiscret(ète) ; **a ~ friend** un ami intime.

personal assistant n secrétaire *m* particulier, secrétaire particulière *f*.

personal belongings *npl* objets *mpl* personnels.

personal computer *n* PC *m*.

personality [ˌpɜːsəˈnælətɪ] *n* personnalité *f*.

personally [ˈpɜːsnəlɪ] *adv* personnellement.

personal property *n* objets *mpl* personnels.

personal stereo *n* baladeur *m*, Walkman® *m*.

personnel [ˌpɜːsəˈnel] *npl* personnel *m*.

perspective [pəˈspektɪv] *n* (*of drawing*) perspective *f*; (*opinion*) point *m* de vue.

perspiration [ˌpɜːspəˈreɪʃn] *n* transpiration *f*.

persuade [pəˈsweɪd] *vt* : to ~ sb (to do sthg) persuader qqn (de faire qqch) ; to ~ sb that ... persuader qqn que ...

persuasive [pəˈsweɪsɪv] *adj* persuasif(ive).

pervert [ˈpɜːvɜːt] *n* pervers *m*, -e *f*.

pessimist [ˈpesɪmɪst] *n* pessimiste *mf*.

pessimistic [ˌpesɪˈmɪstɪk] *adj* pessimiste.

pest [pest] *n* (*insect, animal*) nuisible *m* ; *inf* (*person*) casse-pieds *mf inv*.

pester [ˈpestə] *vt* harceler.

pesticide [ˈpestɪsaɪd] *n* pesticide *m*.

pet [pet] *n* animal *m* (domestique) ; **the teacher's ~** le chouchou du professeur.

petal [ˈpetl] *n* pétale *m*.

pet food *n* nourriture *f* pour animaux (domestiques).

petition [pɪˈtɪʃn] *n* (*letter*) pétition *f*.

petrified [ˈpetrɪfaɪd] *adj* (*frightened*) pétrifié(e) de peur.

petrol [ˈpetrəl] *n Br* essence *f*.

petrol gauge *n Br* jauge *f* à essence.

petrol pump *n Br* pompe *f* à essence.

petrol station *n Br* station-service *f*.

petrol tank *n Br* réservoir *m* d'essence.

pet shop *n* animalerie *f*.

petticoat [ˈpetɪkəʊt] *n* jupon *m*.

petty [ˈpetɪ] *adj pej* (*person, rule*) mesquin(e).

petty cash *n* caisse *f* des dépenses courantes.

pew [pjuː] *n* banc *m* (d'église).

pewter [ˈpjuːtə] *adj* en étain.

PG (*abbr of parental guidance*) sigle indiquant qu'un film peut être vu par des enfants sous contrôle de leurs parents.

pharmacist [ˈfɑːməsɪst] *n* pharmacien *m*, -ienne *f*.

pharmacy [ˈfɑːməsɪ] *n* (*shop*) pharmacie *f*.

phase [feɪz] *n* phase *f*.

PhD *n* doctorat *m* de troisième cycle.

pheasant [ˈfeznt] *n* faisan *m*.

phenomena [fɪˈnɒmɪnə] *pl* → **phenomenon**.

phenomenal [fɪˈnɒmɪnl] *adj* phénoménal(e).

phenomenon [fɪˈnɒmɪnən] (*pl* -mena) *n* phénomène *m*.

Philippines [ˈfɪlɪpiːnz] *npl* : the ~ les Philippines *fpl*.

philosophy [fɪˈlɒsəfɪ] *n* philosophie *f*.

phlegm [flem] *n* glaire *f*.

phone [fəʊn] *n* téléphone *m*. ◆ *vt Br* téléphoner à. ◆ *vi Br* téléphoner ; to be on the ~ *(talking)* être au téléphone ; *(connected)* avoir le téléphone. ❑ **phone up** ◆ *vt sep* téléphoner à. ◆ *vi* téléphoner.

phone book *n* annuaire *m* (téléphonique).

phone booth *n* cabine *f* téléphonique.

phone box *n Br* cabine *f* téléphonique.

phone call *n* coup *m* de téléphone.

phonecard [ˈfəʊnkɑːd] *n* Télécarte® *f*.

phone number *n* numéro *m* de téléphone.

photo [ˈfəʊtəʊ] *n* photo *f* ; to take a ~ of sb/sthg prendre qqn/qqch en photo.

photo album *n* album *m* (de) photos.

photocopier [ˌfəʊtəʊˈkɒpɪə] *n* photocopieuse *f*.

photocopy [ˈfəʊtəʊˌkɒpɪ] *n* photocopie *f*. ◆ *vt* photocopier.

photograph [ˈfəʊtəgrɑːf] *n* photographie *f*. ◆ *vt* photographier.

photographer [fəˈtɒɡrəfə] *n* photographe *mf*.

photography [fəˈtɒɡrəfɪ] *n* photographie *f*.

phrase [freɪz] *n* expression *f*.

phrasebook [ˈfreɪzbʊk] *n* guide *m* de conversation.

physical [ˈfɪzɪkl] *adj* physique. ◆ *n* visite *f* médicale.

physical education *n* éducation *f* physique.

physics [ˈfɪzɪks] *n* physique *f*.

physiotherapy [ˌfɪzɪəʊˈθerəpɪ] *n* kinésithérapie *f*.

pianist [ˈpɪənɪst] *n* pianiste *mf*.

piano [pɪˈænəʊ] *(pl -s)* *n* piano *m*.

pick [pɪk] *vt (select)* choisir ; *(fruit, flowers)* cueillir. ◆ *n (pickaxe)* pioche *f* ; to ~ a fight chercher la bagarre ; to ~ one's nose se mettre les doigts dans le nez ; to take one's ~ faire son choix. ❑ **pick on** *vt fus* s'en prendre à. ❑ **pick out** *vt sep (select)* choisir ; *(see)* repérer. ❑ **pick up** ◆ *vt sep (fallen object)* ramasser ; *(fallen person)* relever ; *(collect)* passer prendre ; *(skill, language)* apprendre ; *(hitchhiker)* prendre ; *(collect in car)* aller chercher ; *inf (woman, man)* draguer. ◆ *vi (improve)* reprendre.

pickaxe [ˈpɪkæks] *n* pioche *f*.

pickle [ˈpɪkl] *n Br (food)* pickles *mpl* ; *Am (gherkin)* cornichon *m*.

pickled onion [ˈpɪkld-] *n* oignon *m* au vinaigre.

pickpocket [ˈpɪkˌpɒkɪt] *n* pickpocket *m*.

pick-up (truck) *n* pick-up *m inv*.

picnic [ˈpɪknɪk] *n* pique-nique *m*.

picnic area *n* aire *f* de pique-nique.

picture [ˈpɪktʃə] *n (painting)* tableau *m* ; *(drawing)* dessin *m* ; *(photograph)* photo *f* ; *(in book, on TV)* image *f* ; *(film)* film *m*. ❑ **pictures** *npl* : the ~s *Br* le cinéma.

picture frame *n* cadre *m*.

picturesque [ˌpɪktʃə'resk] *adj* pittoresque.

pie [paɪ] *n (savoury)* tourte *f* ; *(sweet)* tarte *f*.

piece [piːs] *n* morceau *m* ; *(component, in chess)* pièce *f* ; **a ~ of furniture** un meuble ; **a 20p ~** une pièce de 20 pence ; **a ~ of advice** un conseil ; **to fall to ~s** tomber en morceaux ; **in one ~** *(intact)* intact ; *(unharmed)* sain et sauf.

pier [pɪə'] *n* jetée *f*.

pierce [pɪəs] *vt* percer ; **to have one's ears ~d** se faire percer les oreilles.

pig [pɪg] *n* cochon *m*, porc *m* ; *inf (greedy person)* goinfre *mf*.

pigeon [ˈpɪdʒɪn] *n* pigeon *m*.

pigeonhole [ˈpɪdʒɪnhəʊl] *n* casier *m*.

pigtail [ˈpɪgteɪl] *n* natte *f*.

pike [paɪk] *n (fish)* brochet *m*.

pilau rice [ˈpɪlaʊ-] *n* riz *m* pilaf.

pilchard [ˈpɪltʃəd] *n* pilchard *m*.

pile [paɪl] *n (heap)* tas *m* ; *(neat stack)* pile *f*. ◆ *vt* entasser ; **~s of** *inf (a lot)* des tas de. ❑ **pile up** ◆ *vt sep* entasser ; *(neatly)* empiler. ◆ *vi (accumulate)* s'entasser.

piles [paɪlz] *npl* MED hémorroïdes *fpl*.

pileup [ˈpaɪlʌp] *n* carambolage *m*.

pill [pɪl] *n* pilule *f*.

pillar [ˈpɪlə'] *n* pilier *m*.

pillar box *n Br* boîte *f* aux lettres.

pillion [ˈpɪljən] *n* : **to ride ~** monter derrière.

pillow [ˈpɪləʊ] *n (for bed)* oreiller *m* ; *Am (on chair, sofa)* coussin *m*.

pillowcase [ˈpɪləʊkeɪs] *n* taie *f* d'oreiller.

pilot [ˈpaɪlət] *n* pilote *m*.

pilot light *n* veilleuse *f*.

pimple [ˈpɪmpl] *n* bouton *m*.

pin [pɪn] *n (for sewing)* épingle *f* ; *(drawing pin)* punaise *f* ; *(safety pin)* épingle *f* de nourrice ; *Am (brooch)* broche *f* ; *Am (badge)* badge *m*. ◆ *vt* épingler ; **a two-~ plug** une prise à deux fiches ; **to have ~s and needles** avoir les fourmis.

pinafore [ˈpɪnəfɔː'] *n (apron)* tablier *m* ; *Br (dress)* robe *f* chasuble.

pinball [ˈpɪnbɔːl] *n* flipper *m*.

pincers [ˈpɪnsəz] *npl (tool)* tenailles *fpl*.

pinch [pɪntʃ] *vt (squeeze)* pincer ; *Br inf (steal)* piquer. ◆ *n (of salt)* pincée *f*.

pine [paɪn] *n* pin *m*. ◆ *adj* en pin.

pineapple [ˈpaɪnæpl] *n* ananas *m*.

pink [pɪŋk] *adj* rose. ◆ *n* rose *m*.

pinkie [ˈpɪŋkɪ] *n Am* petit doigt *m*.

PIN number *n* code *m* confidentiel.

pint [paɪnt] *n (in UK)* = 0,568 l, ≃ demi-litre *m* ; *(in US)* = 0,473 l, ≃ demi-litre *m* ; **a ~ (of beer)** un verre de bière de 0,568 l.

pip [pɪp] *n* pépin *m*.

pipe [paɪp] *n (for smoking)* pipe *f* ; *(for gas, water)* tuyau *m*.

pipe cleaner *n* cure-pipe *m*.

pipeline [ˈpaɪplaɪn] *n (for gas)* gazoduc *m* ; *(for oil)* oléoduc *m*.

pipe tobacco *n* tabac *m* pour pipe.

pirate [ˈpaɪrət] *n* pirate *m*.

piss [pɪs] *vi vulg* pisser. ◆ *n* : **to**

have a ~ *vulg* pisser ; it's ~ing down *vulg* il pleut comme vache qui pisse.

pissed [pɪst] *adj Br vulg (drunk)* bourré(e) ; *Am vulg (angry)* en rogne.

pissed off *adj vulg* : to be ~ en avoir plein le cul.

pistachio [pɪˈstaːʃɪəʊ] *n* pistache *f.* ◆ *adj (flavour)* à la pistache.

pistol [ˈpɪstl] *n* pistolet *m.*

piston [ˈpɪstən] *n* piston *m.*

pit [pɪt] *n (hole)* trou *m* ; *(coalmine)* mine *f* ; *(for orchestra)* fosse *f* ; *Am (in fruit)* noyau *m.*

pitch [pɪtʃ] *n Br SPORT* terrain *m.* ◆ *vt (throw)* jeter ; to ~ a tent monter une tente.

pitcher [ˈpɪtʃər] *n (large jug)* cruche *f* ; *Am (small jug)* pot *m.*

pitfall [ˈpɪtfɔːl] *n* piège *m.*

pith [pɪθ] *n (of orange)* peau *f* blanche.

pitta (bread) [ˈpɪtə-] *n* pita *m.*

pitted [ˈpɪtɪd] *adj (olives)* dénoyauté(e).

pity [ˈpɪtɪ] *n (compassion)* pitié *f* ; to have ~ on sb avoir pitié de qqn ; it's a ~ (that) ... c'est dommage que ... ; what a ~! quel dommage!

pivot [ˈpɪvət] *n* pivot *m.*

pizza [ˈpiːtsə] *n* pizza *f.*

pizzeria [ˌpiːtsəˈriːə] *n* pizzeria *f.*

Pl. *(abbr of Place)* Pl.

placard [ˈplækɑːd] *n* placard *m.*

place [pleɪs] *n (location)* endroit *m* ; *(house)* maison *f* ; *(flat)* appartement *m* ; *(seat, position, in race, list)* place *f* ; *(at table)* couvert *m.* ◆ *vt (put)* placer ; *(an order)* passer ; at my ~ *(house, flat)* chez moi ; in the first ~ premièrement ; to take

~ avoir lieu ; to take sb's ~ *(replace)* prendre la place de qqn ; all over the ~ partout ; in ~ of au lieu de ; to ~ a bet parier.

place mat *n* set *m* (de table).

placement [ˈpleɪsmənt] *n (work experience)* stage *m* (en entreprise).

place of birth *n* lieu *m* de naissance.

plague [pleɪg] *n* peste *f.*

plaice [pleɪs] *n* carrelet *m.*

plain [pleɪn] *adj (not decorated)* uni(e) ; *(simple)* simple ; *(yoghurt)* nature *(inv)* ; *(clear)* clair(e) ; *(paper)* non réglé(e) ; *pej (not attractive)* quelconque. ◆ *n* plaine *f.*

plain chocolate *n* chocolat *m* à croquer.

plainly [ˈpleɪnlɪ] *adv (obviously)* manifestement ; *(distinctly)* clairement.

plait [plæt] *n* natte *f.* ◆ *vt* tresser.

plan [plæn] *n* plan, projet *m* ; *(drawing)* plan. ◆ *vt (organize)* organiser ; have you any ~s for tonight? as-tu quelque chose de prévu pour ce soir? ; according to ~ comme prévu ; to ~ to do sthg, to ~ on doing sthg avoir l'intention de faire qqch.

plane [pleɪn] *n (aeroplane)* avion *m* ; *(tool)* rabot *m.*

planet [ˈplænɪt] *n* planète *f.*

plank [plæŋk] *n* planche *f.*

plant [plɑːnt] *n* plante *f* ; *(factory)* usine *f.* ◆ *vt* planter.

plaque [plɑːk] *n (plate)* plaque *f* ; *(on teeth)* plaque *f* dentaire.

plaster [ˈplɑːstər] *n Br (for cut)* pansement *m* ; *(for walls)* plâtre *m* ; in ~ *(arm, leg)* dans le plâtre.

plaster cast *n* plâtre *m.*

plastic ['plæstɪk] *n* plastique *m*.
◆ *adj* en plastique.

plastic bag *n* sac *m* (en) plastique.

Plasticine® ['plæstɪsiːn] *n* Br pâte *f* à modeler.

plate [pleɪt] *n* assiette *f* ; (for serving food) plat *m* ; (of metal, glass) plaque *f*.

plateau ['plætəʊ] *n* plateau *m*.

plate-glass *adj* fait(e) d'une seule vitre.

platform ['plætfɔːm] *n* (at railway station) quai *m* ; (raised structure) plate-forme *f*.

platinum ['plætɪnəm] *n* platine *m*.

platter ['plætə] *n* (of food) plateau *m*.

play [pleɪ] *vt* (sport, game) jouer à ; (musical instrument) jouer de ; (piece of music, role) jouer ; (opponent) jouer contre ; (CD, tape, record) passer. ◆ *vi* jouer. ◆ *n* (in theatre) pièce *f* (de théâtre) ; (on TV) dramatique *f*. ❏ **play back** *vt sep* repasser. ❏ **play up** *vi* (machine, car) faire des siennes.

player ['pleɪə] *n* joueur *m*, -euse *f* ; piano ~ pianiste *mf*.

playful ['pleɪfʊl] *adj* joueur(euse).

playground ['pleɪɡraʊnd] *n* (in school) cour *f* de récréation ; (in park etc) aire *f* de jeux.

playing card ['pleɪɪŋ-] *n* carte *f* à jouer.

playing field ['pleɪɪŋ-] *n* terrain *m* de sport.

playroom ['pleɪrʊm] *n* salle *f* de jeux.

playschool ['pleɪskuːl] = **playgroup**.

playtime ['pleɪtaɪm] *n* récréation *f*.

playwright ['pleɪraɪt] *n* auteur *m* dramatique.

plc Br (abbr of public limited company) ≃ SARL.

pleasant ['pleznt] *adj* agréable.

please [pliːz] *adv* s'il te/vous plaît. ◆ *vt* faire plaisir à ; **yes ~!** oui, s'il te/vous plaît! ; **whatever you ~** ce que vous voulez ; **'~ shut the door'** 'veuillez fermer la porte'.

pleased [pliːzd] *adj* content(e) ; **to be ~ with** être content de ; **~ to meet you!** enchanté(e)!

pleasure ['pleʒə] *n* plaisir *m* ; **with ~** avec plaisir, volontiers ; **it's a ~!** je vous en prie!

pleat [pliːt] *n* pli *m*.

pleated ['pliːtɪd] *adj* plissé(e).

plentiful ['plentɪfʊl] *adj* abondant(e).

plenty ['plentɪ] *pron* : **there's ~** il y en a largement assez ; **~ of** beaucoup de.

pliers ['plaɪəz] *npl* pince *f*.

plonk [plɒŋk] *n* Br inf (wine) pinard *m*.

plot [plɒt] *n* (scheme) complot *m* ; (of story, film, play) intrigue *f* ; (of land) parcelle *f* de terre.

plough [plaʊ] *n* Br charrue *f*. ◆ *vt* Br labourer.

ploughman's (lunch) ['plaʊmənz-] *n* Br assiette composée de fromage et de pickles accompagnés de pain, généralement servie dans les pubs.

plow [plaʊ] *Am* = **plough**.

ploy [plɔɪ] *n* ruse *f*.

pluck [plʌk] *vt* (eyebrows) épiler ; (chicken) plumer.

plug [plʌg] *n* (*electrical*) prise *f* (de courant) ; (*for bath, sink*) bonde *f*.
❑ **plug in** *vt sep* brancher.

plughole ['plʌghəʊl] *n* bonde *f*.

plum [plʌm] *n* prune *f*.

plumber ['plʌmə'] *n* plombier *m*.

plumbing ['plʌmɪŋ] *n* (*pipes*) plomberie *f*.

plump [plʌmp] *adj* dodu(e).

plunge [plʌndʒ] *vi* (*fall, dive*) plonger ; (*decrease*) dégringoler.

plunger ['plʌndʒə'] *n* (*for unblocking pipe*) débouchoir *m* à ventouse.

pluperfect (tense) [pluː'pɜː-fɪkt-] *n* : the ~ le plus-que-parfait.

plural ['plʊərəl] *n* pluriel *m* ; in the ~ au pluriel.

plus [plʌs] *prep* plus. ◆ *adj* : 30 ~ 30 ou plus.

plush [plʌʃ] *adj* luxueux(euse).

plywood ['plaɪwʊd] *n* contreplaqué *m*.

p.m. (*abbr of post meridiem*) : 3 ~ 15 h.

PMT *n* (*abbr of premenstrual tension*) syndrome *m* prémenstruel.

pneumatic drill [njuː'mætɪk-] *n* marteau *m* piqueur.

pneumonia [njuː'məʊnjə] *n* pneumonie *f*.

poached egg [pəʊtʃt-] *n* œuf *m* poché.

poached salmon [pəʊtʃt-] *n* saumon *m* poché.

poacher ['pəʊtʃə'] *n* braconnier *m*.

PO Box *n* (*abbr of Post Office Box*) BP *f*.

pocket ['pɒkɪt] *n* poche *f* ; (*on car*

door) vide-poche *m*. ◆ *adj* (*camera, calculator*) de poche.

pocketbook ['pɒkɪtbʊk] *n* (*notebook*) carnet *m* ; *Am* (*handbag*) sac *m* à main.

pocket money *n* Br argent *m* de poche.

podiatrist [pə'daɪətrɪst] *n* Am pédicure *mf*.

poem ['pəʊɪm] *n* poème *m*.

poet ['pəʊɪt] *n* poète *m*.

poetry ['pəʊɪtrɪ] *n* poésie *f*.

point [pɔɪnt] *n* point *m* ; (*tip*) pointe *f* ; (*place*) endroit *m* ; (*moment*) moment *m* ; (*purpose*) but *m* ; Br (*for plug*) prise *f*. ◆ *vi* : to ~ to (*with finger*) montrer du doigt ; (*arrow, sign*) pointer vers ; five ~ seven cinq virgule sept ; what's the ~ ? à quoi bon ? ; there's no ~ ça ne sert à rien ; to be on the ~ of doing sthg être sur le point de faire qqch. ❑ **points** *npl* Br (*on railway*) aiguillage *m*. ❑ **point out** *vt sep* (*object, person*) montrer ; (*fact, mistake*) signaler.

pointed ['pɔɪntɪd] *adj* (*in shape*) pointu(e).

pointless ['pɔɪntlɪs] *adj* inutile.

point of view *n* point *m* de vue.

poison ['pɔɪzn] *n* poison *m*. ◆ *vt* empoisonner.

poisoning ['pɔɪznɪŋ] *n* empoisonnement *m*.

poisonous ['pɔɪznəs] *adj* (*food, gas, substance*) toxique ; (*snake, spider*) venimeux(euse) ; (*plant, mushroom*) vénéneux(euse).

poke [pəʊk] *vt* pousser.

poker ['pəʊkə'] *n* (*card game*) poker *m*.

polar bear ['pəʊlə-] n ours m blanc OR polaire.

pole [pəʊl] n poteau m.

police [pə'liːs] npl : **the ~** la police.

police car n voiture f de police.

police force n police f.

policeman [pə'liːsmən] (pl -men [-mən]) n policier m.

police officer n policier m.

police station n poste m de police, commissariat m.

policewoman [pə'liːs,wʊmən] (pl -women [-,wɪmɪn]) n femme f policier.

policy ['pɒləsɪ] n (approach, attitude) politique f ; (for insurance) police f.

policy-holder n assuré m, -e f.

polio ['pəʊlɪəʊ] n polio f.

polish ['pɒlɪʃ] n (for shoes) cirage m ; (for floor, furniture) cire f. ◆ vt cirer.

polite [pə'laɪt] adj poli(e).

political [pə'lɪtɪkl] adj politique.

politician [,pɒlɪ'tɪʃn] n homme m politique, femme f politique.

politics ['pɒlətɪks] n politique f.

poll [pəʊl] n (survey) sondage m ; **the ~s** (election) les élections.

pollen ['pɒlən] n pollen m.

pollute [pə'luːt] vt polluer.

pollution [pə'luːʃn] n pollution f.

polo neck ['pəʊləʊ-] n Br (jumper) pull m à col roulé.

polyester [,pɒlɪ'estə'] n polyester m.

polystyrene [,pɒlɪ'staɪriːn] n polystyrène m.

polytechnic [,pɒlɪ'teknɪk] n en Grande-Bretagne, établissement supérieur ; depuis 1993, la plupart ont acquis le statut d'université.

polythene bag ['pɒlɪθiːn-] n sac m (en) plastique.

pomegranate ['pɒmɪ,grænɪt] n grenade f.

pompous ['pɒmpəs] adj prétentieux(ieuse).

pond [pɒnd] n mare f ; (in park) bassin m.

pony ['pəʊnɪ] n poney m.

ponytail ['pəʊnɪteɪl] n queue-de-cheval f.

pony-trekking [-,trekɪŋ] n Br randonnée f à dos de poney.

poodle ['puːdl] n caniche m.

pool [puːl] n (for swimming) piscine f ; (of water, blood, milk) flaque f ; (small pond) mare f ; (game) billard m américain. ❑ **pools** npl Br : **the ~s** ≃ le loto sportif.

poor [pɔːʳ] adj pauvre ; (bad) mauvais(e). ◆ npl : **the ~** les pauvres mpl.

poorly ['pɔːlɪ] adj Br (ill) malade. ◆ adv mal.

pop [pɒp] n (music) pop f. ◆ vt inf (put) mettre. ◆ vi (balloon) éclater ; **my ears popped** mes oreilles se sont débouchées. ❑ **pop in** vi Br (visit) faire un saut.

popcorn ['pɒpkɔːn] n pop-corn m inv.

Pope [pəʊp] n : **the ~** le pape.

pop group n groupe m pop.

poplar (tree) ['pɒplə'-] n peuplier m.

pop music n pop f.

popper ['pɒpə'] n Br bouton-pression m.

poppy ['pɒpɪ] n coquelicot m.

Popsicle® ['pɒpsɪkl] n Am sucette f glacée.

pop socks npl mi-bas mpl.

pop star n pop star f.

popular ['pɒpjulə] adj populaire.

popularity [ˌpɒpju'lærətɪ] n popularité f.

populated ['pɒpjuleɪtɪd] adj peuplé(e).

population [pɒpju'leɪʃn] n population f.

porcelain ['pɔːsəlɪn] n porcelaine f.

porch [pɔːtʃ] n (entrance) porche m ; Am (outside house) véranda f.

pork [pɔːk] n porc m.

pork chop n côte f de porc.

pornographic [ˌpɔːnə'græfɪk] adj pornographique.

porridge ['pɒrɪdʒ] n porridge m.

port [pɔːt] n port m ; (drink) porto m.

portable ['pɔːtəbl] adj portable.

porter ['pɔːtə'] n (at hotel, museum) portier m ; (at station, airport) porteur m.

portion ['pɔːʃn] n portion f.

portrait ['pɔːtreɪt] n portrait m.

pose [pəʊz] vt (problem) poser ; (threat) représenter. ◆ vi (for photo) poser.

posh [pɒʃ] adj inf chic.

position [pə'zɪʃn] n position f ; (place, situation, job) situation f ; '~ closed' (in bank, post office etc) 'guichet fermé'.

positive ['pɒzətɪv] adj positif(ive) ; (certain, sure) certain(e).

possess [pə'zes] vt posséder.

possession [pə'zeʃn] n possession f.

possessive [pə'zesɪv] adj possessif(ive).

possibility [ˌpɒsə'bɪlətɪ] n possibilité f.

possible ['pɒsəbl] adj possible ; it's ~ that we may be late il se peut que nous soyons en retard ; would it be ~ ...? serait-il possible ...? ; as much as ~ autant que possible ; if ~ si possible.

possibly ['pɒsəblɪ] adv (perhaps) peut-être.

post [pəʊst] n (system) poste f ; (letters and parcels, delivery) courrier m ; (pole) poteau m ; fml (job) poste m. ◆ vt poster ; by ~ par la poste ; COMPUT (message, question, advertisement) envoyer sur Internet.

postage ['pəʊstɪdʒ] n affranchissement m ; ~ and packing frais de port et d'emballage ; ~ paid port payé.

postage stamp n fml timbre-poste m.

postal order ['pəʊstl-] n mandat m postal.

postbox ['pəʊstbɒks] n Br boîte f aux OR à lettres.

postcard ['pəʊstkɑːd] n carte f postale.

postcode ['pəʊstkəʊd] n Br code m postal.

poster ['pəʊstə'] n poster m ; (for advertising) affiche f.

post-free adv en port payé.

postgraduate [ˌpəʊst'grædʒʊət] n étudiant m, -e f.

Post-it (note)® n Post-it® m.

postman ['pəʊstmən] (pl -men [-mən]) n facteur m.

postmark ['pəʊstmɑːk] n cachet m de la poste.

post office n (building) bureau

m de poste ; **the Post Office** *Br* la poste.

postpone [pəʊst'pəʊn] *vt* reporter.

posture ['pɒstʃə'] *n* posture *f*.

postwoman ['pəʊst‚wʊmən] (*pl* -women [-‚wɪmɪn]) *n* factrice *f*.

pot [pɒt] *n* (for cooking) marmite *f* ; (for jam, paint) pot *m* ; (for coffee) cafetière *f* ; (for tea) théière *f* ; *inf* (cannabis) herbe *f* ; **a ~ of tea** une théière.

potato [pə'teɪtəʊ] (*pl* -es) *n* pomme *f* de terre.

potato salad *n* salade *f* de pommes de terre.

potential [pə'tenʃl] *adj* potentiel(ielle). ◆ *n* possibilités *fpl*.

pothole ['pɒthəʊl] *n* (in road) nid-de-poule *m*.

pot plant *n* plante *f* d'appartement.

potted ['pɒtɪd] *adj* (meat, fish) en terrine *f* ; (plant) en pot.

pottery ['pɒtərɪ] *n* (clay objects) poteries *fpl* ; (craft) poterie *f*.

potty ['pɒtɪ] *n* pot *m* (de chambre).

pouch [paʊtʃ] *n* (for money) bourse *f*.

poultry ['pəʊltrɪ] *n* & *npl* (meat, animals) volaille *f*.

pound [paʊnd] *n* (unit of money) livre *f* ; (unit of weight) ≃ 453,6 grammes. ◆ *vi* (heart) battre fort.

pour [pɔː'] *vt* verser. ◆ *vi* (flow) couler à flot ; **it's ~ing (with rain)** il pleut à verse. ❑ **pour out** *vt sep* (drink) verser.

poverty ['pɒvətɪ] *n* pauvreté *f*.

powder ['paʊdə'] *n* poudre *f*.

power ['paʊə'] *n* pouvoir *m* ;

(strength, force) puissance *f* ; (energy) énergie *f* ; (electricity) courant *m*. ◆ *vt* faire marcher ; **to be in ~** être au pouvoir.

power cut *n* coupure *f* de courant.

power failure *n* panne *f* de courant.

powerful ['paʊəfʊl] *adj* puissant(e).

power point *n Br* prise *f* de courant.

power station *n* centrale *f* électrique.

power steering *n* direction *f* assistée.

practical ['præktɪkl] *adj* pratique.

practically ['præktɪklɪ] *adv* pratiquement.

practice ['præktɪs] *n* (training) entraînement *m* ; (of doctor) cabinet *m* ; (of lawyer) étude *f* ; (regular activity, custom) pratique *f*. ◆ *vt Am* = **practise**.

practise ['præktɪs] *vt* (sport, technique) s'entraîner à ; (music) s'exercer à. ◆ *vi* (train) s'entraîner ; (of music) s'exercer ; (doctor, lawyer) exercer. ◆ *n Am* = **practice**.

praise [preɪz] *n* éloge *m*. ◆ *vt* louer.

pram [præm] *n Br* landau *m*.

prank [præŋk] *n* farce *f*.

prawn [prɔːn] *n* crevette *f* (rose).

prawn cocktail *n* hors-d'œuvre froid à base de crevettes et de mayonnaise au ketchup.

prawn cracker *n* beignet de crevette.

pray [preɪ] *vi* prier ; **to ~ for good weather** prier pour qu'il fasse beau.

prayer [preə'] *n* prière *f*.

precarious [prɪ'keərɪəs] *adj* précaire.

precaution [prɪ'kɔːʃn] *n* précaution *f*.

precede [prɪ'siːd] *vt fml* précéder.

preceding [prɪ'siːdɪŋ] *adj* précédent(e).

precinct ['priːsɪŋkt] *n Br (for shopping)* quartier *m* ; *Am (area of town)* circonscription *f* administrative.

precious ['preʃəs] *adj* précieux(ieuse).

precious stone *n* pierre *f* précieuse.

precipice ['presɪpɪs] *n* précipice *m*.

precise [prɪ'saɪs] *adj* précis(e).

precisely [prɪ'saɪslɪ] *adv* précisément.

predecessor ['priːdɪsesər] *n* prédécesseur *m*.

predicament [prɪ'dɪkəmənt] *n* situation *f* difficile.

predict [prɪ'dɪkt] *vt* prédire.

predictable [prɪ'dɪktəbl] *adj* prévisible.

prediction [prɪ'dɪkʃn] *n* prédiction *f*.

preface ['prefɪs] *n* préface *f*.

prefect ['priːfekt] *n Br (at school)* élève choisi parmi les plus âgés pour prendre en charge la discipline.

prefer [prɪ'fɜːr] *vt* : to ~ sthg (to) préférer qqch (à) ; to ~ to do sthg préférer faire qqch.

preferable ['prefrəbl] *adj* préférable.

preferably ['prefrəblɪ] *adv* de préférence.

preference ['prefərəns] *n* préférence *f*.

prefix ['priːfɪks] *n* préfixe *m*.

pregnancy ['pregnənsɪ] *n* grossesse *f*.

pregnant ['pregnənt] *adj* enceinte.

prejudice ['predʒʊdɪs] *n* préjugé *m*.

prejudiced ['predʒʊdɪst] *adj* plein(e) de préjugés.

preliminary [prɪ'lɪmɪnərɪ] *adj* préliminaire.

premature ['premə,tjʊər] *adj* prématuré(e).

premier ['premjər] *adj* le plus prestigieux (la plus prestigieuse). ◆ *n* Premier ministre *m*.

premiere ['premɪeər] *n* première *f*.

premises ['premɪsɪz] *npl* locaux *mpl*.

premium ['priːmjəm] *n (for insurance)* prime *f*.

premium-quality *adj (meat)* de première qualité.

preoccupied [priː'ɒkjʊpaɪd] *adj* préoccupé(e).

prepacked [,priː'pækt] *adj* préemballé(e).

prepaid ['priːpeɪd] *adj (envelope)* pré-timbré(e).

preparation [,prepə'reɪʃn] *n* préparation *f*. ❑ **preparations** *npl (arrangements)* préparatifs *mpl*.

preparatory school [prɪ'pærətrɪ-] *n (in UK)* école *f* primaire privée ; *(in US)* école privée qui prépare à l'enseignement supérieur.

prepare [prɪ'peər] *vt* préparer. ◆ *vi* se préparer.

prepared [prɪ'peəd] *adj* prêt(e) ; to be ~ to do sthg être prêt à faire qqch.

preposition [ˌprepəˈzɪʃn] n préposition f.

prep school [prep-] = preparatory school.

prescribe [prɪˈskraɪb] vt prescrire.

prescription [prɪˈskrɪpʃn] n (paper) ordonnance f ; (medicine) médicaments mpl.

presence [ˈprezns] n présence f ; in sb's ~ en présence de qqn.

present [adj & n ˈpreznt, vb prɪˈzent] adj (in attendance) présent(e) ; (current) actuel(elle). ◆ n (gift) cadeau m. ◆ vt présenter ; (give) remettre ; (problem) poser ; the ~ (tense) GRAMM le présent ; at ~ actuellement ; the ~ le présent ; to ~ sb to sb présenter qqn à qqn.

presentable [prɪˈzentəbl] adj présentable.

presentation [ˌpreznˈteɪʃn] n présentation f ; (ceremony) remise f.

presenter [prɪˈzentə] n présentateur m, -trice f.

presently [ˈprezntlɪ] adv (soon) bientôt ; (now) actuellement.

preservation [ˌprezəˈveɪʃn] n conservation f.

preservative [prɪˈzɜːvətɪv] n conservateur m.

preserve [prɪˈzɜːv] n (jam) confiture f. ◆ vt conserver ; (peace, dignity) préserver.

president [ˈprezɪdənt] n président m.

press [pres] vt (push) presser, appuyer sur ; (iron) repasser. ◆ n : the ~ la presse ; to ~ sb to do sthg presser qqn de faire qqch.

press conference n conférence f de presse.

press-stud n bouton-pression m.

press-up n pompe f.

pressure [ˈpreʃə] n pression f.

pressure cooker n Cocotte-Minute® f.

prestigious [preˈstɪdʒəs] adj prestigieux(ieuse).

presumably [prɪˈzjuːməblɪ] adv vraisemblablement.

presume [prɪˈzjuːm] vt (assume) supposer.

pretend [prɪˈtend] vt : to ~ to do sthg faire semblant de faire qqch.

pretentious [prɪˈtenʃəs] adj prétentieux(ieuse).

pretty [ˈprɪtɪ] adj (attractive) joli(e). ◆ adv inf (quite) assez ; (very) très.

prevent [prɪˈvent] vt empêcher ; to ~ sb/sthg from doing sthg empêcher qqn/qqch de faire qqch.

prevention [prɪˈvenʃn] n prévention f.

preview [ˈpriːvjuː] n (of film) avant-première f ; (short description) aperçu m.

previous [ˈpriːvjəs] adj (earlier) antérieur(e) ; (preceding) précédent(e).

previously [ˈpriːvjəslɪ] adv auparavant.

price [praɪs] n prix m. ◆ vt : to be ~d at coûter.

priceless [ˈpraɪslɪs] adj (expensive) hors de prix ; (valuable) inestimable.

price list n tarif m.

pricey [ˈpraɪsɪ] adj inf chérot.

prick [prɪk] vt piquer.

prickly [ˈprɪklɪ] adj (plant, bush) épineux(euse).

prickly heat n boutons mpl de chaleur.

pride [praid] n (satisfaction) fierté f ; (self-respect, arrogance) orgueil m. ◆ vt : to ~ o.s. on sthg être fier de qqch.

priest [priːst] n prêtre m.

primarily ['praɪmərɪlɪ] adv principalement.

primary school ['praɪmərɪ-] n école f primaire.

prime [praɪm] adj (chief) principal(e) ; (beef, cut) de premier choix ; ~ quality qualité supérieure.

prime minister n Premier ministre m.

primitive ['prɪmɪtɪv] adj primitif(ive).

primrose ['prɪmrəʊz] n primevère f.

prince [prɪns] n prince m.

princess [prɪn'ses] n princesse f.

principal ['prɪnsəpl] adj principal(e). ◆ n (of school) directeur m, -trice f ; (of university) doyen m, -enne f.

principle ['prɪnsəpl] n principe m ; in ~ en principe.

print [prɪnt] n (words) caractères mpl ; (photo) tirage m ; (of painting) reproduction f ; (mark) empreinte f. ◆ vt (book, newspaper) imprimer ; (publish) publier ; (write) écrire (en caractères d'imprimerie) ; (photo) tirer ; out of ~ épuisé. ❑ print out vt sep imprimer.

printed matter ['prɪntɪd-] n imprimés mpl.

printer ['prɪntə] n (machine) imprimante f ; (person) imprimeur m.

printout ['prɪntaʊt] n sortie f papier.

prior ['praɪə] adj (previous) précédent(e) ; ~ to fml avant.

priority [praɪ'ɒrətɪ] n priorité f ; to have ~ over avoir la priorité sur.

prison ['prɪzn] n prison f.

prisoner ['prɪznə] n prisonnier m, -ière f.

prisoner of war n prisonnier m de guerre.

prison officer n gardien m de prison.

privacy ['prɪvəsɪ] n intimité f.

private ['praɪvɪt] adj privé(e) ; (bathroom, lesson) particulier(ière) ; (confidential) confidentiel(ielle) ; (place) tranquille. ◆ n MIL (simple) soldat m ; in ~ en privé.

private health care n assurance-maladie f privée.

private property n propriété f privée.

private school n école f privée.

privilege ['prɪvɪlɪdʒ] n privilège m ; it's a ~ ! c'est un honneur !

prize [praɪz] n prix m.

prize-giving [-ˌgɪvɪŋ] n remise f des prix.

pro [prəʊ] (pl -s) n inf (professional) pro mf. ❑ pros npl : the ~s and cons le pour et le contre.

probability [ˌprɒbə'bɪlətɪ] n probabilité f.

probable ['prɒbəbl] adj probable.

probably ['prɒbəblɪ] adv probablement.

probation officer [prə'beɪʃn-] n ≃ agent m de probation.

problem ['prɒbləm] n problème m ; no ~ ! inf pas de problème !

promise

procedure [prə'si:dʒə'] n procédure f.

proceed [prə'si:d] vi (ffml) (continue) continuer ; (act) procéder ; (advance) avancer.

proceeds ['prəusi:dz] npl recette f.

process ['prəuses] n (series of events) processus m ; (method) procédé m ; to be in the ~ of doing sthg être en train de faire qqch.

processed cheese ['prəusest-] n (for spreading) fromage m à tartiner ; (in slices) fromage en tranches.

procession [prə'seʃn] n procession f.

prod [prɒd] vt (poke) pousser.

produce [vb prə'dju:s, n 'prɒdju:s] vt produire ; (cause) provoquer. ◆ n produits mpl (alimentaires).

producer [prə'dju:sə'] n producteur m, -trice f.

product ['prɒdʌkt] n produit m.

production [prə'dʌkʃn] n production f.

productivity [,prɒdʌk'tɪvɪtɪ] n productivité f.

profession [prə'feʃn] n profession f.

professional [prə'feʃənl] adj professionnel(elle). ◆ n professionnel m, -elle f.

professor [prə'fesə'] n (in UK) professeur m d'université ; (in US) ≃ maître m de conférences.

profile ['prəufaɪl] n (silhouette, outline) profil m ; (description) portrait m.

profit ['prɒfɪt] n profit m. ◆ vi : to ~ (from) profiter (de).

profitable ['prɒfɪtəbl] adj profitable.

profiteroles [prə'fɪtərəulz] npl profiteroles fpl.

profound [prə'faund] adj profond(e).

program ['prəugræm] n COMPUT programme m ; Am = programme. ◆ vt COMPUT programmer.

programme ['prəugræm] n [Br] (of events, booklet) programme m ; (on TV, radio) émission f.

progress [n 'prəugres, vb prə'gres] n (improvement) progrès m ; (forward movement) progression f. ◆ vi (work, talks, student) progresser ; (day, meeting) avancer ; to make ~ (improve) faire des progrès ; (in journey) avancer ; in ~ en progrès.

progressive [prə'gresɪv] adj (forward-looking) progressiste.

prohibit [prə'hɪbɪt] vt interdire ; 'smoking strictly ~ed' 'défense absolue de fumer'.

project ['prɒdʒekt] n projet m.

projector [prə'dʒektə'] n projecteur m.

prolong [prə'lɒŋ] vt prolonger.

prom [prɒm] n Am (dance) bal m d'étudiants.

promenade [,prɒmə'na:d] n Br (by the sea) promenade f.

prominent ['prɒmɪnənt] adj (person) important(e) ; (teeth, chin) proéminent(e).

promise ['prɒmɪs] n promesse f. ◆ vt & vi promettre ; to show ~ promettre ; I ~ (that) I'll come je promets que je viendrai ; to ~ sb sthg promettre qqch à qqn ; to ~ to do sthg promettre de faire qqch.

promising ['prɒmɪsɪŋ] adj prometteur(euse).

promote [prə'məut] vt promouvoir.

promotion [prə'məuʃn] n promotion f.

prompt [prɒmpt] adj rapide.
◆ adv : at six o'clock ~ à six heures pile.

prone [prəun] adj : to be ~ to sthg être sujet à qqch ; to be ~ to do sthg avoir tendance à faire qqch.

prong [prɒŋ] n (of fork) dent f.

pronoun ['prəunaun] n pronom m.

pronounce [prə'nauns] vt prononcer.

pronunciation [prəˌnʌnsɪ'eɪʃn] n prononciation f.

proof [pruːf] n (evidence) preuve f ; 12% ~ 12 degrés.

prop [prɒp] : **prop up** vt sep soutenir.

propeller [prə'pelə] n hélice f.

proper ['prɒpə] adj (suitable) adéquat(e) ; (correct) bon (bonne) ; (behaviour) correct(e).

properly ['prɒpəli] adv correctement.

property ['prɒpəti] n propriété f.

proportion [prə'pɔːʃn] n (part, amount) partie f ; (ratio, in art) proportion f.

proposal [prə'pəuzl] n proposition f.

propose [prə'pəuz] vt proposer.
◆ vi : to ~ to sb demander qqn en mariage.

proposition [ˌprɒpə'zɪʃn] n proposition f.

proprietor [prə'praɪətə] n fml propriétaire f.

prose [prəuz] n (not poetry) prose f ; SCH thème m.

prosecution [ˌprɒsɪ'kjuːʃn] n JUR (charge) accusation f.

prospect ['prɒspekt] n (possibility) possibilité f ; I don't relish the ~ cette perspective ne m'enchante guère. ❑ **prospects** npl (for the future) perspectives fpl.

prospectus [prə'spektəs] (pl -es) n prospectus m.

prosperous ['prɒspərəs] adj prospère.

prostitute ['prɒstɪtjuːt] n prostituée f.

protect [prə'tekt] vt protéger ; to ~ sb/sthg from protéger qqn/qqch contre OR de ; to ~ sb/sthg against protéger qqn/qqch contre OR de.

protection [prə'tekʃn] n protection f.

protection factor n (of suntan lotion) indice m de protection.

protective [prə'tektɪv] adj protecteur(trice).

protein ['prəutiːn] n protéines fpl.

protest [n 'prəutest, vb prə'test] n (complaint) protestation f ; (demonstration) manifestation f. ◆ vt Am (protest against) protester contre. ◆ vi : to ~ (against) protester (contre).

Protestant ['prɒtɪstənt] n protestant m, -e f.

protester [prə'testə] n manifestant m, -e f.

protrude [prə'truːd] vi dépasser.

proud [praud] adj fier (fière) ; to be ~ of être fier de.

prove [pruːv] (pp -d OR proven ['pruːvn]) vt prouver ; (turn out to be) se révéler.

proverb ['prɒvɜːb] n proverbe m.

provide [prə'vaɪd] vt fournir ; to ~ sb with sthg (information, equipment) fournir qqch à qqn. ▫ **provide for** vt fus (person) subvenir aux besoins de.

provided (that) [prə'vaɪdɪd-] conj pourvu que.

providing (that) [prə'vaɪdɪŋ-] = provided (that).

province ['prɒvɪns] n province f.

provisional [prə'vɪʒənl] adj provisoire.

provisions [prə'vɪʒnz] npl provisions fpl.

provocative [prə'vɒkətɪv] adj provocant(e).

provoke [prə'vəʊk] vt provoquer.

prowl [praʊl] vi rôder.

prune [pruːn] n pruneau m. ◆ vt (tree, bush) tailler.

PS (abbr of postscript) P.-S.

psychiatrist [saɪ'kaɪətrɪst] n psychiatre mf.

psychic ['saɪkɪk] adj doué(e) de seconde vue.

psychological [ˌsaɪkə'lɒdʒɪkl] adj psychologique.

psychologist [saɪ'kɒlədʒɪst] n psychologue mf.

psychology [saɪ'kɒlədʒɪ] n psychologie f.

psychotherapist [ˌsaɪkəʊ-'θerəpɪst] n psychothérapeute mf.

pt abbr = pint.

PTO (abbr of please turn over) TSVP.

pub [pʌb] n pub m.

---

public telephone

---

puberty ['pjuːbətɪ] n puberté f.

public ['pʌblɪk] adj public(ique). ◆ n : the ~ le public ; in ~ en public.

publican ['pʌblɪkən] n Br patron m, -onne f de pub.

publication [ˌpʌblɪ'keɪʃn] n publication f.

public bar n Br bar m (salle moins confortable et moins chère que le ' lounge bar ' ou le ' saloon bar ').

public convenience n Br toilettes fpl publiques.

public footpath n Br sentier m public.

public holiday n jour m férié.

public house n Br fml pub m.

publicity [pʌb'lɪsɪtɪ] n publicité f.

public school n (in UK) école f privée ; (in US) école f publique.

public telephone n téléphone m public.

public transport *n* transports *mpl* en commun.

publish ['pʌblɪʃ] *vt* publier.

publisher ['pʌblɪʃə'] *n (person)* éditeur *m*, -trice *f* ; *(company)* maison *f* d'édition.

publishing ['pʌblɪʃɪŋ] *n (industry)* édition *f*.

pub lunch *n* repas de midi servi dans un pub.

pudding ['pudɪn] *n (sweet dish)* pudding *m* ; Br *(course)* dessert *m*.

puddle ['pʌdl] *n* flaque *f*.

puff [pʌf] *vi (breathe heavily)* souffler. ◆ *n (of air, smoke)* bouffée *f* ; **to ~ at** *(cigarette, pipe)* tirer sur.

puff pastry *n* pâte *f* à choux.

pull [pul] *vt* tirer ; *(trigger)* appuyer sur. ◆ *vi* tirer. ◆ *n* : **to give sthg a ~** tirer sur qqch ; **to ~ a face** faire une grimace ; **to ~ a muscle** se froisser un muscle ; 'pull' *(on door)* 'tirez'. ❑ **pull apart** *vt sep (book)* mettre en pièces ; *(machine)* démonter. ❑ **pull down** *vt sep (blind)* baisser ; *(demolish)* démolir. ❑ **pull in** *vi (train)* entrer en gare ; *(car)* se ranger. ❑ **pull out** ◆ *vt sep (tooth, cork, plug)* enlever. ◆ *vi (train)* partir ; *(car)* déboîter ; *(withdraw)* se retirer. ❑ **pull over** *vi (car)* se ranger. ❑ **pull up** ◆ *vt sep (socks, trousers, sleeve)* remonter. ◆ *vi (stop)* s'arrêter.

pulley ['puli] *(pl -s)* *n* poulie *f*.

pull-out *n* Am *(beside road)* aire *f* de stationnement.

pullover ['pul‚əuvə'] *n* pull(-over) *m*.

pulpit ['pulpɪt] *n* chaire *f*.

pulse [pʌls] *n* MED pouls *m*.

pump [pʌmp] *n* pompe *f*.

❑ **pumps** *npl (sports shoes)* tennis *mpl*. ❑ **pump up** *vt sep* gonfler.

pumpkin ['pʌmpkɪn] *n* potiron *m*.

pun [pʌn] *n* jeu *m* de mots.

punch [pʌntʃ] *n (blow)* coup *m* de poing ; *(drink)* punch *m*. ◆ *vt (hit)* donner un coup de poing à ; *(ticket)* poinçonner.

punctual ['pʌŋktʃuəl] *adj* ponctuel(elle).

punctuation [‚pʌŋktʃu'eɪʃn] *n* ponctuation *f*.

puncture ['pʌŋktʃə'] *n* crevaison *f*. ◆ *vt* crever.

punish ['pʌnɪʃ] *vt* : **to ~ sb (for sthg)** punir qqn (de OR pour qqch).

punishment ['pʌnɪʃmənt] *n* punition *f*.

punk [pʌŋk] *n (person)* punk *mf* ; *(music)* punk *m*.

punnet ['pʌnɪt] *n* Br barquette *f*.

pupil ['pju:pl] *n (student)* élève *mf* ; *(of eye)* pupille *f*.

puppet ['pʌpɪt] *n* marionnette *f*.

puppy ['pʌpɪ] *n* chiot *m*.

purchase ['pɜ:tʃəs] *vt fml* acheter. ◆ *n fml* achat *m*.

pure [pjuə'] *adj* pur(e).

puree ['pjuəreɪ] *n* purée *f*.

purely ['pjuəlɪ] *adv* purement.

purity ['pjuərətɪ] *n* pureté *f*.

purple ['pɜ:pl] *adj* violet(ette).

purpose ['pɜ:pəs] *n (reason)* motif *m* ; *(use)* usage *m* ; **on ~** exprès.

purr [pɜ:'] *vi* ronronner.

purse [pɜ:s] *n* Br *(for money)* porte-monnaie *m inv* ; Am *(handbag)* sac *m* à main.

pursue [pə'sju:] *vt* poursuivre.

pus [pʌs] *n* pus *m*.

push [puʃ] *vt (shove)* pousser ;

(button) appuyer sur, presser ; *(product)* promouvoir. ◆ vi pousser. ◆ n : **to give sb/sthg a ~** pousser qqn/qqch ; **to ~ sb into doing sthg** pousser qqn à faire qqch ; **'push'** *(on door)* 'poussez'. ❑ **push in** vi *(in queue)* se faufiler. ❑ **push off** vi inf *(go away)* dégager.

push-button telephone n téléphone m à touches.

pushchair ['pʊʃtʃeə] n Br poussette f.

pushed [pʊʃt] adj inf : **to be ~** *(for time)* être pressé(e).

push-ups npl pompes fpl.

☞━━━━━━━━━━━━

put [pʊt] *(pt & pp* put) vt *(place)* poser, mettre ; *(responsibility)* rejeter ; *(express)* exprimer ; *(write)* mettre, écrire ; *(a question)* poser ; *(estimate)* estimer ; **to ~ a child to bed** mettre un enfant au lit ; **to ~ money into sthg** mettre de l'argent dans qqch.
❑ **put aside** vt sep *(money)* mettre de côté.
❑ **put away** vt sep *(tidy up)* ranger.
❑ **put back** vt sep *(replace)* remettre ; *(postpone)* repousser ; *(clock, watch)* retarder.
❑ **put down** vt sep *(on floor, table)* poser ; *(passenger)* déposer ; Br *(animal)* piquer ; *(deposit)* verser.
❑ **put forward** vt sep avancer.
❑ **put in** vt sep *(insert)* introduire ; *(install)* installer ; *(in container, bags)* mettre dedans.
❑ **put off** vt sep *(postpone)* reporter ; *(distract)* distraire ; *(repel)* dégoûter ; *(passenger)* déposer.
❑ **put on** vt sep *(clothes, make-up, CD)* mettre ; *(weight)* prendre ; *(television, light, radio)* allumer ;

(play, show) monter ; **to ~ on weight** grossir ; **to ~ the kettle on** mettre la bouilloire à chauffer.
❑ **put out** vt sep *(cigarette, fire, light)* éteindre ; *(publish)* publier ; *(arm, leg)* étendre ; *(hand)* tendre ; *(inconvenience)* déranger ; **to ~ one's back out** se déplacer une vertèbre.
❑ **put together** vt sep *(assemble)* monter ; *(combine)* réunir.
❑ **put up** vt sep *(building)* construire ; *(statue)* ériger ; *(tent)* monter ; *(umbrella)* ouvrir ; *(a notice)* afficher ; *(price, rate)* augmenter ; *(provide with accommodation)* loger. ◆ vi Br *(in hotel)* descendre.
❑ **put up with** vt fus supporter.

putting green ['pʌtɪŋ-] n green m.

putty ['pʌtɪ] n mastic m.

puzzle ['pʌzl] n *(game)* casse-tête m inv ; *(jigsaw)* puzzle m ; *(mystery)* énigme f. ◆ vt rendre perplexe.

puzzling ['pʌzlɪŋ] adj déconcertant(e).

pylon ['paɪlən] n pylône m.

pyramid ['pɪrəmɪd] n pyramide f.

Pyrenees [ˌpɪrə'niːz] npl : **the ~** les Pyrénées fpl.

quail [kweɪl] n caille f.

quail's eggs npl œufs mpl de caille.

quaint [kweɪnt] adj pittoresque.

qualification [ˌkwɒlɪfɪ'keɪʃn] n *(diploma)* diplôme m ; *(ability)* qualification f.

qualified ['kwɒlɪfaɪd] *adj* quali-fié(e).

qualify ['kwɒlɪfaɪ] *vi* (for competition) se qualifier ; (pass exam) obtenir un diplôme.

quality ['kwɒlətɪ] *n* qualité f. ◆ *adj* de qualité.

quarantine ['kwɒrəntiːn] *n* quarantaine f.

quarrel ['kwɒrəl] *n* dispute f. ◆ *vi* se disputer.

quarry ['kwɒrɪ] *n* carrière f.

quart [kwɔːt] *n* (in UK) = 1,136 litres, ≃ litre m ; (in US) = 0,946 litre, ≃ litre.

quarter ['kwɔːtə'] *n* (fraction) quart m ; Am (coin) pièce f de 25 cents ; (4 ounces) = 0,1134 kg, ≃ quart ; (three months) trimestre m ; (part of town) quartier m ; (a) ~ to five Br cinq heures moins le quart ; (a) ~ of five Am cinq heures moins le quart ; (a) ~ past five Br cinq heures et quart ; (a) ~ after five Am cinq heures et quart ; (a) ~ of an hour un quart d'heure.

quarterpounder [ˌkwɔːtə-'paʊndə'] *n* steak haché épais.

quartet [kwɔː'tet] *n* (group) quatuor m.

quartz [kwɔːts] *adj* (watch) à quartz.

quay [kiː] *n* quai m.

queasy ['kwiːzɪ] *adj inf* : to feel ~ avoir mal au cœur.

queen [kwiːn] *n* reine f ; (in cards) dame f.

queer [kwɪə'] *adj* (strange) bizarre ; *inf* (ill) patraque ; *inf* (homosexual) homo.

quench [kwentʃ] *vt* : to ~ one's thirst étancher sa soif.

query ['kwɪərɪ] *n* question f.

question ['kwestʃn] *n* question f. ◆ *vt* (person) interroger ; it's out of the ~ c'est hors de question.

question mark *n* point m d'interrogation.

questionnaire [ˌkwestʃə'neə'] *n* questionnaire m.

queue [kjuː] *n* Br queue f. ◆ *vi* faire la queue. ❏ **queue up** *vi* Br faire la queue.

quiche [kiːʃ] *n* quiche f.

quick [kwɪk] *adj* rapide. ◆ *adv* rapidement, vite.

quickly ['kwɪklɪ] *adv* rapidement, vite.

quid [kwɪd] (*pl inv*) *n* Br *inf* (pound) livre f.

quiet ['kwaɪət] *adj* silencieux(ieuse) ; (calm, peaceful) tranquille. ◆ *n* calme m ; in a ~ voice à voix basse ; keep ~! chut!, taisez-vous! ; to keep ~ (not say anything) se taire ; to keep ~ about sthg ne pas parler de qqch.

quieten ['kwaɪətn] : **quieten down** *vi* se calmer.

quietly ['kwaɪətlɪ] *adv* silencieusement ; (calmly) tranquillement.

quilt [kwɪlt] *n* (duvet) couette f ; (eiderdown) édredon m.

quince [kwɪns] *n* coing m.

quirk [kwɜːk] *n* bizarrerie f.

quit [kwɪt] (*pt & pp* **quit**) *vi* (resign) démissionner ; (give up) abandonner. ◆ *vt* Am (school, job) quitter ; to ~ doing sthg arrêter de faire qqch.

quite [kwaɪt] *adv* (fairly) assez ; (completely) tout à fait ; not ~ pas tout à fait ; ~ a lot (of) pas mal (de).

quiz [kwɪz] (*pl* -zes) *n* jeu m (basé

sur des questions de culture générale).

quota ['kwəʊtə] n quota m.

quotation [kwəʊ'teɪʃn] n *(phrase)* citation f ; *(estimate)* devis m.

quotation marks npl guillemets mpl.

quote [kwəʊt] vt *(phrase, writer)* citer ; *(price)* indiquer. ◆ n *(phrase)* citation f ; *(estimate)* devis m.

R

rabbit ['ræbɪt] n lapin m.

rabies ['reɪbiːz] n rage f.

RAC n ≃ ACF m.

race [reɪs] n *(competition)* course f ; *(ethnic group)* race f. ◆ vi *(compete)* faire la course ; *(go fast)* aller à toute vitesse ; *(engine)* s'emballer. ◆ vt faire la course avec.

racecourse ['reɪskɔːs] n champ m de courses.

racehorse ['reɪshɔːs] n cheval m de course.

racetrack ['reɪstræk] n *(for horses)* champ m de courses.

racial ['reɪʃl] adj racial(e).

racing ['reɪsɪŋ] n : *(horse)* ~ courses fpl de chevaux.

racing car n voiture f de course.

racism ['reɪsɪzm] n racisme m.

racist ['reɪsɪst] n raciste mf.

rack [ræk] n *(for bottles)* casier m ; *(for coats)* portemanteau m ; *(for plates)* égouttoir m ; *(luggage)* ~ *(on car)* galerie f ; *(on bike)* porte-bagages m inv ; ~ **of lamb** carré m d'agneau.

racket ['rækɪt] n raquette f ; *(noise)* raffut m.

racquet ['rækɪt] n raquette f.

radar ['reɪdɑː] n radar m.

radiation [reɪdɪ'eɪʃn] n radiations fpl.

radiator ['reɪdɪeɪtə] n radiateur m.

radical ['rædɪkl] adj radical(e).

radii ['reɪdɪaɪ] pl → radius.

radio ['reɪdɪəʊ] *(pl -s)* n radio f. ◆ vt *(person)* appeler par radio ; **on the** ~ à la radio.

radioactive [reɪdɪəʊ'æktɪv] adj radioactif(ive).

radio alarm n radio-réveil m.

radish ['rædɪʃ] n radis m.

radius ['reɪdɪəs] *(pl radii)* n rayon m.

raffle ['ræfl] n tombola f.

raft [rɑːft] n *(of wood)* radeau m ; *(inflatable)* canot m pneumatique.

rafter ['rɑːftə] n chevron m.

rag [ræg] n *(old cloth)* chiffon m.

rage [reɪdʒ] n rage f.

raid [reɪd] n *(attack)* raid m ; *(by police)* descente f ; *(robbery)* hold-up m inv. ◆ vt *(subj : police)* faire une descente dans ; *(subj : thieves)* faire un hold-up dans.

rail [reɪl] n *(bar)* barre f ; *(for curtain)* tringle f ; *(on stairs)* rampe f ; *(for train, tram)* rail m. ◆ adj *(transport, network)* ferroviaire ; *(travel)* en train ; **by** ~ en train.

railcard ['reɪlkɑːd] n Br carte f de réduction des chemins de fer pour jeunes et retraités.

railings ['reɪlɪŋz] npl grille f.

railroad ['reɪlrəʊd] Am = **railway**.

railway ['reɪlweɪ] n *(system)* chemin m de fer ; *(track)* voie f ferrée.

railway line n (route) ligne f de chemin de fer ; (track) voie f ferrée.

railway station n gare f.

rain [reɪn] n pluie f. ◆ v impers pleuvoir ; it's ~ing il pleut.

rainbow ['reɪnbəʊ] n arc-en-ciel m.

raincoat ['reɪnkəʊt] n imperméable m.

raindrop ['reɪndrɒp] n goutte f de pluie.

rainfall ['reɪnfɔːl] n précipitations fpl.

rainy ['reɪnɪ] adj pluvieux(ieuse).

raise [reɪz] vt (lift) lever ; (increase) augmenter ; (money) collecter ; (child, animals) élever ; (question, subject) soulever. ◆ n Am (pay increase) augmentation f.

raisin ['reɪzn] n raisin m sec.

rake [reɪk] n râteau m.

rally ['rælɪ] n (public meeting) rassemblement m ; (motor race) rallye m ; (in tennis, badminton, squash) échange m.

ram [ræm] n (sheep) bélier m. ◆ vt percuter.

ramble ['ræmbl] n randonnée f.

ramp [ræmp] n (slope) rampe f ; (in road) ralentisseur m ; Am (to freeway) bretelle f d'accès ; 'ramp' Br (bump) panneau annonçant une dénivellation due à des travaux.

ramparts ['ræmpɑːts] npl remparts mpl.

ran [ræn] pt → run.

ranch [rɑːntʃ] n ranch m.

rancid ['rænsɪd] adj rance.

random ['rændəm] adj (choice, number) aléatoire. ◆ n : at ~ au hasard.

rang [ræŋ] pt → ring.

range [reɪndʒ] n (of radio, telescope) portée f ; (of prices, temperatures, ages) éventail m ; (of goods, services) gamme f ; (of hills, mountains) chaîne f ; (for shooting) champ m de tir ; (cooker) fourneau m. ◆ vi (vary) varier.

ranger ['reɪndʒə'] n (of park, forest) garde m forestier.

rank [ræŋk] n grade m. ◆ adj (smell, taste) ignoble.

ransom ['rænsəm] n rançon f.

rap [ræp] n (music) rap m.

rape [reɪp] n viol m. ◆ vt violer.

rapid ['ræpɪd] adj rapide. ❏ **rapids** npl rapides mpl.

rapidly ['ræpɪdlɪ] adv rapidement.

rapist ['reɪpɪst] n violeur m.

rare [reə'] adj rare ; (meat) saignant(e).

rarely ['reəlɪ] adv rarement.

rash [ræʃ] n éruption f cutanée. ◆ adj imprudent(e).

raspberry ['rɑːzbərɪ] n framboise f.

rat [ræt] n rat m.

ratatouille [ˌrætə'tuːɪ] n ratatouille f.

rate [reɪt] n (level) taux m ; (charge) tarif m ; (speed) vitesse f. ◆ vt (consider) considérer ; (deserve) mériter ; ~ of exchange taux de change ; at any ~ en tout cas ; at this ~ à ce rythme-là.

rather ['rɑːðə'] adv plutôt ; I'd ~ stay in je préférerais ne pas sortir ; I'd ~ not j'aimerais mieux pas ; would you ~ ...? préférerais-tu ...? ; ~ a lot of pas mal de ; ~ than plutôt que.

ratio ['reɪʃɪəʊ] (pl -s) n rapport m.

ration ['ræʃn] n (share) ration f. ❑ **rations** npl (food) vivres mpl.

rational ['ræʃnl] adj rationnel(elle).

rattle ['rætl] n (of baby) hochet m. ◆ vi faire du bruit.

rave [reɪv] n (party) rave f, rave-party.

raven ['reɪvn] n corbeau m.

ravioli [,rævɪ'əʊlɪ] n ravioli(s) mpl.

raw [rɔː] adj cru(e) ; (sugar) non raffiné(e) ; (silk) sauvage.

raw material n matière f première.

ray [reɪ] n rayon m.

razor ['reɪzə] n rasoir m.

razor blade n lame f de rasoir.

Rd (abbr of Road) Rte.

re [riː] prep concernant.

RE n (abbr of religious education) instruction f religieuse.

reach [riːtʃ] vt atteindre ; (contact) joindre ; (agreement, decision) parvenir à. ◆ n : out of ~ hors de portée ; within ~ of the beach à proximité de la plage. ❑ **reach out** vi : to ~ out (for) tendre le bras (vers).

react [rɪ'ækt] vi réagir.

reaction [rɪ'ækʃn] n réaction f.

read [riːd] (pt & pp read [red]) vt lire ; (subj : sign, note) dire ; (subj : meter, gauge) indiquer. ◆ vi lire ; to ~ about sthg apprendre qqch dans les journaux. ❑ **read out** vt sep lire à haute voix.

reader ['riːdə] n lecteur m, -trice f.

readily ['redɪlɪ] adv (willingly) volontiers ; (easily) facilement.

reading ['riːdɪŋ] n (of books, papers) lecture f ; (of meter, gauge) données fpl.

reading matter n lecture f.

ready ['redɪ] adj prêt(e) ; to be ~ for sthg (prepared) être prêt pour qqch ; to be ~ to do sthg être prêt à faire qqch ; to get ~ se préparer ; to get sthg ~ préparer qqch.

ready cash n liquide m.

ready-cooked [-kʊkt] adj précuit(e).

ready-to-wear adj de prêt à porter.

real ['rɪəl] adj vrai(e) ; (world) réel(elle). ◆ adv Am vraiment, très.

real ale n Br bière rousse de fabrication traditionnelle, fermentée en fûts.

real estate n immobilier m.

realistic [,rɪə'lɪstɪk] adj réaliste.

reality [rɪ'ælətɪ] n réalité f ; in ~ en réalité.

realize ['rɪəlaɪz] vt (become aware of) se rendre compte de ; (know) savoir ; (ambition, goal) réaliser.

really ['rɪəlɪ] adv vraiment ; not ~ pas vraiment.

realtor ['rɪəltər] n Am agent m immobilier.

rear [rɪə] adj arrière (inv). ◆ n (back) arrière m.

rearrange [,riːə'reɪndʒ] vt (room, furniture) réarranger ; (meeting) déplacer.

rearview mirror ['rɪəvjuː-] n rétroviseur m.

rear-wheel drive n traction f arrière.

reason ['riːzn] n raison f ; **for some ~** pour une raison ou pour une autre.

reasonable ['riːznəbl] adj raisonnable.

reasonably ['riːznəblɪ] adv (quite) assez.

reasoning ['riːznɪŋ] n raisonnement m.

reassure [ˌriːə'ʃɔːʳ] vt rassurer.

reassuring [ˌriːə'ʃɔːrɪŋ] adj rassurant(e).

rebate ['riːbeɪt] n rabais m.

rebel [n 'rebl, vb rɪ'bel] n rebelle mf. ◆ vi se rebeller.

rebound [rɪ'baʊnd] vi (ball etc) rebondir.

rebuild [ˌriː'bɪld] (pt & pp rebuilt [ˌriː'bɪlt]) vt reconstruire.

rebuke [rɪ'bjuːk] vt réprimander.

recall [rɪ'kɔːl] vt (remember) se souvenir de.

receipt [rɪ'siːt] n reçu m ; **on ~ of** à réception de.

receive [rɪ'siːv] vt recevoir.

receiver [rɪ'siːvəʳ] n (of phone) combiné m.

recent ['riːsnt] adj récent(e).

recently ['riːsntlɪ] adv récemment.

receptacle [rɪ'septəkl] n fml récipient m.

reception [rɪ'sepʃn] n réception f ; (welcome) accueil m.

reception desk n réception f.

receptionist [rɪ'sepʃənɪst] n réceptionniste mf.

recess ['riːses] n (in wall) renfoncement m ; Am SCH récréation f.

recession [rɪ'seʃn] n récession f.

recipe ['resɪpɪ] n recette f.

recite [rɪ'saɪt] vt (poem) réciter ; (list) énumérer.

reckless ['rekləs] adj imprudent(e).

reckon ['rekn] vt inf (think) penser. ❑ **reckon on** vt fus compter sur. ❑ **reckon with** vt fus (expect) s'attendre à.

reclaim [rɪ'kleɪm] vt (baggage) récupérer.

reclining seat [rɪ'klaɪnɪŋ-] n siège m inclinable.

recognition [ˌrekəg'nɪʃn] n reconnaissance f.

recognize ['rekəgnaɪz] vt reconnaître.

recollect [ˌrekə'lekt] vt se rappeler.

recommend [ˌrekə'mend] vt recommander ; **to ~ sb to do sthg** recommander à qqn de faire qqch.

recommendation [ˌrekəmen'deɪʃn] n recommandation f.

reconsider [ˌriːkən'sɪdəʳ] vt reconsidérer.

reconstruct [ˌriːkən'strʌkt] vt reconstruire.

record [n 'rekɔːd, vb rɪ'kɔːd] n MUS disque m ; (best performance, highest level) record m ; (account) rapport m. ◆ vt enregistrer.

recorded delivery [rɪ'kɔːdɪd-] n Br : **to send sthg (by) ~** envoyer qqch en recommandé.

recorder [rɪ'kɔːdəʳ] n (tape recorder) magnétophone m ; (instrument) flûte f à bec.

recording [rɪ'kɔːdɪŋ] n enregistrement m.

record player n tourne-disque m.

record shop n disquaire m.

recover [rɪˈkʌvə'] vt & vi récupérer.

recovery [rɪˈkʌvərɪ] n (from illness) guérison f.

recovery vehicle n Br dépanneuse f.

recreation [ˌrekrɪˈeɪʃn] n récréation f.

recreation ground n terrain m de jeux.

recruit [rɪˈkruːt] n recrue f. ◆ vt recruter.

rectangle [ˈrekˌtæŋgl] n rectangle m.

rectangular [rekˈtæŋgjʊlə'] adj rectangulaire.

recycle [ˌriːˈsaɪkl] vt recycler.

red [red] adj rouge ; (hair) roux (rousse). ◆ n (colour) rouge m ; in the ~ (bank account) à découvert.

red cabbage n chou m rouge.

Red Cross n Croix-Rouge f.

redcurrant [ˈredkʌrənt] n groseille f.

redecorate [ˌriːˈdekəreɪt] vt refaire.

redhead [ˈredhed] n rouquin m, -e f.

red-hot adj (metal) chauffé(e) à blanc.

redial [ˌriːˈdaɪəl] vi recomposer le numéro.

redirect [ˌriːdɪˈrekt] vt (letter) réexpédier ; (traffic, plane) dérouter.

red pepper n poivron m rouge.

reduce [rɪˈdjuːs] vt réduire ; (make cheaper) solder. ◆ vi Am maigrir.

reduced price [rɪˈdjuːst-] n prix m réduit.

reduction [rɪˈdʌkʃn] n réduction f.

redundancy [rɪˈdʌndənsɪ] n Br licenciement m.

redundant [rɪˈdʌndənt] adj Br : to be made ~ être licencié(e).

red wine n vin m rouge.

reed [riːd] n (plant) roseau m.

reef [riːf] n écueil m.

reek [riːk] vi puer.

reel [riːl] n (of thread) bobine f ; (on fishing rod) moulinet m.

refectory [rɪˈfektərɪ] n réfectoire m.

refer [rɪˈfɜː'] : refer to vt fus faire référence à ; (consult) se référer à.

referee [ˌrefəˈriː] n SPORT arbitre m.

reference [ˈrefrəns] n (mention) allusion f ; (letter for job) référence f. ◆ adj (book) de référence ; with ~ to suite à.

referendum [ˌrefəˈrendəm] n référendum m.

refill [n ˈriːfɪl, vb ˌriːˈfɪl] n (for pen) recharge f ; inf (drink) autre verre m. ◆ vt remplir.

refinery [rɪˈfaɪnərɪ] n raffinerie f.

reflect [rɪˈflekt] vt & vi réfléchir.

reflection [rɪˈflekʃn] n (image) reflet m.

reflector [rɪˈflektə'] n réflecteur m.

reflex [ˈriːfleks] n réflexe m.

reflexive [rɪˈfleksɪv] adj réfléchi(e).

reform [rɪˈfɔːm] n réforme f. ◆ vt réformer.

refresh [rɪˈfreʃ] vt rafraîchir.

refreshing [rɪˈfreʃɪŋ] adj rafraîchissant(e) ; (change) agréable.

refreshments [rɪ'freʃmənts] npl
rafraîchissements mpl.

refrigerator [rɪ'frɪdʒəreɪtə'] n réfrigérateur m.

refugee [ˌrefjʊ'dʒiː] n réfugié m, -e f.

refund [n 'riːfʌnd, vb rɪ'fʌnd] n remboursement m. ◆ vt rembourser.

refundable [rɪ'fʌndəbl] adj remboursable.

refusal [rɪ'fjuːzl] n refus m.

refuse¹ [rɪ'fjuːz] vt & vi refuser ;
to ~ to do sthg refuser de faire qqch.

refuse² ['refjuːs] n fml ordures fpl.

refuse collection ['refjuːs-] n fml ramassage m des ordures.

regard [rɪ'gɑːd] vt (consider) considérer. ◆ n : with ~ to concernant ; as ~s en ce qui concerne.
❑ **regards** npl (in greetings) amitiés fpl ; **give them my ~s** transmettez-leur mes amitiés.

regarding [rɪ'gɑːdɪŋ] prep concernant.

regardless [rɪ'gɑːdlɪs] adv quand même ; ~ of sans tenir compte de.

reggae ['regeɪ] n reggae m.

regiment ['redʒɪmənt] n régiment m.

region ['riːdʒən] n région f ; in the ~ of environ.

regional ['riːdʒənl] adj régional(e).

register ['redʒɪstə'] n (official list) registre m. ◆ vt (record officially) enregistrer ; (subj : machine, gauge) indiquer. ◆ vi (at hotel) se présenter à la réception ; (put one's name down) s'inscrire.

registered ['redʒɪstəd] adj (letter, parcel) recommandé(e).

registration [ˌredʒɪ'streɪʃn] n (for course, at conference) inscription f.

registration (number) n (of car) numéro m d'immatriculation.

registry office ['redʒɪstrɪ-] n bureau m de l'état civil.

regret [rɪ'gret] n regret m. ◆ vt regretter ; to ~ doing sthg regretter d'avoir fait qqch ; we ~ any inconvenience caused nous vous prions de nous excuser pour la gêne occasionnée.

regrettable [rɪ'gretəbl] adj regrettable.

regular ['regjʊlə'] adj régulier(ière) ; (normal, in size) normal(e). ◆ n (customer) habitué m, -e f.

regularly ['regjʊləlɪ] adv régulièrement.

regulate ['regjʊleɪt] vt régler.

regulation [ˌregjʊ'leɪʃn] n (rule) réglementation f.

rehearsal [rɪ'hɜːsl] n répétition f.

rehearse [rɪ'hɜːs] vt répéter.

reign [reɪn] n règne m. ◆ vi (monarch) régner.

reimburse [ˌriːɪm'bɜːs] vt fml rembourser.

reindeer ['reɪnˌdɪə'] (pl inv) n renne m.

reinforce [ˌriːɪn'fɔːs] vt renforcer.

reinforcements [ˌriːɪn'fɔːsmənts] npl renforts mpl.

reins [reɪnz] npl (for horse) rênes mpl ; (for child) harnais m.

reject [rɪ'dʒekt] vt (proposal, request) rejeter ; (applicant, coin) refuser.

rejection [rɪ'dʒekʃn] n (of proposal, request) rejet m ; (of applicant) refus m.

rejoin [ˌriː'dʒɔɪn] vt (motorway) rejoindre.

relapse [rɪ'læps] n rechute f.

relate [rɪ'leɪt] vt (connect) lier. ◆ vi : to ~ to (be connected with) être lié à ; (concern) concerner.

related [rɪ'leɪtɪd] adj (of same family) apparenté(e) ; (connected) lié(e).

relation [rɪ'leɪʃn] n (member of family) parent m, -e f ; (connection) lien m, rapport m ; in ~ to au sujet de. ❏ relations npl rapports mpl.

relationship [rɪ'leɪʃnʃɪp] n relations fpl ; (connection) relation f.

relative ['relətɪv] adj relatif(ive). ◆ n parent m, -e f.

relatively ['relətɪvlɪ] adv relativement.

relax [rɪ'læks] vi se détendre.

relaxation [ˌriːlæk'seɪʃn] n détente f.

relaxed [rɪ'lækst] adj détendu(e).

relaxing [rɪ'læksɪŋ] adj reposant(e).

relay ['riːleɪ] n (race) relais m.

release [rɪ'liːs] vt (set free) relâcher ; (let go of) lâcher ; (record, film) sortir ; (brake, catch) desserrer. ◆ n (record, film) nouveauté f.

relegate ['religeɪt] vt : to be ~d SPORT être relégué à la division inférieure.

relevant ['relevənt] adj (connected) en rapport ; (important) important(e) ; (appropriate) approprié(e).

reliable [rɪ'laɪəbl] adj (person, machine) fiable.

relic ['relɪk] n relique f.

relief [rɪ'liːf] n (gladness) soulagement m ; (aid) assistance f.

relief road n itinéraire m de délestage.

relieve [rɪ'liːv] vt (pain, headache) soulager.

relieved [rɪ'liːvd] adj soulagé(e).

religion [rɪ'lɪdʒn] n religion f.

religious [rɪ'lɪdʒəs] adj religieux(ieuse).

relish ['relɪʃ] n (sauce) condiment m.

reluctant [rɪ'lʌktənt] adj réticent(e).

rely [rɪ'laɪ] : rely on vt fus (trust) compter sur ; (depend on) dépendre de.

remain [rɪ'meɪn] vi rester. ❏ remains npl restes mpl.

remainder [rɪ'meɪndəʳ] n reste m.

remaining [rɪ'meɪnɪŋ] adj restant(e) ; to be ~ rester.

remark [rɪ'mɑːk] n remarque f. ◆ vt faire remarquer.

remarkable [rɪ'mɑːkəbl] adj remarquable.

remedy ['remədɪ] n remède m.

remember [rɪ'membəʳ] vt se rappeler, se souvenir de ; (not forget) ne pas oublier. ◆ vi se souvenir ; to ~ doing sthg se rappeler avoir fait qqch ; to ~ to do sthg penser à faire qqch.

remind [rɪ'maɪnd] vt : to ~ sb of sthg rappeler qqch à qqn ; to ~ sb to do sthg rappeler à qqn de faire qqch.

reminder [rɪ'maɪndəʳ] n rappel m.

remittance [rɪ'mɪtns] n versement m.

remote [rɪ'məut] adj (isolated) éloigné(e) ; (chance) faible.

remote control n télécommande f.

removal [rɪ'muːvl] n enlèvement m.

removal van n camion m de déménagement.

remove [rɪ'muːv] vt enlever.

renew [rɪ'njuː] vt (licence, membership) renouveler ; (library book) prolonger l'emprunt de.

renovate ['renəveɪt] vt rénover.

renowned [rɪ'naund] adj renommé(e).

rent [rent] n loyer m. ◆ vt louer.

rental ['rentl] n location f.

repaid [riː'peɪd] pt & pp → repay.

repair [rɪ'peəʳ] vt réparer. ◆ n : in good ~ en bon état. ❑ repairs npl réparations mpl.

repay [riː'peɪ] (pt & pp repaid) vt (money) rembourser ; (favour, kindness) rendre.

repayment [riː'peɪmənt] n remboursement m.

repeat [rɪ'piːt] vt répéter. ◆ n (on TV, radio) rediffusion f.

repetition [.repɪ'tɪʃn] n répétition f.

repetitive [rɪ'petɪtɪv] adj répétitif(ive).

replace [rɪ'pleɪs] vt remplacer ; (put back) replacer.

replacement [rɪ'pleɪsmənt] n remplacement m.

replay [riː'pleɪ] n (rematch) match m rejoué ; (on TV) ralenti m.

reply [rɪ'plaɪ] n réponse f. ◆ vt & vi répondre.

report [rɪ'pɔːt] n (account) rapport m ; (in newspaper, on TV, radio) reportage m ; Br SCH bulletin m. ◆ vt (announce) annoncer ; (theft, disappearance) signaler ; (person) dénoncer. ◆ vi (give account) faire un rapport ; (for newspaper, TV, radio) faire un reportage ; to ~ to sb (go to) se présenter à qqn.

reporter [rɪ'pɔːtəʳ] n reporter m.

represent [.reprɪ'zent] vt représenter.

representative [.reprɪ'zentətɪv] n représentant m, -e f.

repress [rɪ'pres] vt réprimer.

reprieve [rɪ'priːv] n (delay) sursis m.

reprimand ['reprɪmɑːnd] vt réprimander.

reproach [rɪ'prəʊtʃ] vt : to ~ sb for sthg reprocher qqch à qqn.

reproduction [.riːprə'dʌkʃn] n reproduction f.

reptile ['reptaɪl] n reptile m.

republic [rɪ'pʌblɪk] n république f.

Republican [rɪ'pʌblɪkən] n républicain m, -e f. ◆ adj républicain(e).

repulsive [rɪ'pʌlsɪv] adj repoussant(e).

reputable ['repjʊtəbl] adj qui a bonne réputation.

reputation [.repjʊ'teɪʃn] n réputation f.

request [rɪ'kwest] n demande f. ◆ vt demander ; to ~ sb to do sthg demander à qqn de faire qqch ; available on ~ disponible sur demande.

require [rɪ'kwaɪəʳ] vt (subj : person) avoir besoin de ; (subj : situa-

tion) exiger ; **to be ~d to do sthg** être tenu de faire qqch.

requirement [rɪ'kwaɪəmənt] *n* besoin *m*.

rescue ['reskju:] *vt* secourir.

research [rɪ'sɜːtʃ] *n* (scientific) recherche *f* ; (studying) recherches *fpl*.

resemblance [rɪ'zembləns] *n* ressemblance *f*.

resemble [rɪ'zembl] *vt* ressembler à.

resent [rɪ'zent] *vt* ne pas apprécier.

reservation [ˌrezə'veɪʃn] *n* (booking) réservation *f* ; (doubt) réserve *f* ; **to make a ~** réserver.

reserve [rɪ'zɜːv] *n* SPORT remplaçant *m*, -e *f* ; (for wildlife) réserve *f*. ◆ *vt* réserver.

reserved [rɪ'zɜːvd] *adj* réservé(e).

reservoir ['rezəvwɑː] *n* réservoir *m*.

reset [ˌriː'set] (pt & pp reset) *vt* (meter, device) remettre à zéro ; (watch) remettre à l'heure.

residence ['rezɪdəns] *n fml* résidence *f* ; **place of ~** domicile *m*.

residence permit *n* permis *m* de séjour.

resident ['rezɪdənt] *n* (of country) résident *m*, -e *f* ; (of hotel) pensionnaire *mf* ; (of area, house) habitant *m*, -e *f* ; **'~s only'** (for parking) 'réservé aux résidents'.

residential [ˌrezɪ'denʃl] *adj* (area) résidentiel(ielle).

residue ['rezɪdju:] *n* restes *mpl*.

resign [rɪ'zaɪn] *vi* démissionner. ◆ *vt* : **to ~ o.s. to sthg** se résigner à qqch.

resignation [ˌrezɪg'neɪʃn] *n* (from job) démission *f*.

resilient [rɪ'zɪlɪənt] *adj* résistant(e).

resist [rɪ'zɪst] *vt* résister à ; **I can't ~ cream cakes** je ne peux pas résister aux gâteaux à la crème ; **to ~ doing sthg** résister à l'envie de faire qqch.

resistance [rɪ'zɪstəns] *n* résistance *f*.

resit [ˌriː'sɪt] (pt & pp resat) *vt* repasser.

resolution [ˌrezə'luːʃn] *n* résolution *f*.

resolve [rɪ'zɒlv] *vt* résoudre.

resort [rɪ'zɔːt] *n* (for holidays) station *f* ; **as a last ~** en dernier recours. ❑ **resort to** *vt fus* recourir à ; **to ~ to doing sthg** en venir à faire qqch.

resource [rɪ'sɔːs] *n* ressource *f*.

resourceful [rɪ'sɔːsfʊl] *adj* ingénieux(ieuse).

respect [rɪ'spekt] *n* respect *m* ; (aspect) égard *m*. ◆ *vt* respecter ; **in some ~s** à certains égards ; **with ~ to** en ce qui concerne.

respectable [rɪ'spektəbl] *adj* respectable.

respective [rɪ'spektɪv] *adj* respectif(ive).

respond [rɪ'spɒnd] *vi* répondre.

response [rɪ'spɒns] *n* réponse *f*.

responsibility [rɪˌspɒnsə'bɪlətɪ] *n* responsabilité *f*.

responsible [rɪ'spɒnsəbl] *adj* responsable ; **to be ~ for** (accountable) être responsable de.

rest [rest] *n* (relaxation) repos *m* ; (support) appui *m*. ◆ *vi* (relax) se reposer ; **the ~** (remainder) le restant, le reste ; **to have a ~** se reposer ; **to ~ against** reposer contre.

restaurant ['restərɒnt] n restaurant m.

restaurant car n Br wagon-restaurant m.

restful ['restful] adj reposant(e).

restless ['restlɪs] adj (bored, impatient) impatient(e) ; (fidgety) agité(e).

restore [rɪ'stɔːr] vt restaurer.

restrain [rɪ'streɪn] vt retenir.

restrict [rɪ'strɪkt] vt restreindre.

restricted [rɪ'strɪktɪd] adj restreint(e).

restriction [rɪ'strɪkʃn] n limitation f.

rest room n Am toilettes fpl.

result [rɪ'zʌlt] n résultat m. ◆ vi : to ~ in aboutir à ; as a ~ of à cause de.

resume [rɪ'zjuːm] vt reprendre.

résumé ['rezjuːmeɪ] n (summary) résumé m ; Am (curriculum vitae) curriculum vitae m inv.

retail ['riːteɪl] n détail m. ◆ vt (sell) vendre au détail. ◆ vi : to ~ at se vendre (à).

retailer ['riːteɪlər] n détaillant m, -e f.

retail price n prix m de détail.

retain [rɪ'teɪn] vt fml conserver.

retaliate [rɪ'tælɪeɪt] vi riposter.

retire [rɪ'taɪər] vi (stop working) prendre sa retraite.

retired [rɪ'taɪəd] adj retraité(e).

retirement [rɪ'taɪəmənt] n retraite f.

retreat [rɪ'triːt] vi se retirer. ◆ n (place) retraite f.

retrieve [rɪ'triːv] vt récupérer.

return [rɪ'tɜːn] n retour m ; Br (ticket) aller-retour m. ◆ vt (put

back) remettre ; (give back) rendre ; (ball, serve) renvoyer. ◆ vi revenir ; (go back) retourner. ◆ adj (journey) de retour ; to ~ sth to sb (give back) rendre qqch à qqn ; by ~ of post Br par retour du courrier ; many happy ~s! bon anniversaire ! ; in ~ (for) en échange (de).

return flight n vol m retour.

return ticket n Br billet m aller-retour.

reunite [ˌriːjuː'naɪt] vt réunir.

reveal [rɪ'viːl] vt révéler.

revelation [ˌrevə'leɪʃn] n révélation f.

revenge [rɪ'vendʒ] n vengeance f.

reverse [rɪ'vɜːs] adj inverse. ◆ n AUT marche f arrière ; (of document) verso m ; (of coin) revers m. ◆ vt (car) mettre en marche arrière ; (decision) annuler. ◆ vi (car, driver) faire marche arrière ; the ~ (opposite) l'inverse ; in ~ order en ordre inverse ; to ~ the charges Br téléphoner en PCV.

reverse-charge call n Br appel m en PCV.

review [rɪ'vjuː] n (of book, record, film) critique f ; (examination) examen m. ◆ vt (for exam) réviser.

revise [rɪ'vaɪz] vt & vi réviser.

revision [rɪ'vɪʒn] n Br (for exam) révision f.

revive [rɪ'vaɪv] vt (person) ranimer ; (economy, custom) relancer.

revolt [rɪ'vəʊlt] n révolte f.

revolting [rɪ'vəʊltɪŋ] adj dégoûtant(e).

revolution [ˌrevə'luːʃn] n révolution f.

revolutionary [revə'lu:ʃnərɪ] adj révolutionnaire.

revolver [rɪ'vɒlvə] n revolver m.

revolving door [rɪ'vɒlvɪŋ-] n porte f à tambour.

revue [rɪ'vju:] n revue f.

reward [rɪ'wɔ:d] n récompense f.
◆ vt récompenser.

rewind [‚ri:'waɪnd] (pt & pp rewound) vt rembobiner.

rheumatism ['ru:mətɪzm] n rhumatisme m.

rhinoceros [raɪ'nɒsərəs] (pl inv OR -es) n rhinocéros m.

rhubarb ['ru:ba:b] n rhubarbe f.

rhyme [raɪm] n (poem) poème m.
◆ vi rimer.

rhythm ['rɪðm] n rythme m.

rib [rɪb] n côte f.

ribbon ['rɪbən] n ruban m.

rice [raɪs] n riz m.

rice pudding n riz m au lait.

rich [rɪtʃ] adj riche.◆ npl : **the ~ les** riches mpl ; **to be ~ in sthg** être riche en qqch.

ricotta cheese [rɪ'kɒtə-] n ricotta f.

rid [rɪd] vt : **to get ~ of se débarras-** ser de.

ridden ['rɪdn] pp → ride.

riddle ['rɪdl] n (puzzle) devinette f ; (mystery) énigme f.

ride [raɪd] (pt rode, pp ridden) n promenade f. ◆ vt (horse) monter.
◆ vi (on bike) aller en OR à vélo ; (on horse) aller à cheval ; (on bus) aller en bus ; **can you ~ a bike?** est-ce que tu sais faire du vélo? ; **to ~ horses** monter à cheval ; **can you ~ (a horse)?** est-ce que tu sais monter à cheval? ; **to go for a ~** (in car) faire un tour en voiture.

rider ['raɪdə] n (on horse) cavalier m, -ière f ; (on bike) cycliste mf ; (on motorbike) motard m, -e f.

ridge [rɪdʒ] n (of mountain) crête f ; (raised surface) arête f.

ridiculous [rɪ'dɪkjʊləs] adj ridicule.

riding ['raɪdɪŋ] n équitation f.

riding school n école f d'équitation.

rifle ['raɪfl] n carabine f.

rig [rɪg] n (oil rig at sea) plate-forme f pétrolière ; (on land) derrick m.
◆ vt (fix) truquer.

right [raɪt] adj - 1. (correct) bon (bonne) ; **to be ~** avoir raison ; **to be ~ to do sthg** avoir raison de faire qqch ; **have you got the ~ time?** avez-vous l'heure exacte? ; **is this the ~ way?** est-ce que c'est la bonne route? ; **that's ~!** c'est exact!
- 2. (fair) juste ; **that's not ~!** ce n'est pas juste!
- 3. (on the right) droit(e) ; **the ~ side of the road** le côté droit de la route.
◆ n - 1. (side) : **the ~** la droite.
- 2. (entitlement) droit m ; **to have the ~ to do sthg** avoir le droit de faire qqch.
◆ adv - 1. (towards the right) à droite.
- 2. (correctly) bien, comme il faut ; **am I pronouncing it ~?** est-ce que je le prononce bien?
- 3. (for emphasis) : **~ here** ici même ; **~ at the top** tout en haut ; **I'll be ~ back** je reviens tout de suite ; **~ away** immédiatement.

right angle n angle m droit.

right-hand adj (side) droit(e) ; (lane) de droite.

right-hand drive n conduite f à droite.

right-handed [-'hændɪd] adj (person) droitier(ière) ; (implement) pour droitiers.

rightly ['raɪtlɪ] adv (correctly) correctement ; (justly) à juste titre.

right of way n AUT priorité f ; (path) chemin m public.

right-wing adj de droite.

rigid ['rɪdʒɪd] adj rigide.

rim [rɪm] n (of cup) bord m ; (of glasses) monture f ; (of wheel) jante f.

rind [raɪnd] n (of fruit) peau f ; (of bacon) couenne f ; (of cheese) croûte f.

ring [rɪŋ] (pt rang, pp rung) n (for finger, curtain) anneau m ; (with gem) bague f ; (circle) cercle m ; (sound) sonnerie f ; (on cooker) brûleur m ; (electric) plaque f ; (for boxing) ring m ; (in circus) piste f. ◆ vt Br (make phone call to) appeler ; (church bell) sonner. ◆ vi (bell, telephone) sonner ; Br (make phone call) appeler ; to ~ the bell (of house, office) sonner. ❏ ring back vt sep & vi Br rappeler. ❏ ring off vi Br raccrocher. ❏ ring up vt sep & vi Br appeler.

ringing tone ['rɪŋɪŋ-] n sonnerie f.

ring road n boulevard m périphérique.

rink [rɪŋk] n patinoire f.

rinse [rɪns] vt rincer. ❏ rinse out vt sep rincer.

riot ['raɪət] n émeute f.

rip [rɪp] n déchirure f. ◆ vt déchirer. ◆ vi se déchirer. ❏ rip up vt sep déchirer.

ripe [raɪp] adj mûr(e) ; (cheese) à point.

ripen ['raɪpn] vi mûrir.

rip-off n inf arnaque f.

rise [raɪz] (pt rose, pp risen ['rɪzn]) vi (move upwards) s'élever ; (sun, moon, stand up) se lever ; (increase) augmenter. ◆ n (increase) augmentation f ; Br (pay increase) augmentation (de salaire) ; (slope) montée f, côte f.

risk [rɪsk] n risque m. ◆ vt risquer ; to take a ~ prendre un risque ; at your own ~ à vos risques et périls ; to ~ doing sthg prendre le risque de faire qqch ; to ~ it tenter le coup.

risky ['rɪskɪ] adj risqué(e).

risotto [rɪ'zɒtəʊ] (pl -s) n risotto m.

ritual ['rɪtʃʊəl] n rituel m.

rival ['raɪvl] adj rival(e). ◆ n rival m, -e f.

river ['rɪvə'] n rivière f ; (flowing into sea) fleuve m.

river bank n berge f.

riverside ['rɪvəsaɪd] n berge f.

roach [rəʊtʃ] n Am (cockroach) cafard m.

road [rəʊd] n route f ; (in town) rue f ; by ~ par la route.

road book n guide m routier.

road map n carte f routière.

road safety n sécurité f routière.

roadside ['rəʊdsaɪd] n : the ~ le bord de la route.

road sign n panneau m routier.

road tax n ≃ vignette f.

roadway ['rəʊdweɪ] n chaussée f.

road works npl travaux mpl.

roam [rəʊm] vi errer.

roar [rɔːʳ] n (of aeroplane) grondement m ; (of crowd) hurlements mpl. ◆ vi (lion) rugir ; (person) hurler.

roast [rəʊst] n rôti m. ◆ vt faire rôtir. ◆ adj rôti(e) ; ~ beef rosbif m ; ~ chicken poulet m rôti ; ~ lamb rôti d'agneau ; ~ pork rôti de porc ; ~ potatoes pommes de terre fpl au four.

rob [rɒb] vt (house, bank) cambrioler ; (person) voler ; to ~ sb of sthg voler qqch à qqn.

robber ['rɒbəʳ] n voleur m, -euse f.

robbery ['rɒbəri] n vol m.

robe [rəʊb] n Am (bathrobe) peignoir m.

robin ['rɒbɪn] n rouge-gorge m.

robot ['rəʊbɒt] n robot m.

rock [rɒk] n (boulder) rocher m ; Am (stone) pierre f ; (substance) roche f ; (music) rock m ; Br (sweet) sucre m d'orge. ◆ vt (baby, boat) bercer ; on the ~s (drink) avec des glaçons.

rock climbing n varappe f ; to go ~ faire de la varappe.

rocket ['rɒkɪt] n (missile) roquette f ; (space rocket, firework) fusée f.

rocking chair ['rɒkɪŋ-] n rocking-chair m.

rock 'n' roll [ˌrɒkən'rəʊl] n rock m.

rocky ['rɒkɪ] adj rocheux(euse).

rod [rɒd] n (pole) barre f ; (for fishing) canne f.

rode [rəʊd] pt → ride.

role [rəʊl] n rôle m.

roll [rəʊl] n (of bread) petit pain m ; (of film, paper) rouleau m. ◆ vi rouler. ◆ vt faire rouler ; (cigarette) rouler. ❏ **roll over** vi se retourner.

❏ **roll up** vt sep (map, carpet) rouler ; (sleeves, trousers) remonter.

Rollerblades® ['rəʊləbleɪdz] n rollers mpl, patins mpl en ligne.

rollerblading ['rəʊləbleɪdɪŋ] n roller m ; to go ~ faire du roller.

roller coaster ['rəʊlə,kəʊstəʳ] n montagnes fpl russes.

roller skate ['rəʊlə-] n patin m à roulettes.

roller-skating ['rəʊlə-] n patin m à roulettes ; to go ~ faire du patin à roulettes.

rolling pin ['rəʊlɪŋ-] n rouleau m à pâtisserie.

Roman Catholic n catholique mf.

romance [rəʊ'mæns] n (love) amour m ; (love affair) liaison f ; (novel) roman m d'amour.

romantic [rəʊ'mæntɪk] adj romantique.

romper suit ['rɒmpə-] n barboteuse f.

roof [ruːf] n toit m ; (of cave, tunnel) plafond m.

roof rack n galerie f.

room [ruːm, rʊm] n (in building) pièce f ; (larger) salle f ; (bedroom, in hotel) chambre f ; (space) place f.

room number n numéro m de chambre.

room service n service m dans les chambres.

room temperature n température f ambiante.

roomy ['ruːmɪ] adj spacieux(ieuse).

root [ruːt] n racine f.

rope [rəʊp] n corde f. ◆ vt attacher avec une corde.

rose [rəʊz] *pt* → **rise**. ◆ *n* (flower) rose *f*.

rosé ['rəʊzeɪ] *n* rosé *m*.

rosemary ['rəʊzmərɪ] *n* romarin *m*.

rot [rɒt] *vi* pourrir.

rota ['rəʊtə] *n* roulement *m*.

rotate [rəʊ'teɪt] *vi* tourner.

rotten ['rɒtn] *adj* pourri(e) ; **I feel ~ (ill)** je ne me sens pas bien du tout.

rough [rʌf] *adj* (surface, skin, cloth) rugueux(euse) ; (road, ground) accidenté(e) ; (sea, crossing) agité(e) ; (person) dur(e) ; (approximate) approximatif(ive) ; (conditions) rude ; (area, town) mal fréquenté(e) ; (wine) ordinaire. ◆ *n* (on golf course) rough *m* ; **to have a ~ time** en baver.

roughly ['rʌflɪ] *adv* (approximately) à peu près ; (push, handle) rudement.

round [raʊnd] *adj* rond(e).

◆ 🔄

round [raʊnd] *n* - 1. (of drinks) tournée *f* ; (of sandwiches) ensemble de sandwiches au pain de mie.
- 2. (of toast) tranche *f*.
- 3. (of competition) manche *f*.
- 4. (in golf) partie *f* ; (in boxing) round *m*.
- 5. (of policeman, postman, milkman) tournée *f*.

◆ *adv* - 1. (in a circle) : **to go ~** tourner ; **to spin ~** pivoter.
- 2. (surrounding) : **all (the way) ~** tout autour.
- 3. (near) : **~ about** aux alentours.
- 4. (to someone's house) : **to ask some friends ~** inviter des amis

(chez soi) ; **we went ~ to her place** nous sommes allés chez elle.
- 5. (continuously) : **all year ~** toute l'année.

◆ *prep* - 1. (surrounding, circling) autour de ; **we walked ~ the lake** nous avons fait le tour du lac à pied ; **to go ~ the corner** tourner au coin.
- 2. (visiting) : **to go ~ a museum** visiter un musée ; **to show sb ~ sthg** faire visiter qqch à qqn.
- 3. (approximately) environ ; **~ (about) 100** environ 100 ; **~ ten o'clock** vers dix heures.
- 4. (near) aux alentours de ; **~ here** par ici.
- 5. (in phrases) : **it's just ~ the corner** (nearby) c'est tout près ; **~ the clock** 24 heures sur 24.

❑ **round off** *vt sep* (meal, day) terminer.

roundabout ['raʊndəbaʊt] *n* Br (in road junction) rond-point *m* ; (in playground) tourniquet *m* ; (at fairground) manège *m*.

rounders ['raʊndəz] *n* Br sport proche du base-ball, pratiqué par les enfants.

round trip *n* aller-retour *m*.

route [ruːt] *n* (way) route *f* ; (of bus, train, plane) trajet *m*. ◆ *vt* (change course of) détourner.

routine [ruː'tiːn] *n* (usual behaviour) habitudes *fpl* ; pej (drudgery) routine *f*. ◆ *adj* de routine.

row[1] [rəʊ] *n* rangée *f* ; **to row** faire avancer à la rame. ◆ *vi* ramer ; **in a ~** (in succession) à la file, de suite.

row[2] [raʊ] *n* (argument) dispute *f* ; inf (noise) raffut *m* ; **to have a ~** se disputer.

rowboat ['rəubəut] *Am* = **rowing boat**.

rowdy ['raudɪ] *adj* chahuteur(euse).

rowing ['rəuɪŋ] *n* aviron *m*.

rowing boat *n Br* canot *m* à rames.

royal ['rɔɪəl] *adj* royal(e).

royal family *n* famille *f* royale.

royalty ['rɔɪəltɪ] *n* famille *f* royale.

RRP (*abbr of recommended retail price*) prix *m* conseillé.

rub [rʌb] *vt & vi* frotter ; **to ~ one's eyes/arm** se frotter les yeux/le bras ; **my shoes are rubbing** mes chaussures me font mal. ❑ **rub in** *vt sep* (*lotion, oil*) faire pénétrer en frottant. ❑ **rub out** *vt sep* effacer.

rubber ['rʌbə'] *adj* en caoutchouc. ◆ *n* (*material*) caoutchouc *m* ; *Br* (*eraser*) gomme *f* ; *Am inf* (*condom*) capote *f*.

rubber band *n* élastique *m*.

rubber gloves *npl* gants *mpl* en caoutchouc.

rubber ring *n* bouée *f*.

rubbish ['rʌbɪʃ] *n* (*refuse*) ordures *fpl* ; *inf* (*worthless thing*) camelote *f* ; *inf* (*nonsense*) idioties *fpl*.

rubbish bin *n Br* poubelle *f*.

rubbish dump *n Br* décharge *f*.

rubble ['rʌbl] *n* décombres *mpl*.

ruby ['ruːbɪ] *n* rubis *m*.

rucksack ['rʌksæk] *n* sac *m* à dos.

rudder ['rʌdə'] *n* gouvernail *m*.

rude [ruːd] *adj* grossier(ière) ; (*picture*) obscène.

rug [rʌg] *n* carpette *f* ; *Br* (*blanket*) couverture *f*.

rugby ['rʌgbɪ] *n* rugby *m*.

ruin ['ruːɪn] *vt* gâcher. ❑ **ruins** *npl* (*of building*) ruines *fpl*.

ruined ['ruːɪnd] *adj* (*building*) en ruines ; (*meal, holiday*) gâché(e) ; (*clothes*) abîmé(e).

rule [ruːl] *n* règle *f*. ◆ *vt* (*country*) diriger ; **to be the ~** (*normal*) être la règle ; **against the ~s** contre les règles ; **as a ~** en règle générale. ❑ **rule out** *vt sep* exclure.

ruler ['ruːlə'] *n* (*of country*) dirigeant *m*, -e *f* ; (*for measuring*) règle *f*.

rum [rʌm] *n* rhum *m*.

rumor ['ruːmə'] *Am* = **rumour**.

rumour ['ruːmə'] *n Br* rumeur *f*.

rump steak [,rʌmp-] *n* rumsteck *m*.

run [rʌn] (*pt* ran, *pp* run) *vi* - 1. (*on foot*) courir.
- 2. (*train, bus*) circuler ; **the bus ~s every hour** il y a un bus toutes les heures ; **the train is running an hour late** le train a une heure de retard.
- 3. (*operate*) marcher, fonctionner ; **to ~ on sthg** marcher à qqch.
- 4. (*liquid, tap, nose*) couler.
- 5. (*river*) couler ; **to ~ through** (*river, road*) traverser ; **the path ~s along the coast** le sentier longe la côte.
- 6. (*play*) se jouer.
- 7. (*colour, dye, clothes*) déteindre.
◆ *vt* - 1. (*on foot*) courir.
- 2. (*compete in*) : **to ~ a race** participer à une course.
- 3. (*business, hotel*) gérer.
- 4. (*bus, train*) : **they run a shuttle bus service** ils assurent une navette.
- 5. (*take in car*) conduire ; **I'll ~ you**

home je vais te ramener (en voiture).

- **6.** *(bath, water)* faire couler.

◆ *n* - **1.** *(on foot)* course *f* ; to go for a ~ courir.

- **2.** *(in car)* tour *m* ; to go for a ~ aller faire un tour (en voiture).

- **3.** *(for skiing)* piste *f*.

- **4.** *Am (in tights)* maille *f* filée.

- **5.** *(in phrases)* : in the long ~ à la longue.

❑ **run away** *vi* s'enfuir.

❑ **run down**

◆ *vt sep (run over)* écraser ; *(criticize)* critiquer.

◆ *vi (battery)* se décharger.

❑ **run into** *vt fus (meet)* tomber sur ; *(hit)* rentrer dans ; *(problem, difficulty)* se heurter à.

❑ **run out** *vi (supply)* s'épuiser.

❑ **run out of** *vt fus* manquer de.

❑ **run over** *vt sep (hit)* écraser.

runaway ['rʌnəweɪ] *n* fugitif *m*, -ive *f*.

rung [rʌŋ] *pp* → **ring**. ◆ *n (of ladder)* barreau *m*.

runner ['rʌnə'] *n (person)* coureur *m*, -euse *f* ; *(for door, drawer)* glissière *f* ; *(for sledge)* patin *m*.

runner bean *n* haricot *m* à rames.

runner-up *(pl* runners-up*)* *n* second *m*, -e *f*.

running ['rʌnɪŋ] *n* SPORT course *f* ; *(management)* gestion *f*. ◆ *adj* : three days ~ trois jours d'affilée OR de suite ; to go ~ courir.

running water *n* eau *f* courante.

runny ['rʌnɪ] *adj (omelette)* baveux(euse) ; *(sauce)* liquide ; *(nose, eye)* qui coule.

runway ['rʌnweɪ] *n* piste *f*.

rural ['ruərəl] *adj* rural(e).

rush [rʌʃ] *n (hurry)* précipitation *f* ; *(of crowd)* ruée *f*. ◆ *vi* se précipiter. ◆ *vt (meal, work)* expédier ; *(goods)* envoyer d'urgence ; *(injured person)* transporter d'urgence ; to be in a ~ être pressé ; there's no ~! rien ne presse! ; don't ~ me! ne me bouscule pas!

rush hour *n* heure *f* de pointe.

Russia ['rʌʃə] *n* la Russie.

rust [rʌst] *n* rouille *f*. ◆ *vi* rouiller.

rustic ['rʌstɪk] *adj* rustique.

rustle ['rʌsl] *vi* bruire.

rustproof ['rʌstpruːf] *adj* inoxydable.

rusty ['rʌstɪ] *adj* rouillé(e).

RV *n Am (abbr of recreational vehicle)* mobile home *m*.

rye [raɪ] *n* seigle *m*.

rye bread *n* pain *m* de seigle.

S

S *(abbr of south, small)* S.

saccharin ['sækərɪn] *n* saccharine *f*.

sachet ['sæʃeɪ] *n* sachet *m*.

sack [sæk] *n (bag)* sac *m*. ◆ *vt* virer ; to get the ~ se faire virer.

sacrifice ['sækrɪfaɪs] *n* sacrifice *m*.

sad [sæd] *adj* triste.

saddle ['sædl] *n* selle *f*.

saddlebag ['sædlbæg] *n* sacoche *f*.

sadly ['sædlɪ] *adv (unfortunately)* malheureusement ; *(unhappily)* tristement.

sadness ['sædnɪs] n tristesse f.

s.a.e. n Br (abbr of stamped addressed envelope) enveloppe timbrée avec adresse pour la réponse.

safari park [sə'fɑːrɪ-] n parc m animalier.

safe [seɪf] adj (activity, sport) sans danger ; (vehicle, structure) sûr(e) ; (after accident) sain et sauf (saine et sauve) ; (in safe place) en sécurité. ◆ n (for money, valuables) coffre-fort m ; a ~ place un endroit sûr ; (have a) ~ journey! bon voyage! ; ~ and sound sain et sauf.

safe-deposit box n coffre m.

safely ['seɪflɪ] adv (not dangerously) sans danger ; (arrive) sans encombre ; (out of harm) en lieu sûr.

safety ['seɪftɪ] n sécurité f.

safety belt n ceinture f de sécurité.

safety pin n épingle f de nourrice.

sag [sæg] vi s'affaisser.

sage [seɪdʒ] n (herb) sauge f.

said [sed] pt & pp → say.

sail [seɪl] n voile f. ◆ vi naviguer ; (depart) prendre la mer. ◆ vt : to ~ a boat piloter un bateau ; to set ~ prendre la mer.

sailboat ['seɪlbəʊt] Am = sailing boat.

sailing ['seɪlɪŋ] n voile f ; (departure) départ m ; to go ~ faire de la voile.

sailing boat n voilier m.

sailor ['seɪlə] n marin m.

saint [seɪnt] n saint m, -e f.

Saint Patrick's Day [-'pætrɪks-] n la Saint-Patrick.

sake [seɪk] n : for my/their ~ pour moi/eux ; for God's ~! bon sang!

salad ['sæləd] n salade f.

salad bar n Br (area in restaurant) dans un restaurant, buffet de salades en self-service.

salad bowl n saladier m.

salad cream n Br mayonnaise liquide utilisée en assaisonnement pour salades.

salad dressing n vinaigrette f.

salami [sə'lɑːmɪ] n salami m.

salary ['sælərɪ] n salaire m.

sale [seɪl] n (selling) vente f ; (at reduced prices) soldes mpl ; 'for ~' 'à vendre' ; on ~ en vente. ❑ **sales** npl COMM ventes fpl ; **the ~s** (at reduced prices) les soldes.

sales assistant ['seɪlz-] n vendeur m, -euse f.

salesclerk ['seɪlzklɜːrk] Am = sales assistant.

salesman ['seɪlzmən] (pl -men [-mən]) n (in shop) vendeur m ; (rep) représentant m.

sales rep(resentative) n représentant m, -e f.

saleswoman ['seɪlz,wʊmən] (pl -women [-,wɪmɪn]) n vendeuse f.

saliva [sə'laɪvə] n salive f.

salmon ['sæmən] (pl inv) n saumon m.

salon ['sælɒn] n (hairdresser's) salon m de coiffure.

saloon [sə'luːn] n Br (car) berline f ; Am (bar) saloon m ; ~ (bar) Br salon m (salle de pub, généralement plus confortable et plus chère que le "public bar").

salopettes [,sælə'pets] npl combinaison f de ski.

salt [sɔːlt, sɒlt] n sel m.

saltcellar ['sɔːlt,selə'] n Br salière f.

salted peanuts ['sɔːltɪd-] npl cacahuètes fpl salées.

salt shaker [-,ʃeɪkə'] Am = saltcellar.

salty ['sɔːltɪ] adj salé(e).

salute [sə'luːt] n salut m. ♦ vi saluer.

same [seɪm] adj même. ♦ pron : the ~ (unchanged) le même (la même) ; (in comparisons) la même chose, pareil ; they dress the ~ ils s'habillent de la même façon ; I'll have the ~ as her je prendrai la même chose qu'elle ; you've got the ~ book as me tu as le même livre que moi ; it's all the ~ to me ça m'est égal.

samosa [sə'məʊsə] n sorte de beignet triangulaire garni de légumes et/ou de viande épicés (spécialité indienne).

sample ['sɑːmpl] n échantillon m. ♦ vt (food, drink) goûter.

sanctions ['sæŋkʃnz] npl POL sanctions fpl.

sanctuary ['sæŋktʃʊərɪ] n (for birds, animals) réserve f.

sandal ['sændl] n sandale f.

sandcastle ['sænd,kɑːsl] n château m de sable.

sandpaper ['sænd,peɪpə'] n papier m de verre.

sandwich ['sænwɪdʒ] n sandwich m.

sandwich bar n ≃ snack(-bar) m.

sandy ['sændɪ] adj (beach) de sable ; (hair) blond(e).

sang [sæŋ] pt → sing.

sanitary ['sænɪtrɪ] adj sanitaire ; (hygienic) hygiénique.

sanitary napkin Am = sanitary towel.

sanitary towel n Br serviette f hygiénique.

sank [sæŋk] pt → sink.

sapphire ['sæfaɪə'] n saphir m.

sarcastic [sɑː'kæstɪk] adj sarcastique.

sardine [sɑː'diːn] n sardine f.

SASE n Am (abbr of self-addressed stamped envelope) enveloppe timbrée avec adresse pour la réponse.

sat [sæt] pt & pp → sit.

Sat. (abbr of Saturday) sam.

satchel ['sætʃəl] n cartable m.

satellite ['sætəlaɪt] n satellite m.

satellite dish n antenne f parabolique.

satellite TV n télé f par satellite.

satin ['sætɪn] n satin m.

satisfaction [,sætɪs'fækʃn] n satisfaction f.

satisfactory [,sætɪs'fæktərɪ] adj satisfaisant(e).

satisfied ['sætɪsfaɪd] *adj* satisfait(e).

satisfy ['sætɪsfaɪ] *vt* satisfaire.

satsuma [sæt'suːmə] *n Br* mandarine *f*.

saturate ['sætʃəreɪt] *vt* tremper.

Saturday ['sætədɪ] *n* samedi *m* ; it's ~ on est samedi ; ~ morning samedi matin ; on ~ samedi ; on ~ s le samedi ; last ~ samedi dernier ; this ~ samedi ; next ~ samedi prochain ; ~ week, a week on ~ samedi en huit.

sauce [sɔːs] *n* sauce *f*.

saucepan ['sɔːspən] *n* casserole *f*.

saucer ['sɔːsə] *n* soucoupe *f*.

sauna ['sɔːnə] *n* sauna *m*.

sausage ['sɒsɪdʒ] *n* saucisse *f*.

sausage roll *n* friand *m* à la saucisse.

sauté [*Br* 'səʊteɪ, *Am* səʊ'teɪ] *adj* sauté(e).

savage ['sævɪdʒ] *adj* féroce.

save [seɪv] *vt* (*rescue*) sauver ; (*money*) économiser ; (*time, space*) gagner ; (*reserve*) garder ; SPORT arrêter ; COMPUT sauvegarder. ◆ *n* arrêt *m*. ❏ **save up** *vi* : to ~ up (for sthg) économiser (pour qqch).

saver ['seɪvə] *n Br* (*ticket*) billet *m* à tarif réduit.

savings ['seɪvɪŋz] *npl* économies *fpl*.

savings and loan association *n Am* société d'investissements et de prêts immobiliers.

savings bank *n* caisse *f* d'épargne.

savory ['seɪvərɪ] *Am* = savoury.

savoury ['seɪvərɪ] *adj Br* (*not sweet*) salé(e).

saw [sɔː] (*Br pt* -ed, *pp* sawn, *Am* & *pt* & *pp* -ed) *pt* → see. ◆ *n* (*tool*) scie *f*. ◆ *vt* scier.

sawdust ['sɔːdʌst] *n* sciure *f*.

sawn [sɔːn] *pp* → saw.

saxophone ['sæksəfəʊn] *n* saxophone *m*.

say [seɪ] (*pt* & *pp* said) *vt* dire ; (*subj : clock, sign, meter*) indiquer. ◆ *n* : to have a ~ in sthg avoir son mot à dire dans qqch ; could you ~ that again? tu pourrais répéter ça? ; ~ we met at nine? disons qu'on se retrouve à neuf heures? ; what did you ~? qu'avez-vous dit?

saying ['seɪɪŋ] *n* dicton *m*.

scab [skæb] *n* croûte *f*.

scaffolding ['skæfəldɪŋ] *n* échafaudage *m*.

scald [skɔːld] *vt* ébouillanter.

scale [skeɪl] *n* échelle *f* ; MUS gamme *f* ; (*of fish, snake*) écaille *f* ; (*in kettle*) tartre *m*. ❏ **scales** *npl* (*for weighing*) balance *f*.

scallion ['skæljən] *n Am* oignon *m* blanc.

scallop ['skɒləp] *n* coquille *f* Saint-Jacques.

scalp [skælp] *n* cuir *m* chevelu.

scampi ['skæmpɪ] *n* scampi *mpl*.

scan [skæn] *vt* (*consult quickly*) parcourir. ◆ *n* MED scanner *m*.

scandal ['skændl] *n* (*disgrace*) scandale *m* ; (*gossip*) ragots *mpl*.

scar [skɑː] *n* cicatrice *f*.

scarce ['skeəs] *adj* rare.

scarcely ['skeəslɪ] *adv* (*hardly*) à peine.

scare [skeə] *vt* effrayer.

scarecrow ['skeəkrəʊ] *n* épouvantail *m*.

scared ['skeəd] *adj* effrayé(e).

scarf [skɑːf] (pl **scarves**) n écharpe f ; (silk, cotton) foulard m.

scarlet [ˈskɑːlət] adj écarlate.

scarves [skɑːvz] pl → scarf.

scary [ˈskeərɪ] adj inf effrayant(e).

scatter [ˈskætə'] vt éparpiller.
◆ vi s'éparpiller.

scene [siːn] n (in play, film, book) scène f ; (of crime, accident) lieux mpl ; (view) vue f ; **the music ~ le** monde de la musique ; **to make a ~** faire une scène.

scenery [ˈsiːnərɪ] n (countryside) paysage m ; (in theatre) décor m.

scenic [ˈsiːnɪk] adj pittoresque.

scent [sent] n odeur f ; (perfume) parfum m.

sceptical [ˈskeptɪkl] adj Br sceptique.

schedule [Br ˈʃedjuːl, Am ˈskedʒʊl] n (of work, things to do) planning m ; (timetable) horaire m ; (of prices) barème m. ◆ vt (plan) planifier ; **according to ~** comme prévu ; **behind ~** en retard ; **on ~** (at expected time) à l'heure (prévue).

scheduled flight [Br ˈʃedjuːld-, Am ˈskedʒʊld-] n vol m régulier.

scheme [skiːm] n (plan) plan m ; pej (dishonest plan) combine f.

scholarship [ˈskɒləʃɪp] n (award) bourse f d'études.

school [skuːl] n école f ; (university department) faculté f ; Am (university) université f. ◆ adj (age, holiday, report) scolaire ; **at ~** à l'école.

schoolbag [ˈskuːlbæg] n cartable m.

schoolbook [ˈskuːlbʊk] n manuel m scolaire.

schoolboy [ˈskuːlbɔɪ] n écolier m.

school bus n car m de ramassage scolaire.

schoolchild [ˈskuːltʃaɪld] (pl -children [-tʃɪldrən]) n élève mf.

schoolgirl [ˈskuːlɡɜːl] n écolière f.

schoolmaster [ˈskuːlˌmɑːstə'] n Br maître m d'école, instituteur m.

schoolmistress [ˈskuːlˌmɪstrɪs] n Br maîtresse f d'école, institutrice f.

schoolteacher [ˈskuːlˌtiːtʃə'] n instituteur m, -trice f.

school uniform n uniforme m scolaire.

science [ˈsaɪəns] n science f ; SCH sciences fpl.

science fiction n science-fiction f.

scientific [ˌsaɪənˈtɪfɪk] adj scientifique.

scientist [ˈsaɪəntɪst] n scientifique mf.

scissors [ˈsɪzəz] npl : (a pair of) ~ (une paire de) ciseaux mpl.

scone [skɒn] n petit gâteau rond, souvent aux raisins secs, que l'on mange avec du beurre et de la confiture.

scoop [skuːp] n (for ice cream) cuillère f à glace ; (of ice cream) boule f ; (in media) scoop m.

scooter [ˈskuːtə'] n (motor vehicle) scooter m.

scope [skəʊp] n (possibility) possibilités fpl ; (range) étendue f.

scorch [skɔːtʃ] vt brûler.

score [skɔː'] n score m. ◆ vt SPORT marquer ; (in test) obtenir. ◆ vi SPORT marquer.

scorn [skɔːn] n mépris m.

Scorpio ['skɔːpiəʊ] n Scorpion m.

scorpion ['skɔːpjən] n scorpion m.

Scot [skɒt] n Écossais m, -e f.

scotch [skɒtʃ] n scotch m.

Scotch broth n potage à base de mouton, de légumes et d'orge.

Scotch tape® n Am Scotch® m.

Scotland ['skɒtlənd] n l'Écosse f.

Scotsman ['skɒtsmən] (pl -men [-mən]) n Écossais m.

Scotswoman ['skɒtswʊmən] (pl -women [-ˌwɪmɪn]) n Écossaise f.

Scottish ['skɒtɪʃ] adj écossais(e).

scout [skaʊt] n (boy scout) scout m.

SCOUTS

En 1908, le Britannique lord Baden-Powell fonde la *Scouting Association* en vue de développer le sens des responsabilités et l'aventure chez les jeunes. Depuis, en Grande-Bretagne comme aux États-Unis, les scouts, jeunes garçons de 11 à 16 ans, apprennent à s'organiser en groupes sous les ordres d'un adulte. Ils acquièrent des notions de premiers secours et des techniques de survie en extérieur. Avant 11 ans, les garçons peuvent s'inscrire dans un Club Scout. Les filles peuvent rejoindre des organisations parallèles, appelées *Brownies* ou *Girl Guides*.

scowl [skaʊl] vi se renfrogner.

scrambled eggs [ˌskræmbld-] npl œufs mpl brouillés.

scrap [skræp] n (of paper, cloth) bout m ; (old metal) ferraille f.

scrapbook ['skræpbʊk] n album m (pour coupures de journaux, collages, etc).

scrape [skreɪp] vt (rub) gratter ; (scratch) érafler.

scrap paper n Br brouillon m.

scratch [skrætʃ] n éraflure f. ◆ vt érafler ; (rub) gratter ; to be up to être à la hauteur ; to start from ~ partir de zéro.

scratch paper Am = scrap paper.

scream [skriːm] n cri m perçant. ◆ vi (person) hurler.

screen [skriːn] n écran m ; (hall in cinema) salle f. ◆ vt (film) projeter ; (TV programme) diffuser.

screening ['skriːnɪŋ] n (of film) projection f.

screen wash n liquide m lave-glace.

screw [skruː] n vis f. ◆ vt visser.

screwdriver ['skruːˌdraɪvər] n tournevis m.

scribble ['skrɪbl] vi gribouiller.

script [skrɪpt] n (of play, film) script m.

scrub [skrʌb] vt brosser.

scruffy ['skrʌfɪ] adj peu soigné(e).

scuba diving ['skuːbə-] n plongée f (sous-marine).

sculptor ['skʌlptər] n sculpteur m.

sculpture ['skʌlptʃər] n sculpture f.

sea [siː] n mer f ; by ~ par mer ; by the ~ au bord de la mer.

seafood ['siːfuːd] n poissons mpl et crustacés.

seafront ['siːfrʌnt] n front m de mer.

seagull ['siːgʌl] n mouette f.

seal [si:l] n (animal) phoque m ; (on bottle, container) joint m d'étanchéité ; (official mark) cachet m. ◆ vt (envelope) cacheter ; (container) fermer.

seam [si:m] n (in clothes) couture f.

search [sɜ:tʃ] n recherche f. ◆ vt fouiller. ◆ vi : to ~ for chercher.

search engine n COMPUT moteur m de recherche.

seashell ['si:ʃel] n coquillage m.

seashore ['si:ʃɔ:r] n rivage m.

seasick ['si:sik] adj : to be ~ avoir le mal de mer.

seaside ['si:said] n : the ~ le bord de mer.

seaside resort n station f balnéaire.

season ['si:zn] n saison f. ◆ vt (food) assaisonner ; in ~ (fruit, vegetables) de saison ; (holiday) en saison haute ; out of ~ hors saison.

seasoning ['si:znɪŋ] n assaisonnement m.

season ticket n abonnement m.

seat [si:t] n siège m ; (in theatre, cinema) fauteuil m ; (ticket, place) place f. ◆ vt (subj : building, vehicle) contenir.

seat belt n ceinture f de sécurité.

seaweed ['si:wi:d] n algues fpl.

secluded [sɪ'klu:dɪd] adj retiré(e).

second ['sekənd] n seconde f. ◆ num second(e), deuxième → **sixth** ; ~ gear seconde f. ❑ **seconds** npl (goods) articles mpl de second choix ; inf (of food) rab m.

secondary school ['sekəndrɪ] n école secondaire comprenant collège et lycée.

second-class adj (ticket) de seconde (classe) ; (stamp) tarif lent ; (inferior) de qualité inférieure.

second-hand adj d'occasion.

Second World War n : the ~ la Seconde Guerre mondiale.

secret ['si:krɪt] adj secret(ète). ◆ n secret m.

secretary [Br 'sekrətrɪ, Am 'sekrəterɪ] n secrétaire mf.

Secretary of State n Am ministre m des Affaires étrangères ; Br ministre m.

section ['sekʃn] n section f.

sector ['sektər] n secteur m.

secure [sɪ'kjʊər] adj (safe) en sécurité ; (place, building) sûr(e) ; (firmly fixed) qui tient bien ; (free from worry) sécurisé(e). ◆ vt (fix) attacher ; fml (obtain) obtenir.

security [sɪ'kjʊərətɪ] n sécurité f.

security guard n garde m.

sedative ['sedətɪv] n sédatif m.

seduce [sɪ'dju:s] vt séduire.

see [si:] (pt saw, pp seen) vt voir ; (accompany) raccompagner. ◆ vi voir ; I ~ (understand) je vois ; to ~ if one can do sthg voir si on peut faire qqch ; to ~ to sthg (deal with) s'occuper de qqch ; (repair) réparer qqch ; ~ you later! à plus tard! ; ~ you (soon)! à bientôt! ; ~ p. 14 voir p. 14. ❑ **see off** vt sep (say goodbye to) dire au revoir à.

seed [si:d] n graine f.

seeing (as) ['si:ɪŋ] conj vu que.

seek [si:k] (pt & pp sought) vt [fml] (look for) rechercher ; (request) demander.

seem [si:m] vi sembler. ◆ v impers : it ~s (that) ... il semble que

... ; she ~s nice elle a l'air sympathique.

seen [siːn] *pp* → see.

seesaw ['siːsɔː] *n* bascule *f*.

segment ['segmənt] *n (of fruit)* quartier *m*.

seize [siːz] *vt* saisir. □ **seize up** *vi (machine)* se gripper ; *(leg)* s'ankyloser ; *(back)* se bloquer.

seldom ['seldəm] *adv* rarement.

select [sɪ'lekt] *vt* sélectionner, choisir. ◆ *adj* sélect(e).

selection [sɪ'lekʃn] *n* choix *m*.

self-assured [ˌselfə'ʃʊəd] *adj* sûr(e) de soi.

self-catering [ˌself'keɪtərɪŋ] *adj (flat)* indépendant(e) *(avec cuisine)* ; **a ~ holiday** des vacances *fpl* en location.

self-confident [ˌself-] *adj* sûr(e) de soi.

self-conscious [ˌself-] *adj* mal à l'aise.

self-contained [ˌselfkən'teɪnd] *adj (flat)* indépendant(e).

self-defence [ˌself-] *n* autodéfense *f*.

self-employed [ˌself-] *adj* indépendant(e).

selfish ['selfɪʃ] *adj* égoïste.

self-raising flour [ˌself'reɪzɪŋ-] *n Br* farine *f* à gâteaux.

self-rising flour [ˌself'raɪzɪŋ-] *Am* = **self-raising flour**.

self-service [ˌself-] *adj* en self-service.

sell [sel] *(pt & pp* **sold**) *vt* vendre. ◆ *vi* se vendre ; **it ~s for £20** ça se vend 20 livres ; **to ~ sb sthg** vendre qqch à qqn.

sell-by date *n* date *f* limite de vente.

seller ['selə] *n (person)* vendeur *m*, -euse *f*.

Sellotape® ['seləteɪp] *n Br* ≃ Scotch® *m*.

semester [sɪ'mestə] *n* semestre *m*.

semicircle ['semɪˌsɜːkl] *n* demi-cercle *m*.

semicolon [ˌsemɪ'kəʊlən] *n* point-virgule *m*.

semidetached [ˌsemɪdɪ'tætʃt] *adj (houses)* jumeaux(elles).

semifinal [ˌsemɪ'faɪnl] *n* demi-finale *f*.

seminar ['semɪnɑː] *n* séminaire *m*.

semolina [ˌsemə'liːnə] *n* semoule *f*.

send [send] *(pt & pp* **sent**) *vt* envoyer ; **to ~ sthg to sb** envoyer qqch à qqn. □ **send back** *vt sep* renvoyer. □ **send off** *vt sep (letter, parcel)* expédier ; *SPORT* expulser. ◆ *vi* : **to ~ off for sthg** commander qqch par correspondance.

sender ['sendə] *n* expéditeur *m*, -trice *f*.

senile ['siːnaɪl] *adj* sénile.

senior ['siːnjə] *adj (high-ranking)* haut placé(e) ; *(higher-ranking)* plus haut placé(e). ◆ *n Br SCH* grand *m*, -e *f* ; *Am SCH* ≃ élève *mf* de terminale.

senior citizen *n* personne *f* âgée.

sensation [sen'seɪʃn] *n* sensation *f*.

sensational [sen'seɪʃənl] *adj* sensationnel(elle).

sense [sens] *n* sens *m* ; *(common sense)* bon sens *f* ; *(usefulness)* utilité *f*. ◆ *vt* sentir ; **there's no ~ in waiting** ça ne sert à rien d'attendre ;

to make ~ avoir un sens ; ~ of direction sens de l'orientation ; ~ of humour sens de l'humour.

sensible ['sensəbl] *adj* (person) sensé(e) ; (clothes, shoes) pratique.

sensitive ['sensɪtɪv] *adj* sensible.

sent [sent] *pt & pp* → send.

sentence ['sentəns] *n* GRAMM phrase *f* ; (for crime) sentence *f*. ◆ *vt* condamner.

sentimental [ˌsentɪ'mentl] *adj* sentimental(e).

Sep. (abbr of September) sept.

separate [adj 'seprət, vb 'sepəreɪt] *adj* séparé(e) ; (different) distinct(e). ◆ *vt* séparer. ◆ *vi* se séparer. ❑ **separates** *npl* Br coordonnés *mpl*.

separately ['seprətlɪ] *adv* séparément.

separation [ˌsepə'reɪʃn] *n* séparation *f*.

September [sep'tembə'] *n* septembre *m* ; at the beginning of ~ début septembre ; at the end of ~ fin septembre ; during ~ en septembre ; every ~ tous les ans en septembre ; in ~ en septembre ; last ~ en septembre (dernier) ; next ~ en septembre de l'année prochaine ; this ~ en septembre (prochain) ; 2 ~ 1994 (in letters etc) le 2 septembre 1994.

septic ['septɪk] *adj* infecté(e).

septic tank *n* fosse *f* septique.

sequel ['si:kwəl] *n* (to book, film) suite *f*.

sequence ['si:kwəns] *n* (series) suite *f* ; (order) ordre *m*.

sequin ['si:kwɪn] *n* paillette *f*.

sergeant ['sɑ:dʒənt] *n* (in police force) brigadier *m* ; (in army) sergent *m*.

serial ['sɪərɪəl] *n* feuilleton *m*.

series ['sɪəri:z] (pl inv) *n* série *f*.

serious ['sɪərɪəs] *adj* sérieux(ieuse) ; (illness, injury) grave.

seriously ['sɪərɪəslɪ] *adv* sérieusement ; (wounded, damaged) gravement.

sermon ['sɜ:mən] *n* sermon *m*.

servant ['sɜ:vənt] *n* domestique *mf*.

serve [sɜ:v] *vt & vi* servir. ◆ *n* SPORT service *m* ; to ~ as (be used for) servir de ; the town is ~d by two airports la ville est desservie par deux aéroports ; '~s two' (on packaging, menu) 'pour deux personnes' ; it ~s you right (c'est) bien fait pour toi.

service ['sɜ:vɪs] *n* service *m* ; (of car) révision *f*. ◆ *vt* (car) réviser ; '~ not included' 'service non compris' ; to be of ~ to sb *fml* être utile à qqn. ❑ **services** *npl* (on motorway) aire *f* de service.

service area *n* aire *f* de service.

service charge *n* service *m*.

service department *n* atelier *m* de réparation.

service provider *n* COMPUT fournisseur *m* d'accès, provider *m*.

service station *n* station-service *f*.

serviette [ˌsɜ:vɪ'et] *n* serviette *f* (de table).

serving ['sɜ:vɪŋ] *n* (helping) part *f*.

serving spoon *n* cuillère *f* de service.

sesame seeds ['sesəmɪ-] *npl* graines *fpl* de sésame.

session ['seʃn] *n* séance *f*.

☞

set [set] (*pt & pp* set) *adj* - **1.** (*price, time*) fixe ; a ~ lunch un menu.
- **2.** (*text, book*) au programme.
- **3.** (*situated*) situé(e).
◆ *n* - **1.** (*of keys, tools*) jeu *m* ; a chess ~ un jeu d'échecs.
- **2.** (*TV*) : a (**TV**) ~ un poste (de télé), une télé.
- **3.** (*in tennis*) set *m*.
- **4.** *SCH* groupe *m* de niveau.
- **5.** (*of play*) décor *m*.
- **6.** (*at hairdresser's*) : a shampoo and ~ un shampo(o)ing et mise en plis.
◆ *vt* - **1.** (*put*) poser ; to ~ the table mettre la table OR le couvert.
- **2.** (*cause to be*) : to ~ a machine going mettre une machine en marche ; to ~ fire to sthg mettre le feu à qqch.
- **3.** (*clock, alarm, controls*) régler ; ~ the alarm for 7 a.m. mets le réveil à (sonner pour) 7 h.
- **4.** (*price, time*) fixer.
- **5.** (*a record*) établir.
- **6.** (*homework, essay*) donner.
- **7.** (*play, film, story*) : to be ~ se passer, se dérouler.
◆ *vi* - **1.** (*sun*) se coucher.
- **2.** (*glue, jelly*) prendre.
❑ **set down** *vt sep Br* (*passengers*) déposer.
❑ **set off**
◆ *vt sep* (*alarm*) déclencher.
◆ *vi* (*on journey*) se mettre en route.
❑ **set out**
◆ *vt sep* (*arrange*) disposer.
◆ *vi* (*on journey*) se mettre en route.
❑ **set up** *vt sep* (*barrier*) mettre en place ; (*equipment*) installer.

set meal *n* menu *m*.

set menu *n* menu *m*.

settee [se'ti:] *n* canapé *m*.

setting ['setɪŋ] *n* (*on machine*) réglage *m* ; (*surroundings*) décor *m*.

settle ['setl] *vt* régler ; (*stomach, nerves*) calmer. ◆ *vi* (*start to live*) s'installer ; (*come to rest*) se poser ; (*sediment, dust*) se déposer. ❑ **settle down** *vi* (*calm down*) se calmer ; (*sit comfortably*) s'installer. ❑ **settle up** *vi* (*pay bill*) régler.

settlement ['setlmənt] *n* (*agreement*) accord *m* ; (*place*) colonie *f*.

seven ['sevn] *num* sept → **six**.

seventeen [,sevn'ti:n] *num* dix-sept → **six**.

seventeenth [,sevn'ti:nθ] *num* dix-septième → **sixth**.

seventh ['sevnθ] *num* septième → **sixth**.

seventieth ['sevntjəθ] *num* soixante-dixième → **sixth**.

seventy ['sevntɪ] *num* soixante-dix → **six**.

several ['sevrəl] *adj & pron* plusieurs.

severe [sɪ'vɪə] *adj* (*conditions, illness*) grave ; (*person, punishment*) sévère ; (*pain*) aigu(uë).

sew [səʊ] (*pp* sewn) *vt & vi* coudre.

sewage ['su:ɪdʒ] *n* eaux *fpl* usées.

sewing ['səʊɪŋ] *n* couture *f*.

sewing machine *n* machine *f* à coudre.

sewn [səʊn] *pp* → **sew**.

sex [seks] *n* (*gender*) sexe *m* ; (*sexual intercourse*) rapports *mpl* sexuels ; to have ~ with sb coucher avec qqn.

sexist ['seksɪst] *n* sexiste *mf*.

sexual [ˈseksjʊəl] *adj* sexuel(elle).

sexy [ˈseksɪ] *adj* sexy (*inv*).

shabby [ˈʃæbɪ] *adj* (*clothes, room*) miteux(euse) ; (*person*) pauvrement vêtu(e).

shade [ʃeɪd] *n* (*shadow*) ombre *f* ; (*lampshade*) abat-jour *m inv* ; (*of colour*) teinte *f* ◆ *vt* (*protect*) abriter. ❑ **shades** *npl inf* (*sunglasses*) lunettes *fpl* noires OR de soleil.

shadow [ˈʃædəʊ] *n* ombre *f*.

shady [ˈʃeɪdɪ] *adj* (*place*) ombragé(e) ; *inf* (*person, deal*) louche.

shaft [ʃɑːft] *n* (*of machine*) axe *m* ; (*of lift*) cage *f*.

shake [ʃeɪk] (*pt* shook, *pp* shaken [ˈʃeɪkn]) *vt* secouer. ◆ *vi* trembler ; **to ~ hands (with sb)** échanger une poignée de mains (avec qqn) ; **to ~ one's head** secouer la tête.

shall [*weak form* ʃəl, *strong form* ʃæl] *aux vb* - **1.** (*expressing future*) : **I ~ be ready soon** je serai bientôt prêt.
- **2.** (*in questions*) : **~ I buy some wine?** j'achète du vin? ; **~ we listen to the radio?** si on écoutait la radio? ; **where ~ we go?** où est-ce qu'on va?
- **3.** *fml* (*expressing order*) : **payment ~ be made within a week** le paiement devra être effectué sous huitaine.

shallot [ʃəˈlɒt] *n* échalote *f*.

shallow [ˈʃæləʊ] *adj* peu profond(e).

shallow end *n* (*of swimming pool*) côté le moins profond.

shambles [ˈʃæmblz] *n* désordre *m*.

shame [ʃeɪm] *n* honte *f* ; **it's a ~**

c'est dommage ; **what a ~!** quel dommage!

shampoo [ʃæmˈpuː] (*pl* -s) *n* shampo(o)ing *m*.

shandy [ˈʃændɪ] *n* panaché *m*.

shape [ʃeɪp] *n* forme *f* ; **to be in good ~** être en forme ; **to be in bad ~** ne pas être en forme.

share [ʃeəʳ] *n* (*part*) part *f* ; (*in company*) action *f*. ◆ *vt* partager. ❑ **share out** *vt sep* partager.

shark [ʃɑːk] *n* requin *m*.

sharp [ʃɑːp] *adj* (*knife, razor*) aiguisé(e) ; (*pointed*) pointu(e) ; (*clear*) net (nette) ; (*quick, intelligent*) vif (vive) ; (*rise, change, bend*) brusque ; (*painful*) aigu(uë) ; (*food, taste*) acide. ◆ *adv* : **at ten o'clock ~** à dix heures pile.

sharpen [ˈʃɑːpn] *vt* (*pencil*) tailler ; (*knife*) aiguiser.

shatter [ˈʃætəʳ] *vt* (*break*) briser. ◆ *vi* se fracasser.

shattered [ˈʃætəd] *adj Br inf* (*tired*) crevé(e).

shave [ʃeɪv] *vt* raser. ◆ *vi* se raser. ◆ *n* : **to have a ~** se raser ; **to ~ one's legs** se raser les jambes.

shaver [ˈʃeɪvəʳ] *n* rasoir *m* électrique.

shaving brush [ˈʃeɪvɪŋ-] *n* blaireau *m*.

shaving foam [ˈʃeɪvɪŋ-] *n* mousse *f* à raser.

shawl [ʃɔːl] *n* châle *m*.

she [ʃiː] *pron* elle ; **~'s tall** elle est grande.

sheaf [ʃiːf] (*pl* sheaves) *n* (*of paper, notes*) liasse *f*.

shears [ʃɪəz] *npl* sécateur *m*.

sheaves [ʃiːvz] *pl* → **sheaf**.

shed [ʃed] (*pt* & *pp* **shed**) *n* remise f. ◆ *vt* (*tears, blood*) verser.

she'd [*weak form* ʃɪd, *strong form* ʃiːd] = **she had, she would.**

sheep [ʃiːp] (*pl inv*) *n* mouton m.

sheepdog ['ʃiːpdɒg] *n* chien m de berger.

sheepskin ['ʃiːpskɪn] *adj* en peau de mouton.

sheer [ʃɪəʳ] *adj* (*pure, utter*) pur(e) ; (*cliff*) abrupt(e) ; (*stockings*) fin(e).

sheet [ʃiːt] *n* (*for bed*) drap m ; (*of paper*) feuille f ; (*of glass, metal, wood*) plaque f.

shelf [ʃelf] (*pl* **shelves**) *n* étagère f ; (*in shop*) rayon m.

shell [ʃel] *n* (*of egg, nut*) coquille f ; (*on beach*) coquillage m ; (*of animal*) carapace f ; (*bomb*) obus m.

she'll [ʃiːl] = **she will, she shall.**

shellfish ['ʃelfɪʃ] (*food*) fruits mpl de mer.

shelter ['ʃeltəʳ] *n* abri m. ◆ *vt* abriter. ◆ *vi* s'abriter ; **to take ~** s'abriter.

sheltered ['ʃeltəd] *adj* abrité(e).

shelves [ʃelvz] *pl* → **shelf.**

shepherd ['ʃepəd] *n* berger m.

shepherd's pie ['ʃepədz-] *n* ≃ hachis m Parmentier.

sheriff ['ʃerɪf] *n* (*in US*) shérif m.

sherry ['ʃerɪ] *n* xérès m.

she's [ʃiːz] = **she is, she has.**

shield [ʃiːld] *n* bouclier m. ◆ *vt* protéger.

shift [ʃɪft] *n* (*change*) changement m ; (*period of work*) équipe f. ◆ *vt* déplacer. ◆ *vi* (*move*) se déplacer ; (*change*) changer.

shin [ʃɪn] *n* tibia m.

shine [ʃaɪn] (*pt* & *pp* **shone**) *vi* briller. ◆ *vt* (*shoes*) astiquer ; (*torch*) braquer.

shiny ['ʃaɪnɪ] *adj* brillant(e).

ship [ʃɪp] *n* (*larger*) navire m ; **by ~** par bateau.

shipwreck ['ʃɪprek] *n* (*accident*) naufrage m ; (*wrecked ship*) épave f.

shirt [ʃɜːt] *n* chemise f.

shit [ʃɪt] *n vulg* merde f.

shiver ['ʃɪvəʳ] *vi* frissonner.

shock [ʃɒk] *n* choc m. ◆ *vt* (*surprise*) stupéfier ; (*horrify*) choquer ; **to be in ~** *MED* être en état de choc.

shocking ['ʃɒkɪŋ] *adj* (*very bad*) épouvantable.

shoe [ʃuː] *n* chaussure f.

shoelace ['ʃuːleɪs] *n* lacet m.

shoe polish *n* cirage m.

shoe repairer's [-rɪˌpeərəʳ] *n* cordonnerie f.

shoe shop *n* magasin m de chaussures.

shone [ʃɒn] *pt* & *pp* → **shine.**

shook [ʃʊk] *pt* → **shake.**

shoot [ʃuːt] (*pt* & *pp* **shot**) *vt* (*kill*) tuer ; (*injure*) blesser ; (*gun*) tirer un coup de ; (*arrow*) décocher ; (*film*) tourner. ◆ *n* (*of plant*) pousse f. ◆ *vi* tirer ; **to ~ past** passer en trombe.

shop [ʃɒp] *n* magasin m ; (*small*) boutique f. ◆ *vi* faire les courses.

shop assistant *n* Br vendeur m, -euse f.

shop floor *n* atelier m.

shopkeeper ['ʃɒpˌkiːpəʳ] *n* commerçant m, -e f.

shoplifter ['ʃɒpˌlɪftəʳ] *n* voleur m, -euse f à l'étalage.

shopper ['ʃɒpəʳ] *n* acheteur m, -euse f.

shopping ['ʃɒpɪŋ] n courses fpl, achats mpl ; to do the ~ faire les courses ; to go ~ aller faire des courses.

shopping bag n sac m à provisions.

shopping basket n panier m à provisions.

shopping centre n centre m commercial.

shopping list n liste f des courses.

shopping mall n centre m commercial.

shop steward n délégué m syndical, déléguée syndicale f.

shop window n vitrine f.

shore [ʃɔːˀ] n rivage m ; on ~ à terre.

short [ʃɔːt] adj court(e) , (not tall) petit(e). ◆ adv (cut) court. ◆ n Br (drink) alcool m fort ; (film) court-métrage m ; to be ~ of sthg (time, money) manquer de qqch ; to be ~ for sthg (be abbreviation of) être l'abréviation de qqch ; to be ~ of breath être hors d'haleine ; in ~ (en) bref. ❑ **shorts** npl (short trousers) short m ; Am (underpants) caleçon m.

shortage ['ʃɔːtɪdʒ] n manque m.

shortbread ['ʃɔːtbred] n ≃ sablé m au beurre.

short-circuit vi se mettre en court-circuit.

shortcrust pastry ['ʃɔːtkrʌst-] n pâte f brisée.

short cut n raccourci m.

shorten ['ʃɔːtn] vt (in time) écourter ; (in length) raccourcir.

shorthand ['ʃɔːthænd] n sténographie f.

shortly ['ʃɔːtlɪ] adv (soon) bientôt ; ~ before peu avant.

shortsighted [ˌʃɔːt'saɪtɪd] adj myope.

short-sleeved [-ˈsliːvd] adj à manches courtes.

short story n nouvelle f.

shot [ʃɒt] pt & pp → **shoot**. ◆ n (of gun) coup m de feu ; (in football) tir m ; (in tennis, golf etc) coup m ; (photo) photo f ; (in film) plan m ; inf (attempt) essai m ; (drink) petit verre m.

shotgun ['ʃɒtɡʌn] n fusil m de chasse.

☞

should [ʃʊd] aux vb - 1. (expressing desirability) : we ~ leave now nous devrions OR il faudrait partir maintenant.

- 2. (asking for advice) : ~ I go too? est-ce que je dois y aller aussi?

- 3. (expressing probability) : she ~ be home soon elle devrait être bientôt rentrée.

- 4. (ought to) : they ~ have won the match ils auraient dû gagner le match.

- 5. fml (in conditionals) : ~ you need anything, call reception si vous avez besoin de quoi que ce soit, appelez la réception.

- 6. fml (expressing wish) : I ~ like to come with you j'aimerais bien venir avec vous.

shoulder ['ʃəʊldəˀ] n épaule f ; Am (of road) bande f d'arrêt d'urgence.

shoulder pad n épaulette f.

shouldn't ['ʃʊdnt] = should not.

should've ['ʃʊdəv] = should have.

shout [ʃaʊt] *n* cri *m*. ◆ *vt & vi* crier. ❑ **shout out** *vt sep* crier.

shove [ʃʌv] *vt* *(push)* pousser ; *(put carelessly)* flanquer.

shovel [ʃʌvl] *n* pelle *f*.

show [ʃəʊ] *(pp* **-ed** OR **shown)** *n* *(on TV, radio)* émission *f* ; *(at theatre)* spectacle *m* ; *(exhibition)* exposition *f*. ◆ *vt* montrer ; *(accompany)* accompagner ; *(film, TV programme)* passer. ◆ *vi (be visible)* se voir ; *(film)* passer, être à l'affiche ; **to ~ sthg** to sb montrer qqch à qqn ; **to ~ sb** how to do sthg montrer à qqn comment faire qqch. ❑ **show off** *vi* faire l'intéressant. ❑ **show up** *vi (come along)* arriver ; *(be visible)* se voir.

shower [ʃaʊə] *n* *(for washing)* douche *f* ; *(of rain)* averse *f*. ◆ *vi* prendre une douche ; **to have a ~** prendre une douche.

shower gel *n* gel *m* douche.

shower unit *n* cabine *f* de douche.

showing [ʃəʊɪŋ] *n* *(of film)* séance *f*.

shown [ʃəʊn] *pp* → **show**.

showroom [ʃəʊrʊm] *n* salle *f* d'exposition.

shrank [ʃræŋk] *pt* → **shrink**.

shrimp [ʃrɪmp] *n* crevette *f*.

shrine [ʃraɪn] *n* lieu *m* saint.

shrink [ʃrɪŋk] *(pt* **shrank,** *pp* **shrunk)** *n inf (psychoanalyst)* psy *mf*. ◆ *vi (clothes)* rapetisser.

shrub [ʃrʌb] *n* arbuste *m*.

shrug [ʃrʌg] *n* haussement *m* d'épaules. ◆ *vi* hausser les épaules.

shrunk [ʃrʌŋk] *pp* → **shrink**.

shuffle [ʃʌfl] *vt (cards)* battre. ◆ *vi (cards)* battre les cartes.

shut [ʃʌt] *(pt & pp* **shut)** *adj* fermé(e). ◆ *vt* fermer. ◆ *vi (door, mouth, eyes)* se fermer ; *(shop, restaurant)* fermer. ❑ **shut down** *vt sep* fermer. ❑ **shut up** *vi inf (stop talking)* la fermer.

shutter [ʃʌtə] *n* *(on window)* volet *m* ; *(on camera)* obturateur *m*.

shuttle [ʃʌtl] *n* navette *f*.

shuttlecock [ʃʌtlkɒk] *n* volant *m*.

shy [ʃaɪ] *adj* timide.

sick [sɪk] *adj* malade ; **to be ~** *(vomit)* vomir ; **to feel ~** avoir mal au cœur ; **to be ~ of** *(fed up with)* en avoir assez de.

sick bag *n* sachet mis à la disposition des passagers malades dans les avions et sur les bateaux.

sickness [sɪknəs] *n* maladie *f*.

sick pay *n* indemnité *f* de maladie.

side [saɪd] *n* côté *m* ; *(of hill)* versant *m* ; *(of road, river, pitch)* bord *m* ; *(of tape, record)* face *f* ; *(team)* camp *m* ; *Br (TV channel)* chaîne *f* ; *(page of writing)* page *f*. ◆ *adj (door, pocket)* latéral(e) ; **at the ~ of** à côté de ; *(river, road)* au bord de ; **on the other ~** de l'autre côté ; **~ by ~** côte à côte.

sideboard [saɪdbɔːd] *n* buffet *m*.

side dish *n* garniture *f*.

side effect *n* effet *m* secondaire.

side order *n* portion *f*.

side salad *n* salade servie en garniture.

side street *n* petite rue *f*.

sidewalk [saɪdwɔːk] *n* Am trottoir *m*.

sideways [saɪdweɪz] *adv* de côté.

sieve [sɪv] n passoire f ; (for flour) tamis m.

sigh [saɪ] n soupir m. ◆ vi soupirer.

sight [saɪt] n (eyesight) vision f, vue f ; (thing seen) spectacle m ; at first ~ à première vue ; to catch ~ of apercevoir ; in ~ en vue ; to lose ~ of perdre de vue ; out of ~ hors de vue. ❏ **sights** npl (of city, country) attractions fpl touristiques.

sightseeing ['saɪt,siːɪŋ] n : to go ~ faire du tourisme.

sign [saɪn] n (next to road, in shop, station) panneau m ; (symbol, indication) signe m ; (signal) signal m. ◆ vt & vi signer ; there's no ~ of her il n'y a aucune trace d'elle. ❏ **sign in** vi (at hotel, club) signer le registre.

signal ['sɪgnl] n signal m ; Am (traffic lights) feux mpl de signalisation. ◆ vi (in car) mettre son clignotant ; (on bike) tendre le bras.

signature ['sɪgnətʃə] n signature f.

significant [sɪg'nɪfɪkənt] adj significatif(ive).

signpost ['saɪnpəʊst] n poteau m indicateur.

silence ['saɪləns] n (quiet) silence m.

silencer ['saɪlənsə] n Br AUT silencieux m.

silent ['saɪlənt] adj silencieux (ieuse).

Silicon Valley n Silicon Valley f.

SILICON VALLEY

C'est ainsi que l'on désigne une région située dans le nord de la Californie où sont implantées de nombreuses entreprises du secteur de l'informatique. C'est le berceau de l'industrie des ordinateurs personnels.

silk [sɪlk] n soie f.

sill [sɪl] n rebord m.

silly ['sɪlɪ] adj idiot(e).

silver ['sɪlvə] n argent m ; (coins) monnaie f. ◆ adj en argent.

silver foil n papier m aluminium.

silver-plated [-'pleɪtɪd] adj plaqué(e) argent.

similar ['sɪmɪlə] adj similaire ; to be ~ to être semblable à.

similarity [,sɪmɪ'lærətɪ] n similitude f.

simmer ['sɪmə] vi mijoter.

simple ['sɪmpl] adj simple.

simplify ['sɪmplɪfaɪ] vt simplifier.

simply ['sɪmplɪ] adv simplement.

simulate ['sɪmjʊleɪt] vt simuler.

simultaneous [Br ,sɪml'teɪnəs, Am ,saɪml'teɪnjəs] adj simultané(e).

simultaneously [Br ,sɪml'teɪn-jəslɪ, Am ,saɪml'teɪnjəslɪ] adv simultanément.

sin [sɪn] n péché m. ◆ vi pécher.

since [sɪns] adv & prep depuis. ◆ conj (in time) depuis que ; (as) puisque ; ~ we've been here depuis que nous sommes ici ; ever ~ depuis, depuis que.

sincere [sɪn'sɪə] adj sincère.

sincerely [sɪn'sɪəlɪ] adv sincèrement ; Yours ~ veuillez agréer, Monsieur/Madame, mes sentiments les meilleurs.

sing [sɪŋ] (pt sang, pp sung) vt & vi chanter.

singer ['sɪŋə] n chanteur m, -euse f.

single ['sɪŋgl] adj (just one) seul(e); (not married) célibataire. ◆ n Br (ticket) aller m simple; (record) 45 tours m inv; **every ~** chaque. ❑ **singles** n SPORT simple m. ◆ adj (bar, club) pour célibataires.

single bed n petit lit m, lit m à une place.

single cream n Br crème f fraîche liquide.

single currency n monnaie f unique.

single parent n père m OR mère f célibataire.

single room n chambre f simple.

singular ['sɪŋgjʊlə] n singulier m; **in the ~** au singulier.

sinister ['sɪnɪstə] adj sinistre.

sink [sɪŋk] (pt sank, pp sunk) n (in kitchen) évier m; (washbasin) lavabo m. ◆ vi (in water) couler; (decrease) décroître.

sink unit n bloc-évier m.

sinuses ['saɪnəsɪz] npl sinus mpl.

sip [sɪp] n petite gorgée f. ◆ vt siroter.

siphon ['saɪfn] n siphon m. ◆ vt siphonner.

sir [sɜː] n Monsieur; **Dear Sir** Cher Monsieur.

siren ['saɪərən] n sirène f.

sirloin steak [ˌsɜːlɔɪn-] n bifteck m d'aloyau.

sister ['sɪstə] n sœur f; Br (nurse) infirmière f en chef.

sister-in-law n belle-sœur f.

sit [sɪt] (pt & pp sat) vi s'asseoir; (be situated) être situé. ◆ vt asseoir; Br (exam) passer; **to be sitting** être assis. ❑ **sit down** vi s'asseoir; **to be sitting down** être assis. ❑ **sit up** vi (after lying down) se redresser; (stay up late) veiller.

site [saɪt] n site m; (building site) chantier m.

sitting room ['sɪtɪŋ-] n salon m.

situated ['sɪtjʊeɪtɪd] adj : **to be ~** être situé(e).

situation [ˌsɪtjʊ'eɪʃn] n situation f; '**~s vacant**' 'offres d'emploi'.

six [sɪks] num adj & n six; **to be ~ (years old)** avoir six ans; **it's ~ (o'clock)** il est six heures; **a hundred and ~** cent six; **~ Hill St** 6 Hill St; **it's minus ~ (degrees)** il fait moins six.

sixteen [sɪks'tiːn] num seize → **six**.

sixteenth [sɪks'tiːnθ] num seizième → **sixth**.

sixth [sɪksθ] num adj & adv sixième. ◆ num pron sixième mf. ◆ num n (fraction) sixième m; **the ~ (of September)** le six (septembre).

sixth form n Br ≈ terminale f.

sixth-form college n Br établissement préparant aux « A levels ».

sixtieth ['sɪkstɪəθ] num soixantième → **sixth**.

sixty ['sɪkstɪ] num soixante → **six**.

size [saɪz] n taille f; (of shoes) pointure f; **what ~ do you take?** quelle taille/pointure faites-vous?; **what ~ is this?** c'est quelle taille?

sizeable ['saɪzəbl] adj assez important(e).

skate [skeɪt] n patin m; (fish) raie f. ◆ vi patiner.

skateboard ['skeɪtbɔːd] n skate-board m.

skater ['skeɪtə'] n patineur m, -euse f.

skating ['skeɪtɪŋ] n : to go ~ (ice-skating) faire du patin (à glace) ; (roller-skating) faire du patin (à roulettes).

skeleton ['skelɪtn] n squelette m.

skeptical ['skeptɪkl] Am = sceptical.

sketch [sketʃ] n (drawing) croquis m ; (humorous) sketch m. ◆ vt dessiner.

skewer ['skjuə'] n brochette f.

ski [skiː] (pt & pp skied, cont skiing) n ski m. ◆ vi skier.

ski boots npl chaussures fpl de ski.

skid [skɪd] n dérapage m. ◆ vi déraper.

skier ['skiːə'] n skieur m, -ieuse f.

skiing ['skiːɪŋ] n ski m ; to go ~ faire du ski ; to go on a ~ holiday partir aux sports d'hiver.

skilful ['skɪlful] adj Br adroit(e).

ski lift n remonte-pente m.

skill [skɪl] n (ability) adresse f ; (technique) technique f.

skilled [skɪld] adj (worker, job) qualifié(e) ; (driver, chef) expérimenté(e).

skillful ['skɪlful] Am = skilful.

skimmed milk ['skɪmd-] n lait m écrémé.

skin [skɪn] n peau f.

skin freshener [-ˌfreʃnə'] n lotion f rafraîchissante.

skinny ['skɪnɪ] adj maigre.

skip [skɪp] vi (with rope) sauter à la corde ; (jump) sauter. ◆ vt (omit) sauter. ◆ n (container) benne f.

ski pants npl fuseau m.

ski pass n forfait m.

ski pole n bâton m de ski.

skipping rope ['skɪpɪŋ-] n corde f à sauter.

skirt [skɜːt] n jupe f.

ski slope n piste f de ski.

ski tow n téléski m.

skittles ['skɪtlz] n quilles fpl.

skull [skʌl] n crâne m.

sky [skaɪ] n ciel m.

skylight ['skaɪlaɪt] n lucarne f.

skyscraper ['skaɪˌskreɪpə'] n gratte-ciel m inv.

slab [slæb] n dalle f.

slack [slæk] adj (rope) lâche ; (careless) négligent(e) ; (not busy) calme.

slacks [slæks] npl pantalon m.

slam [slæm] vt & vi claquer.

slander ['slɑːndə'] n calomnie f.

slang [slæŋ] n argot m.

slant [slɑːnt] n inclinaison f. ◆ vi pencher.

slap [slæp] n (smack) claque f. ◆ vt (person on face) gifler.

slash [slæʃ] vt (cut) entailler ; fig (prices) casser. ◆ n (written symbol) barre f oblique.

slate [sleɪt] n ardoise f.

slaughter ['slɔːtə'] vt (animal) abattre ; (people) massacrer ; fig (defeat) battre à plates coutures.

slave [sleɪv] n esclave mf.

sled [sled] = sledge.

sledge [sledʒ] n (for fun, sport) luge f ; (for transport) traîneau m.

sleep [sliːp] (pt & pp slept) n sommeil m ; (nap) somme m. ◆ vi dormir. ◆ vt : the house ~s six la maison permet de coucher six personnes ; did you ~ well? as-tu bien dormi? ; **I couldn't get to ~** je n'arrivais pas à m'endormir ; **to go to ~** s'endormir ; **to ~ with sb** coucher avec qqn.

sleeper ['sliːpə] *n (train)* train-couchettes *m* ; *(sleeping car)* wagon-lit *m* ; *Br (on railway track)* traverse *f* ; *Br (earring)* clou *m*.

sleeping bag ['sliːpɪŋ-] *n* sac *m* de couchage.

sleeping car ['sliːpɪŋ-] *n* wagon-lit *m*.

sleeping pill ['sliːpɪŋ-] *n* somnifère *m*.

sleepy ['sliːpɪ] *adj* : **to be ~** avoir sommeil.

sleet [sliːt] *n* neige *f* fondue.
◆ *v impers* : **it's ~ing** il tombe de la neige fondue.

sleeve [sliːv] *n* manche *f* ; *(of record)* pochette *f*.

sleeveless ['sliːvlɪs] *adj* sans manches.

slept [slept] *pt & pp* → **sleep**.

slice [slaɪs] *n (of bread, meat)* tranche *f* ; *(of cake, pizza)* part *f*. ◆ *vt (bread, meat)* couper en tranches ; *(cake)* découper ; *(vegetables)* couper en rondelles.

sliced bread [slaɪst-] *n* pain *m* en tranches.

slide [slaɪd] *(pt & pp slid* [slɪd]*) n (in playground)* toboggan *m* ; *(of photograph)* diapositive *f* ; *Br (hair slide)* barrette *f*. ◆ *vi (slip)* glisser.

sliding door [ˌslaɪdɪŋ-] *n* porte *f* coulissante.

slight [slaɪt] *adj* léger(ère) ; **the ~est** le moindre ; **not in the ~est** pas le moins du monde.

slightly ['slaɪtlɪ] *adv* légèrement.

slim [slɪm] *adj* mince. ◆ *vi* maigrir.

---

slimming ['slɪmɪŋ] *n* amaigrissement *m*.

sling [slɪŋ] *(pt) n* écharpe *f*. ◆ *vt inf (throw)* balancer.

slip [slɪp] *vi* glisser. ◆ *n (mistake)* erreur *f* ; *(form)* coupon *m* ; *(petticoat)* jupon *m* ; *(from shoulders)* combinaison *f*. ❑ **slip up** *vi (make a mistake)* faire une erreur.

slipper ['slɪpə] *n* chausson *m*.

slippery ['slɪpərɪ] *adj* glissant(e).

slit [slɪt] *n* fente *f*.

slob [slɒb] *n inf (dirty)* crado *mf* ; *(lazy)* flemmard *m*, -e *f*.

slogan ['sləʊgən] *n* slogan *m*.

slope [sləʊp] *n (incline)* pente *f* ; *(hill)* côte *f* ; *(for skiing)* piste *f*. ◆ *vi* être en pente.

sloping ['sləʊpɪŋ] *adj* en pente.

slot [slɒt] *n (for coin)* fente *f* ; *(groove)* rainure *f*.

slot machine *n (vending machine)* distributeur *m* ; *(for gambling)* machine *f* à sous.

slow [sləʊ] *adv* lentement. ◆ *adj* lent(e) ; *(business)* calme ; *(clock, watch)* : **to be ~** retarder ; **a ~ train** un omnibus. ❑ **slow down** *vt sep & vi* ralentir.

slowly ['sləʊlɪ] *adv* lentement.

slug [slʌg] *n (animal)* limace *f*.

slum [slʌm] *n (building)* taudis *m*. ❑ **slums** *npl (district)* quartiers *mpl* défavorisés.

slung [slʌŋ] *pt & pp* → **sling**.

slush [slʌʃ] *n* neige *f* fondue.

sly [slaɪ] *adj (cunning)* malin (maligne) ; *(deceitful)* sournois(e).

smack [smæk] *n (a slap)* claque *f*. ◆ *vt* donner une claque à.

small [smɔːl] *adj* petit(e).

small change n petite monnaie f.

smallpox ['smɔːlpɒks] n variole f.

smart [smɑːt] adj (elegant) élégant(e) ; (clever) intelligent(e) ; (posh) chic.

smart card n carte f à puce.

smash [smæʃ] n SPORT smash m ; inf (car crash) accident m. ◆ vt (plate, window) fracasser. ◆ vi (plate, vase etc) se fracasser.

smashing ['smæʃɪŋ] adj Br inf génial(e).

smear test ['smɪə-] n frottis m.

smell [smel] (pt & pp -ed OR smelt) n odeur f. ◆ vt sentir. ◆ vi (have odour) sentir ; (have bad odour) puer ; it ~s of lavender/burning ça sent la lavande/le brûlé.

smelly ['smelɪ] adj qui pue.

smelt [smelt] pt & pp → smell.

smile [smaɪl] n sourire m. ◆ vi sourire.

smiley ['smaɪlɪ] n smiley m.

smoke [sməʊk] n fumée f. ◆ vt & vi fumer ; to have a ~ fumer une cigarette.

smoked [sməʊkt] adj fumé(e).

smoked salmon n saumon m fumé.

smoker ['sməʊkə'] n fumeur m, -euse f.

smoking ['sməʊkɪŋ] n : 'no ~' 'défense de fumer'.

smoking area n zone f fumeurs.

smoking compartment n compartiment m fumeurs.

smoky ['sməʊkɪ] adj (room) enfumé(e).

smooth [smuːð] adj (surface, skin, road) lisse ; (takeoff, landing) en douceur ; (life) calme ; (journey) sans incidents ; (mixture, liquid) onctueux(euse) ; (wine, beer) moelleux(euse) ; pej (suave) doucereux(euse). ❏ **smooth down** vt sep lisser.

smother ['smʌðə'] vt (cover) couvrir.

smudge [smʌdʒ] n tache f.

smuggle ['smʌgl] vt passer clandestinement.

snack [snæk] n casse-croûte m inv.

snack bar n snack-bar m.

snail [sneɪl] n escargot m.

snake [sneɪk] n (animal) serpent m.

snap [snæp] vt (break) casser net. ◆ vi (break) se casser net. ◆ n inf (photo) photo f ; Br (card game) ≃ bataille f.

snatch [snætʃ] vt (grab) saisir ; (steal) voler.

sneakers ['sniːkəz] npl Am tennis mpl.

sneeze [sniːz] n éternuement m. ◆ vi éternuer.

sniff [snɪf] vt & vi renifler.

snip [snɪp] vt couper.

snob [snɒb] n snob mf.

snog [snɒg] vi Br inf s'embrasser.

snooker ['snuːkə'] n sorte de billard joué avec 22 boules.

snooze [snuːz] n petit somme m.

snore [snɔː'] vi ronfler.

snorkel ['snɔːkl] n tuba m.

snout [snaʊt] n museau m.

snow [snəʊ] n neige f. ◆ v impers : it's ~ing il neige.

snowball ['snəʊbɔːl] n boule f de neige.

snowdrift ['snəʊdrɪft] n congère f.

snowflake ['snəʊfleɪk] n flocon m de neige.

snowman ['snəʊmæn] (pl -men [-men]) n bonhomme m de neige.

snowplough ['snəʊplaʊ] n chasse-neige m inv.

snowstorm ['snəʊstɔːm] n tempête f de neige.

snug [snʌg] adj (person) au chaud ; (place) douillet(ette).

☞ ─────────────────

so [səʊ] adv - 1. (emphasizing degree) si, tellement ; it's ~ difficult (that ...) c'est si difficile (que) ...
- 2. (referring back) : I don't think ~ je ne crois pas ; I'm afraid ~ j'en ai bien peur ; if ~ si c'est le cas.
- 3. (also) : do I moi aussi.
- 4. (in this way) comme ça, ainsi.
- 5. (expressing agreement) : ~ there is en effet.
- 6. (in phrases) : or ~ environ ; ~ as afin de, pour ; ~ that afin of pour que (+ subjunctive).
◆ conj - 1. (therefore) donc, alors ; it might rain ~ take an umbrella il se pourrait qu'il pleuve, alors prends un parapluie.
- 2. (summarizing) alors ; ~ what have you been up to? alors, qu'est-ce que tu deviens?
- 3. (in phrases) : ~ what? inf et alors?, et après? ; ~ there! inf na!

soak [səʊk] vt (leave in water) faire tremper ; (make very wet) tremper. ◆ vi : to ~ through sthg s'infiltrer dans qqch. ❏ **soak up** vt sep absorber.

soaked [səʊkt] adj trempé(e).

soaking ['səʊkɪŋ] adj (very wet) trempé(e).

soap [səʊp] n savon m.

soap opera n soap opera m.

soap powder n lessive f en poudre.

sob [sɒb] n sanglot m. ◆ vi sangloter.

sober ['səʊbər] adj (not drunk) à jeun.

soccer ['sɒkər] n football m.

sociable ['səʊʃəbl] adj sociable.

social ['səʊʃl] adj social(e).

social club n club m.

socialist ['səʊʃəlɪst] adj socialiste. ◆ n socialiste mf.

social life n vie f sociale.

social security n aide f sociale.

social worker n assistant m social, assistante sociale f.

society [sə'saɪətɪ] n société f.

sociology [ˌsəʊsɪ'ɒlədʒɪ] n sociologie f.

sock [sɒk] n chaussette f.

socket ['sɒkɪt] n (for plug) prise f ; (for light bulb) douille f.

sod [sɒd] n Br vulg con m, conne f.

soda ['səʊdə] n (soda water) eau f de Seltz ; Am (fizzy drink) soda m.

soda water n eau f de Seltz.

sofa ['səʊfə] n sofa m, canapé m.

sofa bed n canapé-lit m.

soft [sɒft] adj (bed, food) mou (molle) ; (skin, fabric, voice) doux (douce) ; (touch, sound) léger(ère).

soft cheese n fromage m à pâte molle.

soft drink n boisson f non alcoolisée.

software ['sɒftweər] n logiciel m.

soil [sɔɪl] n (earth) sol m.

soil

solarium [sə'leərɪəm] n solarium m.

solar panel ['səulə-] n panneau m solaire.

sold [səuld] pt & pp → sell.

soldier ['səuldʒə'] n soldat m.

sold out adj (product) épuisé(e) ; (concert, play) complet(ète).

sole [səul] adj (only) unique ; (exclusive) exclusif(ive). ◆ n (of shoe) semelle f ; (of foot) plante f ; (fish : pl inv) sole f.

solemn ['sɒləm] adj solennel(el-le).

solicitor [sə'lɪsɪtə'] n Br notaire m.

solid ['sɒlɪd] adj solide ; (not hollow) plein(e) ; (gold, silver, oak) massif(ive).

solo ['səuləu] (pl -s) n solo m.

soluble ['sɒljubl] adj soluble.

solution [sə'luːʃn] n solution f.

solve [sɒlv] vt résoudre.

☞

some [sʌm] adj - 1. (certain amount of) : ~ meat de la viande ; ~ milk du lait ; ~ money de l'argent ; I had ~ difficulty getting here j'ai eu quelque mal à arriver jusqu'ici.
- 2. (certain number of) des ; ~ sweets des bonbons ; I've known him for ~ years je le connais depuis pas mal d'années.
- 3. (not all) certains (certaines) ; ~ jobs are better paid than others certains emplois sont mieux payés que d'autres.
- 4. (in imprecise statements) quelconque ; she married ~ Italian elle a épousé un Italien quelconque.
◆ pron - 1. (certain amount) : can I

have ~? je peux en prendre? ; ~ of the money une partie de l'argent.
- 2. (certain number) certains (certaines) ; can I have ~? je peux en prendre? ; ~ (of them) left early quelques-uns (d'entre eux) sont partis tôt.
◆ adv (approximately) environ ; there were ~ 7,000 people here il y avait environ 7 000 personnes.

somebody ['sʌmbədɪ] = someone.

somehow ['sʌmhau] adv (some way or other) d'une manière ou d'une autre ; (for some reason) pour une raison ou pour une autre.

someone ['sʌmwʌn] pron quelqu'un.

someplace ['sʌmpleɪs] Am = somewhere.

somersault ['sʌməsɔːlt] n saut m périlleux.

something ['sʌmθɪŋ] pron quelque chose ; it's really ~! c'est vraiment quelque chose! ; or ~ inf ou quelque chose comme ça ; ~ like (approximately) quelque chose comme.

sometime ['sʌmtaɪm] adv : ~ in May en mai.

sometimes ['sʌmtaɪmz] adv quelquefois, parfois.

somewhere ['sʌmweə'] adv quelque part ; (approximately) environ.

son [sʌn] n fils m.

song [sɒŋ] n chanson f.

son-in-law n gendre m.

soon [suːn] adv bientôt ; (early) tôt ; how ~ can you do it? pour quand pouvez-vous le faire? ; as ~ as I know dès que je le saurai ; ~ as possible dès que possible ;

~ **after** peu après ; ~**er or later** tôt ou tard.

soot [sut] n suie f.

soothe [suːð] vt calmer.

sophisticated [sə'fıstıkeıtıd] adj sophistiqué(e).

sorbet ['sɔːbeı] n sorbet m.

sore [sɔːʳ] adj (painful) douloureux(euse) ; inf (angry) fâché(e). ◆ n plaie f ; **to have a ~ throat** avoir mal à la gorge.

sorry ['sɒrı] adj désolé(e) ; **I'm ~**! désolé! ; **I'm ~ I'm late** je suis désolé d'être en retard ; ~? (asking for repetition) pardon? ; **to feel ~ for sb** plaindre qqn ; **to be ~ about sthg** être désolé de qqch.

sort [sɔːt] n sorte f. ◆ vt trier ; ~ **of** plutôt. □ **sort out** vt sep (classify) trier ; (resolve) résoudre.

so-so adj inf quelconque. ◆ adv inf couci-couça.

soufflé ['suːfleı] n soufflé m.

sought [sɔːt] pt & pp → **seek**.

soul [səʊl] n (spirit) âme f ; (music) soul f.

sound [saʊnd] n bruit m ; (volume) son m. ◆ vi (alarm, bell) retentir ; (seem to be) avoir l'air, sembler. ◆ adj (in good condition) solide ; (reliable) valable. ◆ vt : **to ~ one's horn** klaxonner ; **the engine ~s odd** le moteur fait un drôle de bruit ; **you ~ cheerful** tu as l'air content ; **to ~ like** (make a noise like) ressembler à ; (seem to be) sembler être.

soundproof ['saʊndpruːf] adj insonorisé(e).

soup [suːp] n soupe f.

soup spoon n cuillère f à soupe.

sour ['saʊəʳ] adj aigre ; **to go ~** tourner.

source [sɔːs] n source f.

sour cream n crème f aigre.

south [saʊθ] n sud m. ◆ adj du sud. ◆ adv (fly, walk) vers le sud ; (be situated) au sud ; **in the ~ of England** dans le sud de l'Angleterre.

southbound ['saʊθbaʊnd] adj en direction du sud.

southeast [,saʊθ'iːst] n sud-est m.

southern ['sʌðən] adj méridional(e), du sud.

South Pole n pôle m Sud.

southwards ['saʊθwədz] adv vers le sud.

southwest [,saʊθ'west] n sud-ouest m.

souvenir [,suːvə'nıəʳ] n souvenir m (objet).

sow[1] [səʊ] (pp **sown** [səʊn]) vt (seeds) semer.

sow[2] [saʊ] n (pig) truie f.

soya ['sɔıə] n soja m.

soya bean n graine f de soja.

soy sauce [,sɔı-] n sauce f au soja.

spa [spaː] n station f thermale.

space [speıs] n (room, empty place) place f ; (gap, in astronomy etc) espace m ; (period) intervalle m. ◆ vt espacer.

spaceship ['speısʃıp] n vaisseau m spatial.

space shuttle n navette f spatiale.

spacious ['speıʃəs] adj spacieux(ieuse).

spade [speıd] n (tool) pelle f. ❑ **spades** npl (in cards) pique m.

spaghetti [spə'getı] n spaghetti(s) mpl.

Spain [speın] n l'Espagne f.

span [spæn] *pt* → **spin**. ◆ *n (of time)* durée *f*.

Spaniard ['spænjəd] *n* Espagnol *m*, -e *f*.

spaniel ['spænjəl] *n* épagneul *m*.

Spanish ['spænɪʃ] *adj* espagnol(e). ◆ *n (language)* espagnol *m*.

spank [spæŋk] *vt* donner une fessée à.

spanner ['spænə'] *n* clef *f*.

spare [speə'] *adj (kept in reserve)* de réserve ; *(clothes)* de rechange ; *(not in use)* disponible. ◆ *n (spare part)* pièce *f* de rechange. ◆ *vt* : to ~ sb sthg *(time)* consacrer qqch à qqn ; **with ten minutes to ~** avec dix minutes d'avance.

spare part *n* pièce *f* de rechange.

spare ribs *npl* travers *m* de porc.

spare room *n* chambre *f* d'amis.

spare time *n* temps *m* libre.

spark [spa:k] *n* étincelle *f*.

sparkling ['spa:klɪŋ] *adj (mineral water, soft drink)* pétillant(e).

sparkling wine *n* mousseux *m*.

sparrow ['spærəʊ] *n* moineau *m*.

spat [spæt] *pt & pp* → **spit**.

speak [spi:k] (*pt* spoke, *pp* spoken) *vt (language)* parler ; *(say)* dire. ◆ *vi* parler ; **who's ~ing?** *(on phone)* qui est à l'appareil? ; **can I ~ to Sarah?** - **~ing!** *(on phone)* pourrais-je parler à Sarah? - c'est elle-même! ; **to ~ to sb about sthg** parler à qqn de qqch. ❑ **speak up** *vi (more loudly)* parler plus fort.

speaker ['spi:kə'] *n (in public)* orateur *m*, -trice *f* ; *(loudspeaker)* haut-parleur *m* ; *(of stereo)* enceinte *f* ; **an English ~** un anglophone.

spear [spɪə'] *n* lance *f*.

special ['speʃl] *adj* spécial(e). ◆ *n (dish)* spécialité *f* ; **'today's ~'** 'plat du jour'.

special delivery *n* service postal britannique garantissant la distribution du courrier sous 24 heures.

special effects *npl* effets *mpl* spéciaux.

specialist ['speʃəlɪst] *n (doctor)* spécialiste *mf*.

speciality [speʃɪ'ælətɪ] *n* spécialité *f*.

specialize ['speʃəlaɪz] *vi* : **to ~ (in)** se spécialiser (en).

specially ['speʃəlɪ] *adv* spécialement.

special offer *n* offre *f* spéciale.

special school *n Br* établissement *m* scolaire spécialisé.

specialty ['speʃltɪ] *Am* = **speciality**.

species ['spi:ʃi:z] *n* espèce *f*.

specific [spə'sɪfɪk] *adj (particular)* spécifique ; *(exact)* précis(e).

specification [spesɪfɪ'keɪʃn] *n (of machine, building etc)* cahier *m* des charges.

specimen ['spesɪmən] *n MED* échantillon *m* ; *(example)* spécimen *m*.

specs [speks] *npl inf* lunettes *fpl*.

spectacle ['spektəkl] *n* spectacle *m*.

spectacles ['spektəklz] *npl* lunettes *fpl*.

spectacular [spek'tækjʊlə'] *adj* spectaculaire.

spectator [spek'teɪtə'] *n* spectateur *m*, -trice *f*.

sped [sped] *pt* & *pp* → **speed**.

speech [spi:tʃ] *n (ability to speak)* parole *f* ; *(manner of speaking)* élocution *f* ; *(talk)* discours *m*.

speech impediment [-ɪm.pedɪmənt] *n* défaut *m* d'élocution.

speed [spi:d] (*pt* & *pp* -ed OR sped) *n* vitesse *f*. ◆ *vi (move quickly)* aller à toute vitesse ; *(drive too fast)* faire un excès de vitesse. ❑ **speed up** *vi* accélérer.

speedboat ['spi:dbəut] *n* hors-bord *m inv*.

speed bump *n* dos-d'âne *m inv*.

speeding ['spi:dɪŋ] *n* excès *m* de vitesse.

speed limit *n* limite *f* de vitesse.

speedometer [spɪ'dɒmɪtə'] *n* compteur *m* (de vitesse).

spell [spel] (*Br pt* & *pp* -ed OR spelt, *Am pt* & *pp* -ed) *vt (word, name)* orthographier ; *(out loud)* épeler ; *(subj : letters)* donner. ◆ *n (period)* période *f* ; *(magic)* sort *m* ; **how do you ~ that?** comment ça s'écrit? ; **sunny ~s** éclaircies *fpl*.

spell-checker [-tʃekə'] *n* correcteur *m* OR vérificateur *m* orthographique.

spelling ['spelɪŋ] *n* orthographe *f*.

spelt [spelt] *pt* & *pp* Br → **spell**.

spend [spend] (*pt* & *pp* spent [spent]) *vt (money)* dépenser ; *(time)* passer.

sphere [sfɪə'] *n* sphère *f*.

spice [spaɪs] *n* épice *f*. ◆ *vt* épicer.

spicy ['spaɪsɪ] *adj* épicé(e).

spider ['spaɪdə'] *n* araignée *f*.

spider's web *n* toile *f* d'araignée.

spike [spaɪk] *n* pointe *f*.

spill [spɪl] (*Br pt* & *pp* -ed OR spilt, *Am pt* & *pp* -ed) *vt* renverser. ◆ *vi* se renverser.

spin [spɪn] (*pt* span OR spun, *pp* spun) *vt (wheel)* faire tourner ; *(washing)* essorer. ◆ *n (in pool)* effet *m* ; **to go for a ~** *inf (in car)* faire un tour.

spinach ['spɪnɪdʒ] *n* épinards *mpl*.

spine [spaɪn] *n* colonne *f* vertébrale ; *(of book)* dos *m*.

spinster ['spɪnstə'] *n* célibataire *f*.

spiral ['spaɪərəl] *n* spirale *f*.

spiral staircase *n* escalier *m* en colimaçon.

spire [spaɪə'] *n* flèche *f*.

spirit ['spɪrɪt] *n (soul, mood)* esprit *m* ; *(energy)* entrain *m* ; *(courage)* courage *m*. ❑ **spirits** *npl Br (alcohol)* spiritueux *mpl*.

spit [spɪt] (*Br pt* & *pp* spat, *Am pt* & *pp* spit) *vi (person)* cracher ; *(fire, food)* grésiller. ◆ *n (saliva)* crachat *m* ; *(for cooking)* broche *f*. ◆ *v impers* : **it's spitting** il pleuvine.

spite [spaɪt] *n* : **in spite of** *prep* en dépit de, malgré.

spiteful ['spaɪtful] *adj* malveillant(e).

splash [splæʃ] *n (sound)* plouf *m*. ◆ *vt* éclabousser.

splendid ['splendɪd] *adj (beautiful)* splendide ; *(very good)* excellent(e).

splint [splɪnt] *n* attelle *f*.

splinter ['splɪntə'] *n (of wood)* écharde *f* ; *(of glass)* éclat *m*.

split [splɪt] (pt & pp split) n (tear) déchirure f ; (crack, in skirt) fente f. ◆ vt (wood, stone) fendre ; (tear) déchirer ; (bill, cost, profits, work) partager. ◆ vi (wood, stone) se fendre ; (tear) se déchirer. ❑ **split up** vi (group, couple) se séparer.

spoil [spɔɪl] (pt & pp -ed OR spoilt) vt (ruin) gâcher ; (child) gâter.

spoke [spəʊk] pt → **speak**. ◆ n (of wheel) rayon m.

spoken ['spəʊkn] pp → **speak**.

spokesman ['spəʊksmən] (pl -men [-mən]) n porte-parole m inv.

spokeswoman ['spəʊks,wʊmən] (pl -women [-,wɪmɪn]) n porte-parole m inv.

sponge [spʌndʒ] n (for cleaning, washing) éponge f.

sponge bag n Br trousse f de toilette.

sponge cake n génoise f.

sponsor ['spɒnsə'] n (of event, TV programme) sponsor m.

sponsored walk [,spɒnsəd-] n marche destinée à rassembler des fonds.

spontaneous [spɒn'teɪnjəs] adj spontané(e).

spoon [spuːn] n cuillère f.

spoonful ['spuːnfʊl] n cuillerée f.

sport [spɔːt] n sport m.

sports car [spɔːts-] n voiture f de sport.

sports centre [spɔːts-] n centre m sportif.

sports jacket [spɔːts-] n veste f sport.

sportsman ['spɔːtsmən] (pl -men [-mən]) n sportif m.

sports shop [spɔːts-] n magasin m de sport.

sportswoman ['spɔːts,wʊmən] (pl -women [-,wɪmɪn]) n sportive f.

spot [spɒt] n (dot) tache f ; (on skin) bouton m ; (place) endroit m. ◆ vt repérer ; **on the** ~ (at once) immédiatement ; (at the scene) sur place.

spotless ['spɒtlɪs] adj impeccable.

spotlight ['spɒtlaɪt] n spot m.

spotty ['spɒtɪ] adj boutonneux(euse).

spouse [spaʊs] n fml époux m, épouse f.

spout [spaʊt] n bec m (verseur).

sprain [spreɪn] vt fouler.

sprang [spræŋ] pt → **spring**.

spray [spreɪ] n (for aerosol, perfume) vaporisateur m ; (droplets) gouttelettes fpl. ◆ vt (surface) asperger ; (car) peindre à la bombe ; (crops) pulvériser ; (paint, water etc) vaporiser.

spread [spred] (pt & pp spread) vt étaler ; (legs, fingers, arms) écarter ; (news, disease) propager. ◆ vi se propager. ◆ n (food) pâte f à tartiner. ❑ **spread out** vi (disperse) se disperser.

spring [sprɪŋ] (pt sprang, pp sprung) n (season) printemps m ; (coil) ressort m ; (in ground) source f. ◆ vi (leap) sauter ; **in (the)** ~ au printemps.

springboard ['sprɪŋbɔːd] n tremplin m.

spring-cleaning [-'kliːnɪŋ] n nettoyage m de printemps.

spring onion n oignon m blanc.

spring roll n rouleau m de printemps.

sprinkle ['sprɪŋkl] vt : **to** ~ **sthg**

with sugar saupoudrer qqch de sucre ; to ~ sthg with water asperger qqch d'eau.

sprinkler ['sprɪŋklə] n (for fire) sprinkler m ; (for grass) arroseur m.

sprint [sprɪnt] n (race) sprint m. ◆ vi (run fast) sprinter.

sprout [spraʊt] n (vegetable) chou m de Bruxelles.

spruce [spruːs] n épicéa m.

sprung [sprʌŋ] pp → spring. ◆ adj (mattress) à ressorts.

spud [spʌd] n inf patate f.

spun [spʌn] pt & pp → spin.

spur [spɜːr] n (for horse rider) éperon m ; on the ~ of the moment sur un coup de tête.

spurt [spɜːt] vi jaillir.

spy [spaɪ] n espion m, -ionne f.

squalor ['skwɒlər] n conditions fpl sordides.

square [skweər] adj (in shape) carré(e). ◆ n (shape) carré m ; (in town) place f ; (on chessboard) case f ; it's 2 metres ~ ça fait 2 mètres sur 2 ; we're (all) ~ now (not owing money) nous sommes quittes maintenant.

squash [skwɒʃ] n (game) squash m ; Br (orange drink) orangeade f ; Br (lemon drink) citronnade f ; Am (vegetable) courge f. ◆ vt écraser.

squat [skwɒt] adj trapu(e). ◆ vi (crouch) s'accroupir.

squeak [skwiːk] vi couiner.

squeeze [skwiːz] vt presser. ❏ **squeeze in** vi se caser.

squid [skwɪd] n calamar m.

squint [skwɪnt] vi plisser les yeux. ◆ n : to have a ~ loucher.

squirrel [Br 'skwɪrəl, Am 'skwɜːrəl] n écureuil m.

squirt [skwɜːt] vi gicler.

St (abbr of Street) r ; (abbr of Saint) St (Ste).

stab [stæb] vt poignarder.

stable ['steɪbl] adj stable. ◆ n écurie f.

stack [stæk] n (pile) tas m ; ~s of inf (lots) des tas de.

stadium ['steɪdjəm] n stade m.

staff [stɑːf] n (workers) personnel m.

stage [steɪdʒ] n (phase) stade m ; (in theatre) scène f.

stagger ['stægər] vt (arrange in stages) échelonner. ◆ vi tituber.

stagnant ['stægnənt] adj stagnant(e).

stain [steɪn] n tache f. ◆ vt tacher.

stained glass [ˌsteɪnd-] n vitrail m.

stainless steel ['steɪnlɪs-] n acier m inoxydable.

staircase ['steəkeɪs] n escalier m.

stairs [steəz] npl escaliers mpl, escalier m.

stairwell ['steəwel] n cage f d'escalier.

stake [steɪk] n (share) intérêt m ; (in gambling) mise f, enjeu m ; (post) poteau m ; at ~ en jeu.

stale [steɪl] adj rassis(e).

stalk [stɔːk] n (of flower, plant) tige f ; (of fruit, leaf) queue f.

stall [stɔːl] n (in market) étal m ; (at exhibition) stand m. ◆ vi (car, engine) caler. ❏ **stalls** npl Br (in theatre) orchestre m.

stamina ['stæmɪnə] n résistance f.

stammer ['stæmər] vi bégayer.

stamp [stæmp] n (for letter) timbre m ; (in passport, on document) cachet m. ◆ vt (passport, document) tamponner. ◆ vi : to ~ on sthg marcher sur qqch.

stamp-collecting [-kə‚lektɪŋ] n philatélie f.

stamp machine n distributeur m de timbres.

stand [stænd] (pt & pp stood) vi (be on feet) se tenir debout ; (be situated) se trouver ; (get to one's feet) se lever. ◆ vt (place) poser ; (bear) supporter. ◆ n (stall) stand m ; (for umbrellas) porte-parapluies m inv ; (for coats) portemanteau m ; (at sports stadium) tribune f ; (for bike, motorbike) béquille f ; to be ~ing être debout ; to ~ a drink offrir un verre à qqn. ❑ **stand back** vi reculer. ❑ **stand for** vt fus (mean) représenter ; (tolerate) supporter. ❑ **stand in** vi : to ~ in for sb remplacer qqn. ❑ **stand out** vi se détacher. ❑ **stand up** ◆ vi (be on feet) être debout ; (get to one's feet) se lever. ◆ vt sep inf (boyfriend, girlfriend) poser un lapin à. ❑ **stand up for** vt fus défendre.

standard [ˈstændəd] adj (normal) standard, normal(e). ◆ n (level) niveau m ; (point of comparison) norme f ; up to ~ de bonne qualité. ❑ **standards** npl (principles) principes mpl.

standard-class adj Br (on train) au tarif normal.

standby [ˈstændbaɪ] adj (ticket) stand-by (inv).

stank [stæŋk] pt → **stink**.

staple [ˈsteɪpl] n (for paper) agrafe f.

stapler [ˈsteɪplə] n agrafeuse f.

star [stɑː] n étoile f ; (famous person) star f. ◆ vt (subj : film, play etc) : 'starring ...' 'avec ...'. ❑ **stars** npl (horoscope) horoscope m.

starch [stɑːtʃ] n amidon m.

stare [steə] vi : to ~ (at) regarder fixement.

starfish [ˈstɑːfɪʃ] (pl inv) n étoile f de mer.

starling [ˈstɑːlɪŋ] n étourneau m.

Stars and Stripes n.

STARS & STRIPES

C'est une des nombreuses appellations que reçoit le drapeau américain. On l'appelle aussi Old Glory, Star-Spangled Banner ou Stars and Bars. Les 50 étoiles représentent les 50 États d'aujourd'hui, et les 13 bandes rouges et blanches, les 13 États fondateurs de l'Union. Les Américains sont très fiers de leur drapeau et beaucoup l'arborent devant leur maison. Le fait de détruire le drapeau est considéré comme un crime fédéral.

start [stɑːt] n début m ; (starting place) départ m. ◆ vt commencer ; (car, engine) faire démarrer ; (business, club) monter. ◆ vi commencer ; (car, engine) démarrer ; (begin journey) partir ; prices ~ at or from £5 les premiers prix sont à 5 livres ; to ~ doing sthg OR to do sthg commencer à faire qqch ; to ~ with (in the first place) d'abord ; (when ordering meal) pour commencer. ❑ **start out** vi (on journey) partir ; to ~ out as débuter comme. ❑ **start up** vt sep (car, engine) mettre en marche ; (business, shop) monter.

starter [ˈstɑːtə] n Br (of meal) entrée f ; (of car) démarreur m ; for ~s (in meal) en entrée.

starter motor n démarreur m.

starting point ['sta:tɪŋ-] n point m de départ.

startle ['sta:tl] vt faire sursauter.

start-up n - 1. (launch) création f (d'entreprise) ; ~ costs frais mpl de création d'une entreprise. - 2. (new company) start-up f.

starvation [sta:'veɪʃn] n faim f.

starve [sta:v] vt (have no food) être affamé ; **I'm starving!** je meurs de faim!

state [steɪt] n état m. ◆ vt (declare) déclarer ; (specify) indiquer ; **the State** l'État ; **the States** les États-Unis mpl.

statement ['steɪtmənt] n (declaration) déclaration f ; (from bank) relevé m (de compte).

state school n école f publique.

statesman ['steɪtsmən] (pl -men [-mən]) n homme m d'État.

static ['stætɪk] n (on radio, TV) parasites mpl.

station ['steɪʃn] n (for trains) gare f ; (for underground, on radio) station f ; (for buses) gare f routière.

stationary ['steɪʃnəri] adj à l'arrêt.

stationer's ['steɪʃnəz] n (shop) papeterie f.

stationery ['steɪʃnəri] n papeterie f.

station wagon n Am break m.

statistics [stə'tɪstɪks] npl statistiques fpl.

statue ['stætʃu:] n statue f.

Statue of Liberty n : **the ~** la Statue de la Liberté.

status ['steɪtəs] n statut m ; (prestige) prestige m.

stay [steɪ] n (time spent) séjour m. ◆ vi (remain) rester ; (as guest, in hotel) séjourner ; Scot (reside) habiter ; **to ~ the night** passer la nuit. ❏ **stay away** vi (not attend) ne pas aller ; (not go near) ne pas s'approcher. ❏ **stay in** vi ne pas sortir. ❏ **stay out** vi (from home) rester dehors. ❏ **stay up** vi veiller.

STD code n indicatif m.

steady ['stedi] adj stable ; (gradual) régulier(ière). ◆ vt stabiliser.

steak [steɪk] n steak m ; (of fish) darne f.

steak and kidney pie n tourte à la viande de bœuf et aux rognons.

steakhouse ['steɪkhaʊs, pl -haʊzɪz] n grill m.

steal [sti:l] (pt stole, pp stolen) vt voler ; **to ~ sthg from sb** voler qqch à qqn.

steam [sti:m] n vapeur f. ◆ vt (food) faire cuire à la vapeur.

steam engine n locomotive f à vapeur.

steam iron n fer m à vapeur.

steel [stiːl] n acier m. ◆ adj en acier.

steep [stiːp] adj (hill, path) raide ; (increase, drop) fort(e).

steeple ['stiːpl] n clocher m.

steer ['stɪə'] vt (car, boat) manœuvrer.

steering ['stɪərɪŋ] n direction f.

steering wheel n volant m.

stem [stem] n (of plant) tige f ; (of glass) pied m.

step [step] n (of stairs, of stepladder) marche f ; (of train) marchepied m ; (pace) pas m ; (measure) mesure f ; (stage) étape f. ◆ vi : to ~ on sthg marcher sur qqch ; 'mind the ~' 'attention à la marche'. ❑ steps npl (stairs) escalier m, escaliers mpl. ❑ step aside vi (move aside) s'écarter. ❑ step back vi (move back) reculer.

step aerobics n step m.

stepbrother ['step,brʌðə'] n demi-frère m.

stepdaughter ['step,dɔːtə'] n belle-fille f.

stepfather ['step,fɑːðə'] n beaupère m.

stepladder ['step,lædə'] n escabeau m.

stepmother ['step,mʌðə'] n belle-mère f.

stepsister ['step,sɪstə'] n demi-sœur f.

stepson ['stepsʌn] n beau-fils m.

stereo ['sterɪəʊ] (pl -s) adj stéréo (inv). ◆ n (hi-fi) chaîne f stéréo ; (stereo sound) stéréo f.

sterile ['steraɪl] adj stérile.

sterilize ['sterəlaɪz] vt stériliser.

sterling ['stɜːlɪŋ] adj (pound)

sterling (inv). ◆ n livres fpl sterling.

sterling silver n argent m fin.

stern [stɜːn] adj (strict) sévère. ◆ n (of boat) poupe f.

stew [stjuː] n ragoût m.

steward ['stjʊəd] n (on plane, ship) steward m ; (at public event) membre m du service d'ordre.

stewardess ['stjʊədɪs] n hôtesse f de l'air.

stewed [stjuːd] adj (fruit) cuit(e).

stick [stɪk] (pt & pp **stuck**) n bâton m ; (for sport) crosse f ; (of celery) branche f ; (walking stick) canne f. ◆ vt (glue) coller ; (push, insert) mettre ; inf (put) mettre. ◆ vi coller ; (jam) se coincer. ❑ **stick out** vi ressortir. ❑ **stick to** vt fus (decision) s'en tenir à ; (promise) tenir. ❑ **stick up** ◆ vt sep (poster, notice) afficher. ◆ vi dépasser. ❑ **stick up for** vt fus défendre.

sticker ['stɪkə'] n autocollant m.

stick shift n Am (car) voiture f à vitesses manuelles.

sticky ['stɪkɪ] adj (substance, hands, sweets) poisseux(euse) ; (label, tape) adhésif(ive) ; (weather) humide.

stiff [stɪf] adj (cardboard, material) rigide ; (brush, door, lock) dur(e) ; (back, neck) raide. ◆ adv : to be bored ~ inf s'ennuyer à mourir ; to feel ~ avoir des courbatures.

stiletto heels [stɪ'letəʊ-] npl talons mpl aiguilles.

still [stɪl] adv (up to now, then) toujours, encore ; (possibly, with comparisons) encore ; (despite that) pourtant. ◆ adj (motionless) immobile ; (quiet, calm) calme ; (not fizzy) non gazeux(euse) ; (water) plat(e) ; we've ~ got ten minutes il nous reste encore dix minutes ; ~ more encore plus ; to stand ~ ne pas bouger.

stimulate ['stɪmjʊleɪt] vt stimuler.

sting [stɪŋ] (pt & pp stung) vt & vi piquer.

stingy ['stɪndʒɪ] adj inf radin(e).

stink [stɪŋk] (pt stank OR stunk, pp stunk) vi puer.

stipulate ['stɪpjʊleɪt] vt stipuler.

stir [stɜːʳ] vt remuer.

stir-fry n sauté m. ◆ vt faire sauter.

stirrup ['stɪrəp] n étrier m.

stitch [stɪtʃ] n (in sewing) point m ; (in knitting) maille f ; to have a ~ (stomach pain) avoir un point de côté. ❑ **stitches** npl (for wound) points mpl de suture.

stock [stɒk] n (of shop, supply) stock m ; FIN valeurs fpl ; (in cooking) bouillon m. ◆ vt (have in stock) avoir en stock ; **in ~** en stock ; **out of ~** épuisé.

stock cube n bouillon m cube.

Stock Exchange n Bourse f.

stocking ['stɒkɪŋ] n bas m.

stock market n Bourse f.

stodgy ['stɒdʒɪ] adj (food) lourd(e).

stole [stəʊl] pt → steal.

stolen ['stəʊln] pp → steal.

stomach ['stʌmək] n (organ) estomac m ; (belly) ventre m.

stomachache ['stʌməkeɪk] n mal m au ventre.

stomach upset [-'ʌpset] n embarras m gastrique.

stone [stəʊn] n pierre f ; (in fruit)

noyau m ; (measurement : pl inv) = 6,350 kg. ◆ adj de OR en pierre.

stonewashed ['stəʊnwɒʃt] adj délavé(e).

stood [stʊd] pt & pp → stand.

stool [stuːl] n (for sitting on) tabouret m.

stop [stɒp] n arrêt m. ◆ vt arrêter. ◆ vi s'arrêter ; (stay) rester ; to ~ sb/sthg from doing sthg empêcher qqn/qqch de faire qqch ; to ~ doing sthg arrêter de faire qqch ; to put a ~ to sthg mettre un terme à qqch. ❑ **stop off** vi s'arrêter.

stopover ['stɒp,əʊvəʳ] n halte f.

stopper ['stɒpəʳ] n bouchon m.

stopwatch ['stɒpwɒtʃ] n chronomètre m.

storage ['stɔːrɪdʒ] n rangement m.

store [stɔːʳ] n (shop) magasin m ; (supply) réserve f. ◆ vt entreposer.

storehouse ['stɔːhaʊs, pl -haʊzɪz] n entrepôt m.

storeroom ['stɔːrʊm] n (in house) débarras m ; (in shop) réserve f.

storey ['stɔːrɪ] (pl -s) n Br étage m.

stork [stɔːk] n cigogne f.

storm [stɔːm] n orage m.

stormy ['stɔːmɪ] adj (weather) orageux(euse).

story ['stɔːrɪ] n histoire f ; (news item) article m ; Am = storey.

stout [staʊt] adj (fat) corpulent(e). ◆ n (drink) stout m (bière brune).

stove [stəʊv] n cuisinière f.

straight [streɪt] adj droit(e) ; (hair) raide ; (consecutive) consécutif(ive) ; (drink) sec (sèche). ◆ adv droit ; (without delay) tout de suite ; ~ **ahead** droit devant ; ~ **away** immédiatement.

straightforward [ˌstreɪtˈfɔːwəd] *adj (easy)* facile.

strain [streɪn] *n (force)* force f ; *(nervous stress)* stress m ; *(tension)* tension f ; *(injury)* foulure f. ◆ *vt (eyes)* fatiguer ; *(food, tea)* passer ; **to ~ one's back** se faire un tour de reins.

strainer [ˈstreɪnəʳ] *n* passoire f.

strait [streɪt] *n* détroit m.

strange [streɪndʒ] *adj (unusual)* étrange ; *(unfamiliar)* inconnu(e).

stranger [ˈstreɪndʒəʳ] *n (unfamiliar person)* inconnu m, -e f ; *(person from different place)* étranger m, -ère f.

strangle [ˈstræŋgl] *vt* étrangler.

strap [stræp] *n (of bag)* bandoulière f ; *(of watch)* bracelet m ; *(of dress)* bretelle f ; *(of camera)* courroie f.

strapless [ˈstræplɪs] *adj* sans bretelles.

strategy [ˈstrætɪdʒɪ] *n* stratégie f.

Stratford-upon-Avon [ˌstrætfədəpɒnˈeɪvn] *n.*

straw [strɔː] *n* paille f.

strawberry [ˈstrɔːbərɪ] *n* fraise f.

stray [streɪ] *adj (animal)* errant(e). ◆ *vi* errer.

streak [striːk] *n (of paint, mud)* traînée f ; *(period)* période f.

stream [striːm] *n (river)* ruisseau m ; *(of traffic, people, blood)* flot m.

street [striːt] *n* rue f.

streetcar [ˈstriːtkɑːʳ] *n Am* tramway m.

street light *n* réverbère m.

street plan *n* plan m de ville.

strength [streŋθ] *n* force f ; *(of*

structure) solidité f ; *(influence)* puissance f ; *(strong point)* point m fort.

strengthen [ˈstreŋθn] *vt* renforcer.

stress [stres] *n (tension)* stress m ; *(on word, syllable)* accent m. ◆ *vt (emphasize)* souligner ; *(word, syllable)* accentuer.

stretch [stretʃ] *n (of land, water)* étendue f ; *(of time)* période f. ◆ *vt* étirer. ◆ *vi (land, sea)* s'étendre ; *(person, animal)* s'étirer ; **to ~ one's legs** fig se dégourdir les jambes. ❑ **stretch out** ◆ *vt sep (hand)* tendre. ◆ *vi (lie down)* s'étendre.

stretcher [ˈstretʃəʳ] *n* civière f.

strict [strɪkt] *adj* strict(e).

strictly [ˈstrɪktlɪ] *adv* strictement ; ~ **speaking** à proprement parler.

stride [straɪd] *n* enjambée f.

strike [straɪk] *(pt & pp struck) n (of employees)* grève f. ◆ *vt fml (hit)* frapper ; fml *(collide with)* percuter ; *(a match)* gratter. ◆ *vi (refuse to work)* faire grève ; *(happen suddenly)* frapper ; **the clock struck eight** la pendule sonna huit heures.

striking [ˈstraɪkɪŋ] *adj (noticeable)* frappant(e) ; *(attractive)* d'une beauté frappante.

string [strɪŋ] *n* ficelle f ; *(of pearls, beads)* collier m ; *(of musical instrument, tennis racket)* corde f ; *(series)* suite f ; **a piece of ~** un bout de ficelle.

strip [strɪp] *n* bande f. ◆ *vt (paint)* décaper ; *(wallpaper)* décoller. ◆ *vi (undress)* se déshabiller.

stripe [straɪp] *n* rayure f.

striped [straɪpt] *adj* rayé(e).

strip-search vt fouiller *(en déshabillant)*.

stroke [strəʊk] n MED attaque f ; *(in tennis, golf)* coup m ; *(swimming style)* nage f. ◆ vt caresser ; a ~ of luck un coup de chance.

stroll [strəʊl] n petite promenade f.

stroller ['strəʊlər] n Am *(pushchair)* poussette f.

strong [strɒŋ] adj fort(e) ; *(structure, bridge, chair)* solide ; *(influential)* puissant(e) ; *(effect, incentive)* puissant(e).

struck [strʌk] pt & pp → **strike**.

structure ['strʌktʃər] n structure f ; *(building)* construction f.

struggle ['strʌgl] vi *(fight)* lutter ; *(in order to get free)* se débattre. ◆ n : to have a ~ to do sthg avoir du mal à faire qqch ; to ~ to do sthg s'efforcer de faire qqch.

stub [stʌb] n *(of cigarette)* mégot m ; *(of cheque, ticket)* talon m.

stubble ['stʌbl] n *(on face)* barbe f de plusieurs jours.

stubborn ['stʌbən] adj *(person)* têtu(e).

stuck [stʌk] pt & pp → **stick**. ◆ adj bloqué(e).

stud [stʌd] n *(on boots)* crampon m ; *(fastener)* bouton-pression m ; *(earring)* clou m.

student ['stjuːdnt] n *(at university, college)* étudiant m, -e f ; *(at school)* élève mf.

student card n carte f d'étudiant.

students' union [ˌstjuːdnts-] n *(place)* bureau m des étudiants.

studio ['stjuːdɪəʊ] *(pl -s)* n studio m.

studio apartment Am = studio flat.

studio flat Br studio m.

study ['stʌdɪ] n étude f ; *(room)* bureau m. ◆ vt & vi étudier.

stuff [stʌf] n inf *(substance)* truc m ; *(things, possessions)* affaires fpl. ◆ vt *(put roughly)* fourrer ; *(fill)* bourrer.

stuffed [stʌft] adj *(food)* farci(e) ; inf *(full up)* gavé(e) ; *(dead animal)* empaillé(e).

stuffing ['stʌfɪŋ] n *(food)* farce f ; *(of pillow, cushion)* rembourrage m.

stuffy ['stʌfɪ] adj *(room, atmosphere)* étouffant(e).

stumble ['stʌmbl] vi trébucher.

stump [stʌmp] n *(of tree)* souche f.

stun [stʌn] vt stupéfier.

stung [stʌŋ] pt & pp → **sting**.

stunk [stʌŋk] pt & pp → **stink**.

stunning ['stʌnɪŋ] adj *(very beautiful)* superbe ; *(very surprising)* stupéfiant(e).

stupid ['stjuːpɪd] adj *(foolish)* stupide ; inf *(annoying)* fichu(e).

sturdy ['stɜːdɪ] adj solide.

stutter ['stʌtər] vi bégayer.

sty [staɪ] n porcherie f.

style [staɪl] n style m ; *(design)* modèle m. ◆ vt *(hair)* coiffer.

stylish ['staɪlɪʃ] adj élégant(e).

stylist ['staɪlɪst] n *(hairdresser)* coiffeur m, -euse f.

sub [sʌb] n inf *(substitute)* remplaçant m, -e f ; Br *(subscription)* cotisation f.

subdued [səbˈdjuːd] adj *(person)* abattu(e) ; *(lighting, colour)* doux (douce).

subject [n 'sʌbdʒekt, vb səb-'dʒekt] n sujet m ; (at school, university) matière f. ◆ vt : to ~ sb to sthg soumettre qqn à qqch ; '~ to availability' 'dans la limite des stocks disponibles' ; they are ~ to an additional charge un supplément sera exigé.

subjunctive [səb'dʒʌŋktɪv] n subjonctif m.

submarine [ˌsʌbmə'riːn] n sous-marin m.

submit [səb'mɪt] vt soumettre. ◆ vi (give in) se soumettre.

subordinate [sə'bɔːdɪnət] adj subordonné(e).

subscribe [səb'skraɪb] vi s'abonner.

subscription [səb'skrɪpʃn] n (to magazine) abonnement m ; (to club) cotisation f.

subsequent ['sʌbsɪkwənt] adj ultérieur(e).

subside [səb'saɪd] vi (ground) s'affaisser ; (noise, feeling) disparaître.

substance ['sʌbstəns] n substance f.

substantial [səb'stænʃl] adj substantiel(ielle).

substitute ['sʌbstɪtjuːt] n (replacement) substitut m ; SPORT remplaçant m, -e f.

subtitles ['sʌbˌtaɪtlz] npl sous-titres mpl.

subtle ['sʌtl] adj subtil(e).

subtract [səb'trækt] vt soustraire.

subtraction [səb'trækʃn] n soustraction f.

suburb ['sʌbɜːb] n banlieue f ; the ~s la banlieue.

subway ['sʌbweɪ] n Br (for pedes-trians) souterrain m ; Am (underground railway) métro m.

succeed [sək'siːd] vi (be successful) réussir. ◆ vt fml (follow) succéder à ; to ~ in doing sthg réussir à faire qqch.

success [sək'ses] n succès m, réussite f.

successful [sək'sesfʊl] adj (plan, attempt) réussi(e) ; (film, book etc) à succès ; (businessman, politician) qui a réussi ; (actor) qui a du succès ; to be ~ (person) réussir.

succulent ['sʌkjʊlənt] adj succulent(e).

such [sʌtʃ] adj tel (telle). ◆ adv : ~ a lot tellement ; it's ~ a lovely day! c'est une si belle journée ! ; ~ good luck une telle chance, une chance pareille ; ~ a thing should never have happened une telle chose n'aurait jamais dû se produire ; ~ as tel que.

suck [sʌk] vt sucer ; (nipple) téter.

sudden ['sʌdn] adj soudain(e) ; all of a ~ tout à coup.

suddenly ['sʌdnlɪ] adv soudain, tout à coup.

sue [suː] vt poursuivre en justice.

suede [sweɪd] n daim m.

suffer ['sʌfə'] vt (defeat, injury) subir. ◆ vi : to ~ (from) souffrir (de).

suffering ['sʌfrɪŋ] n souffrance f.

sufficient [sə'fɪʃnt] adj fml suffisant(e).

sufficiently [sə'fɪʃntlɪ] adv fml suffisamment.

suffix ['sʌfɪks] n suffixe m.

suffocate ['sʌfəkeɪt] vi suffoquer.

sugar ['ʃʊgə'] n sucre m.

suggest [sə'dʒest] *vt* suggérer ; to ~ doing sthg proposer de faire qqch.

suggestion [sə'dʒestʃn] *n* suggestion *f* ; *(hint)* trace *f*.

suicide ['suɪsaɪd] *n* suicide *m* ; to commit ~ se suicider.

suit [suːt] *n (man's clothes)* costume *m* ; *(woman's clothes)* tailleur *m* ; *(in cards)* couleur *f* ; JUR procès *m*. ◆ *vt (subj : clothes, colour, shoes)* aller bien à ; *(be convenient, appropriate for)* convenir à ; to be ~ed to être adapté à ; pink doesn't ~ me le rose ne me va pas.

suitable ['suːtəbl] *adj* adapté(e) ; to be ~ for être adapté à.

suitcase ['suːtkeɪs] *n* valise *f*.

suite [swiːt] *n (set of rooms)* suite *f* ; *(furniture)* ensemble *m* canapéfauteuils.

sulk [sʌlk] *vi* bouder.

sultana [səl'tɑːnə] *n Br* raisin *m* de Smyrne.

sum [sʌm] *n (in maths)* opération *f* ; *(of money)* somme *f*. ❑ **sum up** *vt sep* résumer.

summarize ['sʌməraɪz] *vt* résumer.

summary ['sʌmərɪ] *n* résumé *m*.

summer ['sʌmə'] *n* été *m* ; in (the) ~ en été, l'été ; ~ holidays vacances *fpl* d'été, grandes vacances *fpl*.

summertime ['sʌmətaɪm] *n* été *m*.

summit ['sʌmɪt] *n* sommet *m*.

summon ['sʌmən] *vt* convoquer.

sun [sʌn] *n* soleil *m*. ◆ *vt* : to ~ o.s. prendre un bain de soleil ; to catch the ~ prendre un coup de soleil ; in the ~ au soleil ; out of the ~ à l'abri du soleil.

Sun. *(abbr of Sunday)* dim.

sunbathe ['sʌnbeɪð] *vi* prendre un bain de soleil.

sunbed ['sʌnbed] *n* lit *m* à ultravioletts.

sun block *n* écran *m* total.

sunburn ['sʌnbɜːn] *n* coup *m* de soleil.

sunburnt ['sʌnbɜːnt] *adj* brûlé(e) par le soleil.

Sunday ['sʌndɪ] *n* dimanche *m* → Saturday.

Sunday school *n* catéchisme *m*.

sundress ['sʌndres] *n* robe *f* bain de soleil.

sundries ['sʌndrɪz] *npl (on bill)* divers *mpl*.

sunflower ['sʌnˌflaʊə'] *n* tournesol *m*.

sunflower oil *n* huile *f* de tournesol.

sung [sʌŋ] *pt* → sing.

sunglasses ['sʌnˌglɑːsɪz] *npl* lunettes *fpl* de soleil.

sunhat ['sʌnhæt] *n* chapeau *m* de soleil.

sunk [sʌŋk] *pp* → sink.

sunlight ['sʌnlaɪt] *n* lumière *f* du soleil.

sun lounger [-ˌlaʊndʒə'] *n* chaise *f* longue.

sunny ['sʌnɪ] *adj* ensoleillé(e) ; it's ~ il y a du soleil.

sunrise ['sʌnraɪz] *n* lever *m* de soleil.

sunroof ['sʌnruːf] *n* toit *m* ouvrant.

sunscreen ['sʌnskriːn] *n* écran *m* OR filtre *m* solaire.

sunset ['sʌnset] *n* coucher *m* de soleil.

sunshine ['sʌnʃaɪn] n soleil m ; in the ~ au soleil.

sunstroke ['sʌnstrəʊk] n insolation f.

suntan ['sʌntæn] n bronzage m.

suntan cream n crème f solaire.

suntan lotion n lait m solaire.

super ['su:pə] adj super (inv). ◆ n (petrol) super m.

superb [su:'pɜ:b] adj superbe.

Super Bowl n Am : the ~ le Super Bowl.

ⓘ SUPER BOWL

Le Super Bowl est une partie de football américain où s'affrontent les champions des deux ligues, ou *conferences* de football professionnel les plus importantes des États-Unis. Cette finale a lieu à la fin de la saison des jeux, fin janvier, et, nombreux sont ceux qui, aux États-Unis comme ailleurs, suivent l'événement à la télévision.

superbug ['su:pəbʌg] n germe résistant aux traitements antibiotiques.

superficial [.su:pə'fɪʃl] adj superficiel(ielle).

superfluous [su:'pɜ:fluəs] adj superflu(e).

Superglue® ['su:pəglu:] n colle f forte.

superhighway ['su:pə,haɪweɪ] n Am autoroute f.

superior [su:'pɪərɪə] adj supérieur(e). ◆ n supérieur m, -e f.

supermarket ['su:pə,mɑ:kɪt] n supermarché m.

superstitious [.su:pə'stɪʃəs] adj superstitieux(ieuse).

superstore ['su:pəstɔ:'] n hypermarché m.

supervise ['su:pəvaɪz] vt surveiller.

supervisor ['su:pəvaɪzə'] n (of workers) chef m d'équipe.

supper ['sʌpə'] n (evening meal) dîner m ; (late-night meal) souper m ; to have ~ dîner.

supple ['sʌpl] adj souple.

supplement [n 'sʌplɪmənt, vb 'sʌplɪment] n supplément m ; (of diet) complément m. ◆ vt compléter.

supplementary [.sʌplɪ'mentərɪ] adj supplémentaire.

supply [sə'plaɪ] n (store) réserve f ; (providing) fourniture f ; (gas, electricity) alimentation f. ◆ vt fournir ; to ~ sb with sthg fournir qqch à qqn ; (with gas, electricity) alimenter qqn en qqch. ❏ **supplies** npl provisions fpl.

support [sə'pɔ:t] n (aid, encouragement) soutien m ; (object) support m. ◆ vt (aid, encourage) soutenir ; (team, object) supporter ; (financially) subvenir aux besoins de.

supporter [sə'pɔ:tə'] n SPORT supporter m ; (of cause, political party) partisan m.

suppose [sə'pəʊz] vt (assume) supposer ; (think) penser. ◆ conj = supposing ; I ~ so je suppose que oui ; to be ~d to do sthg être censé faire qqch.

supposing [sə'pəʊzɪŋ] conj à supposer que.

surcharge ['sɜ:tʃɑ:dʒ] n surcharge f.

sure [ʃʊə] adv inf (yes) bien sûr ; Am inf (certainly) vraiment. ◆ adj sûr(e), certain(e) ; they are ~ to win il est certain qu'ils vont gagner ; to be ~ of o.s. être sûr de soi ; to make ~ (that) ... s'assurer que ...

surely ['ʃʊəli] adv sûrement.

surf [sɜːf] n écume f. ◆ vi surfer.

surface ['sɜːfɪs] n surface f.

surface mail n courrier m par voie de terre.

surfboard ['sɜːfbɔːd] n surf m.

surfing ['sɜːfɪŋ] n surf m ; to go ~ faire du surf.

surgeon ['sɜːdʒən] n chirurgien m, -ienne f.

surgery ['sɜːdʒərɪ] n (treatment) chirurgie f ; Br (building) cabinet m médical ; Br (period) consultations fpl.

surname ['sɜːneɪm] n nom m (de famille).

surprise [sə'praɪz] n surprise f. ◆ vt surprendre.

surprised [sə'praɪzd] adj surpris(e).

surprising [sə'praɪzɪŋ] adj surprenant(e).

surrender [sə'rendə] vi se rendre. ◆ vt fml (hand over) remettre.

surround [sə'raʊnd] vt entourer ; (encircle) encercler.

surrounding [sə'raʊndɪŋ] adj environnant(e). ❑ **surroundings** npl environs mpl.

survey ['sɜːveɪ] n (investigation) enquête f ; (poll) sondage m ; (of land) levé m ; Br (of house) expertise f.

surveyor [sə'veɪə] n Br (of houses) expert m ; (of land) géomètre m.

survival [sə'vaɪvl] n survie f.

survive [sə'vaɪv] vi survivre. ◆ vt survivre à.

survivor [sə'vaɪvə] n survivant m, -e f.

suspect [vb sə'spekt, n & adj 'sʌspekt] vt (believe) soupçonner ; (mistrust) douter de. ◆ n suspect m, -e f. ◆ adj suspect(e) ; to ~ sb of sthg soupçonner qqn de qqch.

suspend [sə'spend] vt suspendre ; (from school) exclure.

suspender belt [sə'spendə-] n porte-jarretelles m inv.

suspenders [sə'spendəz] npl Br (for stockings) jarretelles fpl ; Am (for trousers) bretelles fpl.

suspense [sə'spens] n suspense m.

suspension [sə'spenʃn] n suspension f ; (from school) renvoi m temporaire.

suspicion [sə'spɪʃn] n soupçon m.

suspicious [sə'spɪʃəs] adj (behaviour, situation) suspect(e) ; to be ~ (of) (distrustful) se méfier (de).

swallow ['swɒləʊ] n (bird) hirondelle f. ◆ vt & vi avaler.

swam [swæm] pt → **swim**.

swamp [swɒmp] n marécage m.

swan [swɒn] n cygne m.

swap [swɒp] vt échanger ; to ~ sthg for sthg échanger qqch contre qqch.

swarm [swɔːm] n (of bees) essaim m.

swear [sweə] (pt swore, pp sworn) vt & vi jurer ; to ~ to do sthg jurer de faire qqch.

swearword ['sweəwɜːd] n gros mot m.

sweat [swet] n transpiration f, sueur f. ◆ vi transpirer, suer.

sweater ['swetə'] n pull m.

sweatshirt ['swetʃɜːt] n sweatshirt m.

swede [swiːd] n Br rutabaga m.

sweep [swiːp] (pt & pp swept) vt (with broom) balayer.

sweet [swiːt] adj (food, drink) sucré(e) ; (smell) doux (douce) ; (person, nature) gentil(ille). ◆ n Br (candy) bonbon m ; (dessert) dessert m.

sweet-and-sour adj aigredoux (aigre-douce).

sweet corn n maïs m doux.

sweetener ['swiːtnə'] n (for drink) édulcorant m.

sweet potato n patate f douce.

sweet shop n Br confiserie f.

swell [swel] (pp swollen) vi enfler.

swelling ['sweliŋ] n enflure f.

swept [swept] pt & pp → sweep.

swerve [swɜːv] vi (vehicle) faire une embardée.

swig [swig] n inf lampée f.

swim [swim] (pt swam, pp swum) vi nager. ◆ n : to go for a ~ aller nager.

swimmer ['swimə'] n nageur m, -euse f.

swimming ['swimiŋ] n natation f ; to go ~ nager, faire de la natation f.

swimming baths npl Br piscine f.

swimming cap n bonnet m de bain.

swimming costume n Br maillot m de bain.

swimming pool n piscine f.

swimming trunks npl slip m de bain.

swimsuit ['swimsuːt] n maillot m de bain.

swindle ['swindl] n escroquerie f.

swing [swiŋ] (pt & pp swung) n (for children) balançoire f. ◆ vt (from side to side) balancer. ◆ vi (from side to side) se balancer.

swipe [swaip] vt (credit card etc) passer dans un lecteur de cartes.

Swiss [swis] adj suisse. ◆ n (person) Suisse mf. ◆ npl : the ~ les Suisses mpl.

swiss roll n gâteau m roulé.

switch [switʃ] n (for light, power) interrupteur m ; (for television, radio) bouton m. ◆ vi changer. ◆ vt (exchange) échanger ; to ~ places changer de place. ❑ switch off vt sep (light, radio) éteindre ; (engine) couper. ❑ switch on vt sep (light, radio) allumer ; (engine) mettre en marche.

Switch® n système de paiement non différé par carte bancaire.

switchboard ['switʃbɔːd] n standard m.

Switzerland ['switsələnd] n la Suisse.

swivel ['swivl] vi pivoter.

swollen ['swəʊlən] pp → swell. ◆ adj (ankle, arm etc) enflé(e).

swop [swɒp] = swap.

sword [sɔːd] n épée f.

swordfish ['sɔːdfiʃ] (pl inv) n espadon m.

swore [swɔː'] pt → swear.

sworn [swɔːn] pp → swear.

swum [swʌm] pp → swim.

swung [swʌŋ] pt & pp → swing.

syllable ['sɪləbl] n syllabe f.

syllabus ['sɪləbəs] n programme m.

symbol ['sɪmbl] n symbole m.

sympathetic [ˌsɪmpə'θetɪk] adj (understanding) compréhensif (ive).

sympathize ['sɪmpəθaɪz] vi (feel sorry) compatir ; (understand) comprendre ; to ~ with sb (feel sorry for) plaindre qqn ; (understand) comprendre qqn.

sympathy ['sɪmpəθɪ] n (understanding) compréhension f.

symphony ['sɪmfənɪ] n symphonie f.

symptom ['sɪmptəm] n symptôme m.

synagogue ['sɪnəgɒg] n synagogue f.

synthesizer ['sɪnθəsaɪzə] n synthétiseur m.

synthetic [sɪn'θetɪk] adj synthétique.

syringe [sɪ'rɪndʒ] n seringue f.

syrup ['sɪrəp] n sirop m.

system ['sɪstəm] n système m ; (for gas, heating etc) installation f ; (hi-fi) chaîne f.

tablemat ['teɪblmæt] n dessous-de-plat m inv.

tablespoon ['teɪblspuːn] n cuillère f à soupe.

tablet ['tæblɪt] n (pill) cachet m ; (of chocolate) tablette f ; a ~ of soap une savonnette.

table tennis n ping-pong m.

table wine n vin m de table.

tabloid ['tæblɔɪd] n tabloïd(e) m.

ⓘ **TABLOID**

Les tabloïdes, de format réduit par rapport aux autres journaux, constituent la presse à sensation anglo-saxonne. Les articles, écrits dans un style simple, cherchent souvent à susciter la pitié ou l'indignation des lecteurs et sont toujours accompagnés de photographies. Les tabloïdes les plus populaires, qui traitent notamment de sexe et de célébrité, sont souvent tournés en dérision par les milieux intellectuels. Le terme de « presse tabloïde » désigne un type de journalisme qui ne recule devant aucun moyen, même abject, pour obtenir un « bon papier ». Il s'ensuit parfois un procès en diffamation, lorsque la victime estime sa réputation outragée.

T

ta [tɑː] excl Br inf merci!

tab [tæb] n (of cloth, paper etc) étiquette f ; (bill) addition f, note f ; put it on my ~ mettez-le sur ma note.

table ['teɪbl] n table f ; (of figures etc) tableau m.

tablecloth ['teɪblklɒθ] n nappe f.

tack [tæk] n (nail) clou m.

tackle ['tækl] n (in football) tacle m ; (in rugby) plaquage m ; (for fishing) matériel m. ◆ vt (in football) tacler ; (in rugby) plaquer ; (deal with) s'attaquer à.

tacky ['tækɪ] adj inf ringard(e).

taco ['tækəʊ] n crêpe de maïs farcie,

très fine et croustillante (spécialité mexicaine).

tact [tækt] *n* tact *m*.

tactful ['tæktful] *adj* plein(e) de tact.

tactics ['tæktiks] *npl* tactique *f*.

tag [tæg] *n* (label) étiquette *f*.

tagliatelle [ˌtægljə'teli] *n* tagliatelles *fpl*.

tail [teil] *n* queue *f*. ❑ **tails** *n* (of coin) pile *f*. ◆ *npl* (formal dress) queue-de-pie *f*.

tailgate ['teilgeit] *n* (of car) hayon *m*.

tailor ['teilə] *n* tailleur *m*.

☞

take [teik] (*pt* took, *pp* taken) *vt*
- 1. (gen) prendre ; to ~ a bath/shower prendre un bain/une douche ; to ~ an exam passer un examen ; to ~ a walk faire une promenade.
- 2. (carry) emporter.
- 3. (drive) emmener.
- 4. (time) prendre ; (patience, work) demander ; how long will it ~? combien de temps ça va prendre?
- 5. (size in clothes, shoes) faire ; what size do you ~? (clothes) quelle taille faites-vous? ; (shoes) quelle pointure faites-vous?
- 6. (subtract) ôter.
- 7. (accept) accepter ; to ~ sb's advice suivre les conseils de qqn.
- 8. (contain) contenir.
- 9. (tolerate) supporter.
- 10. (assume) : I ~ it that ... je suppose que ...
- 11. (rent) louer.
❑ **take apart** *vt sep* (dismantle) démonter.
❑ **take away** *vt sep* (remove) enlever ; (subtract) ôter.

❑ **take back** *vt sep* (something borrowed) rapporter ; (person) ramener ; (statement) retirer.
❑ **take down** *vt sep* (picture, decorations) enlever.
❑ **take in** *vt sep* (include) englober ; (understand) comprendre ; (deceive) tromper ; (clothes) reprendre.
❑ **take off** *vi* (plane) décoller. ◆ *vt sep* (remove) enlever, ôter ; (as holiday) : to ~ a week off prendre une semaine de congé.
❑ **take out** *vt sep* sortir ; (loan, insurance policy) souscrire ; (go out with) emmener.
❑ **take over** *vi* prendre le relais.
❑ **take up** *vt sep* (begin) se mettre à ; (use up) prendre ; (trousers, dress) raccourcir.

takeaway ['teikəˌwei] *n* [Br] (shop) magasin qui vend des plats à emporter ; (food) plat *m* à emporter.

taken ['teikn] *pp* → **take**.

takeoff ['teikɒf] *n* (of plane) décollage *m*.

takeout ['teikaut] *Am* = **takeaway**.

takings ['teikiŋz] *npl* recette *f*.

talcum powder ['tælkəm-] *n* talc *m*.

tale [teil] *n* (story) conte *m* ; (account) récit *m*.

talent ['tælənt] *n* talent *m*.

talk [tɔ:k] *n* (conversation) conversation *f* ; (speech) exposé *m*. ◆ *vi* parler ; to ~ to sb (about sthg) parler à qqn (de qqch) ; to ~ with sb parler avec qqn. ❑ **talks** *npl* négociations *fpl*.

talkative ['tɔ:kətiv] *adj* bavard(e).

tall [tɔːl] *adj* grand(e) ; **how ~ are you?** combien mesures-tu? ; **I'm five and a half feet** ~ je fais 1,65 mètres, je mesure 1,65 mètre.

tame [teɪm] *adj (animal)* apprivoisé(e).

tampon ['tæmpɒn] *n* tampon *m*.

tan [tæn] *n (suntan)* bronzage *m*. ◆ *vi* bronzer. ◆ *adj (colour)* brun clair.

tangerine [ˌtændʒəˈriːn] *n* mandarine *f*.

tank [tæŋk] *n (container)* réservoir *m* ; *(vehicle)* tank *m*.

tanker ['tæŋkə'] *n (truck)* camion-citerne *m*.

tanned [tænd] *adj* bronzé(e).

tap [tæp] *n (for water)* robinet *m*. ◆ *vt (hit)* tapoter.

tape [teɪp] *n (cassette, video)* cassette *f* ; *(in cassette)* bande *f* ; *(adhesive material)* ruban *m* adhésif ; *(strip of material)* ruban *m*. ◆ *vt (record)* enregistrer ; *(stick)* scotcher.

tape measure *n* mètre *m* (ruban).

tape recorder *n* magnétophone *m*.

tapestry ['tæpɪstrɪ] *n* tapisserie *f*.

tap water *n* eau *f* du robinet.

tar [tɑː'] *n (for roads)* goudron *m* ; *(in cigarettes)* goudrons *mpl*.

target ['tɑːgɪt] *n* cible *f*.

tariff ['tærɪf] *n (price list)* tarif *m* ; *Br (menu)* menu *m* ; *(at customs)* tarif *m* douanier.

tarmac ['tɑːmæk] *n (at airport)* piste *f*. ❑ **Tarmac**® *n (on road)* macadam *m*.

tarpaulin [tɑː'pɔːlɪn] *n* bâche *f*.

tart [tɑːt] *n* tarte *f*.

tartan ['tɑːtn] *n* tartan *m*.

tartare sauce [ˌtɑːtə-] *n* sauce *f* tartare.

task [tɑːsk] *n* tâche *f*.

taste [teɪst] *n* goût *m*. ◆ *vt (sample)* goûter ; *(detect)* sentir. ◆ *vi* : **to ~ of sthg** avoir un goût de qqch ; **it ~s bad** ça a mauvais goût ; **it ~s good** ça a bon goût ; **to have a ~ of sthg** *(food, drink)* goûter (à) qqch ; *fig (experience)* avoir un aperçu de qqch.

tasteful ['teɪstfʊl] *adj* de bon goût.

tasteless ['teɪstlɪs] *adj (food)* insipide ; *(comment, decoration)* de mauvais goût.

tasty ['teɪstɪ] *adj* délicieux(ieuse).

tattoo [tə'tuː] *(pl -s) n (on skin)* tatouage *m* ; *(military display)* défilé *m (militaire)*.

taught [tɔːt] *pt & pp* → **teach**.

taut [tɔːt] *adj* tendu(e).

tax [tæks] *n (on income)* impôts *mpl* ; *(on import, goods)* taxe *f*. ◆ *vt (goods)* taxer ; *(person)* imposer.

tax disc *n Br* vignette *f* automobile.

tax-free *adj* exonéré(e) d'impôts.

taxi ['tæksɪ] *n* taxi *m*. ◆ *vi (plane)* rouler.

taxi driver *n* chauffeur *m* de taxi.

taxi rank *n Br* station *f* de taxis.

taxi stand *Am* = **taxi rank**.

T-bone steak *n* steak *m* dans l'aloyau.

tea [tiː] *n* thé *m* ; *(herbal)* tisane *f* ; *(evening meal)* dîner *m*.

tea bag *n* sachet *m* de thé.

teacake ['tiːkeɪk] *n* petit pain brioché aux raisins secs.

teach [tiːtʃ] (*pt* & *pp* **taught**) *vt* (*subject*) enseigner ; (*person*) enseigner à. ◆ *vi* enseigner ; **to ~ sb sthg, to ~ sthg to sb** enseigner qqch à qqn ; **to ~ sb (how) to do sthg** apprendre à qqn à faire qqch.

teacher ['tiːtʃər] *n* professeur *m*, enseignant *m*, -e *f*.

teaching ['tiːtʃɪŋ] *n* enseignement *m*.

tea cloth = tea towel.

teacup ['tiːkʌp] *n* tasse *f* à thé.

team [tiːm] *n* équipe *f*.

teapot ['tiːpɒt] *n* théière *f*.

tear¹ [teər] (*pt* tore, *pp* torn) *vt* (*rip*) déchirer. ◆ *vi* se déchirer. ◆ *n* déchirure *f*. □ **tear up** *vt sep* déchirer.

tear² [tɪər] *n* larme *f*.

tearoom ['tiːrum] *n* salon *m* de thé.

tease [tiːz] *vt* taquiner.

tea set *n* service *m* à thé.

teaspoon ['tiːspuːn] *n* cuillère *f* à café ; (*amount*) = teaspoonful.

teaspoonful ['tiːspuːn,fʊl] *n* cuillerée *f* à café.

teat [tiːt] *n* (*animal*) tétine *f*.

teatime ['tiːtaɪm] *n* heure *f* du thé.

tea towel *n* torchon *m*.

technical ['teknɪkl] *adj* technique.

technician [tek'nɪʃn] *n* technicien *m*, -ienne *f*.

technique [tek'niːk] *n* technique *f*.

techno ['teknəʊ] *n* MUS techno *f*.

technological [,teknə'lɒdʒɪkl] *adj* technologique.

technology [tek'nɒlədʒɪ] *n* technologie *f*.

teddy (bear) ['tedɪ-] *n* ours *m* en peluche.

tedious ['tiːdjəs] *adj* ennuyeux (euse).

teenager ['tiːn,eɪdʒər] *n* adolescent *m*, -e *f*.

teeth [tiːθ] *pl* → tooth.

teethe [tiːð] *vi* : to be teething faire ses dents.

teetotal [tiː'təʊtl] *adj* qui ne boit jamais.

telegram ['telɪgræm] *n* télégramme *m*.

telegraph pole *n* poteau *m* télégraphique.

telephone ['telɪfəʊn] *n* téléphone *m*. ◆ *vt* (*person, place*) téléphoner à. ◆ *vi* téléphoner ; **to be on the ~** (*talking*) être au téléphone ; (*connected*) avoir le téléphone.

telephone booth, -box *n* cabine *f* téléphonique.

telephone call *n* appel *m* téléphonique.

telephone directory *n* annuaire *m* (téléphonique).

telephone number *n* numéro *m* de téléphone.

telephonist [tɪ'lefənɪst] *n* Br téléphoniste *mf*.

telephoto lens [,telɪ'fəʊtəʊ-] *n* téléobjectif *m*.

telescope ['telɪskəʊp] *n* télescope *m*.

television ['telɪ,vɪʒn] *n* télévision *f* ; **on (the) ~** (*broadcast*) à la télévision.

teleworking ['telɪwɜːkɪŋ] *n* télétravail *m*.

telex ['teleks] *n* télex *m*.

tell [tel] (*pt* & *pp* **told**) *vt* (*inform*) dire à ; (*story, joke*) raconter ;

(truth, lie) dire ; *(distinguish)* voir.
◆ *vi* : I can ~ ça se voit ; **can you ~ me the time?** pouvez-vous me dire l'heure? ; **to ~ sb sthg** dire qqch à qqn ; **to ~ sb about sthg** raconter qqch à qqn ; **to ~ sb how to do sthg** dire à qqn comment faire qqch ; **to ~ sb to do sthg** dire à qqn de faire qqch. ❑ **tell off** *vt sep* gronder.

teller ['telə^r] *n (in bank)* caissier *m*, -ière *f*.

telly ['telı] *n Br inf* télé *f*.

temp [temp] *n* intérimaire *mf*.
◆ *vi* faire de l'intérim.

temper ['tempə^r] *n* : **to be in a ~** être de mauvaise humeur ; **to lose one's ~** se mettre en colère.

temperature ['temprətʃə^r] *n* température *f* ; **to have a ~** avoir de la température.

temple ['templ] *n (building)* temple *m* ; *(of forehead)* tempe *f*.

temporary ['tempərərı] *adj* temporaire.

tempt [tempt] *vt* tenter ; **to be ~ed to do sthg** être tenté de faire qqch.

temptation [temp'teɪʃn] *n* tentation *f*.

tempting ['temptɪŋ] *adj* tentant(e).

ten [ten] *num* dix → **six**.

tenant ['tenənt] *n* locataire *mf*.

tend [tend] *vi* : **to ~ to do sthg** avoir tendance à faire qqch.

tendency ['tendənsı] *n* tendance *f*.

tender ['tendə^r] *adj* tendre ; *(sore)* douloureux(euse). ◆ *vt fml (pay)* présenter.

tendon ['tendən] *n* tendon *m*.

tenement ['tenəmənt] *n* immeuble *m*.

tennis ['tenıs] *n* tennis *m*.

tennis ball *n* balle *f* de tennis.

tennis court *n* court *m* de tennis.

tennis racket *n* raquette *f* de tennis.

tenpin bowling ['tenpın-] *n Br* bowling *m*.

tenpins ['tenpınz] *Am* = **tenpin bowling**.

tense [tens] *adj* tendu(e). ◆ *n* GRAMM temps *m*.

tension ['tenʃn] *n* tension *f*.

tent [tent] *n* tente *f*.

tenth [tenθ] *num* dixième → **sixth**.

tent peg *n* piquet *m* de tente.

tepid ['tepıd] *adj* tiède.

tequila [tı'ki:lə] *n* tequila *f*.

term [tɜ:m] *n (word, expression)* terme *m* ; *(at school, university)* trimestre *m* ; **in the long ~** à long terme ; **in the short ~** à court terme ; **in ~s of** du point de vue de ; **in business ~s** d'un point de vue commercial. ❑ **terms** *npl (of contract)* termes *mpl* ; *(price)* conditions *fpl*.

terminal ['tɜ:mınl] *adj (illness)* mortel(elle). ◆ *n (for buses)* terminus *m* ; *(at airport)* terminal *m*, aérogare *f* ; COMPUT terminal.

terminate ['tɜ:mıneıt] *vi (train, bus)* arriver à son terminus.

terminus ['tɜ:mınəs] *n* terminus *m*.

terrace ['terəs] *n (patio)* terrasse *f* ; **the ~s** *(at football ground)* les gradins *mpl*.

terraced house ['terəst-] *n Br* maison attenante aux maisons voisines.

terrible ['terəbl] *adj* terrible ; *(very ill)* très mal.

terribly ['terəblı] *adv* terriblement ; *(very badly)* terriblement mal.

terrific [tə'rıfık] *adj inf (very good)* super *(inv)* ; *(very great)* terrible.

terrified ['terıfaıd] *adj* terrifié(e).

territory ['terətrı] *n* territoire *m*.

terror ['terə] *n* terreur *f*.

terrorism ['terərızm] *n* terrorisme *m*.

terrorist ['terərıst] *n* terroriste *mf*.

terrorize ['terəraız] *vt* terroriser.

test [test] *n (exam, medical)* examen *m* ; *(at school, on machine, car)* contrôle *m* ; *(of intelligence, personality)* test *m* ; *(of blood)* analyse *f*.
♦ *vt (check)* tester ; *(give exam to)* interroger ; *(dish, drink)* goûter (à).

testicles ['testıklz] *npl* testicules *mpl*.

tetanus ['tetənəs] *n* tétanos *m*.

text [tekst] *n* texte *m*.

textbook ['tekstbʊk] *n* manuel *m*.

textile ['tekstaıl] *n* textile *m*.

texture ['tekstʃə] *n* texture *f*.

Thames [temz] *n* : **the ~** la Tamise.

than [*weak form* ðən, *strong form* ðæn] *prep & conj* que ; **you're better ~ me** tu es meilleur que moi ; **I'd rather stay in ~** you **eat** je préférerais rester à la maison (plutôt) que sortir ; **more ~ ten** plus de dix.

thank [θæŋk] *vt* : **to ~ sb (for sthg)** remercier qqn (de OR pour qqch). ❏ **thanks** *npl* remerciements *mpl*.

♦ *excl* merci ! ; **~s to** grâce à ; **many ~s** mille mercis.

Thanksgiving ['θæŋks‚gıvıŋ] *n* fête nationale américaine.

THANKSGIVING

Jour d'action de grâce, célébré aux États-Unis le quatrième jeudi du mois de novembre pour remercier Dieu de la récolte et de toutes les bonnes choses qui ont pu arriver dans l'année. L'origine de cette fête fédérale remonte à 1621, alors que les *Pilgrims* (colons britanniques) récoltaient leur première moisson. Le repas traditionnel est à base de dinde rôtie et de gâteau au potiron.

thank you *excl* merci ! ; **~ very much!** merci beaucoup! ; **no ~!** non merci!

that [ðæt, *weak form of pron senses 3, 4, 5 & conj* ðət] *(pl* those) *adj* - **1.** *(referring to thing, person mentioned)* ce (cette), cet *(before vowel or mute 'h')*, ces *(pl)* ; **that film was very good** ce film était très bien ; **those chocolates are delicious** ces chocolats sont délicieux.
- **2.** *(referring to thing, person further away)* ce ...-là (cette ...-là), cet ...-là *(before vowel or mute 'h')*, ces ...-là *(pl)* ; **I prefer ~ book** je préfère ce livre-là ; **I'll have ~ one** je prends celui-là.

♦ *pron* - **1.** *(referring to thing mentioned)* ce, cela, ça ; **what's ~?** qu'est-ce que c'est que ça ? ; **~'s interesting** c'est intéressant ; **who's**

~? qui est-ce ? ; **is ~ Lucy?** c'est Lucy ?

- 2. *(referring to thing, person further away)* celui-là (celle-là), ceux-là (celles-là) *(pl)*.

- 3. *(introducing relative clause : subject)* qui ; **a shop ~ sells antiques** un magasin qui vend des antiquités.

- 4. *(introducing relative clause : object)* que ; **the film ~ I saw** le film que j'ai vu.

- 5. *(introducing relative clause : after prep)* : **the place ~ I'm looking for** l'endroit que je cherche.

◆ *adv* si ; **it wasn't ~ bad/good** ce n'était pas si mauvais/bon (que ça).

◆ *conj* que ; **tell him ~ I'm going to be late** dis-lui que je vais être en retard.

thatched [θætʃt] *adj (roof)* de chaume ; *(cottage)* au toit de chaume.

that's [ðæts] = **that is.**

thaw [θɔ:] *vi (snow, ice)* fondre.
◆ *vt (frozen food)* décongeler.

the [weak form ðə, before vowel ðɪ, strong form ði:] *definite article* **- 1.** *(gen)* le (la), les *(pl)* ; ~ **book** le livre ; ~ **man** l'homme ; ~ **woman** la femme ; ~ **girls** les filles ; ~ **Wilsons** les Wilson.

- 2. *(with an adjective to form a noun)* : ~ **British** les Britanniques ; ~ **young** les jeunes.

- 3. *(in dates)* : ~ **twelfth** le douze ; ~ **forties** les années quarante.

- 4. *(in titles)* : **Elizabeth ~ Second** Élisabeth II.

theater [ˈθɪətər] *n [Am] (for plays,*

drama) = theatre ; *(for films)* cinéma *m*.

theatre [ˈθɪətər] *n Br* théâtre *m*.

theft [θeft] *n* vol *m*.

their [ðeər] *adj* leur, leurs *(pl)*.

theirs [ðeəz] *pron* le leur (la leur), les leurs *(pl)* ; **a friend of ~** un de leurs amis.

them [weak form ðəm, strong form ðem] *pron (direct)* les ; *(indirect)* leur ; *(after prep)* eux (elles) ; **I know ~** je les connais ; **it's ~** ce sont OR c'est eux ; **send it to ~** envoyez-le-leur ; **tell ~** dites-leur ; **he's worse than ~** il est pire qu'eux.

theme [θi:m] *n* thème *m*.

theme park *n* parc *m* à thème.

themselves [ðəmˈselvz] *pron (reflexive)* se ; *(after prep)* eux, eux-mêmes ; **they did it ~** ils l'ont fait eux-mêmes.

then [ðen] *adv (at time in past, in that case)* alors ; *(at time in future)* à ce moment-là ; *(next)* puis, ensuite ; *from ~ on* depuis ce moment-là ; *until ~* jusque-là.

theory [ˈθɪərɪ] *n* théorie *f* ; **in ~** en théorie.

therapist [ˈθerəpɪst] *n* thérapeute *mf*.

therapy [ˈθerəpɪ] *n* thérapie *f*.

there [ðeər] *adv* là, là-bas.
◆ *pron* : ~ **is** il y a ; ~ **are** il y a ; **is anyone ~?** il y a quelqu'un ? ; **is Bob ~, please?** *(on phone)* est-ce que Bob est là, s'il vous plaît ? ; **we're going ~ tomorrow** nous y allons demain ; **over ~** là-bas ; ~ **you are** *(when giving)* voilà.

thereabouts [ˌðeərəˈbaʊts] *adv* : **or ~** environ.

therefore [ˈðeəfɔ:r] *adv* donc, par conséquent.

there's [ðeəz] = there is.

thermal underwear [ˈθɜːml-] n sous-vêtements mpl en thermolactyl.

thermometer [θəˈmɒmɪtəʳ] n thermomètre m.

Thermos (flask)® [ˈθɜːməs-] n Thermos® f.

thermostat [ˈθɜːməstæt] n thermostat m.

these [ðiːz] pl → this.

they [ðeɪ] pron ils (elles).

thick [θɪk] adj épais(aisse) ; inf (stupid) bouché(e) ; it's 1 metre ~ ça fait 1 mètre d'épaisseur.

thicken [ˈθɪkn] vt épaissir.

thickness [ˈθɪknɪs] n épaisseur f.

thief [θiːf] (pl thieves [θiːvz]) n voleur m, -euse f.

thigh [θaɪ] n cuisse f.

thimble [ˈθɪmbl] n dé m à coudre.

thin [θɪn] adj (in size) fin(e) ; (person) mince ; (soup, sauce) peu épais(aisse).

thing [θɪŋ] n chose f ; the ~ is le problème, c'est que. ❑ **things** npl (clothes, possessions) affaires fpl ; how are ~s? inf comment ça va?

thingummyjig [ˈθɪŋəmɪdʒɪg] n inf truc m.

think [θɪŋk] (pt & pp thought) vt penser. ◆ vi réfléchir ; what do you ~ of this jacket? qu'est-ce que tu penses de cette veste? ; to ~ that penser que ; to ~ about penser à ; (remember) se souvenir de ; to ~ of doing sthg songer à faire qqch ; I ~ so je pense (que oui) ; I don't ~ so je ne pense pas ; do you ~ you could ...? pourrais-tu ...? ; to ~ highly of sb penser beaucoup de bien de qqn.

❑ **think over** vt sep réfléchir à.

❑ **think up** vt sep imaginer.

third [θɜːd] num troisième → sixth.

third party insurance n assurance f au tiers.

Third World n : the ~ le tiers-monde.

thirst [θɜːst] n soif f.

thirsty [ˈθɜːstɪ] adj : to be ~ avoir soif.

thirteen [ˌθɜːˈtiːn] num treize → six.

thirteenth [ˌθɜːˈtiːnθ] num treizième → sixth.

thirtieth [ˈθɜːtɪəθ] num trentième → sixth.

thirty [ˈθɜːtɪ] num trente → six.

🖝

this [ðɪs] (pl these) adj - 1. (referring to thing, person mentioned) ce (cette), cet (before vowel or mute 'h'), ces (pl) ; these chocolates are delicious ces chocolats sont délicieux ; ~ morning ce matin ; ~ week cette semaine.
- 2. (referring to thing, person nearer) ce ...-ci (cette ...-ci), cet ...-ci (before vowel or mute 'h'), ces ...-ci (pl) ; I prefer ~ book je préfère ce livre-ci ; I'll have ~ one je prends celui-ci.
- 3. inf (used when telling a story) : there was ~ man ... il y avait un bonhomme ...
◆ pron - 1. (referring to thing mentioned) ce, ceci ; ~ is for you c'est pour vous ; what are these? qu'est-ce que c'est? ; ~ is David Gregory (introducing someone) je vous présente David Gregory ; (on telephone) David Gregory à l'appareil.
- 2. (referring to thing, person nearer)

celui-ci (celle-ci), ceux-ci (celles-ci) (pl).

◆ adv : it was ~ big c'était grand comme ça.

thistle ['θɪsl] n chardon m.

thorn [θɔːn] n épine f.

thorough ['θʌrə] adj minutieux(ieuse).

thoroughly ['θʌrəlɪ] adv (check, clean) à fond.

those [ðəʊz] pl → that.

though [ðəʊ] conj bien que (+ subjunctive). ◆ adv pourtant ; even ~ bien que (+ subjunctive).

thought [θɔːt] pt & pp → think. ◆ n (idea) idée f ; (thinking) pensées fpl ; (careful) réflexion f. ❏ **thoughts** npl (opinion) avis m, opinion f.

thoughtful ['θɔːtful] adj (serious) pensif(ive) ; (considerate) prévenant(e).

thoughtless ['θɔːtlɪs] adj indélicat(e).

thousand ['θaʊznd] num mille m, a OR one ~ mille ; ~s of des milliers de, six.

thrash [θræʃ] vt inf (defeat) battre à plate(s) couture(s).

thread [θred] n (of cotton etc) fil m. ◆ vt (needle) enfiler.

threadbare ['θredbeə'] adj usé(e) jusqu'à la corde.

threat [θret] n menace f.

threaten ['θretn] vt menacer ; to ~ to do sthg menacer de faire qqch.

threatening ['θretnɪŋ] adj menaçant(e).

three [θriː] num trois → six.

three-D n : in ~ en relief.

three-piece suite n ensemble m canapé-deux fauteuils.

three-quarters ['θkwɔːtəz] n trois quarts mpl ; ~ of an hour trois quarts d'heure.

threshold ['θreʃhəʊld] n fml seuil m.

threw [θruː] pt → throw.

thrifty ['θrɪftɪ] adj économe.

thrilled [θrɪld] adj ravi(e).

thriller ['θrɪlə'] n thriller m.

thrive [θraɪv] vi (plant, animal, person) s'épanouir ; (business, tourism) être florissant(e).

throat [θrəʊt] n gorge f.

throb [θrɒb] vi (noise, engine) vibrer ; my head is throbbing j'ai un mal de tête lancinant.

throne [θrəʊn] n trône m.

through [θruː] prep (to other side of) à travers ; (hole, window) par ; (by means of) par ; (because of) grâce à ; (during) pendant. ◆ adv (to other side) à travers. ◆ adj : to be ~ (with sthg) (finished) avoir fini (qqch) ; you're ~ (on phone) vous êtes en ligne ; Monday ~ Thursday Am de lundi à jeudi ; to let sb ~ laisser passer qqn ; I slept ~ until nine j'ai dormi d'une traite jusqu'à neuf heures ; ~ traffic circulation se dirigeant vers un seul endroit sans s'arrêter ; a ~ train un train direct.

throughout [θruː'aʊt] prep (day, morning, year) tout au long de ; (place, country, building) partout dans. ◆ adv (all the time) tout le temps ; (everywhere) partout.

throw [θrəʊ] (pt threw, pp thrown [θrəʊn]) vt jeter, lancer ; (ball, javelin, dice) lancer ; (person) projeter ; (a switch) actionner ; to ~ sthg in the bin jeter qqch à la poubelle. ❏ **throw away** vt sep (get rid of) jeter. ❏ **throw out** vt sep (get rid of) jeter ; *(person)* jeter dehors. ❑ **throw up** *vi inf (vomit)* vomir.

thru [θru:] *Am* = through.

thrush [θrʌʃ] *n (bird)* grive f.

thud [θʌd] *n* bruit *m* sourd.

thug [θʌg] *n* voyou *m*.

thumb [θʌm] *n* pouce *m*. ◆ *vt* : to ~ a lift faire de l'auto-stop.

thumbtack [ˈθʌmtæk] *n Am* punaise f.

thump [θʌmp] *n (punch)* coup *m* ; *(sound)* bruit *m* sourd. ◆ *vt* cogner.

thunder [ˈθʌndə] *n* tonnerre *m*.

thunderstorm [ˈθʌndəstɔ:m] *n* orage *m*.

Thurs. *(abbr of* Thursday) jeu.

Thursday [ˈθɜ:zdɪ] *n* jeudi *m* → Saturday.

thyme [taɪm] *n* thym *m*.

tick [tɪk] *n (written mark)* coche f ; *(insect)* tique f. ◆ *vt* cocher. ◆ *vi (clock, watch)* faire tic-tac. ❑ **tick off** *vt sep (mark off)* cocher.

ticket [ˈtɪkɪt] *n* billet *m* ; *(for bus, underground)* ticket *m* ; *(label)* étiquette f ; *(for speeding, parking)* contravention f.

ticket collector *n (at barrier)* contrôleur *m*, -euse f.

ticket inspector *n (on train)* contrôleur *m*, -euse f.

ticket machine *n* billetterie f automatique.

ticket office *n* guichet *m*.

tickle [ˈtɪkl] *vt & vi* chatouiller.

ticklish [ˈtɪklɪʃ] *adj* chatouilleux(euse).

tick-tack-toe *n Am* morpion *m*.

tide [taɪd] *n* marée f.

tidy [ˈtaɪdɪ] *adj (room, desk)* rangé(e) ; *(person, hair)* soigné(e). ❑ **tidy up** *vt sep* ranger.

tie [taɪ] *(pt & pp* tied, *cont* tying) *n (around neck)* cravate f ; *(draw)* match *m* nul ; *Am (on railway track)* traverse f. ◆ *vt* attacher ; *(knot)* faire. ◆ *vi (at end of competition)* terminer à égalité ; *(at end of match)* faire match nul. ❑ **tie up** *vt sep* attacher ; *(delay)* retenir.

tier [tɪə] *n (of seats)* gradin *m*.

tiger [ˈtaɪgə] *n* tigre *m*.

tight [taɪt] *adj* serré(e) ; *(drawer, tap)* dur(e) ; *(rope, material)* tendu(e) ; *(chest)* oppressé(e) ; *inf (drunk)* soûl(e). ◆ *adv (hold)* bien.

tighten [ˈtaɪtn] *vt* serrer, resserrer.

tightrope [ˈtaɪtrəʊp] *n* corde f raide.

tights [taɪts] *npl* collant(s) *m(pl)* ; a pair of ~ un collant, des collants.

tile [taɪl] *n (for roof)* tuile f ; *(for floor, wall)* carreau *m*.

till [tɪl] *n (for money)* caisse f. ◆ *prep* jusqu'à. ◆ *conj* jusqu'à ce que.

tilt [tɪlt] *vt* pencher. ◆ *vi* se pencher.

timber [ˈtɪmbə] *n (wood)* bois *m* ; *(of roof)* poutre f.

time [taɪm] *n* temps *m* ; *(measured by clock)* heure f ; *(moment)* moment *m* ; *(occasion)* fois f ; *(in history)* époque f ; *(measure)* chronométrer ; *(arrange)* prévoir. I haven't got the ~ je n'ai pas le temps ; it's ~ to go il est temps OR l'heure de partir ; what's the ~? quelle heure est-il ? ; two ~s two deux fois deux ; five ~s as much cinq fois plus ; in a month's ~ dans un mois ; to have a good ~ bien s'amuser ; **all the ~** tout le temps ; **every ~** chaque fois ; **from ~ to ~** de temps en temps ; **for the ~ being** pour l'instant ; **in ~** (*arrive*) à l'heure ; **in good ~** en temps voulu ; **last ~** la dernière fois ; **most of the ~** la plupart du temps ; **on ~** à l'heure ; **some of the ~** parfois ; **this ~** cette fois.

time difference *n* décalage *m* horaire.

time limit *n* délai *m*.

timer ['taɪmə'] *n* (*machine*) minuteur *m*.

time share *n* logement *m* en multipropriété.

timetable ['taɪmˌteɪbl] *n* horaire *m* ; SCH emploi *m* du temps ; (*of events*) calendrier *m*.

time zone *n* fuseau *m* horaire.

timid ['tɪmɪd] *adj* timide.

tin [tɪn] *n* (*metal*) étain *m* ; (*container*) boîte *f*. ◆ *adj* en étain.

tinfoil ['tɪnfɔɪl] *n* papier *m* aluminium.

tinned food [tɪnd-] *n* Br conserves *fpl*.

tin opener [-ˌəʊpnə'] *n* Br ouvre-boîtes *m inv*.

tinsel ['tɪnsl] *n* guirlandes *fpl* de Noël.

tint [tɪnt] *n* teinte *f*.

tinted glass [ˌtɪntɪd-] *n* verre *m* teinté.

tiny ['taɪnɪ] *adj* minuscule.

tip [tɪp] *n* (*of pen, needle*) pointe *f* ; (*of finger, cigarette*) bout *m* ; (*to waiter, taxi driver etc*) pourboire *m* ; (*piece of advice*) tuyau *m* ; (*rubbish dump*) décharge *f*. ◆ *vt* (*waiter, taxi driver etc*) donner un pourboire à ; (*tilt*) incliner ; (*pour*)

verser. ❑ **tip over** ◆ *vt sep* renverser. ◆ *vi* se renverser.

TIPPING

Aux États-Unis comme en Grande-Bretagne, il est normal de donner un pourboire à toute personne qui s'est mise à votre service. On laisse l'équivalent de 12 à 20% de la note dans les restaurants, de 10 à 15% à un chauffeur de taxi, de deux livres (GB) ou un dollar (EU) par bagage à un groom, de 10 à 20% à un coiffeur, sauf s'il est le patron, auquel cas on ne laisse rien. On peut payer un pourboire par carte bancaire, en l'ajoutant à la facture une fois celle-ci enregistrée.

tire ['taɪə'] *vi* se fatiguer. ◆ *n Am* = **tyre**.

tired ['taɪəd] *adj* fatigué(e) ; **to be ~ of** (*fed up with*) en avoir assez de.

tired out *adj* épuisé(e).

tiring ['taɪərɪŋ] *adj* fatigant(e).

tissue ['tɪʃuː] *n* (*handkerchief*) mouchoir *m* en papier.

tissue paper *n* papier *m* de soie.

tit [tɪt] *n vulg* (*breast*) nichon *m*.

title ['taɪtl] *n* titre *m*.

T-junction *n* intersection *f* en T.

to [*unstressed before consonant* tə, *unstressed before vowel* tʊ, *stressed* tuː] *prep* - **1.** (*indicating direction*) à ; **to go ~ the States** aller aux États-Unis ; **to go ~ France** aller en France ; **to go ~ school** aller à l'école.

- 2. (*indicating position*) : **~ one side**

sur le côté ; ~ **the left/right** à gauche/droite.

- **3.** *(expressing indirect object)* à ; **to give sthg ~ sb** donner qqch à qqn ; **to listen ~ the radio** écouter la radio.

- **4.** *(indicating reaction, effect)* à ; **~ my surprise** à ma grande surprise.

- **5.** *(until)* jusqu'à ; **to count ~ ten** compter jusqu'à dix ; **we work from nine ~ five** nous travaillons de neuf heures à dix-sept heures.

- **6.** *(indicating change of state)* : **to turn ~ sthg** se transformer en qqch ; **it could lead ~ trouble** ça pourrait causer des ennuis.

- **7.** *Br (in expressions of time)* : **it's ten ~ three** il est trois heures moins dix ; **at quarter ~ seven** à sept heures moins le quart.

- **8.** *(in ratios, rates)* : **40 miles ~ the gallon** ≃ 7 litres au cent ; **there are eight francs ~ the pound** la livre vaut huit francs.

- **9.** *(of, for)* : **the key ~ the car** la clef de la voiture ; **a letter ~ my daughter** une lettre à ma fille.

- **10.** *(indicating attitude)* avec, envers ; **to be rude ~ sb** se montrer impoli envers qqn.

◆ *with infinitive* - **1.** *(forming simple infinitive)* : **~ walk** marcher ; **~ laugh** rire.

- **2.** *(following another verb)* : **to begin ~ do sthg** commencer à faire qqch ; **to try ~ do sthg** essayer de faire qqch.

- **3.** *(following an adjective)* : **difficult ~ do** difficile à faire ; **pleased ~ meet you** enchanté de faire votre connaissance ; **ready ~ go** prêt à partir.

- **4.** *(indicating purpose)* pour ; **we came here ~ look at the castle** nous

sommes venus (pour) voir le château.

toad [təʊd] *n* crapaud *m*.

toadstool ['təʊdstuːl] *n* champignon *m* vénéneux.

toast [təʊst] *n (bread)* pain *m* grillé ; *(when drinking)* toast *m*. ◆ *vt* faire griller ; **a piece** OR **slice of ~** un toast, une tranche de pain grillé.

toasted sandwich ['təʊstɪd-] *n* sandwich *m* grillé.

toaster ['təʊstə*r*] *n* grille-pain *m inv*.

tobacco [tə'bækəʊ] *n* tabac *m*.

tobacconist's [tə'bækənɪsts] *n* bureau *m* de tabac.

toboggan [tə'bɒgən] *n* luge *f*.

today [tə'deɪ] *n & adv* aujourd'hui.

toddler ['tɒdlə*r*] *n* tout-petit *m*.

toe [təʊ] *n* doigt *m* de pied, orteil *m*.

TOEFL [tɒfl] *(abbr of Test of English as a Foreign Language)* *n* test d'anglais passé par les étudiants étrangers désirant faire des études dans une université américaine.

toenail ['təʊneɪl] *n* ongle *m* du pied.

toffee ['tɒfɪ] *n* caramel *m*.

together [tə'geðə*r*] *adv* ensemble ; **~ with** ainsi que.

toilet ['tɔɪlɪt] *n (room)* toilettes *fpl* ; *(bowl)* W-C *mpl* ; **to go to the ~** aller aux toilettes ; **where's the ~?** où sont les toilettes?

toilet bag *n* trousse *f* de toilette.

toilet paper *n* papier *m* toilette OR hygiénique.

toiletries ['tɔɪlɪtrɪz] *npl* articles *mpl* de toilette.

toilet roll *n* rouleau *m* de papier toilette.

toilet water *n* eau *f* de toilette.

token ['təʊkn] *n* (metal disc) jeton *m*.

told [təʊld] *pt & pp* → tell.

tolerable ['tɒlərəbl] *adj* tolérable.

tolerant ['tɒlərənt] *adj* tolérant(e).

tolerate ['tɒləreɪt] *vt* tolérer.

toll [təʊl] *n* (for road, bridge) péage *m*.

toll-free *adj Am* : ~ number ≃ numéro *m* vert.

tomato [*Br* tə'mɑːtəʊ, *Am* tə'meɪtəʊ] (*pl* **-es**) *n* tomate *f*.

tomato juice *n* jus *m* de tomate.

tomato ketchup *n* ketchup *m*.

tomato puree *n* purée *f* de tomate.

tomato sauce *n* sauce *f* tomate.

tomb [tuːm] *n* tombe *f*.

tomorrow [tə'mɒrəʊ] *n & adv* demain *m* ; **the day after** ~ après-demain ; ~ **afternoon** demain après-midi ; ~ **morning** demain matin ; ~ **night** demain soir.

ton [tʌn] *n* (in UK) = 1016 kg ; (in US) = 907,2 kg ; (metric tonne) tonne *f* ; **~s of** *inf* des tonnes de.

tone [təʊn] *n* ton *m* ; (on phone) tonalité *f*.

tongs [tɒŋz] *npl* (for hair) fer **à** friser ; (for sugar) pince *f*.

tongue [tʌŋ] *n* langue *f*.

tonic ['tɒnɪk] *n* (tonic water) ≃ Schweppes® *m* ; (medicine) tonique *m*.

tonic water *n* ≃ Schweppes® *m*.

tonight [tə'naɪt] *n & adv* ce soir ; (later) cette nuit.

tonne [tʌn] *n* tonne *f*.

tonsillitis [ˌtɒnsɪ'laɪtɪs] *n* amygdalite *f*.

too [tuː] *adv* trop ; (also) aussi ; **it's not** ~ **good** ce n'est pas extraordinaire ; **it's** ~ **late to go out** il est trop tard pour sortir ; ~ **many** trop de ; ~ **much** trop de.

took [tʊk] *pt* → take.

tool [tuːl] *n* outil *m*.

tool kit *n* trousse *f* à outils.

tooth [tuːθ] (*pl* teeth) *n* dent *f*.

toothache ['tuːθeɪk] *n* rage *f* de dents.

toothbrush ['tuːθbrʌʃ] *n* brosse *f* à dents.

toothpaste ['tuːθpeɪst] *n* dentifrice *m*.

toothpick ['tuːθpɪk] *n* cure-dents *m inv*.

top [tɒp] *adj* (highest) du haut ; (best, most important) meilleur(e).
◆ *n* (garment, of stairs, page, road) haut *m* ; (of mountain, tree) cime *f* ; (of table, head) dessus *m* ; (of class, league) premier *m*, -ière *f* ; (of bottle, tube, pen) bouchon *m* ; (of box, jar) couvercle *m* ; **at the** ~ (of) en haut (de) ; **on** ~ **of** sur ; (in addition to) en plus de ; **at** ~ **speed** à toute vitesse ; ~ **gear** ≃ cinquième *f*.
❑ **top up** *vt sep* (glass) remplir.
◆ *vi* (with petrol) faire le plein.

top floor *n* dernier étage *m*.

topic ['tɒpɪk] *n* sujet *m*.

topical ['tɒpɪkl] *adj* d'actualité.

topless ['tɒplɪs] *adj* : **to go** ~ faire du monokini.

topped [tɒpt] *adj* : ~ with *(food)* garni(e) de.

topping [ˈtɒpɪŋ] *n* garniture *f*.

torch [tɔːtʃ] *n Br (electric light)* lampe *f* de poche OR électrique.

tore [tɔːʳ] *pt* → **tear¹**.

torn [tɔːn] *pp* → **tear¹**. ◆ *adj (ripped)* déchiré(e).

tortoise [ˈtɔːtəs] *n* tortue *f*.

tortoiseshell [ˈtɔːtəʃel] *n* écaille *f* (de tortue).

torture [ˈtɔːtʃəʳ] *n* torture *f*. ◆ *vt* torturer.

Tory [ˈtɔːrɪ] *n* membre du parti conservateur britannique.

toss [tɒs] *vt (throw)* jeter ; *(salad, vegetables)* remuer ; **to ~ a coin** jouer à pile ou face.

total [ˈtəʊtl] *adj* total(e). ◆ *n* total *m* ; **in ~** au total.

touch [tʌtʃ] *n (sense)* toucher *m* ; *(detail)* détail *m*. ◆ *vt* toucher. ◆ *vi* se toucher ; *(just)* **a ~** of *(of milk, wine)* (juste) une goutte ; *(of sauce, salt)* (juste) un soupçon ; **to get in ~ (with sb)** entrer en contact (avec qqn) ; **to keep in ~ (with sb)** rester en contact (avec qqn). ❑ **touch down** *vi (plane)* atterrir.

touching [ˈtʌtʃɪŋ] *adj* touchant(e).

tough [tʌf] *adj* dur(e) ; *(resilient)* résistant(e).

tour [tʊəʳ] *n (journey)* voyage *m* ; *(of city, castle etc)* visite *f* ; *(of pop group, theatre company)* tournée *f*. ◆ *vt* visiter ; **cycling ~** randonnée *f* à vélo ; **walking ~** randonnée à pied ; **on ~** en tournée.

tourism [ˈtʊərɪzm] *n* tourisme *m*.

tourist [ˈtʊərɪst] *n* touriste *mf*.

tourist class *n* classe *f* touriste.

tourist information office *n* office *m* de tourisme.

tournament [ˈtɔːnəmənt] *n* tournoi *m*.

tour operator *n* tour-opérateur *m*.

tout [taʊt] *n* revendeur *m*, -euse *f* de billets *(au marché noir)*.

tow [təʊ] *vt* remorquer.

toward [təˈwɔːd] *Am* = **towards**.

towards [təˈwɔːdz] *prep Br* vers ; *(with regard to)* envers ; *(to help pay for)* pour.

towel [ˈtaʊəl] *n* serviette *f* (de toilette).

toweling [ˈtaʊəlɪŋ] *Am* = **towelling**.

towelling [ˈtaʊəlɪŋ] *n Br* tissu-éponge *m*.

towel rail *n* porte-serviettes *m inv*.

tower [ˈtaʊəʳ] *n* tour *f*.

tower block *n Br* tour *f*.

Tower Bridge *n* Tower Bridge *m*.

town [taʊn] *n* ville *f*.

town centre *n* centre-ville *m*.

town hall *n* mairie *f*.

towpath [ˈtaʊpɑːθ, *pl* -pɑːðz] *n* chemin *m* de halage.

towrope [ˈtaʊrəʊp] *n* câble *m* de remorque.

tow truck *n Am* dépanneuse *f*.

toxic [ˈtɒksɪk] *adj* toxique.

toy [tɔɪ] *n* jouet *m*.

toy shop *n* magasin *m* de jouets.

trace [treɪs] *n* trace *f*. ◆ *vt (find)* retrouver.

tracing paper [ˈtreɪsɪŋ-] *n* papier-calque *m*.

track [træk] *n (path)* chemin *m* ; *(of railway)* voie *f* ; SPORT piste *f* ;

(song) plage *f*. ❑ **track down** *vt sep* retrouver.

tracksuit ['træksuːt] *n* survêtement *m*.

tractor ['træktə] *n* tracteur *m*.

trade [treɪd] *n* COMM commerce *m* ; *(job)* métier *m*. ◆ *vt* échanger. ◆ *vi* faire du commerce.

trademark ['treɪdmɑːk] *n* marque *f* déposée.

trader ['treɪdə] *n* commerçant *m*, -e *f*.

tradesman ['treɪdzmən] *(pl* -men [-mən]) *n (deliveryman)* livreur *m* ; *(shopkeeper)* marchand *m*.

trade union *n* syndicat *m*.

tradition [trə'dɪʃn] *n* tradition *f*.

traditional [trə'dɪʃənl] *adj* traditionnel(elle).

traffic ['træfɪk] *(pt & pp* -ked) *n* trafic *m*, circulation *f*. ◆ *vi* : **to ~ in** faire le trafic de.

traffic circle *n Am* rond-point *m*.

traffic island *n* refuge *m*.

traffic jam *n* embouteillage *m*.

traffic lights *npl* feux *mpl* de signalisation.

traffic warden *n Br* contractuel *m*, -elle *f*.

tragedy ['trædʒədɪ] *n* tragédie *f*.

tragic ['trædʒɪk] *adj* tragique.

trail [treɪl] *n (path)* sentier *m* ; *(marks)* piste *f*. ◆ *vi (be losing)* être mené.

trailer ['treɪlə] *n (for boat, luggage)* remorque *f* ; *Am (caravan)* caravane *f* ; *(for film, programme)* bande-annonce *f*.

train [treɪn] *n* train *m*. ◆ *vt (teach)* former ; *(animal)* dresser. ◆ *vi* SPORT s'entraîner ; **by ~** en train.

train driver *n* conducteur *m*, -trice *f* de train.

trainee [treɪ'niː] *n* stagiaire *mf*.

trainer ['treɪnə] *n (of athlete)* entraîneur *m*. ❑ **trainers** *npl Br (shoes)* tennis *mpl*.

training ['treɪnɪŋ] *n (instruction)* formation *f* ; *(exercises)* entraînement *m*.

training shoes *npl Br* tennis *mpl*.

tram [træm] *n Br* tramway *m*.

tramp [træmp] *n* clochard *m*, -e *f*.

trampoline ['træmpəliːn] *n* trampoline *m*.

trance [trɑːns] *n* transe *f*.

tranquilizer ['træŋkwɪlaɪzə] *Am* = **tranquillizer**.

tranquillizer ['træŋkwɪlaɪzə] *n Br* tranquillisant *m*.

transaction [træn'zækʃn] *n* transaction *f*.

transatlantic [ˌtrænzət'læntɪk] *adj* transatlantique.

transfer [*n* 'trænsfɜː', *vb* træns'fɜː'] *n* transfert *m* ; *(picture)* décalcomanie *f* ; *Am (ticket)* billet donnant droit à la correspondance. ◆ *vt* transférer. ◆ *vi (change bus, plane etc)* changer.

transform [træns'fɔːm] *vt* transformer.

transfusion [træns'fjuːʒn] *n* transfusion *f*.

transit ['trænzɪt] : **in transit** *adv* en transit.

transitive ['trænzɪtɪv] *adj* transitif(ive).

transit lounge *n* salle *f* de transit.

translate [træns'leɪt] *vt* traduire.

translation [træns'leɪʃn] *n* tra-duction *f*.

translator [træns'leɪtə'] *n* traduc-teur *m*, -trice *f*.

transmission [trænz'mɪʃn] *n* (broadcast) émission *f*.

transmit [trænz'mɪt] *vt* trans-mettre.

transparent [træns'pærənt] *adj* transparent(e).

transplant ['trænspla:nt] *n* greffe *f*.

transport [*n* 'trænspɔːt, *vb* træn'spɔːt] *n* transport *m*. ◆ *vt* transporter.

transportation [ˌtrænspɔːˈteɪʃn] *n* [Am] transport *m*.

trap [træp] *n* piège *m*. ◆ *vt* : to be trapped (stuck) être coincé.

trash [træʃ] *n* Am (waste material) ordures *fpl*.

trashcan ['træʃkæn] *n* Am pou-belle *f*.

trauma ['trɔːmə] *n* traumatisme *m*.

traumatic [trɔːˈmætɪk] *adj* trau-matisant(e).

travel ['trævl] *n* voyages *mpl*. ◆ *vt* (distance) parcourir. ◆ *vi* voyager.

travel agency *n* agence *f* de voyages.

travel agent *n* employé *m*, -e *f* d'une agence de voyages ; ~'s (shop) agence *f* de voyages.

travel centre *n* (in railway, bus station) bureau d'information et de vente de billets.

traveler ['trævlər] Am = traveller.

travel insurance *n* assurance-voyage *f*.

traveller ['trævlə'] *n* Br voyageur *m*, -euse *f*.

traveller's cheque *n* travel-ler's cheque *m*.

travelsick ['trævəlsɪk] *adj* : to be ~ avoir le mal des transports.

tray [treɪ] *n* plateau *m*.

treacherous ['tretʃərəs] *adj* traî-tre.

treacle ['triːkl] *n* Br mélasse *f*.

tread [tred] (*pt* trod, *pp* trodden) *n* (of tyre) bande *f* de roulement. ◆ *vi* : to ~ on sthg marcher sur qqch.

treasure ['treʒə'] *n* trésor *m*.

treat [triːt] *vt* traiter. ◆ *n* gâterie *f* ; to ~ sb to sthg offrir qqch à qqn.

treatment ['triːtmənt] *n* traite-ment *m*.

treble ['trebl] *adj* triple.

tree [triː] *n* arbre *m*.

trek [trek] *n* randonnée *f*.

tremble ['trembl] *vi* trembler.

tremendous [trɪ'mendəs] *adj* (very large) énorme ; *inf* (very good) formidable.

trench [trentʃ] *n* tranchée *f*.

trend [trend] *n* tendance *f*.

trendy ['trendɪ] *adj* inf bran-ché(e).

trespasser ['trespəsə'] *n* intrus *m*, -e *f*.

trial ['traɪəl] *n* JUR procès *m* ; (test) essai *m* ; a ~ period une période d'essai.

triangle ['traɪæŋgl] *n* triangle *m*.

triangular [traɪˈæŋgjʊlə'] *adj* triangulaire.

tribe [traɪb] *n* tribu *f*.

trick [trɪk] *n* tour *m*. ◆ *vt* jouer un tour à.

trickle ['trɪkl] *vi* (liquid) couler.

tricky ['trɪkɪ] adj difficile.

tricycle ['traɪsɪkl] n tricycle m.

trifle ['traɪfl] n (dessert) ≃ diplomate m.

trigger ['trɪgər] n gâchette f.

trim [trɪm] n (haircut) coupe f (de cheveux). ◆ vt (hair) couper ; (beard, hedge) tailler.

trio ['triːəʊ] (pl -s) n trio m.

trip [trɪp] n (journey) voyage m ; (short) excursion f. ◆ vi trébucher. ❑ **trip up** vi trébucher.

triple ['trɪpl] adj triple.

tripod ['traɪpɒd] n trépied m.

triumph ['traɪəmf] n triomphe m.

trivial ['trɪvɪəl] adj pej insignifiant(e).

trod [trɒd] pt → tread.

trodden ['trɒdn] pp → tread.

trolley ['trɒlɪ] (pl -s) n Br (in supermarket, at airport) chariot m ; Br (for food, drinks) table f roulante ; Am (tram) tramway m.

trombone [trɒm'bəʊn] n trombone m.

troops [truːps] npl troupes fpl.

trophy ['trəʊfɪ] n trophée m.

tropical ['trɒpɪkl] adj tropical(e).

trot [trɒt] vi (horse) trotter. ◆ n : on the ~ inf d'affilée.

trouble ['trʌbl] n problèmes mpl, ennuis mpl. ◆ vt (worry) inquiéter ; (bother) déranger ; to be in ~ avoir des problèmes OR des ennuis ; to get into ~ s'attirer des ennuis ; to take the ~ to do sthg prendre la peine de faire qqch ; it's no ~ ça ne me dérange pas ; (in reply to thanks) je vous en prie.

trousers ['traʊzəz] npl pantalon m ; a pair of ~ un pantalon.

trout [traʊt] (pl inv) n truite f.

trowel ['traʊəl] n (for gardening) déplantoir m.

truant ['truːənt] n : to play ~ faire l'école buissonnière.

truce [truːs] n trêve f.

truck [trʌk] n camion m.

true [truː] adj vrai(e) ; (genuine, actual) véritable.

truly ['truːlɪ] adv : yours ~ veuillez agréer l'expression de mes sentiments respectueux.

trumpet ['trʌmpɪt] n trompette f.

trumps [trʌmps] npl atout m.

truncheon ['trʌntʃən] n matraque f.

trunk [trʌŋk] n (of tree) tronc m ; Am (of car) coffre m ; (case, box) malle f ; (of elephant) trompe f.

trunk call n Br communication f interurbaine.

trunk road n Br route f nationale.

trunks [trʌŋks] npl (for swimming) slip m de bain.

trust [trʌst] n (confidence) confiance f. ◆ vt (have confidence in) avoir confiance en ; fml (hope) espérer.

trustworthy ['trʌst,wɜːðɪ] adj digne de confiance.

truth [truːθ] n vérité f.

truthful ['truːθfʊl] adj (statement, account) fidèle à la réalité ; (person) honnête.

try [traɪ] n essai m. ◆ vt essayer ; (food) goûter (à) ; JUR juger. ◆ vi essayer ; to have a ~ essayer ; to ~ to do sthg essayer de faire qqch. ❑ **try on** vt sep (clothes) essayer. ❑ **try out** vt sep essayer.

T-shirt n T-shirt m.

tub [tʌb] n (of margarine etc) barquette f ; (small) pot m ; inf (bath) baignoire f.

tube [tju:b] n tube m ; B inf (underground) métro m ; by ~ en métro.

tube station n Br inf station f de métro.

tuck [tʌk] : **tuck in** vt sep (shirt) rentrer ; (child, person) border. ◆ vi inf (start eating) attaquer.

tuck shop n Br petite boutique qui vend bonbons, gâteaux, etc.

Tues. (abbr of Tuesday) mar.

Tuesday ['tju:zdɪ] n mardi m → Saturday.

tuft [tʌft] n touffe f.

tug [tʌg] vt tirer. ◆ n (boat) remorqueur m.

tuition [tju:'ɪʃn] n cours mpl.

tulip ['tju:lɪp] n tulipe f.

tumble-dryer ['tʌmbldraɪə] n sèche-linge m inv.

tumbler ['tʌmblə] n (glass) verre m haut.

tummy ['tʌmɪ] n inf ventre m.

tummy upset n inf embarras m gastrique.

tumor ['tu:mər] Am = tumour.

tumour ['tju:mə] n Br tumeur f.

tuna (fish) [Br 'tju:nə-, Am 'tu:nə-] n thon m.

tune [tju:n] n air m. ◆ vt (radio, TV, engine) régler ; (instrument) accorder ; **in** ~ juste ; **out of** ~ faux.

tunic ['tju:nɪk] n tunique f.

tunnel ['tʌnl] n tunnel m.

turban ['tɜ:bən] n turban m.

turbulence ['tɜ:bjʊləns] n turbulence f.

turf [tɜ:f] n (grass) gazon m.

turkey ['tɜ:kɪ] (pl -s) n dinde f.

turn [tɜ:n] n (in road) tournant m ; (of knob, key, in game) tour m. ◆ vi tourner ; (person) se tourner. ◆ vt tourner ; (corner, bend) prendre ; (become) devenir ; **to ~ sthg black** noircir qqch ; **to ~ into sthg** (become) devenir qqch ; **to ~ sthg into sthg** transformer qqch en qqch ; **to ~ left/right** tourner à gauche/à droite ; **it's your ~** c'est à ton tour ; **at the ~ of the century** au début du siècle ; **to take it in ~s** to do sthg faire qqch à tour de rôle ; **to ~ sthg inside out** retourner qqch. ❑ **turn back** ◆ vt sep (person, car) refouler. ◆ vi faire demi-tour. ❑ **turn down** vt sep (radio, volume, heating) baisser ; (offer, request) refuser. ❑ **turn off** ◆ vt sep (light, TV) éteindre ; (engine) couper ; (water, gas, tap) fermer. ◆ vi (leave road) tourner. ❑ **turn on** vt sep (light, TV) allumer ; (engine) mettre en marche ; (water, gas, tap) ouvrir. ❑ **turn out** ◆ vt sep (light, fire) éteindre. ◆ vi (come) venir. ◆ vt fus : **to ~ out to be sthg** se révéler être qqch. ❑ **turn over** ◆ vt sep retourner. ◆ vi (in bed) se retourner ; Br (change channels) changer de chaîne. ❑ **turn round** ◆ vt sep (table etc) tourner. ◆ vi (person) se retourner. ❑ **turn up** ◆ vt sep (radio, volume, heating) monter. ◆ vi (come) venir.

turning ['tɜ:nɪŋ] n (off road) embranchement m.

turnip ['tɜ:nɪp] n navet m.

turn-up n Br (on trousers) revers m.

turquoise ['tɜ:kwɔɪz] adj turquoise (inv).

turtle ['tɜ:tl] n tortue f (de mer).

turtleneck ['tɜːtlnek] n pull m à col montant.

tutor ['tjuːtə'] n (teacher) professeur m particulier.

tuxedo [tʌk'siːdəʊ] (pl -s) n Am smoking m.

TV n télé f ; on ~ à la télé.

tweed [twiːd] n tweed m.

tweezers ['twiːzəz] npl pince f à épiler.

twelfth [twelfθ] num douzième → sixth.

twelve [twelv] num douze → six.

twentieth ['twentiəθ] num vingtième ; the ~ century le vingtième siècle ; → sixth.

twenty ['twenti] num vingt → six.

twice [twais] adv deux fois ; it's ~ as good c'est deux fois meilleur.

twig [twig] n brindille f.

twilight ['twailait] n crépuscule m.

twin [twin] n jumeau m, -elle f.

twin beds npl lits mpl jumeaux.

twist [twist] vt tordre ; (bottle top, lid, knob) tourner ; to ~ one's ankle se tordre la cheville.

twisting ['twistin] adj (road, river) en lacets.

two [tuː] num deux → six.

two-piece adj (swimsuit, suit) deux-pièces.

tying ['taiin] cont → tie.

type [taip] n (kind) type m, sorte f. ◆ vt & vi taper.

typewriter ['taip,raitə'] n machine f à écrire.

typhoid ['taifɔid] n typhoïde f.

typical ['tipikl] adj typique.

typist ['taipist] n dactylo mf.

tyre ['taiə'] n Br pneu m.

U

U adj Br (film) pour tous.

UFO n (abbr of unidentified flying object) OVNI m.

ugly ['ʌgli] adj laid(e).

UHT adj (abbr of ultra heat treated) UHT.

UK n : the ~ le Royaume-Uni.

ulcer ['ʌlsə'] n ulcère m.

ultimate ['ʌltimət] adj (final) dernier(ière) ; (best, greatest) idéal(e).

ultraviolet [,ʌltrə'vaiələt] adj ultra-violet(ette).

umbrella [ʌm'brelə] n parapluie m.

umpire ['ʌmpaiə'] n arbitre m.

UN n (abbr of United Nations) : the ~ l'ONU f.

unable [ʌn'eibl] adj : to be ~ to do sthg ne pas pouvoir faire qqch.

unacceptable [,ʌnək'septəbl] adj inacceptable.

unaccustomed [,ʌnə'kʌstəmd] adj : to be ~ to sthg ne pas être habitué(e) à qqch.

unanimous [juː'næniməs] adj unanime.

unattended [,ʌnə'tendid] adj (baggage) sans surveillance.

unattractive [,ʌnə'træktiv] adj (person, place) sans charme ; (idea) peu attrayant(e).

unauthorized [,ʌn'ɔːθəraizd] adj non autorisé(e).

unavailable [,ʌnə'veiləbl] adj non disponible.

unavoidable [,ʌnə'vɔidəbl] adj inévitable.

unaware [ˌʌnəˈweəʳ] *adj* : to be ~ of sthg être inconscient de qqch ; *(facts)* ignorer qqch.

unbearable [ʌnˈbeərəbl] *adj* insupportable.

unbelievable [ˌʌnbɪˈliːvəbl] *adj* incroyable.

unbutton [ʌnˈbʌtn] *vt* déboutonner.

uncertain [ʌnˈsɜːtn] *adj* incertain(e).

uncertainty [ʌnˈsɜːtntɪ] *n* incertitude *f*.

uncle [ˈʌŋkl] *n* oncle *m*.

unclean [ʌnˈkliːn] *adj* sale.

unclear [ʌnˈklɪəʳ] *adj* pas clair(e) ; *(not sure)* pas sûr(e).

uncomfortable [ʌnˈkʌmftəbl] *adj* (chair, bed) inconfortable ; to feel ~ *(person)* se sentir mal à l'aise.

uncommon [ʌnˈkɒmən] *adj* (rare) rare.

unconscious [ʌnˈkɒnʃəs] *adj* inconscient(e).

unconvincing [ˌʌnkənˈvɪnsɪŋ] *adj* peu convaincant(e).

uncooperative [ˌʌnkəʊˈɒpərətɪv] *adj* peu coopératif(ive).

uncork [ʌnˈkɔːk] *vt* déboucher.

uncouth [ʌnˈkuːθ] *adj* grossier(ière).

uncover [ʌnˈkʌvəʳ] *vt* découvrir.

under [ˈʌndəʳ] *prep* (beneath) sous ; *(less than)* moins de ; *(according to)* selon ; *(in classification)* dans ; **children ~ ten** les enfants de moins de dix ans ; **~ the circumstances** dans ces circonstances ; **~ construction** en construction ; **to be ~ pressure** être sous pression.

underage [ˌʌndərˈeɪdʒ] *adj* mineur(e).

undercarriage [ˈʌndəˌkærɪdʒ] *n* train *m* d'atterrissage.

underdone [ˌʌndəˈdʌn] *adj* (accidentally) pas assez cuit(e) ; *(steak)* saignant(e).

underestimate [ˌʌndərˈestɪmeɪt] *vt* sous-estimer.

underexposed [ˌʌndərɪkˈspəʊzd] *adj* sous-exposé(e).

undergo [ˌʌndəˈgəʊ] *(pt* -went, *pp* -gone) *vt* subir.

undergraduate [ˌʌndəˈgrædjʊət] *n* étudiant *m*, -e *f* (en licence).

underground [ˈʌndəgraʊnd] *adj* souterrain(e) ; *(secret)* clandestin(e). ◆ *n* Br *(railway)* métro *m*.

undergrowth [ˈʌndəgrəʊθ] *n* sous-bois *m*.

underline [ˌʌndəˈlaɪn] *vt* souligner.

underneath [ˌʌndəˈniːθ] *prep* au-dessous de. ◆ *adv* au-dessous. ◆ *n* dessous *m*.

underpants [ˈʌndəpænts] *npl* slip *m*.

underpass [ˈʌndəpɑːs] *n* route *f* en contrebas.

undershirt [ˈʌndəʃɜːt] *n* Am maillot *m* de corps.

underskirt [ˈʌndəskɜːt] *n* jupon *m*.

understand [ˌʌndəˈstænd] *(pt &* *pp* -stood) *vt* comprendre ; *(believe)* croire. ◆ *vi* comprendre ; **I don't ~** je ne comprends pas ; **to make o.s. understood** se faire comprendre.

understanding [ˌʌndəˈstændɪŋ] *adj* compréhensif(ive). ◆ *n* (agreement) entente *f* ; *(knowledge, sym-*

pathy) compréhension *f* ; *(interpretation)* interprétation *f*.

understatement [ˌʌndəˈsteɪtmənt] *n* : that's an ~ c'est peu dire.

understood [ˌʌndəˈstʊd] *pt & pp* → understand.

undertake [ˌʌndəˈteɪk] *(pt -took, pp -taken)* vt entreprendre ; to ~ to do sthg s'engager à faire qqch.

undertaker [ˈʌndəˌteɪkər] *n* ordonnateur *m* des pompes funèbres.

undertaking [ˌʌndəˈteɪkɪŋ] *n* *(promise)* promesse *f* ; *(task)* entreprise *f*.

undertook [ˌʌndəˈtʊk] *pt* → undertake.

underwater [ˌʌndəˈwɔːtər] *adj* sous-marin(e). ◆ *adv* sous l'eau.

underwear [ˈʌndəweər] *n* sous-vêtements *mpl*.

underwent [ˌʌndəˈwent] *pt* → undergo.

undo [ˌʌnˈduː] *(pt -did, pp -done)* vt défaire.

undone [ˌʌnˈdʌn] *adj* défait(e).

undress [ˌʌnˈdres] *vi* se déshabiller. ◆ *vt* déshabiller.

undressed [ˌʌnˈdrest] *adj* déshabillé(e) ; to get ~ se déshabiller.

uneasy [ʌnˈiːzɪ] *adj* mal à l'aise.

uneducated [ʌnˈedjʊkeɪtɪd] *adj* sans éducation.

unemployed [ˌʌnɪmˈplɔɪd] *adj* au chômage. ◆ *npl* : the ~ les chômeurs *mpl*.

unemployment [ˌʌnɪmˈplɔɪmənt] *n* chômage *m*.

unemployment benefit *n* allocation *f* de chômage.

unequal [ʌnˈiːkwəl] *adj* inégal(e).

uneven [ʌnˈiːvn] *adj* inégal(e) ; *(speed, beat, share)* irrégulier(ière).

uneventful [ˌʌnɪˈventfʊl] *adj* sans histoires.

unexpected [ˌʌnɪkˈspektɪd] *adj* inattendu(e).

unexpectedly [ˌʌnɪkˈspektɪdlɪ] *adv* inopinément.

unfair [ˌʌnˈfeər] *adj* injuste.

unfairly [ˌʌnˈfeəlɪ] *adv* injustement.

unfaithful [ˌʌnˈfeɪθfʊl] *adj* infidèle.

unfamiliar [ˌʌnfəˈmɪljər] *adj* peu familier(ière) ; to be ~ with mal connaître.

unfashionable [ˌʌnˈfæʃnəbl] *adj* démodé(e).

unfasten [ˌʌnˈfɑːsn] *vt (seatbelt)* détacher ; *(knot, laces, belt)* défaire.

unfavourable [ˌʌnˈfeɪvrəbl] *adj* défavorable.

unfinished [ˌʌnˈfɪnɪʃt] *adj* inachevé(e).

unfit [ˌʌnˈfɪt] *adj (not healthy)* pas en forme ; to be ~ for sthg *(not suitable)* ne pas être adapté à qqch.

unfold [ʌnˈfəʊld] *vt* déplier.

unforgettable [ˌʌnfəˈgetəbl] *adj* inoubliable.

unforgivable [ˌʌnfəˈgɪvəbl] *adj* impardonnable.

unfortunate [ʌnˈfɔːtʃnət] *adj* *(unlucky)* malchanceux(euse) ; *(regrettable)* regrettable.

unfortunately [ʌnˈfɔːtʃnətlɪ] *adv* malheureusement.

unfurnished [ˌʌnˈfɜːnɪʃt] *adj* non meublé(e).

ungrateful [ʌnˈgreɪtfʊl] *adj* ingrat(e).

unhappy [ʌn'hæpɪ] *adj (sad)* malheureux(euse), triste ; *(not pleased)* mécontent(e) ; **to be ~ about** sthg être mécontent de qqch.

unharmed [ˌʌn'hɑːmd] *adj* indemne.

unhealthy [ʌn'helθɪ] *adj (person)* en mauvaise santé ; *(food, smoking)* mauvais(e) pour la santé.

unhelpful [ˌʌn'helpfʊl] *adj (person)* peu serviable ; *(advice, instructions)* peu utile.

unhurt [ˌʌn'hɜːt] *adj* indemne.

unhygienic [ˌʌnhaɪ'dʒiːnɪk] *adj* antihygiénique.

unification [ˌjuːnɪfɪ'keɪʃn] *n* unification *f.*

uniform ['juːnɪfɔːm] *n* uniforme *m.*

unimportant [ˌʌnɪm'pɔːtənt] *adj* sans importance.

unintelligent [ˌʌnɪn'telɪdʒənt] *adj* inintelligent(e).

unintentional [ˌʌnɪn'tenʃənl] *adj* involontaire.

uninterested [ˌʌn'ɪntrəstɪd] *adj* indifférent(e).

uninteresting [ˌʌn'ɪntrestɪŋ] *adj* inintéressant(e).

union ['juːnjən] *n (of workers)* syndicat *m.*

Union Jack *n* : **the ~** le drapeau britannique.

unique [juː'niːk] *adj* unique ; **to be ~ to** être propre à.

unisex ['juːnɪseks] *adj* unisexe.

unit ['juːnɪt] *n (measurement, group)* unité *f* ; *(department)* service *m* ; *(of furniture)* élément *m* ; *(machine)* appareil *m.*

unite [juː'naɪt] *vt* unir. ◆ *vi* s'unir.

United Kingdom [juː'naɪtɪd-] *n* : **the ~** le Royaume-Uni.

United Nations [juː'naɪtɪd-] *npl* : **the ~** les Nations *fpl* Unies.

United States (of America) [juː'naɪtɪd-] *npl* : **the ~** les États-Unis *mpl* (d'Amérique).

unity ['juːnətɪ] *n* unité *f.*

universal [ˌjuːnɪ'vɜːsl] *adj* universel(elle).

universe ['juːnɪvɜːs] *n* univers *m.*

university [ˌjuːnɪ'vɜːsətɪ] *n* université *f.*

unjust [ˌʌn'dʒʌst] *adj* injuste.

unkind [ʌn'kaɪnd] *adj* méchant(e).

unknown [ʌn'nəʊn] *adj* inconnu(e).

unleaded [ʌn'ledɪd] *n* essence *f* sans plomb.

unless [ən'les] *conj* à moins que (+ *subjunctive)* ; **~ it rains** à moins qu'il (ne) pleuve.

unlike [ʌn'laɪk] *prep* à la différence de ; **that's ~ him** cela ne lui ressemble pas.

unlikely [ʌn'laɪklɪ] *adj* peu probable ; **we're ~ to arrive before six** il est peu probable que nous arrivions avant six heures.

unlimited [ʌn'lɪmɪtɪd] *adj* illimité(e).

unlisted [ʌn'lɪstɪd] *adj Am (phone number)* sur la liste rouge.

unload [ʌn'ləʊd] *vt (goods, vehicle)* décharger.

unlock [ʌn'lɒk] *vt* déverrouiller.

unlucky [ʌn'lʌkɪ] *adj (unfortunate)* malchanceux(euse) ; *(bringing bad luck)* qui porte malheur.

unmarried [ʌn'mærɪd] *adj* célibataire.

unnatural [ʌn'nætʃrəl] *adj (unusual)* anormal(e) ; *(behaviour, person)* peu naturel(elle).

unnecessary [ʌn'nesəsərɪ] *adj* inutile.

unobtainable [ˌʌnəb'teɪnəbl] *adj (product)* non disponible ; *(phone number)* pas en service.

unoccupied [ˌʌn'ɒkjupaɪd] *adj (place, seat)* libre.

unofficial [ˌʌnə'fɪʃl] *adj* non officiel(ielle).

unpack [ʌn'pæk] *vt* défaire. ◆ *vi* défaire ses valises.

unpleasant [ʌn'pleznt] *adj* désagréable.

unplug [ʌn'plʌg] *vt* débrancher.

unpopular [ʌn'pɒpjʊlə] *adj* impopulaire.

unpredictable [ˌʌnprɪ'dɪktəbl] *adj* imprévisible.

unprepared [ˌʌnprɪ'peəd] *adj* mal préparé(e).

unprotected [ˌʌnprə'tektɪd] *adj* sans protection.

unqualified [ʌn'kwɒlɪfaɪd] *adj (person)* non qualifié(e).

unreal [ʌn'rɪəl] *adj* irréel(elle).

unreasonable [ʌn'riːznəbl] *adj* déraisonnable.

unrecognizable [ˌʌnrekəg'naɪzəbl] *adj* méconnaissable.

unreliable [ˌʌnrɪ'laɪəbl] *adj* peu fiable.

unrest [ʌn'rest] *n* troubles *mpl*.

unroll [ʌn'rəʊl] *vt* dérouler.

unsafe [ʌn'seɪf] *adj (dangerous)* dangereux(euse) ; *(in danger)* en danger.

unsatisfactory [ˌʌnsætɪs'fæktərɪ] *adj* peu satisfaisant(e).

unscrew [ʌn'skruː] *vt (lid, top)* dévisser.

unsightly [ʌn'saɪtlɪ] *adj* laid(e).

unskilled [ʌn'skɪld] *adj (worker)* non qualifié(e).

unsociable [ʌn'səʊʃəbl] *adj* sauvage.

unsound [ʌn'saʊnd] *adj (building, structure)* peu solide ; *(argument)* peu pertinent(e).

unspoiled [ʌn'spɔɪlt] *adj (place, beach)* qui n'est pas défiguré(e).

unsteady [ʌn'stedɪ] *adj* instable ; *(hand)* tremblant(e).

unstuck [ʌn'stʌk] *adj* : **to come ~** *(label, poster etc)* se décoller.

unsuccessful [ˌʌnsək'sesful] *adj (person)* malchanceux(euse) ; *(attempt)* infructueux(euse).

unsuitable [ʌn'suːtəbl] *adj* inadéquat(e).

unsure [ʌn'ʃɔː] *adj* : **to be ~ (about)** ne pas être sûr(e) (de).

unsweetened [ʌn'swiːtnd] *adj* sans sucre.

untidy [ʌn'taɪdɪ] *adj (person)* désordonné(e) ; *(room, desk)* en désordre.

untie [ʌn'taɪ] *(cont* **untying** [ʌn'taɪɪŋ]*) vt (person)* détacher ; *(knot)* défaire.

until [ən'tɪl] *prep* jusqu'à. ◆ *conj* jusqu'à ce que (+ *subjunctive*) ; **it won't be ready ~ Thursday** ce ne sera pas prêt avant jeudi.

untrue [ʌn'truː] *adj* faux (fausse).

untrustworthy [ʌn'trʌst͵wɜːðɪ] *adj* pas digne de confiance.

unusual [ʌnˈjuːʒl] *adj* inhabituel(elle).

unusually [ʌnˈjuːʒəli] *adv* (more than usual) exceptionnellement.

unwell [ˌʌnˈwel] *adj* : to be ~ ne pas aller très bien ; to feel ~ ne pas se sentir bien.

unwilling [ˌʌnˈwɪlɪŋ] *adj* : to be ~ to do sthg ne pas vouloir faire qqch.

unwind [ˌʌnˈwaɪnd] (*pt & pp* unwound [ˌʌnˈwaʊnd]) *vt* dérouler. ◆ *vi* (relax) se détendre.

unwrap [ˌʌnˈræp] *vt* déballer.

unzip [ˌʌnˈzɪp] *vt* défaire la fermeture de.

---

up [ʌp] *adv* - 1. (towards higher position) vers le haut ; to go ~ monter ; we walked ~ to the top nous sommes montés jusqu'en haut ; to pick sthg ~ ramasser qqch. - 2. (in higher position) en haut ; she's ~ in her bedroom elle est en haut dans sa chambre ; ~ there là-haut. - 3. (into upright position) : to stand ~ se lever ; to sit ~ (from lying position) s'asseoir ; (sit straight) se redresser. - 4. (to increased level) : prices are going ~ les prix augmentent. - 5. (northwards) : ~ in Scotland en Écosse. - 6. (in phrases) : to walk ~ and down faire les cent pas ; to jump ~ and down sauter ; ~ to ten people jusqu'à dix personnes ; are you ~ to travelling? tu te sens en état de voyager? ; what are you ~ to? qu'est-ce que tu mijotes? ; it's ~ to you (c'est) à vous de voir ; ~ until ten o'clock jusqu'à dix heures.

◆ *prep* - 1. (towards higher position) : to walk ~ a hill grimper une colline ; I went ~ the stairs j'ai monté l'escalier. - 2. (in higher position) en haut de ; ~ a hill en haut d'une colline ; ~ a ladder sur une échelle. - 3. (at one end) : they live ~ the road from us ils habitent un peu plus haut que nous.

◆ *adj* - 1. (out of bed) levé(e). - 2. (at an end) : time's ~ c'est l'heure. - 3. (rising) : the ~ escalator l'Escalator® pour monter.

◆ *n* : ~s and downs des hauts et des bas *mpl*.

update [ˌʌpˈdeɪt] *vt* mettre à jour.

uphill [ˌʌpˈhɪl] *adv* : to go ~ monter.

upholstery [ʌpˈhəʊlstəri] *n* rembourrage *m*.

upkeep [ˈʌpkiːp] *n* entretien *m*.

up-market *adj* haut de gamme (*inv*).

upon [əˈpɒn] *prep fml* (on) sur.

upper [ˈʌpə] *adj* supérieur(e). ◆ *n* (of shoe) empeigne *f*.

upper class *n* haute société *f*.

uppermost [ˈʌpəməʊst] *adj* (highest) le plus haut (la plus haute).

upper sixth *n Br* ≃ terminale *f*.

upright [ˈʌpraɪt] *adj* droit(e). ◆ *adv* droit.

upset [ʌpˈset] (*pt & pp* upset) *adj* (distressed) peiné(e). ◆ *vt* (distress) peiner ; (plans) déranger ; (knock over) renverser ; to have an ~ stomach avoir un embarras gastrique.

upside down [ˌʌpsaɪd-] *adj & adv* à l'envers.

upstairs [ˌʌp'steəz] *adj* du haut.
◆ *adv (on a higher floor)* en haut, à l'étage ; to go ~ monter.

up-to-date *adj (modern)* moderne ; *(well-informed)* au courant.

upwards ['ʌpwədz] *adv* vers le haut ; ~ of 100 people plus de 100 personnes.

urban ['ɜːbən] *adj* urbain(e).

urge [ɜːdʒ] *vt* : to ~ sb to do sthg presser qqn de faire quelque chose.

urgent ['ɜːdʒənt] *adj* urgent(e).

urgently ['ɜːdʒəntlɪ] *adv (immediately)* d'urgence.

urinal [ˌjʊə'raɪnl] *n fml* urinoir *m*.

urinate ['jʊərɪneɪt] *vi fml* uriner.

urine ['jʊərɪn] *n* urine *f*.

URL *(abbr of uniform resource locator)* n COMPUT URL *m (adresse électronique)*.

us [ʌs] *pron* nous ; they know ~ ils nous connaissent ; it's ~ c'est nous ; send it to ~ envoyez-le nous ; tell ~ dites-nous ; they're worse than ~ ils sont pires que nous.

US *n (abbr of United States)* : the ~ les USA *mpl*.

USA *n (abbr of United States of America)* : the ~ les USA *mpl*.

usable ['juːzəbl] *adj* utilisable.

use [*n* juːs, *vb* juːz] *n* utilisation *f*, emploi *m*. ◆ *vt* utiliser, se servir de ; to be of ~ être utile ; to have the ~ of sthg avoir l'usage de qqch ; to make ~ of sthg utiliser qqch ; *(time, opportunity)* mettre qqch à profit ; to be in ~ être en usage ; it's no ~ ça ne sert à rien ; what's the ~? à quoi bon? ; to ~ sthg as sthg utiliser qqch comme qqch ; '~ before ...' *(food, drink)* 'à consommer avant ...'. ❑ **use up** *vt sep* épuiser.

used [*adj* juːzd, *aux vb* juːst] *adj (towel, glass etc)* sale ; *(car)* d'occasion. ◆ *aux vb* : I ~ to live near here j'habitais près d'ici ; to go there every day j'y allais tous les jours ; to be ~ to sthg avoir l'habitude de qqch ; to get ~ to sthg s'habituer à qqch.

useful ['juːsful] *adj* utile.

useless ['juːslɪs] *adj* inutile ; *inf (very bad)* nul (nulle).

Usenet® ['juːznet] n Usenet® *m*, forum *m* électronique.

user ['juːzə'] *n* utilisateur *m*, -trice *f*.

usher ['ʌʃə'] *n (at cinema, theatre)* ouvreur *m*.

usherette [ˌʌʃə'ret] *n* ouvreuse *f*.

usual ['juːʒəl] *adj* habituel(elle) ; as ~ comme d'habitude.

usually ['juːʒəlɪ] *adv* d'habitude.

utensil [juː'tensl] *n* ustensile *m*.

utilize ['juːtəlaɪz] *vt* utiliser.

utmost ['ʌtməust] *adj* le plus grand *(la plus grande)*. ◆ *n* : to do one's ~ faire tout son possible.

utter ['ʌtə'] *adj* total(e). ◆ *vt* prononcer ; *(cry)* pousser.

utterly ['ʌtəlɪ] *adv* complètement.

U-turn *n (in vehicle)* demi-tour *m*.

V

vacancy ['veɪkənsɪ] *n (job)* offre *f* d'emploi ; 'vacancies' 'chambres à louer' ; 'no vacancies' 'complet'.

vacant ['veɪkənt] *adj* libre.

vacation [vəˈkeɪʃn] *n Am* vacances *fpl*. ◆ *vi Am* passer les vacances ; **to go on ~** partir en vacances.

vaccination [ˌvæksɪ'neɪʃn] *n* vaccination *f*.

vaccine [*Br* 'væksiːn, *Am* væk'siːn] *n* vaccin *m*.

vacuum ['vækjʊəm] *vt* passer l'aspirateur dans.

vacuum cleaner *n* aspirateur *m*.

vain [veɪn] *adj pej (conceited)* vaniteux(euse) ; **in ~** en vain.

Valentine card ['væləntaɪn-] *n* carte *f* de la Saint-Valentin.

Valentine's Day ['væləntaɪnz-] *n* la Saint-Valentin.

valid ['vælɪd] *adj (ticket, passport)* valide.

validate ['vælɪdeɪt] *vt (ticket)* valider.

valley ['vælɪ] *n* vallée *f*.

valuable ['væljʊəbl] *adj (jewellery, object)* de valeur ; *(advice, help)* précieux(ieuse). ❏ **valuables** *npl* objets *mpl* de valeur.

value ['væljuː] *n* valeur *f* ; *(usefulness)* intérêt *m* ; **a ~ pack** un paquet économique ; **to be good ~ (for money)** être d'un bon rapport qualité-prix.

valve [vælv] *n* soupape *f* ; *(of tyre)* valve *f*.

van [væn] *n* camionnette *f*.

vandal ['vændl] *n* vandale *m*.

vandalize ['vændəlaɪz] *vt* saccager.

vanilla [və'nɪlə] *n* vanille *f*.

vanish ['vænɪʃ] *vi* disparaître.

vapor ['veɪpər] *Am* = **vapour**.

vapour ['veɪpər] *n* vapeur *f*.

variable ['veərɪəbl] *adj* variable.

varicose veins ['værɪkəʊs-] *npl* varices *fpl*.

varied ['veərɪd] *adj* varié(e).

variety [və'raɪətɪ] *n* variété *f*.

various ['veərɪəs] *adj* divers(es).

varnish ['vɑːnɪʃ] *n* vernis *m*. ◆ *vt* vernir.

vary ['veərɪ] *vi* varier. ◆ *vt* (faire) varier ; **to ~ from sthg to sthg** varier de qqch à qqch.

vase [*Br* vɑːz, *Am* veɪz] *n* vase *m*.

vast [vɑːst] *adj* vaste.

VAT [væt, viːeɪ'tiː] *n (abbr of value added tax)* TVA *f*.

vault [vɔːlt] *n (in bank)* salle *f* des coffres ; *(in church)* caveau *m*.

VCR *n (abbr of video cassette recorder)* magnétoscope *m*.

VDU *n (abbr of visual display unit)* moniteur *m*.

veal [viːl] n veau m.

veg [vedʒ] abbr = vegetable.

vegan ['viːgən] adj végétalien(ienne). ◆ n végétalien m, -ienne f.

vegetable ['vedʒtəbl] n légume m.

vegetable oil n huile f végétale.

vegetarian [,vedʒɪ'teərɪən] adj végétarien(ienne). ◆ n végétarien m, -ienne f.

vegetation [,vedʒɪ'teɪʃn] n végétation f.

vehicle ['viːəkl] n véhicule m.

veil [veɪl] n voile m.

vein [veɪn] n veine f.

velvet ['velvɪt] n velours m.

vending machine ['vendɪŋ-] n distributeur m (automatique).

venetian blind [vɪ,niːʃn-] n store m vénitien.

venison ['venɪzn] n chevreuil m.

vent [vent] n (for air, smoke etc) grille f d'aération.

ventilation [,ventɪ'leɪʃn] n ventilation f.

ventilator ['ventɪleɪtə'] n ventilateur m.

venture ['ventʃə'] n entreprise f. ◆ vi (go) s'aventurer.

venue ['venjuː] n (for show) salle f (de spectacle) ; (for sport) stade m.

verb [vɜːb] n verbe m.

verdict ['vɜːdɪkt] n verdict m.

verge [vɜːdʒ] n (of road, lawn) bord m.

verify ['verɪfaɪ] vt vérifier.

vermin ['vɜːmɪn] n vermine f.

vermouth ['vɜːməθ] n vermouth m.

versa → vice versa.

versatile ['vɜːsətaɪl] adj polyvalent(e).

verse [vɜːs] n (of poem) strophe f ; (of song) couplet m ; (poetry) vers mpl.

version ['vɜːʃn] n version f.

versus ['vɜːsəs] prep contre.

vertical ['vɜːtɪkl] adj vertical(e).

vertigo ['vɜːtɪgəʊ] n vertige m.

very ['verɪ] adv très. ◆ adj : at the ~ bottom tout au fond ; ~ much beaucoup ; not ~ pas très ; my ~ own room ma propre chambre ; it's the ~ thing I need c'est juste ce dont j'ai besoin.

vessel ['vesl] n fml (ship) vaisseau m.

vest [vest] n Br (underwear) maillot m de corps ; Am (waistcoat) gilet m (sans manches).

vet [vet] n Br vétérinaire mf.

veteran ['vetrən] n (of war) ancien combattant m.

veterinarian [,vetərɪ'neərɪən] Am = vet.

veterinary surgeon ['vetərɪn-rɪ-] Br fml = vet.

VHS n (abbr of video home system) VHS m.

via ['vaɪə] prep (place) en passant par ; (by means of) par.

viaduct ['vaɪədʌkt] n viaduc m.

vibrate [vaɪ'breɪt] vi vibrer.

vibration [vaɪ'breɪʃn] n vibration f.

vicar ['vɪkə'] n pasteur m.

vicarage ['vɪkərɪdʒ] n ≃ presbytère m.

vice [vaɪs] *n* (fault) vice *m*.

vice-president *n* vice-président *m*, -e *f*.

vice versa [ˌvaɪsɪ'vɜːsə] *adv* vice versa.

vicinity [vɪ'sɪnɪtɪ] *n* : in the ~ dans les environs.

vicious ['vɪʃəs] *adj* (attack) violent(e) ; (animal, comment) méchant(e).

victim ['vɪktɪm] *n* victime *f*.

Victorian [vɪk'tɔːrɪən] *adj* victorien(ienne) (deuxième moitié du XIXe siècle).

victory ['vɪktərɪ] *n* victoire *f*.

video ['vɪdɪəʊ] (pl -s) *n* vidéo *f* ; (video recorder) magnétoscope *m*. ◆ *vt* (using video recorder) enregistrer sur magnétoscope ; (using camera) filmer ; on ~ en vidéo.

video camera *n* caméra *f* vidéo.

video game *n* jeu *m* vidéo.

video recorder *n* magnétoscope *m*.

video shop *n* vidéoclub *m*.

videotape ['vɪdɪəʊteɪp] *n* cassette *f* vidéo.

view [vjuː] *n* vue *f* ; (opinion) opinion *f* ; (attitude) vision *f*. ◆ *vt* (look at) visionner ; in my ~ à mon avis ; in ~ of (considering) étant donné.

viewer ['vjuːə'] *n* (of TV) téléspectateur *m*, -trice *f*.

viewfinder ['vjuːˌfaɪndə'] *n* viseur *m*.

viewpoint ['vjuːpɔɪnt] *n* point de vue *m*.

vigilant ['vɪdʒɪlənt] *adj fml* vigilant(e).

villa ['vɪlə] *n* (in countryside, by sea) villa *f* ; Br (in town) pavillon *m*.

village ['vɪlɪdʒ] *n* village *m*.

villager ['vɪlɪdʒə'] *n* villageois *m*, -e *f*.

villain ['vɪlən] *n* (of book, film) méchant *m*, -e *f* ; (criminal) bandit *m*.

vinaigrette [ˌvɪnɪ'gret] *n* vinaigrette *f*.

vine [vaɪn] *n* vigne *f*.

vinegar ['vɪnɪgə'] *n* vinaigre *m*.

vineyard ['vɪnjəd] *n* vignoble *m*.

vintage ['vɪntɪdʒ] *adj* (wine) de grand cru. ◆ *n* (year) millésime *m*.

vinyl ['vaɪnɪl] *n* vinyle *m*.

viola [vɪ'əʊlə] *n* alto *m*.

violence ['vaɪələns] *n* violence *f*.

violent ['vaɪələnt] *adj* violent(e).

violet ['vaɪələt] *adj* violet(ette). ◆ *n* (flower) violette *f*.

violin [ˌvaɪə'lɪn] *n* violon *m*.

VIP *n* (abbr of very important person) personnalité *f*.

virgin ['vɜːdʒɪn] *n* : to be a ~ être vierge.

virtually ['vɜːtʃʊəlɪ] *adv* pratiquement.

virtual reality ['vɜːtʃʊəl-] *n* réalité *f* virtuelle.

virus ['vaɪrəs] *n* virus *m*.

visa ['viːzə] *n* visa *m*.

viscose ['vɪskəʊs] *n* viscose *f*.

visibility [ˌvɪzɪ'bɪlətɪ] *n* visibilité *f*.

visible ['vɪzəbl] *adj* visible.

visit ['vɪzɪt] *vt* (person) rendre visite à ; (place) visiter. ◆ *n* visite *f*.

visiting hours ['vɪzɪtɪŋ-] *npl* heures *fpl* de visite.

visitor ['vɪzɪtə'] n visiteur m, -euse f.

visitors' book n livre m d'or.

visor ['vaɪzə'] n visière f.

vital ['vaɪtl] adj vital(e).

vitamin [Br 'vɪtəmɪn, Am 'vaɪtəmɪn] n vitamine f.

vivid ['vɪvɪd] adj (colour) vif (vive) ; (description) vivant(e) ; (memory) précis(e).

V-neck n (design) col m en V.

vocabulary [və'kæbjʊlərɪ] n vocabulaire m.

vodka ['vɒdkə] n vodka f.

voice [vɔɪs] n voix f.

volcano [vɒl'keɪnəʊ] (pl -es OR -s) n volcan m.

volleyball ['vɒlɪbɔːl] n volley (-ball) m.

volt [vəʊlt] n volt m.

voltage ['vəʊltɪdʒ] n voltage m.

volume ['vɒljuːm] n volume m.

voluntary ['vɒləntrɪ] adj volontaire ; (work) bénévole.

volunteer [ˌvɒlən'tɪə'] n volontaire mf. ◆ vt : to ~ to do sthg se porter volontaire pour faire qqch.

vomit ['vɒmɪt] n vomi m. ◆ vi vomir.

vote [vəʊt] n (choice) voix f ; (process) vote m. ◆ vi : to ~ (for) voter (pour).

voter ['vəʊtə'] n électeur m, -trice f.

voucher ['vaʊtʃə'] n bon m.

vowel ['vaʊəl] n voyelle f.

voyage ['vɔɪɪdʒ] n voyage m.

vulgar ['vʌlgə'] adj vulgaire.

vulture ['vʌltʃə'] n vautour m.

W (abbr of west) O.

wad [wɒd] n (of paper, bank notes) liasse f ; (of cotton) tampon m.

wade [weɪd] vi patauger.

wading pool ['weɪdɪŋ-] n Am pataugeoire f.

wafer ['weɪfə'] n gaufrette f.

waffle ['wɒfl] n (to eat) gaufre f. ◆ vi inf parler pour ne rien dire.

wag [wæg] vt remuer.

wage [weɪdʒ] n salaire m. ❏ **wages** npl salaire m.

wagon ['wægən] n (vehicle) chariot m ; Br (of train) wagon m.

waist [weɪst] n taille f.

waistcoat ['weɪskəʊt] n gilet m (sans manches).

wait [weɪt] n attente f. ◆ vi attendre ; to ~ for sb to do sthg attendre que qqn fasse qqch ; I can't ~ to get there! il me tarde d'arriver! ❏ **wait for** vt fus attendre.

waiter ['weɪtə'] n serveur m, garçon m.

waiting room ['weɪtɪŋ-] n salle f d'attente.

waitress ['weɪtrɪs] n serveuse f.

wake [weɪk] (pt woke, pp woken) vt réveiller. ◆ vi se réveiller. ❏ **wake up** ◆ vt sep réveiller. ◆ vi (wake) se réveiller.

Wales [weɪlz] n le pays de Galles.

walk [wɔːk] n (hike) marche f ; (stroll) promenade f ; (path) chemin m. ◆ vi marcher ; (stroll) se promener ; (as hobby) faire de la marche. ◆ vt (distance) faire à pied ; (dog) promener ; **to go for a ~** aller se promener ; (hike) faire de la marche ; **it's a short ~** ça n'est pas loin à pied ; **to take the dog for a ~** sortir le chien ; '**walk**' Am message lumineux indiquant aux piétons qu'ils peuvent traverser ; '**don't ~**' Am message lumineux indiquant aux piétons qu'ils ne doivent pas traverser. ❏ **walk away** vi partir. ❏ **walk in** vi entrer. ❏ **walk out** vi partir.

walker ['wɔːkə'] n promeneur m, -euse f ; (hiker) marcheur m, -euse f.

walking boots ['wɔːkɪŋ] npl chaussures fpl de marche.

walking stick ['wɔːkɪŋ] n canne f.

Walkman® ['wɔːkmən] n baladeur m, Walkman® m.

wall [wɔːl] n mur m ; (of tunnel, cave) paroi f.

wallet ['wɒlɪt] n portefeuille m.

wallpaper ['wɔːl,peɪpə'] n papier m peint.

Wall Street n Wall Street m.

Cette rue de New York symbolise le centre financier des États-Unis. Elle est située près de la pointe sud de Manhattan. On y trouve la Bourse new-yorkaise ainsi que le siège de nombreuses banques. On utilise souvent son nom pour faire référence, de manière plus générale, au monde américain des finances.

wally ['wɒlɪ] n Br inf andouille f.

walnut ['wɔːlnʌt] n noix f.

waltz [wɔːls] n valse f.

wander ['wɒndə'] vi errer.

want [wɒnt] vt vouloir ; (need)

avoir besoin de ; **to ~ to do sthg** vouloir faire qqch ; **to ~ sb to do sthg** vouloir que qqn fasse qqch.

war [wɔː'] n guerre f.

ward [wɔːd] n (in hospital) salle f.

warden ['wɔːdn] n (of park) gardien m, -ienne f ; (of youth hostel) directeur m, -trice f.

wardrobe ['wɔːdrəʊb] n penderie f.

warehouse ['weəhaus, pl -hauzɪz] n entrepôt m.

warm [wɔːm] adj chaud(e) ; (friendly) chaleureux(euse). ◆ vt chauffer ; **to be ~** avoir chaud ; **it's ~** il fait chaud. ❏ **warm up** ◆ vt sep réchauffer. ◆ vi se réchauffer ; (do exercises) s'échauffer ; (machine, engine) chauffer.

warmth [wɔːmθ] n chaleur f.

warn [wɔːn] vt avertir ; **to ~ sb about sthg** avertir qqn de qqch ; **to ~ sb not to do sthg** déconseiller à qqn de faire qqch.

warning ['wɔːnɪŋ] n (of danger) avertissement m ; **to give sb ~** prévenir qqn.

warranty ['wɒrəntɪ] n fml garantie f.

warship ['wɔːʃɪp] n navire m de guerre.

wart [wɔːt] n verrue f.

was [wɒz] pt → **be**.

wash [wɒʃ] vt laver. ◆ vi se laver. ◆ n : **to give sthg a ~** laver qqch ; **to have a ~** se laver ; **to ~ one's hands** se laver les mains. ❏ **wash up** vi Br (do washing-up) faire la vaisselle ; Am (clean o.s.) se laver.

washable ['wɒʃəbl] adj lavable.

washbasin ['wɒʃ,beɪsn] n lavabo m.

washbowl ['wɒʃbəʊl] *n Am* lavabo *m*.

washer ['wɒʃə'] *n* (*for bolt, screw*) rondelle *f* ; (*of tap*) joint *m*.

washing ['wɒʃɪŋ] *n* lessive *f*.

washing line *n* corde *f* à linge.

washing machine *n* machine *f* à laver.

washing powder *n* lessive *f*.

washing-up *n Br* : to do the ~ faire la vaisselle.

washing-up bowl *n Br* bassine *f* dans laquelle on fait la vaisselle.

washing-up liquid *n Br* liquide *m* vaisselle.

washroom ['wɒʃrʊm] *n Am* toilettes *fpl*.

wasn't [wɒznt] = was not.

wasp [wɒsp] *n* guêpe *f*.

waste [weɪst] *n* (*rubbish*) déchets *mpl*. ◆ *vt* (*money, energy*) gaspiller ; (*time*) perdre ; a ~ **of money** de l'argent gaspillé ; a ~ **of time** une perte de temps.

wastebin ['weɪstbɪn] *n* poubelle *f*.

wastepaper basket [ˌweɪst-'peɪpə-] *n* corbeille *f* à papier.

watch [wɒtʃ] *n* (*wristwatch*) montre *f*. ◆ *vt* regarder ; (*spy on*) observer ; (*be careful with*) faire attention à. ❑ **watch out** *vi* (*be careful*) faire attention ; to ~ **out for** (*look for*) guetter.

watchstrap ['wɒtʃstræp] *n* bracelet *m* de montre.

water ['wɔːtə'] *n* eau *f*. ◆ *vt* (*plants, garden*) arroser. ◆ *vi* (*eyes*) pleurer ; **to make sb's mouth ~** mettre l'eau à la bouche de qqn.

water bottle *n* gourde *f*.

watercolour ['wɔːtəˌkʌlə'] *n* aquarelle *f*.

watercress ['wɔːtəkres] *n* cresson *m*.

waterfall ['wɔːtəfɔːl] *n* chutes *fpl* d'eau, cascade *f*.

watering can ['wɔːtərɪŋ-] *n* arrosoir *m*.

watermelon ['wɔːtəˌmelən] *n* pastèque *f*.

waterproof ['wɔːtəpruːf] *adj* (*clothes*) imperméable ; (*watch*) étanche.

water purification tablets [-ˌpjʊərɪfɪ'keɪʃn-] *npl* pastilles *fpl* pour la clarification de l'eau.

water skiing *n* ski *m* nautique.

watersports ['wɔːtəspɔːts] *npl* sports *mpl* nautiques.

water tank *n* citerne *f* d'eau.

watertight ['wɔːtətaɪt] *adj* étanche.

watt [wɒt] *n* watt *m* ; a 60-~ **bulb** une ampoule 60 watts.

wave [weɪv] *n* vague *f* ; (*in hair*) ondulation *f* ; (*of light, sound etc*) onde *f*. ◆ *vt* agiter. ◆ *vi* (*with hand*) faire signe (de la main).

wavelength ['weɪvleŋθ] *n* longueur *f* d'onde.

wavy ['weɪvɪ] *adj* (*hair*) ondulé(e).

wax [wæks] *n* cire *f* ; (*in ears*) cérumen *m*.

way [weɪ] *n* (*manner*) façon *f*, manière *f* ; (*means*) moyen *m* ; (*route*) route *f*, chemin *m* ; (*distance*) trajet *m* ; **which ~ is the station?** dans quelle direction est la gare? ; **the town is out of our ~** la ville n'est pas sur notre chemin ; **to be in the ~** gêner ; **to be on the ~** (*coming*) être en route ; **to get out of the ~** s'écarter ; **to get under ~** démarrer ; a **long ~ (away)** loin ; **to lose one's ~** se perdre ; **on the ~ back** sur le chemin du retour ; **on the ~ here** pendant le trajet ; **that ~** *(like that)* comme ça ; *(in that direction)* par là ; **this ~** *(like this)* comme ceci ; *(in this direction)* par ici ; '**~ in**' 'entrée' ; '**~ out**' 'sortie' ; **no ~!** *inf* pas question!

WC *n (abbr of water closet)* W-C *mpl*.

we [wiː] *pron* nous.

weak [wiːk] *adj* faible ; *(structure)* fragile ; *(drink, soup)* léger(ère).

weaken ['wiːkn] *vt* affaiblir.

weakness ['wiːknɪs] *n* faiblesse *f*.

wealth [welθ] *n* richesse *f*.

wealthy ['welθɪ] *adj* riche.

weapon ['wepən] *n* arme *f*.

wear [weəʳ] *(pt wore, pp worn)* *vt* porter. ◆ *n (clothes)* vêtements *mpl* ; **~ and tear** usure *f*. ❑ **wear off** *vi* disparaître. ❑ **wear out** *vi* s'user.

weary ['wɪərɪ] *adj* fatigué(e).

weather ['weðəʳ] *n* temps *m* ; **what's the ~ like?** quel temps fait-il? ; **to be under the ~** *inf* être patraque.

weather forecast *n* prévisions *fpl* météo.

weather forecaster [-fɔːkɑːstəʳ] *n* météorologiste *mf*.

weather report *n* bulletin *m* météo.

weather vane [-veɪn] *n* girouette *f*.

weave [wiːv] *(pt wove, pp woven)* *vt* tisser.

web [web] *n (of spider)* toile *f* (d'araignée) ; *COMPUT :* **the ~** the Web.

webmaster ['web,mɑːstəʳ] *n* webmaster *m*, webmestre *m*.

Wed. *(abbr of Wednesday)* mer.

wedding ['wedɪŋ] *n* mariage *m*.

wedding anniversary *n* anniversaire *m* de mariage.

wedding dress *n* robe *f* de mariée.

wedding ring *n* alliance *f*.

wedge [wedʒ] *n (of cake)* part *f* ; *(of wood etc)* coin *m*.

Wednesday ['wenzdɪ] *n* mercredi *m* → **Saturday**.

wee [wiː] *adj Scot* petit(e). ◆ *n inf* pipi *m*.

weed [wiːd] *n* mauvaise herbe *f*.

week [wiːk] *n* semaine *f* ; **a ~ to-day** dans une semaine ; **in a ~'s time** dans une semaine.

weekday ['wiːkdeɪ] *n* jour *m* de (la) semaine.

weekend [,wiːk'end] *n* week-end *m*.

weekly ['wiːklɪ] *adj* hebdomadaire. ◆ *adv* chaque semaine. ◆ *n* hebdomadaire *m*.

weep [wiːp] *(pt & pp wept)* *vi* pleurer.

weigh [weɪ] *vt* peser ; **how much does it ~?** combien ça pèse?

weight [weɪt] *n* poids *m* ; **to lose ~** maigrir ; **to put on ~** grossir.

weightlifting ['weɪt,lɪftɪŋ] *n* haltérophilie *f*.

weight training *n* musculation *f*.

weird [wɪəd] *adj* bizarre.

welcome ['welkəm] *n* accueil *m*. ◆ *vt* accueillir ; *(opportunity)* se réjouir de. ◆ *excl* bienvenue! ◆ *adj* bienvenu(e) ; **you're ~ to help yourself** n'hésitez pas à vous servir ; **to**

make sb feel ~ mettre qqn à l'aise ;
you're ~ il n'y a pas de quoi!

weld [weld] *vt* souder.

welfare ['welfeə] *n* bien-être *m* ;
Am (money) aide *f* sociale.

well [wel] *(compar* **better,** *superl*
best) *adj (healthy)* en forme *(inv)*.
◆ *adv* bien. ◆ *n (for water)* puits
m ; **to get** ~ se remettre ; **to go** ~ aller bien ; ~ **done!** bien joué! ; **it may**
~ **happen** ça pourrait très bien arriver ; **it's** ~ **worth it** ça en vaut bien
la peine ; **as** ~ *(in addition)* aussi ; **as**
~ **as** *(in addition to)* ainsi que.

we'll [wiːl] = **we shall, we will.**

well-behaved [-bɪ'heɪvd] *adj*
bien élevé(e).

well-built *adj* bien bâti(e).

well-done *adj (meat)* bien
cuit(e).

well-dressed [-'drest] *adj* bien
habillé(e).

wellington (boot) ['welɪŋtən-]
n botte *f* en caoutchouc.

well-known *adj* célèbre.

well-off *adj (rich)* aisé(e).

well-paid *adj* bien payé(e).

welly ['welɪ] *n Br inf* botte *f* en
caoutchouc.

Welsh [welʃ] *adj* gallois(e). ◆ *n*
(language) gallois *m.* ◆ *npl* : **the** ~
les Gallois *mpl.*

Welshman ['welʃmən] *(pl* **-men**
[-mən]*) n* Gallois *m.*

Welshwoman ['welʃ,wumən] *(pl*
-women [-,wɪmɪn]*) n* Galloise *f.*

went [went] *pt* → **go.**

wept [wept] *pt & pp* → **weep.**

were [wɜːr] *pt* → **be.**

we're [wɪər] = **we are.**

weren't [wɜːnt] = **were not.**

west [west] *n* ouest *m.* ◆ *adj* oc-
cidental(e), ouest *(inv).* ◆ *adv (fly,*

walk) vers l'ouest ; *(be situated)* à
l'ouest ; **in the** ~ **of England** à OR
dans l'ouest de l'Angleterre.

westbound ['westbaund] *adj* en
direction de l'ouest.

West Country *n* : **the** ~ **le** *sud-*
ouest de l'Angleterre, comprenant les
comtés de Cornouailles, Devon et
Somerset.

western ['westən] *adj* occiden-
tal(e). ◆ *n (film)* western *m.*

Westminster ['westmɪnstər] *n*
quartier du centre de Londres.

westwards ['westwədz] *adv* vers
l'ouest.

wet [wet] *(pt & pp* **wet** OR **-ted)** *adj*
mouillé(e) ; *(rainy)* pluvieux(ieu-
se). ◆ *vt* mouiller ; '~ **paint**' 'peinture fraîche'.

wet suit *n* combinaison *f* de
plongée.

we've [wiːv] = **we have.**

whale [weɪl] *n* baleine *f.*

wharf [wɔːf] *(pl* **-s** OR **wharves**
[wɔːvz]*) n* quai *m.*

what [wɒt] *adj* - 1. *(in questions)*
quel (quelle) ; ~ **colour is it?** c'est
de quelle couleur? ; **he asked me**
~ **colour it was** il m'a demandé de
quelle couleur c'était.
- 2. *(in exclamations)* : ~ **a surprise!**
quelle surprise! ; ~ **a beautiful day!**
quelle belle journée!
◆ *pron* - 1. *(in direct questions : sub-*
ject) qu'est-ce qui ; ~ **is going on?**
qu'est-ce qui se passe?
- 2. *(in direct questions : object)*
qu'est-ce que, que ; ~ **are they do-**
ing? qu'est-ce qu'ils font?, que
font-ils? ; ~ **is that?** qu'est-ce que

c'est? ; ~ is it called? comment ça s'appelle?
- **3.** *(in direct questions : after prep)* quoi ; ~ are they talking about? de quoi parlent-ils? ; ~ is it for? à quoi ça sert?
- **4.** *(in indirect questions, relative clauses : subject)* ce qui ; she asked me ~ had happened elle m'a demandé ce qui s'était passé ; I don't know ~'s wrong je ne sais pas ce qui ne va pas.
- **5.** *(in indirect questions, relative clauses : object)* ce que ; she asked me ~ I had seen elle m'a demandé ce que j'avais vu ; I didn't hear ~ she said je n'ai pas entendu ce qu'elle a dit.
- **6.** *(in indirect questions, after prep)* quoi ; she asked me ~ I was thinking about elle m'a demandé à quoi je pensais.
- **7.** *(in phrases)* : ~ for? pour quoi faire? ; ~ about going out for a meal? si on allait manger au restaurant?
◆ *excl* quoi!

whatever [wɒt'evəʳ] *pron* : take ~ you want prends ce que tu veux ; ~ I do, I'll lose quoi que je fasse, je perdrai.

wheat [wiːt] *n* blé *m*.

wheel [wiːl] *n* roue *f* ; *(steering wheel)* volant *m*.

wheelbarrow [ˈwiːlˌbærəʊ] *n* brouette *f*.

wheelchair [ˈwiːlˌtʃeəʳ] *n* fauteuil *m* roulant.

wheelclamp [ˌwiːlˈklæmp] *n* sabot *m* de Denver.

wheezy [ˈwiːzɪ] *adj* : to be ~ avoir la respiration sifflante.

when [wen] *adv* quand. ◆ *conj* quand, lorsque ; *(although, seeing*

as) alors que ; ~ it's ready quand ce sera prêt ; ~ I've finished quand j'aurai terminé.

whenever [wen'evəʳ] *conj* quand.

where [weəʳ] *adv & conj* où ; this is ~ you will be sleeping c'est ici que vous dormirez.

whereabouts [ˈweərəbaʊts] *adv* où. ◆ *npl* : his ~ are unknown personne ne sait où il se trouve.

whereas [weərˈæz] *conj* alors que.

wherever [weərˈevəʳ] *conj* où que (+ *subjunctive*) ; go ~ you like va où tu veux.

whether [ˈweðəʳ] *conj* si ; ~ you like it or not que ça te plaise ou non.

☞
which [wɪtʃ] *adj (in questions)* quel (quelle) ; ~ room do you want? quelle chambre voulez-vous? ; ~ one? lequel (laquelle)? ; she asked me ~ room I wanted elle m'a demandé quelle chambre je voulais. ◆ *pron* - **1.** *(in direct, indirect questions)* lequel (laquelle) ; ~ is the cheapest? lequel est le moins cher? ; ~ do you prefer? lequel préférez-vous? ; he asked me ~ was the best il m'a demandé lequel était le meilleur ; he asked me ~ I was talking about il m'a demandé duquel je parlais. - **2.** *(introducing relative clause : subject)* qui ; the house ~ is on the corner la maison qui est au coin de la rue. - **3.** *(introducing relative clause : object)* que ; the television ~ I bought le téléviseur que j'ai acheté. - **4.** *(introducing relative clause : after prep)* lequel (laquelle) ; the settee on ~ I'm

sitting le canapé sur lequel je suis assis ; **the book about ~ we were talking** le livre dont nous parlions. **- 5.** *(referring back, subject)* qui ; **he's late, ~ annoys me** il est en retard, ce qui m'ennuie. **- 6.** *(referring back, object)* que ; **he's always late, ~ I don't like** il est toujours en retard, ce que je n'aime pas.

whichever [wɪtʃ'evə'] *pron* celui que (celle que). ◆ *adj* : **~ seat you prefer** la place que tu préfères ; **~ way you do it** quelle que soit la façon dont tu t'y prennes.

while [waɪl] *conj* pendant que ; *(although)* bien que (+ *subjunctive*) ; *(whereas)* alors que. ◆ *n* : **a ~** un moment ; **for a ~** pendant un moment ; **in a ~** dans un moment.

whim [wɪm] *n* caprice *m*.

whine [waɪn] *vi* gémir ; *(complain)* pleurnicher.

whip [wɪp] *n* fouet *m*. ◆ *vt* fouetter.

whipped cream [wɪpt-] *n* crème *f* fouettée.

whisk [wɪsk] *n* *(utensil)* fouet *m*. ◆ *vt* *(eggs, cream)* battre.

whiskers [ˈwɪskəz] *npl* *(of person)* favoris *mpl* ; *(of animal)* moustaches *fpl*.

whiskey [ˈwɪskɪ] *(pl* -s*)* *n* whisky *m*.

whisky [ˈwɪskɪ] *n* whisky *m*.

whisper [ˈwɪspə'] *vt & vi* chuchoter.

whistle [ˈwɪsl] *n* *(instrument)* sifflet *m* ; *(sound)* sifflement *m*. ◆ *vi* siffler.

white [waɪt] *adj* blanc (blanche) ;

(coffee, tea) au lait. ◆ *n* blanc *m* ; *(person)* Blanc *m*, Blanche *f*.

white bread *n* pain *m* blanc.

White House *n* : **the ~** la Maison-Blanche.

THE WHITE HOUSE

La Maison-Blanche est la résidence officielle du président des États-Unis. Elle est située à Washington, capitale du pays et siège du gouvernement fédéral. On emploie couramment le terme de « Maison-Blanche » pour désigner le président lui-même ou le pouvoir exécutif américain.

white sauce *n* sauce *f* béchamel.

white spirit *n* white-spirit *m*.

whitewash [ˈwaɪtwɒʃ] *vt* blanchir à la chaux.

white wine *n* vin *m* blanc.

whiting [ˈwaɪtɪŋ] *(pl inv)* *n* merlan *m*.

Whitsun [ˈwɪtsn] *n* la Pentecôte.

who [huː] *pron* qui.

whoever [huːˈevə'] *pron* *(whichever person)* quiconque ; **~ it is** qui que ce soit.

whole [həʊl] *adj* entier(ière) ; *(undamaged)* intact(e). ◆ *n* : **the ~ of the journey** tout le trajet ; **on the ~** dans l'ensemble ; **the ~ day** toute la journée ; **the ~ time** tout le temps.

wholefoods [ˈhəʊlfuːdz] *npl* aliments *mpl* complets.

wholemeal bread [ˈhəʊlmiːl-] *n Br* pain *m* complet.

wholesale [ˈhəʊlseɪl] *adv COMM* en gros.

wholewheat bread ['həʊl-wiːt-] Am = wholemeal bread.

whom [huːm] pron fml (in questions) qui ; (in relative clauses) que ; to ~ à qui.

whooping cough ['huːpɪŋ-] n coqueluche f.

whose [huːz] adj & pron : ~ jumper is this? à qui est ce pull? ; she asked ~ bag it was elle a demandé à qui était le sac ; the woman ~ daughter I know la femme dont je connais la fille ; ~ is this? à qui est-ce?

why [waɪ] adv & conj pourquoi ; ~ don't we go swimming? si on allait nager? ; ~ not? pourquoi pas? ; ~ not have a rest? pourquoi ne pas te reposer?

wick [wɪk] n (of candle, lighter) mèche f.

wicked ['wɪkɪd] adj (evil) mauvais(e) ; (mischievous) malicieux (ieuse).

wicker ['wɪkə'] adj en osier.

wide [waɪd] adj large. ◆ adv : to open sthg ~ ouvrir qqch en grand ; how ~ is the road? quelle est la largeur de la route? ; it's 12 metres ~ ça fait 12 mètres de large ; ~ open grand ouvert.

widely ['waɪdlɪ] adv (known, found) généralement ; (travel) beaucoup.

widen ['waɪdn] vt élargir. ◆ vi s'élargir.

wide screen n (television) écran m 16/9 ; (cinema) écran m panoramique.

widespread ['waɪdspred] adj répandu(e).

widow ['wɪdəʊ] n veuve f.

widower ['wɪdəʊə'] n veuf m.

width [wɪdθ] n largeur f.

wife [waɪf] n (pl wives) n femme f.

wig [wɪg] n perruque f.

wild [waɪld] adj sauvage ; (crazy) fou (folle) ; to be ~ about inf être dingue de.

wild flower n fleur f des champs.

wildlife ['waɪldlaɪf] n la faune et la flore.

🐃

will[1] [wɪl] aux vb - 1. (expressing future tense) : I ~ go next week j'irai la semaine prochaine ; ~ you be here next Friday? est-ce que tu seras là vendredi prochain? ; yes I ~ oui ; no I won't non. - 2. (expressing willingness) : I won't do it je refuse de le faire. - 3. (expressing polite question) : ~ you have some more tea? prendrez-vous un peu plus de thé? - 4. (in commands, requests) : ~ you please be quiet! veux-tu te taire! ; close that window, ~ you? ferme cette fenêtre, veux-tu?

will[2] [wɪl] n (document) testament m ; against my ~ contre ma volonté.

willing ['wɪlɪŋ] adj : to be ~ to do sthg être disposé(e) à faire qqch.

willingly ['wɪlɪŋlɪ] adv volontiers.

willow ['wɪləʊ] n saule m.

wind[1] [wɪnd] n vent m ; (in stomach) gaz mpl.

wind[2] [waɪnd] (pt & pp wound) vi (road, river) serpenter. ◆ vt : to ~ sthg round sthg enrouler qqch autour de qqch. ❏ **wind up** vt sep

Br inf (annoy) faire marcher ; *(car window, clock, watch)* remonter.

windbreak ['wɪndbreɪk] *n* écran *m* coupe-vent.

windmill ['wɪndmɪl] *n* moulin *m* à vent.

window ['wɪndəʊ] *n* fenêtre *f* ; *(of car)* vitre *f* ; *(of shop)* vitrine *f*.

window box *n* jardinière *f*.

window cleaner *n* laveur *m*, -euse *f* de carreaux.

windowpane ['wɪndəʊˌpeɪn] *n* vitre *f*.

window seat *n* siège *m* côté fenêtre.

window-shopping *n* lèche-vitrines *m*.

windowsill ['wɪndəʊsɪl] *n* appui *m* de (la) fenêtre.

windscreen ['wɪndskriːn] *n Br* pare-brise *m inv*.

windscreen wipers *npl Br* essuie-glaces *mpl*.

windshield ['wɪndʃiːld] *n Am* pare-brise *m inv*.

Windsor Castle ['wɪnzə-] *n* le château de Windsor.

windsurfing ['wɪndˌsɜːfɪŋ] *n* planche *f* à voile ; **to go ~** faire de la planche à voile.

windy ['wɪndɪ] *adj* venteux(euse) ; **it's ~** il y a du vent.

wine [waɪn] *n* vin *m*.

wine bar *n Br* bar *m* à vin.

wineglass ['waɪnglɑːs] *n* verre *m* à vin.

wine list *n* carte *f* des vins.

wine tasting [-ˈteɪstɪŋ] *n* dégustation *f* de vins.

wine waiter *n* sommelier *m*.

wing [wɪŋ] *n* aile *f*. ❑ **wings** *npl* : **the ~s** *(in theatre)* les coulisses *fpl*.

wink [wɪŋk] *vi* faire un clin d'œil.

winner ['wɪnə] *n* gagnant *m*, -e *f*.

winning ['wɪnɪŋ] *adj* gagnant(e).

winter ['wɪntə] *n* hiver *m* ; **in (the) ~** en hiver.

wintertime ['wɪntətaɪm] *n* hiver *m*.

wipe [waɪp] *n (cloth)* lingette *f*. ◆ *vt* essuyer ; **to ~ one's hands/feet** s'essuyer les mains/pieds. ❑ **wipe up** ◆ *vt sep (liquid, dirt)* essuyer. ◆ *vi (dry the dishes)* essuyer la vaisselle.

wiper ['waɪpə] *n AUT* essuie-glace *m*.

wire ['waɪə] *n* fil *m* de fer ; *(electrical wire)* fil *m* électrique. ◆ *vt (plug)* connecter les fils de.

wireless ['waɪəlɪs] *n* TSF *f*.

wiring ['waɪərɪŋ] *n* installation *f* électrique.

wisdom tooth ['wɪzdəm-] *n* dent *f* de sagesse.

wise [waɪz] *adj* sage.

wish [wɪʃ] *n* souhait *m*. ◆ *vt* souhaiter ; **best ~es** meilleurs vœux ; **I ~ it was sunny!** si seulement il faisait beau! ; **I hadn't done that** je regrette d'avoir fait ça ; **I ~ he would hurry up** j'aimerais bien qu'il se dépêche ; **to ~ to do sthg** *fml* souhaiter faire qqch ; **to ~ sb luck/happy birthday** souhaiter bonne chance/bon anniversaire à qqn ; **if you ~** *fml* si vous le désirez.

witch [wɪtʃ] *n* sorcière *f*.

🖙

with [wɪð] *prep* - 1. *(gen)* avec ; **come ~ me** venez avec moi ; **a man ~ a beard** un barbu ; **to argue ~ sb** se disputer avec qqn.
- 2. *(at house of)* chez ; **we stayed**

~ **friends** nous avons séjourné chez des amis.
- **3.** (indicating emotion) de ; **to trem-ble ~ fear** trembler de peur.
- **4.** (indicating covering, contents) de ; **to fill sthg ~ sthg** remplir qqch de qqch ; **topped ~ cream** nappé de crème.

withdraw [wɪð'drɔː] (pt -drew, pp -drawn) vt retirer. ◆ vi se retirer.

withdrawal [wɪð'drɔːəl] n retrait m.

withdrawn [wɪð'drɔːn] pp → withdraw.

withdrew [wɪð'druː] pt → withdraw.

wither ['wɪðə'] vi se faner.

within [wɪ'ðɪn] prep (inside) à l'intérieur de ; (not exceeding) dans les limites de. ◆ adv à l'intérieur ; ~ **10 miles of ...** à moins de 15 kilomètres de ... ; **the beach is ~ walking distance** on peut aller à la plage à pied ; **it arrived ~ a week** c'est arrivé en l'espace d'une semaine ; ~ **the next week** au cours de la semaine prochaine.

without [wɪð'aʊt] prep sans ; ~ **doing sthg** sans faire qqch.

withstand [wɪð'stænd] (pt & pp -stood) vt résister à.

witness ['wɪtnɪs] n témoin m. ◆ vt (see) être témoin de.

witty ['wɪtɪ] adj spirituel(elle).

wives [waɪvz] pl → wife.

wobbly ['wɒblɪ] adj (table, chair) branlant(e).

wok [wɒk] n poêle à bords hauts utilisée dans la cuisine chinoise.

woke [wəʊk] pt → wake.

woken ['wəʊkn] pp → wake.

wolf [wʊlf] (pl **wolves** [wʊlvz]) n loup m.

woman ['wʊmən] (pl **women** ['wɪmɪn]) n femme f.

womb [wuːm] n utérus m.

women ['wɪmɪn] pl → woman.

won [wʌn] pt & pp → win.

wonder ['wʌndə'] vi (ask o.s.) se demander. ◆ n (amazement) émerveillement m ; **I ~ if I could ask you a favour?** cela vous ennuierait-il de me rendre un service?

wonderful ['wʌndəfʊl] adj merveilleux(euse).

won't [wəʊnt] = will not.

wood [wʊd] n bois m.

wooden ['wʊdn] adj en bois.

woodland ['wʊdlənd] n forêt f.

woodpecker ['wʊd,pekə'] n pic-vert m.

woodwork ['wʊdwɜːk] n SCH travail m du bois.

wool [wʊl] n laine f.

woolen ['wʊlən] Am = woollen.

woollen ['wʊlən] adj Br en laine.

woolly ['wʊlɪ] adj en laine.

wooly ['wʊlɪ] Am = woolly.

word [wɜːd] n mot m ; (promise) parole f ; (in other ~s en d'autres termes ; **to have a ~ with sb** parler à qqn.

wording ['wɜːdɪŋ] n termes mpl.

word processing [-'prəʊsesɪŋ] n traitement m de texte.

word processor [-'prəʊsesə'] n machine f à traitement de texte.

wore [wɔː'] pt → wear.

work [wɜːk] n travail m ; (painting, novel etc) œuvre f. ◆ vi travailler ; (operate, have desired effect) marcher ; (take effect) faire effet. ◆ vt (machine, controls) faire marcher ; out of ~ sans emploi ; to be at ~ être au travail ; to be off ~ *(on holiday)* être en congé ; *(ill)* être en congé-maladie ; the ~s est *(every-thing)* tout le tralala ; how does it ~? comment ça marche? ; it's not ~ing ça ne marche pas. ❑ **work out** ◆ vt sep *(price, total)* calculer ; *(solution, plan)* trouver ; *(under-stand)* comprendre. ◆ vi *(result, be successful)* marcher ; *(do exercise)* faire de l'exercice ; it ~s out at £20 each *(bill, total)* ça revient à 20 livres chacun.

worker ['wɜːkə'] n travailleur m, -euse f.

working class ['wɜːkɪŋ-] n : the ~ la classe ouvrière.

working hours ['wɜːkɪŋ-] npl heures fpl de travail.

workman ['wɜːkmən] *(pl -men* [-mən]) n ouvrier m.

work of art n œuvre f d'art.

workout ['wɜːkaʊt] n série f d'exercices.

work permit n permis m de travail.

workplace ['wɜːkpleɪs] n lieu m de travail.

workshop ['wɜːkʃɒp] n *(for re-pairs)* atelier m.

work surface n plan m de tra-vail.

world [wɜːld] n monde m. ◆ adj mondial(e) ; the best in the ~ le meilleur du monde.

World Series n Am : the ~ le championnat américain de base-ball.

WORLD SERIES

Les *World Series* sont des séries de parties de base-ball (pouvant aller jusqu'à sept) au cours des-

quelles s'affrontent, à la fin de la saison, les champions des deux ligues les plus importantes des États-Unis : la *National League* et l'*American League*. Le premier qui obtient quatre vic-toires est déclaré champion. C'est l'un des événements spor-tifs annuels les plus importants des États-Unis. La tradition veut que ce soit le président de la na-tion qui lance la première balle de la rencontre.

worldwide [ˌwɜːld'waɪd] adv dans le monde entier.

worm [wɜːm] n ver m.

worn [wɔːn] pp → **wear**. ◆ adj *(clothes, carpet)* usé(e).

worn-out adj *(clothes, shoes etc)* usé(e) ; *(tired)* épuisé(e).

worried ['wʌrɪd] adj inquiet(iè-te).

worry ['wʌrɪ] n souci m. ◆ vt in-quiéter. ◆ vi : to ~ (about) s'inquié-ter (pour).

worrying ['wʌrɪɪŋ] adj inquié-tant(e).

worse [wɜːs] adj pire ; *(more ill)* plus mal. ◆ adv pire ; to get ~ em-pirer ; *(more ill)* aller plus mal ; ~ off *(in worse position)* en plus mauvaise posture ; *(poorer)* plus pauvre.

worsen ['wɜːsn] vi empirer.

worship ['wɜːʃɪp] n *(church ser-vice)* office m. ◆ vt adorer.

worst [wɜːst] adj pire. ◆ adv le plus mal. ◆ n : the ~ le pire (la pi-re).

worth [wɜːθ] prep : how much is it ~? combien ça vaut? ; it's ~ £50 ça vaut 50 livres ; it's ~ seeing ça vaut la peine d'être vu ; it's not ~ it ça ne vaut pas la peine ; £50 ~ of traveller's cheques des chèques de voyage pour une valeur de 50 livres.

worthless ['wɜːθlɪs] *adj* sans valeur.

worthwhile [ˌwɜːθ'waɪl] *adj* qui vaut la peine.

worthy ['wɜːðɪ] *adj* (cause) juste ; **to be a ~ winner** mériter de gagner ; **to be ~ of sthg** être digne de qqch.

☞

would [wʊd] *aux vb* - 1. (in reported speech) : **she said she ~ come** elle a dit qu'elle viendrait.
- 2. (indicating condition) : **what ~ you do?** qu'est-ce que tu ferais? ; **what ~ you have done?** qu'est-ce que tu aurais fait? ; **I ~ be most grateful** je vous en serais très reconnaissant.
- 3. (indicating willingness) : **she ~n't go** elle refusait d'y aller ; **he ~ do anything for her** il ferait n'importe quoi pour elle.
- 4. (in polite questions) : **~ you like a drink?** voulez-vous boire quelque chose? ; **~ you mind closing the window?** cela vous ennuierait de fermer la fenêtre?.
- 5. (indicating inevitability) : **he ~ say that** ça ne m'étonne pas qu'il ait dit ça.
- 6. (giving advice) : **I ~ report it if I were you** si j'étais vous, je le signalerais.
- 7. (expressing opinions) : **I ~ prefer** je préférerais ; **I ~ have thought (that) ...** j'aurais pensé que ...

wound¹ [wuːnd] *n* blessure *f*.
◆ *vt* blesser.

wound² [waʊnd] *pt & pp* → wind².

wove [wəʊv] *pt* → weave.

woven ['wəʊvn] *pp* → weave.

wrap [ræp] *vt* (package) emballer ; **to ~ sthg round qqch** enrouler qqch autour de qqch. ◘ **wrap up** *vt sep* (package) emballer. ◆ *vi* (dress warmly) s'emmitoufler.

wrapper ['ræpər] *n* (for sweet) papier *m*.

wrapping ['ræpɪŋ] *n* (material) emballage *m*.

wrapping paper *n* papier *m* d'emballage.

wreath [riːθ] *n* couronne *f*.

wreck [rek] *n* épave *f* ; *Am* (crash) accident *m*. ◆ *vt* (destroy) détruire ; (spoil) gâcher ; **to be ~ed** (ship) faire naufrage.

wreckage ['rekɪdʒ] *n* (of plane, car) débris *mpl* ; (of building) décombres *mpl*.

wrench [rentʃ] *n Br* (monkey wrench) clé *f* anglaise ; *Am* (spanner) clé *f*.

wrestler ['reslər] *n* lutteur *m*, -euse *f*.

wrestling ['reslɪŋ] *n* lutte *f*.

wretched ['retʃɪd] *adj* (miserable) misérable ; (very bad) affreux(euse).

wring [rɪŋ] (*pt & pp* wrung) *vt* (clothes, cloth) essorer.

wrinkle ['rɪŋkl] *n* ride *f*.

wrist [rɪst] *n* poignet *m*.

wristwatch ['rɪstwɒtʃ] *n* montre-bracelet *f*.

write [raɪt] (*pt* wrote, *pp* written) *vt* écrire ; (cheque, prescription) faire ; *Am* (send letter to) écrire à. ◆ *vi* écrire ; **to ~ to sb** *Br* écrire à qqn. ◘ **write back** *vi* répondre. ◘ **write down** *vt sep* noter. ◘ **write off** ◆ *vt sep Br inf* (car) bousiller. ◆ *vi* : **to**

~ off for sthg écrire pour demander qqch. ❏ **write out** vt *sep (list, essay)* rédiger ; *(cheque, receipt)* faire.

write-off n *(vehicle)* épave f.

writer ['raɪtə'] n *(author)* écrivain m.

writing ['raɪtɪŋ] n écriture f ; *(written words)* écrit m.

writing desk n secrétaire m.

writing pad n bloc-notes m.

writing paper n papier m à lettres.

written ['rɪtn] pp → **write**.

wrong [rɒŋ] adj mauvais(e) ; *(bad, immoral)* mal (inv). ◆ adv mal ; **to be** ~ *(person)* avoir tort ; **what's** ~? qu'est-ce qui ne va pas? ; **something's** ~ **with the car** la voiture a un problème ; **to be in the** ~ être dans son tort ; **to get sthg** ~ se tromper sur qqch ; **to go** ~ *(machine)* se détraquer ; **'** ~ **'way'** Am panneau indiquant un sens unique.

wrongly ['rɒŋlɪ] adv mal.

wrong number n faux numéro m.

wrote [rəʊt] pt → **write**.

wrought iron [rɔːt-] n fer m forgé.

wrung [rʌŋ] pt & pp → **wring**.

www n COMPUT www.

X

XL (abbr of extra-large) XL.

Xmas ['eksməs] n inf Noël m.

X-ray n *(picture)* radio(graphie) f. ◆ vt radiographier ; **to have an** ~ passer une radio.

Y

yacht [jɒt] n *(for pleasure)* yacht m ; *(for racing)* voilier m.

Yankee ['jæŋkɪ] n Am *(citizen)* Yankee mf.

 YANKEE

À l'origine, le terme anglais de *Yankee*, diminutif de Jan, faisait référence aux immigrants hollandais qui s'étaient établis majoritairement au nord-est des États-Unis. Par la suite, il a été utilisé pour parler de toute personne venant du nord-est, puis du nord en général, en particulier les Anglais évoquant les colons révoltés. C'est ainsi que, pendant la guerre de Sécession, on appelait *yankees* les soldats de l'Alliance du Nord qui se battaient contre les sudistes. De nos jours, certains Américains du Sud utilisent encore ce terme de manière péjorative pour parler de leurs concitoyens du Nord.

yard [jɑːd] n *(unit of measurement)* = 91,44 cm, yard m ; *(enclosed area)* cour f ; Am *(behind house)* jardin m.

yard sale n Am vente d'objets d'occasion par un particulier devant sa maison.

yarn [jɑːn] n *(thread)* fil m.

yawn [jɔːn] vi *(person)* bâiller.

yd abbr = **yard**.

yeah [jeə] adv inf ouais.

year [jɪə'] n an m, année f ; année f ; **next** ~ l'année prochaine ; **this** ~ cette année ; **I'm 15** ~**s old** j'ai

yearly **308**

15 ans ; **I haven't seen her for ~s** *inf* ça fait des années que je ne l'ai pas vue.

yearly ['jɪəlɪ] *adj* annuel(elle).

yeast [jiːst] *n* levure *f*.

yell [jel] *vi* hurler.

yellow ['jeləʊ] *adj* jaune. ◆ *n* jaune *m*.

yes [jes] *adv* oui.

yesterday ['jestədɪ] *n & adv* hier ; **the day before ~** avant-hier ; **~ afternoon** hier après-midi ; **~ morning** hier matin.

yet [jet] *adv* encore. ◆ *conj* pourtant ; **have they arrived ~?** est-ce qu'ils sont déjà arrivés ? **not ~** pas encore ; **I've ~ to do it** je ne l'ai pas encore fait ; **~ again** encore une fois ; **~ another drink** encore un autre verre.

yew [juː] *n* if *m*.

yield [jiːld] *vt* (*profit, interest*) rapporter. ◆ *vi* (*break, give way*) céder.

YMCA *n* association chrétienne de jeunes gens (*proposant notamment des services d'hébergement*).

yob [jɒb] *n Br inf* loubard *m*.

yoga ['jəʊgə] *n* yoga *m*.

yoghurt ['jɒgət] *n* yaourt *m*.

yolk [jəʊk] *n* jaune *m* d'œuf.

York Minster [jɔːk'mɪnstə] *n* la cathédrale de York.

☞

you [juː] *pron* **- 1.** (*subject, singular*) tu ; (*subject, polite form, plural*) vous ; **~ French** vous autres Français.
- 2. (*object, singular*) te ; (*object, polite form, plural*) vous ;
- 3. (*after prep, singular*) toi ; (*after prep, polite form, plural*) vous ; **I'm**

shorter than ~ je suis plus petit que toi/vous.
- 4. (*indefinite use, subject*) on ; (*indefinite use, object*) te, vous ; **~ never know** on ne sait jamais.

young [jʌŋ] *adj* jeune. ◆ *npl* : **the ~** les jeunes *mpl*.

younger ['jʌŋgə] *adj* plus jeune.

youngest ['jʌŋgəst] *adj* le plus jeune (la plus jeune).

youngster ['jʌŋstə] *n* jeune *mf*.

☞

your [jɔː] *adj* **- 1.** (*singular subject*) ton (ta), tes (*pl*) ; (*singular subject, polite form*) votre, vos (*pl*) ; (*plural subject*) votre, vos (*pl*) ; (*plural subject, polite form*) votre, vos (*pl*) ; **~ dog** ton/votre chien ; **~ house** ta/votre maison ; **~ children** tes/vos enfants.
- 2. (*indefinite subject*) **it's good for ~ health** c'est bon pour la santé.

yours [jɔːz] *pron* (*singular subject*) le tien (la tienne) ; (*plural subject, polite form*) le vôtre (la vôtre) ; **a friend of ~** un ami à toi, un de tes amis ; **are these ~?** ils sont à toi/vous ?

☞

yourself [jɔː'self] (*pl* **-selves**) *pron* **- 1.** (*reflexive : singular*) te ; (*reflexive : polite form, plural*) vous.
- 2. (*after prep : singular*) toi ; (*after prep : polite form, plural*) vous ; **did you do it ~?** (*singular*) tu l'as fait toi-même ? (*polite form*) vous l'avez fait vous-même ? ; **did you do it yourselves?** vous l'avez fait vous-mêmes ?

youth [juːθ] *n* jeunesse *f* ; (*young man*) jeune *m*.

youth club *n* ≃ maison *f* des jeunes.

youth hostel *n* auberge *f* de jeunesse.

yuppie ['jʌpɪ] *n* yuppie *mf*.

YWCA *n* association chrétienne de jeunes filles (*proposant notamment des services d'hébergement*).

Z

zebra [*Br* 'zebrə, *Am* 'ziːbrə] *n* zèbre *m*.

zebra crossing *n Br* passage *m* pour piétons.

zero ['zɪərəʊ] (*pl* **-es**) *n* zéro *m* ; **five degrees below ~** cinq degrés au-dessous de zéro.

zest [zest] *n* (*of lemon, orange*) zeste *m*.

zigzag ['zɪgzæg] *vi* zigzaguer.

zinc [zɪŋk] *n* zinc *m*.

zip [zɪp] *n Br* fermeture *f* Éclair®. ◆ *vt* fermer. ❑ **zip up** *vt sep* fermer.

zip code *n Am* code *m* postal.

zipper ['zɪpəʳ] *n Am* fermeture *f* Éclair®.

zit [zɪt] *n inf* bouton *m*.

zodiac ['zəʊdɪæk] *n* zodiaque *m*.

zone [zəʊn] *n* zone *f*.

zoo [zuː] (*pl* **-s**) *n* zoo *m*.

zoom (lens) [zuːm-] *n* zoom *m*.

zucchini [zuː'kiːnɪ] (*pl inv*) *n Am* courgette *f*.

GUIDE
DE
CONVERSATION

CONVERSATION
GUIDE

SOMMAIRE	CONTENTS	P

SOMMAIRE	CONTENTS	P

SALUER QUELQU'UN

- Bonjour.
- Bonjour.

- Bonsoir.
- Salut !
- Salut !
- Comment vas-tu ? [to a friend] /Comment allez-vous ? [polite form]
- Très bien, merci.
- Bien, merci.
- Et toi ?/Et vous ?

GREETING SOMEONE

- Good morning. [le matin]
- Good afternoon. [l'après-midi]
- Good evening.
- Hello!
- Hi!
- How are you?

- Very well, thank you.
- Fine, thank you.
- And you?

SE PRÉSENTER

- Je m'appelle Pierre.
- Je suis français.
- Je viens de Paris.

INTRODUCING YOURSELF

- My name is Pierre.
- I am French.
- I come from Paris.

PRÉSENTER QUELQU'UN

- Voici M. Durand.
- Je vous présente M. Durand.
- Enchanté./Enchantée.
- Comment allez-vous ?
- Bienvenue.

MAKING INTRODUCTIONS

- This is Mr. Durand.
- I'd like to introduce Mr. Durand.
- Pleased to meet you.
- How are you?
- Welcome.

PRENDRE CONGÉ | SAYING GOODBYE

- Au revoir.
- À tout à l'heure.
- À bientôt.
- Bonsoir.
- Je vous souhaite un bon voyage.
- Heureux d'avoir fait votre connaissance.

- Goodbye, bye.
- See you later.
- See you soon.
- Good night.
- Enjoy your trip.
- It was nice to meet you.

REMERCIER | SAYING THANK YOU

- Merci (beaucoup).
- Merci.
- Vous de même.
- Merci de votre aide.

- Thank you (very much).
- Thank you.
- The same to you.
- Thank you for your help.

RÉPONDRE À DES REMERCIEMENTS | REPLYING TO THANKS

- Il n'y a pas de quoi.
- De rien.
- Je vous en prie. [polite form]
- Je t'en prie. [to a friend]

- Don't mention it.
- Not at all.
- You're welcome.
- You're welcome.

PRÉSENTER SES EXCUSES	APOLOGIZING
▸ Excusez-moi.	▸ Excuse me.
▸ Je suis désolé.	▸ I'm sorry.
▸ Désolé.	▸ Sorry.
▸ Pardon.	▸ Excuse me.
▸ Je suis désolé d'être en retard/de vous déranger.	▸ I'm sorry I'm late/ to bother you.

ACCEPTER DES EXCUSES	ACCEPTING AN APOLOGY
▸ Ce n'est pas grave.	▸ It doesn't matter.
▸ Ça ne fait rien.	▸ That's all right.
▸ Il n'y a pas de mal.	▸ No harm done.

EXPRIMER DES VŒUX	WISHES AND GREETINGS
▸ Bonne chance !	▸ Good luck!
▸ Amuse-toi bien ! [to a friend]	▸ Have fun!/Enjoy yourself!
▸ Bon appétit !	▸ Enjoy your meal!
▸ Bon anniversaire !	▸ Happy Birthday!
▸ Joyeuses Pâques !	▸ Happy Easter!
▸ Joyeux Noël !	▸ Merry Christmas!
▸ Bonne année !	▸ Happy New Year!
▸ Bon week-end !	▸ Have a good weekend!
▸ Bonnes vacances !	▸ Enjoy your holiday *(Br)* ou vacation *(Am)*!
▸ Passe une bonne journée !	▸ Have a nice day!

LE TEMPS

- Il fait très beau aujourd'hui.
- Il fait beau.
- Il y a du soleil.
- Il pleut.
- Le ciel est couvert.
- On annonce de la pluie pour demain.
- Quel temps épouvantable !
- Il fait (très) chaud/froid.

WHAT'S THE WEATHER LIKE

- It's a beautiful day.
- It's nice.
- It's sunny.
- It's raining.
- It's cloudy.
- It's supposed to rain tomorrow.
- What horrible *ou* awful weather!
- It's (very) hot/cold.

EXPRIMER UNE OPINION

- Ça me plaît.
- Ça ne me plaît pas.
- Voulez-vous quelque chose à boire/à manger ?
- Oui, volontiers.
- Non merci.
- Cela vous dirait-il de venir au parc avec nous ?
- Oui, avec grand plaisir.

EXPRESSING LIKES AND DISLIKES

- I like it.
- I don't like it.
- Would you like something to drink/eat?
- Yes, please.
- No, thanks/thank you.
- Would you like to come to the park with us?
- Yes, I'd love to.

AU TÉLÉPHONE

- ▸ Allô !
- ▸ Anne Martin à l'appareil.
- ▸ Je voudrais parler à M. Gladstone.
- ▸ Je rappellerai dans dix minutes.
- ▸ Puis-je lui laisser un message ?
- ▸ Excusez-moi, j'ai dû faire un mauvais numéro.
- ▸ Qui est à l'appareil ?

PHONING

- ▸ Hello.
- ▸ Anne Martin speaking.
- ▸ I'd like to speak to Mr. Gladstone.
- ▸ I'll call back in ten minutes.
- ▸ Can I leave him a message?
- ▸ Sorry, I must have dialed the wrong number.
- ▸ Who's calling?

RELATIONS PROFESSIONNELLES

- ▸ Bonjour. Je fais partie de Biotech Ltd.
- ▸ J'ai rendez-vous avec M. Martin à 14 h 30.
- ▸ Voici ma carte de visite.
- ▸ Je voudrais voir le directeur
- ▸ Mon adresse e-mail est paul@easyconnect.com.

BUSINESS

- ▸ Hello. I'm from Biotech Ltd.
- ▸ I have an appointment with Mr. Martin at 2.30 pm.
- ▸ Here's my business card.
- ▸ I'd like to see the managing director.
- ▸ My e-mail address is paul@easyconnect.com.

LOUER UNE VOITURE

- Je voudrais louer une voiture climatisée.

- Quel est le tarif pour une journée ?

- Le kilométrage est-il illimité ?

- Combien coûte l'assurance tous risques ?

- Pourrais-je rendre la voiture à l'aéroport ?

HIRING (Br) ou RENTING (Am) A CAR

- I'd like to hire (Br) ou rent (Am) a car with air-conditioning.

- What's the cost for one day?

- Is the mileage unlimited?

- How much does it cost for comprehensive insurance?

- Can I leave the car at the airport?

CIRCULER EN VOITURE

- Comment rejoint-on le centre-ville/l'autoroute ?

- Y a-t-il un parking près d'ici ?

- Est-ce que je peux stationner ici ?

- Je cherche une station-service.

- Où se trouve le garage le plus proche ?

IN THE CAR

- How do we get to the city centre/motorway?

- Is there a car park nearby?

- Can I park here?

- I'm looking for a petrol (Br)/gas (Am) station.

- Where's the nearest garage?

À LA STATION-SERVICE	**AT THE PETROL (Br) ou GAS (Am) STATION**
▶ Je suis en panne d'essence.	▶ I've run out of petrol (Br) ou gas (Am)?
▶ Le plein, s'il vous plaît.	▶ Fill it up, please.
▶ Je voudrais vérifier la pression des pneus.	▶ I'd like to check the tyre pressure.
▶ Pompe (numéro 3).	▶ Pump number three.

CHEZ LE GARAGISTE	**AT THE GARAGE**
▶ Je suis en panne.	▶ I've broken down.
▶ J'ai perdu le pot d'échappement.	▶ The exhaust pipe has fallen off.
▶ Ma voiture perd de l'huile.	▶ My car has an oil leak.
▶ Le moteur chauffe	▶ The engine is overheating.
▶ Pourriez-vous vérifier les freins ?	▶ Could you check the breaks?
▶ La batterie est à plat.	▶ The battery is flat (Br) ou dead (Am).
▶ L'air conditionné ne marche pas.	▶ The air-conditioning doesn't work.
▶ J'ai crevé. Il faut réparer le pneu.	▶ I've got a puncture (Br) ou a flat tire (Am). The tyre needs to be repaired.
▶ Combien vont coûter les réparations ?	▶ How much will the repairs cost?

PRENDRE UN TAXI

- Pourriez-vous m'appeler un taxi ?
- À la gare routière/ à la gare/à l'aéroport, s'il vous plaît.
- Veuillez vous arrêtez ici/ au feu/au coin de la rue.
- Pourriez-vous m'attendre ?
- Je vous dois combien ?
- Pourrais-je avoir une fiche ?
- Gardez la monnaie.

TAKING A TAXI (Br) ou CAB (Am)

- Could you call me a taxi (Br) ou cab (Am)?
- To the bus station/train station/airport, please.
- Stop here/at the lights/at the corner, please.
- Can you wait for me?
- How much is it?
- Can I have a receipt, please?
- Keep the change.

PRENDRE LE CAR

- Quand part le prochain car pour Oxford ?
- D'où part-il ?
- Combien coûte un aller-retour pour Chicago ?
- Excusez-moi, cette place est-elle occupée ?

TAKING THE BUS

- What time is the next bus to Oxford?
- Which platform does the bus leave?
- How much is a return (Br) ou round-trip (Am) ticket to Chicago?
- Excuse me, is this seat taken?

PRENDRE LE TRAIN

- Où se trouvent les guichets ?
- À quelle heure part le prochain train pour Paris ?
- De quel quai part-il ?
- Combien coûte un aller-retour pour Boston ?
- Y a-t-il une consigne ?
- Une place côté fenêtre dans un wagon non-fumeurs, s'il vous plaît.
- Je voudrais réserver une couchette dans le train de 21h pour Paris.
- Où puis-je composter mon billet ?
- Excusez-moi, cette place est-elle libre ?
- Où est la voiture restaurant ?

TAKING THE TRAIN

- Where is the ticket office?
- When does the next train for Paris leave?
- Which platform does it leave from?
- How much is a return ticket to Boston?
- Is there a left-luggage office?
- A window seat in a non-smoking coach please.
- I'd like to reserve a sleeper on the 21:00 train to Paris.
- Where do I validate my ticket?
- Excuse me, is this seat free?
- Where is the restaurant car?

À L'AÉROPORT

- Où se trouve la porte 2/ le terminal 1 ?
- Où dois-je enregistrer mes bagages ?
- J'aimerais une place côté couloir/hublot.
- À quelle heure est l'embarquement ?
- J'ai raté ma correspondance.
- Quand part le prochain vol pour Seattle ?
- J'ai perdu ma carte d'embarquement.
- Où récupère-t-on les bagages ?
- Où se trouve la navette pour se rendre au centre-ville ?
- Où est le comptoir d'Air France ?

AT THE AIRPORT

- Where is gate number 2/ terminal 1?
- Where is the check-in desk?
- I'd like an aisle/window seat.
- What time is boarding?
- I've missed my connection.
- When is the next flight to Seattle?
- I've lost my boarding card.
- Where is the baggage reclaim?
- Where's the shuttle bus to the city centre?
- Where is the Air France desk?

DEMANDER SON CHEMIN	ASKING THE WAY
▶ Pourriez-vous m'indiquer où nous sommes sur le plan ?	▶ Could you show me where we are on the map?
▶ Où se trouve la gare routière/la poste ?	▶ Where is the bus station/post office?
▶ Excusez-moi, comment faire pour aller à Bond Street ?	▶ Excuse me, how do I get to Bond Street?
▶ Continuez tout droit, puis prenez la première à droite.	▶ Keep going straight then take the first street on the right.
▶ Est-ce loin ?	▶ Is it far?
▶ Peut-on y aller à pied ?	▶ Is it within walking distance?
▶ Faut-il prendre le bus/le métro ?	▶ Will I/we have to take a bus/the métro?
▶ Où est la station de métro la plus proche ?	▶ Where is the closest underground station?
▶ Y a-t-il un arrêt de bus à proximité ?	▶ Is there a bus stop nearby?

SE DÉPLACER EN VILLE	GETTING AROUND TOWN

- Quel est le bus qui mène à l'aéroport ?
- Où puis-je prendre le bus pour la gare ?
- J'aimerais un aller simple/un aller-retour pour Boston.

- Pourriez-vous me prévenir quand nous serons arrivés ?
- Arrêt demandé.

- Which bus goes to the airport?
- Where do I catch the bus for the (railway) station?
- I'd like a single *(Br)* ou one-way *(Am)*/return *(Br)*, ou round-trip *(Am)* ticket to Boston.
- Could you tell me when we get there?
- Bus Stop.

AU CAFÉ	AT THE CAFÉ

- Cette table/chaise est-elle libre ?
- S'il vous plaît !
- Deux cafés noirs, s'il vous plaît.
- Un jus d'orange/une eau minérale.
- Puis-je avoir une autre bière ?
- Où sont les toilettes ?

- Is this table/seat free?
- Excuse me!
- Two cups of black coffee, please.
- An orange juice/a mineral water.
- Can I have another beer, please?
- Where is the toilet *(Br)* ou restroom *(Am)*?

AU RESTAURANT	AT THE RESTAURANT
▸ J'aimerais réserver une table pour 20 heures.	▸ I'd like to reserve a table for 8 pm.
▸ Une table pour deux personnes.	▸ A table for two, please.
▸ Peut-on avoir une table dans la zone non-fumeurs ?	▸ Can we have a table in the non-smoking section?
▸ Peut-on avoir la carte/la carte des vins ?	▸ Can we see the menu/wine list?
▸ Avez-vous un menu enfant/végétarien ?	▸ Do you have a children's/vegetarian menu?
▸ Nous aimerions prendre un apéritif.	▸ We'd like an aperitif.
▸ Une bouteille de vin blanc/rouge de la cuvée du patron, s'il vous plaît.	▸ A bottle of house white/red, please.
▸ Quelle est votre spécialité ?	▸ What is the house speciality?
▸ Qu'est-ce que vous avez comme desserts ?	▸ What desserts do you have?
▸ L'addition, s'il vous plaît.	▸ Can I have the bill *(Br)* ou check *(Am)*, please?

À L'HÔTEL

AT THE HOTEL

- Nous voudrions une chambre double/deux chambres simples.
- We'd like a double room/ two single rooms.

- J'aimerais une chambre pour deux nuits.
- I'd like a room for two nights, please.

- J'ai réservé une chambre au nom de Berger.
- I have a reservation on the name of Berger.

- J'ai réservé une chambre avec douche/avec salle de bains.
- I reserved a room with a shower/bathroom.

- Y a-t-il un parking réservé aux clients de l'hôtel ?
- Is there a car park for hotel guests?

- La clé de la chambre 121, s'il vous plaît.
- Could I have the key for room 121 please?

- Est-ce qu'il y a des messages pour moi ?
- Are there any messages for me?

- À quelle heure est le petit déjeuner ?
- What time is breakfast served?

- J'aimerais prendre le petit déjeuner dans ma chambre.
- I'd like breakfast in my room.

- Pourriez-vous me réveiller à 7 heures ?
- I'd like a wake-up call at 7 am, please.

- Je voudrais régler.
- I'd like to check out now.

LES ACHATS	AT THE SHOPS
▶ Combien ça coûte ? /C'est combien ?	▶ How much is this?
▶ Je cherche des lunettes de soleil/un maillot de bain.	▶ I'd like to buy sunglasses /a swimsuit *(Br)* ou bathing suit *(Am)*.
▶ Je fais du 38.	▶ I'm a size 10. [vêtements]
▶ Je chausse du 40.	▶ I take a size 7. [chaussures]
▶ Est-ce que je peux l'essayer ?	▶ Can I try this on?
▶ Est-ce que je peux l'échanger ?	▶ Can I exchange it?
▶ Où se trouvent les cabines d'essayage ?	▶ Where are the fitting rooms?
▶ Avez-vous la taille au-dessus/en dessous ?	▶ Do you have this in a bigger/smaller size?
▶ L'avez-vous en bleu ?	▶ Do you have this in blue?
▶ Vendez-vous des enveloppes/des plans de la ville ?	▶ Do you sell envelopes/street maps?
▶ Une pellicule photo, s'il vous plaît.	▶ I'd like to buy a film for my camera please.
▶ À quelle heure fermez-vous ?	▶ What time do you close?

À L'OFFICE DE TOURISME	OUT AND ABOUT
▶ À quelle heure le musée ferme-t-il ?	▶ What time does the museum close?
▶ Où se trouve la piscine la plus proche ?	▶ Where is the nearest public swimming pool?
▶ Pourriez-vous m'indiquer une église (catholique/ baptiste) à proximité ?	▶ Could you tell me where the nearest (Catholic/ Baptist) church is?
▶ Savez-vous quand a lieu la messe/le prochain office religieux ?	▶ Do you know what time mass/the next service is?
▶ Y a-t-il un cinéma près d'ici ?	▶ Is there a cinema *(Br)* ou movie theater *(Am)* nearby?
▶ À quelle distance se trouve la plage ?	▶ How far is it to the beach?
▶ Avez-vous un plan de la ville ?	▶ Have you got a city map?
▶ Je cherche un hôtel pas trop cher.	▶ I'm looking for an hotel that's not too expensive
▶ Avez-vous un guide des restaurants de la ville ?	▶ Have you got a town restaurant guide?

LE SPORT | SPORTS

- Nous aimerions voir un match de football. Y en a-t-il un ce soir ?
- We'd like to see a football match *(Br)* ou game *(Am)*. Is there one on tonight?

- Où se trouve le stade ?
- Where's the stadium?

- Où peut-on louer des vélos ?
- Where can we hire *(Br)* ou rent *(Am)* bicycles?

- Je voudrais réserver un court (de tennis) pour 19 heures.
- I'd like to book a tennis court for 7.00 pm.

- Où peut-on se changer ?
- Where can we change?

- Peut-on louer du matériel ?
- Can we hire *(Br)* ou rent *(Am)* equipment?

À LA BANQUE | AT THE BANK

- Je voudrais changer 100 euros en dollars.
- I'd like to change 100 euros into dollars please.

- En petites coupures, s'il vous plaît.
- In small denominations, please.

- Quel est le taux de change pour le dollar ?
- What is the exchange rate for dollars?

- Je voudrais encaisser des chèques de voyage.
- I'd like to cash some traveler's checks.

- Où se trouve le distributeur de billets ?
- Where is the cash point *(Br)* ou ATM *(Am)*?

AU BUREAU DE POSTE	AT THE POST OFFICE
▸ Combien ça coûte pour envoyer une lettre/une carte postale à Paris ?	▸ How much is it to send a letter/postcard to Paris?
▸ Je voudrais dix timbres pour la France.	▸ I'd like ten stamps for France.
▸ Je voudrais envoyer ce paquet en recommandé.	▸ I'd like to send this parcel by registered post (Br) ou mail (Am).
▸ Quel est le tarif pour un courrier urgent ?	▸ How much is it to send an urgent letter?
▸ Combien de temps mettra-t-il pour arriver ?	▸ How long will it take to get there?
▸ J'aurais voulu une télécarte à 50 unités.	▸ I'd like a 50 unit phone card.
▸ Puis-je envoyer un fax ?	▸ Can I send a fax?
▸ Je voudrais envoyer un e-mail. Pouvez-vous m'indiquer un cybercafé ?	▸ I'd like to send an e-mail. Can you tell me where I can find an Internet cafe?
▸ Je voudrais consulter l'annuaire de Brighton.	▸ I'd like to have the directory of Brighton.

CHEZ LE MÉDECIN

- J'ai vomi et j'ai la diarrhée.
- J'ai mal à la gorge.
- J'ai mal au ventre.
- Mon fils tousse et a de la fièvre.
- Je suis allergique à la pénicilline.
- Je souffre d'hypertension.
- Je suis diabétique.
- Jusqu'à quand dois-je suivre le traitement ?

AT THE DOCTOR'S

- I've been vomiting and I have diarrhoea.
- I have a sore throat.
- My stomach hurts.
- My son has a cough and a fever.
- I'm allergic to penicillin.
- I've got high blood pressure.
- I'm diabetic.
- How long should I follow the treatment for?

CHEZ LE DENTISTE

- J'ai une rage de dents.
- C'est une molaire qui me fait mal.
- J'ai perdu un plombage.
- Pourriez-vous me faire une anesthésie locale ?

AT THE DENTIST'S

- I have a toothache.
- One of my molars hurts.
- I've lost a filling.
- Could you give me a local anaesthetic?

À LA PHARMACIE

- Je voudrais un médicament contre les maux de tête/le mal de gorge/la diarrhée.
- Il me faudrait de l'aspirine/des pansements.
- J'aurais voulu une crème solaire haute protection.
- Auriez-vous une lotion contre les piqûres d'insectes ?
- Pourriez-vous me recommander un médecin ?

AT THE CHEMIST'S (Br) ou DRUGSTORE (Am)

- Can you give me something for a headache/sore throat/diarrhoea?
- Can I have some aspirin/ Band-Aids®, please?
- I need some high protection suntan lotion.
- Do you have any insect repellent?
- Could you recommend a doctor?

URGENCES

- Appelez un médecin/les pompiers/la police !
- Où est l'hôpital le plus proche ?
- Le groupe sanguin de mon fils est O+.
- J'ai été victime d'un vol.
- Il y a eu un accident.
- On m'a volé ma voiture.

EMERGENCIES

- Call a doctor/the fire brigade/the police!
- Where's the nearest hospital?
- My son's blood group (Br) ou blood type (Am) is O positive.
- I've been robbed.
- There's been an accident.
- My car's been stolen.

Achevé d'imprimer en Janvier 2002
sur les presses de «La Tipografica Varese S.p.A.» à Varese (Italie)